中国—东盟商务年鉴

CHINA–ASEAN BUSINESS YEARBOOK

第七届中国—东盟商务与投资峰会

第七届中国—东盟商务与投资峰会2010年10月19日下午在广西南宁开幕。中共中央政治局常委、中国人民政治协商会议全国委员会主席贾庆林，印度尼西亚副总统布迪约诺，老挝政府副总理阿桑·劳里，越南政府副总理张永仲，中国商务部国际贸易谈判代表兼副部长高虎城，广西壮族自治区党委书记郭声琨等出席开幕式。会议由广西壮族自治区主席马飚主持。本届商务与投资峰会的主题是“中国—东盟自由贸易区与区域经贸合作的展望”。本届峰会各专题论坛的设置主要以促进区域行业合作为重点，并争取通过行业合作论坛建立起区域行业合作机制。同时，峰会加强务实合作，各专题活动为中国与东盟商协组织和企业开展企业推介、商务配对、项目洽谈和产品展示提供场地和机会。

①第七届中国—东盟商务与投资峰会开幕式

②第七届中国—东盟商务与投资峰会开幕式全景

③第七届中国—东盟商务与投资峰会中国—东盟经贸与物流合作论坛

④全国政协主席贾庆林在第七届中国—东盟商务与投资峰会上致辞

⑤印度尼西亚副总统布迪约诺在第七届中国—东盟商务与投资峰会上致辞

⑥越南副总理张永仲在第七届中国—东盟商务与投资峰会开幕式上

⑦第七届中国—东盟商务与投资峰会中国—东盟商会领袖论坛

⑧广西壮族自治区党委书记郭声琨在第七届中国—东盟商务与投资峰会上致辞

⑨广西壮族自治区主席马飚主持第七届中国—东盟商务与投资峰会开幕式

⑩中国国际贸易促进委员会副会长王锦珍在第七届中国—东盟商务与投资峰会上致辞

②

①

③

⑦

CABIS
第七届中国—东盟商务与投资峰会
THE 7th CHINA–ASEAN BUSINESS & INVESTMENT SUMMIT
主办机构：
Co-organized by:
中华人民共和国商务部
Ministry of Commerce of the People's Republic of China
中国国际贸易促进委员会
China Council for the Promotion of International Trade
中国广西壮族自治区人民政府
People's Government of Guangxi Zhuang Autonomous Region
承办机构：
Implemented by:
中国—东盟商务与投资峰会秘书处
China-ASEAN Business and Investment Summit Secretariat
协办机构 Co-sponsored by:
东盟工商会
ASEAN-CCI
中国东盟商务理事会CABC
协办机构 Co-sponsored by:
VCCI
Cooperation Forum
④
⑤
⑥
⑧
⑨
⑩

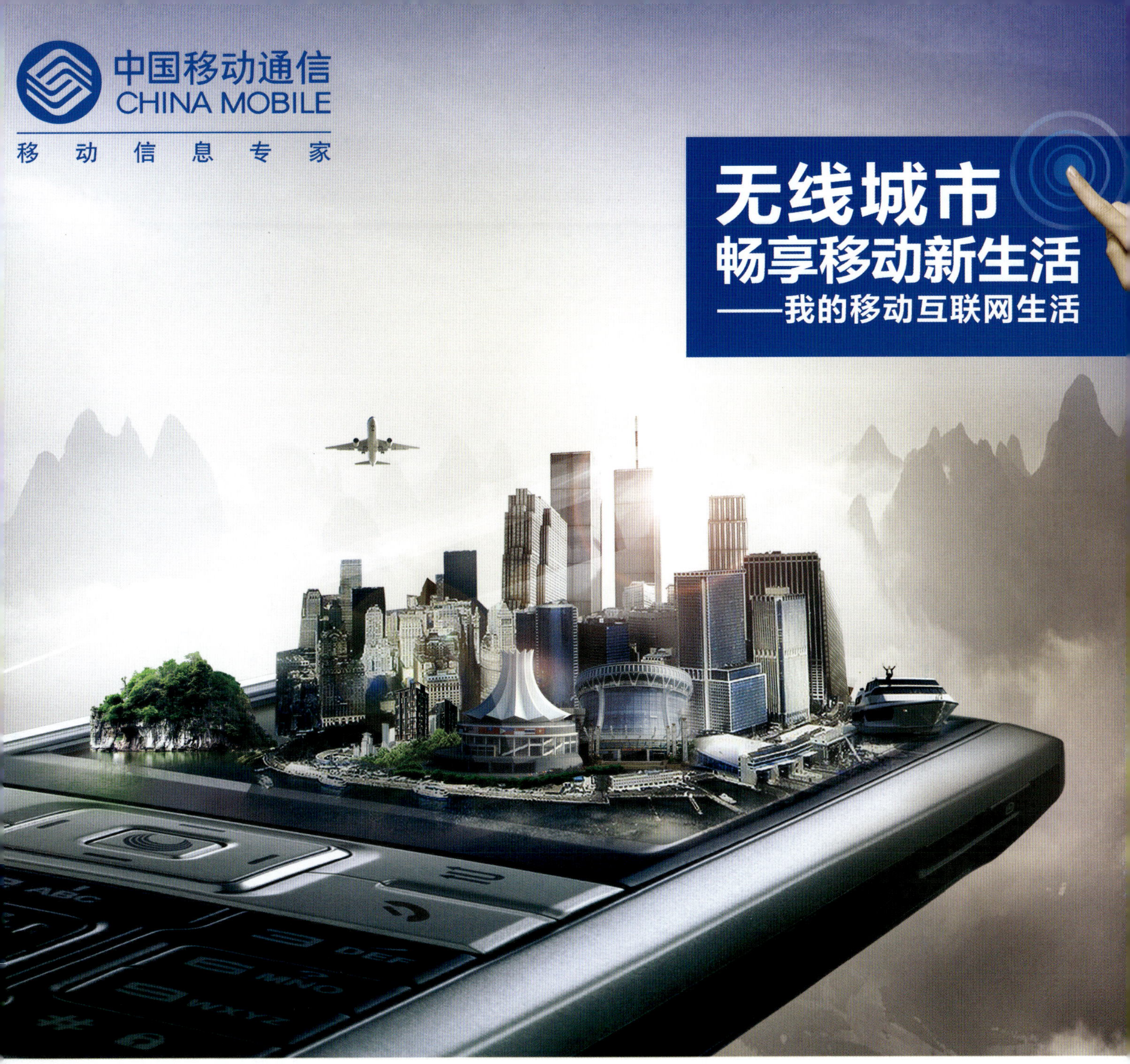

什么是未来的城市？

中国移动汇聚信息科技于广西，以精彩纷呈的信息应用与技术服务，铺就数字化的无线城市之路。

只要拿起手机，轻轻一点，我们的移动无线城市新生活，即刻呈现。

无线城市

移动改变生活

www.10086.CN

热线 短信 10086

广西投资集团有限公司
GUANGXI INVESTMENT GROUP CO., LTD.

集团旗下国海证券公司成功登陆A股市场，成为国内第16家上市券商。

广西投资集团有限公司（简称：广西投资集团）成立于1988年6月，注册资本41.97亿元，是广西壮族自治区重要的投融资主体和国有资产经营实体。

2010年底，广西投资集团参与投资的企业45家，其中控股企业26家，职工1.7万人，合并资产总额520亿元，实现营业收入222亿元、利税32亿元，是广西十佳企业，入选2011年中国企业500强，排名334位。

广西天然气支线管网项目暨广西中石油昆仑天然气有限公司挂牌成立，集团公司占股24.5%。

广西投资集团主要投资和经营电力、铝业、金融等产业。截至2010年底，电力、铝业、金融资产量分别占总资产的32%、25%和29%。目前，广西投资集团参与投资建设的电力项目总装机容量1850万千瓦，权益装机容量702万千瓦，是广西最大的地方发电集团；氧化铝产能200万吨/年、电解铝产能45万吨/年、铝材加工产能25万吨/年，氧化铝、电解铝、铝材产能分别占广西总产能的31%、56%和36%，也是广西最大的铝工业企业。

集团内蒙古广银铝业50万吨铝加工项目举行奠基仪式。

Guangxi Investment Group Company Ltd. (GIG) was established in June 1988, with a re-gistered capital of 4.197 billion Yuan. GIG is the important investment and financial entity and the operation entity of state-owned assets of Guangxi Zhuang Autonomous Region.

Till the end of 2010, GIG had investments in 45 enterprises, and it is the holding shareholder in 26 of them. GIG had a staff number of 17000, and a consolidated asset of 52 billion Yuan (approx. 8 billion USD). GIG's revenue in 2010 was 22.2 billion Yuan (approx. 3.4 billion USD), with EBT of 3.2 billion (approx. 492 million USD).

GIG is one of the "BEST 10 ENTERPRISES OF GUANGXI" and is awarded one of the "TOP 500 ENTERPRISES OF CHINA", ranking 334th in 2011.

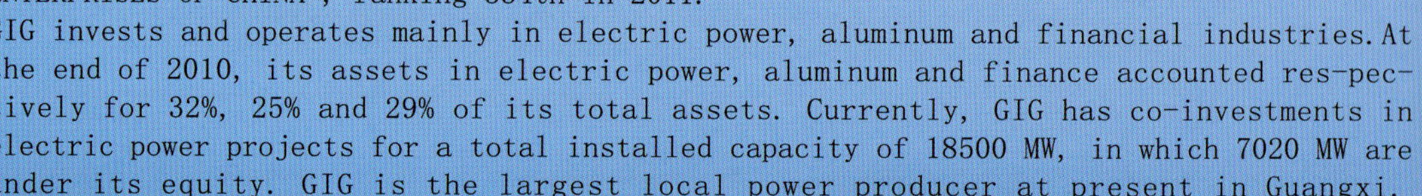

GIG invests and operates mainly in electric power, aluminum and financial industries. At the end of 2010, its assets in electric power, aluminum and finance accounted res-pectively for 32%, 25% and 29% of its total assets. Currently, GIG has co-investments in electric power projects for a total installed capacity of 18500 MW, in which 7020 MW are under its equity. GIG is the largest local power producer at present in Guangxi. GIG is also the largest local aluminum producer by having an annual production capacity of 2 million tons of alumina and 450,000 tons of aluminum, and 250,000 tons of aluminum plates processing. GIG's production capacity of alumina accounts for 31% of the total of Guangxi Region, aluminum for 56%, and aluminum plates processing for 36%.

柳州发电公司大力推进柳州市柳北区循环经济节能减排及热电联产项目，实现向柳钢、柳化供热。

地址：广西南宁市民族大道109号广西投资大厦
Address: Guangxi Investment Tower,
109 Minzu Avenue, Nanning, Guangxi, China
邮编 Postcode: 530028
电话 Tel: 0771-5533156
传真 Fax: 0771-5533308
网址 Website: http://www.gig.cn
电邮 E-mail: bgs@ gig.cn

自治区领导为广西有色集团揭牌。左二为自治区党委书记、人大常委会主任郭声琨，左三为自治区人民政府主席马飚,左一为集团公司董事长、党委书记李阳通，左四为总经理李仕庆。

广西有色金属集团是经广西壮族自治区党委、政府批准设立的一家大型国有独资企业。下属有华锡集团、桂林矿产地质研究院、广西矿业建设公司等23家全资或控股子公司，资产总额112亿元。

地址：广西南宁市金浦路22号名都大厦9层　电话：0771-5557898

开放交流新平台　合作开发新领地

——广西农垦欢迎您

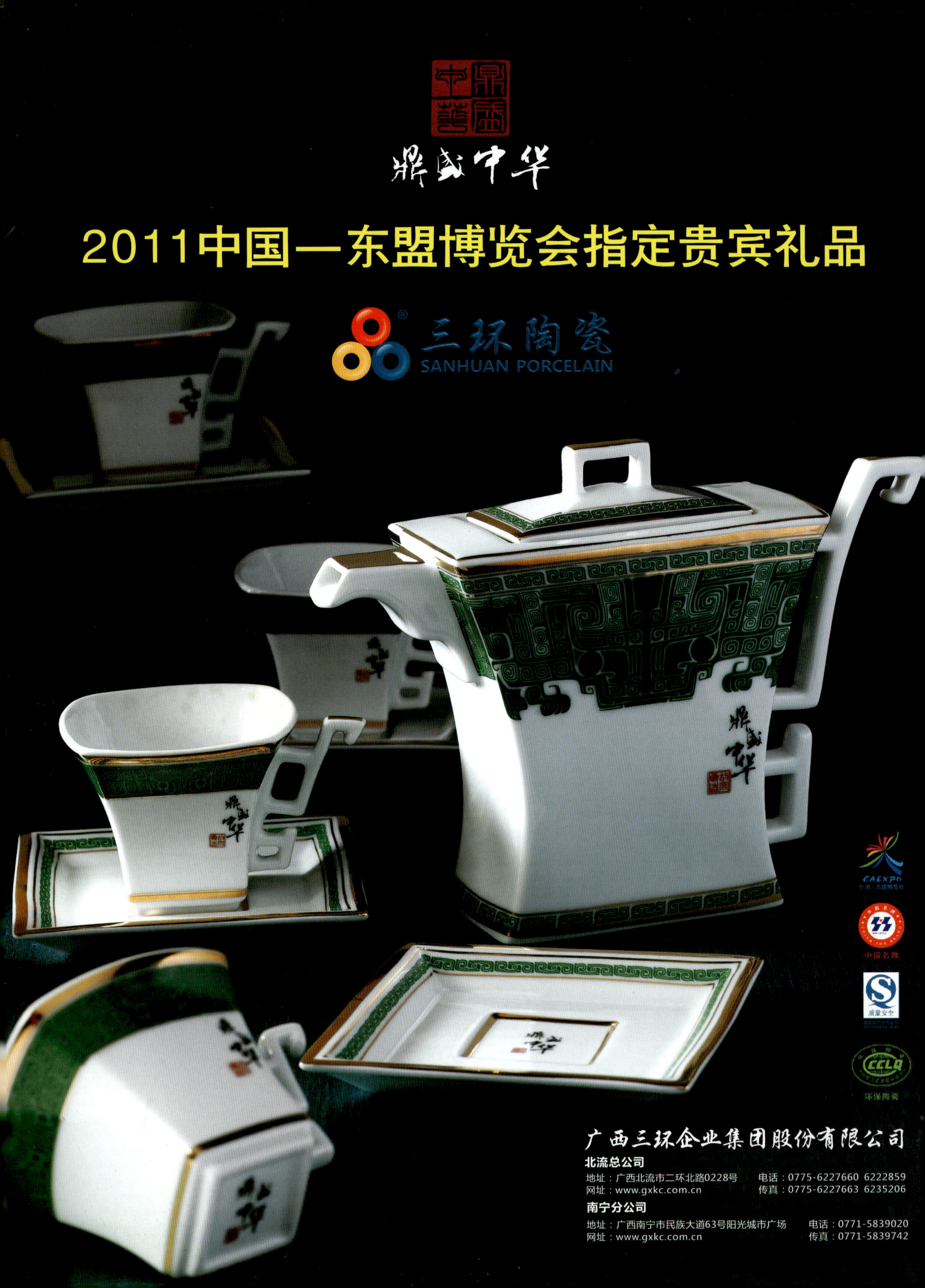
鼎盛中华
2011中国—东盟博览会指定贵宾礼品
三环陶瓷
SANHUAN PORCELAIN
CAEXPO
中国—东盟博览会
中国名牌
质量安全
环保陶瓷
广西三环企业集团股份有限公司
北流总公司
地址：广西北流市二环北路0228号 电话：0775-6227660 6222859
网址：www.gxkc.com.cn 传真：0775-6227663 6235206
南宁分公司
地址：广西南宁市民族大道63号阳光城市广场 电话：0771-5839020
网址：www.gxkc.com.cn 传真：0771-5839742

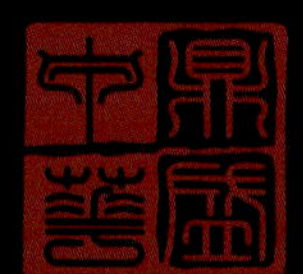

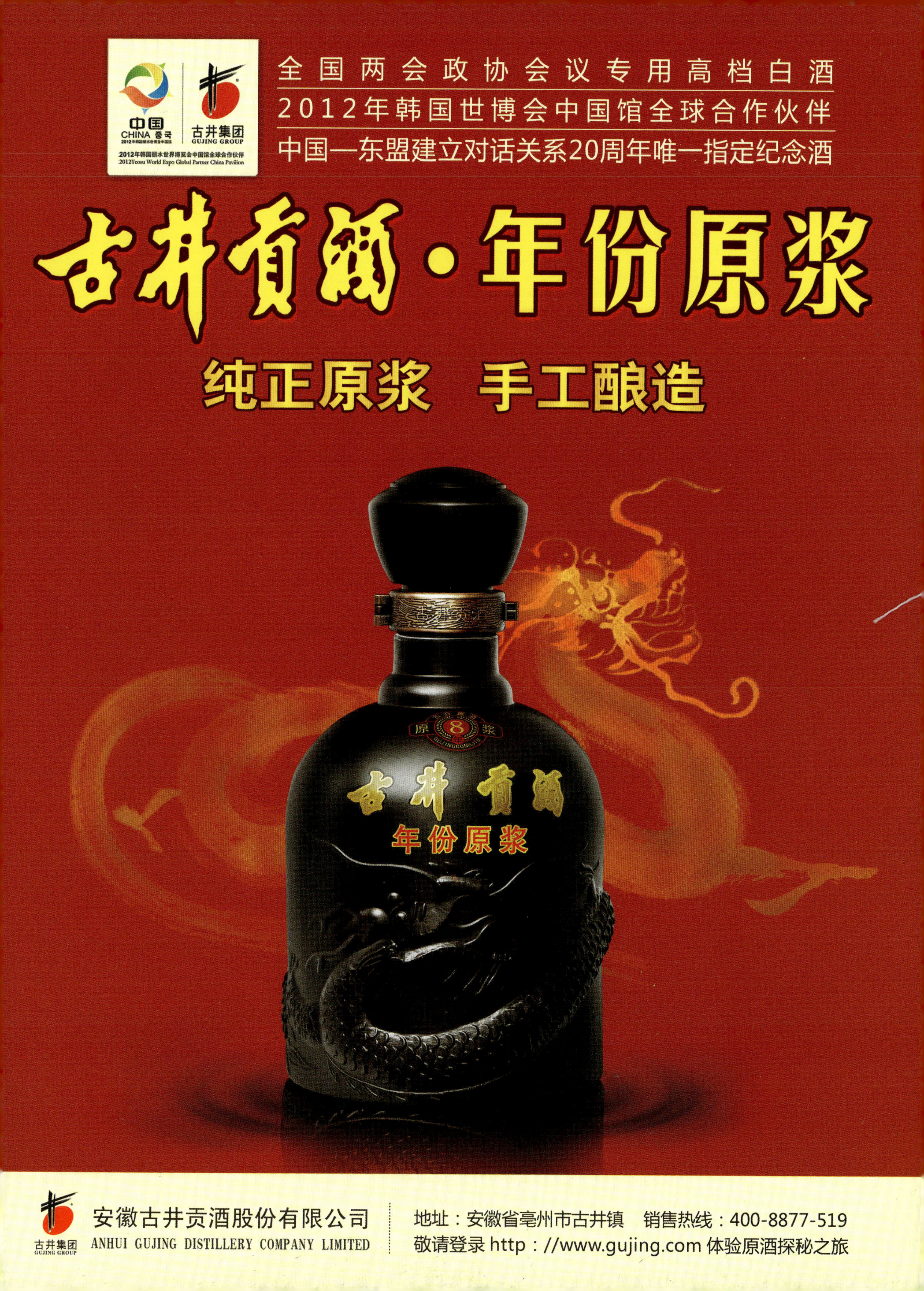
全国两会政协会议专用高档白酒
2012年韩国世博会中国馆全球合作伙伴
中国—东盟建立对话关系20周年唯一指定纪念酒
中国
CHINA
古井集团
GUJING GROUP
2012年韩国丽水世界博览会中国馆全球合作伙伴
2012Yeosu World Expo Global Partner China Pavilion
古井贡酒·年份原浆
纯正原浆 手工酿造
原 8 浆
古井贡酒
年份原浆
古井集团
GUJING GROUP
安徽古井贡酒股份有限公司
ANHUI GUJING DISTILLERY COMPANY LIMITED
地址：安徽省亳州市古井镇 销售热线：400-8877-519
敬请登录 http：//www.gujing.com 体验原酒探秘之旅

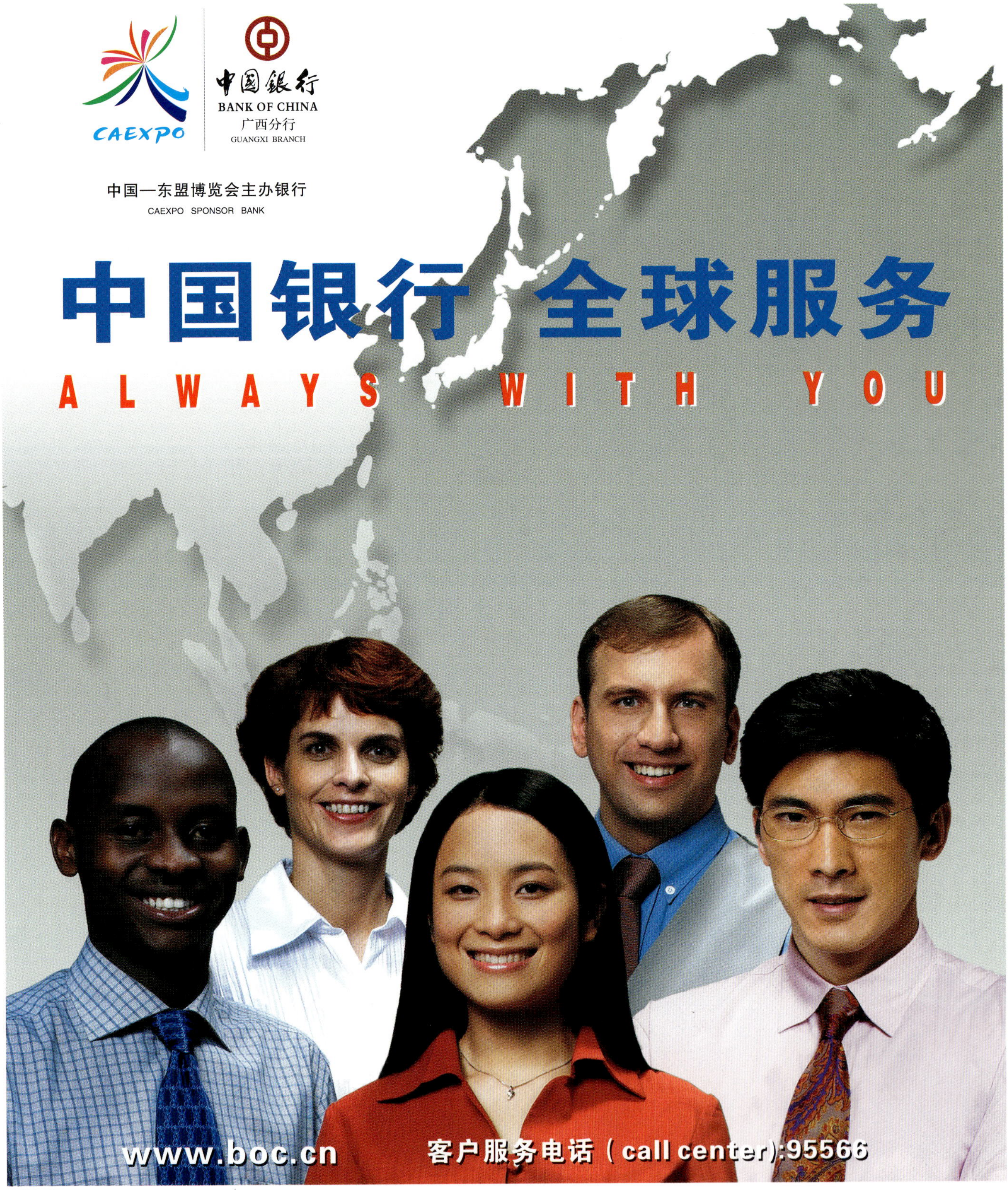

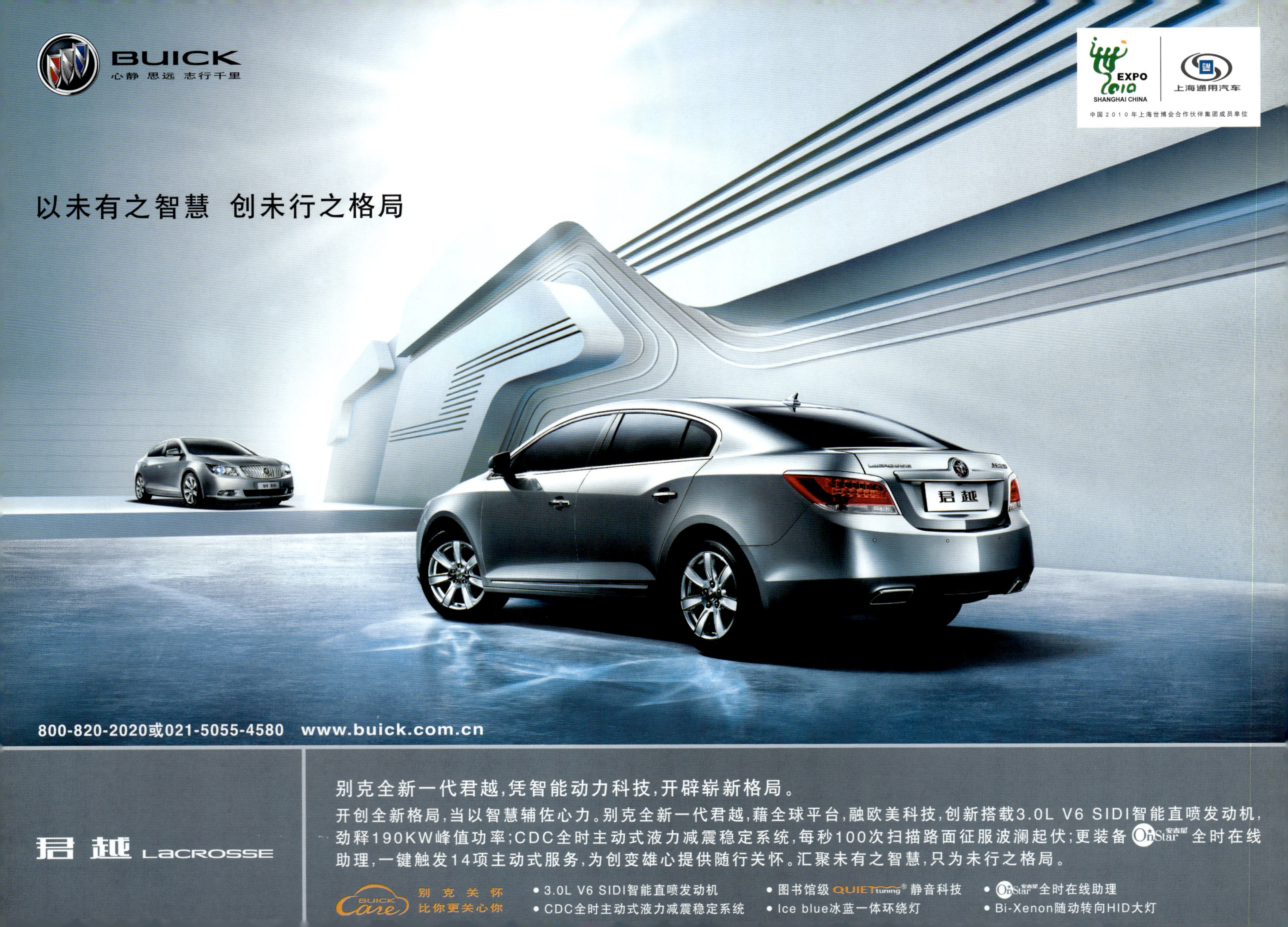
BUICK
心静 思远 志行千里
EXPO 2010 SHANGHAI CHINA
上海通用汽车
中国2010年上海世博会合作伙伴集团成员单位
以未有之智慧 创未行之格局
800-820-2020或021-5055-4580 www.buick.com.cn
君越 LaCROSSE
别克全新一代君越,凭智能动力科技,开辟崭新格局。
开创全新格局,当以智慧辅佐心力。别克全新一代君越,藉全球平台,融欧美科技,创新搭载3.0L V6 SIDI智能直喷发动机,劲释190KW峰值功率;CDC全时主动式液力减震稳定系统,每秒100次扫描路面征服波澜起伏;更装备OnStar全时在线助理,一键触发14项主动式服务,为创变雄心提供随行关怀。汇聚未有之智慧,只为未行之格局。
BUICK Care
别克关怀
比你更关心你
• 3.0L V6 SIDI智能直喷发动机
• CDC全时主动式液力减震稳定系统
• 图书馆级QUIET tuning静音科技
• Ice blue冰蓝一体环绕灯
• OnStar安吉星全时在线助理
• Bi-Xenon随动转向HID大灯

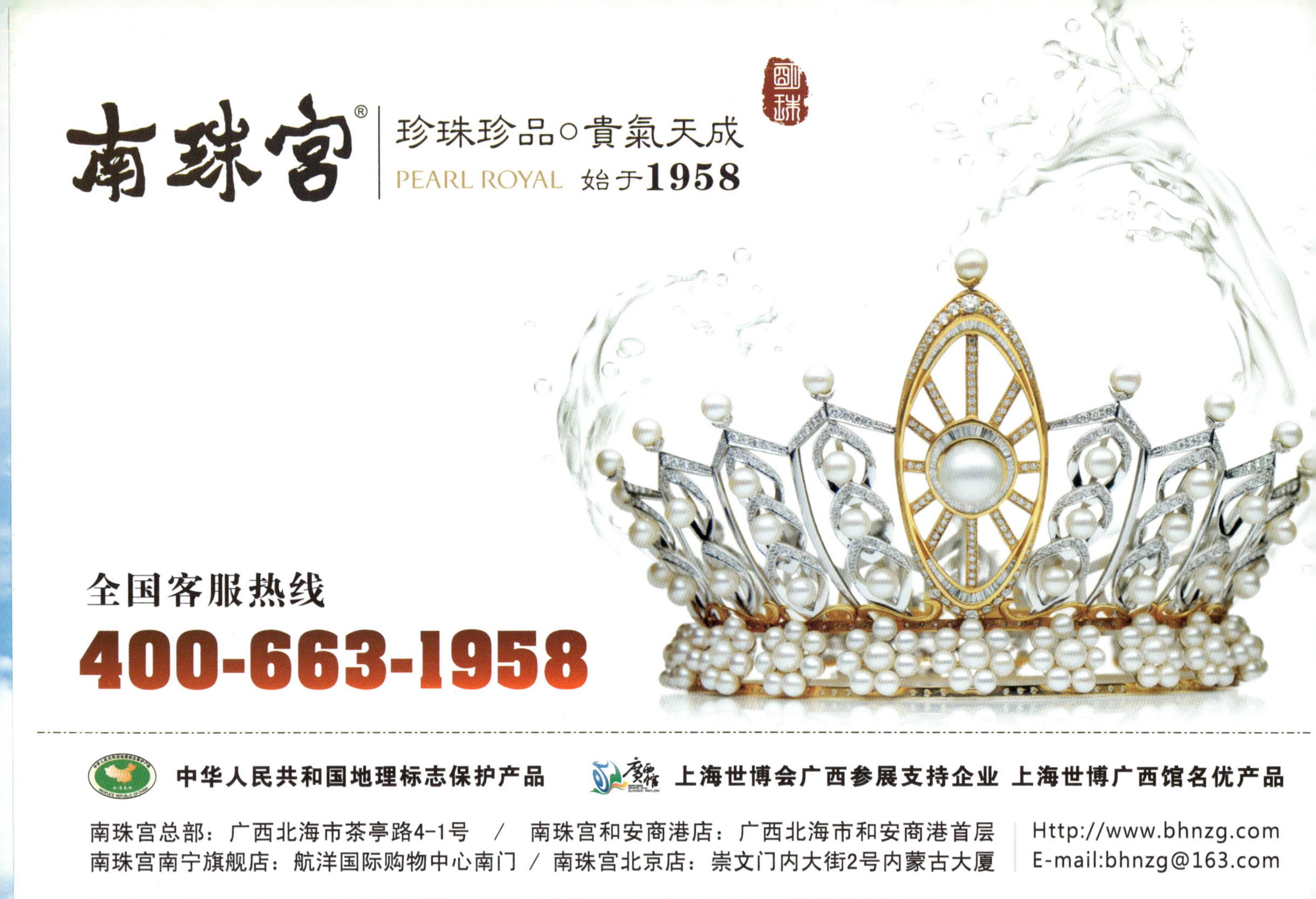
南珠宫®
珍珠珍品○貴氣天成
PEARL ROYAL 始于1958
全国客服热线
400-663-1958
中华人民共和国地理标志保护产品
上海世博会广西参展支持企业 上海世博广西馆名优产品
南珠宫总部：广西北海市茶亭路4-1号 / 南珠宫和安商港店：广西北海市和安商港首层
南珠宫南宁旗舰店：航洋国际购物中心南门 / 南珠宫北京店：崇文门内大街2号内蒙古大厦
Http://www.bhnzg.com
E-mail:bhnzg@163.com

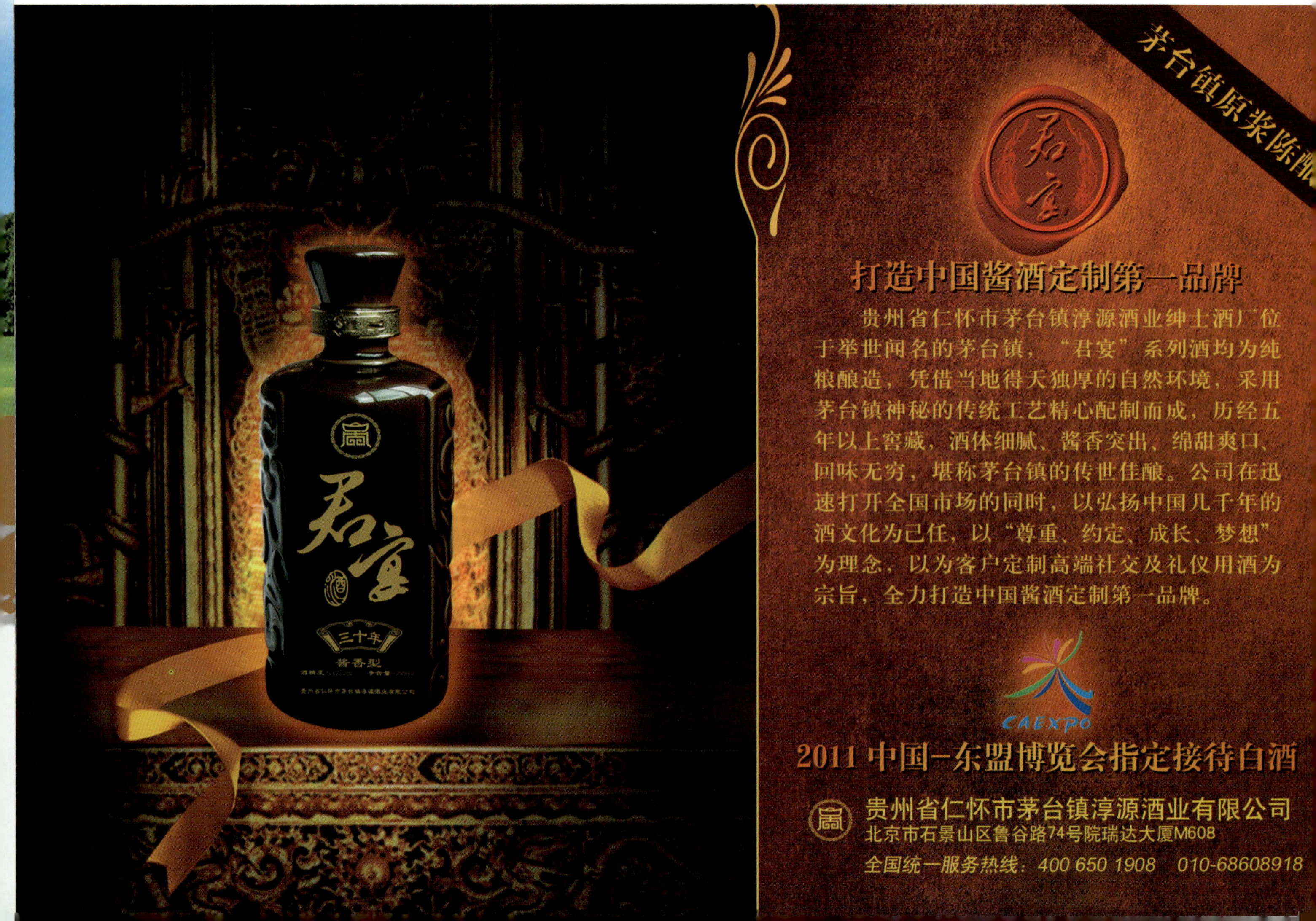
茅台镇原浆陈酿
君宴
打造中国酱酒定制第一品牌
贵州省仁怀市茅台镇淳源酒业绅士酒厂位于举世闻名的茅台镇，“君宴”系列酒均为纯粮酿造，凭借当地得天独厚的自然环境，采用茅台镇神秘的传统工艺精心配制而成，历经五年以上窖藏，酒体细腻、酱香突出、绵甜爽口、回味无穷，堪称茅台镇的传世佳酿。公司在迅速打开全国市场的同时，以弘扬中国几千年的酒文化为己任，以“尊重、约定、成长、梦想”为理念，以为客户定制高端社交及礼仪用酒为宗旨，全力打造中国酱酒定制第一品牌。
三十年
酱香型
CAEXPO
2011 中国-东盟博览会指定接待白酒
贵州省仁怀市茅台镇淳源酒业有限公司
北京市石景山区鲁谷路74号院瑞达大厦M608
全国统一服务热线：400 650 1908 010-68608918

北部湾国旅
BITS
CAEXPO
中国-东盟博览会指定接待旅行社
广西北部湾国际旅行社
GUANGXI BEIBU GULF INTERNATIONAL TRAVEL SERVICE CO.,LTD
广西北部湾国际旅行社，您身边的旅行专家！
立足广西
中国-东盟·合作 共赢
面向北部湾
服务东盟
www.3333001.com
精品旅游线路 · 会议 会务 接待 · 机票 酒店预订
2011中国—东盟博览会指定接待旅行社 广西北部湾国际旅行社企业简介】
广西北部湾国际旅行社（英文缩写“BITS”），是在中国—东盟自由贸易区的
立及泛北部湾经济区市场日益成熟的大好形势中应运而生的国际旅行社。凭借着
色的服务品质我社正式成为中国东盟博览会指定接待旅行社及合作伙伴。主要任
是参加中国-东盟博览会活动期间官方接待，服务境外、国内客商、参展商、参
代表以及游客，为宾客提供机票、酒店住宿、会议会务、考察旅游、各国签证、
辆租赁等优质业务，以东道主的身份为中国—东盟博览会的成功举办作出贡献。
如今我们的队伍已逐日壮大，在南宁市内设立了思贤门市部，并成功组建了桂
分社、湖南分社。广西北部湾国际旅行社的每一步走来都见证了中国—东盟自由
易区建立发展的全过程，是泛北部湾区域旅游行业当之无愧的先行者。
我社业务涵盖旅游全行业，经营国内旅游、出境旅游、入境旅游、媒体特色旅
、会议商务旅游、会奖旅游、拓展旅游、国内国际机票，代订全国各地、港
地区酒店，并涉及景点景区、餐饮、酒店行业的投资等业务，是一家实力
厚的新兴综合旅游服务机构。我社还拥有一支庞大的爱岗敬业、经验
富、朝气蓬勃的专业团队。秉承着“用心服务、诚信天下”的
旨，广西北部湾国旅全体员工积多年之经验为顾客提供
优质、快捷、专业的一站式全方位旅游服务。
我们期待与您携手，共赢未来！
4小时统一服务热线：
771-3333001、3333002、3333003
址：广西南宁市民族大道41号国贸中心A座2501-2520室

中国—东盟贸易门户

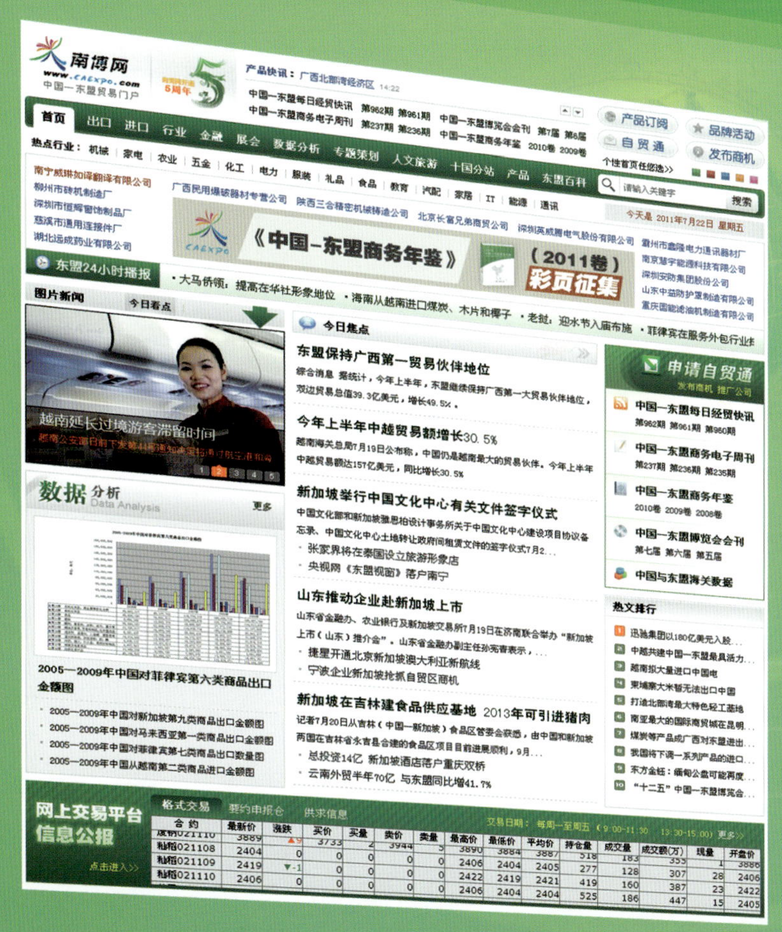

www.caexpo.com

■ 地址(Add)：中国广西南宁市高新区滨河路5号中盟科技园二层　■ 邮编(Zip Code)：530007

■ 电话(Tel)：+86-771-5519777　■ 传真(Fax)：+86-771-5519058

■ E-mail: service@caexpo.com

优越的区位优势 崇左市地处中国-东盟自由贸易区前沿地带，具有邻首府、近机场、通铁路、靠海港、沿边境、连东盟的区位优势和地缘优势。崇左已成为大湄公河次区域合作、泛珠江三角经济合作、泛北部湾经济合作等多个区域合作交汇的节点，是北部湾经济区成员城市，是陆路东盟最便捷的黄金通道。

优美的自然环境 崇左地处著名的岩溶地区，处处有旖旎的山水、瑰丽的风光，是天然氧吧，宜居宜游，旅游资源极其丰富，民族风情浓郁迷人。主要旅游景点有亚洲第一大跨国瀑布——德天瀑布，被列入世界文化遗产预备名录的宁明花山岩画，“中国九大名关”之一的凭祥友谊关，独具匠心的明朝左江斜塔。

丰富的物产资源 崇左属于桂西资源富集区，素有“绿色宝库”之称，亚热带动植物资源和农业资源丰富而独特，是中国重要的蔗糖、锰业、剑麻等生产基地。产蔗产糖量排名全国第一，有“中国糖都”的美誉。锰矿储藏量居中国之首，有“中国锰都”的美名。

叠加的优惠政策 崇左市既享受国家西部大开发政策、优惠边贸政策、扶持少数民族地区政策、广西北部湾经济区开放开发特殊政策，又享有国家给予综合保税区等多重优惠政策。

优质的服务环境 崇左市获得了“全国社会治安综合治理优秀地市”、“广西平安市”、“中国西部最具投资吸引力城市”、“中国金融生态城市”、“中国最佳投资环境城市”等荣誉。

“十一五”时期工作亮点

（一）综合经济实力显著增强。五年来，崇左市经济发展速度明显加快，地区生产总值等13项主要指标翻一番以上。据不完全统计，2010年生产总值达到389.2亿元、财政收入47.5亿元、外贸进出口总额37.3亿美元，进出口总额连续两年排名全区第一，出口总额连续七年排名全区第一。全市7个县（市、区）先后都获得 “广西县域经济发展进步县”或“广西科学发展进步县”，5个县（市、区）先后获得“广西十佳县”。

（二）产业结构得到明显优化。三次产业结构由2005年的37:29:34调整到2010年的30:37:33，经济发展质量不断提高。

（三）项目投资建设力度加大。五年来全市固定资产投资累计达835.8亿元。新开工项目393项，总投资457.9亿元；竣工项目227项，完成投资315.8亿元。“十一五”期间是崇左市历史上重大项目数量最多、规模最大、完成投资量最多的时期，投资总量逐年增加，投资增幅一直排在全区前列。

（四）中心城市建设成就显著。城市路网建设不断加快、市政设施不断完善、城市配套功能不断健全，中心城区范围由建市之初的5平方公里扩大到22平方公里，中心城区人口较快增加。一座规模不断扩大、功能不断完善、形态不断亮丽、环境不断优美的新兴城市正在陆路东盟展现！

（五）改革开放合作成效明显。边境贸易成为崇左市第一个突破200亿元的产业，占据广西“半壁江山”。 广西凭祥综合保税区作为中国第一个在陆路边境线上设立的综合保税区，仅用短短一年时间建成，达到验收、封关运行的标准，创造了“崇左速度”。

（六）生态文明建设扎实推进。全面启动创建生态文明示范市活动。大新县、江州区被评为全国第六批“国家级生态示范县（区）”，大新县硕龙镇被评为全国第七批“全国环境优美乡镇”，天等县被列为全国石漠化治理示范县。

（七）社会事业建设全面加强。崇左市“两基”工作通过国家评估验收，被评为全国“两基”攻坚先进地区；医药卫生体制改革取得新突破，60%乡镇卫生院药品实行零差率销售。新型农村合作医疗农民参合率提高到94.6%。

（八）人民生活水平持续改善。城镇居民人均可支配收入、农民人均纯收入、居民储蓄存款余额，年均增长分别为17.1%、15.0%、17.5%。

（九）财税金融实现新的跨越。全市七个县（市、区）的财政实力显著增强。 “引金入市”取得新成效，五年来市级银行机构从1家增加到5家，保险机构从5家增加到11家，其他金融机构增加2家。

（十）崇左优势地位明显提升。崇左市2007年被评为“中国西部最具投资吸引力城市”，2008年被评为“中国金融生态城市”，2009年被评为“中国魅力中小城市200强”，被评为“全国民族团结进步模范市”。2010年荣获“中国最佳绿色生态城市”和“中国最佳投资环境城市”。

崇左市成立于2003年8月，管辖扶绥、大新、天等、宁明、龙州5个县和江州区，凭祥市，国土面积1.73万平方公里，现有人口240万人，以壮族为主的少数民族人口占总人口的88.6%。

“十二五”时期发展目标

经济平稳较快发展 地区生产总值年均增长14%左右，力争到2015年实现翻一番，财政收入翻一番以上，全社会固定资产投资年均增长20%；

经济结构调整取得重大进展 三次产业结构由2010年的30:37:33调整为16:46:38。工业增加值占生产总值比重达40%以上，服务业增加值占全市生产总值的比重达38%；

城镇面貌大变样 城镇建设步伐加快，城市规模进一步扩大，到2015年中心城区建成区面积达31平方公里以上，城区人口达20万人，城镇化率达42%；

城乡居民收入普遍较快增加 城镇居民人均可支配收入年均增长11%，农民人均纯收入年均增长11%；

生态文明建设取得显著成效 万元GDP能耗和二氧化硫、化学需氧量排放总量控制在自治区下达的控制指标内，森林覆盖率达55%；

社会民生建设明显加强 覆盖城乡居民的基本公共服务体系逐步完善，社会主义民主法制更加健全，文化事业繁荣发展，社会更加和谐稳定；

改革开放不断深化发展 财税金融等重点领域和关键环节改革取得明显进展，非公有制经济占国民经济的比重大幅增加，对外开放实现新突破。2015年外贸进出口总额达75亿美元，年均增长15%。

“十二五”时期发展重点

- 大力推进陆路东盟南崇经济产业带建设
- 大力推进中心城市建设
- 大力发展服务业和文化旅游产业
- 大力推进民生工程建设
- 大力推进生态文明建设
- 大力发展民营经济
- 大力推进改革开放合作

崇左德天跨国大瀑布

广西壮族自治区外事办公室

一、广西外事机构概况

广西壮族自治区外事办公室为自治区人民政府组成部门，加挂自治区港澳事务办公室、广西人民对外友好协会牌子，同时也是自治区党委外事工作领导小组办公室。机构设置有 12 个处室，另设 2 个直属事业单位。主要职能有：一是贯彻执行国家对外方针政策和自治区党委、政府关于外事工作的指示和决定，归口管理、指导和协调全区外事工作和重大涉外事务。二是推动广西参与国际性、地区性区域交流与合作，为全区经济建设和社会发展服务。三是负责因公出访来访管理工作。四是负责涉外安全和领事保护工作。五是接待外国国宾、党宾、议会外宾等重要团组，统筹协调自治区领导对外交往事宜。六是负责我区同我驻外使领馆和外国驻华使领馆的归口联系，管理外国记者、港澳记者来桂采访活动。七是根据外交部授权，负责广西段中越陆地边界和北部湾海域边界的管理工作。八是管理、指导和协调全区同港澳特区的交往事宜。九是指导开展国际友好区州府、友好城市和民间对外交往活动。十是指导各市、区直单位和大专院校外事机构的业务工作。

目前，全区 14 个地级市均设立专门外事机构，并成立市委外事工作领导小组。据国务院授权，南宁、柳州、桂林、梧州、北海、防城港、钦州、玉林等 8 个市具有一定的外事审批权。全区 109 个县（市、区）中，共有 62 个县（市、区）设立了外事机构，其他县（市、区）指定了负责部门或人员。

二、“十一五”广西外事工作新跨越

“十一五”时期，广西外事工作取得了跨越式发展，实现了“三个显著提升，两个基本形成”，为“十二五”发展奠定了坚实基础。“三个显著提升”是：广西在国家总体外交、周边外交中的战略地位显著提升；大型涉外活动承办水平和服务水平显著提升；广西的对外形象、国际影响力、吸引力以及办会竞争力显著提升。“两个基本形成”是：以东盟为重点的全方位、多层次、宽领域的对外开放格局基本形成；“大外事”体系建设深入推进，全区对外“一盘棋”工作局面基本形成。

2011 年 4 月 30 日，全国人大常委会委员长吴邦国（后排左五）见证中国阳朔县与法国老阿讷西市签署友好关系意向书。

2009 年 2 月 23 日，中越双方在广西凭祥友谊关口岸举行仪式，共同庆祝中越陆地边界勘界立碑圆满结束，中国国务委员戴秉国（右六）与越南副总理兼外长范家谦（左六）共同出席仪式。

2010 年 8 月中越青年大联欢期间，中共中央政治局委员、中央书记处书记、中组部部长李源潮（左五）与越共中央政治局委员、中央书记处书记、中组部部长胡德越（左四）共同为中越青年友谊林石碑揭幕。

2011 年 5 月 10 日，自治区主席马飚（左）在文莱拜会文莱苏丹哈桑纳尔。

2010 年 1 月 19 日，自治区党委书记、自治区人大常委会主任郭声琨（左）在新加坡拜会新加坡总理李显龙。

2010 年 7 月 4 日，自治区政协主席马铁山（右二）在匈牙利拜会广西友城匈牙利沃什州州长费兰茨・郭瓦兹（左二）。

2011 年 6 月 20 日，自治区党委常委、宣传部部长沈北海（左三），自治区政协副主席黄日波（右一）为参加纪念中国—东盟建立对话关系 20 周年“广西农垦杯”外语演讲大赛获奖选手颁奖。

2010 年 3 月 19 日，自治区党委副书记陈际瓦（右）在南宁会见布隆迪保卫民主力量副总书记拉萨尔・姆乌耶库尔。

2010 年 11 月 20 日，自治区党委常委、自治区副主席陈武（左）在缅甸拜会时任缅甸国家和平与发展委员会第一秘书长，现任缅甸副总统吴丁昂敏乌。

2011 年 4 月 29 日，自治区政协副主席林国强（右六）为广西外事为民图片展开幕式剪彩。

2009 年 9 月 16 日，自治区人大常委会副主任吴恒（左二）在美国拜会美国蒙大拿州副州长约翰・保林格（右二）。

2010 年 12 月 29 日晚，自治区人大常委会副主任刘新文（二排左五）、自治区政协副主席蒋培兰（二排左六）出席“同唱友谊歌——2011 广西中外友人迎春联欢会”。

广西壮族自治区高级人民法院

2010 年 12 月自治区党委书记郭声琨、最高人民法院常务副院长沈德咏等领导参观广西审判史展

2010 年 10 月，自治区党委副书记陈际瓦视察自治区高级人民法院党建工作并予高度评价

2010 年广西有高级人民法院 1 个，中级法院 15 个，海事法院 1 个（按中级法院建制），基层法院 111 个，有基层派出人民法庭 257 个。全区法院在编人员 10400 人，其中法官 6270 人。

2010 年 10 月，广西壮族自治区主席马飚出席中国—东盟司法论坛并与来宾合影

自治区高级人民法院是自治区最高审级的审判机关，依法独立行使审判权，对自治区人民代表大会及其常务委员会负责并报告工作。主要职责是：依法审理由高级法院管辖的刑事、民事、行政和海事等第一审、第二审案件；审理最高人民法院指定再审的案件和本辖区的再审案件；依法行使司法执行权和司法决定权，对下级人民法院的执行案件进行业务上监督、指导和工作上的统一协调、指挥；调查研究审判工作中的法律政策及疑难问题，总结审判经验；组织、指导全区法院的思想政治、教育培训、法制宣传、司法行政事务等工作。自治区高级人民法院现有在编人员 390 人，内设刑事、民事、行政、立案、执行、审判监督等审判业务部门和综合行政部门共 26 个。

巡回法庭进万家

近年来，自治区高级人民法院在自治区党委的坚强领导、人大及其常委会的有力监督、政府政协和社会各界的大力支持以及最高人民法院的及时指导下，认真履行宪法和法律赋予的职责，监督指导全区各级法院紧紧围绕广西经济社会发展大局，坚持能动司法，深

为行动不便老人诉讼，基层法院法官开展上门调解

入推进社会矛盾化解、社会管理创新、公正廉洁执法三项重点工作，全面加强审判执行工作。全区法院每年审结的各类案件都在20万件以上，其中2008年审结229700多件，2009年审结249500多件，2010年审结250000多件；2008-2010年，自治区高级人民法院审结各类案件12000多件，为广西社会和谐稳定模范区建设作出了积极贡献。

2010年6月，自治区政协主席马铁山看望自治区高级人民法院干警

2011月3月，第十一届全国人大四次会议期间，最高人民法院王胜俊院长会见与会法院系统人大代表及政协委员，与自治区高级人民法院罗殿龙院长亲切握手

2009年，自治区高级人民法院院长罗殿龙赴防城港市外企调研，提供司法服务

近年来，广西各级法院积极服务保障中国—东盟自由贸易区建设和广西对外开放，进一步加强涉外审判。全区14个地方中级人民法院均具有涉外商事案件管辖权，边境地区基层人民法院可以管辖事实清楚、权利义务关系明确的涉外合同纠纷案件与侵权案件，使涉外民商事案件当事人诉讼更为便利。2010年全区法院共审结各类涉外民商事及海事海商案件231件，北海海事法院设立专项合议庭，专门审理涉东盟国家海事海商案件，2010年受理的案件全部调解结案，营造广西良好的投资环境。

为推动中国—东盟自由贸易区建设与发展，全区各级法院积极开展与东盟各国之间的司法交流。2008年10月，自治区高级人民法院在南宁市首次举办中国—东盟自由贸易区地方法官研讨会，包括东盟八国六位副总理级、三位部长级大法官在内的国内外80多名司法界人士就加强中国—东盟自由贸易区合作发展中的司法保障、司法协助等问题开展对话交流，为今后的司法合作与交流打下了良好的基础。2009年10月，自治区高级人民法院成功举办中国广西与越南部分地方法院法官研讨会，就相关司法问题开展交流研讨。2010年10月，自治区高级人民法院再次成功举办“加强国际司法交流与合作，促进区域经济发展与繁荣研讨会”，分别与来自阿富汗、老挝、塞舌尔首席大法官等九个国家和一个国际组织的近20位大法官和司法官员，以及国内著名法官和法律专家，围绕司法交流与合作在促进区域经济发展中的地位和作用以及区域经济合作组织成员之间加强国际司法交流与合作内容、途径和实现方式等议题展开交流和探讨，就区域经济合作组织成员之间进一步加强国际司法交流与合作达成共识，促进了广西与亚太地区各国的交流合作和中国—东盟自由贸易区的建设发展。

广西各级法院紧紧围绕经济和社会发展大局，全面正确履行职责，切实维护社会公平正义，为创建社会和谐稳定模范区，推动中国—东盟自由贸易区建设，实现富民强桂新跨越作出新的更大贡献。

法警雄风

2011年3月，自治区高级人民法院女法官上街开展法律咨询活动

2010年10月，由自治区高级人民法院和广西法官协会主办的国际司法论坛会场

中国银行广西分行

中国银行广西分行将支持地方经济发展为己任，连续多年荣获广西壮族自治区人民政府颁发的“金融机构支持地方经济发展突出贡献奖”，图为自治区党委常委、自治人民政府副主席李金早（左一）给中国银行广西分行杨展鹏行长（左二）颁发“支持广西经济发展突出贡献银行家”牌匾。

中国银行广西分行成功办理广西首笔跨境人民币结算业务，并以雄厚的实力始终稳居广西跨境人民币结算业务市场份额首位。图为该行率先成立了“中国银行中国—东盟人民币业务中心（广西）”，该行杨展鹏行长（右）代表该行受匾。

中国银行成立于1912年2月，是中国国际化和多元化程度最高的银行，中国银行的机构网络覆盖全球29个国家和地区以及国内32个省市区。在香港和澳门，中国银行还是当地的发钞行之一。

中国银行广西分行是中国银行在广西设立的一级分行，拥有机构、网点241家，员工五千多人。多年来，中国银行广西分行积极发挥中国银行“海内外两个市场、本外币两种资源”的独特优势，在服务地方经济发展的同时，积极搭建国内客商“走出去”及海外客商“走进来”的平台，努力为国内外客户提供良好的金融服务。

与此同时，积极回报社会、履行企业社会责任的理念也深深植入中国银行的企业文化中：积极服务中国—东盟博览会，连续八年成为中国—东盟博览会惟一主办银行；积极参与人才培育工作，成为广西区内国家助学贷款独家经办银行；积极组织向广西雨雪冰冻受灾地区、向广西干旱灾区捐款，开辟

中国银行广西分行优质的金融服务赢得国内外宾客的广泛赞誉。图为中图银行广西分行员工在第七届中国—东盟博览会上为东盟客商办理业务。

中国—东盟博览会期间，中国银行召开海内外分行联动会议，利用全球化的网络优势为国内与国外客商牵线搭桥。

与您携手共赢

中国—东盟博览会主办银行

CAEXPO SPONSOR BANK

抗震救灾绿色通道，全力支持抗震救灾工作……

展望未来，中国银行广西分行将以全球化的机构网络优势、多元化的业务平台、国际化一流银行的实力为广西经济加快发展，为我区人民生活水平的提高，为促进广西与海外地区的交流与合作作出更大的贡献。

中国银行广西分行荣获广西壮族自治区人民政府授予“金融机构支持广西经济发展突出贡献奖”荣誉称号。

中国银行广西分行全力支持“科教兴桂”战略，成为广西22所高校国家助学贷款发放指定银行，为广西贫困学子圆了上学梦。

在大力支持地方经济发展的同时，中国银行广西分行积极履行社会责任。图为2010年4月，该行杨展鹏行长（前排左）代表中国银行向广西干旱灾区捐款150万元，用于灾区抗旱保生产、保民生。

中国银行广西分行以追求卓越为核心价值观，全力打造一流的员工队伍。

作为中国—东盟博览会惟一主办银行，中国银行广西分行连续多年为博览会提供优质服务。图为该行在博览会上的展馆。

中国银行 BANK OF CHINA

地址：中国广西南宁市古城路39-1号　邮编(Post Code)：530022　客服中心(Call Center)：95566　传真(Fax)：0771-2813844

中国—东盟商务年鉴

CHINA—ASEAN BUSINESS YEARBOOK

2011

郑军健　主编

广西人民出版社

责任编辑:韦洁琳

出版发行　广西人民出版社
社　　址　广西南宁市桂春路6号
邮　　编　530028
网　　址　http://www.gxpph.cn
印　　刷　广西地质印刷厂
开　　本　889mm×1194mm　1/16
印　　张　31.5
字　　数　950千字
版　　次　2011年9月　第1版
印　　次　2011年9月　第1次印刷
书　　号　ISBN 978-7-219-07539-5/Z·242
定　　价　300元

《中国—东盟商务年鉴2011》主创单位及人员

主办单位 中国—东盟博览会秘书处

承办单位 广西南博国际信息有限公司

支持单位 文莱达鲁萨兰国驻中国大使馆
柬埔寨王国驻中国大使馆
老挝人民民主共和国驻中国大使馆
缅甸联邦共和国驻中国大使馆
新加坡共和国驻中国大使馆
中国驻文莱达鲁萨兰国大使馆经济商务参赞处
中国驻缅甸联邦共和国大使馆经济商务参赞处
中国驻菲律宾共和国大使馆经济商务参赞处
中国驻新加坡共和国大使馆经济商务参赞处
中国驻泰王国大使馆经济商务参赞处
中国纺织品进出口商会
中国机电产品进出口商会　中国五矿化工进出口商会
中国对外承包工程商会　中国医药保健品进出口商会
山西省商务厅　黑龙江省商务厅
河南省商务厅　广东省对外贸易经济合作厅
广西壮族自治区商务厅　广西出入境检验检疫局
海南省商务厅　云南省商务厅

特邀顾问 （以姓氏笔画为序）
刁春和　王志欣　王沅江　王树培　王淑珍　王　锐　王嘉欣　叶晓峰
叶章和　刘树森　刘　捷　吴丁乌　吴政平　宋迪·本库　李清树
李铭林　杨　彪　凯·西索达　金永辉　金洪根　姚文萍　倪如林
高文宽　黄　涛　梁耀文　熊清华

专家委员会 （以姓氏笔画为序）
王　勤　石　峡　朱振明　张文山　张蕴岭　李欣广
陆建人　徐长文　秦小辉　高　歌　黄丽馨　廖东声

编委会名誉主任 陈　武

编委会主任 郑军健

编委会副主任 李文杰　农　融　王　雷　宫起君　黄　媛　郝志刚　余向东

编委会委员 曾　忠　覃维炳　熊智琳　时祖耀　黄平西　庞志军
李晓天　覃霄岗　许　瑾　莫轻思　邓　霓　谢柱军　周占一

主编 郑军健

执行主编 李　梅

编辑人员 莫　婷　陈文苑　韦丹丹　徐　芬　凌彩姻　项　针　卢艳英　陈　红

英文编辑 吕秋颖

编辑说明

一、《中国—东盟商务年鉴》是一部国际商务性年鉴，着重收载中国和东盟各国商务方面的基本资料及重要信息，旨在为企业开拓东盟市场提供商务指导，帮助企业快速、全面了解东盟商机，促进双边贸易发展，并促进中国—东盟自由贸易区建设及宣传和提高中国—东盟博览会的商务影响力。

二、本年鉴从2008年起逐年编纂出版。本卷年鉴着重记述2010年中国—东盟商务的相关资料，但为提高年鉴的时效性，卷中东盟商务资讯的信息着重于2011年1～7月份；中国—东盟商务大事记已整理至2011年6月份。

三、本卷年鉴共设篇目13个。分别是国别篇、贸易投资篇、行业篇、商务资讯篇、政策法规篇、企业案例篇、经商实务篇、区域合作篇、活动篇、大事记、数据统计篇、文献、附录等。其中，东盟各国资料的编排，依国际惯例按国名的英文字母顺序排序；一国之内发生的事情，在同一篇目中按时序编排。

四、本年鉴由中国—东盟博览会秘书处主办。本年鉴供稿者均为专事东南亚研究领域的专家及学者，资料来源主要来自国内外权威机关、书籍、传媒或网站，具有一定的权威性和较高的参考价值，涉及的统计表格主要来自海关统计数据及国家商务部网站公开数据。

五、作为资料性工具书，本年鉴内容资料的选题选材和编排，条目的内容要素和记述程序等，均按照既定的体例有所规范。为方便读者阅读、检索，还配备双重检索系统：书前刊有详细目录，书后配有按照字母顺序索引。

六、本年鉴所涉及的单位名称、撰稿人职务均以截稿日期为准。

七、由于资料采集不易和成书时间仓促，本卷年鉴难免有所疏漏和不足，敬请国内外各界读者指正，我们将在今后的编纂工作中努力改进。

八、本卷年鉴在编纂过程中对一些作者和出版机构的著作进行了引用或选编，因时间仓促，部分作者和出版机构未能取得联系，请有关作者或出版机构见到本书后尽快与我们联系，我们将按照国家有关规定支付相应稿酬。

九、本年鉴在策划、组稿、编辑加工过程中，得到有关领导、机关单位、协办单位及社会各界人士的大力支持，谨表示衷心的感谢！

Contents

From the Editors

Creative Units and Personnel

China and ASEAN Member Countries ······ 1

Profile ······ 1

The People's Republic of China ······ 1

Brunei Darussalam ······ 3

The Kingdom of Cambodia ······ 5

The Republic of Indonesia ······ 7

The Lao People's Democratic Republic ······ 10

Malaysia ······ 12

The Republic of the Union of Myanmar ······ 15

Republic of the Philippines ······ 17

The Republic of Singapore ······ 20

The Kingdom of Thailand ······ 22

The Socialist Republic of Viet Nam ······ 24

Bilateral Relations ······ 26

Sino-Bruneian Bilateral Relations ······ 26

Sino-Cambodian Bilateral Relations ······ 27

Sino-Indonesian Bilateral Relations ······ 29

Sino-Laotian Bilateral Relations ······ 30

Sino-Malaysian Bilateral Relations ······ 32

Sino-Myanmar Bilateral Relations ······ 34

Sino-Philippine Bilateral Relations ······ 35

Sino-Singaporean Bilateral Relations ······ 37

Sino-Thai Bilateral Relations ······ 38

Sino-Vietnamese Bilateral Relations ······ 39

Trade and Investment ······ 42

China-ASEAN Macroeconomic ······ 42

Investment Environment in ASEAN Member Countries ······ 48

Theses on Trade and Investment ······ 75

Trade Barrier Information Collection of ASEAN Countries 2008～2011 ······ 82

Issues Concerning Investment and Cooperation in ASEAN for Chinese Businesses ······ 86
Issues Concerning Investment and Cooperation in Brunei for Chinese Businesses ······ 86
Issues Concerning Investment and Cooperation in Cambodia for Chinese Businesses ······ 87
Issues Concerning Investment and Cooperation in Indonesia for Chinese Businesses ······ 90
Issues Concerning Investment and Cooperation in Laos for Chinese Businesses ······ 92
Issues Concerning Investment and Cooperation in Malaysia for Chinese Businesses ······ 94
Issues Concerning Investment and Cooperation in Myanmar for Chinese Businesses ······ 96
Issues Concerning Investment and Cooperation in Philippines for Chinese Businesses ······ 98
Issues Concerning Investment and Cooperation in Singapore for Chinese Businesses ······ 100
Issues Concerning Investment and Cooperation in Thailand for Chinese Businesses ······ 101
Issues Concerning Investment and Cooperation in Vietnam for Chinese Businesses ······ 104
Industries ······ 106
Analysis of ASEAN Key Markets ······ 106
Industrial Specials of ASEAN Member Countries ······ 115
Business Information ······ 174
Policies, Laws and Regulations ······ 215
Laws, Regulations and Policies on Foreign Investment and Cooperation in ASEAN Member Countries ······ 215
Corporate Cases ······ 267
Trade Practice ······ 283
Visa Guide for Chinese Citizens Going to ASEAN Member Countries ······ 283
ASEAN Trademark Guide ······ 299
Summary of Taxation System in ASEAN Member Countries ······ 311
Procedure to Develop Investment and Cooperation in ASEAN Member Countries ······ 338
Regional Cooperation ······ 362
China-ASEAN Free Trade Area ······ 362
The Great Mekong Subregional Cooperation ······ 366
Pan-Beibu Gulf Economic Cooperation Forum 2010 ······ 372
Activities ······ 374
China-ASEAN Expo ······ 374
China-ASEAN Business and Investment Summit ······ 380
Chronological Events ······ 390
Statistics ······ 406
Documents ······ 449
Appendix ······ 463
Index ······ 477

目　录

编辑说明
主创单位及人员

国别篇

概　况 …… 1
中国 …… 1
国名 …… 1
国旗 …… 1
国徽 …… 1
国歌 …… 1
主要节日 …… 1
国土与资源 …… 1
国民 …… 1
行政区划 …… 2
经济 …… 2
就业 …… 3
文莱 …… 3
国名 …… 3
国旗 …… 3
国徽 …… 3
主要节日 …… 3
自然地理 …… 3
国民 …… 3
行政区划 …… 4
国体政体 …… 4
经济 …… 4
传媒 …… 5
柬埔寨 …… 5
国名 …… 5
国旗 …… 5
国徽 …… 5
主要节日 …… 5
自然地理 …… 5
国民 …… 5
行政区划 …… 6
国体政体 …… 6
经济 …… 7
传媒 …… 7
印度尼西亚 …… 7
国名 …… 7
国旗 …… 7
国徽 …… 8
主要节日 …… 8
自然地理 …… 8
国民 …… 8
行政区划 …… 8
国体政体 …… 8
经济 …… 9
传媒 …… 10
老挝 …… 10
国名 …… 10
国旗 …… 10
国徽 …… 10
主要节日 …… 10
自然地理 …… 10
国民 …… 11
行政区划 …… 11
国体政体 …… 11
经济 …… 11
传媒 …… 12
马来西亚 …… 12
国名 …… 12
国旗 …… 12
国徽 …… 12
主要节日 …… 12
自然地理 …… 13
国民 …… 13
行政区划 …… 13
国体政体 …… 13
经济 …… 14
传媒 …… 14
缅甸 …… 15
国名 …… 15
国旗 …… 15
国徽 …… 15
主要节日 …… 15
自然地理 …… 15
国民 …… 15
行政区划 …… 15
国体政体 …… 15
经济 …… 16

传媒 …… 17
菲律宾 …… 17
国名 …… 17
国旗 …… 17
国徽 …… 17
主要节日 …… 17
自然地理 …… 18
国民 …… 18
行政区划 …… 18
国体政体 …… 18
经济 …… 19
传媒 …… 19
新加坡 …… 20
国名 …… 20
国旗 …… 20
国徽 …… 20
主要节日 …… 20
自然地理 …… 20
国民 …… 20
行政区划 …… 20
国体政体 …… 20
经济 …… 21
传媒 …… 22
泰国 …… 22
国名 …… 22
国旗 …… 22
国徽 …… 22
主要节日 …… 22
自然地理 …… 22
国民 …… 22
行政区划 …… 22
国体政体 …… 23
经济 …… 24
传媒 …… 24
越南 …… 24
国名 …… 24
国旗 …… 24
国徽 …… 24
主要节日 …… 24
自然地理 …… 25
国民 …… 25
行政区划 …… 25
国体政体 …… 25
经济 …… 25
传媒 …… 26
双边关系 …… 26
中国与文莱双边关系 …… 26
中国与柬埔寨双边关系 …… 27
中国与印度尼西亚双边关系 …… 29
中国与老挝双边关系 …… 30
中国与马来西亚双边关系 …… 32
中国与缅甸双边关系 …… 34
中国与菲律宾双边关系 …… 35
中国与新加坡双边关系 …… 37
中国与泰国双边关系 …… 38
中国与越南双边关系 …… 39

贸易投资篇

中国—东盟整体经济 …… 42
后危机时期中国—东盟经济合作前景 …… 42
中国—东盟自由贸易区建成后的效果剖析 …… 45
中国与东盟——经济大戏开锣 …… 47
东盟十国投资环境 …… 48
文莱行业投资环境分析 …… 48
柬埔寨投资环境的竞争优势分析 …… 51
印度尼西亚投资环境分析 …… 54
老挝投资环境研究 …… 56
马来西亚宏观投资环境分析 …… 59
解读缅甸投资环境 …… 61
菲律宾投资环境解析 …… 65
新加坡投资环境及相关规划 …… 68
泰国投资环境调查 …… 70
越南投资环境综述 …… 72
贸易投资论文 …… 75
中国—东盟产业内贸易发展与对策研究 …… 75
中国—东盟贸易自由化对中国农产品出口的影响及对策 …… 76
中国—东盟自由贸易区投资动态效应分析 …… 78
中国—东盟贸易发展概况 …… 81
2008～2011年东盟国家贸易壁垒信息汇总 …… 82
中国企业到东盟开展投资合作应注意的问题 …… 86
到文莱开展投资合作应注意的问题 …… 86
到柬埔寨开展投资合作应注意的问题 …… 87
到印度尼西亚开展投资合作应注意的问题 …… 90
到老挝开展投资合作应注意的问题 …… 92
到马来西亚开展投资合作应注意的问题 …… 94
到缅甸开展投资合作应注意的问题 …… 96
到菲律宾开展投资合作应注意的问题 …… 98
到新加坡开展投资合作应注意的问题 …… 100

到泰国开展投资合作应注意的问题 ………… 101
到越南开展投资合作应注意的问题 ………… 104

行业篇

东盟重点市场分析 …………………………… 106
东盟：中国医疗器械企业掘金“新舞台” …………………………………………… 106
东盟钢铁市场现状及展望 …………………… 107
东盟卷烟贸易概况 ………………………… 111
东南亚塑料模具产业蓄势待发 ……………… 112
开拓东盟建材市场正逢其时 ………………… 114
东盟国别行业专题分析 ……………………… 115
文莱 ………………………………………… 115
文莱发力会展旅游业 ……………………… 115
文莱建筑承包工程市场研究 ……………… 116
文莱渔业发展概况 ………………………… 118
柬埔寨 ……………………………………… 120
柬埔寨采取措施加快发展水电产业 ……… 120
柬埔寨地产业深具潜力 …………………… 121
柬埔寨橡胶种植业方兴未艾 ……………… 122
中国与柬埔寨农业合作现状及相关建议 …………………………………………… 123
印度尼西亚 ………………………………… 125
印度尼西亚煤炭产业取得长足发展 ……… 125
印度尼西亚加大投资恢复纺织业 ………… 126
印尼医疗器械市场攻略：与当地分销商合作 …………………………………………… 127
印度尼西亚制藤产业简况 ………………… 128
中国与印度尼西亚机电产品贸易前景广阔 …………………………………………… 129
老挝 ………………………………………… 131
老挝证券市场浅析 ………………………… 131
老挝农业发展及中老农业合作现状 ……… 132
老挝工程承包市场概况 …………………… 133
老挝水电资源及其开发情况 ……………… 135
马来西亚 …………………………………… 136
马来西亚现代物流业特点分析 …………… 136
马来西亚出台政策规范燕窝产业 ………… 138
马来西亚国家石油公司大力发展石化工业 …………………………………………… 139
马来西亚塑料加工业大有可为 …………… 140
保险业并购增长　马来西亚银行业呈现增长势头 …………………………………… 142
缅甸 ………………………………………… 143
缅甸木材优势解析 ………………………… 143
缅甸粮食产业前景广阔 …………………… 144
缅甸水泥行业现状 ………………………… 146
菲律宾 ……………………………………… 147
菲律宾 ICT 离岸服务外包产业竞争力分析 …………………………………………… 147
菲律宾可再生能源产业的潜力与政策 …… 149
菲律宾芒果产业发展研究 ………………… 150
菲律宾农业生产资料市场分析 …………… 152
聚焦菲律宾有色金属矿业 ………………… 153
新加坡 ……………………………………… 155
新加坡数字广告产业与海外市场通力合作 …………………………………………… 155
新加坡建筑业强劲增长 …………………… 156
新加坡精密工程业发展分析 ……………… 157
新加坡石化发展及投资近况 ……………… 158
新加坡医疗产业发展概况 ………………… 159
泰国 ………………………………………… 161
泰国领军东南亚太阳能市场 ……………… 161
泰国钢铁行业现状与特点 ………………… 161
泰国农业种子行业外资准入调研 ………… 162
泰国新政促进中泰珠宝产业深度合作 …… 163
泰国橡胶产业及贸易发展状况 …………… 164
泰国医械产业依赖进口 …………………… 166
越南 ………………………………………… 167
越南家电市场走强 ………………………… 167
越南汽车工业发展特点分析 ……………… 169
越南印刷包装广告市场发展势头良好 …… 170
越南 IT 产业迅速崛起 …………………… 171
越南发展旅游业加强与中国合作 ………… 172

商务资讯篇

泰国各大商业银行拟赴东盟增设分行 ……… 174
最大集装箱船起航巴生港　中国—东盟航运再结硕果 ……………………………………… 174
中国—东盟环境保护合作中心在北京启动 …… 174
中国—东盟双边贸易额 2011 年有望突破 3000 亿美元 ……………………………………… 175
东盟取代日本成中国第三大贸易伙伴 ……… 175
中国输往东盟货物 FORM E 证书更改须守新规 ………………………………………… 175
东盟峰会成立基金落实连通规划 …………… 176
2015 年东盟将实现统一签证系统 ………… 176
中国电力成为东盟进口首选 ………………… 176
南宁将于 2015 年建成中国—东盟区域性信息交流中心 ……………………………………… 176

"东盟 10+3" 2011 年将联合储备 72 万吨大米 …… 177
未来三年东盟国家海外直接投资前景看好 …… 177
中国—东盟博览会部分留购展品免征关税 …… 177
煤炭成为广西自东盟进口第一大类商品 …… 178
东盟太阳能硅片市场需求激增或超欧盟 …… 178
文莱完善港口设施以促进邮轮旅游 …… 178
文莱政府同微软合作推出本地区首个"微软学院" …… 178
文莱与菲律宾探讨进一步加强经济合作 …… 178
文莱和柬埔寨两国签署游客免签证协议 …… 179
文莱公共房屋需求保持逐年上升 …… 179
文莱 2010 年 CPI 上涨 0.9% …… 179
文莱佰都利银行与中国银联合作在文莱发行首张银联卡 …… 179
文莱重视农业生产　献力东盟粮仓建设 …… 179
文莱交通部计划投资 1.5 亿文莱元扩建机场 …… 179
文莱电力局推介电气安装标准手册 …… 180
文莱与广西签署渔业合作备忘录 …… 180
文莱跨海大桥项目可行性分析将于 2011 年年底完成 …… 180
文莱与日本电力公司将续签液化天然气合同 …… 180
"文莱清真"品牌产品登陆国际市场 …… 180
文莱宣布提高进口烟草消费税 …… 180
文莱在越南累计投资达 47 亿美元 …… 181
中国—文莱水稻研发合作项目圆满结束 …… 181
文莱启动首个太阳能电厂 …… 181
中国与文莱举行第二次经贸磋商 …… 181
文莱发现大型油气田 …… 181
中柬签署首个大型农业合作项目 …… 182
柬埔寨采取措施加快发展水电产业 …… 182
中国银行将全面加强与柬埔寨国家银行合作 …… 182
柬埔寨国会通过《外国人不动产产权法》 …… 183
中国企业投资柬埔寨成衣业势头看涨 …… 183
柬中合资建设首家电动汽车制造厂 …… 183
柬埔寨调高汽车入口税 …… 183
近年来柬埔寨小额贷款机构发展迅速 …… 184
中国贷款援助柬埔寨兴建两座大桥 …… 184
柬埔寨旅游业致力打造"绿色经济" …… 184
2011 年柬埔寨建筑石材税增倍 …… 184
中国成柬埔寨第三大外国游客来源国 …… 184
柬埔寨计划 2012 年底开始产油 …… 185
柬埔寨大米叩开通往中国的大门 …… 185
印度尼西亚产节能灯件 90%来自中国 …… 185
印度尼西亚计划在东爪哇新建两个大型尿素装置 …… 185
印度尼西亚 5 种粮食商品成优先目标 …… 185
印度尼西亚有望成为世界最大香料出口国 …… 186
5 年内印度尼西亚拟投巨资用于发展矿物能源 …… 186
印度尼西亚 2012 年交通基础设施建设需投资 45.495 万亿印尼盾 …… 186
印度尼西亚油气部门每年需要 340 亿美元的投资 …… 186
印度尼西亚政府放宽咖啡出口条例 …… 187
未来 10 年印度尼西亚毛棕油产量或超 4000 万吨 …… 187
印度尼西亚计划未来三年建设 18 万千瓦太阳能电站 …… 187
印度尼西亚矿务能源部制定 26 处新地热作业区 …… 187
印度尼西亚政府取消豆油进口关税 …… 188
中国成为印度尼西亚沉香木最大进口国 …… 188
印度尼西亚电力普及化每年需 100 万亿印尼盾 …… 188
印度尼西亚计划三年后成为人造纤维大国 …… 188
印度尼西亚鞋厂面临皮革供应短缺 …… 189
中国银联与老挝外贸银行共拓银联卡业务 …… 189
四川将投资 9.6 亿美元在老挝建卫星通信产业园 …… 189
老挝将建境内首条高速公路 …… 189
老挝公共工程和运输部规划四大重点发展领域 …… 189
老挝成立旅游市场促进协会 …… 190
老挝咖啡位居农产品出口第一位 …… 190
2010 年老挝旅游收入位居全国第三 …… 190
老挝政府拟出台六大战略举措促进商业—企业发展 …… 190
亚洲开发银行着手制定与老挝政府新一轮五年合作规划 …… 190
老挝政府出台大力推动经济特区建设政策 …… 191
老挝颁布实施《消费者保护法》 …… 191
老挝矿产资源丰富　多数尚未开发 …… 191
老挝公共工程与运输等基础建设寻求对外合作 …… 191
马来西亚未来 10 年橡胶园面积将增加 …… 191
博世集团拟投资 5.2 亿欧元在马来西亚发展太阳能产业 …… 192
马来西亚推出创新型中小企业奖励计划 …… 192
马来西亚冷冻榴莲可正式出口中国 …… 192
马来西亚成为全球第六大粗糖进口国 …… 192

中马贸易在未来5年仍将倍增 …………………… 193
马来西亚成为第72个与中国签署互免协议的国家 ………………………………………… 193
马来西亚宣布经济转型新项目 …………………… 193
马来西亚国家石油公司投资200亿美元建油气联合体 ……………………………………… 193
丰田马来西亚将投资3亿美元升级工厂 ……… 194
中马钦州产业园完成总体规划　定位五大产业 ……………………………………………… 194
马来西亚建筑业外劳工作准证无条件延长5年 ……………………………………………… 194
马来西亚石油欲剑指全球第五大润滑油品牌 ……………………………………………… 194
马来西亚将逐步禁止进口二手汽车及零部件 ……………………………………………… 195
马来西亚将废除335项产品进出口准证 ……… 195
2011年6月起入境马来西亚须测指纹 ………… 195
马来西亚名牌商品2011年起免税 ………… 195
吉隆坡计划未来10年吸引100家知名跨国公司投资 ………………………………………… 195
缅甸取消东盟运输标准 ………………………… 196
缅甸计划2011～2012财年出口大米60万吨 ……………………………………………… 196
2010～2011财年中缅贸易超50亿美元 ……… 196
缅甸成云南第一大贸易伙伴 …………………… 196
缅甸停止木材来料加工 ………………………… 196
中缅签署铁路项目合作谅解备忘录 …………… 197
缅甸对进口新增3.5%代扣所得税 ……………… 197
缅甸对华开放落地签证 ………………………… 197
缅甸颁布《土瓦经济特区法》 ………………… 198
中国重汽签下缅甸第一汽车升级项目 ………… 198
缅甸航空开通广州直达仰光航线 ……………… 198
中缅边境拉扎口岸重新开放 …………………… 199
缅甸通过边境向中国出口汽油 ………………… 199
缅甸印刷业所需纸张75%依靠进口 ………… 199
菲律宾成为世界主要服务出口国 ……………… 199
菲律宾政府公布2011～2016年中期发展规划 ……………………………………………… 199
中国服装公司在菲律宾建厂 …………………… 200
菲律宾向外国航空公司实施“开放天空”政策 ……………………………………………… 200
亚洲第一大购物中心菲律宾SM百货入驻苏州 ……………………………………………… 200
菲律宾最大地产商驻天津生态城项目开工 …… 201
人民币在菲律宾可直接商业运作 ……………… 201
菲律宾7家贸易商获得大米进口许可 ………… 201
菲律宾国家电网推出互联计划 ………………… 201
菲律宾政府推出首批公私合作项目 …………… 201
菲律宾将建立首个可再生能源市场 …………… 202
中国银联与菲律宾最大银行合作发行银行卡 ……………………………………………… 202
菲律宾央行放松外汇管制 ……………………… 202
菲律宾取消轧钢、沥青、原油和石化产品进口税 ……………………………………………… 202
中行携手银联在菲律宾发行首张双币种借记卡 ……………………………………………… 202
第八届铁矿峰会在新加坡召开 ………………… 203
芬兰航空开通新加坡航线 ……………………… 203
挪威Statoil将在新加坡成立天然气交易部门 ……………………………………………… 203
特速集团以7.8亿元投资新加坡公共房屋项目 ……………………………………………… 203
新加坡新能源获澳洲电力传输缆线经营权 …… 204
联邦速递在新加坡设新区域中心 ……………… 204
新加坡佳晟在马来西亚获213万新元合同 …… 204
新加坡华侨银行在中国香港推出人民币定期存款 ……………………………………………… 204
新加坡制造业产业园在贵州奠基　总投资15亿美元 ………………………………………… 205
全球最大再生柴油提炼厂在新加坡建成开幕 ……………………………………………… 205
新加坡全面上调各类土地发展费 ……………… 205
新加坡主权资金一年内全球筹资99亿美元 … 205
新加坡成为亚太地区第三大理想上市地 ……… 205
新加坡继续巩固其亚洲资产管理中心地位 …… 206
新加坡拟建超高压地下电网 …………………… 206
2011年泰国皮鞋业可望实现良好增长 ………… 206
泰国央行准券商从事外汇期货 ………………… 206
泰国数码媒体市值估年增20% ………………… 207
泰国政府鼓励国内食品业进军印度尼西亚市场 ……………………………………………… 207
泰国会展业潜力巨大　多方看好 ……………… 207
泰国商业部预计2011年大米出口量将高于1000万吨 ……………………………………… 207
泰国IT市场2011年估增14% ………………… 208
2011年泰国出口可望激增20% ………………… 208
泰国2011全年进口估逾1万亿泰铢 ………… 208
2011年泰国农业出口总额将创历史新高 ……… 209
泰国已实现东盟经济共同体计划中的64% …… 209
泰国商业部称大米库存产量充足 ……………… 210
越南日益重视中国市场 ………………………… 210
中国大量进口越南橡胶和干木薯片 …………… 211
越南政府进一步限制酒类、化妆品和移动电话进口 ………………………………………… 211

越南取消腰果原料进口关税 …………………… 211
越南限制进口商品目录再增新成员 …………… 211
越南药品进口持续增加 ………………………… 211
越南决定恢复征收成品油进口税 ……………… 212
越南食用植物油生产前景看好 ………………… 212
越南进一步严格进口商品管理 ………………… 212
越南以易货贸易方式向中国出口铁矿石 ……… 212
越南限制旧汽车进口 …………………………… 212
越南支持发展风电项目 ………………………… 213
越南拟建广宁至广西输油管道 ………………… 213
越南对华出口近10万吨糖 …………………… 213
越南上调合金钢进口关税 ……………………… 213
2011年上半年中越贸易额增长30.5% ……… 213
至2020年越南将投资近90亿美元发展塑料行业 ………………………………………… 213
越南咖啡出口企业原料缺乏 …………………… 214
越南采取八项措施发展2011年下半年社会经济 ………………………………………… 214
越南批准2011～2020年国家电力发展规划 … 214
越南进口肉类及活体家畜家禽增加 …………… 214

政策法规篇

东盟十国对外国投资合作的法规和政策 ……… 215
文莱对外国投资合作的法规和政策 ………… 215
柬埔寨对外国投资合作的法规和政策 ……… 218
印度尼西亚对外国投资合作的法规和政策 ……………………………………… 224
老挝对外国投资合作的法规和政策 ………… 228
马来西亚对外国投资合作的法规和政策 …… 231
缅甸对外国投资合作的法规和政策 ………… 235
菲律宾对外国投资合作的法规和政策 ……… 240
新加坡对外国投资合作的法规和政策 ……… 246
泰国对外国投资合作的法规和政策 ………… 253
越南对外国投资合作的法规和政策 ………… 261

企业案例篇

东风柳汽："柳州制造"闯东盟 ………… 267
联想新市场崛起 ………………………………… 268
南车株机揽马来西亚40亿元"大礼包" …… 269
中国石油在印度尼西亚 ………………………… 270
中国万达集团的印度尼西亚淘金路 …………… 271
自贸区建成一周年：玉柴开拓东盟市场启示 ………………………………………… 272
贵州茅台集团拓展东盟市场 …………………… 273
海尔：自贸区新动力引发新思考 ……………… 273
晋江鞋机"淘金"东南亚 ……………………… 275
昆钢拓展东盟市场成效显著 …………………… 277
大庆特色技术叫响印度尼西亚市场 …………… 277
从红豆投资柬埔寨看中国企业生存之道 ……… 278
中国寰球工程公司缅甸化肥项目建设纪略 …… 281

经商实务篇

中国公民赴东盟十国签证 …………………… 283
文莱签证办理指南 …………………………… 283
柬埔寨签证办理指南 ………………………… 284
印度尼西亚签证办理指南 …………………… 285
老挝签证办理指南 …………………………… 287
马来西亚签证办理指南 ……………………… 288
缅甸签证办理指南 …………………………… 290
菲律宾签证办理指南 ………………………… 292
新加坡签证办理指南 ………………………… 294
泰国签证办理指南 …………………………… 297
越南签证办理指南 …………………………… 298
东盟商标指南 ………………………………… 299
东南亚商标指南 ……………………………… 299
文莱商标注册指南 …………………………… 300
柬埔寨商标指南 ……………………………… 302
印度尼西亚商标法指南 ……………………… 303
老挝商标指南 ………………………………… 304
马来西亚商标指南 …………………………… 304
缅甸商标指南 ………………………………… 306
菲律宾商标指南 ……………………………… 307
新加坡商标指南 ……………………………… 308
泰国商标指南 ………………………………… 309
越南商标指南 ………………………………… 310
东盟十国税制概述 …………………………… 311
文莱税制概述 ………………………………… 311
柬埔寨税制概述 ……………………………… 312
印度尼西亚税制概述 ………………………… 314
老挝税制概述 ………………………………… 316
马来西亚税制概述 …………………………… 318
缅甸税制概述 ………………………………… 321
菲律宾税制概述 ……………………………… 324
新加坡税制概述 ……………………………… 327
泰国税制概述 ………………………………… 329
越南税制概述 ………………………………… 334
在东盟十国开展投资合作的手续 …………… 338
在文莱开展投资合作的手续 ………………… 338

在柬埔寨开展投资合作的手续 …… 340
在印度尼西亚开展投资合作的手续 …… 342
在老挝开展投资合作的手续 …… 344
在马来西亚开展投资合作的手续 …… 346
在缅甸开展投资合作的手续 …… 348
在菲律宾开展投资合作的手续 …… 349
在新加坡开展投资合作的手续 …… 352
在泰国投资合作的手续 …… 354
在越南开展投资合作的手续 …… 359

区域合作篇

中国—东盟自由贸易区 …… 362
概述 …… 362
提出 …… 363
目标 …… 363
重要性 …… 363
内容框架 …… 363
发展进程 …… 365
大湄公河次区域合作 …… 366
背景 …… 366
地理态势 …… 367
合作目标 …… 367
主要机制 …… 367
领导人会议 …… 368
进展 …… 369
国际关注 …… 371
2010 泛北部湾经济合作论坛 …… 372
时间 …… 372
宗旨 …… 372
主题 …… 372
主要议题 …… 372
组织机构 …… 372
特点 …… 372
论坛成果 …… 372

活动篇

中国—东盟博览会 …… 374
概况 …… 374
会徽 …… 374
会歌 …… 375
吉祥物 …… 375
缘起 …… 375
背景 …… 375
定位 …… 376
内容 …… 376
特色 …… 376
组织机构 …… 376
常设机构 …… 377
历届出席领导 …… 377
主题 …… 378
成果与述评 …… 378
成果 …… 378
述评 …… 378
中国—东盟商务与投资峰会 …… 380
概况 …… 380
背景 …… 380
会徽 …… 380
宗旨 …… 380
组织机构 …… 380
历届概况 …… 380
第七届中国—东盟商务与投资峰会 …… 381
时间 …… 381
主题 …… 381
出席领导 …… 381
领导发言 …… 381
会议论坛 …… 382
2010 年中国—东盟物联网高峰论坛 …… 382
2010 中国—东盟商会领袖论坛 …… 383
第 14 届东盟与中日韩财长会议 …… 384
第二届中国—东盟金融合作与发展领袖论坛 …… 384
第九次中国—东盟（10＋1）经贸部长会议 …… 385
第三届中国—东盟智库战略对话会议 …… 386
中国—东盟基础设施合作高峰论坛 …… 387
首次银行家圆桌会议 …… 388
中马经贸投资合作论坛 …… 389

大事记

2010 年 7～12 月 …… 390
2011 年 1～6 月 …… 398

数据统计篇

2010 年 1～12 月中国对东盟国家贸易统计 …… 406
中国对文莱进出口商品构成表（2010 年） …… 406

中国对柬埔寨进出口商品构成表（2010 年） …… 410
中国对印度尼西亚进出口商品构成表（2010 年） …… 413
中国对老挝进出口商品构成表（2010 年） …… 416
中国对马来西亚进出口商品构成表（2010 年） …… 419
中国对缅甸进出口商品构成表（2010 年） …… 423
中国对菲律宾进出口商品构成表（2010 年） …… 426
中国对新加坡进出口商品构成表（2010 年） …… 429
中国对泰国进出口商品构成表（2010 年） …… 433
中国对越南进出口商品构成表（2010 年） …… 436
印度尼西亚对外贸易年度和月度表 …… 439
印度尼西亚对主要贸易伙伴出口额（2010 年） …… 440
印度尼西亚自主要贸易伙伴进口额（2010 年） …… 441
印度尼西亚贸易差额主要来源（2010 年） …… 441
马来西亚对外贸易年度和月度表 …… 442
马来西亚对主要贸易伙伴出口额（2010 年） …… 443
马来西亚自主要贸易伙伴进口额（2010 年） …… 443
马来西亚贸易差额主要来源（2010 年） …… 444
新加坡对外贸易年度和月度表 …… 444
新加坡对主要贸易伙伴出口额（2010 年） …… 445
新加坡自主要贸易伙伴进口额（2010 年） …… 446
新加坡贸易差额主要来源（2010 年） …… 446
泰国对外贸易年度和月度表 …… 447
泰国对主要贸易伙伴出口额（2011 年 1～3 月） …… 447
泰国自主要贸易伙伴进口额（2011 年 1～3 月） …… 448
泰国贸易差额主要来源（2011 年 1～3 月） …… 448

文　献

重要讲话 …… 449
推动共同发展　共建和谐亚洲——胡锦涛在博鳌亚洲论坛 2011 年年会开幕式上的演讲 …… 449
加强睦邻友好　深化互利合作——温家宝在印尼卡尔蒂妮宫的演讲 …… 451
温家宝在中国—印尼战略商务对话活动上的讲话 …… 454
共同推动中马互利合作再上新台阶——温家宝在中马经贸投资合作论坛上的致辞 …… 455
温家宝在第十三次东盟与中日韩领导人会议上的讲话 …… 457
中国—东盟自由贸易区重要文献 …… 458
中国—东盟行业合作昆明会议主席声明 …… 458
中国和东盟领导人关于可持续发展的联合声明 …… 459
中国与缅甸关于建立全面战略合作伙伴关系的联合声明 …… 460
中华人民共和国政府和印度尼西亚共和国政府关于进一步加强战略伙伴关系的联合公报 …… 461

附　录

中国驻东盟各国大使馆 …… 463
东盟各国驻中国外交机构 …… 463
中国驻东盟各国总领馆 …… 464
东盟国家贸促机构与商协会通讯录 …… 465
中国—东盟自由贸易区部分关税削减时间表 …… 468
中国和东盟各国的主要港口及国际航空港 …… 468
东盟国家的主要报纸 …… 469
东盟各国主要通讯社、电台、电视台 …… 469
中国—东盟博览会参展物主要入境口岸局一览 …… 471
东南亚国家联盟 …… 471
中国—东盟博览会出入境检验检疫服务指南 …… 473
索引 …… 477

国别篇

概 况

中 国

国 名

中华人民共和国（The People's Republic of China），简称中国或中华。

国 旗

中华人民共和国国旗是五星红旗。红色象征革命。旗上的五颗五角星及其相互关系象征中国共产党领导下的革命人民大团结。五角星用黄色是为了在红地上显出光明，而且黄色较白色明亮美丽。四颗小五角星各有一尖正对着大星的中心点，这是表示围绕着一个中心而团结，在形式上也显得紧凑美观。

中国国旗

中国国徽

国 徽

中华人民共和国国徽的内容为国旗、天安门、齿轮和麦稻穗，象征中国人民自“五四”运动以来的新民主主义革命斗争和工人阶级领导的以工农联盟为基础的人民民主专政的新中国的诞生。

国 歌

2004 年 3 月 14 日，十届全国人大二次会议通过宪法修正案，规定“中华人民共和国国歌是《义勇军进行曲》”。由田汉作词、聂耳作曲的《义勇军进行曲》，被称为中国民族解放的号角，自 1935 年在民族危亡的关头诞生以来，在人民中广为流传，对激励中国人民的爱国主义精神起了巨大的作用。

主要节日

新年（1 月 1 日，放假一天）；春节（农历新年，除夕、正月初一、初二放假三天）；清明节（农历清明当日，放假一天）；国际劳动妇女节（3 月 8 日，妇女放假半天）；植树节（3 月 12 日）；国际劳动节（5 月 1 日，放假一天）；中国青年节（5 月 4 日，14 至 28 周岁的青年放假半天）；端午节（农历端午当日，放假一天）；国际护士节（5 月 12 日）；儿童节（6 月 1 日，未满 14 周岁的少年儿童放假一天）；中国共产党诞生纪念日（7 月 1 日）；中国人民解放军建军纪念日（8 月 1 日，现役军人放假半天）；教师节（9 月 10 日）；中秋节（农历中秋当日，放假一天）；国庆节（10 月 1 日，放假三天）；记者节（11 月 8 日）。中国重大的传统节日还有元宵节。此外，各少数民族也都保留着自己的传统节日。

国土与资源

中国位于亚洲大陆的东部、太平洋西岸，陆地面积约 960 万平方公里。中国领土北起漠河以北的黑龙江江心（北纬 53°30′），南到南沙群岛南端的曾母暗沙（北纬 4°）；东起黑龙江与乌苏里江汇合处（东经 135°05′），西到帕米尔高原（东经 73°40′）。从南到北，从东到西，距离都在 5000 公里以上。中国陆地边界长达 2.28 万公里。中国同 14 国接壤，与 8 国海上相邻。领海由渤海（内海）和黄海、东海、南海三大边海组成，东部和南部大陆海岸线 1.8 万千米。内海和边海的水域面积约 473 万平方千米。海域分布有大小岛屿 7600 个，其中台湾岛最大，面积 35798 平方千米。

国 民

人 口 2011 年 4 月 28 日，国家统计局公布的第六次全国人口普查数据显示，全国总人口为 1370536875 人，其中：普查登记的大陆 31 个省、自治区、直辖市和现役军人的人口共有 1339724852 人。

香港特别行政区人口为7097600人。澳门特别行政区人口为552300人。台湾地区人口为23162123人。与2000年第五次人口普查相比，10年增加7390万人，增长5.84%。居住在城镇的人口为66557万人，占总人口的49.68%。居住在乡村的人口为67415万人，占50.32%。同2000年相比，城镇人口比重上升13.46个百分点。

民　族　中国有56个民族，即汉族、蒙古族、回族、藏族、维吾尔族、苗族、彝族、壮族、布依族、朝鲜族、满族、侗族、瑶族、白族、土家族、哈尼族、哈萨克族、傣族、黎族、傈僳族、佤族、畲族、高山族、拉祜族、水族、东乡族、纳西族、景颇族、柯尔克孜族、土族、达斡尔族、仫佬族、羌族、布朗族、撒拉族、毛南族、仡佬族、锡伯族、阿昌族、普米族、塔吉克族、怒族、乌孜别克族、俄罗斯族、鄂温克族、德昂族、保安族、裕固族、京族、塔塔尔族、独龙族、鄂伦春族、赫哲族、门巴族、珞巴族、基诺族。

宗　教　宪法规定公民享有宗教信仰自由。中国宗教徒信奉的主要有佛教、道教、伊斯兰教、天主教和基督教。中国公民可以自由地选择、表达自己的信仰和表明宗教身份。据不完全统计，中国现有各种宗教信徒1亿多人，信教人数呈平稳增长态势。宗教活动场所共约13万处，比1997年增长约5万所，宗教教职人员约36万人，比1997年增长约6万人，宗教团体近5500个，宗教院校110余所。

中国避暑胜地：黄山

行政区划

一级行政区划　中国行政区划为34个省、自治区、直辖市和特别行政区。即黑龙江、吉林、辽宁、河北、山西、山东、江苏、浙江、安徽、江西、福建、台湾、河南、湖北、湖南、广东、海南、云南、贵州、四川、陕西、甘肃、青海等23个省，广西、西藏、新疆、内蒙古、宁夏等5个自治区，北京、天津、上海、重庆等4个直辖市，香港、澳门2个特别行政区。

主要城市　首都北京市，简称京，位于华北平原西北端，周围被河北省和天津市所包围，是中国政治、经济、文化和国际交流中心，综合性产业城市，著名古都，重要航空港。面积16800多平方千米。全市总人口为1961.2万人。

其他重要城市有：上海、广州、天津、哈尔滨、长春、沈阳、大连、呼和浩特、太原、石家庄、济南、青岛、南京、苏州、杭州、合肥、福州、厦门、南昌、郑州、武汉、长沙、南宁、桂林、深圳、海口、昆明、贵阳、成都、重庆、拉萨、乌鲁木齐、兰州、西安、西宁、银川、香港、澳门、台北、高雄等。

经　济

国内生产总值　2010年全年国内生产总值397983亿元，比2009年增长10.3%（数据来自中华人民共和国2010年国民经济和社会发展统计公报）。人均国内生产总值约为29678.08元（按国内生产总值与2010年末人口总数测算）。全年农村居民人均纯收入5919元，剔除价格因素，比2009年实际增长10.9%；城镇居民人均可支配收入19109元，实际增长7.8%。农村居民家庭食品消费支出占消费总支出的比重为41.1%，城镇为35.7%。按2010年农村贫困标准1274元测算，年末农村贫困人口为2688万人，比2009年末减少909万人。

产　业　第一产业包括农业、林业、畜牧业和渔业。种植业是农业的支柱，主要包括粮食作物种植业和经济作物种植业。粮食种植业主要种植小麦、水稻、玉米、薯类等作物，经济作物种植业主要种植棉花、油类（花生、油菜、芝麻、油茶）、麻类、糖料（甘蔗、甜菜）、豆类、茶叶、水果等作物。2010年全年粮食种植面积10987万公顷，比2009年增加89万公顷；棉花种植面积485万公顷，减少10万公顷；油料种植面积1397万公顷，增加32万公顷；糖料种植面积192万公顷，增加3万公顷。全年粮食产量54641万吨，比2009年增加1559万吨，增产2.9%。其中，夏粮产量12310万吨，减产0.3%；早稻产量3132万吨，减产6.1%；秋粮产量39199万吨，增产4.8%。2010年第一产业增加值40497亿元，增长4.3%。

第二产业包括工业和建筑业。工业门类齐全，主要有矿产参选、金属冶炼及压延加工、金属制品、机械制造、食品加工和制造等行业。第二产业在国民经济中占主导地位，2010年第二产业增加值

186481亿元，增长12.2%；第三产业增加值171005亿元，增长9.5%。第三产业包括地质勘查和水利管理、交通运输仓储邮电通信、批发和零售贸易、金融保险、房地产、社会财务、卫生体育和社会福利、教育文化艺术、广播电影电视、科学研究和综合技术服务等行业。第三产业在国民经济中的地位不断上升，2010年第三产业增加值171005亿元，增长9.5%。

财 政 2010年全年财政收入83080亿元，比2009年增加14562亿元，增长21.3%；其中税收收入73202亿元，增加13680亿元，增长23.0%。

金 融 主要银行有中国人民银行、中国建设银行、中国工商银行、中国农业银行、中国银行、中国农业发展银行、中国进出口银行、国家开发银行、交通银行、中国光大银行、中信实业银行等，其中中国人民银行是国家中央银行。主要保险公司有中国人民财产保险股份有限公司、中国人寿保险股份有限公司、中国太平洋财产保险股份有限公司、中国太平洋人寿保险股份有限公司、中国平安财产保险股份有限公司、中国平安人寿保险股份有限公司、新华人寿保险股份有限公司等。证券交易所有上海证券交易所和深圳证券交易所。

货币名称为人民币，单位为元。

2010年末国家外汇储备28473亿美元，比2009年末增加4481亿美元。2010年末人民币汇率为1美元兑6.6227元人民币，比2009年末升值3.0%。

进出口贸易 2010年全年货物进出口总额29728亿美元，比2009年增长34.7%。其中，货物出口15779亿美元，增长31.3%；货物进口13948亿美元，增长38.7%。进出口差额（出口减进口）1831亿美元，比2009年减少126亿美元。

就业

2010年末，全国城乡就业人员约为7.9亿。2010年中国积极就业政策力度加大，全年城镇新增就业人员1168万人，比2009年增加66万人，年末城镇登记失业率4.1%，比2009年末下降0.2个百分点。

文 莱

国名

文莱达鲁萨兰国（Brunei Darussalam），简称文莱。

国旗

文莱国旗呈横长方形，长宽之比为2∶1。由黄、白、黑、红四色组成。黄色的旗地上横斜着黑、白宽条，中央绘有红色的国徽。黄色代表苏丹至高无上，黑、白斜条是为纪念两位有功的亲王。

文莱国旗

文莱国徽

国徽

文莱国徽呈红色。一弯新月环抱着一根棕榈树干，其上为展开的双翼，双翼之上为一顶华盖和一面旗帜，这象征文莱信奉伊斯兰教和苏丹至高无上。在新月中央用马来文写着“永远在真主指导下，万事如意”。中心图案两侧有两只手臂，表示人民向真主祈求，人民对苏丹和政府的拥护。国徽底部的饰带上写着“和平之城——文莱”。

主要节日

独立日：1月1日（1984年）；国庆日：2月23日（1984年）。

自然地理

文莱达鲁萨兰国位于加里曼丹岛北部，国土面积5765平方公里。北濒南中国海，东南西三面与马来西亚的沙捞越州接壤，并被沙捞越州的林梦分隔为不相连的东西两部分。海岸线长约161公里，沿海为平原，内地多山地，有33个岛屿。东部地势较高，西部多沼泽地。属热带雨林气候，炎热多雨。年均气温28℃。

文莱水晶公园

国民

人 口 约40.7045万（2010年）。

民 族 主要民族有20个。其中马来人占

66.4%，华人占11%，其他种族占4%。

语　言　文莱的国语为马来语，通用英语，华语主要在华人中使用。

宗　教　国教是伊斯兰教，其他还有佛教、基督教、拜物教等。

行政区划

首都为斯里巴加湾市，位于文莱—穆阿拉区，面积16平方公里，人口约6万。原称文莱市，从17世纪起即成为文莱首都，1970年10月4日改为现名。全国分区、乡和村三级。全国划分为4个区：文莱—穆阿拉、马来奕、都东、淡布隆。区长和乡长由政府任命，村长由村民民主选举产生。

国体政体

国　体　文莱是一个“主权、民主和独立的马来穆斯林君主国”。君主（苏丹）拥有行政、立法、司法全部权利，同时也是宗教领袖。设宗教、枢密、内阁、立法、世袭等5个委员会（1984年独立后，立法委员会停止运作，内阁委员会改为内阁政府），协助苏丹理政。

宪　法　1959年9月29日颁布第一部宪法。1971年和1984年曾进行重大修改。宪法规定，苏丹为国家元首和宗教领袖，拥有全部最高行政权力和颁布法律的权力。设宗教委员会、继承与册封委员会、枢密院、立法院和内阁部长会议协助苏丹理政。2004年9月，立法院第一届会议审议并通过宪法修正案，内容涉及司法、宗教、民俗等多个方面，共13项内容，包括赋予苏丹无须经立法院同意而自行颁布紧急法令等法令的权利；制定选举法令，让人民参选从政；将立法院扩大到45人，由委任议员30人和民选议员15人组成；伊斯兰教仍为国教，但人民有宗教信仰自由；仍以马来语作为官方语言，英语可作为法庭办案语言等。

议　会　原立法院由33人组成，其中16人由民选产生。1962年曾举行选举，1970年取消选举，议员改由苏丹任命。1984年2月，苏丹宣布终止立法会，立法以苏丹圣训方式颁布。2004年7月，苏丹宣布重开立法会。9月，立法会恢复运作，议长卡马鲁丁（Dr. KEMALUDIN）和21名议员（包括当然议员6人、高官议员5人和委任议员10人）均由苏丹直接任命。2005年9月，苏丹解散立法会，重新任命卡马鲁丁为议长，并任命30名新议员。2011年2月，苏丹任命伊萨为立法会新任议长，6月任命新一届立法会议员。

国家政要　文莱元首是苏丹·哈吉·哈桑纳尔·博尔基亚·穆伊扎丁·瓦达乌拉，1967年10月5日继位，兼任首相、国防大臣和财政大臣。王储穆赫塔迪·比拉，1998年8月册封为王储。

政　府　本届政府于2005年5月由苏丹宣布组成，任期5年。设首相署、国防部、财政部、外交和贸易部、司法部、教育部、交通部、宗教部、文化青年体育部、内政部、发展部、卫生部、首相署能源部、工业和初级资源部等机构。2010年5月29日，文莱苏丹及国家元首苏丹·哈吉·哈桑纳尔·博尔基亚宣布改组内阁，当日生效。目前内阁成员：首相、国防部长和财政部长苏丹·哈吉·哈桑纳尔·博尔基亚·穆伊扎丁·瓦达乌拉，王储兼首相府高级部长阿尔穆塔迪·比拉，外交和贸易部长穆罕默德·博尔基亚亲王等。

司　法　文莱司法体系以英国习惯法为基础。一般刑事案件在推事庭或中级法院审理，较严重的案件由高级法院审理。最高法院由上诉法院和高级法院组成。最高法院首席大法官穆罕默德·赛义德。文莱民事案件最终可上诉至英国枢密院。此外还设有伊斯兰教法院审理穆斯林的宗教案件。宗教法院首席法官为佩欣·达图·阿卜杜勒·哈密德，总检察长基弗拉维。

政党　1985年5月30日，苏丹宣布允许政党注册，随后出现了文莱国家民主党和文莱国家团结党。1988年文莱政府将国家民主党取缔，目前仅存文莱国家团结党。另有国民觉醒党和国民进步党两个小党。

经　济

国内生产总值　2010年文莱国内生产总值约106亿美元（根据文莱经济规划发展的数据），全年GDP实现2.6%的增长，人均国内生产总值约3.2万美元（国际货币基金组织数据）。

产　业　文莱国家主要的经济活动以石油和天然气为主，占外汇收入90%以上。建筑业是文莱除油气产业外第二大产业。根据文莱经济计划发展局（BEDB）公布的资料，近三年来建筑业在文莱国内生产总值（GDP）中所占比例保持在4%左右。根据文莱农业局发布的数字，截至2009年底，文莱的大米自给率仅为6%左右，2010年达到自给率20%的原定目标。

金　融　不设国家中央银行，在财政部设货币局和金融局负责金融的管理。全国有9家银行、5家金融公司、26家保险公司和1家证券交易公司。货币名称为文莱元，与新加坡元等值。2011年一季度文莱通货膨胀率同比增长1.6%，其中三个月分别同比增长1%、1.8%和1.9%。2010年文莱元与美元平均汇率为1∶1.36。

进出口贸易 根据中国海关统计，2011年前5个月，中国与文莱双边贸易额已达6.47亿美元，同比增长超过40%。其中中国出口3.84亿美元，进口2.64亿美元，分别同比增长341.2%和-29.3%。2010年，中文双边贸易额为10.25亿美元，同比2009年的4.23亿美元增长超过140%。

传媒

文莱新闻社是文莱惟一的官方新闻机构，创建于1959年。主要报纸：《婆罗洲公报》，日报（英、马来文）；《文莱灯塔》，周报（马来文）。文莱广播电视台创建于1957年5月，是文莱惟一的广播电视台。广播电台拥有两个广播网，一个用马来语和方言，一个用英语、华语和廓尔喀语广播，目前每天播音超过30小时。电视台从1975年起开设彩色电视频道，播放马来文和英文节目。

柬埔寨

国名

柬埔寨王国（The Kingdom of Cambodia），简称柬埔寨。

国旗

柬埔寨国旗呈横长方形，长宽之比为3∶2。由三个平行的横长方形相连构成，中间是红色宽面，上下均为蓝色长条。红色象征吉祥和喜庆，蓝色象征光明和自由。红色宽面中间绘有白色镶金边的吴哥庙、著名的婆罗门教建筑，象征柬埔寨悠久的历史和古老的文化。

柬埔寨国旗

柬埔寨国徽

国徽

柬埔寨国徽是以王剑为中心线两边对称的图案。菱形图案中的王剑由托盘托举，意为王权至高无上；两侧为由狮子守护的五层华盖，“五”在柬埔寨风俗中象征完美、吉祥；两边的棕榈树叶象征胜利。底部的饰带上用柬文写着“柬埔寨王国之国王”。整个图案象征柬埔寨王国在国王的领导下，是一个统一、完整、团结、幸福的国家。

主要节日

独立日（建军日）：11月9日（1953年摆脱法国殖民统治，宣布独立）；国庆日：6月24日（1991年8月柬埔寨全国最高委员会决定将1991年6月24日柬埔寨停火日定为柬埔寨新的国庆日）。

自然地理

柬埔寨位于东南亚中南半岛南部，北接老挝，西北部与泰国为邻，东和东南部与越南接壤，西南濒泰国湾。陆地面积为18万多平方公里，海岸线长460公里。中部和南部是平原，东部、北部和西部被山地、高原环绕，大部分地区被森林覆盖。豆蔻山脉东段的奥拉山海拔1813米，为境内最高峰。湄公河在境内长约500公里，流贯东部。洞里萨湖是中南半岛的最大湖泊，低水位时面积达2500多平方公里，雨季湖面达1万平方公里。沿海多岛屿，主要有戈公岛、隆岛等。属热带季风气候，年平均气温29℃～30℃。5～10月为雨季，11月至次年4月为旱季。受地形和季风影响，各地降水量差异较大，象山南端可达5400毫米，金边以东约1000毫米。

金边市塔仔山下的独立纪念碑

国民

人　口 2010年柬埔寨人口约1444.44万人（据2010年GDP及人均GDP测算）。

民　族 有20多个民族，其中高棉族占人口总数的80%，其他还有占族、普农族、老族、泰族和斯丁族等少数民族。

语　言 高棉语为通用语言，与英语、法语同为官方语言。

宗　教 国教为佛教，全国93%以上的人信奉佛教；占族多信奉伊斯兰教；少数城市居民信奉天主教。

行政区划

首都为金边（PhnomPenh）。全国分为 20 个省和 4 个直辖市。金边地处洞里萨河与湄公河交汇处，是柬埔寨政治、经济、文化和宗教中心。

国体政体

政　体　柬埔寨实行君主立宪制。国王是终身制国家元首、武装力量最高统帅。

宪　法　柬埔寨现行宪法于 1993 年 9 月 21 日经柬埔寨制宪会议通过、由西哈努克国王于同年 9 月 24 日签署生效。1999 年 3 月 4 日，第二届国会通过宪法修正案。宪法规定，柬埔寨实行自由民主制和自由市场经济，立法、行政、司法三权分立。国王是终身制国家元首、武装力量最高统帅，是国家统一和永存的象征，有权宣布大赦，在首相建议并征得国会主席同意后有权解散国会。国王因故不能理政或不在国内期间由参议院主席代理国家元首职务。王位不能世袭，国王去世后由首相、佛教两派僧王、参议院和国会正副主席共 9 人组成王位委员会在 7 日内从安东、诺罗敦和西索瓦三支王族后裔中遴选产生新国王。

议　会　国会是柬埔寨国家最高权力机构和立法机构，每届任期 5 年。首届国会成立于 1993 年，由 120 名议员组成，其中奉辛比克党 58 人，人民党 51 人，佛教自由民主党 10 人，莫里纳卡党 1 人。人民党主席谢辛任国会主席。国会下设 9 个专门委员会。第二届国会成立于 1998 年 9 月，由 122 名议员组成，其中人民党 64 人，奉辛比克党 43 人，森朗西党 15 人。人民党、奉辛比克两党联合执政，森朗西党拒绝入阁，成为国会合法的反对党。奉辛比克党主席诺罗敦·拉纳烈任国会主席。第三届国会成立于 2004 年 7 月，由 123 名议员组成，其中人民党 73 人，奉辛比克党 26 人，森朗西党 24 人。拉纳烈连任国会主席。2006 年 3 月，拉纳烈辞去国会主席。2006 年 3 月 21 日，柬国会举行全体会议，投票选举原第一副主席、人民党名誉主席韩桑林为国会主席，人民党中央常委阮涅为第一副主席，奉辛比克党成员尤霍格里为第二副主席。2006 年 12 月 27 日，国会投票表决通过奉党成员洪逊霍为国会第二副主席。第四届国会成立于 2008 年 9 月，本届国会由 123 名议员组成，其中人民党 90 人，森朗西党 26 人，人权党 3 人，拉纳烈党和奉辛比克党各 2 人。韩桑林任国会主席，阮涅为第一副主席，赛冲为第二副主席。

国家政要　国王诺罗敦·西哈莫尼，2004 年 10 月就任；首相洪森，2008 年 9 月连任王国政府首相；柬埔寨参议院主席、人民党主席谢辛，2006 年 3 月 20 日出任第二届参议院主席；柬埔寨国会主席、人民党名誉主席韩桑林，2008 年 9 月任第四届国会主席；太皇诺罗敦·西哈努克，2004 年 10 月 7 日宣布退位。

政　府　柬埔寨第四届政府于 2008 年 9 月成立，洪森为首相。设 10 个副首相，16 个国务大臣，26 个部和 2 个国务秘书处。

政　党　1993 年大选时柬埔寨共有 40 多个政党参选。1998 年大选时有 39 个政党参选。2003 年大选时有 23 个政党参选。2008 年大选时有 11 个政党参选。主要政党有：

柬埔寨人民党（Cambodia People's Party）：该党前身为成立于 1951 年 6 月 28 日的柬埔寨人民革命党。1991 年 10 月改为现名。现任党主席谢辛，副主席洪森，名誉主席韩桑林。目前有党员 410 万。该党主张对内维护政局稳定，致力于经济发展和脱贫，建立民主法治国家；对外奉行独立、和平、中立和不结盟政策，支持建立国际政治经济新秩序，主张加强南南合作、缩小贫富差距及加强区域合作，维护地区和平与繁荣。

奉辛比克党（Funcinpec Party）：该党前身为“争取柬埔寨独立、中立、和平与合作”的民族团结阵线，由西哈努克于 1981 年创建，并由西哈努克担任主席。1992 年改为现名，盖博拉斯美任主席。目前有党员约 40 万。该党信奉西哈努克主义，对内主张政治民主化、经济私有化，维护君主立宪制；对外奉行独立、和平、中立与不结盟外交政策，主张与世界各国和一切友好政党建立和发展友好合作关系，主张以和平方式解决与邻国的边界领土争端。2003 年大选获得 26 个国会议席，仍居第二位。2004 年 7 月与人民党组成第三届联合政府。2006 年 10 月，奉党召开全国特别代表大会，决定由盖博拉斯美取代拉纳烈任奉党主席，卢莱斯棱任第一副主席，西索瓦·西里拉任第二副主席，涅本才任秘书长。2008 年大选该党获 2 个国会议席。

森朗西党（Sam Rainsy Party）：原名高棉民族党，创建于 1995 年 11 月 9 日，1998 年改为现名。森朗西任主席。目前有党员 25 万人。推崇西方自由、民主、人权；主张捍卫国家主权、领土完整、收回割让给邻国的土地，解决非法移民问题；铲除贪污、腐败；发展自由经济，提高人民生活水平。在柬埔寨知识分子、工人、市民和青年学生中有较大影响力。该党原主张共和，反对君主立宪制，但近年来立场有所变化。1998 年大选中该党获得 15 个国会议席和 7 个参议院议席，拒绝参加政府活动，成为国会反对党。在 2002 年初举行的乡级选举中获得 13 个乡（区）长职位。2003 年大选获得 24 个国会议席，2008 年获 26 个国会议席。

经 济

国内生产总值 2010 年柬埔寨 GDP 总值为 114.4 亿美元，同比增长 5.5%。人均 GDP 为 792 美元。

产 业 农业是柬埔寨经济的第一大支柱产业。农业产值占 33.5%，工业产值占 21%，服务业产值占 38.3%，其他为 7.2%。2010 年柬埔寨农业继续保持增产。2010 年柬埔寨稻谷种植面积 276.3 万公顷，完成计划的 104.9%。稻谷产量 799 万吨，产值占 GDP 的 11.5%。其他农作物产值占 GDP 的 7%，畜禽养殖占 4.6%，渔业占 7.6%，林业占 2.8%。除满足国内需求外，全年赢余稻谷 380 万吨，大米产量约 240 万吨。天然橡胶种植面积达 17 万公顷，产量约 4.6 万吨。

制衣业恢复增长，房地产继续低迷。制衣业和房地产业系柬埔寨工业的两驾马车。2010 年，柬埔寨纺织和制衣业占全年 GDP 的 8.7%，建筑业占 6.1%。由于欧美市场需求增加，柬埔寨制衣业已走出最困难时期。2010 年新开业 91 家，目前共拥有 470 家制衣和制鞋企业，为柬埔寨创造了 30 多万个就业机会。柬埔寨房地产业持续低迷，全年建筑业投资仅 8.4 亿美元，同比下滑 57.7%。

旅游业复苏带动服务业增长。2010 年，旅游业为柬埔寨政府创收 17.9 亿美元，同比增长 14.4%。入境游客 250 万人次，同比增长 16.1%。前三大外国游客来源国分别是越南（46.7 万）、韩国（29 万）、中国（17.8 万）。旅游市场复苏直接带动柬埔寨金融、交通运输、商业零售批发及酒店餐饮等行业的发展。

财 政 2010 年，财政收入 14.45 亿美元，同比增长 18%，占全年 GDP 的 12.6%。财政赤字 6.06 亿美元，同比下降 9%。

金 融 货币名称：瑞尔。2010 年，柬埔寨外汇储备 25.5 亿美元，同比增长 18.2%，可保证 4.7 个月的进口。年均通胀率为 3.1%。瑞尔兑美元汇率平均在 4000：1 的水平。

进出口贸易 2010 年，柬埔寨外贸进出口总额为 104.72 亿美元，同比增长 12%。其中，出口 43.63 亿美元，同比增长 12.5%；进口 61.09 亿美元，同比增长 9.8%。贸易逆差 17.46 亿美元。作为出口的支柱产品，柬埔寨成衣出口 29.7 亿美元，同比增长 24.3%，占总出口的 84%。柬埔寨政府极力推动的大米出口金额达 2700 万美元，同比增长 45%。但数量仅为 4.5 万吨，距政府确定的 2015 年出口 100 万吨的目标尚有较大差距。进口仍以成衣原辅料、燃油料、食品饮料、化工、医药、化妆品、汽车及建材等为主。柬埔寨进出口商品结构与 2009 年基本相同。

传 媒

发行量较大的报刊有《柬埔寨之光报》（柬文，日报）、《人民报》（人民党党报，柬文）、《和平岛报》（柬文，日报）、《柬埔寨日报》（英文、柬文）、《金边邮报》（英文，双周报）、《柬埔寨时报》（英文、柬文，周报）。柬埔寨影响较大的中文报纸有《华商日报》、《柬华日报》和《星洲日报》，较有影响的英文报刊有 3 家，法文报刊 1 家。

柬埔寨新社（AKP）为官方通迅社，成立于 1980 年。

柬埔寨目前有 29 家电台，官方电台 5 家，其中 FM96 电台属国家所有，每天播音 19 个小时。电视台 7 家，国家电视台（建于 1966 年，以柬语节目为主）；仙女台（人民党党产）；第 9 频道（私营）；第 5 频道（军队台）；首都第 3 频道（官方开办）；巴戎台（私营）；CTN 电视台（私营）。有线电视台：柬埔寨有线电视台、金边有线电视台。

印度尼西亚

国 名

印度尼西亚共和国（The Republic of Indonesia），简称印尼。

国 旗

印尼国旗旗面由上红下白两个相等的横长方形构成，长宽之比为 3：2。红色象征勇敢和正义，还象征印度尼西亚独立以后的繁荣昌盛；白色象征自由、公正、纯洁，还表达印尼人民反对侵略、爱好和平的美好愿望。

印尼国旗

印尼国徽

国 徽

印尼国徽由一只金色的鹰、一面盾和鹰爪抓着的一条绶带组成。鹰象征创造力。鹰两翼各有17根羽毛，其中尾羽8根，这是为了纪念印度尼西亚的独立日——8月17日。鹰胸前的盾面由五部分组成：黑色小盾和金黄色的五角星代表宗教信仰，也象征“潘查希拉”——印度尼西亚建国的五项基本原则；水牛头象征主权属于人民；榕树象征民族意识；棉桃和稻穗象征富足和公正；金色饰环象征人道主义和世代相传。盾面上的粗黑线代表赤道。鹰爪抓着的绶带上用印尼文写着“异中有同”。

主要节日

独立日：8月17日（1945年）；国庆日：8月17日（1945年）。

自然地理

印尼位于亚洲东南部，地跨赤道，是世界上最大的群岛国家，由太平洋和印度洋之间的17508个大小岛屿组成，其中约6000个岛屿有人居住。陆地面积为1904443平方公里，海洋面积3166163平方公里（不包括专属经济区），因此，印尼素称千岛之国。印尼北部的加里曼丹岛与马来西亚接壤，新几内亚岛与巴布亚新几内亚相连。东北部面临菲律宾，东南部是印度洋，西南与澳大利亚相望。海岸线总长54716公里。属热带雨林气候，年平均温度25℃～27℃。印尼是一个火山之国，全国共有火山400多座，其中活火山100多座。全国各岛处处青山绿水，四季皆夏，人们称它为“赤道上的翡翠”。

印尼甫兰班南陵庙

国 民

人　口　根据印尼2010年人口普查结果，印尼总人口已达2.3756亿，爪哇岛和马都拉岛仍然是人口最多的地区，占全国人口57%，但其占比已逐渐下降。印尼人口近十年平均每年增长1.49%。

民　族　有100多个民族，其中爪哇族45%，巽他族14%，马都拉族7.5%，马来族7.5%，其他26%。

语　言　官方语言为印度尼西亚语。各民族语言有200多种。通用英语。

宗　教　全国约87.2%的人信奉伊斯兰教，是世界上穆斯林人口最多的国家。其他宗教有：基督教6.1%、天主教3.6%、印度教2%、佛教1%，其余为原始拜物教等。

行政区划

首都为雅加达。印尼全国共有一级行政区30个，包括雅加达首都特区，日惹和亚齐达鲁萨兰2个地方特区，27个省即北苏门答腊、西苏门答腊、廖内、占碑、朋古鲁、南苏门答腊、楠榜、邦加—勿里洞、西爪哇、中爪哇、东爪哇、万丹、巴厘、西努沙登加拉、东努沙登加拉、北马鲁古、南马鲁古、巴布亚、北苏拉威西、中苏拉威西、东南苏拉威西、南苏拉威西、哥伦打洛、东加里曼丹、中加里曼丹、南加里曼丹、西加里曼丹。二级行政区（县/市）410个。

国体政体

政　体　印尼是单一的共和制国家。立法、行政、司法三权分立。实行总统内阁制。

宪　法　现行宪法为《“四五”宪法》，于1945年8月18日颁布实施，1949年12月和1950年8月分别为《印度尼西亚联邦共和国宪法》和《印度尼西亚共和国临时宪法》所替代，1957年7月5日恢复实行。1999～2002年先后通过4个修正案。宪法规定，印度尼西亚为单一的共和制国家，“信仰神道、人道主义、民族主义、民主和社会公正”是建国五项基本原则（简称“潘查希拉”）。实行总统制，总统为国家元首、政府行政首脑和武装部队最高统帅。2004年起，总统和副总统不再由人民协商会议选举产生，改由全民直选，只能连选连任一次，每届任期5年。

人　协　全称“人民协商会议”。国家立法机构由人民代表会议（国会）和地方代表理事会共同组成，负责制定、修改和颁布宪法及国家大政方针，并对总统进行监督。如总统违宪，有权弹劾罢免总统。每五年换届选举。本届人协共692名议员，包括560名国会议员和132名地方代表理事会成员。设主席1名，副主席3名。主席陶菲克·基玛斯（Taufik Kiemas）。

国　会　全称“人民代表会议”。国家立法机构行使除修宪和制定国家大政方针之外的一般立法权。国会无权解除总统职务，总统也不能宣布解散国会。但若总统违反宪法，国会有权建议人协追究总统责任。本届国会于2009年10月1日举行就职仪式。共有议员560名，兼任人协成员。任期5年。设议长1名，副议长4名。议长马尔祖基·阿里(Marzuki Alie)。

国家政要 总统苏西洛·班邦·尤多约诺，于2009年7月竞选连任成功，10月20日宣誓就职；副总统布迪约诺；人民协商会议主席陶菲克·基玛斯；人民代表会议议长马尔祖基·阿里。

政 府 本届内阁于2009年10月组建，阁员37人，任期至2014年10月。成员包括：副总统布迪约诺，经济统筹部长哈达·拉加萨，财政部长阿古斯·马托瓦多约，贸易部长冯慧兰，农业部长苏斯沃诺等。

司 法 在三权分立的权力机构设置下，最高法院和最高检察院独立于立法和行政机构之外。最高法院正、副院长由国会提名，总统任命。最高检察长由总统任免。现任最高法院院长哈利芬·东巴，最高检察院总检察长亨达尔曼·苏班齐。

政 党 1975年政党法只允许三个政党存在，即专业集团、印尼民主党、建设团结党。1998年5月解除党禁。1999年1月28日新政党法规定，50名以上年满21岁的公民只要遵循“不宣传共产主义，不接收外国资金援助，不向外国提供有损于本国利益的情报，不从事有损于印尼友好国家的行为”的原则，便可成立政党。1999年大选中，梅加瓦蒂总统领导的民主斗争党赢得大选，与其他几个主要政党联合执政。2004年大选中，专业集团党赢得127个议席，成为国会第一大党。2009年大选中，由苏西洛创立的民主党赢得大选，胜选的主要大党包括：

民主党：成立于2003年9月9日，以“潘查希拉”为政治纲领，以维护和巩固国家统一为目标，倡导民族主义、宗教信仰自由、多元主义和人道主义。2009年4月国会选举中赢得150个议席，成为国会第一大党。总主席阿纳斯·乌尔巴宁鲁。

专业集团党：1959年组成松散的专业集团联合秘书处，1964年10月由61个群众组织联合成立专业集团，1970年12月扩大为拥有291个群众组织的专业组织，1967年至1999年6月为事实上的执政党，但一直自称为社会政治组织。1999年3月7日正式宣布为政党。以“潘查希拉”为国家意识形态基础，主张在民主和民权基础上进行政治体制改革，保障人权，改善民生。2009年国会选举中赢得107个议席，成为国会第二大党。总主席阿布里扎尔·巴克利。

印尼民主斗争党：由原印尼民主党分裂出来的人士组成，于1998年10月正式成立，系民族主义政党，印尼世俗政治力量代表。坚持以“潘查希拉”为国家意识形态基础，弘扬民族精神，反对宗教和种族歧视。2009年国会选举中赢得95个议席，成为国会第三大党。

总主繁荣公正党：以伊斯兰教为纲领，主张通过参政来影响国家发展进程，利用传教便利教化大众，发扬伊斯兰互助精神，扶危济贫。2009年国会选举中赢得57个议席，成为国会第四大党。总主席鲁特非·伊萨。

国家使命党：成立于1998年8月23日，党员多为第二大穆斯林团体穆罕默迪亚成员，具有伊斯兰现代派特征。主张三权分立制衡、人民主权、经济平等、种族宗教和睦等。2009年国会选举获43个议席，成为国会第五大党。总主席哈达·拉加萨。

建设团结党：1973年1月由伊斯兰教士联合会、印尼穆斯林党、印尼伊斯兰教士联盟党和白尔蒂伊斯兰教党合并组成。80年代后伊斯兰教士联合会退出。原宗旨为“潘查希拉”，目前回归伊斯兰教，并将党徽重新改回麦加天房图案。主张司法独立，实施广泛地方自治和宗教平等，全面提高人口素质。总主席苏尔亚达尔玛·阿里。2009年国会选举获37个议席，成为国会第六大党。

经 济

国内生产总值 按照年平均汇率计算，印尼以美元计价的名义国内生产总值为7067.76亿美元，增长31.2%。按当年价格计算，2010年印尼人均国内生产总值达2700万印尼盾，折合3004.9美元，同比名义增长27.9%。

产 业 印度尼西亚产业结构已由原先单一种植业为主转变为工矿业、农商业和服务业并重的结构。据美国农业部称，2010年大米进口数据调整幅度最大的国家是印尼。2010年印尼大米进口数据上调了35万吨，达到了115万吨。2010年年底印尼购进了大量的大米，旨在填补印尼国内供应缺口。2010年印尼进口小麦突破585万吨或是相等于面粉消费量430万吨，预计全国小麦消费量每年会增6%。

据印尼中央统计局资料，2010年印尼渔产达1086万吨，其中由538万吨捕鱼产品及548万吨养殖渔产组成。每季渔产进口达10.6%，而渔产出口仅达7.99%。印尼海事渔业部资料显示，2010年鱼类产量明显上升，进口鱼类抑制了本地渔产市价。

根据印尼中央统计局的数据显示，2010年外国游客到访的数目达700.2万人次，较2009年外国游客数目增长10.74%。巴厘岛仍旧成为外国游客最喜爱的地点。大部分的外国游客前来印尼度假均通过巴厘乌拉莱机场，共250万人次。2010年印尼从外国游客的外汇收入总共达76亿美元，比2009年的63亿美元上升20.63%。

金　融　货币名称为印尼盾。截至2010年12月31日最后一个交易日，美元对印尼盾汇率中间价报1∶8991。2010年印尼卢比兑美元上涨4.4%。根据印尼中央统计局2010年12月中旬的报告，预计2010年通胀率达6.33%，高于目标上端6%。截至2011年6月，印尼通胀率降至5.54%，为12个月低点。2010年印尼外汇储备962亿美元，截至2011年5月6日，外汇储备已升至1158亿美元。

进出口贸易　印尼中央统计局2011年2月5日公布数据显示，印尼2010年进出口总额达2913.4亿美元，同比增长36.6%。其中，出口1577.3亿美元，同比增长35.4%；进口1356.1亿美元，同比增长40.1%。从出口目的地看，日本、中国、美国、新加坡和马来西亚为非油气产品前五大出口市场，其中对中国非油气出口140.7亿美元，占印尼全部非油气出口的10.9%；从进口来源地看，中国、日本、新加坡、美国和泰国为非油气产品前五大进口来源国，其中自中国非油气进口196.9亿美元，占印尼全部非油气进口的18.2%。2010年，中国成为印尼非油气产品第一大进口来源地、第二大出口市场和最大的贸易伙伴。

外　资　印尼在2010年期间落实工程的五大投资来源国中，分别是新加坡投资157项工程，价值共达23亿美元；英国投资84项工程，价值为2亿美元；日本投资151项工程，价值为1亿美元；荷兰投资44项工程，价值为1亿美元；韩国投资143项工程，价值为1亿美元。

传媒

共有各类报刊3000多种。主要印尼文报纸有《罗盘报》《专业之声报》《印尼媒体报》《共和国日报等》《革新之声报》和《印尼商报》；英文报纸有《雅加达邮报》《雅加达环球报》《印尼观察家报》等；中文报纸有《国际日报》《商报》《千岛日报》和《星洲日报》(原《印度尼西亚日报》)等。

通讯社主要有国营的安塔拉通讯社、私营的印尼民族通讯社。广播电视主要有国营的印度尼西亚共和国广播电台和印度尼西亚共和国电视台，私营的鹰记电视台、太阳电视台、教育电视台、美都电视台等。

老　挝

国名

老挝人民民主共和国（The Lao People's Democratic Republic），简称老挝。

国旗

老挝国旗旗面中间平行长方形为蓝色，占旗地一半，上下为红色长方形，各占旗地的四分之一。蓝色部分中间为白色圆轮，轮的直径为蓝色部分宽度的五分之四。蓝色象征富饶，红色象征革命。白色圆轮表示圆月。此旗原为老挝爱国战线旗帜。

老挝国旗

老挝国徽

国徽

老挝国徽呈圆形，由两束稻穗环饰的圆面上有具象征意义的图案：大塔是著名古迹，它是老挝的象征；齿轮、拦河坝、森林、田野等分别象征工业、水力、林业；稻穗象征农业。两侧的饰带上写着“和平、独立、民主、统一、繁荣昌盛”，底部的饰带上写着“老挝人民民主共和国”。

主要节日

独立日：10月12日（1945年）；国庆日：12月2日（1975年）；老挝人民军成立日：1月20日（1949年）；老挝人民革命党成立日：3月22日（1955年）；老挝新年（宋干节，也叫泼水节）：佛历5月，一般从每年公历4月13日开始，前后共3天；塔銮节：佛历12月，公历11月。

自然地理

老挝位于中南半岛北部，地处北纬13°52′～22°05′、东经100°10′～107°30′。老挝国土面积23.68万平方公里，北邻中国，南接柬埔寨，东接越南，西北达缅甸，西南毗连泰国。境内80%的国土为山地和高原，且多被森林覆盖，有“印度支那屋脊”之称。地势北高南低，北部与中国云南的滇西高原接壤，东部老挝、越南边境为长山山脉构成的高原，西部是湄公河谷地和湄公河及其支流沿岸的盆地与小块平原。全国自北向南分为上寮、中寮和下寮，上寮地势最高，川圹高原海拔2000～2800米。最高峰比亚山峰海拔2817米。发源于中国的湄公河是最大河流，流经西部1900公里。属热带、亚热带季风气候，分为雨季（5～10月）和旱季（11月至次年4月）。

老挝四千美岛

国民

人　口　618.6万（2010年）。

民　族　2008年11月，老挝六届国会六次会议审议确定，老挝只有一个民族即老挝族，下分49个少数民族，分属老泰语族系、孟—高棉语族系、苗—瑶语族系和汉—藏语族系。

语　言　官方语言是老挝语。部分国民也使用泰语、华语。老挝语和泰语大致可以相通。

宗　教　90%的国民信奉小乘佛教，少数信奉基督教、原始宗教等。

行政区划

首都为万象。全国划分为16个省、1个直辖市（万象市）和1个行政特区（赛宋本）。

国体政体

国　体　老挝宪法规定：老挝人民民主共和国是人民民主国家，全部权利属于人民，各族人民在老挝人民革命党带领下行使当家做主的权利。

宪　法　1991年8月，老挝最高人民议会第二届六次会议通过了老挝人民民主共和国第一部宪法。宪法明确规定：老挝人民民主共和国是人民民主国家，全部权力归人民，各族人民在老挝人民革命党领导下行使当家做主的权力。

议　会　国会（原称最高人民议会，1992年8月改为现名）是国家最高权力机构和立法机构，负责制定宪法和法律。国会每届任期5年，每年召开两次会议，特别会议由国会常委会决定或由三分之二以上的议员提议召开。国会议员由地方直接选举产生。第七届国会选举于2011年4月30日举行，共选出国会议员132名。2011年6月15日，老挝第七届国会第一次会议在万象召开，会议选举老挝人民革命党中央委员会总书记朱马里·赛雅颂为国家主席，中央政治局委员通辛·坦马冯出任政府总理。会议还选举中央政治局委员巴妮·亚陶都为老挝第七届国会主席。

国家政要　老挝人民革命党中央总书记、国家主席朱马里·赛雅颂，朱马里在2006年3月和6月分别当选为老挝人民革命党中央委员会总书记和国家主席。2011年3月和6月，朱马里再度分别当选为中央委员会总书记和国家主席。总理通辛·坦马冯，于2011年6月当选。第七届国会主席巴妮·亚陶都，于2011年6月当选连任。

政　府　政府是老挝国家最高行政机关。老挝本届政府于2011年6月组成。主要成员有朱马里·赛雅颂（国家主席、中央国防和治安委员会主席），通辛·塔马冯（政府总理），巴妮·亚陶都（女，国会主席），本扬·沃拉吉（国家副主席），宋沙瓦·凌沙瓦（政府常务副总理），阿桑·劳里（政府副总理兼国家监察署主席、党中央党政监察委员会主任）等。

司　法　最高人民法院为最高司法权力机关。最高人民法院院长坎米·赛亚冯，于2011年6月当选连任；最高人民检察院检察长宋潘·平坎米，于2011年6月当选连任；老挝党中央党政监察委员会主任阿桑·劳里，于2011年6月当选连任。

政　党　老挝人民革命党是老挝惟一的政党和执政党，于1955年3月22日建立，原称老挝人民党，1972年召开“二大”时改为现名。目前有党员约19.2万名。

经济

国内生产总值　2010年老挝国内生产总值64.8亿美元，比2009年增长7.9%，人均国内生产总值突破1000美元，达1030美元。

产　业　农业一直是老挝国民经济的支柱产业，在国民经济中的比重约占31%。全国约75%的成年劳动力从事农业生产。老挝土地资源丰富，其中农业用地约470万公顷，占其国土面积的19.8%，主要生产稻谷（糯米、粳米和旱稻）、玉米、薯类等粮食作物和甘蔗、咖啡、大豆、果蔬等经济作物。2010年，老挝全国稻谷耕种面积约为90万公顷，产量326万吨（其中糯米占85%，粳米占15%），人年均占有量达500多公斤，略有剩余出口。旅游业方面，2010年老挝接待国内外游客203万人次，超出计划2%，旅游收入2.96亿美元，占GDP的4.3%，成为继水电、矿产之后的第三支柱产业。目前，老挝拥有383家宾馆，1379家旅社和山庄，1389家餐馆，22个国际口岸。

金　融　货币名称为基普。2010年汇率是1美元约合7500基普。2010年前三季度老挝实施积极的财政政策刺激了经济增长，全年货币供应量增长25%。第四季度通胀率达7.65%，环比增长58.3%。随着外商投资需求增长，老挝政府进一步开放本国银行，年内新批设立老挝—越南和老挝—法国合资银行各一家。目前，除外贸银行、开发银行、农业发展银行和政策银行4家国有银行外，合资银行、外资银行、私营银行的数量已达23家。

进出口贸易　据老方统计，2009/2010财年老挝进出口贸易额34.6亿美元，增长57.99%。其中，出口17.89亿美元，增长59.1%，超计划71.3%；进口16.71亿美元，增长56.77%，超计划44.47%。

外　资　1994年4月21日，老挝国会颁布新修订的外资法，其中规定：政府不干涉外资企业的事务，允许外资企业汇出所获利润；外商可在老挝建独资企业、合资企业，国家将在头五年不向外资企业征税等。2004年，老挝继续补充和完善外商投资法，放宽矿产业投资政策。2010年，老挝吸引外资合同额16.41亿美元，超过计划64%。主要投资国家包括中国、泰国、越南、韩国、美国和澳大利亚等。

传媒

全国各类报刊约有20种。《人民报》为老挝人民革命党中央机关报，创刊于1950年8月13日，用老挝文出版。其他还有《新万象报》《人民军报》和《青年报》等。外语报有英文报《VIENTIANE-TIMES》和法文报《LERENOVATEUR》。

巴特寮通讯社是官方通讯社，于1968年1月成立。

广播电台有老挝国家广播电台、老挝人民军广播电台和14个省级广播电台。老挝国家广播电台设在首都万象，用老挝语广播，对外用越、柬、法、英、泰语广播。电视台有老挝国家电视台和17家省（直辖市）电视台。老挝国家电视台建于1983年12月，每天播放老挝语节目18小时左右。

马来西亚

国名

马来西亚联邦（Federation of Malaysia），简称马来西亚。

国旗

马来西亚国旗呈横长方形，长宽之比为2∶1。主体部分由14道红白相间、宽度相等的横条组成。左上方有一深蓝色的长方形，上有一弯黄色新月和一颗有14个尖角的黄色星。14道红白横条和14颗星象征马来西亚的13个州和政府。蓝色象征人民团结及马来西亚与英联邦的关系（英国国旗以蓝色为旗底），黄色象征国家元首，新月象征马来西亚的国教伊斯兰教。

马来西亚国旗

马来西亚国徽

国徽

马来西亚国徽中间为盾形徽。盾徽上面绘有一弯黄色新月和一颗14个尖角的黄色星，盾面上的图案和颜色象征马来西亚的组成及其行政区划。盾面上部绘有5把入鞘的短剑，分别代表柔佛州、吉打州、玻璃市州、吉兰丹州和丁加奴州。盾面中间部分绘有红、黑、白、黄4条色带，分别代表雪兰莪州、彭亨州、霹雳州和森美兰州。盾面左侧绘有蓝、白波纹的海水和以黄色为地，并绘有3根蓝色鸵鸟羽毛，这一图案代表槟榔屿。盾面右侧的马六甲树代表马六甲州。盾面下端左边代表沙巴州，图案中绘有强健的褐色双臂，双手紧握沙巴州州旗。盾面下端右边绘有一只红、黑、蓝3色飞禽，代表沙捞越州。盾面下部中间的图案为马来西亚的国花——木槿。盾徽两侧各站着一头红舌马来虎，两虎后肢踩着金色饰带，饰带上写着格言“团结就是力量”。

主要节日

全国各地大小节日约有上百个，政府规定的全国性节日有10个，即：国庆（又称独立日，8月31日）、元旦、开斋节、春节、哈芝节、屠妖节、五一节、圣诞节、卫塞节、现任最高元首诞辰。除少数节日日期固定外，其余节日的具体日期由政府在前一年统一公布。

自然地理

马来西亚位于东南亚，地处太平洋和印度洋之间，陆地国土面积33万平方公里。全境被南中国海分成东马来西亚和西马来西亚两部分。西马来西亚为马来亚地区，位于马来半岛南部，北与泰国接壤，西濒马六甲海峡，东临南中国海。东马来西亚为沙捞越地区和沙巴地区的合称，位于加里曼丹岛北部，海岸线全长4192公里。属热带雨林气候，内地山区年均气温22℃～28℃，沿海平原为25℃～30℃。马来半岛西岸每年9～12月为雨季，西马东岸、沙巴、沙捞越等地雨季为每年10月至翌年2月。

马来西亚刁曼岛

国民

人　口　2756.5821万（据马来西亚2010年第五次人口普查数据）。其中马来人及其他原住民占68.7%，华人占23.2%，印度人占6.9%，其他种族1.2%。

民　族　沙捞越州原住居民以伊班族为主，沙巴州以卡达山族为主。

语　言　马来语为国语，通用英语，华语使用也较广泛。

宗　教　伊斯兰教为国教，其他宗教有佛教、印度教、基督教、拜物教等。

行政区划

首都为吉隆坡。全国分为13个州，包括西马的柔佛、吉打、吉兰丹、马六甲、森美兰、彭亨、槟榔屿、霹雳、玻璃市、雪兰莪、丁加奴以及东马的沙巴、沙捞越，另有三个联邦直辖区：吉隆坡、纳闽和普特拉贾亚（PutraJaya，联邦政府行政中心）。

国体政体

政　体　实行君主立宪制。因历史原因，沙捞越州和沙巴州拥有较大自治权。

宪　法　1957年颁布马来亚宪法，1963年马来西亚成立后继续沿用，改名为马来西亚联邦宪法，后经多次修订。宪法规定：最高元首为国家首脑、伊斯兰教领袖兼武装部队统帅，由统治者会议选举产生，任期5年。最高元首拥有立法、司法和行政的最高权力，以及任命总理、拒绝解散国会等权力。1993年3月，马来西亚议会通过宪法修正案，取消了各州苏丹的法律豁免权等特权。1994年5月修改宪法，规定最高元首必须接受并根据政府建议执行公务。2005年1月，马来西亚议会再次通过修正宪法案，决定将各州的水供事务管理权和文化遗产管理权移交中央政府。

统治者会议　由柔佛、彭亨、雪兰莪、森美兰、霹雳、丁加奴、吉兰丹、吉打、玻璃市等9个州的世袭苏丹和马六甲、槟州、沙捞越、沙巴等4个州的州元首组成。其职能是在9个世袭苏丹中轮流选举产生最高元首和副最高元首；审议并颁布国家法律、法规；对全国性的伊斯兰教问题有最终裁决权；审议涉及马来族和沙巴、沙捞越土著民族的特权地位等重大问题，未经该会议同意，不得通过有关统治者特权地位的任何法律。内阁总理和各州州务大臣、首席部长协助会议召开。

议　会　也称国会，为最高立法机构。由上议院和下议院组成。2003年5月，国会通过重新划分国会和州议会选区的审议，国会下议院议席从194个增至219个，除沙捞越以外的12个州的议席从422个增至505个。议员任期5年。2008年3月，马来西亚举行第12届全国大选，共设下议院议席222个。国民阵线在选举中赢得140席，反对党伊斯兰教党、民主行动党和人民公正党的下议院共夺得82席。下议丹·斯里·达图·班迪卡·阿敏（Tan Sri Datuk PANDIKAR AMIN bin Haji Mulia），2008年4月28日就任。上议院共70席，由全国13个州议会各选举产生2名，其余44名由最高元首根据内阁推荐委任，任期3年，可连任两届。议长和副议长均在以上议员中选举产生。现任上议院议长丹·斯里·阿布·扎哈（Tan Sri ABU ZAHAR bin Pawanteh），于2010年4月26日就任。

国家政要　最高元首米詹·扎因·阿比丁（Mijan Zainal Abidin），于2006年11月被推选为马来西亚第13任最高元首，2006年12月13日宣誓就任，2007年4月26日登基；总理纳吉布·敦·拉扎克（Najib Tun Razak），于2009年4月3日宣誓就职；国会下议院议长潘迪卡尔·阿明·穆利亚，于2008年4月当选。

政　府　即内阁，联邦政府采用责任内阁制，内阁是马来西亚最高行政机关，由在选举中占半数以上的政党组成。政府首脑是总理，由最高元首任命。2009年4月9日，纳吉布接任总理后进行内阁改组，共设25个部门。其中，总理兼财政部长纳吉布，副总理兼教育部长穆希丁·雅辛、外交部长阿尼法。

司　法　最高法院于1985年1月1日成立。1994年6月改名为联邦法院。设有马来亚高级法院（负责西马）和婆罗洲高级法院（负责东马），各州设有地方法院和推事庭。另外还有特别军事法庭和伊斯兰教法庭。联邦法院首席大法官丹·斯里·达图·斯里·扎基（Tan Sri Dato'Seri ZAKI），于2007年12月11日获任命。总检察长丹·斯里·阿卜杜尔·甘尼·帕泰尔（Tan Sri ABDUL GANI PATAIL），于2002年1月1日就任。

政　党　注册政党有40多个。13个政党组成国民阵线联合执政。2001年5月，沙巴人民正义党解散，并入巫统。2002年1月，反对党沙巴团结党重返国民阵线。2008年4月，反对党人民公正党、民主行动党和伊斯兰教党联合组成“人民联盟”。2008年9月，沙巴进步党宣布退出国民阵线，成为独立政党。主要执政党有：

马来民族统一机构（The United Malays National Organization，简称巫统，UMNO）：马来人政党。成立于1946年5月11日。目前有党员280万名。巫统主席和署理主席代表国阵出任政府正、副总理。现任主席纳吉布，署理主席穆希丁。

马来西亚华人公会（Malaysian Chinese Association，简称马华公会，MCA）：最大的华人政党。于1949年2月27日成立，原名马来亚华人公会，马来西亚成立后改为现名。目前有党员103万名。

马来西亚印度人国大党（Malaysian Indian Congress，简称印度人国大党，MIC）：于1946年8月2日成立。马来西亚印度国大党和巴基斯坦族政党旨在争取和维护两族利益。目前有党员55万名。

经 济

国内生产总值　2010年马来西亚统计局资料显示，马来西亚国内生产总值为2207.9亿美元，国内生产总值增长率为7.2%。人均国内生产总值约24150.13林吉特。

产　业　根据马来西亚投资发展机构的数据，2009年至2011年2月，马来西亚制造业的投资额达866.25亿林吉特，其中外资占62%，国内土著投资额占14%，非土著投资额占20%，政府单位投资额占4%。在服务领域，2009年至2010年9月投资额为660.85亿林吉特，其中国内投资占90%，大大超过外来投资。此外，马来西亚国家股权公司（EKUINAS）自2009年9月投入运作后，已为本国经济注入6.6亿林吉特的投资额。

旅游业为马来西亚第三大经济支柱，第二大外汇收入来源。拥有饭店约1878家，饭店入住率55.3%。主要旅游点有：吉隆坡、云顶、槟城、马六甲、浮罗交怡岛、刁曼岛、热浪岛、邦咯岛等。据马来西亚旅游部统计，2010年赴马来西亚游客人数为2400万人次，收入为1680亿林吉特。

金　融　货币名称：林吉特（Ringgit）。共有商业银行35家，外资银行办事处36家，证券银行12家，伊斯兰银行8家，金融公司25家。马来西亚银行是马来西亚最大的银行，位于马来西亚吉隆坡。该行于1960年成立，是目前马来西亚市值最大的上市公司，资产总额达3370亿林吉特（约合1050亿美元）。2010年9月，马来西亚央行买入以人民币计价债券作为其外汇储备，这被视作是人民币国际化进程中获得各方认可的一大标志。2010年林吉特与美元平均汇率为3.09∶1。2010年通货膨胀率为0.6%。2010年，马来西亚外汇储备为1065亿美元。

进出口贸易　马来西亚国家统计局公布的数据显示，2010年马来西亚对外贸易总额为1.169兆林吉特，与2009年同期相比增长18.3%，其中出口同比增长15.6%，进口同比增长21.7%。2010年马来西亚对中国出口同比增长19.9%，按总额大小计算增幅居首，主要出口产品为电子、棕油、石化、化工、橡胶等。中国在2010年为马来西亚第二大出口国，新加坡居首，日本、美国和泰国分居第三至第五位。2010年马来西亚自中国进口同比增长9.9%，中国为马来西亚第二大进口国，日本居首，新加坡、美国和泰国分居第三至第五位。按进出口总额计算，中国为马来西亚第一大贸易伙伴。

传 媒

全国约有50份报纸，用8种文字出版。主要报纸有马来文的《马来使者报》《每日新闻》《祖国报》；英文的《新海峡时报》《星报》《马来邮报》；华文的《南洋商报》《星洲日报》等。

马来西亚国家新闻社（简称马新社）是一个半官方的通讯社，成立于1968年，在亚太地区设有33家分社。

马来西亚广播电台属官办，建于1946年，拥有6个广播网，用马来语、英语、华语和泰米尔语广播。马来西亚之声电台建于1963年，用马来语、阿拉伯语、英语、印尼语、缅甸语、他加禄语和泰语等对外广播。马来西亚电视台属官办，建于1963年，设有两个频道，用马来语、英语、华语和泰米尔语播放。另外还有第三电视台（TV3）、城市电视（METRO VISION）和国民电视（NTV）三家私营电视台。近年还开办了ASTRO卫星有线电视频道。2004年1月开播了8TV电视台。

缅　甸

国　名

缅甸联邦共和国（Republic of The Union of Myanmar），简称缅甸。

国　旗

2010年10月21日，根据缅甸国家和平与发展委员会颁布的法令，缅甸正式启用《缅甸联邦共和国宪法》确定的新国旗、新国徽，国歌保持不变。缅甸的新国旗为黄、绿、红三色，中有白色五角星。绿色代表和平、安宁、草木茂盛、青葱翠绿的环境，黄色描绘出团结，红色象征勇敢与决心。白星反映出坚强联邦永恒不坠的意义。

缅甸国旗

缅甸国徽

国　徽

现行缅甸国徽于2010年10月21日开始使用，由1974年版的缅甸国徽修改而来。1974年版缅甸国徽中间为缅甸版图置于一个十四齿的齿轮，齿数象征缅甸的省和邦，外饰以稻穗；新国徽中间为缅甸版图置于橄榄枝中间，两头圣狮为守护兽。两者之间为花卉状图案，顶端为一颗象征独立的五角星。下方是绶带。

主要节日

独立节：1月4日（1948年）。泼水节（缅历新年）：4月13日。联邦节：2月12日。农民节：3月2日。建军节：3月27日，初为抗日节，1955年改为建军节。工人节：5月1日。烈士节：7月19日。民族节：12月1日。

缅甸蒲甘的佛塔

自然地理

缅甸位于中南半岛的西部，在西藏高原和马来半岛之间，领土有676581平方公里。西北与印度和孟加拉国接壤，东北与中国为邻，东南与老挝、泰国毗邻，西南濒临孟加拉湾和安达曼海，海岸线长3200公里，均在南部。属热带季风气候，分热、雨、凉三季，3～5月为热季，6～9月为雨季，10月到次年2月为凉季。各地年平均气温为27℃。森林覆盖率占总面积的50%以上。

国　民

人　口　约5910.49万（据2010年GDP及人均GDP测算）

民　族　共有135个民族，主要有缅族（约占69%）、掸族（约占8.5%）、克伦族（约占6.2%）、若开族（约占5%）、孟族（约占3%）、克钦族（约占2.5%）、钦族（约占2.2%）、克耶族（约占0.4%）等。

语　言　缅甸语为官方语言，各少数民族均有自己的语言，其中缅、克钦、克伦、掸和孟等族有文字。

宗　教　全国85%以上的人信奉佛教，约8%的人信奉伊斯兰教。

行政区划

首都为内比都。全国分七个省和七个邦。省是缅族主要聚居区，邦多为各少数民族聚居地。缅甸国家和平与发展委员会于2011年1月27日颁布了缅甸经济特区法，缅甸南部深水港土瓦被确定为经济特区，而参与土瓦深水港和经济特区建设的泰国公司已经开始施工。

国体政体

政　体　缅甸实行总统制，总统为国家元首和政府首脑。

宪　法　1974年缅甸制定了《缅甸社会主义联

邦宪法》。1988年军政府接管政权后，宣布废除宪法，并于1993年起召开国民大会制订新宪法。2008年5月，新宪法草案经全民公决通过，并于2011年1月31日正式生效。

国家政要　总统吴登盛，副总统吴丁昂敏乌，副总统赛茂康。

政　府　主要成员有：外交部长吴温纳貌伦，农业与水利部长吴敏莱，林业部长吴温吞，财税部长吴拉吞，建设部长吴钦貌敏，国家计划与经济发展部长兼畜牧水产部长吴丁乃登，商务部长吴温敏。

司　法　缅甸法院和检察院共分4级。设最高法院和最高检察院，下设省邦、县及镇区3级法院和检察院。联邦最高法院为国家最高司法机关，首席法官吴吞吞乌（U Tun Tun Oo）。最高检察院为国家最高检察机关，联邦检察长吞欣博士（Dr Tun Shin）。

政　党　1988年9月18日，缅甸军队接管国家政权，宣布废除一党制，实行多党民主制。1990年5月27日举行首次多党制大选，有93个政党参加竞选，后大批政党自行解散或被取缔。2010年11月7日缅甸举行全国多党民主制大选，共有37个获批准注册的政党参选，包括4个原合法政党和33个新成立政党。主要是：

联邦巩固与发展党：主席为总统吴登盛，副主席为人民院议长吴瑞曼，总书记为吴泰乌，副总书记为吴佐民，中央执委共27人，总部设在内比都。该党由1993年成立的缅甸联邦巩固与发展协会转变而成，共有党员约1800万。宗旨是实现国家永固，主权独立，民族团结，和平稳定，繁荣发展，保护百姓的安全、改善民生，维护人权，实现民主。奉行多党民主制度、市场经济制度和独立、积极的外交政策。

民族团结党：主席吴吞意，总书记吴丹丁，副总书记吴钦貌基。该党由原执政的缅甸社会主义纲领党于1988年9月24日改组而成，系缅甸第二大政党。总部设在仰光，各级组织机构健全，在中央、省/邦、县、镇区等各级设有党委会。宗旨是维护民族团结，维护国家独立和主权，为人民服务，为国家政治、经济和社会等各领域发展服务。

掸族民主党：主席吴赛埃榜。该党总部设在仰光省南奥加拉巴镇区。宗旨是维护民族团结，实现掸邦的经济、交通、教育、农业等领域发展。

若开民族发展党：主席为埃貌博士，副主席为吴翁丁、吴丁温、吴梭漂、吴昂班达，总书记为吴吴腊梭，书记为吴吞昂觉、吴钦貌喇、吴达吞腊、吴凯比梭。总部设在若开邦博达坦镇区。该党由若开邦和仰光省的若开族人组成，宗旨是团结全国人民，实现民主，促进国家政治、经济和社会发展，保护若开民族宗教信仰和风俗文化，维护若开民族利益和联邦利益。

全国民主力量党：主席为丹宁博士（原民盟中央执委），顾问为吴钦貌瑞（原民盟中央执委）。总部设在仰光省淡汶镇区。是由原民盟中吴钦貌瑞、丹宁博士、温奈博士、吴登纽等4名中央执委，吴盛腊乌、吴梭温、吴丹温等3名中央委员在内的28名民盟前成员另立的新党。2010年8月1日在仰光举行政党新牌匾和政党总部揭幕仪式。该党与民盟政治主张明显不同，遵守政府制定的选举规则。

经　济

国内生产总值　据缅甸政府统计数据，2010年缅甸国内生产总值总额为383亿美元，人均国内生产总值约648美元。

产　业　农业为国民经济基础。2010年农业产值占国民生产总值的40.2%，农业劳动力1890万，约占全国总就业人口的70%。可耕地面积约为34276874公顷。1988年前已耕地面积约为9631518公顷，2010年达到约22957816公顷。1988年前建有堤坝138个，目前增加到371个，在建26个。主要农作物有水稻、小麦、玉米、花生、芝麻、棉花、豆类、甘蔗、油棕、烟草和黄麻等。2009/2010财年稻米种植面积约为8066599公顷，稻谷产量达3160万吨，出口大米90余万吨，创汇2.8亿美元。豆类出口约130万吨，继续位居世界第二，创汇约9.8亿美元。棉花种植面积约359401公顷，产量4.45万吨，橡胶种植面积约462556公顷，年产橡胶9万吨。油料作物种植产量800万吨，食用油生产能力20万吨/年。主要林产品有花梨、丁纹、鸡翅木、黑檀、铁木等各类硬杂木和藤条、竹子等。

畜牧渔业以私人经营为主。缅甸政府允许外国公司在划定的海域内捕鱼，向外国渔船征收费用。1990年开始同一些外国公司合资开办鱼虾生产和出口加工企业，目前有144家水产品出口公司，水产品出口49个国家和地区。2009/2010财年水产品出口额为4.96亿美元。

旅游业方面，主要景点有世界闻名的仰光大金塔、文化古都曼德勒、万塔之城蒲甘以及额不里海滩等。政府大力发展旅游业，积极吸引外资，建设旅游设施。2009年9月缅甸有大小酒店652家，拥有客房26610间。据缅甸旅游统计数据表明，2009年来缅甸外国游客人数为22.74万，2010年超过30万人次。

金　融　货币名称：缅币（Kyat）。2010年缅甸官方汇率为1美元兑换5.5缅币，2011年8月，缅甸外汇券由年初的830缅元跌至650元。目前，缅币和人民币尚不能直接结算。2010年缅甸通货膨胀率为7.9%。缅甸有五家国有银行，分别为：缅甸中央银行、缅甸农业银行、缅甸经济银行、缅甸外贸银行和缅甸投资与商业银行。目前缅甸共有19家私人银行，240家私人银行分行，主要的私人银行有：妙瓦底银行、佑玛银行、环球银行和东方银行等。新批准MAX、HTOO、IGE和埃丁集团四个公司开设的四家银行，均于2010年8月开业。越南投资与发展银行在缅甸设有代表处。

进出口贸易　据缅甸商务部数据，2010/2011财政年度至2011年1月14日，缅甸对外贸易总额达到108.91亿美元。2009/2010财年缅甸主要贸易伙伴为泰国、中国、新加坡和印度。泰国商务部数据显示，2009年缅甸和泰国的贸易额为43.2628亿美元，其中，缅甸出口27.8158亿美元，进口15.447亿美元；2010年缅甸和泰国的贸易额为48.8682亿美元，其中，缅甸出口28.1387亿美元，进口20.7296亿美元。缅甸和新加坡的贸易额为18.6亿美元（2009/2010财年），其中，出口6.696亿美元，占36%；进口11.904亿美元，占64%。2010年中缅贸易额达44.44亿美元，较2009年增长53.2%。

外　资　据缅甸国家计划与经济发展部统计，截至2010年7月31日，按照缅甸外国投资法共批准了31个国家12个领域的440个投资项目，总额达318.95亿美元。在缅甸投资前五位的国家和地区为：中国（123.19976亿美元）、泰国（95.68093亿美元）、英国（26.59954亿美元）、韩国（26.58806亿美元）、新加坡（15.92亿美元）。主要投资领域为：石油天然气、电力、矿产业、制造业和饭店旅游业。

传媒

缅甸报纸均为官办，全国发行的报纸有3种：《缅甸之光》（缅文版）、《缅甸新光》（英文版）和1992年9月复刊的《镜报》。地方性的报纸有仰光出版的《首都报》、曼德勒出版的《曼德勒报》和《雅德那崩报》3份。此外，全国还有约140种杂志和期刊，较出名的有《妙瓦底》《秀玛瓦》《威达意》《视野》和《财富》等。1997年11月，华文报纸《缅甸华报》创刊，是缅甸惟一允许公开发行的华文报刊。

缅甸通讯社为国家通讯社。

缅甸共有电视台5个，包括缅甸之声电视台、妙瓦底电视台、MRTV－4、Myanmar International（MI）（原来的MRTV－3）、Skynet－TV。共有7个广播电台，包括CityFM、曼德勒FM、八大玛雅FM、瑞FM、彬萨瓦底FM、茄丽FM、蒲甘FM。

菲律宾

国名

菲律宾共和国（The Republic of The Philippines），简称菲律宾。

国旗

菲律宾国旗呈横长方形，长与宽之比为2∶1。靠旗杆一侧为白色等边三角形，中间是放射着八束光芒的黄色太阳，三颗黄色的五角星分别在三角形的3个角上。旗面右边是红蓝两色的直角梯形，两色的上下位置可以调换。平时蓝色在上，战时红色在上。太阳和光芒图案象征自由，八道较长的光束代表最初起义时争取民族解放和独立的8个省，其余光芒表示其他省。3颗五角星代表菲律宾的3大地区：吕宋、萨马和棉兰老。蓝色象征忠诚、正直，红色象征勇气，白色象征和平和纯洁。

菲律宾国旗　　菲律宾国徽

国徽

菲律宾国徽为盾形，中央是太阳放射光芒的图案，3颗五角星在盾面上部，其寓意同国旗。左下方为蓝地黄色的鹰，右下方为红地黄色狮子。狮子和鹰图案分别为在西班牙和美国殖民统治时期菲律宾的标志，象征菲律宾摆脱殖民统治、获得独立的历史进程。盾徽下面的白色绶带上用英文写着“菲律宾共和国”。

主要节日

独立日：6月12日（1898年）。国庆日：6月12日（1898年）。自由日：2月25日。巴丹日：4月9日（纪念二战时阵亡的战士）。五月花节：5月最后一个星期日。国家英雄日：8月27日。英雄节（纪念民族英雄黎刹就义）：12月30日。

自然地理

菲律宾位于亚洲东南部，西濒南中国海，东临太平洋，是一个群岛国家，共有大小岛屿7107个。这些岛屿像一颗颗闪烁的明珠，星罗棋布地镶嵌在西太平洋的万顷碧波之中，菲律宾也因此拥有“西太平洋明珠”的美誉。菲律宾陆地面积29.97万平方公里，其中吕宋岛、棉兰老岛、萨马岛等11个主要岛屿占全国总面积的96%。菲律宾海岸线长达18533公里，多天然良港。菲律宾属季风型热带雨林气候，高温多雨。植物资源十分丰富，热带植物多达万种，素有“花园岛国”的美称。其森林面积为1585万公顷，覆盖率达53%，产有乌木、檀木等名贵木材。

菲律宾普卡海滩以闪亮的普卡贝壳闻名

国民

人　口　2010年底，菲律宾人口数量达9400万。菲律宾人口委员会执行主任托马斯·欧西亚斯预计，菲律宾每年出生人数约200万，2011年底全国总人口将达到9580万，人口增长率约2.04%。

民　族　菲律宾是一个多民族国家，马来族占全国人口的85%以上，包括他加禄人、伊洛戈人、邦班牙人、比萨亚人和比科尔人等。少数民族和外国后裔有华人、印尼人、阿拉伯人、印度人、西班牙人和美国人，以及为数不多的原住民。

语　言　菲律宾有70多种语言。国语是以他加禄语为基础的菲律宾语，英语为官方语言。

宗　教　国民约84%信奉天主教，4.9%信奉伊斯兰教；少数人信奉独立教和基督教新教；华人多信奉佛教；原住民多信奉原始宗教。

行政区划

全国划分为吕宋、维萨亚和棉兰老三大地区。截至2008年12月31日，全国设有首都地区、科迪勒拉行政区、棉兰老穆斯林自治区等17个地区，下设81个省和136个市。

国体政体

政　体　菲律宾实行总统制。总统是国家元首、政府首脑兼武装部队总司令。

宪　法　菲律宾独立后共颁布过三部宪法，现行宪法于1987年2月由全民投票通过并正式生效。宪法规定：菲律宾实行三权分立政体；总统拥有行政权，由选民直接选举产生，任期6年，不得连选连任；总统无权实施戒严法，无权解散国会，不得任意拘捕反对派；禁止军人干预政治；保障人权，取缔个人独裁统治；进行土地改革等。

议　会　又称国会。为最高立法机构，由参、众两院组成。参议院由24名议员组成，由全国直接选举产生，任期6年，每三年改选1/2的议员，可连任两届。众议院由284名议员组成，其中230名由各省、市按人口比例分配，从全国各选区选出。另外54名为全国范围内选出的界别团体代表（party-list）。众议员任期3年，可连任三届。本届国会于2010年7月选举产生。现任参议长恩里莱（Juan Ponce ENRILE），众议长贝尔蒙特（Feliciano BELMONTE, Jr.）。

国家政要　总统贝尼格诺·阿基诺三世，于2010年6月就任；现任外交部长罗慕洛留任。

政　府　本届政府内阁于2010年6月组成，此后略有调整。目前，内阁成员共28名：副总统杰乔马·比奈，文官长帕奎托·奥乔亚，外交部长阿尔韦特·德尔罗萨里奥，财政部长塞萨尔·普利斯马，司法部长莱拉·德利玛，农业部长普罗塞索·阿尔卡拉，国防部长沃尔特里·加斯明，贸易与工业部长格里高利·杜明戈。

司　法　菲律宾司法权属最高法院和各级法院。最高法院由1名首席法官和14名大法官组成，均由总统任命，拥有最高司法权。下设上诉法院、地方法院和市镇法院。莱拉·德利马任司法部长，博尔泰雷·加斯明出任国防部长。

政　党　菲律宾共有政党100余个，大多为地方性小党。主要政党包括：

自由党：是菲律宾执政党，1945年11月自国民党中分裂出来。自由党创始者曼努埃尔·罗哈斯是菲律宾第三共和国的第一任总统，之后，自由党的党首埃尔皮迪奥·基里诺和迪奥斯达多·马卡帕加尔也先后当选为总统。自由党政府在1992年大选中失利，成为在野党。2000年，自由党领导了反对时任总统约瑟夫·埃斯特拉达的群众运动，将其推翻。2010年，自由党候选人贝尼格诺·阿基诺三世参选总统获胜，自由党重新成为菲律宾执政党。2010年，自由党在菲律宾国会中拥有4个参议员席位和19个众议员席位。

基督教穆斯林民主力量党（简称拉卡斯）：是国内最大政党，系前总统拉莫斯于1991年底创立，由人民力量党、全国基督教民主联盟、菲律宾穆斯林民主联盟、团结党等整合而成。该党派主张通过谈判实现民族和解，促进社会稳定。经济上重视农业发展，增加就业，扶助贫困，加快私有化进程。倡导经济外交，奉行更加开放政策。该党全国主席是前任总统阿罗约，总裁是前众议长德贝内西亚。

民族主义人民联盟（NPC）：是前总统埃斯特拉达的执政党联盟——爱国民众战斗党（LAMP）成员之一。2000年10月，埃斯特拉达被弹劾后成为独立党派，目前为菲律宾众议院第二大党。该党支持修改宪法。为防止总统权力过大，主张实行议会制政体及实行两党制，支持加快国有企业私有化。现任主席为前众议员圣胡安。

摩洛民族解放阵线（简称摩解）：系南部穆斯林武装组织，1968年创立，旨在棉兰老地区建立独立的伊斯兰国家。1996年，菲律宾政府与摩解达成和平协议。2001年，摩解主席密苏阿里与阿罗约政府发生利益冲突，并在霍洛岛发动武装叛乱，菲律宾政府迅速平叛，宣布密苏阿里犯有叛乱罪，摩解另一派系领导人胡安继任该党主席。2007年2月，阿罗约总统下令执行与摩解的和平协议条款，希望通过和平、发展、多种信仰对话及国际合作实现与摩解的最终和解，解决菲律宾南部冲突。

摩洛伊斯兰解放阵线（简称摩伊解）：是最大的穆斯林反政府组织，主要活跃在棉兰老岛。

经济

国内生产总值 菲律宾2010年国内生产总值为1887.19亿美元，国内生产总值增长率为17.1%，人均GDP为2007美元。

产业 分产业增加值来看，按2010年价格计算，农渔林业总值为11823.74亿比索，增长3.9%；工业26634.97亿比索，增长14.9%；服务业46671.66亿比索，增长10.6%。三类产业比重为13.9∶31.3∶54.8，其中第一产业比重较2009年下降0.9个百分点，第二产业上升1.1个百分点，第三产业下降0.2个百分点。

2010年服务业产值约为4.96万亿比索，比2009年增长12%。占国内生产总值的54.8%，从业人口占总劳力的54.8%。菲律宾海外劳工超过900万，2010年汇回国内188亿美元。旅游业是菲律宾外汇收入的重要来源之一。2010年菲律宾接待游客345万人次，比2009年增长20%。主要旅游点有：百胜滩、蓝色港湾、碧瑶市、马荣火山、伊富高省原始梯田等。

金融 主要银行有首都银行、商业银行等。货币名称为比索。2010年比索与美元平均汇率为43∶1。2010年通货膨胀率为3.8%。2010年菲律宾外债598亿美元，外汇储备升至创纪录的621亿美元，比2009年增加179亿美元。

进出口贸易 与150个国家有贸易关系。近年来，菲律宾政府积极发展对外贸易，促进出口商品多样化和外贸市场多元化，进出口商品结构发生显著变化。非传统出口商品如成衣、电子产品、工艺品、家具、化肥等的出口额，已赶超矿产、原材料等传统商品的出口额。2010年菲律宾进出口贸易总额为1061亿美元。其中，出口额514亿美元，进口额547亿美元。主要出口产品为电子产品、服装及相关产品、电解铜等；主要进口产品为电子产品、矿产、交通及工业设备；主要贸易伙伴有美国、日本和中国等。

外资 据菲律宾中央银行统计，2010年外国对菲律宾直接投资达到13.2亿美元。主要来源地为日本、美国、英国、德国、韩国、马来西亚和中国香港，主要投资领域为制造业、服务业、房地产、金融中介、矿业、建筑。

传媒

主要英文日报：《马尼拉公报》《菲律宾星报》《菲律宾询问日报》《自由报》《马尼拉时报》《马尼拉纪事报》。菲文日报：《消息报》《菲律宾快报》。华文日报：《世界日报》《商报》《菲律宾华报》《联合日报》和《菲华日报》。

成立于1973年的菲律宾通讯社为官方通讯社，与中国、马来西亚、印尼、泰国、巴基斯坦、日本等15个国家和地区的通讯社建有新闻交换关系，与美联社、路透社均有工作联系。新闻组织有菲律宾全国新闻记者俱乐部、菲律宾新闻摄影家协会、菲律宾出版者协会等。全国有257家出版机构。

全国有629家广播电台，其中商业电台488家，菲商业电台51家，32家为政府所有，10家为宗教台，7家为教育台。有137家电视台，其中广播局和人民电视台属官方性质，其余均为私人所有。菲律宾广播电台、电视台使用的语言主要是英语、他加禄语和华语。

新加坡

国名

新加坡共和国（The Republic of Singapore），简称新加坡。

国旗

新加坡国旗由上红下白两个相等的横长方形组成，长宽之比为3∶2。左上角有一弯白色新月和五颗白色五角星。红色代表人类的平等，白色象征纯洁和美德。新月象征国家，五颗星代表国家建立民主、和平、进步、正义和平等的思想。新月和五颗星的组合紧密而有序，象征新加坡人民团结和互助的精神。

新加坡国旗

新加坡国徽

国徽

新加坡国徽由盾徽、狮子、老虎等图案组成。红色的盾面上镶有白色的新月和五角星，其寓意与国旗相同。红盾左侧是一头狮子，这是新加坡的象征，新加坡在马来语中是"狮子城"的意思；右侧是一只老虎，象征新加坡与马来西亚之间历史上的联系。红盾下方为金色的棕榈枝叶，底部的蓝色绶带上用马来文写着"前进吧，新加坡！"。

主要节日

独立日：8月9日（1965年）。华人新年：每年1月或2月的农历新年。中秋节：农历8月15日。开斋节：回历10月新月出现之时。泰米尔新年：4、5月间。大宝森节：泰米尔历的1～2月间。蹈火节：10～11月。卫塞节：5月的月圆日。圣诞节：12月25日。复活节：3月21日月圆后的周日。

自然地理

位于马来半岛南端、马六甲海峡出入口，北隔柔佛海峡与马来西亚相邻，南隔新加坡海峡与印度尼西亚相望。由新加坡岛及附近约60个小岛组成，其中新加坡岛占全国面积的88.5%。地势低平，平均海拔15米，最高海拔163米，海岸线长193公里。属热带海洋性气候，常年高温潮湿多雨。年平均气温24℃～27℃，日平均气温26.8℃。年平均降水量2345毫米，年平均湿度84.3%。

新加坡圣淘沙名胜世界

国民

人　口　公民和永久居民377.1万，常住人口507.6万（2010年）。华人占75%左右，其余为马来人、印度人和其他种族。

语　言　马来语为新加坡国语，英语、华语、马来语、泰米尔语为官方语言，英语为行政用语。

宗　教　主要宗教为佛教、道教、伊斯兰教、基督教和印度教。

行政区划

首都为新加坡。新加坡市行政上相当于国家，因此是一个城市国家。新加坡土地面积712.4平方公里（2010年），以符合都市规划的方式将全国划分为五个社区，由相应的社区发展理事会管理。

国体政体

国　体　新加坡实行议会共和制。总统为国家元首，由全民选举产生，任期6年。实行立法、行政、司法三权分立。

宪　法　1963年9月，新加坡并入马来西亚后，颁布了州宪法。1965年12月，州宪法经修改后成为新加坡共和国宪法，并规定马来西亚宪法中的一些条文适用于新加坡。宪法规定：实行议会共和制。总统为国家元首。1992年国会颁布民选总统法案，规定从1993年起总统由议会选举产生改为民选产生，任期从4年改为6年。总统委任议会多数党领袖为总理；总统和议会共同行使立法权。总统有权否决政府财政预算和公共部门职位的任命，可审查政府执行内部安全法令和宗教和谐法令的情况；有权调查贪污案件。总统在行使主要公务员任命等职权时，必须先征求总统顾问理事会的意见。

国　会　实行一院制，任期五年。国会可提前解散，大选须在国会解散后三个月内举行。年满21岁的新加坡公民都有投票权。国会议员分为民选议员、非选区议员和官委议员。其中民选议员从全国

9个单选区和14个集选区中，由公民选举产生。集选区候选人以3至6人一组参选，其中至少一人是马来族、印度族或其他少数种族。同组候选人必须同属一个政党，或均为无党派者，并作为一个整体竞选。非选区议员从得票率最高的未当选候选人的反对党中任命，最多不超过6名，从而确保国会中有非执政党的代表。官委议员由总统根据国会特别遴选委员会的推荐任命，任期两年半，以反映独立和无党派人士意见。本届国会于2011年5月7日选举产生，共有87名民选议员，其中人民行动党82人，工人党5人。

国家政要　总统陈庆炎，2011年8月28日当选，2011年9月1日就任，任期6年。总理李显龙（Lee Hsien Loong），2001年11月起兼任财政部长至今，2004年8月任总理，2006年5月和2011年5月两度连任。

政　府　本届内阁于2011年5月21日就职。主要成员有：总理李显龙，副总理兼国家安全统筹部长及内政部长张志贤，副总理兼财政部长及人力部长尚达曼，贸工部长林勋强，总理公署部长林瑞生，新闻、通讯及艺术部长雅国，国家发展部长许文远，国防部长黄永宏，环境及水资源部长维文，外交部长兼律政部长尚穆根等。

司　法　新加坡设有最高法院和总检察署。最高法院由最高法庭和上诉庭组成。1994年废除上诉至英国枢密院的规定，确定最高法院上诉庭为终审法庭。最高法院大法官由总理推荐、总统委任。大法官陈锡强（CHAN Sek Keong），总检察长梅达顺（Sundaresh Menon），定于2010年10月起任职。

政　党　已注册的政党共24个。人民行动党为执政党。1954年11月由现任内阁资政李光耀等人发起成立。人民行动党从1959年至今一直保持执政党地位。李光耀长期任该党秘书长，1991年吴作栋接任。2004年8月，李显龙接替吴作栋出任总理，12月接替吴作栋出任人民行动党中央委员会秘书长。2011年5月，人民行动党再次赢得大选，李显龙连任总理。

近年来影响较大的还有工人党，创立于1957年11月。该党于1971年重建领导机构，提出废除雇佣制，修改国内治安法，恢复言论和结社自由。近年来工人党的影响有所扩大。1981年起，该党在大选中数次赢得议席，2011年大选中又获6席。

经济

国内生产总值　根据中华人民共和国外交部网站公布的统计数据，2010年新加坡国内生产总值为2227.1亿美元，人均国内生产总值为43867美元。2010年国内生产总值增长率为21.5%。

产　业　工业主要包括制造业和建筑业。2010年产值809.2亿新元，占国内生产总值的26.7%。制造业产品主要包括电子产品、化学与化工产品、生物医药、精密机械、交通设备、石油产品。新加坡是世界第三大炼油中心。

农业方面，用于农业生产的土地占国土总面积1%左右，产值占国民经济不到0.1%，主要由园艺种植、家禽饲养、水产养殖和蔬菜种植等构成。绝大部分粮食、蔬菜从马来西亚、中国、印度尼西亚和澳大利亚进口。

服务业包括零售与批发贸易、饭店旅游、交通与电讯、金融服务、商业服务等，系经济增长的龙头。2010年产值1932.2亿新元，占国内生产总值的63.6%。

旅游业为新加坡外汇主要来源之一。游客主要来自东盟国家、中国、澳大利亚、印度和日本。2010年接待外国游客1163.9万人次（不含陆地入境的马来西亚公民），酒店住房率85.6%。主要景点有：圣淘沙岛、植物园、夜间动物园等。

金　融　由金融管理局负责制定和实施各项金融政策，负责监督与管理商业银行及其他金融机构的经营活动，其实际上执行着中央银行的职能，但不发行货币。拥有1000多家金融机构。货币名称为新加坡元。新加坡国家统计局公布的数据显示，新加坡2010年通货膨胀率为2.8%。2010年新元和美元平均比价为1.36∶1。新加坡统计局公布的数据显示，截至2010年12月，外汇储备2889.5亿美元。无外债。

进出口贸易　主要出口电子真空管、加工石油产品、办公及数据处理机零件、数据处理机和电讯设备等，进口电子真空管、原油、加工石油产品、办公及数据处理机零件等。主要贸易伙伴为：马来西亚、欧盟、中国、美国和印尼。

2010年，新加坡对外贸易进出口总额为9020.6亿新元，同比增加约21%。其中，进口4232.2亿新元，增加约19%；出口4788.4亿新元，增加约22%。逆差556.2新元。

外　资　新加坡国际企业发展局2011年1月20日提供的数据显示，2010年前9个月，新加坡公司向海外注资130亿新元（约合117亿美元），大约是2009年同期的2.5倍。

传媒

英文报有《海峡时报》《商业时报》《新报》；华文报有《联合早报》《联合晚报》《新明日报》；马来文报有《每日新闻》。此外还有泰米尔文报《泰米尔日报》。

广播电台于1936年开播，1959年1月起用马来语、英语、华语、泰米尔语广播。新加坡广播电台拥有并经营12个国内电台和3个国际电台。1963年开播，1974年开始播送彩色节目。1995年有线电视网开通，用户可接收30多个频道、10余个国家的电视节目。1995年开通卫星电视，有387万用户。1999年，经营电视和广播业的数家公司合并而成新传媒集团，共经营6个电视频道，主要有第5波道、第8波道、亚洲新闻台等。播送华语、英语、马来语、泰米尔语节目。另有私营的报业控股集团设立的优频道和电视通频道。

泰国

国名

泰王国（The Kingdom of Thailand），简称泰、泰国。

国旗

泰国国旗呈长方形，长宽之比为3∶2。由红、白、蓝三色的五个横长方形平行排列构成。上下方为红色，蓝色居中，蓝色上下方为白色。蓝色宽度相等于两个红色或两个白色长方形的宽度。红色代表民族和象征各族人民的力量与献身精神。白色代表宗教，象征宗教的纯洁。泰国是君主立宪政体国家，国王至高无上，蓝色代表王室。蓝色居中象征王室在各族人民和纯洁的宗教之中。

泰国国旗

泰国国徽

国徽

泰国国徽图案是一只大鹏鸟，鸟背上蹲坐着那莱王。传说大鹏鸟是一种带有双翼的神灵，那莱王是传说中的守护神。

主要节日

宋干节（公历4月13～15日）；水灯节（泰历12月15日）；国庆日（国王诞辰日，公历12月5日）；农耕节：6月（泰历）。节日由占卜师选择在每年5月（泰农历6月）的一个吉日良辰按照婆罗门教的习俗举行。

农耕节是泰国的重要节日，每年到农耕节时，泰国都要在曼谷大王宫旁边的王家田广场举行大典。农耕节大典始于13世纪的素可泰王朝。

自然地理

泰国国土面积约51.3万多平方公里，位于亚洲中南半岛中南部，东南临泰国湾（太平洋），西南濒安达曼海（印度洋），西和西北与缅甸接壤，东北与老挝交界，东南与柬埔寨为邻，疆域沿克拉地峡向南延伸至马来半岛，与马来西亚相接，其狭窄部分居印度洋与太平洋之间。属热带季风气候。全年分为热、雨、旱三季。年均气温24℃～30℃。

泰国暹罗湾

国民

人　口　6740万（截至2010年底）。

民　族　全国共有30多个民族。泰族为主要民族，占人口总数的40%，其余为老挝族，华族，马来族，高棉族，以及苗、瑶、桂、汶、克伦、掸、塞芒、沙盖等山地民族。

语　言　泰语为国语。

宗　教　94%的居民信仰佛教，马来族信奉伊斯兰教，还有少数信奉基督教、天主教、印度教和锡克教。

行政区划

首都为曼谷。全国分中部、南部、东部、北部和东北部五个地区，目前有76个府。府下设县、区、村。曼谷是唯一的府级直辖市。各府名称如下：曼谷（直辖市）、暖武里、巴吞他尼、大城、北标、北揽、佛统、夜功、那空那育、红统、信武里、素攀武里、乌泰他尼、猜那、华富里、龙仔厝、甘烹碧、北榄坡、帕、拍瑶、披集、清莱、夜丰颂、南邦、南奔、素可泰、清迈、程逸、彭世洛、碧差汶、难、呵叻、四色菊、加拉信、色军、孔敬、武里南、耶梭通、乌汶、乌隆、素林、那空帕农、猜也奔、莫达汉、廊开、黎逸、玛哈沙拉堪、巴真、北柳、尖竹汶、春武里、罗勇、达叻、巴蜀、叻丕、北碧、佛丕、达、甲米、北大年、宋卡、沙敦、也拉、拉农、洛坤、春蓬、陶公、素叻、普吉、博达伦、董里、攀牙、沙缴、安纳乍能、廊莫那浦。

国体政体

政　体　实行君主立宪制。国王普密蓬·阿杜德是国家元首、武装部队最高统帅。1946 年继位，是当今世界在位最久的君主。

宪　法　现行宪法于 2007 年 8 月 24 日经普密蓬国王御准生效。分为总章、国王、公民权利、自由与义务、基本国策、议会、内阁、法院、权力监督、地方行政等 15 章 309 款。2010 年 11 月 23 日，泰国国会上下两院举行联席会议，审议宪法修正案，这是泰国现行宪法自 2007 年颁布以来第一次审议修宪案。

议　会　现行宪法规定，国会是国家最高立法机构，实行上、下两院制。上议院设 150 个议席，其中 76 个议席由全国 76 府直选产生，其余 74 个议席由专门委员会遴选产生，任期 6 年。上议院议长提拉德。下议院设 480 个议席，其中 400 个议席由选举产生，其余 80 个议席根据各党的选票比例按区域分配，任期 4 年。下议院议长颂萨·革素拉暖。

国家政要　国王普密蓬·阿杜德（Bhumibol Adulyadej），1946 年即位，1950 年 5 月加冕；总理英拉，2011 年 8 月就任；下议院议长兼国会主席颂萨·革素拉暖，2011 年 8 月当选。

政　府　现政府于 2011 年 8 月成立。总理英拉、副总理兼内政部长荣育·威猜迪出任、副总理差林·裕班伦、副总理哥维·瓦达那、副总理吉滴拉·纳拉侬、副总理春蓬·西拉帕差，其中，吉滴拉和春蓬分别兼任商业部长以及旅游和体育部长。外交部长素拉蓬·多威查猜功、财政部长提拉猜·普瓦纳塔纳拉努班、国防部长育他萨·萨西巴帕。现政府共有 36 位内阁成员。

司　法　大陆法系，以成文法作为法院判决的主要依据。司法系统由宪法法院、司法法院、行政法院和军事法院构成。宪法法院主要是对部分议员或总理质疑违宪、但已经国会审议的法案及政治家涉嫌隐瞒资产等案件进行终审裁定，以多数决定裁决结果。宪法法院由 1 名院长及 14 名法官组成，由上议院议长提名呈交国王批准，任期 9 年。行政法院主要审理涉及国家机关、国有企业及地方政府间或公务员与私企间的诉讼纠纷。行政法院分为最高行政法院和初级行政法院两级，并设有由最高行政法院院长和 9 名专家组成的行政司法委员会。最高行政法院院长的任命须经行政司法委员会及上议院同意，由总理提名呈国王批准。军事法院主要审理军事犯罪和法律规定的其他案件。司法法院主要审理不属于宪法法院、行政法院和军事法院审理的所有案件，分最高法院（大理院）、上诉法院和初审法院三级，并设有专门的从政人员刑事厅。另设有司法委员会，由大理院院长和 12 名分别来自三级法院的法官代表组成，负责各级法官任免、晋升、加薪和惩戒等事项。司法法院下设秘书处，负责处理日常行政事务。

政　党　截至 2011 年 3 月，共有 49 个政党在选举委员会登记注册。主要政党有：

为泰党：2007 年 9 月 20 日成立。党首荣育·威猜迪，秘书长乍洛蓬·良素旺。执委 17 人。下议员 188 名。在全国设有 5 个党支部。党员 23778 人。

民主党：1946 年 4 月 6 日成立。党首阿披实·威差奇瓦。秘书长素帖·特素班。执委 19 人。下议员 170 名。在全国设有 176 个党支部。党员 287.3 万人。

社会行动党：1982 年 8 月 20 日成立。党首通蓬·迪派，秘书长萨勇普·吉萨勇普。执委 9 人。下议员 5 名。在全国设有 4 个党支部。党员 27237 人。

皇家人民党：2006 年 1 月 10 日成立。党首沙诺·天通，秘书长塔尼·天通。执委 8 人。下议员 8 名。在全国设有 6 个党支部。党员 13814 人。

为国党：2007 年 10 月 2 日成立。党首参猜·猜隆棱，秘书长空缺。执委 36 人。下议员 30 名。在全国设有 8 个党支部。党员 9416 人。

统一国家发展党：2007 年 10 月 3 日成立。党首万纳拉·参努军，秘书长巴迪·帕塔拉巴实。执委 12 人。下议员 9 名。在全国设有 4 个党支部。党员 10338 人。

泰国发展党：2008 年 4 月 18 日成立。党首春蓬·信拉巴阿差，秘书长比差·占佩。执委 9 人。下议员 24 人。在全国设有 6 个党支部。党员 14957 人。

祖国党：2008 年 11 月 3 日成立。党首颂提·汶亚拉格林上将，秘书长曼·帕塔诺泰。执委 15 人。下议员 3 名。在全国设有 5 个党支部。党员 7760 人。

自豪泰党：2008年11月5日成立。党首差瓦乐·参威拉军，秘书长蓬提瓦·纳卡塞。执委12人。下议员31名。在全国设有5个党支部。党员36370人。

经济

国内生产总值 根据中华人民共和国外交部网站数据，按1988年可比价格计算，2010年泰国国内生产总值为45958亿泰铢，国内生产总值增长率为7.8%，人均国内生产总值为68186.94泰铢。

产　业 农工业在国内生产总值中的比重不断上升。2010年工业增长13.9%。农业是泰国传统经济产业，农业人口约1530万。全国可耕地面积约1.4亿莱（1莱＝1600平方米），占国土面积的41%。主要作物有稻米、玉米、木薯、橡胶、甘蔗、绿豆、麻、烟草、咖啡豆、棉花、棕油、椰子等。2010年受年初干旱和年末洪灾影响，全年农业负增长2.2%。旅游业保持稳定发展势头，是外汇收入重要来源之一。主要旅游点有曼谷、普吉、清迈和帕塔亚。清莱、华欣、苏梅岛等地近年来越来越受到国内外游客的欢迎。近年来由于政局不稳，旅游业受到较大影响。2010年共有1580万外国游客赴泰国旅游，同比增长12%。

财　政 2010年财政年度预算支出1.62万亿泰铢，收入1.68万亿泰铢。

金　融 2010年泰铢与美元平均汇率为31.73∶1。通货膨胀率3.3%。截至2010年底，泰国外债965亿美元，外汇储备1721亿美元。

进出口贸易 2010年泰国对外贸易额3777.2亿美元，其中出口1953.1亿美元，进口1824.1亿美元，分别增长28.14%和36.47%。东盟、中国、日本、美国、欧盟等是泰国重要贸易伙伴。主要出口产品有：汽车及零配件、电脑及零配件、集成电路板、电器、初级塑料、化学制品、石化产品、珠宝首饰、成衣、鞋、橡胶、家具、加工海产品及罐头、大米、木薯等。主要进口产品有：机电产品及零配件、工业机械、电子产品零配件、汽车零配件、建筑材料、原油、造纸机械、钢铁、集成电路板、化工产品、电脑设备及零配件、家用电器、珠宝金饰、金属制品、饲料、水果及蔬菜等。

传媒

泰国媒体以私营为主，按市场规则运作。泰文媒体是泰国的主流媒体，英文、华文媒体居辅助地位。主要泰文报纸有《泰叻报》《民意报》《每日新闻》《国家报》《沙炎叻报》《经理报》等；主要华文报纸有《新中原报》《中华日报》《星暹日报》《亚洲日报》《世界日报》和《京华中原日报》等；主要英文报纸有《曼谷邮报》《民族报》等。

广播电台有230多家，其中由政府民众联络厅掌管的有59家。泰国国家广播电台为国家电台，设有国外部，用泰、英、法、中、马来、越、老、柬、缅、日等语言广播。无线电视台共6家，均设在曼谷，大部分电视节目通过卫星转播。地方有线电视公司86家。电视网覆盖全国。

越　南

国名

越南社会主义共和国（The Socialist Republic of Viet Nam），简称越南。

国旗

越南国旗为长方形，长宽之比为3∶2，红底中间有五角金星。国旗旗底为红色，旗中心为一枚五角金星。红色象征革命和胜利。五角金星象征越南劳动党对国家的领导，五星的五个角分别代表工人、农民、士兵、知识分子和青年，即通常说的金星红旗。

越南国旗

越南国徽

国徽

呈圆形。红色的圆面上方镶嵌着一颗金黄色的五角星；下端有一个金黄色的齿轮，象征工业；圆面周围对称地环绕着两捆由红色饰带束扎的稻穗，象征农业；金色齿轮下方的饰带上用越文写着“越南社会主义共和国”。国徽图案于1956年选定。

主要节日

国庆日（独立日）：9月2日（1945年）；越南南方解放日：4月30日（1975年）；越南共产党成立日：2月3日（1930年）；胡志明诞辰日：5月19日（1890年）；越南民族传统节日主要有春节、清明、端午、中秋、重阳等，其中春节为最盛大的节日。

越南板约瀑布

自然地理

越南位于中南半岛东部，北与中国接壤，西与老挝、柬埔寨交界，东面和南面临南海，海岸线长3260多公里，国土面积32.95万平方公里。越南地形狭长，南北长1600公里，东西最窄处为50公里。越南地势西高东低，境内四分之三为山地和高原。北部和西北部为高山和高原。中部长山山脉纵贯南北。主要河流有北部的红河和南部的湄公河。红河和湄公河三角洲地区为平原。1989年全国森林覆盖面积9.8万平方公里。越南全国地处北回归线以南，高温多雨，属热带季风气候，年平均气温24℃左右，年平均降雨量为1500～2000毫米。北方分春、夏、秋、冬四季。南方雨旱两季分明，大部分地区5～10月为雨季，11月至次年4月为旱季。河内时间：GMT＋7小时（比北京时间晚1个小时）。

国民

人　口　8693万（2010年）。

民　族　有54个民族，京族占总人口86%，岱依族、傣族、芒族、华人、侬族人口均超过50万。

语　言　通用越南语。

宗　教　主要宗教有佛教、天主教、和好教和高台教。

行政区划

首都为河内（Ha Noi）。2008年8月1日，原河内市与整个河西省、永富省迷灵县、和平省梁山县4个乡合并成新河内市，总面积达3340平方公里，人口645万（2009年）。全国划分为59个省和5个直辖市。

国体政体

国　体　越南宪法规定：越南是社会主义国家，越南共产党是领导国家和社会的力量，国家的一切权利属于人民，实行人民代表制度。

宪　法　越南现行宪法是第四部宪法，于1992年4月15日在八届国会11次会议上通过，是1946年、1959年、1980年宪法的继承和发展，体现了越共“七大”提出的社会主义目标与国家全面革新路线。宪法规定：越南社会主义共和国国家政权属于人民，越南共产党以马克思列宁主义和胡志明思想为指导思想。

议　会　也称为国会，是国家最高权力机关，通常每年举行两次例会。目前为第十三届国会，共有500名国会代表。现任国会主席阮生雄，于2011年7月当选。

国家政要　越共中央总书记阮富仲，于2011年1月当选；国家主席张晋创，于2011年7月当选；总理阮晋勇，于2011年7月连任当选。

政　府　本届政府于2011年7月成立。主要成员有：国会主席阮生雄、国家主席张晋创、国家副主席阮氏缘、政府总理阮晋勇。本届政府共设4位副总理，分别是阮春福、黄忠海、阮善仁和武文宁。

司　法　司法体系由最高人民法院、最高人民检察院及地方法院、地方检察院和军事法院组成。最高人民法院院长张和平，于2011年7月当选连任；最高人民检察院检察长阮和平，于2011年7月当选。

政　党　越南共产党（Dang Cong san Viet-Nam）是惟一政党，于1930年2月3日成立，同年10月改名为印度支那共产党，1951年更名为越南劳动党，1976年改用现名。目前有党员约360多万人，基层组织近5.6万个，同世界上180多个政党建有党际关系。越南共产党十一届中央总书记为阮富仲。

经济

国内生产总值　2010年越南国内生产总值为1016亿美元，国内生产总值增长率为6.78%，人均国内生产总值为1168美元。

产　业　2010年，越南工业产值增长14%。其中，国有企业产值增长7.4%，外资企业产值增长17.2%。主要工业产品：煤炭、原油、天然气、液化气、水产品等。越南是传统农业国，农业人口约占总人口的75%。耕地及林地占总面积的60%。粮食作物包括稻米、玉米、马铃薯、番薯和木薯等，经济作物主要有咖啡、橡胶、胡椒、茶叶、花生、甘蔗等。2010年越南农林渔业总产值232.7万亿越南盾，比2009年增长4.7%，其中农、林、渔业产值分别增长4.2%、4.6%、6.1%。近年越南服务业保持较快增长势头，2010年服务业产值增长24.5%。近年来旅游业增长迅速，经济效益显著。

受国际金融危机影响，2010年全年接待国外游客310万人次，比2009年增长38.8%。主要旅游景点有：河内市的还剑湖、胡志明陵墓、文庙、巴亭广场；胡志明市的统一宫、芽龙港口、莲潭公园、古芝地道和广宁省的下龙湾等。

金　融　货币名称为越南盾。货币名称为越南盾。2010年4月越南盾与美元平均汇率为20900∶1。2010年消费品价格上涨指数为9.19%。外汇储备约为136亿美元，大大低于2008年的236亿美元。主要银行有越南国家银行（亦称中央银行）、越南工商银行、越南外贸银行、越南国际贸易股份银行等。

进出口贸易　2010年越南货物进出口贸易总额约为1556亿美元，贸易逆差124亿美元。其中出口716亿美元，增长25.5%；进口840亿美元，增长20.1%。服务贸易进出口总额157.8亿美元。越南主要贸易对象为中国、美国、欧盟、东盟、日本。主要出口商品有：原油、服装纺织品、水产品、鞋类、大米、木材、电子产品、咖啡。主要出口市场为美国、欧盟、东盟、日本。主要进口商品有：汽车、机械设备及零件、成品油、钢材、纺织原料、电子产品和零件。主要进口市场为中国、东盟、韩国、欧盟。

外　资　2010年外国在越南新增投资协议金额186亿美元，新增项目969个，实际到位110亿美元，增长10%。在越南总投资排名前五位的国家和地区依次是中国台湾地区、韩国、新加坡、日本、马来西亚。

传 媒

越南新闻出版法规定报纸由国家控制。中央及地方新闻单位共450家。主要出版社有国家政治出版社、文化出版社、文学出版社、科技出版社、教育出版社和世界出版社等。各种出版物13515种，年发行量2.18亿册。报社约150家，其余为行业小报。主要报刊有：《人民报》，越共中央机关报，1951年创刊，在国外设有3个分支机构，1998年5月开设电子版；《人民军队报》，越南人民军总政治局机关报；《大团结报》，祖国阵线中央机关报；《西贡解放报》(越文和中文版)，越共胡志明市委机关报；《共产主义》月刊，越共中央政治理论刊物，1956年创刊，2001年设电子版；《全民国防》月刊。

越南通讯社：国家通讯社，于1945年创立，1976年越南南方解放通讯社与之合并。在全国各省市均设有分社，驻外分社有27个。1998年8月开设互联网（越、英、法、西班牙文）。

“越南之声”广播电台：成立于1954年，有四套对内节目，用越南语及数种少数民族语言播音；对外广播用中国普通话、广东话、俄语、英语、法语、西班牙语、日语、泰语、老挝语、柬埔寨语、印尼语、马来语等。

越南中央电视台：成立于1971年，目前有7套节目。

双边关系

中国与文莱双边关系

一、双边政治关系与重要往来

中国和文莱于1991年9月30日建立外交关系，双边关系发展顺利，各领域友好交流与合作逐步展开。

近年来中国访文莱的领导人主要有：江泽民主席（2000年)、李鹏委员长（2001年)、朱镕基总理（2001年)、吴仪副总理（2005年)、顾秀莲副委员长（2007年)、胡锦涛主席（2005年)、周铁农副委员长（2008年)、戴秉国国务委员（2010年1月)。

近年来文莱访华的领导人主要有：哈桑纳尔·博尔基亚苏丹（1993年、1999年、2001年、2004年、2006年、2008年)、穆罕默德·博尔基亚亲王（2004年、2010年5月)、穆罕默德·比拉王储（2009年)、叶海亚部长（2010年10月）等。

1993年两国外交部建立定期磋商制度，迄今为止已举行14次磋商。

二、双边经贸关系

建交初期，两国经贸合作进展缓慢。自2000年起，中国开始从文莱大量进口原油，双边贸易额大幅上升。2008年5月，两国举行首次经贸磋商。2008年9月，广东省海洋渔业局和文莱工业与初级资源部渔业局签署渔业合作谅解备忘录。2008年10月，中国工业和信息化部与文莱交通部签署关于加强信息通信领域合作的谅解备忘录。

两国经贸合作进一步拓展。2010年中国、文莱贸易额为10.3亿美元，增长142.8%。其中中方出口3.7亿美元，增长161.8%；进口6.6亿美元，增长133.3%。

三、其他领域的交流与合作

两国在民航、卫生、文化、旅游、体育、教

育、军事、司法等领域的交流与合作逐步展开。先后签署了《民用航空运输协定》（1993年）、《卫生合作谅解备忘录》（1996年）、《文化合作谅解备忘录》（1999年）、《中国公民自费赴文旅游实施方案的谅解备忘录》（2000年）、《高等教育合作谅解备忘录》（2004年）、《旅游合作谅解备忘录》（2006年）。两国于2002年和2004年分别签署了《中华人民共和国最高人民检察院和文莱达鲁萨兰国总检察署合作协议》和《最高法院合作谅解备忘录》。两国各领域的交流与合作继续扩大。文莱大学和中国驻文莱大使馆共同举办首届“中国语言与文化周”。2010年3月，文莱皇家航空公司重开斯里巴加湾至上海航线。

2003年9月，中央军委委员、总参谋长梁光烈访文莱，双方签署了《关于开展军事交流的谅解备忘录》。11月，中国海军舰艇编队首次访文莱。2004年9月，文莱武装部队司令哈尔比少将访华。2005年10月，文莱国防部副部长亚斯敏访华。2006年7至8月，中国人民解放军军乐团赴文莱参加文莱苏丹60岁诞辰国际军乐节庆典活动。2007年，中国、文莱两国互设武官处。2008年1月，中央军委副主席、国务委员兼国防部长曹刚川访文莱。2008年9月，文莱武装部队司令哈尔比少将访华并观摩“砺兵—2008”军事演习。2009年2月，中国人民解放军副总参谋长葛振峰访文莱。2009年8月，中国人民解放军海军南海舰队司令员苏支前少将访文莱，并率“广州号”导弹驱逐舰出席文莱第二届国际防务展。

自2003年7月起，中国对持普通护照来华旅游、经商的文莱公民给予免签证15天的待遇。2005年6月，两国就互免持外交、公务护照人员签证的换文协定生效。

2004、2005年分别成立中国—文莱友好协会和文莱—中国友好协会。

四、重要双边文件

1991年9月，钱其琛外长和文莱外交大臣穆罕默德·博尔基亚亲王在纽约签署了《中华人民共和国政府和文莱达鲁萨兰国苏丹陛下政府关于两国建立外交关系的联合公报》。

1999年8月，文莱苏丹在对华进行工作访问期间，双方发表关于两国关系未来发展方向的《联合公报》。

2005年4月，胡锦涛主席在对文莱进行国事访问期间，双方发表了联合新闻公报。

另外，两国还签有《鼓励和相互保护投资协定》（2000年）、《避免双重征税和防止偷漏税的协定》（2004年）、《促进贸易、投资和经济合作谅解备忘录》（2004年）、《农业合作谅解备忘录》（2009年）。

（来源：中华人民共和国外交部网站. http://www.fmprc.gov.cn/chn/pds/gjhdq/gj/yz/1206_33/sbgx/. 2011—05—01）

中国与柬埔寨双边关系

一、双边政治关系与重要往来

中柬两国有着悠久的传统友谊。1958年7月19日两国正式建交。长期以来，中国几代领导人与西哈努克国王建立了深厚的友谊，为两国关系的长期稳定发展奠定了坚实的基础。1955年4月，西哈努克亲王在万隆亚非会议上与周恩来总理结识。

近年来中国访柬埔寨的领导人主要有：周恩来总理（1955年4月、1960年）、刘少奇主席（1963年）、江泽民主席（2000年11月）；朱镕基总理（2002年11月）；温家宝总理（2006年4月）；贾庆林政协主席（2008年12月）；习近平副主席（2009年12月）、回良玉副总理（2010年3月）、吴邦国委员长（2010年11月）。

近年来柬方访华的领导人主要有：西哈努克亲王（1956年2月、1958年、1965年、1970年、1979年、1992年、1994年、1999年）。谢辛参议院主席（1992年、1995年）、拉纳烈国会前任主席（1994年、1999年）、洪森首相（1994年、1996年、1999年、2004年4月、2009年10月、2010年5月）、西哈莫尼国王（2005年8月）、洪森首相（2010年12月）等。

近几年，柬埔寨国王西哈莫尼、首相洪森、副首相兼外交大臣贺南洪都曾数次访问中国，特别是洪森首相曾多次来华参加重要的国际会议和对中国进行访问。

2000年11月，时任中国国家主席江泽民对柬埔寨进行国事访问，两国领导人就双边关系和共同关心的问题达成了广泛的共识，双方签署了《中柬关于双边合作的联合声明》。中柬之间不存在亟待解决的问题。两国传统睦邻友好合作关系在和平共处五项原则的基础上得到进一步发展。2002年11月，时任中国国务院总理朱镕基访柬埔寨，两国领导人同意把农业、基础设施建设和人力资源开发作为两国重点合作领域，中方并宣布免除柬埔寨所有到期债务。2006年4月，温家宝总理访柬埔寨。双方发表《联合公报》，宣布建立“全面合作伙伴关系”。

2007年10月28日至31日，柬埔寨首相洪森出席第四届中国—东盟博览会及第四届中国—东盟商务与投资峰会开幕式。

2008年7月18日，中柬在柬埔寨首都金边共同庆祝中柬建交50周年。

2008年8月8日，柬埔寨太皇诺罗敦·西哈努克前来出席北京奥运会开幕式。

2008年10月22～25日，柬埔寨首相洪森前来出席第五届中国—东盟博览会及第五届中国—东盟商务与投资峰会开幕式。

2009年10月，西哈努克太皇出席中国建国60周年国庆招待会和天安门观礼活动。2009年10月，洪森首相来华出席第六届中国—东盟博览会，温家宝总理会见。2009年12月，习近平副主席访问柬埔寨。2010年3月，回良玉副总理访问柬埔寨。2010年5月，洪森首相出席上海世博开幕式，胡锦涛主席会见。2010年12月，习近平副主席访问柬埔寨。

二、双边经贸关系

中柬两国经贸关系发展较快，合作领域不断拓宽。1996年，两国签订了贸易、促进和投资保护协定，并于2000年成立两国经济贸易合作委员会。据中国海关统计，2010年，中柬双边贸易额为14.41亿美元，同比增长52.6%。其中，中国对柬埔寨出口13.48亿美元，同比增长48.5%；自柬埔寨进口0.94亿美元，同比增长153.6%。目前，已有300多家实力雄厚的中国企业在柬埔寨开展贸易、投资等多种业务，在互惠互利的基础上实现共同发展。

三、其他领域的交往与合作

近年来，中柬在各个领域的交流与合作不断扩大。双方在政治、经贸、文化、教育、军事等领域的友好合作不断加强，在国际和地区问题上保持良好的协调和合作。两国先后签署了文化、旅游、农业等合作文件，两国议会、军队、警务、新闻、卫生、文教、信息、水利、气象、建设、农业、文物保护等部门领导人先后实现了互访。

两国外交部保持良好合作关系。1994年两国外交部官员团实现互访；1995年2月时任中国外交部副部长唐家璇访柬埔寨；1999年1月王毅部长助理赴柬埔寨进行外交磋商；1999年6月柬埔寨国务大臣兼外交、国际合作部大臣贺南洪访华；2000年7月，柬埔寨外交国务秘书吴金安来华进行外交磋商。2003年6月，中国外长李肇星访柬埔寨；2005年11月，中国外交部部长助理李金章访柬埔寨；2006年7月，柬埔寨副首相兼外交大臣贺南洪访华等；2008年1月，中国外交部长杨洁篪访柬埔寨。

2008年10月，柬埔寨参议院主席谢辛访华。同月，中国人民解放军副总参谋长张黎访柬埔寨。11月，国务委员、公安部部长孟建柱访柬埔寨。12月，全国政协主席贾庆林、全国人大常委会副委员长陈至立分别访柬埔寨。

2009年1月，温家宝总理致信西哈努克太皇夫妇祝贺新春。2月，全国政协主席贾庆林礼节性会见西哈莫尼国王。同月，柬埔寨副首相兼内政部大臣韶肯来华出席“万国禁烟会”一百周年纪念大会。

2010年5月27日至31日，中国全国政协外事委员会主任赵启正率团访问柬埔寨，柬埔寨参议院主席谢辛亲王会见。参议院外事委员会主任迪波拉西、柬埔寨外交国际合作部国务秘书龙威萨罗分别与代表团举行会谈。

2010年12月，柬埔寨首相洪森访华，两国建立全面战略合作伙伴关系。

柬埔寨已在广州、上海、香港、昆明、重庆和南宁等地设立总领馆。中方保留在柬埔寨设领权力。

四、重要双边文件（1996年以来）

《中柬贸易协定》（1996年7月）

《中柬关于促进和保护投资协定》（1996年7月）

《中柬关于柬在香港特别行政区保留名誉领事馆的换文》（1997年4月）

《中柬关于柬在广州设立总领事馆的协议》（1997年12月）

《中柬在柬台通航问题上的协议》（1997年12月）

《中柬引渡条约》（1999年2月）

《中柬文化协定》（1999年2月）

《中柬旅游合作协定》（1999年2月）

《中柬关于柬在上海设立总领事馆的协议》（1999年5月）

《中柬关于柬驻香港领事馆升格为总领事馆的

协议》(1999 年 7 月)

《中柬关于双边合作的联合声明》(2000 年 11 月)

《中柬关于成立经济贸易合作委员会协定》(2000 年 11 月)

《中柬农业合作谅解备忘录》(2000 年 11 月)

《中国红十字会与柬红十字会合作与互助协议》(2004 年 4 月)

《中柬教育、青年和体育部体育合作协议》(2004 年 4 月)

《中柬两国政府关于加强文物保护合作的谅解备忘录》(2004 年 4 月)

《中柬关于旅游规划合作的谅解备忘录》(2004 年 4 月)

《中柬联合公报》(2006 年 2 月)

《中柬关于打击跨国犯罪的合作协议》(2006 年 4 月)

《中柬卫生合作的谅解备忘录》(2006 年 4 月)

《中柬关于大湄公河次区域信息高速公路项目柬埔寨段建设的谅解备忘录》(2006 年 4 月)

《中柬关于合作保护吴哥古迹二期项目的协议》(2006 年 4 月)

《中柬互免持外交、公务护照人员签证协定》(2006 年 7 月)

《中华人民共和国审计署与柬埔寨国家审计署谅解备忘录》(2007 年 8 月)

《中柬关于禁止非法贩运和滥用麻醉药品和精神药品的合作谅解备忘录》(2008 年 11 月)

《中柬道路桥梁基础设施发展合作备忘录》(2010 年 6 月)

中柬两国海关《合作协议》(2010 年 6 月)

(来源:中华人民共和国外交部网站. http://www.fmprc.gov.cn/chn/pds/gjhdq/gj/yz/1206_14/sbgx/. 2011—05—01)

中国与印度尼西亚双边关系

一、双边政治关系与重要往来

中国与印尼于 1950 年 4 月 13 日建交。1965 年印尼发生“9·30 事件”后,两国于 1967 年 10 月 30 日中断外交关系。

20 世纪 80 年代,两国关系开始松动。1989 年,时任中国外交部部长钱其琛在日本分别与印尼总统苏哈托和国务部长穆迪约诺就复交问题举行会晤。同年 12 月,两国就关系正常化的技术性问题进行会谈,并签署会谈纪要。1990 年 7 月印尼外长阿拉塔斯应邀访华,两国发表《关于恢复两国外交关系的公报》。

1990 年 8 月 8 日,时任中国国务院总理李鹏在访问印尼期间,两国外长分别代表本国政府签署《关于恢复外交关系的谅解备忘录》,宣布自当日起正式恢复两国外交关系。

近年来,中印(尼)关系快速发展。1999 年底,两国就建立和发展长期稳定的睦邻互信全面合作关系达成共识。2000 年 5 月两国签署《关于未来双边合作方向的联合声明》,成立由双方外长牵头的政府间双边合作联委会。2005 年 4 月两国元首签署中印(尼)战略伙伴关系联合宣言。2006 年两国启动副总理级对话机制。2010 年两国签署中印(尼)战略伙伴关系联合宣言行动计划。

近年来中国访印尼的领导人主要有:胡锦涛主席(2000 年、2005 年、2009 年 11 月)、朱镕基总理(2001 年)、李鹏委员长(2002 年 9 月)、吴官正中纪委书记、贾庆林政协主席(2006 年)、陈炳德上将(2007 年 8 月)、周永康政法委书记(2008 年 11 月)、戴秉国国务委员(2010 年 1 月)、中央军委副主席郭伯雄(2010 年 5 月)、吴邦国委员长(2010 年 11 月)等。

近年来印尼访华的领导人主要有:梅加瓦蒂总统(2002 年)、阿敏人协主席(2002 年)、苏西洛总统(2005、2006 年、2008 年、2010 年 10 月)、阿贡·拉克索诺议长(2005 年)、希达亚特人协主席(2007 年)、尤素夫·卡拉副总统(2007 年、2008 年)、印尼经济统筹部长哈达(2010 年 4 月)、布迪约诺副总统(2010 年 10 月)等。

2009 年 3 月,印尼经济统筹部长斯莉访华。同月,印尼央行行长布迪约诺访华。7 月,印尼外长哈桑对华进行正式访问。11 月,胡锦涛主席与苏西洛总统在出席新加坡 APEC 会议期间举行会晤。同月,外交部部长杨洁篪在 APEC 会议期间会见了印尼外长马尔迪。11 月,中共中央政治局委员,北京市委书记刘淇访问印尼。12 月,印尼人民协商会议主席陶菲克访华。

2010 年 1 月,国务委员戴秉国对印尼进行正式访问并主持两国副总理级对话机制第二次会议。4 月,印尼经济统筹部长哈达和贸易部长冯慧兰来华出席上海世博会开幕式。5 月,印尼社会部长沙里姆·塞加特访华,同月,中央军委副主席郭伯雄访问印尼。7月，印尼政治法律安全统筹部长苏延多来华参观上海世博会。8月，人民福利统筹部长阿贡来华参观上海世博会。10月，印尼总统苏西洛来华参观世博会，同月，印尼副总统布迪约诺出席第七届中国—东盟博览会并进行工作访问。11月，吴邦国委员长访问印尼。

二、双边经贸关系和经济技术合作

两国经贸合作发展顺利。复交后双方签订了《投资保护协定》《海运协定》《避免双重征税协定》，并就农业、林业、渔业、矿业、交通、财政、金融等领域的合作签署了谅解备忘录。1990年两国成立了经济贸易技术合作联委会。2001年底，双方将农业、能源和资源开发以及基础设施建设确定为经贸合作重点领域。2002年3月成立两国能源论坛，9月召开首次会议。2006年10月，双方在上海召开了第二次会议。2008年12月，能源论坛第三次会议在雅加达举行。2007年9月，双方在上海召开第九次经贸技术联委会。2008年3月，中国银行泗水分行复行。2009年，中方支持建设的印尼泗马大桥举行通车仪式。

2010年双边贸易额427.5亿美元，同比增长50.6%。其中出口219.7亿美元，同比下降49.3%；进口207.8亿美元，同比增长52%。

三、其他领域的交流与合作

两国在民航、科技、教育、卫生、旅游等领域的交流与合作不断发展。1991年1月两国签署航运协定，开辟直飞航线；1992年1月两国签署新闻合作谅解备忘录，新华社在雅加达开设分社，人民日报向印尼派驻记者。1994年两国签署旅游、卫生、体育合作谅解备忘录，启动互派留学生项目。1997年两国成立科技合作联委会，迄今为止已举行两次会议。2000年7月两国签署《刑事司法互助条约》。2001年11月两国重新签署《文化合作协定》。2001年印尼正式成为中国公民自费出境旅游目的地国。两国民航部门于2004年12月就扩大航权安排问题达成协议。2005年，两国相互免除持外交与公务护照人员签证，印尼政府宣布给予中国公民落地签证待遇。2010年印尼赴华人数57.34万人次，中国公民首站赴印尼人数46.88万人次。

双方地方政府交流活跃。两国已缔结的友好省际关系和城市有：北京市—雅加达特区、广东省—北苏门答腊省、福建省—中爪哇省、云南省—巴厘省、海南省—巴厘省、成都市—棉兰市、漳州市—巨港市、江门市—泗水市。

四、重要双边文件

1990年7月，钱其琛外长与阿拉塔斯外长在北京签署《中华人民共和国政府和印度尼西亚共和国政府关于恢复两国外交关系的公报》。

2000年5月，唐家璇外长与阿尔维·希哈布外长在北京签署《中华人民共和国和印度尼西亚共和国关于未来双边合作方向的联合声明》及《关于成立中华人民共和国政府与印度尼西亚共和国政府双边合作联合委员会的谅解备忘录》。

2005年4月，胡锦涛主席与苏西洛总统在雅加达签署《中华人民共和国与印度尼西亚共和国关于建立战略伙伴关系的联合宣言》。

2005年7月，印尼总统苏西洛对华进行国事访问。两国发表《中华人民共和国与印度尼西亚共和国联合声明》。

2007年11月，中国国家海洋局局长孙志辉访问印尼。双方签署《中华人民共和国与印度尼西亚共和国海洋领域合作谅解备忘录》。

2007年11月，印尼国防部长尤沃诺访华。双方签署《中华人民共和国与印度尼西亚共和国关于防务领域合作的协议》。

2008年12月，李克强副总理访问印尼。双方签署了《中华人民共和国中华全国青年联合会和印度尼西亚共和国青年事务和体育部就青年事务合作的谅解备忘录》和《中华人民共和国政府和印度尼西亚共和国政府体育合作谅解备忘录》。

2009年3月，印尼央行行长布迪约诺访华。两国签署了金额达1000亿人民币的双边本币互换协议。7月，印尼外长哈桑访华。双方签署了《中华人民共和国和印度尼西亚共和国引渡条约》。

2010年1月，国务委员戴秉国对印尼进行正式访问。双方签署了《中华人民共和国政府和印度尼西亚共和国政府关于落实战略伙伴关系联合宣言的行动计划》。

（来源：中华人民共和国外交部网站. http://www.fmprc.gov.cn/chn/pds/gjhdq/gj/yz/1206_43/sbgx/. 2011—04—01))

中国与老挝双边关系

一、双边政治关系与重要往来

中国和老挝是山水相连的友好邻邦，两国人民自古以来和睦相处。1961年4月25日，中国和老挝正式建立外交关系，两国保持睦邻友好关系。20世纪70年代末至80年代中期，两国关系曾出现曲折。1989年中老关系正常化以来，双边关系得到全面恢复和发展，两国领导人频繁互访，在政治、经济、军事、文化、卫生等领域的友好交流与合作不断深化，双方在国际和地区事务中保持密切协调与合作。老挝政府坚持一个中国的立场，支持中国人民和平统一大业。

中老关系正常化以来，中国访老挝的领导人主要有：李鹏总理（1990年12月）、邹家华副总理（1992年11月）、乔石委员长（1996年11月）、吴邦国副总理（1997年10月）、江泽民主席（2000年11月）、霍英东全国政协副主席（2001年1月）、阿不来提·阿不都热西提全国政协副主席（2004年1月）、吴仪副总理（2004年3月）、温家宝总理（2004年11月、2008年3月）、王忠禹全国政协副主席（2005年12月）；胡锦涛主席（2006年11月）、回良玉副总理（2010年3月）、习近平副主席（2010年6月）；孟建柱国务委员（2011年2月）。

中老关系正常化以来，老方访华的领导人主要有：凯山·丰威汉部长会议主席（1989年10月）、坎代·西潘敦总理（1991年、1993年）、凯山·丰威汉主席（1992年4月）、诺哈·冯沙万主席（1995年6月）、沙曼·维亚吉国会主席（1995年5月、2000年1月、2005年12月）、坎培·乔布拉帕副总理（1995年11）、本杨·沃拉吉副主席（1997年7月、2002年2月、2010年10月）、乌敦·卡迪亚国家副主席兼建国阵线中央主席（1998年3月）、西沙瓦·乔本潘建国阵线中央主席（1999年1月、2002年5月、2009年9月）、坎代·西潘敦主席（2000年7月、2003年6月）、波松·布帕万总理（2004年1月、2007年8月、2008年10月、2010年10月）、朱马里·赛雅颂主席（2006年6月、2008年8月、2009年9月、2010年4月）、通辛·塔马冯国会主席（2008年3月、2010年10月）、蓬沙瓦副外长（2009年8月）、阿桑·劳里副总理（2010年10月）、宋沙瓦·凌沙瓦政府常务副总理（2010年11月）、巴妮·雅陶都国会副主席（2010年12月）。

二、双边经贸关系

中老经贸关系发展顺利。双方先后签署了贸易、投资保护、旅游、汽车运输等经贸合作文件，成立了双边经贸与技术合作委员会。2009年，双边贸易额7.44亿美元，同比增长79%。2010年，双边贸易额10.55亿美元，同比增长40.3%，其中，中国出口额4.84亿美元，进口额5.71亿美元，分别增长28.2%和52.5%。中国主要进口铜、木材、农产品等，主要出口汽车、摩托车、纺织品、钢材、电线电缆、通信设备、电器电子产品等。

中国企业于20世纪90年代开始赴老挝投资办厂，目前是老挝主要投资方之一。投资领域涉及水电、矿产开发、服务贸易、建材、种植养殖、药品生产等。中国企业在老挝还积极参与劳务和工程承包。

中国在力所能及的范围内，采取无偿援助、无息贷款或优惠贷款等方式向老挝提供援助，领域涉及物资、成套项目援助、人才培训及技术支持等。中方为老挝援建的项目有地面卫星电视接收站、南果河水电站及输变电工程、老挝国家文化宫、琅勃拉邦医院及扩建工程、乌多姆赛戒毒中心、老挝地震台、昆曼公路老挝境内1/3路段、万象凯旋门公园、老挝国家电视台三台等。

三、其他领域的交流与合作

两国在文化、教育、卫生等领域交流与合作发展迅速。1989年以来，中老双方先后签订了文化、新闻合作协定及教育、卫生和广播影视合作备忘录。两国文艺团体、作家和新闻记者往来不断。中老两国于1990年开始互派留学生和进修生。老挝是中国对外提供奖学金人数最多的国家之一。目前老挝在华留学生人数每年保持在近300名。两国青年团交往密切，保持互访传统。2002年以来，中国共向老挝派遣89名青年志愿者。

中老两军关系顺利发展，中国军队领导人迟浩田、张万年、于永波、梁光烈等先后访老挝，老挝副总理兼国防部长隆再·皮吉等军队领导人多次访华。

老挝分别于1992年、1999年在昆明、香港设有总领事馆。2009年在南宁增设总领馆。

四、重要双边文件（1996年以来）

《中老旅游合作协定》（1996年10月）；

《中老关于成立两国经贸技术合作委员会协定》（1997年5月）；

《中老边界制度条约的补充议定书》（1997年7月）、《中老民事刑事司法协助条约》（1999年1月）；

《中老避免双重征税协定》（1999年1月）；

《中国、老挝、缅甸和泰国四国澜沧江—湄公河商船通航协定》(2000年4月);

《中华人民共和国与老挝人民民主共和国关于双边合作的联合声明》(2000年11月);

《中国国土资源部与老挝工业手工业部合作开发万象钾盐矿的原则协议》(2000年11月);

《中老经济、贸易和技术合作委员会首次会议纪要》(2000年11月);

《中国农业部和老挝农林部关于农业合作的谅解备忘录》(2000年11月);

《中华人民共和国和老挝人民民主共和国引渡条约》(2002年2月);

《中国人民银行与老挝人民民主共和国银行双边合作协议》(2002年2月);

《中华人民共和国教育部与老挝人民民主共和国教育部2002—2005年教育合作计划》(2002年2月);

《老挝广播电视系统改造项目考察换文》(2004年3月);

《贸促会与老挝国家工商会合作备忘录》(2004年3月);《关于加快万象钾盐资源开发的原则协议》(2004年3月);

《关于拟承担老挝北部矿产地质调查项目考察工作换文》(2004年11月);

《关于拟承担援老挝北部综合开发总体规划项目换文》(2004年11月);

《关于拟承担援老挝国家电力规划项目换文》(2004年11月);

《中华人民共和国教育部与老挝人民民主共和国教育部2005—2010年教育合作计划》(2005年10月);

《中华人民共和国与老挝人民民主共和国联合新闻公报》(2006年6月);

《中老越三国国界交界点条约》(2006年10月);

《中老联合声明》(2006年11月);

《中华人民共和国政府与老挝人民民主共和国政府关于禁止非法贩运和滥用麻醉品和精神药物的合作协议》(2006年11月);

《中华人民共和国卫生部与老挝人民民主共和国卫生部卫生合作谅解备忘录》(2006年11月);

《中国国家质量监督检验检疫总局与老挝农林部关于动植物卫生和食品安全合作谅解备忘录》(2007年8月);

《中国全国政协与老挝建国阵线合作协议》(2008年12月);

《中国和老挝农业合作谅解备忘录》(2010年3月);

《中老两国政府关于发展交通基础设施领域合作的协定》(2010年6月)。

(来源:中华人民共和国外交部网站. http://www.fmprc.gov.cn/chn/pds/gjhdq/gj/yz/1206_17/sbgx/. 2011—05—01)

中国与马来西亚双边关系

一、双边政治关系与重要往来

中国与马来西亚于1974年5月31日正式建立外交关系。建交后,两国关系总体发展顺利。进入20世纪90年代,中马关系开始进入新的发展阶段,双方在政治、经济、文化、教育等各个领域的友好交流与合作全面展开,并取得丰硕成果。

近年来中国访马来西亚的领导人主要有:江泽民主席(1994年)、李鹏总理(1990年、1997年)、朱镕基总理(1999年)、李瑞环政协主席(1995年)、胡锦涛副主席(2002年)、姜春云副委员长(2002年)、李岚清副总理(2003年)、吴邦国委员长(2005年)、温家宝总理(2005年)、贾庆林政协主席(2006年)、胡锦涛主席(2009年)、孟建柱国务委员(2011年2月)、华建敏副委员长(2011年3月)等。

近年来马来西亚访华的领导人主要有:阿兹兰最高元首(1990年、1991年)、贾阿法最高元首(1997年)、萨拉赫丁最高元首(2001年)、西拉杰丁最高元首(2005年)、巴达维总理(2004年、2006年、2008年)、拉姆利下议长(2007年)、米赞最高元首(2008年)、巴达维前总理(2010年12月)、旺·朱乃迪下议长(2010年12月)等,此外,马哈蒂尔总理在职期间也多次访华。

2006年10月,马来西亚巴达维前总理赴广西南宁出席纪念中国—东盟建立对话伙伴关系15周年峰会,温家宝总理予以会见。2007年4月,马来西亚拉姆利下议长应吴邦国委员长邀请访华。

2007年7月,马来西亚外交部部长哈密德·阿尔巴应中国外交部部长杨洁篪邀请,对中国进行正式访问。2008年8月,马来西亚最高元首米詹来华出席奥运会开幕式。2008年10月,马来西亚总理巴达维来华出席第七届亚欧首脑会议。

2009年3月，全国人大常委会副委员长兼秘书长李建国访马来西亚。2009年6月，应温家宝总理邀请，马来西亚总理纳吉布正式访华。双方签署中马《战略性合作共同行动计划》等合作文件，并举办一系列建交35周年庆祝活动。2009年11月，胡锦涛主席对马来西亚进行国事访问，双方签署了多份合作文件。2009年12月，中共中央政治局委员、北京市委书记刘淇访马来西亚。

2010年3月28日至4月1日，中共中央政治局委员、全国人大常委会副委员长王兆国访马来西亚。2010年4月3日至6日，马来西亚王弗明上议长访华。2010年4月8日至11日，马来西亚前总理巴达维出席博鳌亚洲论坛年会，并当选论坛新一届理事。2010年9月，马来西亚旅游部长黄燕燕出席上海世博会马来西亚国家馆日活动。2010年12月，马来西亚巴达维前总理出席广州亚残运会开幕式，旺·朱乃迪副下议长出席闭幕式。

中方在马来西亚古晋设有总领馆，马方在中国上海、广州、昆明和香港设有总领馆。

二、双边贸易关系和经济技术合作

两国签有《避免双重征税协定》《贸易协定》《投资保护协定》《海运协定》《民用航空运输协定》等10余项经贸合作协议。1988年成立经贸联委会，迄今为止已举行8次会议。2002年4月成立中马双边商业理事会。

2010年中马贸易额742.15亿美元，同比增长42.8%。其中，中国出口238.06亿美元，同比增长21.3%；进口504.09亿美元，同比增长55.9%。马来西亚是中国在东盟国家最大的贸易伙伴。截至2010年底，马来西亚实际对华投资56.5亿美元，中国在马来西亚投资4.4亿美元。2010年马来西亚来华人数124.52万人次，中国访马来西亚103.37万人次。

三、其他领域的交往与合作

两国在科技、教育、文化、军事等领域的交流与合作顺利开展。1992年两国签署《科技合作协定》，成立科技联委会，迄今为止已举行3次会议。双方还签署了《广播电视节目合作和交流协定》(1992年)，《促进中马体育交流、提高体育水平的谅解备忘录》(1993年)，《教育交流谅解备忘录》(1997年)，《文化合作协定》(1999年)，《中马航空合作谅解备忘录》(2002年)，《空间合作及和平利用外层空间的协定》(2003年)，《在外交和国际关系教育领域合作谅解备忘录》(2004年)等合作协议。2005年，双方签署了《卫生合作谅解备忘录》，并续签了《教育合作谅解备忘录》。目前中国在马来西亚留学生已达万人，马来西亚赴华留学生近千人。中国新华社、中新社在吉隆坡设立分社，中央电视台4套和9套节目在马来西亚落地，《人民日报》海外版在马来西亚出版发行。江苏省与马六甲州、槟城市分别结为友好省市。2009年，两国签署《高等教育合作谅解备忘录》。双方还签署了《旅游合作谅解备忘录》。2009年马来西亚来华人数105.9万人次，中国访马来西亚60.9万人次。中国已成为马来西亚海外主要客源国之一。

1995年，两国互设武官处，军事交往增多，两国海军军舰多次互访。2002年，中华人民共和国中央军事委员会副主席、国务委员兼国防部长迟浩田过境马来西亚，与马来西亚国防部长纳吉布举行会晤。2003年9月，中华人民中央军事委员会委员、总参谋长梁光烈访马来西亚。2004年7月，中华人民中央军事委员会副主席郭伯雄过境访问马来西亚，与马来西亚副总理兼国防部长纳吉布会晤。马来西亚海军军舰访问上海。2004年9月，马来西亚派人员来华观摩中方军事演习。2005年9月，马来西亚副总理兼国防部长纳吉布在访华期间，两国签署了《防务合作谅解备忘录》。2005年12月，中方派团参加了马来西亚国际海空展。中国军事科学院代表团访马来西亚。2006年4月，中华人民中央军事委员会副主席、国务委员兼国防部长曹刚川访马来西亚。2006年5月，总参谋长助理章沁生少将率团访马来西亚，双方举行了首次防务磋商。2009年7月，马来西亚武装部队司令阿齐兹上将访华。

四、重要双边文件

1974年5月，马来西亚总理拉扎克访华，周恩来总理与其签署《中华人民共和国政府和马来西亚政府关于两国建立外交关系的联合公报》。

1999年5月，马来西亚外长赛义德·哈密德访华，时任中国外交部部长唐家璇与其签署《中华人民共和国政府和马来西亚政府关于未来双边合作框架的联合声明》。

2005年12月，中国国务院总理温家宝总理访问马来西亚，与马来西亚总理巴达维发表《中华人民共和国和马来西亚联合公报》。

2009年6月，马来西亚总理纳吉布访华。杨洁篪外长与马来西亚外长阿尼法签署《中华人民共和国政府与马来西亚政府关于中马战略性合作共同行动计划》。

（来源：中华人民共和国外交部网站. http://www.fmprc.gov.cn/chn/pds/gjhdq/gj/yz/1206_20/sbgx/. 2011—05—01）

中国与缅甸双边关系

一、双边政治关系与重要往来

中缅两国是友好邻邦，两国人民之间的传统友谊源远流长。自古以来，两国人民就以“胞波”（兄弟）相称。两国于1950年6月8日正式建交。20世纪50年代，中缅共同倡导了和平共处五项原则。20世纪60年代，两国本着友好协商、互谅互让精神，圆满解决了历史遗留的边界问题，为国与国之间解决边界问题树立了典范。长期以来，中缅两国坚持睦邻友好，在国际和地区事务中保持良好合作，双边关系稳步发展。

中缅领导人有着互访传统。刘少奇主席、周恩来总理、陈毅副总理等老一辈中国领导人都曾访缅甸，缅甸吴奈温主席、吴山友总统和吴貌貌卡总理等也多次访华。周恩来总理九次访缅甸和吴奈温十二次访华被两国人民传为佳话。

2001年12月，时任中国国家主席江泽民对缅甸进行国事访问，这是中国最高领导人首次访缅甸，在中缅关系史上具有里程碑意义。双方确定了农业、人力和自然资源开发、基础设施建设等重点合作领域，并签署了有关双边合作文件。此次访问为中缅传统睦邻友好关系在新世纪不断发展奠定坚实基础。

近年来中国访缅甸的领导人主要有：李鹏总理（1994年12月）、李瑞环政协主席（1995年12月）、吴邦国副总理（1997年10月）、胡锦涛副主席（2000年7月）、李岚清副总理（2003年1月）、吴仪副总理（2004年3月）、何鲁丽副委员长（2008年1月）、习近平副主席（2009年12月）、温家宝总理（2010年6月）、周铁农副委员长（2010年6月）、何勇中共中央书记处书记（2010年9月）、贾庆林政协主席（2011年4月）。

缅方访华的领导人主要有：苏貌主席（1991年8月）、丹瑞主席（1996年1月、2003年1月、2007年9月）、貌埃副主席（1996年10月、2000年6月、2003年8月）、钦纽总理（2004年7月）。吴梭温总理（2004年10月、2005年10月、2006年2月、2006年10月）、吴登盛总理（2007年6月、2008年8月、2008年10月、2009年4月）、吴瑞曼总参谋长（2008年12月）、貌埃副大将（2009年6月）、吴丁昂敏乌秘书长（2009年10月、2010年7月）、吴年温外长（2010年6月）。

二、双边经贸关系和经济技术合作

中缅经贸合作取得长足发展，合作领域从原来单纯的贸易和经援扩展到工程承包、投资和多边合作。双边贸易额逐年递增。2010年双边贸易额达44.44亿美元，较2009年增长53.2%。中国对缅甸主要出口成套设备和机电产品、纺织品、摩托车配件和化工产品等，从缅甸主要进口原木、锯材、农产品和矿产品等。

双边经贸协定：1971年中缅签署贸易协定，双方相互给予最惠国待遇。1994年，中缅两国政府签署《关于边境贸易的谅解备忘录》。1997年中缅两国政府签署《关于成立经济贸易和技术合作联合工作委员会的协定》。2001年中缅两国政府签署《关于鼓励促进和保护投资协定》。

三、其他领域的交往与合作

中缅两国外交部一直保持良好合作。1992年双方自建立外交磋商机制后，已举行了九次副外长级外交磋商。1998年1月，双方签署《中缅两国政府关于互免持外交和公务护照者签证协定》。1993年中缅就恢复互设总领馆达成协议，缅甸驻昆明总领馆和中国驻曼德勒总领馆分别于同年9月和1994年8月重新开馆。1997年3月两国签署《中缅两国边境地区管理与合作协定》，并就边境地区禁毒开展了合作。2006年5月两国签署《中华人民共和国政府和缅甸联邦政府关于禁止非法贩运和滥用麻醉药品和精神药物的合作协议》。

中缅文化交流历史悠久，两国建交后交往更加频繁。1960年，缅甸总理吴努曾率领由文化、艺术、电影等代表团组成的400多人大型友好代表团访华，1961年，周恩来总理率领530多人大型代表团回访缅甸，成为两国文化交流史美谈。近年来，两国在文化领域的交流与合作进一步加强，两国文化、历史、新闻、体育代表团交往不断。1996年1月，两国文化部签署了文化合作议定书。1994年和1996年，中国国宝文物佛牙舍利两次被应邀赴缅甸供奉，受到了缅甸政府和各界群众的热烈欢迎。

两军关系稳步发展。近年来，两军领导人保持互访的势头，国防部长迟浩田（1995年7月）、中央军委副主席张万年（1996年4月）、总参谋长傅全有（2001年4月）、总参谋长梁光烈（2006年10月）、济南军区政委刘冬冬（2007年8月）、副总参谋长张黎（2008年10月）、总参谋长陈炳德（2009年3月）等军队领导人先后访缅。缅甸陆军司令丹瑞中将（1989年10月）、三军副总司令貌埃上将（1996年10月和2003年8月）、陆军参谋长丁吴中将（1994年11月和2000年4月）、三军总参谋长杜拉瑞曼上将（2002年12月、2007年1月和2008年12月）、第一秘书长兼防空总局局长梭温中将（2004年7月）等军队领导人分别访华。

（来源：中华人民共和国外交部网站. http://www.fmprc.gov.cn/chn/pds/gjhdq/gj/yz/1206_23/sbgx/. 2011—03—01）

中国与菲律宾双边关系

一、双边政治关系与重要往来

中国同菲律宾于1975年6月9日建交。建交34年来，中菲关系总体发展顺利，各领域合作成效显著。

建交以来，中国访菲律宾领导人主要有：李鹏总理（1990年12月）、乔石委员长（1993年8月）、江泽民主席（1996年11月）、朱镕基总理（1999年11月）、李鹏委员长（2002年9月）、吴邦国委员长（2003年8月）、胡锦涛主席（2005年4月）、温家宝总理（2007年1月）、严隽琪特使（2010年6月）、蒋树声副委员长（2011年5月）、梁光烈国防部长（2011年5月）等。

建交以来，菲方访华领导人主要有：马科斯总统（1975年6月）、阿基诺总统（1988年4月）、拉莫斯总统（1993年4月）、埃斯特拉达总统（2000年5月）、阿罗约总统（2001年11月、2004年9月、2007年6月）、德贝内西亚众议长（2008年1月）、卡敦戈格空军司令（2008年7月）、诺格拉雷斯众议长（2008年10月）、阿罗约总统（2010年6月）、比奈副总统（2010年12月）、贝尔蒙特众议长（2011年6月）等。

1996年，时任中国国家主席江泽民对菲律宾进行国事访问期间，两国领导人同意建立中菲面向21世纪的睦邻互信合作关系，并就在南海问题上“搁置争议，共同开发”达成重要共识和谅解。2000年，双方签署了《中华人民共和国政府和菲律宾共和国政府关于二十一世纪双边合作框架的联合声明》，确定在睦邻合作、互信互利的基础上建立长期稳定的关系。

2005年，中国国家主席胡锦涛在对菲律宾进行国事访问期间，两国领导人确认建立致力于和平与发展的战略性合作关系。

2007年1月，中国国务院总理温家宝对菲律宾进行正式访问，双方发表了联合声明，愿共同全面深化中菲致力于和平与发展的战略性合作关系。

2009年10月，中国外交部部长杨洁篪对菲律宾进行正式访问，双方共同签署《中菲战略性合作共同行动计划》和《中菲领事条约》。

2009年11月，全国政协主席贾庆林对菲律宾进行正式友好访问，双方共同签署《中华人民共和国政府和菲律宾共和国政府关于相互承认高等教育学历和学位的协议》、《中国政府向菲律宾政府提供1000万元人民币无偿援助换文》和《中国政府向菲律宾政府提供20万美元现汇的紧急人道主义救灾援助交接证书》。

2007年4月，阿罗约总统来华出席博鳌亚洲论坛2007年年会。2007年6月，阿罗约对成都和重庆考察访问。2007年10月，阿罗约来华出席上海特奥会并顺访山东烟台。2008年1月，菲律宾众议长德贝内西亚来华访问。2008年8月，阿罗约总统来华出席北京奥运会开幕式并顺访成都。2008年10月，阿罗约总统来华出席亚欧首脑会议并顺访武汉和杭州。2008年10月，菲律宾众议长诺格拉雷斯到广西南宁出席第五届中国—东盟博览会并顺访昆明和厦门。2008年10月，菲律宾副总统德卡斯特罗到成都出席第九届中国西部国际博览会。2008年11月，菲律宾副总统德卡斯特罗到南京出席第四届世界城市论坛并访问安徽和上海。2008年12月，阿罗约总统到香港出席“克林顿全球倡议论坛”亚洲会议。

2009年4月，菲律宾副总统德卡斯特罗到安徽出席第四届中国中部投资贸易博览会。2010年4月，菲律宾副总统德卡斯特罗来华出席上海世博会开幕式，2010年5月赴宁波出席上海世博会“信息化与城市发展”主题论坛。2010年6月9日，时任菲律宾总统阿罗约来华出席上海世博会菲律宾国家馆日活动。

两国外交部自1991年起建立磋商机制，迄今为止已举行15次外交磋商。中菲除互设大使馆外，中国在宿务设有总领馆，2007年4月在拉瓦格开设领事馆。菲律宾在厦门、广州、上海、重庆、成都和香港分别设有总领馆。

二、双边经贸关系和经济技术合作

据中国海关总署统计，2010年中菲双边贸易额277.46亿美元，同比增长35.1%。其中，中国出口115.41亿美元，增长34.3%；进口162.05亿美元，增长35.6%。

1999年两国农业部签署《关于加强农业及有关领域合作协定》。2000年双方有关部门签署中方向菲方提供1亿美元信贷协议书。由中方援建的“中菲农业技术中心”于2003年3月在菲律宾竣工。中国优良杂交稻种和玉米在菲律宾试种成功，目前正逐步推广。2004年两国签署《渔业合作谅解备忘录》。2007年1月，两国农业部签署《关于扩大深化农渔业合作的协议备忘录》。

三、其他领域的交往与合作

中菲在文化、科技、司法、旅游等领域的交流与合作不断深化。两国迄今为止共签署了11个双年度文化合作执行计划，举行了13次科技合作联委会会议，共确定了244个科研合作项目。中国新华社在马尼拉设有分社。中国中央电视台第四套节目在菲律宾落地。中菲两国签有：《科技合作协定》(1978年)、《文化合作协定》(1979年)、《民用航空运输协定》(1979年)、《体育合作备忘录》(2001年)、《信息产业合作备忘录》(2001年)、《打击跨国犯罪合作备忘录》(2001年)、《引渡条约》(2001年)、《打击贩毒合作协议》(2001年)、《旅游合作备忘录》(2002年)、《海事合作谅解备忘录》(2005年)、《青年事务合作协议》(2005年)、《卫生和植物卫生合作谅解备忘录》(2007年)、《教育合作谅解备忘录》(2007年)、《文化遗产保护协议》(2007年)、《卫生合作协议》(2008年)等一系列合作文件。

中菲结有24对友好省市，分别为杭州市和碧瑶市、广州市和马尼拉市、上海市和大马尼拉市、厦门市和宿务市、沈阳市和奎松市、抚顺市和利巴市、海南省和宿务省、三亚市和拉普拉市、石狮市和那牙市、山东省和北伊洛戈省、淄博市和万那威市、安徽省和新怡诗夏省、湖北省和莱特省、柳州市和穆汀鲁帕市、贺州市和圣费尔南多市、哈尔滨市和卡加延—德奥罗市、来宾市和拉瓦格市、北京市和马尼拉市、江西省和保和省、广西壮族自治区和达沃市、兰州市和阿尔贝省、北海市和普林塞萨港市、福建省和内湖省、无锡市和普林塞萨港市。

近几年中菲军事交往增多。2002年4月，菲律宾国防部长雷耶斯访华。2002年6月，菲律宾海军舰队首次访华。2002年9月，时任中华人民共和国中央军事委员会副主席、国务委员兼国防部长迟浩田访菲律宾。2004年，菲律宾武装部队总参谋长阿巴亚和国防部长克鲁兹先后访华，双方建立年度防务安全磋商机制。2005年5月，中国人民解放军副总参谋长熊光楷上将赴菲律宾，与菲律宾国防部副部长桑托斯举行中菲首次防务与安全磋商。2006年5月，菲律宾武装部队总参谋长森加上将访华。2006年10月，菲律宾国防部副部长桑托斯访华，双方举行第二次中菲防务安全磋商。2006年10月，中国海军北海舰队访菲律宾，与菲律宾海军举行非传统安全联合演习。2007年5月，中国人民解放军副总参谋长章沁生访菲律宾，双方举行第三次中菲防务安全磋商。2007年9月，中华人民共和国中央军事委员会副主席、国务委员兼国防部长曹刚川访菲律宾。2009年12月，菲律宾军总参谋长维克托·伊布拉多访华。

四、重要双边文件

1975年6月，周恩来总理和菲律宾总统马科斯在北京签署《中华人民共和国政府和菲律宾共和国政府建交联合公报》。

2000年5月，菲律宾总统埃斯特拉达对中国进行国事访问，与江泽民主席在北京共同签署《中华人民共和国政府和菲律宾共和国政府关于21世纪双边合作框架的联合声明》。

2004年9月，菲律宾总统阿罗约对中国进行国事访问，双方发表《中华人民共和国与菲律宾共和国联合新闻公报》。

2005年4月，中国国家主席胡锦涛对菲律宾进行国事访问，双方发表《中华人民共和国与菲律宾共和国联合声明》。

2007年1月，中国国务院总理温家宝对菲律宾进行正式访问，双方发表《中华人民共和国与菲律宾共和国联合声明》。

(来源：中华人民共和国外交部网站. http://www. fmprc. gov. cn/chn/pds/gjhdq/gj/yz/1206_9/sbgx/. 2011—05—01)

中国与新加坡双边关系

一、双边政治关系与重要往来

两国于1990年10月3日建立外交关系。建交以来，两国高层交往频繁。

近年来中国访新加坡的领导人主要有：杨尚昆主席（1993年）、江泽民主席（1994年）、李瑞环政协主席（1995年）、李鹏总理（1997年）、朱镕基总理（1999年）、胡锦涛副主席（2002年）、李岚清副总理（2002年）、吴邦国委员长（2005年）、温家宝总理（2007年）、习近平副主席（2010年11月）、孟建柱公安部长（2011年2月）、梁光烈国防部长（2011年5月、2011年6月）等。

近年来新加坡访华的领导人主要有：黄金辉总统（1991年）、李光耀总理（1990年）、吴作栋总理（1993年、1994年、1995年、1997年、2000年、2003年）、王鼎昌总统（1995年）、纳丹总统（2001年）、李显龙（副）总理（1995年、2000年、2005年、2006年）、吴作栋国务资政（2007年）、李显龙总理（2008年、2010年9月）、黄根成副总理（2010年6月、2010年7月、2011年4月）、吴作栋国务资政（2010年6月、2011年4月）、纳丹总统（2010年8月）等。李光耀于1991年改任内阁资政后，迄今为止已20余次来华访问或出席有关会议。

2008年8月，李光耀内阁资政来华出席北京奥运会开幕式，纳丹总统来华观看北京奥运会比赛。2008年9月，中国王岐山副总理与新加坡黄根成副总理在天津共同主持召开中新双边合作联委会第五次会议、苏州工业园区联合协调理事会第十次会议和天津生态城联合协调理事会第一次会议。新加坡国务资政吴作栋到天津出席第二届“夏季达沃斯”年会。2008年10月，新加坡总理李显龙来华出席第七届亚欧首脑会议并正式访华，李光耀内阁资政随美国摩根大通国际理事会高级代表团访华。2009年1月全国人大常委会副委员长周铁农访新加坡。

2009年1月，全国人大常委会副委员长周铁农访问新加坡。2009年3月，吴作栋国务资政访问广东。2009年4月，刘延东国务委员访问新加坡。2009年5月，李光耀内阁资政、黄根成副总理来华出席苏州工业园区开发建设十五周年庆祝活动并访问浙江。2009年6月，李显龙总理访问浙江、上海。2009年8月，杨荣文外长访华，王岐山副总理访问新加坡并主持中新双边会议。2009年9月，吴作栋国务资政访华并出席2009年夏季达沃斯论坛。2009年11月，胡锦涛主席对新加坡进行国事访问并出席APEC第17次领导人非正式会议。

2010年4月，吴作栋国务资政来华出席博鳌亚洲论坛，中共中央政治局委员李源潮访问新加坡，张志贤副总理兼国防部长访华。2010年5月，李光耀内阁资政访华。

2010年7月，黄根成副总理来华与王岐山副总理共同主持了中新双边合作联委会等三个会议。8月，纳丹总统访华并参观上海世博会。9月，李显龙总理访问重庆、湖南、湖北、江苏、上海，并出席上海世博会有关活动。11月，习近平副主席对新加坡进行正式访问。

2011年2月，国务委员、公安部长孟建柱访新加坡。4月，吴作栋国务资政访华并出席博鳌亚洲论坛年会，黄根成副总理访问上海并出席“新加坡日”活动。5月，新前总理李光耀访华，中国国务委员、国防部长梁光烈访新加坡。6月，梁光烈国务委员兼国防部长赴新加坡参加“香格里拉对话”。

两国外交部自1995年起建立磋商机制，迄今为止已举行5轮磋商。两国除互设使馆外，新加坡在上海、厦门、广州和香港设有总领事馆，在成都设有领事馆。

二、双边经贸关系和经济技术合作

中新经贸合作发展迅速。新加坡是中国第11大贸易伙伴。据新方统计，中国是新加坡第三大贸易伙伴（列马来西亚和欧盟之后）。据中国海关统计，2010年双边贸易额570.6亿美元，增长19.2%。其中中国出口323.5亿美元，增长7.6%；进口247.1亿美元，增长38.8%。

1999年10月，中新签署《经济合作和促进贸易与投资的谅解备忘录》，建立了两国经贸磋商机制。双方还签署了《促进和保护投资协定》《避免双重征税和防止漏税协定》《海运协定》《邮电和电信合作协议》《成立中新双方投资促进委员会协议》等多项经济合作协议。2008年10月两国签署中新自由贸易协定，于2009年1月1日正式生效。

三、其他领域的交往与合作

两国在人才培训领域的合作十分活跃，主要项目有中国赴新加坡加坡经济管理高级研究班、中国市长赴新加坡研讨班、中央党校中青年干部培训班赴新加坡考察、两国外交部互惠培训项目等。2001

年起，新方定期派中高级官员团访华。2004年5月，双方决定成立“中国—新加坡基金”，支持两国年轻官员的培训与交流。2007年7月，双方签署《关于借鉴运用新加坡园区管理经验开展中西部开发区人才培训合作的谅解备忘录》。

1992年，两国科技部门签署《科技合作协定》，次年建立中新科技合作联委会。1995年成立“中国—新加坡技术公司”。1998年设立“中新联合研究计划”，合作项目共计18个。2003年10月，中国科技部火炬中心驻新加坡代表处正式挂牌成立。

1999年，两国教育部签署《教育交流与合作备忘录》及中国学生赴新加坡学习、两国优秀大学生交流和建立中新基金等协议，中国15所高等院校在新加坡开办了20个教育合作项目。目前中国在新加坡各类留学人员约3.3万，新加坡在华留学生约1500人。

1996年，两国文化部签署《文化合作谅解备忘录》。2006年，两国政府签署《文化合作协定》。项目每年逾200起。双方在文化艺术、图书馆、文物等领域的交流与合作不断深入。

两国在卫生、旅游、质检和环保等领域也进行了密切的交流与合作。2007年，新加坡来华旅游、探亲总人数达92.2万，增长11.4%；中国赴新加坡游客总人数为111.4万，增长7%。2007年7月，两国有关部门分别签署《出入境卫生检疫合作谅解备忘录》和《关于在城镇环境治理和水资源综合利用领域开展交流与合作的谅解备忘录》。2007年11月，两国签署《关于在中华人民共和国建设一个生态城的框架协议》及该框架协议的《补充协议》。2008年9月，中新天津生态城举行开工仪式，温家宝总理和吴作栋国务资政共同出席。

四、重要双边文件

1990年10月3日，时任中国外交部部长钱其琛和新加坡外交部长黄根成在纽约签署了《中华人民共和国政府和新加坡共和国政府关于建立外交关系的联合公报》。

2000年4月，新加坡总理吴作栋在访华期间，两国政府在北京发表了面向21世纪的《中华人民共和国政府和新加坡共和国政府关于双边合作的联合声明》。

2008年10月23日，在中国国务院总理温家宝和新加坡总理李显龙的共同见证下，中国商务部部长陈德铭与新加坡贸工部长林勋强代表各自政府在北京人民大会堂签署了《中华人民共和国政府和新加坡共和国政府自由贸易协定》。同时，双方还签署了《中华人民共和国政府和新加坡共和国政府关于双边劳务合作的谅解备忘录》。

（来源：中华人民共和国外交部网站. http://www.fmprc.gov.cn/chn/pds/gjhdq/gj/yz/1206_35/sbgx/. 2011—05—01）

中国与泰国双边关系

一、双边政治关系与重要往来

1975年7月1日，中国与泰国建立外交关系。

近年来，中国访泰国的领导人主要有：江泽民主席（1999年）、李鹏委员长（1999年、2002年）、胡锦涛副主席（2000年）、朱镕基总理（2001年）、胡锦涛主席（2003年）、杨洁篪外长（2009年）、温家宝总理（2009年）、梁光烈国防部长（2009年）、严隽琪副委员长（2010年3月）、吴邦国委员长（2010年11月）、陈至立副委员长（2011年1月）等。

近年来，泰方访华的领导人主要有：诗丽吉王后（2000年）、哇集拉隆功王储（1998年）、诗琳通公主（2008年4月）、沙玛总理（2008年6月、2008年8月）、巴索素上议长（2008年6月）、沙南副总理（2008年8月、2010年6月、2010年12月）、诗琳通公主（2008年8月、2009年4月、2009年7月、2010年4月、2010年7月）、颂猜总理（2008年10月）、朱拉蓬公主（2008年10月、2009年2月）、格实外长（2009年6月、2010年7月）、阿披实总理（2009年6月、2010年9月、2011年11月）、猜·奇触国会主席（2010年1月）功财政部长（2010年5月）、素帖副总理（2010年7月）等。

两国除互设大使馆外，中国在泰国清迈、宋卡设有总领馆，泰国在广州、昆明、上海、香港、成都、厦门设有总领馆，在西安、南宁设有领事办公室。

二、双边经贸关系

两国经贸合作继续保持增长。2010年中泰双边贸易额529.5亿美元，同比增长38.6%。其中，中国出口197.5亿美元，同比增长48.6%；进口332亿美元，同比增长33.3%。中国成为泰国第一大贸易伙伴，泰国是中国在东盟国家第三大贸易伙伴。

两国双向投资情况良好。截至2010年底，泰国来华投资项目4015个，实际投入32.9亿美元。中国对泰国非金融类直接投资累计6.01亿美元。中国公司在泰国累计签订对外承包工程、劳务合作和设计咨询合同额73.7亿美元，完成营业额46亿美元。其中，2010年新签合同额7.37亿美元，完成营业额4.67亿美元。

1985年两国成立部长级经贸联委会。2003年6月，两国决定将经贸联委会升格为副总理级。2004年7月，吴仪副总理与差瓦利副总理共同主持联委会首次会议。2005年9月，吴仪副总理访泰国，与泰国副总理颂奇共同主持联委会第二次会议。

双方还签订了《促进和保护投资协定》(1985年)、《避免双重征税和防止偷漏税协定》(1986年)、《贸易经济和技术合作谅解备忘录》(1997年)、《双边货币互换协议》(2001年)等。2003年10月，两国在中国—东盟自由贸易区框架下实施蔬菜、水果零关税。2004年6月，泰国承认中国完全市场经济地位。2009年6月，两国签署《扩大和深化双边经贸合作的协议》。

三、其他领域的交流与合作

两国在科技、文化、卫生、教育、体育、司法、军事等领域的交流与合作稳步发展。双方签署了《科技合作协定》(1978年，成立了科技合作联委会)、《海运协定及两个补充议定书》(1979年)、《民用航空运输协定和对方全权证书》(1980年)、《旅游合作协定》(1993年)、《引渡条约》(1993年)、《民商事司法协助和仲裁合作协定》(1994年)、《文化合作谅解备忘录》(1996年)、《卫生医学科学和药品领域合作谅解备忘录》(1997年)、《关于高等教育合作谅解备忘录》(1999年)、《关于加强禁毒合作的谅解备忘录》(2000年)、《文化合作协定》(2001年)、《刑事司法协助条约》(2003年)、《环境保护合作谅解备忘录》(2005年)、《中华人民共和国教育部与泰王国教育部关于相互承认高等教育学历和学位的协定》(2007年)、《中华人民共和国教育部与泰王国教育部教育合作协议》(2009年)、《中华人民共和国国家质量监督检验检疫总局和泰王国农业与合作部关于泰国水果过境第三国输往中国检验检疫要求议定书》(2009年)等。

两国军方长期保持友好交往，领导人经常互访，军事院校定期互换学员培训。2001年，两国国防部建立年度防务安全磋商机制。

2003年10月，中方向泰方提供一对大熊猫，与泰方进行为期10年的学术研究和交流。2009年5月，大熊猫生下一只幼仔。

双方成立了泰中友好协会(1976年)、中泰友好协会(1987年)。两国还缔结了23组友好城市和省府：北京市—曼谷市；烟台市—普吉府；昆明市—清迈市；上海市—清迈府；云南省—清莱府；河南省—春武里府；南宁市—孔敬市；葫芦岛市—碧武里市；广西壮族自治区—素叻他尼府；梧州市—尖竹汶府；陕西省—素可泰府；海南省—普吉府；柳州市—罗勇府；北海市—合艾市；潮州市—曼谷市；揭阳市—南邦市；钦州市—龙仔厝府；青岛市—清迈府；哈尔滨市—清迈市；重庆市—清迈府；玉林市—北榄坡府；德宏傣族景颇族自治州—达府；广州市—曼谷市。

四、重要双边文件

《中泰建交联合公报》(1975年7月)

《中华人民共和国和泰王国关于二十一世纪合作计划的联合声明》(1999年2月)

《中国与泰国联合公报》(2001年8月)

《中泰战略性合作共同行动计划》(2007年5月)

《扩大和深化双边经贸合作的协议》(2009年6月)

(来源：中华人民共和国外交部网站. http://www.fmprc.gov.cn/chn/pds/gjhdq/gj/yz/1206_30/sbgx/. 2011—03—01)

中国与越南双边关系

一、双边政治关系与重要往来

中国和越南于1950年1月18日建交。中越两国和两国人民之间的传统友谊源远流长。在长期的革命斗争中，中国政府和人民全力支持越南抗法、抗美斗争，越南视中国为坚强后盾。两国在政治、军事、经济等领域进行了广泛的合作。20世纪70年代后期，中越关系恶化。1991年11月，应时任中共中央总书记江泽民和中国国务院总理李鹏的邀请，越共中央总书记杜梅、部长会议主席武文杰率团访华，双方宣布结束过去，开辟未来，两党两国关系实现正常化。

此后，两党两国关系全面恢复并深入发展。两国领导人保持频繁互访和接触，双方在各领域的友好交往与互利合作不断加强。1999年初，两党总书记确定了新世纪两国“长期稳定、面向未来、睦邻友好、全面合作”关系框架。2000年，两国发表关于新世纪全面合作的《联合声明》，对发展双边友好合作关系作出了具体规划。

近年来两国高层互访情况（按时间顺序排列）：

近年来，中国访越南的领导人主要有：李鹏总理（1992年）；江泽民主席（1994年）；李鹏总理（出席越共八大，1996年6月）；乔石委员长（1996年11月）；李瑞环政协主席（1997年）；尉健行书记（1998年9月）；胡锦涛副主席（1998年12月）；朱镕基总理（1999年）；胡锦涛副主席（出席越共九大，2001年4月）；李鹏委员长（2001年9月）；江泽民主席（2002年）；温家宝总理（正式访问并出席第五届亚欧首脑会议，2004年）；胡锦涛主席（2005年）；贾庆林政协主席（2006年3月）；胡锦涛主席（2006年11月）；周永康政法委书记（访问越南并出席第四次中越两党理论研讨会开幕式，2008年10～11月）；戴秉国国务委员（2009年3月）；国务院总理温家宝（出席东亚领导人系列会议，2010年10月）等。

近年来，越南访华的领导人主要有：杜梅总书记、武文杰部长会议主席（1991年）；黎德英主席（1993年）；农德孟国会主席（1994年）；杜梅总书记（1995年）；潘文凯总理（1998年）；黎可漂总书记（1999年2～3月）；范世阅常委（1999年10月）；农德孟国会主席（2000年4月）；潘文凯总理（2000年9月）；陈德良主席（2000年12月）；农德孟总书记（2001年）；阮文安国会主席（2002年）；农德孟总书记（2003年4月）；陈德良主席（2003年9月）；潘文凯总理（2004年）；潘文凯总理［赴昆明出席大湄公河次区域经济合作（GMS）第二次领导人会议并顺访云南，期间与温家宝总理举行双边会晤，2005年］；陈德良主席（2005年）；农德孟总书记（2006年）；范家谦副总理（2007年）；阮富仲国会主席（2007年4月）；阮明哲主席（2007年5月、2008年8月出席北京奥运会开幕式）、范家谦副总理（2008年1月）、农德孟总书记（2008年5月）、黄忠海副总理（2008年10月）；阮晋勇总理（2007年10月、2008年10月、2009年4月、2009年10月、2010年4月）；冯光青国防部长（2010年4月）。

2010年4月26日至5月1日，越南政府总理阮晋勇来华出席上海世博会开幕式并顺访上海、苏州、浙江，中国国家主席胡锦涛会见。

2010年10月28日至30日，中国国务院总理温家宝赴越南河内出席东亚领导人系列会议，会见越共中央总书记农德孟、政府总理阮晋勇。

二、双边经贸关系和经济技术合作

贸易。2010年双边贸易额为300.94亿美元，同比增长43%。中国仍是越南第一大贸易伙伴。中国出口的商品主要为机电产品和工业原材料等，从越南主要进口矿产资源和农产品等。

承包工程。截至2010年底，中国企业在越南累计签订对外承包工程、劳务合作和对外设计咨询合同额202.1亿美元，完成营业额109.6亿美元。

投资。截至2010年底，中方累计对越南直接投资9亿美元。越南对华投资实际到位1.2亿美元。

三、其他领域的交流与合作

中越关系正常化以来，两国在文化、科技、教育和军事等领域的交流与合作不断向广度和深度发展，党、政、军、群众团体和地方省市交往日趋活跃，合作领域不断扩大。双方还开展了社会主义理论研讨会和青少年交流活动。两国部门间签署了外交、公安、经贸、科技、文化、司法等合作文件近40项。两国空运、海运、铁路等均已开通。

2006年11月，双方成立中越双边合作指导委员会。双方一致认为，这有利于加强对中越各领域合作的宏观指导、统筹规划和全面推进、协调解决合作中出现的问题，将为两国睦邻友好与全面合作关系长期、稳定、健康、持续发展发挥重要作用。2008年1月，中国国务委员唐家璇与越南政府副总理兼外长范家谦共同主持双边合作指导委员会第二次会议。2009年3月，中国国务委员戴秉国与越南政府副总理兼外长范家谦共同主持双边合作指导委员会第三次会议。2010年6月，中国国务委员戴秉国与越南政府副总理兼外长范家谦共同主持双边合作指导委员会第四次会议，双方就进一步推进中越友好，深化全面合作达成一系列共识。

2010年是中越建交60周年和中越友好年，两国举办了青年大联欢等多项庆祝活动，增进了两国人民的相互了解和友谊。

四、重要双边文件

《贸易协定》（1991年11月7日）；

《经济合作协定》（1992年2月14日）；

《关于互免签证的协定》（1992年2月14日）；

《邮电合作协定》（1992年3月8日）；

《民用航空运输协定》（1992年3月8日）；

《海运协定》（1992年3月8日）；

《关于鼓励和相互保护投资协定》（1992年12月2日）；

《文化协定》（1992年12月2日）；

《科学技术合作协定》（1992年12月2日）；

《中国人民银行与越南国家银行关于结算与合作协定》（1993年5月26日）；

《关于货物过境的协定》（1994年4月9日）；

《关于保证进出口商品质量和相互认证的合作协定》（1994年11月22日）；

《关于成立经济、贸易合作委员会的协定》（1994年11月22日）；

《汽车运输协定》（1994年11月22日）；

《关于对所得避免双重征税和防止偷漏税的协定》（1995年5月17日）；

《卫生合作协定》（1996年4月16日）；

《医药合作协定》（1996年5月10日）；

《领事条约》（1998年10月19日）；

《关于民事和刑事司法协助的条约》（1998年10月19日）；

《边贸协定》（1998年10月19日）；

《陆地边界条约》（1999年12月30日）；

《在北部湾领海、专属经济区和大陆架的划界协定》（2000年12月25日）；

《和平利用核能合作协定》（2000年12月25日）；

《北部湾渔业合作协定》（2000年12月25日）；

《关于扩大和深化双边经贸合作的协定》（2006年11月16日）；

《关于加强预防和打击拐卖人口合作的协定》（2010年9月15日）。

（来源：中华人民共和国外交部网站. http://www.fmprc.gov.cn/chn/pds/gjhdq/gj/yz/1206_45/sbgx/. 2011—03—01）

贸易投资篇

中国—东盟整体经济

后危机时期中国—东盟经济合作前景

自1991年以来，中国与东盟的经济合作通过贸易、投资等领域的带动一直维持着稳定的发展，并在1997年金融危机后进入一个快速发展时期。2008年，中国与东盟双边贸易已经超过2300亿美元。双边投资也逐步从东盟对中国的单向流动逐步朝着中国与东盟相互流动变化。从某种意义上而言，双边经济关系的这种相互依赖已经形成了一种与以往不同的分工模式，对不同程度依赖出口的双方的经济增长都起到了很大的促进作用。目前，仍处在危机恢复期的中国和东盟已经迈进了自由贸易区（以下"简称自贸区"）时代。

一、中国与东盟经济合作的核心特征

虽然中国与很多东盟国家通过贸易、投资等方面的联系历史悠久，但众所周知，中国与作为区域组织的东盟在冷战结束之前并没有正式的官方联系。因此，讨论中国与东盟合作的一个共识性起点就是1991年钱其琛副总理出席东盟第24届外长会议。中国与东盟经济联系自合作以来日益密切，并逐步推动了经济合作的制度性安排。总结中国与东盟过去近20年经济合作的实践可以看出，双边经济合作显示出以下几个特点。这些特点基本上决定了中国与东盟经济合作的利益基础，同时也在一定程度上保证了中国与东盟经济合作的稳定性和可持续性。

（一）双方在贸易、投资等领域相互依赖关系日益深化

从双边货物贸易情况看，2008年中国与东盟贸易总额比1991年增加了26.5倍，达到2311亿美元，约占当年中国对外贸易总额的9%。1991年以来，东盟无论是作为中国的出口市场，还是中国进口商品的来源地，对中国而言都变得更加重要。在这一时期内，中国从东盟进口的份额增加明显高于中国对东盟出口份额的增加，说明东盟对中国市场的依赖程度发展得更快。

这一结论也得到来自东盟方面统计资料的支持，根据东盟秘书处公布的数据，2000年东盟对中国的出口只占东盟对外贸易的3.5%左右，这一数值在2004年上升到7.5%，到2008年则进一步增加到9.7%。进口方面的经历与此类似，2000年东盟自中国的进口大约占东盟进口总量的5.2%，2004年增加到9.7%，2008年增加到12.9%。

从双方直接投资看，近年来中国与东盟之间的国际直接投资（FDI）已经逐步从单向流动转向双向互动。东盟国家自1995年以来一直是对华投资的主力。截至2007年，东盟总计对华投资项目达30963个，协议投资额1037亿美元，实际完成465.5亿美元，是中国前五位的直接投资来源地。2008年次贷危机并未影响东盟对华投资，仅新加坡等五国在2008年的对华投资额就达到51.2亿美元。中国对外直接投资发展虽然起步较晚，但近年来随着中国经济的快速发展，中国对东盟国家的投资也有了非常显著的增加。根据东盟秘书处的统计，仅2006～2008年三年时间内，中国对东盟国家的直接投资就累计达到36.8亿美元。其中，2008年中国对东盟直接投资14.4亿美元，大约占东盟当年外资总额（602亿美元）的2.4%，超过东盟长期以来的重要投资来源国——韩国，名列东盟外部直接投资来源国的第四位。

（二）制度层面上，中国与东盟签订的《全面经济合作框架协议》为双边经济合作创造了良好的机制

在中国与东盟经济合作发展的同时，双方为经

济合作达成的制度化安排也随之确立并逐渐迈向较高的层次。1991年7月，中国成为东盟的磋商伙伴国，这应该是东盟给予与之关系一般的国家的合作地位。此后5年中，中国一直以东盟磋商伙伴的身份开展与东盟的经济合作。虽然从经济合作角度来看，这种伙伴关系，甚至后来东盟给予中国的全面对话伙伴国地位都不能被看作是有效的制度化安排，但这一关系的确立促使中国与东盟双方在后冷战时代摆脱对立、迈向合作，成为双方经济合作逐步迈向机制化发展的重要基石。后来，随着1997年金融危机的爆发，中国与东盟经济合作逐步走上机制化轨道。而把“10＋1”合作向自贸区建设推进是中国深化与东盟国家经济合作机制化进程的重要举措，因为它实际上把双方的相互依赖纳入了制度化保障的框架。自贸区规定的《货物贸易协议》《服务贸易协议》以及《投资协议》必然会通过对双边经济合作的推动而深化双边的相互依赖程度。

（三）经济合作与双边总体关系的捆绑是中国—东盟经济合作的重要特点

经济合作本身是涉及两个或两个以上参与者的一种博弈过程，它不仅描述贸易、投资等经济活动本身，更是超越贸易、投资等经济活动本身，各参与方从各自利益诉求出发，通过综合力量的博弈而形成的一种承载着各方利益安排的制度化结果。因此，至少对中国而言，中国与东盟经济合作从一开始就被作为推动双边关系的切入点，担负着推动中国与东盟双边关系发展与深化的重任。由此不难想象，经济领域合作的目标不仅仅是经济福利，超经济诉求对中国而言应该是中国与东盟经济合作的一个重要特征。

由此看来，中国与东盟经济合作既是双边关系的一部分，又服务于双边关系的发展，因此也必然受到由各种力量综合决定的双边关系的影响。

二、后危机时期影响中国与东盟经济合作的可能因素

中国与东盟经济合作一直是在经济全球化、中国经济快速崛起并逐渐参与国际、区域事务这一宏观背景下展开的。一方面，在经济全球化日益加深的情况下，中国经济迅速崛起及其引起的全球力量结构的变化，成为左右中国与东盟关系的重要因素。此次金融危机起源于美国并重创了美国经济，虽然到目前为止关于其对美国经济地位的影响尚无定论，但它在一定程度上加快了中国的相对崛起，这对一些西方国家而言是一个不愿接受的事实。因此，金融危机也将影响中国与东盟关系及双边经济合作。

另一方面，随着中国综合国力的增强，国际社会对中国作为大国的期望及其自身发展的需求促使其更积极、深入地参与地区乃至全球事务，尤其将要求中国更加平衡地处理与邻国、周边地区的关系。这种变化将会影响中国与东盟关系的发展。与此同时，东盟通过共同体建设推进的一体化提升了东盟的国际地位，而其试图通过把有关大国引入东亚合作框架的努力也成为影响中国与东盟关系合作的因素。因此，笔者认为后金融危机时期中国与东盟经济合作将受到以下三种力量趋势的影响：

第一种趋势：中国经济崛起可能引发中美直接竞争，进而制约中国与东盟经济合作的深化。

中国经济自改革开放以来快速发展，其GDP总量超过日本而跃居世界第二位。相比之下作为日益衰落的霸权国家——美国自然感受到某种威胁。2008年年底爆发的次贷危机以及随后关于美国霸权是否衰落的论争，则加重了美国的威胁感。作为核心利益已经内化在当前国际体系之中的全球霸主，美国可能会改变“9·11”事件以来积极对华合作的战略，而体现更多的进攻性现实主义。这并不意味着美国对华政策会回到冷战时代，而更可能是通过某些手段“管理”中国经济增长。2010年炒得比较热的“中美轮胎特保案”就显示了这方面的苗头。而在G8＋5、G20框架下的合作，虽然标志着中国地位的提升而使国人欢欣鼓舞，但根据权利与义务对等的原则，中国必将为此有所付出，无论是温室气体排放方面还是人民币汇率方面的承诺，都将成为中国经济增长的约束。

另一方面，美国对中国具有一定影响力的地区也开始或重新给予关注。2009年上半年美国借助加入《东南亚友好合作条约》“重返东南亚”，以及此前美国军队重新加强与部分东南亚国家的合作，表明美国并没有完全走出冷战思维，至少清晰反映出其制约中国对周边地区影响的意图。

长期以来，东盟国家奉行大国平衡外交，而中国与东盟经济合作得以深入发展的一个结构性背景就是冷战后中美关系的稳定发展。如果中美关系因为中国崛起而变得竞争性日益加强，则会挤压东盟通过平衡外交处理大国关系的空间。如果在中近期内东盟被迫在中美之间做出选择，东盟将不得不牺牲对华关系。

第二种趋势：作为一个日益被接受的大国，中国将不得不推行更加均衡的周边战略，一旦中国的

周边外交重点转向，将会使东盟国家感觉被冷落。在双方尚有领土争议、大国在东南亚地区有利益之争的背景下，中国与东盟的关系存在恶化的风险。

随着中国综合国力的提升，国际社会、尤其是周边国家对中国的责任要求将会越来越多，例如此次危机期间出现的“中国责任论”就是这方面的例证。因此，不论中国是否已经具备了这样的能力，也不管中国是否愿意这样做，它都必须对这些呼声做出反应。与此同时，作为一个超大规模的经济体，中国经济的长期稳定增长必然依赖其与世界各国的良性互动，“大国是关键、周边是首要、发展中国家是基础、多边是舞台”的总体外交战略布局虽然在一些学者看来重点不够突出，但它反映了崛起中的中国所处的特殊国际环境要求。在利用“10＋1”合作与东盟国家建立起稳定的合作关系后，中国又通过上海合作组织加强了与中亚邻国的关系。虽然中国一再强调支持东盟在东亚合作中的主导地位，但2008年开始启动的东北亚峰会还是让东盟疑虑大增。有些东盟学者认为一旦东北亚合作取得突破，东盟在东亚合作中的作用将是可有可无的。

由此看来，尽管解决东北亚合作，尤其是中日合作问题被认为是东亚合作迈向深入的共识性基础，但东盟国家对东北亚合作的担心说明中国在处理周边合作问题上面临着两难，这将成为中国与东盟深化经济合作的一个心理障碍。

第三种趋势：东盟把区内外大国引入东亚合作框架以平衡中国的努力将在一定程度上改变中国与东盟经济合作的发展方向。随着东盟一体化程度的加深以及“10＋1”、“10＋3”、东亚峰会等机制的确立，东盟在东亚合作中逐步形成了一种“辐一轴”体系。为了平衡中国经济日益增长的影响，东盟开始追随日本，把澳大利亚、新加坡、印度等大国引入东亚合作框架，形成“10＋6”机制。事实上，自2003年提出建设东盟共同体这一宏伟目标以来，东盟区域内一体化进程加快，这提升了其通过加强以东亚区域合作轴心为目标的自我塑造，来提高其在国际关系中的地位，尤其是提高其与大国讨价还价能力的欲望和资本。这种能力的获得对于长期以来都坚持大国平衡战略的东盟而言，意味着其在处理对华关系上地位的某种微妙变化。因为平衡战略要求东盟摆脱对某一大国的过度依赖，所以这一点对中国与东盟双边经济合作的进一步发展而言威胁是最大的。

三、后危机时期中国与东盟经济合作的前景

从中国与东盟经济合作承载超经济诉求这一核心特征出发，结合前面分析的可能影响双方经济合作的几个因素，分析后危机时期中国与东盟经济合作的前景。

探讨后危机时期中国与东盟经济合作发展的最重要的经济背景就是目前尚未结束的金融危机，基本的判断首先要基于此次危机是否改变了中国与东盟经济合作承载着双方的非经济诉求这一核心特征。到目前为止，没有任何证据显示中国与东盟双方已将纯经济福利作为推动双边经济合作的惟一目标（事实上，这种分离几乎不可能实现）。由此可见，双方经济合作的前景仍将首先取决于中国与东盟推动双边关系发展的意愿，而目前双方正在积极推进双边关系这一点几乎不用证明。因此，危机不会改变双方继续推动经济合作的愿望。

（一）双方经济合作的制度化进程将主要在多边框架内推进，但前景并不乐观。

此次危机虽然没有改变中国与东盟双方加强经济合作的愿望，而且根据东亚合作具有危机驱动性的特点，还为中国与东盟经济合作提供了动力，但它确实改变了双方开展经济合作的宏观经济背景。对于中国与东盟双方而言，此次危机给他们提出的课题是相同的，那就是在后危机时期如何应对全球经济再平衡问题。很显然，危机暴露出来的全球经济失衡使东亚国家、尤其是中国和东盟不得不面对后危机时期经济增长模式问题。有关研究显示，直到2006年亚洲只有很少一部分出口作为最终产品进入亚洲内部市场。作为群体性出口导向型国家，亚洲国家，尤其是中国出口过分依赖区外大国市场的发展模式目前看来是不可持续的。

尽管还无法预言此次危机是否会导致二战以来以美元霸权为主导的国际分工体系真正终结，但通过加强区域合作构建区内市场却从上次危机开始就已经成为东亚国家的共识。1997年金融危机之后，东亚“10＋1”、“10＋3”合作机制逐步确立，并推动了东亚内部以贸易、投资自由化、便利化为目标的机制化安排。中国与东盟经济合作正是在这样的大背景下取得突破性发展的。尤其是2002年开始的中国—东盟自由贸易区建设，不仅实质性地推动了中国与东盟双边经济合作的制度化进程，也对东亚在“10＋1”框架下的合作安排起到了推动作用，此后多个“10＋1”自由贸易安排才得以签署和落实，而以“10＋1”为基础的东亚自由贸易区构想

也在推动之中。

因此，在后危机时期，中国与东盟合作的制度性安排可能将更多在多边框架下推进，而双边层面合作的注意力将主要放在推动贸易、投资合作方面。因为中国与东盟合作的制度化进程已经领先于东亚合作的整体安排，所以对于中国而言，除非东亚合作能取得突破，并在东亚合作中获得认可，那么中国就无法实现真正意义上的崛起。尽管从目前来看，刚刚进行了两次的东北亚峰会尚无实质性成果，但说明中日都已经认识到东北亚合作对于东亚合作整体进程的重要意义。从这个意义来看，中国下一步将会通过加强东北亚合作来推动东亚合作。而对于东盟而言，在“10＋1”框架下推动东亚合作甚至亚太合作符合其大国平衡战略，既可以避免在中美关系出现困难时难以做出选择，又可以摆脱对某一大国的过分依赖，在“辐—轴”体系强化的过程中获得更多的话语权。由此可见，双方都更加倾向于在多边框架内推动经济合作。

然而东亚合作的前景不容乐观，因为建设区域市场的利益共识在上次危机后不久就被各方的竞争性考量所覆盖，日本在东亚合作中倾向于一个包含更多大国的“10＋6”框架，并对“10＋3”框架下的合作安排显示出日渐冷淡的态度。而美国重返东南亚并力推亚太自由贸易区（FTAAP）使得东亚合作的框架之争前景更加模糊，自然拖累中国与东盟经济合作的制度化。

（二）就贸易、投资而言，中国与东盟经济合作的相互依赖性还将加强，但其在促进双边关系方面的效用或将下降。

对于出口市场主要依赖欧美的东盟和中国而言，2008年金融危机是一个严峻的考验。2008年下半年以来，双方的经济增长都经历了严重的下滑，但中国随后采取的一揽子经济刺激政策，使中国经济在2010年获得10.3％的增长率，国内生产总值为397983亿元，其中，一季度中国经济同比增长11.9％，二季度增长10.3％，三季度增长9.6％，四季度增长9.8％。对于正在寻求摆脱危机影响的东盟国家而言，通过加强对华贸易、投资合作，分享中国经济增长的红利是最理性的选择。

而自贸区建设本身效能的逐步释放也将进一步加强双方的贸易投资合作。从2010年1月1日开始，双边贸易有7000多种产品享受零关税待遇，而2009年已经签署的双边《投资协定》也在2010年生效。因此，即使双边经济合作的制度化进程放缓，双边在经济上的相互依赖关系仍将继续深化。就目前东盟对中国经济的依赖情况来看，无论是投资还是贸易都还算不上过度依赖。

四、结论

总体而言，中国与东盟经济上的相互依赖以及合作制度化的加强可以被看成是一种进程性特点，而双边经济合作与双边总体关系的捆绑则是中国与东盟的战略性要求。其实在后危机时期，中国与东盟关系发展的前景主要取决于相关因素的变化是否会改变这些核心特征。分析显示，尽管后危机时期国际关系的发展存在不稳定因素，而世界经济格局、尤其是再平衡的走向仍不确定，但中国与东盟目前已经通过自贸区安排得到一定机制化保障的经济合作将会继续，双方出于经济发展的需要会继续加强在贸易、投资等领域的合作，并可能试图构筑某种新的分工模式以应对全球经济再平衡的压力。从双边合作的制度化前景来看，双方到目前为止都没有对于提升双边经济合作的制度安排表现出非常大的兴趣，因而在双方共同感兴趣的多边框架（例如“10＋3”）下推动双边制度化合作可能是一个代替。此外，由于一些制约因素，经济合作尽管会深化双边经济相互依赖，但其对双边关系的促进作用可能会有所下降。因为大国的介入以及东盟追求自身影响力的要求会把相对收益思维带入中国与东盟的经济合作中。

（来源：王玉主.《亚太经济》. 2010年第03期）

中国—东盟自由贸易区建成后的效果剖析

对中国而言，2009年是意义非凡的一年，金融危机中经济的逆势而上，使得中国成为备受全球瞩目的经济强国：世界工厂、全球主要资金来源、足迹遍布非洲、拉丁美洲等世界首要的投资者，也日渐成为研发活动的一大源头。

一、中国—东盟自由贸易区存在的问题

随着《中国—东盟全面经济合作框架协议货物贸易协议》（以下简称《货物贸易协议》）和中国—东盟自由贸易区《服务贸易协议》先后付诸实施，中国—东盟自由贸易区（CAFTA）建设正在按照预定框架顺利进行。2011年，东盟已超过日本成为中国第三大贸易伙伴。但不容忽视的是，CAFTA要深入发展，还必须妥善处理以下问题：

第一，成员间经济发展水平差异较大。中国—东盟自由贸易区拥有11个成员，其经济发展水平参差不齐。例如，2010年新加坡国内生产总值（GDP）为2266.1亿美元，人均国内生产总值为43867美元。同年，菲律宾人均GDP约为2007美元，柬埔寨人均GDP为792美元，老挝人均GDP为1030美元，文莱人均GDP约3.2万美元，越南人均GDP为1168美元，CAFTA成员间的人均GDP差距高达67倍。

经济发展水平的巨大差异，导致各成员国在CAFTA建设过程中利益要求不一。经济较发达的国家希望拓展CAFTA的广度和深度，提高市场开放程度，但经济相对落后的国家却更为关注国内市场和产业的保护，因而对CAFTA存有一定疑虑。这将是未来深入推进CAFTA的一个障碍。

第二，东盟的内在矛盾较难解决。东盟从6国扩大为10国之后，其内部问题越来越多，突出表现为两点：一是组织内部存在巨大的差异性，不仅政治制度多样化，而且在发展水平和经济体制上明显地分为两个层次。发展水平相对较高的6个老成员和发展水平较低的4个新成员，这种差异性意味着东盟在CAFTA的统一行动中面临的实际问题比较复杂，而且会大大增加CAFTA的执行成本和协调难度；二是缺少一个能够带动整体的核心力量和有效解决问题的协调机制。在东盟成员中，目前还没有一个国家能切实发挥主导作用。新加坡尽管经济发展水平最高，但仅是一个岛屿小国，而印尼虽是拥有2亿多人口的东南亚第一大国，但经济发展水平较低，金融危机之后更是一蹶不振。中坚力量和强有力协调机制的缺乏，既会影响东盟自身的发展，也可能对CAFTA的推进带来不利。

第三，自贸区将倒逼“中国制造”升级。在梳理中国与东南亚国家分工的时候，有必要回顾一下第三次产业转移的过程：当时以“雁行结构”为基础，日本处于产业链的顶端，韩国、新加坡等作为第二梯队，而中国和其他东盟国家成为区域分工和贸易模式的最下层。中国与东南亚成为产业链中的同一级，产品差异性不大。首先，产业结构有所趋同，都是以初级的制造业加工为主，而且都以欧美国家作为主要的目标市场。这种结构趋同可能会造成初期的竞争，但中国可通过自觉的“产业升级”来实现与东盟产业结构的差异化。其次，劳动力成本的竞争可能会在自贸区被放大，低端制造业的利润必然被进一步压缩，如果中国不将低端的制造业转移，同东盟国家直接竞争，最终双方都会在贸易战中败阵，沦为全球“食物链”的牺牲品。对中国而言，由中国—东盟自由贸易区“倒逼”产业升级。

虽然产业转移是“中国制造”升级的一个快速通道，但显然，这不是制造业升级的惟一变量，产业转移并不必然导致制造业的强盛。从经济学上而言，若仅进行简单的地域性搬迁，没有国内大环境的配合，通过产业转移升级制造业也是空中楼阁。

第四，印尼的忧虑与柬埔寨的麻烦。2010年1月初，印尼合作社与中小企业部长哈山在视察目前东南亚最大的纺织品与成衣市场——丹那旺纺织品商场后表示，中国制造的纺织品和成衣已经占据了半个市场，当地商铺也向其反映中国纺织产品占有率高达47%，印尼本地产品在质量和价格上都竞争不过中国产品，如果零关税后更多的中国产品涌进来，后果将非常严重。在印尼商界，已经有许多关于自贸区的质疑产生，来自纺织行业的声音较大。并且，目前中国企业进入东南亚，主要集中在资源性开采和基础设施建设方面，真正投资建厂制造产品的并不多。如果更多的中国产品进来，并且是零关税进来，肯定会加剧对印尼本地产品的冲击，导致大批工厂垮台，大批工人失业。

随着中国国内面临着产业结构调整、物价上涨和人民币升值等压力，中国廉价劳动力的历史缓慢地结束，尤其是零关税后，越来越多的中国企业会到柬埔寨这些成本低廉的东盟国家开工设厂。尽管柬埔寨本国经济不发达，但是制定的法律却比中国健全，由于中国商人不习惯，不愿意使用律师提供的正式法律服务，致使经营环节麻烦迭出。其次，柬埔寨工人不仅工资很低，而且其勤劳程度和对技术掌握的程度普遍低下，低工资率致使柬埔寨工人大量外流，因而除非提高工资率，否则即使把工厂搬到柬埔寨也不奏效。

二、中国—东盟自由贸易区前景展望

随着中国与东盟经贸关系的发展以及中国—东盟自由贸易区的建立，双方在互惠双赢基础上的全面经贸合作将进入崭新的发展阶段，对双边经贸关系的发展具有重大的意义，对亚洲区域经济一体化进程也将产生积极和深远的影响。

第一，自贸区的贸易规模将扩大。CAFTA建成后，由于实行零关税和非关税壁垒的减少，将会极大地刺激成员间贸易量的增加，促进贸易结构改善，促进区域内贸易及区域外贸易的发展，由于中国和东盟之间有相当部分的贸易是跨国公司的产业内贸易，在产业链的作用下，一个东盟国家对中国的出口额增加，会导致它从其他东盟国家的进口额增加。例如，新加坡出口到中国的电子产品数量越多，需要从马来西亚进口的零部件也就越多。在这种情况下，整个CAFTA的贸易规模会得到扩大。

第二，自贸区将使双方获得投资增长效益。CAFTA建立以后，将实现投资自由化，并产生两种“投资创造”效应，即“区内对区内的投资创造效应”和“区外对区内的投资创造效应”，刺激投资的增长。区内对区内的投资创造效应是指：由于CAFTA内实现了投资自由化，资本、熟练劳动力、技术得以自由流动，成员国之间的相互投资必然增加。目前，中国企业往东南亚方向“走出去”已呈显著增长势头，在泰国罗勇、柬埔寨太湖国际经贸合作区已有一批中国投资项目。中国企业将在东盟国家建立基础设施完善、产业链完整、关联程度高、带动和辐射能力强的经济贸易合作区，与东盟国家在互惠互利的基础上实现共同发展。

第三，中国与东盟的国际发言权将增强。CAFTA建成后，将成为东亚区域内最大的一体化组织。中国与东盟10国的关系将更加密切，双方的经济实力将通过一体化进程壮大，东盟在推动东亚区域一体化进程中的地位和作用将更加巩固。中国在地区和国际的影响力将进一步增强。同时，CAFTA的出现，将改变亚太地区和全球的国际格局，覆盖19亿人口的一体化组织的声音将不容忽视。中国与东盟的国际发言权将显著加强，国际地位也将进一步提高。

第四，自贸区的合作领域将扩展。目前，中国与东盟的合作已扩大到金融、旅游、投资、农业、人力资源开发、中小企业、产业合作、知识产权、环境保护、林业及其产品、能源以及次区域开发等领域。随着中国—东盟自由贸易区最终建成，其成为拥有19亿消费者、6万亿美元国内生产总值、4.5万亿美元贸易额的经济区，是世界上人口最多的自由贸易区，也是发展中国家组成的最大自由贸易区。

当前，全球经济正在回暖，东南亚将再度成为全球经济增长最快的地区。CAFTA经贸合作将进一步推进中国与东盟国家在商品、服务、投资等各个领域的自由化进程，有利于缩小各成员国之间经济发展的差距，促进中国与东盟的共同繁荣。从长远来看，中国—东盟自由贸易区的建立符合双方的共同利益，有利于整个东亚地区经济发展和政治稳定，为亚太地区更为广泛的经济合作奠定了良好的基础。

（来源：王坤．云南财经大学学报社会科学版．2010—08—15）

中国与东盟——经济大戏开锣

2010年1月1日，中国—东盟自由贸易区（China-ASEAN Free Trade Area，简称CAFTA）正式启动。这是一个拥有19亿消费者、6万亿美元GDP、4.5万亿美元贸易总量的新型自由贸易区，是继欧盟、北美自由贸易区之后的世界第三大自由贸易区，也是世界上人口最多的自由贸易区。

CAFTA启动之后，中国对东盟的平均关税从之前的9.8%降至0.1%；东盟6个老成员国文莱、印度尼西亚、马来西亚、菲律宾、新加坡、泰国，对中国的平均关税从12.8%降低到0.6%，4个新成员国越南、老挝、柬埔寨和缅甸，90%的商品将于2015年实现零关税。

产业转移半径加大

东盟十国经济发展水平差异较大，既有新加坡、文莱等经济较为发达的国家，也有泰国、马来西亚、印度尼西亚等经济发展水平与中国大致相当的国家，还有柬埔寨、老挝等经济较为落后的国家。中国和东盟各国的合作需要根据各国的具体情况进行，需要根据不同国家的情况，选择应对策略。

经济发展水平的差异决定了各国产业间的差异，同时也决定了中国与东盟各国之间既有产业竞争，也有产业互补。劳动密集型行业既是中国的优势，也是东盟许多国家的优势，双方不可避免地要在这行业进行竞争。但随着中国经济的发展，特别是东部地区经济发展到一定程度时，已经面临产业转移的任务，双方有可能实现产业对接。CAFTA提供了产业转移更大的选择空间。原先一些产业的转移只能在东部和中西部之间进行，目前由于市场半径的扩大，经济相对落后的部分东盟国家也具备了承接产业转移的可能性。换言之，CAFTA建立之后，地区间产业格局的分布不能只是一国内部的事，无论是政府的产业政策和区域发展政策选择，还是企业和投资者的决策，均需要更多地考虑市场扩大的事实，以更充分地利用中国—东盟自由贸易区所带来的各种优惠政策。

区域经济竞争与互补

中国与东盟之间存在贸易逆差。应该看到，这种逆差是经济互补性的体现。东盟一些经济相对比较落后的国家优势在资源上，如越南、缅甸、老挝、柬埔寨等主要向中国出口自然资源。中国从东盟进口的商品中，橡胶、木材、棕榈、动物饲料、大豆、棉花和煤炭等在内的初级产品占了相当重要的一部分。

经济相对比较发达的东盟国家与中国之间的工业品贸易额占较高比重。面对不同的国家，中国应有不同的对策。中国与东盟国家共同面对国际市场，在加工贸易上存在一定的竞争关系。CAFTA建立之后，双方之间的竞争并不会因此而削弱。为实现双赢，双方需要突出各自的比较优势，形成更有特色的产业链。双方还可借着CAFTA的东风，“走出去”和“引进来”并重，逐步改变双方在国际分工中的相对不利地位，共同构筑地区竞争优势，提高双方国际市场上的地位。

中国西南地区与东盟国家接壤，双方在传统贸易上联系较多，CAFTA的影响更为直接。尤其是云南、广西等更是重视与东盟国家经济的联系。中国—东盟自由贸易区的建立，虽然在短期内对不同行业的影响不同，甚至在某种意义上还会对传统的优势产业如广西的制糖业带来严重的影响，但从根本上说，市场范围的扩大，最终将让所有相关国家受益。

需要注意的是，对于中国西南之外的其他地区而言，CAFTA的影响就显得不是那么直接，这些地区对CAFTA的重视还不够，但实际上，CAFTA所提供的机遇值得关注。地方政府应高度重视CAFTA建立之后所带来的变化，积极引导相关企业和投资者，充分利用好各种优惠政策。

一些调查显示，中国有相当数量的企业对《中国—东盟全面经济合作框架协议》了解甚少，对有关优惠政策的利用还很不够，特别是“优惠原产地证书”的利用相当有限。为此，政府有必要借助多种形式和多个渠道，帮助各种企业和投资者了解东盟，开拓东盟市场，与东盟携手合作，实现双赢。

全方位的经济接触

CAFTA是全方位的，不仅仅涉及货物贸易，还包括服务贸易、投资和区域经济合作等。传统上，货物贸易较受重视，但随着各国经济发展水平的进一步提升，服务业最终将占经济的主要份额，因此，促进中国和东盟国家间的服务贸易也至关重要。这就要求中国与东盟国家尽可能取消行业规制政策，以使各国间的服务贸易能顺利进行。

贸易往来带来相互投资。中国实行对外开放政策以来，东盟国家在中国进行了大量的投资，中国近年来也加大了对东盟国家的投资力度。从目前来看，中国与东盟国家税制差异较大，而且东盟国家内部具体税制也有很大差别，除了国际税收协调之外，促进中国与东盟国家税收一体化应该成为中国与东盟合作的远景目标。当务之急是先从与跨国投资密切相关的所得税与商品税入手，做好相应的协调工作，未来可参照欧盟模式，稳步推进税收的一体化工作。

从国家层面来看，国家间的合作，特别是金融合作，有利于CAFTA的正常运行。CAFTA在很大程度上是亚洲金融危机催生的。次贷危机发生之后，全球金融危机的现实，再次警示地区经济一体化的重要性。本地区货币地位的提高对于应对外来危机的挑战极为重要。考虑到人民币在周边国家的实际使用情况和未来中国在世界经济中的地位，中国政府有必要创造条件，让人民币能够更好地在地区经济往来中发挥国际结算货币的作用。除此之外，中国还需要加强与东盟国家的金融合作，以更好地推动实体经济间的合作。

（来源：杨志勇.《中国经贸》. 2010年Z1期）

东盟十国投资环境

文莱行业投资环境分析

一、自然资源

文莱油气资源丰富，已探明的石油和天然气储量分别为14亿桶和3200亿立方米。其他矿产资源较少。文莱林业资源丰富，森林覆盖率达70%以上，86%的森林保护区为原始森林。

二、基础设施

（一）公路

目前，公路总长2972.1公里，其中沥青路面2410.9公里，贯穿文莱三分之二的陆地面积。长135公里的摩拉—都东—马来奕高速公路联结首都斯里巴加湾市、石油城诗里亚和马来奕区。主要居民点之间都有现代化道路网沟通。

文莱登记车辆20.866万辆，私车约18.847万辆，平均每千人拥有514辆车，是世界上拥有私车比例最高的国家之一。除首都与其他城镇有不定期公共汽车外，全国几乎没有公共交通服务系统。

（二）空运

首都国际机场于1974年建成。国家航空公司为“文莱皇家航空公司”（Royal Brunei Airlines，简称RBA），创建于1974年，目前有6架波音7672架空中客车A320和2架空中客车A319。

每周有多个航班直达东盟、澳大利亚、中东、欧洲、日本、中国（香港和上海）等国家的21个城市。此外，还与其他国家的航空公司开通了代码共享的航线。2008年文莱国际机场接送进出港乘客155万人次，年货运吞吐量1.96万吨。2010年3月，首都国际机场改扩建项目国际招标正式开始。

（三）水运

文莱的海港包括：(1) 摩拉深水海港，占地24公顷，码头长611米，泊位5个，吃水深8米，另有一个87米长的集料码头。港区有装卸设备、集装箱场地、冷冻设备和水泥密封库。此港停靠货船经常来往于东盟各国、中国香港等国家和地区。2005年集装箱吞吐量超过10万个，同比增加32%。(2) 斯里巴加湾市有93米长的商业码头，141米长的海军和政府船舶使用的泊位和40米长的旅客码头。(3) 马来奕港可停靠2条船，有744平方米的货仓，1837平方米的露天存货场。(4) 诗里亚和卢穆特两个港口主要供石油与天然气出口使用。

文莱境内还有几条内河，发挥一定的货运与客运作用。

文莱水运是重要的交通渠道。2008年共有各类注册船只334艘，各港口共装卸货物94.64万吨。

（四）通信

文莱已基本完成对全国固定电话网络的改造，全面使用由中国华为公司提供的“下一代网络(NGN)”服务，可与160多个国家直通电话和实现数据交换服务。截至2008年，共拥有电话交换线8.08万条，平均每百人约20条。截至2007年底，累计开通手机397013部。移动3G项目已开通试验网，共有互联网用户19980户。

文莱互联网普及率在东南亚地区位居前列。政府大力推动电子政务建设和IT技术在教育、培训领域的普及。

（五）电力

截至2008年，文莱用电普及率为99.7%，采用油气发电，电力装机容量为659.5兆瓦，2008年共发电3071.2千兆瓦时。电力供应充足，能够满足工农业生产的基本要求。为节省天然气资源，文莱政府计划进口马来西亚沙捞越州的水利发电，替代本国部分天然气发电，而配套输变电设施正在建设中。

三、商务成本

（一）水、电、气价格

文莱水电供应充足，水电气成本较低。如下表所示：

收费项目	使用数量	收费标准
	10千瓦小时以内	0.2文元/千瓦小时
商业用电	10～60千瓦小时	0.07文元/千瓦小时
（以月为单位）	60～170千瓦小时	0.06文元/千瓦小时
	超过170千瓦小时部分	0.05文元/千瓦小时
收费项目	使用数量	收费标准
	10千瓦小时以内	0.25文元/千瓦小时
	10~60千瓦小时	0.15文元/千瓦小时
居民个人用电	10～170千瓦小时	0.10文元/千瓦小时（固定收费21.50文元）
	超过170千瓦小时部分	0.05文元/千瓦小时

（二）劳动力供求及工薪

1. 劳动力供求：文莱当地劳动力资源短缺，一般劳动力素质不高，文莱接受良好教育的公民普遍愿意供职于政府部门。

2. 劳动力价格：私营部门中，非技术性外籍劳工月平均工资水平在450～600文莱元之间，文秘人员月平均工资在1000文莱元左右。所有私营部门雇主与雇员均须向“文莱雇员准备基金”（Employees Provident Fund）缴费，其中雇主与雇员各缴纳雇员工资的5%。雇主还须缴纳雇员保险和医疗体检费，前者根据雇员工资水平而定，后者为38文莱元/人。

（三）劳务需求

文莱大量引进外籍劳务，外籍劳务占整个就业人口的1/3。外籍劳务主要分布在建筑业和餐饮、家政、环卫等服务领域。

（四）土地及房屋价格

1. 土地价格：非文莱公民不能在文莱购买土地。目前，在首都市区商业中心地区每平方米土地售价约在247万文莱元左右，住宅用土地每平方米价格约74万文莱元。

2. 房屋租金：两层独栋住宅楼（250～350平方米）的租金在1500～2500文莱元/月，公寓楼（100～200平方米）租金在1200～3000文莱元/月不等。视地段而定须预交2～3个月租金作定金。

3. 房屋售价：视位置及房屋条件而定，排屋价格约20万文莱元/栋，独立别墅根据面积大小价格在40万～80万文莱元不等。

(五)成本

2008年,文莱办公楼建筑费用平均约646文莱元/每平方米,工业厂房的建筑成本约431文莱元/每平方米。

四、经济表现

(一)投资吸引力

文莱投资环境的竞争优势包括:政治稳定;市场化程度高;地理位置优越,辐射东盟东部地区,包括马来西亚、印度尼西亚、菲律宾等;政策透明度较高,贸易和投资风险较低。

文莱在世界经济论坛《2010~2011年全球竞争力报告》中排名第28位,比2009~2010年上升了4位。

(二)宏观经济

石油和天然气是文莱经济的主要支柱。2010年文莱国内生产总值约130.25亿美元(根据人口及人均GDP测算),人均国内生产总值约3.2万美元。非油气产业有制造业(主要是服装)、建筑业、金融业以及农、林、渔业等,但均不发达。工业设备、农产品、日用品均依赖进口。

文莱的外汇储备约为300亿美元,无外债。

文莱政府财政收入主要靠税收和政府财产收入,这两项收入占财政收入的90%以上。而在税收中,公司所得税占90%以上。文莱没有财政赤字。

通货膨胀率:2011年一季度文莱通货膨胀率同比增长1.6%,其中三个月分别同比增长1%、1.8%和1.9%。

(三)重点/特色产业

1. 油气产业:除陆地油田外,文莱目前有冠军号(Champion)、西南艾姆巴(South West Amba)、费尔里(Fairly)、费尔里—巴拉姆(Fairly-Baram)(与马来西亚共管)、迈格帕(Magpei)、甘纳特(Gannet)、铁公爵(Iron Duke)等七个海上油田。文莱90%的石油和几乎全部的商用天然气均出自上述七个海上油田。海上油田共有46个钻井台,490多个油井,1300公里海底输油与输气管道。

文莱已探明的石油和天然气储量分别为14亿桶和3200亿立方米。按每日产20万桶油和3000万立方米天然气计算,只能再分别开采20余年。因此,文莱政府一方面积极勘探新油气区,另一方面对油气开采实行节制政策。文莱石油日产量控制在20万桶左右,是东南亚第三大产油国;天然气日产量在3500万立方米左右,为世界第四大天然气生产国。文莱原油98%供出口,2%(每天6000桶)在国内的炼油厂加工,供国内消费;液化气98%出口,国内消费2%。

在文莱获得油气勘探和开采权的外国公司有:

(1)荷兰壳牌集团(Royal Dutch/Shell Groupof Companys)。最早进入文莱,与文莱政府共占50%的股份,共成立了四家合资公司,即文莱壳牌石油公司(BSP)、文莱壳牌销售公司(BSM)、文莱天然气船运公司(BGC)、文莱液化天然气公司(BLNG)。

(2)道达尔公司(Total Fina Elf E&P Borneo B. V.)。1986年开始在文莱经营,1989年与文莱签署包括393平方公里的岸外B区块石油开采协议。1999年商业化开采成功,所产原油和天然气销售给文莱壳牌石油公司和文莱液化天然气公司加工。2002年初,以道达尔公司为首的国际财团被文莱政府授予了文莱深水J区块的勘探许可证,道达尔公司作为该区块的作业者拥有60%的股权,澳大利亚的BHP Billiton石油公司拥有25%的股权,AmeradaHess公司拥有剩余15%的股权。

(3)壳牌深海(婆罗)公司(Shell Deepwater Borneo Ltd)。2002年壳牌国际的分公司壳牌海外集团以超过10亿美元的价格购下壳牌深海(婆罗)公司。这一并购将壳牌在新西兰、澳大利亚和文莱的油气运营整合起来。壳牌深海(婆罗)公司与Unocal(26.95%)和文莱政府(46.10%)建立的合资公司共同开发A区块(Bendehara Selatan油田)和C、D区块(Laksamana Utara油田和EastEgret油田),拥有26.95%的股份。

2. 工业:文莱工业政策鼓励发展进口替代和出口导向型工业。文莱工业基础薄弱,经济结构单一,多年来主要以石油和天然气开采与生产为主。除石油和天然气外,文莱几乎无工业可言。

3. 建筑业:数年前发展较快,其收入占国内生产总值的5%,为文莱第二大工业。但自1997年亚洲金融危机以来,由于政府投入不足,文莱建筑行业一直不景气。

4. 农业:随着20世纪70年代油气和公共服务业的发展,很多人弃农转业,使传统的农业受到冲击。目前文莱仅种植少量的水稻、橡胶、胡椒和椰子、木瓜等热带水果,农业收入占国内生产总值不足3%。

文莱在澳大利亚北部地区Willeroo购置了一块比文莱本土还大的地皮作为牧场(5793平方公里)用于养牛,目前文莱国内食用的牛肉主要来自该基地。近年来,文莱国内大力扶持以养鸡业为主的家禽饲养业,鸡肉96%自给,鸡蛋已经完全实现自给。

随着文莱政府大力实施经济多元化战略，农业对GDP的贡献有所增加。但蔬菜、水果、装饰植物、鲜花尚只能部分满足国内市场需求，而肉类、大米和新鲜牛奶的自给率还非常低，90%左右的食品仍需进口，离自给自足目标相差较远。

为保障国家粮食安全，提高粮食自给率，文莱政府2009年初制定了农业中长期发展规划。

截至2008年，文莱国内稻米自给率不足3%。在文莱苏丹的亲自督促下，发展水稻种植成为农业领域工作的重中之重。文莱政府提出到2010年将国内稻米自给率提高到20%，2015年提高到60%的宏伟目标，并为此加大了投入。目前已有包括中国、韩国、菲律宾、新加坡等国参与文莱各种形式的稻米实验和发展项目。

5. 林业：文莱森林覆盖率为75%，有11个森林保护区，面积为2277平方公里，占陆地面积的39%，86%的森林保护区为原始森林。森林保护区分为五类：保护林、主要保护区、次要保护区、再生林区和森林生产区。文莱限制森林砍伐和原木出口，实行以保护为主旨的森林管理政策。从1997年开始，为推动林业长期发展，保护自然环境，实行"砍一树，种十树"和每年10万立方米限额（价值2700万文莱元以内）的伐木政策（主要满足国内市场需要）。

6. 渔业：文莱有162公里的海岸线，370.4公里的渔业区内有丰富的渔业资源，水域没有污染，又无台风袭击，适宜养殖鱼虾。全国共有50个鱼虾养殖场。2008年文莱生产海鱼、海虾及养殖虾等16964吨，其中捕捞业产出15576吨，养殖业产出566吨（网箱养鱼42.4吨，养殖虾438.4吨，淡水鱼85.2吨），渔业加工业产出822吨。2008年，文莱渔业领域的生产额达0.47亿文莱元，渔业收入约占国内生产总值的0.23%。

目前文莱人需要的海产消费品50%依靠进口。政府鼓励外资与文莱本地公司开展渔业合作。为促进渔产加工业的发展，文莱政府计划成立贮藏和分销中心以及进出口中心，为渔产加工业提供各种服务。目前，中国广东企业已经进军文莱渔业养殖领域。

7. 服装制造业：文莱建立了十几家服装加工厂，生产出口服装。文莱生产的服装绝大部分出口到美国、加拿大和欧盟。由于美国、欧盟市场对文莱纺织服装产品没有配额限制，因此，自20世纪80年代末期起，服装制造业一度成为外国直接投资的热点，发展迅速。但目前有下降趋势，2009年文莱服装出口总额0.57亿文莱元，同比下滑53.1%。

8. 金融业：1997年亚洲金融危机发生后，文莱经济发展大受影响，自此以后文莱政府投资谨慎，鲜有大型项目上马，导致依赖政府投入生存的中小企业发展缓慢。

2000年，文莱成立国际金融中心，标志着文莱正朝着金融界、银行业、证券业和保险业方面深入发展，为文莱成为本区域金融服务中心的构想打下了基础。截至2007年12月，已有超过9000家离岸公司在该中心注册，该中心累计向6家国际银行、2家保险公司和4家证券公司发放了执照，此外，还发放了10家共同基金管理公司执照。一些国际知名银行纷纷在文莱国际金融中心注册，发展离岸金融业务，加拿大皇家银行成为在该中心注册的第一家离岸银行，花旗银行、汇丰银行等也相继在该中心注册。

[来源：改编自商务部国际贸易经济合作研究院、商务部投资促进事务局、中国驻文莱大使馆经济商务参赞处共同主编.《对外投资合作国别（地区）指南——文莱》. 2010年版第10～27页]

柬埔寨投资环境的竞争优势分析

一、自然资源

柬埔寨盛产柚木、铁木、紫檀、黑檀、白卯等高级木材，并有多种竹类。木材储量约11亿多立方米。森林覆盖率59%，主要分布在东、北和西部山区。矿藏主要有石油、天然气、金、铁、铝土等。水资源丰富，洞里萨湖为东南亚最大的天然淡水湖，素有"鱼湖"之称。西南沿海多产鱼虾。

二、基础设施

2004年以来，柬埔寨政府把对基础设施的建设和改善列为"四角战略"的重要任务之一，加快其恢复和重建的步伐。目前，以公路和内河运输为主的交通网络已取得很大进步。

（一）公路

公路运输是柬埔寨最主要的运输方式，占客运运输总量的65%，占货运运输总量的69%。

柬埔寨路网总长度约为3.06万公里，包括国道5263公里，省级公路6441公里，农村公路约18948公里，无高速公路。公路密度（公里/平方公里）为0.17；沥青路面公路密度极低，仅为0.011。国道主要是以首都金边为中心的8条公路，基本达到中国三级公路标准，沥青路面铺设。

（二）铁路

柬埔寨全国只有2条铁路，即北线（338公里）和南线（264公里），始发站均为金边。均为单线米轨，无客运列车，平均时速仅20公里，主要是向金边运输发电机用重油以及水泥和大米，向西哈努克市运输出口用木材和石料。

为改善柬埔寨铁路现状，柬埔寨政府拟利用亚洲发展银行和外国政府的援助和贷款，修复现有的两条并新建一条48公里的铁路，总耗资1.4亿美元，预计于2013年完工。

（三）空运

柬埔寨空运主要为客运，货运不发达。有11个机场，包括金边和暹粒两个国际机场。由于柬埔寨政府执行航空开放政策，近年来，开通柬埔寨航线的航空公司数量稳步增长。金边机场目前运营至马来西亚、新加坡、泰国、越南、中国大陆、中国香港、中国台湾、韩国等八个国家/地区的航线。

中国去往柬埔寨的主要航线包括：北京—广州—金边、南宁—金边、昆明—金边、香港—金边、上海—金边、台北—金边、重庆—暹粒、上海—昆明—暹粒。

（四）水运

柬埔寨水运分为海运与河运。

西哈努克港是柬埔寨惟一的深水海港，有2个泊位，码头长度分别为240米和160米，前沿水深9米。西哈努克海港2011年第一季度货物吞吐量增长13%，即从2010年同期的50.2035万吨增长到2011年第一季度的57.0321万吨。该港海运线路可抵达美国、欧盟、中国大陆、中国香港、印度尼西亚、日本、马来西亚、菲律宾、新加坡、韩国、泰国、越南等国家和地区（多通过新加坡中转）。

柬埔寨内陆水系主要包括湄公河、洞底萨河和巴萨河，雨季总长度约为1750公里，旱季缩减为580公里。全国有7个主要河运港口，包括金边港、磅湛码头、桔井码头、上汀码头、奈良码头、磅清扬码头和重涅码头。

（五）通信

1. 电话：柬埔寨邮电通信部是柬埔寨电信行业决策和管理部门。全国共有固网电话服务运营商3家，国际通信服务运营商3家，移动服务运营商9家。

柬埔寨电信业发展迅速，截至2010年5月，约有640万移动电话用户，接近全国总人口的一半。柬埔寨政府计划到2016年使信息通信服务覆盖全国所有地区。

柬埔寨共有2条国际电话端口，国际电话服务费用占邮电通信部收入的85%左右，是政府主要收入来源之一。国际电话成本虽已降低1/4到1/3，但价格仍然偏高。

2. 互联网：经加拿大国际发展研究中心协助，互联网服务于1997年引入柬埔寨，由邮电通信部下设的CamNet公司负责提供互联网接入服务。柬埔寨目前有20多家网络公司，用户超过30万。

（六）电力

2010年，柬埔寨政府将电力发展列为其经济战略的优先发展领域，政府对此领域的外国投资给予政策上的倾斜和法律保护。到2010年年底，柬埔寨装机能力达到1346兆瓦，用电家庭数达到37万户，年人均用电量89千瓦时，但广大农村地区只有12.3%的家庭能够用上电。

柬埔寨供电价格远高于国际标准，平均电价约为0.17美元/千瓦时，部分地区甚至超过0.20美元/千瓦时。

三、商务成本

（一）水、电、气价格

柬埔寨水电资源丰富，但由于开发不足，加上配套基础设施落后，导致水电供应短缺，水、电、气成本较高。2009年底，电价平均为0.174美元/千瓦时，自来水平均价格为0.186美元/立方米、煤气平均价格为1.485美元/千克。

柬埔寨电价

类别	日用量（千瓦时/月）	电价（美元/千瓦时）
民用	50及以下	0.087
	51～100	0.137
	100以上	0.162
商务和服务业	< 45000	0.15
	45000～130000	0.137
	>130000	0.125
	中压	0.12
工业和手工业	< 45000	0.162
	45000～130000	0.15
	>130000P	0.125
	中压	0.12
政府机构		0.175
使馆、外国人住宅、非政府组织、国际组织		0.2

资料来源：柬埔寨电力公司

（二）劳动力供求及工薪

1. 劳动力供求：柬埔寨人口年轻化特点明显，10～35岁的人口超过总人口的一半，劳动力资源比较充沛。劳动力人口达750万，且年增长率2.7%。劳动力就业最大领域为农业、成衣业、服务业。政府为创造更多就业机会，还向马来西亚、韩国等其他国家劳工市场输出劳工。劳动者权益受《宪法》和《劳工法》保护。

2. 劳动力价格：柬埔寨实行低工资制。近几年来柬埔寨政府公务员、军警月工资为40～60美元，服装加工业最低工资标准为月薪50美元。中国在柬埔寨技术劳工和管理人员月薪一般在300～600美元。政府对在私营企业或非官方组织的柬埔寨籍或外籍雇员征收“工资税”，但对工资以外的福利不征税。

（三）外籍劳务需求

外籍人士在柬埔寨就业，需满足以下条件：1. 雇主预先获得在柬埔寨工作的合法就业证、工作许可证；2. 合法进入柬埔寨王国；3. 持有有效护照；4. 持有有效居留证；5. 无传染性疾病（卫生部规定相关条件，劳动主管部门批准）。就业证有效期为1年，并可延期，但延期后的有效期不得超过其居留证有效期。

柬埔寨需要外籍劳务的主要岗位是专业技术人员和管理人员等。

（四）土地及房屋价格

1. 土地成本：2009年柬埔寨土地价格如下表所示：

地点	地价（美元/平方米）
金边市郊（地产开发用地）	1520左右
暹粒市郊（地产开发用地）	60～150
西哈努克市郊（地产开发用地）	100左右

资料来源：CFN房地产、柬埔寨房地产

2. 办公用房成本：金边办公用房平均月租金为：黄金地段9～11美元/平方米，普通地段6～8美元/平方米。

3. 厂房成本：柬埔寨厂房租赁、购买价格如下表所示：

厂房类型	地点	平均租金(平方米/月)	售价(美元/平方米)
标准厂房	黄金地段	1.50～2.00美元	150
	其他地段	1.00～1.80美元	

资料来源：CFN房产

（五）建筑成本

近几年来，柬埔寨建材价格普遍有所上涨，钢铁价格涨幅较大。到2008年9月底，钢铁市场价格为1.25美元/公斤，较2007年1月上涨78.58%；水泥市场价格为4.6美元/袋，较2007年1月上涨22.67%。

2008年柬埔寨主要建材价格

品名	价格	品名	价格
沥青	400美元/吨	石灰粉	无
水泥	89美元/吨	粗沙	10美元/立方米
钢筋	780美元/吨	细沙	13.5美元/立方米
混凝土	C28标号/58美元/立方	石料	23美元/立方米

资料来源：柬埔寨商业部

四、经济表现

（一）投资吸引力

柬埔寨投资环境的主要优势在于：

1. 实行开放的自由市场经济政策，经济活动高度自由化。据美国传统基金会“2006年度经济自由度指数”排名，在东盟成员中，柬埔寨仅排在新加坡之后，其中，根据“政府不强制或限制经济活动”指标，在亚洲32个国家中排名第九。

2. 美、欧、日等28个国家给予柬埔寨普惠制待遇（GSP）。对于自柬埔寨进口的纺织服装产品，美国给予较宽松的配额和减免征收进口关税，欧盟不设限，加拿大给予免征进口关税等优惠。

3. 世界七大奇观之一的吴哥古迹等旅游风景区，每年吸引数百万的外国游客，同时也吸引着具有国际管理经验的外商投资其酒店等旅游产业。

（二）宏观经济

柬埔寨经济增长情况

年份	GDP总额(亿美元)	GDP增长率(%)	人均GDP(美元)
2006年	72.6	10.8%	608
2007年	87.5	10.2%	670
2008年	102.9	6.7%	715
2009年	103.1	0.1%	716
2010年	114.4	5.5%	792

资料来源：柬埔寨财经部

近年来，柬埔寨经济以年均7%以上的速度快速发展。2009年，受国际金融危机影响，柬埔寨国内生产总值（GDP）仅增长0.1%，为103.1亿美元。

2010年，柬埔寨GDP总值为114.4亿美元，同比增长5.5%。其中，农业产值占33.5%，工业产值占21%，服务业产值占38.3%，其他为7.2%。外汇储备25.5亿美元，同比增长18.2%，可保证4.7个月的进口。年均通胀率为3.1%。

（三）重点/特色产业

柬埔寨经济产业可简略地划分为三类：农业、工业（主要是纺织服装产业，约占工业总产值的90%）、服务业（主要是旅游业，约占25%）。

农业：农业是柬埔寨国民经济第一大支柱，处于举足轻重的地位。尽管存在基础设施和技术落后、资金和人才匮乏、土地私有制问题等制约发展的因素，但柬埔寨农业资源丰富、自然条件优越、劳动力充足、市场潜力较大、农业经济效益良好。2010年柬埔寨农业继续保持增产。2010年柬埔寨稻谷种植面积276.3万公顷，完成计划的104.9%。稻谷产量799万吨，产值占GDP的11.5%。其他农作物产值占GDP的7%，畜禽养殖占4.6%，渔业占7.6%，林业占2.8%。除满足国内需求外，全年赢余稻谷380万吨，折合大米约240万吨。天然橡胶种植面积达17万公顷，产量约4.6万吨。

工业：2010年，柬埔寨工业产值约为24.02亿美元，占柬埔寨GDP的21%。工业总体结构单一，以成衣业为主。2010年，柬埔寨纺织和制衣业产值占全年GDP的8.7%，具有自主研发和制造能力的产业尚属空白。由于欧美市场需求增加，柬埔寨制衣业已走出最困难时期，2010年新开业91家，目前共拥有470家制衣和制鞋企业，为柬埔寨创造了30多万个就业机会。

旅游业：柬埔寨是个旅游资源十分丰富的国家。首都金边有塔仔山、王宫等名胜古迹；北部暹粒省吴哥王朝遗址群的吴哥窟是世界七大奇观之一；西南部的西哈努克港是著名的海滨休闲胜地。由于连年战乱的结束和国内政局的逐渐稳定，柬埔寨旅游业得到了恢复和较快发展。2010年，旅游业为柬埔寨政府创收17.9亿美元，同比增长14.4%。入境游客250万人次，同比增长16.1%。前三大外国游客来源国分别是越南（46.7万）、韩国（29万）、中国（17.8万）。

四、发展规划

2008年9月，人民党主导的柬埔寨第四届国会和政府成立。在未来5年中，本届政府将继续推行第三届政府提出的国家发展“四角战略”（“四角”指农业、基础设施、私人企业和科教文卫），并提出对未来经济优先发展的十大领域，即农业、水利、交通基础设施、电力、人才培养、工业及工业品出口加工、旅游业、石油天然气及矿产开采、通信信息业、贸易。

［来源：改编自商务部国际贸易经济合作研究院、商务部投资促进事务局、中国驻柬埔寨大使馆经济商务参赞处共同主编．《对外投资合作国别（地区）指南——柬埔寨》．2010年版第11～24页］

印度尼西亚投资环境分析

一、自然资源

印尼自然资源丰富，有“热带宝岛”之称。盛产棕榈油、橡胶等农林产品，其中棕榈油产量居世界第一，天然橡胶产量居世界第二。主要矿产资源有石油、天然气、锡、铝、镍、铁、铜、锡、金、银、煤等，储量均非常丰富。

二、基础设施

印尼基础设施建设发展相对滞后，是制约印尼经济增长和投资环境改善的一个主要瓶颈。与此同时，加强基础设施建设也是保证印尼经济能够年均增长6%的重要因素。

（一）公路

印尼陆路运输比较发达的地区是爪哇、苏门答腊、苏拉威西、巴厘岛等。全国公路网在1989～1993年这段期间已经形成。印尼公路全长34万公里，但公路质量不高，高速公路建设停滞不前。截至2009年底，高速公路总里程约1000公里。

（二）铁路

印尼铁路所有权为国家所有，由印尼公共公司管理，承担大规模运输任务。截至2008年年底，印尼全国铁路总长6458公里，窄轨铁路长5961公里。爪哇和苏门答腊铁路运输比较发达，其中爪哇岛铁路线长4684公里，占全国铁路总长的73.6%。

（三）空运

随着经济发展和旅游业兴旺，印尼航空运输日益繁忙。各省、市及偏远的地区均通航，印尼全国有179个航空港，其中达到国际标准的有23个。开设有国际航班、国内航班、朝勤航班、先锋航班等。航空公司主要有Garuda航空公司、Merpati航空公司、Lion航空公司、Sriwijaya航空公司。

（四）水运

印尼水路运输较发达，水运系统包括岛际运输、传统运输、远洋运输、先锋船运、特别船运。印尼全国水运航道总长 21579 公里，其中苏门答腊 5471 公里，爪哇/马都拉 820 公里，加里曼丹 10460 公里。印尼有各类港口约 670 个，其中，主要港口 25 个。雅加达丹绒不碌港是全国最大的国际港口，年吞吐量约 250 万个标准箱；泗水的丹戎佩拉港为第二大港口，年吞吐量为 50 万个标准箱。

（五）通信

印尼电信业近几年加速发展，是世界通信行业增长最迅速的市场之一。目前，仅手机用户就超过 1.3 亿，已经成为亚太地区紧随中国和印度之后的第三大电信新兴市场。印尼政府自 2000 年起就逐步开放其电信领域。Telkomsel 为印尼国内最大的电信公司，Indosat 则为最大外资电信公司。

目前印尼大部分地区都连接互联网，但印尼的带宽较小、网速较慢，在雅加达申请安装宽带办理时间较长。

（六）电力

印尼用电普及率不到 60%，仍有超过 40%的人口没用上电，电力需求年均增长 10%～15%。即使在首都雅加达，偶尔也会因缺电导致轮流停电。由于目前印尼个人和企业用电比例为 7∶3，使企业发展对电力的需求更为迫切。为满足国内日益增长的电力需求，印尼政府决定从 2006 年到 2015 年投资 413.7 亿美元进行电站和电网建设。

三、商务成本

（一）水、电、气价格

印尼的自来水、电、气价格可以参照下表。

	用户类型	价格（印尼盾/立方米）		
		0～10 立方米	11～20 立方米	>20 立方米
1	Ⅰ类	1.050	1.050	1.050
2	Ⅱ类	1.050	1.050	1.576
3	ⅢA 类	3.550	4.700	5.500
4	ⅢB 类	4.900	6.000	7.450
5	ⅣA 类	6.825	8.150	9.800
6	ⅣB 类	12.550	12.550	12.550
7	Ⅴ类/特别用途	14.650	14.650	14.650

注：Ⅰ：宗教场所；Ⅱ政府、医院；ⅢA：居民住宅；ⅢB：小工业企业；ⅣA：外交使团；ⅥB：星级酒店。

（二）劳动力供求及工薪

印尼政府基本上每年都依法上调最低工资标准。2009 年印尼的最低工资标准为每月 118 美元，各省会根据全国最低工资标准制定本省标准。印尼劳动力价格在亚洲地区具有竞争性，但就地区工资及工业种类而言，雅加达城区的工资比爪哇农村高；石油工业工资较高，农业工资则较低。雇主须向雇员提供医疗保障及福利。

（三）外籍劳务需求

截至 2011 年 2 月，印尼失业率从 2010 年 8 月的 7.14%下降至 2011 年 2 月的 6.8%，根据该国中央统计局数据显示，印尼总在岗劳动力当月约为 1.19 亿人。总体上看，印尼外籍劳务市场较小，外籍劳务人员多为外资企业及合资企业的高级管理人员和技术人员。

（四）建材价格

2009 年 5 月底，印尼爪哇岛的水泥价格高达 100 美元/吨，而同期马来西亚仅 75 美元/吨。

四、经济表现

（一）投资吸引力

从投资环境角度看，印尼的竞争优势主要表现在以下方面：（1）政治稳定；（2）自然资源丰富；（3）经济增长前景看好，市场潜力大；（4）地理位置重要，控制着关键的国际海洋交通线；（5）人口众多，有丰富、廉价的劳动力；（6）市场化程度较高，金融市场充分开放。

达沃斯世界经济论坛《2010～2011 年全球竞争力报告》显示，印尼在全球最具竞争力的 139 个国家中排名第 44 位，较 2009～2010 年跃升了 10 位。

（二）宏观经济

1. 经济增长率：尽管遭受到全球金融危机的影响，印尼经济依然保持了较高的增长率。2010 年印尼国内生产总值为 2310.7 万亿印尼盾，同比增长 6.1%；人均国内生产总值 2700 万印尼盾，折合 3004.9 美元。

2. 通货膨胀：2010 年，印尼的通货膨胀率约为 6.33%。

3. 产业结构：印尼是东盟最大的经济体，农业、工业和服务业均在国民经济中占据重要地位。2010 年印尼农业、畜牧业和渔业增长率为 2.9%，加工业为 4.5%，建筑业为 7%。

4. GDP 构成：2010 年印尼为 GDP 贡献最大的是电信工业和交通运输业，其增长率为 13.5%。

5. 外汇储备：印尼央行公布数据显示，截至 2010 年底，印尼外汇储备为 962 亿美元。由于印尼国内经济表现稳固，国家信用评级被不断上调，因而吸引外资持续流入。

6. 债务总额：据印尼财政部公布的《关于国家债务（国外借款和国家有价证券）的发展报告》显示，截至2010年6月30日，印尼政府总债务达1776亿美元，构成情况为：盾币879.3兆印尼盾（合968亿美元）占55%、389亿美元占22%、日元合299亿美元占17%、欧元合69亿美元占4%，其余为其他货币合51亿美元的债务。

（三）重点/特色产业

1. 石油天然气：印尼油气资源丰富，共有66个油气盆地，其中15个盆地生产石油、天然气。政府公布的石油储量为97亿桶，折合13.1亿吨，其中核实储量47.4亿桶，折合6.4亿吨。印尼天然气储量176.6万亿标准立方英尺（TCF），折合4.8万亿～5.1万亿立方米。石油勘探开发基本上依靠国外石油公司。印尼石油、天然气出口收入是其财政的主要支柱，石油基准价格是财政收入的量化标准。近年来印尼石油产量逐渐下降，自2003年以来，印尼已成为石油净进口国，2008年初印尼宣布退出石油输出国组织（欧佩克）。2010年印尼原油日产量平均95.7万桶。

2. 农林渔业：印尼是一个农业大国，自然条件得天独厚，气候湿润多雨，日照充足，农作物生长周期短。目前印尼农业用地4937万公顷，其中可耕地3045万公顷，种植园地1671万公顷，草场地220.9万公顷。2003年，印尼从事农业人口达4200.1万。2010年第三季度，第一产业占GDP比重为16.3%，比2008年同期上升0.7个百分点。2010年，印尼棕榈油产量约为2100万吨，为全球最大的棕榈油生产国。印尼森林覆盖率为54.25%，达1亿公顷，是世界第三大热带森林国家，全国有3000万人依靠林业维持生计。胶合板、纸浆、纸张出口在印尼的出口产品中占很大份额，其中藤条出口占世界80%～90%的份额。作为世界上最大的群岛国家，印尼海岸线总长54716公里，面积316.6163万平方公里。海洋鱼类多达7000种，蕴藏量626万吨，已开发的海洋渔业产量占总渔业产量的77.7%，专属经济区的渔业资源还未充分开发。

3. 采矿业：印尼矿产资源丰富，分布广泛。采矿业为印尼国民经济发展创造了可观的经济效益，它是出口创汇、增加中央和地方财政收入的重要渠道，也为保持国内经济活力、创造就业和发展地区经济作出了积极贡献，同时还具有辐射社会经济其他领域的间接作用以及对边远地区发展的推动作用。

4. 工业制造业：印尼的工业化水平相对不高，制造业有30多个不同种类的部门，主要有纺织、电子、木材加工、钢铁、机械、汽车、纸浆、纸张、化工、橡胶加工、皮革、制鞋、食品、饮料等。其中纺织、电子、木材加工、钢铁、机械、汽车是出口创汇的重要门类。

5. 旅游业：印尼旅游资源非常丰富，拥有许多风景秀丽的热带自然景观、丰富多彩的民族文化和历史遗迹，发展旅游业具有得天独厚的条件。2010年外国游客到访印尼的数目达700.2万人次，较2009年外国游客数目增长10.74%。巴厘岛仍旧成为外国游客最喜爱的地点。目前旅游业日益成为印尼创汇的一个重要行业。

（四）发展规划

印尼经济在1997年亚洲金融危机中受到重创，恢复比较缓慢，主要依靠居民消费和政府财政支出支撑。在偿还了国际货币基金组织的贷款后，近几年印尼经济增长较快，出口和外国投资都有较明显的增长，贫困人口和失业率有所下降，经济增长率保持在4%～6%左右。经过10年的调整改革，印尼经济已逐步摆脱经济危机的影响，走上稳步复苏的轨道。

［来源：改编自商务部国际贸易经济合作研究院、商务部投资促进事务局、中国驻印尼大使馆经济商务参赞处共同主编.《对外投资合作国别（地区）指南——印尼》．2010年版第11～22页］

老挝投资环境研究

一、自然资源

老挝有锡、铅、钾、铜、铁、金、石膏、煤、盐等矿藏，迄今得到少量开采的有锡、石膏、钾、盐、煤等。水力资源丰富。森林面积约900万公顷，全国森林覆盖率约42%，产柚木、紫檀等名贵木材。

二、基础设施

老挝是内陆国，基础设施比较落后，近年来政府加大对基础设施的投入，贯通南北的13号公路保持通畅，中心城市基础设施有所改善。已修建了2座连接泰国的跨湄公河大桥（万象—廊开、沙湾拿吉省—穆达汉府），第3座跨湄公河大桥（甘蒙他曲—那空伯侬府）于2009年3月动工，第4座跨湄公河大桥（会晒—清孔）已于2010年3月开工。

（一）公路：老挝全国公路里程37768公里，其中柏油路5428公里，碎石路13193公里，土路19326公里。老挝全国没有高速公路，公路运输占全国运输总量的80%。

（二）铁路：现有铁路3.5公里，从首都万象的塔那凉车站通往老泰边境的友谊大桥，由泰国政府投资1.97亿泰铢修建，于2008年5月完工，2009年3月正式通车。

（三）空运：老挝全国有11个机场，北部有8个小型机场。首都万象机场能起降大飞机，运输量占全国运输总量的2%。

有8条国际航线：万象—昆明、万象—曼谷、万象—清迈、万象—河内、万象—胡志明市、万象—金边、万象—逞粒，万象—吉隆坡，客运量为41万人次/年，货运量为7万吨/年。机场有万象瓦岱机场、琅勃拉邦机场和巴色机场等。

（四）水运：水路运输3000公里，湄公河在老挝境内全长1800公里，流经13个省（市）。沿湄公河有20多个小型码头，运输总量占18%。上湄公河部分航道整治后，旱季能通行150吨级船只，雨季能通行300吨级船只，下湄公河航段从会晒以下仍未畅通。

（五）通信：基本建成全国通信网络，光缆分南北和东西走向，全长6000公里。全国固话容量10万户，移动电话容量350万户。3G网于2009年开始投入使用，目前容量达20万户。

（六）电力：老挝水电资源丰富，除自用外还可出口，但少部分村、县尚未通电。2010年全国有27座水电站，发电装机容量256.1万千瓦，年发电量115.14亿千瓦时，第六个五年计划期间完成建设5座电站，装机191.9万千瓦。

三、商务成本

（一）水、电、气价格

老挝城区的水、电、气供应基本有保证，成本相对较低，工业、贸易、服务业用水电价格略高于居民价格。老挝政府制定了2006～2011年期间每年水电价格的标准，逐年有所增加。煤气价格则根据进口价确定，居民和其他行业使用价格没有差别。具体价格见下表：

表1　2009年老挝执行的水、电、气价格

消费用途	水(美元/立方米)	电(美元/千瓦时)	气(美元/公斤)
居民及个人	不超30立方米为0.1美元/立方米；超出30立方米为0.14美元/伏	不超150千瓦时为0.05美元/千瓦时；超出150千瓦时为0.1美元/千瓦时	1.5美元/公斤压缩气体一般为每罐煤气15公斤，价格为22.5美元
贸易和服务业	不超50立方米为0.35美元/立方米	0.2美元/千瓦时	
工业	超出50立方米为0.35美元/立方米	0.15美元/千瓦时	

资料来源：中华人民共和国驻老挝人民民主共和国大使馆经济商务参赞处

（二）劳动力供求及工薪

1. 劳动力供应：老挝劳动力素质总体偏低，劳动力资源不足，尤其是技术劳动力严重不足，原因之一是老挝工薪偏低，每年约有几万熟练劳工赴泰国打工。

2. 劳动力价格：自2009年5月1日起，老挝国内最低工资水平调高至每月基本工资底线约为41美元。一般普通劳工平均月工资为70～120美元，技术劳工及专业技术人员根据熟练程度约200～1000美元/月不等。

（三）外籍劳务需求

为保证本国公民就业需求，老挝政府对外籍劳工进入有严格规定，仅限于技术劳工入境。2009年老挝政府限定外籍劳工人数为5000人，主要为在外资项目项下入境打工的技术劳工、翻译、专业人士等。

（四）土地及房屋价格

1. 土地价格：老挝土地法规定，外国人不能购买土地，只能租赁土地，租期一般不超过50年，特殊情况经批准不超过75年。目前老挝政府规定的农业用地租赁价每公顷每年6～9美元，执行过程中的价格通常是10～16美元。随着土地需求的增加，价格逐步上升。其他建筑、工业用地价远高于农业。目前土地销售价在不同区域和不同行业有不同价格。如首都万象：远郊40～50美元/平方米，近郊60～120美元/平方米，市区120～250美元/平方米。其他省会城市通常在40～50美元/平方米。

2. 房屋租金：房屋政策同土地政策一样，外国人一般以租房为主，不购买房屋。外国人一般较喜欢租用一层或二层带有院子的别墅楼，面积有100平方米至2000平方米不等。房租价主要不以面积计算，而是综合考虑房子所处位置、院内、房内设

施、房屋新旧、间数等因素来计算价格。如首都万象郊区的一套3卧、3卫租价约为200～500美元/月，4卧、4卫为500～800美元/月，5卧、5卫为800～1200美元/月；市区租价则分别为400～600美元/月、600～1000美元/月、1000～2000美元/月。

3. 房屋售价：2008年以来，以老挝首都万象为代表的房地产价格有较大幅度的上升。目前郊区售价为80～120美元/平方米，市区在100～220美元/平方米左右。具体价格应视房子的新旧、大小、交通便利条件的差异而定。

（五）建筑成本

老挝的钢材（进口）、水泥等价格均高于中国。2009年老挝办公楼建筑成本费用平均为280～350美元/平方米，居民楼为250～300美元/平方米，仓库为180～200美元/平方米，标准大厂房则在300～350美元/平方米左右。

表2　老挝主要建材价格

品名	价格(单位:美元/吨)	品名	价格(单位:美元/吨)
水泥	140	石灰粉	110
钢材	630	粗砂	16
混凝土	66	混合石料	16

资料来源：中华人民共和国驻老挝人民民主共和国大使馆经济商务参赞处从老挝当地建材市场采集

四、经济表现

（一）投资吸引力

老挝境内自然资源丰富：

1. 矿产资源多未开发。属中国三江成矿带延伸部分，主要矿藏有金、银、铜铁、钾盐、铝土、铅及锌等。

2. 水电资源丰富。老挝是东南亚地区水能蕴藏量最丰富的国家之一。湄公河水能蕴藏量在60%以上。在老挝境内，全国200公里以上的河流有20余条，有60多个水能丰富的水电站建站点。

3. 农业资源条件良好。老挝土地资源丰富，人口密度为每平方公里25人。属热带季风气候，日照时间长，雨水充足，农业开发条件较好。

（二）宏观经济

2010年老挝国内生产总值64.8亿美元，比2009年增长7.9%；人均国内生产总值突破1000美元，达1030美元。老挝2011财年上半年（2010年10月至2011年3月）经济形势总体向好，GDP保持约8.5%的增长。在世界经济处于缓慢复苏的大背景下，老挝经济保持较快增长，除了老挝政府采取了比较积极的财政政策外，周边国家尤其是中国经济的回升、向好，推动中老贸易、投资合作快速增长，为老挝经济注入了活力。此外，来自国际社会约4亿美元的援助也对老挝经济发展起到推动作用。

（三）重点/特色产业

1. 农林业：农林业是老挝的主要基础行业。2010年，老挝全国稻谷耕种面积约为90万公顷，产量326万吨（其中糯米占85%，粳米占15%），人年均占有量达500多公斤，略有剩余出口。但由于不同地区自然条件差异以及基础设施落后等原因，全国仍有56个县人年均消费量低于350公斤，其中乌多姆赛、华潘和沙拉湾等省共40个县的农村粮食还不能自给自足。

据老挝工贸部统计，2010年度老挝农产品出口总额为1.19亿美元，其中出口：咖啡2000万美元；大米10.7万美元；糯米498万美元；玉米7380万美元；香蕉318万美元；梨子198万美元。按老挝政府“七五规划”，2015年全国稻谷耕种面积要达100万公顷，产量达420万吨，其中用于出口60万吨；玉米种植面积需达15.4万公顷，产量达84万吨；咖啡要达10万吨；甘蔗种植面积需达5万公顷，产量达215万吨。

2. 采矿业：据老挝计划投资部统计，目前老挝政府已经批准110多家公司在老挝所有16个省和万象市进行金、铜、铁、锡、锌、铅和石灰石等22个矿种的项目投资。2006年，老挝矿产收入约占GDP总量的5.5%，2008年跃升为老挝最重要的财政收入来源。2007财年老挝出口总额为11.2亿美元，其中矿产品出口占58.6%。随着矿产投资项目的数量和金额的不断扩大，以及越来越多的项目进入开采产出阶段，预计2010年老挝矿产收入有望占GDP的10%。老挝工贸部部长南·维亚吉预测，2010年老挝外贸总额有望达34亿美元，而矿产品仍将扮演贸易的主角。

3. 纺织业：欧盟是老挝纺织品出口的主要市场。受到全球金融危机的影响，2009～2010财年，老挝纺织工业产值出现较大降幅，2009年前9个月，纺织品出口总额为1.2亿美元。2010年由于国际市场需求旺盛，老挝纺织品出口收获更多订单，共计出口纺织品6500万件，约合1.96亿美元，比2009年增长23%。

4. 旅游业：2010年老挝接待国内外游客203万人次，超出计划2%。旅游收入2.96亿美元，占

GDP的4.3%，成为继水电、矿产之后的第三支柱产业。

（四）发展规划

1996年老挝党“六大”提出到2020年摆脱最不发达国家状态；2001年老挝党“七大”确定了老挝国家长期发展规划有三个特别目标；2006年老挝党“八大”提出经济增长保持在7.5%～8%左右，明确了11个工作计划和111个项目。

［来源：改编自商务部国际贸易经济合作研究院、商务部投资促进事务局、中国驻老挝大使馆经济商务参赞处共同主编．《对外投资合作国别（地区）指南——老挝》．2010年版第11～19页］

马来西亚宏观投资环境分析

一、自然资源

马来西亚主要农产品有棕榈油、橡胶、可可、木材和胡椒等，是世界第二大棕榈油及相关制品的生产国、世界第三大天然橡胶生产国和出口国。主要矿产资源有天然气、石油等，是世界第三大液化天然气出口国。

二、基础设施

马来西亚的基础设施比较完善，政府向来重视对高速公路、港口、机场、通信网络和电力等基础设施的投资和建设。马来西亚现有的基础设施能较好地为各类投资者服务，同时政府未来的基础建设计划也为外国投资基础建设和开展工程承包提供了契机。

（一）公路

马来西亚高速公路网络比较发达，主要城市中心、港口和重要工业区都有高速公路连接沟通。高速公路分为政府建设和民营开发两部分，但设计、建造、管理统一由国家大道局负责。目前，马来西亚高速公路网络由贯穿南北的大道为中心构成。

（二）铁路

马来西亚铁路网贯穿半岛南北，负责运营的是马来西亚铁道公司（KTMB），该公司具备运送多种货物的能力。总体而言，马来西亚的铁路网络比较老化，速度较慢，需要进行现代化改造或建设。

（三）空运

目前，马来西亚共有6个国际机场，即吉隆坡国际机场、槟城国际机场、兰卡威国际机场、亚庇国际机场、古晋国际机场以及瓜拉登嘉楼国际机场，这些机场与其他国内航线机场构成了马来西亚空运的主干网络。位于雪兰莪州的吉隆坡国际机场年运输能力超过2500万旅客和65万吨货物，是东南亚重要的空中枢纽之一。

（四）水运

马来西亚95%的贸易通过海运完成，全国主要国际港口包括巴生港、槟城港、柔佛港、丹绒柏勒巴斯港、关丹港、甘马挽港以及民都鲁港7个港口。巴生港濒临马六甲海峡，为马来西亚最大的港口，集装箱年处理能力约500万标准箱，是东南亚集装箱的重要转运中心，其西港有良好的深水码头，可以停靠世界最大吨位的货船。

（五）通信

1. 电话。截至2009年底，马来西亚固定电话用户数为273.4万户，固定电话普及率为44%，固定电话运营商是马来西亚电信公司（TM）。马来西亚移动电话发展迅速，移动电话网络覆盖全国大部分地区，2009年底移动电话用户数达到3000万户，超过了马来西亚的总人口数，主要移动电话运营商是Celecom，Maxis以及DiGi。

2. 互联网：截至2009年底，马来西亚共有宽带互联网用户152.4万户，其中151.4万户利用ADSL上网，1万户通过SDSL上网，5300万户通过无线或卫星技术上网。15～70岁人口中约有16.6%以上的人口使用互联网。

3. 邮政：根据马来西亚邮政总局的资料，截至2009年底，马来西亚共有697个邮政局，352个小型邮政所，227个独立的邮政代理商。

（六）电力

目前，马来西亚的电力由国家能源公司（TNB，占56.7%）和独立的私人发电厂（IPPs，占43.3%）提供，发电量约2.2万兆瓦。其中，燃气机组占62.6%、燃煤机组占20.9%、水电机组占9.5%、柴油机组占3.9%、植物发电占2%、其他占1.1%。马来西亚水力资源丰富，尤其是东马的水力资源开发潜力极大，是下一步电力发展的重点。

三、商务成本

（一）水、电、气价格

马来西亚水、电、气以及燃油等供应充足，成本较低。

1. 水费：马来西亚各州水费按不同的用水标准分段计价，每个用户每月有最低收费。此外，还需要缴纳污水处理费。住宅用户按房屋类型每月收取

2～8林吉特，工业用户按厂房结构每人每月收取2～2.5林吉特，服务业用户每月费用包括基本收费和用水量超过100立方米超量收费两部分。

2. 电价：马来西亚东西电价略有不同。商业用电约17.7～39.7美分/千瓦时；工业用电约16.0～34.8美分/千瓦时；矿业用电约13.6～30.1美分/千瓦时；农业用电约17.7～37.2美分/千瓦时；街道照明用电约15.1～24.1美分/千瓦时。每种用电具有最低收费。此外，从2011年6月1日起，每月用电超过300千瓦时的用户，电费每度调涨2.23美分。传输电压为500千伏、275千伏与132千伏，分配电压为33千伏、22千伏和11千伏与415伏三相或240伏单相，系统频率为50赫兹。

3. 燃油价格：目前，马来西亚燃油实行浮动价格制。2011年6月4日，马来西亚总理巴达维表示，该国将把汽油价格提高约41%至每升2.70林吉特（折合0.838美元），柴油价格将提高至每升2.58林吉特（折合0.796美元）。

（二）劳动力供求及工薪

1. 劳动力供应：马来西亚拥有大批年轻、受教育程度和生产技能较高的劳动力资源。35岁以下人口占总人口的70%，劳动年龄人口占总人口的55%，国民识字率为94%。

2. 劳动力价格：马来西亚没有最低工资标准，员工基本工资视地点和领域而定。除工资外，大多数公司为员工提供附加福利，如免费医疗、个人意外保险和人寿保险、免费交通或交通津贴、年终花红、退休金等。据马来西亚工业发展局公布的调查数据显示，马来西亚工业领域管理人员平均月薪从2633林吉特到2.07万林吉特不等、普通工人667林吉特、半熟练工人1044林吉特、技术工人和技师1527林吉特。

（三）外籍劳务需求

由于经济迅速发展，再加上部分国民进入新加坡工作，马来西亚低级产业工人和服务业劳工比较缺乏。截至2009年底，全国约有159万外籍劳工。马来西亚外籍劳工就业的主要领域有制造业、建筑业、种植业以及部分服务业。但目前马来西亚尚未对中国开放普通劳务市场。

（四）土地及房屋价格

1. 工业用地价格：经济发展情况和地域位置不同，土地价格差异较大。经济比较发达的槟城每平方米约为136～154林吉特，雪兰莪每平方米约为77～454林吉特；经济欠发达的登嘉楼每平方米约为1.6～50.9林吉特。另外，每年还要加入数额不等的土地税和产业税。

2. 房屋租金：视城市和地段而不同，房屋租金标准存在一定差距。吉隆坡市三室公寓租金一般每月为3500～6000林吉特。

（五）建筑成本

马来西亚工厂建设平均费用如下：以钢筋水泥为结构的工厂建造价格约为545～636林吉特/平方米；钢筋水泥上筑门式钢框架的工厂建造价格约为591～682林吉特/平方米；设有无尘清洁空间的工厂建造价格约为1091～1182林吉特/平方米。

四、经济表现

（一）投资吸引力

马来西亚投资环境的竞争优势体现在五个方面：地理位置优越，位于东南亚核心地带，可成为进入东盟市场和前往中东澳新的桥梁；经济基础稳固，经济增长前景较好；原材料产品资源丰富，人力资源素质较高；工资成本较低，没有最低工资限制；民族关系比较融洽，三大种族和谐相处，政治动荡风险较低。

在2010～2011达沃斯世界经济论坛的竞争力排行榜上，马来西亚排名第26，相比较2009～2010的第24名略有下降。

（二）宏观经济

2004年以来，马来西亚经济保持平稳增长。2009年，受金融危机影响，马来西亚经济下滑1.7%。2010年马来西亚统计局资料显示马来西亚国内生产总值为2207.9亿美元，国内生产总值增长率为7.2%。人均国内生产总值约24150.13林吉特（约合7816美元）。

表1　2004～2009年马来西亚经济增长率和人均GDP

年份	经济增长率（%）	人均GDP（美元）
2004年	7.1	4372
2005年	5.3	4938
2006年	5.9	5826
2007年	6.3	6721
2008年	4.6	7738
2009年	−1.7	6634
2010年	7.2%	7816

数据显示，在2010年第四季度，由于私人和公共领域支出的增长刺激了马来西亚国内消费市场回升，该国经济同比增长4.8%。其中服务业同比增长6.2%，建筑业同比上升5.6%，制造业同比增长6.2%。

2010年，马来西亚外汇储备为1065亿美元。马来西亚短期外债总额达780亿林吉特（约合228亿美元）。截至2009年底，马来西亚家庭债务占国民生产总值的66.7%；政府债务占国民生产总值的53.3%。

（三）重点/特色产业

1. 农业：马来西亚农产品以经济作物为主，主要有油棕、橡胶、可可、椰子、胡椒等。大米主要进口国为泰国和越南。为了吸引年轻人投身农业，该国政府已在2011年财政预算案中宣布拨出1.35亿林吉特，发展具有潜能的农业领域。

2. 制造业：制造业是马来西亚国民经济发展的主要动力之一，主要产业部门包括电子、石油、机械、钢铁、化工及汽车制造等行业。2009年至2011年2月，马来西亚制造业的投资额达866.25亿林吉特。其中外资占62%，国内土著投资额占14%，非土著投资额占20%，政府单位投资额占4%。

3. 服务业：服务业是马来西亚经济中最大的产业部门，吸收就业人口已超过50%。2009年至2010年9月，投资额为660.85亿林吉特，其中国内投资占90%，大大超过外来投资。旅游业是服务业的重要部分之一，据马来西亚旅游部统计，2010年赴马来西亚游客人数为2400万人次，收入1680亿林吉特。

4. 采矿业：马来西亚统计局2011年2月发布的国民账户统计数据显示，2010年，马来西亚采矿业产值为1001.40亿林吉特，增长14.4%。

5. 建筑业：据BMI数据，从2010年开始，马来西亚建筑业将得以恢复，并以每年约2.1%的增长速度发展，在2012年建筑业市场价值将达到64亿美元，占全国GDP的2.1%。

（四）发展规划

马来西亚政府于1991年提出“2020宏愿”（Vision 2020）国家发展计划，希望到2020年把马来西亚建设成发达的工业化国家，人均国民收入达到1.2万美元。

2006年4月，马来西亚政府先后开始执行“第九个5年计划”（2006～2010年）和“第三个工业大蓝图”（2006～2015年），主题是“共同迈向卓越、辉煌和昌盛”，政府施政重点为降低财政赤字，加强人力资源开发，加大农业投入，扶持中小企业，推动旅游业发展。在“第三个工业大蓝图”中，政府设定的GDP年均增长速度为6.3%。

2009年马来西亚总理纳吉布上台后，采取了多项刺激马来西亚经济和内需增长的措施。目前，马来西亚经济逐步摆脱了金融危机影响，经济企稳回升势头明显。2010年马来西亚公布了以“经济繁荣与社会公平”为主题的第十个五年计划，并出台了新经济模式，继续推进经济转型。

［来源：改编自商务部国际贸易经济合作研究院、商务部投资促进事务局、中国驻马来西亚大使馆经济商务参赞处共同主编.《对外投资合作国别（地区）指南——马来西亚》. 2010年版第13～25页］

解读缅甸投资环境

一、自然资源

（一）矿产资源

缅甸矿产资源丰富，目前已探明的主要矿藏有铜、铅、锌、银、金、铁、镍、红宝石、蓝宝石、玉石等，部分矿产被大面积开采。

1. 铜矿。铜矿点约45处，主要位于曼德勒以西105公里的望濑及望濑以东11公里处的礼勃东，已探明矿石总储量约9.55亿吨。

2. 银矿。铅、锌、银储量分别为30万吨、50万吨、750万吨，分布在东部掸邦高原西部的铅—锌—银矿带中。该矿带向北延伸到中国云南省，向南延伸到泰国，全长2000多公里。最大的矿床是掸邦北部的包德温矿，储量约1000万吨。

3. 镍矿。位于曼德勒以北，主要有达贡山镍矿和莫苇塘镍矿。达贡山镍矿拥有4000万吨镍矿储量，80万吨镍金属储量。莫苇塘矿有6个镍矿区，其中第四矿区预计产量为3000万吨，镍平均含量为1.19%；第六矿区预计产量为8000万吨，镍平均含量为1%。

4. 铁矿。在缅北克钦邦有一个帕敢铁矿，属大型褐铁矿，矿带面积为9.92平方公里，储量约2.23亿吨，综合品位50.65%。

5. 金矿。缅甸金矿主要集中在缅甸中北部实皆地区，金矿平均品位为10～20克/吨。缅甸最大的国有金矿山是Kyaukpahto金矿，位于实皆省，金矿储量达40吨，远景储量100吨，平均品位3.6克/吨。另外在曼德勒省中部的Yamethin金矿，探明金矿储量45吨，平均品位38克/吨。

因缅甸缺乏地质通盘勘查的能力，因此对整个矿藏的储量及分布情况探明不完全，可能还有其他未知的矿藏。

1994年缅甸公布《矿业法》，允许外国对宝石、金属、工业矿产原料、石料进行勘查、勘测和生产。同年10月，缅甸政府宣布过去由缅甸国营部门垄断经营的金矿和铜矿向外资开放，并于1995年9月、1996年9月和1997年9月先后三次将40块矿区对外招标。截至2008年8月31日，外国对缅甸的矿业投资项目达60个，投资协议金额为13.96亿美元。

（二）石油与天然气

缅甸石油、天然气资源主要分布在缅甸中部和沿海地区，石油开采有百余年历史，1853年仁安羌油田的石油开始出口到欧洲。目前陆上已开发油田18个，海上、陆上开发天然气田3个。缅甸石油最高年产量达1100万桶，目前年产量约400万桶，已探明储量为20.21亿桶，其中陆地20.08亿桶，海上1300万桶；前景储量为131亿桶，其中陆地128.25亿桶，海上2.74亿桶。缅甸天然气主要蕴藏在近海，储量非常丰富，专家预计储量达2.54万亿立方米。

天然气是缅甸出口创汇最多的产品，2009/2010财政年度，缅甸天然气出口创汇29.2669亿美元。2010/2011财政年度天然气出口创汇25.2253亿美元，比2009/2010财年减少4.0416亿美元。

2009/2010财年出口天然气约141亿立方米，2010/2011财年出口天然气约116亿立方米，因此外汇收入也自然减少。

2010年缅甸石油和天然气领域共有100多亿美元外国投资。在缅甸石油天然气和矿业开发领域中，韩国投资占首位。截至2010年10月，韩国在缅甸投资27亿美元，主要在石油天然气和矿业领域开发40个项目。

（三）林业资源

缅甸森林覆盖率为52%，约343732平方公里，主要分布在北、西、南部，北部克钦、南部德林达依省超过80%的面积。缅甸林业种类有2300种，其中乔木1200余种。中部勃固山脉是柚木的主要产区，世界60%的柚木储量和国际市场上75%的柚木均产自缅甸。柚木成材需80年至150年。缅甸柚木质地坚固，耐腐蚀，膨胀和收缩系数极小，花纹美观，可用于造船、建桥梁、码头、房屋、制家具等。缅甸可供采伐的柚木面积约610万公顷，柚木潜在年产量约20万吨。缅甸还盛产檀木、灌木、鸡翅、铁力、酸枝木、花梨木等各种硬木和名贵硬木。硬木潜在年产量约130万吨。2007/08年度缅甸出口柚木和硬木分别为28.2万立方吨和79.18万立方吨，出口额分别为2.8亿美元和2.59亿美元。缅甸每年主要向印度、泰国、马来西亚和日本出口20多万立方吨的柚木，其中约50%被印度购买。近1万立方吨柚木原木直接被欧洲购买，其中以意大利、瑞士、法国、瑞典和德国为主要买主。

此外，缅甸还有丰富的竹类和藤木资源。竹类品种97个，竹林面积9630平方公里，主要分布在若开、缅中地区。藤木32种，年产量约7600万根，主要分布在克钦、掸邦，有水藤、红藤，只有小部分出口。

（四）水力资源

缅甸国内河流密布，主要河流有伊洛瓦底江、萨尔温江、亲敦江和湄公河，支流遍布全国。其中伊洛瓦底江、萨尔温江和湄公河均发源于中国。伊洛瓦底江为缅甸第一大河，流域面积43万平方公里，水量充沛，水流平缓，从北向南依次流经克钦邦、曼德勒和仰光等六个省份，最后从仰光注入印度洋，全长2200公里，总落差4768米。全河平均比降为2.13‰，入海口平均流量为13600立方米/秒。萨尔温江为缅甸第二大河，由云南潞西出境进入缅甸，在缅甸境内1660公里，流域面积约20.5万平方公里，经过掸邦、克耶邦、克伦邦和孟邦，最后由莫塔马湾归入印度洋。湄公河由西双版纳进入缅甸，主要流经缅甸掸邦与老挝、泰国的边境线。

缅甸利用水力发电潜力很大。据西方国家和国际组织勘测，缅甸蕴藏水力的装机容量为1800万千瓦。2007年12月，缅甸官方公布全国总装机容量为190.44万千瓦，共建有28座水电站。2008年9月，缅甸蕴藏水力装机容量约5000万千瓦。截至2010年10月，缅甸全国各类发电站已达31座，其中水力发电站15座，火力发电站1座，天然气发电站15座，总装机容量284.84万千瓦。

（五）渔业和海洋资源

缅甸海岸线漫长，内陆湖泊众多，渔业资源丰富。因受资金、技术、捕捞、加工、养殖水平等条件限制，对外合作开发潜力大。缅甸海岸线长3200公里，专属经济区48.6万平方公里，适宜捕捞海域22.57平方公里，平均年捕捞量105万吨。缅甸沿海鱼虾达500多种，具有经济价值的石斑鱼、鱼昌鱼、龙虾、黄鱼、带鱼、鳘鱼、比目鱼、鲥鱼、虎虾、琵琶虾等约105种。820万公顷的内陆江湖内也有大量淡水鱼虾。缅甸水产档次高、品质优，适宜海水、淡水养殖。缅甸目前有淡水鱼塘7.4亿平方米，虾塘8.3亿平方米，海养主要养虾。

1990年缅甸政府颁布《缅甸海洋渔业法》，

1993年颁布《缅甸海洋渔业法修正案》，1994年撤销国家渔业公司，所有鱼塘、冷库、加工厂转让给个人，国家只保留示范鱼塘、苗塘。水产已成为仅次于农业、工业的第三大主要经济产业和重要创汇产业。2010/2011财政年度计划水产品出口创7亿美元，但在该财年年末仅完成5.3亿美元。缅甸海产品主要出口中国大陆、新加坡、泰国、韩国、孟加拉国等国家和中国台湾、中国香港等地区。

二、基础设施

（一）公路

公路和主要通路总里程约113859公里。

（二）铁路

铁路总长约6492公里。拥有蒸汽机车43台、柴油机车270台、客车厢701节、货车厢3906节。

（三）空运

航空公司主要有缅甸国际航空公司、仰光航空公司、曼德勒航空公司和蒲甘航空公司。全国有大小机场73个，主要机场有仰光机场、曼德勒机场、内比都机场、黑河机场、蒲甘机场、丹兑机场等。其中仰光机场及曼德勒机场为国际机场。目前，缅甸已与13个国家和地区建立了直达航线，主要国际航线可达曼谷、北京、新加坡、香港、吉隆坡等城市。国内航线共17条，大城市和主要旅游景点均已通航。

（四）水运

内河航道约14836公里，各种船只537艘。可供远洋货轮停靠的港口主要有仰光港、勃生港和毛淡棉港，其中仰光港是缅甸最大的海港。缅甸仅有缅甸五星轮船公司经营远洋运输。2008年，缅甸政府新开了一条海运线路，新批准了8艘国际航运轮船。

（五）通信

据缅甸邮电通讯部公布的数字，截至2011年8月，缅甸全国共有邮局1390个，电报局460个和电话交换台726个。其中电话交换台中有127个为自动交换台，599个为人工接线台，电话线路34.2317万条；在移动通讯方面，2010年末缅甸共有319.756万部电话，其中有1090323部座机和210.1427万部移动电话，全国电话覆盖率仅为5.4%。

在国际通讯方面，缅甸不仅开通了国际卫星电话，而且可以通过亚欧海底光缆2万条线路与33个国家直接连通，并能通过这些国家与世界其他国家进行通话。但国外移动电话在缅甸不能漫游，新行政首都内比都目前仅能使用CDMA手机。

（六）电力

截至2010年10月，缅甸全国各类发电站已达31座，其中水力发电站15座，火力发电站1座，天然气发电站15座，总装机容量284.84万千瓦。

三、商务成本

（一）水、电、油、气价格

1. 水价：缅甸在水、电、油、气的价格方面对本国人和外国人实行不同的收费标准。

缅甸的大中城市都有市政供水。以仰光为例，仰光市政府负责制定水费标准，缅甸国民用水很便宜，价格约为5美分/立方米，外国人用水价格则为1美元/立方米。除此之外，城市里也有相当数量的工业企业以及家庭住户使用自备水井取水。

2. 电价：缅甸全国缺电，在旱季电力紧缺问题尤为突出，即使在全国经济中心仰光市，也经常出现停电甚至连续几天不通电的情况，因此许多工商业单位和家庭都备有自己的发电机。缅甸第二电力部负责制定电费标准，缅甸国民用电成本很低，居民用电约为2.5美分/千瓦时，工业及商业用电约为5美分/千瓦时。对外国人用电则收取8美分/千瓦时。另外视具体情况还要收取变电器损耗费、电表保护费、功率费等多项杂费。

3. 油价：缅甸车主可以按照政府优惠价格到各加油站购买燃油，每辆车每天限购2加仑（每加仑约合4.5升），汽油约合2美元/加仑，柴油2.5美元/加仑。该价格虽低，但是油品较差。在此额度之外，则须使用FEC或美元高价在政府加油站或到黑市购买。以2008年9月为例，政府加油站超指标汽油价格约为4美元/加仑，柴油价格约为4.5美元/加仑，黑市价格分别约为：汽油4美元/加仑，柴油4.5美元/加仑。外国人一般要按照FEC/美元价格或黑市价格购买燃油。

4. 气价：缅甸没有居民户用天然气管道，除政府公务员可以享受较低的官方价格外，普通消费者通常以黑市价格购买罐装天然气。目前市场价格约为每缅斤（约合1.6公斤）3美元。

（二）劳动力供求及工薪

1. 劳动力供求：缅甸劳动力丰富，但人均受教育水平较低，高素质人才缺乏。据缅甸官方统计，年龄位于15岁至59岁之间的劳动力人口为3340.7万，占全国人口总数的59.1%。另据世界银行统计，缅甸中等教育入学率为49%，高等教育入学率为12%，均处于世界较低水平，整个国家对于高级管理人才和技术人才的缺口较大。

2. 年均工资：缅甸劳动力的整体工薪水平较低。据不完全统计，如按照每人每天工作8小时计算，大中城市的壮劳力日薪一般在1500～2500缅元之间；技工工资在2500～3500缅元之间；一般办公室文员的月薪约为5万～12万缅元；高级技术人员或管理人员的月薪约为20万～50万缅元。小城市或城镇的劳动力成本则更低。

（三）外籍劳务需求

缅甸初级劳动力富足，但是各类中、高级技术工种较为缺乏。专家型、技术型人才以及高级管理人员缺口较大。但目前对外籍劳务规模尚无相关统计数据。

（四）土地及房屋价格

1. 土地价格：缅甸不对外国人出售土地，但是外国企业或个人可以直接租用工业区土地或者向政府有关部门申请租用政府土地，用于工业生产或农业经营活动。工业区地皮的年租金为3美元/平方米，如租用工业区已建成的楼房或厂房，年租金为50至65美元/平方米不等。如租用土地经营农业，土地租赁期一般为30年，并且可以延期，每平方米年租金约为20至37美分。

2. 房屋租金：仰光和曼德勒等大城市建有不同档次的写字楼，但数量不多，其他城市则更是少之又少，甚至根本没有。大城市的写字楼月租金为10至18美元/平方米。许多外国公司则选择租用酒店的房间办公，月租金约为10至15美元/平方米。也有公司租用高档民宅开展经营活动，以140平方米左右的房子为例，月租金在400至1200美元不等。

3. 房屋售价：缅甸政府不允许外国人购买当地房产。目前，仰光、曼德勒等大城市普通民宅对当地人售价约为30万至60万缅元/平方米，高档公寓或者别墅价格约为1000至2000美元/平方米不等。

（五）建筑成本及运输费用

缅甸基础工业水平落后，许多建筑材料需要大量从国外进口，导致建筑成本居高不下。如果是与政府合作的项目，则一般可与业主进行协商，由对方协助提供必要的建材，这样不但供应有保证，而且可以享受远低于市场价格的政府优惠价格。

缅甸主要依靠陆路进行货物运输。缅甸境内道路条件差，运输成本高，且缺乏统一的运费标准，一般情况下，运费需供需双方协商确定。此外，公路运输费用受季节性因素影响，雨季运费一般要高于旱季。以仰光至内比都（全程约400公里）为例，约6.6米长的货柜运费约为65万至85万缅元，约13米长的货柜运费约为85万至125万缅元，每吨散装货物的运费约为2.2万至2.5万缅元。

（六）通讯费用

缅甸通讯基础设施落后，覆盖面窄，电话普及率仅为1%，通讯效果差，但电信企业收取高昂的电话初装费以及手机入网费，针对外国人收取的通话费远远高于缅甸国民。

四、经济表现

（一）投资吸引力

从投资环境吸引力的角度，缅甸的竞争优势有以下四个方面：缅甸有丰富的自然资源、人力资源和文化遗产；缅甸有很大的市场潜力，又是连接东南亚和南亚两大市场的重要通道之一；缅甸政治上虽然存在不确定性，但目前国内政局相对稳定；缅甸政府的政策欢迎外国企业到缅甸来投资，缅甸政府大力支持以资源为基础的外资投资项目、出口项目，以及以出口为导向的劳动密集型项目，其允许投资的范围广泛，包括农业、畜牧水产业、林业、矿业、能源、制造业、建筑业、交通运输业和贸易等。

（二）宏观经济

1. GDP：2010年缅甸国内生产总值为383亿美元，人均国内生产总值约648美元。

2. GDP构成：按照缅甸国家计划与经济发展部统计数据，2008/2009财年，缅甸第一、二、三产业在GDP中的比重分别为45.3%、18.5%、36.2%；投资、消费、出口占GDP的比重约为14.4%、82.5%、29.1%。

3. 外债：累计67亿美元。

4. 外汇储备：2008/2009财年外汇储备约40.41亿美元。

5. 通货膨胀率：据缅甸国家计划与经济发展部统计数据显示，2002年缅甸的通货膨胀率曾一度高达54%；2003年后因汽车及房地产市场疲软、价格下跌等原因，通货膨胀率降到了8%；2005年GDP增长了12.2%，而通货膨胀率仅有9%；2006年9月通货膨胀率为16.4%；2007年6月通货膨胀率为27%；2010年，缅甸的通货膨胀率为7.9%。

（三）重点/特色产业

1. 农业：作为缅甸经济的主体，占全国经济总量的40.2%。2010年农业产值占国民生产总值的40.2%。农业劳动力1890万，约占全国总就业人口的70%。可耕地面积约为3428万公顷。2010年已耕地面积约达到2296公顷。

2. 畜牧、渔业：目前缅甸有144家水产品出口公司，水产品出口49个国家和地区。2009/2010财年水产品出口额为4.96亿美元。

3. 林业：缅甸全国森林覆盖率达到52%。

4. 能源：截至2010年2月28日，外国对缅甸石油天然气投资总额为36.3608亿。

5. 采矿业：采矿业占全国经济总量的0.4%，年均增长率为15.1%。

6. 加工制造业：为促进工业发展，1995/96～2005/06年度，缅甸建立了18个工业区，分布在9个省邦。工厂数量从1988年的28847个增至2006年的81176个，18年内增加了51747个，年均增长率为23.8%。缅甸2010年的GDP中工业只占22%。

7. 电力：装机容量从1988年的68.5万千瓦增至2010年10月的284.84万千瓦，增加了3.2倍。

8. 外商投资：根据缅甸国家计划与经济发展部统计，截至2010年7月31日，按照缅甸外国投资法共批准了31个国家12个领域的440个投资项目，总额达318.95亿美元。在缅甸投资前五位的国家和地区为：中国（123.19976亿美元）、泰国（95.68093亿美元）、英国（26.59954亿美7元）、韩国（26.58806亿美元）、新加坡（15.92亿美元）。主要投资领域为：石油天然气、电力、矿产业、制造业和饭店旅游业。

（四）发展规划

1948年独立以来，缅甸经济发展大致可分为3个阶段，即市场经济时期（1948～1962年）、计划经济时期（1962～1988年）及市场经济时期（1988年至今）。

1986/1987～1988/1989年度，缅甸国内生产总值下滑了15.8个百分点，经济恶化影响到政局稳定并最终导致政权更迭。1988年底，经济制度也从社会主义经济转向市场经济。

1989/1990～1991/1992年度为缅甸经济恢复期，3年内，经济增长率为5.9%，增加1.1倍。1992/1993～1995/1996年度为缅甸第一个短期经济发展计划期，经济年均增长7.5%，增加1.3倍，人均收入从4496缅元增至13515缅元。

1996/1997～2000/2001年度为缅甸第二个短期经济发展计划期，经济年均增长8.5%，增加1.5倍，人均收入从13515缅元增至50927缅元。农业年均增长7.3%，工业11.4%，服务业8.5%。

2001/2002～2005/2006年度为缅甸第三个短期经济发展计划期，经济年均增长12.8%，增加1.83倍，人均收入从50927缅元增至22.1217万缅元。农业年均增长9.8%，工业增长23.5%，服务业增长13.9%。

缅甸政府将2006/2007～2010/2011年度确定为第四个短期经济发展期，国家计划年均经济增长率为12%。农业、工业、服务业分别增长8.8%、20.6%和12.1%。

［来源：改编自商务部国际贸易经济合作研究院、商务部投资促进事务局、中国驻缅甸大使馆经济商务参赞处共同主编.《对外投资合作国别（地区）指南——缅甸》. 2010年版第18～32页］

菲律宾投资环境解析

一、自然资源

菲律宾矿藏主要有铜、金、银、铁、铬、镍等20余种。其中，铜蕴藏量约48亿吨、镍10.9亿吨、金1.36亿吨；地热资源丰富，预计有20.9亿桶原油标准的地热能源；巴拉望岛西北部海域初步探测石油储量约3.5亿桶；森林面积1585万公顷，覆盖率达53%，有乌木、紫檀等名贵木材；水产资源丰富，鱼类品种达2400多种，其中金枪鱼资源居世界前列。

二、基础设施

菲律宾恰好处于亚洲的中心位置，是惟一能在4小时之内抵达本地区主要首都城市的国家。历史上，它一直是地区与全球贸易的中心。甚至在早期西班牙时代，与亚洲邻邦的易货贸易就已经十分活跃。

与老东盟成员相比，菲律宾的基础设施比较落后。但近年来，菲律宾对基础设施的投入不断加大，前总统阿罗约也将发展基础设施作为一项重要内容纳入了《2004年～2010年菲律宾发展中期规划》中。目前，菲律宾的重要基础设施是根据《建设、经营和转让法》（即BOT法）来建设的。该法律允许私有投资者建设和经营基础设施，在一定时间后再移交菲律宾政府。菲律宾政府利用日本、美国、欧盟、世行、亚行及国际货币基金组织的融贷，吸引许多国内外企业参与公共工程投资、兴建及运营，基础设施正处在建设和完善的过程中。

（一）公路

菲律宾公路通行里程约20万公里，其中国家级占15%，省级占13%，市镇级占11%，其余61%为乡村土路，可全天候通行的里程不及一半。高速公路总长200多公里。全国共有7743座桥梁。

（二）铁路

铁路总长1200公里，主要集中于吕宋岛，其中可运营的铁路400多公里，其余均需改造升级。

（三）空运

大多数主要航线每天或每周都有多个航班从马尼拉飞往亚洲国家和地区以及美国、欧洲与中东的主要城市。菲律宾共有203个机场，其中8个为国际机场（重要的国际机场位于马尼拉和宿务），85个为国营机场，118个为私营机场，但很多机场设施落后，许多省会机场是土石跑道的简易机场。

（四）水运

菲律宾共有414个主要港口。大多数港口需要扩建和升级，以容纳大吨位轮船和货物。菲律宾的集装箱码头设施完善，能高速有效地处理货运。马尼拉国际集装箱码头是亚洲效率最高的五大码头之一。

2008年，船舶年停靠量31.1763万艘，其中国内船舶30.2031万艘，国外船舶9732艘。全年货轮载重吨为1.46亿吨。

（五）通信

菲律宾的通信基础设施发展良好，能力属于中上水平，且近年来一直在扩建。国内网络质量高、成本低，共有6个可用平台：固定线路、移动电话、有线电视、无线电视与广播以及VSAT系统。

（六）电力

菲律宾的电力成本高昂，在亚洲国家中电价仅次于日本，增加了企业的营运成本。2009年，菲律宾全国发电总装机容量为1600万千瓦。据菲律宾能源部估计，今后20年菲律宾需要新增电力近1700万千瓦，平均年增4.6%，才能确保电力供应。政府将通过对菲律宾国家电力公司进行私有化改革等工作，努力提高发电量，降低电价水平。

三、商务成本

（一）水电价格

住宅用水（以马尼拉东部为例）基价为69.16比索/第一个10个立方米，超过10立方米后单价约8.44比索起价，超过20立方米后单价16比索起价。工业用水（以马尼拉西部为例）基价为514.04比索/第一个10个立方米。污水处理费为基本价和外汇差别调节（即FCDA）之和的40%，另外还涉及环保费、维修服务费和增值税（12%）。

2010年4月，住宅用电8.69比索/千瓦时，工商业用电8.26比索/千瓦时。

（二）劳动力供求及工薪

菲律宾劳动力素质较高，劳动力资源比较充沛。2010年，15岁以上人口达6020万，占总人口的65%；劳动年龄人口共有3880万，其中3600万人就业，就业率达到92.7%，失业率为7.3%。

普通劳动者平均月薪为250美元左右，技术人员月薪在410～810美元之间。马尼拉地区的工资水平最高，自2008年6月起，日最低工资在7.3～8.1美元之间。

（三）外籍劳务需求

菲律宾是全球主要劳务输出国之一，在海外工作的劳工有900多万，2010年向国内汇款187.6亿美元，金额创下历史新高。

据菲律宾移民局统计，2010年，在菲律宾工作的外籍人员共有10090人。这些外籍人员主要是菲律宾前1000名大型公司聘请的行政主管，以及在菲律宾跨国公司的外籍员工。

（四）土地及房屋价格

写字楼费（以A级写字楼为例）	
卖出	
玛卡帮中心商业区	48.000比索/平方米
奥蒂咯斯中心商业区	30.000比索/平方米
租赁	
玛卡帮中心商业区	375～425比索/平方米
奥蒂咯斯中心商业区	220～300比索/平方米
工业用地及厂房	
工业用地月租费	0.15～1.20美元/平方米
工业小区卖出价	35～70美元/平方米
标准厂房月租费	
仓库	1.74～6.50美元/平方米
空地及拟建筑地	3.38～5.00美元/平方米

（五）建筑成本

根据2010年5月对马尼拉地区主要建材价格的调查，其主要建材的价格如下表所示：

主要建材价格

品名	规格	单位	出厂含税价(比索)
水泥	325/425/525	吨	4800
圆钢筋	普通	吨	40000
螺纹钢筋	普通	吨	35000
砂	白沙	立方米	500
卵石	10以内	立方米	720
	20以内	立方米	720
	40以内	立方米	500
	80以内	立方米	600

资料来源：中华人民共和国驻菲律宾共和国大使馆经济商务参赞处

四、经济表现

（一）投资吸引力

1. 竞争优势：菲律宾最大的优势是拥有数量众多、廉价、受过教育、懂英语的劳动力。菲律宾居民识字率达到94.6%，在亚洲地区名列前茅。加之菲律宾劳动成本大大低于发达国家的水平，因而吸引了大量西方公司把业务转移到菲律宾。

2. 竞争劣势：菲律宾政局较为动荡、基础设施落后、法制改革进展缓慢。经济发展急需的各项改革常在国会争论不休；旨在吸引私有资金的BOT计划只取得有限的成功；发展严重滞后的基础设施，特别是电力系统，成为潜在的外国投资者关注的主要问题。

世界经济论坛《2010～2011年全球竞争力报告》显示，菲律宾在全球最具竞争力的133个经济体中，排第85位，较2009～2010年上升了两位。

（二）宏观经济

菲律宾经济增长情况

年份	经济增长率（%）	人均GDP（美元）
2003年	4.9	949
2004年	6.4	1036
2005年	4.9	1202
2006年	5.3	1412
2007年	7.1	1640
2008年	3.8	1866
2009年	0.9	1846
2010年	7.3	2007

资料来源：菲律宾国家统计协调委员会、IMF和世界银行

2003～2008年，菲律宾经济保持年均5%以上的稳定增长，其中2007年菲律宾经济高速增长，国内生产总值（GDP）增长7.1%，创32年来的最高纪录，GDP总量达到1441亿美元，人均GDP为1624美元。2008年，因受美国经济衰退影响，菲律宾经济面临巨大挑战，GDP（修正后）仅增长3.8%。2009年，全球金融危机对菲律宾经济影响加剧，全年GDP约1703亿美元，仅增长0.9%。其中农业、工业和服务业三个产业的比例是14.9∶29.9∶55.2。

菲律宾2010年国内生产总值总额为1887.19亿美元，国内生产总值增长率为7.3%，人均GDP约为2007美元。由于投资拉动，以矿业、制造业为首的工业部门产值2010年增长了12.1%，一举扭转2009年下降0.9%的态势，对GDP增长的贡献为3.9%。以贸易和运输为首的服务业的增速从2009年的2.8%提高到7.1%，服务业对GDP增长的贡献为3.5%。

（三）重点/特色产业

1. 服务外包：2010年菲律宾的服务外包业收入年增长26%，总额达89亿美元。其中份额最大的呼叫中心业务年增长21%，收入总额达61亿美元，菲律宾已超过印度成为呼叫中心行业的领头羊。2010年，菲律宾共有52.5万人从事服务外包工作，该行业提供的就业人数年增长24%。

2. 旅游业：旅游业是菲律宾外汇收入重要来源之一。2010年菲律宾接待游客345万人次，比2009年增长20%。

3. 通讯业：目前，固定电话为410万部，普及率不及4.5%；移动电话8000万部，普及率为84%；菲律宾互联网用户约620万，普及率6.2%。

4. 电子工业：2009年，菲律宾电子产品出口额约223亿美元，占出口总额的58.2%。2010年电子行业的投资增长强劲，前7个月投资额达到5.11亿美元，大多数投资的是新项目。

5. 采矿和矿山机械工业：2010年菲律宾矿业共吸引6.17亿美元投资，较2009年增长64.55%。

6. 农业：2010年菲律宾农业部门受到厄尔尼诺天气条件的影响，产值下降0.5%，农业对GDP增长的贡献为－0.1%。2011年第一季度菲律宾大米产量为403万吨，增长15.63%。据菲律宾农业部部长ProcesoAlcala介绍，这是菲律宾在2013年实现大米自给自足迈出的一大步，是阿基诺政府主要的中期目标。

四、发展规划

根据菲律宾政府制定的《2004年～2010年菲律宾发展中期规划》，未来几年要完成如下几大任务：创造1000万个新的就业岗位；预算收支平衡；通过交通和通讯网络建设促进地区平衡发展；加强全国电力和供水设施建设；将克拉克和苏比克地区建设成东南亚最具竞争力的服务业和物流业中心等。

菲律宾国家经济和发展署2011年3月28日原则批准了《2011～2016年菲律宾中期发展规划》，强调实现包容性增长。按照《2011～2016年菲律宾中期发展规划》，菲律宾在今后6年内将实现7%至8%的年增长率，从而实现联合国千年发展目标设定的指标。

［来源：改编自商务部国际贸易经济合作研究

院、商务部投资促进事务局、中国驻菲律宾大使馆经济商务参赞处共同主编.《对外投资合作国别（地区）指南——菲律宾》. 2010年版第11～21页]

新加坡投资环境及相关规划

一、自然资源

新加坡资源比较匮乏，主要工业原料、生活必需品需进口。岛上保留有部分原生植物群。

二、基础设施

新加坡基础设施完善，拥有全球最繁忙的集装箱码头、服务最优质的机场、亚洲最广泛的宽频互联网体系和通信网络。

（一）公路

新加坡虽土地稀缺，但15%的土地面积用于建设道路，全国形成了以8条快速公路为主线，众多条普通道路为支线的公路网络，覆盖全岛每个角落。2008年新加坡公路里程达到3325公里，其中高速路和主干路782公里，普通道路2543公里。同时，为分流高峰时段主要道路的通行量，新加坡政府在1998年实施了电子道路收费制度，在主要道路入口和进入中央商务区道路上设置电子收费闸门，对通过的车辆自动从车载现金卡读卡器中收取一定金额的通过费。2009年底全岛已设立80个电子收费闸门。

（二）铁路

新加坡铁路主要与周边国家连接，主要运行开往吉隆坡、柔佛州新山市等马来西亚主要城市的线路。正在计划中的泛亚铁路，将连接中国昆明和包括新加坡在内的7个东盟国家，预计全长7000公里。

新加坡本岛内地铁和轻轨线路有138公里和97个站点。

（三）空运

新加坡是亚洲地区重要的航空运输枢纽。新加坡樟宜机场连续多年被评为世界最佳机场，目前80家航空公司驻扎该机场，形成了以新加坡为中心往返60个国家的200个城市、每周5000班次的航空网络。樟宜机场占地1300公顷，正在运行的4个搭客大厅年总载客能力达7300万人次。2009年航班起降24.6万架次，客运量3612万人次，货运量163.7万吨。

（四）水运

新加坡是世界上最繁忙的港口和亚洲主要转口枢纽之一，还是世界上最大的燃油供应港口。以新加坡为中心的海运网络由200多条航线组成，连接123个国家的600个港口。新加坡港有4个集装箱处理码头，集装箱船泊位54个，年集装箱处理能力3500万个标准箱。2009年新加坡港船舶停靠量13万艘，港口处理货运总量4.72亿吨，集装箱总吞吐量2586.7万箱。截至2009年，新加坡共有商船3950艘，总吨位4563.2万吨。

（五）通信

1. 电话：截至2010年第四季度，新加坡固定电话的家庭普及率达到了102.9%。新加坡电信公司继续成为东南亚的最大移动电信运营商。

2. 互联网：新加坡政府高度重视网络基础设施建设，并将其纳入提升国家知识型经济层次和国际竞争力的发展战略。截至2010年第四季度，新加坡宽带用户数接近800万户，3G用户数已超过470万。根据“智慧国2015”计划，到2015年，新加坡将采用光纤到户技术，将全岛宽带网速提升到1Gbps，比现有最高网速快10倍，宽带网普及率从目前的52%提升到90%。

3. 邮政：新加坡邮政网络有66个邮局、26个投递站、32个邮务代办所，遍布全岛各主要区域，国内和国际快捷邮件业务为邮政业务重点。

4. 电力

新加坡电力资源供应充足，可满足本国经济和社会发展需要。全国电力装机容量约为10680兆瓦，全部为火电，燃料为石油和天然气。88%的用户为居民，用电量占20%；2%为制造业用户，用电量占40%。其他商业用户用电量占40%。

三、商务成本

（一）水、电、气价格

新加坡自然资源短缺，部分水、气资源需要从国外进口，电价也与国际油价波动密切相关，水、电、气价格平均每季度或每半年随市场变化调整一次。

水价：居民用户0～40立方米用水量的价格为1.6新加坡元/立方米（含消费税7%和水资源保护税30%），约为1.1美元/立方米；超过40立方米的价格为1.92新加坡元/立方米（1.3美元/立方米）；工业用水0.43新加坡元/立方米（0.3美元/立方米）。

1. 电价：居民和商户的平均电价为每千瓦时

0.2287新加坡元（0.157美元）。

2. 天然气：2008年8月起，价格为每千瓦时0.212新加坡元（0.14美元）。

（二）劳动力供求及工薪

1. 劳动力供求：新加坡劳动力素质较高，且资源有限。随着近几年新加坡经济快速发展，对劳动力需求增大，劳动力市场出现供不应求的状况。新加坡2010年新增加工作岗位11.5万个，比2009年的3.6万个增加近3倍。

2. 劳动力价格：2009年新加坡的平均月工资是3872新加坡元（约合2662美元）。在各行业中，平均工资最高的金融业者，月工资为6768新加坡元（约合4556美元），信息通讯业平均月工资为6890新加坡元（4737美元），法律和会计等专业人士平均月工资为4957新加坡元（3408美元）。另外，只要新加坡居民和永久居民雇员月工资超过50新加坡元，企业还需为其缴纳相当于其月工资5%～30%不等的公积金。

（三）外籍劳务需求

受国内劳动力供应不足及结构性供求失衡影响，新加坡对外籍劳务需求很大。截至2009年底，299万名受雇员工中，有三分之一是外籍员工。职位空缺最多的行业有：教育与公共服务、批发零售贸易、金融机构、餐馆、电子机械与器材等制造业、空运和相关支援服务、法律咨询、会计和业务管理等。

中国是新加坡重要的外籍劳务来源地。截至2009年，中国在新加坡的劳务人员达8.3万。中国劳务人员主要集中在建筑、海事、制造和餐饮等行业，其中以建筑工人居多。随着新加坡经济转型和中国国内职业教育水平的提高，到新加坡航空、电子、机械加工、医护、幼师等行业就业的中国劳务人员将会逐步增加。

（四）土地及房屋价格

2009年新加坡办公楼平均租金为14.4～15.9新加坡元（10～11.4美元），高科技类厂房平均租金每平方米约28新加坡元（约2.1美元），工业厂房和仓库的平均租金分别为1.6新加坡元和1.55新加坡元（均约为1.1美元），三房式公寓租金1500～6000新加坡元（约为1000～4300美元）不等。交易价格按不同地段在60万～150万新加坡元（43万～107万美元）之间。

（五）建筑成本

2009年新加坡建筑用水泥价格每吨103.23新加坡元（71美元），条型钢每吨765.8新加坡元（526.5美元），大理石每吨19.68新加坡元（13.5美元），预拌混凝土每立方米104.73新加坡元（72美元）。

四、经济表现

（一）投资吸引力

新加坡投资环境的吸引力主要体现在七个方面：地理位置优越、基础设施完善、政治社会稳定、商业网络广泛、融资渠道多样、法律体系健全、政策透明度高。

世界经济论坛《2010～2011年全球竞争力报告》显示，新加坡在全球最具竞争力的139个经济体中，仅次于瑞士和瑞典，排名第3位。

（二）宏观经济

1. 经济增长率：2003～2007年，新加坡经济保持持续快速稳定增长。受国际金融危机影响，2009年新加坡经济萎缩1.3%。2010年新加坡国内生产总值为2266.1亿美元，增长率为14.5%，人均国内生产总值为43867美元。

2. GDP构成：制造业强劲增长成为推动新加坡经济2010年度加速增长的重要原因。2010年第四季度，新加坡制造业同比增长28.2%，同比增幅远高于三季度的13.8%。在制造业中，生物医药产业反弹尤其强劲。

3. 财政收支：2009年新加坡财政收入445.8亿新加坡元，财政支出327.5亿新加坡元，总体财政盈余118.3亿新加坡元。

4. 外汇储备：截至2010年12月，新加坡外汇储备2889.5亿美元。无外债。

5. 外债总额：截至2010年12月，新加坡政府无对外债务。

6. 通货膨胀：新加坡2010年通货膨胀率为2.8%。

（三）重点/特色产业

1. 电子工业：电子工业是新加坡传统产业之一，2010年前11个月，新加坡的制造业产值增加31.8%。增长点主要集中在生物制药和电子工业领域。主要产品包括：半导体、计算机外部设备、数据存储设备、电信及消费电子产品等。2010年前11个月，整体电子业产值增长38.5%。

2. 石油化工业：新加坡是世界第三大炼油中心和石油贸易枢纽之一，也是亚洲石油产品定价中心。2009年新加坡石化工业增加值为13.8亿美元，占制造业增加值总额的4.5%。埃克森美孚、壳牌、住友化学公司及中国的中石油、中石化等世界著名石化企业纷纷聚集裕廊工业区。2009年新加坡出口石油539亿美元。新加坡下游加工行业预计在未来3～5年里将投入50亿美元，为近期在新加坡投产的两座大型裂解装置提供支持。

3. 生物制药业：生物制药业是新加坡近年来重点发展的产业之一，2010年第四季度，生物制药成为推动新加坡制造业增长的主动力。

4. 交通工程业：2010年11月，交通工程业的产值同比增长0.5%。陆路交通领域的同比增长最强劲，涨幅高达44.2%，这主要是因为汽车零件的产量增加。至于海事与岸外工程领域却同比下滑了11.3%，这是因为较少船只和钻油台项目在规定期间内完工。

5. 精密工程业：主要产品包括半导体引线焊接机和球焊机（全球市场占有率为70%）、自动卧式插件机（全球市场占有率为60%、半导体与工业设备等。2010年是新加坡半导体行业创纪录的一年，2011年料将延续强劲的增长势头。国际半导体设备材料协会（SEMI）预测，东南亚市场2011年在晶圆厂的开支将增加43.8%，产能将增加17%，机器设备开支将达到43亿美元（53亿新加坡元），材料开支将达到75亿美元（92亿新加坡元）。

6. 运输仓储业：2009年新加坡运输仓储业产值为154.2亿美元，占GDP的9.1%。2009年航空运输载客量3612.5万人次，航空货运量163.7万吨；海运载客量663.3万人次，集装箱处理量为2586.7万个标准箱。新加坡航空公司等80家国际航空公司在新加坡提供航运服务；新加坡本地海运企业主要有海皇集团（NOLGroup）、万邦航运（IMCGroup）、太平船务（PIL）等。

7. 金融服务业：新加坡是区域金融中心和亚洲美元市场中心之一。2010年第四季度，新加坡服务业仍保持8.8%的健康增长，其中金融服务业发展态势良好，旅游业也受到游客增加的利好支持。

8. 信息通信业：2011年一季度信息通讯业增长2.9%。截至2010年第四季度，新加坡固定电话的家庭普及率达到了102.9%；3G用户数已超过470万；宽带用户总量接近800万户。SingTel是新加坡最大的综合电信运营商，也是亚太地区中除中国和日本外最大的电信运营商。

9. 旅游业：旅游业是新加坡外汇主要来源之一。游客主要来自其他东盟国家、中国、澳大利亚、印度和日本。2010年新加坡接待外国游客1163.9万人次（不含陆地入境的马来西亚公民），酒店住房率85.6%。主要景点有：圣淘沙岛、植物园、夜间动物园等。

（四）发展规划

新加坡属于外贸驱动型经济，以电子、石油化工、金融、航运、服务业为主，高度依赖美国、日本、欧洲和周边市场。1960～1984年间GDP年均增长9%，成为亚洲经济“四小龙”之一。1997年受亚洲金融危机冲击，但影响不大。2001年受全球经济放缓、国际市场电子产品需求下降影响，新加坡经济出现2%的负增长，陷入独立以来最严重衰退的局面。为刺激经济发展，新加坡政府提出“打造新的新加坡”，制订从传统经济向知识经济转型的战略规划，并成立了经济重组委员会，全面检讨新加坡经济发展政策，大力弘扬创业文化，积极与世界主要经济体商签订自由贸易协定。

为提升新加坡知识经济的竞争力，新加坡政府制定了“智慧国2015”（iN2015）发展蓝图，计划在2015年实现六大目标：90%的家庭使用宽带网络；有学龄儿童的家庭100%拥有电脑；在利用资讯通信科技为经济和社会增值方面领先世界各国；资讯通信科技业创造8万个就业机会；资讯通信业增值成倍增加，达到260亿新加坡元（约合172亿美元）；资讯通信业出口的收入翻两番，达到600亿新加坡元（近400亿美元）。

［来源：改编自商务部国际贸易经济合作研究院、商务部投资促进事务局、中国驻新加坡大使馆经济商务参赞处共同主编．《对外投资合作国别（地区）指南——新加坡》．2010年版第10～23页］

泰国投资环境调查

一、自然资源

泰国主要矿藏有钾盐、锡、褐煤、油页岩、天然气，还有锌、铅、钨、铁、锑、铬、重晶石、宝石和石油等。其中钾盐储量达4070万吨，居世界第一位，主要位于泰东北部、北部高原；锡储量占世界总储量的12%；油页岩蕴藏量达187万吨；褐煤蕴藏量约20亿吨；天然气蕴藏量约4644亿立方米；石油储量6亿桶。森林覆盖率20%。

二、基础设施

2005～2009年间，泰国政府计划拨出425亿美元的预算，投资于交通、住房、水资源、教育和公共卫生保健方面的基础设施，提升大众捷运系统，建造新铁路和高速公路，以提高泰国的海陆空运输服务能力。

（一）公路

全国公路运输网络共16万公里，包括高速公路网以及连接各地区、各府的公路系统。地区间与各府间公路存量63773公里，全封闭高速路397公里，高速路170公里，乡村公路10万公里。

（二）铁路

泰国铁路系统相对较落后，铁路网里程共4451公里，均为窄轨，覆盖全国47个府。

（三）空运

全国共有37个大小机场。其中国际机场有8个。曼谷是本地区的航空枢纽，每年客流量1700万人次，每周有74个航空公司的1722个航班到达曼谷。

（四）水运

全国共有47个国有和私营码头，包括21个国际码头、26个海运码头。主要国际码头有Laem Chabang，Bangkok，Phuket和Songkla港。

（五）通信

2011年7月，泰国电话局总经理阿农表示，公司预计投资160亿泰铢在全国建设3G基站。估计3G基站设立后，用户数量将达到130万人，并将在2015年增加到700万人，同时市场占有率将达到8%。

（六）电力

泰国自身所发电力不能满足国内需求，需从老挝和缅甸等周边国家进口。2010年1月～11月，泰国用电量年比提高10%。电力消耗量增加的工业包括食品、汽车、钢材、电子以及纺织品等生产工业。

三、商务成本

（一）水、电、气价格

1. 水费计收标准：按用水量从小到大分为12档，居民用水费率每立方米在8.5～14.45泰铢之间；政府、商业、国营企业、工业及其他用水费率每立方米在9.5～15.81泰铢之间。

2. 电费计收标准：小型企业、商业与住宅的电费费率为1.8～3泰铢/千瓦时；大中型企业为1.67～1.73泰铢/千瓦时。

（二）劳动力供求及工薪

泰国劳动力资源充足，是劳务输出国。劳动力人口占全国总人口的57%，劳动力人口3700万，其中40%从事农业。

根据各地经济发展水平高低，泰国最低工资范围在每天148～203泰铢之间，曼谷及周边地区最高。部门经理及工厂厂长月薪约2000～3000美元，工程师约1500～2000美元，办公室职员约700～1000美元，勤杂工、司机约300～500美元。

（三）外籍劳务需求

泰国法律禁止外籍一般劳务到泰国工作，但可有条件地输入技术和管理人员。泰国要求所有在泰国工作的外国人在工作前都需取得工作许可证。

（四）土地及房屋价格

曼谷写字楼租金为每月14～23美元/平方米，普通公寓租费约为每月6～10美元/平方米，服务公寓租金约为10～30美元/平方米。

四、经济表现

（一）投资吸引力

从投资环境吸引力的角度，泰国的竞争优势有六个方面：社会总体较稳定，与华友好；经济增长前景良好；市场潜力较大；地理位置优越，位处东南亚地理中心；工资成本低于发达国家；政策透明度较高；贸易自由化程度较高。

世界经济论坛《2010～2011年全球竞争力报告》显示，泰国在全球最具竞争力的139个经济体中排名第38位，年比下滑两位。

（二）宏观经济

1. 经济增长率：根据中华人民共和国外交部网站数据，2010年泰国国内生产总值为45958亿泰铢，国内生产总值增长率为7.8%，人均国内生产总值为68186.94泰铢。

2. GDP构成：从各产业对GDP的贡献看，2010年，制造业、电气水供应业、酒店餐饮业、金融服务业和建筑业为前五位产业，对GDP的贡献率分别是13.9%、10.1%、8.4%、7.9%和6.8%。农业对GDP贡献率为−2.2%。

3. 财政收支：2010年，泰国财政收入为16789亿泰铢，财政支出16278亿泰铢，财政盈余511亿泰铢。

4. 外汇储备：2010年底，泰国外汇储备1721亿美元。

5. 外债总额：2010年底，泰国外债达965亿美元。

6. 通货膨胀：2010年，泰国通货膨胀率为3.3%。

（三）重点/特色产业

1. 农业：农业是泰国传统经济产业，农业人口约1530万。全国可耕地面积约1.4亿莱（1莱＝1600平方米），占国土面积的41%。主要作物有稻米、玉米、木薯、橡胶、甘蔗、绿豆、麻、烟草、咖啡豆、棉花、棕油、椰子等。2010年受年初干旱和年末洪灾影响，全年农业负增长2.2%。

2. 旅游业：旅游资源丰富，有500多个景点，主要的旅游景点有曼谷、普吉、帕塔亚、清迈、清莱、华欣、苏梅岛。旅游业保持稳定发展势头，是外汇收入重要来源之一。近年来由于政局不稳，旅游业受到较大影响。2010年共有1580万外国游客赴泰国旅游，同比增长12%。

3. 采矿业：2009年采矿业产值88.6亿美元，占GDP的3.4%。2010年中国总计通关出口218.7042万公斤钼精矿，包含转口贸易和一般贸易。其中，泰国从中国进口钼精矿份额占总量的58%。2010年泰国从中国进口了127.4744万公斤钼精矿。

4. 制造业：2010年，泰国制造业对GDP贡献率是13.9%，主要工业门类有采矿、纺织、电子、塑料、食品加工、玩具、汽车装配、建材、石油化工等。

5. 建筑业：2010年建筑业投资总额为8075亿泰铢，增长9.1%。

6. 酒店餐饮业：2009年酒店餐饮业产值127.7亿美元，占GDP的4.8%。2010年酒店餐饮业就业人数增加1.3%。

7. 工业：主要是出口导向型工业。主要门类有：采矿、纺织、电子、塑料、食品加工、玩具、汽车装配、建材、石油化工、软件、轮胎、家具等。工业在国内生产总值中的比重不断上升，2010年工业增长13.9%。

（四）发展规划

2006年10月开始实施的泰国第十个社会经济发展五年计划制定了发展"绿色与幸福社会"的目标，以泰国国王倡导的"适度经济"为指导原则，在全国各地区的社会经济发展中创建和谐及持续增长的环境，提高泰国民众对内外部因素变化所造成影响的抵抗能力。

［来源：改编自商务部国际贸易经济合作研究院、商务部投资促进事务局、中国驻泰国大使馆经济商务参赞处共同主编.《对外投资合作国别（地区）指南——泰国》. 2010年版第13～22页］

越南投资环境综述

一、自然资源

越南资源丰富，种类多样。矿藏资源分为能源类、金属类和非金属类三种。越南主要矿产资源包括煤、铝、铁、铜、金、锰、原油等。其中，已探明的煤储量约400亿吨，铝储量约54亿吨，油气储量约12.5亿吨。越南盛产大米、黄麻、蒲草、橡胶、椰子、胡椒、咖啡和水果等农作物。森林面积约1000万公顷。

二、基础设施

（一）公路

公路运输为越南主要运输方式，总里程约21万公里。2008年共运送旅客17.98亿人次，运输货物4.7亿吨。目前在建和拟建的高速公路20多条线，全长5873公里，分为5个路网：一是南北高速路网，含2条线路，全长3262公里，其中东线长1941公里，西线长1321公里；二是北部高速路网，含6条线路，与首都河内相连，全长969公里；三是中部和西原地区高速路网，含3条线路，全长264公里；四是南部高速路网，含6条线路，全长834公里；五是河内和胡志明市环城高速路网，含3条线路，其中河内三环线长56公里，四环线长136公里，胡志明市三环线长83公里。此外，河内五环线和胡志明市四环线建设在拟议中，其主要职能是连接这两个城市的周边卫星城。根据规划，越南高速公路建设共需资金479亿美元，将主要依靠国家财政投资、民间集资、国际组织和外国政府贷款。

（二）铁路

越南铁路总里程约2530公里，以米轨为主（2128公里，占总长的84.18%），共7条干线，其中河内—胡志明市铁路全长1726公里，经3次提速后行程全线约29小时。2009年，越南铁路共运送旅客1100万人次，运输货物810万吨。根据《至2020年铁路发展规划》，今后越南将重点发展城市铁路交通及连接城内与郊区的铁路运输，首先在河内和胡志明市进行建设。越南交通运输部提出拟对现有的南北铁路线（统一铁路）进行升级改造，以缓解运输紧张状况，同时拟于2020年新建时速300公里的南北高速铁路线。南北高速铁路项目总投资约558亿美元，平均造价3560万美元/公里。目前，越南国会正在研讨该项目的可行性。

（三）空运

越南航空业拥有 43 架飞机，其中 ATR72 型 9 架、FOKKER70 型 2 架、A320 型 10 架、A321 型 9 架、A330 型 3 架、B777 型 10 架，平均机龄不足 10 年；已开通连接国内 16 个城市的 23 条航线和连接国外 26 个城市的 41 条航线，并在各国设立 28 个办事处和 1000 多个代理点；航班延误率为 13%，远低于全球平均水平，信誉较好；共有员工 1.4 万人，其中飞行员 422 人（含 138 名国外飞行员），机组服务员 700 人，技术工程师 283 人，技术工人 590 人。2008 年，越南航空业共运送旅客 1020 万人次。机场建设方面，越南共有 17 个达到一定规模的机场，但只有河内内排机场、胡志明市新山一机场、岘港机场 3 个国际机场。中国广东、上海等地均有开往越南河内、胡志明市的航线。

（四）水运

内河运输：越南内河运输的货运量与客运量仅次于公路运输，在全国运输部门中居第二位。越南有 23 个主要的内河装卸码头和若干个小码头，年吞吐量约 700 万吨。其中主要的港口位于胡志明、河内、河北、越池、宁平、和平等地区。船队包括 15～20 吨级到 1000～2000 吨级的船只；牵引力较低，约每马力 4～5 吨；速度慢，每小时 5～8 公里。内河运输是越南人民普遍使用的运输方式，运输货物主要包括粮食、煤炭、水泥、石头、沙子等各类大批量产品。

海洋运输：近年来，越南的海洋运输发展较快。目前有海港 266 个，其中有 9 个大港口。海港货物吞吐能力为 1 亿吨，实际装运量超过 1.4 亿吨。估计 10 年内货物进出港数量将以年均 10%～12% 速度递增。但目前越南港口还不具备停靠 5 万吨级以上船舶的条件。越南港口分布也不均衡，中部运输能力过弱，北方占总货运能力 28%～30%，中部仅占 13%。集装箱运输方面，南方占 90%以上。越南最大的航运公司是越南远洋轮船公司（Vosco）。全国的海运船队主要由国内自产新船和国外进口二手船组成，共有海运船只 1107 艘，总载重量 344 万吨。其中干散货船 720 艘，载重量 194 万吨；集装箱船 22 艘，载重量 20.8 万吨；油槽船 80 艘，载重量 71.8 万吨；其他船只 285 艘，载重量 57.4 万吨。

（五）通信

2011 年上半年，越南电信业产值达 67.879 万亿越南盾（约合 33 亿美元），同比增长 9%。越南全国共拥有电话用户 1.295 亿。其中，固定用户 1420 万户（较 2010 年下降 1%）；移动用户 1.153 亿（较 2010 年增长 2.3%）；互联网用户 430 万（较 2010 年增长 18%）。邮政总公司设有 15966 个文化邮政服务点（其中乡级服务点 8087 个），平均服务半径小于 3 公里，已在 45000 个地点设立基站收发信机（BTS），其中 34000 个已获检验证书。

（六）电力

2011 年前 7 个月越南发电量约为 568.4 亿千瓦时，较 2010 年同期增长 9.4%；供电量为 530.5 亿千瓦时，较 2010 年同期增长 11.2%。其中，工业和建筑业用电增长 15.96%，占总电量的 53%；商业和宾馆服务业用电增长 4.78%，占总电量 4.38%；居民用电增长 4.28%，占总电量 35.84%。今后几年，越南政府将继续加大对电力领域的投入，特别是加大对火电和核电的投入。越南拟在南部宁顺省的福营（PHUOCDINH）和永海（VINH-HAI）两地各建一座核电站，每座电站有两台 100 万千瓦的核电机组。根据规划，首台机组将于 2020 年投入运行。

三、商务成本

（一）水、电、气价格

1. 水：越南居民用水价格为 0.15 美元/立方米；工商业用水的价格为 0.73 美元/立方米。

2. 电：越南居民用电价格为 0.054 美元/千瓦时；工商业用电价格为 0.073 美元/千瓦时。

3. 气：越南居民用气价格为 0.8 美元/公斤；工商业用气价格为 0.92 美元/公斤。

（二）劳动力供求及工薪

越南劳动力资源丰富。劳动力素质较高、勤劳能干、工资低廉，使越南劳动力市场具有较强的竞争力。

越南全国总人口 8693 万，18 岁以上劳动力约 4344 万人。其中农林渔业 2419 万人，占 55.7%；工业和建筑业 829 万人，占 19.08%；服务业 1096 万人，占 25.22%。

目前，最低月工资标准为 54 万越南盾（约 32.7 美元）。国有企业员工平均月薪 270 万越南盾（163.5 美元），外资企业员工平均月薪 340 万越南盾（205.8 美元）。

（三）外籍劳务需求

目前，越南全国约有外国劳务人员 10 万。其中，中国劳务人员约 2.5 万，主要从事工程承包项目建设和中方投资企业的生产经营。

（四）土地及房屋价格

1. 土地价格：2009年，越南河内市和胡志明市的土地销售价格为1500～4000美元/平方米。

2. 房屋租金：2009年，河内市甲级写字楼租金约60美元/平方米/月，胡志明市甲级写字楼租金约80美元/平方米/月。

3. 房屋售价：河内和胡志明市公寓房价格约1500～1800美元/平方米，高档住宅价格约3000～4000美元/平方米。

4. 建筑成本：2009年，越南办公楼建筑成本平均1600美元/平方米，工业厂房建筑成本平均350美元/平方米。

四、经济表现

（一）投资吸引力

从投资环境看，越南竞争优势主要体现在：（1）政局稳定；（2）经济发展前景好；（3）市场潜力大；（4）市场化程度不断提高；（5）地理位置优越，可辐射整个东盟地区；（6）工资成本低于老东盟成员国；（7）政策透明度不断提高。

在达沃斯世界经济论坛《2010～2011年全球竞争力报告》139个国家和地区的排名当中，越南位列第59位，比2009～2010年跃升了16位。

（二）宏观经济

越南是传统农业国，工业基础较薄弱。1986年推行革新开放路线，成效显著。

1. 经济增长率：越南政府2002年提出通过进一步强化各项革新开放政策，加快经济结构转变进程和提高生产效率等手段，争取实现经济增长7%到7.3%的目标。此后，越南国内生产总值（GDP）保持连年较快增长。2003年GDP增长7.3%；2004年增长7.8%；2005年增长8.4%；2006年增长8.2%；2007年增长8.5%；2008年增长6.23%；2010年增长6.78%。

2. 财政收支：2011年上半年越南财政收入327.82万亿越南盾，完成预算的55.1%，同比增长22.8%。

3. 物价指数：2011年上半年，越南消费者价格指数（CPI）同比大幅增长16.03%，其中6月份CPI环比增长1.09%，同比增长20.8%。

（三）重点/特色产业

1. 农林渔业：2010年越南农林渔业总产值232.7万亿越南盾，比2009年增长4.7%，其中农、林、渔业产值分别增长4.2%、4.6%、6.1%。

2. 工业和建筑业：2010年，越南工业产值增长14%。其中，国有企业产值增长7.4%，外资企业产值增长17.2%。主要工业产品有煤炭、原油、天然气、液化气、水产品等。

3. 服务业：2010年越南服务业产值增长24.5%。

4. 汽车工业：全行业目前有12家外资企业和100多家本国企业，其中近20家从事汽车组装生产，近20家生产汽车车身，60多家从事汽车零配件生产制造。但总体而言，越南汽车企业以组装为主，国产化率低，仅约5%～10%。越南华重商用车有限公司为中方独资企业，也是惟一准入的中资汽车企业，位于越南海防市的图山工业区，一期总投资1000万美元，以生产卡车为主。

5. 电力工业：越南目前有高压电网1.3万多公里。其中，500千伏电网全长1531公里，220千伏电网全长3839公里，110千伏电网全长7703公里。2009年电力产量800亿千瓦时，另从中国广西、云南两省区进口电约3亿千瓦时。

全国变电站总功率为2370.9万千瓦。其中500千伏变电站功率为423.1万千瓦，220千伏变电站功率为847.4万千瓦，110千伏变电站功率为1100.4万千瓦。

目前，中国企业在越南电力市场具备较强的竞争力，已经和正在实施的电力项目包括：海防一期和二期项目、锦普一期和二期项目、广宁一期和二期项目、山洞电站项目、永新一期火电项目、缘海一期火电项目等。

6. 油气工业：越南原油主要集中于近海大陆架。2009年原油产量1636万吨，天然气80.05亿立方米。越南首家炼油厂——容桔炼油厂已于2010年5月30日正式投产，投资总额超过30亿美元，年加工原油650万吨，将满足越南成品油需求量的40%。

（四）发展规划

自1986年以来，越南各届领导人以经济发展为重心，全面深化各项革新开放，进一步推动社会经济持续稳定发展，并设定到2020年把越南基本建设成为现代工业化国家的宏伟目标。

2011年越南共产党第十一届全国代表大会通过了《2011～2020年经济社会发展战略》，提出2011～2015年经济年均增速达到7%～7.5%；到2015年，人均GDP增至约2000美元；力争2020年GDP总量约是2010年的2.2倍，人均GDP达约3000美元。

［来源：改编自商务部国际贸易经济合作研究院、商务部投资促进事务局、中国驻越南大使馆经济商务参赞处共同主编.《对外投资合作国别（地区）指南——越南》.2010年版第9～19页］

贸易投资论文

中国—东盟产业内贸易发展与对策研究

一、中国—东盟产业内贸易发展与趋势分析

中国和东盟在双方的产业转移和产业调整中，逐步从传统的产业间贸易走向产业内贸易，形成互补性的分工。

（一）东盟各经济体人均 GDP 的提高奠定了产业内贸易发展的物资基础，提供了市场条件。20 世纪 80 年代以来，东盟各经济体维持了较高的增长速度，随着人均 GDP 的不断提高，（地区）对农产品和各种初级产品的需求下降，对制成品的需求上升，并且最终需求逐渐由非耐用消费品变成耐用消费品。Linder（1961）与 Balassa（1986）等西方学者的研究成果显示，人均 GDP 的变化与消费者对变体产品的需求呈正相关，即人均 GDP 越高，消费者对变体产品的需求就越高，这无疑会推动产品向差别化方向发展，进而促进东亚产业内贸易发展。随着中国—东盟双方经济发展水平的提高，对特定资源的依赖会逐步减少，要素禀赋的互补性会下降，双边的产业结构和贸易结构会逐渐趋同，从而专业化分工的程度会减少，进而产业内分工和互补的程度会提高。

（二）中国与东盟之间的双边贸易由传统的产业间贸易正迅速向产业内贸易发展。中国和东盟总体产业内贸易水平从 1993 年的 42.8 提高到 2009 年的 90.0，16 年间增长了 12 倍。若以产业内贸易指数的 50 为界，1995 年前双方以产业间贸易为主，1996 年开始以产业内贸易为主。2000～2004 年，东盟与中国出口的活动物、植物产品、化学产品、机器电气设备等 13 大类产品的产业内贸易水平均保持在 0.75 左右，2005 年达到 0.88，2009 年最高达到 0.92，反映了中国与东盟的分工倾向于产业内分工，产业内贸易的贡献率明显比产业间贸易高，且有逐年增加趋势，中国与东盟各国的贸易方式已经逐步演变成以产业内贸易为主。产业内贸易是扩大双边贸易的重要途径和新的增长点。

二、中国—东盟国家产业内贸易发展的动因分析

（一）外国直接投资是中国与东盟国家产业内贸易发展的根本推动因素。东亚产业结构由垂直向水平的整体性演进态势、跨国公司的全球化战略均促进了中国与东盟产业内贸易的发展。

（二）中国与东盟国家产业内贸易发展的产业基础是制造业的规模经济。中国—东盟自由贸易区的建设，关税的降低，促进了商品与要素在各个成员国之间的流动。规模经济的出现，某项产品或某项零配件会集中到一个国家去生产，既可提高效率，又可在垄断竞争的市场条件下增加产品的类别，满足消费者多样化的需求，可以增加各成员国的社会福利。同时，差别化的产品会促使各成员国在国际市场上互相协调。

（三）中国与东盟国家产业内贸易发展的拉动因素是每个国家人均 GDP 的持续提高与消费结构的逐步优化。中国与东盟各国经济迅速发展，人均 GDP 不断上升，因此各国对农产品和各种初级产品的需求下降，对制成品的需求则上升，最终需求逐渐由非耐用消费品转变为耐用消费品。人均 GDP 越高，消费者对产品类别的需求就越高，无疑就推动产品向差异化方向发展，进而促进产业内贸易发展。

三、中国—东盟国家产业内贸易进一步发展的影响因素与分析

中国—东盟国家进一步发展产业内贸易具有极其有利的因素。中国—东盟将近 19 亿人口的巨大市场规模是各国获取利益的强有力的保证。一国在产业内贸易中成为某类产品的进口国还是出口国取决于该国生产的该类产品数量是大于还是小于外国生产的该产品数量，相对需求由相对产量决定，该类产品国内市场较大的国家将成为该产品的出口国。中国拥有 13 亿多人口，国内生产总值 2010 年位居世界第二，而且增长速度最快，保证了中国从产业内贸易中获取利益。东盟国家也有近 6 亿人口，多数国家人均收入水平高于中国，消费品市场上与中国形成了一定的互补关系。因此，中国与东盟建立的自由贸易区，将使得相互间企业在区内 19 亿人口大市场中选择新的经营发展方向，开展新的经营合作，实现新的跨国投资和国际营销，共同分享区域一体化带来的机会和利益。但中国—东盟国家进一步发展产业内贸易也存在诸多制约因素。具体如下：

（一）落后的产业结构制约了中国与东盟产业内贸易的发展。一直以来，中国的产业都是强调劳动和资金投入的粗放型的增长方式，忽视技术进

步、国际分工在产业经济发展中的重要作用，使中国的产业长期徘徊在低层次、低水平的发展。此外，中国的管理体制条块分割，行政分级、组织方式非常僵化，造成中国产业部门集中度偏低，企业重复建设，区域间工业结构非常相似，未能形成规模，就不能得到规模经济效益，从而弱化了产业内贸易的发展。

（二）出口贸易结构互补性不足而竞争性有余。中国与东盟在出口产品上十分相似，都是以劳动密集型产品为主，而双方的出口市场都集中在美国、日本、欧盟，这样在出口上就形成了一个直接竞争的局面。特别是机电产品和纺织服装两类产品的竞争最为激烈，欧洲是双方电子产品的主要出口市场，而美国是双方纺织品服装的主要出口市场。中国在世界机电与纺织服装市场与东盟国家存在激烈的竞争。

四、进一步扩大中国—东盟国家产业内贸易的对策

根据国际贸易理论，中国—东盟产业内贸易不但可以增进社会福利，降低经济结构调整成本，推动新兴产业的发展和技术水平的提高，还可以有效解决中国和东盟之间存在的产业结构同构化、出口结构过于雷同、比较优势过于接近所带来的一系列问题。因此，随着中国—东盟自由贸易区进程的加快，如何进一步促进中国与东盟国家之间产业内贸易的发展显得尤为重要。

（一）加强企业技术创新，实现产品的多样化和差异化。产品的异质性是产业内贸易的基础，要促进产业内贸易的发展，企业就必须加强和扩大差异化产品的生产。中国与东盟国家在某些劳动密集型产品上的出口竞争性较强，要提高此类产品的产业内贸易，企业必须生产有差别性的产品。企业应该结合技术创新，增加技术含量，实现产品的多样化和差异化。拉开产品的差异程度来建立自身的比较优势和竞争优势，就能避免过度的竞争，还可以使双方充分享受产品分工和规模经济带来的好处，也有助于消除东盟国家中存在的“中国威胁”的疑虑。

（二）重点保护本国的主导产业，带动其他产业部门的发展。充分发挥中国作为发展中大国产业结构多层次和多样化的特点，利用经济持续的高速发展、巨大的国内市场、丰富的劳动力资源以及某些高技术领域的领先优势，对东盟国家某些有产品而无市场或有市场而无能力生产的领域开展重点突破，实现这些产业的提升。这类产品主要包括各类机械产品，成套设备、汽车及配件等，产品具有需求弹性大、价值增值高、市场机会多、技术进步快、容易进行新产品开发的特点，非常适合作为工业化进程中的主导产业。

（三）要充分发挥政府的作用。政府可以利用非均衡协调手段促成和强化产业聚合力量，通过对主导产业部门的重点保护来带动其他产业部门的发展，通过对瓶颈产业和薄弱产业的重点扶持来缓解结构性约束，从而加大制造业在国民经济中的比重；加强与发达国家间的国际合作研究、开发和生产，加快中国产业技术改造，提高产业层次和水平。与此同时，规范政府行为，优化产业组织政策。利用市场化和法制化的手段来协调条块之间的关系，打破行政性垄断，统一国内市场，提高产业部门的集中度，规范扰乱市场秩序的竞争行为，培育有利于规模经济发展的市场结构，为形成企业的规模经济和国际竞争优势提供良好的外部环境，为产业内贸易奠定产业基础。

（来源：何春华.《国际经济观察》. 2010 年 11 月）

中国—东盟贸易自由化对中国农产品出口的影响及对策

近年来，中国—东盟经贸合作发展迅速，一揽子关税减让优惠安排以及经贸合作协议的签署成为中国—东盟自由贸易区建立的助推器。作为中国与东盟全面经济合作的先行领域农业领域，在中国与东盟国家的经济发展中占据着重要的作用，其战略性和基础性作用决定了中国—东盟自由贸易区成为双方合作起始领域的必然性。

一、中国—东盟贸易自由化对中国农产品出口影响

（一）对中国农产品出口的积极影响

中国—东盟贸易自由化对中国农产品出口影响深远，主要表现在农产品出口规模和贸易总量扩大，且增速加快，对国民经济贡献增大，在一定程度上提升了国民经济增长速度，对外集合竞争力进一步增强。自从双方在 2001 年 10 月达成在未来 10 年建成中国—东盟自由贸易区的协议后，中国—东盟的农产品贸易规模逐步扩大，并且随着中国—东盟自由贸易区及农产品“零关税”的实行，中国农产品出口规模进一步扩大，且增速加快，出口总量呈扩大趋势。同时，由于中国与东盟同属于贸易依存度较高的出口导向型国家，各领域贸易合作尤其是农产品的贸易合作的增强有效地刺激了经济增长速度，双方农产品合作及贸易依存度的强化，对改变双方农产品在国际市场的技术劣势导致的竞争力不足起着重要作用，双方战略联盟的形成对于抵御国际市场的风险和竞争的能力有所增强。

（二）对中国农产品出口的消极影响

中国—东盟贸易自由化对中国农产品出口的消极影响首先表现在农产品贸易逆差不断增大，呈总体上升趋势。中国—东盟农产品实施贸易自由化后，中国对东盟农产品贸易总量迅速增长，从中国对东盟农产品进出口规模上看，中国对东盟农产品出口贸易小于进口贸易，且农产品出口增长速度慢于进口增长速度，中国对东盟的农产品贸易逆差不断加大。其次，双方贸易自由化产生的地域竞争性导致中国区域间贸易增长的不平衡。中国幅员辽阔，各区域的农业资源禀赋不同，使得中国各区域间的贸易增长不平衡，而且农产品贸易自由化的推行，在农产品对外贸易中，使得各区域间的地域竞争加剧，进一步加大了中国区域间贸易增长的不平衡。

二、中国—东盟贸易自由化对中国农产品出口影响因素分析

农业在中国和东盟各国间都占据着非常重要的地位，农产品贸易在中国与东盟之间的贸易中占据了很大的份额。由于中国与东盟各国的农业现代化、机械化水平、自然条件、资源禀赋等存在差异，以及政策因素和贸易壁垒的影响，使得中国—东盟农产品贸易存在广泛的互补性和竞争性。

（一）互补性因素分析

中国—东盟贸易自由化的深入以及农产品之间的互补性不仅使双方农产品贸易规模有了进一步的扩大，而且也为双方农产品贸易提供了长远合作的保障性因素。其互补性主要分为农产品品种及需求互补和技术及管理互补。中国与东盟农产品资源及需求互补性是影响双方农产品出口的一个重要因素。虽然双方自然条件比较接近，但各自的自然禀赋差异明显，而由于东盟国家地处热带和亚热带地区，以生产和出口热带和亚热带农产品为主，而中国多数省份地处温带，在产品品种上具有很强的互补性。即使是同种农产品也会因为地理位置或其他因素而具有一定的互补性。在农产品需求互补性方面，由于中国人多地少的现实决定了中国对农产品需求量大的事实，双方在农产品需求及供应上具有良好的互补性。双方农产品贸易互补性既有助于扩大中国—东盟之间的农产品贸易的互惠互利，既能满足双方需求，同时又能获得外汇收入。就技术及管理互补方面而言，相对东盟而言，中国的农业技术较为先进，尤其是相对越南、老挝、柬埔寨、缅甸等农业技术和经济发展水平较低、农业机械装备更差的国家而言。中国在农业机械、农药、化肥、稻种以及果苗等农资产品方面也具有一定的优势，可以向越南、泰国等国家大量出口。同时东盟国家在热带经济植物的种植和农产品加工方面也具有相对优势。农业技术方面的互补也决定了双方在农业上的合作和交流成为必然。同时，由于中国和东盟国家的农产品存在质量低、包装技术和保鲜技术落后的共性，以及面临的西方国家绿色贸易壁垒的共同威胁，在技术上的互补及合作成为提高中国与东盟农产品出口贸易的一个重要因素。

（二）竞争性因素分析

虽然中国与东盟在农产品上有很大的互补性，但是由于地理位置、要素禀赋异同也使得中国与东盟农产品贸易在互补中也存在着一定的竞争。农产品贸易的竞争性则主要表现在相似品种竞争以及产业竞争。中国的优势在于温带果菜，而东盟的优势则在于热带果蔬。虽然总体上看双方是互补的，但中国地跨热带、亚热带和温带气候地带，中国的云南、广西等华南热带、亚热带的农产品和东盟各国的农产品品种相似甚至雷同，但由于中国在这些相似农产品质量上处于比较劣势，与东盟实行农产品贸易自由化后，东盟的某些农产品对于中国相似的农产品具有强烈的竞争性。

在产业方面，中国与东盟也存在着竞争性。中国的主导产业为资源密集型产业及劳动密集型产业，强大的劳动密集型产业有力地推动了中国制造业的发展，并使中国广泛地参与了亚太地区国际分工，以至在资源和劳动密集型产业上占有比较优势。而东盟的一些国家由于农业机械化和自动化的落后，也基本属于劳动密集型产业，所以中国与东盟一些国家处于国际分工同一层次，都属于劳动密集型产业，这种由同一产业之间所呈现一种竞争性不可避免。

（三）贸易壁垒因素分析

在贸易自由化的框架下，除了互补性和竞争性会给农产品贸易带来影响之外，贸易壁垒也是不能忽略的一个影响因素。

三、相关对策

中国与东盟农业合作具有很大的发展空间，作为双方启动自由贸易区进程的先行领域，农业合作是否顺利有效进行，将不仅仅关系到双方的农业部门，而且将对双方全面经济合作和东亚地区合作进程起到至关重要的影响。中国应充分发挥比较优势，采取相关措施促进中国对东盟地区的出口。

（一）促进产业结构升级与产业协作

在中国—东盟自由贸易区启动后，双方国家应按照比较优势和国际分工调整产业结构，致力于发展本国具有比较优势及可充分利用本国具有丰富资源要素的产业，来增强双方贸易的互补性和避免不必要的激烈竞争。针对中国的资源禀赋和比较优势，应大力发展具有比较优势的温带果品、蔬菜、谷物、水产品、特色产品及农副产品的深加工产业，依靠科学技术，以市场为导向，大力发展优势产业和生态农业，提高农业综合生产能力，提高产品的科技含量和附加值，提高中国农产品的市场竞争能力。同时，应该在同东盟协商的基础上，根据区域内的农业产业发展现状和区域产业合理布局原则，建立农业产业协作体系，加强中国与东盟在农业产业上的协作，在更大范围优化双方之间的生产要素及资源配置效率，推动农业产业与经济融合，提升区域产业结构和区域性农产品国际竞争能力。

（二）实施多渠道农业科技合作促进农业科技互补

中国与东盟是中国—东盟自由贸易区政策框架下的重要组成部分，实施多渠道、多层次的农业科技合作，实现农业生产技术和农产品加工技术的有效交流与互补，是双方优势产品及农业科技互惠互利发展的基础。中国与东盟国家进行农业科技合作应立足于中国的经济、科技水平和资源状况，根据不同国家不同层次经济发展水平和优势品种技术、主导技术，进行多渠道多层次合作。双方的农业科技合作与交流应以中国农业科技发展战略和农业科技发展规划为基本内容，以技术为切入点，以急需技术、优势技术、关键技术、主导技术为重点，加强对动植物品种特别是热带、亚热带作物、经济作物、水产品种、农产品储运加工、无公害生产、农业资源高效利用、现代集约化种养和农业生物灾害防治等方面的科技合作。加强政府间的农业科技合作交流，以农业科技、教育对口机构、直接合作和民间产业化合作为基础，使东盟的优势产品和农业技术引进来的同时，中国的农产品及农业技术走出去，共同促进双方的农产品贸易发展。

（三）强化双方风险防范的交流与合作抵御外部冲击

中国—东盟自由贸易区启动后，由于双方国家在农业合作过程中各有得失，抗国际风险基础和能力有别，抵御国际贸易保护主义特别是来自发达经济国家贸易壁垒联合竞争力严重不足。因此，应进一步加强与东盟国家在进出口标准检疫检验体系、经济安全与风险防范方面的合作与交流，共同建立风险防范机制，应对外部市场的挑战。中国—东盟自由贸易区的建成，将会加深双方国家经济合作与贸易的依赖程度，因此，共同建立风险防范机制，加强对自身产业、贸易与金融结构的监控、调整与优化，逐步提高抵御外部冲击的能力。

（四）有效利用零关税安排，积极拓展出口市场

中国与东盟构建自由贸易区和农产品贸易自由化的安排，给中国农产品出口带来了合作与契机，也使中国面临东盟农产品的强大竞争，面对中国对东盟农产品贸易形势出现的一些新的变化，应通过各种措施来促进中国对东盟农产品的出口。

中国应充分利用零关税安排积极拓展自身优势农产品以出口东盟市场。中国—东盟自由贸易区启动后，农产品市场的竞争变得愈发激烈。中国与东盟国家农产品竞争性与互补性同时存在，要求中国充分利用中国—东盟自由贸易区构建的良好时机，认真研究中国与东盟农产品的零关税安排，扩大中国优势农产品的出口规模，提高市场占有率，争取在出口数量上有较大增长。同时，中国应抓住机遇，拓展东盟地区新市场，特别是一些经济相对落后，技术水平较低，产业结构跟中国的差距比较明显的有着较大互补性的国家市场，使之成为中国对东盟农产品出口的新增长点。

（来源：陈敏.《特区经济》. 2011 年第 01 期）

中国—东盟自由贸易区投资动态效应分析

一、引言

中国—东盟自由贸易区（CAFTA）作为新生的“南南型”区域经济一体化组织，是中国参加的第一个体制性、紧密型并起主导作用的自由贸易区。CAFTA 的构建不仅有力地推动了中国与东南亚地

区的经贸合作进度，同时更加巩固了东亚及亚太地区整体的经济实力以及凝聚力。这将为中国、东盟乃至整个亚太地区的经济带来重大的影响。

中国—东盟自由贸易区在贸易自由化方面进展较快，目前已经签署了《中国—东盟全面经济合作框架协议货物贸易协议》和中国—东盟自由贸易区《服务贸易协议》，并且已经大幅度降低了关税与非关税壁垒。随着中国与东盟经济合作的加深，未来CAFTA的建设重点将逐渐由贸易领域转向投资领域。

二、中国—东盟自由贸易区直接投资现状

（一）东盟对中国的直接投资

东盟国家对中国进行投资始于20世纪80年代，并且投资金额逐年增长。东盟一直都是中国吸引外资的重要地区之一，在实际利用外资金额上，目前东盟已经成为中国第六大外资来源地。2010年上半年，东盟对华直接投资已达到31亿美元。

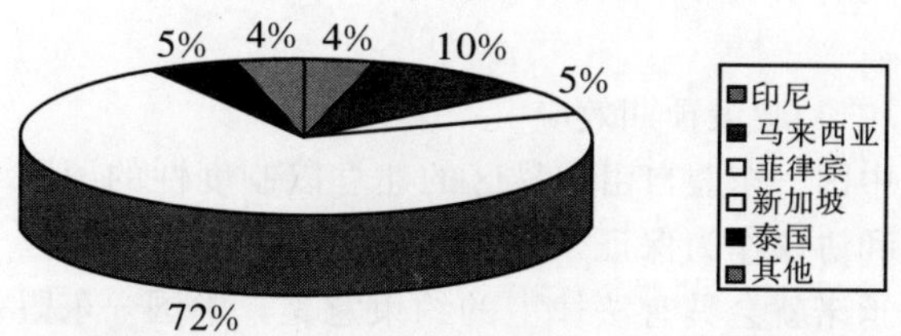

1999～2008年东盟各国对中国直接投资比重图

在1999～2008年东盟各国对中国直接投资比重中，以新加坡投资比例最大，达72%；其次是马来西亚、菲律宾和泰国。由于新加坡推行“区域化经济发展战略”，大力发展对华投资，截至2007年，新加坡累计在华投资项目达16615个，占中国引进项目总量的2.63%；实际使用外资金额达333.91亿美元，占中国实际使用外资金额的4.22%。2007年，新加坡在对华投资主要国家和地区中位列第八位。2008年，新加坡对华投资更是大幅度地增加，在对华投资主要国家和地区中，实际投资金额为44.35亿美元，超过日本和美国，跃居对华投资国家和地区的第三位。

从投资领域上看，东盟对华投资仍以垂直一体化型直接投资为主，投资领域主要集中在制造业，多为“两头在外”的生产加工类项目，产品多为出口。另外，第三产业中的饭店、酒店和住宅等房地产开发项目，也是东盟对华投资热点。东盟在华投资初期，主要是将许多劳动密集型产品的制造和组装转移到中国大陆。纺织服装、鞋类、电子电器组装、家具制造、石化产品、钢铁产品、饲料加工等是东盟对华投资比较集中的部门。近年来投资领域逐渐扩展到第一和第三产业，如对热带农作物和花卉栽培、水产品养殖，以及保险、零售等服务业的投资。

从东盟对中国投资占中国吸引外资比重上看，自1999年后，东盟对中国投资占中国外资流入的比重一直处于下降态势，在2006年才有所上升。而中国外资流入并未因CAFTA的建立而显著增长，这也可以说明，至少在短期内，CAFTA的建立对于东盟对华投资的促进作用还不是很明显，预计长期内会有所体现。

从东盟对华投资的国别看，虽然占前几位的仍是印尼等五国，但是CAFTA《全面合作框架协议》（以下简称《框架协议》）签订后，五国对华投资占整个东盟对华投资的比重已有所下降，五国外的其他国家对华投资比重在小幅度上升。正如北美自由贸易区的建立使得墨西哥成为最大的受益者一样，CAFTA的建立使不发达国家获益更大。预计未来东盟较为落后的几个国家经济增长较快，并且对华的投资比重会进一步增加。

（二）中国对东盟直接投资与东盟对中国大量投资不相称

自中国政府批准对东盟投资以来，由于受中国资本项目管制的影响，中国对东盟国家的投资规模较小，双方投资流向主要是东盟资金流向中国。

中国对东盟的投资在2000年以前仅属于试探性的，投资项目并不多，金额也不大。1995年，中国对东盟直接投资1.37亿美元，仅占东盟吸引境外投资的0.76%。由于1998年亚洲金融危机的影响，在2000年和2002年均出现了撤资超过投资的现象。随着中国经济实力的不断增强，东盟各国市场信心恢复，各国积极吸引外国直接投资颇有成效，2003年中国对东盟的投资也开始复苏，恢复到了金融危机之前的水平，且总体上保持增长态势。2003～2007年，中国对东盟投资的年均增长率为50%。近几年，中国对东盟的投资总量不仅增长，占东盟外资流入的比重也逐渐上升。1995年源于中国的投资占东盟引资的比重仅有0.58%，到2008年，中国对东盟投资达到14.4亿美元，占东盟当年吸引外资总额的2.4%。但从总体上来看，中国对东盟投资占东盟外资流入的比重仍较低。

从国别上看，中国的直接投资在东盟各国分布也极为不平衡。中国对东盟的投资仍然主要集中在新加坡、印尼、老挝和越南，对四国的投资占中国对东盟投资额的72%。其中，新加坡作为东盟成员国中经济最发达的国家，有着稳定的政治局势、良

好的投资环境、完善的基础设施以及配套的金融服务等，成为中国对东盟投资的首选。截至2008年末，在中国对外投资存量的前20位国家和地区中，新加坡以12.5亿美元位列第五位，印尼以1.74亿美元位列第十位。此外，2007年中国对缅甸投资由2006年的1264万美元激增到9231万美元，可见，未来缅甸将是中国对东盟投资的新的增长点。

从投资领域上看，中国对东盟的投资领域和投资形式在不断拓宽。20世纪90年代以前，中国对东盟国家主要是在加工、装配和生产性的小型项目上投资。此后，投资领域涉及能源开发、金融、建筑、化工、纺织、电气、医药和运输等行业，而且投资形式也由直接投资发展到包括技术投资、BOT等多种形式。2008年，中国对东盟的投资主要集中在制造业，约占投资总量的30%，主要分布在老挝、越南、泰国、新加坡和柬埔寨等国家；其次为交通运输和仓储业，占13.5%；之后依次为批发和零售业（12.2%）、采矿业（10%）、建筑业（8%）、电力/煤气及水的生产和供应业（8%）等。从2008年中国对东盟投资存量的行业分布情况看，制造业、金融业以及批发零售业占据投资存量的前三位。

从中国对东盟的投资来看，无论是总量还是占东盟吸引外资的比重方面，一直都处于较少的局面。2003年中国对东盟投资和比重开始增长，这与金融危机前中国对东盟投资持续降低形成了对比。《框架协议》的签署可以说对中国对东盟的投资增长起到了一定的作用。但是，即使在《框架协议》签订后，中国对东盟投资少的局面依然没有改变。到2008年，中国对东盟投资总量虽有大量的增长，但占东盟吸引外资的比重仍未超过3%。这表明，建立CAFTA对中国对东盟的投资的促进作用并不大。从中国对东盟投资的国别与领域上看，主要是针对东盟最发达与落后国家进行投资。中国对新加坡等经济较为发达国家投资，主要是为了提升中国一些较为落后的行业，如金融业；中国对落后国家的投资主要是产业结构升级，要求一些产业进行产业转移。中国—东盟自由贸易区建立后，投资的便利化会推动未来中国对东盟经济发展处于两端的国家的投资继续加大。

三、中国—东盟自由贸易区投资动态效应分析

（一）规模经济效应

中国—东盟自由贸易区的形成，有力地促进了专业化分工生产，有利于企业实现规模经济，使企业享受低成本的投入和高收益的回报。中国—东盟自由贸易区的建立，使得各成员国的国内市场向统一的大市场转换，双方的经济发展空间进一步拓展。CAFTA整个区域面积达1410多万平方公里，目前人口已经接近19亿。若以人口计算，它是全球最大的贸易区，其市场发展潜力十分巨大。2008年中国与东盟的GDP分别为4.3万亿美元和1.5万亿美元，整个区域的GDP已经达到了5.8万亿美元，已经超出了建立CAFTA初期时预测的2万亿美元。对各国企业而言，市场规模的扩大可以带来规模经济效益。建立中国—东盟自由贸易区，可以使中国与东盟各国的企业通过自由贸易区这个稳定的大市场来销售自己的产品，并且每个国家都可以进行标准化生产，各自生产较少的品种，则每一件产品都能扩大生产规模，以此取得规模经济产量，发挥规模经济效益，降低跨国公司因新开业所支付的固定成本。规模经济形成的成本降低对区外跨国公司具有一定的吸引力，从而引发区外跨国公司对区内的投资。

（二）政策预期效应

中国—东盟自由贸易区的建立以制度性的国际条约和协议作为保证，对于参加的各方而言，一旦作出承诺就会具有法律上的约束意义，中国—东盟自由贸易区的建立以《中国与东盟全面经济合作框架协议》作为开端，该框架协议在投资方面列明了投资便利化、自由化的目标及措施。这一协议以制度性的国际公约作为保证，具有一定的法律效力，因此建立中国—东盟自由贸易区从某种程度上而言为区内外的投资者提供了更好的投资环境以及稳定的政策预期前景。目前，中国与东盟已经达成共识，2009年8月在泰国曼谷签署投资协议，对中国与东盟之间的相互投资有很大的促进作用。中国—东盟自由贸易区的建立表明中国和东盟国家将会更加稳定、快速地发展双边经贸合作关系，承诺开放各自市场并逐步合二为一。这种有利的政策预期对扩大吸引外部资金的流入非常有利。

总之，通过这些投资自由化措施的实行，一体化区内的投资环境将得到明显的改善，将增强区内对直接投资的吸引力。

（三）经济增长效应

经济增长是保持外资持续流入的动力。中国—东盟自由贸易区的建立产生的贸易扩张效应会促进经济增长。中国—东盟自由贸易区建成后，形成近6万亿美元的国内生产总值。中国与东盟GDP增长率较为稳定，且在近几年要高于世界GDP增长率，

特别是在2006年，中国与东盟GDP的增长率是世界的4倍。这对于吸引区外投资无疑是注入了巨大的活力。

2008年年底爆发的全球金融危机对于出口市场主要依赖欧美的中国和东盟都是一个严峻的考验，2008年下半年以来，中国和东盟的经济都出现了严重的下滑。但是，随着一系列经济刺激政策的推出，2009年中国经济保持了9.1%的增长速度，东盟国家通过加强与中国的投资合作，也分享了中国经济增长的红利，经济增长情况均好于预期。中国—东盟自由贸易区的建立，加强中国与东盟之间相互依赖性，双方通过在贸易和投资领域的相互合作，尤其是深层次的投资与货币合作，双方在国际金融危机的背景下经济均取得了较好的增长。

（四）技术扩散效应

技术扩散效应引发的跨国公司对区内的投资增长，主要是投资来源国为了获取东道国先进的技术、管理经验这些无形资产进行的直接投资。全球金融危机导致欧美对东盟各国的初级产品和劳动密集型产品进口需求锐减，导致东盟各国许多传统产业被淘汰。为了稳定经济，保证增长，东盟各国都必须通过产业升级来应对这种不利局面，东盟各国需要对传统产业进行技术改造，同时加强发展高新科技产业。由于中国在产业转型和升级方面起步较早，拥有比较丰富的资源和经验，中国相对东盟具有广泛的同质性和地缘经济向心力，东盟国家为获取产业优化所需的技术和人才，也加大了对中国的直接投资。

四、结语

随着2010年中国—东盟自由贸易区的正式建成和建设的逐渐完善，投资自由化、透明化措施的逐步实施，中国—东盟自由贸易区的投资创造效应会越来越明显，区内成员在引资方面的收益将会增加，投资效应预期为正。从动态效应的角度看，中国—东盟自由贸易区拥有庞大的市场、完善的投资政策以及较高的经济增长率，未来中国—东盟自由贸易区长期吸引外资的动力将十分强劲，但中国—东盟自由贸易区若希望在投资领域取得更好的成果，亟需调整产业结构，加快服务贸易等领域的建设，以便未来能更好地吸引外资。

（来源：张琦，杨杰．《国际经济合作》．2010年第08期）

中国—东盟贸易发展概况

一、中国与东盟贸易的历史

在中国与东盟的经济发展历程中，双方经济发展一个显著的特点就是在促进这些国家的经济增长中，外贸扮演着重要的角色。双方贸易真正的发展始于20世纪70年代以后，自1975年起中国与东盟各国相继签订了贸易、航空、海运、投资保护、避免双重征税等一系列双边或多边协定，相互给予了最惠国待遇，同时中国与东盟国家建立了经常性的双边经贸合作协商机制，从而使双方贸易自20世纪70年代中期以来，呈现出健康、快速的发展。

从双边贸易额来看，1997年以后，由于受东南亚经济危机和世界经济不景气的影响，双边贸易增长波动较大且年均增长速度有较明显的下降，1998年出现了负增长，下降至206.4亿美元。1999年，中国与东盟贸易额回升至272亿美元，比1998年增长15%。2010年，双边贸易额已达2927.8亿美元，规模扩大了37倍。2011年上半年，双边贸易额同比增长25%，达到1711.2亿美元。目前，中国已是东盟第一大贸易伙伴，东盟也超过日本，成为中国第三大贸易伙伴。

从双边贸易的商品结构来看，20世纪90年代以前，中国对东盟出口的主要是农副产品和轻纺产品，从东盟进口的主要是原材料等初级产品。90年代以后，双方在机电产品和高新技术产品进出口的数量和比重逐年上升。2010年，中国对东盟机电产品出口733.96亿美元，占中国对东盟出口总额的53.1%，同比增长20.83%，比2008年增长14.05%，规模超出2008年金融危机前的水平。同年，中国自东盟进口机电产品825.78亿美元，占比53.42%，同比增长38.82%，比2008年同期增长21.32%，进口额也超出2008年金融危机前的规模，增速也较前些年迅速上升。

二、中国与东盟贸易的现状

根据相关统计数据，中国与东盟之间的贸易现状主要呈现以下特点：

（一）国别集中度较高

目前，东盟超过日本，成为中国的第三大贸易伙伴。从历年的数据综合来看，中国与东盟十国都有贸易往来，其中，前五位分别为马来西亚、新加坡、泰国、印度尼西亚和菲律宾，基本都占到东盟与中国整个贸易额的一半以上。从2010年1月到4月来看，中国与以上东盟五国的进出口总值分别为：马来西亚222.58亿美元、新加坡179.43亿美元、泰国157.80亿美元、印尼124.34亿美元、菲律宾82.51亿美元，五者合计占同期全国与东盟进出口总值的89.6%。

（二）进出口地较集中，云南、广西发展迅猛

进出口地主要集中在广东、江苏、上海等东部沿海省市。2009年，中国与东盟贸易排名前十位的省市合计占同期中国与东盟进出口总值的90%以上，其中广东、江苏、上海与东盟进出口总值分别为633亿美元、368亿美元和287亿美元，三者合计占近七成。中国地理位置靠近东盟的云南、广西等省区与东盟发展迅速，广西近年来年均增速均超过五成。2010年1～7月，广西与东盟双边贸易额达31.1亿美元，比2009年同期增长38.6%。其中进口10.5亿美元，增长45.7%；出口20.6亿美元，增长35.3。与此同时云南对东盟进出口贸易达21亿美元，同比增长56%。其中出口14亿美元，同比增长50%；进口8亿美元，同比增长66%。

（三）相互投资稳步推进

随着中国—东盟自由贸易区的全面建成，“零关税”的逐步实施，中国与东盟的相互投资快速增加。截至2010年4月，中国和东盟累计双向投资总额约700亿美元，其中中国对东盟投资累计约100亿美元。据中华人民共和国商务部统计，近几年，东盟国家来华投资的实际金额每年在30亿美元左右。东盟国家在华投资居前五位的国家分别是新加坡、马来西亚、印度尼西亚、泰国和菲律宾。双方的投资领域也在不断扩大，东盟对华投资项目从早期的农产品加工、纺织、服装、玩具等延伸到近年的基础设施、医药卫生、机械制造、金融、电力和海运等行业。而中国在东盟国家的投资也从最初的加工、装配和生产性的小型项目扩展到能源开发、金融、化工、电气、通讯、医药和运输等行业。

（四）领域合作有了新发展

中国—东盟经贸合作的深入发展，双方利益关系日益密切，极大地带动了知识产权、法律、文化、媒体等一系列领域合作。如在交通领域，2009年12月，《国务院关于进一步促进广西经济社会发展的若干意见》明确提出“进一步加大对泛北部湾经济合作的支持，推动合作平台和机制建设，构建南宁—新加坡经济走廊”。打通“南新走廊”，有利于实现中国与中南半岛的无障碍贯通，实现中国与东盟之间的海陆联动。

（来源：石珊.《商场现代化》. 2010年12月总第631期）

2008年～2011年东盟国家贸易壁垒信息汇总

一、综合类

（一）印尼

1. 印尼限定港口进口5类消费品

印尼贸易部颁布条例，规定成衣、鞋、儿童玩具、电子产品及食品饮料等5类消费品，只能通过丹戎不禄、丹戎埃玛、丹戎北朗、勿老湾和锡江苏加诺—哈达这5个港口进口，进口商须在贸易部进行注册登记，进口相关产品须在装船前进行核对，费用自付。上述条例已于2008年12月15日开始生效，有效期为2年。

2. 印尼延迟实施出口产品强制使用信用证规定

印尼贸易部决定，对出口额超过100万美元的煤矿、可可、橡胶、锡矿以及棕榈原油产品强制使用信用证的规定，延期至2010年11月1日开始实施。11月1日之前，出口商必须向贸易部完整汇报出口情况，包括支付方式、凭证号、汇入银行名称及单据号。上述决定是对2009年3月5日颁布的第10号关于强制使用信用证出口产品的贸易部长条例的修订。

3. 印尼或提高10种初级产品出口关税

2009年8月20日，印尼工商会馆建议新政府提高10种初级产品的出口关税，以促进国内加工业发展，同时能减少国民经济发展对出口自然资源的依赖。这10种初级产品包括：可可、橡胶、棕榈油、咖啡豆和食糖等。

4. 印尼或将延长实施特定商品进口限令

印尼《商报》2010年10月19日消息：印尼贸易部对外贸易发展局局长德迪·沙勒（DeddySaleh）称有关特定产品进口的2008年第56号贸易部长条例可能被延长，作为保护印尼国内市场的措施。因为该政策有效监管了包括电子产品、成衣、鞋子、儿童玩具、食品和饮料等特定产品的进口活动。

5. 印尼将对外资企业印尼盾账户采取限制措施

印尼央行助理总裁布迪穆利亚表示，印尼央行将在2011年初再对国内银行的外资企业印尼盾账

户采取限制措施，目的是巩固银行业制度的安全性，同时减少因外资涌入带来的负面影响。布迪穆利亚称，该措施与2008年10月曾实行的盾币账户限制措施类似，要求印尼盾账户交割额度限制为银行资本的30%。布迪阐明央行采取该措施是为应对外资进入，同时也为避免盾币汇率波动过大。他表示目前央行正在为该措施准备技术性工作，预计该限制措施2011年一季度即可实行。

（二）菲律宾

菲律宾恢复装船前检验制度

2010年4月7日，菲律宾货物检验公司认可委员会宣布，自2010年4月1日及以后到港的散装货物及杂货均接受装船前检验（PSI）。菲律宾政府曾在2000年5月29日宣布将逐步取消装船前检验制度，推动实施全球贸易自由化。

（三）新加坡

新加坡新规拟加强对消费品的市场监督。新加坡于2011年4月1日生效的《2011年消费者保护条例（草案）》，加强了对消费品的市场监督，要求对玩具、儿童用品、服装、体育及休闲用品、家具、床垫和床上用品、DIY工具、其他消费品以及电气、电子和气体产品等上市后实施更严格的市场监督，以保护消费者安全。

（四）越南

1. 越南提高100多种商品的进口税

2010年9月14日，据越南《海关报》报道，越南财政部颁布关于修改优惠进口税表中部分优惠进口税目的通知，于2010年10月23日正式生效。根据此通知，越南111种商品的进口税得以调高。如肉类及其产品进口税由10%提高到38%；厨具产品由18%提高到27%；部分日用品由5%调高到30%。

2. 越南拟采用技术壁垒抑制贸易逆差

据越南《年轻人报》2011年3月7日报道，越南海关总局公布2月份贸易逆差为9.5亿美元，前2个月累计为18.2亿美元。为减少贸易逆差，越南海关总局提出建议：首先控制进口信贷资金规模；其次，采取进口许可证自动管理制度；并对非必需品的进口采取食品安全卫生、检疫等技术壁垒加以限制。

3. 越南颁布97种不鼓励进口商品的名目

据越通社网站2011年3月29日报道，越南工贸部颁布了不鼓励进口商品名目的138号决定。越南不鼓励进口的商品共计97种。其中包括核反应堆、蒸汽炉、机器和机械设备、发电机及发电设备、车辆及其零件（火车和电车设备除外）、载人汽车、赛车等。但用以生产的原料进口不属于决定调整的范畴。该决定于2011年3月25日起生效并实施。

二、机电类

（一）马来西亚

马来西亚继续实行汽车进口许可证政策。马来西亚《南洋商报》2011年2月10日报道，国际贸易及工业部长拿督斯里慕斯达法表示，政府将不会改变汽车进口许可证的政策，会一直持续下去。目前马来西亚政府每年都会向特许经营汽车进口许可证资格者发出一定数额的汽车进口许可证，数量是前一年国家汽车总产量的10%，即每年进口汽车总量不超过上年汽车总产量的10%。

（二）越南

越南下调部分电器设备进口税。越南财政部发出第138/2009/TT－BTC号通知，从2009年8月17日起，调整部分电器设备进口优惠税率。根据该通知，1万千伏安以下的变流器进口税率从28%下调到26%；各类1千伏安以下变流器和高压变流器进口税率从10%下调到5%；其他变流器进口税率从28%下调到20%；相应变压器进口税率从28%下调到10%；UPS不间断电源设备进口税率从3%下调到1%；脉冲自动断路器进口税率从5%下调到3%。

三、食品土畜类

（一）文莱

文莱取消中国奶制品进口禁令。2009年4月，文莱卫生部宣布取消禁止进口和销售中国产牛奶和奶制品禁令。根据该部公告，2009年2月10日以后生产的所有中国奶制品将被允许在该国内市场上销售。

（二）印尼

1. 印尼禁止中国牛奶类产品进口

2009年3月17日，印尼食品药品监督局向制造商、进口商和分销商发布公告，禁止从中国进口牛奶、奶制品、鸡蛋粉和碳酸铵产品。该公告内容包括：禁止从中国进口牛奶、奶制品、碳酸铵制品和鸡蛋粉等产品以及以这些产品为原料的产品，此类产品将不能得到食品安全机构的安全评估；从中国以外的国家进口上述产品或者以上述产品为原料的产品，必须由出口国政府开具产品原料来源说明书；凡是从中国进口的上述产品，将不能进行产品注册。

2. 印尼要求中国产大蒜附加人工培育证书

2009年6月1日，印尼农业部质监中心开始执行2009年第117号指南，要求中国产大蒜出口印尼须附加人工培育证书，并保证大蒜产自非疫区；产自疫区的大蒜须在附加人工培育证书中标明已进行处理。

3. 印尼对7种奶粉产品恢复征收进口税

2009年6月19日，印尼财政部表示，为支持印尼奶制品工业发展，印尼政府决定对6种全脂奶粉和1种脱脂奶产品恢复征收5%的进口税。

4. 印尼要求肉类进口商持清真证书

2009年7月27日，印尼贸易部规定，自2009年10月起，所有畜牧业产品的生产或进口，均须获得兽医卫生证明和清真证书。进口商除必须持有清真证书外，进口前还须持有印尼贸易部长颁发的进口执照。此前，进口商只需获得农业部长或药品食品监督局主任的推荐书即可。该条例未对猪肉等非清真肉类进口作出规定。

5. 印尼颁布新鲜植物产品检疫新条例

2009年，印尼颁布《进出口新鲜植物食品安全控制条例》，要求所有向印尼出口的新鲜植物产品必须按照规定准备相关检验检疫材料，由印尼质检部门批准，并在印尼质检部门指定的实验室进行农药残留、重金属污染、细菌含量以及金属、沙子、玻璃灯残留物质的检测，全部合格后方可由指定港口进入印尼市场。该条例于2009年11月19日生效。

6. 印尼进一步严格蔬菜、水果进口要求

2009年11月16日，印尼农业部颁布新规定，要求进口蔬菜、水果必须符合国际认可的安全标准，以避免含有有害化学残留物质。上述规定于2009年11月19日开始生效。该新规要求出口国根据联合国粮农组织规定以及印尼本国标准办理合格证书，证明产品中不含有任何有害的化学物质。

7. 印尼推行渔业产品国家标准

2009年12月1日，印尼海洋与渔业部长颁布2009年第61号法令。该法令规定，81种渔业产品必须遵守印尼国家标准。印尼国家标准涉及捕鱼工具（捕鱼船、运载船、储藏鱼的冷冻库和冰块等）及渔产加工程序（渔产冷冻、渔产卸下、职工工作方式和粮食安全管理等），微生物学测试程序等。81种渔业产品包括冷冻鱼片、冷冻虾、冷冻蛙腿、冷冻金枪鱼、冷冻生龙虾、冷冻鲣鱼等。

（三）马来西亚

1. 马来西亚2011年起对进口果蔬实行3P标签标准

马来西亚农业及农基工业部副部长蔡智勇表示，从2011年起马来西亚政府将严格执行食品管理法令，强制所有进口果蔬必须标明3P标签，即标明等级分类、标签及包装。3P标签的基本内容包括进口商地址、日期、重量、注明号码和包装等。3P标签措施的实施旨在确保马来西亚进口果蔬的质量。

2. 有机产品须获认证方可进入马来西亚市场

据《南洋商报》消息，马来西亚农业局总监罗斯里卡立指出，从2011年1月1日起，任何有机产品必须获得马来西亚有机计划（SOM）认证，否则不得在市场上标识为“有机”产品出售。除了有机蔬菜和水果外，加工及进口的有机产品也必须符合这项认证或国际认证。马来西亚卫生部已修改1985年食品条例，制定所有标识为“有机”或带有相同含义字眼的产品都必须符合MS1529：2001标准。罗斯里卡立透露，马来西亚农业部将成立一个委员会鉴定有机加工产品，届时将委任一家私人公司参与。

（四）缅甸

缅甸适度放宽大米行业出口及融资管制

据海外媒体报道，缅甸政府于近期适度放宽了对国内大米行业的严格管制，主要包括许可私营出口商出口大米，并允许非国有的大米行业协会和组织向包括农民和面粉厂主在内的从业人员提供融资，供其购买种子、农具和肥料等生产资料。据专家估计，缅甸政府此前已在大豆行业推行类似措施进行试点并取得成功。但大米行业对缅甸国民经济的影响更大。

（五）越南

1. 越南采取措施限制盐进口

2010年3月24日，越南工贸部发布2755号文件，要求国内各生产企业限制使用进口盐，优先使用国产盐。越南工贸部表示，将停止分配2010年余下的盐进口配额，并对已取得配额的企业加强监控，确保进口盐用于生产而非黑市交易。此外，该部正考虑对盐类商品采取各项保障措施。

2. 越南对商品盐进口采取关税配额措施

根据越南工贸部的通知，自2010年6月1日起，获得进口商品盐许可证的企业按照关税配额进口商品盐，商品盐海关税号包括2501009090、2501004120、2501004920等。凡进口关税配额之外的商品盐，须在签订合同前得到越南农业与农村发展部的批准。

3. 越南拟提高部分消费品进口税

2010年6月4日，越南财政部表示正在就优惠进口税率表中部分优惠税率的修改征求意见。根据修改草案，越南将提高非必需品和非鼓励进口消费品的优惠进口税率。如将兔肉、灵长目动物肉、包括蛇和龟等爬行动物肉的进口税由现行的10%调至14%；将大蒜、种子蒜、洋葱及辛辣味的蔬菜等新鲜和冷冻产品的进口税由现行的15%调至20%；蔬菜进口税率由现行的20%调至23%等。

四、轻工类

1. 马来西亚2010年起对玩具销售实行安全核准制

2009年7月26日，马来西亚国内贸易与消费部长伊斯迈沙比里表示，自2010年始，马来西亚将对所有在市场上销售的儿童玩具实施事先认证制度，经核准符合安全标准后须强制印上安全标签方可进入市场。该项认证工作将由政府委托的思灵公司负责承担。经鉴定玩具符合安全指标的，思灵公司将向国内贸易与消费部呈交报告，再由该部给玩具商签发核准信。

2. 马来西亚2010年8月1日起实施《玩具安全法令》

据海外媒体近期报道，马来西亚国内贸易与消费部2010年8月1日颁布《玩具安全法令》，规定自即日起，马来西亚对所有在市场上销售的儿童玩具实行事先认证制度，经核准符合安全标准且强制贴上安全标签后方准在市场上销售。此前，马来西亚主管高官表示无论自华进口还是自他国进口，这项新措施包括本地制造的玩具均实行同一制度。

3. 马来西亚2011年7月起禁止1500种产品出口

据《南洋商报》消息，马来西亚2010年策略贸易法令于2011年7月1日生效，禁止商家出口、转运或过境军事的策略性物品，包括军事用品、激光及感应器、海事、电子、航天推进产品、加工材料、特别材料等。预计受管制的物品超过1500项。

五、钢铁类

越南钢铁协会提出三项措施保护本国企业

2009年4月，为刺激国内钢铁生产，遏制进口，越南钢铁协会（VSA）对卷钢进口提出三项措施：一是通关前，所有卷钢须进行抽样查验，避免进口商以焊条钢、合金钢报关骗取进口关税优惠；二是卷钢必须通过一般贸易进口，以严格控制产品原产地和数量；三是从东盟其他国家进口的卷钢先按照最惠国待遇征收15%的进口税，在证实其本地加工值超过总价值的40%即符合中国—东盟自由贸易区原产地证书要求后，才可享受进口退税待遇。

六、五矿化工类

（一）印尼

印尼将实施进口钢铁监管新条例

印尼贸易部决定自2009年4月1日起，对202种钢铁产品实施新的进口监管条例。根据该条例，只有登记注册过的制造商才能进口槽钢、钢片等202种印尼自己生产的钢铁产品。此外，该条例还规定进口液态天然气罐和煤气炉必须接受检验并符合印尼国家标准。

（二）泰国

泰国实施含石棉产品强制性标签

2010年2月24日，泰国发布相关法规，规定石棉产品（涉及刹车，建筑屋面瓦、乙烯塑料地板、水管等）应具有强制性重要信息的标签，即指示、警告及其他信息等。该法规于2010年3月24日生效。

（一）越南

1. 越南对进口合金钢征收10%关税

2009年7月27日，越南财政部发布第93号通知，对进口合金钢征收10%的进口关税。根据越南有关法律规定，进口合金钢作为机器制造原料可享受0%的优惠进口税率，但用于工程建筑的建材钢的进口关税为12%。目前部分进口商在进口用途申报方面存在问题。为此，越南财政部将合金钢的进口税率上调至10%。企业只有在提供进口钢材为机器制造原料合金钢的鉴定证明后才能享受0%的关税。

2. 越南钢铁协会呼吁控制进口中国和东南亚卷钢

据越南《工商报》网站2011年3月31报道，越南钢铁协会（VSA）要求海关等职能部门严格控制自中国和东盟其他国家进口卷钢。报道称，近来很多越南企业大量进口来自中国和东盟其他国家的含有微量合金元素硼及直径为6毫米或8毫米的卷钢，对国内同类卷钢生产厂家造成了严重冲击，使国产卷钢的市场份额由原来的30%左右下降到14%。鉴于此，越南钢铁协会已致函呼吁财政部海关总局和税务政策司、工贸部进出口司紧急采取措施，检查每批进口卷钢是否按规定办理自动进口登记，以严格控制进口，减少对国内卷钢生产厂家的影响。越南钢铁协会副会长阮进宜建议，对原产于中国的上述产品，如用于建筑领域，应按越南财政部第75/2009/TT－BTC号通知征收10%的进口税，如只用于生产焊条，则给予零关税。

七、其他

（一）印尼

1. 印尼政府拟扩大对外资开放领域

据中华人民共和国商务部进出口公平贸易局网站消息，2010年4月，印尼政府宣布将修改禁止性和限制性外商投资产业目录，放宽医疗、教育、物流、电信等行业的外资准入。印尼投资协调署主席吉达表示，印尼将在两个月内修改外资投资医院的限制规定，邀请国外的一流大学来印尼开展合作办学，向外资开放物流和快递服务领域，有计划地开放电信领域等，以缓解印尼相关领域投资不足和加强人力资源建设，提高医疗和教育等领域的服务质量水平。

2. 印尼要求所有商品加贴印尼文说明

根据印尼2009年第26号贸易部长条例，从2010年7月1日起，印尼市场上的进口产品及国内产品都必须贴上印尼文说明，对于已在市面上流通而未加贴印尼文说明的产品，印尼将给予过渡期至2011年。

（二）越南

中越建立商标领域侵权信息交换机制。2009年4月，中国国家工商总局与越南工贸部在北京签署了《中华人民共和国国家工商行政管理总局和越南社会主义共和国工贸部市场监管领域合作谅解备忘录》，双方将在查处商标领域侵权行为、反垄断、反不正当竞争等领域建立信息交换机制。

（来源：综合整理自中华人民共和国商务部网站）

中国企业到东盟开展投资合作应注意的问题

到文莱开展投资合作应注意的问题

一、投资方面

（一）了解文莱的劳工现状及政策

在文莱，劳工受到法律的保护。雇主支付雇员薪金的时间不得超过当月10日，如延期支付被检举，雇主将受到不高于1500文莱元的罚款；如无法支付薪金给雇员，雇主将受到不超过六个月的监禁；如雇主在未获得许可的情况下雇佣外来劳工，将会受到1万文莱元或入狱6个月至3年的惩罚。

外国人到文莱就业需要得到两年内有效的工作准证。欲获得该准证需向文莱劳工局申请。经文莱劳工局推荐，文莱移民局颁发许可证。文莱劳工局要求申请者提供金额为文莱至劳工来源国单程机票款的押金或银行担保。工作准证在签发后6个月内不得更改。在公司或外国公司的分支机构注册批准之前，申请将不会被接受。

文莱劳工局已经采取适当的措施，分阶段推行“文莱化”政策，鼓励本地的私人机构优先聘请本地人，以便减少本国人失业。一些领域，如秘书、会计、服务员、收银员、保安人员、仓库管理人、营业代表等，将不再授予外籍劳务配额，只限本地人担任。银行业外籍工作人员不得超过员工总数的一半。医生、律师等专业性较强的行业须取得当地的就业执照。

（二）适应当地政府部门工作效率

文莱政府机构办事较慢，且宗教节假日较多。同时，由于机构重叠，有时项目审批需拖延很长时间。

（三）重视宗教影响

文莱为伊斯兰国家，要注意处理好宗教性敏感问题，遵守宗教习俗，如投资食品加工等行业，必须得到宗教部的批准等。

二、贸易方面

文莱贸易政策的制定和实施主要由文莱工业与初级资源部负责，财政部、经济发展理事会等有关部门参与管理。

在文莱经商必须熟悉并适应当地特殊的贸易环境和文化背景，采取有效措施拓展业务。要认识到文莱国内市场规模不大，经营商多且以华人为主。同时当地支付方式比较规范，对产品品质要求较高。

三、承包工程方面

在文莱承包工程，要了解工程承包的基本状况。近年来，文莱建筑市场逐渐复苏，工程量逐年上升，建筑企业间的竞争更加激烈，表现在投标价格一降再降，利润空间十分有限。外国公司在普通建筑工程项目上优势不大。截至2010年6月底，中国在文莱承包工程合同额累计2.15亿美元，营业额1.35亿美元。目前在建项目主要包括中水电集团的水坝项目、中交集团的公路项目、中铁二局的房建水坝项目等。在文莱的中国企业通过积极接触市场和严格施工管理，为进一步站稳市场奠定了基础，但在市场开拓中也遇到了一定阻碍。

随着文莱经济稳定发展，一些基础建设项目正逐步展开，同时文莱在努力实施经济多元化战略，制订鼓励投资的法规，吸引外国投资者来文莱投资建厂，这为中国企业开拓文莱工程市场提供了机遇。中国承包商可以结合自身优势，积极寻求发展机会。

四、劳务合作方面

在引进劳工的问题上，文莱对外宣称实施的是开放的政策，但为了确保劳工的流入不影响本地人的生活习惯和价值观，因此其实际操作中实行的是一事一批、个案处理的原则。基本操作程序是：(1) 由需要输入劳务的本地公司将公司经营情况、所需劳务的数量、国别及申请理由上报到劳工局；(2) 由劳工局、移民局等相关部门组成的审查委员会审批后下达劳务输入配额；(3) 申请单位获得配额后须在政府认可的银行开设专门账户，按输入劳务的数量存入相应的劳务保证金（按法规要求，此数额应相当于回到派出国的机票款），东盟国家劳务每人600文莱元，东盟以外国家（包括中国）每人1800文莱元。文莱—中国直航2010年3月恢复后，每人收取800文莱元。

五、防范投资合作风险

在文莱开展投资、贸易、承包工程和劳务合作，要特别注意事前调查、分析、评估相关风险，事中做好风险规避和管理工作，切实保障自身利益。包括对项目或贸易客户及相关方的资信调查和评估，对投资或承包工程国家的政治风险和商业风险分析和规避，对项目本身实施的可行性分析等。建议相关企业积极利用保险、担保、银行等保险金融机构和其他专业风险管理机构的相关业务保障自身利益，包括贸易、投资、承包工程和劳务类信用保险、财产保险、人身安全保险等，银行的保理业务和福费廷业务，各类担保业务（政府担保、商业担保、保函）等。

建议企业在开展对外投资合作过程中使用中国政策性保险机构——中国出口信用保险公司提供的包括政治风险、商业风险在内的信用风险保障产品，也可使用中国进出口银行等政策性银行提供的商业担保服务。

如果在没有有效风险规避情况下蒙受风险损失，也要根据损失情况尽快通过自身或相关手段追偿损失。通过信用保险机构承保的业务，则由信用保险机构定损核赔、补偿风险损失，相关机构协助信用保险机构追偿。

六、其他应注意的问题和事项

在文莱办理工作准证规定比较严格，建议中国企业通过当地合作伙伴或聘请当地具有丰富经验的律师协助办理工作准证的相关手续。

［来源：改编自商务部国际贸易经济合作研究院、商务部投资促进事务局、中国驻文莱大使馆经济商务参赞处共同主编.《对外投资合作国别（地区）指南——文莱》. 2010年版第45～46页］

到柬埔寨开展投资合作应注意的问题

一、投资方面

（一）准确把握柬埔寨投资政策和法规

企业在柬埔寨开展投资活动，首先要做到知法、依法，要全面掌握柬埔寨投资的相关法律法规，准确把握柬埔寨政府在投资保障、投资优惠和限制、外汇、土地使用、商业组织形式等方面的政策。

（二）客观分析对柬埔寨投资的比较优势

在柬埔寨投资的主要优势包括：(1) 实行开放的自由市场经济政策，经济活动高度自由化；(2) 政府是推动外国直接投资的主要动力，投资相关的法律法规以鼓励外国投资为基本思路，外资基本享受与内资相同的待遇；(3) 柬埔寨具有丰富的自然资源，在矿产、水利、农产品、渔业等方面资源较为丰富，这些将为企业提供较多的投资机会。

在柬埔寨投资的主要不利因素为：水、电、交通、通讯等基础设施条件差，相关成本费用高，工人工资水平比周边的越南、孟加拉等纺织服装竞争对手高，投资的软环境较差。主要体现在：第一，人民对“外国资本家”有较大的抵触情绪，工会组织繁多且罢工、示威等活动十分频繁；第二，市场经营秩序混乱，法制不健全。法律、司法对外资保护不力，无经济法庭；第三，柬埔寨经济发展主要依赖外援和外资，但柬埔寨在二者发生冲突时则常会“重援而轻资”，造成在许多投资政策的制订和执行过程中受到"外援"的左右。

（三）规避投资风险

针对一些中资企业在柬埔寨投资项目存在成功率低、收益率低、亏损高等问题，企业可采取以下措施规避投资风险：（1）全面了解信息，提高决策质量。主动联系中国驻柬埔寨经商机构，通过正规渠道取得国别信息，深入目的国做好国情和市场调研，在做出投资决策前全面了解投资风险，防止决策失误；（2）保持清醒头脑，凡事务求落实。企业不可听信一面之词，对于一切承诺均应以正式获得政府批件为准。在选择合作伙伴时，也应先对其背景和实力进行考察。

二、贸易方面

在柬埔寨经商不受国籍限制，但中方企业和人员必须熟悉并适应当地的特殊贸易环境，采取有效措施拓展业务。

（一）熟悉柬埔寨贸易的主要特点

柬埔寨是落后的农业国，工业生产以两头在外的制衣业为主，因而其进出口贸易带有如下鲜明特点：（1）工业制成品和服装加工原料几乎全靠进口。出口产品绝大部分为服装，另有少量农林渔等初级产品；（2）外商投资的服装加工企业是外贸增长的主要力量。近年来柬埔寨服装出口占出口总额的比重一直维持在95%以上；（3）主要出口市场为美国、欧盟，主要进口来源地为东盟和东亚国家。近年来，自东盟国家进口增长迅速。

（二）了解柬埔寨贸易的优势和制约因素

柬埔寨于1999年加入东盟，在共同有效优惠关税体制下，东盟成员国将按步骤实现关税减让目标。2002年11月，中国和东盟签署《中国—东盟全面经济合作框架协议》。2010年1月1日，中国—东盟自由贸易区正式建成，中国与越南、老挝、柬埔寨和缅甸四个东盟新成员将在2015年对90%的中国产品实现零关税的目标。此外，东盟与印度、韩国、日本、澳大利亚、新加坡的自由贸易区建设也在进行中。东盟经济一体化进程和自由贸易区建成，将在很大程度上推动柬埔寨经济和对外贸易的发展。

美国、欧盟、日本等28个国家均给予柬埔寨普惠制待遇（GSP）。对于自柬埔寨进口的纺织服装产品，美国给予较宽松的配额和减免征收进口关税、欧盟不设限、加拿大给予免征进口关税等优惠措施。

在柬埔寨从事贸易的制约因素包括：（1）柬埔寨贸易结构单一，以出口成衣为主并集中于美欧市场，易受国际经济环境特别是美欧经济形势变化的影响。一方面，全球金融危机导致欧美经济衰退，进口减少，影响柬埔寨成衣出口；另一方面，世界粮油价格的上涨导致成衣企业成本大幅增加，盈利减少。（2）柬埔寨成衣出口仍可享受优惠待遇，但今后将面临日趋平等的待遇和自由竞争的挑战。越南等周边国家的劳动力成本和专业技术与柬埔寨相比具有明显的竞争优势。撒哈拉以南的非洲国家的纺织品服装出口受到美国免配额免关税待遇后，出口增长迅速。（3）柬埔寨制衣业已趋近饱和状态，该行业越来越难以吸引新的投资，导致近年来外商投资制衣业的项目和金额逐年减少。

（三）灵活运用税务规则

柬埔寨目前主要有以下的税种和税率，分别是：所得税9%或20%、增值税10%、营业税2%。柬埔寨对私人投资企业所征收的主要税种和税率分别是：所得税9%、增值税10%、营业税2%。

（四）注重提升产品质量

质量就是信誉，是企业生存的根本。中国企业出口到柬埔寨的产品主要有纺织品及其原材料、机械、电器、食品、汽车配件、建筑材料、医药、烟草及化工产品。中国企业应注重提升出口产品质量，打造良好的国际商誉。

三、承包工程方面

（一）抓住市场机遇

据中国商务部统计，2009年中国企业在柬埔寨新签承包工程和劳务合作合同99份，合同金额13.26亿美元，其中承包工程合同额13.24亿美元，劳务合作合同额140万美元。2009年完成营业额4.1亿美元，其中承包工程营业额3.98亿美元，劳务合作营业额1201万美元。大力发展基础设施建设成为柬埔寨政府的重要经济目标之一。世界银行和亚洲开发银行每年向柬埔寨提供近亿美元的优惠贷款，主要涉及技术支持、电力、供排水、道路和机场等基础设施建设，卫生、农业、减贫和教育等领域。中国企业应该抓住柬埔寨基础设施建设的机遇，大力开拓柬埔寨工程市场。

（二）选好承包方式

考虑到柬埔寨政府急需大量资金建设基础设施项目，应国际竞争的需要，中国企业应选择一些具有较好前景的项目，以BOT、BOO等方式进行带资承包，并以此带动中国机电设备、成套设备和劳务出口。

（三）提高承包层次

中国工程承包企业应加紧培养人才，特别是高素质、高级技术人才的培养，充分发挥自身优势，选择专业性较强、技术要求较高的项目，也应努力尝试参与工程咨询性项目的竞争。

（四）进一步开拓市场

中国有能力的企业应在承担中国政府援柬埔寨成套项目的同时，力争树立良好的企业形象，为扎根当地市场打下基础，增强在国际招标中的竞争优势，进一步拓展柬埔寨承包工程市场。

（五）开展良性竞争与合作

中国企业参与竞争和编制报价要坚持以下原则：技术上力所能及、经济上有利可图、执行项目上风险可控，切忌盲目竞争。企业之间还应进行灵活多样的合作，联合开拓柬埔寨市场。

四、劳务合作方面

（一）了解中柬劳务合作现状

柬埔寨是中国外派劳务的重要市场之一。除在柬埔寨投资和承包工程带出中国部分劳工外，随着柬埔寨制衣业的发展，中国向柬埔寨输出了大量服装加工等技术劳工，主要分布在中、港、台资等数十家制衣厂，大多数劳工为服装技工、指导工和熟练操作工。另有部分劳工分布在建筑和服务业。

但由于柬埔寨劳务市场混乱，中国劳务输出（境外就业）体制不完善，加之一些不法商人利用不正当手段或不实劳务项目骗取中国劳工赴柬埔寨务工的现象时有发生，致使在柬埔寨非法务工的问题较为严重，各类劳务纠纷频繁发生。中国有关部门多次采取措施加强管理和在媒体上公开发表通告，要求有关企业和劳务人员通过正当、合法途径办理赴柬埔寨务工手续，但非法务工的问题仍较为严重。

（二）熟悉劳工政策

柬埔寨政府管理外国劳工的主要依据是1997年颁布的《劳工法》、2002年1月柬埔寨劳工部发布的《关于雇佣外国人来柬埔寨就业的申请办法的公告》。

柬埔寨有关劳工的政策处在不断发展变化之中，但其原则思路始终是：严格控制外劳输入，积极实施技术人才本地化战略，千方百计地解决其国内劳动力大量过剩的问题，努力寻找国外就业市场。

（三）依法用工

企业需要雇佣中国劳工，必须按照中国商务部有关规定，通过正当、合法途径办理赴柬埔寨务工手续，禁止非法用工。

企业还需在每年11月底前向柬埔寨劳工部申请下一年度雇佣外劳的指标，未申请年度用工指标，将不被允许雇佣外劳。所雇佣的外劳还必须满足《劳工法》规定的所有条件。

（四）积极开拓新领域

而对中国在柬埔寨最大的劳务合作领域——纺织服装业已开始出现萎缩的局面。在继续巩固传统劳务市场的同时，中国输出劳务的重点领域应有所转变，并积极开发旅游业、农业、华文教育和职业培训中心等劳务合作领域。

五、防范投资合作风险

在柬埔寨开展投资、贸易、承包工程和劳务合作，要特别注意事前调查、分析、评估相关风险，事中做好风险规避和管理工作，切实保障自身利益，包括对项目或贸易客户及相关方的资信调查和评估，对投资或承包工程国家的政治风险和商业风险分析和规避，对项目本身实施的可行性分析等。建议相关企业积极利用保险、担保、银行等保险金融机构和其他专业风险管理机构的相关业务保障自身利益，包括贸易、投资、承包工程和劳务类信用保险、财产保险、人身安全保险等，银行的保理业务和福费廷业务，各类担保业务（政府担保、商业担保、保函）等。

建议企业在开展对外投资合作过程中使用中国政策性保险机构——中国出口信用保险公司提供的包括政治风险、商业风险在内的信用风险保障产品，也可使用中国进出口银行等政策性银行提供的商业担保服务。

如果在没有有效风险规避情况下蒙受风险损失，也要根据损失情况尽快通过自身或相关手段追偿损失。通过信用保险机构承保的业务，则由信用保险机构定损核赔、补偿风险损失，相关机构协助信用保险机构追偿。

六、其他应注意的问题和事项

办理工作许可过程中，首先，应认真了解法律法规。总体而言，柬埔寨关于劳工规定是完全参照西方发达国家劳动标准制订的，要求较为严格，且很多规定和中国国内规定差异较大。中国企业到柬埔寨投资合作涉及用工问题时，一定要认真阅读有关法律法规，避免出现劳务纠纷问题。

其次，要聘请有经验的律师。在柬埔寨办理工作许可证和雇佣卡的要求比较多，手续比较复杂。建议中国企业及相关人员聘请当地具有丰富经验的律师或中介机构协助办理相关手续。

［来源：改编自商务部国际贸易经济合作研究院、商务部投资促进事务局、中国驻柬埔寨大使馆经济商务参赞处共同主编．《对外投资合作国别（地区）指南——柬埔寨》．2010年版第45～49页］

到印度尼西亚开展投资合作应注意的问题

一、投资方面

（一）适应法律环境的复杂性

中国企业到印尼投资首先应该注意法律环境问题，印尼的法律体系整体比较完整，但也有很多法律规定模糊，可操作性差，且不同的法律之间存在矛盾和冲突。虽然法律环境复杂，但中国企业到印尼开展投资合作依然要坚持守法经营，密切关注当地法律变动的情况，依法保护权利，履行义务。处理关键法律问题，还要聘请专业律师。

（二）做好企业注册的充分准备

在印尼投资设立公司注册手续繁多，审批时间较长。虽然印尼政府2007年修订了《投资法》《公司法》，并完善了相关的配套措施，推行“一站式”审批服务，以促进和吸引外国投资，但执行效果仍不理想。企业注册可以聘请专业律师、公证员、投资顾问等专门人员代为办理，但须注意甄选和审核，防止法律文件及手续出现瑕疵。

（三）适当调整优惠政策期望值

为了吸引外国投资，印尼政府出台了一些投资鼓励政策，但力度不大。印尼2007年《投资法》将对内外资的法律统一由一部法律调整，明确规定平等对待内外资。虽然如此，中国企业应调整对优惠政策的期望值。

（四）充分核算税负成本

印尼的税收体制比较复杂，企业的税收成本比较高。2008年7月，印尼国会通过新的《所得税法》，调低了企业所得税和个人所得税税率，新法从2009年1月1日起执行。印尼税法对于中小微型企业有税收优惠，还有其他产业税收优惠措施等。中国投资者要认真研究相关法律规定，用足用好优惠政策，降低税赋成本。

（五）有效控制工资成本

印尼的工资成本整体来说相对较低，但由于《劳工法》对于劳工保护规定比较苛刻，对于资方比较不利。如果职工离职，要支付离职费或者补偿金，即使工人罢工，只要程序合法，也要支付薪水。中国到印尼投资应了解当地劳工法关于工资和保护劳工权益的具体规定，精心核算工资成本。

二、贸易方面

印尼市场环境整体比较复杂，风险较高。在印尼开展贸易活动必须做好充分的市场调研，结合当地特殊的贸易环境，采取有效措施拓展业务，规避风险。

（一）注意合作伙伴和中介问题

印尼的华人数量众多，相同的语言和文化背景，使很多中国企业更愿意通过华人来开展经贸合作，华人中介起到了很好的促进作用。但由于印尼华人中介良莠不齐，恶意欺诈等损害中国企业利益的行为也时有发生。良好的合作伙伴或中介是顺利开展业务的重要保证，因此，中国企业应广泛调查、认真研究、慎重选择。

（二）注重提升产品质量

中国产品在印尼占有广泛的市场，品类丰富，价格便宜，富有竞争力，但也存在部分劣质产品问题，对中国产品的整体形象造成一定损害。中国企业应该特别重视产品质量和售后服务，维护中国在印尼市场可持续出口的良好环境。

（三）注意言谈举止

印尼作为中国企业“走出去”的重要目的地，已经吸引了越来越多的企业和人员到印尼投资兴业，独立个体的行为也会直接影响到中国企业的整体形象。因此中国企业和人员在国外须注意言行举止，与人交往要文明礼貌，讲究诚信，守法经营，共同维护企业和国家形象。

三、承包工程方面

据中国商务部统计，2009年中国企业在印度尼西亚新签承包工程和劳务合作合同146份，合同金额18.14亿美元，其中承包工程合同额18.14亿美元，劳务合作合同额56万美元。2009年完成营业额26.48亿美元，其中承包工程营业额26.47亿美元，劳务合作营业额161万美元。随着印尼经济的进一步发展和开放程度的提高，国际金融机构和外国贷款的招投标项目将会日益增多，为了抓住机遇，发挥优势，能在印尼拿到更多更好的承包工程，需要注意以下几个方面的问题：

（一）项目招投标程序

不同类型的工程项目具有不同的招标和参与方式。印尼的承包工程项目主要分为四类：第一类是国际金融机构提供资金的项目，如世界银行、亚洲开发银行、欧洲复兴开发银行等提供融资的项目；第二类是外国资金援助的印尼政府项目；第三类是外国和本国资金投资的政府项目；第四类是私人资金项目。

对于由国际金融机构提供资金的项目，一般进行国际招标。凡该国际金融机构的成员国，都有资格参加投标。投标者的资格预审、招标程序均按国际咨询工程师联合会菲迪克（FIDIC）条款要求进行。除第一类项目外，凡要求参加由外国提供资金援助的政府项目、外国和本国投资的政府项目以及私人投资项目的外国承包商，必须在印尼成立代表处并与印尼公司合营，或就具体项目进行投资与合作，成立外国资本投资公司。

（二）投标时应注意的问题

第一，需要调查承包工程项目的资信情况。

通常项目资信调查内容包括以下方面：

（1）该工程项目是否已有印尼政府的批准文件；

（2）该工程项目的资金是否已落实，如果是自筹资金，其资金来源是否有保证。如果项目要求提供卖方信贷，是否已有外国银行提供贷款，而该外国银行是否在印尼已有可接受的银行为其提供保函和开具信用证；

（3）该工程方案是否确定，有无经济、技术可行性分析研究报告，且已证实该工程项目的可行性，并落实了该工程项目建设的土地；

（4）对工程业主和承包工程的伙伴进行切实可行的资信调查，防止上当受骗。

第二，承包工程宜采用与印尼公司分包施工的合作方式进行。

由于印尼政府禁止输入一般性劳务，在承包印尼工程项目需要寻求和选择一家印尼当地的土建施工或能从事简单设备安装的工程公司作为合作伙伴。

合作伙伴要选择得准确合适，除了具备分包工程所应具有的基本条件外，它还应该能为工程总承包的投标成功作出贡献。此外，要在承包工程投标之前确定与该分包商的合作关系，以便会同总承包商共同进行经济核算。

第三，因为资金的匮乏，印尼更欢迎那些资金实力雄厚，融资能力强的国际大企业来竞标基建项目。带资承包约占国际工程承包市场的65%，印尼基建市场更是大于这个比例。

第四，在投标中，大型项目如水电站、公路等的招标工作通常情况下都是聘请西方一些著名咨询公司评标，技术要求相当严格，标书内容制作应符合国际规范，一定要注意招标答疑的细节问题，标书外观应精美，否则难以中标。

四、劳务合作方面

（一）获取工作许可难度大

印尼经济处于稳步复苏期，资源实力雄厚，拥有可持续发展的巨大潜力，对于劳动力特别是高素质劳动力的需求不断增加。但由于印尼对本国劳工保护极为严格，对外国劳工的使用要求非常苛刻，工作签证签发要求很高，除高级管理岗位和高级技术人员之外，本国劳工可以胜任的工作，均不允许雇佣外国劳工。

（二）非法居留工作问题

因印尼工作签证审批难度大，外国人使用商务签证或者旅游签证在印尼务工现象普遍存在，印尼有关部门经常采取措施进行打击，非法滞留开展商务活动的外国人被拘捕或处以刑罚的事件也常有发生。

五、办理工作许可过程中应该注意的问题

外籍工作人员签证办理手续较为繁琐，费用较高，通常通过中介办理。主要程序如下：

1. 企业须具备经由印尼劳工部批准的《外籍员工使用计划》，主要包括外派人员数量、职位、组织架构等。外派人员仅限于管理职位或当地不能提供的专家，人力资源管理岗位须由当地人员担当。在企业1～3年的外籍员工使用计划获批后，方可开始聘用外籍员工。

2. 在印尼移民局办理临时居留签证（Visa Berdiam Sementara，简称VBS）。

3. 在印尼驻中国使馆领取VBS。

4. 持VBS进入印尼，并在两周内到以下部门办理有关证件：到移民局，办理KITTAS（外籍人员身份证件）和多次出入境准证（如需要）；到劳工部，办理工作准证及其他文件。

5. 每一年延长KITTAS、工作准证和其他文件，每半年延长多次出入境准证（如需要）。

另外，企业须按外籍人员数量，每人每个月缴纳100美元作为当地人员培训费。缴纳该费用是办理工作准证的必备条件，培训费交至印尼劳工部，名为“工作技能发展基金”。

六、防范投资合作风险

在印尼当地开展投资、贸易、承包工程和劳务

合作，要特别注意事前调查、分析、评估相关风险，做好风险规避和管理工作，切实保障自身利益，包括对项目或贸易客户及相关方的资信调查和评估，对投资或承包工程国家的政治风险和商业风险分析和规避，对项目本身实施的可行性分析等。建议相关企业积极利用保险、担保、银行等保险金融机构和其他专业风险管理机构的相关业务保障自身利益，包括贸易、投资、承包工程和劳务类信用保险、财产保险、人身安全保险等，银行的保理业务和福费廷业务，各类担保业务（政府担保、商业担保、保函）等。

建议企业在开展对外投资合作过程中使用中国政策性保险机构——中国出口信用保险公司提供的包括政治风险、商业风险在内的信用风险保障产品，也可使用中国进出口银行等政策性银行提供的商业担保服务。

如果在没有有效风险规避情况下蒙受风险损失，也要根据损失情况尽快通过自身或相关手段追偿损失。通过信用保险机构承保的业务，则由信用保险机构定损核赔、补偿风险损失，相关机构协助信用保险机构追偿。

［来源：改编自商务部国际贸易经济合作研究院、商务部投资促进事务局、中国驻印度尼西亚大使馆经济商务参赞处共同主编.《对外投资合作国别（地区）指南——印度尼西亚》. 2010 年版第 38～41 页］

到老挝开展投资合作应注意的问题

一、投资方面

（一）客观评估投资环境

老挝的法律、法规基本齐备，但执行中存在一定程度的有法不依、执法不严的问题，需注意法律风险。老挝社会总体稳定，少有暴力、恐怖事件发生，但对外国投资企业的偷盗、抢劫案件时有发生，需注意人身、财物安全。老挝人口少，市场小，难以规模化生产制造，大部分物品靠进口，成本相对高，投资经营中需注意成本调查、核算。老挝基础建设条件较差，工业基本不配套，造成物流成本高，运输时间长；煤炭严重缺乏；水电丰富，但电网建设跟不上。目前，多家中国电力企业进入老挝开发水电资源，包括南方电网、中国水利水电、大唐集团、国网新源、中国葛洲坝集团公司、中国重型机械总公司等企业；老挝劳动力不足，且素质偏低，技能不高。当地雇员一般不愿加班加点，因而在工期的项目执行中难度较大。

（二）适应法律环境的复杂性

近年来随着对外开放力度的加大，老挝的各种法律都在修改完善之中，需不断关注最新法律、法规和政策的出台和修订，可聘用律师事务所和政府部门中的资深法律专家作为法律顾问，也可随时登门或电话咨询和请教。还需特别注意两点：第一，在同老挝政府签订投资协议中，老方承诺的优惠政策应有法律作依据，否则在执行中仍可能会出现争议；第二，老挝计划投资部为老方外商投资的统一受理窗口部门，但在实际运作中仍存在内部程序多、时间长的问题，因此需要有耐心并保持沟通，及时提供补充资料和解答有关问题。

（三）全面客观了解老挝的优惠政策

老挝政府公布的外商投资优惠政策对不同行业、不同地区、不同贡献的企业有不同的标准，要全面、客观了解优惠政策申报条件、时限等，做好调查研究，规避政策风险。进入经济特区、工业园区的投资企业，虽然可享受保税、免税的政策，但企业要自行解决“三通一平”等基础设施的建设投入，需要统筹评估利弊关系。

二、贸易方面

（一）贸易管理规定

老挝贸易管理中不同商品有不同的管理规定，比如木材贸易中原木、锯材等禁止出口，只有木材制成品才能出口；矿产品贸易中原矿不能出口，必须是半加工品以上才能出口；药材贸易中大黄藤需向老挝政府申请配额后方能出口等。老方进口商品主要按中国—东盟自由贸易区货物贸易协定执行，即除敏感商品外，其余商品关税逐年降低，到 2015 年降为零关税。此外，除对老挝援助和投资项目之外，进入老挝的产品在实施期内可享受零关税。

（二）支付条件

从 2010 年 12 月开始，银联卡逐步可以在老挝部分取款机和商户使用。此次中国银联和老挝外贸银行合作，将银联卡使用范围扩大到当地六成取款机和五成商户。2011 年 6 月 9 日，中国—老挝本币跨境结算启动暨富滇银行推出老挝基普兑人民币汇率挂牌仪式在云南昆明举行，正式启动中老本币跨境结算，并对老挝基普兑人民币汇率进行挂牌，在全国商业银行中首家推出老挝基普兑人民币现汇交易业务。

（三）商品质量和服务

由于老挝和泰国之间的文字、信仰、习俗、气候、地理条件相近，老挝公民容易接受泰国产品，因而中国产品要进入老挝开展市场竞争应先了解泰国同类产品的质量、性能、包装等，尤其在商品包装的文字以及在稳定供货及售后服务等方面应有竞争性，同时注意商品应适应老挝炎热的气候。

（四）商务礼仪

由于老挝语是特殊语种，中方熟练掌握老挝语的人不多。在投资贸易的交流合作中，如果语言不通或不准确，将会错失很多商机，因而配备优秀的老挝语翻译很重要。老挝是佛教国家，十分讲究礼仪，注意尊重当地风俗、礼节、规矩及卫生要求。

三、承包工程方面

截至2010年底，中国对老挝工程承包合同额共44.5795万美元，营业额共26.1509万美元。在老挝开展工程承包注意事项如下：

（一）气候及风俗习惯。老挝属热带和亚热带季风气候，一年分为旱季和雨季，旱季适合施工，雨季则雨水充沛，许多地方经常淹水，施工难度大；老挝人信仰小乘佛教，日常生活及工作与佛教息息相关，有关项目实施过程中要注意尊重当地风俗文化，适当回馈社会，与当地人民和谐共处。

（二）项目审批周期长。老挝政府办事效率不高，没有统一的行政事务办理大厅，办事程序多且不透明。如涉及多部门需专人跟踪，办理相关工程承包项目审批、清关等手续耗时长，要提前做好时间安排。

（三）免税。在签署EPC合同时，要注意是否有免税条款。按老挝政府惯例，投资援助项下项目可免税，使用中国优惠性质贷款实施的项目均享受免税待遇，但必须明确将免税条款写入合同中，否则将按规定征收10%的营业税。

四、劳务合作方面

中老双边劳务合作目前仅限于中国企业执行的工程项目和投资项目的项下劳务合作，至今未出现任何重大劳务问题，开展双边劳务合作的环境较好，具体表现在：

（一）老挝国内环境较好。经过35年的发展，老挝已建立了良好的内部环境，政治稳定、社会安宁、人民友好，革新开放力度不断加大，经济发展快速、平稳，人民生活水平不断提高，国内没有民族、宗教、政党、反叛武装的斗争和冲突，与周边国家也没有边界冲突问题。

（二）中老关系为开展双边劳务合作创造良好的外部环境。2009年，在“好邻居、好朋友、好同志、好伙伴”精神指引下，两国关系继续蓬勃向前发展，建立了全面战略合作伙伴关系。2011年4月25日，中共中央总书记、国家主席胡锦涛，全国人大常委会委员长吴邦国，国务院总理温家宝与老挝人民革命党中央总书记、国家主席朱马里，国会主席巴妮，政府总理通辛互致贺电，热烈庆祝两国建交50周年。走过半个世纪的中老友好关系已经深入人心。展望未来，两国在各领域的友好合作必将结出更丰硕的成果。

（三）开展中老双边劳务合作具有较大发展空间。近些年，老挝经济持续保持7%以上的增长速度，每年获得近4亿美元的国际援助。2010年批准国内外投资16.41亿美元，老挝国内基础设施建设和项目投资呈现一派繁荣景象，需要大量高质量、高效率建设队伍。同时，老挝政府目前实施“湄公河次区域过境服务中心”战略，重点发展交通路网如南北、东西铁路和南北、东西高速路等，并明确表示将强化与中国的经贸合作重心地位，把中国视为最主要的外援、外资来源国和出口市场。由此看来，中老经贸合作势必在较长时间内保持快速增长势头。开展和加强双边劳务合作具有较大发展空间，当属应运而生，更应顺势而为。

五、防范投资合作风险

在老挝开展投资、贸易、承包工程和劳务合作，应特别注意事前调查、分析、评估相关风险，事中做好风险规避和管理工作，切实保障自身利益，包括对项目或贸易客户及相关方的资信调查和评估，对投资或承包工程国家的政治风险和商业风险分析和规避，对项目本身实施的可行性分析等。建议相关企业积极利用保险、担保、银行等保险金融机构和其他专业风险管理机构的相关业务保障自身利益，包括贸易、投资、承包工程和劳务类信用保险、财产保险、人身安全保险等，银行的保理业务和福费廷业务，各类担保业务（政府担保、商业担保、保函）等。

建议企业在开展对外投资合作过程中使用中国政策性保险机构——中国出口信用保险公司提供的包括政治风险、商业风险在内的信用风险保障产品，也可使用中国进出口银行等政策性银行提供的商业担保服务。

如果在没有有效风险规避情况下蒙受风险损失，也要根据损失情况尽快通过自身或相关手段追偿损失。通过信用保险机构承保的业务，则由信用保险机构定损核赔、补偿风险损失，相关机构协助信用保险机构追偿。

六、其他应注意的事项和问题

当地政府对在老挝办理居住证、就业证、多次往返证等有严格的规定，费用昂贵，手续复杂，建议中方企业请当地有经验的律师协助，并要注意这些证件的有效期，需提前办理延期手续，逾期不办将受到罚款、遣返等处理。

[来源：改编自商务部国际贸易经济合作研究院、商务部投资促进事务局、中国驻老挝大使馆经济商务参赞处共同主编.《对外投资合作国别（地区）指南——老挝》. 2010 年版第 33～35 页]

到马来西亚开展投资合作应注意的问题

一、投资方面

（一）客观评估投资环境

中国投资者赴马来西亚开展投资合作首先应该客观评估其投资环境，主要注意以下问题：经济规模及产业优势；政府及各界对待外国投资的态度；投资经商的便利化措施；人文、语言及宗教环境；政府部门的执行力及工作效率；经商习惯及民商法律制度；社会治安状况。

（二）适应法律环境的复杂性

独立前的马来西亚是英国殖民地，因此其法律体系深受英国法律体系的影响，成文法与判例法在商业活动中都发挥作用。中国企业到马来西亚投资首先要注意法律环境问题，要严格遵守马来西亚各项法律规定，密切关注当地法律变动情况；聘请当地有经验、易于交流的律师作为法律顾问，处理所有与法律有关的事务，涉及投资经营重大问题和合约谈判及签署，事先一定要听取专业律师的意见。

（三）做好企业注册及申办各类执照的充分准备

在马来西亚投资合作的起步阶段最大的困难是公司注册和申办各类执照。这些执照的申请程序复杂，文件繁多，审批时间较长，需要交涉的事务头绪纷繁。中国企业要对马来西亚关于外国投资注册的相关法律法规有一定了解；聘请专门的秘书公司和专业律师协助处理有关申请事宜；按照要求，提前备齐所需文件，及时履行相关手续；马来西亚各类申请文件及公司文书均须企业法定代表人亲自签名，并加盖公司的正式印章。

（四）适当调整优惠政策的期望值

马来西亚政府虽然制订了多项投资优惠政策和鼓励措施，但是这些政策不能自动获得，企业必须向政府主管部门提出申请，政府根据企业情况酌情给予一定优惠政策。中国企业要详细了解这些优惠政策的内容、申请条件及程序，适当调整对优惠政策的期望值，并在专业人士指导下向政府申请有关优惠政策。

（五）充分核算税赋成本

马来西亚的税收体系比较复杂，缴纳税务专业要求高。中国投资者要认真了解当地税收政策，仔细听取专业会计和税务人员的意见，充分核算税赋成本，尽量选择在能够获得所得税减免的领域或地区投资。

（六）有效控制工资成本

马来西亚没有最低工资标准，总体工资水平较高，但是企业工薪支出包括工资、公积金及保险和年度分红等。中国企业需要了解当地劳动法令关于正常工资和加班工资的具体规定，精心核算工资成本，提高劳动生产效率。

二、贸易方面

在马来西亚经商必须熟悉和适应当地特殊的贸易环境，采取有效措施拓展业务，规避风险。

（一）适应当地支付条件

马来西亚进口商通常向出口商开具信用证，但部分进口商基于彼此信任或急于成交，未坚持要求出口商开具信用证，可能酿成纠纷，为此需要保持警惕。

（二）注重提升产品质量

马来西亚人非常注重商品的质量，认为质量代表着信誉。中国的轻工产品在马来西亚的市场份额较高，因而，中国企业在马来西亚更应该注意产品质量和售后服务。

（三）态度鲜明不失礼貌

在商务谈判中，马来西亚人会在寒暄后直奔主题，态度鲜明，但不失礼貌和温和。中国企业要熟悉业务，礼貌倾听，把握要点，适时回应，以期达成一致。

（四）着装得体

马来西亚人出席商务或社交等正式场合，非常注意着装得体，着西装领带或马来西亚传统服装峇（音“巴”）迪。商业伙伴的形象举止会影响到经营合作的正常进行。

三、承包工程方面

2011年1～5月，中国对外承包工程新签合同额在5000万美元以上的项目有163个，占新签合同总额的80.8%。马来西亚在新签合同额的国家和地区中位居第七位。截至2009年底，中国企业在马来西亚累计签订承包劳务合同总额90.4亿美元，完成营业额53.2亿美元。

（一）抓住市场机遇

近年来，马来西亚经济稳定增长，2010年马来西亚公布了以“经济繁荣与社会公平”为主题的第十个5年计划，并出台了“新经济模式”，继续推进经济转型。目前，马来西亚的重点工程有槟城第二大桥、南北铁路、国家高速宽频网建设、砂捞越系列水电站以及沙巴火电站项目等。企业应该抓住马来西亚新一轮基础建设的机遇，积极开拓马来西亚市场，借助马来西亚天然的地理区位优势和与中东国家的宗教联系，谋划进入东盟国家和中东国家市场的长远战略。

（二）选好经营方式

马来西亚推行一些大型政府私营化工程，这类项目往往需要马来西亚政府提供担保，向银行、金融公司或外国机构借款，因此中国企业如果想参与，必须选择有实力、讲信誉的当地公司作为项目合作伙伴，利用其关系和背景，共同实施项目。中国工程企业进人马来西亚承包工程项目，为跟踪项目和实施现场管理，建议在当地注册公司。

（三）因地制宜，实行本地化经营

马来西亚全国外来劳务数量庞大。截至2009年底，马来西亚约有外籍劳工159万人，从事制造业、种植业、建筑业和服务业等，成本比较便宜，中国工人的竞争优势不明显。中国企业在马来西亚开展承包工程业务的重点是工程设计和项目现场管理，施工人员应因地制宜，雇佣外劳，并在部分现场管理岗位聘用当地人员，实行本地化经营。

（四）量力而行

在马来西亚开展工程承包，业主会根据项目情况要求承包商具备一定资质，项目执行需要一定的管理能力、融资能力和人力资源；跟踪谈判项目需要较强的交涉和谈判能力；洽谈项目合约需要较广的人际关系，否则会遭遇很多困难。中国企业刚进人马来西亚时要客观评估自身实力，重视困难，总结以往中国公司的经验教训，量力而行，找好市场切入点，不要盲目行动，贪大求全，一味追求大型或施工难度高的项目，以免为企业带来不必要的经济损失。

四、劳务合作方面

截至2010年底，马来西亚尚未对中国开放普通劳务市场。根据中马两国政府达成的谅解备忘录，马来西亚自2004年开始向中国开放陶瓷、古建筑维护、木器加工以及家具制造四个领域，但是由于马方雇主提供的薪水较低，上述领域劳务合作尚未得到有效履行。此外，针对其国内紧缺的技术工人和工程师，马来西亚政府允许外资企业自行从国外引入，但需要与雇主事先签订用工合同，协定工资及工作时间，并办好工作准证。

五、其他应注意的问题和事项

在马来西亚开展投资、贸易、承包工程和劳务合作，要特别注意事前调查、分析、评估相关风险，事中做好风险规避和管理工作，切实保障自身利益，包括对项目或贸易客户及相关方的资信调查和评估，对投资或承包工程国家的政治风险和商业风险分析和规避，对项目本身实施的可行性分析等。建议相关企业积极利用保险、担保、银行等保险金融机构和其他专业风险管理机构的相关业务保障自身利益，包括贸易、投资、承包工程和劳务类信用保险、财产保险、人身安全保险等，银行的保理业务和福费廷业务，各类担保业务（政府担保、商业担保、保函）等。

建议企业在开展对外投资合作过程中使用中国政策性保险机构——中国出口信用保险公司提供的包括政治风险、商业风险在内的信用风险保障产品，也可使用中国进出口银行等政策性银行提供的商业担保服务。

如果在没有有效风险规避情况下蒙受风险损失，也要根据损失情况尽快通过自身或相关手段追偿损失。通过信用保险机构承保的业务，则由信用保险机构定损核赔、补偿风险损失，相关机构协助信用保险机构追偿。

［来源：改编自商务部国际贸易经济合作研究院、商务部投资促进事务局、中国驻马来西亚大使馆经济商务参赞处共同主编.《对外投资合作国别（地区）指南——马来西亚》.2010年版第40～42页］

到缅甸开展投资合作应注意的问题

一、投资方面

中国投资者到缅甸（以下简称缅）投资兴业应注意以下问题：

1. 缅甸国家和平与发展委员会于2011年1月27日颁布缅甸经济特区法，以进一步吸引外资，发展经济。这是缅甸为进一步吸引外资、发展经济采取的最新动作。据了解，缅甸当地企业非常期待新政府出台更多有利于经济发展的政策，外国公司也纷纷到缅甸考察或洽谈项目，关注着缅甸进一步走向开放的一举一动。

2. 部分外国投资者为避开政策限制，借用缅甸人身份在缅开展投资经营活动。由于此类外国投资不受缅甸法律保护，因合作失败或缅甸合作方利益纠纷而致外国投资者蒙受损失的现象时有发生。中国投资者对此应格外注意。

3. 长期以来，缅中央政府和部分少数民族组织之间的关系十分微妙。中国投资者应尽可能避免单方面同缅地方政府以及在少数民族控制区进行投资合作。此类合作一旦有意外事件发生，两国政府将难以及时有效介入。

4. 由于缅投资政策模糊，基础设施薄弱，不可预见因素较多，在缅投资面临的困难较大。中国投资者应综合考虑各类风险及成本。

（1）客观评估投资环境

中国和缅甸在经济上有着很强的互补性。在缅甸开展投资合作应注意以下问题：

①缅甸政府法规不全，政策多变，给投资者带来许多不确定性风险。

②缅甸基础设施落后。由于缅甸工业发展水平低，交通、通讯等基础设施十分落后，电力供应不足，燃料短缺，给外资带来诸多不利因素。

③缅甸双重汇率相差悬殊。2010年6月，缅甸官方公布外汇汇率为1美元兑换5.24缅币。同月，缅甸外汇市场汇率为1美元现钞兑换1000缅币，1美元外汇券兑换1040缅币。相差悬殊，对外国投资者利益造成影响。

（2）做好企业注册的充分准备

依据《缅甸联邦外资投资法》及《缅甸联邦外国投资法实施细则》的相关规定，分别办理投资许可证、双方签署合资协议、注册公司，相关手续如下：

①办理投资许可证。外资公司需准备以下材料：按照缅甸《公司法》起草公司章程、备忘录；按照缅甸投资委范本准备项目建议书；准备合同（合资协议）文本，包括资本结构、分成、税收、项目融资、公司管理等内容及其他材料。相关材料准备齐全之后报缅方项目主管部审核——报投资委（MIC）审核——报国家贸易委员会（TC）审核——报内阁审核——内阁批准后由投资委颁发投资许可证。

②签署合同（合资协议）。获得投资委颁发的投资许可证后，双方签署合资协议，合资协议具备法律效力。

③注册公司。外资公司填写成立公司相关文件——报经计划与经济发展部下属投资与公司注册局（DICA）审核——由DICA分别征求内政部、财政部、外交部、缅甸联邦总检察署意见——报国家计划与发展部审核——报投资委审核——报贸易委员会审核——报内阁审核——DICA颁发登记执照（公司营业执照）——合资协议开始生效。

（3）充分核算税赋成本

缅甸政府与外资直接相关的税收法律共有五部，即《缅甸联邦外国投资法》（1988）、《所得税法》（1974）、《商业税法》（1990）、《关税法》（1992）、《仰光市政发展法》（1990），对外资入缅都作了相应规定，相关内容详见姜永仁等主编的《缅甸联邦经济法律法规汇编（1988～2001年）》。

二、贸易方面

需确认从事进出口贸易的公司是否在缅甸商务部登记注册后具备《进口商注册证》或《出口商注册证》，双方签订贸易合同后，缅方方能申请《出口许可证》或《进口许可证》。进出口许可证未经缅甸商务部批准不得转让。如遇贸易纠纷，须按缅甸现行《仲裁法》（1944）进行解决。

目前缅甸的对外贸易多通过银行信用证以美元或欧元结算，但受美国等西方国家的制裁，缅甸无法直接与中国各银行间开展信用证结算，要通过设在新加坡或中国香港等第三地的公司。中缅两国银行已就中缅边境贸易中以人民币结算问题进行过多次商谈。

总体看，缅甸银行结算体系、汇率制度等有待进一步完善。无论是在缅局势平稳还是动乱时期，对缅贸易及结汇问题均存在风险，需谨慎为之。

三、承包工程方面

1. 充分挖掘市场潜力

据中国商务部统计，2009 年中国企业在缅甸新签承包工程和劳务合作合同 160 份，合同金额 100974 万美元，其中承包工程合同额 100874 万美元，劳务合作合同额 100 万美元。2009 年完成营业额 83070 万美元，其中承包工程营业额 83030 万美元，劳务合作营业额 40 万美元。近年来，缅甸政府努力推行市场导向的经济改革，在坚持继续抓好农业发展的基础上，大力发展基础工业，兴修水利工程，加大交通设施建设投入，合理开采石油矿产资源，经济社会发展有了较大起色，也给承包工程市场带来巨大商机。

近年来，中国企业在缅甸的工程承包合作顺利发展，相继中标并顺利完成电站、桥梁、铁路、工厂、通讯设施以及输变电项目等工程建设，在缅甸创出了品牌，赢得了信任。中国企业宜利用这一优势，继续挖掘缅甸市场潜力，推动中缅经贸合作关系向纵深发展。截至 2009 年 3 月，中国企业在缅甸累计签订对外承包工程、劳务合作和对外设计咨询合同额 58.3 亿美元，完成营业额 39.1 亿美元。

2. 建立良好合作关系

与缅甸政府部门以及当地有实力、有影响力的企业建立起良好的合作与互信关系，不仅可以帮助企业更加有效的开拓市场，而且在实施工程项目建设任务的过程中，更有可能获得对方的支持与配合，使企业在缅甸承包工程市场上能够做到游刃有余。

3. 避免恶性竞争

中国企业在缅甸应严格执行项目备案制度，服从国内有关部门及商会的协调意见，从长远大局出发，坚持互利合作，避免恶性竞争，实现中国企业在缅甸承包工程市场上共赢的局面。

4. 造福当地社会

中国企业在缅甸承揽项目，在追求经济利益的同时，应积极回报社会，参与社会公益活动，实施一些利民小工程，施惠于当地社会，同当地人民分享劳动成果，赢得地方支持，实现长期、稳定发展。

5. 充分考虑困难与风险

缅甸基础设施落后，国内物资匮乏，工业加工水平较低，缺乏质量管理标准和工业标准，外国承包商在缅甸实施工程项目有可能遇到不少困难。同时，由于西方对缅甸实行制裁，缅甸经济长期在低谷徘徊，积重难返，国家债台高筑，外汇储备短缺，且缅甸政府对外支付工程款项需经过漫长复杂的审批程序，付款不及时或拖欠现象普遍存在。因此，中国企业需充分考虑收汇风险以及汇率变动风险，减少损失。

四、劳务合作方面

劳务人员来缅甸务工前应与具有外派劳务资质的正规企业或单位签订外派合同，将派遣时限、工作条件、劳动报酬、违约责任等关键条款见诸文字，保存好证据，一旦出现劳务纠纷可有效维护自身权益。

劳务人员到缅甸工作之前，首先应对缅甸的法律法规、风俗习惯有所了解。由于缅甸法律规定对违法犯罪行为处以重罚，劳务人员在缅工作务必严格遵守当地法律法规，尊重缅甸人以及缅甸人的风俗习惯，以免因为行为不当给自己带来麻烦。

此外，缅甸处于热带和亚热带地区，卫生防疫条件落后，部分地区疟疾、登革热等疾病盛行。在这些地区工作的人员要具有疾病防范意识，讲究卫生，常备有关药品。

五、防范投资合作风险

缅甸社会治安状况总体良好，但一些不稳定性因素时而对社会安定构成威胁，这对中国企业及人员在缅开展投资合作项目带来不利影响。企业应建立完善的突发事件应急预案，提高驻外人员自我保护意识，加强安全教育培训，防患于未然。在当地开展投资、贸易、承包工程和劳务合作，要特别注意事前调查、分析、评估相关风险，事中做好风险规避和管理工作，切实保障自身利益，包括对项目或贸易客户及相关方的资信调查和评估，对投资或承包工程国家的政治风险和商业风险分析和规避，对项目本身实施的可行性分析等。建议相关企业积极利用保险、担保、银行等保险金融机构和其他专业风险管理机构的相关业务保障自身利益，包括贸易、投资、承包工程和劳务类信用保险、财产保险、人身安全保险等，银行的保理业务和福费廷业务，各类担保业务（政府担保、商业担保、保函）等。

建议企业在开展对外投资合作过程中使用中国政策性保险机构——中国出口信用保险公司提供的包括政治风险、商业风险在内的信用风险保障产品，也可使用中国进出口银行等政策性银行提供的商业担保服务。

如果在没有有效风险规避情况下蒙受风险损

失，也要根据损失情况尽快通过自身或相关手段追偿损失。通过信用保险机构承保的业务，则由信用保险机构定损核赔、补偿风险损失，相关机构协助信用保险机构追偿。

［来源：改编自商务部国际贸易经济合作研究院、商务部投资促进事务局、中国驻缅甸大使馆经济商务参赞处共同主编.《对外投资合作国别（地区）指南——缅甸》. 2010年版第53～56页］

到菲律宾开展投资合作应注意的问题

一、投资方面

菲律宾对外商投资持欢迎态度，但在股份比例上对外资有较为严格的限制，加之基础设施老化等不利因素制约，因此菲律宾吸引外资规模不大。近年来，菲律宾每年引进外资额始终徘徊在20亿～30亿美元。中国投资者在菲律宾开展投资合作应该注意以下问题：

（一）熟悉菲律宾有关投资的法律法规

菲律宾投资法律对于大多数产品在菲律宾境内销售的外商投资一般有不超过合资公司40％股份比例的限制，少数行业在股份比例上有一定浮动，出口型产业的外商投资可控股或独资。因此中国企业赴菲律宾投资应充分了解有关投资法律法规，积极参与到菲律宾投资署公布的《投资优先计划》中鼓励投资的领域，或根据《菲律宾经济特区法案》申请经济特区企业有关优惠政策。

（二）认真进行实地考察调研

菲律宾岛屿众多，各地在语言文化、宗教信仰、基础设施、政策优惠等方面都存在一定差异。因此，中国企业赴菲律宾投资一定要进行认真、细致的实地调研，寻找最适宜投资的地区，切忌道听途说，盲目投资。

（三）注意合资对象的选择

菲律宾华人众多，经济实力较强，这是中国企业进入菲律宾的有利条件之一。选好合资对象将起到事半功倍的作用。中国企业赴菲律宾投资应慎重选择合作伙伴，充分了解合作方的信誉、实力、资质，避免上当受骗。

（四）合理有效利用当地人力资源

菲律宾人口众多，民风比较淳朴，英语普及面广，号称世界第三大英语国家，人力资源相对丰富。但菲律宾民众工作效率偏低，大多不愿带薪加班。因此，如何在尊重当地文化和传统的基础上，充分有效利用当地人力资源，是企业应积极思考的问题。

二、贸易方面

近年来中菲两国贸易发展迅速，中国已成为菲律宾第三大贸易伙伴，菲律宾则是中国在东盟的第四大贸易伙伴。随着双边贸易额的增长，贸易纠纷也越来越多，中国企业在与菲律宾商人做生意时应该注意以下几个问题：

（一）选择安全稳妥的付款方式

在与菲律宾商人做生意时，应尽量争取采用信用证或付款交单（D/P）方式付款，对于赊账销售应持谨慎态度。

（二）重视产品质量

虽然中国商品出口菲律宾有着廉价的优势，但中国企业不应以牺牲产品质量为代价片面追求低价销售，特别是食品、药品等关系到生命安全的特殊商品，企业更应该始终视产品质量为生命。一旦发生恶性事件将对整个企业乃至中国商品的整体形象造成很大损害。同样，从菲律宾进口商品，特别是矿产品，也应该注意到货质量是否与合同规定相符。

（三）注意船运代理的选择

选择信誉好、实力强的船运代理公司也是展开贸易时应积极考虑的重要一环，避免不法货代或船代与不法商人勾结骗取货物。目前中国大型船运公司都在菲律宾设有分公司。

（四）充分享受中国—东盟自由贸易协议带来的关税优惠

中国与东盟国家于2004年签署了中国—东盟自由贸易区《货物贸易协议》，2005年启动了全面降税进程，2010年与6个东盟成员国（包括菲律宾）取消大部分商品的关税。中国企业在向菲律宾出口商品时，凭检验检疫机构签发的中国—东盟自由贸易区原产地证书（From E原产地证书）就可获得减免关税的优惠待遇。同样从菲律宾进口商品出具菲律宾政府机构签署的原产地证明，也可享受优惠关税待遇。

三、承包工程方面

（一）抓住承包市场发展机遇

据中国商务部统计，2009年中国企业在菲律宾新签承包工程和劳务合作合同76份，合同金额

27.67 亿美元，其中承包工程合同额 27.47 亿美元，劳务合作合同额 2000 万美元。2009 年完成营业额 5.65 亿美元，其中承包工程营业额 5.64 亿美元，劳务合作营业额 126 万美元。《2004 年～2010 年菲律宾发展中期规划》重点在交通、电力、供水、通讯等基础设施建设领域加大投人，中国企业可予以关注，抓住合适的市场机会，此外还可更多地关注近年来发展比较迅速的私营项目。

（二）拓宽承揽项目的思维模式，选择适当的经营方式

目前菲律宾承包市场项目大致可分为海外援助项目、菲律宾政府资金项目以及私营项目等三类。中国企业应结合自身实际，根据项目的不同性质，具体问题具体分析，拓宽承揽项目的思维模式，选择适当的经营方式。菲律宾是西方发达国家传统的援助对象国，也是亚洲开发银行总部所在地，近年来韩国、中国等也加大了对菲律宾的贷款力度，海外贷款资金来源相对充足，项目收款普遍有保障，中国企业可多关注跟踪此类项目。近年来，菲律宾经济发展速度相对加快，政府用于基础建设的资金日益增多，但内资项目一般只允许国内企业参与承包。近年来，房地产、小水电等私营项目数量也不断增多，虽然规模不大，但具有周期短、推进快、效率高的优点，企业可积极跟踪参与。不过不少私营项目需要部分带资承包，因此企业在承包过程中还应注意控制风险。

（三）认真研究菲律宾国情，注意守法规范经营

近年来，中国企业在菲律宾承包工程的过程中遇到了一些挫折，归根到底是对菲律宾国情没有深入了解。中国企业在菲律宾开展承包合作应认真研究菲律宾具体国情，入乡随俗，同时应遵守当地法律，规范经营，避免恶性竞争。

四、劳务合作方面

菲律宾是世界上重要的劳务输出国之一，海外劳务汇款是其重要经济支柱。菲律宾对外国人到菲律宾从事普通劳务有严格的限制，只有投资者、高级管理人员、技术人员等经过一系列审批手续后才能获得工作或居留许可。过去曾发生过中国企业员工不按规定办理手续或违反务工规定被扣留的事件，因此中国企业切勿贪图一时之利，应特别注意遵守菲律宾移民局关于在菲律宾居留和工作的相关规定。

五、防范对外投资合作风险

在菲律宾开展投资、贸易、承包工程和劳务合作，要特别注意事前调查、分析、评估相关风险，事中做好风险规避和管理工作，切实保障自身利益，包括对项目或贸易客户及相关方的资信调查和评估，对投资或承包工程国家的政治风险和商业风险分析和规避，对项目本身实施的可行性分析等。建议相关企业积极利用保险、担保、银行等保险金融机构和其他专业风险管理机构的相关业务保障自身利益。包括贸易、投资、承包工程和劳务类信用保险、财产保险、人身安全保险等，银行的保理业务和福费廷业务，各类担保业务（政府担保、商业担保、保函）等。

建议企业在开展对外投资合作过程中使用中国政策性保险机构——中国出口信用保险公司提供的包括政治风险、商业风险在内的信用风险保障产品，也可使用中国进出口银行等政策性银行提供的商业担保服务。

如果在没有有效风险规避情况下蒙受风险损失，也要根据损失情况尽快通过自身或相关手段追偿损失。通过信用保险机构承保的业务，则由信用保险机构定损核赔、补偿风险损失，相关机构协助信用保险机构追偿。

六、其他应注意的问题和事项

（一）金融汇率风险

经历了 1997 年东南亚金融危机后，菲律宾金融体系更加健全，但受经济规模和结构的制约，菲律宾汇市波动加大。2010 年，比索升值迅速，全年比索与美元平均汇率为 45.11：1。中国企业在菲律宾开展经营活动要注意规避汇率风险。

（二）关于政治和商业腐败

菲律宾政治和商业腐败问题比较突出，在多个国际组织关于清廉程度的排名中名次都较为靠后。在“透明国际 Transparency International”2007 年的清廉国别排名中，菲律宾位列 180 个国家和地区中的 131 位。中国企业在菲律宾开展活动应以遵纪守法为前提，不卷入当地政治斗争，同时注意改进与当地社会打交道的方式和技巧。2010 年大选，阿基诺三世上台后承诺将严厉打击菲律宾腐败现象。因此即将赴菲律宾开展投资经营活动的中国企业可观望新一届菲律宾政府的政策走向，以更好地规避商业风险。

（三）防范安全风险和自然灾害

中国企业在菲律宾投资过程中还应当注意政治波动、恐怖活动、治安欠佳等安全形势的影响，特别是去边远山区和棉兰老岛等地区投资更要注意当地安全局势，妥善处理与当地政府、军队、教会以及民众之间的关系。同时，中国投资者应提高对台风、地震、泥石流以及火山等自然灾害的警惕性和防范意识。

［来源：改编自商务部国际贸易经济合作研究院、商务部投资促进事务局、中国驻菲律宾大使馆经济商务参赞处共同主编．《对外投资合作国别（地区）指南——菲律宾》．2010年版第49～52页］

到新加坡开展投资合作应注意的问题

一、投资方面

1．严守法纪。新加坡是法治国家，对各种违法行为均有明确、严厉的处罚。到新加坡投资不可弄虚作假、谎报材料，更须杜绝贿赂等犯罪行为的发生。

2．充分利用优惠政策。新加坡政府对吸引外资制定多项优惠政策，特别是在新加坡设立分公司、代表处、地区总部、国际总部的外资企业，均享有不同程度的税收优惠。企业可根据自身条件、发展情况和设定的远景目标，选择适当的投资方式，以争取最大的优惠政策。

3．符合新加坡国内审批条件。到新加坡主板上市，需符合有关部门制定的标准条件并经新加坡有关主管部门批准。

二、贸易方面

1．慎重选择贸易伙伴

在寻找贸易伙伴和贸易机会时，应尽可能通过参加中国与新加坡举办的各种交易会以及实地考察等正式途径接触和了解客户，避免与资信不明或资信不好的客户开展贸易。外资企业进行业务联络的同时，可咨询新加坡工商业联合会、新加坡中华总商会、新加坡中国商会等行业协会组织或委托专业机构对客户进行资信调查。

2．签订全面有效合同

新加坡法制环境良好，与新加坡商人开展贸易业务须签订全面有效的贸易合同，并尽量在合同中规定仲裁等纠纷处理条款，通过法律途径解决贸易纠纷。

三、承包工程方面

新加坡是中国对外承包工程的重要市场，也是第二大海外劳务市场。据中国商务部统计，2009年中国企业在新加坡新签承包工程和劳务合作合同1662份，合同金额23.4亿美元，其中承包工程合同额19.3亿美元，劳务合作合同额4.1亿美元。2009年完成营业额25.2亿美元，其中承包工程营业额20亿美元，劳务合作营业额5.2亿美元。

1．企业重视与支持。中国总公司要加大对新加坡子公司的重视和支持。一方面须提高企业资质等级，在注册资金上予以支持。另一方面须将总公司具有竞争优势的技术带到新加坡，为在新加坡企业配备外语精通、业务熟练的管理干部。

2．发挥优势。在新加坡承包工程企业要依托中国总公司在隧道、港口、交通等基础设施领域内的施工经验和成熟技术，发挥劳动力成本较低而素质较高的优势，打造一支市场竞争力强、施工技术先进的中资承包工程企业队伍。

3．加强合作。进一步加强与新加坡本地和跨国大型承包商的合作。学习其先进的管理经验和施工技术，利用其广阔的市场网络和融资渠道，提升企业的市场竞争力，积极开拓第三地市场。

4．在引进劳动力方面须注意，目前中国建筑专业学历只有清华大学和香港大学的建筑学学位得到新加坡的认可。

新加坡政府规定建筑企业雇佣外籍劳务的额度限制为1∶7，即每雇佣1名新加坡公民，公司可最多申请雇佣7名外国工人。公司每个月要为所聘用的外籍劳工支付150新元的外国劳工税。同时，建筑工人赴新加坡务工，必须先通过新加坡建设局组织的技术资格专门考试，目前在中国北京、南京、杭州、沈阳、青岛、郑州和重庆设有考点，考试包括木工、抹灰工、钢筋工和电焊工等科目。

5．在建筑工程承包需要注意，虽然建筑费用的高涨和相关专业人员的匮乏迫使新加坡政府在2008年5月和7月采取措施冻结或者推迟了一系列大型公共项目的进行，但是基于严峻的国际金融环境和疲软的外来需求与投资情况，新加坡政府已在2009年继续全面展开计划中的大型公共项目。从2009年至2012年，建筑市场持续稳健的增长是可以预见的。但是有两点值得注意：一是不断高涨的建筑材料机具费用，劳工供应短缺和急剧恶化的外部宏观经济环境会遏制蓬勃发展的建筑热潮；二是很多属于交通和旅游业的基建设施已经进行到高峰期或者接近尾声，未来建筑需求的不确定性将有所增加。尽管如此，在未来四年，新加坡基础建设仍然可能保持17%的平均年增长。

四、劳务合作方面

中国是新加坡重要的外籍劳务来源地，截至2009年，中国在新加坡的劳务人员8.3万。中国劳务人员主要集中在建筑、海事、制造和餐饮等服务行业，其中以建筑工人居多。随着新加坡经济转型和中国国内职业教育水平的提高，到新加坡航空、电子、机械加工、医护、幼师等行业就业的中国劳务人员将逐步增加。

中国外派劳务企业应严格遵守中国外派劳务和对新加坡劳务合作的有关规定，认真办理劳务项目确认、审查以及出境证明等手续。通过制度约束，将劳务合作项目风险降至最低。经营公司应加强对派出人员进行技能和遵约守诺的教育培训，如实、详细讲解合同条款，不做夸大宣传，并加强对外派劳务人员的跟踪管理。

五、防范投资合作风险

在新加坡开展投资、贸易、承包工程和劳务合作，要特别注意事前调查、分析、评估相关风险，事中做好风险规避和管理工作，切实保障自身利益，包括对项目或贸易客户及相关方的资信调查和评估，对投资或承包工程国家的政治风险和商业风险分析和规避，对项目本身实施的可行性分析等。建议相关企业积极利用保险、担保、银行等保险金融机构和其他专业风险管理机构的相关业务保障自身利益，包括贸易、投资、承包工程和劳务类信用保险、财产保险、人身安全保险等，银行的保理业务和福费廷业务，各类担保业务（政府担保、商业担保、保函）等。

建议企业在开展对外投资合作过程中使用中国政策性保险机构——中国出口信用保险公司提供的包括政治风险、商业风险在内的信用风险保障产品，也可使用中国进出口银行等政策性银行提供的商业担保服务。

如果在没有有效风险规避情况下蒙受风险损失，也要根据损失情况尽快通过自身或相关手段追偿损失。通过信用保险机构承保的业务，则由信用保险机构定损核赔、补偿风险损失，相关机构协助信用保险机构追偿。

六、其他应注意的问题和事项

1. 做好充分的调查研究

新加坡以华人为主，在语言、传统文化等方面与中国有许多相近之处，双方更容易沟通，这是两国企业开展交流合作的优势条件。但同时也须认识到，新加坡具有自身的鲜明特点，在社会和法律制度、教育体系、人们的思维方式、通用语言、生活习惯等方面与中国有很大差别。因此，在新加坡开展合作须做好充分的调查研究，避免盲目投资。如可以通过新加坡经济发展局等官方投资促进机构或专业会计师、律师事务所或聘请专业法律和财务顾问，全面了解新加坡相关的法律和制度规定，掌握新方合作伙伴的资信和经营状况。

2. 重合同、守信用

新加坡是法制社会，各项法律法规完善，公民法律意识很强，在商业领域则表现为高度重视并严格依照合同行事。为此，中国企业在与新加坡企业合作或到新加坡投资设立分支机构时，须充分认识合同的重要性，加强自我保护意识，严格细致地商定合同条款，明确各项权利、义务、免责和救济措施。合同一旦签订，须按照约定认真履行各项义务，做到重合同、守信用。

[来源：改编自商务部国际贸易经济合作研究院、商务部投资促进事务局、中国驻新加坡大使馆经济商务参赞处共同主编.《对外投资合作国别（地区）指南——新加坡》. 2010年版第48～50页]

到泰国开展投资合作应注意的问题

一、投资方面

（一）客观评估投资环境

总体来讲，泰国拥有较好的投资环境。其地理位置优越，交通便利，是东南亚地区经济、金融中心和航空枢纽，基础设施较为完善。泰国政局近一年来虽然不够稳定，但目前已恢复了良好的社会秩序和社会治安状况。泰国与中国政治外交关系友好，是中国的友好邻邦。

由于泰国投资项目审批程序复杂，周期较长，目前中国企业来泰国开展投资合作须考虑政治风险因素。

（二）全面了解投资市场

首先，泰国投资市场的竞争相当激烈。泰国的外来投资主要来自日本、美国、欧盟、韩国、新加坡以及中国台湾和中国香港等国家和地区。有传统优势的产业投资市场几乎被先期投资者占领，从市场格局、资金实力和技术水平以及国际投资经验等方面看，中国企业来泰国投资面临的挑战较大。

第二，泰国国情、社会制度和法律体系均与中国不同，办事方式和效率不同，中国企业进入泰国投资前应对有关情况进行前期调研，做好充分准备后再进行投资。

第三，泰国人力资源的使用问题。泰国的人力资源成本虽低于欧美日，但高于中国，且组织纪律性和技能逊于中国工人。

（三）注重履行社会责任

在中国实施“走出去”战略、不断提高对外开放水平的新形势下，中国驻泰国企业积极履行社会责任具有重要意义。企业在开展跨国经营时，将承担更多的社会责任，不但是对企业自身品牌、信誉和社会形象的投资，而且也有利于平衡国家之间、企业之间、企业与社会之间的各种利益关系，对企业的经营产生积极影响。驻泰国的中国企业须本着“互利共赢、共同发展”的原则对外开展业务，热心参与赈灾、济贫、环保、教育、社保、节约资源、劳动保护等各类社会公益活动，融入当地社会，树立中资企业的良好形象，营造与当地社会和谐相处、共同发展的良好氛围。

二、贸易方面

（一）了解贸易管理体制

泰国贸易管理有关法律法规有《货物进出口控制法》《关税法》《出口商品标准法》《反倾销和反补贴法》《外商经营企业法》《直销贸易法》《外汇管理法》和《商业竞争法》等。泰国负责贸易管理的部门有商业部和财政部海关厅。中国企业与泰国进行贸易活动需了解这些法律法规，了解所经营商品是否受限、关税如何、有无技术性贸易壁垒等。建议中国企业与泰国投资合作前就有关问题咨询当地律师事务所。

（二）讲究信誉质量

信誉质量是企业的生命线。中国企业应细致了解所产商品并对该商品在泰国市场的供求情况进行调研。在和泰国商人进行商品贸易时应讲信誉、重质量并注重售后服务，提升中国商品质量和形象。

（三）做好调查研究

市场调研、资信调查是企业进行贸易活动必须重视的问题之一，也是企业开展贸易活动的重要基础和依据。必须要了解清楚贸易商品的市场需求、贸易伙伴的资信情况才能保证贸易的顺利进行。货物样品和实际发货要样货一致，否则很容易引发贸易纠纷。同时，对一些中介商要小心提防，避免上当受骗。

（四）注重商务礼仪

泰国商界比较注重着装，正式场合特别是访问政府部门时一般着深色西装，商界见面时也可着长袖衬衫打领带。

三、承包工程方面

据中国商务部统计，2009 年中国企业在泰国新签承包工程和劳务合作合同 196 份，合同金额 7.2 亿美元，其中承包工程合同额 7.1 亿美元，劳务合作合同额 848 万美元。2009 年完成营业额 5.3 亿美元，其中承包工程营业额 5.3 亿美元，劳务合作营业额 610 万美元。中国企业在泰国开展业务应注意以下几个问题：

（一）了解泰国法律法规，依法经营

应了解和遵守当地有关法律法规和政策规定，做到依法经营。必要时聘请当地律师，可避免陷入一些不必要的法律纠纷。如泰国对本国企业法人从事建筑业经营实行登记制，对外国人经营建筑业限制较多。建筑业不是泰国鼓励外资投资的行业。泰国《1999 年外籍人经商法》规定，建筑服务业不对外国人开放。外国投资者从事建筑业经营，必须要通过与当地企业设立合资公司，且当地公司控股股份占 51%以上。

泰国政府对要求在泰国设立办事处、代表处等非营利性机构的外国申请者从严审批甚至不批。由于泰国是劳务输出国，对于输入一般工种的外籍劳务严格限制，输入经营管理类人员也有严格限制。一般规定，企业注册资金在 1 亿泰铢以上者，每输入 1 名外国人员需雇佣 4 名当地劳工；企业注册资金在 1 亿泰铢以下者，每输入 1 名外籍人员则需雇佣五名当地劳工。中国企业在泰国开展承包工程业务一定要遵守泰国有关法律法规，做到守法经营。

（二）实施本土化经营策略

本土化是跨国公司生存发展的重要经营策略，只有实施本土化经营和属地化管理，企业才能更加熟悉当地市场情况，适应市场变化，增强对项目的管控能力，从而降低成本，提高竞争力。在泰国的中资承包企业实施本土化经营主要有三个方面：一是经营观念本土化，即坚持以经营为中心，以营利为目的，树立市场观念、竞争观念和效益观念；二是运作方式的本土化，即学习借鉴优秀的国际承包商和本地公司的先进架构、管理经验和运作方式等，博采众长，兼收并蓄，提高公司在激烈的市场竞争中取胜的本领；三是人才本土化，要依靠和任用本地人才。一方面须提高海外公司中当地经营管理人员的比例，充分发挥他们的作用，使之成为中国公司的中高级管理人员，为公司的生存、发展和壮大发挥重要作用；另一方面要使国内派出的经营管理人员的思维方式、工作方法、管理素质等逐步适应泰国当地市场竞争的要求。

（三）审慎选择好的合作伙伴

好的合作伙伴是项目成功的关键因素。中国企业来泰国开展业务，切不可急于求成，盲目合作。对于一些中介机构或中间人介绍的各类项目不可轻信，尤其是一些所谓特大型项目。要设法了解清楚合作方的背景情况，选择信誉好、实力强、关系硬、能力强、懂营销、善合作的合作伙伴。

（四）要高度重视在泰国经营的安全问题

发展是目的，管理是保障，安全是前提。各企业均应将安全问题放在首位。在泰国开展业务的中资企业必须将安全工作放在首要位置来抓。要制订有效的安全防护措施和紧急事件应急机制，切实维护好企业的人员和财产安全。注意防火、防盗、防骗、防爆炸。同时，采取有效措施切实维护国有资产和信贷资金的安全，加强承包工程项目管理，做好成本核算和资金风险控制，保证承包工程项目的质量。

（五）要了解泰国自然条件及社会文化环境

泰国自然条件及社会文化环境等因素对承揽项目的影响容易为企业所忽略。如：泰国节假日较多，泰国工人经常放假；泰国雨季期间（一般是每年5月至10月）难以施工，签合同时要考虑工期是否足够；泰国人多数性情温和、注重礼仪，但办事效率相对较低，不少事情拖而不决等。

四、劳务合作方面

外籍人在泰国工作须及时办理工作许可证。由于劳工许可证不能在异地使用，因此外籍人特别是从事建筑业者在申请工作场所时要将总公司、分公司场所分别加以注明。分公司以总公司名义申请时，要在分公司所在地申请。泰国官员不主张外籍人通过中介机构办理外国人工作许可证申请。泰国官方尚未授权任何中介机构从事代办外籍劳务工作许可业务，建议有关雇主或个人通过合法程序向劳工部申办工作许可，劳工部将提供便利条件。对临时入境提供技术服务的外籍人，如不超过15天可免办工作许可证。

限制进入泰国从业的有39类工种：普通劳工；农、林、牧、渔业（农产管理人员除外）工人；制砖、木匠或其他建筑工种；木雕工；驾驶员（航空器材飞行员、机械师除外）；固定摊贩；市场传销；会计管理；珠宝加工；理发、美容；手工织布；制席；手工造纸；漆器；泰式乐器；乌银镶嵌器；金银器皿制作；泰式嵌石制品；泰式玩具制作；床单、被褥制作；制钵；手工泰丝制品；佛像制作；刀具制作；纸伞、布伞制作；制鞋；制帽；除国际贸易代理外的其他代理；建筑规划设计（专业技术专家除外）；手工艺品制造、设计、估价；首饰设计；泥制品加工；手工卷烟；导游；流动摊贩；泰文打印；手工抽丝；文秘；法律咨询。

五、防范投资合作风险

在泰国开展投资、贸易、承包工程和劳务合作，要特别注意事前调查、分析、评估相关风险，事中做好风险规避和管理工作，切实保障自身利益，包括对项目或贸易客户及相关方的资信调查和评估，对投资或承包工程国家的政治风险和商业风险分析和规避，对项目本身实施的可行性分析等。建议相关企业积极利用保险、担保、银行等保险金融机构和其他专业风险管理机构的相关业务保障自身利益，包括贸易、投资、承包工程和劳务类信用保险、财产保险、人身安全保险等，银行的保理业务和福费廷业务，各类担保业务（政府担保、商业担保、保函）等。

建议企业在开展对外投资合作过程中使用中国政策性保险机构——中国出口信用保险公司提供的包括政治风险、商业风险在内的信用风险保障产品，也可使用中国进出口银行等政策性银行提供的商业担保服务。

如果在没有有效风险规避情况下蒙受风险损失，也要根据损失情况尽快通过自身或相关手段追偿损失。通过信用保险机构承保的业务，则由信用保险机构定损核赔、补偿风险损失，相关机构协助信用保险机构追偿。

［来源：选编自商务部国际贸易经济合作研究院，商务部投资促进事务局、中国驻泰国大使馆经济商务参赞处共同主编.《对外投资合作国别（地区）指南——泰国》. 2010年版第50～53页］

到越南开展投资合作应注意的问题

一、投资方面

1. 认真进行调查研究和市场考察，避免盲目投资。

2. 充分了解越南吸收外资的法规政策和投资环境。

3. 尽量以独资方式投资设厂，如与越方以合资方式设厂，应对越方合作伙伴进行深入了解，寻求信誉好的合作伙伴。

4. 加强投资风险防范，按规定办理国内外投资报批许可手续。

5. 选派能力强、素质高、外语好（越语或英语）的业务人员到越南开展工作。

6. 注意处理好与合作方以及当地有关部门的关系，注意内部协调。

7. 遵守越南的法律法规和相关规定，守法经营。

8. 搞好生产经营管理，树立以质取胜的经营理念。

9. 保持与中华人民共和国驻越南社会主义共和国大使馆（经济商务参赞处）的联系，定期向经济商务参赞处汇报企业生产经营和管理情况。遇到重大问题要及时向使馆报告。

二、贸易方面

1. 须坚决贯彻“以质取胜”战略，杜绝假冒伪劣商品

一些中国企业对越南出口忽视质量要求，既影响中国商品在越南的市场形象，加深越南消费者对中国商品的偏见，又容易因质量问题引发纠纷，给企业造成经济损失。近年来，越南经济水平迅速提高，产品质量进步很快，中国企业必须严把商品质量关，且重视外观款式，才能适应市场需求，并逐步树立中国商品在越南市场的声誉。

2. 须慎重选择合作伙伴，加强风险管理，防止遭受损失

越南现有国营企业1500多家，私营企业超过20万多家，外资企业4000多家，其中国营企业主要分中央企业和地方企业。越南中央直属国有企业在各行业中占有重要地位，实力相对较强，资金较有保障，与其合作风险相对较小；越南私营企业数量很多，信誉不一，虽经营方式灵活、决策快，但规模较小，抗风险能力弱，甚至有个别企业在与中国企业合作过程中有恶性欺诈行为，因此，中国企业与其合作应注意甄别，降低风险。

3. 须规范操作，严把贸易流程各环节

商谈合同应谨慎，特别是对于质量、运输、交货、结算、争议等条款应认真商谈，须仔细审核，避免漏洞。建议采取信用证结算方式，可选择越南外贸银行、农业与农村发展银行、投资发展银行或工商银行等信誉较好的银行作为开证行，特别注意防止对方在信用证条款中加入与国际惯例不符的条款。另外，应严格按照合同执行，在商品质量、运输交货、制单等环节务必谨慎，防止被钻空子，造成经济损失。

三、承包工程方面

越南目前已成为中国在东南亚最大、亚洲第三大工程承包市场。2010年1～4月，中国在越南新签工程承包与劳务合作合同额6.3亿美元，完成营业额8.37亿美元，增长18.4%。工程承包已成为推动两国经贸合作的新增长点。中国企业赴越南开展承包工程业务应注意几点：

1. 应抓住市场机遇

近年来，越南重视基础设施建设，特别是交通、电力、化肥、水泥、通信量领域的建设，工程承包市场潜力较大。经过多年努力，中国企业在越南工程承包市场正逐步打开局面。中国工程技术和成套设备日渐为越方所认可和接受，特别在水电、火电、水泥、化肥等领域有较强竞争优势。

2. 要实行本地化经营

越南劳动力市场巨大，劳动力整体素质在不断提高，成本相对便宜。今后，中国企业在越南开展工程承包业务的重点在工程设计和施工管理上，应多雇佣当地人员，实行本地化经营。

3. 参与项目投标应该注意的问题

在越南，中国企业参与当地项目的投标时，应尽量注意以下几个方面的问题：

首先，在了解当地项目时，需要调查承包工程项目的资信情况。对于一些大型项目，中国企业可通过中国对外承包商会或各地商务厅向驻越南使馆经商处来函咨询或查看驻越南使馆经商处网站了解相关信息。

其次，在需要当地代理进行相关业务拓展时，应该寻找资信较好的当地代理并按国际惯例支付其

雇金。当地代理同上层有密切关系，在收集资料、提供信息和疏通关系方面可起重要作用。一般而言，越南的大型工程承包项目透明度较高，其国内主要报刊均会刊登招标信息，因此，不可轻易相信一些所谓“代理”的发包项目。

此外，越南的大型项目如水电站、公路等招标工作通常情况下都是聘请西方一些著名咨询公司评标，技术要求相当严格，中国企业在制作标书时应该尽量符合国际规范，注意招标答疑的细节问题。

四、劳务合作方面

目前，越南全国约有外国劳务人员 10 万。其中，中国劳务人员约 2.5 万，主要从事工程承包项目建设和中方投资企业的生产经营。

1. 应通过正规中介进行

因中越两国地理位置相邻，往来便利，一些非法中介利用收费较低之便，私自开展越南劳务输出业务，这样容易对劳务人员造成损失。

2. 严格遵守规定

越南是劳务输出国，限制一般劳务进口，因此，中国投资者应注意严格按越方规定办理各种手续。

五、防范投资合作风险

在越南开展投资、贸易、承包工程和劳务合作，要特别注意事前调查、分析、评估相关风险，事中做好风险规避和管理工作，切实保障自身利益，包括对项目或贸易客户及相关方的资信调查和评估，对投资或承包工程国家的政治风险和商业风险分析和规避，对项目本身实施的可行性分析等。建议相关企业积极利用保险、担保、银行等保险金融机构和其他专业风险管理机构的相关业务保障自身利益，包括贸易、投资、承包工程和劳务类信用保险、财产保险、人身安全保险等，银行的保理业务和福费廷业务，各类担保业务（政府担保、商业担保、保函）等。

建议企业在开展对外投资合作过程中使用中国政策性保险机构——中国出口信用保险公司提供的包括政治风险、商业风险在内的信用风险保障产品，也可使用中国进出口银行等政策性银行提供的商业担保服务。

如果在没有有效风险规避情况下蒙受风险损失，也要根据损失情况尽快通过自身或相关手段追偿损失。通过信用保险机构承保的业务，则由信用保险机构定损核赔、补偿风险损失，相关机构协助信用保险机构追偿。

［来源：改编自商务部国际贸易经济合作研究院、商务部投资促进事务局、中国驻越南大使馆经济商务参赞处共同主编.《对外投资合作国别（地区）指南——越南》. 2010 年版第 40～41 页］

行 业 篇

东盟重点市场分析

东盟：中国医疗器械企业掘金“新舞台”

近年来，随着东盟国家人口、经济的增长，卫生费用的增加，其医疗器械需求呈现快速增长态势。根据中国海关数据统计，2010 年，中国与东盟医疗器械进出口总值达 7.16 亿美元，同比增长 17.64%。其中，进口额为 1.79 亿美元，同比增长 11.77%；出口额为 5.37 亿美元，同比增长 19.75%。贸易顺差为 3.58 亿美元。

一、竞相争夺的新兴市场

目前，东盟各国医疗器械和设备的生产能力有限，大到CT、X线机，小到轮椅推车、听诊器，大多依赖于进口，因此，东南亚已成为世界各国医疗器械厂商竞相争夺的一个新兴市场。

据不完全统计，2010 年 1～11 月，东盟 5 个主要国家（新加坡、马来西亚、泰国、印尼和菲律宾）的医疗器械进口规模约为 41.51 亿美元，比 2009 年同期的 35.51 亿美元增长了 28.16%，增势显著。目前，新加坡是东盟 10 国中最大的医疗器械市场，2010 年 1～11 月，其医疗器械进口规模约为 19 亿美元，同比增长了 19.09%，其市场已逐渐走出国际金融危机的阴霾而呈恢复性增长。

中国医疗器械在东盟 5 个主要国家（新加坡、马来西亚、泰国、印尼和菲律宾）进口市场上所占的份额约为 9%，仍有较大上升空间。从国别来看，中国产品的市场占比均保持增长趋势，尤其是 2010 年在菲律宾市场上所占份额同比增长了 3.79 个百分点。

二、四大市场值得关注

按具体国别来看，马来西亚、菲律宾、印度尼西亚和泰国市场最值得关注，原因在于：一是其市场规模和需求在东盟 10 国中处于中上水平，新加坡虽然是东盟 10 国中规模最大的市场，但是市场相对成熟，对医疗器械的进口监管也较严；二是市场增长潜力较大，2010 年中国对这几大市场的出口增幅均高于平均水平，增长均保持在 20%以上，尤其是对马来西亚出口同比增长了 36.81%；三是中国与这几个市场的双边医疗器械关税已经基本降到零，而其他几个国家为保护本国产业发展，尚有部分产品还要征收不同幅度的进口关税，例如越南对中国医用敷料产品还要征收 8%的进口关税。

三、中国出口产品结构待优化

目前，中国对东盟市场出口以按摩器具、助听器和血压计等家用产品，以及注射器等一次性医用产品为主，这也是中国传统优势出口产品。东盟各国对中国进口需求较大的产品虽然略有差别，但也未超出这两大类产品的范畴，这说明中国出口产品结构还有待进一步优化。此外，中国 X 线断层检查仪、彩超、核磁共振成像装置和病员监护仪等产品对东盟出口增长较快，2010 年这些产品的出口增幅均超过 35%，出口主体以西门子和通用电气等跨国企业为主。

2010 年，中国对东盟开展医疗器械出口业务的经营企业有 4032 家，企业数量比 2009 年增加了 561 家，这说明有更多企业开始关注东盟市场。

出口企业以中小企业为主。按出口规模划分，金额超过 1000 万美元的企业仅有 5 家，占中国对东盟开展医疗器械出口业务企业总数的 0.12%；金额超过 100 万美元的企业仅有 95 家，占 2.36%。出口额排名前 10 位的企业以生产型企业为主，前 10 强企业的出口额占比达到 24.13%，集中度有待于进一步提高。

四、投资领域蕴藏机遇

目前，自由贸易协定的各项优惠便利政策以及更多东盟国家正在向全民医疗保健迈进，这将拉动医疗产品需求的增长。泰国、马来西亚和印度尼西亚等国家正在成为全球医疗器械销售、投资和发展的新热点。

此外，这将吸引更多的跨国公司加大在华投资，并以中国为生产基地辐射整个东南亚地区，从而带动中国对东盟诊断治疗设备产品出口的增长。加之中国在小型器械和一次性医疗用品方面的竞争优势，预计到2011年，中国对东盟医疗器械出口将达到15%以上的增长。与此同时，为了减少对进口的依赖，东盟各国将会着力提高本地医疗器械的生产水平。因此，除了进出口贸易，企业仍能从投资领域的合作中获得更大发展机遇。

（来源：中国医药报．http://news.pharmnet.com.cn/news/2011/03/30/324347.html. 2011—03—30）

东盟钢铁市场现状及展望

未来东盟钢铁市场需求预计将持续增长，主要表现在越南、泰国、马来西亚、印尼、菲律宾和新加坡等国。其中以越南钢材消费增长速度最快。东南亚作为全球第二大钢材净进口市场，在全球钢材市场供需平衡中扮演着关键的角色。

2010～2015年，东盟国家钢铁需求年均增长率估计为6%，总计增加3600万吨。其中，将以越南钢材的增长速度最快。2010年，东南亚钢材消费量约为6420万吨，按平均6.5%的比例增加，到2015年将增至8280万吨。2010年板材需求量为3690万吨，到2015年将达4810万吨，年均增长6.4%。

未来5年，东南亚地区钢材消费结构也将产生显著的变化。由于当地汽车和家用器具产量增加，带动板材消费所占比重加大。从钢材种类来看，东南亚热轧卷消费比重将从44.1%降至36.8%，涂层板则是从17.3%升至24.1%。包装镀锌板、彩涂板和其他涂覆板在内的涂层板年均需求增长幅度将达到9.1%，而同期热轧卷增幅将为4.9%。

一、越南

（一）越南钢铁工业概况

越南钢铁工业是20世纪50～60年代在中国的援助下发展起来的，1959年成立太原钢铁公司并动工兴建钢铁厂，1963年建成生产。目前阶段，越南已有产能在5000吨/年以上的企业50多家，其中有12条轧钢生产线，生产能力10万～30万吨。越南钢铁企业规模较小，年产量超过50万吨的企业只有3家，为位于北部的太原钢铁公司和位于南部的南方钢铁公司和POMINA公司。

（二）越南钢材表观消费情况

随着经济以年均7%～8%的速度增长，越南国内基础设施，如高速公路、铁路、港口码头、空港机场及城市设施等建设工作全面展开。2009年2月，越南决定修建河内至胡志明市的全长1555公里的高速铁路，投资557亿美元，预计2035年全线竣工。此外，越南提出大力发展造船工业，到2015年成为世界第四大造船国，而目前越南的造船用钢几乎全部依赖进口。

越南目前有11家合资汽车厂，总设计产能15万辆/年，车用钢材主要从日本和韩国进口。按照越南的发展规划，2011～2020年间越南全国汽车总量平均增速为8%，据此计算，到2010年，越南全国汽车拥有量将达120万辆，2020年将达262万辆。

（三）越南钢铁业发展目标

根据越南正式出台的钢铁工业战略发展规划，越南钢铁工业的发展目标是：不仅满足国家经济发展对钢铁产品的大量需求，同时计划对周边国家出口钢材。具体目标是：2010年生产生铁150万～190万吨、钢坯350万～450万吨、成品钢材630万～650万吨；2015年生产生铁500万～580万吨、钢坯600万～800万吨、成品钢材1100万～1200万吨；2025年生产生铁1000万～1200万吨、钢坯1200万～1500万吨、成品钢材1900万～2200万吨（其中20万吨为特种钢）。越南钢铁工业战略发展规划中拟定的出口目标为：到2010年实现铸铁和钢材出口50万～70万吨，2025年后将出口量扩大到120万～150万吨。

2007～2025年间，越南将投资6大钢铁项目：河静钢铁厂（产能450万吨/年）、蓉桔钢铁厂（产能500万吨/年）、韩国浦项钢铁公司在越南巴地—头顿省投资兴建的120万吨冷轧卷厂和300万吨热轧厂、印度ESSA公司投资的200万吨/年高线生产厂、150万吨/年老街钢铁厂和太原钢铁厂扩建项目。

按照该发展战略规划，2007～2025年间，越南钢铁工业需要投资100亿～120亿美元。其中2007

～2015年投资80亿美元，2015～2025年再投资40亿美元。届时，越南国内的粗钢年产能将达2500万吨。

（四）投资过热，越南钢铁行业拟制定新规划

2008～2009年，越南批准了众多钢铁投资项目，钢铁投资过热。2008年，越南工业和贸易部发现了32个新项目不符合产业发展规划，其中有24个项目没有获得越南工业和贸易部的审批。

近年来，越南钢铁业过快发展，且缺乏持续发展能力，这将会威胁到越南钢铁产业的发展战略，同时会对能源、运输和环境产生负面影响。因此，未来越南国内钢铁业投资项目必须满足越南产业发展规划，包括技术、设备、生产原料、燃料、基础设计和财务等方面。实施新规定后，越南钢铁产业有望实现可持续发展。

二、泰国

（一）泰国钢铁工业概况

泰国钢铁工业主要采用电炉炼钢工艺，以废钢为主要原料。2000年以来，随着国内需求增加，泰国钢铁工业希望借此机会实现做大做强的长期目标。针对国内钢材生产不足，需要大量进口的现状，泰国国内钢铁产能正在逐步扩张。目前，一些钢厂正在投资建设电炉及热轧生产线，政府也有意向在泰国南部建立综合钢铁厂。

沙哈维利亚钢工业公司（Sahaviriya）计划在未来15年内建成年产3000万吨的钢铁联合企业。泰国钢铁协会已经从2010年的预算中指定4000万泰铢用于研究项目的可行性，已初步确定两个新建厂址，分别位于泰国东部和南部。

2005年，塔塔钢铁出资约60亿卢比收购了泰国千禧钢公司40％的股份，并更名为塔塔钢铁泰国公司。2007年8月，台湾中钢公司收购了日本住友金属工业公司在泰国的子公司Thai Sumiox公司15％的股份。2009年12月，韩国浦项钢铁公司拟收购不锈钢冷轧钢厂Thainox不锈钢公司。目前，浦项钢铁公司已拥有Thainox不锈钢公司15％的股份，正计划收购剩余85％的股份。

（二）泰国钢材表观消费情况

2008年，泰国钢材消费量为1350万吨，同比增长6.4％。钢材消费增长得益于经销商和用户囤积库存，以及汽车用钢和家电制造用钢需求的提升。而作为用钢大户的建筑业则表现欠佳。

2009年泰国经济增长减速，GDP增幅只有0.5％～2.5％。泰国钢铁市场清理库存，再加上建筑业持续低迷，打压国内钢材消费，钢材需求量降至1240万～1250万吨。而汽车和机电出口需求减弱，也在一定程度上冲击泰国钢材需求。

泰国是东盟主要的汽车生产国。2005年，泰国汽车产量首次突破100万辆，2008年达到140万辆。受经济危机影响，2009年泰国汽车总产量约为94万辆，2010年产量回升至100万～120万辆。泰国汽车用钢材，特别是薄板需求量较大，所需钢材除靠本国的外资企业供应外，其余均依赖进口。

为了应对经济危机，2009年1月，泰国政府推出总额约为1150亿泰铢的第一轮经济刺激计划，主要用于在短期内增加低收入群体的消费能力、减轻民众负担和帮助就业计划等，但对钢材需求的拉动作用有限。2009年5月，泰国政府又推出第二轮刺激计划，2009～2012年期间总共投入1.43万亿泰铢，投资领域涉及水利工程、公共基础设施、旅游、教育和公共卫生等7个方面，有助于支撑国内钢材需求。

三、马来西亚

（一）马来西亚钢铁工业概况

马来西亚钢铁原料相对匮乏，炼焦煤几乎为零。马来西亚钢厂主要采用电炉炼钢工艺流程，炼钢原料为直接还原铁。马来西亚小型轧钢厂数量众多，几乎每个城市都有，但生产水平与自动化程度很低。

金狮集团是马来西亚国内最大的钢铁生产企业，是东盟国家惟一进入全球前80强的钢铁企业。金狮集团钢铁业务遍及东南亚，主要厂家及机构在马来西亚、新加坡和印度尼西亚。包括MEGASTEEL钢厂，具备250万吨炼钢和热卷轧钢能力，目前实际生产100万吨。还有AMSTEEL钢厂，具备75万吨钢的生产能力和85万吨小型材的轧钢能力。

马来西亚是东盟主要汽车生产国。2006年汽车年产量突破50万辆，随后逐年增长。2009年受金融危机影响，汽车产量回落至50万辆左右。该国汽车用钢材，特别是薄板需求量较大，所需钢材除靠本国的外资企业供应外，其余均依赖进口。

（二）马来西亚钢材表观消费情况

为减缓经济衰退，2008年马来西亚政府推出一揽子经济刺激计划。2008年11月4日马来西亚政府公布了第一项总额为70亿林吉特的经济刺激计划，2009年3月10日出台了第二项经济刺激方案，总金额为600亿林吉特。两项经济刺激计

划，加上“第七个马来西亚国家计划”，有效地拉动了马来西亚建筑领域对建筑材料的需求（包括钢铁产品在内）。马来西亚钢材表观消费以扁平材为主，扁平材与长材表观消费量的比例是54∶46。马来西亚长材产量经过几年的调整增长后，2008年产量同比下降2%（轧材），主要是由于2008年第四季度钢厂大幅减产。2008年马来西亚热轧卷和中厚板产量分别下降20%和14%，其他品种减产较为温和。

（三）马来西亚在建钢材项目

2008年4月，马来西亚金狮集团计划投资42亿林吉特，在雪兰莪州万当建立一座具有炼钢、板坯连铸及轧机产能的联合钢厂，并拥有发电厂及港口设施等。2009年7月该钢厂开始投入运作，可将炼钢产能提高至820万吨。

四、印度尼西亚

（一）印度尼西亚钢铁工业概况

印尼国内目前约有300家钢铁企业，从业人员20万，年产能约600万吨，出口约180万吨，年人均钢铁消费量32公斤。印尼大部分钢铁企业规模小，技术落后，设备陈旧，难以形成规模效应。国有企业喀位喀托钢铁公司年产能约500万吨，占印尼国内钢铁产量的大半，但其大部分生产设备多为20世纪七八十年代的设备。过去10年间，印尼钢铁企业未进行大规模的设备更新改造，生产能力和技术水平不高。印尼钢材主要用于电站等项目的各种管材，桥梁等基础设施用线材、钢筋和小型材，以及汽车和造船所需的各种板材。

虽然印尼国内自然资源丰富，钢铁原料也多有分布，但由于印尼自身体制等方面的原因，还不能完全自给。印尼每年仍需从国外进口铁矿石。

虽然印尼政府努力发展本国钢铁产业，计划将粗钢产量从目前的250万吨提高到至少700万吨，以满足经济发展的需求。然而，由于缺乏资金和技术，印尼很难依靠自身能力建设新的钢厂。

2009年11月，新日铁联合三井公司、新日贸易公司和美达王公司（Metal One）3家日本企业，联合收购印度尼西亚惟一的镀锡板生产企业——Latinusa公司55%的股份，收购金额达6000万美元。其中，新日铁收购Latinu sa公司35%的股份，成为该公司最大的股东。三井公司、新日铁贸易公司和美达王公司（Metal One）3家公司分别收购Latinusa公司10%、5%和5%的股份。

（二）印度尼西亚钢材表观消费情况

1. 热轧卷板消费市场

2008年，在印尼钢结构中，下游轧制加工业和汽车业仍然是热轧板/卷的主要消费领域。热轧板卷实际国内消费量同比下降8%，下游轧制加工行业消费大幅减少，而汽车行业用钢量增长。国产钢材占国内钢材市场60%的份额，进口钢材产品占40%。

2. 冷轧板卷消费市场

2008年，除了汽车和钢材加工行业，大多数下游行业的冷轧板卷消费比重均出现同比下降，其中降幅最大的当属镀锌—铝板生产领域，冷轧板卷消费份额同比下降13.7%。镀层板和汽车制造业仍是冷轧板卷的主力消费行业。与热轧板卷不同，印尼冷轧板卷市场中，进口产品占53%的份额，而国产钢材只占47%。

3. 线材消费市场细分

2008年，中低碳钢线材加工行业成为印尼最大的线材消费行业，占国内消费总量的75.52%。国产线材占国内线材市场的77%，主要进口的线材是冷镦钢线材。

4. 印度尼西亚在建（已完成）钢铁项目

博思格恢复印尼芝勒贡厂扩建项目，芝勒贡厂镀锌年产能将由10万吨提高至26.5万吨；彩涂年产能将由4万吨提高至16万吨。扩建工程于2009年末完成，但在钢需求恢复前暂时还不会投产。

5. 印度尼西亚拟建钢铁项目

韩国浦项钢铁公司与印度尼西亚喀拉喀托钢铁公司签订谅解备忘录，在芝勒贡建设一座年产能为600万吨的高炉钢厂。新建高炉钢厂的一期工程可生产粗钢300万吨。该项目于2011年下半年开始动工，2013年底竣工。新厂位于喀拉喀托现有芝勒贡钢厂的附近。在现有钢厂附近建厂，可以使用当地的基础设施（如港口、土地、水和电），减少投资支出。

2009年10月，印尼喀拉喀托钢铁公司开始为建造一座年产能150万吨高炉筹集资金，已经与德国KFW IPEX公司和意大利HVB银行签订了总值为2870万欧元（约合4110万美元）的贷款协议，用于钢厂热轧设备升级，年产能扩大到250万吨。

安塞乐米塔尔计划在印尼建设两家钢厂，投资范围从下游到上游，总投资将达50亿美元，计划在攀登省和东爪哇省建设。

五、菲律宾

（一）菲律宾钢铁工业概况

菲律宾政府一直把发展钢铁工业作为其工业化进程的重要步骤，前几年不仅建设了联合钢铁企业，以缓解该国对钢材的需求矛盾，同时也完成了对国营钢铁公司的私有化改造。

菲律宾国内钢铁生产商不断提高长材产量，以满足建筑业不断增长的需求，并从中受益。扁平材需求也有望保持增长，同时仍需要大量进口以满足内需。一直以来，菲律宾钢材出口量极少，对市场影响有限。

（二）菲律宾钢材表观消费情况

2009年上半年，菲律宾钢材表观消费量降至130万吨，钢产量也降至76.8万吨，钢材进口量为53.4万吨。

建筑业是菲律宾最大的用钢行业，2007年占总计钢消费量的75％，2008年占74％。轻型和重型制造用钢占19％，包装用钢占7％。

2007年，菲律宾政府建筑工程投资增长23.1％，2008年增幅降至8.2％。由于建筑用钢需求受通货膨胀导致工程推迟的负面影响，政府将用于基建工程投资的资金用于改善民生。2008年菲律宾型钢、钢管、涂层板表观消费量同比下降21％、25％和5％。2008年菲律宾造船和船舶维修用钢持续强劲。2008年菲律宾大量进口船板以支撑造船行业的发展，船板进口量达到32.1万吨，同比增长59％。然而，菲律宾其他领域的中厚板消费低迷。菲律宾汽车用钢消费量可以忽略不计。2008年食品包装用钢需求明显增长，但工业包装用钢的需求则有明显下降。镀锡板消费量增长1％，由于镀锡板价格上涨，一些制罐业者选择使用塑料。

2008年菲律宾进口钢材300万吨，同比下降12％。2008年在菲律宾进口的钢材中，进口中国钢材占总进口量的25％。2007年中国钢材的进口比重高达39％，其他钢材主要来源国家和地区还包括：日本、俄罗斯、中国台湾、韩国，合计进口比重占57％。

2008年菲律宾铁矿石出口467.4万吨，与2007年的592.9万吨相比，同期大幅下降21％；出口废钢产量76.8万吨，与2007年出口113.6万吨相比，同期下降32％；出口成品钢材13.68万吨，与2007年出口21.16万吨相比，同期下降35％。

（三）菲律宾拟建钢铁项目

环球钢铁控股菲律宾公司（GSPI）计划投资16亿美元在菲律宾建综合钢厂，板坯年产能将达到360万吨。该厂目前有热轧年产能180万吨，冷轧年产能80万吨。GSPI计划新增板坯年产能180万吨。项目建设方面，一期工程将新增1座高炉、1座烧结厂、1座年产能80万吨的焦炭炉组、1座LD转炉、1台板坯浇铸机、1座电厂、2座石灰炉和1座氧气车间，预期3年内完工。二期工程建设和一期工程基本相同。

六、新加坡

（一）新加坡钢铁工业概况

新加坡领土较小，钢材供应依赖进口。新加坡惟一一家钢厂——新加坡国家钢铁公司也被印尼塔塔钢铁公司收购。国家钢铁公司于1961年8月份在新加坡成立，在新加坡的住宅和基础设施建设中发挥了中坚作用。在20世纪80年代早期，该公司启动了业务多元化计划，从一个主营业务是钢铁加工的企业转向电子元件和电脑配件生产商。2000年以后，国家钢铁公司的利润开始明显下滑。2004年8月印度塔塔钢铁公司以4.864亿新加坡元（约2.84亿美元）的价格收购大众钢铁所有钢铁业务。

新加坡每年需要从国外进口500万吨～600万吨的钢材。新加坡的主要钢铁进口来源地为日本、韩国、东盟、乌克兰、俄罗斯、中国等国家和地区。

日本一直是新加坡钢铁市场的主要供应商，占有新加坡1/3以上的市场份额。日本钢铁产品的主要优势在于产品型号齐全、供货及时、售后服务良好、在新加坡拥有一大批长期合作伙伴。韩国是新加坡钢铁市场的另一个重要供应商，占有新加坡10％以上的市场份额。近年来，乌克兰、俄罗斯向新加坡出口钢材也迅速增长。除上述国家外，东盟内的菲律宾、马来西亚和泰国也向新加坡出口。

新加坡是世界主要的修船国家，其年修船产量占世界总产值的9.48％，其中FP—SO船改装产值占世界总产值的2/3，海上平台修理/改装产值占世界总产值的60％。新加坡修船业的主要特点是：地理位置有优势，即处于马六甲海峡的东南端，系欧亚航线必经航道；港口均为深水港；能提供优质服务；安全管理系统先进；以高科技储量的修理业务取胜；向国外扩张，以提高其在世界修船市场的竞争力。

（二）新加坡钢材消费情况

2009年上半年，新加坡钢材表观消费量为107万吨；钢材产量和进口量下降18％和13％；出口降至78.3万吨，下降8％。

七、东盟钢铁工业的发展趋势

据浦项研究所预测，2015年东盟钢材需求将达到7580万吨。比2007年增长50%以上，其中越南和印尼将呈现快速增长。东盟仍是钢铁产品的主要进口国。2008年总进口量4280万吨，其中半成品钢材980万吨，型材、棒材和线材600万吨，热轧薄板和带钢1140万吨，冷轧产品460万吨，涂镀薄板和带钢420万吨。主要进口来源地是日本（24%）、中国大陆（16%）、韩国（8%）、中国台湾（7%）。未来，东盟地区钢材市场竞争将更加激烈。日本仍努力通过其在生产和处理上的优势继续维持其在高端市场的竞争力，韩国则通过在东盟新建产能和处理能力提高竞争力，中国大陆则具有成本竞争力，且具有中国—东盟自由贸易区的优势，东盟本地则在试图提高自给能力。

东盟钢铁工业面临的挑战主要有四个方面：一是低附加值产品的厂商，东盟的钢铁厂商主要生产低利润的商品钢材，高档钢材仍需大量依靠进口，比如：用于汽车、家电、电子产品的扁平材、用于汽车、螺丝的长材；二是产能不足，炼铁产能方面，印度尼西亚和马来西亚是仅有两个可以生产直接还原铁/热压铁的国家，炼钢产能方面，炼钢的产能远远低于热轧的产能，马来西亚是惟一一个方坯生产过剩的国家；三是原料供应严重依赖废钢的进口，只有越南和印度尼西亚有较大量的铁矿石；四是钢铁厂商较小，对供需的影响力较小。

东盟钢铁工业面临的变化：金融危机使钢铁工业面临停滞的局面，但东盟的钢铁需求将在未来1～2年内恢复，到时无论长材还是扁平材的需求都将继续增长。建筑业是最大的钢铁消费部门，预计它们将从经济刺激方案中获益。当制造业恢复时，高级钢材的需求也将作为最大的钢铁市场，东盟需要在中国企业获得更多市场份额之前，为建筑业制造出高附加值钢铁产品。非关税措施将在下降周期中的钢铁贸易发挥更大的作用。

（来源：中国五矿化工进出口商会．http://cc-n.fcom.gov.cn/spbg/show.php?id=10848&ids=2.2010—07—30）

东盟卷烟贸易概况

据报道，2009年东盟各成员国之间的卷烟进口量大约为1110亿支。其中，最大的一笔交易是印度尼西亚向柬埔寨出口了近300亿支卷烟，这也让印度尼西亚成为了该地区最大的卷烟出口国。

20世纪80年代，美国和英国是新加坡最大的卷烟供应商，而到了2010年则成了普通供应商。在所有东盟国家中，新加坡近年来增加了卷烟出口量。2009年，新加坡卷烟出口量大约为260亿支。由于东盟成员国之间签订了免税贸易协议，菲律宾和越南的卷烟出口也大幅度增加。

印度尼西亚卷烟出口获利丰厚。在该地区，印度尼西亚卷烟工厂的生产规模比较大，并不断增加在其他东盟成员国中的市场份额。该国对柬埔寨的卷烟出口从2007年的215亿支增长到2009年的294亿支。印度尼西亚每年出口到邻国马来西亚的卷烟数量大约为90亿支，出口到菲律宾的卷烟数量2008年为5.32亿支，而在此之前则有所下降。2008年，印度尼西亚对越南的卷烟出口量达到峰值6.51亿支，而到了2009年则下降了1/3。显然，除柬埔寨外，东盟成员国之间日益激烈的竞争，促使印度尼西亚的卷烟出口商开始拓展更多渠道，将卷烟销售到更加遥远的国家。2009年，印度尼西亚对土耳其的卷烟出口量为17亿支。同年，出口到沙特阿拉伯的卷烟数量为2.16亿支，出口到黎巴嫩的卷烟数量为2.71亿支，出口到俄罗斯的卷烟数量为2.16亿支。

印度尼西亚卷烟厂由跨国烟草公司提供流行品牌，生产的卷烟中，丁香烟占大部分。对于这些跨国烟草公司而言，卷烟出口是一项重要的业务，由此形成的经济规模鼓励着跨国烟草公司搜寻着除东盟以外的市场。

该地区很多国家的卷烟出口商也积极对印度尼西亚出口卷烟。近年来，印度尼西亚对其他国家某些卷烟品牌需求量大幅增加，每年进口大约20亿支卷烟。2008年，新加坡对印度尼西亚的卷烟出口量为7.39亿支，2009年为5.93亿支。

新加坡的卷烟出口量一直在下降，从1999年的307亿支下降到2003年的最低数量140亿支。不过，从2006年开始，新加坡对东盟成员国的卷烟出口量又开始回升，2009年上升到66亿支。新加坡最大的卷烟出口市场是越南，2009年新加坡对越南的卷烟出口量为63亿支；第二大卷烟出口市场是马来西亚，2009年对马来西亚的发货量为53.5亿支。

由于与中国香港的经贸关系，2009年新加坡对中国香港的卷烟出口量达到43.6亿支。同期，美国和英国出口到中国香港地区的优质卷烟品牌市场份额发生了显著的变化。同年，新加坡对美国的卷烟出口上升到1.05亿支，对荷兰的卷烟出口量为2.48亿支。荷兰一些交易商进口新加坡卷烟，不仅在本国销售，还销往欧盟其他成员国。

在东盟成员国中，新加坡是继柬埔寨之后第二大重要卷烟进口国，每年的卷烟进口数量约为180亿支。新加坡将卷烟进口转向了自己的东盟伙伴，这对英国和美国两个重要的卷烟出口国而言意味着卷烟销售量的损失，两年前他们还是新加坡进口卷烟的重要供货商。

中国香港地区对东盟成员国卷烟出口量巨大，在美国和欧洲对东南亚的卷烟出口已经降到了微不足道的程度时，香港地区仍然是该地区的重要卷烟供货方。2009年，中国香港地区对新加坡的卷烟出口量为52亿支，对越南的卷烟出口量为32.6亿支，对菲律宾的卷烟出口量为26.8亿支。

缅甸卷烟进口量增加。如果要寻求扩大卷烟出口，应当重点关注缅甸。缅甸正以更加开放的姿态改善与国际社会的关系。目前，中国已经成为缅甸卷烟的重要供应国。

泰国卷烟进口保持平稳，越南卷烟需求增加，马来西亚卷烟进口呈上升趋势。过去几年，泰国每年的卷烟进口量大约为120亿支。但是，2009年菲律宾对泰国出口卷烟约83亿支，而新加坡对泰国的卷烟出口量仅为10亿支。泰国烟草专卖局在曼谷市区附近有一个现代化的卷烟制造厂，生产的优质卷烟品牌能够满足国内大部分的消费需求。2009年泰国的卷烟出口量达到13亿支，邻国柬埔寨和老挝是其卷烟扩大出口的潜在市场。

越南每年进口卷烟大约140亿支，价值3亿美元左右，其中从新加坡进口约63亿支。2009年，越南从印度尼西亚和菲律宾共进口了4亿多支卷烟。2010年上半年，越南向美国出口了21.4万吨烤烟。

马来西亚每年进口卷烟大约170亿支，而2001年仅为18亿支。2009年印度尼西亚对马来西亚的卷烟出口量为93亿支。

（来源：烟草在线．http://www.tobaccochina.com/news_gj/roundup/wu/20114/201141816289－459426.shtml.2011－04－19）

东南亚塑料模具产业蓄势待发

近几年来，越来越多的跨国企业为了获取廉价劳动力，同时也为了分散汇率变动的风险，纷纷走进东南亚国家，培育亚洲生产基地。在印度尼西亚、越南、柬埔寨、孟加拉国等国，服装厂工人最低工资仅为每月45美元，土地、水、电等价格也非常优惠。印尼政府主管经贸的官员曾透露，仅仅在制鞋业这一个领域，就有不少企业转移到印尼，在过去4年为印尼带来1.8亿美元的投资。日本三菱重工于2009年9月在越南开设了独资的飞机部件生产公司，这是越南第一家飞机零部件工厂。日本对外贸易机构的一项研究发现，越南制造业工人平均工资为每月101美元。日产公司宣布，该公司打算将在印尼的工厂的组装能力提高两倍。对此，国际模具及五金塑胶产业供应商协会负责人罗百辉认为，东南亚对外资显示出越来越大的吸引力，与东南亚各国采取的宏观经济政策密不可分。近年来，东南亚国家在推动贸易自由化方面大步迈进，从而推动了进出口贸易规模的扩大，促进了产业部门尤其是制造业的出口贸易、劳动生产率和最终收入的增长。

在世界性和区域性贸易自由化加速发展的背景下，东南亚国家贸易自由化的进程有可能进一步加快。东南亚国家的贸易自由化带动了各国对外贸易飞速发展，它们在世界货物和服务贸易中的地位日益提升。不过，东南亚各国在吸引外资方面也存在许多障碍，其中包括司法体制不完善和比较普遍的腐败问题。此外，东南亚国家虽然劳动力工资比中国更低，但它们在基础设施方面与中国比起来还存在很大的差距。比如在港口、铁路、高速公路等方面，大多数东南亚国家都比中国落后10年以上。这也是阻碍东南亚的制造业水平进一步提升的“瓶颈”问题。

同时，地球暖化问题日益受到人们的重视，消费者更加青睐环境亲和型产品，包括环境亲和、不产生垃圾和大气污染的包装或产品本身，强调生产流程需减少温室气体排放。商品进口国已开始利用贴碳标签或碳足印等作为非关税壁垒。消费者尤其是发达国家的消费者在决定购买商品时开始更加重视这些因素。因此，生物塑料在塑料及制品产业中的重要性日益增强，近年来，许多国家都提倡生产和消费生物塑料，其中，东南亚的生物塑料市场得到快速发展。塑料产业今后需要采用更多的生物降解材料来制作塑料产品，人们对塑料制品的需求无所不在，从购物用的塑料袋到精密的工业部件，塑料制品几乎无孔不入，生物塑料市场将出现持续增长的趋势，年增长率可望超过20％。

巨大的需求促使亚洲，特别是中国和印度的塑料产业不断扩张。全球塑料产品市场需求量估计在2亿吨左右，而且每年递增5%。泰国每年制造1400万吨固体垃圾，其中大约200万吨是不可分解的塑料制品。过去民众认为，塑料盒和塑料包装，要比纸盒、包装纸、甚至亚洲一些地区过去使用的橡胶树叶制作的盒子与包装更省钱，更方便。但近10年来，塑料垃圾越来越多，更多的人逐渐意识到，塑料制品对环境带来危害。环保人士与产业人士都认为，需要寻找塑料的替代物质。他们指出，环境代价日益增长，发展可再生替代资源迫在眉睫，以逐步减少温室气体排放，因为温室气体是全球气候变暖、影响气候变化的主要因素。但是，与以石化原料生产的塑料产品价格相比，生物塑料产品的价格则比较高，原因是生产数量少而无法实现规模性生产从而导致生产本高，罗百辉表示，生物降解塑料研制已经出现重大突破，这种塑料已经用于包装、电子产品、汽车部件和农业生产，利用生物降解材料制成的生物塑料是塑料产业的未来发展目标。在日本富良野，当地社区已经用生物降解材料制作的塑料袋来搜集家庭粪便，来制做有机化肥。泰国首都曼谷以北一个有730户人家的社区目前正在进行一项试验，用生物塑料袋回收垃圾。

泰国在亚洲现在是塑料原材料和塑料成品的主要产地。据了解，泰国塑料工业协会（Thai Plastics Industries Association）就有500家企业会员。2009年，泰国塑料产品出口位居世界前10名，价值超过23.7亿美元，仅次于日本、美国、澳大利亚和印尼等主要塑料生产国。2010年，泰国对中国出口塑料及共制品18.3亿美元，塑料橡胶等成为其对中国出口的第二大产品。

中国和印度每年生产几百万吨的塑料产品，被视为主要塑料生产国，亚洲地区塑料制品产量因此一直处于上升状态。但是，泰国的生物塑料产业还属于起步阶段。目前泰国还不能自行生产生物塑料树脂，因为缺乏技术和专业性人才。但是泰国玉米、木薯淀粉、糖等农产品原料非常丰富，尤其是在木薯种植方面拥有很大优势，而且价格也比其他农产品便宜，有朝一日技术成熟，就能向全世界出口大量的生物塑料原料。同时泰国还拥有下游产业如比较强势的注塑模具产业。此外目前生物塑料生产和消费大国的国内生物塑料树脂产量不足，正在寻找新的生物塑料树脂生产基地。巴斯夫公司、德国援助机构德国技术合作公司（GTZ）、欧洲、日本、韩国、中国台湾和美国的生态塑料协会目前已经同泰国国家革新署（National Innovation Agency）开展科研合作。泰国计划在2011年发展生态塑料产业，政府已经拨款5400万美元，加强项目研发。环保人士希望政府增加对生态塑料开发的支持，并让使用普通塑料盒和塑料袋的消费者付更多的钱。由于泰国尚缺乏生物塑料树脂的生产技术，中国生物塑料生产技术领先的企业应该进一步加强与泰国加强合作，以进行技术转让。同时应加强向消费者进行宣传，让他们了解到使用生物塑料的好处，以扩大市场规模，帮助那些生物塑料制造商实现规模生产。拥有稳固的生产基础将有利于增强生物塑料出口国际市场的竞争能力。

政府与企业部门的合作是推动生物塑料产业发展的关键，不过高端技术和高额投资仍是发展泰国生物塑料产业潜力的主要约束和障碍，因此，必须对此进行周密详尽的研究，以期克服这些障碍，为打造强大的泰国生物塑料产业奠定基础。

随着生物塑料的重要性日益增强，在世界生物塑料产业中具有竞争潜力的泰国必须加紧进行调整以应对形势的变化，促使生物塑料产业在各个具有高速增长潜力的市场持续增长，如重视卫生安全的消费者市场、需要减少温室气体排放的企业市场、环境亲和型包装设计或包装品的利基市场。生产商应改变包装或开发产品生产和包装使之比其他产品更有特色，管理因生产材料短缺而引起的风险、开发市场营销策略使之满足消费者的需求。通过这些举措，不仅塑料制品企业可增加产品的附加值和扩展出口基地，与塑料制品相关的注塑模具等产业也将从中受益。

金融危机在2008年席卷全球，但对泰国、印度、马来西亚等国家的影响并不大。在2008年爆发金融危机之前，马来西亚塑料工业界对其未来的增长是极为乐观的。但由于全球经济的低迷，马来西亚塑料工业受到突然打击，总收入下降了多达10%，2009年下降到仅稍高于49亿美元。2010年马来西亚塑料工业协会（MPMA）预测，工业会适度增长，销售额基本达到53.2亿美元，接近发生危机之前的水平。马来西亚的塑料公司和MPMA希望通过出口来大幅推动工业的发展。此外，他们还希望政府的鼓励措施也能够促进成熟的开拓型企业开发本国丰富的天然石化资源。

据了解，马来西亚大约有1500家公司从事塑料生产和加工，中小型企业是国内塑料加工行业的主力军。马来西亚聚合物产量在2009年达到了180万吨，主要是PE、PP、PVC和PS。他们还生产ABS和PET。所生产的聚合物中约有80%在国内使用。

但在2009年，消耗量为170万吨，比2008年低4%。消耗量下降是由于经济低迷，主要是汽车和电器、电子行业不景气造成的。

马来西亚是一个主要依靠出口的贸易国，该国对中国的低成本生产也忧心忡忡，担心中国成为主要竞争对手。最近10年来，马来西亚塑料出口额的增长率介于15%与20%之间，塑料工业在工业总收入中所占的份额已从20世纪90年代末的40%增长到目前的60%，尽管在2008年全球经济低迷期暂时倒退了11%。

德国法兰克福的马来西亚贸易专员Mohd. SabriAb. Rahman认为，马来西亚出口塑料的主要应用领域是软薄膜、片材、袋、瓶和容器，大多出口到欧盟、美国、日本和中国。新加坡也正成为马来西亚塑料的重要出口市场。

按照MPMA的数据，预计马来西亚塑料业的出口额将进一步增长14%，2010年将超过30亿美元，达到2008年危机前的水平。马来西亚的塑料进口额在2009年下降到17.74亿美元，与2008年相比下降了9.3%。

马来西亚工业发展局（MIDA）表示，发现医疗器械行业具有“极好的发展前景”，2009年该行业的营业额达到约6.26亿美元。预计销售额会进一步大幅增长，2011年有可能达到7.2亿美元。

马来西亚供应全球医用导管需求量的80%，全球手术和检查手套市场的60%。尽管手套主要以橡胶为原料，但现时发展趋势存在向塑料转移，尤其是高价值医用手套，缝合线、手术器械、医用软管和袋等也是如此。大约有180家当地医疗器材制造公司制造手术手套和检查手套。

此外，越来越多的OEM供应商以塑料制造车身镶板、发动机部件和电器、电子部件以及其他汽车用产品。2009年MIDA交通行业研究就表明，马来西亚是ASEAN（东南亚国家联盟）地区最大的轿车市场，拥有2家OEM公司，即Proton和Parodus。另外，还有国际汽车公司，如丰田、本田、日产、梅赛德斯—奔驰、沃尔沃、BMW和标致，也在马来西亚设有生产厂。当地OEM制造商包括APM汽车、Sepura和Delloyd等。

马来西亚的大批生产企业都位于200多家工业园区中。在政府支持下，目前还正在开发13个自由工业区（FreeIndustrialZones，FIZ）。石化行业有三个主要园区，包括Terengganu州的Kerlith、Pahang州的Gebeng和Johor州的PasirGudang/Tanjung。马来西亚塑料工业一直在以“惊人的速度”增长，这对马来西亚塑料模具行业是一个很好的发展机遇。马来西亚加工商对高精密模具技术非常感兴趣，他们无法与中国竞争，因而把重点放在高价值产品上。这是马来西亚所选取的途径，这也是马来西亚买家寻找高技术产品和供应商的原因。尽管马来西亚塑料工业发展有良好的技术与政策支持，但马来西亚塑料加工商仍面临着众多的挑战，如原料成本上升、电力、包装材料和运输成本高，这些高成本难以转嫁给消费者。对于中小型企业，这些挑战会始终存在，鉴于此，这些企业的发展趋势将与跨国公司合作，进行兼并整合。

（来源：罗百辉．百方网．http://news.byf.com/html/20110211/111890.shtml. 2011－02－11）

开拓东盟建材市场正逢其时

随着东盟各国经济的发展，东盟国家建筑业出现新一轮的发展热潮。目前，东盟国家对合金钢材、钢铁、陶瓷、化学建材、水泥等建筑材料的需求量不断攀升，进口不断扩大。而中国建材产品质优价廉，大受东盟采购商的欢迎。中国建材企业开拓东盟市场正逢其时。

为促进中国建材企业与东盟企业商家对接，扩大出口，第八届中国—东盟博览会将继续设置建筑材料展区，打造中国—东盟建材行业交流合作最实效、最便捷的平台。

一、东盟建材市场前景广阔

东盟各国建材采购需求旺盛，且大多依赖进口。随着经济的快速发展，以及“互联互通”工程的实施，东盟国家基础设施建设、民用住宅建设等建筑业强劲增长，对建筑材料需求水涨船高。但由于工业基础薄弱，这些国家的钢筋、水泥、陶瓷等必需建材一直供不应求。近年来印尼钢铁需求量不断增加，每年需进口约200万吨。缅甸水泥年均需求量已达600万吨，但缅甸国内水泥（包括国营和私营企业生产总量）年均生产能力仅为200万吨，缺口400万吨，需要进口。此外，以建筑业为主要产业之一的文莱、新加坡等东盟国家也大力发展基础设施和民用住宅等建设，对建筑材料的需要也不断增加。目前，东盟各国每年的建材进口需求额已经超过100亿美元。有专家预计，未来10年内，东盟国家将进一步发展交通、通讯、能源、电力等基础设施建设以及民用设施建设，这为坐拥地利之便的中国建材企业提供了难得的机遇。

二、抢滩东盟市场时不我待

中国建筑材料价格和质量优势明显，热销东盟，建材企业开拓东盟市场占尽天时地利。

中国是世界上最大的建筑材料生产国和消费国。水泥、平板玻璃、建筑卫生陶瓷、石材和墙体材料等产量稳居世界第一位。同时，中国建材产品质量不断提高，能源和原材料消耗逐年下降，新型建材不断涌现，产品不断升级换代。相比东盟国家，中国建材同类产品在价格和质量等方面的优势十分明显，备受东盟采购商关注。

近几年，随着中国—东盟自由贸易区建设进程的加快，中国建材产品对东盟出口规模不断扩大，进入了一个黄金发展时期。2002～2010 年，中国与东盟建材贸易额保持年均两位数的增长。2011 年第一季度，中国同越南合金钢材成交量约为每周 100 吨，中国合金钢材占越南同类产品进口总额的 40%。中国国内各省区市与东盟建材贸易活跃。2011 年首季，广东钢材对东盟出口达到 18.8 万吨，同比增长 17.8%，东盟为广东钢材最大出口市场。建材企业抱团开拓东盟市场效果明显。在中国—东盟博览会举办地广西南宁的虎邱钢材市场云集了 340 多家国内钢材销售企业，每年出口到东盟国家的钢材大量增长，成为西南地区最大的钢材市场和中国钢材出口东盟的主要市场。东盟国家的建设材料需求量巨大，当地市场一直处于供不应求的状态，建材需要大量进口。以越南为例，当地较大规模的建材企业共有 200 余家，但企业投资分散，生产工艺落后，产品研发能力不足，市场竞争力普遍较弱。越南建材高端市场要通过进口才能满足需求，中国的钢材、涂料、高级木地板等在当地很受欢迎。建议有竞争力的国内建材企业速到东盟市场“探营”。

中国—东盟自由贸易区建成后，中国和东盟双方 90%以上的产品实行零关税，中国建材产业出口东盟的优势进一步扩大，机遇更多。

三、博览会为双方合作搭建平台

根据中国—东盟建材市场需求，中国—东盟博览会设置建筑材料展，截至 2010 年，中国—东盟博览会已经成功举办了 7 届，成为促进中国和东盟之间建筑材料行业合作的有效平台。

建筑材料展是中国—东盟博览会商品贸易专题的重要组成部分，也是最有成效的展区之一。建筑材料展以中国和东盟 10 国政府的强力支持为动力，依托中国—东盟自由贸易区的巨大市场与便利政策，规模逐年扩大，贸易成交额逐年增长，吸引了越来越多来自中国和东盟各国以及区域外国家和地区的建筑师、设计师、工程承包商、房地产开发商和零售商参展参会。前 7 届中国—东盟博览会，建筑材料展参展企业数和使用展位数逐年递增，共计参展企业 714 家，使用展位 1213 个。展区展出的产品深受东盟国家及区域外采购商的欢迎，7 届博览会建筑材料展的贸易成交额累计达 7.25 亿美元，仅第六届博览会建筑材料展贸易成交额就达 1.43 亿美元，建筑材料采购商达 1300 人。建筑材料展采购商除中国和东盟外，主要来自澳大利亚、法国、加拿大、美国、英国、巴西、德国、印度等国家。

通过中国—东盟博览会，许多建筑材料企业进一步开拓了市场，找到了良好的合作伙伴。参加历届博览会的建材企业贸易成效好，单笔贸易成交额高，其中，南南铝业成交额高达 3000 万美元，东盟之光涂料实现了超过 1000 万美元的成交额。

紧扣双方合作形势，第八届中国—东盟博览会继续设置建材展区，将展示中国建材和设备方面有优势、适合东盟市场的产品，如新型环保化学建材、室内装饰材料、门窗幕墙、卫浴洁具、铺装材料等，为中国与东盟建材企业的交流合作提供平台。

据了解，2011 年，中国—东盟博览会秘书处将通过多种渠道，进一步加大对采购商的邀请力度，组织比往年规模更大的采购商团到会采购。同时，将通过中国—东盟客商数据库开展预配对，在会期举办采购商说明会、参展商讲坛、贸易对接会等专场配对活动，促进中国与东盟企业供求互动，为中国建材企业开拓东盟市场创造更多商机。

（来源：广西新闻网—广西日报．http://news.gxnews.com.cn/staticpages/20110513/newgx4dcc8d70－3801200－1.shtml.2011—05—13）

东盟国别行业专题分析

文 莱

文莱发力会展旅游业

文莱政府近年来积极推行“多元化经济”政策，旅游业是重头。文莱以东方“威尼斯”、“和平之乡”的美誉逐渐被世人所瞩目。天然的富足、浓郁的伊斯兰风情、独特的旅游资源，把文莱构建成了21世纪的“天方夜谭”。

一、文莱主要会奖旅游业资源

（一）东方威尼斯——文莱水村

公元1521年，随同西班牙航海家麦哲伦远航的意大利历史学家安东尼奥抵达文莱时，对眼前的水村景致非常着迷，他在航海笔记中书写了浓墨重彩的一笔。后来，安东尼奥在他的《首次周游世界》一书中将文莱水村比拟为“东方的威尼斯”，而且估算当时文莱大约有2.5万户人家住在水村。于是，“东方威尼斯”的美名就一直伴随着水村的兴衰，延续了600多年。

其实，安东尼奥时代的水村并不是它最繁华的时期，据后人推算，在水村的鼎盛时期，常住人口不少于10万，以当时的人口比例来计算，文莱全国有超过一半的人都住在水村。

值得一提的是，早期来文莱的华人也大都住在水村，并多以经商贸易为生。但是20世纪80年代初，一场无情的大火把华人村落几乎烧光。由于政府当时鼓励居民迁居陆地，于是引发了华人迁往陆地的热潮。目前依然住在水村的华人只有几百户，而在水村长大的华裔孩子，在他们的心底深处，水村是永远难忘的童年记忆，是当年漂泊到南洋的华人的港湾。

（二）世界自然遗产——墨林本湖

当时全世界各大旅游景点都在积极向联合国申请成为世界自然遗产，以取得宣传效果。联合国相关单位把墨林本湖列为世界自然遗产的原因，主要是因为在这里发现了数百种罕见的植物以及鱼类，是珍贵的研究资料。

墨林本湖也是文莱境内最大的湖泊，湖水呈黑色，这主要是因为湖底的草本植物所致，文莱政府把墨林本湖建设成为休闲工业的旅游区。墨林本湖有两大特色：一是湖水与地下水连接，有涨潮和退潮的现象。退潮时，游客可以在湖边行走，近距离观赏湖底的植物生态。二是湖内有许多双眼通红的不知名的鱼类，而且会发出红色微光。在入夜时分，于墨林本湖面上建设的木桥欣赏湖景，游客就可看到一对对、一双双的红色小灯笼在湖底不断闪耀，蔚为奇观。

（三）雨林资源——淡武廊国家公园

文莱有占七成的土地被原始热带雨林所覆盖，拥有珍贵的雨林资源。

淡武廊国家公园位于淡武廊县，以地理专业名词来说，淡武廊属于“飞地”，因为它与文莱其他三个县区的土地是完全分开而没有连接的，被马来西亚东马沙捞越的林梦省所分割。游客以及文莱民众欲前往该县区，除了走水路之外，走陆路必须入境马来西亚，经过林梦省才能到达淡武廊。

二、文莱会奖旅游前景：成经济新增长点

文莱石油和天然气的生产大约占国内生产总值的36%，占出口总收入的95%，经济结构较为单一。近年来，中国游客大量出国旅游，成为东盟国家的主要客源，文莱政府对此也相当关注。文莱与中国于2000年签署了《中国公民自费赴文莱旅游实施方案的谅解备忘录》，成为中国游客的目的地国之一。近年来，文莱日益重视开拓中国旅游市场，希望更多的中国游客能到文莱“走一走、看一看”。

文莱政府加大了对展会的投入力度，不但积极参加在世界各地举办的展会以推广本国的旅游、商品，还在国内举办各类展会。文莱清真食品展是文莱最具影响力的展会之一，自2006年创办以来，每年都有来自东盟、中东和亚洲其他国家的企业前来参展，受到文莱政府的高度重视。

2010文莱清真食品展共设有258个摊位，来自日本、阿联酋、叙利亚以及东盟国家等近20个国家和地区的清真食品企业到会参展。文莱政府安排伊斯兰金融、国际清真食品品牌和市场等多场研讨会，以提升文莱的清真品牌。此外，文莱消费展也已举办多届，2010年的展会共设立312个摊位，展出的商品主要包括食品、家电、家具、科技产品，以及金融产品等，吸引了6万人次入场。

（来源：傅立钢．中国贸易报．2010年11月9日第008版）

文莱建筑承包工程市场研究

一、文莱建筑业基本情况

建筑业是文莱仅次于油气产业的第二大产业。根据文莱经济计划发展局（BEDB）公布的资料，近三年来，建筑业在文莱国内生产总值（GDP）中所占比例保持在4%左右，其中2009年总产值为3.46亿美元（按不变价格计算）。当前文莱建筑承包工程市场由政府主导推进，以低收入者住房及基础设施建设为重点。主要特点表现在：

（一）市场容量有限

丰沛的油气收入使文莱政府财政宽裕，2010年

文莱人均GDP约3.2万美元，在东南亚地区仅次于新加坡。但文莱国小民寡，目前全国人口约40余万，2010/2011财年政府预算支出总额仅35.6亿美元，相比东盟地区其他国家，文莱在建筑工程领域的政府投入总量不大，市场潜力有限。

（二）依赖政府投资拉动

文莱大型项目主要由政府投资拉动，私人或外国投资规模很小。根据有关规定，政府投资项目必须采用投标方式，项目招标需要漫长的法律和审批程序，启动及执行效率都相对较低，政府支付程序也较慢。

（三）许可证和劳工配额限制

承包商承揽当地工程需要得到文莱主管部门颁发的承包工程许可证，并具备一定的建筑企业分级资质。外国建筑公司一般采用与当地企业合作、合资或者分包方式参与政府工程项目。另外，文莱劳工准证管理非常严格，外国企业申请配额须提前做好充分准备，非东盟国家比文莱周边国家更难获得人员工作准证。

（四）税收环境相对宽松，外汇出入境控制不严

公司税为当地主要税种，2011年下调至22%。进口施工设备可办理临时进口手续，并按照租赁方式支付税金，施工结束后办理出境注销。

二、中国企业在文莱业务开展情况及遇到的问题

中国企业进入文莱承包工程市场较晚，规模不大。根据中华人民共和国商务部统计数据，截至2010年6月底，中国在文莱承包工程合同额累计2.15亿美元，营业额1.35亿美元。2009年以来，一些中国企业结合自身优势，积极开拓文莱建筑承包工程市场并取得突破。目前在建项目主要包括中水电集团的水坝项目、中交集团的公路项目、中铁二局的房建项目等。在文莱的中国企业通过积极接触市场和严格施工管理，为进一步站稳市场奠定了基础，有关企业在市场开拓中遇到的困难主要包括：

（一）成本控制问题

为保护国内供应商利益，文莱政府对水泥等部分建筑原材料的进口有所控制。由于国内需求增加，砖块、砂石、钢筋等进口原材料价格近期涨幅较大。据了解，文方合同通常不会加入“价格自动调整条款”（Escalation Clauses for Price Fluctuation），中方企业在承揽工期较长的大型施工项目时存在成本增大的风险。

（二）劳工引进问题

文莱劳工部门对外国劳工配额管理日趋严格，除必要的管理和技术员工外，赴文中国企业往往使用非中国籍劳务人员。由于劳动力成本上涨因素，当地劳动力市场已经由传统的泰国外劳转向技能较差的印尼、越南或印度外劳，在用工管理上需要不断积累经验。

（三）市场磨合问题

文莱承包工程市场对绝大多数中资企业而言，尚属完全陌生的市场，需要充分考虑到当地的官僚体制、运作习惯和宗教习俗，在与项目业主、监理单位、合作企业、金融机构打交道之初，对方往往对中国企业缺乏了解和信心，要求也更加苛刻。

（四）价格竞争问题

尽管文莱建筑工程市场规模有上升趋势，但竞争日趋激烈，文莱项目招标通常采用最低价中标，外国公司在普通建筑工程项目（如房建项目）上优势不大，必须发掘自身优势，寻找合适机会。

三、建议

（一）加强市场调研，同文莱经济发展理事会、发展部等工程项目主管部门建立密切联系，有针对性地跟踪大型重点工程项目，及时掌握项目动态。

（二）慎重选择当地合作伙伴，提前明确双方的责任和分工，以及在保函开具、工程款项管理等方面的约定。

（三）充分考虑到雨季对项目施工工期的影响，以及在劳工准证、公司注册、设备进口等方面可能遇到的问题。

（四）熟悉当地在招投标以及项目施工管理（包括质量、安全等）方面的规范做法，打造国际化团队。

另外，文莱建筑工程市场空间有限，拟进入的中国企业应该充分考虑到开展市场培育的成本风险，制订长期开拓计划，避免无序竞争。

附：当前主要在（待）建文莱重点工程项目简介：

（一）房建项目

发展部执行的低收入者住房建设工程是当前文莱最大的在建项目，由“为无土地原住民提供住房计划”和“国家房屋建设计划”两部分构成。根据计划，在2007～2012年间，文莱政府累计投资额10.9亿美元，其中文莱发展部公共工程局在2012年前应竣工1万套，文莱经济发展理事会（BEDB）在2014年前完成7500套。数据显示，当前已列入申请名单的国内住房需求已超过3万套，预计房建项目仍将继续被列入新的国家发展规划中。

（二）垃圾综合管理项目

该项目首期包括将临近市区的一个露天垃圾场改造成休闲公园，已于2009年完成。第二期将兴建文莱首个现代化的垃圾转运和处理站，计划投资近5千万美元，于2011年建成。该建筑办公和管理区计划通过安装太阳能板提供电力，将是文莱首个太阳能动力建筑。

（三）水坝项目

为扩大清洁饮用水供应能力，文莱政府计划投资约8700万美元在乌鲁都东地区建造一个新水坝，坝高42米，蓄水面积128平方公里，蓄水量1亿立方米。该项目由中水电集团施工建设，2010年初已动工。文莱方尚考虑安装发电机组，将其升级为一个10兆瓦的小型水电站。

（四）机场改扩建项目

为将文莱打造成东盟东部区域客流和物流中心，文莱政府在不影响文莱国际机场运营的同时实施机场改扩建工程，并委托新加坡樟宜国际机场公司提供咨询和工程建设管理。该项目造价预算约9440万美元，计划第一期于2013年完工，年客流容量提升至450万人次。目前项目已进入招标程序。

（五）大摩拉岛综合开发项目

大摩拉岛位于摩拉港出海口，占地面积955公顷。大摩拉岛综合开发作为文莱经济多元化重点项目之一，在2003年已提上议事日程，但迄今为止进展缓慢，由新加坡Surbana公司设计的规划书仍未公布。根据最初设计的蓝图，大摩拉岛一期工程将包括大规模清淤、回填和岛上基础设施建设，以及一座连接陆地的2.7公里长跨海桥梁。二期将包括建设集装箱码头、石化基地、出口加工区等设施。由于项目投资方迟迟不能落实，最终规划方案仍存在变数。

（六）双溪岭工业园区

该项目旨在为文莱打造一个石化产业中心。2010年，总投资额5亿美元的甲醇厂已建成投产，园区管理、服务等配套基础设施也已基本齐备。目前问题是园区面积偏小，而且除甲醇厂外，尚未落实其他外国企业的投资项目。

（七）高速公路建设

文莱公路网络建设尚有较大发展空间，公路建设是2007～2012年国家发展规划重点之一，总预算分配达4.12亿美元，占总预算支出的6%。目前最大在建项目为特里塞—鲁木段18.6公里高速公路项目，工程总造价1亿美元，主要施工单位为中交集团三航局兴安基公司，这也是目前中资企业在文莱最大的在建项目。此外，文莱政府已委托英国Ove公司对连接东部淡布隆地区的近30公里长的跨海大桥建设项目开展可行性研究。淡布隆为原始热带雨林地区，有文莱“绿宝石”之称，跨海大桥的修建将有利于进一步开发文莱旅游市场资源。

（八）现代化首都建设

文莱斯市市政局委托MVA Asia有限公司拟定了未来城市发展蓝图，重点涵盖环境和谐、文化内涵、旅游发展、经商便利、基础设施、完善行政管理能力等10大发展目标，大型基础设施建设工程包括一条连接市中心与国际机场的10公里长轻轨项目。另外，斯市政局开展的在线民意调查结果显示，95%的公众支持发展高层住宅，以解决低收入者住房需求与可用土地资源稀缺之间日益突出的矛盾。

（来源：中华人民共和国驻文莱达鲁萨兰国大使馆经济商务参赞处.http://bn.mofcom.gov.cn/aarticle/ztdy/201101/20110107352118.html?2231493051=850387913. 2011—01—07）

文莱渔业发展概况

一、文莱渔业资源

文莱有162公里的海岸线，200海里渔业区内有丰富的渔业资源。水域没有污染，又无台风袭击，适宜养殖鱼虾。全国共有50个鱼虾养殖场。

据文莱渔业局统计，文莱海域最大可捕捞量约21300吨，其中沿岸资源3800吨，底层资源12500吨，浮游资源5000吨。文莱地处南中国海，各种渔业资源丰富。另外，文莱海域还是金枪鱼徊游的途经之路，均有丰富的金枪鱼资源。

二、文莱渔业发展概况

自文莱将200海里的水域设定为专属经济区后，文莱渔业取得了迅速的发展。根据文莱渔业局预测，水产养殖业的潜在价值为每年7100万文莱元。主要的养殖品种为海虾，其他包括在海湾水域养殖活动的海上浮网箱海鱼养殖、淡水鱼养殖，包括观赏鱼养殖及食用鱼养殖。文国家主要的经济活动以石油和天然气为主，占外汇收入90%以上。渔业水产养殖生产只占全国总生产量GDP的0.5%。2008年，文莱渔业领域的生产额0.47亿文莱元，生产海鱼、海虾及养殖虾等16964吨，其中捕捞业产出15576吨，养殖业产出566吨（网箱养鱼42.4

吨，养殖虾为 438.4 吨，淡水鱼 85.2 吨），渔业加工业产出 822 吨。目前文莱水产品需求约有 50%的缺口，需要通过进口解决。根据文莱渔业局估计，文莱国内的渔业年均增长率为 17%，文莱的渔业发展潜力估计保持在每年两亿文莱元的水平。预期到 2023 年，文莱渔业产量将可达 4 亿文莱元，将为 1500 多人提供就业机会。

文莱目前有 1226 名全职渔民，4362 名兼职渔民，大多为岸边手工作业或舢板作业。文莱全国有约 25 艘较小的作业渔船，吨位在 30～60 吨间，其中，有拖网船 14 艘，围网船 5 艘，延绳钓船 1 艘，多数集中在 20 海里内作业。文莱渔港主要是摩拉渔港，有两个渔船码头，附近有制冰厂和加油码头为渔船服务。

海水养殖业是文莱渔业中发展较快的行业之一。由于文莱气候温和，海水无污染，比较适合发展海水养殖业。文莱利用水池养虾始于 1994 年，至今有 13 家企业投资养虾业，文莱全国目前共有 50 个鱼虾养殖场，养殖著名的虾种有虎虾和蓝虾，总面积 230 公顷。文莱养虾业除本地销售外，还出口到美国、中国台湾、日本、马来西亚和新加坡。随着全球市场对虾需求的增加，文莱工业及初级资源部已开始研究引进国外投资和技术，增加养虾产量，目前已在都东县规划 459 公顷新地作为海水养殖专用。

文莱海产品加工业规模较小，目前有 66 家国内企业和一家合资企业从事海产品食品加工，都是中小型企业，产品主要是虾片和鱼干类，主要在本国销售。文莱海产品品质优良，符合区域内安全和清真食品要求，存在需求市场和巨大商机。

目前文莱人需要的海产消费品 50%靠进口。政府鼓励外资与文莱本地公司开展渔业合作。为促进渔产加工业的发展，文莱政府计划成立贮藏和分销中心以及进出口中心，为加工业提供各种服务。

三、文莱渔业政策和相关规定

近年来，文莱政府积极实施经济多元化战略，以减少对石油、天然气的依赖。文莱工业与初级资源部已提出在 10～15 年内将非石油、天然气行业占 GDP 的比重从目前的 43%增加到 50%以上。渔业是文莱政府推行经济多元化的主要领域之一，也是文莱最具有发展潜力的产业之一，是文莱实施经济多元化战略的重要组成部分。

为实现国民经济多元化，促进渔业的发展，文莱政府制定了一系列的优惠政策来鼓励开发商业渔场和海水养殖场，鼓励外资与文莱本地公司开展渔业和海水养殖业合作，希望凭借得天独厚的地理位置，将文莱建成区域海产品加工中心和海产品批发及进出口中心。渔业是文莱政府促进发展的重点领域，相关投资项目和企业可以享受免出口税、销售税、个人所得税、薪工税和生产税等优惠待遇。作为主管部门，文莱渔业局不断推动海产品加工业的发展，积极鼓励包括在渔船靠港岸附近建设鱼类储存及批发中心和地区海产品进出口中心等产业发展的开发项目，还通过推展多项具体工程，促进渔业和水上生态旅游的发展。

对于渔业合作的海区，文莱渔业局规定文莱海域共划分为四个作业海区：第一海区：0～3 海里（离岸）；第二海区：3～20 海里；第三海区：20～45 海里；第四海区：45～200 海里。

文莱政府为保护近海渔业资源，规定引进的外国渔船只能在第三、第四海区作业，而且从 2008 年 1 月 1 日起实行临时性保护措施，禁止在第一海区（0～3 海里）区域内捕鱼。第三海区海深从几十米到近 200 米，第四海区为大海槽，深达上千米。

四、中国与文莱渔业合作的互补性

中国广东企业已经进军文莱渔业养殖领域。2010 年 5 月 15 日，中文两国深水网箱养殖合作基地启动及海上放苗仪式在文莱摩拉港举行，文莱工业与初级资源部长叶海亚及中国驻文莱大使馆临时代办孙向阳出席活动。

根据广东省渔业局与文莱渔业局签署的合作谅解备忘录，双方指定企业近期在文莱组建并注册股份制有限公司，计划依托文莱海域优良的水质和气候条件，大力开展深水网箱养殖、海洋生物开发、水产技术培训、清真水产品加工等业务。

按照合作协议，至 2011 年底，合作公司将投资 395 万美元，投放圆形深水网箱 10 组 40 口，计划每年放养老虎斑、金昌鱼等名贵鱼种 25 万条，年产量达 350 吨。

为改变文莱粮食生产短缺的问题，文莱将着力发展农业科技作为文莱面向未来的战略目标之一。在中国—东盟博览会成功举办七届，2010 年中国—东盟自由贸易区全面建成的大背景下，中国与文莱的农渔业合作可谓前景广阔。

（一）渔业资源的互补性

在渔业方面，文莱处于热带地区，而中国海域大部分地区处于温带，双方主要的水产品种类不同，存在较强的互补性。正是这种渔业资源上的互补性，使得中国和文莱的渔业合作成为可能。区域内海洋渔业资源丰富，为中国与文莱渔业合作提供了广阔基础。

（二）渔业技术的互补性

中国与文莱两国渔业发展的差异性和互补性，决定了双方贸易和合作领域的发展前景。从渔业资源开发角度来看，中国是一个人口大国，拥有丰富的人力资源和自然资源丰富，但人均资源拥有量相对稀缺，渔业资源相对有限，但中国沿海渔业捕捞和养殖技术相对成熟。文莱渔业、养殖业及热带生物资源都十分丰富，与中国在渔业捕捞、养殖、加工以及市场等方面具有明显的互补性，在渔业技术方面具有合作可能性。在合作方式上，文莱资源丰富，但经济技术水平不高，中文两国在资源开发和加工业领域可以开展各种类型的合作。

（三）经济发展水平与市场互补性

中国与文莱的经济发展水平不同。从经济发展水平看，文莱在东南亚属较富裕国家，2010 年文莱人均 GDP 约为 3.2 万美元。2010 年上半年文莱 GDP 取得了 5.5%，据国际货币基金组织预计，文莱中长期 GDP 将保持 3%的增速。从产业结构看，文莱的产业结构主要是以开采石油和天然气为主，渔业生产不发达。文莱政府针对产业结构单一的问题，提出实施经济多元化战略，争取到 2023 年文莱渔业产值达 4 亿文莱元。中国在三次产业的层面上与文莱存在一定互补，在与海洋捕捞和海水养殖有关的层面上可以提供各种技术服务，这给文莱在发展海洋产业方面提供了合作的领域和空间。而广阔的中国内地市场更可以使中国与文莱结成垂直贸易与合作的紧密伙伴关系。

五、对企业开展合作的具体建议

中国公司开拓与文莱渔业合作具有很大发展潜力。本着合理开发利用、互惠互利的原则，应充分利用中文两国友好、文莱海域渔业资源丰富等有利因素，鼓励中国渔业公司与文莱展开更深层次的渔业合作。

文莱具有得天独厚的自然条件，沿海没有工业，其滩涂、浅湾未被污染，很适宜开展海水养殖。

另外，利用当地近海良好的资源条件，还可以进行水产收购加工。通过企业与文莱渔业合作，可带动当地技术提升、增加就业、扩大出口，为当地实施经济多元化战略做出贡献，也为中资企业更广阔地开拓文莱市场和利用资源奠定基础，是企业一种更长远和明智的发展战略选择。

（来源：综合整理自广西壮族自治区人民政府门户网站）

柬埔寨

柬埔寨采取措施加快发展水电产业

柬埔寨自然资源丰富，开发潜力巨大。特别是柬埔寨江河众多，水资源丰富，主要河流有湄公河、洞里萨河等，还有东南亚最大的洞里萨湖。柬埔寨水电和水利开发潜力巨大，水电蕴藏量约 1 万兆瓦，其中 50%在主要河流，40%在支流，10%在沿海地区。近年来，柬埔寨加强了水利和水电建设。柬埔寨首相洪森明确提出，将致力于水利、电力等基础设施建设，加快经济发展步伐。

一、柬埔寨电力现状

柬埔寨电力能源设施落后，供应短缺，电价高。2009 年，柬埔寨电力装机能力为 909.7 兆瓦，全国用电家庭数约为 20 万户，年人均用电量为 54 千瓦时。2010 年，柬埔寨政府将电力发展列为其经济战略的优先发展领域，政府对此领域的外国投资给予政策上的倾斜和法律保护。到 2010 年底，柬埔寨装机能力达到 1346 兆瓦，用电家庭数达到 37 万户，年人均用电量 89 千瓦时，但广大农村地区只有 12.3%的家庭能够用上电。根据柬埔寨工业、矿业和能源部的预测，2011 年该国装机容量将比 2010 年增长 25%以上。

二、中柬水电项目合作情况

2010 年 11 月 4 日，在中国全国人大常委会委员长吴邦国和柬埔寨首相洪森的见证下，中国国电集团公司总经理、党组副书记朱永芃在柬埔寨首都金边总理府与柬埔寨工业、矿产和能源部部长瑞赛签署了柬埔寨柴阿润和松博两个水电项目的谅解备忘录，取得了两个水电项目共 270.8 万千瓦装机容量的开发权，该项目是此次中柬两国签署的 16 项经贸合作协议中的两项。

柴阿润水电项目位于柬埔寨王国首都金边西南的国公省柴阿润河上，规划装机容量 10.8 万千瓦；松博水电站位于柬埔寨王国东北部的桔井省松博县松博镇的湄公河上，规划装机容量 260 万千瓦。

近年来，中国企业以 BOT 方式进入柬埔寨电力市场，速度快、规模大，得到洪森首相的高度评价和赞赏。中国建成的首座水电站已于2002年5月并网发电。目前，中国企业以BOT方式与柬埔寨签约的6个项目，总装机容量约为92.7万千瓦，总投资18.2亿美元，上述项目售电支付条件均获得柬埔寨政府财政担保，保证了中国企业投资安全，规避了风险。上述工程将于2012～2015年陆续建成并投入运营，届时将基本缓解柬埔寨电力供应紧缺状况，柬埔寨百姓亦将获得低廉和清洁的能源。

三、柬埔寨水电发展前景

目前，柬埔寨正在谋求水电业的加快发展，计划用10年时间，彻底扭转水电落后的不利局面，不仅要解决农村居民的生活用电问题，同时也要为国民经济发展提供充足的电力。柬埔寨虽然蕴藏着丰富的石油和天然气，但近期受各种经济技术因素制约，尚无法实现开采的目标，因此政府在未来10年内会更注重水力发电领域的建设。

柬埔寨工业、矿业和能源部发布的最新报告指出，柬埔寨拥有巨大的水电潜能，高达1万兆瓦，目前建成及正在建设中的水电站发电能力只占1万兆瓦总蕴藏量的13%。报告预测，只要保持目前的水电建设速度并确保2020年前至少有17个电力项目动工，那么到2020年，其水电总发电量可达1万兆瓦，除将满足国内需求外，可将其中的4000兆瓦电力输送至邻国。此外，柬埔寨还计划到2020年将电网覆盖全国，总长度从2010年的554公里增加至2020年的2106公里。据悉，柬埔寨水电发展主要目标之一，就是到2020年实现村村通电；到2030年，70%的乡村家庭能用上电。

（来源：综合整理自中华人民共和国商务部、经济日报、中国电力新闻网）

柬埔寨地产业深具潜力

近年来柬埔寨经济体制先后经历了“混合型”、“计划型”到“市场型”的模式转变，以市场经济代替计划经济并以法律的形式确定下来。目前柬埔寨进入30多年来的最好发展时期，经济持续稳定发展，近年来GDP增长率均保持在6%～7%的较高水平。在柬埔寨王国经济发展过程中，房地产业占有着重要的地位，在国民生产总值中占有总量的7%左右。

一、柬埔寨重点城市建设现状

柬埔寨城市化率较低，缺乏完整的工业生产体系。因此，柬埔寨经济基础仍十分薄弱，经济结构不尽合理，经济总量较小，人均年收入较低。但随着政治经济的稳定，成衣业、旅游业和建筑业快速发展并成为国家主要财政收入来源，在重点城市中占有较大比重。首都金边的城市建设日益完善，是柬埔寨的政治、金融、文化中心；而惟一的海港城市——西哈努克市拥有柬埔寨最大的国际深水港，与金边和吴哥齐名，是柬埔寨著名的三大旅游胜地之一。同时，以它们为代表的重点城市建设正在加速。

二、柬埔寨土地制度及房地产开发情况

与不少国家一样，柬埔寨房地产也经历过爆炒期。20世纪90年代，柬埔寨房地产业迅速兴起，1994年8月，柬埔寨王国政府颁布了《投资法》，为国内外私人投资提供大量优惠政策。随着大量外资的涌入，大批商人争相购地、租地，使柬埔寨房地产市场在1995～1996年间达到了高潮，行业产值连续数年以20%以上的速度增长。随后，受1997年亚洲金融危机的影响，柬埔寨房地产业开始大幅降温，萧条期一直持续到2001年。自2002年以来，柬埔寨房地产业逐步恢复，尤其金边市开发量和房屋价格逐年攀升。近两年，越来越多的国外商人和本地人民看好投资业，柬埔寨各地的房地产价格随之大幅上升，房地产市场再次大热。

柬埔寨有两种土地制度，即永久性所有权与土地许可制度。永久性所有权只适用于柬埔寨籍自然人和法人，土地许可的最长期限为99年。整体上，柬埔寨房地产法规还不健全，政府对开发项目的建筑密度、高度、容积率、绿化率等均无具体限制；在设计和施工方面，没有严格的建筑规范要求；在销售环节，控制和监管并不严厉，项目没有正式开工也可销售。以上方面柬埔寨政府将逐步完善。比如，为防止土地过度炒作，加强了对商业银行的管制，禁止土地抵押贷款，导致土地价格有所下降。

三、柬埔寨房地产市场购买力情况

由于特殊的国情，柬埔寨居民住房差异较大。以金边市为例，普通居民住宅中以竹子和茅草为外墙建筑材料的房屋所占比例为9.7%，以木材为建筑材料的占39.3%，混凝土、砖、石头结构的为47.4%，存量房建筑质量较低，这种局面要求对居民居住条件进行大力改善。另一方面，房价较高。根据柬埔寨国土规划部对金边市2010年9月份房屋的销售价格调查显示，排屋（即法式低层洋房，是

柬埔寨目前主要建筑形式）底层每间4.2万～6.5万美元；两层一座的排屋7万～18万美元；半别墅12.8万～20万美元；别墅22万～60万美元；高层公寓每平方米700～1100美元。

当前，韩资在房地产领域发展迅速，推动了柬埔寨房地产价格的上涨，中国企业仍多处于观望阶段。房地产市场购买力仍以国内财富阶层为主，据不完全统计，比重占到90%左右。随着柬埔寨政府出台房地产新政，允许外国人购买建筑物和公寓，进一步推动了房地产市场。

自柬埔寨《外国人私有房产所有权法》正式生效后，房地产开发商竞相开展公寓计划，目前施工中的5至9楼公寓共有215项；10至19楼公寓共有58项；20楼或以上的公寓共有33项，其中9项已施工，其余则在图测阶段。

柬埔寨产业市场向外国人开放的程度较宽松，只要年龄满18岁，通过合法途径入境，没有涉及非法活动，没有精神问题的外国人，都可以购买柬埔寨公寓单位。柬埔寨对本地和外国产业拥有者一视同仁，外国人可以自由把房产转卖给任何国籍的买者，包括本地人。当外国人向开发商买下公寓单位后，外国人可以把买下的公寓再转卖给其他外国或本地人，但必须确保该公寓的外国买者比例还未超过70%。

另外，柬埔寨地籍信息管理局（Cadastral）拥有一套系统，能列出每幢公寓的外国人及本地人比例。当屋主要转售公寓单位时，可以向该局查询，以了解外国人比例是否已满额。此外，地籍信息管理局在发出每一张地契时，也会在地契上打印出当前的外国人及本地人比例。

凡是属于共同拥有（co－ownership）的公寓，都可开放让外国人购买，不管是新旧公寓；只有一个业主者，则不能卖给外国人。任何提呈予地籍信息管理局的外国人交易申请，将可在一个月内完成审批工作，申请获批者将可领获地契（产权证），但买者必须缴付相等于屋价4%的产业交易税及其他行政费用。

四、中资赴柬埔寨投资地产业潜力的要素及风险

中国、柬埔寨牢固的友谊不仅是中资在柬埔寨发展的基础，也是柬埔寨经济近年来大发展的基石，相信在未来几年中，来柬埔寨投资者将获得更多的惊喜。并且，随着华人对柬埔寨的了解，柬埔寨王国经济发展促进会等发挥两国经济交流桥梁作用的机构也会成为来柬投资者的领路者，柬埔寨驻华使馆、中国驻柬埔寨使馆等都将为在柬埔寨的投资者提供保障。

此外，柬埔寨近年发现了油田，在不久的将来，可实现石油生产。有人预测油气资源的开发将令柬埔寨的GDP增速翻番，从而大大推动房地产发展。而金融业变革也在酝酿之中，证券市场的空白将被填补，股市开市近在眼前，届时金融业将得到进一步发展。另一方面，这些巨大的经济刺激因素也暗藏着一些发展的不确定性，2008年金融危机的影响尚未消退，再加上前期土地炒作过热、房地产市场存在泡沫、政策法规不健全等因素的影响，市场风险仍需把握，房地产业整体前景谨慎乐观。总之，当前到未来至少10年，相信柬埔寨政治将逐步稳定，经济将逐步上升，这期间必然蕴藏着巨大的投资机会。

（来源：综合整理自中国建设报、星洲日报）

柬埔寨橡胶种植业方兴未艾

柬埔寨是亚洲最早种植橡胶的国家之一，种植历史可追溯到1913年法国殖民统治时期，种植面积曾一度占中南半岛的20%。

柬埔寨著名的7号公路很多路段两侧新增了大片的橡胶园，而每一片橡胶园附近都会有一个新的居住区，柬政府引导那些偏远地区的居民到更容易谋生的、交通便利的橡胶园附近居住，同时一些原本靠砍伐森林为生的农民也向这些新居住区集中。柬埔寨的橡胶种植业正在风生水起。

一、特许地政策为橡胶业发展带来希望

近年来，由于市场发育不完善及长期社会动荡，橡胶业发展受到严重制约，2005年前柬埔寨全国橡胶种植面积仅有5万公顷，其中绝大部分是需要更新的老胶林。橡胶销售渠道及定价权也受到邻国越南的控制，橡胶业发展前景堪忧。为扭转橡胶产业的颓废状况，柬埔寨政府决定以优惠的特许土地开发政策吸引外国资本投入到橡胶产业中。但特许土地开发政策一直备受争议，环保至上主义者及向柬埔寨提供援助的国际机构、西方国家政府不断向柬埔寨政府施加压力，他们认为特许土地开发就意味着对原始森林的砍伐。正因为如此，柬埔寨政府要求独立环评机构先进行环评，只有通过环评的项目才能获得开发许可。

2005年，柬埔寨特许土地开发项目在一片挑剔、狐疑的目光中成规模铺开。来自越南、中国、

法国的资本投向柬埔寨东部地区，推土机在大片大片杂乱无章的灌木丛林及废弃的荒山野岭上轰鸣。当雨季来临时，一行行整齐的新种植的橡胶幼苗在红色的土壤上格外醒目。

过去以砍伐或盗伐森林中优质木材为生的当地农民在橡胶园找到了可以终身为继的职业。人们担心的水土流失问题非但没有发生，整齐有序的橡胶林还改善了当地的生态环境。投资者还创造性地在橡胶林内种植木薯、大豆、菠萝、咖啡、胡椒等经济作物，实现了以生态的方式清除和抑制杂草以及有害植物，最大限度地提高了土地的利用价值，体现了极具生物多样性的环保意义。

二、鼓励多种资本参与种植业

2008 年底以前，柬埔寨政府以公开拍卖的形式将 6 家国有橡胶园私有化，2009 年初，柬埔寨又对最后一处国有橡胶园成功地进行了私有化改造。此后，民营资本迅速展开了对老橡胶园的改造或更新，大批农户也加入在法国援助下推行的家庭橡胶园种植工程。

法国、日本和美国都以不同方式参与柬埔寨家庭式橡胶发展计划，近年来，这种小规模种植的橡胶面积已超过 1 万公顷，有些已开始产胶。

柬埔寨国家橡胶总局局长黎波啦表示，柬埔寨全国适宜种植橡胶的红土及灰土有 86 万公顷，潜力巨大。柬埔寨政府的目标是在 2030 年前，橡胶种植面积达到 40 万公顷。为实现这个目标，柬埔寨政府将继续完善优惠政策。

三、外资角力柬埔寨橡胶种植业

越南驻柬埔寨橡胶企业协会于 2010 年 7 月宣布，将追加 2 亿美元投资，用于扩大在柬埔寨橡胶种植面积。该协会共有 14 个成员单位，已获得 10 万公顷用于橡胶种植的特许土地。根据 2009 年 9 月柬埔寨和越南签署的橡胶业投资合作谅解备忘录，2012 年越南将在柬埔寨投资兴建大型橡胶加工厂，2015 年前完成在柬埔寨种植 10 万公顷橡胶项目，总投资额预计 6 亿～8 亿美元。这是柬埔寨推行橡胶发展战略以来最大的投资契约。

越南投资者受到越南西进战略（包含能源战略）政策的鼓励，在越南国家橡胶协会的统一部署协调下，不管是国有投资主体还是私人投资主体，都能平等获得国有银行的信贷支持。

与越南投资者相比，中国投资者普遍面临后劲不足的困境，主要原因是缺乏技术支持和融资困难，尤其是对民营企业而言。中国神州东盟资源公司总经理张震中在柬埔寨东部桔井省拥有 7 万公顷的特许土地，目前仍在积极争取国内银行的信贷。

四、橡胶产业富国惠民

柬埔寨农林渔牧业部计划局副局长肯斯岛于 2009 年在温州参加橡胶种植项目推介会时表示，柬埔寨天然橡胶的主要出口目的地是越南，中国作为世界上进口橡胶最多的国家，要从柬埔寨直接获得更多资源就只有选择投资种植橡胶，而柬埔寨作为一个完全开放的市场，绝不会对中国进行资源输出限制。相对于柬埔寨有限的石油储量，橡胶是不竭的资源，如果把同样的资金投到橡胶种植上，利润远远超过石油，而且橡胶是绿色产业，所以柬埔寨政府把橡胶业定位为可提高国家长期竞争力的产业。

橡胶种植业的发展也大大改善了当地人的生活。来自中国辽宁的投资者张毅在他的橡胶园附近投资 10 万美元建立一所高标准的学校，使附近的农家子弟再也不用步行十几公里去学校读书。几乎所有在柬埔寨从事橡胶种植的中资公司都在社会公益领域中作出过贡献。

（来源：鲁特．中国石化报．2011—02—18）

中国与柬埔寨农业合作现状及相关建议

柬埔寨发展农业的自然条件优越，但由于基础设施落后、国家无力投入，农业仍处于“靠天吃饭”的局面。中柬农业合作从 21 世纪初开始起步，在曲折中缓慢向前推进。随着中柬建立全面战略合作伙伴关系以及中国—东盟自由贸易区的正式建立，中柬农业合作的互补性愈发明显，发展空间很大。

一、柬埔寨农业发展现状

柬埔寨是传统农业国，全国 1400 余万人口中有 80％以务农为生。全国可耕地面积约 670 万公顷，人均耕地面积 0.48 公顷。由于多年战乱及政府财政捉襟见肘，柬埔寨农田水利等基础设施落后，农业技术和机械化水平很低，生产力低下，农业仍处于粗放式、广种薄收和“靠天吃饭”的落后局面。目前实际耕种面积约 355 万公顷，尚有近半可耕地闲置。柬埔寨农作物以水稻、木薯、天然橡胶为主，另有热带水果、腰果、玉米、黄豆、芝麻、花生、甘蔗、烟叶等少量经济作物。

2010年，柬埔寨农业同比增长4%，产值占GDP的33.5%，对全年经济增长的贡献率达25.5%。稻谷种植面积为279.6万公顷（其中雨季为239.1万公顷，旱季为40.5万公顷）。受水灾、旱灾和虫灾影响的面积约2.1万公顷，实际收获面积277.7万公顷。全年稻谷总产量825万吨（其中雨季产量655万吨，旱季87.3万吨），平均单产为每公顷2.97吨；剩余稻谷390万吨，相当于250万吨大米。木薯种植面积20.6万公顷，产量378万吨。橡胶种植面积18万公顷，可收获面积4万公顷，产量4.2万吨。其他经济作物种植面积及产量：

种类	2009年		2010年	
	面积(公顷)	产量(吨)	面积(公顷)	产量(吨)
玉米	221287	924026	213622	773269
蔬菜	50278	322731	52732	376546
绿豆	49599	44614	69206	71526
黄豆	96388	137275	103198	156589
芝麻	43206	34536	48299	29916
烟草	347	478	594	261
甘蔗	13533	350155	17207	365555
花生	16474	21812	20041	21957

柬埔寨出口产品的90%是成衣和鞋，其余为少量农产品。2010年，柬埔寨大米出口4.5万吨，橡胶出口3万吨，另有腰果、芝麻、绿豆、棕榈油、烟草等少量出口。

二、柬埔寨利用外资发展农业情况及相关政策

柬埔寨农业基础差、财政投入有限。因此，柬埔寨政府对农业生产、加工和贸易的各个环节，均欢迎外来投资。截至2010年底，柬埔寨政府累计批准农业投资项目156个。其中，外商独资项目55个，合资项目62个。越南独资开展25个农业项目，协议投资4.87亿美元；中国在柬埔寨独资开展19个农业项目，协议投资4.23亿美元；另外，泰国、马来西亚、韩国、美国等国对柬埔寨农业投入也较多。

发展农业是柬埔寨政府“四角战略”中的第一个角。为吸引更多外资发展本国农业，柬《投资法》中对达到一定规模的农业开发项目，如种植1000公顷以上的稻谷、500公顷以上的经济作物、50公顷以上的蔬菜等均给予支持和优惠待遇。主要鼓励措施有：项目实施后，从首个盈利年份起，可免征盈利税的时间最长为8年；如连续亏损则被准许免征税。如果投资者将其盈利用于再投资，可免征盈利税。政府只征收纯盈利税，税率为9%。分配投资盈利，不管是转移到国外，还是在柬埔寨国内分配，均不征税。对投资项目需进口的建筑材料、生产资料、各种物资、半成品、原材料及所需零配件，均可获得100%免征关税及其他赋税，前提是该项目产品的80%必须出口。

根据柬埔寨宪法和土地法等法律规定，用于投资的土地所有权，必须由柬埔寨籍自然人或法人投资者（柬埔寨资金占51%以上）所有。2005年底，柬埔寨政府颁布“经济土地特许权法令”，外来投资者可通过长期租赁的方式使用土地，最长租期为70～99年，期满可申请继续租赁。为有效管理土地，政府一般批准的农业投资项目均在1万公顷以内。该法令极大地吸引了外国投资对柬埔寨农业领域的投入。2001～2005年，外资在柬埔寨农业领域投资年均不超过5000万美元。2006～2007年，投资连续两年超过3.5亿美元，主要来自越南、中国、泰国、韩国和美国，利用经济特许地种植木薯、花生和甘蔗等经济作物。

大米被誉为柬埔寨的“白金”。为延长产业链、提升附加值、提高大米加工能力（目前泰国、越南米商在柬埔寨大规模收购稻谷，在各自国内加工后以泰国、越南大米品牌出口），2010年8月17日，柬埔寨政府颁布《促进稻谷生产和大米出口政策》，旨在将柬埔寨打造成国际市场上主要的大米出口国，力争到2015年在保证国内消费的基础上有400万吨以上的剩余稻谷，并有至少100万吨大米可供出口。此外，由于国际市场上橡胶、木薯价格的不断攀升，柬埔寨政府积极扩大种植面积，欢迎外资投资种植和加工。

三、中柬农业合作现状

中柬两国领导人高度重视两国间的农业合作。2000年11月中国国家前任主席江泽民访问柬埔寨时，双方签署《中柬农业合作谅解备忘录》；2002年11月中国国务院前任总理朱镕基访问柬埔寨时，农业被确定为两国重点合作的三大领域之一；2010年3月中国国务院副总理回良玉访问柬埔寨时，两国签署加强中柬农业合作的协议。柬埔寨首相洪森及柬埔寨政府各级官员均在不同场合表示，欢迎中国企业投资柬埔寨农业领域。

（一）中柬农业合作现状

近年来，中国企业与柬埔寨在农业领域合作的尝试很多，但是成功案例较少。中国海外经济合作

公司、中国农垦集团、广西北海外经公司等企业曾先后在柬埔寨投入一定资金，探索农业综合开发，包括农作物、经济作物种植、家畜养殖等；湖南企业也在柬埔寨试种了中国优质杂交稻；还有一些企业来柬埔寨探讨种植木薯、橡胶、麻枫树、蓖麻、甘蔗、棉花、哈密瓜及热带水果等经济作物的可能性，但都处于探索阶段。据柬埔寨农林渔业部统计，目前中国在柬埔寨从事农业开发的企业有20余家，主要是通过并购当地公司或租赁政府经济特许土地进行橡胶、木薯、经济林木和热带水果等经济作物的种植和加工。

（二）中国企业在柬开展农业合作存在问题

1. 土地纠纷时有发生。由于战后遗留土地分配和产权问题，柬埔寨中央和地方政府在土地产权管理上时常出现分歧，目前仍有较多土地纠纷。中国部分企业在立项前对开发用地的产权归属掌握不清，造成企业实施项目时障碍重重，部分项目甚至搁浅。

2. 基础设施落后。柬埔寨气候旱雨季分明。由于水利灌溉设施落后，雨季时因雨量过大而淹没农田，旱季时因远离水源而大片荒芜。据柬埔寨水资源与气象部统计，目前的水利灌溉系统仅能为48%的农民提供充足的农用水。此外，电力成本过高也对中国企业投资农产品加工造成较大困难。

3. 融资成本较高。因农业投资周期长、风险高，企业融资困难，后续资金投入跟不上，影响项目运作。柬埔寨国内农业贷款成本高，商业银行和小额贷款机构的年利率多在20%甚至30%以上。

4. 贸易便利化程度低。柬埔寨交通基础设施落后，公路、铁路、港口、仓储能力较差，运输成本居高不下。公路国道仅相当于中国三级公路的水平，乡村公路多为土路，雨季路面泥泞，车辆运输困难。

四、加快发展中柬农业合作建议

中柬系友好近邻，两国农业合作互补性强，有很大的发展空间。中国企业应抓住机遇，进一步完善支持政策，积极推动中国企业与柬埔寨在农业领域开展互利合作，实现共同发展。

（一）推动在柬埔寨设立农业示范中心和生产基地。积极鼓励中国有条件的农业企业来柬埔寨设立农业示范中心和生产基地，利用中国丰富的农业生产经验、现代农业科技水平和先进农用机械设备，带动当地农民在水稻和多种经济作物的种植上采用新技术，转变种植方式，提高产量，增加收入，推动中柬农业合作的可持续发展。

（二）推动有实力的企业投资柬埔寨农产品加工领域。鉴于柬埔寨的实际情况，中国企业可在柬埔寨投资种植木薯、橡胶以及其他经济作物。积极推动中国有实力的企业来柬埔寨投资建设粮库、碾米厂以及其他农产品加工厂，这将是近期最能体现两国农业合作互利共赢的最佳领域。

（三）帮助柬埔寨政府提高农产品检验检疫水平。柬埔寨缺乏必要的农产品检验检疫技术和设备，中国可考虑帮助其建设农产品实验室、提供相关设备、开展检验检疫方面的人力资源培训。

（来源：中华人民共和国驻柬埔寨王国大使馆经济商务参赞处．http：//cb.mofcom.gov.cn/aarticle/zwrenkou/201105/20110507554850.html? 60617403=850387913．2011—05—17）

印度尼西亚

印度尼西亚煤炭产业取得长足发展

一、印尼煤炭资源概况

从褐煤到无烟煤，印尼煤炭品种齐全。当地的火山活动更是提高了褐煤的品质。此外，印尼的煤矿多为露天矿，具有埋藏浅、煤层厚、开采方便等产业优势。

储量。印尼煤炭资源非常丰富。据印尼能源矿业部统计，印尼煤炭资源储量为580亿吨，已探明储量193亿吨，其中54亿吨为商业可开采储量。由于很多地区尚未探明储量，印尼政府估计煤炭资源总储量或达900亿吨以上。据美国能源署统计，印尼是世界第四大煤炭储藏国。

分布。印尼已探明煤炭储量主要分布在苏门答腊和加里曼丹两岛，特别是集中在苏门答腊岛的中部和南部，以及加里曼丹岛的中部、东部和南部。印尼的煤矿多为露天矿，开采条件较好。但随着近年来开采量增加，露天煤矿的面积逐渐缩小，未来开采的深度和难度将逐渐增加。

构成。印尼无烟煤占总储量的0.36%，烟煤占14.38%，次烟煤占26.63%，褐煤占58.63%。印尼的煤炭多具有高水分、低灰分、低硫分、高挥发等特性。次烟煤热值为5700～7200千卡/千克，挥发份为37%～42.15%，低硫0.1%～0.85%；褐煤热值为4345～5830千卡/千克，挥发分24.1%～48.8%，硫分0.1%～0.75%。

二、印尼煤炭产业现状

近年来，随着国内外煤炭需求的迅速增长和市场价格的不断走高，印尼的煤炭产量和出口量逐年增加。据印尼能源矿业部统计，2006年至2008年，印尼的煤炭产量分别为1.83亿吨、2.15亿吨和2.4亿吨。2009年进一步升至2.54亿吨，居世界第七位，其中78%的产量（近2亿吨）用于出口，使印尼成为世界第一大煤炭出口国。亚洲占印尼煤炭出口量的70%以上，其次为欧洲和美洲。在亚洲的主要出口对象是印度、日本、中国等。近年来印尼对中国煤炭出口逐年递增。2010年上半年，印尼煤炭产量达1.24亿吨，其中79.4%（0.96亿吨）的煤炭出口到海外市场。预计2010年至2014年，印尼煤炭产量将分别达到2.5亿吨、2.8亿吨、2.9亿吨、2.97亿吨和3.09亿吨。

随着近年印尼国内和世界煤炭需求的迅速增长以及国际市场价格的不断走高，印尼煤炭产业发展迅速。据印尼煤矿协会的最新统计数据，2011年第一季度印尼煤炭产量高达8900万吨，第二季度预计将上升7%至9500万吨。

印尼煤炭产业的迅速发展，首先应归因于印尼政府对煤炭产业的高度重视。近年来，印尼制定了多项优惠政策，多渠道招商引资，并鼓励国内企业以各种形式大力发展煤炭产业。2005年5月，印尼政府公布了“国家能源管理蓝图”，增加煤炭、天然气和可再生能源在国家一次能源构成中的比重的计划。计划到2025年，煤炭在一次能源利用中的比重增加一倍以上，增加到31%；同期，天然气的比重将增加到33%，从而使煤炭和天然气成为最重要的能源。

三、印尼煤炭产业发展趋势

从过去10年来看，印尼产煤量每年增加2000万吨以上，预计这个趋势将持续到2020年。早在2006年，印尼便成为全球最大的煤炭出口国。据印尼能源矿业部统计，2009年，印尼的煤炭产量为2.54亿吨，位居世界第七位，其中78%的产量用于出口。2010年印尼总共生产了3.25亿吨煤炭，其中6000万吨用作国内的生产消费，2.65亿吨用于出口，创汇187.3亿美元。2011年印尼煤炭产量预计为3.35亿吨至3.50亿吨，而出口预计将达到2.70亿吨至2.85亿吨。亚洲地区是印尼煤炭出口的主要目的地，占出口总量的70%以上，其次为欧洲和美洲。在亚洲地区的主要出口对象是印度、日本、中国等。印尼煤炭对中国的出口增长速度较快，平均年增长率达21%，2010年达到4290万吨。如今印尼已经是中国南方部分地区的主要煤炭来源地。其中，煤炭已成为广西从东盟国家进口的第一大类商品。

印尼2009年颁布实施的新《矿产和煤炭法》及随后陆续颁布实施的有关政府条例，是从事煤炭勘探开发等活动的最主要法律法规。因本国资金匮乏，印尼总体上对外资进入其能矿领域持开放态度，但也设定了一些限制。特别是随着印尼两期1000万千瓦电站项目陆续建成发电，印尼国内对煤炭的需求将持续增长。据测算，每生产1000万千瓦电力需消耗4000万吨煤炭。鉴于此，印尼政府近来愈发强调煤炭生产须优先满足国内需求，然后才可考虑出口。这可能对外资在印尼从事的煤炭开采与贸易带来一定影响。

如今，煤炭产业已成为印尼出口支柱性产业之一，为国民经济建设作出了巨大贡献。印尼政府认为，本国煤炭产量仍有较大提升潜力。据印尼能源矿产部预计，到2025年，印尼煤炭产量将达到4.05亿吨，其中三分之二以上的产量将用于出口创汇。

（来源：综合整理自中华人民共和国驻印度尼西亚大使馆经济商务参赞处、经济日报）

印度尼西亚加大投资恢复纺织业

一、印度尼西亚纺织业现状

印尼的纺织业作为印尼最早发展的工业项目之一，一直受到印尼政府的高度重视。当前国际棉花价格剧烈上涨，牵动印尼的纺织业低迷发展。

有相关机构称，由于受天气和自然灾害等影响，2011年全球棉花产量下降，价格还将持续走高。印尼拥有2.38亿（编者注：2010年数据）的庞大人口基数，为了满足印尼人民的穿衣问题，印尼政府一直在对纺织业进行大力的投资与改建。2007年印尼财政部从国家预算中拨出2550亿印尼盾（约2800万美元），用于补助印尼纺织与成衣厂商购置设备所需支付的贷款利息。2008年该补助资金提高到4000亿印尼盾（约4400万美元），充分表明印尼政府对更新纺织企业机械设备的高度重视。印尼拥有各类大中型纺织服装企业约4000余家，雇工人数达180万以上，间接就业人口达500万，年产值约120万亿印尼盾，2010年创造工业附加值42

万亿印尼盾。

二、印尼采取措施恢复纺织业

印尼政府一直致力于摆脱印尼纺织行业棉花进口的局面，曾先后多次对棉花种植产业予以扶持，但都因为各种原因未能达到理想产量。印尼农业部分别在2008年种植了1.5公顷的棉花，2009年种植了2.8公顷，2010年更是加大力度，种植了6.5公顷的棉花，但由于管理不善，产量未能发挥到最大。据印尼农业部称，印尼将在以后的3～5年内，大力发展棉花种植，使印尼纺织行业逐渐摆脱完全依赖进口的局面。

印尼工业部也在为印尼的纺织业努力进行改革，印尼纺织业协会（API）总主席阿德·苏德拉查特表示，印尼的纺织品与成衣工业的主要问题是其纺织机多半已老旧，对此印尼工业部将采取措施重新组装机器。同时定下指标，在日后2011至2014年期间，以每年投资1兆5千亿盾（约1.7亿美元）对600家企业进行重组，而其他主要问题是纺织工业人力资源竞争力仍稍弱，各地方基础建设不够理想，以及保护国内工业免受外来品打击的印度尼西亚国家标准（SNI）实施力度不足。

印度尼西亚工业部2011年为一份计划分配了1770亿卢比（约2036万美元），恢复国家的纺织、鞋履和皮革工业。印尼工业部制造工业局的局长苏善多表示，这笔财政援助将分配给150个纺织公司和20个鞋履生产单位和硝革单位，使其更新陈旧的设备。

数据表明，最近几年，印尼国内纺织产品的产量急剧上升。人均年度纺织品的消费量从1999年的3.9千克增长到2005年的4.5千克，2008年的5.3千克。2011年的消费量估计达到6.5千克。印度尼西亚在全球纺织品出口市场上的份额有望从2011年的1.8%上升到2014年的2.5%。纺织工业的恢复计划建立于2007年，鞋履和皮革工业的类似计划在2009年建立。

根据复兴计划，有资格的公司将收到新机型总购买额10%的援助。10%的刺激资金意味着纺织公司需要支付更多的资金来购买机械，银行贷款仅能够满足总采购成本的30%。

根据印尼工业部的数据，在全国范围内的数千个纺织公司有约400万台纺纱机械、20万台织布机和34000台针织机，均有20多年的使用历史。

2010年，根据同样计划，印尼政府向151个纺织公司分配了大约1443.7亿卢比，低于政府1541.5亿美元的目标；向24个鞋履和皮革公司分配了183亿卢比，低于预算的244.5亿卢比。

印尼纺织部部长在发布该计划时指出，比期望低的贷款分配部分原因是许多有资格的公司没有做好加入该计划的准备。

目前，印度尼西亚主要从中国、日本和欧洲国家，包括德国、比利时和西班牙进口纺织机械。

三、中国和印尼企业纺织领域合作建议

印尼纺织业关乎国计民生，社会影响面大，中国企业和印尼企业在纺织领域有互补合作的空间，中国企业应重视与印尼企业在纺织领域的合作，共同探索有效的合作方式。

（一）设立纺织企业工业园

目前印尼政府为发展经济和减少失业，正着力发展实业，特别是劳动密集型产业。中国企业可在印尼投资设厂，开辟专门的中国工业园区，利用中国企业先进的技术、管理经验和资金实力加强和印尼企业合作，而产品可直接销往世界各地。

（二）机械设备更新领域合作

印尼纺织企业目前普遍面临设备老化问题，同时在资金方面又遇到困难，印尼企业希望更新现有陈旧设备，提高生产效率。中国纺织工业门类齐全、设备先进且价格和维护成本低，较易被印尼企业接受，中国有实力的纺织企业和商业银行可带资入股印尼纺织企业，参与设备更新改造，这样有利于双方优势互补，提高竞争优势。

（三）积极利用印尼每年一届的“纺织机械展”平台

近几年来，印尼每年都举办一次大型国际纺织机械展，规模和影响力越来越大，参与的国家也越来越多，中国有实力的纺织机械和纺织技术公司也积极参与，其规模和质量都是展会的一大亮点，使得越来越多的印尼纺织企业了解到中国的技术和设备，并与其建立相互的合作关系。

（来源：综合整理自亚洲纺织联盟网、国际日报）

印尼医疗器械市场攻略：与当地分销商合作

2010年，印尼总人口已达2.38亿，为东南亚地区第一人口大国。迄今为止，印尼国内还只能生产一次性医用乳胶手套、绷带、医院手术台等初级产品，约99%的医疗器械产品均须从海外输入。

近年，随着国际市场石油价格的暴涨，印尼政府的财政收入大增，2008年至今，印尼已连续3年扩大了对外国医疗器械产品的进口数量，2010年的进口医疗器械总金额已达4.213亿美元。有数据显示，在过去3年里，印尼进口医疗器械产品的年增长率高达43%，在东南亚国家中位居第一。在印尼进口医疗器械产品中，美国产品的进口金额约占进口总金额的51%，其次为日本（19%）、英国（11%）、德国（8%），包括中国在内的其他国家对印尼出口医疗器械金额合计为11%。显然，凭借中国产品性价比较高的优势，印尼对于中国医疗器械生产商和经销商而言，仍然是一个充满巨大商机的目标市场。

然而，进入印尼市场将面临无数障碍和挑战。首先，外国医疗器械产品进入印尼市场的最大障碍是其高达30%的高额关税，远高于新加坡、马来西亚、菲律宾等东南亚国家。这一高额税率使得高端医疗器械产品在印尼市场上销售十分困难。

进入印尼市场的第二大障碍是其官僚体系过于庞大，获得进口许可证批件并不容易。据了解，目前印尼全国约有900家公立医院。印尼卫生部负责招标采购所有公立医院所需的医疗器械和设备，医院方面无任何采购自主权，而且医院申请进口国外医疗器械产品的预算经费极其有限。不过，近年来，印尼医疗系统开始酝酿改变由卫生部主管所有医院事务的集中化局面，印尼卫生部拟在近期内将医院管理和进口医疗器械的权力下放至地方。有分析人士认为，此举意味着一些财政状况较好的印尼省份今后不仅能自主决定进口医疗器械产品的数量，而且可进一步扩大进口范围。

目前印尼约有2100多家医疗器械分销商，大多代销外国生产的医疗器械产品。印尼实力最雄厚的两家医疗器械分销商为PT Kimia Farma公司和PT Kakbe Farma公司。这两家公司控制的40家子公司遍布印尼4个主要岛屿以及数十个小岛。中国医疗器械经销商如能与这两家公司合作，产品出口印尼的机会可大大提高。

在大城市以外的广大印尼乡村地区，当地医院所需的医疗器械则主要通过当地代理商购买。再者，印尼各岛之间距离遥远，事实上造成了高企的物流成本，因此形成了印尼国内多达2100家以上的医疗器械分销商的现状。总之，外国医疗器械公司想要进入印尼这一东南亚第一大国市场必须要有耐心和信心。

而与排名前10位的印尼医疗器械分销商合作则是成功进入印尼市场的关键。据悉，这10家公司均为在雅加达证券交易所上市的公司，拥有雄厚的资金。但这些大公司对外商十分挑剔，无把握的话不会轻易接单。反之，与印尼众多中小型医疗器械分销商打交道则比较容易，有时甚至会主动提出为外商代理医疗器械产品，但这类公司在诚信度方面的风险较高。

目前将英国《金融时报》评选出的5家信誉度最好的印尼医疗器械分销商依次列举如下，供中国医疗器械生产商作参考：PT Easeval Pultra Megatrading，拥有40家子公司；PT Mensa Bina Sukses，有24家子公司；PT Arugrah Argon Medica，有34家子公司；PT Transmedic Indonicia，有4家子公司；PT Surgika Alkesindo，有13家子公司。

（来源：徐铮奎. 医药经济报. http://health.sohu.com/20110526/n308584884.shtml. 2011—05—26）

印度尼西亚制藤产业简况

一、印尼拥有丰富的天然藤资源

藤是一种攀延棕榈树的茎，种类有一万多种，产于热带及亚热带的森林中，人工种植者不多。藤依藤皮的光泽分为三类：一是光滑的；二是不大光滑的；三是不光滑的。光滑的价格最贵。藤皮和藤心一般分开来出售，藤皮可以织成各种藤椅，藤心可以制造多种家具。

地处热带群岛的国家印度尼西亚拥有得天独厚的地理条件，世界上约250种天然藤中有70%生长在这里，多分布在苏门答腊岛、加里曼丹岛和苏拉威西岛的茂密丛林中。

藤在经过剥皮、硫化、抛光、高温熏蒸后，就可在模框中根据需要加工成所需部件，再组装成家具。3至4厘米粗的大藤可以做家具的骨架，直径少于1厘米的，可以用于家具的装饰条或编织成装饰面。此外，原藤在采集剥皮后的藤皮也可以用作编织。由于藤的纹理不同于木材，它是像植物一样的贯通直纹，不会开裂，富有弹性，加之重量轻，所以印尼产的藤制家具在国际市场上深受消费者青睐。

据估测，印尼藤条储量达1200多万吨，而藤的生长周期较短，加之印尼气候湿润、土壤肥沃，足以满足印尼及国际市场的需求。与木制家具相比，天然藤家具能够减少环境污染，同时又能创造更多就业机会和扩大出口。

根据印尼藤基金会的统计，印尼在20世纪90年代曾掌握世界天然藤供应的85%。2008年之前，印尼拥有近700家藤制家具加工厂，仅2008年藤制家具和藤类手工制品便创造了2.6亿美元的出口额。

二、印尼传统藤制家具产业发展现状

印度尼西亚是产藤最多的国家，其次为马来西亚、印度及菲律宾。印尼产藤的中心区首推加里曼丹中部与南部，其次为苏拉威西及苏岛西部。藤制品出口多在锡江、巨港、马辰、三马林达及巴东等港口进行，基本在产地附近的港口付运出口。印尼的藤椅制作造型很精致且耐用。

2010年前三个月，印尼原藤出口达8841吨，比2009年同期的7611吨增加了16.2%。2004年至2010年期间，印尼藤的出口平均增长率为2.5%，其出口价格每年增加9.3%。

印尼工业部的数据显示，印尼每年藤条产量约为60万吨，印尼家具业每年对藤条及藤制品的需求约为30万吨。印尼藤基金会主席苏马亚尼先生认为，由于国际金融危机压制了海外市场需求，印尼国内市场藤条及藤半成品库存过剩，所以应该根据实际情况对出口条例加以修改，才能最大限度地保护藤类加工业的积极性。苏马亚尼先生同时表示，如果措施得当，藤加工业每年可多创造2亿至4亿美元的出口收入，并提供500万个就业机会。

三、印尼藤家具业面临新挑战

印尼政府对原藤及藤制品的出口是有配额限制的。2009年8月11日，印尼贸易部颁发了关于藤制品的编号为36/M－DAG/PER/8/2009的出口新规则，规定了可以出口的藤的种类和数目。如优质藤类Taman Sega Irit由以前77000吨配额削减至35000吨。此前，该种藤可以原藤出口，新的规则要求加工冲洗并硫化（Washed And Sulfured，简称WS）。由于WS藤类是规格化的优质藤，其市价坚挺且走俏，出口量陡增，2010年前三个月出口额达840万美元，而2009年同期为724万美元。Taman Sega Irit藤约有五成供应内需。

2009年，在有关原藤及藤制品的出口新规则未颁布前，印尼藤出口商有120家，目前已削减至62家。已向印尼贸易部注册的62家藤出口商分布情况如下：苏门答腊岛北部2家、西部3家、南部1家；楠榜省1家；加里曼丹岛西部1家、中部26家、南部13家；西努沙登加拉省1家；苏拉威西南部6家、中部5家、南部2家；科伦打洛1家。

印尼制藤产品协会主席里斯曼认为，印尼制藤产业曾经有过辉煌的时期，但是自2007年开始走下坡路，政府缺少出口的优惠措施和国内外对藤制产品需求降低是导致印尼制藤产业不景气的主要原因。他表示，50%以上的藤制产品加工企业倒闭，目前印尼藤制产品加工企业已经到了危机时刻，如果政府再没有任何救援措施，印尼藤制产业将会没落。2009年贸易部长令限制了藤制产品出口，对印尼以藤制产品为生的农民和家具企业是一个极大的挑战。

目前藤制家具自身也有弱点。虽然藤制家具不会像木质家具那样开裂，但却不能被雨水浸泡，浸泡后接口处可能胀开，即使经过刷漆处理，仍然无法经常露天摆放。全藤制家具很轻，没有重量感，并且有弹性，所以家具在设计时无法做到像木质家具那样严丝合缝，显得较为粗糙。这就决定了藤制家具在室内摆放时只能是配角。

在印尼部分工厂里，因为藤制家具制作工艺比较简单，所以生产设备多年来基本上没有进行升级换代。工人们一如既往地根据客户需要，对藤条进行裁剪、定形、黏结和固定等手工操作。

其实，印尼藤产业不仅存在外部需求问题，同时也有自身跟不上时代发展的原因。由于作为世界供应大国的印尼对天然藤原料出口加以限制，无法满足欧洲、美国和日本买主的需求，迫使这些国家的买主转而购买塑料制作的合成藤。此外，合成材料制成的家具更美观，更加符合现代都市人的生活需要，这就导致曾经快速发展的印尼藤制产业如今面临产业升级换代、设计和工艺创新的机遇和挑战。

（来源：综合整理自中华人民共和国驻印度尼西亚共和国大使馆经济商务参赞处、中国政府采购网）

中国与印度尼西亚机电产品贸易前景广阔

一、中国与印尼双边经贸关系稳定发展

中国与印尼的双边贸易有着悠久的历史。在发展中国家贸易伙伴中，中国与印尼双边贸易发展最快、贸易额最大。印尼是世界第四个人口大国，消费潜力巨大。2002年以来，印尼政局稳定，宏观经济保持年均5%的速度增长，投资和贸易环境得到大幅改善。

近年来，印尼与中国的双边贸易发展良好，双边贸易额年平均增长达25%以上。据印尼贸易部统计数据显示，随着中国和印尼战略伙伴关系的建立，双边经贸合作正朝着全方位、多层次、双赢的方向不断迈进。2010年中印贸易额达到427.5亿美元，增速为50.6%，提前两年实现两国领导人确定2010年贸易额达到300亿美元的目标。2011年第一季度，中印贸易达到125亿美元，同比增长40%。双方在金融、电力、铁路、通讯、石油等领域的合作前景很被看好。中国已成为印尼第三大贸易伙伴，印尼已成为中国企业在海外投资的一个主要目的地。

印尼、新加坡、马来西亚、菲律宾等东南亚市场，是中国、日本、韩国家电厂商海外新兴市场必争之地，中国国产家电近乎“独占”中国市场，日本、韩国各自“独占”本国市场。在“各居各国、内强外攻”的市场战略下，以及东盟零关税贸易背景下，拓展印尼市场具有重要意义。中国企业应考虑提高自有品牌海外市场出口比例的问题，进一步实施“走出去”战略，加大、加快在东南亚等国当地工厂投资及提升产能，这样才能够在与日本、韩国的家电企业在新兴国家市场份额争夺战中获得相对对等的竞争地位。目前，中国已成为印尼非油气产品最大贸易伙伴，上千家中国企业到印尼投资兴业，包括许多中国知名企业，广泛参与印尼基础设施、电力、能源、通讯、农业、制造业等产业建设，促进印尼当地就业。

二、中国与印尼机电产品贸易情况

近几年，中国对印尼机电产品出口一直保持快速增长，中国的新能源、汽车及配件、消费类电子产品、电力设备、粮油及食品加工机械、重型机械等在印尼很有市场，其中电力和农业及食品加工尤为突出。印尼用电普及率仅为56%，仍有44%的人口没用上电，即使在首都雅加达也经常会因缺电而实施轮流停电。随着经济发展，印尼对电力的需要日益增加，由于目前印尼个人和企业用电比例为7∶3，企业发展极大地依赖于充足的电力供应。为此，中国电力行业在印尼市场开展承包合作将大有可为。

多年来，机电产品一直是印尼最大宗进口商品。随着中印机电产品进出口在双边贸易中的比重逐年上升，中国对印尼出口的主要商品中，机电产品始终占据首位。据中国海关统计，2010年中国机电产品向印尼出口额为105亿美元，同比增长39.4%，占对印尼出口总额的51.5%。2011年首季出口26.8亿美元，同比增长29.7%。主要出口产品为通信设备产品、液晶显示板、手机、摩托车及零部件等。2010年中国从印尼进口机电产品20.9亿美元，同比增长17.1%。2011年首季进口机电产品5.6亿美元，同比增长25.2%。

（一）中国手机和电脑走俏印尼

印尼人口约2.4亿人，仅次于中国、印度和美国。电信业是中国与印尼双边贸易增长最快的领域。近年来印尼大力发展通讯行业，已有约三分之一的人口拥有手机，不少印尼人都在使用低成本的中国手机，以及从中国进口的通讯设备和笔记本电脑等。由于印尼国土岛屿众多，迫切需要通讯服务和现代化通信设备，印尼政府非常希望这些设备的组装和制造都能够在印尼进行，从而实现规模经济。

（二）中国摩托车在印尼市场有竞争优势

印尼目前为继中国、印度之后的世界第三大摩托车市场，摩托车为印尼普通百姓的主要交通工具，消费群体为中间阶层。由于人口众多且购买力较低，价格是消费者首先考虑的因素。中国产品不仅质量较好而且价格较低，较适合印尼市场需求，因此中国摩托车产品在印尼市场具有较强的竞争力。早在亚洲金融危机前，中国摩托车就已进入印尼市场，但真正在印尼崭露头角还是在近两年。中国摩托车在印尼一度出现热卖的场面，嘉陵、钱江、力帆、新大洲、幸福、建设、宗申、金城、春兰等十几个品牌已在印尼市场出售，约占当时市场份额的10%。

（三）印尼家电市场需求强劲

据印尼有关部门统计，印尼电器行业集中发展电视、冰箱、洗衣机和空调这四类产品。目前印尼人口中拥有电视机的仅占57%，拥有冰箱的占19%，拥有洗衣机的占5%，拥有空调的仅占1%。这四个领域还有很大的发展空间。

在印尼各地商场内，人们随处可见来自日本索尼、夏普、三洋等世界一流公司的各类家电产品。而来自中国大陆、韩国和中国台湾的家电产品也占据了印尼家电市场的一席之地，其产品虽然在质量上同日本产品不相上下，但在价格上却明显逊色于来自日本的产品，也因此被消费者看做是市场的二流产品。

据了解，长虹集团于2000年进入印尼市场，2002年长虹空调投产，短短几年时间，在印尼市场份额已达到20%，仅次于进入印尼超过30年的日本松下。长虹在印尼选择了和当地华人实业家合作的方式，长虹集团提供技术、品牌，当地华人企业家提供资金和人力。长虹印尼代表处有关人员透露，中国企业走向海外，关键是要选好时机和合作伙伴。亚洲金融危机以后，长虹开始把目光投向印尼市场，由于当时对印尼的市场不很了解，所以联合了当地的华人企业，对长虹产品进行本地化生产，不仅降低了成本，而且保证了售后服务拥有充足的零配件。

康佳集团在印尼销售彩电，并不针对普通消费者，而是用散件进口的方式在印尼组装，然后将产品直接销售给代理，让代理自己解决经销问题。印尼的彩电市场容量很大，而且消费力旺盛。中国家电和日韩品牌相比，具有一定的价格优势。但另一方面，印尼市场竞争激烈，汇率波动很大，对于利润较薄的家电企业而言，尤其需要考虑成本和收益。虽然康佳的海外战略重点在欧美国家，但是他们也想把印尼作为一个生产出口基地。

TCL在印尼累计投入上亿美元组建销售网络。印尼的彩电市场可以说是群雄争斗，TCL在这样的市场中占据约10%的份额，在中国品牌中业绩突出。

（来源：中国产业经济信网. http://www.cinic.org.cn/site951/jdpd/2011－06－28/487120. shtml. 2011—06—28）

老　挝

老挝证券市场浅析

2011年1月11日，全球最袖珍股市在万象开盘，老挝国有企业股份制改革伴随着金融资本市场的建立拉开序幕。

一、老挝证券市场的成立

1986年老挝实施革新开放，经济体制开始从高度集中的计划经济向老挝人民革命党的领导和政府宏观管理下的社会主义市场经济转轨。随着国民经济的发展和企业规模的扩大，企业长期融资需求和银行短期贷款业务之间的矛盾日益凸显，建立证券市场被提上第六个五年（2006～2010年）规划日程。2004～2008年，老挝年均经济增长达7.65%。2008年，老挝政府决定开设证券市场，为优质企业融资发展、做大做强创造条件。

2009年7月，老挝成立证券管理委员会（简称“证管委”），当月，老挝央行与韩国证券公司签署合资成立证券市场协议，老挝方以土地和证券大楼出资，占股51%；韩方提供系统软、硬件及人才培训，占股49%。2010年5月，老挝政府总理波松签发《关于证券和证券市场的政府令》。8月，外贸银行与泰国KT Zmico证券合资成立首家证券公司——外贸银行恭泰证券。12月，发展银行和越南SACOM银行合资的澜沧证券获批成立并实际开展业务。2010年，有30家公司在证券市场备案，证管委最终将首批上市的公司锁定在大众发电、老挝航空、外贸银行、老挝电信和老挝啤酒等5家企业当中。9月底，经过16个月的建设，证券大楼竣工交接，老挝基本具备开设证券市场条件。

2010年10月10日，老挝证券市场在万象举行挂牌仪式，2011年1月11日正式开盘，首轮上市两只股票：外贸银行和大众发电。

二、新股发行及市场表现

2010年，外贸银行直接从国有商业银行股改为股份制商业银行。老挝电力则通过切分发电业务新成立控股子公司——大众发电实现股改。在一级市场发行方式上，外贸银行通过澜沧证券竞价发行，向国内投资者发行2049万股，占总股本的15%，申购底价每股5000基普；大众发电通过外贸银行恭泰证券定价发行2.17亿股，占总股本的30%，发行价每股4300基普，国外投资者可申购其中的40%。从发行效果看，盘子较小的外贸银行申购量是发行量的170%，最低成交价为5500基普；大众发电有74%的发售，在最后2个申购日才勉强完成。

开市首日，市场成交金额21.38亿基普，约合25万美元。其中，外贸银行成交16亿基普，收盘价8000基普，溢价45.5%；大众发电成交5.38亿基普，收盘价4700基普，溢价9.3%。经过一个月的运行，2010年2月10日证券市场主席德普旺向媒体透露，一个月来市场累计成交金额800亿基普，合8000万美元，日均成交448股，外国投资者交易量占62%。大盘总体呈现先扬后抑的特点，头16个交易日里表现强劲，从1000点一路飙升到1864.98点，其中九个交易日连续涨停。外贸银行股价从8000基普涨到15400基普，累计涨幅95%，较一级市场最低成交价涨161%；大众发电股价从4700基普涨到8800基普，累计涨幅87%，较一级市场发行价涨105%。2011年2月2日，持有大众发电的外国投资者抛售了手中200多万股的股票，引发获利盘回吐，大盘急转之下，在接近6个跌停之后于10日报收于1496.89点。截至2011年4月1日，大盘经过一段慢熊走势后回落到1314点，外贸银行和大众发电股价分别报收于8450基普和6500基普。

三、市场投资价值评估

（一）市场成长性

2010财年老挝GDP为59.67亿美元，按其第七个五年规划，未来五年年经济增长不低于8%，到2015年GDP将达81.18亿美元。截至2011年4月1日，市场流通市值1.89亿美元，总股本7.32亿美元。如年内老挝航空、电信和啤酒都顺利上市，流通市值可达5亿～6亿美元，总市值15亿～20亿美元。如未来五年目前已备案的30家公司全部上市，扣除二级市场股价波动因素，2015年流通市值可达30亿～36亿美元，总市值90亿～120亿美元，高于GDP。据来自老挝证券市场方面的分析，第七个五年规划期间，老挝国有企业和民营企业将通过发行股票和债券融资至少80亿美元。

（二）公司投资价值

由于缺乏市场定价经验，老挝上市公司股价被严重低估，极具投资价值。以外贸银行为例，2010年其净资产为95220亿基普（合11.9亿美元），实现利润1919亿基普（合2399万美元）。2011和2015年净资产将分别达到106840亿基普和308690亿基普。目前，外贸银行流通市值仅2164万美元，总股本折合1.44亿美元，即使按2010年的财务数据计算，目前的股价也仅为每股净资产的12.1%。

（三）新兴市场的不足

1.立法有待完善。老挝尚未出台《证券法》，仅以政府令和决定等行政法规的形式出台市场管理运营规则；

2.国有企业股份制改革、民营及合资企业上市尚缺乏成熟的经验；

3.从现有发行方式看，对外国投资者在老挝投资证券的开放程度有待进一步提高；

4.尚不具备网络交易、第三方存管等成熟市场必备条件，硬件设施需进一步改善；

5.证券从业人员队伍建设相对滞后，需培养或引进一批具备市场管理、金融投资和证券从业经验的专业人才队伍。

（来源：中华人民共和国驻老挝人民民主共和国大使馆经济商务参赞处.http://la.mofcom.gov.cn/aarticle/ztdy/201104/20110407492297.html.1660281019=850387913.2011—04—01）

老挝农业发展及中老农业合作现状

农业一直是老挝国民经济的支柱产业，在国民经济中的比重约占31%。全国约75%的成年劳动力从事农业生产。随着中老经贸合作不断扩大，农业合作日益显现出其巨大的合作空间。

一、老挝农业发展现状

（一）基本情况

老挝国土面积23.68万平方公里，人口约618万。相对周边国家，老挝地广人稀、土地资源丰富。其中农业用地约470万公顷，占其国土面积的19.8%，主要生产稻谷（糯米、粳米和旱稻）、玉米、薯类等粮食作物和甘蔗、咖啡、大豆、果蔬等经济作物。

2010年，老挝全国稻谷耕种面积约为90万公顷，产量326万吨（其中糯米占85%，粳米占15%），人年均占有量达500多公斤，略有剩余出口。但由于不同地区自然条件差异以及基础设施落后等原因，全国仍有56个县人年均消费量低于350公斤，其中乌多姆赛、华潘和沙拉湾等省共40个县的农村粮食还不能自给自足。每年遭受干旱、洪水以及病虫等灾害造成稻谷耕种面积减少2万～3万公顷，减产5万～10万公斤。

（二）主要粮食和经济作物种植和产量

据老挝农林部统计，2009年全国农业耕种面积约128.2万公顷，其中稻谷耕种面积占70%。主要粮食作物和经济作物的种植面积、产量如下表：

序号	作物名称	种植面积（万公顷）	单产量（吨/公顷）	总产量（万吨）
1	旱稻	68	3.76	245
2	晚稻	9.4	4.79	45.2
3	旱稻	12.9	1.83	22.4
4	玉米	17.6	4.82	84.9
5	糯玉米	2.5	3.25	8
6	黄豆	1.3	1.54	1.95
7	木薯	1.1	14.7	15.3
8	咖啡	6.5	0.88	4.6
9	烟叶	0.5	10.1	4.84
10	棉花	0.26	0.9	0.23
11	甘蔗	1.7	40	70.3

（三）老挝农产品出口情况

据老挝工贸部统计，2010 年度老挝农产品出口总额为 1.19 亿美元，其中出口：咖啡 2000 万美元；大米 10.7 万美元；糯米 498 万美元；玉米 7380 万美元；香蕉 318 万美元；梨子 198 万美元。按照老挝政府第七个五年规划，2015 年全国稻谷耕种面积要达 100 万公顷，产量达 420 万吨，其中用于出口 60 万吨；玉米种植面积要达 15.4 万公顷，产量达 84 万吨；咖啡要达 10 万吨；甘蔗种植面积要达 5 万公顷，产量达 215 万吨。

二、中老农业合作现状

（一）政府间交流与合作情况

中国、老挝两国农业合作与交流最早始于 1995 年。2000 年 11 月，中国农业部与老挝农林部在万象签署《农业合作谅解备忘录》，标志着两国政府正式开始农业领域方面的合作。2001 年，中国农业部与老挝农林部在昆明签署《农业合作纪要》。2006 年 9 月，中国农业部牛盾副部长率团访问老挝并签署有关无偿援助项目协议。在两国政府的积极推动及相关政策引导下，农业合作已成为中老两国合作的重要领域。

（二）合作成效

中国、老挝两国农业合作目前呈现出快速发展的势头，形成了援助与投资、园区项目与单个投资项目相互促进、共同发展的局面：

1. 援助方面：中国政府曾向老挝政府提供多项无偿援助，其中包括提供设备，如耕作机、养殖设备和玉米烘干机等，以及援建老挝北部农业示范中心项目等；

2. 园区合作方面：重庆市外经委与万象市农林厅合作建"老挝重庆综合农业园"，云南省与乌多姆赛省合作建"农业科技示范园"，广西与占巴色省合作建"中国果蔬新品种试种基地"；

3. 企业投资方面：中国企业对老挝农业项目的投资不断增多。据不完全统计，经中华人民共和国商务部批准在老挝开展农业合作的企业约 50 家，主要经营橡胶、中药材、木薯、大米、甘蔗、桉树、小油桐种植及猪仔养殖等。

老挝政府重视并欢迎中方帮助或参与其农业发展与合作。对中国企业在老挝北部投资（绝大多数是农业项目）以帮助其促进当地社会经济发展，改善民生给予肯定。

三、存在问题及建议

由于老挝社会经济发展起步较晚，政府财政薄弱，目前普遍存在着水利灌溉、防洪防旱、通路通电等农业基础设施落后、不完善；农业管理、技术人才短缺；良种、化肥、农药等辅助性生产资料供应不足等问题。中国企业对老挝农林投资总量较小，仅占中国对老挝投资总量的 7.3%，且存在某些企业在获得项目特许经营权后圈地不动，不遵守合同约定的现象等。为此，建议如下：

（一）从实际出发，量力而行

要充分调查了解老挝客观的实际情况，有针对性地参与项目投资合作，避免获批土地后无力实施的盲目投资行为。

（二）了解政策，掌握主动

积极参与老挝政府鼓励投资发展的水稻、玉米、木薯、香蕉等作物的种植和水产，以及畜牧养殖及深加工行业，审慎参与老挝政府担心的影响和破坏生态环境的投资项目。

（三）优势互补，合作共赢

要充分发挥资金、管理和技术方面的优势，积极吸引当地政府、百姓参与合作，主动传授农业经验，培训当地技术人才，带动地方经济发展。

（来源：中华人民共和国驻老挝人民民主共和国大使馆经济商务参赞处. http://la.mofcom.gov.cn/aarticle/ztdy/201105/20110507530446.html? 1626726587＝850387913.2011—05—03）

老挝工程承包市场概况

一、老挝承包工程市场现状

在老挝第六个五年规划(以下简称"六五"规划)期间,随着老挝人民革命党第八次全国代表大会制定的"资源换资金"战略的实施,国际上多双边援助的增加,"10＋1"、"10＋3"经贸合作安排的推进,域内国家加大对老挝的投入,老挝经济增长在东盟国家内名列前茅。2008 年由次贷危机引发的全球金融危机基本未对老挝经济产生实质性影响,老挝承包工程市场得到了恢复,并获得蓬勃发展。

(一)特点

1. 准入门槛低。老挝全国没有统一的招(议)标管理机构,政府对外来的承包商也没有严格规定注册要求。凡世界银行、亚洲开发银行等国际组织以及外国投资公司实行的国际招(议)标项目,国外承包商均可投标,中标后即可进入老挝市场。

2. 资金来源多元化。投资和援助是推动老挝工程承包市场发展的两大动力。"六五"规划期间,老挝批准内外资合同额达110.6亿美元,共1022个项目。国际上26个国家、26个国际组织向老挝提供官方发展援助共24.43亿美元,五年共实施2251个援助及社会经济发展项目。

3.市场竞争激烈。在承包工程市场上有中国、越南、泰国、日本、韩国、马来西亚、意大利等国的施工企业。其中,中资公司利用成本、技术优势;越南利用与老挝特殊政治关系;泰国利用地缘、人文及经济优势,以上述三国企业为主开展竞争,争夺市场。

(二)相关领域市场情况及发展规划

1.相关领域市场情况

(1)电力。截至2010年底,老挝全国有27座水电站,总装机256.1万千瓦,年发电115.14亿千瓦时。"六五"规划期间完成建设5座电站,装机191.9万千瓦,新增发电80.22亿千瓦时。

(2)输变电线路。老挝全国有输变电线路29601公里,其中500千伏高压输变电线路138公里,230千伏输变电线路406公里,115千伏输变电线路2061公里。截至2010年底,全国98%的县城、61%的村和72%的家庭可保证用电。

(3)路桥。"六五"规划期间,道路增长17%,从33803公里增长到39568公里,年均增长4.6%,增长约1824公里。其中柏油路年均增长7%,从4582公里增长为4882公里。

(4)机场。全国有11个机场。首都万象机场能起降大型飞机。目前正在建设琅勃拉邦机场及巴色机场项目。

(5)铁路。里程3.5公里,从万象经跨湄公河大桥连接泰国廊开府。2008年建成投入使用,目前仅有客运。

(6)电信。"六五"期间电信业年均增长7.8%,占经济总量的4.6%。截至2010年底,共建设光缆13200公里,99座电话交换中心,电话装机360万户。其中固定电话14.93万户,移动电话339万户,电话覆盖率每百人48户,全行业收入2.54亿美元。

(7)矿业。"六五"期间矿业年均增长19.91%,占国内生产总值的9.5%,共批准投资25.45亿美元,同比增长5倍。

2."七五"规划中相关领域发展规划

(1)电力。至2015年,计划完成8个电站建设,共装机286.52万千瓦;推动10个水电站项目,共装机501.5万千瓦,计划投资112.95亿美元。

(2)输变电线路。到2015年,使老挝全国80%的家庭用上电;完成北、中、南部三个电网115千伏线路联接;争取完成与泰国、越南500千伏输变电线路建设;建设230千伏输变电线路1581公里,115千伏线路3437.7公里,22千伏线路5500公里。

(3)公路。改造连接周边国家及省与省间国道920公里,重点建设1号国道。

(4)机场。完成万象瓦岱机场改造项目,以起降波音747型飞机;改造琅勃拉邦、川圹、沙湾拿吉、巴色机场,以起降波音737型飞机;改造沙耶武里、南塔机场。

(5)铁路。建设从老挝磨丁至万象的高速铁路。

(6)供水。满足城市67%的居民能使用上自来水。

(7)电信。电信网络及服务将覆盖农村90%的区域,人均电话占人口覆盖率达80%,建设光缆全长17200公里。

(8)水利。到2015年,全国水利灌溉面积30万公顷,其中旱季水利灌溉面积增加8万公顷。

(三)材料、设备及劳动力供应

老挝本地市场可提供部分工程材料如砂石、水泥等。目前全国有6家水泥厂,可满足国内市场80%的需求,沥青、钢材等其他材料需从周边国家进口。有关工程设备也需从国外进口,按老挝《投资促进法》规定征1%的关税。

老挝劳动力市场供不应求,最低劳动工资标准每月34.8万基普(约44美元),实际上老挝普通劳动力价格远高于此2～3倍。老挝政府允许输入外籍劳务,但规定外国投资者使用外籍劳务,体力劳动者不能超过本企业职工人数的10%、脑力劳动者不超过20%。

二、中资企业在老挝开展承包工程情况

(一)中资企业在老挝市场情况

进入21世纪以来,一些有实力的中资企业开始增加在老挝的投资,并逐渐在业务上转型,即除传统承揽水电站、输变电线路、路桥、体育场馆等基础设施项目外,开始涉足以BOT方式投资水电站、矿产、酒店等项目,有力地带动了工程承包市场的发展。近年来,中国向老挝提供的出口信贷及优惠性质贷款稳步增长,也增加了中国企业在老挝工程承包的市场份额。

目前在老挝工程承包市场上进行投资的主要中资企业有:中水电建设、中水对外、中工国际、葛洲坝、中路桥、北方工业、中电工、中电缆、中经东源、上海贝尔、华为、中兴通讯等,以及云南建工、广东水电三局、云南阳光道桥等地方企业。

截至2010年底,中国对老挝工程承包合同额共

445795万美元，营业额共261509万美元。

（二）2010年中资企业业务情况和主要项目

2010年全年，中国企业在老挝签订工程承包合同数43份，合同额83457万美元，同比下降14.1%；营业额57310万美元，同比增长38.3%。主要项目有：南俄3水电站土建工程（3.76亿美元）、南俄5水电站（1.67亿美元）、南坎2号水电站（3.15亿美元）、会兰庞雅水电站（2亿美元）、欣合至琅勃拉邦230千伏输变电线路（1.29亿美元）、欣合至那赛通230千伏输变电线路（7220万美元）、琅勃拉邦机场改扩建（8642万美元）等。

（三）主要存在问题

1. 低价竞标。中资企业在老挝市场上竞争激烈，有的公司宁愿以微利甚至亏本的代价进入工程承包市场，以寻求长远的发展。

2. 融资瓶颈突出。中国政策性金融机构支持力度不够，每年向老挝国别提供的优惠性质贷款额度有限，而老挝政府对含信保条件的商业贷款额度有限制，导致部分中资企业跟踪的项目"等米下锅"。

3. 项目炒作时有发生。近年来，个别国内外企业炒作老挝中部铁路、中老铁路等项目，给一些国内急于开拓国际市场的企业和个人造成了损失。

4. 私自承揽项目。中国部分民营企业、个体，通过老挝地方政府或个人介绍，未按规定程序报批申报项目，盲目承揽、分包中小型工程项目，导致部分项目完工后拿不到或被拖欠工程款。

三、在老挝开展工程承包注意事项

（一）气候及风俗习惯

老挝属热带和亚热带季风气候，一年分为旱季和雨季，旱季适合施工，雨季则雨水充沛，许多地方经常淹水，施工难度大；老挝人信仰小乘佛教，日常生活及工作与佛教息息相关。有关项目实施过程中要注意尊重当地风俗文化，适当回馈社会，与当地人民和谐共处。

（二）项目审批周期长

老挝政府办事效率不高，没有统一的行政事务办理大厅，办事程序多且不透明，如涉及多部门需专人跟踪；办理相关工程承包项目审批、清关等手续耗时长，要提前做好时间安排。

（三）免税

在签署EPC合同时，要注意是否有免税条款。按照老挝政府惯例，投资援助项下项目可免税；使用中国优惠性质贷款实施的项目均享受免税待遇，但必须明确将免税条款写入合同中，否则将按规定征收10%的营业税。

（来源：中华人民共和国驻老挝人民民主共和国大使馆经济商务参赞处．http://la.mofcom.gov.cn/aarticle/ztdy/201106/20110607588073.html.871751867=850387913.2011—06—07）

老挝水电资源及其开发情况

老挝是中南半岛的内陆国家，周边分别与越南、柬埔寨、泰国、缅甸及中国云南接壤，国土面积23.68万平方公里，地形南北长，东西窄，地势北高南低，西北向东南倾斜，山地和高原占全国总面积的80%。老挝全国有20多条流程200公里以上的河流，其中最长的是纵贯老挝的湄公河，境内全长1877公里。近年来，随着老挝政府不断强化革新开放政策，扩大对外合作，外资企业纷纷进入老挝寻找投资商机，其中水电资源开发已成为外国投资的重点领域之一。

一、老挝水电资源现状

（一）水电资源丰富，可开发潜力较大

经老挝电力勘察设计部门勘查，老挝境内水电资源理论蕴藏总量约为3000万千瓦，技术可开发总量为2347万千瓦。其中湄公河干流1225万千瓦（国际界河按1/2分摊水资源）约占全国技术可开发量的52.2%；湄公河支流及其他支流1122万千瓦，约占全国技术可开发量的47.3%。老挝政府高度重视本国水电资源的开发和利用，提出要将老挝建成"中南半岛蓄电池"的目标，为实现摆脱国家贫困和逐步实现工业化和现代化提供战略依托。

（二）审批项目众多，实际开发利用较少

在第六个五年经济社会发展计划（2006～2010年）期间，老挝政府大力招商引资开发本国水电资源，将境内5万千瓦装机以上的50多个可开发水电站项目悉数批给国内外公司，但截至目前，大部分项目还未进入实际开发阶段。据老挝方面统计，已投入运营的水电站有12座，总装机容量187万千瓦，仅占全国技术可开发量的8%。目前在建项目有7个，总装机容量282万千瓦；有15个项目已签署开发协议，装机容量585.2万千瓦；有47个项目已签署合作备忘录，装机容量1270万千瓦。未来5年还将有7座总装机344万千瓦水电站投入运营，届时老挝全国建成水电站总装机容量将达到502万千瓦。

（三）电网建设滞后，等级有待提升

老挝目前还没有形成统一的全国电网，部分农村和偏远山区仍无电力供应。目前电网最高电压等级为115千伏。据老方统计,截至2009年度,老挝全国输变电线路总长19503公里,多数为单回线路。其中,115千伏输电线路2364公里;35千伏输电线路194公里;25千伏输电线路165公里;22千伏输电线路13844公里。电网连通各县市、村庄和家庭的比重分别是69.3%、58.2%和69.3%。未来5年,老挝政府将重点建设115千伏国内电网和230千伏、500千伏连通泰国、越南电网。其中230千伏输变电线路共1377公里,22千伏输变电线路370公里,全国用电家庭比例达80%。

(四)发电总量有限,但财政贡献率大

2009年度,老挝国内发电总量仅为33.9亿千瓦时,从邻国进口8.2亿千瓦时,其中中国2158万千瓦时,泰国7.72亿千瓦时,越南2539万千瓦时;老挝出口电量2.3亿千瓦时,创汇835万美元(3.6美分/千瓦时)。随着新建成电站陆续投入使用,老挝政府预计未来5年的电力税收总额将达8.8亿美元,年均约1.75亿美元,占年度财政收入约15%,占GDP约3%。

(五)中资企业积极参与,未来潜力可期

近几年,中国企业积极参与老挝水电资源开发,目前已有14家专业企业进入老挝参与水电站投资和工程承包,以及输变电的工程承包项目。据统计,截至2010年9月,中资企业与老挝政府签署开发谅解备忘录及投资开发的水电项目共19个,总装机约535万千瓦(约占可开发总量的22.8%),其中正式开始商业运营的1个,即中国水利电力对外公司以BOT方式投资的南立河1—2号水电站,装机10万千瓦、投资1.5亿美元,于2011年8月份正式发电,发电量为7200千瓦时/月,平均超出设计30%;在建项目1个,即中水电建设集团以同样方式投资的南俄5号水电站项目,装机10万千瓦,投资2亿美元,预计2011年投入商业运营。此外,中国企业积极参与老挝水电站建设工程和输变电线路项目工程承包,占有较大市场份额,未来仍有很大发展空间。

二、关于中国企业开发老挝水电资源的建议

(一)找准合作对口部门

老挝的电力规划、开发、实施及运营由老挝国家电力公司(Electricite du Laos,简称EDL)负责。EDL为国营公司,隶属老挝能源矿产部,主要负责管理全国主干电力网络的发、输、配电系统,以及与周边国家的电力进出口,是老挝惟一一家电力开发和运营机构。目前老挝规划水电站的建设分为两种方式:10万千瓦以上的水电站以外商投资的形式建设,如采用BOT或BOOT方式;10万千瓦以下的水电站以EDL为业主,以总承包方式由外商带资建设。

(二)掌握有关政策

老挝政府鼓励外国资本投资开发老挝水电资源,投资模式以BOT模式为主,特许经营期限一般为30年(含建设期)。在项目经营期内,老挝政府提供一定程度的税费减免和法律豁免等优惠政策,其中包括免费租用项目建设用地以及除1%的资源税和个人所得税外,全部减免其他税费包括营业税、企业所得税、建安税、关税等,但具体项目的税费优惠条件需要与老挝政府进行协商和申请。

(三)科学核算投资成本

在老挝投资开发水电项目,需考虑其建设成本和融资成本。建设成本中发电设备和主要建筑材料如钢材和粉煤灰需从国外进口,项目施工所需要的高级工和熟练工必须引进。此外老挝政府在水库移民安置工作中不承担主要责任,开发商需承担约为5万美元/户(户均人口5.5人)的移民安置费。融资成本方面,由于老挝缺乏资金,当地金融机构没有能力提供资金支持,而世行或亚洲开发银行的贷款条件苛刻,中国四大商业银行和政策性银行提供贷款的利率水平与中国境内项目相近,或有一定程度的利率优惠,与境内项目贷款条件的主要区别是要求项目必须购买政治保险。

(四)合理规避风险

老挝国内电力市场容量有限,湄公河干流上的大型水电项目无法在老挝境内销纳,必须外送泰国、越南或中国。在当前中泰两国电力销售的价格条件下,湄公河干流上的水电项目由于河床宽、水头低、单位电能成本高,项目在经济回报上存在较大风险。

(来源:中华人民共和国驻老挝人民民主共和国大使馆经济商务参赞处.http://la.mofcom.gov.cn/aarticle/ztdy/201011/20101107267580.html.1693835451=850387913.2010—11—25)

马来西亚

马来西亚现代物流业特点分析

由于马来西亚进出口贸易发展强劲和马来西亚国内经济持续稳定增长,预计2011年马来西亚物流业将增长至1210亿林吉特(约合400亿美元),较2010年的1085亿林吉特同比增长11.5%。

马来西亚现代物流业主要特点有以下几个方面:

一、集中度高

马来西亚的物流企业基本上都集中在一个统一的区域内，马来西亚将物流企业集中建设在自由贸易区或出口加工区附近，形成了高度密集的物流产业群，对于客户而言，业务联系非常方便。物流区域的选址主要是紧靠机场，交通极为便捷，一般而言，从公司到机场只需要10分钟，到港口只需要30分钟，到自由贸易区或出口加工区一般也在40分钟以内。

二、专业性强

有80%左右的物流企业选择电子信息产业制造的厂商为专门的服务对象，有的公司专门为一家制造业企业全程服务，有的同时承担几家制造商的生产供应链服务任务，服务的专业性和服务的专一性是这些物流公司的明显特点。譬如，日本邮船公司在新加坡的服务业务75%集中在电子制造业。设在马来西亚槟城的BAX公司，1997年到目前为止，共有Dell、Intel、NEC、Fairchilol、Motorala等20家重大的电子信息制造业客户。在槟城的公司就是专门为Dell公司服务的。Dell共有158个供应商，所有供应商发给Dell公司的货物全部由BAX公司负责管理，并有供应商负责支付仓储费用。当Dell公司生产需要发货时，BAX公司负责运送，Dell公司开始支付费用；当生产制造完成以后，还是由BAX公司负责运送到指定的用户手中。这种是比较典型的面向制造商的全程供应链物流服务。

部分物流公司的服务专业性是以另外一种方式完美体现的，如Fedex（联邦快递）公司，它是为社会公众服务的专业公司，每天能够处理分送3300万个文件或包裹。作为公司总部在亚太地区的服务中心，分拣和递送文件包裹的能力是每小时3000个，共有800名员工，安全而又快捷的运送是这个公司无可替代的专业特长。

三、实力雄厚

由于马来西亚政府对现代物流业高度重视，几年来吸引了众多国际著名的物流公司，这些公司的资金、运输工具、管理水平等综合实力十分雄厚，有好几家已进入世界500强行列。如全球物流业专业排名第一的UPS公司，是全球最大的快递公司，公司机队拥有600架飞机，有专用机场，有8.8万辆专用运送车，雇员37万，公司在美国本土的业务量占全美国业务总量的80%，年营业收入高达306亿美元。排名第二的Fedex公司拥有640架飞机的专业机队，14.5万员工，4.5万辆专用运送车，1400个服务点遍及全球210个国家和地区。这些物流业巨子的成功运作使得马来西亚的现代物流业在高起点上快速发展。

四、效率极高

国际货物运输是由许多工作环节紧密相连的一个系统，其中的每个环节必须保持极高的运作效率，才能保证整个系统的高效率。以海关的通关问题为例，由于新加坡政府使用了贸易网络，企业99.93%的通关文件通过网络申报，可以实现无纸化清关，载货卡车抵达海关卡口办理有关放行的时间只需5分钟，最长不超过13分钟。因此，从理论上讲，每一件进口货物在飞机落地20分钟以后，在船靠岸30分钟以后，企业就可以提货，实际上也可以做到货物从抵达港口直至到达工厂的时间在半天之内。基于现代物流的高效运作，给新加坡和马来西亚的现代制造业带来了极高的效率和相应的综合竞争能力。

电子信息产品制造业是技术发展最快、市场竞争最激烈和产品生命周期最短的产业。在国际上许多电子信息制造业比较集中的区域内，都设有高效率运作的电子元器件物流中心。马来西亚的专业物流中心，集信息、商务和配送等功能于一体，近期已经开始试行“98.3”运行模式，一台手提电脑的生产销售周期从网上订货到实现销售，只需3天时间，其中1天备料，1天生产检测，1天运输。由于整个运行效率极高，使该地区的生产经营企业具有其他地区企业难以匹敌的市场竞争优势。

五、服务周全

马来西亚的现代物流业已经形成具有相当规模的产业群体，对本国的制造业和经济生活有举足轻重的作用。该国的制造业企业把企业的物流供应委托给专业的物流公司，以便使公司的所有人财物等生产要素，都集中使用到发展公司自身的主业方面。如Dell公司的生产元器件供应就是全部由Bax公司负责全程的供应链服务，在Dell公司与158家供应商谈妥以后，由Bax公司与各个供应商签订协议，根据制作商生产流程和生产节奏的实际需要，保证正常的生产运行。

也有部分生产企业将物流供应委托给几家物流公司，如Fairchild公司，生产元器件供应和产品发运分别有几家物流公司负责管理。比较有实力的物流公司都能够为客户提供多种服务模式，有区域配送、供货商存货管理、外部采购、供应链服务和快递运送等。从商务发展趋势来看，已经呈现出由原来的物流公司为客户提供某种固定模式的服务，转变为公司和客户共同研究选择出一种或几种最理想的服务方式，出发点和归宿点是客户需要，最大限度地为客户提供降低成本的解决方案。

六、支撑强大

硬件方面，马来西亚的物流公司均设有高技术仓储设备，带GPS系统的先进运输设备、全自动立体仓库、无线扫描设备、自动提存系统等等。

马来西亚物流企业高效运作最大的高技术支撑是网络。

目前，马来西亚第十个五年计划和经济转型计划中所鼓励的高科技等资本项目将为马来西亚物流业发展提供巨大商机。外国直接投资流向电子和电气制造业、太阳能产业、石油和天然气产业、保健产品制造业等领域也将加速物流业的发展。2011年马来西亚进出口贸易额预计增至12800亿林吉特(约合4200亿美元)，马来西亚总货运量预计从2010年的44340万吨增长到49840万吨，同比增长12.4%。其中，海运货运量是马来西亚最主要的货运方式，2010年占马来西亚总货运量的95%，2011年预计增长12.5%至49370万吨。马来西亚最主要的货运港口有巴生港(货运吞吐量占37.8%)和TanjungPelepas港(货运吞吐量占22%)。同时，空运货运量预计增长12%至103万吨，铁路货运量预计增长3.7%至550万吨。随着物流业的发展，马来西亚需要第三方物流供应商提供多元化的物流服务、完善的基建设施和具竞争力的收费价格。

(来源：综合整理自中华人民共和国商务部网站、中国大物流网)

马来西亚出台政策规范燕窝产业

由于产量少、营养价值高，燕窝身价不菲。近年来，生产燕窝带来的高额利润促使马来西亚的“燕子旅馆”大行其道。

2010年，马来西亚农业及农基工业部推出引燕业发展指南，规定从事引燕业者必须在三年内分别向兽医局和地方政府申请经营执照，违反规定者将视为非法经营，将受到包括罚款、拆除燕屋以及禁止其燕窝出口等严厉惩罚。据估计，当前马来西亚出口燕窝总价值在13亿林吉特，共有5万名引燕业者，其中登记注册的人不超过10%。马来西亚政府已制定燕窝产业发展计划，希望通过规范燕窝产业、提供资金扶持等措施，促进燕窝产量从2008年的250吨提高到2020年的500吨。

一、马来西亚燕窝产业现状

马来西亚的燕窝产业始于20世纪80年代。1997年亚洲金融危机后，不少企业家将国内废弃房产转型，开办“燕子旅馆”，使得燕窝产业兴盛起来。成群结队的金丝燕入住“燕子旅馆”，在这些人工栖息地中用唾液辛勤建筑珍贵的燕窝，使得“燕子旅馆”的主人坐收“燕”利。1公斤燕窝的售价高达4000林吉特(约合1130美元)，数不清的“燕子农场”在巨额利益驱使与法律监管欠缺的情况下建立起来。

马来西亚槟榔屿州中小企业联合会的肯尼斯·科估计，全球燕窝贸易总额约达57亿美元。他表示，燕窝产业在马来西亚属于朝阳产业，越来越多的富人涌现使燕窝供不应求。

目前，马来西亚全国至少有3.5万家金丝燕“农场”，但其中仅有约4500家拥有合法执照。

二、马来西亚燕窝在中国市场现状

在中国北方泉城济南蛰伏3年，“只做燕窝一件事”的“大马忆记”目前挥师南下，入驻广州国际贸易中心，并正式启动“大马忆记燕窝产业联盟”，实现“加工环节全透明、直达餐桌零距离、全程追溯放心吃”。

据原国家进出口食品卫生监督检验中心主任胡国昌透露，燕窝产于中国南海诸岛及东南亚各国。因采集时间不同可分为白燕(古代曾列为贡品，故又称宫燕)、毛燕和血燕三种。目前中国只允许马来西亚的燕窝进口，而国内市场却被印尼、泰国、越南等国的所谓“血燕窝”霸占。显然，这些燕窝不是走私就是冒名顶替拐道而来。水货、假货、山寨货一直充斥着中国市场。

据了解，“大马忆记燕窝产业联盟”以“专业品牌＋中国燕窝工厂”和“中国燕窝工厂直供零售行业总部”的形式，将传统产业链中不透明的十几个中间环节减少为两个。从原产地采购毛燕窝的中国燕窝工厂，将品牌总部下达的行业客户专供订单加工后，直接新鲜配送到行业客户指定地点，其终端门店以“鲜炖燕窝服务的形式”直达燕窝食用者的餐桌。

据介绍，“大马忆记”产品最特别的是包装上有如波尔多葡萄酒行业协会的身份识别码一样的二维码“身份证”，消费者只要用手机拍下条码，就能进入公司数据库详细了解该盏或该盅燕窝的全部“身世”信息。

三、马来西亚燕窝的中国市场展望

2010年1月1日，中国—东盟自由贸易区全面建成。马来西亚是东南亚燕窝产品重要出口国之一，对中国出口已实现零关税，而燕窝产品滋补功能和名望在中国家喻户晓，马来西亚燕窝在中国市场前景广阔。

过去，马来西亚燕窝出口到中国需要经过许多周折，而且要缴25%的关税和17%的增值税，这对马来西亚燕窝进入中国市场造成了一定影响。

2009年初，中国批准马来西亚免关税向中国出口燕窝，把燕窝纳入了中国—东盟自由贸易区零关税产品行列，使马来西亚燕窝生产商和经销商极大受益。由于气候和地理位置关系，中国不盛产燕窝，但中国人对燕窝的消费需求很大。而马来西亚等东盟国家气候和环境适合燕窝生产，因此，马来西亚燕窝在马中双边贸易中属于优势产品之一。

马来西亚政府非常重视燕窝在中国市场的巨大潜力，马来西亚总理纳吉布鼓励本国各族民众参与投资开发燕窝养殖生产，进军中国市场。马来西亚农业部于2009年4月1日已责成其所属兽医局正式主管马来西亚燕窝业。马来西亚燕窝生产虽是后起之秀，但发展迅速。目前，马来西亚有4万多间燕窝，约8000人从事燕窝养殖，燕窝年产值已达10亿林吉特(约2.9亿美元)，5年内预计将突破50亿林吉特(约14.7亿美元)。

(来源：综合整理自南方都市报、南方日报、中国食品信息网)

马来西亚国家石油公司大力发展石化工业

一、马来西亚石化工业现状

马来西亚拥有较丰富的油气资源，天然气贮量占世界第14位，石油贮量占世界第23位。马来西亚也是世界第三大液化天然气生产国，能源达每年2300万公吨。长期可靠及稳定的天然气供应可确保马来西亚石化工业的持续成长。马来西亚目前已从一个石油化学产品的进口国跃升为主要石化产品的出口国。马来西亚可生产多种石化产品，包括烯烃、聚烯烃、芳族化合物、乙烯化氧、甘醇、基醇、乙醇盐、丙烯酸、邻苯二甲酐、醋酸、苯乙烯单体、聚苯乙烯、乙烯苯、氯乙烯单体及聚氯乙烯等。

为了辅助现有的天然气储存量及确保天然气供应的稳定，马来西亚已和其他东盟国家建立伙伴关系。此外，东盟天然气系统网络(一个供应天然气给东盟所有10个国家的计划)的落实将进一步提升天然气的供应能力。随着中国—东盟自由贸易区的全面启动，马来西亚的石化生产商将从一个单一的市场中受惠。中国是一个石化产品的净进口国，因此，中国大市场也将为马来西亚的厂商创造新的商机。

二、马来西亚最大的国家石油集团公司概况

马来西亚最大的国家石油集团公司(Petronas)成立于1974年8月17日，由马来西亚政府全面拥有。该公司有拥有和管理国家石油资源并为它增添价值的权利。该公司还是东盟国家惟一被列入全球《财富》500强之一的公司，在2009年的世界500强中排名第80位，年营业收入约为77亿美元，利润约15.3亿美元。目前，该公司在30多个国家设有100多家子公司和联营公司，80%的收入来自国际贸易和出口。

Petronas已成为马来西亚经济的主要驱动力。除本国外，该公司在国际市场从事极其广泛的经营活动。1993年，该公司开始大力实施发展石化工业计划，目前化工生产能力已从1985年仅有60万吨的尿素发展成为各种石化品超过1000吨/年的大型生产企业。该公司表示还将继续进行下一阶段的发展，并且要成为亚太地区重要化学品经销商。目前，该公司名下与石化有关的所有资产的上市证券超过20亿美元。Petronas及其合作伙伴在海洋区域进行积极的勘探活动。自2002年起，该国石油勘探的重点已集中在东部大陆架的深水区域，这就要求更多的资金和更为先进的技术支持。据悉，2008年Petronas公司有7个新油田投产，当前公司拥有68个油田生产。

马来西亚共有六座炼油厂，加工能力约为51.5万桶/天。其中，Petronas运营着三座炼油厂，合计加工能力为25.9万桶/天；而Shell公司运营着两座炼油厂，加工能力为17万桶/天；ExxonMobil运营着一座炼油厂，加工能力为8.6万桶/天。

石油化学工业是马来西亚国民经济中一个重要的领域。该国石化工业的迅速成长，主要归功于该国Petronas公司卓有成效的经营和受益于拥有丰富的石油和天然气作为原料、发达的基础建设、强有力的支撑服务基地和劳动费用低的成本竞争优势，以及马来西亚在东盟内的战略性位置和邻近东亚的广大市场。

马来西亚油气及其基础石化工业主要由Petronas控制，其中包括许多国外大公司投资进驻。目

前，全国共有42家大型公司生产经营石化品，合计生产能力为1290万吨/年。产品除内需外，还有大量石化品供出口外销。

自参与石化行业以来，Petronas就很重视与国外大公司进行有效的合作，以引进先进工艺技术和管理经验。多家国际石化公司在这里设厂，清楚地显示出马来西亚作为一个石化工业投资地点的潜能。这些国外公司包括BASF，BP，Dow，Shell，Exxon Mobil，Eastman Chemical，出光兴产，三井，东丽，Polyplastic，Thirumalai及West Lake Chemicals等，其中大多数公司和马来西亚的Petronas组建合资企业。Petronas可从合作者身上学到市场运作、引进技术秘密和提高竞争策略等诸多成功经验。

三、马来西亚三大石化工业区

马来西亚目前有三大石化工业区：两个工业区分别设在东海岸的克尔蒂赫(Kertih)和彭亨的格宾(Gebeng)；另一工业区设在南方的巴沙古当—丹绒浪塞(Pasir Gudang—Tanjung Langsat)。除Petronas外，在该南方石化工业区，泰旦化学公司(Titan)经营有10座装置。该化学公司是马来西亚第二大石化企业和最大的烯烃和聚烯烃综合生产企业。目前，该公司已占有马来西亚和印尼市场约40%的份额。

三大石化工业区都拥有综合生产企业，其中包括裂解炉、合成气和芳烃等配合装置。工业区基础设施共用、拥有受培训的熟练劳动力并有政府优惠政策的支持，故吸引国外厂商投资进驻。例如Petronas在克尔蒂赫的石化综合企业迄今已吸收700多亿林吉特投资，建有41座装置和设施。在克尔蒂赫有11座石化装置生产多种化工产品，其中包括氨/合成气、乙烯、聚乙烯、芳烃、氯乙烯、聚氯乙烯、烯烃、环氧乙烷/二醇类、丁酸/衍生物、醋酸和LDPE，供内销和出口。在克尔蒂赫，Petronas与Dow和Sasor合资经营第二套蒸汽裂解装置，生产能力为60万吨/年乙烯和9.5万吨/年丙烯。Petronas与BP合资的高密度聚乙烯/低密度聚乙烯装置，生产能力为20万吨/年。该公司还能生产5万吨/年对苯二甲酸(PTA)，还和Sasor和Sabic公司建有一套低密度聚乙烯装置，生产能力为25.5万吨/年。Petronas还经营一套40万吨/年氯乙烯单体装置，为一套15万吨/年聚氯乙烯装置提供原料。该公司乙烯还供一套乙二醇装置和一套乙烯衍生物装置使用，这两套装置都是该公司与Dow合资建设的，生产能力为14万吨/年环氧乙烷和38.5万吨/年乙二醇。Petronas还有一套45万吨/年合成氨装置、一套32.5万吨/年合成气装置、一套48万吨/年醋酸装置。一套芳烃装置能生产42万吨/年对二甲苯和14.5万吨/年苯。

Petronas与PB化学经营的克尔蒂赫石化合资企业包括为该企业内所有装置服务的中央共用设施。这些设施包括港口、仓库、供水和连接格宾综合企业的铁路系统以及几家企业共同经营中转站的中央贮运设施等。该中转站有40多个贮罐，总容量约为40万立方米。购买的原料在供入生产装置之前都贮存在贮罐内，装置生产的产品再返回贮罐内贮存，然后用容器或罐车等工具运出销售。

四、马来西亚下游石化运营活动开发

为保持马来西亚工业的竞争力，通过厂与厂之间的协同增效的价值整合受到鼓励。开发石化工业区让石化工厂聚集在一起，创造了新的价值链，确保下游石化运营活动得到进一步的开发。

作为国营企业，Petronas的主要目标是要确保从其分得资源中获得最大收益。其石化生产装置应为下游生产链提供基本的化学原料，即作为供给其他工业开发的中间产品，最后由最终用户制成成品。该公司可提供多种石化中间体产品，使许多行业得到这些中间产品而进一步发展。Petronas产品近年来向深加工方向发展，积极投资开发特种化学品行业。例如，2010年12月9日，BASF与PETRONAS签订了一份谅解备忘录，就在马来西亚生产的特种化学品进行联合可行性研究，此举将扩展双方在马来西亚的现有业务合作范围。合作伙伴双方计划的共同投资额约为40亿林吉特(即约10亿欧元)。根据此项谅解备忘录的条款，双方将评估联合投资及经营世界级特种化学品的生产设施在技术、商业及经济上的可行性，这些特种化学品包括非离子表面活性剂、甲基磺酸、异构壬醇以及其他基于碳四的特种化学品。投资项目的最终产品范围将根据联合可行性研究的结果确定，该项可行性研究预计于2011年完成。

(来源：中国五矿化工进出口商会．http://ccn.mofcom.gov.cn/spbg/show.php?id=11555&ids=2．2011—02—24)

马来西亚塑料加工业大有可为

一、马来西亚塑料业：最有活力的工业之一

马来西亚已成为亚洲塑料生产大户。为了进一步深化塑料价值链生产，马来西亚成立了克尔蒂赫

塑料园区，并在区内实施减税刺激办法吸引下游塑料加工的投资。马来西亚最大的国家石油集团公司Petronas对下游塑料加工活动作出了重大的贡献。世界级的国外塑料生产厂商竞相在马来西亚设厂。Petronas和其他厂商为塑料加工业提供稳定的原料来源。这些塑料产品包括LDPE，LLDPE，HDPE，EPS，GPPS，HIPS，PVC，ABS，SAN及PET等。

以PVC为例，当前马来西亚国内需要量约为20万吨/年。Petronas支持有40年历史的马来西亚工业树脂公司生产PVC及下游复合材料，年产能分别为5万吨和3.5万吨。其产品主要为建材、管材和电缆等。又如Petronas与日本出光兴产合作，在克尔蒂赫建乙烯联合企业，并于1994年建成东盟第一座聚苯乙烯装置，目前产能已达14.6万吨/年，其销量约占马来西亚市场60%的份额。早在1992年，日本东丽工业公司利用petronas提供的原料在马来西亚建成产能为3.5万吨/年的ABS生产装置，目前产能已扩建至33万吨/年，成为东南亚最大的ABS树脂装置，其产品以Toyolac商标名出口外销世界市场。

塑料业已成为马来西亚制造业领域中最有活力的工业之一，在过去的10年中年均成长15%。目前有超过1400家塑料制品企业在营运，产品种类从普通家庭用品、包装材料和运输物件到电子电气、汽车、办公室自动化、电脑及电信业的零部件等。

近年来，东南亚国家在推动贸易自由化方面大步迈进，从而推动了进出口贸易规模的扩大，促进了产业部门尤其是制造业的出口贸易、劳动生产率和最终收入的增长。马来西亚大约有1500家公司从事塑料生产和加工，中小型企业是国内塑料加工行业的主力军。马来西亚聚合物产量在2009年达到了180万吨，主要是PE、PP、PVC和PS。他们还生产ABS和PET。所生产的聚合物中约有80%在国内使用。但在2009年，消耗量为170万吨，比2008年低4%。消耗量下降是由于经济低迷，主要是由汽车和电器、电子行业不景气造成的。马来西亚是一个主要依靠出口的贸易国，该国对中国的低成本生产也忧心忡忡，担心中国成为其主要竞争对手。最近10年来，马来西亚塑料出口额的增长率介于15%与20%之间，塑料工业在工业总收入中所占的份额已从20世纪90年代末的40%增长到目前的60%，尽管在2008年全球经济低迷期暂时倒退了11%。德国法兰克福的马来西亚贸易专员Mohd SabriAb Rahman认为，马来西亚出口塑料的主要应用领域是软薄膜、片材、袋、瓶和容器，大多出口到欧盟、美国、日本和中国。新加坡也正成为马来西亚塑料的重要出口市场。按照MPMA的数据，预计马来西亚塑料业的出口额将进一步增长14%，2010年将超过30亿美元，达到2008年危机前的水平。马来西亚的塑料进口额在2009年下降到17.74亿美元，与2008年相比下降了9.3%。

二、马来西亚塑料加工业前景

马来西亚工业发展局（MIDA）表示，医疗器械行业具有极好的发展前景。2009年该行业的营业额达到约6.26亿美元，预计销售额会进一步大幅增长，2011年有望达到7.2亿美元。马来西亚供应全球医用导管需求量的80%，全球手术和检查手套市场的60%。尽管手套主要以橡胶为原料，但目前发展趋势存在向塑料转移，尤其高价值医用手套，缝合线、手术器械、医用软管和袋等也是如此。大约有180家当地医疗器材制造公司制造手术手套和检查手套。此外，越来越多的定点生产（OEM）供应商用塑料制造车身镶板、发动机部件和电器、电子部件以及其他汽车用产品。2009年MIDA交通行业研究就表明，马来西亚是东南亚地区最大的轿车市场，拥有2家OEM公司，即Proton和Parodus。另外，还有国际汽车公司，如丰田、本田、日产、梅赛德斯—奔驰、沃尔沃、宝马和标致也在马来西亚设有生产厂。当地OEM制造商包括APM汽车、Sepura和Delloyd等。

马来西亚的大批生产企业都位于200多家工业园区中。在政府支持下，目前还在开发13个自由工业区（FreeIndustrialZones，简称FIZ）。石化行业有三个主要园区，包括Terengganu州的Kerlith、Pahang州的Gebeng和Johor州的PasirGudang/Tanjung。马来西亚塑料工业一直在以惊人的速度增长着，这对马来西亚塑料加工业而言是一个良好的发展机遇。马来西亚加工商对高精密模具技术非常感兴趣，他们无法与中国竞争，因而把重点放在高价值产品上。这是马来西亚所选取的途径，同时也是马来西亚买家寻找高技术产品和供应商的原因。尽管马来西亚塑料工业发展有良好的技术与政策支持，但马来西亚塑料加工商仍面临着众多的挑战，如原料成本上升、电力、包装材料和运输成本高，这些高成本难以转嫁给消费者。对于中小型企业而言，这些挑战会始终存在。鉴于此，这些企业的发展趋势将是与跨国公司合作，进行兼并整合。

（来源：国家树脂网．http：//info.china.alibaba.com/news/detail/v4_d1015876767.html．2011－03－22）

保险业并购增长　马来西亚银行业呈现增长势头

普华永道2010年3月和4月进行的调查结果显示，马来西亚银行业依然是金融服务业并购的主要目标，且大幅度增长，远远超越保险业。此次调查共有122名高级决策者参与，其中，马来西亚受访者达18.0%、新加坡14.8%、印尼8.2%，而其余的包括中国大陆、中国香港、印度、日本、菲律宾、韩国、中国台湾、泰国、越南和澳洲。

尽管如此，普华永道表示，马来西亚保险市场仍将成为外资的并购目标。预计2年内，马来西亚保险市场将持续出现并购活动。其中，马来西亚保险市场吸引外资的最大催化剂，来自政府放宽外资持股权至70%。同时可视个别情况，给予更高的持股权。

一、马来西亚银行业现状

（一）渗透率低成目标

随着马来西亚保险业的近期发展，包括开放金融服务业以及执行风险资本架构，已促进该业的并购活动。预计未来两年，保险业的并购活动将持续发生，因马来西亚的保险市场相当具有吸引力，尤其是在人寿保险市场方面。相比其他市场，马来西亚人寿保险的市场渗透率仍然相当低，进而成为外资的目标之一。

如今，欧洲和日本业者纷纷放眼马来西亚人寿保险市场，而控制权将是主要考量因素之一，预料外资将提高马来西亚保险业者的股权。

（二）马来西亚银行业掀并购潮

继马来西亚第五大银行“丰隆银行”并购第七大银行“国贸资本”已成定局后，经马来西亚央行批准，马来西亚第八大银行“兴业资本”也成为下一个被并购的对象，马来西亚第一银行“马来亚银行”和第二大银行“联昌国际银行”已展开竞购。马来西亚2011年6月将出台未来10年金融市场发展大蓝图，其主要发展远景之一就是将目前的九家商业银行合并为四至五家，再将他们打造成马来西亚的支柱银行，使马来西亚银行具有较大的资本规模和对外竞争力，在东南亚银行业中占有一席地位。马来西亚在1998年亚洲金融危机之后，将当时50多家银行和金融公司合并为10家银行，之后有两家银行并购，目前共有9家，另有14家外资商业银行。马来西亚银行对外并购也十分踊跃，近年来所涉足的银行并购国家分别有印尼、越南、中国和中东地区。

随着经济复苏以及消费者和商业信心的增强，如今金融服务机构更专注并购活动，以扩大市场份额并让其业务增长。

尽管调查显示买家多过卖家，但专业人士预料，金融服务机构的并购活动将持续提高，而具有庞大人口的国家如中国和印度等，将是业者考量并购业务的市场目标。其中，业者并购的主要目的包括提高市场占有率和业务增长（81.8%）、专注区域扩展（56.1%）、提升产品与客户体验（37.9%）、扩展新业务（36.4%）、董事部或股东的指示（19.7%）和其他（6.1%）。

调查显示，零售银行是主要收购的目标，达54.2%；其次是私人银行（25.0%）、保险（23.3%）、投资银行（20.8%）、资产或投资管理（20.8%）和其他（20.8%）。

二、马来西亚银行业特点分析

（一）缺乏竞争力将被淘汰

普通保险方面，普华永道金融服务合伙人司徒堃炎则指出该市场过热，在31家业者中，保费收入最少的20家公司，仅占总保费收入约40%。在普险市场竞争激烈的环境下，预计一些业者在缺乏竞争力下将被市场淘汰。同样，回教保险市场预料也将在短期内出现整合，以及利基业者，特别是在未开发的业务。

目前，马来西亚拥有约10至12家回教保险业者，而政府也将发放两张执照。

（二）收购面临三大阻碍

再保险业务方面，则只有4.2%的业者视为收购目标，这可能因再保险公司的数目相对较少。

目前，业者在收购方面所遇到的三大阻碍，包括缺乏适当专长的人力资源（53.3%）、政府或监管机构的政策（48.4%）和缺乏科技平台支撑营运（37.7%）。

而在收购期间或收购活动后，管理层所面对的挑战，包括文化问题（82.8%）、科技/技术一体化问题（63.9%）和营运问题（63.1%）。另外，只有21%的业者表示可能在2010年脱售业务。因大部分的受访业者皆表示，所有的业务表现都达至预期目标，更是有意成为买家而非卖家。有意脱售业务的业者，主要原因包括：专注在核心业务（69.2%）、为股东释放更高的价值（50.0%）和腾出资金（46.2%）。

三、马来西亚银行业前景

2008年全球遭受金融风暴，亚洲金融服务机构环境变得更有利。因为西方业者从本区域撤退，让仍然存活的机构有更大的机会通过并购活动带动业务增长。随着亚洲金融服务机构崛起且积极收购，一些业者如今已成为“超级区域”机构。

银行业者的存款与贷款业务预计2010年将进一步上扬。而保险业者、特别是新兴亚洲市场，则料2010年后将出现庞大的增长空间。

马来西亚方面，由于马来西亚本地市场已饱和，马来西亚大型银行业者已纷纷转向区域扩展，特别是专注在东协国家。其中，马来西亚银行和联昌国际在这方面拥有较多的经验。鉴于这些银行在海外拥有分行和业务，并购机会也就更大。

至于通过本地并购扩展的业者，专业人士预料，这主要是由市场推动，因本地选择有限，股东的风险承受能力是关键。

（来源：中国证券网．http://stock.cnstock.com/overseas/jrjd/201007/702039.htm.2010—07—22）

缅　甸

缅甸木材优势解析

一、缅甸资源丰富木材贸易现状

多年来，缅甸木材凭借货源充沛、物美价廉等优势畅销市场，已经成为木材行业一个备受瞩目的地区材种。与其他材种相比，缅甸木材的确具有独特的优势。

（一）材质优良，市场广泛认可

缅甸海拔高，日照充分，四季如春，拥有大面积原始森林。树木全年均匀成长，木材木质细腻、结构匀称，造就了缅甸木材优良的稳定性，颇受市场欢迎。比如柚木、椿木、西南桦、黑胡桃、水冬瓜、金丝柚等木材均是市场常用产品。

（二）成本较低，极具市场竞争力

在中国市场上，绝大部分缅甸木材的售价集中于每立方米2000～5000元人民币之间，多数木材加工企业均能承受。而欧美国家及众多东南亚国家由于实行限伐政策、运输费用昂贵、人工成本偏高等原因，相关木材的价格动辄数千元甚至数万元。两相对比，不难发现缅甸木材的价格实属低廉。

（三）品种齐全，具有一定的替代作用

缅甸树木种类多，涵盖了东南亚国家所能出产的绝大部分材种。部分缅甸木材在质地性能、色泽纹路等方面接近北美材、非洲材和东南亚名贵木材，比如缅甸黑胡桃、西南桦分别可作为北美黑胡桃、红橡木的替代品。因此，价格更为便宜的缅甸木材为木材加工企业提供了更多的选择余地。

（四）地处要塞，区位优势明显而独特

缅甸毗邻中国，与云南省接壤，为中国数以万计的木材加工企业源源不断地输送原材料。缅甸地处东南亚与南亚之间的惟一陆路通道，各类缅甸木材通过陆路、水路，经由中国、印度、越南、泰国等国将缅甸木材产品销往世界各地，便捷的交通有力地保障了缅甸林木经济的繁荣。

二、缅甸木材传统优势有所弱化

基于诸多优势，缅甸木材贸易长盛不衰。但近几年，缅甸木材的传统优势开始减弱，市场正在发生着微妙的变化。

缅甸木材的量价优势正在逐步减少。首先，缅甸林木资源萎缩，行情水涨船高。近些年，缅甸木材货源频频告急，2010年开春以来，西南桦、水冬瓜等畅销品种原材供应不畅。由于连年的砍伐，缅甸林木储量迅速降低，原材供应形势逐年趋紧，并促使缅甸原木价格不断上升，增加了下游企业成本压力。其次，相关政策限制了缅甸木材发展速度。包括缅甸在内的多个国家开始实施严格的环保政策和关税政策，缅甸木材贸易难以持续扩张。第三，缅甸的雨季和战乱对木材产品的开采和运输工作带来极大的不利影响，一定程度上阻碍了缅甸木业发展，尤其是对外贸易。第四，中国从事缅甸木材及制品销售、生产的企业甚多，加剧了同业竞争，不可避免地引发价格战，增加了经营难度，降低了利润。

金融危机对缅甸木材的冲击不可小觑。从业者称，金融危机之前的数年，缅甸木材出口品种和数量缓慢增长，缅甸木材市场始终处于供求两旺的态势。2008年，金融危机全面爆发，国际市场购买力下降，缅甸木材市场受到剧烈冲击，几乎所有缅甸木材的量价水平均出现不同程度下滑。中华人民共和国商务部网站刊文指出，2009年上半年，缅甸木材出口同比大幅下降，降幅分别为：柚木（原木）60%、硬木6%、锯木57%；还有报道称，缅甸1070家木材加工企业总出口额下降了30%。2008年冬季至2009年夏季，缅甸木材销量同比降幅显著，平均降幅在30%左右。2009年下半年，缅甸木材行情触底整固，并随着全球经济的逐步复苏开始好转。

三、缅甸木材市场迎来新发展机遇

2010年1月1日起，中国—东盟自由贸易区（以下简称“自贸区”）全面实施货物贸易自由化，双方90%以上的商品实施零关税。随着机遇的到来，新的发展模式正悄然形成。

自贸区的建立对于刚刚经历了金融危机的缅甸木材市场而言，无疑是一个新的发展机遇，缅甸木材后市的发展前景值得期待：其一，中缅双方在自然资源、产业结构和生产能力上存在差异，两国木材产业互补性强。自贸区将缅甸的资源优势和中国的加工贸易优势结合起来，可扬长避短，形成跨区域的经济协作关系和行业竞争合力。其二，以往横亘在中缅木材贸易间的关税壁垒被彻底打破，缅甸原材将以更低廉的价格进入中国，为中国木材流通、加工行业减轻成本压力。其三，往年，中国经销商和木材加工企业主要将缅甸木材及其制品销往发达国家和地区，目前，相关企业开始改变一些惯性思维，充分利用区域经济一体化和零关税政策，吸收国内外资金、技术和管理经验，进一步强化中国缅甸木材制品研发生产能力，努力寻找国内外新买家，开辟国内外新兴消费市场，占据更多市场份额，缅甸木材市场将更加广阔，抗风险能力也会增强。

四、拓宽缅甸木材经营思路

近年来，中国很多木材商利用地理便利的优势，纷纷前往缅甸包山包地，自主开发经营缅甸木材，并依照缅甸政府政策，在开采缅甸林地之后按规定补种树木。如今，缅甸木材经销商也越来越重视国内林木种植业务，前往云南、贵州等地承包经营林地、开厂加工的现象已较为普遍。包山经营具有安全、便利等优势，既可种植缅甸木材树种，又可根据国人购买力种植一些实用的品种，如杉木，这在一定程度可缓解缅甸木材资源趋紧的局面，同时也为将来的木材市场储备资源。

除了柚木、西南桦、水冬瓜、黑胡桃等常见品种外，缅甸还有很多不为人熟悉的木材，经销商若能通过调查考证，寻找到新的品种，发掘出新的市场卖点，就能获得不菲的效益。例如，往年名不见经传的烟炮木、白沙木成为近年枋材市场的亮点，颇受客户欢迎；经营烟炮木、白沙木等价格低廉、材质较好的木材，既有助于开拓市场，又能规避较多潜在的市场风险。

（来源：综合整理自南博网）

缅甸粮食产业前景广阔

一、缅甸粮食产业投资环境分析

（一）自然条件及政策

缅甸农业产值占国内生产总值的44%，农村人口约占全国的60%以上。其主要农作物有稻谷，其次为豆类、小麦、玉米、高粱等；油料作物为花生、芝麻、葵花籽；经济作物有棉花、黄麻、橡胶、甘蔗、烟草、咖啡等。农业产品是缅甸的主要创汇产品，主要出口大米和大豆。

缅甸全国可耕地面积有1800多万公顷，而目前的净种植面积仅为890多万公顷，尚有930多万公顷的土地可供开发。缅甸曾经是世界上第一大米出口国，由于近20年来国家经济政策等诸多因素，导致现在粮食产业远远落后于泰国、越南，成为第十大大米出口国。

据缅甸农业部提供的数据，缅甸大米种植面积由2006/2007财年的813万公顷增加到2007/2008财年的822万公顷。2010年，缅甸种植雨季稻688万公顷，旱季稻125万公顷，水稻产量306.39亿公斤。2011年，缅甸计划种植雨季稻684万公顷，旱季稻138万公顷，估计2011年水稻产量可达315公斤。2006/2007财年，缅甸城镇人口大米人均消费252公斤，农村人均消费315公斤。自1988年实行市场经济以来，缅甸大米产量逐年增加，1988年为132.3公斤，1993/1994财年168公斤，2000/2001财年210公斤，2005/2006财年279.3公斤。2009/2010年度的籼稻产量达到3200万吨，高于2008/2009年度的3000万吨。缅甸农业灌溉部表示，为了满足国内需求，并且提高出口，政府已经制定了新的五年计划，从2010/2011年度起，将优质高产籼稻的播种面积提高到153万公顷。2008/2009年度，缅甸出口大米70万吨，创汇2亿美元，这也是历史最高水平。缅甸政府计划提高大米种植面积，满足1亿人口的大米需求。除满足国内6000万人口需求外，大米外销至以东南亚、非洲等国家作为主要的出口市场。缅甸凭借其地多人少、劳动力成本低、水利资源丰富、气候条件适宜等得天独厚的条件，得到国际粮农组织大量支持，加上近年来政府对粮食生产的政策扶持，鼓励出口，缅甸的粮食生产得到快速增长，逐步成为东南亚的大米出口国。在国际粮价逐步攀升的大环境下，缅甸的粮食企业拥有无比广阔的发展前景和空间。

（二）缅甸粮食生产现状

目前缅甸粮食生产行业整体水平落后，缅甸大部分农户种植面积均在13.33公顷以上，而且土地平阔，适合机械耕种。而播种机、拖拉机、收割机等机械化程度很低。大米加工技术水平基本相当于中国20世纪70年代的水平，设备90%以上是陈旧老设备，加工量小，加工出来的产品质量差，碎米率高，同样品种、规格，在国际市场价格远低于越南、泰国。为弥补这一差距，缅甸政府近年来出台一系列促进农业发展的政策，内容涉及品种引进和改良，科学种植模式推广，碾米加工设备更新，积极引导大企业投资粮食种植，以公司加农户、补贴等多种方式提高农民种粮的积极性。与此同时，老式碾米加工厂积极投资新设备，从品种、种植到加工一系列环节提高大米生产质量。农业是缅甸各届政府一直以来始终鼓励发展的行业，也是它的主体经济基础。鉴于此，中国企业的最大商机体现在：

1. 立足国内高品质的机械设备生产技术，可以把粮食设备、农业机械源源不断出口到缅甸，有利于国产设备出口；

2. 引进国内成熟的生产加工工艺，提高当地的生产能力，提升产品品质，增强产品国际竞争力；

3. 缅甸粮食整体水平提高，企业利润增加，进一步扩大生产规模，给当地提供更多的就业机会，实现良好的经济效益和社会效益，提高中国企业对当地的影响力；

4. 在国际资源大流通的背景下，缅甸丰富的耕地、水资源，低廉的劳动力资源和中国的先进设备、成熟工艺生产的相结合，优质粮食也可以进口到国内，成为国内潜在粮食生产基地。

近3～5年将是中国企业进入缅甸的最好时机，体现在：

1. 缅甸国内政局日趋稳定，新政府的重点将是致力于发展缅甸经济，从政策上改善投资环境；

2. 缅甸经济出现快速增长的势头。从2003年GDP增长11.1%以后，增长速度逐年提高。新加坡前总理吴作栋认为，缅甸是东南亚地区除马来西亚外发展前景最好的国家；

3. 危机后急于寻求合作。受到美国等西方国家的制裁，在经历最近的两次大的国际金融危机后，缅甸急切要加快国内经济发展。中国无论从经济、技术、政治都是缅甸最理想的合作国家，所以，双方贸易、合作需求很大。欢迎中国企业来缅甸投资；

4. 缅甸虽然私营企业队伍庞大，但对涉及商贸领域，进入实业、加工制造业等存在较多的障碍。而工业设备、制造、加工业正是中国企业的优势所在。

（三）缅甸粮食市场现状

缅甸是以农业为主的国家，稻米有“国粮”之称，水稻种植居农业之首，但由于客观政治经济影响，受品种退化严重，种植技术缺乏，资本流向等诸多因素的制约，粮食生产水平很低，平均亩产100～150公斤。粮食种植、生产、加工设备陈旧，农业生产机械化程度低，而当地大面积耕种对农业机械化的需求大。日产50吨以上的米厂有3万家，90%多为20世纪70年代机械设备，生产工艺落后，稻谷出米率低，平均在50%～60%之间。碎米率高，人为造成生产成本高，粮食加工机械急需更新换代。在大米销售市场上一直以最传统方式的统货无品牌销售。由于以上多种原因，缅甸大米生产和加工行业整体水平低下，品种单一，产品没有分级，没有质量标准，国内市场没有等级之分，国际市场上也缺乏竞争力。以2010年为例，同样品种的产品，缅甸大米出口平均价格在300美元左右，而泰国，越南、巴基斯坦都在500美元以上。即使在这样的低水平生产条件下，粮食行业的整体平均利润水平还是远远高于中国同行业。

二、中缅农业企业合作建议

根据缅甸的现状：粮食产业整体落后，从制种—种植—粮食加工等均相对落后于中国，市场销售渠道单一。结合自身的发展方向，中国企业发展战略可为：充分利用好中国的粮机产品和加工技术优势、缅甸的土地和劳动力优势，以粮食市场销售为龙头，向粮食产业上下游延伸。即从中国出口种子、农药、粮食加工机械、农业机械到缅甸，在缅甸以公司加农户方式建立基地。在成品粮市场上，突破传统销售方式，走品牌之路，逐步建立自己的销售网点。对粮食产品按照品种、质量等级进行细分，建立质量标准体系，满足高中低不同消费群体，树立市场品牌地位，力争成为粮食行业的领跑者。

在经营模式上，以建立市场品牌渠道为龙头，从收购原料，产品加工等环节把握质量关；在种植环节，提供种子、化肥等农用物资和种植技术指导，确保品种适合当地市场，提高产量；在收割季节，提供农机租赁业务，同时向农民收购原粮，确保原粮质量，减少中间环节。设立收购点，扶持当地种植大户。根据客户情况，以合作方式设立小型大米加工厂，30～50 吨为主，设备部分以现金支付，部分可以粮食抵偿。以上方式，保证公司可以从源头取得优质的原料和产品，同时带动粮食机械，农业机械销售，整合市场资源，实现利润最大化。

在大米缅甸国内销售市场，中国企业可依托中国粮食加工的先进技术，引进设备和成熟生产工艺，从生产环节提高产品品质，通过设备更新和工艺改进，可以提高出米率 15%以上，从而降低成本。同时，针对目前缅甸工厂设备陈旧、工艺落后、产品外观差的情况，可收购小米厂的初级产品，在自有的工厂进行大米后道工序的加工处理，利用中国先进的设备和成熟工艺，按照国际标准，对初级产品碾白、抛光、色选等后道进行处理，提升产品的品质和外观，以此来提高销售价，增加新的利润点。实现产品细分化，质量等级化，客户目标化。在销售模式上，除了沿用已有的传统统货批发销售外，通过各种市场营销手段推广品牌，改变传统销售模式，以连锁、代理以及建立粮油米面专卖店等新的市场销售模式来提高销售利润，逐步取得消费者的认可和接受，吸引目标客户。

立足于缅甸国情，中国企业应以粮食销售为龙头，实现多元化经营，逐步拓展到完整产业链。向下是农业机械、农子化肥、种子销售，往上是粮食机械、粮食制品加工，使业务朝纵深方向发展。

（来源：综合整理自中国驻曼德勒总领事馆经商室、云南省商务厅）

缅甸水泥行业现状

一、缅甸水泥市场现状

（一）缅甸水泥市场年需求较大

由于缅甸建筑行业需求旺盛，缅甸年均水泥需求量已达 600 万吨，但缅甸国产水泥（包括国营和私营企业生产总量）年均生产能力仅为 200 万吨，由于生产工艺和机械设备等因素，甚至少于此产量。为了满足需求，缅甸每年均需进口大量水泥。

为实现“进口商品替代”的方针，缅甸政府在 2010 年批准新建了 20 个私营水泥厂。获准新建水泥厂的 20 家私营企业集团包括麦斯公司、突公司、亚洲世界公司、犹斯那公司等。目前泰国占缅甸水泥市场份额较大，已建立的水泥厂在技术和机器设备方面较为完善。

（二）私人建水泥厂遭遇资金困境

目前缅甸建筑业蓬勃发展，带动了水泥的需求，而缅甸水泥主要依靠进口，因此近期批准了 20 家水泥厂项目。国家发放水泥生产执照，是为了减少从国外进口，但获准建厂的公司均遇到困难，主要是资金方面的问题。

缅甸国内虽然已批准私人建水泥厂，但大多商人都面临资金困难。由于缅甸的煤质量太差，湿法生产水泥的工艺有困难，一个设计生产能力为日产 500 吨的水泥厂，实际生产能力仅为 200～300 吨。而中国帮助建设的水泥厂设备质量较差。国产水泥市场主要取决于进口水泥的基础之上。

据了解，一个采取湿法生产方式日产 500 吨水泥的水泥厂需投资 2500 万美元，一个采取干法生产的日产 1000 吨的水泥厂需投资 4000 万美元。

二、缅甸水泥市场走势分析

据介绍，缅甸全国共有水泥厂 14 家，已批准再建水泥厂 23 家，但水泥厂的技术能力尚难达到。缅甸的国产水泥受生产工艺和机械设备等因素制约，实际产量大大低于设计能力，因此，大部分都需要进口，即使已获准新建的水泥厂全部建成投产，仍然满足不了市场需求。正是因为这一原因，缅甸国内的水泥价格一直在上涨。

专家分析指出，中国云南与缅甸相邻，考虑到运输成本，缅甸希望从云南进口水泥，这将给云南水泥生产企业扩大出口带来商机。

为了适应境外水泥需求，扩大对缅甸水泥出口，2010 年 6 月，云南省最大一家以出口为主的水泥厂——昆钢集团南伞水泥厂在中缅边境镇康县建成投产。该厂计划每年生产 80～100 万吨水泥，其中 40～60 万吨计划销往境外，为确保水泥产品安全出口奠定基础。该厂投产以来，截至 2011 年 3 月底已向缅甸出口水泥 5283 吨，货值 376969 美元。

事实上，云南省一些水泥生产企业早已瞄向缅甸市场。尤其是与缅甸相邻的保山、大理、临沧的水泥生产企业更是捷足先登，不断向缅甸扩大水泥出口。2010 年，云南三江水泥有限公司、云南红塔滇西水泥股份有限公司经大理出入境检验检疫局检验检疫，向缅甸出口水泥 44 个批次、20150 吨，货值 143.4 万美元。据昆明海关统计，2010 年，云南省向缅甸出口水泥 251489 吨，较 2009 年增加 25.1%；出口货值达 1557 万美元，较 2009 年增加 27.8%。

尽管云南省对缅甸水泥出口量不断增加，但相对于缅甸年均 400 万吨水泥的需求量，云南省对缅甸的水泥出口仅占 6%，中国企业对缅甸水泥出口空间巨大。

（来源：综合整理自中国水泥网、中研网）

菲律宾

菲律宾 ICT 离岸服务外包产业竞争力分析

随着信息技术的发展以及全球化进程的加快，ICT 离岸服务外包业在全世界范围内悄然兴起，成为全球新一轮产业转移大潮中的新兴产业。2000 年以来，菲律宾利用本国比较优势，充分抓住了这一轮产业转移的机遇，大力推动 ICT 离岸服务外包业的发展，一跃成为全球仅次于印度、加拿大的第三大 ICT 离岸服务外包地。

一、菲律宾 ICT 离岸外包服务业的发展现状

菲律宾 ICT 离岸服务外包主要指业务流程再造（Business Process Outsourcing，简称 BPO）。可简单分类为有声服务——呼叫中心和无声服务——非呼叫中心。菲律宾外包服务业起步于 20 世纪 90 年代，经过 10 多年的发展，已经取得了举世瞩目的成就。

（一）ICT 离岸服务外包业增长迅猛

2000 年以来，在阿罗约政府大力推动下，菲律宾 ICT 离岸服务外包业持续迅猛增长。2000 年 ICT 离岸服务外包业收入仅占 GDP 的 0.075%，到了 2005 年，离岸服务外包总收入达到 20.7 亿美元，在 GDP 中所占份额上升至 2.4%。2008 年，菲律宾 ICT 离岸服务外包市场收入达 60.61 亿美元，占 GDP 的 3.6%，在世界服务外包业中的总份额达到 15%，成为世界第三大离岸及外包服务目的地。2007～2009 年，菲律宾连续三年被英国全国外包协会评为世界最佳业务流程外包目的地。2008 年菲律宾离岸服务外包市场收入构成中，呼叫中心的收入占总收入的比例最大，达到 67.75%；其次是知识流程外包（KPO），占到 13.96%；软件开发所占份额大幅降低，从 2006 的 24.3%下降至 2008 年的 9.22%，反映出菲律宾加快了服务外包结构升级的步伐。

2009 年，全球金融危机对菲律宾服务外包造成一定的不良影响，但菲律宾离岸服务外包业务增长速度仍达到 23%，总收入 75 亿美元。2010 年菲律宾的服务外包业收入年增长 26%，总额达 89 亿美元。其中份额最大的呼叫中心业务年增长 21%，收入总额达 61 亿美元，菲律宾已超过印度成为呼叫中心行业的领头羊。2010 年，菲律宾共有 52.5 万人从事服务外包工作，该行业提供的就业人数年增长 24%。

（二）呼叫中心成为菲律宾 ICT 离岸服务外包业的支柱

呼叫中心 20 世纪 90 年代在美欧等西方国家兴起，20 世纪末进入菲律宾。经过 10 多年的发展历程，菲律宾呼叫中心从零开始持续高速增长，成为菲律宾 ICT 离岸服务外包业中增长最快、份额最高的部分。根据菲律宾贸工部的统计，从 2001 年开始，菲律宾呼叫中心保持 100%的增长率。2003 年，菲律宾呼叫中心在亚洲地区排名第一。2004 年，菲律宾呼叫中心占据全球呼叫中心市场的 20%。2005 年，呼叫中心创造收益约为 18 亿美元，占当年 BPO 业务总收益的 75%。2009 年，呼叫中心创造收益约为 50 亿美元，是自 2001 年以来收益增幅最大的年份。这些充分体现了呼叫中心在整个服务外包领域的重要地位。

呼叫中心也是菲律宾离岸服务外包业中吸收外商投资最多的部门。2006 年，服务外包吸引外资 3.76 亿美元，其中 68.8%流向了呼叫中心。2003～2008 年间，流向发达国家呼叫中心的 FDI 项目数量呈下降趋势，流入世界上最大服务外包出口国——印度的呼叫中心的 FDI 项目数量也大幅减少。相比之下，流入菲律宾呼叫中心的 FDI 项目数量大幅增加，从 2003 年的 10 个增加到 2008 年的 19 个。

二、菲律宾离岸服务外包产业竞争力各影响因素分析

（一）生产要素

在生产要素方面，菲律宾服务外包产业具有以下竞争优势：（1）独特的区位和文化价值理念优势。菲律宾是“东南亚的门户，也是东西方的交汇点”，更是美国服务外包转移至亚洲的首要国家，因而具有发展服务外包的区位优势。从人文环境看，菲律宾历史上曾经被西方列强殖民或占领，长期受到英美文化的影响，并在独立后沿用了美国的教育体制，在政治、经济、文化、法律、社会体制等方面都与美国相通，与印度、爱尔兰等国家相比，更易于接受西方文化。（2）通信基础设施不断完善。菲律宾电信基础设施不断完善，极大地促进了服务外包业的发展。2003 年菲律宾移动手机用户仅为 2246 万，到 2008 年移动手机用户上升至 6640 万人次，平均每 100 人中有 74 人是手机用户。菲律宾网络用户也在不断增加，至 2009 年 6 月，菲律宾

网络用户量达到2400万，占总人口的24.5%，而且在过去5年间，宽带使用成本下降85%以上。目前，菲律宾全国已经完成数字光纤骨干网（FOBN）、全国无线电微波地面网络以及新网络（NGN）的建设，主要运营商的主干网也已经实现数字化。（3）人口结构合理，劳动力成本低廉，人力储备充裕。促进服务业增长的关键优势是劳动力储备。菲律宾拥有强大的劳动力资源优势，人口结构合理，能够为服务业发展提供源源不断的后备军。菲律宾人口中65岁以上老龄人口占总人口比例仅为4%，而在发达国家人口年龄构成中，65岁以上老龄人口所占比例达到14%。菲律宾目前全国文化普及率高达95.6%，国家拥有2900万技术人员，其中IT及电脑科学专业人员7万名，工程师3.5万人，注册会计师10万人，商务管理人员10万名；2008年，全国共有49.万多名本科毕业生，其中66.6%的毕业生本科课程涉及IT网络、服务外包业。除充裕的高素质人力资本外，菲律宾劳动力成本低廉，成为吸引发包方发包的又一优势。其普通劳动力成本为平均每月234美元，技术人员月薪在400～800美元之间，白领雇员平均工资为美国的1/4，低于亚洲大多数国家，略高于印度、印尼。

（二）需求条件

从国际市场看，随着全球化成为企业战略必不可少的组成部分，国际服务外包市场近年来迅速扩张。全球服务外包不仅市场潜力巨大，而且发展前景广阔。一是服务外包的范围由ITO和BPO逐渐扩大到涉及金融、保险、人力资源、财务、顾客服务、销售及研发等一系列管理领域。二是全球离岸外包发展越来越快。据2007年联合国贸易和发展会议估计，未来5～10年全球服务离岸外包市场将以30%～40%的速度递增。全球财富1000强中95%的企业已经制定业务外包计划。然而，需要指出的是，基于历史、文化、语言等因素，菲律宾服务外包的海外市场主要集中在美国。在金融危机的影响下，美国经济衰退明显，Forrester最新发布的研究报告显示，美国有43%的公司计划削减IT方面的开支，金融行业49%的IT部门计划削减预算，许多企业不愿上新的外包项目，对已签合同的项目也打算尽可能推迟实施或修订服务条款，以达到削减预算和节省开支的目的。这股服务外包寒流无疑将对菲律宾服务外包产业产生较大的负面影响。而从国内市场看，菲律宾国内市场需求相对较小。

（三）相关与支持产业

服务外包作为新兴产业不是孤立发展的，它以制造业、服务业为依托，具有很强的产业关联度。菲律宾制造业的稳步发展，为承接国际服务外包产业转移提供了良好条件。诸多外资企业在菲律宾设立设计、研发、物流中心，布局市场和营销渠道，进军各类金融业务，将为其带来相关服务外包的繁荣发展。作为与服务外包直接相关的信息技术产业的快速发展，更是为菲律宾外包产业的发展创造了优势条件。早在20世纪90年代，菲律宾政府便将信息技术产业视为战略性产业，1997年公布国家信息产业计划（IT21），制定10～25年IT产业发展框架，目标是将菲律宾打造成为“亚洲的知识中心，信息技术的领导者”。经过短短十几年的发展，菲律宾IT产业有了长远发展。英国经济学人信息部（EIU）发布《2009年IT产业竞争力评估》，菲律宾在该排名中列全球第51位，位列亚太地区第12位，显示出其在信息技术产业中较强的竞争力。

（四）公司战略、企业结构和同业竞争

菲律宾离岸服务外包企业多为跨国公司在本国直接设立分支机构，沿用母公司管理方式与文化理念，有效保证了企业的专业化发展。菲律宾外包企业集中度极高，某些企业规模庞大，已经形成了离岸服务外包产业集群，促进了外包企业规模化发展。目前，菲律宾外包企业主要集中在马尼拉、宿务两大城市。2008年菲律宾29个主要外包公司收入达到20亿美元，占2008年全年离岸服务外包收入的1/3。ACS作为菲律宾BPO领域的先驱者及领军人物之一，成立于1998年，在菲律宾拥有五处世界级运营场所、超过6500名坐席以及实力雄厚的客户群，也是在菲律宾证交所第一家以呼叫中心业务挂牌上市的企业。这种领航式的龙头企业在承接海外大单、开拓国际市场方面发挥着极其重要的作用。

（五）机遇与挑战

菲律宾服务外包业的发展面临着前所未有的机遇。菲律宾ICT离岸服务外包业在短短10年时间里从零发展成为世界第三大离岸服务外包地，这是因为菲律宾抓住了全球产业新一轮转移浪潮的机遇。而服务外包作为国际化产业，在全球经济放缓的背景下，将面临重新洗牌的局面。菲律宾目前作为世界主要服务外包离岸市场，如何利用本国比较优势，进一步扩大市场份额，巩固自身领先地位，成为菲律宾政府应当充分关注的问题。

（六）政府作用

菲律宾政府致力于信息产业和商业外包服务的发展，制定了一系列鼓励政策促进服务外包产业发展。菲律宾政府启动了"投资优先计划"，将服务外包纳入优先发展产业领域；制定了一系列优惠政策，如从事服务外包的企业在任何区域或经营场所均可向政府申请享受优惠政策：在经济特区开展业务，前4～8年为免税期，免税期后可继续享受优惠待遇，只缴5%的营业税；公司还可免税进口特殊材料和设备、免缴码头使用费、自由使用托运设备、雇佣外籍职员等。

此外，菲律宾政府不断建立、健全完善的知识产权保护法律体系和信息保密制度。在知识产权保护方面，菲律宾的法律保障扩展到了传统媒体之外，涵盖了数字化、计算机技术、电子商务、多媒体、因特网及其他以在线连接和不以在线连接的通信方式。2007年年初，菲律宾知识产权局与美国专利商标局签署合作协议，旨在加强两国在知识产权获权、保护和利用等领域的合作。在信息安全方面，菲律宾政府制定了《数据安全和隐私法》，并联合行业协会、企业等机构推动立法，构筑完善的保护和宣传体系。另外，菲律宾政府专门设立相关部门促进服务外包产业发展。如设立信息技术和电子商务委员会（Information Technology and Commerce Council，简称ITECC），监管、审查、更新国家信息通信技术和电子商务的发展战略，由总统兼任ITECC主席，保证投资激励政策的深入实施；菲律宾贸工部设立投资促进局，负责管理服务外包行业；设立经济开发区管理局（Philippines Economic Zone Authority，简称PEZA），其主要职能是建设世界一流、适宜投资的经济环境，为IT服务企业及出口主导型企业提供创业的环境。

（来源：祝森. 厦门大学南洋研究院. http://www.seasas.cn/content.aspx.id=87807236607 7.2011—03—17）

菲律宾可再生能源产业的潜力与政策

长期以来，能源短缺是制约菲律宾经济发展的一个重要因素。菲律宾历届政府为此出台各种政策，试图实现能源自给，减少外汇流失，促进经济和社会发展，但收效始终不大。

近年来，由于深刻认识到菲律宾传统能源匮乏而可再生能源储量丰富的国情，加上当前提倡发展清洁绿色能源的国际潮流，促使菲律宾政府决定，将开发可再生能源作为实现能源自给的一个重要方向，下大力气推动该产业发展。

一、菲律宾可再生能源潜力

根据菲律宾农业部和环境与自然资源部的数据，2003年，菲律宾可利用的生物质能潜能大约与271.7百万桶燃料油的能量相当，并以每年1.9%的速度增长，到2012年该数字预计达到323.1百万桶。可用于发电或供热的生物质包括：甘蔗渣，分布在三区、四区、六区和七区；椰子壳，分布在四区、八区、九区和十一区；稻壳与秸秆，分布在二区、三区、四区和六区。

菲律宾政府对于发展可再生能源抱有很大信心和很高期望。根据菲律宾能源部制订的《2003～2012年能源发展规划》，菲律宾希望在2013年将可再生能源的电力装机容量由2002年的444.9万千瓦倍增至914.7万千瓦，发电量比重提高到40%，成为世界第一的地热能发电国和东南亚最大的风力发电国，为此需吸引100亿美元的投资。自2008年年底颁布《可再生能源法》以来，菲律宾能源部已经先后与企业签订206个可再生能源服务合同，吸引国内外投资超过20亿美元，但是距政府的目标还有一定距离。2008年年底，菲律宾可再生能源的装机容量仅为530万千瓦。目前，菲律宾能源部又制定了《2009～2030年能源规划》，提出在2030年将可再生能源电力装机容量在2008年的基础上翻一番。

二、菲律宾可再生能源政策

为加强可再生能源开发利用，提高能源自给率，菲律宾政府进行了一系列立法，如1978年的《地热法》，1991年的《小型水电法》，1997年的《海洋能、太阳能与风能法》，2001年的《电力部门改革法》，2003年的《可再生能源政策框架》和2006年的《生物柴油法》，但是其中最重要的是2008年12月颁布的《促进可再生能源开发、使用和商业化法》。该法是东南亚国家中首部综合性的可再生能源立法，借鉴了发达国家发展可再生能源的先进经验，为可再生能源的开发利用提供了优厚的财税激励措施，搭建了较好的制度框架。联合国有关机构称该法为东南亚其他国家进行相关立法提供了一个很好的范例。

（一）税收优惠

1. 可再生能源开发者可享受的税收优惠：

（1）自项目商业化运作起，免除7年所得税；

（2）前述7年免税期满之后，仅实行10%的公司所得税；

（3）自获得开发证书起，免除10年的机器设备和材料进口关税；

（4）对机器设备实施特殊的不动产税率，仅为1.5%；

（5）项目运作前3年里未抵消的运营损失可在后7年中从应税收入中扣除；

（6）固定资产可按通常速度的两倍加速折旧；

（7）以可再生能源生产的燃料或电力免征增值税；

（8）对碳排放交易所得免征任何税收；

（9）对于购买菲律宾国内生产的可再生能源开发所需的机器设备和材料，100%补贴其增值税与关税；

（10）开发者自用或离网免费提供的电力，免缴《电力部门改革法》所规定的费用。

2. 可再生能源设备与材料的制造商和供应商可享受的税收优惠：

（1）免税进口生产材料和部件；

（2）对于购买菲律宾国内生产的可再生能源开发所需的机器设备和材料，100%补贴其增值税与关税；

（3）免征7年所得税；

（4）对其交易免征增值税。

3. 对于种植生物质能作物（麻风树、甘蔗、椰子等）的农民进口或购买的肥料、杀虫剂和农用机器设备，免征进口税和增值税。

（二）制度框架

该法借鉴欧美发达国家推进可再生能源发展的经验，规定了以下几项特殊政策：

可再生能源组合标准（Renewable portfolio standard，简称RPS）：该政策强制要求电力公司必须购买一定比例的可再生能源电力。

固定电费政策（Feed－in Tariff，简称FIT）：该政策可以保证可再生能源的开发商以特定的价格出售电力，同时要求电力公司必须购买。

电费结算协议（Net Metering）：该政策是一种电价结算政策，要求电力公司以一定的价格从安装了可再生能源发电技术的用户买回多余的电力，或者从消费者总账单上扣除用可再生能源发电的数量。

为了推进这些政策的实施，该法专门设立了国家可再生能源委员会（NREB）和可再生能源信托基金（RETF）。NREB由政府有关部门（能源部、贸工部、财政部、环境和自然资源部等）、有关国有企业（国家电力公司、国家电网公司、国家石油公司、电力市场公司等）、可再生能源开发企业、金融机构、非政府组织和有关私营企业的代表组成，于2009年9月成立，由前能源部长佩雷兹担任主席，主要负责制订RPS、FIT标准，制定和执行菲律宾可再生能源规划，监督可再生能源信托基金的使用等。RETF的资金来源有法律的保障，主要用于资助可再生能源的研发和推广。该法还在能源部内设立了可再生能源管理局（REMB），从事可再生能源开发的企业须在REMB注册以获得许可证，并去菲律宾贸工部投资署（BOI）登记以享受该法规定的优惠政策。

三、在菲开发可再生能源的优势与劣势

菲律宾可再生能源法颁布之后，对推动可再生能源开发起到了很好的作用，吸引了大量投资，包括少量外资。亚洲开发银行也表示将向菲律宾提供10亿美元贷款，用于推进可再生能源开发。2010年7月起，阿基诺三世政府执政，为推动菲律宾经济发展，将加大力度吸引可再生能源领域的投资。这是在菲律宾开发可再生能源的主要优势，但是在菲律宾开发可再生能源可能面临以下问题：

（一）外资进入的法律限制：菲律宾宪法规定，外资参与能源勘探、开发与利用项目，只能占有最多40%的股份，这一限制是导致外资较少进入该行业的一个主要原因。目前，菲律宾地热能、水力等资源开发主要被PNOC－EDC、Aboitiz等本国公司占据，外资要进入必须与本国企业合作。

（二）社会文化方面的阻力：菲律宾《国家综合保护区体系法》《土著居民人权法》等相关法律对在当地开发地热能等资源构成了一些障碍，且当地社区和居民可能对能源开发抱有偏见甚至敌视态度。

（三）前期勘探风险：菲律宾科学技术较为落后，政府财力匮乏，对于可再生能源分布的具体信息缺乏调查研究，目前所得资料较为原始粗糙，意味着一旦进行商业开发，需要做大量前期工作并面临一定风险。

（来源：国际能源网．http://www.bioon.com/bioindustry/ep/447924_3.shtml.2010—07—14）

菲律宾芒果产业发展研究

菲律宾芒果产业为菲律宾的经济建设作出了重要贡献，也为菲律宾芒果果农以及相关产业者提供了经济来源。菲律宾加入WTO后，菲律宾芒果产业面临新的机遇和挑战，因此，菲律宾芒果产业应

从实际出发，制定有效可行的发展战略，走可持续发展的道路。

一、菲律宾芒果产业内外部环境分析

(一) 菲律宾芒果产业发展的内部优势分析

1. 具有产量优势。菲律宾芒果的产量、收获面积和价格在菲律宾水果中占第三位，（第一、二位分别是香蕉和菠萝）。目前菲律宾芒果产量居世界第七位，第一至第六位分别是印度、中国、泰国、巴基斯坦、墨西哥和印度尼西亚。

2. 具有国家产业政策扶持优势。菲律宾芒果是具有高附加值的水果，也是菲律宾农业部（DA）主要计划支持的特色作物之一。DA成立的菲律宾芒果发展委员会（Philmango）也将促进菲律宾芒果产业的可持续发展。

3. 具有加工产品多样化优势。菲律宾芒果能加工成芒果干、芒果酱、芒果汁、辣味和腌制芒果等，而且这些优质的芒果制品全年都有供应。即使在反季节期间，芒果加工商也能供应芒果制品。

4. 具有培养品牌忠实度和市场扩展的潜力。菲律宾高品质的芒果在日本和中国香港市场上具有较高信誉。菲律宾是中国香港最大的芒果供应国，这将使菲律宾芒果进入中国大陆市场成为可能。

(二) 菲律宾芒果产业外部发展机会分析

1. 菲律宾“Carabao”芒果以其独特的口味和营养价值优于世界上其他芒果品种。该品种作为马尼拉优质芒果以“Manila Super”而著称。该品种已销往世界各地，是菲律宾出口的特色水果。

2. 菲律宾加入世贸组织后，菲律宾芒果输往他国的进口关税将降低，菲律宾芒果的国外市场潜力加大。日本削减菲律宾芒果鲜果和芒果干进口关税（从6%降到3%），澳大利亚、英国、中国香港和新西兰则对菲律宾芒果实施零关税。韩国成为菲律宾芒果最大的进口国之一。中国香港、中国大陆、韩国、美国、新加坡和沙特阿拉伯等市场的需求也在不断扩大。

3. 技术进步促进了菲律宾芒果的标准化生产，增加了菲律宾芒果的出口量。经过美国农业部检验，菲律宾出产的芒果果肉和果粒中不含象鼻虫，菲律宾芒果也符合澳大利亚的蒸热处理（VHT）检验要求，菲律宾可以向美国扩大芒果出口，澳大利亚也同意进口菲律宾芒果。

(三) 菲律宾芒果产业发展的内部劣势分析

1. 菲律宾芒果果园地处偏僻，果农信息闭塞，不能及时了解市场动态，应付市场突变。

2. 菲律宾芒果产品包装和鲜果保鲜技术落后，严重制约产品的远距离运销。

3. 菲律宾本地的出口业工作效率低，运费高，严重影响芒果的顺利出口。如比萨扬区和棉兰老区的芒果要先运到马尼拉再转运往国外市场，这大大增加了运输成本。

4. 菲律宾芒果主要由小生产者经营，菲律宾芒果农户组织化程度很低，缺乏产供销一体化组织，因此在当地和国际市场上缺乏竞争力。

(四) 菲律宾芒果外部威胁分析

1. 国际市场上芒果的竞争日趋激烈。世界最大的芒果供应国是巴西和南非。虽然菲律宾仍是日本和中国香港的最大芒果供应国，但澳大利亚、泰国、印度尼西亚和马来西亚的芒果业也已开始进驻这两地市场。

2. 一些主要的芒果进口国仍对菲律宾芒果实施贸易保护，如美国对菲律宾芒果实施的禁令。由于2004年日本加强了食品安全并提高了进口卫生标准，导致2005年菲律宾对其芒果输入量减少了20%。

3. 高额的转运费（通往美国、加拿大和欧洲），影响了菲律宾芒果的出口增长。

二、菲律宾芒果产业现状分析

(一) 菲律宾芒果种植业发展现状

菲律宾是世界第七大芒果生产国。芒果产量占世界芒果总产量的4%。2010年菲律宾芒果产量为75万吨，2011年因雨季提前，对芒果花期和质量已造成严重危害，菲律宾芒果产量将减少20%，预计降至60万吨。目前菲律宾的3个芒果品种Carabao、Pico和Katchamita深受国内外消费者喜爱。菲律宾芒果主产区是西比萨扬区、中吕宋区和棉兰老区。

(二) 菲律宾芒果贸易现状

菲律宾芒果对出口创汇的贡献很大，菲律宾芒果出口额居菲律宾水果出口额排名的第3位。菲律宾芒果主要出口到中国香港和日本，这两大市场是亚洲最大的芒果进口市场。

菲律宾芒果鲜果出口居全球第三，菲律宾芒果总产量的6%用于出口，其中出口量的90%是芒果鲜果，10%是芒果加工产品。

(三) 菲律宾芒果产业种植者类型

菲律宾芒果产业种植者主要有3种形式：一是商业芒果种植者，一般由城市中心的专业人员和承包商构成；二是果园种植者组成的公司，采用“公司＋农场”的经营模式，产销联合，促进产品出口；三是小生产者，都拥有5～20株芒果树。前两者所占比例很小，而芒果小生产者供应的芒果量超过总量的一半。

三、菲律宾芒果产业的发展战略

通过对菲律宾芒果的外部发展机会和威胁以及内部的优劣势进行分析，即SWOT分析，应该做到利用外部机会，避免外界威胁，整合内部优势，克服内部劣势，从而实现从弱势变成强势。

（一）充分发挥菲律宾芒果品种资源优势。利用生产优势和产品多样化优势，逐步实现良种化，区域化栽培，建立菲律宾芒果品牌，发展有机芒果农业，提高市场竞争力；

（二）利用国外市场潜力和WTO给予的最惠国待遇。菲律宾芒果产业应不断扩展国外市场，吸引国外资金和研究管理人才。如澳大利亚国际农业研究中心资助菲律宾芒果果农94.36万美元开展虫害综合防治研究和改进产业链研究；

（三）在菲律宾芒果优势产区建立示范农场。菲律宾芒果产区政府加强果农与公司或其他协会、组织的联系，实现产购销一体化，走产业化的道路。菲律宾环境与天然资源部定期对芒果农进行技术指导、咨询和培训，并以先种植后付款的方式提供种植材料给芒果农。建设——运营——转让（BOT）计划投资建设农场与市场道路设施，减少销售成本；建立市场信息网络，尤其向果农传递良好农业规范（GAP）和市场形势等信息；

（四）提高菲律宾芒果生产率和加强采后管理。利用芒果现代农业机械和先进技术提高其生产率，有利于芒果产业的中长期发展。如为了增加Carabao芒果出口，菲律宾农业部的采后技术研究和推广局开发出气调保鲜技术（CA），延长货架期，保持产品品质，还开发出以硝酸钾为主剂的商品开花诱导剂的技术。菲律宾政府加大力度投资采购芒果收获和采后处理设备，增加芒果研究与开发（R&D）的预算。R&D包括基因改进，产品开发以及产品加工等，这样能减少收获和采后处理的损失。

（来源：综合整理自中国热带农业信息网）

菲律宾农业生产资料市场分析

种子、化肥和农药是最重要的农业生产资料。但由于菲律宾农民贫穷，加之得不到政府拨款和商业银行的贷款支持，农业投入十分有限，因而新品种更换速度慢、化肥和农药投入严重不足。但随着农业生产的发展，菲律宾农业生产资料市场潜力巨大。

2011年第一季度，菲律宾大米产量为403万吨，增长15.63%。据菲律宾农业部长Proceso Alcala介绍，这是菲律宾在2013年实现大米自给自足迈出的一大步，是阿基诺政府主要的中期目标。

一、种子市场

（一）杂交稻发展现状

水稻是菲律宾最重要的粮食作物，近几年的种植面积为427万公顷，占全年农作物总种植面积的33.8%。水稻种子在菲律宾分为三个类型，即自留种、认证种子和杂交种。其中前两种均为常规稻品种。

由于农业科技发展落后，杂交稻在水稻生产中所占比例尚小。2009年，菲律宾旱季稻中杂交稻种植面积为127431公顷，平均单产6.44吨/公顷；雨季稻中杂交稻种植面积为69645公顷，平均单产5.52吨/公顷。以上合计杂交稻种植面积为197076公顷，占水稻面积的4.6%。据菲律宾农业部统计，2001～2009年间，17个季度种植中，杂交稻和常规稻的平均产量分别为5.98吨/公顷和4.39吨/公顷，杂交稻比常规稻平均增产36.32%，增产效果极其显著。

为了尽快实现大米自给，菲律宾非常看重杂交稻的推广应用。菲律宾农业部（GMS）水稻项目办规划，逐年扩大杂交稻种植面积，争取到2013年达到814349公顷，占水稻面积的19.1%。

（二）杂交稻种子市场现状

菲律宾市场上供应的杂交稻品种约有25个，当地品种主要来自国际水稻所、菲律宾大学、菲律宾水稻所及西岭公司；进口品种主要来自拜尔、先正达、先锋、印度生物科技及中国隆平高科（通过中菲农业技术中心项目引进）。

2009年，菲律宾杂交稻种子的消耗量为20万袋，约1万吨，总价值7亿比索（约合1.11亿元人民币）。其中，大部分依靠进口解决。2005～2008年，菲律宾杂交稻种子进口量逐年增加，2008年达到6782.4吨。其中，菲律宾西岭公司的供种量占到一半（3800吨），其他主要供应商为拜尔、美国先锋、印度生物科技和先正达，中国杂交稻种子尚未正式进入菲律宾市场。值得注意的是，菲律宾西岭公司的杂交稻种子均首先在中国生产，再运回菲律宾销售。

（三）市场前景及开拓建议

菲律宾目前农业发展滞后，大米缺口约10%～15%，每年需进口大米200～240万吨以维持平衡。在经历2008年全球粮食危机后，菲律宾决心实施“大米自给计划”。阿基诺新政府于2010年6月组建完毕后，菲律宾农业部又提出，3年内实现大米零进口。依靠杂交稻解决短缺是必由之路，为此，预计菲律宾将加大杂交稻的推广力度。而目前杂交稻种子短缺是制约杂交稻种植面积扩大的主要因素。

如果菲律宾2013年能够按计划播种杂交稻814349公顷，则用种量高达4.07万吨（以每公顷播种量50公斤估算），市场价值约81.4亿比索(12.9亿元人民币)，其中新市场占3/4，即3万吨杂交稻种子，价值61.05亿比索（9.69亿元人民币）。这对于中国种业进军菲律宾市场是个难得的机遇。

目前，中国仅有隆平高科和黑龙江北大荒进入菲律宾种业市场。前者在菲律宾注册成立了一个研发中心和合资销售公司，已在菲律宾选育出2个雨季杂交稻组合，目前正在参加菲律宾联合品比试验，之后如审定通过，即可就地制种和销售。此外，通过经销商从国内进口了小批量的LP0331品种。北大荒在菲律宾组建了合资公司，有一个杂交稻品种进入了菲律宾联合品比试验，但两国公司尚未开始大规模销售。当前，需推动更多的中国种子企业来菲律宾开发。其开拓策略是，在当地找到有实力、有信誉的合作伙伴，将国内品种拿到菲律宾试种，如适应性好，则加入菲律宾联合品比试验，试验期结束后（一般为两年4季）取得商业化许可证，即可大范围推广和销售。根据中国杂交稻品种的特性和商业优势，中国杂交种子至少应占菲律宾市场的50%以上的市场份额。

二、化肥市场

菲律宾市场的化肥品种比较单一，主要有尿素、硝酸铵、磷酸二铵、钾肥及1～2个复合肥品种。其中，菲律宾不生产尿素和钾肥，这两个品种全部依靠进口。据2005年和2006年资料，化肥生产量一般占20%～35%，而进口量占到65%～80%。2008年，菲律宾共生产化肥21.55万吨，进口化肥168万吨，销售化肥67万吨，出口化肥7.4万吨。如果引用该销售量为施用量，则平均每公顷施用化肥0.053吨，大大低于中国的施肥水平(2003年平均为0.357吨/公顷)。菲律宾养分投入不足是农作物产量较低的主要原因。

尿素是菲律宾最重要的化肥品种，全部依靠进口。2008年，菲律宾共进口尿素49.26万吨，价值1.2335亿美元。货源来自沙特（占34.74%）、中国（占24.97%）和其他国家。2010年，菲律宾进口尿素234万吨。

菲律宾化肥投入严重不足，为弥补养分供给，菲律宾政府倡导有机肥的使用。2006年，菲律宾共生产有机肥6271吨，进口1404吨，销售6309吨，并出口了200吨。

随着菲律宾政府加大对农业的扶持力度，特别是围绕着大米自给计划的实施，化肥施用量会逐步上升，市场潜力巨大。中国是菲律宾传统的尿素供应国，应充分利用季节税率调整的机遇，努力扩大对菲律宾出口。国内大型化肥厂应主动建立与菲律宾进口商的联系，定期沟通产销信息，稳定扩大出口。

（来源：中华人民共和国驻菲律宾共和国大使馆经济商务参赞处.http://ph.mofcom.gov.cn/aarticle/law/201105/20110507538649.html.1586492091=850387913.2011—05—09）

聚焦菲律宾有色金属矿业

一、菲律宾矿业现状

菲律宾矿产资源丰富，已知的矿化带土地面积达900万公顷，约占其国土面积的30%；特别是，菲律宾拥有丰富的铜、金和镍资源，有色金属采矿业极具潜力。目前，一些大型项目正在开发新建，菲律宾政府也极力帮助矿产业吸引外资。

菲律宾政府期望更多的公司来菲律宾投资，且希望这些公司通过矿产项目开发，持续从矿产品出口中获利。菲律宾贸易和工业部出口贸易促进局主任Senen Perlada表示，海外市场对菲律宾商品有良好的需求。中国和其他市场大宗商品的需求好转，特别是铜需求旺盛，且对黄金的需求一直都很强劲。

菲律宾环境和自然资源部（DENR）曾称，由于金、银矿业的强劲发展，菲律宾采矿业名列其他行业前茅。事实上，目前菲律宾有许多项目已经投产，如由菲律宾Filminera资源公司和澳大利亚CGA采矿公司投资2亿美元的马斯巴特（Masbate）黄金开发项目，目前已开工，并已满负荷运行。Masbate黄金矿床的预测储量为303万盎司黄金。在稳定状态下，预计可年产黄金20万盎司。同时，CGA采矿公司也完成了扩大冶炼厂产能的测试研究。

在菲律宾，有13种金属矿物和29种非金属矿物的储量已经查明，而且已知的矿化带土地面积达900万公顷，约占菲律宾国土面积的30%。缘于此，大量投资源源不断涌来。目前，菲律宾的黄金矿产投资资金居世界第3位。其中，铜矿产投资资金居世界第4位，镍矿产投资资金居世界第5位，铬铁矿矿产投资资金居世界第6位。

二、菲律宾铜金项目潜力巨大

目前，菲律宾有潜力的大型生产企业，如世界级的Tampakan铜金项目正在开发，将于2016年投产。

2009年9月，为了推动Tampakan铜金项目的进一步发展，Xstrata集团总部投资7400万美元，进行可行性研究以及进行其对环境和社会影响的评估工作。可行性研究工作在2010年第二季度完成，环境评估工作在2010年第三季度完成。预定2012年末开始建设，4年后开始商业化生产。

很显然，菲律宾明白Tampakan铜金项目对国民经济的重要性。马尼拉（Manila）政府希望通过Tampakan项目的开发，以实现到2013年菲律宾采矿业引进投资145亿美元的宏伟目标。但由于全球经济危机，矿山勘探项目的筹资工作越来越困难。据菲律宾政府估算，从2004年算起，进入菲律宾的资金仅有24亿美元。

2009年10月，Sagittarius矿业公司公布了其修正后的矿石储量。据估算，查明矿物储量增加25%，查明储量和指示储量合计增加12%。新的查明储量、指示储量和推断储量总计为24亿吨，铜矿石品位为0.6%、黄金品位为2克/吨，铜的边界品位为0.3%；公司的矿石储量中含1350万吨铜和1580万盎司黄金。此外，矿石中钼的平均品位为70ppm左右。

基于如下几点可悉，Tampakan项目是一个有潜力的矿山：

1. 按20年的生产期计算，年平均产铜34万吨，产金35万盎司；

2. 按铜精矿的品位37%～34%计算，铜的选矿回收率为83%～90%，金的选矿回收率60%～80%。

一期投资52亿美元，包括有关基本设施的建设。

三、中菲矿企合作

2010年初，中国紫金矿业集团公司与Indophil资源公司达成协议，紫金矿业同意按照出让价收购Indophil资源公司。Indophil资源公司拥有Sagittarius矿业公司34.23%的股权。这显示了Tampakan项目的巨大潜力，同时也印证了Perlada早些时候关于"许多国家商品投资将重新返回"的观点。中国对铜的需求很大，对世界最大的铜项目之一进行投资，无疑有助于国家的矿产品安全。

当然，这次也不可能是紫金矿业的最后投资。在收购交易确认之前，也即在2009年10月份，据菲律宾环境和矿业部秘书Jose Atienza透露，紫金矿业在今后五年内将计划在菲律宾的铜、金项目上增加投资到10亿美元。紫金矿业与菲律宾政府签订了一个谅解备忘录（MoU），意味着公司将投资极具风险的菲律宾采矿业。

大冶有色金属亦于2011年1月7日发布公告称，公司与菲律宾友邦矿业国际签订合作协议，据此，订约各方将合作勘探及开采位于菲律宾达沃省马蒂地区（Mati Region，Davao Province）的铜铁矿石。

根据合作协议，倘进行风险勘探工作后确认核心开采区蕴藏不少于10万吨铜储量或不少于1000万吨铁储量，则订约各方将会于菲律宾成立一间合资公司（项目公司），以确认核心开采区储量后60天内在核心开采区进行开发工作。该公司及友邦矿业将分别持有项目公司40%及60%的股权。

于核心开采区之初步风险勘探阶段完成后，该公司及友邦矿业将按方程式向项目公司注资，即注资额等于核心开采区价值（经协定为1.2亿港元）乘以30%减去公司所支付有关核心开采区初步风险勘探阶段之开支数额。倘上述注资额为正数，则公司将会支付有关注资额，而倘上述注资额为负数，则注资额会由友邦矿业支付。

据悉，2011年，菲律宾镍豪矿业公司出口首批镍矿石到中国，共有56876.36公吨（湿），品位为镍0.9%，铁51%。估计售价为853145.4美元。这次出口的镍矿石均来源于Palhi镍矿区。Palhi镍矿区位于Dinagat岛Tubajon省的Loreto市，于2010年8月开始出矿，出口到中国、日本和澳大利亚。

（来源：综合整理自中国有色金属网、《国际采矿(International Mining)》2010年3月第37—41页）

新加坡

新加坡数字广告产业与海外市场通力合作

一、新加坡数字广告产业现状

目前，新加坡媒体发展管理局（MDA，简称“媒发局”）与融合多个政府机构力量的新加坡互动数字媒体处（IDMPO）将在今后三年内投资3000万新元，用于支持新加坡数字广告联盟实现其预设目标，即到2020年，将新加坡数字广告在整个广告市场开销的百分比从目前的5.3%提升至20%。

始建于2003年的新加坡媒体发展管理局（MDA）在将新加坡转变为环球媒体都会并立足于数字媒体时代最前沿的过程中，发挥了举足轻重的作用。MDA采取一系列先锋举措，促进电影、视频、电视、广播、出版、音乐、游戏、动画、媒体服务以及互动数字媒体的发展。与此同时，在确保明确而一贯的监管政策与指导方针的前提下，MDA为业内人士创造营商环境，并为消费者增加更多的媒体选择。

新加坡媒发局和新加坡设计理事会（Design Singapore Council）是引导行业向上述目标迈进的政府机构。一直以来，新加坡媒发局通过支持分析、支付、数字广告应用和服务等领域研发项目，使其商业化，来推动该国数字广告业的成长。而新加坡设计理事会则拨出专项资金用于支持企业和行业协会在数字媒体设计方面的升级项目，以及开拓海外相关市场与参与产业活动。

新加坡媒发局局长谢德谦博士表示，数字广告产业的成功可说是与互动数字媒体产业的蓬勃、持续性发展息息相关；因此，广告业和互动数字媒体产业之间的合作如同将“右脑”即创造力和“左脑”即技术结合起来，蕴藏巨大潜能。这一战略性的定位令新加坡能够受益于全世界蓬勃发展的数字媒体产业。媒发局将与其他政府机构以及产业伙伴紧密合作，帮助数字广告产业释放出更大的发展潜力。

新加坡互动数字媒体产业过去三年的年复合增长率达到了20%。数据显示，2009年，互动数字媒体产业的增加值达到了8.67亿新加坡元，增幅达15.1%。对于一个几年前还并不显山露水的产业而言，这样的增长指数令人鼓舞。据互动广告商团（Interactive Advertising Bureau）数据显示，虽然2008年经济形势动荡不定，但是数字广告业的开支仍然从2008年的5130万新加坡元增长到了2009年的6460万新加坡元，增幅达26%。

近年来，亚洲数字广告产业增长很快，广告设计师可以对设计、互动数字媒体以及新产业创新的交叉融合加以利用，同时推动创意产业为其他产业提供有效的新媒体广告服务。

二、新加坡数字广告产业重要战略

新加坡数字广告联盟由新加坡合格广告商协会（Association of Accredited Advertising Agents Singapore，简称4As）、互动广告商团（Interactive Advertising Bureau，简称IAB）、移动平台广告协会（Mobile Marketing Association）、新加坡广告学院（Institute of Advertising Singapore，简称IAS）和新加坡资讯通信工商协会（Singapore infocomm Technology Federation，简称SiTF）组成。联盟的成立是进一步推动数字广告产业发展总体战略中的重要一步。联盟将利用各成员在不同方面的经验，在业内推动更大程度的知识共享与协作。它将鼓励人才在发展、创业以及创新方面的倡议举措，同时还可以支持并推广相关标准和指导方针，为发展生机蓬勃的新加坡数字广告体系做出贡献。

数字广告联盟成员所提出的数项企业发展倡议中，其中之一是由SiTF和媒发局发出的联合征求项目，以鼓励创新型技术的开发和应用来衡量数字广告项目是否成功。今后，媒发局将继续与关键需求方建立合作，例如新电信（SingTel），后者在同一日发布了一个开发适用其平台的数字广告应用和服务的征求项目。媒发局还将与像品智网络科技公司（Brandtology）这样的业内企业携手，共同发布征求项目，通过互动数字媒体产业的应用和服务来带动数字广告机构和开发商的创新。

除支持创新外，联盟还认识到拥有准确数据并设立业内标准及指导方针的重要性。为此，IAB着手启动了两项倡议：第一个是亚洲消费者晴雨表，用于揭示消费者态度并为企业提供可以展示数字广告益处的工具。第二项是为中小企业提供关于网络在线观众在使用媒体和用户分布方面的信息，从而让他们能够在广告投放上作出更加明智的决策。同样，MMA发布了其在亚太地区的“移动营销商认证计划”，使新加坡成为本地区首个实施该计划的国家。MMA目前也正在尝试探索在新加坡引入消费者最佳范例（Consumers Best Practices）指导方针。

为了满足数字广告产业日益增长的人才需求，

联盟正与各家机构合作设立面向不同职业阶段人才的项目。新加坡人力发展管理局（WDA）在与联盟成员协商讨论后，推出了新媒体领域的新加坡劳动力技能认证课程（WSQ），使得媒体人士能够通过参与如新加坡传媒学院（Singapore Media Academy）这样的继续教育和培训提供者提供的培训课程，提高和完善自身专业技能。目前，本土的高等教育机构如淡马锡理工学院和南洋理工学院等，正在积极筹备为年轻的媒体人才提供职前培训。

（来源：中国管理传播网．http://manage.org.cn/Article/201009/73174.html.2010—9—19）

新加坡建筑业强劲增长

建筑业是新加坡四大支柱产业之一，金融危机以前曾占国民生产总值13%左右，目前约占5%～7%，是新加坡经济的重要组成部分。

由于国土面积小、人口少、自然资源缺乏，世界经济走势和区域经济环境对新加坡国民经济的影响较大，亚洲金融危机对其建筑业的打击很大。2010年新加坡经济取得了14.7%的高速增长，而建筑业需求也达到了14%的同步增长，总值为257亿新加坡元（约合1280亿元人民币）。

一、新加坡建筑业现状

新加坡是一个转口贸易国家，但建筑业也是新加坡国民经济的支柱产业。前几年，面对世界各国尤其是周边国家建筑业蓬勃发展的挑战，原料短缺、价格攀高和人手短缺等，是新加坡建筑商在2006年以前遇到的棘手问题。2007年年初，新加坡建筑商又面临了花岗岩和陆沙短缺的问题。2007年8月，新加坡从其他国家如越南、马来西亚和中国进口花岗岩碎石，同时通过开拓更多的原材料来源渠道，使花岗岩价格下调到供应出现中断前的水平，介于每公吨23新加坡元至29新加坡元之间。在这之前，花岗岩碎石价格一度因短缺而飙升到每公吨70新加坡元，陆沙供应后来也趋于稳定，价格有所回落。

新加坡政府为减缓建筑业所面临的压力而采取的措施以及大量外来投资的涌入，推动了新加坡建筑业的发展。随着不少大型项目如在新加坡从未出现过的大型综合度假胜地（IR）等项目的开工，有力地推动了新加坡建筑业的发展。

目前，新加坡建筑业工作多，建筑商少，因此，建筑承包的价格比往年高约70%～100%。

新加坡政府决定将一些定于2008和2009年建设的公共工程延后到2010年或以后进行，其总值至少有20亿新加坡元。这将有助于减轻新加坡对建筑资源需求的压力，尤其能减缓增长达20%至40%额外建筑工人的需求。延后建设的公共工程包括卫生部的全国戒瘾中心、樟宜监狱中心C座监狱楼等。不过，为配合国家发展策略，适应经济持续蓬勃发展的需要，满足社会需求的基本公共建设工程如组屋建设等，将不受这项延后建设政策的影响。

另一方面，新加坡政府也将采取措施确保有足够的建筑工人供给。除加强建设局在外国劳工来源地的国外考核中心的考核能力及扩大可接受的工地督工外国资格名单外，政府也放宽好几项人力政策，如豁免熟练的外国工人需符合外国劳工配额的规定等，以使各个层面的外国劳工能更顺利地入境工作。新加坡建设局将密切注意人力供求状况，会在必要时进一步调整人力政策。

二、新加坡建筑业存在的问题

新加坡政府一直被建筑业中存在的外劳问题所困扰。长期以来，新加坡的建筑业劳工一般都是由外雇劳工充任。但是大量外劳的涌入，也给新加坡带来了许多社会问题，既给新加坡当地人带来了就业岗位竞争的压力，也给政府部门带来了管理方面的问题。一般情况下因为成本低廉，建筑业雇主都愿意使用外来劳工；与此同时，新加坡当地人一般也不太愿意从事建筑业工作，因为太辛苦。这就造成了一定的矛盾，一方面面临着建筑业劳工匮乏的局面，一方面又面临着政府的诸多限制。

新加坡政府的做法是从长远考虑，认为使用外劳只是权宜之计，长远而言，建筑企业应该是通过提升员工的生产技能以及运用科技来提高生产力，而不能长期依赖雇佣更多的外籍劳工来推动建筑业的成长。所以，为了控制建筑业对外劳的需求，新加坡政府从2010年开始调高了劳工税，从原本每月150新加坡元最终将增加至300新加坡元，同时收紧了非传统来源外劳配额，规定从2010年起的三年内将减少25%。

但是，对于强劲的建筑需求，新加坡政府的措施并未完全见效，因为生产力的提高并非一朝一夕能够完成，而建筑业所面对的聘用人手的挑战，依然只能依靠外劳来完成。所以政府新措施颁布以后，建筑业的外劳人数并没有明显减少。

为鼓励建筑业者提高生产力，新加坡政府2010年6月设立了“建筑生产力与产能基金”，计划在未来五年内拨款 2.5 亿新加坡元（约合 12.5 亿元人民币），资助建筑业者在人力培训以及机械等方面的投资。至今已有超过 430 家企业从中受惠。

三、新加坡建筑业展望

展望 2011 年建筑业的需求情况，新加坡政府非常乐观，认为将继续延续 2010 年的强劲增长，总值估计可增加至 220 亿新元至 280 亿新元之间。

对于 2011 年建筑业的发展，整体而言，政府部门的建筑业需求将从 2010 年的 83 亿新加坡元，增加至 2011 年的 120 亿新加坡元或者 150 亿新加坡元，大约占整个建筑行业需求的 55%。而 2011 年私人企业的项目需求估计会逐步放缓，从 2010 年的 174 亿新加坡元减少至 2011 年的 100 亿新加坡元或者 130 亿新加坡元。原因主要是经济增长放缓以致发展商变得更加谨慎，使得私人住宅项目的建筑需求也应声下滑。至于 2012 年至 2013 年的建筑业需求，专家估计均介于 190 亿新加坡元至 260 亿新加坡元之间。

作为劳动密集型产业，建筑业在新加坡经济结构中呈现稳中有降的趋势，这和新加坡政府发展知识密集型和技术密集型的产业结构政策是相吻合的。新加坡政府会通过招标一些大型基础设施项目来使建筑业保持一定的规模，如填海项目、污水处理项目、地铁项目等。这些项目技术含量较高，施工难度较大，一般的中小型建筑企业难以承担。总体而言，新加坡建筑市场仍有一定的商机，但竞争很激烈。

（来源：综合整理自广西新闻网、中国经济网）

新加坡精密工程业发展分析

一、新加坡精密工程业现状

精密工程是新加坡制造业的核心组成部分。随着经济、技术的发展，精密工程的范围已经扩展到高增值领域，市场需求也正逐渐向亚洲转移。

新加坡位于亚洲战略要地，在精密工程领域有稳健的根基。行业发展已从单一的硬盘和消费电子商品的供应商，逐渐向高增值、需高端和复杂技术的产业发展。这些领域包括航空、石油和天然气、医疗技术等。新加坡也成了许多精密工程企业的业务总部。目前，全球 70%半导体线球形焊接器是从新加坡运往世界各地，而全球 10%的制冷压缩机产自新加坡。国家也占了全球后端半导体设备制造产值 10%的份额。

精密工程是新加坡发展高增值制造业的关键，占了新加坡 2010 年制造业产值的 10%，贡献达 260 亿余新加坡元。这个领域共有 2700 家中小企业和跨国公司，所雇用的员工人数占制造业总劳动力的近 1/4。

数据显示，新加坡的制造和研发实力，以及亲商环境使它在亚洲精密工程领域占有领先地位。这些都需要相应的硬件和软件的支持，如基础设施和人才。

早在 1973 年，日本机床生产商牧野机床（Makino）就看上新加坡的亲商环境、优惠税务政策以及高技术人才，并决定来新加坡设厂生产。牧野亚洲总裁莫壮涛表示，新加坡精密工程领域的优势日趋增强，促使了牧野进一步增加在新加坡的投资，并在 2009 年成立国际研究和发展中心。他认为，这所研发中心与公司设立在日本的研发中心起着互补的作用，也吸引了许多欧美科研人员来新加坡研发适应大众市场的新技术和产品。牧野机床（Makino）在 2009 年成立了国际研究和发展中心。

新加坡位于迅速增长的亚洲市场，同时也具备健全的知识产权保护体系及国际化的亲商环境。其他的优点包括了良好的通讯、交通和物流基础设施，以及适宜外国人的居住生活环境和教育体系。因此，牧野机床把区域总部设在新加坡，以便推动公司在亚洲市场的发展。区域总部除了管理在新加坡、中国、印度的生产以外，也负责维持技术中心网络及推动亚洲各地的销售量。

除了牧野机床以外，其他知名企业如专业机床制造公司山崎马扎克（Yamasaki Mazak）也选择把新加坡作为发展区域业务的基地。山崎马扎克于 1988 年在新加坡设立业务，并在 1996 年进一步扩建工厂及提升生产能力，从原材料生产转变为成品生产。

二、新加坡精密工程业发展策略

（一）精密工程人才培训

人才对于一个产业的发展起着举足轻重的作用。因此，新加坡提倡精密工程人才的全面发展，例如熟练技工以及研发工程师。自 2007 年起，政府和私人企业携手开展一项 7600 万新加坡元的人力资源计划，以提升精密工程业员工的技能。南洋理工学院（NYP）照拟订的计划在 2010 年成立了一所数码和精密工程中心。它斥资 2100 万建造，将着重培养原型制造、工艺设计和精密加工方面的专业人士。学院也将提供职前文凭课程和在职技能提升课程，预计在5年内培训2000名精密工程业员工。

新加坡除了拥有高技术人才以外，也有顶尖的研究与高等教育机构。在政府的大力支持下，它们与企业合作研发新的技术和方案。政府将在2011年至2015年间拨出161亿新加坡元来支持研发和创新活动与相关企业。

（二）企业提升与发展计划

新加坡也不断地帮助企业提升设计、制造和供应链管理方面的能力。例如，在2010年财政预算案中所公布的“提升企业能力合作计划”（Partnerships for Capability Transformation）下，政府将在五年内拨出2.5万亿新加坡元来支持企业的提升与发展。这项计划主要是为了促进本地企业、供应商与各种工业如航空、石油和天然气、医疗技术等的原设备制造商（Original Equipment Manufacturer）的合作。

（三）提高生产力

产业要取得进一步增长和发展，提高生产力是要素之一。政府鼓励通过智能化的机器运作来提高资本生产力，用机器取代劳动力实现自动化，同时通过优化工序或重新设计以取得更高效的流程。

2010年，新加坡把提高生产力视为未来经济增长的主要推动力之一，并推出多项有关援助计划。例如，政府在2011年的财政预算案中，进一步加强了当时现有的生产力及创新优惠计划（Productivity and Innovation Credit），让企业在研发、知识产权（包括专利权、商标及设计）注册、知识产权购买、设计相关、自动化和员工培训六大项目的开支上，获得相等于开支400%的税额扣减，每个开支项目的顶限则提高到40万新加坡元。

另一方面，新加坡经济发展局鼓励设备制造商将其整体产业价值链设在新加坡。将所有业务活动集中在一个地点，以便制造协同效应，从而进一步增强企业的竞争力。

精密工程业的发展任重而道远，而新加坡已经为此做好准备。企业可以借助新加坡的独有优势，以及稳健的生产基础，设计它们的亚洲版图，拓展亚太市场，争取更多商机。

（来源：新加坡经济发展局．http://ccn.mofcom.gov.cn/spbg/show.php.id=11888&ids=．2011—05—30）

新加坡石化发展及投资近况

一、新加坡石化产业现状

新加坡地理位置优越，投资环境优良，作为国际金融中心和世界物流航运中心之一，多次被国外研究机构评为投资最有保障的国家。其政府稳定、社会和谐、基础设施完善，服务效率高和从业人口素质世界一流等，这些都是有利于吸引外资投入的主因。国外投资者都对在新加坡参加经营很有信心。近年来，新加坡政府积极鼓励发展高科技、高水平的资本密集型企业，而将附加价值低的劳动密集型企业外迁至马来西亚、印尼、印度、越南和中国。

（一）科学管理一流，设施服务完善

新加坡政府通过新加坡经济发展局（EDB）和裕廊城市公司（JTC）共同规划裕廊岛的发展，吸引了众多的跨国公司前来投资。裕廊城市公司负责园区的规划、建设和管理。新加坡经济发展局为投资商提供全程的办证服务以及政策法律上的咨询服务。此外，新加坡经济发展局还参与项目投资，并在项目初期提供资金帮助。例如，新加坡经济发展局在帝人（Teijin）聚碳酯新加坡工厂中参股10%，在埃克森美孚公司的裂解装置中也持有股份。职能的分化使裕廊城市公司能集中精力搞好工业园区的策划、建设和管理，而新加坡经济发展局也可以摆脱基础设施建设所带来的沉重负担。

目前，裕廊岛仍是新加坡石化产业的投资热点。例如，埃克森美孚公司将在裕廊岛3025万吨/年炼油厂附近的化工装置旁建设第二套世界规模级蒸汽裂解装置（80万吨/年乙烯），计划于2010年投产；该裂解装置将与原75万吨/年（定于2006年第四季度扩增至90万吨/年）的乙烯装置构成一体化。

（二）以优惠条件大力招商引资

为促进未来投资和发展，新加坡以低税收吸引外国投资者，法定税率由2003年的24.5%进一步降低至2005年的20%。在裕廊岛，化学品则没有进口关税，政府同意外资企业对本地工厂拥有100%的所有权，并完全返还利润。此外，新加坡还建立了化学加工技术中心（CPTC）和化学工程科学院（ICES），以支持跨国大企业之间的合作。新加坡经济发展局期望到2010年裕廊岛上将有150家公司在运作，总投资达400亿新加坡元，岛上员工数将增加到1.5万人，化学品产量将达到2200吨/年。

（三）在裕廊岛大力扩建石化产能

新加坡是东盟成员国之一，近年来在裕廊岛石化工业专区大力扩建石化产能。作为产能建设的后续，新加坡下游加工行业预计在未来3～5年里将投入50亿美元，为近期在新加坡投产的两座大型裂解装置提供支持。

目前新加坡在裕廊工业区经营3座乙烯生产工厂，合计乙烯产能约195万吨/年，丙烯产能约140万吨/年。其中由壳牌东方石油公司（Shell）和住友化学为主的日本财团合资的新加坡石化公司（PCS）在裕廊岛经营有乙烯年产能共105万吨的两座工厂；埃克森美孚公司（Exxon Mobil）在裕廊岛建有一座90万吨/年乙烯生产工厂。壳牌石油公司和埃克森美孚公司建造的这两座裂解装置是在裕廊岛上最新进行的上游石化扩建工程。

其中，壳牌公司的乙烯裂解装置已在2010年3月投产，乙烯年产能为90万吨，丙烯年产能为45万吨，苯年产能为23万吨。据悉，其生产乙烯近一半将用于该公司下游装置生产乙二醇，余下乙烯则供外销市场。为此，该公司实施了扩建乙二醇计划，使其产能达到75万吨/年，预计约70%供出口外，新增的产量主要销往中国市场。

埃克森美孚公司在2007年宣布，将在新加坡3025万吨/年炼油厂附近的化工装置旁，建设第二套世界规模级蒸汽裂解80万吨/年乙烯装置，计划于2010年投产。该裂解装置将与原75万吨/年、2007年扩增至90万吨/年的乙烯装置构成一体化。这一新的石化项目将包括两套65万吨/年聚乙烯装置、一套45万吨/年聚丙烯装置，一套30万吨/年特种弹性体装置、一套可生产34万吨/年苯的芳烃抽提装置，以及一套12.5万吨/年羰基合成醇扩建装置此外，还将建设一座220兆瓦热电联产装置。另外，埃克森美孚的裂解装置预期将从2011年开始生产聚乙烯、聚丙烯和特种弹性体，以及芳烃和羰基合成醇。

另外，朗盛公司（Lanxess）也投资4亿欧元，于2010年5月在该石化工业专区动工兴建丁基橡胶厂，年产能为10万吨，预计于2013年上半年建成投产。

据业内人士预计，至2010年，新加坡的乙烯产能将达到279万吨/年，聚乙烯将达到66.9万吨/年，聚丙烯将达到20.8万吨/年，MTBE将达到38.8万吨/年，苯乙烯将达到62.2万吨/年，乙二醇将达到38.28万吨/年。

新加坡本地市场容量有限，扩产的化工产品主要供出口。其中，石化原料出口总值约占其石化产值的61%，石油化学品出口总值约占30%，特种化学出口总值约占9%。值得关注是近年其聚乙烯、聚丙烯和苯乙烯等产品出口占的比重甚高。

二、新加坡石化产业重视中国市场

新加坡政府十分重视中国大陆市场，与中国保持十分良好的密切友好关系。多年来，新加坡积极鼓励并协助企业赴中国投资，早在1986年就与中国签订了避免双重课税和奖励暨投资保障协定，为新加坡企业在中国大陆市场经营发展和扩展双方贸易创造了有利条件。中国—东盟自由贸易区于2010年1月1日全面启动，这是全球第三大自由贸易区，今后几年东盟和中国之间的关税将逐步递减为零。鉴于此，中国与新加坡贸易往来将更加紧密。

中国大陆近年也扩大在新加坡的投资和贸易。中国大陆在新加坡组建了不少贸易公司，直接进口大陆产品。从中国进口的商品已从纺织、食品等低档产品转为电脑及其组件、电讯设备、半导体等高档产品。还有大陆省市营销公司从事转口贸易，作为进入东南亚及中东市场转口据点，营销商品包括纺织品、电脑、电子零件、石化品、水泥、食品、农产品、化肥和农业机械等。

（来源：中国五矿化工进出口商会．http://ccn.mofcom.gov.cn/spbg/show.php.id=11421&ids=2.2011—01—14）

新加坡医疗产业发展概况

一、新加坡医疗产业发展现状

（一）世界级医疗保健中心

新加坡提供亚洲最优质的医疗保健系统，其医疗实践标准已跻身世界一流水平。该国10家医院和3家医疗中心已得到国际医院认证联合委员会的（JCI）认可。

2006年，新加坡一流的医疗保健设施吸引了超过40万名外国病患来新加坡治疗。随着健康意识的提高、人均寿命的延长以及区域经济环境的改善，这种需求可能还会增加。预计到2012年，外国病患人数将增至100万。

新加坡医疗保健机构和众多医疗技术和制药公司之间合作密切，为企业提供了最佳平台，进军成长迅速的亚太医疗保健市场。

（二）提供新型医疗保健方案

新加坡在科学及临床医学方面有着良好的信誉。医疗保健服务提供商可同在新加坡的公共科研机构和全球行业合作伙伴建立战略性伙伴关系，并在当地试验，开发新型医疗保健系统和方案。

（三）完善的服务链

新加坡的各种医疗保健机构，包括公立医院、私立医院和专科中心等，提供了一整套完整的医疗服务，服务范围既涵盖基本的健康检查、牙科手术，也包括高度专业化的 quaternary 护理。

（四）优质的医药保健服务业者

新加坡拥有各类优质的医疗保健服务业者。公共部门的主要医疗保健机构有新加坡健保集团和国立健保集团，私人医疗保健业者有百汇集团、莱佛士医疗集团和太平保健控股等。此外，约翰霍普金斯大学、国际联合委员会、艾美仕公司（亚洲）和国际 SOS 救援中心均选择在新加坡设立其地区总部。一些国际著名医疗保健机构的区域秘书处和办事处都设在新加坡，如世界家庭医生组织（WONCA）、国际糖尿病联合会（IDF）、医疗保健信息和管理系统协会（HIMSS）。

（五）推动医疗保健业持续创新

新加坡致力于推动创新方案，解决全球医疗保健系统成本上升和低效率等问题。作为一个城市国家，新加坡采用综合健保制度，向国民提供优质又能负担得起的医疗保健服务，并设法应对人口老化的挑战。新加坡一直鼓励创新，发展既能提高临床疗效，又能降低成本、提高运营效率的医疗体系。

目前，新加坡正在为医疗保健业者开发“未来医院”和“未来家庭护理”等平台。这些平台使医疗保健业者得以与其他行业的企业（如 IT、医疗设备、药品、营养和时尚生活消费业者）共同开发测试新产品和新商业模式。新加坡在基本生物医学研究和平动临床实验方面已有坚实的基础，是该国向区域和全球市场推出新型医疗方案和系统的理想开发、试验平台。

新加坡拥有亚洲最优质的医疗保健体系，全球排名第六（世界卫生组织，2000 年）。此外，新加坡连续两年（2007 年、2008 年）被 Travel Weekly（亚洲）评选为最佳医疗/保健旅游目的地。国际联合委员会（JCI）将其亚太区总部设在新加坡。新加坡的 10 间医院和 3 间医疗中心已获国际联合委员会认可。

一些国际著名医疗机构的区域秘书处都设在新加坡，如世界家庭医生组织（WONCA）和国际糖尿病联合会（IDF）。医疗保健信息和管理系统协会（HIMSS）也将其亚太区办公室设在新加坡。

新加坡分别在当地设立研究分行和办事处的国际研究机构，包括美国癌症研究协会、杜克大学、纽西兰奥克兰大学林吉斯学院和路德维格癌症研究所。企业、科学家与研究机构共同努力，推动药物研发、开发新型疗法，力图满足各方面的医疗保健需求。

二、新加坡医疗产业展望

（一）亚洲专科服务需求推动其发展

在 2001 年起步的太平保健控股已迅速发展成为新加坡最大的医疗保健集团之一，它所提供的医疗保健服务种类全面，横跨多个学科领域，包括专科医疗服务、牙科护理、美容医学和保健服务等。其核心服务包括整容手术、美容医学、妇产科、心脏科、植牙与美容牙科。此外，该机构还提供医疗保健设施管理服务，以及规划、设计和开发专科医疗中心的咨询顾问服务。

太平保健控股在亚洲地区的规模迅速扩展。2008 年，该机构与 Yash Birla Group 建立了合资企业，在印度开设了五间专业美容中心和 Spas，在雅加达投资设立医疗中心，并计划在该地区开设癌症护理中心。该机构还受委为顾问，负责为 Priory 国际在亚洲拓展计划的一部分——曼谷医疗中心进行构思和管理。Priory 国际隶属于欧洲 Priory 医疗集团，是领先的心理卫生保健独立供应商，也是英国领先的儿童教育保健和特需青少年保健专业供应商。

（二）将亚洲领先的医疗业延伸到教育业

新加坡百汇医疗集团是亚洲规模最大的医疗保健集团之一，在马来西亚、印度、文莱和新加坡设有多家区域医院和医药中心，包括 14 间医院、约 2800 张病床，拥有 40 个专业的 1500 名医疗专家。百汇医疗集团提供全面的医疗保健护理，涵盖八种临床服务，包括：心脏血管疾病、肌肉骨骼系统疾病、神经科学、肿瘤学、初级保健和慢性疾病治疗、外科手术、器官移植和细胞治疗、妇科和儿科。目前，该机构 35%～40%的病患是外国人。

除了医疗保健服务外，百汇医疗集团也通过其子公司——百汇学院涉足专业健康教育。2008 年 7 月，百汇学院推出护理、临床管理、医疗保健管理等课程，丰富新加坡的医护专业知识。

（三）推动医疗保健科学业的创新

新加坡医院正致力于与企业合作，扩大医院规模，提供试验平台和开发新医疗方案。樟宜综合医院就是其中一家医院，它与英特尔合作开发了“流动临床助理”，这是一种轻型防水电脑，可随时提供病人的情况和病历资料给护理人员。其他与企业合作的医院还有邱德拔医院，采用了为企业测试和开发新系统的管理模式。Novena 医院也已指定病房用来测试环保医疗技术。

（来源：新加坡经济发展局．http://ccn.mofcom.gov.cn/spbg/show.php? id=11911&ids=2.2011—06—07）

泰 国

泰国领军东南亚太阳能市场

泰国最大的炼油公司之一，邦乍石油公司（Bangchak Petroleum Public）将接手运营曼谷附近的一座太阳能电站。据悉，该电站是泰国及东南亚地区最大的光伏太阳能电站。预计该太阳能电站通过为曼谷以及周边的旅游目的地提供电力，每年可获得7亿泰铢（1泰铢约合0.0313美元）的收入。这一事件标志着泰国的大型太阳能电站取得了实质进展，同时泰国希望这一势头能在范围更广的东南亚太阳能市场引起共鸣。

尽管拥有丰富的太阳能资源，泰国却依赖能源进口。预计到2017年，泰国在能源方面的消费将达到2.1万亿泰铢，为此，泰国政府已经制订了一项计划，到2020年，使其20%的能源消费量来自可再生能源。根据国家在太阳能产业方面的规划，泰国预计，其太阳能装机容量将从2008年的36兆瓦增加到2017年550兆瓦，至少增加15倍。

对泰国的太阳能发展，中国也给予支持。此次邦乍石油运营的太阳能电站的一期工程，中国太阳能巨头尚德集团为其供应了34.5兆瓦的晶体硅太阳能电池板。邦乍石油首席执行官Anusorn Sangnimnuan表示，可再生能源技术是邦乍公司长期发展策略中不可分割的一部分。该公司希望能与尚德集团建立长期合作伙伴关系，在东南亚地区开展更多太阳能项目。

就在该太阳能电站破土动工之际，邦乍宣布，将在未来5年内对清洁能源投资230亿泰铢，而其中150亿将用于投资11个、总装机容量至少为120兆瓦的太阳能电站。这些规划的太阳能电站以及开工建设的44兆瓦太阳能电站每年可为其带来大约20亿泰铢的收入。该电站预计将于2011年末完工，总投资额为50亿泰铢，是泰国于2022年前实现20%能源消费量来自可再生能源这一目标过程中又一重要里程碑。

然而，对东南亚地区最大的光伏太阳能电站这一殊荣，该电站恐怕不会享誉太久，因为有越来越多的公司计划建设更大装机容量的太阳能电站。2010年6月，日本夏普与泰国一家独立电力生产商NED签订合同，建设73兆瓦薄膜太阳能电站。夏普表示，该太阳能电站已经开始施工，将于2011年晚些时候开始运行。同年，三菱商事7月宣布，将在泰国建造世界最大太阳能发电站，在2011年前动工建设。除日本外，2010年7月底亚洲开发银行（ADB）透露，ADB已向泰国民间公司提供20亿泰铢的长期贷款以及200万美元的赠款，以帮助泰国在华富里府建造全球最大的太阳能发电站，该电站预计于2013年正式投入运营。

（来源：中国新闻网．http://www.chinanews.com/ny/2010/08—18/2475536.shtml.2010—08—18）

泰国钢铁行业现状与特点

泰国钢铁业在其国民经济发展中起着重要作用，直接关系着建筑、汽车、机械、家电和食品包装等众多下游产业的生存与发展。随着泰国经济的复苏，对钢铁需求呈迅速增长势头。

一、泰国钢铁业现状

（一）产量、产能、产品结构与主要厂商

泰国是东南亚第一大钢铁生产国，产量大大超过马来西亚、印尼和越南。据泰国钢铁协会统计，2009年泰国国内钢产量达700多万吨，与2000年的445万吨产量相比，每年增长约5%。2009年泰国粗钢产量为366万吨，长材产量362万吨，板材产量335万吨。

泰国钢铁工业主要采用电炉炼钢工艺，以废钢为主要原料。有近20家炼钢厂，主要生产方坯和板坯。2009年，方坯产能约477万吨/年，板坯产能约300万吨/年。有60余家轧钢厂，长材生产产能约629万吨/年，热轧卷/板产能约800万吨/年，冷轧碳钢/不锈钢产能约270万吨/年。

2005年，塔塔钢铁公司出资约60亿卢比收购了泰国千禧钢公司40%的股份，并更名为塔塔钢铁泰国公司，主要生产圆钢和螺纹钢，是泰国最大的长材生产厂商，产能约170万吨/年。其次是BSBM钢铁公司（Bangsaphan Barmill），产能约72万吨/年。曼谷钢铁工业公司位居第三，产能约55万吨/年。

伟成发钢铁（SSI）是泰国最大的板材生产商，目前年产能约550万吨，计划在未来15年内建成年产3000万吨的钢铁联合企业。其次是G钢铁公司（G Steel）与GJ钢铁公司（GJSteel），产能分别是

150万吨/年，主要生产热轧卷/板。暹罗联合钢铁主要生产冷轧碳钢/不锈钢，年产能100万吨/年。

（二）消费量

受金融危机影响，2009年泰国GDP下滑2.3%，建筑业、汽车业、机械制造等行业持续低迷，导致钢材需求量由2008年的1358万吨缩减20.8%至1080万吨。2009年底以来，随着经济的不断复苏，相关下游行业逐渐活跃，泰国钢铁需求回升。根据泰国钢铁协会统计，2010年1～11月钢材表观消费量比2009年同期增长39%，达到1297万吨。其中，长材产品占消费比例的39%，板材产品占消费比例的61%；热轧卷/板需求量最大，2009年消费量为450万吨，占消费比例约42%。2009年泰国粗钢消费量735万吨。

（三）进出口

长期以来，泰国一直是钢铁进口大国。根据2009年世界钢铁统计年鉴数据，2008年泰国位居世界第12大钢铁进口国，进口总量达1183万吨，其他主要进口国分别是韩国2856万吨，德国2748万吨，美国2463万吨，意大利2233万吨，中国1562万吨。受金融危机影响，2009年泰国钢材进出口量比2008年相比有所下降。2009年进口钢材约530万吨，其中长材进口112万吨，板材进口403万吨。进口来源地主要有日本、韩国、中国及俄罗斯。2009年泰国出口钢材约150万吨，其中长材出口59万吨，板材出口77万吨。

二、泰国钢铁业特点

（一）国内需求强劲

泰国钢铁需求以每年9%的速度快速增长，从2000年的676万吨增至2008年的1358万吨，成为东南亚钢铁消费量最大的国家。2009年因全球经济危机影响，钢材需求量略有下降，但自2010年起又逐步恢复。泰国钢铁60%用于建筑业，12%用于汽车生产，11%用于机械制造。随着建筑及房地产业继续复苏、汽车及零配件需求回升以及“泰国坚强”计划（第二期经济刺激计划）下基础设施投资启动，今后泰国对钢铁需求仍会呈强劲之势。

（二）严重依赖进口

2009年泰国钢材表观消费量1080万吨，其中自产700万吨，进口530万吨，出口150万吨。泰国所需钢材依赖进口是因为泰国既缺乏炼钢原料，又不允许建造大型高炉炼钢厂，现有的20多家炼钢厂都是用废钢做原料的电炉炼钢厂，其产能增长无法满足需求增长。

（三）泰国政府支持发展钢铁加工业

鉴于钢铁对国民经济发展的重要性、国内钢铁产量供不应求的事实及出于环境保护的考虑，泰国政府鼓励发展中下游钢铁产业。除出台各类优惠政策外，还在工厂选址、深海港口及供水等基础设施服务方面提供便利。由于需求量和进口量不断上升，泰国对发展上游钢铁业政策有所松动，有关部门在5年内建成一个生态工业城以投资建设高炉炼钢的计划，目前正提交泰国内阁审批。

（四）对进口钢铁实施反倾销措施，加剧了国内供需矛盾

泰国伟成发钢铁（SSI）等企业向泰国商业部提出申请，要求对进口钢铁征收反倾销税，产品包括冷轧钢、热轧钢、钢线材等。而家电业、汽车制造业等下游行业需要使用大量热轧钢板作为原料，因进口关税上升，导致生产成本增加，有的企业难以维持生产，强烈呼吁取消征收对钢材的反倾销税。

三、泰国钢铁业发展趋势

2011年泰国经济全面复苏，在泰国政府刺激经济计划的拉动下，能源、交通等基础设施项目建设进一步实施，泰国还计划在未来2年内将汽车年产量提升至200万辆，这将进一步拉动钢铁需求。根据泰华农民银行预测，2011年泰国建筑业将增长7.2%，汽车产量增长92.6%，工业机械出口增长52.9%，电器出口增长40.1%，罐装食品出口增长8.9%。2011年泰国钢材需求将有26%～31%的增长。面对钢材需求高速增长的趋势和本国炼钢产能短期难有突破性增产的现实，泰国不断加大钢材进口应是必然的选择。

（来源：中华人民共和国驻泰王国大使馆经济商务参赞处．http://th.mofcom.gov.cn/aarticle/ztdy/201104/20110407509809.html? 1744691387＝850387913.2011—04—21）

泰国农业种子行业外资准入调研

一、外商投资农业种子行业

泰国农业种子行业可分为三个方面：一是植物品种的繁殖和种子筛选，包括实验性的种子培育或小面积种植，是泰国政府特别重视的鼓励项目，在泰国全境投资均享受免缴设备进口税和企业法人所得税8年的优惠。目前，这方面外商投资主要来自于日本。二是农业种子种植（大面积粮食种植），

是泰国1999年颁布的《外籍人经商法（Alien Business Act）》中禁止外国人从事的行业之一。三是农业种子销售，除一般外商投资法律规定外，对外资无特别限制。

二、外商投资粮食流通企业

泰国允许外商投资设立粮食流通企业，对于外商投资农产品贸易中心，仍是泰国政府特别重视的项目，在泰国全境均可享受免缴设备进口税和企业法人所得税8年的优惠（但要求面积不少于16万平方米；地点要经过泰国政府批准同意；用于农产品贸易和服务的面积不少于总面积的60%；设立展览、销购场地、拍卖中心、冷藏库、仓库；提供质量检验和有害残留物质检验的服务。

三、外商投资粮食种植、加工企业

外商投资种稻、旱地种植、果园种植等行业是泰国1999年颁布的《外籍人经商法（Alien Business Act）》中禁止的行业；外商投资水栽法（Hydroponics）种植植物是政府特别重视的项目，在泰国全境均可享受免缴设备进口税和企业法人所得税8年的优惠；外商投资其他类型的粮食种植企业除一般外商投资法律规定外，对外资无特别限制。

外商投资碾米业、米粉和其他植物粉加工等泰国对外国人未具竞争力的投资行业，须经过泰国商业部商业注册厅和外商经营企业委员会批准同意；外商投资其他粮食加工，包括食用油加工行业除一般外商投资法律规定外，对外资无特别限制。

因泰国是较完备的市场经济国家，其粮食加工行业竞争较充分，政府对企业合法经营和正当竞争没有限制。不论外国企业还是本国企业，只要在泰国境内收购、加工、生产和销售粮食相关产品（包括食用油），即使某个企业占有100%的市场，政府也不予以干涉。

另外，经向泰国投资促进委员会了解，外商投资农业、粮食种植及加工的企业数量及其销售规模并无统计，故无法提供有关数据。

四、泰国棉花种子、棉花收购加工有关情况

纺织业是泰国最大的生产行业，产值占GDP近20%。棉花年用量约45万吨，除自产1万吨（主要产于泰国北部地区）外，几乎全部依赖进口。截至2011年4月，本年度泰国棉花累计进口量已达29.8万吨，2011年度该国棉花进口量有望达到39.1万吨。虽然受到金融危机影响，泰国进口棉花量有所减少，但因泰国纺织工业合同执行信用度很高，故各国棉商都非常重视泰国市场，这也造成了泰国本地棉花种子及收购加工规模较小的现状。对棉花而言，泰国是个完全开放的自由市场，没有配额，没有补贴，也没有进口税。

（来源：中华人民共和国驻泰王国大使馆经济商务参赞处．http://th.mofcom.gov.cn/aarticle/ztdy/201007/20100707038340.html?2600329403=850387913.2010—07—22）

泰国新政促进中泰珠宝产业深度合作

一、中泰珠宝业合作优势互补

素有“彩宝王国”之称的泰国，在世界珠宝产业版图中占有重要的地位。泰国是世界上红蓝宝石的主产地，红蓝宝石矿产储量位居世界第一。目前，全球有超过80%的红蓝宝石都在泰国设计加工并由此销往全球各地。

与此同时，泰国在有色宝石切割、打磨手工艺技术等方面亦是独步全球，并且还拥有诸如可提高有色宝石品质的热处理加工工艺这类具有国际竞争力的核心加工技术。

而中国，作为目前全球最大的珠宝首饰消费市场，珠宝销售每年以10%～15%速度递增，市场前景极为广阔。极具互补性的优势，令中泰双方在珠宝业的携手合作成为必然。

就目前而言，泰国有7成珠宝产业在中国深圳，而深圳的7成产业又在水贝珠宝园。2300多家各类珠宝企业，近800亿元人民币的年产值，让深圳成为名副其实的黄金珠宝首饰生产加工基地、贸易采购中心。

事实上，中、泰两地珠宝展会和珠宝企业的合作交流早已开始，而深圳水贝珠宝与泰国珠宝业的初次牵手则可追溯到2009年9月初的第44届泰国珠宝展。在此次展会上，深圳雅诺信集团率领深圳众知名品牌企业，组成“水贝珠宝团”参展。展会第一天，“水贝珠宝”参展团就达成现场交易近100万美元，达成合作协议近1000万美元。

尝到甜头的结果是双方合作力度的明显加大。2010年第六届中国（深圳）国际文化产业博览会期间，水贝珠宝又与泰国珠宝鉴定公司签下了总额高达4500万美元双向采购项目。其中，水贝珠宝将向泰国珠宝企业采购2000万美元的有色宝石等原料和半成品，而泰国珠宝鉴定有限公司则牵头15家泰国珠宝知名企业采购水贝珠宝优势珠宝镶嵌、银饰品等成品，采购金额同样为2500万美元。

二、泰国珠宝经贸新政策背景

在2010年曼谷珠宝首饰深圳巡回推介说明会上，泰国商务部、泰国会议展览局、泰国珠宝商贸会的领导纷纷出席，并表示对中国市场前景看好。

据统计，目前泰国在中国的珠宝市场总值约40亿美元，占该国珠宝进口总值70亿美元的70%。中国市场对泰国珠宝产业具有全球性的意义。能否与中国珠宝市场深度交融，将直接关系着泰国打造“世界宝石珠宝中心”目标的实现。

泰国珠宝行业协会会长黄焕友希望“水贝珠宝”可以成为泰国珠宝企业切入中国的一个起点，拓展泰国珠宝在中国的市场。黄焕友称，泰国将进一步加强与深圳，尤其是深圳雅诺信集团旗下的“水贝珠宝”合作，抢滩布局新兴的中国珠宝市场，为泰国珠宝产业在全球的深入拓展推波助澜。

在此大背景下，泰国珠宝经贸新政策的出台，在为中国珠宝商提供优惠与便利的同时，也为双方的深度合作开辟了更大空间。

目前，中国购买商告知税的免征额已在泰国正式推出。依照2009年颁布的泰国政府政策，珠宝企业所有进口原石和原材料的增值税豁免。商会和泰国收入部门宣布，新规则目前正式有效。在新的税制改革情况下，进口原石和原材料到泰国将豁免7%的增值税，而制造商在销售时将只需支付1%的税。

三、中泰珠宝产业前景

2010年9月7日至11日，第46届泰国国际珠宝首饰展在泰国曼谷举行，约有3万人次的专业买家前来参观。深圳同年9月15日开幕的“中国珠宝第一展”与之在时间上相互衔接，便于国际买家穿梭两地。第46届泰国国际珠宝首饰展作为泰国珠宝行业迈向世界台阶的重要一步，为中国和世界各地的参展商与买家提供最大优惠。

中国企业与泰国珠宝产业加强合作，将有助于培育彩宝这个新兴产业和优势产业，推动中国有色宝石消费市场向多元化发展，促进中国彩宝产业的规模化和彩宝产业链的商业成熟度，扩大中国彩宝产业的规模。这将加速中国珠宝产业及“水贝珠宝”结构调整的步伐，打造拉动中国珠宝产业发展的新引擎，使中国珠宝产业形成多元支撑的新格局。

同时，泰国先进的生产工艺及全新的设计理念，将使中国珠宝产业及“水贝珠宝”在降低生产成本的同时，提高产品质量和创意设计水平，提升发展质量和效益。这些对于中国珠宝产业转变发展方式具有重要的意义。

中国珠宝产业、“水贝珠宝”与泰国珠宝产业的合作，将成为中国珠宝产业调整结构、促进发展方式转变的重要突破口。深圳企业同时参加两个亚洲大展，有助于中国珠宝产业加快产业升级、提高产业层次、增强全面竞争力。

（来源：黄金网．http：//gold. cnfol. com/100726/171. 2017. 8089128. 00. shtml. 2010—07—26）

泰国橡胶产业及贸易发展状况

目前，泰国是世界上最大的天然橡胶生产国和出口国，橡胶年产量约300万吨，占全球橡胶总产量的三分之一，所产橡胶绝大部分供出口，年出口量占全球橡胶出口总量的40%～45%。据统计，泰国天然橡胶的95%来自小规模种植户，约有600万人口的生计与橡胶种植息息相关。由于在促进经济和保护环境方面的突出作用，橡胶产业在泰国被冠以“黄金农业”的美誉。

2010年，泰国天然橡胶出口总量287万吨，出口额约83亿美元，其中对中国出口113万吨，出口额24.4亿美元。另外，泰国橡胶制品及橡胶木对华出口增长迅速，2010年出口额达20亿美元。2009年以来，世界经济的好转，尤其是中国市场对天然橡胶原料的旺盛需求，带动了泰国橡胶产业的发展。

一、产业情况

（一）种植面积及产量

目前，泰国橡胶种植总面积287万公顷，可收割胶园面积193万公顷。传统的橡胶种植区主要在南部地区，近年来逐渐往中部、北部和东北部扩大种植。

2010年泰国各地橡胶种植情况

单位：万公顷

地区	种植面积	所占比重（%）	可收割面积	所占比重（%）
南部	189.0	66.0	154.0	79.8
中部	34.6	12.0	21.9	11.3
东北部	0.5	17.6	15.4	8.0
北部	12.5	4.4	1.6	0.9
合计	287.0	100.0	318.0	100.0

资料来源：泰国橡胶协会（下同）。

2010年，泰国橡胶产量达到创纪录的325万吨，每公顷平均原胶毛产量达1594公斤。全年出口287万吨，出口金额2493亿泰铢（约合80亿美元）。泰国天然橡胶产品主要包括四大类，即烟片胶（分为RSS1，2，3，4，5五个级别）、泰国标准胶（STR，分八个级别）、乳胶（Conc. Latex）和复合胶等。2010年产量占比分别为：烟胶片25%、标准胶38%、乳胶17%、复合胶16%、其他4%。统计如下：

2005～2010年泰国橡胶产量统计

单位：万吨

年度	烟胶片	标准胶	乳胶	复合胶	其他	合计
2005	102.8	123.3	60.2	3.6	6.9	293.7
2006	103.5	119.2	72.1	13.8	7.9	313.7
2007	95.7	121.8	66.3	15.1	6.5	305.6
2008	97.3	128.2	58.7	15.4	9.3	308.9
2009	83.7	105.8	70.3	48.7	7.7	316.4
2010	81.3	123.5	55.2	52.0	13.0	325.2

注：2010年为预估数据。

（二）泰南地区橡胶产业情况

2010年泰南地区橡胶种植面积189万公顷，可收割面积154万公顷，分别占全国总种植面积和可收割面积的66%和80%。橡胶产量243万吨，占全国总产量的80%。产量最大的4个府依次为泰南的素叻、洛坤、宋卡、董里。

（三）泰国橡胶组织

泰国橡胶协会于1957年在曼谷成立，1992年迁址泰南宋卡府合艾市，目前共有会员48家，这48家生产商与出口商所经营的橡胶产量和出口量约占全国的85%。协会执委会由会员推选的11个会员担任，任期2年，现任主席Luckchai Kittipol（林立盛）。协会宗旨为促进国内及国际橡胶工业界，尤其是与橡胶客户之间的交流，推动世界橡胶工业的合作。该协会是国际橡胶研究机构和国际橡胶协会的重要成员，与中国橡胶协会也保持紧密的联系。

二、橡胶市场

（一）国内市场

泰国天然橡胶大多用于出口，国内使用量仅占总产量的10%左右。20世纪90年代以来，泰国政府积极推动橡胶制品产业，与外国公司设立的合资企业数量逐渐增加。目前主要国产橡胶制品包括轮胎（约占41%～52%）、手套（13%～17%）、胶带（10%～13%）及弹性材料（8%～12%）等。目前，泰国已成为东南亚最大轮胎生产国和世界最大乳胶手套生产和出口国。

（二）出口市场

1. 出口规模。目前，泰国生产的天然橡胶90%用于出口，主要出口品种为烟胶片，标准胶和乳胶。有关出口情况如下：

泰国橡胶主要品种出口情况

单位：万吨

年度	烟胶片	标准胶	乳胶	复合胶	其他	合计
2005	92.1	110.9	48.8	3.6	7.6	263.2
2006	93.8	106.9	55.5	12.9	7.7	277.1
2007	86.1	110.3	51.0	10.5	7.7	270.3
2008	79.6	113.2	50.9	16.5	7.2	267.5
2009	69.4	95.0	59.5	41.7	6.8	272.6
2010	71.9	110.6	55.6	42.7	5.6	286.6

注：2010年为预估数据。

2. 主要出口市场。目前，泰国橡胶已出口到世界70多个国家和地区，中国是泰国橡胶最大的进口国。2010年泰国橡胶出口总量为287万吨，出口总额2493亿泰铢（约83亿美元）。主要出口市场依次为：中国（112.8万吨）、马来西亚（44.3万吨）、日本（34.6万吨）、美国（17.7万吨）、韩国（17.1万吨）、其他（59.9万吨）等。

泰国橡胶主要出口市场统计

单位：万吨

国别地区	2005	2006	2007	2008	2009	2010
中国	57.3	74.7	82.7	82.4	116.0	112.8
日本	54.0	49.7	40.5	39.4	25.6	34.6
马来西亚	40.3	44.2	41.3	39.8	48.0	44.3
美国	23.7	21.0	21.3	21.9	15.6	17.7
韩国	18.5	17.3	15.1	15.4	13.3	17.1
欧盟	28.1	26.1	26.2	24.9	24.5	0
其他	41.0	44.2	43.0	43.3	29.3	59.9
合计	263.2	277.1	270.3	267.5	272.6	286.6

注：2010年为预估数据。

（三）交易平台

泰国目前有多个橡胶交易市场，泰南各府均有自己的橡胶交售网点，其中年购销量超过1万吨的交易市场有3个，分别在宋卡、素叻和洛坤。泰国最大的橡胶交易中心为宋卡中央橡胶市场，位于宋卡府合艾市，占地面积近10万平方米，每天参与橡胶交易的胶农达100～200户（淡季除外），最多时可达300多户。另有来自各大进口国的商务代表或代理人参与交易，日交易量约200～300吨。

三、泰国橡胶产业发展规划

泰国政府公布的五年发展规划（2009～2013年）提出以下发展战略：提高橡胶产量和质量；完善国内、国际市场体系；发展橡胶加工工业、橡胶制品及橡胶木产业；提高政府管理职能；促进国际合作，支持东盟经济共同体计划；推进相关科研工作；提高胶农生活水平；加强人力资源培训。

泰国政府还提出，在今后3年内（2011～2013年）扩大橡胶种植面积12.8万公顷，其中东北部8万公顷，北部2.4万公顷，中部和南部共计2.4万公顷。

四、中泰橡胶合作

（一）贸易

目前，泰国是中国进口天然橡胶的主要来源地，2010年向中国出口天然橡胶112.8万吨。其中烟胶片15.8万吨（14%）、标准胶48万吨（42.5%）、乳胶11.4万吨（10%）、复合胶36.3万吨（32.2%）、其他1.2万吨（1.1%）。出口额24.4亿美元，相比2009年增长57%，占泰国对华出口总额的11.3%。同期，对华出口橡胶制品14.1亿美元，橡胶木及制品6.4亿美元，增幅分别达80%和60%，占对华出口的6.5%和3%。

中国进口泰国橡胶数量统计

单位：万吨

年度	烟胶片	标准胶	乳胶	复合胶	其他	合计
2005	18.2	25.7	7.2	1.2	4.8	61.9
2006	22.7	27.9	11.4	8.6	3.8	74.7
2007	16.9	40.7	10.6	12.2	2.1	82.7
2008	17.5	39.6	11.4	12.7	1.1	82.4
2009	21.3	44.0	15.6	33.7	1.1	116.0
2010	15.8	47.9	11.4	36.3	1.2	112.8

注：2010年为预估数据。

（二）投资

目前，中国对泰国橡胶产业的投资主要集中在泰南地区。根据中国驻宋卡经商室统计，在泰南地区，投资橡胶加工的中国企业共5家，总投资额3740万美元，最大投资方为广东广垦橡胶集团有限公司。

五、世界天然橡胶生产及消费现状

（一）各国产量

2010年世界天然橡胶总产量1029万吨，其中泰国是世界最大生产国，产量达325万吨，其他依次为印尼、马来西亚、印度和越南，中国产量为65万吨，居第六位。具体情况见下表：

世界主要橡胶生产国产量统计

单位：万吨

	泰国	印尼	马来西亚	印度	越南	中国	斯里兰卡	巴西
产量	325	282	93	85	75	65	15	13
占比	33%	28%	9%	8%	7%	6%	1%	1%

泰国橡胶协会预测，2011年全球天然橡胶总产量将达1097万吨，其中泰国产量347万吨，印尼、马来西亚、印度、越南产量分别为294万吨、110万吨、89万吨和78万吨。

（二）消费

2010年，全球天然橡胶消费量1067万吨，其中中国为世界最大天然橡胶消费国，用量363万吨，占全球总量的34%，其他依次为印度（94万吨）、美国（90万吨）、日本（74万吨）、泰国（46万吨）、马来西亚（46万吨）等。泰国橡胶协会预测，2011年全球天然橡胶消费量将达1120万吨，其中中国需求390万吨（增长8%），印度、日本的需求量分别为100万吨和80万吨。

（来源：中华人民共和国驻宋卡总领事馆经济商务室．http://songkhla.mofcom.gov.cn/aarticle/ztdy/201106/20110607596786.html.2941711547=850387913.2011—06—13）

泰国医械产业依赖进口

泰国在东南亚地区属于相对富裕的国家。在其“旅游医疗”新产业和发展规模庞大的按摩业的推动下，从高级诊断成像仪到按摩器械类产品均为泰国进口的大宗产品。泰国目前已成为东南亚地区最大的医疗器械市场。作为东南亚地区最有活力的医疗器械新市场，对中国医疗器械生产商而言，泰国市场值得加大开拓力度。

一、泰国医疗器械市场现状

泰国本土企业生产的医疗器械产品主要是安全套、一次性医用手套、注射器、外科缝合线、内窥镜、透析器、橡皮膏、绷带、药棉等卫生材料。上述产品除供本国医院使用外，部分产品还供出口，出口量占其总产量的90%，这些产品大多输往东南亚邻国。

从出口医疗器械产品的结构上看，泰国本土医疗器械产业发展程度与中日韩等东亚国家比相对落后。因此，泰国的医疗器械需要长期大量的进口。美国、日本、中国和德国为泰国医疗器械产品四大进口国。其中美国约占泰国进口医疗器械产品市场的29%，日本占17%，中国占15%，德国占14%，世界其他国家和地区对泰国出口医疗器械合计占其市场的25%。

2010年，泰国医疗器械市场约占东南亚医疗器械市场总额的23%。进口医疗器械产品主要是手术器械类、牙科材料和牙科手术器械、诊断成像仪、光谱分析仪、植入式器械、人造血管和心脏瓣膜等、人造骨关节等等。从上述进口的医疗器械产品可看出，泰国医院的技术水平和装备已与西方发达国家相差无几。

由于1997年亚洲爆发金融危机以来泰铢对美元贬值太快，跨国医疗器械生产商多数选择让泰国当地有信誉的经销商代销其产品的经营方式。在泰国医疗器械联合会的约490家公司成员中，80家为医疗器械生产商，其余均为销售商。据统计，曼谷大约有30～40家规模较大的外国医疗器械经销商。

二、泰国医疗器械市场展望

美国商务部公布的一份调查报告中称，自2006年以来，泰国医疗器械市场的年增长率高达24%，为东南亚地区国家之最。基本上泰国的医疗器械市场严重依赖进口产品，本国产品不足其市场的10%。泰国的进口医疗器械产品订单60%来自公立医院，40%来自私立医院和疗养院。

泰国需求数量极大的进口医疗器械产品依次为：普外科手术器械产品、诊断成像仪，进口额约3.29亿美元；各种X光仪（以西门子产高清晰X光仪产品为主），进口额约1.42亿美元；整形外科器械、植入式器械和心脏瓣膜等产品，进口额约1.39亿美元；牙科器械和义齿材料等，进口额约6880万美元；各种康复器械产品，进口额约5720万美元。进口总额约为7.26亿美元。相比之下，泰国本土生产的医疗器械产品总值仅为7000万～8000万美元。

从美国商务部公布的文件可看出，泰国进口医疗器械产品中，除了高清晰X光仪、血管支架、心脏瓣膜等个别品种中国暂时缺乏竞争力之外，其中约9成均是中国均有实力参与的产品，尤其是康复器械类和按摩器械类产品，为中国大宗出口医疗器械产品。

泰国政府此前还宣布，其国民医疗事业将在2011年投入1.45万亿泰铢。其人均卫生事业费用水平在东南亚地区仅次于马来西亚和新加坡。预计在今后几年，泰国将进一步增加外国产医疗器械产品的进口数量。中国医疗器械企业应抓住这一契机。

（来源：医疗电子网．http://www.cetimes.com/viewnews－129080.html.2011—06—07）

越　南

越南家电市场走强

一、越南家电市场现状

德系调查公司GFK亚洲发布的家电电子产品销售动态报告显示，2010年度第二季度，越南家电市场的销售额同比大幅增长30.1%，增加至225510亿越南盾（约合115980万美元，79亿人民币）。2010年上半年全品类均保持2位数以上高水平增长，总销售额则同比大幅增长34.5%，增加到45兆540亿越南盾。

（一）大小白电销售狂“热”

报告称，2010年4～6月份，受天气炎热影响，含空调、风扇等在内的小白电，同比增幅创下61.0%历史最高纪录，达32020亿越南盾。2010年上半年则同比增长56.0%，增收至47620亿越南盾。

冰箱、洗衣机等大白电，2010年第二季度同比增幅则达到20.6%，增收至3.2万亿越南盾。其中，受天气炎热拉动，冰箱当季度销售额同比增幅更是高达26%。2010年1～6月份，越南大白电市场销售额同比增幅则高达29.8%，增收至68270亿越南盾。

（二）消费电子需求暴涨

报告称，受越南经济持续增长（领冠东盟诸国），中产人口上升，高附加值产品选择性需求暴涨拉动，电视等AV影音产品，2010年4～6月期间更是创下46.7%高两位数增长纪录，增收至42280亿越南盾；其中LCD液晶电视销售额同比增幅更是高达惊人的80%，显像管电视则出现了2位数的负增长。2010年1～6月份，AV影音产品销售额同比增幅达51.0%，增收至89480亿越南盾。

报告显示，占总销售额约3成的手机等通讯类电子产品，2010年4～6月期同比增长38.5%，达到60970亿越南盾。2010年1～6月份则创下44.7%同比增长纪录，增收至125640亿越南盾。4～6月期个人电脑等IT产品萧瑟，同比增长7.0%，达48590亿越南盾。其中，笔记本电脑同比增幅达36%。1～6月份，越南IT产品销售额则同比增长10.0%，达98130亿越南盾。

数码类产品中，2010年第二季度照相机销售额同比增长22.5%，增收至4600亿越南盾，2010年1～6月份同比增幅则达39.1%，增收至10510亿越南盾。

含打印机等在内的外设类办公产品，4～6月份增长率仅为3.8%，创全品类最低，销售额较相机类略高，达到5040亿越南盾。不过，1～6月份外设类办公同比增幅高达21.3%，达到10880亿越南盾，进入万亿级大品类序列。

（三）电视市场LCD TV、PLASMA TV市场占有率达85%

越南电视机市场包括LCD、Plasma、LED以及3D四大技术产品，市况如下：

1. LCD电视

LCD电视因价格最大众化而最受欢迎，市占率55%，主要厂牌排名分别为Sony、Toshiba、LG、Panasonic、Sharp等。每台售价700万越南盾以下Panasonic的TH－L32X20V或Sharp的LC－32LM400M等普通产品销售情况最佳；每台800万～1300万越南盾者（注：2011年5月26日，1美元兑20670越南盾）则具备数字影像接收器、DTS音响以及full HD分辨率等技术。

当地数字产品市场上，HD设备价格不高，加上数字碟机价格递减，越南民众只要花250万～500万越南盾便可拥有1套HD高画质数字译码器，配上1台LCD电视便可在家坐拥1套成本不到1000万盾的新式影视设备，让在电视上观赏优质电影或音乐发展成时尚趋势。为迎合数字电视传播市场需求，各家电视台亦纷供应数字HD频道包裹服务。

2011年前3个月LCD电视因民众受到该产品售价大幅滑落的刺激开始换掉家里的老旧CRT电视而销售持续热络，以每台600万～1500万越南盾的32～41英寸产品最畅销。

2. Plasma电视

Plasma电视市占率30%，厂牌以Samsung、LG及Panasonic挂帅。2011年初开始市场销售转热络，凭借售价便宜、造型美观、荧幕宽大等条件重获当地消费者青睐，花不到1000万盾便购得一台Plasma 42 inch（HD Ready 720p分辨率）。

3. LED电视

2009年，越南LED电视机种寥寥无几，大部分为Samsung的产品。2010年Sony、Toshiba以及Sharp等厂牌开始出现，售价亦大幅下降，其中32英寸降至800万越南盾（仅较同呎吋LCD电视贵200万越南盾），目前市占率约12%。至于具备Wi－Fi internet网络联机功能的LED电视则较少受关注。

4. 3D电视

3D电视机于2009年底开始在越南市场出现，包括Sony、Samsung、LG、Panasonic等厂牌，每台40英寸Samsung 3D售价3700万越南盾，Sony产品售价4000万越南盾。

当地3C电子产品卖场Pico表示，2010年3D电视进入市场初期，部分消费者购置主要看3D影片光盘或想抢先拥有最先进电子科技，但市面上3D影片光盘不多，除VTC于2010年年底试做几个3D节目外，3D电视节目稀缺，因此3G电视发展有待时日。

不过LG Electronics Viet Nam颇看好越南3G电视市场，认为市场成长率较其他东盟国家高，例如在马来西亚和新加坡此方面年成长50%～60%，越南则成长100%。而随着市场扩大，厂商推出平价3G电视，如LG和Samsung的42英寸每台售价约2000万盾～2200万盾，Samsung甚至推出售价不到1200万越南盾的43英寸3D电视起到推波助澜作用，尤将更刺激越南民众购买意愿。

二、越南家电市场前瞻

越南家电市场走强，同时也带动了松下、三星、夏普等日韩系家电制造巨头新一轮的产能转移浪潮。甚至不排除未来东盟诸国产家电大量出口中国大陆市场，与中国工厂争抢东南亚、欧美市场的可能。

另一方面，有观点认为，在外资家电巨头方面，中国已经走出劳动力低成本国家序列，进入税负、劳动力、供应链竞争高成本阶段。这也是目前中国大陆省市所推行的承接产业带转移战略过程中，内资家电巨头唱主角，而不是外资的根本性原因。

中国（深圳）消费电子展组委会主席陈雯海表示，中国家电工业已经超越“产能至上主义”主导的初始阶段，进入技术推动产业升级，追求平等参与全球市场竞争的可持续发展阶段。因此，外资家电巨头产能转移的可能性，以及内资家电制造海外布局的可行性问题，都应该纳入中国企业关注的范畴。越南等新兴国市场同样是中国家电工业第二次腾飞的机会。

（来源：综合整理自中研网）

越南汽车工业发展特点分析

尽管国产化率不高，但经过10年发展，汽车业对越南工业发展发挥了重要作用。这是越南工贸部工业政策与战略研究院对汽车业的总体评价。

2000～2005年是越南汽车行业企业数量大增的阶段，2000年，越南仅有177家汽车企业，至2005年已发展至377家，但随后的5年里也仅新增19家。根据统计数据，截至2010年，越南全国有397家汽车企业，包括50家组装企业（12.8%），40家底盘、车身、车厢生产企业（10%），210家零配件生产企业（52.7%），97家修理企业（24.4%）。基本情况如下：

一、越南汽车企业数量增长缓慢

近年，越南汽车生产行业的产品主要是进行小轿车、客车、卡车和专用车组装，生产底盘、车身、车厢和零配件等。由于要适应市场需求，故企业数量也相应增减。2000年，越南全国有84家汽车组装企业，至2005年仅剩下35家，但2009年又增至51家。汽车修理企业也只有在2000～2005时期呈现过快速增长。相反，汽车零配件生产企业在过去10年增长迅猛，由2000年占总数的35%上升至2009年的53%。

载重车产量列第一位，年产21.5万辆，占总量的51%；其次是9座及以下车，年产15.7万辆，约占37.5%，客车约占10.5%，专用车仅占0.4%。目前全行业总设计生产能力为41.8万辆。其中，外资企业年产17.5万辆，占年产量的43%。越南汽车生产企业62.22%为非国有企业，外资企业占33.75%。

总体看来，2001年至2010年底，汽车组装环节年均增长22.29%，但2006～2010年，年均仅增长11.36%。与2005年相比，2010年组装汽车产量增加的有：5～10吨卡车、10吨以上卡车、5吨以下卡车，5～14座汽车。一些因市场需求饱和有减少趋势的车包括：15～30座车、30座以上客车，4座小轿车。5～14座车在以往组装车中所占比例最高，2010年达53.16%。

最近几年，底盘、车厢和零配件生产企业的工业生产值只有小幅增长，汽车修理企业的产值大幅下降，惟有汽车组装企业在2005～2009时期的工业产值比前5年有大幅增长，并一直占据全行业工业产值的较高比重。

据越南统计总局公布的数据，2009年汽车行业总投资达44.586万亿盾，比2000年增加7.5倍，比2005年增加2.2倍。外资企业所占比例最大，为62%，但也比2000年（80.6%）明显下降。国有企业下降至仅占9.85%（2009年）。非国有企业则由2000年的6.86%上升至2009年的27.9%。

二、越南汽车生产工业国产化率不高

越南丰田、长海、Vinaxuki等公司已经投资生产车壳和车身以替代进口，但近几年汽车零配件生产增长缓慢，年均增幅为14.5%。2009年零部件总数仅是2005年的1.7倍。2006～2009年，配件生产（按吨计）出现7.77%的负增长，但2009年又比2008年增加了1.4倍。因此，要想发展越南汽车生产工业，就必须发展零配件辅助工业以替代进口。

过去，越南汽车生产行业的辅助工业起步晚，发展慢。截至目前，全国约有210家参与汽车零配件生产的企业，上百家从事汽车修理服务和结合生产少量零配件的企业，约50家设计能力为1万辆至几万辆的汽车组装生产企业生产汽车零配件。

由于缺乏专业及深度的投资，因此零配件质量不稳定，竞争力不高，很难交付汽车组装企业作为替代进口使用。每年越南进口的汽车零配件近20亿美元。联营企业和外商独资企业一般都有来自日本、中国大陆、中国台湾、韩国等地外资公司的长期供货商，这些公司产能不大，大多是中小企业，生产的产品种类多且质量好，能满足外资和出口企业汽车组装和生产的标准和需要。但由于受到母公司发展战略的限制，因此，外资企业的零配件生产也无法满足需要。

越南企业可以生产包括用于底盘、车身构件，驾驶室外壳及车门、轮胎、散热箱、刹车线、汽车导电系统、传动轴、轮毂、排气管、水箱内胆、变速箱等零配件。统计数据表明，零配件库存仅有约2%～5%，这也证明越南产品质量稳定性较高。但外国公司向越南转让汽车生产技术的比例尚低。

（来源：中华人民共和国驻胡志明市总领事馆经济商务室．http://ccn.mofcom.gov.cn/spbg/show.php.id=11874&ids=2.2011—05—26）

越南印刷包装广告市场发展势头良好

一、越南广告行业现状

伴随着经济的不断增长，越南广告业发展迅猛。2010年越南广告市场增幅仍可达17.8%，营业额逾10.5亿美元。越南目前有广告企业近7000家，经济的迅速发展带动企业对广告需求的日益增长。到2010年，越南各领域企业超过120万家，广告业务队伍发展到100万人。但越南广告业也存在许多问题，本土发展力量较薄弱，其国内仅有的100多家外国广告公司占据了越南广告市场份额的80%。越南本土企业在广告设计理念、广告制作、广告设备和投资资金方面均处在比较落后的水平，从而导致市场竞争力较差。越南文化信息部和广告协会正在制定“2010年及至2020年越南广告发展战略”，以推动越南广告行业的健康快速发展和竞争能力。当今越南广告业的需求潜力和对国外产品及技术工艺的依赖，将为中国广告业界供应商开拓越南市场提供极好的机会。

二、越南印刷行业现状

近年来，越南印刷业的印前、印刷和印后技术均得到较快发展。首先，越南的印刷技术在全国范围内从落后的凸印技术转向了胶印技术，各印刷企业已添置了现代化的生产线，其中包括多色胶印机和最新式的卷筒纸胶印机、相当先进的制版系统和联动胶订书刊生产线。至2010年越南印刷业企业有2000多家，有一定规模的企业约为500家。其中印刷机械制造商仅有2家，目前均已改为印机修理厂。整个越南印刷机械需求大部分依赖进口。其印刷市场比例为书刊印刷占全部印刷业的20%（其中教科书占80%、杂志报纸占20%），包装印刷占50%，还有其他各种印刷品占30%。2005年之前越南大部分进口德、日、韩以及中国台湾的二手设备，至今机型老化、设备陈旧、印刷质量差、并且成本高。目前越南政府已有规定不再允许企业进口二手机。正是中国印刷设备生产企业进入越南市场的大好契机。10多年来，尽管越南印刷业在技术应用方面已有了长足的进步，但在印前、印后工序还是比较落后，没有同步发展。中国企业今后更应注重向越南推销印前、印后设备及印刷耗材。

三、越南包装行业现状

越南在未借鉴中国改革开放的经验之前，其包装工业处于十分落后的状态。该国革新开放十多年来，包装业的进展曾一度相对迟缓，就连许多出口商品的包装都比较简单和平淡。但近几年来越南包装工业有了很大的进步，正向着现代化方向迅猛飞跃。

越南的包装企业可以生产KRAFT卷筒纸，三层至五层的纸板桶，各种尼龙包装材料（PE、PP、HDPE，农用PE薄膜，塑料箍桶绳），各种复合塑料包装材料，各种规格的果菜罐头盒、果汁罐头盒、水产品罐头盒、奶粉罐头盒、咖啡和其他各种食品的罐头盒等等。

越南的包装企业已经能为国内的各种包装业务服务，如粮食、食品、美容化妆品、农业化工原料、海产品、纺织品、药品、饮料、洗衣粉、洗浴液等等。不但越南本国的企业，许多在越南的外资企业也都使用他们的包装材料。也恰恰印证越南包装机械稳固发展。

越南印刷工业的设备和原材料基本上都依赖进口，目前，西方和日本的进口商品充斥越南市场。但中国产品有距离近（导致运费低，交货快）、价格便宜、技术适用（尤其对于越南的非重点印刷企业）、培训、易修理等特点。只要发挥中国企业的优势，在越南包装市场占据较大的份额就完全有可能。

投资市场。越南国有或私营重点企业的包装设备相当先进。但一般的民用包装设备（尤其是各地方的包装品），包装技术还不是很好。由于种种原因，越南也不会立即将全国包装设备的质量都提高到高端的技术水平，越南只有从某些地方上加大改进，提高包装机械的质量。因此，中国企业的投资方向应是越南的非重点企业和各地方的中小企业、承担越南中小企业包装项目，或者出售设备和原材料，所以中国企业在投资重点领域上要把握好。在这方面中国企业的市场机会更多。要看到，越南经济正在高速发展，需要包装的产品同样也在高速增加；越南的出口在高速增长，需要高质量包装的出口商品也在快速增加。目前越南比较好的包装企业都在河内和胡志明市，因此，中国包装企业的开拓重点应是越南的中等城市（它们往往也是区域经济的中心），如岘港、顺化、海防、芽庄、宜安、芹宜、大叻等城市。

（来源：中国包装网．http：//news. pack. cn/hydt/sctz/20101216/102031. shtml. 2010－12－16）

越南 IT 产业迅速崛起

越南被视为目前电子信息行业最具发展潜力的十个国家之一，在国际 IT 劳动力舞台上扮演着越来越重要的角色。近十年来，越南政府将 IT 行业视作越南社会经济发展的关键，着力发展该领域。

一、越南 IT 产业现状

近年来，越南国内对电子信息设备需求大步增长，并有继续增加的趋势。其中，越南家庭电子信息设备的比率大大增加。2009 年底，2600 万网民共拥有 480 万台个人电脑，在线应用程序也快速发展（电子政务、电子商务、电子银行、电子教学等）。此外，根据市场研究机构 IDC 的报告，越南国内许多行业需要增加 IT 投入，其中包括 BOP 服务贸易、农村市场业务以及政府采购。因此，2011 年越南 IT 市场消费将延续 2010 年达 18.5％的增长速度，总值超过 3.47 亿美元，这将使越南成为亚太地区增长速度最快的市场。

2011 年 5 月 16 号，英特尔公司与越南岘港市政部门府签署谅解备忘录，英特尔公司将在协助岘港市的 IT 业发展方面提供额外的支持，目标是帮助该城市的数据中心实现绿色化的数据存储管理和交流。该合作将大大地促进岘港市 IT 产业的发展，而这项合作只是英特尔在越南多项投资中的一项，英特尔也只是在越南投资建厂的世界知名 IT 企业中的一个。近十年，众多世界知名 IT 厂商看好越南。与此同时，伴随着越南经济的发展，市场的开放，产业结构的改善，越南的 IT 产业呈现出迅猛的发展势头。

越南工业部在 2005 年将信息通信产业定位为 4 年工业主导产业之一，并制定了年 20％至 25％增长率的目标。同时，越南制定了人才发展目标：到 2015 年，合格的信息技术人才达到 33 万。2010 年越南的电子制造业出口已达 35 亿美元，2011 年前四个月电子制造业出口达 10.65 亿美元。

二、越南的 IT 产业发展原因分析

越南的 IT 产业迅速发展的原因主要有三个：

（一）国内经济规模扩大产生对产业壮大的需求

自 2006 年越南加入 WTO 以来，越南经济增幅进一步加大，2004 年至 2008 年 GDP 年均增长 8％，2009、2010 两年在越南抑制通胀期间，经济增长也分别达到 6.23％和 6.78％，迅速发展的经济需要 IT 产业的迅速发展与之配合。与此同时，越南的电子政务发展以及年轻人这一新消费群体的崛起，都极大地促进了越南 IT 产业的成长。

（二）政府鼓励，积极引进外资

越南政府为了鼓励信息产业的发展，在基础设施和软硬件方面投入了巨大的人力、物力。目前，越南有 25 个科技园与工业园区，如胡志明市高科技园区。IT 企业从第一年盈利起，连续 4 年免征企业所得税，9 年内减半征缴企业所得税。企业所得设备在国内无法获得的，可在国外进口免征关税。政府同时帮助改善工业园区附近的基础设施条件，还赞助企业上网费等等，在一系列的优惠政策。以及廉价的劳力的支持下，世界上大批优秀的 IT 巨头被越南吸引，纷纷在越南投资建厂。2007 年台湾鸿海投资 50 亿美元挺进越南，兴建印刷电路板、连接器、机壳、电脑组装零件及其零件生产工厂。同年台湾仁宝也在越南建厂。2011 年 3 月，台湾华胜计划在越南投资 2.5 亿美元建厂，爱默生投资 2000 万美元在海防市建厂生产手机部件，惠普投资 1000 万美元在越南建立发展研究中心。此外，中国的中兴、华为也纷纷在越南投资。

（三）注重人才教育，实现产业的持续发展

目前，越南的人口结构十分年轻。根据越南统计局数据，截至 2009 年 7 月，越南人口平均年龄为 29.5 岁，15 至 64 岁的劳动人口为 6035 万，占全国人口的 69.1％，这一数字在 10 年间上升了 3 个百分点．越南统计局分析，越南人口的这一黄金结构将持续 30 到 50 年，越南大量的廉价劳动力是其国内 IT 产业迅速发展的基础。

在拥有大量劳动力的同时，越南政府还十分重视人口素质的提高。为了适应 IT 产业的人才需要，维持越南 IT 产业的持续发展，越南一方面将国内教育资源偏向 IT 产业，2007 年越南教育部规定，IT 课程为各高校必修课程。2008 年与 IT 相关的高校数目为 271 所，与 IT 相关的大学入学人才为 50050 人。2011 年 4 月越南政府宣布，从 2011 年起

到2015年，将向520万农民工提供ICT培训。另一方面，越南政府与外国企业合作培养IT人才。2009年IBM在越南成立创新中心，在当地培养高端ICT人才。同时IBM还与越南多所顶尖大学、研究所合作，培养顶尖的高科技人才。目前，越南在软件数字方面的人才年均增长40%，在硬件方面的人才年均增加15%。

虽然目前越南的IT实力在世界范围内依旧处中等偏后，但是基于以上三个方面的原因，越南IT产业将会迅速发展，并将在越南的产业结构升级中发挥重要作用。

（来源：综合整理自中国经济网、和讯科技）

越南发展旅游业加强与中国合作

一、越南旅游业现状

越南统计总局公布的数据显示，2011年前5个月，越南入境国际游客近250万人次，同比增长18%。其中，前来旅游和度假的近150万人次，同比增加10.2%；探亲达44.24万人次，同比增加81.4%。因公务来越南的人数则减少了0.8%，仅41.9万。

中国入境旅客继续稳居各国和地区之首，达54.69万人次，同比增加50%；日本为20.42万人次，同比增加12.8%；韩国为22.24万人次，同比增加2.5%；美国为20.14万人次，同比增加4%；柬埔寨为16.87万人次，同比增加75.2%。从中国台湾、马来西亚、法国、澳大利亚等地来的游客均比2010年同期有所增加。

2011年，越南旅游部门提出的目标是：接待530万国际游客，服务3000万～3100万国内游客。实现旅游总收入110万亿越南盾，占国内GDP的4.5%。

越南政府计划对来自主要客源市场的游客减免签证，并且增开更多至别国的直飞航线，全力打造亚洲旅游大国的形象。

在不久的将来，越南旅游业将吸引到更多投资，用来改善国内旅游业的服务质量，开发更具竞争力的旅游产品，以及推广生态和历史文化旅游。另外，越南在海外市场的推广促销也会更加活跃。

截至目前，越南已经和亚洲及其他地区的24个国家签署了旅游协议。越南国家旅游局也已经和50个国家或地区的1000多家旅行社建立了联系。

越南旅游部门已有效参与到国际及地区性的旅游机构当中，这其中包括世界旅游组织和大湄公河次区域旅游发展组织。越南还和世界旅游组织合作主办了亚太旅游部长会议。

二、中越旅游合作进一步加强

当前中越友好往来频繁，中越铁路通道建设对推动地域临近的广西和越南在经贸往来、旅游业发展等方面意义重大，对推动中国—东盟国际通道建设具有良好的示范作用。

目前，胡志明市10个主要旅客来源国中，中国居第六位。与此同时，中越青年企业家在越南和广西构建“两廊一圈”、促进泛北部湾经济合作中有很多合作领域和具体项目，诸如修建公路、铁路、港口，开发旅游景点，形成各种合作模式和机制，继而开拓更为广阔的中国—东盟自由贸易区市场。

（一）越南陆路游重开中越边境游，开通异地办证

一度闭关的越南陆路游，2011年上半年重新开放，相关通行证办理手续也得以简化。目前，部分旅行社与广西10家中越边境旅游指定组团社签订协议，今后，只要凭身份证，24小时内即可办妥赴越南全国各地旅游的通行证。

想去越南边境旅游的市民可提前通过电话、网络确认有经营资格的旅行社，然后将身份证复印件传真给旅行社，让其交给办证机关审核。如果没有问题，旅行社可通过扫描的形式将《中越边境出入境通行证申请表》传真给游客填写，然后再将有关信息录入计算机。如果没有特殊情况，一天内可办好通行证，通行证当天就可以拿到，周六、周日照常办理。办妥通行证后，就可以前往河内、下龙湾、西贡、头顿、芽庄等旅游胜地，意味着持边境通行证即可在越南全国旅游。

（二）中越签署《2010～2013年旅游合作协议》

2010年，为配合中越建交60周年及首次举办的“中越友好年”，中国国家旅游局组织旅游代表团赴越南进行了旅游宣传推广活动。国家旅游局局长邵琪伟与越南文化体育与旅游部部长黄俊英在河内举行了正式会谈，双方签署了《中国国家旅游局与越南社会主义共和国文化、体育与旅游部2010～2013年旅游合作协议》。

中国国家旅游局局长邵琪伟表示，中国愿与包括越南在内的国家开展旅游合作，如邮轮旅游、旅游装备制造业、旅游商品纪念品生产等，并提出七点建议：一是双方共同推动把旅游业培育成战略性

支柱产业；二是继续扩大双边人员交往；三是双方进一步扩大宣传推广；四是双方继续鼓励到对方投资旅游；五是推动双方在国际多边旅游领域的合作；六是推动中国与越南、中越与东盟其他国家的邮轮旅游；七是继续推动双方边境省份之间、中国重点客源省份与越方的旅游合作。

越南副总理阮善仁指出，他曾到访包括广西桂林在内的一些中国城市，中国丰富的旅游资源给他留下了深刻印象。他表示，越南发展旅游业，要在基础设施建设、接待服务设施建设、旅游服务质量提升、中文导游培养等方面下工夫，并已将邮轮旅游纳入越南旅游规划中。

（来源：综合整理自中华人民共和国商务部网站、中国贸易报）

商务资讯篇

泰国各大商业银行拟赴东盟增设分行

泰国泰华农民银行（KBANK）副董事经理颂蓬表示，为顺应2015年东盟经济共同体（AEC）成立，泰国企业赴东盟投资趋势增加，其银行计划在未来3年分别在印度尼西亚、越南及马来西亚等开设分行。

颂蓬补充道，泰华农民银行计划将在每个东盟国家设立1所分行，初期将主要着重于和当地银行建立良好的关系，促进双方业者的贸易往来。同时也有助东盟市场更了解泰华农民银行，扩大客户基础，并在入驻开设分行前，充分了解东盟国家。

目前泰华农民银行在越南有2所合作银行，预计未来将有更多的泰国业者走出国门，以解决泰国缺乏劳力及自然资源的弱势。

盘谷银行（BBL）经理助理乌伊拉沙表示，目前盘谷银行已向印度尼西亚央行提交增设分行的申请，以顺应东盟经济共同体的成立，及为更多赴印度尼西亚投资者，尤其是中小型企业（SME）提供便利。初期预计新分行将设立在印度尼西亚泗水市，因为该地区已吸引众多泰国业者前往投资。

泰京银行（KTB）总裁阿披沙表示，泰京银行在越南开设分行的申请已获批准，将尽量赶在2011年内开设。此外，也考虑到印度尼西亚及老挝开设分行，目前正在考察可行性。

（来源：南博网．http://www.caexpo.com/news/info/focus/2011/06/29/3538504.html. 2011—06—29）

最大集装箱船起航巴生港 中国—东盟航运再结硕果

中国中海集团集装箱运输股份有限公司的“中海金星”号集装箱船于2011年5月21日在马来西亚西海岸巴生西港鸣笛扬帆。这是目前世界上载重量最大的集装箱船，于2011年在马来西亚首次出航。

“中海金星”航线连通中国上海、中国香港、马来西亚巴生至荷兰鹿特丹、德国汉堡和比利时泽布勒赫等港口。巴生港继续成为中海集运在东南亚区域的中转中心。

巴生港曾作为第四届中国—东盟博览会马来西亚的“魅力之城”亮相，向来自世界各地的各界人士充分展示了自身建设与发展的成就，极大地促进了巴生与中国、欧洲各大港口的合作。

中国和马来西亚的港口合作基础好，潜力巨大。2010年8月，马来西亚巴生港务局主席李华民参加了在广西南宁举办的泛北部湾合作论坛，商讨马来西亚巴生港与北部湾港口合作方略。2010年底，中国中海集装箱运输股份有限公司（CSCL）与巴生港签署了一项长期码头服务协议，从2011年一季度开始，中海集运将使用1.4万艘20英尺的标准货柜船只，并以巴生西港作为中海的首选停泊港。

（来源：南博网．http：//www.caexpo.com/news/info/focus/2011/06/14/3537419.html. 2011—06—14）

中国—东盟环境保护合作中心在北京启动

中国—东盟环境保护合作中心于2011年5月24日在北京正式启动。该中心将成为落实中国—东盟环境保护合作战略及相关合作项目的主要实施机构和技术支撑力量，成为中国环境保护对外交流合作的重要平台和窗口。

中国环境保护部部长周生贤在启动仪式上指出，中国与东盟国家大多数属于发展中国家和新兴工业化国家，在环境与发展领域面临许多共同挑战。环保合作已发展成为中国和东盟合作中不可或缺的重要领域，双方的对话不断深入，沟通机制日臻完善，合作成效不断显现。

周生贤建议进一步推动中国—东盟环保合作，开展“中国—东盟绿色使者计划”，扎实推进在环境无害化技术、环境标志与清洁生产等方面的合作，推动可持续生产与消费领域对话；积极开展环境合作示范项目，加强区域环境能力建设，搭建"中国—东盟环境合作示范平台"；通过政府、企业和社会等多层面交流，促进公众环境意识提高。

他同时建议加强在全球和区域环境问题上的对话与合作。在气候变化、生物多样性保护、持久性有机污染物、危险废物非法越境转移、大气污染物传输、水环境管理等领域，加强沟通合作。尤其是在生物多样性保护方面，中国西南地区与东盟国家，特别是大湄公河次区域国家生态环境相似，双方在该领域的合作大有可为。

东盟副秘书长米斯然·卡尔梅表示，双方十分重视促进区域环境可持续发展，并开展了合作，该中心的成立标志着双方环境合作的一个巨大飞跃。

据介绍，中国—东盟环境保护合作中心是为了落实温家宝总理在2007年第十一次中国—东盟领导人会议上的倡议，由中国政府批准成立。2010年3月，环境保护部启动了中心组建工作。

（来源：新华网．http://news.xinhuanet.com/society/2011－05/24/c_121453187.htm.2011－05－24）

中国—东盟双边贸易额 2011年有望突破3000亿美元

2011年1～4月，中国与东盟的双边贸易额达到1100亿美元，比2010年同期增长26.5%，以此速度发展，中国和东盟2011年的双边贸易额有望突破3000亿美元。

中国—东盟商务理事会中方秘书长许宁宁对2011年中国—东盟的经贸合作继续较快发展充满信心，他在2011年5月23日于曼谷举行的"解读中国'十二五'规划：进军泛北部湾经济区研讨会"的主旨演讲中表示，2011年是中国与东盟友好交流年，也是中国与东盟建立对话伙伴关系20年，中国与东盟在政治、经济、教育、文化等多领域的交流与合作正向纵深发展。

许宁宁称，2010年1月1日，中国—东盟自由贸易区正式建成并实行零关税，当年中国与东盟双边贸易额达到2928亿美元，比2010年同期增长37.5%，照此速度发展，温家宝总理提出的到2015年双边贸易额达到5000亿美元的目标将会如期实现。许宁宁表示，中国目前是东盟最大的贸易伙伴，而东盟也成为中国的第三大贸易伙伴。

许宁宁透露，经过几年的论证，泛北部湾有关国家可能在近期通过有关泛北部湾次区域合作的可行性研究报告。如果该报告获得通过，就意味着在中国—东盟自由贸易区框架下增添了一个新的增长极。届时泛北部湾次区域与湄公河次区域将相得益彰、相互促进，为中国—东盟自由贸易区的合作注入新的活力。

（来源：中国新闻网．http://www.chinanews.com/cj/2011/05－23/3060772.shtml.2011－05－23）

东盟取代日本成中国第三大贸易伙伴

在日本地震和全球经济的影响下，中国的外贸关系展现了新的特点：新兴市场国家贸易快于整体水平，金砖四国关系不断深化，而东盟也已取代日本成为中国第三大贸易伙伴。

2011年1～4月，中国与东盟双边贸易额为102亿美元，增长26.5%，已经超过日本成为中国第三大贸易伙伴。

据中国海关统计，2011年4月，中国进出口2999.5亿美元，同比增长25.9%。其中，出口1556.9亿美元，同比增长29.9%；进口1442.6亿美元，同比增长21.8%。顺差114.2亿美元。4月份的出口创历史新高，比2010年12月份1541.2亿美元的历史高点多出了15.7亿美元。

进口增速有所回落，单月再现贸易顺差。4月份，出口增速较一季度提升3.4个百分点，进口增速回落10.8个百分点。由于出口增速快于进口增速，单月再现贸易顺差。但顺差规模较2010年同期明显缩小，外贸总体向着更加平衡的方向发展。

受全球流动性过剩、中东北非局势、日本地震以及国际大宗商品价格高企等因素的影响，部分初级商品进口数量减少。

中国商务部发言人姚坚表示，中小企业遇到的问题，包括劳工成本提高、原材料价格上涨、信贷困难、人民币汇率的因素等等，都会影响到中小企业的运行，包括在广东地区的香港企业的运行。商务部高度关注这些问题对于企业经营的影响，在政策调整过程中尽可能采取平衡和适中的政策，保证中小企业能够在信贷方面，在新产品开发方面给予支持。

（来源：南博网．http://www.caexpo.com/news/info/focus/2011/05/20/3535119.html.2011－05－20）

中国输往东盟货物FORM E证书更改须守新规

根据2011年1月1日起开始实施的《中国—东

盟自由贸易协定原产地规则签证操作程序修订案》要求，如Form E证书需要更改，由原签证机构的签证人员将证书错误项目以横线划去，在旁边空白处手写正确的内容，在正确内容周围加星号截止符，由签证人员签字，并加盖签证印章，不再重新签发证书。

新规执行至今，仍有大部分企业不清楚更改操作，依照原做法申请更改证。为此，厦门检验检疫局签证部门提醒广大出口企业，对东盟区域性优惠原产证书的更改请遵守新规；申请签证时，请核对申报数据，尽量避免出现证书内容更改及多次更改的现象，以免在进口国通关时受阻。

（来源：南博网．http://www.caexpo.com/news/info/focus/2011/05/16/3534644.html.2011—05—16）

东盟峰会成立基金落实连通规划

“东盟连通规划”在越南河内召开的第17届峰会上获通过。目前，为了落实总规划48项主体工程，各国领导人同意列入成员国预算，或接受东盟对话伙伴和其他合作伙伴的资助。各国领导人也赞成设立东盟基建基金来支持连通规划的落实。该规划一旦落实，东盟将成为具有高度竞争力的区域。

印尼财政部长阿古斯透露，东盟基建基金达4.8亿美元，将会在吉隆坡注册设立有关基金会。

（来源：南博网．http://www.caexpo.com/news/info/focus/2011/05/13/3534437.html.2011—05—13）

2015年东盟将实现统一签证系统

据越南《劳动报》2011年5月7日报道，印尼外长Marty Natalegawa称，现东盟各成员国正在设计东盟统一签证系统，预计到2015年将具体化，该进程将与成立东盟共同体的时间同步。届时，在东盟区外公民若获得东盟签证，就可进入东盟各成员国。

2011年1月，东盟10国旅游部长签署了《2011年至2015年东盟旅游发展战略计划》，其中一个主要目标就是在5年内推出东盟的“申根签证”，对区域外游客实行“一签游东盟”。目前，东盟内部正就计划的可行性进行研究。

（来源：南博网．http://www.caexpo.com/news/info/focus/2011/05/12/3534304.html.2011—05—12）

中国电力成为东盟进口首选

越南工贸部表示，2011年越南电力缺口45亿千瓦时，将全部自中国进口。近年来，在印尼和泰国等国家电力招标项目中，中国水利水电建设集团公司、山东电力设备厂、山西电力设备厂先后夺标。业内人士称，中国电力已成为东盟进口的首选。

据中国水利电力物资流通协会的调查结果显示，东盟国家电力能源缺口巨大，对电力需求将大幅上升，东盟各国正在加速实施包括电力在内的基础设施“互联互通”工程，为中国电力企业提供了巨大商机。

目前东盟国家除了直接从中国购电，还积极加大对发电厂的建设，对电力设备、电工产品的投资至少达1000亿美元，需要不断从中国购进质优价廉的电力设备。

中国与东盟电力合作存在明显互补优势。中国电力设备行业是优势产业，在设计、工程建设、设备制造、大件运输、运营、管理、技术、质量、价格、操作与服务方面比欧美国家更有优势，这与东盟的需求一拍即合。

中国机电进出口商会成套工程部主任韩圣健表示，东盟是中国电力出口和工程承包的重要市场，占中国与外国同类合同金额的30%左右，2009年为43亿美元，2010年上半年就激增至56亿美元。中国电力设备行业已经进入新一轮高速增长时期。中国电力进入并开拓东盟电力市场，将积极推动双方电力资源整合和电力资源开发实现跨越式发展。

中国—东盟博览会已成为中国与东盟电力市场对接的“催化剂”。7年来，中国—东盟博览会博览会专门设置电力设备展区，集中了中国在电力与新能源设备领域的重要生产基地和骨干企业，对中国电力工程勘探、设计，电网建设，技术成果，电力设备进行全面展示。并发布各省区市与东盟各国电力建设与市场最新情况和电力设备物资需求现状，为企业开拓市场提供更多前沿信息，促进双边交流与合作。

（来源：南博网．http://www.caexpo.com/news/info/import/2011/05/11/3534083.html.2011—05—11）

南宁将于2015年建成中国—东盟区域性信息交流中心

围绕建设面向东盟的区域性国际城市目标，广西南宁市拟于2015年建成中国—东盟区域性信息交流中心，在中国—东盟自由贸易区、广西北部湾经济区等建设中发挥重要的信息支撑和服务作用。

广西南宁市副市长李志勇称，南宁市将通过未来几年的努力，建成国际一流的通信网络和信息支持环境，成为中国—东盟自由贸易区的信息集散中心和权威、及时、丰富的首次信息发布中心，形成面向东盟国际化的信息产业集群和基地，建成服务型、共享型、智慧型、效能型的“电子政府”，打造成为信息国际化城市。

近年来，南宁市积极建设“数字南宁”，加大对信息基础设施建设力度，积极开展面向东盟的信息集聚、交流与合作，打造“一站式”政府门户网站，加快建设中国—东盟综合信息门户平台。南宁相继获得“全国数字化城市管理试点城市”、“中国城市信息化管理创新奖”等，城市信息化总体水平位居全国前20名。

（来源：南博网．http://www.caexpo.com/news/info/focus/2011/04/22/3532187.html.2011—04—22）

“东盟10＋3”2011年将联合储备72万吨大米

东南亚联盟（东盟）各国和中国、日本、韩国计划2011年联合储备72万吨大米，以应对可能发生的粮食价格上涨。

东盟轮值主席国印尼的农业部长苏斯沃诺表示，上述计划被称为“东盟10＋3”应急粮食储备计划。该计划将在2011年10月的东盟农业和林业部长会议上由各国签署相关协议后开始执行。

根据计划预案，日本将向该计划提供22万吨大米，而中国和韩国将分别提供20万吨大米，印尼将提供1.4万吨大米。

（来源：南博网．http://www.caexpo.com/news/info/focus/2011/04/14/3531347.html.2011—04—14）

未来三年东盟国家海外直接投资前景看好

东盟商务咨询委员会（ASEAN－BAC）主席阿南卡表示，根据相关调查，包括马来西亚在内的东盟国家已成为金融危机后最诱人的区域贸易和投资地点，未来几年的投资吸引力将超越中国，而2015年构建东盟共同经济体（AEC）将在区域贸易与投资方面发挥重要作用。这项调查是根据委员会成员参加多项国内和区域论坛时，通过问卷征询和评估所得，而该委员会已于2010年向东盟领导人和经济部长提出了相应的政策建议。

调查显示，东盟在2010～2012年最佳投资前景地区的选项获得了48％调查者的回应，其中8％的调查者认为马来西亚具最佳海外直接投资前景，仅次于越南的12％、新加坡的10％和印尼的9％。

在未来3年计划增加投资方面，有30％的调查者选择马来西亚，越南、新加坡、泰国和印尼的比例分别为41％、36％、34％和33％。未来3年在具吸引力的产品和服务销售方面，东盟和中国分获7.33分和7.22分；在低成本生产地点方面，东盟和中国分获6.73分和6.61分，东盟比中国略占优势。

至于东盟经济共同体蓝图计划执行满意度最高的国家，新加坡获得7.16分，泰国6.67分，越南6.01分，马来西亚5.80分。ASEAN－BAC提出的4项政策建议包括确保全面、适时履行东盟经济共同体蓝图承诺；透过两大层面强化商业信息散播，即提高东盟整体意识和提供有利、完善的经商政策信息；对构建东盟经济共同体感到不满意的区域给予更多关注；推广中小型企业国际化，尤其是加强东盟中小型企业在东盟内部贸易和投资活动的联系。

（来源：南博网．http://www.caexpo.com/news/info/focus/2011/04/14/3531319.html.2011—04—14）

中国—东盟博览会部分留购展品免征关税

2011年1月1日至2015年12月31日期间，中国海关对中国—东盟博览会展期内销售的合理数量的进口展品免征进口关税。

中国财政部下发的《关于“十二五”期间中国—东盟博览会留购展品免征进口关税的通知》明确了这一政策。通知称，经国务院批准，在2011年1月1日至2015年12月31日期间，对中国—东盟博览会展期内销售的合理数量的进口展览品（国家禁止进口商品、濒危动植物及其产品和国家规定不予减免税的20种商品及汽车除外）免征进口关税，进口环节增值税和消费税照章征收。

通知附件对免征进口关税的展览品清单及具体免税销售限额进行了明确规定，超出免税限额又不能退运出境的，以及免税清单以外的展览品在展览结束后未退运出境的，按照中国有关规定照章征税。

通知明确规定，对动物、植物及动植物制品，贱金属及金属制品，塑料、橡胶及其制品，纺织原料及纺织制品，鞋、帽、伞等日用品及装饰品，石料、玻璃及其制品、陶瓷制品，玩具、游戏及运动用品等7大类展览品，每个参展商免税销售总额不超过15000美元；对化学工业及相关工业的产品，珠宝、首饰品，机器、机械器具、电气设备及仪器、仪表，艺术品等4大类展览品，单件售价500美元（含）以下的，每个参展商该类展览品免税数量不超过20件；展览品单件售价在1000美元（含）以下500美元以上的，每个参展商该类展览品免税数量不超过10件。对机器、机械器具、电气设备及仪器、仪表，展览品单件售价在20000美元（含）以下1000美元以上的，每个参展商该类展览品免税数量不超过1件。

（来源：新华网．http://news.xinhuanet.com/world/2011－04/12/c_121293441.htm.2011－04－12）

煤炭成为广西自东盟进口第一大类商品

目前，煤炭已成为广西自东盟国家进口的第一大类商品。2005～2010年，广西已累计进口东盟国家煤炭24.6亿美元，占广西进口总额近30%。2010年，中国煤炭净进口已超过1亿吨，每年大量越南、印尼的煤炭自广西北部湾港区进入中国。广西钦州港煤炭进口量每年都在600万吨以上，来自东盟国家的份额超过一半。

（来源：中国新闻网．http://www.chinanews.com/df/2011/04－01/2944890.shtml.2011－04－01）

东盟太阳能硅片市场需求激增或超欧盟

中国与东盟太阳能开发利用产业项目持续升温。海关数据显示，东盟太阳能硅片市场增幅加大，其市场或超欧盟。

据江西南昌海关统计，2010年江西出口太阳能硅片3089吨，同比增长38.67%，出口量高位震荡。数据显示，东盟市场出口量激增，中国台湾及欧盟市场比重下降明显。江西太阳能硅片对台湾出口991吨，下降12.29%；对欧盟出口523吨，下降7.88%；对东盟出口688吨，增长7.89倍。

太阳能光伏产业发展迅猛，亚太地区2010年光伏市场需求量更是大增。近年来，中国与越南、泰国、老挝等国就太阳能开发利用合作展开多次交流，以推动太阳能光热利用、光伏发电等技术研究开发应用。东盟国家多处热带、亚热带地区，太阳日照时间长，具有丰富的太阳能资源，发展太阳能产业是增加能源供给、促进节能降耗、发展低碳经济的必经之路。

（来源：中国新闻网．http://www.chinanews.com/ny/2011/03－23/2923746.shtml.2011－03－23）

文莱完善港口设施以促进邮轮旅游

文莱旅游局指出，如果要促进邮轮业务的发展，需进一步加速港口基础设施的建设，以吸引更多邮轮来文莱，增加外汇收入。

文莱旅游局透露近年来有越来越多来自新加坡、中国香港和澳大利亚等国的邮轮停靠在文莱港口。目前文莱摩拉港已经拥有可让大型邮轮停靠的条件，但还要继续加强邮轮码头终点站的基础设施建设。

根据文莱海港局公布的数据显示，2010年通过邮轮到访文莱的游客为33860人，而2010年抵文莱的邮轮为34艘。

（来源：南博网．http://www.caexpo.com/news/asean/wenlai/jmzx_wl/2011/06/21/3537988.html.2011－06－21）

文莱政府同微软合作推出本地区首个“微软学院”

文莱国家电子政府中心与微软合作共同推出本地区首个“微软学院”，为各政府部门的资讯与通讯科技官员提供培训。文莱政府希望透过有关培训课程，提升政府在资讯与通讯工艺领域的人力资源，加快实现国家电子化政府目标，以及塑造一个可永续发展和运作的资讯与通讯工艺系统。据了解，这是微软首次与一个国家合作，为公共资讯与通讯科技官员开办培训课程。在未来3年，微软将与文莱首相署属下的国家电子政府中心合作，为政府科技官员提供培训。此外，微软也会为文莱国内的科技伙伴职员提供培训和技术转移。

（来源：南博网．http://www.caexpo.com/news/asean/wenlai/jmzx_wl/2011/06/08/3537021.html.2011－06－08）

文莱与菲律宾探讨进一步加强经济合作

菲律宾总统阿基诺三世在2011年6月3日同文莱政府有关部门以及企业举行会谈，探讨进一步加强双方在油气、基础设施、农业和渔业领域的合作。并于当日见证了菲律宾和文莱就食品安全及农业、造船和港口建设、旅游和体育发展4个领域签署加强合作的谅解备忘录。两国一致同意通过合资企业加大对食品和农业的投资，并加强该领域的培训和能力建设；在旅游开发方面，两国将鼓励互访，通过共享宣传册及其他促销材料共同推出促销计划，并通过信息交换及参与两国间展览，共同促进医疗旅游的发展。

（来源：南博网．http://www.caexpo.com/news/asean/wenlai/jmzx_wl/2011/06/07/3536787.html.2011－06－07）

文莱和柬埔寨两国签署游客免签证协议

文莱和柬埔寨签署了两国游客互访免签证的协议。

即将卸任的柬埔寨驻文莱大使南希表示，文莱与柬埔寨近年来在旅游业方面的合作取得了让人欣慰的成绩，两国政府日前签署的游客互访免签证协议，预计在近期内便可正式执行。

（来源：南博网．http://www.caexpo.com/news/asean/wenlai/jmzx_wl/2011/05/24/3535548.html.2011－05－24）

文莱公共房屋需求保持逐年上升

文莱发展部常秘披露，文莱公房需求逐年攀升，2011年5月前排在等候队列的民众已达30000人，并以每年500～750人的速度增加。根据最近的一期5年计划，文莱公共住房项目将在2014年建成住房17500套，届时仍会有约13000人在等待排队。

（来源：南博网．http://www.caexpo.com/news/asean/wenlai/jmzx_wl/2011/05/23/3535401.html.2011－05－23）

文莱2010年CPI上涨0.9%

文莱统计局2011年4月27日发布的数据显示，文莱2010年CPI上涨0.9%，但12月单月CPI较11月下降0.1%。分项数据显示，食品和不含酒精饮料的价格指数较2009年上涨较快，达到2.2%，而非食品类的价格指数仅上涨0.6%。

（来源：南博网．http://www.caexpo.com/news/asean/wenlai/jmzx_wl/2011/04/28/3532789.html.2011－04－28）

文莱佰都利银行与中国银联合作在文莱发行首张银联卡

2011年4月26日，文莱佰都利银行（Baiduri Bank）与中国银联合作发行文莱第一张银联卡，首发仪式在斯里巴加湾市帝国饭店举行。至此，中国境外发行银联卡的国家和地区数目增加到18个。中国银联常务副总裁蔡剑波、佰都利银行总经理彼尔英豪共同为新卡揭幕。中国驻文莱大使闵永年、文莱政府工业及初级资源部部长刘光明博士到场祝贺。

（来源：南博网．http://www.caexpo.com/news/asean/wenlai/jmzx_wl/2011/04/27/3532647.html.2011－04－27）

文莱重视农业生产　献力东盟粮仓建设

2011年4月12日，文莱工业与主要资源部副部长刘光明在第9届东盟东部增长区（BIMP—EAGA）天然资源发展组会议、第11届BIMP—EAGA中小型企业发展组会议及第4届BIMP—EAGA天然资源发展—中小型企业发展组联合会议开幕礼上表示，文莱政府已着手建设农业科技园，以期吸引国外农业、渔业和森林领域的生物科技公司进驻，并将斥资数百万元新设水产园区，将主攻高价鱼种的养殖。为配合国内的农、渔业发展，政府也将设立农产试验室，以支援养殖、畜牧、种植业的科学发展及监督农药残余问题。文莱期望通过设立农业科技园、水产养殖园推动中小企业发展，并配合文莱清真品牌，协助本地中小企业，尤其是食品业发挥本地资源，开拓本地、区域和国际市场的平台。刘光明还表示，BIMP—EAGA虽只是东盟的次区域组织，但印度尼西亚、马来西亚、菲律宾和文莱资源丰沛、幅员辽阔，有巨大的经济潜力，而政府与私人业界合作，在农产品和渔业领域的投资与开发将是BIMP—EAGA迈向成为东盟，甚至亚洲粮仓的可行途径。

（来源：南博网．http://www.caexpo.com/news/asean/wenlai/jmzx_wl/2011/04/15/3531465.html.2011－04－15）

文莱交通部计划投资1.5亿文莱元扩建机场

文莱交通部计划投资1.5亿文莱元用于国际机场扩建工程。

文莱国际机场扩建工程包括将登机服务台从现有的19个增加到40个，将移民局服务柜台从目前的8个增至26个。

此外，扩建工程还包括将机场停车场目前的30

个无顶停车位增至560个，其中100个为有遮顶的停车位。

2010年，文莱国际机场共接待旅客200万人。按年增长4%计算，到2035年，每年接待旅客将达到600万人。

（来源：南博网．http://www.caexpo.com/news/asean/wenlai/jmzx_wl/2011/03/29/3529775.html.2011—03—29）

文莱电力局推介电气安装标准手册

文莱电力服务局在2011年3月26日向公众推介低压电气安装（PDB—IEC—60364）国家标准手册，推介活动在文莱电力服务局大厦会议室举行。

文莱推行此标准的目的是促进和提高电气安全和完整的技术标准，以防止公众发生电力危险，如电击和电气火灾。

PDB—IEC—60364是文莱低压电气安装的国家标准，适用于所有公共住宅楼宇及商业楼宇。同时也被称为电气安装规定（EIR）的准则和国际电气工程师学会配线法规（BS7671：2008）。

该手册可在文莱发展部属下的建筑及建造业管理局或文莱电力服务局柜台购买，每本售价为5文莱元。

（来源：南博网．http://www.caexpo.com/news/asean/wenlai/jmzx_wl/2011/03/28/3529624.html.2011—03—28）

文莱与广西签署渔业合作备忘录

文莱渔业局与广西水产畜牧兽医局签署了一项关于生蚝养殖的渔业合作备忘录。双方表示，在备忘录签署之后，广西将继续落实在文莱养殖生蚝的项目，争取在短期内在文莱湾水域开始生蚝试养。

（来源：南博网．http://www.caexpo.com/news/asean/wenlai/jmzx_wl/2011/03/21/3528917.html.2011—03—21）

文莱跨海大桥项目可行性分析将于2011年年底完成

连接穆阿拉区和淡布隆区的文莱跨海大桥项目仍在进行可行性分析和选择连接点的进程中，不会在短期内开工建设。据透露，可行性分析将在2011年年底完成，在对技术细节进行详细研究之后，跨海大桥项目仍有可能在今后的一至两年内开始，最终结果将视可行性分析结果而定。

（来源：南博网．http://www.caexpo.com/news/asean/wenlai/jmzx_wl/2011/03/10/3527909.html.2011—03—10）

文莱与日本电力公司将续签液化天然气合同

文莱与日本东京电力公司（TEPCO）方洽谈续签即将于2013年3月31日到期的液化天然气长期采购合同。

文莱液化天然气公司与日本电力公司于1973年签署长期采购合同，并于1993年续签20年。2010年液化天然气采购量为403万吨。日方负责人表示，TEPCO将在2012年3月前与文莱完成合同续签谈判，采购量数量将维持或低于目前水平。

（来源：南博网．http://www.caexpo.com/news/asean/wenlai/jmzx_wl/2011/01/183519639/.html.2011—01—18）

“文莱清真”品牌产品登陆国际市场

文莱政府倾力打造的“文莱清真”品牌系列产品已成功在新加坡市场推出，登陆国际市场。今后，“文莱清真”产品也将陆续在其他亚洲市场和欧洲市场推出。目前已在市场上销售的“文莱清真”品牌产品达20余种，包括杯面、面、黄金鸡块、巧克力、薯片、虾饼、曲奇饼干、果汁汽水等。文莱政府在2009年7月与嘉里物流签订协议，在国际市场推出“文莱清真”产品，为全球的穆斯林及非穆斯林顾客提供完整系列的产品和服务。嘉里物流旗下的贸易分公司嘉里FSDA与文莱政府成立的合资公司加宁国际食品（Ghanim International Food Corporation）专门负责采购、配送及产品推广。嘉里物流负责国际货运及综合物流管理，以确保食品符合严格的清真标准。

（来源：南博网．http://www.caexpo.com/news/asean/wenlai/jmzx_wl/2010/11/17/3507787.html.2010—11—17）

文莱宣布提高进口烟草消费税

文莱政府宣布提高进口烟草消费税率至25%，其中香烟税率从每公斤60文莱元提高到120文莱元，雪茄税率从100文莱元提高到200文莱元（注：

1美元约合1.3文莱元)。根据新税率，每包(20支)香烟将征收消费税5文莱元。另外，新规定还要求旅客携带香烟入境须申报并上税(旧规定允许17岁以上旅客免税带入不超过200支香烟)。新规定已自2010年11月1日起生效执行。

(来源：南博网．http://www.caexpo.com/news/asean/wenlai/jmzx_wl/2010/11/17/3507791.html.2010—11—17)

文莱在越南累计投资达47亿美元

出席第17届东盟峰会的文莱苏丹哈桑纳尔在2010年10月18日与越南总理阮晋勇举行了会谈。越南提议双方签署投资保护协议，以及渔业和农业合作备忘录，并表示越南有意向文莱出口大米。文莱目前在越南有近百个投资项目，投资总额47亿美元，在89个对越南投资国中列第12位。

(来源：南博网．http://www.caexpo.com/news/asean/wenlai/jmzx_wl/2010/11/17/3507790.html.2010—11—17)

中国—文莱水稻研发合作项目圆满结束

为期6个月的中国—文莱水稻研发合作项目于2010年10月15日正式圆满结束，16名来自中国广西玉林的水稻专家和技术人员当日离开文莱回国。由中国广西玉林市政府和文莱工业与初级资源部农业局开展的水稻研发合作始于2010年4月15日。在为期6个月的研发过程中，中方人员在总共3公顷的荒地上试种了10个品种，平均每公顷干谷产量为6.86吨，其中文莱的莱拉品种平均每公顷干谷产量5.41吨，比文莱最高纪录高出2.41吨，获得文莱政府的好评，取得了圆满成功。中国专家称，按此趋势，文莱要达到粮食全部自给不成问题。文莱粮食自给率低，2008年稻米自给率不到3%。在文莱苏丹的亲自督促下，发展水稻种植成为农业领域工作的重中之重，文莱政府提出到2010年将国内稻米自给率提高到20%，2015年提高到60%的宏伟目标。目前已有包括中国、韩国、菲律宾、新加坡等国参与各种形式的文莱的稻米实验和发展项目。

(来源：南博网．http://www.caexpo.com/news/asean/wenlai/jmzx_wl/2010/11/17/3507786.html.2010—11—17)

文莱启动首个太阳能电厂

文莱苏丹于2011年5月26日出席在马来奕地区举行的国家首个太阳能电厂启动仪式。2008年8月，文莱政府与日本三菱签署备忘录，合作建设一座大型光伏示范基地。三菱将提供资金和技术设计、建设和运营该系统，同时负责人力资源支持、培训和技术援助。该项目不仅是东南亚最大的光伏设施之一，也是文莱最大的太阳能电厂，装机容量为0.12万千瓦。该电厂每年将发电133万千瓦时，供200户使用，可替代34万升原油并减少960吨二氧化碳排放。

(来源：中华人民共和国驻文莱达鲁萨兰国大使馆经济商务参赞处．http://bn.mofcom.gov.cn/aarticle/jmxw/201105/20110507572426.html.1829176504=850387913.2011—05—27)

中国与文莱举行第二次经贸磋商

应文莱外交与贸易部邀请，中国商务部副部长姜增伟于2011年4月22日至24日率团访问文莱。4月23日，姜增伟副部长与文莱外交与贸易部常秘林玉辉共同主持召开了中国、文莱两国政府第二次经贸磋商会议。双方回顾了首次经贸磋商会议以来两国经贸合作发展情况，并就双边贸易、经济合作、区域合作及进一步深化两国经贸合作等深入交换了意见。访问期间，姜增伟副部长还拜会了文莱外交与贸易部第二部长林玉成。根据中国、文莱2009年建立的双边贸易、投资和经济合作磋商机制，两国政府经贸磋商会议将在双方认为必要时轮流在中国、文莱两国举行。首次经贸磋商会议于2009年4月在杭州举行。

(来源：中华人民共和国驻文莱达鲁萨兰国大使馆经济商务参赞处．http://bn.mofcom.gov.cn/aarticle/jmxw/201104/20110407520195.html.1141376184=850387913.2011—04—25)

文莱发现大型油气田

文莱壳牌石油公司(BSP)于2011年3月16日宣布在第三深海区成功发现一个大型油气田，储量预计达数亿桶。该油气田距离文莱海岸线约100公里，水深约1公里。BSP表示，这是文莱迄今发现油气田地最深水域，将进一步增加文莱的油气储量。

（来源：中华人民共和国驻文莱达鲁萨兰国大使馆经济商务参赞处 . http：//bn. mofcom. gov. cn/aarticle/jmxw/201103/20110307451863. html. 3003647160=850387913. 2011—03—17)

中柬签署首个大型农业合作项目

在2011年6月6日举办的第19届中国昆明进出口商品交易会上，柬埔寨索玛（SOMA）集团和云南省海外投资有限公司签署了《中柬企业20万吨大米加工项目合作备忘录》，双方将组建年产20万吨大米的合资公司，在柬埔寨加工大米销往中国等国际市场。索玛集团董事长 Sok Puthyvuth 在签约仪式上表示，这是中柬两国在农业方面开展合作的首个大型项目，将为两国此后的进一步合作打下良好基础。

Sok Puthyvuth 称，中柬企业合作在柬埔寨开展20万吨大米加工项目，得到了柬埔寨首相洪森、副首相索安等政府领导的大力支持。作为大米出口国的柬埔寨希望通过该项目能够增加出口额，提高自身在国际大米市场的竞争力。

（来源：南博网 . http：//www. caexpo. com/news/asean/jianpuzhai/jmzx_jpz/2011/06/07/3536883. html. 2011—06—07)

柬埔寨采取措施加快发展水电产业

近年来，柬埔寨加强了水利和水电建设。柬埔寨首相洪森明确提出，将致力于水利、电力等基础设施建设，加快经济发展步伐。

2010年，柬埔寨政府将电力发展列为其经济战略的优先发展领域，政府对此领域的外国投资给予政策上的倾斜和法律上的保护。到2009年年底，柬埔寨装机能力达到1346兆瓦，用电家庭数达到37万户，年人均用电量89千瓦时，但广大农村地区只有12.3%的家庭能够用上电。根据柬埔寨工业、矿业和能源部的预测，2011年柬埔寨装机容量将比2010年增长25%以上。

目前，柬埔寨正在谋求水电业的加快发展，计划用10年时间，彻底扭转柬埔寨水电落后的不利局面。不仅要解决农村居民的生活用电问题，同时也要为国民经济发展提供充足的电力。柬埔寨虽然蕴藏着丰富的石油和天然气，但近期受各种经济技术因素制约，尚无法实现开采的目标，因此柬埔寨政府在未来10年内将会更注重水力发电领域的建设。

柬埔寨工业、矿业和能源部发布的最新报告指出，柬埔寨拥有巨大的水电潜能，高达1万兆瓦，目前建成及正在建设中的水电站发电能力只占1万兆瓦总蕴藏量的13%。报告预测，只要保持目前水电建设的速度并确保2020年前至少有17个电力项目动工，那么到2020年，其水电总发电量可达1万兆瓦。除将满足国内需求外，甚至可以将其中的4000兆瓦电力输送至邻国。此外，柬埔寨还计划到2020年将电网覆盖全国，总长度从2010年的554公里增加至2020年的2106公里。据悉，柬埔寨水电发展主要目标之一，就是到2020年，村村通电；到2030年，70%的乡村家庭能用上电。

（来源：南博网 . http：//www. caexpo. com/news/info/industry/2011/06/01/3536504. html. 2011—06—01)

中国银行将全面加强与柬埔寨国家银行合作

中国银行副行长岳毅于2011年5月7日在柬埔寨金边表示，中国银行将全面加强与柬埔寨国家银行的合作，其中包括帮助柬埔寨国家银行建设“人民币清算系统”和“美元清算系统”等。

中国银行在柬埔寨开设分行，旨在参与柬埔寨金融市场建设，帮助柬埔寨国家银行建设美元清算网络、人民币清算和跨境贸易结算中心以及柬埔寨国内人民币清算中心等。

岳毅称，人民币国际化进程正在加快，越来越多的东南亚企业使用人民币进行跨境贸易。中国银行金边分行将成为当地人民币跨境贸易结算中心、柬埔寨国内人民币结算中心和人民币现钞清算中心。

中国银行将帮助柬埔寨通过中国银行香港分行开设进行跨境贸易的人民币结算中心，并且帮助柬埔寨国家银行建设人民币清算系统，方便人民币在柬埔寨的结算。

岳毅表示，由于中国人民银行授权中国银行香港分行作为人民币清算中心，柬埔寨可通过中国银行金边分行取到崭新的人民币钞票，向柬埔寨的企业和银行提供人民币现钞。中国银行金边分行将发挥人民币现钞清算的作用。

岳毅还表示，目前柬埔寨国内流通的货币约90%为美元，各个企业都通过美国纽约进行结算。未来中国银行金边分行将帮助柬埔寨国家银行在柬埔寨国内建立美元清算系统，先在该国内进行清算，然后再到美国进行清算。这样将大大减少资金的占用，提高资金的使用效率，方便企业进行结算。

（来源：南博网．http://www.caexpo.com/news/asean/jianpuzhai/jmzx_jpz/2011/05/09/3533826.html.2011—05—09）

柬埔寨国会通过《外国人不动产产权法》

柬埔寨国会已审议通过广受关注的《外国人不动产产权法》。根据该法律，外国人将有权按规定在柬埔寨购买房屋并拥有合法产权。

报道称，柬埔寨国会经过3天的激烈辩论后，于2011年4月5日表决通过了由国土、城市规划和建设部与司法部联合制定的《外国人不动产产权法》。这一法律规定共8章24款，允许外国人在柬埔寨购买高层建筑第二层以上的房屋并拥有合法产权。

该法律还规定，不允许外国人在距离边界30公里以内或柬埔寨政府明令禁止的地区购买不动产，但经济特区、重要城市以及柬埔寨政府特许地区除外。

柬埔寨国土、城市规划和建设大臣尹春林在上述法律被国会批准后表示，这一法律将为有意在柬埔寨进行投资，尤其是在房地产领域投资的外国人提供便利，从而吸引更多人来柬埔寨投资兴业。

（来源：南博网．http://www.caexpo.com/news/special/industry/2011/05/04/3533243.html.2011—05—04）

中国企业投资柬埔寨成衣业势头看涨

中国政府将鼓励更多的中国大型企业来柬埔寨投资成衣业，预料这将能为柬埔寨成衣业“升级”带来更大的助力。

中国国家发展和改革委员会副主任张晓强表示，柬埔寨拥有良好的成衣业投资环境，他将鼓励更多的中国大型企业来柬埔寨投资成衣业。

他透露，目前由中国红豆集团投资的西哈努克经济特区项目顺利发展，在该项目正式完成后，将能吸引更多中国大型的企业前来投资。

目前，中国是柬埔寨成衣业最大的投资国，占投资总额的40.1%。柬埔寨劳工成本低廉和欧美提供给的关税优惠待遇，是吸引中国企业来柬埔寨投资的主要因素。

目前，柬埔寨成衣业仍处在低附加价值阶段，即“裁、剪、缝”工序，缺乏上游工业，如纺纱工业的支持。预料中国成衣企业将对柬埔寨展开“第二波投资热”，将包括投资纺纱厂，从而进一步完善柬埔寨成衣工业的产业链。

（来源：南博网．http://www.caexpo.com/news/info/industry/2011/04/07/3530634.html.2011—04—07）

柬中合资建设首家电动汽车制造厂

2011年3月21日，柬埔寨兴发展公司、香港洲亮企业（集团）与“吴哥汽车”创造者签署合作协议，成立“吴哥汽车厂”，成为柬埔寨首家电动汽车制造厂，填补了柬埔寨汽车工业的空白。吴哥汽车厂位于干拉省大金欧市，初期投资2000万美元，其中柬方占股80%，中方占20%。预计2012年投产，年产量为500～1000辆电动汽车，全部为柬埔寨自行设计的产品。

（来源：南博网．http://www.caexpo.com/news/info/industry/2011/03/28/3529572.html.2011—03—28）

柬埔寨调高汽车入口税

柬埔寨政府宣布，2011年起调高多种商品的进出口关税，其中，汽车入口关税调高一倍。

根据柬埔寨首相洪森于2011年1月29日签发的法令通告指出，自2011年1月1日起，所有由外国入口的车辆，入口关税将由10%调高至20%。受影响的车辆，包括以整件形式入口的小型轿车、载客货车、四轮驱动车和巴士等。而以散件形式入口（CKD）的车辆也不能幸免，入口关税也由原来的10%调高至20%。

据柬埔寨财经部国务秘书关威宝表示，柬埔寨政府决定调高汽车入口税率，是为了应对通货膨胀局面。虽然汽车入口商均会选择将轿车的入口价维持不变，但在通货膨胀因素的影响下，车子不可能不会升值。

随着柬埔寨政府宣布大幅调高汽车入口税，原本已疲弱的该国国内新车销售市场，将受到进一步打击。

（来源：南博网．http://www.caexpo.com/news/business/policy/2011/02/15/3524256.html.2011—02—15）

近年来柬埔寨小额贷款机构发展迅速

据了解，目前柬埔寨国内的小额贷款机构已增至25家，发放贷款总额高达4.25亿美元。

柬埔寨小额贷款机构协会会长谢波拉林表示，柬埔寨经济迅速发展，人民生活水平不断提升，促使小额贷款机构承担较低的坏账率由2010年9月的1.63%下降至目前的1.07%。

他表示，小额贷款机构发展迅速，大大改善了农村居民获得金融服务的情况。小额贷款机构近几年来为柬埔寨农村居民提供了较多帮助，改善和提高了农民的生活水平，而服务也越来越好，目前月贷款利率已降低1.5%至3%。

谢波拉林指出，柬埔寨小额贷款行业于1999年前开始兴起，主要都是依靠国际金融机构、非政府组织和各援助国注资，以开展业务。尽管2008年全球金融危机已经对柬埔寨小额贷款机构造成不利影响，但机构采取了更严格的贷款核查作业，整顿风险和坏账管理系统，使小额贷款机构在面对危机时更有应变能力。

（来源：南博网．http://www.caexpo.com/news/business/economy/2011/01/30/3523628.html.2011—01—30）

中国贷款援助柬埔寨兴建两座大桥

柬埔寨首相洪森表示，在中国提供贷款的援助下，柬埔寨将在近期内兴建新水净华桥和大金欧大桥。随着柬中友谊不断提升，柬埔寨在各项发展领域上，尤其是基础设施也跟着快速成长。

洪森表示，目前，中国有5个公司已投入16亿至17亿美元，在柬埔寨兴建水电站。另外，白电目木桥由中国贷款援建，全长975米、宽13米，耗费2878万美元。该桥早在2010年4月竣工，并从2010年6月份起开放通车。

（来源：南博网．http://www.caexpo.com/news/business/2011/01/26/3522291.html.2011—01—26）

柬埔寨旅游业致力打造“绿色经济”

柬埔寨首相洪森在2011年1月18日举行的第30届东盟旅游论坛（ATF）上表示，由柬埔寨承办的第30届东盟旅游论坛，象征了东盟区域合作的一个重要里程碑，并为公共和私人旅游领域提供了一个交流平台，以制定吸引游客前来东盟观光的有效政策。

洪森表示，在旅游业、农业和成衣业增长的带动下，柬埔寨在2010年取得了5.5%的经济增长率。

他指出，柬埔寨政府非常关注和大力支持国内旅游业的发展，并把该领域列为十个优先领域之一。柬埔寨视大米为“白金”，而旅游业为“绿金”，并致力打造柬埔寨的“绿色经济”。

（来源：南博网．http://www.caexpo.com/news/country_news/jianpuzhai/2011/01/20/3520976.html.2011—01—20）

2011年柬埔寨建筑石材税增倍

柬埔寨政府宣布，自2011年起，调高多种建筑材料的出口关税。

受影响的建材种类包括：花岗岩石（包括已雕刻、石板或原石）和大理石（包括已雕刻或原石），出口关税由原来的10%调高至20%。惟水泥熟料（Cement Clinker）的出口关税获废除，原本该产品的出口关税为10%。

另一方面，汽油（Motor Spirit）的入口税，则由原来的33.33%调低至10%，包括超级和普通有铅汽油、超级和普通无铅汽油等；惟飞机汽油的入口税维持不变。

政府调低汽油税的措施将减轻驾车族所需承受的昂贵的油价负担，目前金边市超级汽油每公升已达5000瑞尔。

（来源：南博网．http://www.caexpo.com/news/business/policy/2011/01/06/3517503.html.2011—01—06）

中国成柬埔寨第三大外国游客来源国

据柬埔寨旅游部统计，2010年1～11月，柬埔寨吸引外国游客总数为225.8万，同比增长17.2%。其中，中国游客人数超过16万，同比增长40%，首次超过美国和日本，成为柬埔寨第三大外国游客来源国。越南、韩国仍是柬埔寨前两大外国游客来源国，游客数分别为42万和26万。

（来源：南博网．http://www.caexpo.com/news/business/economy/2010/12/21/3514505.html.2010—12—21）

柬埔寨计划2012年底开始产油

柬埔寨政府宣布，其岸外海域的油田将从2012年12月开始生产石油。

据了解，柬埔寨政府将石油储区划分为A到F的6个区块。其中，面积为6278平方公里的A区的勘探开采权被美国雪佛龙、日本三井石油公司和韩国GS Caltex三家公司取得。

新加坡石油公司（SPC）的独资子公司SPC柬埔寨公司则从柬埔寨国家石油局手中买下一家联营公司30%的股权，允许它参与B区的开采活动。

获得其他区块开采权的公司还包括泰国的PTTEP能源公司、澳洲的库珀能源公司、中国的神州石油科技、印尼的Medco能源公司和中国香港的中海油。

（来源：南博网. http://www.caexpo.com/news/business/2010/12/13/3512773.html. 2010—12—13）

柬埔寨大米叩开通往中国的大门

2010年10月22日，中国国家质检总局局长支树平与柬埔寨农林渔业部部长曾仕伦在柬埔寨金边共同签署了《中国质检总局与柬埔寨农林渔业部关于柬埔寨精米输华的植物卫生要求议定书》《中国质检总局与柬埔寨农林渔业部关于动植物检验检疫领域SPS合作谅解备忘录》和《关于柬埔寨木薯干输华检疫准入工作合作安排》。曾仕伦部长在签字后表示，上述文件的签署有助于柬埔寨政府落实大米出口政策，为柬埔寨经济发展作出重要贡献。

2010年8月17日，柬埔寨政府颁布了《促进稻谷生产和大米出口政策》，目标是将柬埔寨打造成世界主要的大米出口国，争取在2015年实现柬埔寨全国稻谷产量剩余400万吨，并有100万吨大米可供出口。

在中国驻柬埔寨使馆的积极推动下，特别是在中国国家质检总局与柬埔寨农林渔业部的密切合作与高效磋商下，柬埔寨大米对华直接出口的检验检疫问题得到圆满解决，符合议定书要求的柬埔寨大米可正式对华直接出口，解决了中柬经贸合作以及中国—东盟自由贸易区实施进程中中方与柬方的现实关切。下一步，柬埔寨木薯等优势农产品的对华出口检验检疫问题将成为柬埔寨政府推动的首要任务。

（来源：南博网. http://www.caexpo.com/news/business/trade/2010/11/25/3508674.html. 2010—11—25）

印度尼西亚产节能灯件90%来自中国

印尼电灯与电力协会总主席夏利萨（Sjahriza-Manaf）表示，国产节能灯配件约有80%～90%从中国进口。

夏利萨透露，印尼每年各种品牌电灯产品进口量为1.6亿个。

印尼电灯业协会总主席约翰（John Manoppo）表示，目前该国国产节能灯至少有14种品牌，每年产量1.5亿个。2010年节能灯市场销量为2亿个，其中1.6亿个是舶来品。

（来源：南博网. http://www.caexpo.com/news/asean/yinni/jmzx_yinni/2011/06/27/3538293.html. 2011－06－27）

印度尼西亚计划在东爪哇新建两个大型尿素装置

据报道，印度尼西亚国有化肥生产商——PT Pupuk Sriwidjaja计划在东爪哇兴建两套尿素生产设施，综合生产能力200万吨/年。公司经理Arifin Tasrif指出，目前印尼东爪哇和中爪哇地区尿素需求约为180万吨/年，主要由东加里曼丹和Palembang的工厂提供。新厂建设预计在2012年动工，2014年完工。

（来源：南博网. http://www.caexpo.com/news/asean/yinni/jmzx_yinni/2011/06/27/3538279.html. 2011－06－27）

印度尼西亚5种粮食商品成优先目标

印尼政府通过国民建设规划国务部与国民建设规划机构为粮食储备，把5种重要商品列入全国中期建设计划。

印尼国民建设规划国务部长与国民建设规划机构主任阿尔米达·阿里夏巴纳（Armida Alisyahbana）称，该5种粮食商品是大米、大豆、玉米、白糖和牛肉，粮食自给自足和储备成为政府优先目标之一。

根据政府在2010年粮食储备的优先评估，定下稻谷产量增长6668万吨指标，实际仅落实6641万吨。

此外，该国定下2010年玉米产量增长1980万吨的指标，仅落实1840万吨；定下2010年大豆产量130万吨指标，仅落实98万吨；定下290万吨白糖生产指标，实际仅落实270万吨；定下41.2万吨牛肉生产指标，落实43.5万吨。

（来源：南博网. http://www.caexpo.com/news/asean/yinni/jmzx_yinni/2011/06/21/3537969.html. 2011—06—21）

印度尼西亚有望成为世界最大香料出口国

世界农工业的发展为生产香料的印尼提供商机，印尼或有机会成为世界最大的香料出口国。

印尼农业部秘书长哈利·帕利约诺（Hari Priyono）称，目前，该国香料出口继棕榈原油、橡胶和可可之后，居第4位。

哈利·帕利约诺在雅加达称，截至2011年6月，近3个月香料出口额达到2.65亿美元，而2010年香料实际出口值为5000万美元，即胡椒、豆蔻、香草vanili、丁香、merit和姜。胡椒和姜成为印尼优越特产和世界香料商品。

哈利指出，印尼香料出口持续提高，如2010年胡椒出口值达到24.5万美元，或比2009年提高57%，而豆蔻出口值达到8.6万美元，或比2009年剧升62%。

（来源：南博网. http://www.caexpo.com/news/asean/yinni/jmzx_yinni/2011/06/13/3537332.html. 2011—06—13）

5年内印度尼西亚拟投巨资用于发展矿物能源

印尼能矿部表示，2010～2014年期间将投资1480.8万亿印尼盾用于发展印尼能源和矿业生产。其中，来自国家收支预算80.74万亿印尼盾，占总投资额的5.45%；来自印尼国营企业资金383.854万亿印尼盾，占总投资额的25.92%；来自私营企业资金10106.111万亿印尼盾，占总投资额的68.62%。

据称，印尼能矿部扩大投资生产可充分利用印尼国内资源潜力，提高能源供应，促进出口，制造就业机会，提升贸易顺差，增加国家收入，最终达到减少燃油和电力津贴负担的目标。

（来源：南博网. http://www.caexpo.com/news/asean/yinni/jmzx_yinni/2011/06/09/3537050.html. 2011—06—09）

印度尼西亚2012年交通基础设施建设需投资45.495万亿印尼盾

据印尼《国际日报》报道，印尼交通部长农贝里（Freddy Numberi）于2011年6月8日在雅加达国会大厦出席第五委员会的工作会议时表示，交通部为支持全国六大经济走廊的发展，在2012年度需要投入大约45.495万亿印尼盾的资金，但实际上所获得的预算金只有22.781万亿印尼盾。

交通部在苏门答腊经济走廊所涉及的基础设施大多是铁道线，其中是亚齐省葛乌库（KruengGeukuh）—尊达（Cunda）、马尼（KruengMane）—库达布朗（KutaBlang），苏北省棉兰—丁宜、万达丁宜（BandarTinggi）—库亚拉丹戎（KualaTanjung）、丁宜—吉沙兰（Kisaran）、丁宜—先达，以及杜库（Duku）—米南加保机场的铁道线。

在爪哇经济走廊的铁道线其中是甘邦班丹（KampungBandan）—甘东墟（Jatine—gara）、杜里（Duri）—丹格朗、勿加西—芝卡朗、甘东墟—勿加西、茂物—苏甲巫眉，以及万丹省的巴朗班让（Parungpanjang）—马查（Ma—ja）。

在加里曼丹经济走廊的基建主要是接通中加省巴朗卡拉亚（TjilikRiwut）至吉利里屋机场（Palangkaraya）的铁道线，达拉甘（Tarakan）—祖瓦达机场（Juwata），以及东加省达快机场（DataDawai）—卡里玛卢机场（Kalimarau）的交通设施。

在苏拉威西经济走廊主要是建设北苏省的马洛勒（Marore）、穆西（Musi）、马兰比（Marampit）、比亚罗（Biaro），以及中苏省的沙拉干（Salakan）、克罗尼德（Kolonede）、巴度布勒（Batubure）等地的渡轮码头。

巴布亚与马露姑经济走廊其中是建设巴布亚的杜勒胡（Tulehu）、坏萨丽莎（Waisarisa）、南勒亚（Nam—lea）、勒库苏拉（Leksula）港口，以及马露姑的杜亚尔港口（Tual）的交通设施。

（来源：中华人民共和国驻印度尼西亚共和国大使馆经济商务参赞处. http://id.mofcom.gov.cn/aarticle/ziranziyuan/jians/201106/20110607589558.html. 2683766712=850387913. 2011—06—08）

印度尼西亚油气部门每年需要340亿美元的投资

据报道，为了防止国内的石油产量进一步下

降，印度尼西亚的石油和天然气部门每年将需要340亿美元的投资。

影响印尼近几年来的石油产量不断下降的因素包括在勘探新储量的投资方面的拖延情况。

印度尼西亚石油协会副主席 Sammy Hamzah 表示，印尼大部分的生产油田已太老化，石油产量平均每年以12%的速度下降。此外，印尼70%的生产设施无计划停产的频率亦相当高。

（来源：南博网．http://www.caexpo.com/news/asean/yinni/jmzx_yinni/2011/05/19/3534989.html. 2011－05－19）

印度尼西亚政府放宽咖啡出口条例

据印度尼西亚商报报道，自2011年5月3日起，印尼贸易部通过颁布2011年第10号贸易部长条例放宽咖啡出口条件，修改2009年第41号贸易部长条例的约束内容。

在新条例中的放宽条件措施之一即出口商办理出口许可证时，无须再附上向印尼咖啡出口商协会（AEKI）缴纳会员费的收据。在旧条例里，要办理新的出口许可证时，出口商必须附上向印尼咖啡出口商协会缴纳每公斤30印尼盾的会员费。出口数量越多，缴纳的会员费数目越大。

贸易部对外贸易局局长德迪·沙勒解释，修改该条例目的是为支持咖啡贸易健康竞争。

新条例的其他改变还包括咖啡实际出口呈报制度，咖啡出口商不再需要义务向贸易部呈报咖啡实际出口数目，只需通过网上呈报即可。

（来源：中华人民共和国驻印度尼西亚共和国大使馆经济商务参赞处．http://id.mofcom.gov.cn/aarticle/yinhang/ddfg/201105/20110507540422.html.2485062072＝850387913.2011－05－09）

未来10年印度尼西亚毛棕油产量或超4000万吨

据印尼前农业部长在一次行业会议上称，如果印尼政府将工作重点放在提高油棕榈生产力上，未来十年内印尼毛棕榈油产量有望达到4000万吨。

目前印尼油棕榈种植面积有限，不可能扩大油棕榈园的规模，因此，惟一可以做的事情是提高油棕榈树的生产力。目前油棕榈树的生产力在每公顷3吨左右，而印尼全国毛棕榈油年产量在2200万到2300万吨。

为了实现年产量达到4000万吨的目标，油棕榈生产力必须提高到6吨/公顷。

印尼种植园商业协会（GPPI）主席预计棕榈油行业前景明朗。未来五年内，全球人口将继续增长，导致食品需求提高，尤其是植物油。另外，生物柴油用量增加，也将会提高毛棕榈油需求。

（来源：南博网．http://www.caexpo.com/news/asean/yinni/jmzx_yinni/2011/05/17/3534753.html. 2011－05－17）

印度尼西亚计划未来三年建设18万千瓦太阳能电站

据印尼《国际日报》报道，印尼政府决心要发展绿色能源，其中包括采用太阳能为原材料的电力生产建设。印尼能源矿务部经过研究考察指出，印尼直至2013年用于太阳能电站建设的投资金约需6.83亿美元。

印尼能源矿务部长达尔文（DarwinZahedySaleh）在雅加达宣称，全国目前的太阳能电站提供的电力仅达1.35万千瓦。他表示印尼要以太阳能等绿色能源取代石油。该国定下指标是至2013年，建设18万千瓦电力的太阳能电站。

达尔文部长认为，印尼属于热带地区的国家，甚至有不少地区处于赤道线上，太阳能的潜力非常充沛，应充分利用。然而印尼的太阳能生产业发展缓慢，而且许多太阳能电站的零配件需要靠进口，生产费用比较昂贵。目前，国营电力公司计划在2011～2015年期间，在全国分散的1000个岛屿建设太阳能发电站。建设工程将分为两个阶段，第一阶段是2011年至2012年，在100个岛屿兴建太阳能电站；第二个阶段是2012年至2015年，在900个岛屿兴建太阳能电站。

（来源：南博网．http://www.caexpo.com/news/asean/yinni/jmzx_yinni/2011/05/16/3534688.html. 2011－05－16）

印度尼西亚矿务能源部制定26处新地热作业区

印尼矿务能源部地质学机构于2011年3月制定26处地热作业区，总产能达2951兆瓦。

矿务能源部有关人员表示，该26处作业区，包括亚齐查波伊50兆瓦与史乌拉哇阿加姆160兆瓦；苏西塔琅山36兆瓦和布基特基里83兆瓦；苏北西波伦利亚75兆瓦与梭利卡玛拉比—罗布兰—杉普拉卡200兆瓦；西爪哇谭波玛斯100兆瓦；芝梭洛50兆瓦与苏卡拉美30兆瓦；中爪哇温加兰100兆瓦；东爪哇艾贝耳—威里斯120兆瓦和胡乌柏拉宛—伊珍270兆瓦；西努胡乌达哈65兆瓦；东努梭科利30兆瓦与阿塔贴40兆瓦；北马露姑柴洛洛75兆瓦和哇雅瓦140兆瓦；中苏玛拉纳36兆瓦；峨仑打洛苏哇哇110兆瓦；万丹卡耳德拉·万丹湖115兆瓦；楠榜拉查沓沙91兆瓦；苏西里基槟榔亚宛·慕亚拉拉波约400兆瓦；楠榜苏奥·史京召230兆瓦；南苏兰道·达达卜225兆瓦，以及中爪哇古芝和沓杜拉登分别为175兆瓦。这些作业区是在2007至2010年间所规定的。

印度尼西亚已开发的地热系统，多半仅限于与火山有关的水力热气系统的场地。截至2010年，鉴定276处地热区，总产能达29京瓦，其中仅1196兆瓦供安装于地热发电站。

此外，也有非火山区而与镙矿石有关地区的地热能源（加里曼丹），以及与平原地层有关的地热系统（东南苏、巴布亚），该系统所鉴定产能达2京瓦，是须加以进一步研究的目标。

（来源：南博网. http://www.caexpo.com/news/asean/yinni/jmzx_yinni/2011/05/11/3534150.html. 2011—05—11）

印度尼西亚政府取消豆油进口关税

据印尼政府官员表示，印尼已取消部分原材料和商品的进口关税，其中包括豆油，印尼政府此举旨在提振印尼国内加工产业，创造高价值出口。

此前，印尼政府从2011年4月份开始提高八种食品和消费商品的进口关税，从5%到10%不等。

2011年1月份，印尼取消了大豆、大米和小麦进口关税，旨在遏制国内价格上涨。

印尼一直努力提高大豆产量，以减少对进口大豆的依赖。该国政府希望到2014年停止进口大豆。

2011年印度尼西亚的大豆进口量可能稳定在170万吨左右。

（来源：南博网. http://www.caexpo.com/news/asean/yinni/jmzx_yinni/2011/05/03/3533034.html. 2011—05—03）

中国成为印度尼西亚沉香木最大进口国

据报道，印尼沉香木协会总主席马苏尔在林业部出席印尼向中国首轮出口沉香木仪式后表示，一直以来，中东国家从印度尼西亚进口沉香木约占60%至70%，但今后，中国将成为印度尼西亚沉香木最大进口国。

他指出，目前印尼仅仅转移沉香木至出口目标国家，并没有随之增加出口配额。印尼每年沉香木出口配额仅632吨，而中国已要求每年进口沉香木500吨，因此他期盼政府增加出口配额，支持沉香木出口，增加国家外汇收入。

沉香木是一种含有独特松脂味的黑色树木，是芳香剂业制造香料的原料。

（来源：中国—印尼经贸合作网. http://www.cic.mofcom.gov.cn/ciweb/cic/info/Article.jsp.a_no=252801&col_no=459. 2011—03—16）

印度尼西亚电力普及化每年需100万亿印尼盾

据报道，印尼能矿部电气化项目总监艾米表示，目前印尼电力覆盖率只有66%，为使电力覆盖遍及全国，从目前到2029年，印尼电力需求平均每年增长9.5%，预计每年需投资114亿美元或100万亿印尼盾，以增加780万千瓦的电力供应。

艾米表示，根据2010～2029年国家电力发展规划，未来20年印尼的电力投资总额约2000万亿印尼盾，而国电公司的投资能力只占20%，政府在基础设施领域的预算也很有限，为此需要私营企业的大力参与。

（来源：中华人民共和国驻印度尼西亚共和国大使馆经济商务参赞处. http://id.mofcom.gov.cn/aarticle/ziranziyuan/zhengt/201012/20101207298292.html. 1763903928=850387913. 2010—12—09）

印度尼西亚计划三年后成为人造纤维大国

印尼纺织业协会主席苏特拉查表示，印尼目前的人造纤维生产量为60万吨，今后在纺织业和人造纤维业的投资金将持续增加，希望在2014年人造纤维年产量达到100万吨。

他表示，印尼不能大量生产棉花，所以要依赖聚酯与人造纤维支持纺织业。印尼在2009年度的纺织产品与成衣生产总值约达92亿美元，2010年度的生产价值指标是105亿美元，而2011年度的生产增长指标必须在6%以上，最高指标是超过10%。

（来源：中华人民共和国驻印度尼西亚共和国大使馆经济商务参赞处. http://id.mofcom.gov.cn/aarticle/ziranziyuan/shehui/201012/20101207279866.html. 2384660920=850387913. 2010—12—01）

印度尼西亚鞋厂面临皮革供应短缺

据印尼《国际日报》报道，印尼的鞋厂面临皮革供应短缺，工业部制造业总署长帮卡（PANGGAH Su－santo）称，目前本地皮革产量仅能满足鞋厂需求的40%。他认为，尽管已课于出口税，皮革问题应受到特别关注，原因是印尼皮革仍大量出口。目前，印尼工业部已与农业部检疫监管部携手合作，以处理有关进口的灵活性问题。印尼鞋业协会（Aprisin－do）总主席艾迪（Eddy Wid－janarko）曾表示，印尼鞋业的工作业绩显示良好，估计2011年的出口额将会突破32亿美元，较2010年的26亿美元增长23%。

（来源：中华人民共和国驻印度尼西亚共和国大使馆经济商务参赞处．http://id.mofcom.gov.cn/aarticle/ziranziyuan/shehui/201103/20110307473387.html.2485324216＝850387913.2011－03－30）

中国银联与老挝外贸银行共拓银联卡业务

2011年5月25日，老挝首张银联卡（卡面仅有“银联”标识，卡号以62开头的银行卡）亮相该国首都万象。中国银联董事长苏宁、老挝外贸银行（BCEL）行长宋塞·斯法塞共同为新卡揭幕，并宣布BCEL旗下所有取款机和商户都接受银联卡支付。

从2010年12月起，银联卡可以在老挝部分取款机和商户使用。此次中国银联和老挝最大的商业银行合作，将银联卡使用范围扩大到当地六成取款机和五成商户。双方合作发行的银联借记卡，不仅可以在当地使用，更可在全世界110个国家和地区的银联网络使用。

（来源：南博网．http://www.caexpo.com/news/asean/laowo/jmzx_lw/2011/05/27/3536074.html.2011－05－27）

四川将投资9.6亿美元在老挝建卫星通信产业园

从四川省科技厅获悉，该省卫星通信产业技术联盟牵头单位林海集团已和老挝科学技术署正式签署了“中老共建卫星通信产业园项目”谅解备忘（MOU），将投资9.6亿美元在老挝修建卫星通信产业园。

据了解，该产业园将利用老挝在东经126°上空的轨道资源，在老挝建立卫星通信系统，产业园还包括科学教育研究所和航天技术研究所以及一个生产卫星设备和各种电子通信部件的工厂，在2015年建成后将解决当地10000人就业。

老挝科技署署长本滇·披沙迈博士认为卫星通信有利于加强老挝同地区其他国家的交流与合作，对老挝科学、技术、经济以及教育等各个方面的提升和促进作用也十分明显。

（来源：南博网．http://www.caexpo.com/news/asean/laowo/jmzx_lw/2011/05/04/3533344.html.2011－05－04）

老挝将建境内首条高速公路

老挝计划投资部促进投资司副司长阿宗透露，老挝计划修建一条由北向南纵贯老挝的高速公路，结束老挝境内没有高速公路的历史。

据介绍，该高速公路计划北起乌多姆塞省，南至占巴塞省，全长1500公里。

公路运输一直是老挝的主要运输力量，但老挝公路的等级却不高，即使贯穿南北大动脉13号公路也同样不尽如人意，在万象以北的山区，13号公路车辆时速基本在40公里左右。

目前驾车从乌多姆塞省到占巴塞省需要两天时间，高速公路建成后最少可将时间缩短一半，这将为老挝运输业、经贸往来、旅游业等提供良好的发展空间。

阿宗表示，目前项目的具体规划仍在制定中，修建高速公路需要庞大的资金支持，希望包括中国在内的外国企业参与承包建设。

（来源：南博网．http://www.caexpo.com/news/asean/laowo/jmzx_lw/2011/04/26/3532551.html.2011－04－26）

老挝公共工程和运输部规划四大重点发展领域

据《新万象报》报道，按照《老挝公共工程和运输部2011～2020年交通运输行业发展战略规划》，未来10年，老挝交通领域将着力发展以下五大重点领域：一是着眼将来，合理发展连接国内外的交通道路；二是促进跨境贸易运输服务便利化；三是建立沿经济走廊运输后勤保障体系；四是推进经济走廊沿线城市现代化建设。努力为投资、生产、贸易、旅游提供安全、快捷、现代化的运输服务，争取实现年运输量增长7%。

（来源：中华人民共和国驻老挝人民民主共和国大使馆经济商务参赞处.http://la.mofcom.gov.cn/aarticle/jmxw/201103/20110307450062.html.1211566776=850387913.2011—03—16）

老挝成立旅游市场促进协会

据《万象时报》报道，为让政府和相关企业在旅游市场宣传、运营工作中建立有效合作机制，老挝国家旅游局于2011年3月1日宣布成立旅游市场促进协会。首届协会领导机构设主席1名、副主席2名、委员7名。老挝国家旅游局副局长苏加深·泼提散任主席，老挝旅游协会副主席坎丹·庚班亚和老挝宾馆饭店协会副主席銮乔·提拉普任副主席。

（来源：中华人民共和国驻老挝人民民主共和国大使馆经济商务参赞处.http://la.mofcom.gov.cn/aarticle/jmxw/201103/20110307434564.html.757664184=850387913.2011—03—07）

老挝咖啡位居农产品出口第一位

老挝咖啡协会会长希努·希宋巴透露，2010年老挝咖啡出口额达3200万美元，位居老挝农产品出口第一，预计2011年将达5000万美元，5年后将达1亿美元。

（来源：南博网.http://www.caexpo.com/news/asean/laowo/jmzx_lw/2011/02/24/3526305.html.2011—02—24）

2010年老挝旅游收入位居全国第三

据老挝《经济社会报》报道，老挝国家旅游局副局长素佳深·颇提善透露，2010年老挝共吸引250万名外国游客到老挝观光旅游，比2010年增长24.5%，旅游收入达3.6亿美元，位居全国第三。

（来源：中华人民共和国驻老挝人民民主共和国大使馆经济商务参赞处.http://la.mofcom.gov.cn/aarticle/jmxw/201102/20110207414389.html.2301168056=850387913.2011—02—23）

老挝政府拟出台六大战略举措促进商业—企业发展

据老挝《经济社会报》报道，老挝国家商业改革委员会制定了《至2020年商业—企业改革与发展六大战略计划》（草案），其中包括11个国营商业发展计划和5个与群众合作经济促进计划，将以家庭经济为出发点，着力改善（企业）资金实力、人事制度和市场竞争管理，促进国有企业、混合企业和合作企业的全面发展，扩大对外贸易和不断增强外资吸引力。

其中六大战略为：

一、按工业化和现代化战略的要求，把生产、服务与市场相结合，重点推进和鼓励各种经济成分发展，实现进口替代和促进出口。

二、按照改革金融机构和发展各类市场的方针，鼓励各种经济成分的生产—商业投资。

三、发展现代化的经济社会基础设施，为各地区经济发展提供便利。

四、监督执法，修订相关法律法规，营造良好的商业—企业发展环境。

五、实行贸易便利化。

六、增强国有企业的管理能力，积极发挥国企带头作用。

11个国营商业改革与发展计划如下：

重组国有企业；划分企业类型；调整企业结构和经营管理机制；增强党的领导和政府的威信；增强资金实力，制定债务处理措施；提高盈利能力；改善经营模式，实行股份制转化；成立生产、服务和建设型企业集团，提高综合实力；为国有企业发展提供资金支持；监督执法和修订立法。

5个群众合作经济促进方案和措施分别是：

制定家庭经济计划；制定农村发展计划；增加收入；创造就业；成立农村发展基金。

（来源：中华人民共和国商务部网站.http://www.mofcom.gov.cn/aarticle/i/jshz/new/201102/20110207414381.html.3376155320=850387913.2011—02—23）

亚洲开发银行着手制定与老挝政府新一轮五年合作规划

据老挝《经济社会报》报道，亚洲开发银行驻老代表中济奈表示，目前正着手制定与老政府新一轮五年（2012～2016）合作规划，旨在帮助和支持老挝实现第七个五年（2011～2015）规划。未来，亚洲开发银行所提供资金将主要用于脱贫、环保和可持续发展项目。

2009年和2010年，亚洲开发银行向老挝提供了6670万美元和5150万美元的项目贷款、无偿援助和技术援助，分别用于23个和27个项目的建设。2010年，亚行新批准老挝申请项目7个，项目金额1.316亿美元，较2009年增加2860万美元。按照老挝第七个五年规划，未来五年老挝将努力实现经济快速、稳定和可持续发展，年均经济增长速度不低于8%，到2015年人均GDP达到1700美元。

（来源：中华人民共和国驻老挝人民民主共和国大使馆经济商务参赞处．http://la.mofcom.gov.cn/aarticle/jmxw/201012/20101207344756.html.1698106040=850387913.2010－12－31）

老挝政府出台大力推动经济特区建设政策

据老挝《社会经济报》报道，2010年10月26日老挝国会通过了关于《在老挝特别经济区和专门经济区》的政府令。老挝政府为此成立了国家管理特别经济区和专门经济区委员会，该委员会由老挝政府常务副总理宋沙瓦·凌沙瓦任主任，计划投资部部长辛拉冯·库派吞、工贸部部长南·维亚吉及公共工程运输部部长宋马·奔舍那为副主任，以加大引进外资、推动经济特区建设力度。

老挝现有3个经济特区，于2003年在沙湾拿吉省建立沙湾—色诺经济特区，于2010年在南塔省建立磨丁黄金城及波乔省金三角经济特区。按老挝政府第七个五年规划，将于2015年建成10个经济特区，即分别在万象市、甘蒙省、川圹省、华潘省、占巴色省及沙耶武里省建立8个经济特区。

（来源：中华人民共和国驻老挝人民民主共和国大使馆经济商务参赞处．http://la.mofcom.gov.cn/aarticle/jmxw/201011/20101107259657.html.1983318712=850387913.2010－11－22）

老挝颁布实施《消费者保护法》

据《新万象》报道，继老挝前国会主席通辛在2010年6月30日签署《老挝国会关于通过＜消费者保护法＞的决议》之后，老挝国家主席朱马里于2010年7月20签发《关于执行＜消费者保护法＞的老挝国家主席令》。该法于2010年6月30日由老挝第六届国会第9次常务会议讨论通过。

（来源：中华人民共和国驻老挝人民民主共和国大使馆经济商务参赞处．http://la.mofcom.gov.cn/aarticle/jmxw/201011/20101107225400.html.2083982008=850387913.2010－11－03）

老挝矿产资源丰富　多数尚未开发

据报道，来自老挝矿产资源部的官员披露，近年来老挝批准许多矿产项目，但仍有大量未开发的矿产资源。已批准的矿产项目只占国土面积的21%，其中只有3%被开采。据该部一项初步勘查显示，老挝大约有金矿石储量1700万吨；铅锌矿石80万吨和可用于提炼290万吨铜的1.82亿吨铜矿石。此外还有锡矿石160万吨、铝土矿1.25亿吨、铁矿石1400万吨、石膏1.28亿吨、钾盐矿石3.9亿吨和煤矿石储量3.74亿吨。

（来源：中华人民共和国商务部网站 http://www.mofcom.gov.cn/aarticle/i/jshz/new/201010/20101007195388.html.3896183480=850387913.2010－10－19）

老挝公共工程与运输等基础建设寻求对外合作

2010年10月9日，老挝公共工程与运输部召开第三次老挝基础建设工作会议。会议邀请有关驻老使馆官员和世界银行、亚洲开发银行代表参加，并介绍了老挝政府过去5年在城市供水及道路、水运、航空、铁路等公共工程和交通设施方面的发展情况以及未来10年的发展战略计划，希望进一步扩大对外合作，争取更多国际援助。

本次会议由老挝公共工程与运输部部长宋玛·奔舍纳主持，中国驻老挝大使馆经济商务参赞张玉成应邀出席会议。

（来源：中华人民共和国驻老挝人民民主共和国大使馆经济商务参赞处．http://la.mofcom.gov.cn/aarticle/jmxw/201010/20101007176971.html.339348152=850387913.2010－10－09）

马来西亚未来10年橡胶园面积将增加

因全球天然橡胶价格劲涨，马来西亚掀起橡胶种植热潮，业内人士认为，未来10年该国橡胶园面积将增加约20.2343万公顷，达到60.7028万公顷。

业界和分析员预计，在供不应求的情况下，加上人造胶原料价格上扬，天然胶价格前景继续保持乐观。

马来西亚橡胶局董事朱乾海称，天然胶价格近一两年来飙升，同时在全球高橡胶需求下，吸引更多马来西亚种植业者，尤其是小园主纷纷转向翻种橡胶。另外，也有投资者买地雇人开垦橡胶园。

对于更多人转种橡胶的趋势，朱乾海认为，橡胶园比油棕园容易打理是一大因素。对于小园主而言，油棕树种植的收割和处理难度较高，需要聘请更多的外劳。相比之下，橡胶的收割则容易得多，一个家庭就能自己处理收割。

此外，橡胶可保留较长时期才收割，但油棕果因易腐坏，不可保留着不收割。

（来源：南博网. http://www.caexpo.com/news/asean/malaixiya/jmzx_mlxy/2011/06/28/3538400.html. 2011—06—28）

博世集团拟投资5.2亿欧元在马来西亚发展太阳能产业

据德国博世集团公司公告，博世集团拟投资5.2亿欧元，在马来西亚槟城BatuKawan地带建造太阳能设备制造基地，这将成为该公司历史上投资总额最大的项目之一。

博世公司负责人FranzFehrenbach表示，该项投资是继2011年春天在法国韦尼雪建设太阳能设备制造基地之后，公司光伏太阳能业务国际化的又一重大步骤。

据估计，今后若干年亚洲地区太阳能设备市场年增长率将达到30%，而马来西亚制造基地也将面向亚洲其他国家生产配套产品。预定2011年底开始动工建设，2012年开始能创造1000个工作岗位，2013年底实现首轮投产。新基地完全投产后，其年设备产量能实现为30万个马来西亚家庭供电。

（来源：南博网. http://www.caexpo.com/news/asean/malaixiya/jmzx_mlxy/2011/06/27/3538337.html. 2011—06—27）

马来西亚推出创新型中小企业奖励计划

马来西亚进一步推出针对创新型中小企业的奖励计划，规定凡是获得"一个创新认证证书"（"1—InnoCERT认证"）的中小型企业可享受五项"绿色通道政策"奖励：一是每年向金融机构贷款不超过20万林吉特或5年贷款不超过100万林吉特的中小企业，可享受2%的贷款利息折扣，该项折扣最多可持续5年；二是该贷款合同免印花税；三是申请"1—InnoCERT认证"过程中所发生的现场审计、认证以及物流成本等费用可免税；四是在网上登记电子采购时可享受更快捷的程序，所需时间从7天缩短为1天；五是在政府及财政部旗下公司的采购项目上享有优先权。马来西亚政府表示，马来西亚中小企业的产值占GDP的31%，提供了59%的就业岗位。中小型企业的创新能力对马来西亚经济的发展至关重要，是马来西亚实现2020年宏愿的重要力量。马来西亚政府积极鼓励中小企业发展，2006年至2011年期间，共拨款266亿林吉特用于中小型企业发展计划，超过240万人受益。

（来源：南博网. http://www.caexpo.com/news/asean/malaixiya/jmzx_mlxy/2011/06/15/3537501.html. 2011—06—15）

马来西亚冷冻榴莲可正式出口中国

据马来西亚农业部部长诺奥马表示，中国国家质检总局已于2011年5月11日致函该部，同意马来西亚冷冻榴莲正式出口中国，表明两国政府间工作程序已经完成。2011年4月底，温家宝总理访问马来西亚时宣布中国同意进口马来西亚冷冻榴莲，受到马来西亚政府和企业的热烈欢迎。诺奥马表示，马来西亚榴莲品质优良，此次获准出口中国，相信必将在中国市场受到欢迎，也将带动马来西亚榴莲种植产业的发展，马来西亚农业部将指导果农和生产贸易商提高榴莲产量，保证品质和冷冻加工程序符合标准，以满足中国庞大的市场需求。

（来源：南博网. http://www.caexpo.com/news/asean/malaixiya/jmzx_mlxy/2011/06/10/3537198.html. 2011—06—10）

马来西亚成为全球第六大粗糖进口国

有关数据显示，2010年马来西亚进口粗糖159.49万吨，占全球粗糖出口的5%。目前，马来西亚是全球第六大粗糖进口国。马来西亚人均糖消费量超过50公斤，高于泰国（约40公斤）、印尼（约20公斤）。

随着国际糖价持续上涨，马来西亚政府也将逐步减少白糖补贴，预计未来两年，糖价将继续上调。荷兰农业合作银行（Rabobank）预测，马来西亚未来粗糖需求量将以每年3%增长，至2020年，年需求量将达到约190万吨。由于马来西亚政府对糖进口仍有补贴，其糖价较区域内其他国家如印尼、印度等国家将处于较低水平。

（来源：南博网. http://www.caexpo.com/news/

asean/malaixiya/jmzx _ mlxy/2011/05/30/3536119. html. 2011—05—30)

中马贸易在未来5年仍将倍增

马来西亚国际贸易与工业部副部长耶谷沙干于2011年5月26日指出，中国目前已成为马来西亚最大贸易伙伴。他称，未来5年双方贸易额将倍增。

耶谷沙干在出席2011年中国广西（马来西亚）商品博览会时表示，2010年马中贸易额高达742亿美元，同比增长42.8%。马来西亚已连续3年成为中国在东盟的最大贸易伙伴，而中国已连续两年成为马来西亚最大贸易伙伴。他表示，相信这种关系能够持续增长，而增长幅度也会在5年内倍增。

耶谷沙干欢迎及鼓励中国投资者能够来马来西亚投资电子、再生能源、太阳能以及生物科技领域等。

耶谷沙干透露，马来西亚政府会采取必要措施，以创造有利于投资者的环境。马来西亚政府将推行新居留证和工作准证政策，让在马来西亚投资和工作的外国人能够有更多的活动自由和更长的逗留期限。

（来源：中国新闻网. http://www. chinanews. com/cj/2011/05—27/3070588. shtml. 2011—05—27）

马来西亚成为第72个与中国签署互免协议的国家

马来西亚已正式成为与中国签署互免协议的国家，据中国外交部领事司消息，《中华人民共和国政府和马来西亚政府关于部分互免持外交、公务（官员）护照人员签证的协定》于2011年5月18日生效。

根据此协定，缔约一方持有效外交或公务（官员）护照公民在缔约另一方入境并停留不超过30日，且入境目的如下所述，免办签证：1. 正式访问[包括双边访问、参加会议或研讨会、商务或贸易洽谈、账目（账户）审计、投资目的、企业创建、签署条约]；2. 度假旅游；3. 探亲；4. 其他缔约一方主管机关同意之目的。若缔约一方持有效外交或公务（官员）护照的公民在缔约各一方入境并停留超过30日，或其入境目的不在上述入境目的范围内，则该公民在缔约各一方入境时须办理签证。

（来源：南博网. http://www. caexpo. com/news/asean/malaixiya/jmzx _ mlxy/2011/05/17/3534700. html. 2011—05—17）

马来西亚宣布经济转型新项目

马来西亚总理兼财政部长纳吉布宣布，将再出台7项新的投资项目，以进一步加快经济转型。据统计，马来西亚政府推出经济转型计划半年以来，在已公布的131项启动计划中，有54项已经开始实施，约占总数的41.2%；已累计投资1064.5亿林吉特（约合2310亿人民币），预期将实现收入1538.3亿林吉特，并创造出近30万个就业机会。

新出台的7项投资计划包括：英飞凌科技公司将投资4.8亿林吉特，进一步提升在马六甲制造厂的生产、研发以及工厂设施等；遍视利控股公司将注资2.5亿林吉特，在槟城成立家电产品制造枢纽以及国际分销网络；MM私人有限公司将注资1.75亿林吉特，以提升在马六甲的绿色工艺制造厂生产线；亚洲媒体将投资5亿林吉特，发展马来西亚的首家数字直播及电视广播设施，以便为轻快铁系统、巴士系统以及未来的地铁系统等提供数字影像和声音服务；另外，还有一个由多家公司组成的财团，将在沙巴州发展一项总投资额高达96亿林吉特的综合娱乐城。

为了缩短报关的等候时间，提升货柜清空的效率，同时加强自动监测的保安系统，马来西亚政府将在无线电频率识别技术方面投资4500万林吉特，从而使其关税报关系统进入自动化和无纸张作业时代。

（来源：南博网. http://www. caexpo. com/news/asean/malaixiya/jmzx _ mlxy/2011/05/13/3534518. html. 2011—05—13）

马来西亚国家石油公司投资200亿美元建油气联合体

马来西亚总理纳吉布（Najib Razak）表示，马来西亚国家石油公司将投资200亿美元建立油气联合体。

纳吉布表示，马来西亚国家石油公司将在本国南部的柔佛州的下游建造一个日产30万桶的油气联合体，该联合体将包括炼油和石油化工设施以及一个燃气发电厂，公司也可能在该地区建造一个液化天然气进口和再汽化终端。

纳吉布还补充，这标志着该公司勇抓亚洲动态能源和化学品市场，特别是特种化学品领域预计将提前数十年供应机遇的战略野心，这将有助于增强国家出口能力的多样化。

该项目预计于2016年竣工，是东南亚国家经济转型计划的一部分。据了解，该计划将有助于马来西亚应对邻国新加坡的竞争，尽管新加坡没有天然能源资源，但其目前的炼油能力超过马来西亚的40%。

（来源：南博网．http://www.caexpo.com/news/asean/malaixiya/jmzx_mlxy/2011/05/13/3534522.html．2011—05—13）

丰田马来西亚将投资3亿美元升级工厂

丰田汽车公司位于马来西亚的合资企业UMW丰田表示，该公司将在未来三年内投资10亿林吉特（约折合3.36亿美元），此次投资主要用于提升汽车生产的效率和产品的质量。

据了解，总投资金额中的3.5亿林吉特将用于升级现有的汽车生产线，这将包括丰田凯美瑞车型的CKD组装线，预计升级将于2012年完成。3亿林吉特将用于扩张经销商网络和提高汽车销售的服务；2亿林吉特将用于在菲律宾的武吉拉贾（Bukit Raja）修建一座新的统一配送中心，该项目将于2011年下半年启动。

UMW丰田公司主席Asmat Kamaludin表示，此次投资还涉及试验跑道、配件中心和车身喷漆车间等设施。

（来源：南博网．http://www.caexpo.com/news/asean/malaixiya/jmzx_mlxy/2011/04/28/3532699.html．2011—04—28）

中马钦州产业园完成总体规划　定位五大产业

为了带动中国与马来西亚两国企业相互投资，广西钦州市谋划建设的中马钦州产业园目前已完成总体规划。钦州市副市长李杏在北京表示，已与马来西亚贸工部、发展促进局、贸易局进行多轮对接洽谈，马方给予积极响应。

据悉，整个产业园计划用10至15年时间开发完毕，园区用地规模为49平方公里，人口规模控制在30万至35万人。首期规划启动区占地6平方公里，计划5年内开发完毕，其中加工制造业、商贸物流业用地约4平方公里，商业居住及生活配套服务设施用地约2平方公里。

在2011年4月20日举行的“中马钦州产业园区规划建设研讨会”上，李杏表示，园区的产业定位为装备制造业、电子信息业、农副产品深加工、新能源及新材料、现代服务业。钦州正推动中马双方组建园区开发公司，共同开展征地和基础设施建设，共同招商。土地开发收益按股权比例分成。目前，双方股权占比份额未定。

据李杏介绍，目前已有中国银行广西分行和马来西亚分行、广西北部湾港务集团和广西北部湾投资集团等企业，愿意积极参与园区合作开发建设。其中，中国银行广西分行将为产业园的落户企业提供金融服务支持，广西北部湾港务集团将作为园区的航运物流服务商。

（来源：中国新闻网．http://www.chinanews.com/df/2011/04—21/2987267.shtml．2011—04—21）

马来西亚建筑业外劳工作准证无条件延长5年

据马来西亚《南洋商报》报道，酝酿多时的马来西亚外劳工作准证延长5年措施，已在2011年4月6日正式生效。在新措施下，建筑业外劳可无条件申请准证延期5年，不必缴370林吉特接受马来西亚建筑发展局（CIDB）重新评估及考取熟练技术文凭。

换言之，无论有无经验，建筑业外劳只需上一天安全课程，获取马来西亚建筑发展局发出的绿卡后，便可投入工作。

（来源：南博网．http://www.caexpo.com/news/asean/malaixiya/jmzx_mlxy/2011/04/15/3531446.html．2011—04—15）

马来西亚石油欲剑指全球第五大润滑油品牌

Petronas Dagangan公司是马来西亚国家石油公司的零售公司，已定计划力争到2016年成为马来西亚最大的润滑油公司，同时也力争打造马来西亚石油企业成为全球前五大润滑油品牌之一。

该公司已计划积极推进车用润滑油品、工业润滑油的市场拓展，并成立各类服务中心。

马来西亚石油公司润滑油事业部总经理Mohd Shobri A Bakar称，在马来西亚及亚洲市场，该公司积极推进一个目标计划，以期在目前的市场情况下增长10倍。目前，亚洲是润滑油市场非常好的增长区域。中国和印度润滑油市场仍处于良好的增长趋势。对于在国际市场拓展上，该公司将着重于亚洲、南美及北美市场。

马来西亚石油公司目前主要润滑油品牌有：Syntium、Syntium Moto、Urania及其他品牌。在全球共有13个大型润滑油分公司，产品出口国家包括：中国、印度、泰国、印度尼西亚和苏丹等国。

据咨询公司克莱恩统计，目前全球润滑油市场营销前五大润滑油品牌为：壳牌（Shell），埃克森美孚（ExxonMobil），英国石油公司（BP），雪佛龙（Chevron）和道达尔（total）。

目前，马来西亚国家石油公司每年销售润滑油约600万公升。据此数据推算，马来西亚石油若要进入全球润滑油品牌销量前五位，应每年增加15亿升润滑油销量。

（来源：南博网. http://www.caexpo.com/news/asean/malaixiya/jmzx _ mlxy/2011/04/13/3531172.html. 2011－04－13）

马来西亚将逐步禁止进口二手汽车及零部件

马来西亚国际贸易及工业部副部长拿督耶谷沙岸表示，出于对民众安全方面的考虑，马来西亚政府从2011年6月起，分阶段禁止进口二手汽车零部件，以配合2016年1月1日起全面禁止进口二手车的措施，该国政府将在2015年12月31日以后废除进口二手车准证。

同时，他还表示，马来西亚政府鼓励该国本地的汽车零件生产商协助政府管控进口二手车零部件，从而避免因汽车零部件价格上涨而给消费者造成负担。

（来源：南博网. http://www.caexpo.com/news/asean/malaixiya/jmzx _ mlxy/2011/04/02/3530219.html. 2011－04－02）

马来西亚将废除335项产品进出口准证

马来西亚贸工部长慕斯塔法在马来西亚外贸发展局主办的东盟经济共同体与马来西亚自贸协定座谈会的开幕词中表示，为制造亲商环境，该国政府同意废除335项产品的进出口准证，其中包括57种进口产品及278种出口产品。这些产品包括炉渣和铁、钢、锌类废料、屋顶瓦片、活性染料粘土、活性白土等。马来西亚贸工部副部长慕克力称，待马来西亚关税局完成相关细节工作后即可落实。在接下来的几年里，马来西亚政府将逐步开放128个服务业次领域，还将实施透明化投资准则，以吸引更多本地与外国投资，并增进区域内的流动投资。

（来源：中华人民共和国商务部网站 . http://www.mofcom.gov.cn/aarticle/i/jshz/new/201103/20110307457635.html. 3589343160＝850387913. 2011－03－21）

2011年6月起入境马来西亚须测指纹

马来西亚副总理丹斯里慕尤丁在主持“外劳与非法入境者”内阁委员会会议后的新闻发布会上表示，马来西亚政府拟于2011年6月1日实行新的“外国人入境执法和登记系统”，其中包括在外国人入境时索取指纹，以便更有效地管理和解决各项与外来者相关的问题。这个系统索取指纹采取生物指纹方式，可协助执法部门对外国人在入境、逗留和离开时进行有效跟踪，可解决伪造文件、滥用签证和逾期逗留等问题。该系统已试用一段时期，正式启用后将在全国所有96个入境处投入使用。慕尤丁指出，外国有些国家也实施类似措施，马来西亚可与这些国家开展合作，相互交换信息。

（来源：凤凰网. http://finance.ifeng.com/roll/20110321/3711261.shtml. 2011－03－21）

马来西亚名牌商品2011年起免税

马来西亚旅游部长黄燕燕表示，2011年1月1日起名牌商品实行免税政策。为配合这一政策，旅游部已和旅游业及商家对话，让销售这些货品的业者尽快倾售现有存货。她指出，随着2011年马来西亚成为旅游免税国家，预计外国旅客在马来西亚购物消费比例，将从2010年占总消费的28%，逐步增加到2020年的35%。

（来源：中华人民共和国驻马来西亚大使馆经济商务参赞处 . http://my.mofcom.gov.cn/aarticle/sqfb/201012/20101207288549.html. 1341261752＝850387913. 2010－12－06）

吉隆坡计划未来10年吸引100家知名跨国公司投资

马来西亚为推动“大吉隆坡计划”实施，拟从2011年起启动5项旗舰计划（Entry Point Projects），即吸引100家知名跨国公司到吉隆坡投资、建设高速铁路连接马新（加坡）两国、兴建捷运、绿化吉隆坡与巴生河以及把巴生河打造成“生命之河”。其中，在未来10年吸引100家知名跨国公司投资为首要任务，该国政府已成立由马来西亚工业发展局、马来西亚雪兰莪州投资公司、大马多媒体发展机构、联邦直辖区及城市福利部4个部门组成的“投资吉隆坡”机构，于2011年初全面投入运作。

（来源：中华人民共和国驻马来西亚大使馆经济商务参赞处．http：//my.mofcom.gov.cn/aarticle/sqfb/201011/20101107268820.html.1223821240＝850387913.2010－11－26）

缅甸取消东盟运输标准

自2011年6月初起，缅甸在全国范围内取消自2011年1月20日开始执行的东盟运输标准。目前，仰光、曼德勒近180个车站已将运输标准恢复为执行东盟标准前的标准。

根据东盟运输标准，6轮车限装16吨，10轮车限装21吨，12轮限装25吨。如有超载的，将对超载车及装货的车站进行制裁。

取消东盟运输标准后，5月份仰光和曼德勒的运费由140缅元/缅斤下降至70缅元/缅斤。

目前，在港口最集中的仰光和缅甸中部经济城市曼德勒这两座城市共有180个物流车站，平均每天有400辆车往返于两地。

（来源：南博网．http://www.caexpo.com/news/info/focus/2011/06/20/3537793.html.　2011—06—20）

缅甸计划2011～2012财年出口大米60万吨

从缅甸大米协会获悉，在2011～2012财政年度，缅甸计划出口大米60万吨。

据缅甸大米协会秘书长吴耶敏介绍，上述计划已付诸实施，5月已获得3万吨的出口指标，6月初可装船，另外2万吨的出口指标正在申请。吴耶敏另称，缅甸大米在国际市场前景不错，只要出口创汇价值不贬，就会有利润。

目前缅甸大米在国际市场每吨价格在390～395美元，越南大米每吨430美元。两国大米主要出口市场均在非洲和新加坡，价格也相差不大。

（来源：南博网．http://www.caexpo.com/news/asean/miandian/jmzx_md/2011/06/07/3536799.html.　2011—06—07）

2010～2011财年中缅贸易超50亿美元

据缅甸《新光报》2011年5月29日报道，目前，中国已成为缅甸最大的贸易伙伴国，2010～2011财政年度（2010年4月1日至2011年3月31日），两国贸易额达到53亿美元，预计2011～2012财年可达60亿美元。

在外国投资方面，中国也是外国在缅甸的最大投资国。迄今在缅甸共有72个投资项目，总金额达158亿美元。

（来源：南博网．http://www.caexpo.com/news/asean/miandian/jmzx _ md/2011/05/31/3536359.html.2011—06—03）

缅甸成云南第一大贸易伙伴

2011年《大湄公河次区域合作发展报告》蓝皮书指出，缅甸已经成为云南第一大贸易伙伴，双边贸易额从2003年以来增长迅速，2009年滇缅贸易额达12.27亿美元，2010年前9个月达12.3亿美元，同比增长42.9％。并预测到2015年，中国与大湄公河次区域（GMS）国家的贸易总额有望超过1500亿美元。中方有可能上升为东盟第二大甚至第一大贸易伙伴，而东盟已超过日本成为中国第三大贸易伙伴。

蓝皮书还建议，应率先启动昆明—河内经济走廊建设，着力推动昆明—曼谷经济走廊建设，创造条件促使各方支持昆明—仰光经济走廊建设。要与泛珠三角区域省区联手推动南北经济走廊建设，并将之打造为从泛珠三角区域延伸至大湄公河次区域的“国际经济走廊”。

（来源：南博网．http://www.caexpo.com/news/asean/miandian/jmzx_md/2011/05/27/3536062.html.　2011—05—27）

缅甸停止木材来料加工

据悉，缅甸已自2010/11财年末起，停止了缅甸木材公司与私营企业进行来料加工的合作方式。

据了解，停止该方式的主要原因有两个：一是部分私营企业通过赊销方式从国家取得木材后，不能在规定的时间内结清货款；二是缅甸木材公司将通过其他渠道向私企销售木材。

来料加工方式自2004年1月开始实施，最初只有6家企业试行，之后发展到100家企业。该方式停止前，仰光50家企业、曼德勒10家企业、博古10家企业还在采取这种方式运作。来料加工即缅甸木材公司将原木赊销给私企，私企生产出成品（锯材）后以缅甸木材公司的名义出口。缅甸木材公司规定3个月内结清货款，但部分企业在3、4年内均无法结清货款。缅甸木材公司规定，3个月内不结清货款，每财年需要向缅甸木材公司缴纳1万美元罚金。

导致私企无法结清货款的主要原因有两个：一是2007年开始对缅甸进行的经济制裁，使得木材制品无法出口；二是2008年经济危机发生后，柚木等高档木质家具无人购买。

原先采取来料加工方式的工厂一年可出口7至100个货柜，每个货柜12至15吨。该方式停止后，将对采取该方式运转的企业及企业的工作人员带来很大的影响。

目前私企还可以通过参加每个月木材公司举办的招投标方式购买木材，或以申请工业原料的方式以相应的费用购买，或采取直接向私企销售的方式购买等。

（来源：南博网. http://www.caexpo.com/news/asean/miandian/jmzx_md/2011/05/19/3535078.html. 2011—05—19）

中缅签署铁路项目合作谅解备忘录

2011年4月27日，中国铁路工程总公司董事长李长进率领代表团赴缅甸会见了缅甸联邦共和国副总统吴丁昂敏乌，并出席了中国铁路工程总公司与缅甸铁道运输部“关于缅甸木姐—皎漂铁路运输系统项目合作谅解备忘录”的签字仪式。

据悉，连接缅甸若开邦皎漂深水港至昆明的铁路将于2015年前建成。该项目将并入皎漂至瑞丽的大通道项目，并将与缅甸目前实施的全国铁路网项目连接。该铁路将贯通缅甸若开邦、马硅省、掸邦等地。连接皎漂—敏布—安—敏巴—妙吾—皎多—伯那岛—实兑的铁路将与敏布—巴丹—安路段相连。该项目并将新建通往皎漂深水港的敏布—巴丹—安长约104.6公里的路段。皎漂—安—敏布铁路建成后，将连通敏布—马硅—曼德勒—腊戍—木姐路段。另外，连接缅甸木姐到中国姐告的跨国铁路项目也将同时施工。该项目完成后，缅甸掸邦将与中国云南省连通，成为中国输送云南物资至缅甸的大通道。

（来源：南博网. http://www.caexpo.com/news/asean/miandian/jmzx_md/2011/05/12/3534350.html. 2011—05—12）

缅甸对进口新增3.5%代扣所得税

据缅甸进口商介绍，自2011年1月1日起，缅甸对进口业务新增3.5%的代扣所得税（Withholding Tax）。并自2月开始接受交纳外汇券，导致市场上外汇券增值，一元外汇券的价值从800缅元以下上涨到900缅元。因此，缅甸政府自2月最后一周起，不再接受交纳外汇券，2月28日外汇券价格降到了865缅元。

（来源：中华人民共和国驻缅甸联邦共和国大使馆经济商务参赞处．http://mm.mofcom.gov.cn/aarticle/jmxw/201103/20110307449036.html. 1865943736=850387913. 2011—03—16）

缅甸对华开放落地签证

据悉，缅甸已于2010年5月1日起实施落地签证政策，中国公民从空港口岸搭乘国际航班赴缅甸，可在仰光和曼德勒两大国际机场口岸办理落地签证。

此次推出的落地签证共有旅游签证、商务签证、访问签证和过境签证四类，中国公民可根据个人情况前往办理。

欲办理落地签证的中国公民需符合以下四个条件：一是申请人护照有效期不得少于6个月；二是只能入住政府批准的酒店、旅馆，需注明详细地址；三是如入住亲戚朋友家或工厂等地方的，需注明接待人的详细地址；四是个人旅游者需至少持300美元，家庭则需持不得低于600美元或同等价值外币的旅费。该政策的实施意味着中国公民在办理边检手续时仅需一本护照，便可在国内机场搭乘国际航班赴缅甸，无疑给准备赴缅甸旅游、经商、访问的中国公民带来了方便，大大节约了他们在国内等待签发赴缅甸签证的时间。

目前上海两大机场还没有开通直达缅甸的客运航班，市民可选择从北京、广州、深圳、昆明等地前往。另外，这一落地签政策不适用于准备从中缅陆地口岸入境缅甸的中国公民，此类人员仍需去缅甸驻中国使领馆事先办妥签证。根据中缅双方原先互免签证的协议，持外交、公务（官员）护照的中国公民无需签证即可入境缅甸。

（来源：南博网. http://www.caexpo.com/news/asean/miandian/zcfx_md/zcdx_md/2011/03/17/3528568.html. 2011—03—15）

缅甸颁布《土瓦经济特区法》

缅甸国家和平与发展委员会自颁布第2011/8号法律《缅甸经济特区法》后，又颁布了第2011/17号法律《土瓦经济特区法》。该法共分12章58条。内容比《经济特区法》更充实，规定更详细。

该法第12条对投资人应享有的特殊待遇作了明确表述：如投资人在该特区内可从事的行业有：（一）原料加工、机械化深加工、仓储、运输、服务；（二）投资项目所需的原材料、包装材料、机器零配件、机械用油可以从国内外进口；（三）进出口贸易；（四）生产的产品除药品和食品以外，其他未达到质量标准但还可以使用的产品，如果符合特区管委会规定的，可以在国内市场销售；（五）经特区管委会批准，投资人和国外服务商可以在特区内设办事处。

此外，在特区可以开展的行业还有：建设深水港、钢铁厂、化肥厂、原油炼油厂、油气厂、火电厂、天然气发电厂等工业项目；开展服务业、修建从项目所在地通往边境地区的公路、铁路，修建输变电线路、铺设油气管道，包括建设住宅、旅游景点和度假设施在内的基础设施项目，以及经管委会批准的不违反现行法律的其他经济项目。

该专项特区法比《缅甸经济特区法》的个别规定更加明确，如第36条规定，在缅甸特区内开展的项目，要向缅甸政府或指定组织缴纳土地租赁费、土地使用保险费等。

土瓦经济特区划分为9个区域，分别是高技术工业区、信息通讯区、出口产品生产区、港口区、后勤运输区、科技研发区、服务区、二级贸易区、政府临时指定的区域。

（来源：南博网．http://www.caexpo.com/news/asean/miandian/zcfx_md/zcdx_md/2011/03/14/3528180.html．2011—03—14）

中国重汽签下缅甸第一汽车升级项目

2011年3月1日，中国重汽集团公司总工程师王善坡与缅甸工业二部正式签署了使用中国优买贷款改造升级缅甸第一汽车厂项目合同。缅甸工业二部部长、中国重汽亚澳部总代表杨正旭、缅甸办事处首席代表刘洋和销售经理巩重阳一起出席了签字仪式。

项目前期，亚澳部总代表杨正旭已带领部门团队与工业二部洽谈近一年时间。此项目的成功签署，将使用中国政府提供给缅甸的优买贷款，改造升级缅甸第一汽车制造厂。该厂房在改造升级后，将具备HOWO车型主要总成的生产和装配能力。

在合同签字仪式上，中国重汽总工程师王善坡发表了重要讲话，他称，中国重汽实力雄厚，有丰富的海外生产线建设经验，并强调缅甸市场作为中国重汽重点开发的海外市场之一，销售服务网络日渐完善，相信此项目的成功签署会扩大中国重汽产品在缅甸的影响力，也会更好地促进缅甸的经济建设。

（来源：南博网．http://www.caexpo.com/news/asean/miandian/jmzx_md/2011/03/11/3528016.html．2011—03—11）

缅甸航空开通广州直达仰光航线

据了解，缅甸国际航空公司正式开通其首条往返中国与缅甸的常规航线，每周将开通两趟航班，逢周四、周日14：15从广州机场起飞，单程大约需要两个半小时。据悉，到目前为止，共有南方航空、缅甸航空开通了广州直飞仰光的航线，出行选择将更加方便。

作为该航空公司第一条中国直达常规航线，选择广州作为首航点集中体现了广州对于缅甸经济的重要性，虽然此前曾包机飞往北京、广州、昆明等地，但两国的商务和贸易往来主要集中在广州，开通广州直飞仰光航线有利于缓解双方居民出行的压力，同时也解决了因航班不够而需要经曼谷中转的难题。两个半小时的飞行时间进一步缩短了两地之间的距离。据悉，目前广州至仰光每月的客流量在5000至6000人之间。新增的两趟航班，不仅令居民出行有更多的选择，票价也有可能进一步降低。

据介绍，缅甸航空开通的广州—仰光航线由空客A320执飞，共设有8个商务舱位和144个经济舱位。在空乘服务方面，考虑到乘客不仅有缅甸公民，还会有相当一部分的中国公民，因此机上将分别配有4名中国籍和4名缅甸籍的空姐，为乘客提供国际化的服务。而在机上餐饮方面，从广州出发时，将提供正常的国际化餐饮。而从缅甸仰光出发时，将为游客配备富有缅甸当地特色的餐饮美食，让国外乘客能体验到地道的缅甸风情。

（来源：南博网．http://www.caexpo.com/news/asean/miandian/jmzx_md/2011/03/11/3528014.html．2011—03—11）

中缅边境拉扎口岸重新开放

据悉，中缅边境贸易口岸之一的拉扎口岸在关闭近1个月后，已于2010年12月15日重新开放。

缅甸在中缅边境共开设了4个边境贸易口岸，分别是木姐105码、拉扎、清水河和甘拜地口岸。2010年11月临时关闭了其中的拉扎口岸。该口岸位于缅甸克钦邦境内，是中缅边境贸易的重要口岸之一。此外，为了方便正在克钦邦境内实施的水电站项目所需物资的入境，2010年11月初还开放了一个新的边境贸易通道——板瓦，此通道仅限于缅甸政府批准项目所需物资的进入。

木姐105码是中缅边贸最重要的口岸，中缅边贸占缅甸边贸总额的84%。据缅甸商务部统计，2010年4月至11月，两国边贸总额达10.54亿美元，其中缅甸出口5.67亿美元，进口4.86亿美元。

（来源：中华人民共和国驻缅甸联邦共和国大使馆经济商务参赞处. http://mm.mofcom.gov.cn/aarticle/jmxw/201101/20110107359634.html.171510456=850387913.2011—01—12）

缅甸通过边境向中国出口汽油

由于市场上燃油价格的差异，缅甸商人通过边境向中国出口燃油。而缅甸国内私营加油站自2010年11月初开始限量销售燃油。

由于运费便宜，缅甸商人开始将燃油打入中国市场。据商人估计，在皎漂石油管道开通之前，中方会一直有从边境购买汽油的需求，目前每天从边境出口的燃油达2000～3000桶（15000加仑）。中国境内姐告地区柴油每升销售价为6.71元人民币，汽油6元人民币左右，折合缅币一加仑汽油为3500缅元，柴油为4000缅元。而缅甸国内自2010年11月初起也因为购买力上升，汽油价上涨到每加仑3500缅元，柴油价维持在2900缅元。目前市场上销售量大的汽油由缅甸政府销售，定价为2500缅元。缅甸全国每天汽油购买量约为150万加仑。

（来源：中华人民共和国驻缅甸联邦共和国大使馆经济商务参赞处. http://mm.mofcom.gov.cn/aarticle/jmxw/201012/20101207303099. html.2922973880=850387913.2010—12—13）

缅甸印刷业所需纸张75%依靠进口

据悉，缅甸由于资金和技术短缺，高级纸张的产量不能满足国内印刷厂生产的需求，缅甸国内印刷业75%以上的纸张要依靠从国外进口。

缅甸印刷及发行协会副主席吴敏貌表示，目前缅甸有6个纸厂，主要是对回收的废旧纸张进行加工。进口商除了通过一般贸易方式从印尼、韩国、印度、中国和泰国进口纸张外，在原料紧缺时也通过边境贸易方式进口，而来自印尼的纸张较受欢迎。

（来源：中华人民共和国驻缅甸联邦共和国大使馆经济商务参赞处. http://mm.mofcom.gov.cn/aarticle/jmxw/201009/20100907123861.html.892996280=850387913.2010—09—07）

菲律宾成为世界主要服务出口国

世界银行在近期发布的报告中，将菲律宾列为世界上表现最佳的服务出口国之一，特别是在商业流程外包（BPO）领域。报告称，菲律宾的经验表明，服务是一个出口多样化的可行性选择，货物贸易不是发展中国家惟一的出口方式。菲律宾服务贸易占出口贸易的比例 自1991年的1%上升至2009年的9%，其间服务出口年均增长3.6%，高于亚洲平均水平1.5%。

自2006年以来，菲律宾一直是服务净出口国。目前，菲律宾是世界第三大商业流程外包对象国，占全球BPO市场的15%，仅次于印度（37%）和加拿大（27%）。菲律宾商业流程外包协会数据表明，目前菲律宾BPO部门雇佣近50万人，2010年服务出口收入近90亿美元。菲律宾的目标是到2016年，收入达到250亿美元，直接从业人员达到130万。

（来源：南博网. http://www.caexpo.com/news/info/export/2011/06/09/3537107.html.2011—06—09）

菲律宾政府公布2011～2016年中期发展规划

综合菲律宾多家媒体报道，菲律宾国家经济发展署网站公布菲律宾《2011～2016年中期发展规划》。这一代表阿基诺政府施政纲要的文件的两大首要主题为“良政”与“反腐”，三大战略为实现包容性增长、创造大量就业与减少贫困，主要目标为实现阿基诺总统在2010年总统竞选时向人民承诺的“16点议程”以及到2015年实现联合国千年发展目标（MDG）。

根据规划，2011～2016年，菲律宾政府要实现的主要经济和社会指标为：GDP增长率保持在7%～8%。到2016年使人均收入上升至3000美元，在未来20年使人均收入上升至5000美元；减贫方面，到2015年贫困率降至16.6%，比1991年的33.1%减半；创造就业方面，每年创造100万个就业岗位，每年劳动力增长2.75%，失业率保持在6.8%～7.2%；千年发展目标方面，到2015年，实现100%学龄前儿童入学，男女入学比例为1∶1，妇女在非农就业方面的比例占到50%，5岁以下儿童死亡率每千人少于26.7人，产妇死亡率每10万人少于52人，消除疟疾和肺结核传播。

（来源：南博网．http://www.caexpo.com/news/asean/feilvbin/jmzx_flb/2011/06/01/3536395.html．2011—06—01）

中国服装公司在菲律宾建厂

由于中国的高成本，预期到“挽救我们的工业法”法案能够获得通过，中国两个主要的服装制造单位在菲律宾重新建立起了他们的部分服装经营。“挽救我们的工业法”寻求允许在菲律宾利用美国的纺织品和面料制造的服装能够零关税或者特惠税率进入美国。

菲律宾投资局的执行理事雷耶斯称，日本拥有的Zepher公司和苏州天元服装公司，均在上海进行大规模的服装制造经营。这两个公司均曾抱怨在中国做生意成本高，而且曾预期“挽救我们的工业法”能够通过，致使部分采购商已经表示优先从菲律宾选择来源。

Zepher公司是日本的一家公司，目前在上海进行大规模的服装经营。这个公司主要生产高端时装，例如在日本市场销售的精美针织女服。

雷耶斯称，Zepher公司证实，将在菲律宾建立部分服装生产线，最初的投资将达到200万美元。而苏州天元服装公司也将投资200万美元，至少雇佣500人。

（来源：南博网．http://www.caexpo.com/news/asean/feilvbin/jmzx_flb/2011/05/27/3536025.html．2011—05—27）

菲律宾向外国航空公司实施“开放天空”政策

菲律宾政府已正式采纳阿基诺总统29号行政令关于“开放天空”的最终实施规则。

根据新的行政令，菲律宾国内航空公司可以向外国航空公司提供二级机场运营的第三、第四和第五自由航权（即目的地下客权、目的地上客权和中间点权或延远权），不受频率、载客量和飞机类型的限制。但繁忙的位于马尼拉的尼诺·阿基诺国际机场除外。

菲律宾民用航空局局长卡梅洛·阿西利亚表示，总统第29号行政令的目的旨在吸引外国航空公司在几乎没有国际航线的二级机场发展。同时他指出，如果没有互惠性，菲律宾保留取消航权的权利。

但是，一些菲律宾国内航空公司对这项决定表示“失望”。他们认为，如果其他国家和地区没有给予菲律宾航空公司同样的互惠待遇，这将会损害他们的利益。

（来源：南博网．http://www.caexpo.com/news/asean/feilvbin/jmzx_flb/2011/05/11/3534196.html．2011—05—11）

亚洲第一大购物中心菲律宾SM百货入驻苏州

随着吴中区一系列基础设施开发及政府重点项目的建成，越溪城市副中心近年来快速崛起，分流了大量的主城区人口迁入。

亚洲第一大购物中心运营商菲律宾SM集团早在2008年就已抢滩越溪，投资4.5亿人民币兴建SM城市广场，建筑规模约72500平方米。目前已吸引了国内外多家零售餐饮连锁品牌入驻。特别是在2011年3月，SM集团再度携手台湾专业百货管理团队来雅，深度合作创立全新百货品牌——SM百货，并将于2011年9月份同苏州消费者见面。

吴中区越溪城市副中心是未来规划中吴中新城的所在地，周边拥有国际教育园区近10万师生，据悉，自2007年《苏州市商业网点规划》颁布以来，更吸引了众多知名房地产品牌投资越溪。近5年来，周边小区入住率已达65%，未来短期内还将新增约20万高端消费群体，SM城市广场东面的吴中区行政商务中心也已投入使用。而作为周边惟一的中高端商业项目——SM百货，将给周边消费者带来充分而愉悦的购物享受。

位于苏州吴中越溪城市副中心的SM百货苏州店，是来雅团队与SM集团合作开设的全国第五家连锁店，除了拥有雄厚实力的经营母体、全新的经营理念、科学的管理模式、差异化的经营特色等优势外，SM百货苏州店将更加贴近周边独特的地域商业环境，以“生活知己、亲切芳邻”为诉求，打造功能完善的社区百货。

（来源：南博网．http://www.caexpo.com/news/info/other/2011/05/05/3533438.html.2011—05—05）

菲律宾最大地产商驻天津生态城项目开工

2011年4月27日，菲律宾最大的房地产开发商阿亚拉地产有限公司在中国投资的首个地产项目——雅境项目，在中新天津生态城开工，一期项目预计在2012年年底竣工。

雅境项目是阿亚拉地产在中国的第一个旗舰项目，由阿亚拉地产与中新天津生态城投资开发有限公司共同开发，总投资约2.2亿美元。

项目紧邻商业中心和国家动漫园，占地97633.3平方米，将建设1244个单位。同时，它还与天津生态城首个国际学校——天津杰美司国际学校相邻。该国际学校由世界最大的K－12教育公司环球教育集团运营。

项目所处的天津生态城占地30平方千米，是中国与新加坡两国共同开发的标志性项目，将被建设成为一座可持续发展的和谐社区。

（来源：南博网．http://www.caexpo.com/news/info/industry/2011/05/04/3533331.html.2011—05—04）

人民币在菲律宾可直接商业运作

菲律宾工商部长格里高利·杜明戈于2011年4月14日在上海表示，目前人民币在菲律宾已可直接商业运作，这符合中菲两国的国情和利益。

格里高利·杜明戈称，2010年中国在菲律宾的投资额为1亿美元，希望中国赴菲律宾投资能稳健增长。他另称，菲律宾有清晰的投资政策，虽然有关投资的法律灵活度还不够，但保证公平、公正、透明，期望更多中国企业投身菲律宾基础设施等领域的建设。

格里高利·杜明戈还表示，在菲律宾，除了外国投资者不能拥有100%的土地所有权，以及一些敏感领域不能涉及外，其他领域都会向中资企业开放。

（来源：南博网．http://www.caexpo.com/news/info/finance/2011/04/22/3532278.html.2011—04—22）

菲律宾7家贸易商获得大米进口许可

菲律宾国家食品局（NFA）为7家贸易商授予进口许可，每家可进口2万吨大米。此前，NFA已经向13家交易商分配了约25.53万吨大米的进口许可。其中，私营部门获得的进口许可配额所占比例不到一半。

至此，私人交易商的进口配额总数达到60万吨，免税总额达到约39.53万吨，占全部免税大米进口配额的65.9%。其中，有15个进口商争相获取剩余的204652吨。

虽然官方计划对粮食进行重新招标，以保持平衡，但是如果在最后一轮审查中，有交易商不够资格，NFA可能面临私营部门进口不足的问题。

NFA对2011年设置的进口总量为86万吨。因为预期生产情况良好，到目前为止，没有从国外增加购买量的倾向。

（来源：南博网．http://www.caexpo.com/news/asean/feilvbin/jmzx_flb/2011/04/20/3531937.html.2011—04—20）

菲律宾国家电网推出互联计划

菲律宾国家电网公司（NGCP）已向能源监管委员会（ERC）申请批准开展莱特岛—棉兰老岛电网互联项目的可行性研究。该国国家电网发言人称，可行性研究将为期1年，耗资9140万比索（约合1400万人民币），而互联项目的实施可能为期7年，耗资180亿比索（约合28亿人民币）。项目建成后，莱特岛富余的电量即可输往棉兰老岛或维萨亚地区。更重要的是，菲律宾国内三个主要电网将连成一片。

（来源：南博网．http://www.caexpo.com/news/asean/feilvbin/jmzx_flb/2011/03/17/3528586.html.2011—03—17）

菲律宾政府推出首批公私合作项目

2011年3月7日，菲律宾政府公布首批公私合作伙伴关系（PPP）计划项目。项目包括：马尼拉轻轨（LRT）1号线、城铁（MRT）3号线，尼诺·阿基诺国际机场高速公路2期，北吕宋—南吕宋高速公路连接工程，北吕宋—南吕宋环线高速公路以及Daang Hari—南吕宋高速公路连接路段等。首批项目招标将在3～6月间进行，其中LRT－1和MRT－3是优先招标项目。但是，由于政府和私营业主存在所有权方面的问题，招标项目将不包括LRT－1的延长线及其与MRT－3的连接工程。

（来源：南博网．http://www.caexpo.com/news/info/industry/2011/03/10/3527808.html.2011—03—10）

菲律宾将建立首个可再生能源市场

菲律宾将建立首个可再生能源市场，为可再生能源的发行、交易和监管提供场所，使其符合可再生能源投资标准（RPS）。RPS是一项以市场为基础的政策，要求电力供应商提供的能源中有一定比例的合格的可再生能源。实施RPS的目的是通过能源供应多元化促进可再生能源产业的发展，关注环境问题，减少温室气体排放。待菲律宾国家可再生能源委员会批准后，该标准将适用于所有电力生产商和电网覆盖地区。菲律宾能源部已发出通知，成立可再生能源市场督导委员会，任务是制定和建立可再生能源市场运作的管理框架。

（来源：南博网．http://www.caexpo.com/news/business/economy/2011/02/23/3526132.html.2011—02—23）

中国银联与菲律宾最大银行合作发行银行卡

2010年12月1日，中国银联与菲律宾BDO银行举行合作发行银行卡启动仪式。BDO银行是菲律宾最大的商业银行，目前已在菲律宾累计发行银行卡超过100万张，并与超过5万家商铺建立了合作关系。

中国银联此前已与菲律宾联盟银行等金融机构建立了合作关系，2010年前十个月在菲律宾业务量同比增长了三倍。中国银联是BDO合作的第五家国际银行卡发行机构。此次两家金融机构的强强联合将进一步促进中菲经贸关系发展，为两国人员往来提供更多便利。中国驻菲律宾使馆刘建超大使和吴政平经商参赞出席了发卡仪式。

（来源：南博网．http://www.caexpo.com/news/business/economy/2010/12/02/3511043.html.2010—12—02）

菲律宾央行放松外汇管制

为应对资本强劲流入的影响，减缓比索兑美元的快速升值，菲律宾货币当局于2010年10月28日批准对外汇管理框架进行第四阶段的改革，放宽目前对资本流出的限制。菲律宾央行行长德坦科表示，货币委员会批准对外汇交易规则进行修订，是央行保持外汇管理框架与目前经济形势协调努力的一部分，修订后的规则框架与本地区周边国家保持当地货币竞争力的政策一致。

修订后的规则包括：允许居民从指定银行购买外汇用于向国外投资，投资菲律宾债券和其他债券的外汇限额由原来的3000万美元提高到6000万美元；居民无需文件，通过非贸易经常账户柜台交易所购买的外汇限额由原来的3万美元提高到6万美元，鼓励客户通过银行系统交易；旅游者在机场或其他出境口岸无需证明，由比索换回美元的限额从200美元提高到5000美元。

（来源：南博网．http://www.caexpo.com/news/business/economy/2010/11/26/3509782.html.2010—11—26）

菲律宾取消轧钢、沥青、原油和石化产品进口税

菲律宾阿罗约总统于2010年6月10日和6月22日分别签署第890号和第898号行政令，取消轧钢、沥青、原油和石化产品的进口税，以便与其他东盟国家保持一致。此前，菲律宾全球钢铁公司等极力反对取消轧钢进口税。

（来源：南博网．http://www.caexpo.com/news/business/2010/06/28/2158212.html.2010—06—28）

中行携手银联在菲律宾发行首张双币种借记卡

2010年10月12日，中国银行与中国银联在菲律宾马尼拉举行双币种（人民币/比索）借记卡发卡仪式，这是中行与银联携手在海外发行的第一张中行双币种、双账户借记卡，持卡人可在包括菲律宾、中国在内的全球银联网络，享受ATM机取款、余额查询及商户刷卡消费等服务。中国驻菲律宾大使刘建超出席发卡仪式时致辞表示，中行与中联推出的双币借记卡彰显了中国金融机构对中菲经贸关系未来发展的信心，以及进一步加强双方金融合作的决心，祝愿双方携手提供的以消费者为导向的服务将促进金融交易更加快捷、生活消费更加便利、中菲经贸关系更加密切。中行总行、银联总部、亚行中国执董办、菲律宾主要商业银行等分别派代表出席了发卡仪式。

（来源：中华人民共和国驻菲律宾共和国大使馆经济商务参赞处．http://ph.mofcom.gov.cn/aarticle/jmxw/201010/20101007188733.html.2096300984＝850387913.2010—10—15）

第八届铁矿峰会在新加坡召开

新加坡位于靠近商品（包括铁矿）主要生产者和消费者的战略性位置，许多顶尖金属和矿产企业都在新加坡设立公司，以扩展业务及迈向国际化。

新加坡总理公署部长兼内政部及贸工部第二部长易华仁于2011年6月27日出席印度矿业工业联盟（Federation of Indian Mineral Industries）举办的第八届铁矿峰会（Iron Ore Summit）。这是铁矿峰会第二次在新加坡举行。

易华仁在峰会发表演讲时表示，2010年铁矿业从传统的长期合约制转变成市场体制。另一方面，中国是全球第二大铁矿生产国，也是商品的最大进口国。

对于价格波动、供应有限、可续性问题、主要生产国如澳大利亚和巴西的气候变化等棘手问题，希望能通过这次峰会探讨，寻求创新方式来解决。

目前约70%的海运铁矿业由三大巨头必和必拓（BHP Billiton）、力拓集团（Rio Tinto）和淡水河谷（Vale）掌控。新加坡处于战略性优势位置，成功吸引必和必拓及力拓将环球铁矿行销营运的基地设在中国。淡水河谷在新加坡的业务也在发展当中。

中国顶尖企业如中钢、五矿和沙钢，均在新加坡进行铁矿和钢铁交易。

易华仁指出，新加坡和亚细安国家及中国的经济关系密切，加上人力资源、知识产权管理方面等软性优势，及贸易基础设施完善，所以具有吸引环球公司前来交易的潜力。

（来源：南博网. http://www.caexpo.com/news/asean/xinjiapo/jmzx_xjp/2011/06/30/3538671.html. 2011—06—30）

芬兰航空开通新加坡航线

2011年5月底，芬兰航空正式开通了飞往新加坡的直达航线，成为连接北欧与新加坡之间最快捷的航线。

芬航CEO Mika Vehvilainen表示，新加坡航线的开通对芬兰的核心战略有着至关重要的意义，芬兰将可以为更多往返于亚欧之间的商旅乘客提供服务。

新加坡是芬兰航空在亚洲的第十个目的地城市。芬航也是惟一一个在新加坡和北欧之间开通每日直航的航空公司。它为满足商旅乘客的需要而定制了便捷高效的飞行时刻表。

赫尔辛基机场总监Juha－Pekka Pystynen分析，由于新加坡航线的开通，使得赫尔辛基机场作为北欧地区首要长途航运枢纽的地位更加凸显。

这条航线在赫尔辛基和新加坡之间架起了一座便捷的桥梁。对亚洲乘客而言，它更是连接着芬航在欧洲的50多个目的地城市。

对欧洲的乘客而言，他们可以在新加坡换乘芬航合作航空公司的航班前往澳大利亚以及新加坡的其他邻国，比如马来西亚和印度尼西亚这些拥有众多度假胜地的国家。

此条航线上的航班所使用的飞机为先进的空客A340。

（来源：南博网. http://www.caexpo.com/news/asean/xinjiapo/jmzx_xjp/2011/06/29/3538549.html. 2011—06—29）

挪威Statoil将在新加坡成立天然气交易部门

2011年6月，挪威Statoil在新加坡成立亚洲液化天然气（LNG）交易部门，而此刻正有越来越多的企业寻求从中国及印度对燃料的需求中增加获益。

Statoil已经在新加坡拥有原油及其他炼制品行销及交易部门，多位消息人士指出，Statoil目前正在招募组建一支约10人的团队，以从事现货交易并争取定期供应合约。

根据挪威石油管理局（NPD）数据，该公司从北极圈白令海Snoehvit油气田出口LNG，估计该油气田2010年的天然气产出达57.6亿立方米，或约每月4.8亿立方米。

2011年2月Statoil向路透表示，Snoehvit天然气的市场主要瞄准大西洋盆地，但必要时也将销售到亚洲。

（来源：南博网. http://www.caexpo.com/news/asean/xinjiapo/jmzx_xjp/2011/06/28/3538428.html. 2011—06—28）

特速集团以7.8亿元投资新加坡公共房屋项目

特速集团公布，旗下SXLPRL及Kay Lim购得新加坡一块土地，收购价约为1.24亿新元（约7.8亿元），SXLPRL及Kay Lim将分别按股权比例的80%及20%，透过合营公司共同参与收购及发展设计、兴建和销售计划项目。

土地位于 Pasir Ris Central/Pasir Ris Drive 1，经批准作为公共房屋住宅之用，地盘面积约 16388 平方米，最高许可建筑面积约为 49000 平方米。根据设计、兴建和销售计划，该土地于 2015 年 5 月 31 日或之前拟发展为最多拥有 454 个公共住房单位（包括儿童关爱中心、停车场及发展项目等一切配套设施），租赁期 103 年。

Kay Lim 为在新加坡注册成立的私人有限公司，主要从事投资控股及楼宇建筑业务。SXLPRL 为 SingXpress 的全资附属公司，而特速集团拥有 62.68%权益的附属公司，其股份在新加坡交易所上市。

（来源：南博网. http://www.caexpo.com/news/asean/xinjiapo/jmzx_xjp/2011/06/09/3537070.html. 2011—06—09）

新加坡新能源获澳洲电力传输缆线经营权

新加坡新能源澳洲网络（SP AusNet）与澳大利亚维多利亚州政府签署契诺（Commitment Deed Poll），将取得供电给维多利亚旺萨吉（Wonthaggi）海水淡化厂的 88 公里高电压地下电力传输缆线的 27 年经营权。

新能源澳洲网络表示，将在 2012 年下半年一次性支付 27 年的执照费，数额介于 2.3 亿至 2.5 亿新加坡元。该海水淡化厂的经营者 AquaSure 公司则将每年付款，作为新能源澳洲网络经营和维持该电力传输缆线的常年收入。

（来源：南博网. http://www.caexpo.com/news/asean/xinjiapo/jmzx _ xjp/2011/05/24/3535539. html. 2011—05—24）

联邦速递在新加坡设新区域中心

国际货运公司联邦速递（FedEx Express）将在新加坡樟宜机场的空运货物快捷中枢（Air Cargo Express Hub）设立其新的区域中心。

这项新设施估占地面积约 26263.69 平方米，将成为联邦速递在亚太地区的第二大设施，预计于 2012 年下半年竣工。

联邦速递的新加坡区域中心将把公司的运送、领取货物以及空运业务集中在一起。该设施将坐落在机场物流园旁，处于樟宜机场的自由贸易地带内，是空运货物快捷中枢发展项目第一阶段的一部分。

该中心将为客户提供一站式的包裹处理服务，其里面将设立一个拥有五个输送带、每小时可分类多达 9000 个包裹的分类系统。该中心也可容纳超过 250 辆的货车。

此外，该中心也将建立两个新的飞机停靠处，以及移民与关卡局和关税局特别设立的货品检查设施。

联邦速递表示，新设施将为客户提供更快速且可靠的服务，让其更有能力争取区域及国际贸易机会。

（来源：南博网. http://www.caexpo.com/news/asean/xinjiapo/jmzx _ xjp/2011/04/29/3532948. html. 2011—04—29）

新加坡佳晟在马来西亚获 213 万新元合同

新加坡佳晟控股（Chasen Holdings）通过独资子公司 Towards Green，在马来西亚获得一项价值 513 万令吉（213 万新元）的工程项目管理合同。

该合同获自一家在马来西亚运营的国际石油公司，该公司目前正在扩大润滑剂生产项目。Towards Green 的合同任务包括计划设施内的电网供应和安装，以及测试和执行相关的安装工作。

项目为期五个月，在 2011 年 8 月份完成。该合同预计将对集团 2011 财年的业绩产生积极的影响。

此外，佳晟控股也宣布子公司佳晟物流（西安）已经撤销在中国的注册，注册资本的余额已经返还到公司。

公司表示，佳晟物流（西安）的业务不活跃，撤销注册是为了精简集团的企业结构。

该交易预料不会对集团截至 3 月底的每股净资产值或每股盈利产生实际影响。

（来源：南博网. http://www.caexpo.com/news/asean/xinjiapo/jmzx _ xjp/2011/04/21/3532143. html. 2011—04—21）

新加坡华侨银行在中国香港推出人民币定期存款

新加坡华侨银行在中国香港推出一项总额 2 亿人民币的定期银行存款证书（certificate of deposit），在推出的当天就被抢购一空。

华侨银行集团投资银行服务总裁李立华表示，相信人民币有潜力成为全球储备货币。随着人民币融资需求的增长，以及投资机会的增加，预计市场将出现更多的产品来满足投资者的需求。

这项三年期的人民币存款证书于2011年3月28日发行，将于2014年3月28日到期。其年息率是1.1%，每半年派发一次。

新加坡华侨银行表示，这个产品进一步扩大了华侨银行的岸外人民币产品。考虑到人民币的升值空间，不少投资者希望能从人民币产品中获利，同时企业也希望获得岸外人民币融资，这些产品可以满足他们的需求。

2011年3月初，华侨银行还推出另外两个岸外人民币储蓄产品，以满足具有经验的投资者的需求，分散他们的投资组合。

（来源：南博网. http://www.caexpo.com/news/asean/xinjiapo/jmzx_xjp/2011/03/29/3529770.html. 2011—03—29）

新加坡制造业产业园在贵州奠基　总投资15亿美元

新加坡制造业产业园于2011年6月15日在贵州仁怀奠基，与此同时，新加坡南洋理工大学与仁怀签订了人才培训协议。仁怀工业园总投资15亿美元，是由南洋理工大学协助招商引资打造的迷你苏州工业园。该工业园由爱妮娜控股国际牵头，由裕朗国际进行规划，为了配合中国西部大开发战略，特选址贵州仁怀。

工业园采取“独立开发，联合招商”的运作模式，主要吸引印尼、新加坡、马来西亚以及其他东南亚国家和地区的汽车零部件制造业、食品与保健品、电子及通讯设备制造业、生物工程与制药业、商贸物流、金融保险和教育科研等行业的投资商。

（来源：中华人民共和国驻新加坡共和国大使馆经济商务参赞处. http://sg.mofcom.gov.cn/aarticle/zhengt/201106/20110607625479.html. 4044424376=850387913. 2011—06—30）

全球最大再生柴油提炼厂在新加坡建成开幕

芬兰纳斯特石油公司（Neste Oil）在新加坡投资设立的全球最大再生柴油提炼厂建成开幕。该项目耗资5.5亿欧元，年产能80万公吨。

这个采用NExBTL专利技术的提炼厂可从任何可再生原料，如植物油或动物脂肪提炼出柴油，目前使用的原料约45%来自马来西亚和印度尼西亚的棕油，其余则为棕油生产过程中产生的副产品以及来自澳大利亚和新西兰的动物脂肪。公司目前正在研究使用海藻和微生物作为原料的可行性。提炼厂于2010年11月投产，其产品已出口到欧洲，主要用于交通工具。下一步将开拓北美市场，并有望出口到周边的亚洲国家和地区。

（来源：中华人民共和国驻新加坡共和国大使馆经济商务参赞处. http://sg.mofcom.gov.cn/aarticle/zhengt/201103/20110307457824.html. 2381580216=850387913. 2011—03—21）

新加坡全面上调各类土地发展费

由于经济复苏，发展商对地皮购买需求普遍提高。新加坡国家发展部宣布自2011年3月1日起调高全岛各地各领域发展费。

其中：私宅用地发展费平均上调18%，创下2000年3月以来的最大半年涨幅；上次仅调高1%的商业用地与未改变的酒店用地发展费，此次分别平均调高13%和27%；公寓和公馆公寓用地发展费平均上调11%；工业和仓库用地的发展费也平均上调8%。

发展费是针对土地增值征收的税收，土地可因地段被重新划定为高价值用途，或调高容积率而增值。分析师认为，调高发展费会影响发展商在重建项目时的成本，但此举并非房市降温的政策工具。此次发展费上涨意味着房地产税也将水涨船高。

（来源：中华人民共和国驻新加坡共和国大使馆经济商务参赞处 . http://sg.mofcom.gov.cn/aarticle/zhengt/201103/20110307430007.html. 68355256=850387913. 2011—03—04）

新加坡主权资金一年内全球筹资99亿美元

2009年10月至2010年10月，新加坡政府投资公司和淡马锡控股共向全球投资者募集资金约99亿美元，是全球发行债券和股票最多的主权资金。其中，淡马锡发行债券近60亿美元，淡马锡和新加坡政府投资公司旗下子公司通过发行股票筹资约39亿美元。

（来源：中华人民共和国驻新加坡共和国大使馆经济商务参赞处. http://sg.mofcom.gov.cn/aarticle/zhengt/201012/20101207284444.html. 2232616120=850387913. 2010—12—03）

新加坡成为亚太地区第三大理想上市地

总部设在伦敦的诺顿罗氏（Norton Rose）律师

事务所对全球314位金融业从业人士进行了调查，结果显示新加坡成为继中国香港和上海之后，第三大理想上市地，悉尼和东京紧随其后位列第四和第五。

调查还显示，对金融机构而言，新加坡的政策环境在亚太地区最为优越，其有力的监管政策成为金融机构在新加坡开展业务的重要保证。受调查人士认为，只要监管政策清晰、透明并且有可预见性，即使监管严格也不会影响金融机构来新加坡开展业务的积极性。

（来源：中华人民共和国驻新加坡共和国大使馆经济商务参赞处. http://sg.mofcom.gov.cn/aarticle/zhengt/201010/20101007197792.html.2457146296=850387913.2010—10—20）

新加坡继续巩固其亚洲资产管理中心地位

新加坡财政部常任秘书王文辉透露，新加坡管理的资产过去五年年均增长16%，2010年增长13%，达到1.4万亿新元。这些资产80%来自国际客户，他们在亚洲的投资比重超过六成，从而进一步肯定了新加坡作为国际投资者在亚洲投资中心的地位。

据透露，这些资产的投资呈现出多元化的特点，其中投资于股票领域的超过一半，达51%，其余则分布在固定收益（16%）、另类投资（13%）、现金/货币市场（12%）和共同基金上（8%）。

王文辉表示，新加坡会继续加强作为亚洲投资中心的角色，支持旨在改善亚洲资本市场深度和流动性的区域倡议，以保持新加坡作为资产管理中心的竞争力。

（来源：中华人民共和国驻新加坡共和国大使馆经济商务参赞处.http://sg.mofcom.gov.cn/aarticle/zhengt/201105/20110507567031.html.762581944=850387913.2011—05—24）

新加坡拟建超高压地下电网

新加坡拟投入数十亿新元建设400千伏的超高压地下电网。该电网由东西和南北走向的两条地下隧道构成，东西走向的隧道全长16.5千米，南北走向的隧道长18.5千米，隧道内径长6米，计划分别于2016年和2017年建成。目前，新加坡电网公司刚刚启动对两条隧道的工程、采购和建设承包商的资格预审工作。

（来源：中华人民共和国驻新加坡共和国大使馆经济商务参赞处. http://sg.mofcom.gov.cn/aarticle/zhengt/201105/20110507534930.html.2926842808=850387913.2011—05—05）

2011年泰国皮鞋业可望实现良好增长

世界经济趋向好转，使得时尚商品再次风行，其中之一就是皮鞋。泰华农民研究中心预测，2011年泰国皮鞋出口可望实现良好增长，出口总值可望达到5.6亿～5.7亿美元，年同比增长5.5%～6.5%。

泰国皮鞋制造业仍能保持良好增长态势的原因是，泰国在吸引跨国企业到泰国投资或雇佣加工生产皮鞋尤其是中高档皮鞋方面具有优势，加上泰国位于东南亚地区的交通中心，拥有诸多的支持产业和工艺精湛的技术工人等有利条件。不过，泰国皮鞋业仍将面临各种风险因素，如泰国竞争力出现下滑态势并遭到竞争对手抢占市场份额、生产成本上升、制造业技术工人短缺等不利因素，可能影响外国投资者放缓到泰国设立生产基地和减少跨国公司雇佣泰国企业加工生产商品。

泰华农民研究中心认为，为使泰国继续保持世界重要的皮鞋出口国地位，政府部门和有关机构必须加强生产基地建设使之更加稳固，并致力于加强泰国各方面优势，尤其是调整基础结构使之更有效率。同时，政府应制定政策支持企业降低生产成本，并充分利用自由贸易协定的优惠待遇，使企业从中获取最高利益。此外，皮鞋业经营商应制定计划调整经营策略，积极地开展市场营销活动，通过有效的成本管理以降低生产成本，以及建立国内外广泛的企业网络，以增加在生产和出口方面的合资机会。其中，贯穿上游、中游和下游产业的供应链合作是企业经营取得成功及做好应对下一阶段更激烈贸易竞争准备的关键环节。

（来源：中华人民共和国驻清迈总领事馆经济商务室. http://chiangmai.mofcom.gov.cn/aarticle/jmxw/201105/20110507560955.html.605750456=850387913.2011—05—20）

泰国央行准券商从事外汇期货

泰国中央银行行长张旭州表示，外国热钱流入流出影响泰铢汇率稳定，央行考虑开放证券公司从事外汇期货交易，稳定泰铢汇率。

张旭州指出，目前国内外金融市场联系密切，市场竞争范围扩大，如交易采取外汇期货结算，有助于确保企业利润、控制风险。开放金融市场及投资市场，对泰国金融行业而言有利有弊，好处是帮助分散投资，货币弹性增加；坏处是需要面对外汇流动带来的影响。因此，央行决定开放证券公司从事外汇期货交易，预计在2011年第三季度开始。

汇商银行（SCB）再融资部门经理巴里差表示，证券公司提供外汇期货交易，不会影响银行业外汇业务。

（来源：中华人民共和国驻清迈总领事馆经济商务室．http：//chiangmai. mofcom. gov. cn/aarticle/jmxw/201106/20110607586547. html. 1343882424＝850387913. 2011－06－06）

泰国数码媒体市值估年增20％

泰国Thomas Idea公司经理乌莱蓬表示，2011年数码媒体的广告预算总额趋势将年比增长20％，并且未来2年数码媒体的总值将快速增长，预计总值将提升至100亿泰铢以上。

乌莱蓬称，刺激数码媒体市场于近2年快速增长的主要因素，来自于智能手机及平板电脑市场持续增长，并且2011年年底还将有超过10款的新产品进入市场，将促使利用手机上网的客户数量增多。

（来源：中华人民共和国驻清迈总领事馆经济商务室．http：//chiangmai. mofcom. gov. cn/aarticle/jmxw/201106/20110607602598. html. 2065237176＝850387913. 2011－06－16）

泰国政府鼓励国内食品业进军印度尼西亚市场

为刺激中小型企业（SME）食品工业的发展，泰国中小型企业促进委员会带领13位泰国食品企业前往印度尼西亚，与30位当地企业商洽谈。

印度尼西亚企业最关注的产品为农产品，如卷心菜、辣椒及洋葱等。因为上述农产品在印度尼西亚的售价较高，且供不应求。印度尼西亚民众热衷购买食物，并作为礼物送人，平均每月对食品及饮品的消费高达50％，因此当地食品较为依赖进口。目前已有印度尼西亚企业向泰国购买204吨辣椒以及140吨洋葱，预计泰国农产品在印度尼西亚市场将有良好的前景。

泰国农产品在印度尼西亚市场使用低价消费策略，因为印度尼西亚90％的民众收入不高，而且要与越南、马来西亚等国家进行竞争。对于泰国榴莲，虽然其价格高，但其主要着重开放高收入群体，因而销量理想。

目前泰国农产品、食品出口至印度尼西亚的份额较小，然而泰国中小型企业促进委员会看好泰国农产品、食品能够打入印度尼西亚市场，扩大出口份额。

（来源：中华人民共和国驻清迈总领事馆经济商务室．http：//chiangmai. mofcom. gov. cn/aarticle/jmxw/201106/20110607605082. html. 4111991992＝850387913. 2011－06－17）

泰国会展业潜力巨大　多方看好

随着全球经济的稳步复苏，泰国会展业（MICE）受到多方关注。泰国会展促进办公室和泰国商会已签订合作协议，将携手推动泰国会展业发展。

会展促进办公室负责人阿卡鹏表示，泰国会展业发展趋势良好，2010年增长达到20％～25％，收入达到700亿泰铢。其中，国外市场增长15％～20％，国内市场增长率更达到50％。

2011年，泰国会展的最大国外市场客户日本、中国、韩国以及欧洲企业均看好泰国市场，决定在泰国举行会展，促使目前预定的展期已经排到2012年，涨幅达到100％。预计2011年泰国会展业也将取得30％的增长，参展人数增加250万人次，创造经济价值约175亿泰铢。

泰国商会主席度西透露，根据目前形势分析，泰国经济在4～5年内还将保持快速增长。会展业作为泰国经济中的优势产业，其发展潜力巨大。

此外，2015年泰国将加入东盟经济共同体（AEC），届时会展市场将不仅仅局限于泰国本土，而是扩展到东盟各国，这将大力刺激泰国会展业的发展。

（来源：中华人民共和国驻清迈总领事馆经济商务室．http：//chiangmai. mofcom. gov. cn/aarticle/jmxw/201106/20110607614254. html. 2199389368＝850387913. 2011－06－23）

泰国商业部预计2011年大米出口量将高于1000万吨

泰国商业部预计2011年的大米出口量不低于1000万吨，并强调将加快寻求保持世界第一大米出口国的方法。

泰国商业部部长彭提瓦·娜卡赛在国际大米研讨会（Thailand Rice Convention）和2011年世界大米峰会（World Rice Standard Summit 2011）中提到，泰国商业部预计2011年的大米出口总量不低于1000万吨，同时强调加快寻求保持世界第一大米出口国的方法。2010年，泰国大米出口总共905万吨，价值53.45亿美元。预计2011年大米总产量超过2026万吨，能够出口1000万吨。

2011年泰国大米（Thailand Rice）会议有超过50个国家的政府和私营企业代表参加，并与稻米界的专家人士交换了意见，从而为推动泰国成为世界大米市场中心，并为泰国2015年进入东盟经济共同体作准备。

（来源：中华人民共和国驻清迈总领事馆经济商务室. http://chiangmai.mofcom.gov.cn/aarticle/jmxw/201107/20110707654240.html.655819960=850387913.2011—07—19）

泰国IT市场2011年估增14%

泰国阿瑞普公司（ARIP）董事经理巴通预计，得益于国内经济好转、消费信心提高、IT产品更新换代获得购买者的支持，IT市场2011年下半年前景明朗，估计2011年IT市场增幅能够实现14%的既定目标。

巴通表示，2011年7月21～24日在诗丽吉国家会议中心举办电脑展，主要产品有笔记本电脑、智能手机及平板电脑，预计2011全年销量超过之前的预期，因为消费者信心提高，产品价格开始降低。以笔记本电脑为例，从刚上市要价3万泰铢降到2.3万泰铢。平板电脑下半年供应量将增加，也促使其销量提高。

宏基计算机公司（Acer）市场部经理尼提帕表示，2011年下半年主打产品为平板电脑，预计在有关政府政策扶持下，平板电脑市场将得到进一步的发展，更多消费者将对平板电脑加深认识。

泰国东芝公司（Toshiba）预计，公司2011年下半年销量将比上半年提高50%。受到日本地震的影响，导致上半年东芝产品缺货达40%～60%，销量下跌30%。目前日本经济已逐步恢复，产品配件供给也恢复正常，促使供货量增加，带动销量增长。公司也将推出新产品刺激消费。

（来源：中华人民共和国驻清迈总领事馆经济商务室. http://chiangmai.mofcom.gov.cn/aarticle/jmxw/201107/20110707660735.html.2954560696=850387913.2011—07—23）

2011年泰国出口可望激增20%

泰国出口仍呈现强劲增长势头，2011年6月出口增长高于市场预期，达到210.74亿美元，与2011年3月出口在受日本大地震和海啸打击前创历史新高的212.59亿美元相近。2011年6月的出口年同比增长16.8%，比5月的17.6%略微放慢。与此同时，日本大灾难对泰国出口的影响程度不如预期般严重，尽管导致一些产品如汽车出口出现萎缩，但日本市场对泰国多种产品需求的增长促使泰国对日本出口恢复增长，甚至高于对其他大部分市场的出口，成为刺激过去一段时间出口增长的主要支持因素。

尽管预计2011年下半年出口增长率将从上半年的23.6%（达1149.78亿美元）减速为11%～21%，但仍处于良好水平，支持因素是遭受日本进口零部件缺乏问题的产业复苏快于预期，日本对泰国产品需求或因日本制造业面临电力短缺问题而增长，以及日本灾后重建需求。鉴于2011年以来出口数据表现强劲，泰华农民研究中心预计2011年泰国出口趋向增长20%，预测区间介于17.0%～22.0%，出口额为2260亿～2360亿美元，或约7万亿泰铢。

可能影响2011年下半年出口的主要风险因素包括全球经济趋向放缓，尤其是备受密切关注的美国公共债务状况可能导致美国的国家主权信用评级被调降，以及尚未得出结论并可能导致扩散打击欧元大国经济的“欧猪四国”（葡萄牙、爱尔兰、希腊及西班牙）的债务危机。另外，泰国出口商还需准备应对泰铢走强以及将随诸多因素尤其是原料价格和劳动力成本而上扬的生产成本，都可能成为保持泰国产品在全球市场上的竞争力的挑战。

（来源：中华人民共和国驻清迈总领事馆经济商务室．http://chiangmai.mofcom.gov.cn/aarticle/jmxw/201107/20110707660539.html.2635400376=850387913.2011—07—23）

泰国2011全年进口估逾1万亿泰铢

泰国能源部能源贸易业厅长乌伊拉蓬预计，2011年下半年油价将维持高价。如果迪拜原油价格维持在每桶100～120美元，泰国燃油进口开支将高达1万～1.1万亿泰铢。泰国日均石油进口量达到

83.01 万桶，增加 1.8%。液化石油气（LPG）、天然气的消耗量在下半年也趋向持续增加，这主要是因为民众增加转向 LPG 及天然气，避免燃油价格上涨造成的影响。

根据数据分析显示，虽然 2011 年上半年燃油价格与 2010 年同期相比大幅上涨，迪拜原油价格从每桶 77 美元飙升至每桶 106 美元，但是泰国的燃油消耗量仍不断增加。其中，柴油使用量增加 2%，从日均消耗 2010 万公升上涨至 2040 万公升；汽油使用量提高 4%，自日均消耗 5220 万公升增至 5410 万公升。

天然气上半年需求量涨幅超过 35%，日均消耗量从 4700 吨上涨至 6300 吨，LPG 使用量也攀升 24%，日均消耗量自 14300 吨增至 17800 吨。所有市场的 LPG 使用量都出现增长，其中石化上涨 55%、家用增加 9%、工业提高 5%、运输用攀升 30%。

为满足泰国民众对 LPG 的需求，LPG 加气站已经从 2010 年的 890 所增加至 1030 所。来自泰国汽车市场的消息显示，2011 年上半年使用 LPG 作为燃料的汽车销量为 7 万辆，因此预计 2011 年下半年运输用 LPG 的消耗量将保持增长的趋势。

乌伊拉蓬指出，2011 年上半年燃油进口年比下降 2.3%，日均输入 85.01 万桶燃油。主要是因为泰国燃油出口量年比减少 10.5%，日均输出 15.9 万桶。但由于油价上涨，进口总额攀升 26.6%，从 2010 年同期的 4021.64 亿泰铢提高至 5057.75 亿泰铢。

LPG 上半年的月均消耗量达到 11.3 万吨，价值 195 亿泰铢。燃油基金补贴出口差价达到 129.84 亿泰铢，相当于每公斤补贴 14.57 泰铢。预计燃油基金全年补贴金额将超过 300 亿泰铢。

针对 6 月份的能源消耗情况，汽油使用量增加 5%，日均消耗量自 1970 万公升提高到 2070 万公升；柴油使用量上扬 0.1%，日均消耗量达到 5440 万公升；LPG 月均使用量 54.5 万吨，提高 2%；天然气月均消耗量为 6800 吨，增加 3%。截至 6 月底，全国共有 26.7698 万辆汽车安装天然气引擎。

（来源：中华人民共和国驻清迈总领事馆经济商务室 . http：//chiangmai. mofcom. gov. cn/aarticle/jmxw/201107/20110707667294. html. 303301816＝850387913. 2011－07－27）

2011 年泰国农业出口总额将创历史新高

据泰国泰华农民研究中心预测，2011 年泰国农产品和农产品加工业仍趋向持续增长，其支持因素包括重要农产品价格趋向上涨和外国需求攀升。气候变化、农作物病虫害频频发生且日趋严重，使得各国担忧本国粮食供应的充足性，从而导致国际市场对农产品和农业加工品的需求趋向上涨，预测 2011 年泰国农产品出口额可望达到 290 亿美元，比 2010 年增长 45.0%。同时预测 2011 年农产品加工业的出口额将达到 160 亿美元，同比增长 30.0%。农业出口总额将创历史新高，主要受益于外国市场需求的有利因素。

至于 2012 年农业出口趋势，泰华农民研究中心预测，农产品和农产品加工业的出口总额仍将持续增长，支持因素包括农产品价格处于高水平吸引农民扩大生产，以及新政府的政策将提高民众的购买力，尤其是增加劳工工资和增加政府投资的政策。预期 2012 年农产品出口额将达到 350 亿美元，比 2011 年增长 20.0%。而 2012 年农产品加工业的出口额将达到 192 亿美元，比 2011 年增长 20.0%，源于外国市场尤其是中国和日本市场的有利因素。预测 2012 年中国经济仍将持续增长，尽管增速不如 2011 年，且日本经济也呈好转信号。至于重要的贸易伙伴如美国、欧盟，尽管面临有问题，但相对于工业产品出口，农产品和农产品加工业出口因是必需的消费品而受到较少的影响。

（来源：南博网 . http：//www. caexpo. com/news/info/export/2011/07/28/3540365. html. 2011－07－28）

泰国已实现东盟经济共同体计划中的 64%

泰国商业部副部长阿隆功・蓬布表示，他代表泰国出席了东盟经济部长会议，以及东盟经济部长与欧盟委员会（EU commission）会议。同时，泰国副总理岱隆率领泰国代表团出席了东盟共同体理事会议（AEC council），并就实行东盟经济共同体（AEC）工作进展问题进行了商讨。

2011 年 5 月 5 日至 8 日在印度尼西亚首都雅加达举行的第 18 届东盟首脑会议和相关会议期间，泰国总理阿披实会见了印度尼西亚、老挝、缅甸、菲律宾和越南等国首领，泰国商务代表团与马来西亚商务部会见，并希望通过第二届印尼 Limar Dasar 会议，加强双边合作。在会议上商讨了泰国私营部门所遇见的问题，并与欧盟商讨了关于解决贸易壁垒并进一步扩大贸易合作。此外，泰国总理阿披实还接见了在印尼的泰国商人，了解了在印尼的泰商的困难并听取了关于扩大印尼和泰国经贸合作的建议。

阿隆功·蓬布表示，为了成为东盟经济成员国，目前距2015年实现东盟经济共同体宏伟蓝图（AEC Blueprint）还仅有4年的时间。第一次评估（2008年～2009年）显示，东盟实施了该计划的83.8%（泰国实施了93.63%）。第二次评估（2010年～2011年4月）东盟实施了该计划的52.78%（泰国实施了63.64%）。在第一次评估中，没有及时落实的主要是海关、运输以及商品等方面的问题。因此，2011年年中东盟将举行一次会议，分析东盟经济共同体蓝图的实施对东盟成员国的经济增长、缓解就业压力、增强国家竞争力和社会福利等方面是否有影响，同时改进评估方式，以便得到更为真实的评估结果。

在实施建设东盟经济共同体的工作进程中，最重要的一个问题就是国内各部门工作的协调问题，法律问题以及其他相关问题。由于建设工作执行缓慢，会议上各国代表一致提出，对各国的建设工作进行检查，查出导致进程缓慢的原因并开会讨论解决的方法，让东盟各国在2015年能够顺利完成东盟经济共同体的建设计划。

阿隆功·蓬布还表示，会议就地区问题上的经济金融稳定、经济复苏问题和可持续发展等问题进行了讨论，以促进金融一体化，使东南亚成为外商投资的热门地区。会上还讨论了预防金融风暴的措施，并鼓励私营机构参与进来。会议还提到第8套贸易服务承诺，强调与私营部门合作的重要性和具体解决贸易中的问题，从而取得成效。

（来源：南博网. http://www.caexpo.com/news/asean/taiguo/jmzx_tg/2011/07/29/3540486.html. 2011—07—29）

泰国商业部称大米库存产量充足

泰国商业部常务次长然荣表示，目前泰国库存大米共440万吨，分别为民营企业库存320万吨，以及政府存米120万吨，上述库存及产量已能满足国内消费及出口，将不会产生大米供求紧张的问题，民众无需担心或大量购买囤积。

针对新政府将推行每公斤1.5万泰铢的大米典押制度，碾米厂或袋装大米业者担心无法以原价买到大米，后者更向商业部申请上调袋装大米的售价。为此，然荣表示，将让碾米厂及袋装大米业者代表共同协商，碾米厂没有理由囤积大米以等待政府的新价格，同时袋装大米业不应提高售价。商业部将密切关注整个体系的大米成本，各方都应得到平等的待遇。如果袋装大米业者发现碾米厂有哄抬价格的行为，可向内贸厅举报，内贸厅将严格使用法律手段来制止非法行为。通过囤积方式造成市场机制混乱者，将被处于监禁不超过7年的惩罚，并罚款14万泰铢。

然荣还表示，泰国内贸厅将致力于帮助袋装大米业者解决生产成本提高的问题。目前内贸厅已经和各大超市协商，降低销售产品的各项手续费。碾米厂业者也向商业部表示，如果装袋大米价格高涨，可以生产袋装大米以成本价格销售给消费者。

目前袋装大米生产成本为每公斤14～15泰铢，5公斤装的大米成本为70泰铢，再加上每袋的服务费及其他费用约15泰铢，每袋大米的成本约为85～89泰铢，而零售价为95～110泰铢。因此，商业部认为袋装大米业者已有利润可赚，不应该再上调价格。

（南博网. http://www.caexpo.com/news/asean/taiguo/jmzx _ tg/2011/07/26/3540195.html. 2011—07—26）

越南日益重视中国市场

越南工贸部贸易促进局于2011年5月9日举办“中国市场—越南企业的机会”研讨会。会上，越南工贸部亚太司副司长高度评价中越双边贸易取得的巨大发展。2010年双边贸易额达273.3亿美元，是1991年3770万美元的710倍。其中，越南对华出口73亿美元，增长49%；自华进口200.2亿美元，增长21.8%。

自2004年以来，中国连续成为越南最大贸易伙伴，越南也日益成为中国重要的贸易伙伴。但越南对华出口的商品结构尚未出现积极的改变，越南农林水产等优势商品对华出口平均仅占越南对华出口总额的15%左右。同时中国对越南出口商品结构的变化也不大，依然是油品、化工、钢铁等原料性商品以及机械设备和生产资料。但越南对华贸易平衡已出现积极的变化，越南对华出口增长速度日益高于自华进口增长速度，且为了减少越南对华贸易逆差，中方承诺：一是中国不谋求对越南贸易顺差，中方愿为促进越南对华出口提供便利条件；二是中方将协助越南企业参加中国展览会，贸易促进会等有助于促进越南企业与中方企业交流合作的活动；三是中方鼓励中国企业扩大对越南投资，包括投资生产返销中国的商品。

未来几年，越方可扩大对华出口大米、鲜花、高级木制品、冷冻及干水产品，在中越经济合作"两廊一圈"项目建成后，可大力促进鲜活水产品对华出口。

（来源：中华人民共和国驻胡志明市总领事馆经济商务室．http://hochiminh.mofcom.gov.cn/aarticle/jmxw/201105/20110507541801.html.3742762424=850387913.2011－05－10）

中国大量进口越南橡胶和干木薯片

在2011年5月9日召开的对中国市场出口研讨会上，越南工贸部亚太司副司长陶玉章称，近年来尽管中国进口越南橡胶大幅增长，但相对于中国进口需求，目前的进口数量还是远远不能满足需求。同时，因生产乙醇所需，中国对干木薯片和木薯淀粉的进口也在增加。预计2011年越南干木薯片对华出口将达8亿美元。

若克服运输困难，做好营销工作，越南热带水果、腰果、胡椒，甚至鲜花等产品对中国市场出口也颇具潜能。

（来源：中华人民共和国驻胡志明市总领事馆经济商务室．http://hochiminh.mofcom.gov.cn/aarticle/jmxw/201105/20110507542057.html.4128572856=850387913.2011－05－10）

越南政府进一步限制酒类、化妆品和移动电话进口

为维护消费者权益和健康，防止进口假冒伪劣商品和打击贸易欺诈行为，越南工贸部发布了关于酒类、化妆品和移动电话进口的197/TB－BCT号通知。就酒类、化妆品和移动电话进口作了补充规定，入境旅客随身携带的行李除外。

关于进口文件，除按现行规定需向海关提交办理进口手续所需证明外，进口商还需提交生产商指定或委托的代理商、进口商的证明文件或代理合同。上述证明文件需经越南驻外的外交机构认证。

另外，上述商品只允许从海防、岘港和胡志明市三个国际港口办理进口手续。本规定自2011年6月1日起执行。

（来源：中华人民共和国驻胡志明市总领事馆经济商务室．http://hochiminh.mofcom.gov.cn/aarticle/jmxw/201105/20110507548246.html.276955 2824=850387913.2011－05－13）

越南取消腰果原料进口关税

越南财政部预计未剥皮腰果原料进口关税将由5％下调至0％。越南腰果协会称，进口关税下调有助于企业保持腰果原料进口，服务加工出口，增加就业。目前，越南每年所需原果原料约为60万～70万吨，其中50％需进口。近5年来，越南腰果种植面积呈下降趋势，而腰果加工率却在不断提高，因此若不下调进口关税，腰果原料将不能满足企业加工出口的需求。

（来源：南博网．http://www.caexpo.com/news/info/import/2011/05/16/3534668.html.2011－05－16）

越南限制进口商品目录再增新成员

越南海关总局决定自2011年6月1日起加强对冷冻家畜、家禽肉；鲜活及冷冻鱼；瓷砖；卫生陶瓷；吸尘器；熨斗；洗衣机；电风扇等列入价格风险管理商品目录，以限制进口。此前，越南已下文控制汽车、摩托车、移动电话、酒类及化装品等产品的进口。

（来源：中华人民共和国驻胡志明市总领事馆经济商务室．http://hochiminh.mofcom.gov.cn/aarticle/jmxw/201105/20110507570441.html.3591570872=850387913.2011－05－26）

越南药品进口持续增加

据越南海关统计，2011年前5个月，越南从各个市场进口的药品额度均有增加。另据估计，随着药品进口税从5％降至2.5％，还将增加10％～20％的外国药品企业进驻越南。

越南药品市场被外国公司视为未来的一片沃土。目前，在经营、进口和分销环节上，新加坡、瑞士和泰国的3家公司占据越南市场50％的份额。以2009年为例，卫生部统计越南全国药品总支出为16.96亿美元，人均药费为19.77美元。预计2014年，人均药费将达33.8美元。越南药品市场将以年均17％～19％速度递增。2013年越南药品进口将达13.7亿美元。目前的实际情况是，尽管国产药价格比进口药便宜许多，但越南消费者对国产药仍缺乏信任。

（来源：中华人民共和国驻胡志明市总领事馆经济商务室．http://hochiminh.mofcom.gov.cn/aarticle/jmxw/201106/20110607591534. html. 2467431864=850387913. 2011—06—09)

越南决定恢复征收成品油进口税

针对最近油价明显下降的情况，越南财政部价格管理局负责人表示，自2011年6月10日起，财政部将恢复柴油和汽油两类商品5%的进口税。

因世界油价上涨，给越南国内成品油零售价造成压力，为支持企业已将进口税降为0%。此番降税已使国家财政收入损失上万亿越南盾。在权衡国家、企业和消费者利益的基础上，越南财政部决定维持现有油品售价，同时汽油平抑物价基金提取额再增加100越南盾/升。

（来源：中华人民共和国驻胡志明市总领事馆经济商务室. http://hochiminh. mofcom. gov. cn/aarticle/jmxw/201106/20110607596525. html. 101778872=850387913. 2011—06—13)

越南食用植物油生产前景看好

越南工贸部表示，越南植物油行业发展十分迅速。2010年，植物油产量比2009年增长19%，国内市场销量达69万吨。联合国粮农组织（FAO）预测，未来几年越南植物油需求将继续增长。目前，精炼植物油以国内现有的芝麻、花生（黄豆）、米糠等生产的粗级油和进口的豆油、棕榈油为原料。之前几乎所有进口的豆油和棕榈油都用于食品加工。

据越南统计总局公布的数据显示，2011年4月份，动植物油进口额为7200万美元，5月份为9000万美元，前5个月累计为3.77亿美元，同比增长153%。因此，食用油进口量正在大幅增加。预计，2011年精炼植物油产量将因两个新的豆油厂投入生产而比2010年增加15%。2010年大豆产量为29.7万吨，同比增加39%。黄豆种植面积增加35%。2010年全国28个省的黄豆种植面积达19.78万公顷，其中70%集中在北部地区。由于原料需求增加，2011年黄豆种植面积将增至21.5万公顷。根据越南工贸部至2020年和面向2025年以及2011～2015年间植物油行业发展规划，越南将集中发展油料作物种植区并加大投资力度。与此同时，越南将出台有关鼓励加工企业的政策。

（来源：中华人民共和国驻胡志明市总领事馆经济商务室. http://hochiminh. mofcom. gov. cn/aarticle/jmxw/201106/20110607596534. html. 2584741304=850387913. 2011—06—13)

越南进一步严格进口商品管理

越南财政部、工贸部、公安部联合下发通知：自2011年7月1日起，各进口、经营、分销进口商品的单位将执行发票和证明方面的新规定。对于各单位正在摆卖和存放于仓库、码头、货场的进口商品，自职能机关检查开始的72小时内，各单位须出示商品的合法发票和证明。如经营机构不能出示商品合法发票和证明，将暂扣其商品。另外，如有单位经营禁止进口、未按规定粘贴进口标签或粘贴假冒和过期标签的商品，将依法给予行政处罚。

（来源：中华人民共和国驻胡志明市总领事馆经济商务室. http://hochiminh. mofcom. gov. cn/aarticle/jmxw/201106/20110607610038. html. 1594885560=850387913. 2011—06—21)

越南以易货贸易方式向中国出口铁矿石

近两年来，越中矿产冶金公司（VTM）每年向中国出口铁矿石50万吨。越南钢铁协会一位负责人表示，VTM从贵沙铁矿向中国出口铁矿石换购焦煤已得到越南工贸部的批准。贵沙铁矿储量达1.2亿吨。

（来源：中华人民共和国驻胡志明市总领事馆经济商务室. http://hochiminh. mofcom. gov. cn/aarticle/jmxw/201106/20110607619084. html. 806356408=850387913. 2011—06—27)

越南限制旧汽车进口

越南财政部目前已将旧汽车进口税方案提交政府审批。与上次调税相比，财政部此次对进口旧汽车不仅要按现行规定征收绝对税额，还要与进口原装100%的新车一样按税率征税。其中，排量在2.0L以下的车辆税率基本不变。但豪华和超豪华车的税额增幅很大。进口旧车在完成价格申报后，海关将按百分比征收关税，而后将根据车型对每辆车加征5000或10000美元的绝对税额。除增税外，财政部还要求海关总局继续研究对新、旧汽车进口的限制措施。

（来源：南博网. http://www. caexpo. com/news/info/import/2011/07/01/3538744. html. 2011—07—01)

越南支持发展风电项目

越南政府总理颁布了关于支持发展风电的决定。风电项目可免除作为项目固定资产的商品进口税，包括因国内不能生产需进口用于项目生产的原料、物资和半成品。关于风电项目的企业所得税减免根据特殊领域项目的投资优惠政策执行，同时，与国家电网连接的风电、输电工程和变电站项目免征地费和地租。风电项目产品的购入价为1614越南盾/千瓦时。

（来源：中华人民共和国驻胡志明市总领事馆经济商务室．http://hochiminh. mofcom. gov. cn/aarticle/jmxw/201107/20110707629683. html. 3457091000＝850387913. 2011－07－04）

越南拟建广宁至广西输油管道

越南油品总公司称，为减少从中国进口油品的运输费用，缩短时间，该公司正完善越南广宁至中国广西输油管道建设项目的准备工作。预计输油管道全长约200公里，总投资约2亿美元。越南油品总公司主席裴玉宝表示，目前越南油品总公司正在征求各部门意见，若达成共识且该项目能带来较高的经济效益，该公司才决定是否投资。

（来源：中华人民共和国驻胡志明市总领事馆经济商务室．http://hochiminh. mofcom. gov. cn/aarticle/jmxw/201107/20110707642400. html. 2500789688＝850387913. 2011－07－12）

越南对华出口近10万吨糖

越南农业与农村发展部的统计数据显示，2010～2011榨季初至2011年6月中旬，越南各糖厂售出蔗糖总量98.77万吨，其中，对华出口约10万吨。由于中国通胀，越南糖对华出口还将继续。目前，还没包括流通中的蔗糖库存量，越南各糖厂库存糖量为34.77万吨。另外还有已经发放而没有进口的14.2万吨配额。以每月10万吨的消费量，糖量可满足至10月份的需求。

（来源：中华人民共和国驻胡志明市总领事馆经济商务室．http://hochiminh. mofcom. gov. cn/aarticle/jmxw/201107/20110707651451. html. 655295928＝850387913. 2011－07－18）

越南上调合金钢进口关税

目前越南含硼合金钢进口税为零，由于享受优惠税率，此类进口合金钢价格较越南国内同类钢价便宜30万越南盾/吨，对越南国内钢铁生产造成了影响。为此，越南财政部发出通知，自2011年8月25日起，将含硼合金钢的进口税由0％上调至10％。

（来源：南博网．http://www. caexpo. com/news/info/import/2011/07/20/3539919. html. 2011－07－20）

2011年上半年中越贸易额增长30.5％

越南海关总局公布，中国仍是越南最大的贸易伙伴。2011年上半年中越贸易额达157亿美元，同比增长30.5％。其中，越南对华出口大幅增长（增长近60％），出口额达46亿美元，占全国出口总额的10.7％。对华出口的主要商品为：农产品和水产品占对华出口额的44％；燃料、原料和矿产品占19％；成品油占6％；电脑、电子产品及零件占6％；服装鞋类占4％；其他商品占21％。越南自华进口111亿美元，增长22.4％，占全国进口总额的21.3％。主要进口商品为：机器、机械设备及零件占自华进口额的22％；服装鞋类原辅料占18％；钢铁及其制品占9％；电脑、电子产品及零件占8％；成品油占6％；电话及零件占5％；化工原料及其产品占5％；其他商品占27％。

（来源：中华人民共和国驻胡志明市总领事馆经济商务室．http://hochiminh. mofcom. gov. cn/aarticle/jmxw/201107/20110707655014. html. 3591243192＝850387913. 2011－07－20）

至2020年越南将投资近90亿美元发展塑料行业

越南工贸部批准了至2020年越南塑料行业及2025年定向发展规划。规划的总体目标是把越南塑料行业发展成为先进的工业行业，塑料产品种类多样、质量优良。至2015年力争将越南塑料制品产量提高到750万吨，出口额21.5亿美元；2020年达1250万吨，出口额43亿美元。至2020年预计对塑料行业的投资达175.53万亿越南盾（约88亿美元）。

（来源：中华人民共和国驻胡志明市总领事馆经济商务室．http://hochiminh. mofcom. gov. cn/aarticle/jmxw/201107/20110707659578. html. 2836268472＝850387913. 2011—07—22)

越南咖啡出口企业原料缺乏

越南咖啡协会（VICOFA）预测，因25％面积的咖啡树老化需重新种值，2011～2012年度越南咖啡产量将只比2011年第三季度增长约2.9％。2011年6月咖啡出口达11.5万吨，价值2.5亿美元。2011年上半年出口总量达91.3万吨，总出口额为19.3亿美元，出口总量与总值分别同比增长38％和2倍。VICOFA认为，目前农民手中的咖啡仅存10万吨（占总产量的7％～10％左右）。另外，外国经营公司在免税仓库和私人仓库的库存量约为20万吨。产量下降导致许多国内企业为完成已签出口合同，不得不从外国经营公司手中高价回购咖啡。

（来源：南博网. http://www.caexpo.com/news/info/export/2011/07/25/3540148. html. 2011—07—25）

越南采取八项措施发展2011年下半年社会经济

越南政府于2011年7月21日在十三届国会一次会议上所作的工作报告表示，将采取八项措施发展2011年下半年社会经济：一、继续实施严密谨慎的财政货币调控政策。根据市场变化调整信贷增长幅度，灵活有效使用财政金融工具减轻通胀压力，降低利率；二、继续贯彻实施紧缩财政政策。减少总需求，减轻2011年及2012年的通胀压力；三、继续严密监控市场物价，确保必需商品和服务的供求稳定；四、为有效益的项目、有市场的商品生产解决融资困难；五、集中力量把社会民生做得更好。如创造就业、扶贫等；六、积极开展教育培训财政制度的改革；七、继续有效贯彻落实党和国家关于国防安全的主张和决议；八、主动、充分、正确、及时、公开、透明地宣传党和国家的主张、政策及相关指导办法，同时加强对话。

（来源：中华人民共和国驻胡志明市总领事馆经济商务室. http://hochiminh. mofcom. gov. cn/aarticle/jmxw/201107/20110707659636. html. 1577977272＝850387913. 2011—07—22）

越南批准2011～2020年国家电力发展规划

越南政府总理批准了越南2011～2020年电力发展规划和至2030年展望。根据规划，至2015年越南自产及外购电量约达1940亿～2100亿千瓦时；至2020年约达3300亿～3620亿千瓦时；至2030年约达6950亿～8340亿千瓦时。同时，逐渐形成和发展具竞争力的电力市场，实现电力经营和投资方式的多元化，国家只控制电网的所有权以保证国家能源系统安全。至2020年对电力行业投资约达929.7万亿越南盾（相当于488亿美元，年均投资48.8亿美元）；2021～2030年阶段约投资1429.3万亿越南盾（相当750亿美元）。规划确定将优先发展再生能源，不断提高再生能源电量比例，将由2010年的3.5％提高到2020年的4.5％，2030年提高到6％。另外还将优先发展水电项目，水电功率由目前的9200兆瓦提高到2020年的17400兆瓦。而第一个核电站预计将于2020年投入运行，2030年核能发电功率达10700兆瓦，电力产量约为705亿千瓦时。

至2020年越南各电厂发电总功率将达75000兆瓦。其中，水电占23.1％；蓄能电站占2.4％；热电占48％；进口电力占3.1％。

（来源：中华人民共和国驻胡志明市总领事馆经济商务室. http://hochiminh. mofcom. gov. cn/aarticle/jmxXw/201107/20110707662218. html. 51250616＝850387913. 2011—07—25）

越南进口肉类及活体家畜家禽增加

越南劳动荣军社会部公布，截至2011年7月中旬，越南进口活体家畜增加，经边境小额贸易和正规贸易进口的黄牛、水牛分别为6400头和755头。还有170多吨商品猪肉和4吨鸡从中国通过广宁、谅山边境走私入境。2011年7月份，企业通过正规贸易从美国、加拿大进口家畜家禽肉类近8000吨。

（来源：中华人民共和国驻胡志明市总领事馆经济商务室. http://hochiminh. mofcom. gov. cn/aarticle/jmxw/201107/20110707670597. html. 2752316856＝850387913. 2011—07—29）

政策法规篇

东盟十国对外国投资合作的法规和政策

文莱对外国投资合作的法规和政策

一、对外贸易的法规和政策规定

1. 贸易主管部门

文莱贸易政策的制定和实施主要由文莱工业与初级资源部负责，财政部、经济发展理事会等其他有关部门参与。

文莱工业与初级资源部主要职责是：鼓励和支持当地企业及外国投资者开展商品生产和服务，保障国家食品安全和就业，推动经济持续、多元化发展。该部下辖5个执行局：农业局、森林局、渔业局、工业发展局和旅游局。

2. 贸易法规体系

文莱与贸易相关的主要法律包括《海关法》《消费法》以及一系列涉及食品安全和清真要求的法规。2001年和2006年分别颁布《证券法》和《银行法》。具体包括：

表1　截至2007年与贸易相关的主要法规

法规名称	主要内容
《海关法及相关规定》(2006)	有关海关法规定包括特别关税、关税返还、对违反规定的处罚等
《进口商品估价规定》(2001)	根据世贸规则明确海关估价
①《东盟通用特别关税条例》(2005) ②《中国—东盟全面经济合作框架协议下东盟—中国早期收获计划商品关税条例》(2005) ③《中国—东盟全面经济合作框架协议下海关货物贸易协议》(2006)	实施有关东盟贸易协议
《公司法》(1957)	公司注册法规等
《证券法》(2001)	政府间金融往来、为经营商及有关个人在管理和交易证券方面提供建议
《银行法》(2006)	银行执照
《投资促进法》(2001)	投资领域
《清真肉类法》	规范清真肉类产品的进口和市场供应
《商标法》(2000)	商标
《公共卫生(食品)条例》(2001) 《公共卫生(食品)法》(2002)	食品安全

资料来源：文莱工业与初级资源部

3. 贸易管理的相关规定

文莱实行自由贸易政策，除少数商品受许可证、配额等限制外，其余商品均放开经营。

【进口管理】出于环境、健康、安全和宗教方面的考虑，文莱海关对少数商品实行进口许可管理。

植物、农作物和牲畜须由农业局签发进口许可证（植物不能带土），军火由皇家警察局发证，印刷品由皇家警察局、宗教部和内务部发证，木材由森林局发证，大米、食糖、盐由信息技术和国家仓库发证，二手车由皇家海关发证，电话装置、无线电设备由通讯局发证，药品由卫生部发证，鲜、冷冻的鸡肉和牛肉由宗教部、卫生部和农业局发证。除以上有关部门发放进口许可证外，机动车、农产品、药品及与药品相关的产品进口还须提供相关的原产地证书和检验证明。

禁止进口商品包括：鸦片、海洛因、吗啡、淫秽品、印有钞票式样的印刷品、烟花爆竹（从2008年起允许指定经营商进口）等。

酒精饮料进口受到严格限制。

【出口限制】除了对石油与天然气出口控制和禁止销售 Nouvelles 美容产品、天山雪莲药丸等5种产品外，对动物、植物、木材、大米、食糖、食盐、文物、军火等少数物品实行出口许可证管理，其他商品出口管制很少。

4. 进出口商品检验检疫

文莱公共卫生（食品）条例规定所有食品，无论是进口产品还是本地产品，都要安全可靠，具有良好品质，符合伊斯兰教清真食品的要求，尤其对肉类的进口实行严格的清真检验。对于某些动植物产品，如牛肉、家禽，需提交卫生检疫证书。进口食用油不能有异味、不含任何矿物油，动物脂肪需来自在屠宰时身体健康的牲畜并适合人类食用，动物脂肪和食用油须是单一形式，不能将两种或多种脂肪和食用油混合。脂肪和食用油的包装标签上不得有“多不饱和的”字眼或相似字眼。非食用的动物脂肪须出具消毒证明。进口活动物必须有兽医证明。

大豆奶应是从优质大豆中提取的液体食品，可包括糖、无害的植物物质，除了允许的稳定剂、氧化剂和化学防腐剂外，不得含有其他的物质，并且其蛋白质含量不少于2%等。

此外，该条例对食品添加剂、包装以及肉类产品、渔类产品、调味品、动物脂肪和油、奶产品、冰淇淋、糖与干果、水果、茶、咖啡、无酒饮料、香料、粮食等，都规定了相应的技术标准。对食品的生产日期、保质期、食品容器及农药最大残留量、稳定剂、氧化剂、防腐剂等都有明确的规定。

5. 海关管理规章制度

【管理制度】2006年新《海关条例》对特别关税、关税返还、处罚方式等做了规定。

【关税税率】对东盟成员国产品的关税税率大部分在0%～5%之间。对食品类及大部分建筑材料和工业机械免征进口税，电器类商品及香水、化妆品、地毯、珠宝、水晶灯、丝绸、运动器材等征收5%的进口税，汽车征收20%的进口税，烟和酒精饮料有特别税率。

对其他国家的极少部分商品的进口关税略高于对东盟成员国的进口关税。

二、对外国投资的市场准入的规定

1. 投资主管部门

文莱主管国内投资和外国投资的政府部门为工业与初级资源部和经济发展理事会。

2. 投资行业的规定

文莱对外来投资实行准入限制。

【禁止的行业】包括武器、毒品及与伊斯兰教义相悖的行业等。

【限制的行业】林业不对外资开放。

【鼓励的行业】包括化工、制药、制铝、建筑材料及金融业等行业。

《2001投资促进法》将部分产业纳入先锋行业，投资享受税收优惠，以吸引外来投资。

3. 投资方式的规定

为保护民族资本，法律规定，外资与本地公司或商人合资的企业，文莱方须占51%以上股份。不涉及国家食品安全且产品全部出口的工业，外国人可拥有100%所有权。

1999年文莱政府放宽外国投资者在渔业领域的投资，基本政策是：合资经营，文莱方股权不少于30%；只能在文莱渔业局批准权限和海域范围内捕鱼；准予使用挂文莱国旗的渔船，捕捞的鱼必须在文莱上岸；养殖活动只限于文莱渔业局所限制的品种。

外资并购文莱企业的案例极少，具体操作时应向有关主管部门充分咨询过户手续及审批期限，必要时可寻求中华人民共和国驻文莱达鲁萨兰国大使馆经济商务参赞处协助。

三、文莱关于企业税收的规定

1. 税收体系和制度

文莱无个人所得税，也无出口税、销售税、薪工税、资本收益税和生产税。文莱的税种也很少。在投资者创业和发展阶段，文莱提供比其他国家更为优惠的条件。

文莱不征收营业税、工资税、生产税及出口税。独资和合伙经营商行无需缴纳所得税，有限公司需缴纳公司所得税。外国投资者可以享有20年的免公司税的优惠待遇。已经完税的公司分红不再征税，其他任何分红都计算在征税额之内，但不对分红代扣所得税。公司亏损可从未来6年的收入中结转，并可追溯1年。为鼓励投资，近年来文莱政府连续下调公司税，2010年已降至23.5%，并且在一定条件下还可以申请减免。

2. 主要税赋和税率

【企业税】企业须对以下收入纳税：(1) 各项经济活动中获取的利润；(2) 从未在文莱纳税的公司中获得的分红；(3) 利息和补贴；(4) 版税、奖金和其他财产收入。

文莱无资本收益税。但如果征税官确定其中部分收入来自普通贸易，则按正常收入征税。

独资和合伙经营商行无需缴纳所得税，在文莱注册的公司有义务对其从文莱或境外所获得的收入缴纳所得税。非本地注册公司只需对其在文莱获得的收入纳税。

有限公司所得税征税率自2007年起连年小幅下调，文莱政府已宣布2011年征税率降至21%。

外国税收免除的相关规定：(1) 文莱和英国签订了避免双重税务协定，所得税可以按比例免除，课税扣除只针对本地公司；(2) 英联邦国家提供内部互免优惠，但优惠额不能超过文莱税率的一半，此优惠提供给本地及非本地注册公司；(3) 2004年9月，中国与文莱签署了《避免双重征税和防止偷漏税协定》。

【印花税】根据文莱相关法律，印花税主要征收范围包括抵押、房屋租赁、转让。其中，抵押每500文莱元征税10文莱元，房屋租赁（年租金）每250文莱元征税收10文莱元，转让每250文莱元征税10文莱元。

【石油税】1963年修改后的所得税法为石油生产征税特别立法。对扣除王室分成、政府分成及各项成本后的石油净收入按照55%征收石油税。

【代扣所得税】非本地公司的债券、贷款等的利息收入按20%比例交纳所得税。

【房地产遗产税】1988年12月15日后去世的人，其房地产遗产按每200万文元3%的税率征收。

【进口税】工业用的食品和其他产品免缴进口税。电器产品、木材、照相设备和耗材、家具、汽车及零部件的进口税率为20%，化妆品和香水进口税率为30%。2010年1月，中国—东盟自由贸易区正式建成，文莱作为老东盟六国之一，对中国90%以上约7000种产品实行了零关税。

四、文莱对外国投资的优惠

1. 优惠政策框架

文莱政府于1975年颁布《投资促进法》，2001年在该法基础上颁布新的投资促进法令，延长了对部分鼓励投资产业的税收优惠期。文莱政府以投资项目可能带来的实际利益确定适当的税收优惠。为鼓励在工业产品方面的投资，文莱工业及主要资源部列出十大工业，以及这些工业所生产的产品都属于先进工业和先进产品而获得税收优惠。主要包括如下方面：食品制造（飞机上的各类食品及各种罐头、饮料）；药品制造（各种药品、维生素丸、糖浆等）；建筑材料（水泥）；钢铁材料（制造用各种钢铁、钢条等）；化学工业（防锈剂、杀菌剂、净化剂以及各种清洁剂等）；造船（船的修理及保养）；造纸（薄纸、餐巾纸）；纺织（各种服装）。

2. 行业鼓励政策

根据投资促进法，在以下产业投资享受税收优惠：

(1) 先锋产业，即有限责任公司达到以下要求：①符合公众的利益；②该产业文莱未达到饱和程度；③具有良好的发展前景，产品应具有该产业的领先性，可以获得先锋产业资格证书，并享受以下优惠：免收所得税；免30%的公司税；免公司进口机器、设备、零部件、配件及建筑构件的进口税；免原材料进口税；为生产先锋产品而进口的原材料免征进口税；可以结转亏损和享受津贴。

表2 先锋产业的免税期
(从生产日开始计算)

注册资本金额	免税期
50万～250万文莱元	5年
250万以上	8年
高科技园区内	11年
免税期延长	每次3年，总共不超过11年
(高新区) 免税期延长	每次5年，总共不超过20年

资料来源：文莱经济发展局

先锋产品包括：航空食品、搅拌混凝土、制药、铝材板、轧钢设备、化工、造船、纸巾、纺织品、听装、瓶装和其他包装食品、家具、玻璃、陶瓷、胶合板、塑料及合成材料、肥料和杀虫剂、玩具、工业用气体、金属板材、工业电气设备、供水设备、宰杀、加工清真食品、废品处理工业、非金属矿产品的制造。

(2) 先锋服务公司，即符合公众利益，并从事以下经营活动的公司：涉及实验、顾问和研发的工程技术服务；计算机信息服务和其他相关服务；工业设计的开发和生产；休闲和娱乐的服务；出版；教育产业；医疗服务；有关农业技术的服务；有关提供仓储设备的服务；组织展览和会议的服务；金融服务；商业顾问、管理和职业服务；风险资本基金业务；物流运作和管理；运作管理私人博物馆；部长指定的其他服务和业务，可享受免所得税以及可结转亏损和补贴待遇。免税期8年，可延长，但不超过11年。

3. 地区鼓励政策

文莱政府在国内共划出10个工业区以吸引外国投资。其中双溪岭工业区（Sungai Liang Industrial Site）为最主要的工业区，规划面积283公顷，主要用于油、气产品的下游和高科技产业。在该区最大的外来投资项目是日本投资的甲醇厂项目，总投资6亿美元，设计产能85万吨，2010年5月第一批甲醇产品出口中国。

表3 文莱十个工业区

编号	工业区名称	规划面积（公顷）	主要用途
1	Serasa	83	制造业及服务
2	Kampong Salar	40	家具、仓储及冷藏
3	Lambak Kanan (East)	74	高科技产业
4	Lambak Kanan (West)	45	食品加工
5	Beribi I&II	47	制造业及服务
6	Serambangun	40	制造业及服务
7	Sungai Liang（双溪工业区）	283	石油下游产业、高科技
8	Sungai Bera	50	制造业及服务
9	Pekan Belait	38	制造业及服务
10	Batu Apoi	5	制造业及服务

资料来源：文莱工业与初级资源部

五、文莱关于劳动就业的规定

（一）劳工法的核心内容

在文莱，劳工受到法律的保护。雇主支付雇员薪金的时间不得超过当月10日，如延期支付被检举，雇主会受到不高于1500文莱元的罚款；如无法支付薪金给雇员，雇主将面临不超过六个月的监禁；如雇主在未获得许可的情况下雇佣外来劳工，会受到10000文莱元或入狱6个月至3年的惩罚。

（二）外国人在文莱工作的规定

外国人到文莱就业需要得到两年有效的工作准证。欲获得该准证需向文莱劳工局申请。经文莱劳工局推荐，文莱移民局颁发许可证。文莱劳工局要求申请者提供金额，为文莱至劳工来源国单程机票款的押金或银行担保。工作准证在签发后6个月内不得更改。公司或外国公司的分支机构注册批准之前，申请将不会被接受。

文莱劳工局已经采取适当的措施，分阶段推行“文莱化”的政策，鼓励本地的私人机构优先聘请本地人，以便减少本国人失业。一些领域，如秘书、会计、服务员、收银员、保安人员、仓库管理人、营业代表等，将不再授予外籍劳务配额，只限本地人担任。银行业外籍工作人员不得超过员工总数的一半。

外国人在劳工、家政、司机、厨师、餐厅服务生、工程师等岗位就业者占大多数，医生、律师等专业性较强行业须取得当地就业执照。

六、与投资合作相关的主要法律

与投资相关的法律包括《合同法》《土地法》以及《投资促进法》。

文莱工业与初级资源部负责有关投资合作政策的制订和实施，查询网址：www.brubeimipr.gov.bn。

[来源：改编自商务部国际贸易经济合作研究院、商务部投资促进事务局、中国驻文莱大使馆经济商务参赞处共同主编.《对外投资合作国别（地区）指南——文莱》.2010年版第29～38页]

柬埔寨对外国投资合作的法规和政策

一、对外贸易的法规和政策规定

1. 贸易主管部门

柬埔寨商业部为柬埔寨贸易主管部门，主管全国的贸易，负责出口审批和免税进口核准等手续。

2. 贸易法规体系

柬埔寨与贸易相关的法律法规主要包括《进出口商品关税管理法》《关于制衣行业原产地证书、商业发票、出口许可证核发的规定》《关于商业公司贸易行为的规定》《关于实施装运前检验服务的规定》《加入世界贸易组织法》《关于风险管理的次法令》《关于成立海关与税收署风险管理办公室的规定》等。

《海关法》和《原产地规则法》即将颁布。

3. 贸易管理的相关规定

商业部负责出口审批和免税进口核准手续。在多数情况下，进口货物无需许可证。但部分产品需要获得相关政府部门特别出口授权或许可后方可出口。

【作为最不发达国家享受的出口优惠】作为最不发达国家，欧、美、日等28个国家给予柬埔寨普惠制待遇。美国给予柬埔寨较宽松的配额和进口关税，欧盟在“除军火外所有商品倡议”下，给予柬埔寨除军火外几乎所有产品零关税的待遇。

【出口商品当地含量及原产地原则】柬埔寨目前无当地含量要求，即不限制使用进口原材料、零部件（对健康、环境或社会有害的原材料、零部件除外）。

在柬埔寨，出口商应重视普惠制的原产地规则要求。普惠制下出口至美国的产品，原产地规则对当地含量的最低要求为35%（符合条件的东盟成员国，即柬埔寨、泰国、印尼和菲律宾，在原产地规则要求中视为同一国家）。在“除军火外所有商品倡议”下，原产地规则要求出口产品至少有40%的含量出自出口国。

【出口优惠、限制】根据投资法修正法，由柬埔寨投资委员会批准的出口型合格投资项目可享受免税期或特别折旧。其出口产品增值税享受退税或贷记出口产品的原材料，并可免税进口生产设备、建筑材料、原材料等。但为了取得生产用原材料免税收政策进口批件，进口公司应每年向来柬埔寨投资委员会申报拟进口材料的数量和价值。

禁止或严格限制出口的产品包括文物、麻醉品和有毒物质、原木、贵重金属和宝石、武器等。半成品或成品木材制品、橡胶、生皮或熟皮、鱼类（生鲜、冷冻或切片）及动物活体须缴纳10%的出口税。

服装出口须向商业部缴纳管理费。普惠制下服装出口至美国或欧盟的，须获得出口许可证。

【免税进口】根据《投资法》修正法，由柬埔寨投资委员会批准的出口型合格投资项目可免税进口生产设备、建筑材料、原材料和生产投入附件。为取得生产用原材料免税进口批件，进口公司应每年向柬埔寨投资委员会申报拟进口材料的数量和价值。

4. 进出口商品检验检疫

柬埔寨财经部海关与关税署、商业部进出口检验与反欺诈局联合负责进出口商品检验。检验地点为工厂或进出口港口。目前，柬埔寨全部进出口货物均接受检验，检验地点通常为工厂或进出口的港口，政府正计划逐年降低检验比率。价值5000美元或以上的进口货物，在出口国进行装运前检验。检验报告和其他装船前检验文件将被递交柬埔寨海关，货物抵达柬埔寨后，货主凭检验单据到海关缴纳税款并提出货物。

5. 海关管理规章制度

【管理制度】柬埔寨政府近年来不断改进海关管理制度，致力于实现简洁、高效、透明和可预测的海关管理。

2006年，柬埔寨起草完成并通过《关于通过风险管理实施贸易便利化的次法令》，准备实施基于贸易商档案数据的风险管理系统，即通过利用电脑系统分析贸易商档案数据、商品和/或原产地进行海关监管。为此，柬埔寨政府还采用了计算机化海关清关综合系统——自动海关数据系统。

此外，为简化海关程序，柬埔寨政府决定推行使用“海关一站式服务系统”，并计划在西哈努克港安装自动海关数据系统终端。柬埔寨政府希望借此减轻贸易活动的行政负担，并减少腐败滋生的机会。

【关税税率】除天然橡胶、宝石、半成品或成品木材、海产品、沙石等5类产品外，一般出口货物无需缴纳关税。

所有货物在进入柬埔寨时均应缴纳进口税，投资法或其他特殊法规规定享受免税待遇的除外。进口关税主要由四种汇率组成：7%、15%、35%和50%。部分进口产品税率见下表：

表1　柬埔寨主要商品的税率

货物类别	关税	特别税	增值税
布类	35%	—	10%
服装	35%	—	10%
童装、运动装	7%	—	10%
窗帘、床罩	7%	—	10%

续表

货物类别	关税	特别税	增值税
伞	7%	—	10%
卷烟	50%	10%	10%
啤酒	35%	10%	10%
葡萄酒、烈酒类	35%	33.33%	10%
饮料	35%	10%	10%
罐头	35%	—	10%
水果	7%	—	10%
茶叶	7%	—	10%
肉类（鲜、冻）	35%	—	10%
鱼类	15%	—	10%
药品	—	—	10%
学生文具	—	—	10%
玩具类	7%	—	10%
游戏机类	50%	—	10%
古董、艺术品	—	—	10%
家电类	15%	—	10%
125cc以下摩托车	15%	5%	10%
125cc及以上摩托车	15%	45%	10%
贵金属（金、银）	30%	—	10%
钻石	50%	—	10%
农具	—	—	10%
其他五金制品	15%	—	10%
塑料制品	7%	—	10%
发电机	15%	—	10%
纸类	7%	—	10%
水泥	7%	—	10%
钢铁	7%	—	10%
玻璃	7%	—	10%
铝材	7%	—	10%
化肥	—	—	10%
汽油、柴油	30%	—	10%
机油、润滑油	30%	—	10%

资料来源：柬埔寨海关

在东盟自由贸易协定的共同有效关税体制下，从东盟其他国家成员国进口、满足原产地规则规定的产品可享受较低的关税税率。按照整体关税减让时间表规定，到2010年，除少数特例商品外，柬埔寨关税税率降至0%～5%。

二、对外国投资的市场准入的规定

1. 投资主管部门

柬埔寨发展理事会是惟一负责重建、发展和投资监管事务的一站式服务机构，由柬埔寨重建和发展委员会和柬埔寨投资委员会组成。该机构负责对全部重建、发展工作和投资项目活动进行评估和决策，批准投资人注册申请的合格投资项目，并颁发最终注册证书。

但对于下列条件的投资项目，需提交内阁办公厅批准：（1）投资额超过5000万美元；（2）涉及政治敏感问题；（3）矿产及自然资源的勘探与开发；（4）可能对环境产生不利影响；（5）基础设施项目，包括BOT、BOOT、BOO和BLT项目；（6）长期开发战略。

2. 投资行业的规定

柬埔寨政府视外国直接投资为经济发展的主要动力。柬埔寨无专门的外商投资法，对外资与内资基本给予同等待遇，其政策主要体现在《投资法》及其《修正法》等相关法律规定中。

【鼓励投资的领域】《投资法》十二条规定，柬埔寨政府鼓励投资的重点领域包括：创新和高科技产业；创造就业机会；出口导向型；旅游业；农工业及加工业；基础设施及能源；各省及农村发展；环境保护；在依法设立的特别开发区投资。投资优惠包括免征全部或部分关税和赋税。

【限制投资的领域】《投资法修正法实施细则》列出了禁止柬埔寨和外籍实体从事的投资活动，包括：制造或加工文化产品；锯木材、薄板、夹板、以本地原木作为原材料生产的木制产品；十二烷基苯磺酸（DBSA）产品；影响社会健康或环境的有毒化学制品；生产有毒化学制品或是利用有毒介质；制造治疗精神病的物质和麻醉药品；制造武器及军火等。

此外，该细则还列出了“不享受投资优惠的投资活动”和“可享受免缴关税，但不享受免缴利润税的特定投资活动”。

【对外国公民的限制】《投资法》对土地所有权和使用作出规定：（1）用于投资活动的土地，其所有权须由柬埔寨籍自然人、或柬埔寨籍自然人或法人直接持有51%以上股份的法人所有；（2）允许投资人以特许、无限期长期租赁和可续期短期租赁等方式使用土地。投资人有权拥有地上不动产和私人财产，并以之作为抵押品。

3. 投资方式的规定

【外国直接投资】在柬埔寨进行投资活动比较宽松，不受国籍限制（土地法有关土地产权的规定除外）。除禁止或限制外国人介入的领域外，外国投资人可以个人、合伙、公司等商业组织形式在商业部注册并取得相关营业许可，即可自由实施投资项目。但拟享受投资优惠的项目，需向柬埔寨发展理事会申请投资注册并获得最终注册证书后方可实施。获投资许可的投资项目称为“合格投资项目”。

【合资企业】合格投资项目可以合资企业形式设立。合资企业可由柬埔寨实体、柬埔寨及外籍实体或外籍实体组成。柬埔寨王国政府机构亦可作为合资方。股东国籍或持股比例不受限制，但合资企业拥有或拟拥有柬埔寨王国土地或土地权益的除外。在此情况下，非柬埔寨籍实体的自然人或法人合计最高持股比例不得超过49%。

【合格投资项目合并】两个或以上投资人，或投资人与其他自然人或法人约定合并组成新实体，且新实体拟实施投资人合格投资项目，并享受合格投资项目最终注册证书规定投资优惠及投资保障的，新实体需向投资委员会书面申请注册为投资人，并申请将合格投资项目最终注册证书转让新实体。

【收购合格投资项目】投资人或其他自然人或法人收购合格投资项目所有权，且拟享受合格投资项目最终注册证书规定投资优惠及投资保障的，应向投资委员会提出收购申请，将合格投资项目最终注册证书转让新实体。收购人为未注册自然人或法人的，需先申请注册为投资人。

投资人股份转让造成受让方取得投资人控制权的，投资人须向投资委员会提出转让申请，并提供受让人名称和地址。

三、柬埔寨关于企业税收的规定

1. 税收体系和制度

柬埔寨实行全国统一的税收制度，并采取属地税制。1997 年颁布的《税法》和 2003 年颁布的《税法修正法》为柬埔寨税收制度提供法律依据。

2. 主要税赋和税率

现行赋税体系包括的主要税种是：利润税、最低税、预扣税、工资税、增值税、财产转移税、土地闲置税、专利税、进口税、出口税、特种税等。柬埔寨对私人投资企业所征收的主要税种和税率分别是：利润税 9%、增值税 10%、营业税 2%。

【利润税】利润税应税对象是居民纳税人来源于柬埔寨或国外的收入，及非居民纳税人来源于柬埔寨的收入。税额按照纳税人公司类型、业务类型、营业水平来确定使用实际税制、简化税制或预估税制计算。除 0%和 9%的投资优惠税率外，一般税率为 20%，自然资源和油气资源类税率为 30%。

【最低税】最低税是与利润税不同的独立税种，采用实际税制的纳税人应缴纳最低税，合格投资项目除外。最低税税率为年营业额的 1%，包含除增值税外的全部赋税，应于年度利润清算时缴纳。利润税达到年度营业额 1%以上的，纳税人仅需缴纳利润税。

【预扣税】居民纳税人以现金或实物方式支付居民的，按适用于未预扣税前支付金额的一定税率预扣，并缴纳税款。税率有 15%、10%、6%和 4%四种。从业居民纳税人向非居民纳税人支付利息、专利费、租金、提供管理或服务的报酬、红利等款项的，应按支付金额的 14%预扣，并缴纳税款。

【工资税】工资税是对履行工作职责获得工资按月征收的赋税。柬埔寨居民源于境内及境外的工资，及非居民源于柬埔寨境内的工资应缴纳工资税，由雇主根据以下分段累进税率表预扣。

表 2　柬埔寨工资税税率

月应税工资（瑞尔）	税率（%）
0～500000	0
500001～1250000	5
1250001～8500000	10
8500001～12500000	15
12500000 以上	20

资料来源：柬埔寨发展理事会

【增值税】增值税按照应税供应品应税价值的 10%税率征收。应税供应品包括：柬埔寨纳税人提供的商品或服务；纳税人划拨自用品；以低于成本价格赠与或提供的商品或服务；进口至柬埔寨的商品。对于出口至柬埔寨境外的货物，或在柬埔寨境外提供的服务，不征收增值税。

【其他税赋】柬埔寨其他税种及税率如下表所示：

表3　柬埔寨其他税种及其税率

税种	税率
针对特定商品或服务征收的特种税	
国内及国际航空机票	10%
国内及国际电信	3%
饮料	20%
烟草、娱乐、大型车辆、排气量125cc以上摩托	10%
石油产品、排气量2000cc以上汽车	30%
财产转移税	
不动产和某些类型车辆的所有权转让	转让价值的4%
土地闲置税（超过1200平方米以上的部分征收）	评估价值的2%
专利税（企业年度注册时缴纳）	300美元
房屋土地租赁税	租金的10%

四、柬埔寨对外国投资的优惠

1. 优惠政策框架

柬埔寨政府给予外资与内资基本同等的待遇，《投资法》及其《修正法》为外国投资提供了保障和相对优惠的税收、土地租赁政策。此外，外国投资同样可享受美、欧、日等28个国家/地区给予柬埔寨的普惠制待遇（GSP）。

【投资保障】柬埔寨政府对投资者提供的投资保障包括：（1）对外资与内资基本给予同等待遇，所有的投资者，不分国籍和种族，在法律面前一律平等；（2）柬埔寨政府不实行损害投资者财产的国有化政策；（3）已获批准的投资项目，柬埔寨政府不对其产品价格和服务价格进行管制；（4）不实行外汇管制，允许投资者从银行系统购买外汇转往国外，用以清算其与投资活动有关的财政债务。

【投资优惠】经柬埔寨发展理事会批准的合格投资项目可获得的投资优惠包括：（1）免征投资生产企业的生产设备、建筑材料、零配件和原材料等的进口关税；（2）企业投资后可享受3～8年的免税期（经济特区最长可达9年），免税期后按税法缴纳税率为9%的利润税；（3）利润用于再投资，免征利润税；分配红利不征税；（4）产品出口，免征出口税。

2. 行业鼓励政策

柬埔寨行业鼓励政策主要体现在农业和旅游业两个方面。

【农业】在吸引外商投资农业上，柬埔寨政府依据《投资法》对开发种植1000公顷以上的稻谷、500公顷以上的经济作物、50公顷以上的蔬菜种植项目；对畜牧业存栏在1000头以上、饲养100头以上的乳牛项目、饲养家禽10000只以上项目；占地5公顷以上的淡水养殖、占地10公顷以上的海水养殖项目均给予支持和优惠待遇。主要鼓励措施是：（1）项目在实施后，从第一次获得盈利的年份算起，可免征盈利税的时间最长为8年。如连续亏损则被准许免征税。如果投资者将其盈利用于再投资，可免征其盈利税；（2）政府只征收纯盈利税，税率为9%；（3）分配投资盈利，不管是转移到国外，还是在柬埔寨国内分配，均不征税；（4）对投资项目需进口的建筑材料、生产资料、各种物资、半成品、原材料及所需零配件，均可获得100%免征其关税及其他赋税，但该项目必须是产品的80%供出口的投资项目。

【旅游业】自柬埔寨王国政府提出优先发展旅游业的战略以来，柬埔寨旅游业的经济功能受到了充分重视，为旅游业的产业化发展奠定了良好基础。十多年来，旅游业成为柬埔寨国民经济的主要增长点和支柱产业。目前全国大多数省市都把发展旅游业作为首要工作之一，将旅游产业定位于“优先发展行业”、“支柱产业”、“特色产业”来加快发展。据统计，在2004～2007年柬埔寨国内外私人投资资金中，用于旅游业建设的资金就达11.069亿美元，用于基础设施建设的资金达14.44亿美元。在2006～2010年国际援助资金中，用于旅游业的资金为3000万美元，用于基础设施建设的资金为88000万美元。在2008～2010年公共投资计划资金中，旅游业投资金额为3247万美元。

3. 特别经济区政策

2005年12月，《关于特别经济区设立和管理的148号次法令》颁布，特别经济区体制在柬埔寨开始施行。柬埔寨发展理事会下设的柬埔寨特别经济区委员会是负责特别经济区开发、管理和监督的一站式服务机构，特别经济区管委会是在特别经济区现场执行一站式服务机制的国家行政管理单位，由柬埔寨特别经济区委员会设立，并在各特别经济区常驻。至2008年年底，斯登豪、曼哈顿、柴柴、欧宁、金边和西哈努克等六个特别经济区已获政府正式批准，另有五家也已取得特别经济区委员会许可。

特别经济区次法令规定特别经济区委员会应向全部特别经济区提供优惠政策。《投资法》修正法规定，位于特别经济区的合格投资项目有权享受与其他合格投资项目相同的法定优惠政策和待遇。经济区开发商和区内投资企业可享受的优惠投资政策见表4。

表4　特别经济区享受的优惠政策

受益人	优惠政策
经济区开发商	1. 利润税免税期最长可达9年 2. 经济区内基础设施建设使用的设备和建材进口免征进口税和其他赋税 3. 经济区开发商可根据《土地法》取得国家土地特许，在边境地区或独立区域设立特别经济区，并将土地租赁给投资企业
区内投资企业	1. 与其他合格投资项目同等享受关税和税收优惠 2. 出口国外市场的产品，免征增值税；进入国内市场的产品，应根据数量缴纳相应增值税
全体	1. 经济区开发商、投资人或外籍雇员有权将税后投资收入和工资转账至境外银行 2. 外国人非歧视性待遇、不实行国有化政策、不设定价格

资料来源：柬埔寨发展理事会

五、柬埔寨关于劳动就业的规定

（一）劳工法的核心内容

1997年颁布的柬埔寨《劳工法》，完全参照西方发达国家劳动标准制定，要求较为严格，现实执行中更强调保护劳工权益。该法规反映出柬埔寨政府劳工政策的原则思路：积极实施技术人才本地化战略，千方百计地解决其国内劳动力大量过剩的问题，努力寻找国外就业市场。严格控制外劳输入，只有柬埔寨缺乏的技术、管理人才，才能获准在柬埔寨工作。

【原则规定】《劳工法》为劳动者权益提供全面保护，该法主要原则性规定如下：（1）严格禁止强迫或强制劳动；（2）雇主雇佣或解雇工人时，应在雇佣或解雇之日起15日内向劳动主管部门书面申报；（3）雇主用工人数超过8个的，应制定企业内部规章制度；（4）允许就业的最低年龄为15岁，工作性质涉及危害健康、安全或道德的，最低就业年龄为18岁。

【签订劳动合同】劳工与雇主通过劳动合同建立工作关系。劳动合同受普通法管辖，以书面或口头形式订立。雇主签订或存续雇佣合同时，不得要求缴纳抵押金或任何形式保证金。工作合同分为试用（一般雇员不得超过3个月，专业工人不得超过2个月，非专业工人不得超过1个月）、定期（不得超过2年，可一次或多次续签，续签期限也不得超过2年）和不定期三种。

【终止劳动合同】固定期限劳动合同通常在指定截止日终止。但经双方达成协议，也可提前终止合同。该协议需以书面形式订立，劳动监察员在场见证，由合同双方签署。合同双方未达成协议的，除非因严重不当行为或不可抗力，不得提前终止。合同一方以上述以外原因提前终止合同的，另一方有权获得至少与其合同终止日期应得报酬或遭受损失相当的赔偿金。合同一方拟不予续签时，应提前通知另一方（合同期限超过6个月的，提前10天；合同期限超过1年的，提前15天），未提前通知的，合同应按其原始合同相等期限予以延期。

不定期劳动合同可由合同任一方自由中止（例外情况除外），拟终止合同的一方应书面提前通知另一方。

【劳工报酬】《劳动法》对劳动者工资作出如下规定：劳动主管部门制定最低保障工资标准，劳工工资至少应与最低保障工资相同。工资应以硬币或纸币形式直接支付工人本人，工人同意以其他方式支付的除外。工人工资每月应至少支付2次，间隔最多不得超过16天，雇员工资每月至少支付1次。

【工作时间】工人工作时间（不论性别）每天不得超过8小时，或每周不得超过48小时，严禁安排同一劳工每周工作六天以上。因特殊和紧急工作需工人加班的，加班工资应为正常工资的150%；在夜间或每周休息日加班的，加班工资为正常工资的200%。工作计划需进行轮班的，正常情况下企业仅可安排两班（早班和下午班），夜间工作须按照上述加班工资标准支付（“夜间”是指包含22点至凌晨5点，且至少连续11小时的一段时间）。

【假期】同一工人每周工作时间不得超过6天，周歇班应至少持续24小时，且原则上安排在星期日。全部工人均有权享受带薪假，按每连续工作1个月休假1天半计算，在此基础上劳工资历每增加3年，带薪假增加1天。发生直接影响工人直系亲属的事件，雇主应准予该工人特别假（最多不超过7天）。女工有权享受90天产假，产假期间，应发放其一半的工资和津贴；产假后返厂工作的2个月内，应指派其从事轻微劳动。

【工会】无论劳工或雇主均有权不需预先核准，

自主组建专业组织，以集体或个人方式研究、促进组织章程所涉及人员的权益、保护其精神和物质利益。劳工组建的专业组织称为“劳工工会”，雇主组建的专业组织称为“雇主协会”。禁止组建雇主及劳工同为会员的行业工会或协会。

（二）外国人在柬埔寨工作的规定

根据柬埔寨有关劳工法规，任何企业雇佣外国劳工必须向柬埔寨劳工部申请，并遵守以下规定：

1. 需要雇佣外籍专业技术和管理人员的企业，必须在每年 11 月底前向劳工部申请下一年度雇佣外劳的指标，每个企业所雇佣的外劳不得超过企业职工总数的 10%。未申请年度用工指标的，将不被允许雇佣外劳。

2. 雇佣外劳必须满足以下条件：雇主必须提前取得在柬埔寨工作的合法就业证；必须合法进入柬埔寨王国；必须持有有效护照；必须持有有效的居留许可证；必须有足够的适应企业需要的技能，且无传染病。

六、与投资合作相关的主要法律

《投资法》制约所有柬埔寨人和外国人在柬埔寨境内的投资活动，对投资主管部门、投资程序、投资保障、鼓励政策、土地所有权及其使用、劳动力使用、纠纷解决等作出明确的规定。

《投资法修正法》是对《投资法》的补充和修正。在投资申请、投资项目购进与合并、合资经营、税收、土地所有权及其使用、劳动力、惩罚等方面给出相关定义，并作出明确规定。

《关于柬埔寨发展理事会组织与运作法令》规定了柬埔寨投资主管部门——柬埔寨发展理事会的组织结构、职权任务和运作方式。

《关于特别经济区设立和管理的第 148 号法令》规定了建立经济特区的法律程序，经济特区的管理框架与任务、对经济特区的鼓励措施、对出口加工生产区的特别措施、劳动力管理与使用、职业培训、侵权与纠纷的解决。

《商业管理与商业注册法》对商业公司的成立、组织、运作、解散、转让和变更作出了规定，对公司的类型进行了划分。

《商业合同法》规定了所有类型合同的成立、履行、解释和执行，也进一步详细地描述了某些类型的合同，比如销售合同、租赁合同、借贷合同、个人财产抵押和担保。

［来源：改编自商务部国际贸易经济合作研究院、商务部投资促进事务局、中国驻柬埔寨大使馆经济商务参赞处共同主编.《对外投资合作国别（地区）指南——柬埔寨》. 2010 年版第 25～38 页］

印度尼西亚对外国投资合作的法规和政策

一、对外贸易的法规和政策规定

1. 贸易主管部门

印尼主管贸易的政府部门是贸易部，其职能包括制定外贸政策，参与外贸法规的制定，划分进出口产品管理类别，进口许可证的申请管理，指定进口商和分派配额等事务。

2. 贸易法规体系

印尼与贸易有关的法律主要包括《贸易法》《海关法》《建立世界贸易组织法》《产业法》等。与贸易相关的其他法律还涉及《国库法》《禁止垄断行为》和《不正当贸易竞争法》等。

3. 贸易管理的相关规定

除少数商品受许可证、配额等限制外，大部分商品均放开经营。2007 年底，印尼贸易部宣布了进出口单一窗口制度，极大简化了管理程序。

【进口管理】印尼政府在实施进口管理时，主要采用配额和许可证两种形式。适用配额管理的主要是酒精饮料及包含酒精的直接原材料，其进口配额只发放给经批准的国内企业。适用许可证管理的产品包括工业用盐、乙烯和丙烯、爆炸物、机动车、废物废品、危险物品，获得上述产品进口许可的企业只能将其用于自己的生产。其中，氟氯化碳、溴化甲烷、危险物品、酒精饮料及包含酒精的直接原材料、工业用盐、乙烯和丙烯、爆炸物及其直接原材料、废物废品、旧衣服等九类进口产品主要适用自动许可管理；丁香、纺织品、钢铁、合成润滑油、糖类、农用手工工具等六类产品主要适用非自动许可管理。为方便进口，印尼贸易部在 2009 年大力推行网上办理进口许可证，目前大部分工作已经完成，办理进口许可证过程变得更加简便，原本手工办理许可证需要 5～10 天时间，利用网上全国一站式服务只需 8 小时。

【出口限制】出口货物必须持有商业企业注册号/商业企业准字或由技术部根据有关法律签发的商业许可，以及企业注册证。出口货物分为四类：受管制的出口货物、受监视的出口货物、严禁出口的货物和免检出口货物。受管制的出口货物包括咖啡、藤、林业产品、钻石和棒状铅。受监视的出口货物包括奶牛与水牛、鳄鱼皮（蓝湿皮）、野生动植物、拿破仑幼鱼、拿破仑鱼、棕榈仁、石油与天然气、纯金/银、钢/铁废料（特指源自巴淡岛）、不锈钢、铜、黄铜和铝废料。严禁出口的货物包括幼鱼与金龙鱼等，未加工藤以及原料来自天然森林未加工藤的半成品，圆木头，列车铁轨或木轨以及锯木，天然砂、海砂，水泥土、上层土（包括表面土），白铅矿石及其化合物、粉，含有砷、金属或其化合物以及主要含有白铅的残留物，宝石（除钻石），未加工符合质量标准的橡胶，原皮，受国家保护野生动植物，铁制品废料（源自巴淡岛的除外）和古董。除以上受管制、监视和严禁的出口货物外，其余均属免检的出口货物。

2009年，印尼政府颁布新规定，进一步加强对有关产品的出口限制，相关规定如下：

（1）天然资源产品出口须使用信用证。印尼贸易部颁布的新规定要求咖啡、棕榈原油、可可、橡胶产品、锡条等诸多基于天然资源的出口产品，包括已加工或未加工但不属于成品的初级产品及矿物必须使用信用证出口，以保护印尼实业部门和天然资源。

（2）限制煤炭出口。印尼能矿部长表示，印尼政府计划把煤炭出口量限制在一定数量以内，以满足国内煤炭需求和保护资源。

（3）颁布咖啡出口新条例。印尼贸易部颁布的新规定要求每个咖啡出口商每年至少出口200吨咖啡，以增强印尼在世界咖啡市场上的竞争力。

4. 进出口检验检疫的相关规定

【卫生与植物卫生措施】印尼所有进口食品必须注册，进口商必须向印尼药品食品管理局申请注册号，并由其进行检测。检测过程繁琐且费用昂贵，每项检测费用从5万印尼盾（约合6美元）到250万印尼盾（约合300美元）不等，每一件产品的检测费用在100万印尼盾（约合120美元）到1000万印尼盾（约合1200美元）之间。此外，印尼药品食品管理局在测试过程中要求提供极其详细的产品配料和加工工艺情况说明，这可能涉及商业秘密。这些规定加重了出口商的负担。

2007年11月，印尼针对新鲜球茎蔬菜采取更为严格的检验检疫措施和技术要求，以提高印尼新鲜植物产品的国际竞争力。此次颁布的植物产品进口检验检疫要求是印尼政府自2007年第二次针对进口植物产品的修改规定，重点对以球茎形式进口的新鲜蔬菜的检验检疫和技术两方面提出要求。在检验检疫方面，该规定扩大了证书要求范围，除了需具备与2005年法规相同的原产国权威机构签发的证书外，经转运的产品还须被提供转运国授权的证书。在技术要求方面，该规定加严了原产国无虫害地区的调查及对植物性检疫虫害进行风险分析。上述规定在一定程度上提高了中国植物产品的出口门槛。

【国家标准】2009年以来，印尼政府开始在食品、饮料、渔业等诸多行业强制推行国家标准。印尼贸易部出台新规定，要求包括进口产品在内的所有产品必须附有印尼文说明。印尼海洋渔业部规定要求81种渔业产品必须符合印尼国家标准，甚至将捕鱼工具、渔产加工程序及微生物学测试程序等也列入印尼国家标准。

2010年9月1日，印尼新标签法规生效。所有在印尼市场上交易管制商品的制造商或进口商，必须在产品上加贴印度尼西亚语的标签。印尼贸易部于2009年12月21日颁布了编号为62/M－DAG/PER/12/2009的标签法规，并于2010年5月21日公布了21/M－DAG/PER/5/2010对上述法规进行了修订。

5. 海关管理的相关规定

【管理制度】印尼关税制度的基本法律是1973年颁布的《海关法》。现行的进口关税税率由印尼财政部于1988年制定。自1988年起，财政部每年以部长令的方式发布一揽子“放松工业和经济管制”计划，其中包括对进口关税税率的调整。印尼进口产品的关税分为一般关税和优惠关税两种。印尼关税制度的执行机构是财政部下属的关税总局。为促进进出口贸易，改善投资环境，印尼财政部关税局于2009年宣布，决定在部分港口推行和提供每周7日每日24小时的海关和港口服务。

【关税税率】根据WTO对各成员2006年进口关税水平的统计，2006年印尼的简单平均进口关税税率为9.5%。其中，工业品的简单平均税率为9.2%，农产品为11.4%。印尼对超过99%的进口产品征收从价税，但对大米和糖类等进口产品征收从量税。

根据《中国—东盟全面经济合作框架协议货物贸易协议》，中国和印尼逐步削减货物贸易关税水平。中国—东盟自由贸易区已经在2010年初建成，中国和印尼90%以上的进出口产品实现了零关税。

二、对外国投资的市场准入的规定

1. 投资主管部门

印尼主管国内投资和外国投资的政府部门分别

是：投资协调委员会、财政部、能矿部。其职责分工是：印尼投资协调委员会负责促进外商投资，管理工业及服务部门的投资活动，但不包括金融服务部门；印尼财政部负责管理金融服务部门的投资活动，包括银行和保险部门；印尼能矿部负责批准能源项目，而与矿业有关的项目则由能矿部的下属机构负责。

2. 投资行业的规定

【鼓励、限制、禁止投资的领域】2007年7月4日，印尼颁布第25号《投资法》的衍生规定，即《2007年关于有条件的封闭式和开放式投资行业的标准与条件的第76号总统决定》和《2007年关于有条件的封闭式和开放式行业名单的第77号总统决定》。根据这两个决定，25个行业被宣布为禁止投资行业，仅能由政府从事经营，禁止外商投资的行业主要包括无线电广播与电视广播、公路设备、经营机动车辆定期检验、含酒精饮料工业、糖精工业和黑锡金属工业等。另外，有43个行业鼓励中小型企业投资，36个行业为有条件开放的投资行业。

2007年7月5日，印尼出台新的电信投资法案，该法案规定外资对手机公司的所有权从95%下降到65%，对固线电话公司的控股比例降为49%。外资对印尼航空公司的所有权比例上限为49%。为了限制外资对战略性行业的控股比例，外资对机场和海港的所有权上限为49%。该法案不影响现有的合资项目。该法案从2007年7月4日起生效，有效期为三年。

2009年初，印尼颁布新的《矿产和煤炭法》。根据该法，外国公司不再被禁止申请和持有矿业许可权，这是印尼矿业领域利用外资政策的重大突破。但新法规定，已在印尼获得矿产经营准字（IUP）和矿产经营协议（PUP）的已生产的企业，需建设矿产冶炼加工厂。而按照原有工作合同生产的企业，最迟在新法实施后5年内建立上述冶炼厂。按照新法规定，企业面临采矿期被缩短，采矿面积也被缩小的局面。在企业缴纳正常的所得税和矿产税之外，新法还增加了一项税率为10%的附加税，中央和地方政府的附加税分别为4%和6%。印尼能矿部颁布的相关实施细则规定，对优先使用本土公司提供的矿业服务、外资公司向当地政府或企业转让股权等问题作出具体规定。

2009年以来，印尼的外资政策调整还包括：根据2009年通过的新电力法，印尼向私营企业开放电力投资领域。政府拟修改《非鼓励投资目录》，放宽医疗、教育、物流、电信等行业的外资准入。与此同时，印尼对外资进入某些领域做出了限制，具体如下：

（1）限制外企在基建工程投资。印尼国家计委称，将限制外国企业在政府基础设施工程的投资，以保护国内企业市场份额。外资企业只被允许参加基础设施部门建筑价值在1000亿印尼盾以上，其他部门采购和服务价值在200亿印尼盾以上的投标。此外，外资企业只许参加合同价值在100亿印尼盾以上的服务咨询投标。

（2）限制外国投资者拥有农用地股权。印尼农业部表示，将限制外国投资者对与食品有关的土地如稻田的所有权，其拥有的股份比例不得超过49%。

3. 投资方式的规定

【合资企业】根据2007年第25号《投资法》及相关规定，在规定范围内，外国投资者可与印尼的个人、公司成立合资企业。

【独资企业】依照印尼《投资法》的规定，外国直接投资可以设立独资企业，但须参照《非鼓励投资目录》规定，属于没有被该目录禁止或限制外资持股比例的行业。

【股票收购】外国投资者可以通过公开市场操作，购买上市公司的股票，但受到投资法律关于对外资开放行业相关规定的限制。

三、印尼关于企业税收的规定

1. 税收体系和制度

印尼实行中央和地方两级课税制度，税收立法权和征收权主要集中在中央。现行的主要税种有：公司所得税、个人所得税、增值税、奢侈品销售税、土地和建筑物税、离境税、印花税、娱乐税、电台与电视税、道路税、机动车税、自行车税、广告税、外国人税和发展税等。

2. 主要税赋和税率

【所得税】2008年7月17日印尼国会通过了新《所得税法》，个人所得税最高税率从35%降为30%，分为四档：5000万印尼盾以下，税率5%；5000万印尼盾至2.5亿印尼盾，税率15%；2.5亿印尼盾至5亿印尼盾，税率25%；5亿印尼盾以上者，税率30%。

企业所得税率：2009年为过渡期税率28%，2010年后降为25%。印尼对中、小、微型企业还有鼓励措施，减免50%的所得税。

【增值税】一般情况下，对进口、生产和服务等征收10%的增值税。

【印花税】印花税是对一些合同及其他文件的签署征收3000或6000印尼盾的象征性税收。

四、印尼对外国投资的优惠

1. 税收政策

根据2007年印尼《有关所规定的企业或所规定的地区之投资方面所得税优惠的第1号政府条例》，印尼政府对有限公司和合作社形式的新投资或扩充投资提供所得税优惠。提供的所得税优惠包括：(1) 企业所得税税率为30%（根据新《所得税法》，2010年后为25%），可以在6年之内付清，即每年支付5%；(2) 加速偿还和折旧；(3) 在分红利时，外资企业所缴纳的所得税税率是10%，或者根据现行的有关避免双重征税协议，采用较低的税率缴税；(4) 给予5年以上的亏损补偿期，但最多不超过10年。上述所得税优惠，由印尼财政部长颁发，并且每年给予评估。

外企用于研究开发、奖学金、教育和培训以及废物处理的开支可列入成本并从毛收入中提扣；对政府鼓励的重点领域，可提供8～10年亏损结转或提高设备及建筑物折旧率；开创性行业的投资，企业所得税可由政府承担10～12年。

对用于生产出口产品而进口的货物可退进口税；对于在国内购买用于生产出口产品的物资免增值税和奢侈品税；企业可自由选择在国内或国外购买生产所需要的原料。

为发展某些区域的经济建设，如印尼东部地区或者偏远地区，印尼政府已开辟几个综合经济发展区，在这些区域的投资者，可获以下优惠措施：给予30%的投资补助；加速折旧和摊提；亏损结转可延长10年；关于红利的10%的所得税，若双方在税务协议上取得一致，则还可再降低。

对于在保税区内设立的企业，有以下优惠措施：对于进口生产过程中所需要的资本货物、设备以及原料可免进口税、所得税以及奢侈品的增值税；允许企业将50%的最终出口产品通过正常的进口手续转移到国内市场，若非最终出口产品，可100%转移到国内市场；允许将一些边角料或废料销入印尼关境内，但含有生产所用材料的量不超过5%；允许这些企业将自己的机器设备出借给保税区以外的或无出口加工地位分包商进行深加工，期限不超过两年；如果这些企业将其产品从保税区或出口加工转口区交到这些区域以外的分包商或是这些区域内的其他公司进行深加工，则对其免征增值税和奢侈品销售税。

2. 投资促进政策

【行业优惠】自2007年1月1日起，印尼政府对6种战略物资豁免增值税，即原装或拆散属机器和工厂工具的资本物资（不包括零部件），禽畜鱼饲料或制造饲料的原材料，农产品，农业、林业、畜牧业和渔业的苗或种子，通过水管疏导的饮用水，以及电力（供家庭用户6600瓦以上者除外）。

2007年2月，为吸引外商进入印尼，与当地企业合作从事渔类加工业，印尼政府准备采取多项税收措施，具体包括免除国内加工鱼产品的出口税，减轻渔业加工机械进口税，减免收入税及增值税，在综合经济开发区和东部地区投资的企业还可获得土地建设税减免优惠。2009年，印尼政府进一步明确对工业发展用机器、货物和原料免征进口税。

【投资便利】2007年8月，印尼中央与地方政府实行投资审批一站式服务。实行一站式服务之后，每个部门都派代表到投资统筹机构办事处，以便加快办理审批手续。依据2007年第25号《投资法》第30条第7款，需要中央政府审批的投资领域包括对环保有高破坏风险的天然资源投资，跨省级地区的投资，与国防战略和国家安全有关的投资。

【地区优惠】2009年，印尼通过了经济特区新法律。根据该法，印尼计划在2010年底之前成立2至3个特别经济区。在特别经济区开展业务的公司，可以享受税收（包括增值税、销售税及进口税等）、土地使用等方面的优惠政策，政府将简化投资人申请设立公司或申办其他事项的手续。

五、印尼关于劳动就业的规定

（一）劳工法的核心内容

印尼国会于2003年2月25日通过第13/2003号《劳工法》，对劳工提供相当完善的保护。但因部分规定过于偏袒劳工方，大幅提高了劳工成本，影响印尼产品的竞争力。2006年，印尼政府决定修订该法，但因劳工方强烈示威抗议，劳工法修订工作无果而终。印尼的第13/2003号劳工法的要点如下：

【离职金】由原来薪水的7个月，调高到9个月。

【罢工】劳工因反对公司相关政策而举行罢工，雇主仍需支付罢工劳工工资，但劳工必须事先通知雇主与主管机关，且必须在公司厂房范围内进行罢工。如劳工违反罢工程序，罢工即属非法，雇主可暂时禁止劳工进入工厂并可不必支付罢工工资。

【工作时限】每星期工作时间为40小时。

【离职补偿】对于自愿离职与触犯刑法的劳工，雇主可不必支付补偿金（compensation），但需支付劳工累积的福利金（workers accumulated Lenefits）。

【童工】准许雇佣14周岁以上童工，工作时间每日以3小时为上限。

【临时工】合同临时工以3年为限。

【休假】连续雇佣工作满6年的劳工可享有2个月的特别休假（但服务满第7年及第8年时，开始享有每年休假1个月，但在此两年期间不得享有原有每年12天的年假，另外特别休假的2个月休假期间只能领取半薪）。

此外，依印尼政府规定，外国人投资工厂应允许外国人自由筹组工会组织。全国性的工会联盟有全印尼劳工联盟（SPSI）和印尼工人福利联盟（SBSI）。

（二）外国人在印尼工作的规定

印尼劳工总政策旨在保护印尼本国的劳动力，解决本国就业问题。根据这一总政策，印尼目前只允许引进外籍专业人员，普通劳务人员不许引进。对于印尼经济建设和国家发展需要的外籍专业人员，在保证优先录用本国专业人员的前提下，允许外籍专业人员通过合法途径进入印尼，并获工作许可。受聘的外国技术人员，可以申请居留签证和工作准证。

【手续】受聘的外籍专业人员到达印尼前必须履行下列手续：印尼公司聘用的外籍专业人员向印尼政府主管技术部门提出申请；取得印尼劳工部批准；到印尼移民厅申请签证。

【申请】外国合资公司聘用的外籍人员须向印尼投资协调委员会提出申请，内容为：(1) 雇主的姓名和在印尼的地址；(2)聘用人员的姓名和地址；(3) 简述拟聘用人员就任的职位、聘用期限、工资及其他福利待遇；(4)雇主拟议或执行中的培训印尼人未来胜任该职位的计划；(5)有关部门的介绍信。

六、与投资合作相关的主要法律

主要法律有：《投资法》《公司法》《所得税法》《劳动法》《知识产权法》《破产法》《贸易法》《海关法》等。

［来源：改编自商务部国际贸易经济合作研究院、商务部投资促进事务局、中国驻印度尼西亚使馆经济商务参赞处共同主编.《对外投资合作国别（地区）指南——印度尼西亚》. 2010年版第23～31页］

老挝对外国投资合作的法规和政策

一、对外贸易的法规和政策规定

1. 贸易主管部门

老挝贸易主管部门为老挝工业与贸易部（下设省市工业与贸易厅、县工业与贸易办公室），主要职责是制定、实施有关法律法规，发展与各国、各地区及世界经济贸易的联系与合作，管理进出口、边贸及过境贸易，管理市场、商品及价格，对商会或经济咨询机构进行指导以及企业与产品原产地证明管理等。

2. 贸易管理法律体系

老挝与贸易相关的主要法律有《投资促进管理法》《关税法》《企业法》《进出口管理令》《进口关税统一与税率制度商品目录条例》等。

3. 贸易管理的相关规定

老挝所有经济实体享有经营对外经济贸易的同等权利，除少数商品受禁止和许可证限制外，其余商品均可进出口。

【禁止进口商品】枪支、弹药、战争用武器及车辆；鸦片、大麻；危险性杀虫剂；不良性游戏；淫秽刊物等5类商品禁止进口。

【禁止出口商品】枪支、弹药、战争用武器及车辆；鸦片、大麻；法律禁止出口的动物及其制品；原木、锯材、自然林出产的沉香木；自然采摘的石斛花和龙血树；藤条；硝石；古董、佛像、古代圣物等9类商品禁止出口。

【进口许可证管理商品】活动物、鱼、水生物；食用肉及其制品；奶制品；稻谷、大米；食用粮食、蔬菜及其制品；饮料、酒、醋；养殖饲料；水泥及其制品；燃油；天然气；损害臭氧层化学物品及其制品；生物化学制品；药品及医疗器械；化肥；部分化妆品；杀虫剂、毒鼠药、细菌；锯材；原木及树苗；书籍、课本；未加工宝石；银块、金条；钢材；车辆及其配件（自行车及手扶犁田机除外）；游戏机；爆炸物等25类商品进口需许可证。

【出口许可证管理商品】活动物（含鱼及水生物）；稻谷、大米；虫胶、树脂、林产品；矿产品；木及其制品；未加工宝石；金条、银块等7类商品出口需许可证。

4. 进出口商品检验检疫

老挝对各类动植物产品的进口有检疫要求，要求对进口产品的特征及进口商的相关信息进行检查。

【动物检疫】根据老挝动物检疫规定，活动物、鲜冻肉及肉罐头等进口商须向农林部动物检疫司申请动物检疫许可证。商品入境时由驻口岸的动物检疫员查验，并出示产品原产国有关机构签发的动物检疫证和老挝农林部签发的检疫许可证。

【植物检疫】老挝农林部负责植物检疫工作。进口植物及其产品须在老挝的边境口岸接受驻口岸检查员检查，并出示产品原产国有关机构签发的植物检疫证。

5. 海关管理的相关规定

【管理制度】老挝政府于1994年12月颁布实施《统一制度和进口关税商品目录条令》，2005年5月颁布实施《关税法》及2001年10月颁布实施《商品进出口管理法令》等法律法规，对海关管理作了系列规定。其中《关税法》对进出口商品限制、禁止种类、报关、纳税、仓储、提货、出关、关税文件管理及报关复核等作了相关规定。

【关税税率】老挝关税分自主关税、协定关税、优惠关税、减让关税和零关税等五种不同的税率。详情可参看《统一制度和进口关税商品目录条令》及有关关税调整通知等文件。

【报关流程】货物进入仓库→过磅→做仓库临时报关单→打货物临时报关单→报海关审核→报海关领导签字→打税单上税→海关检验货物→付仓库费→海关作记录、进关。

【报关所需材料】老挝投资部批文、企业投资许可证、企业申请报告、企业营业执照（复印件）、企业税务登记（复印件）和货物老挝文清单（含数量、价格、重量、规格等）。

二、对外国投资的市场准入的规定

1. 投资主管部门

老挝中央政府设有外国投资管理委员会，由总理、副总理等官员组成。日常管理外国投资的机构是老挝国内国外投资管理局。国内国外投资管理局审批外国投资申请后，向投资委提出项目意见，并按政府的计划和法定程序直接代表政府和外国投资者签订合同。

2. 投资行业的规定

老挝鼓励外国投资者以多种投资方式到老挝各个领域投资，如：农林、农林加工业；手工、服务业；生态环境和生物保护；重要工业用原料及设备生产；使用先进工艺和技术的产业；基础设施特别是交通、运输建设；饭店旅游及过境服务等。

3. 投资方式的规定

外国投资者可以按照“协议联合经营”、与老挝投资者成立“混合企业”和“外国独资企业”等3种方式到老挝投资。“协议联合经营”是指老挝投资法人与外方在不成立新法人的基础上联合经营。“混合企业”是指由外国投资者和老挝投资者依照老挝法律成立、注册并共同经营、共同拥有所有权的企业。外国投资者所持股份不得低于注册资金的30%。“外国独资企业”是指由外国投资者独立在老挝成立的企业，形式可以是新法人或者分公司。

三、老挝关于企业税收的规定

1. 税收体系和制度

目前老挝实行全国统一的税收制度，外国企业和个人与老挝本国的企业和个人一样同等纳税。老挝共有6个税种，其中间接税含营业税和消费税2种，直接税含利润税、最低税、所得税、手续和服务费等4种。老挝政府于2010年1月1日起实施征收增值税政策，凡是年收入超过4亿基普（折合4.7万美元）的企业都得缴纳增值税，即将原来缴纳5%营业税改为缴纳10%增值税。

2. 主要税赋和税率

【营业税】指个人、法人或者机构在老挝境内进行商品买卖和服务时必须按比例缴纳营业税（部分免税商品除外），缴纳比例一般为5%和10%，但出口商品免交营业税。

【消费税】老挝政府规定：燃油、酒（含酒精）类、软饮料、香烟、化妆品、烟花和扑克牌、车辆、机动船只、电器、游戏机（台）、娱乐场所服务、电信服务、彩票和博彩业服务等15类商品和服务项目必须缴纳消费税，具体税率从10%～110%不等。

【所得税】老挝政府规定：薪金、劳务费、动产和不动产所得、知识产权、专利、商标所得等必须缴纳所得税，具体税率以30万基普为起征点，30万～150万基普为5%、150万～400万基普为10%、400万～800万基普为15%、800万～1500万基普为20%、1500万基普以上为25%。外国人按总收入的10%计征。

【利润税】按可收税利润（6千万基普以上）的35%计征。

【红利税】公司股东年终分红时须缴纳红利税，税率10%。

【最低税】生产单位每年须缴纳最低税，即年度收入的0.25%计征。

【增值税】消费者在购买产品同时需额外支付产品进项价格10%的增值税。

四、老挝对外国投资的优惠

1. 优惠政策框架

老挝对外来投资者的优惠政策主要是减免利润税及进口生产原料、设备和交通工具的关税等，满足投资者在土地和自然资源使用以及国内劳务使用的需求，同时在居住和进出境方面给予便利等。

2. 行业鼓励政策

老挝鼓励外国投资的行业有：(1) 出口商品生产；(2) 农林、农林加工和手工业；(3) 加工、使用先进工艺和技术、研究科学和发展、生态环境和生物保护；(4) 人力资源开发、劳动者素质提高、医疗保健；(5) 基础设施建设；(6) 重要工业用原料及设备生产；(7) 旅游及过境服务。

税收优惠政策方面：(1) 进口用于在老挝国内销售的原材料、半成品和成品可享受减征或免征进口关税、消费税和营业税。即：进口经有关部门证明并批准的原材料可免征进口关税和营业税；进口老挝国内有但数量不足的半成品5年内可按最高正常税率减半征收进口关税和营业税；进口经有关部门证明并批准的老挝国内有但数量不足或质量不达标的配件可按照东盟统一关税目录中的税率征收配件关税及消费税；(2) 进口的原材料、半成品和成品在加工后销往国外的，可享受免征进口和出口的关税、消费税和营业税；(3) 经老挝计划投资部批准进口的设备、机器配件可免征进口关税、消费税和营业税；(4) 经老挝计划投资部或相关部门批准进口的老挝国内没有或有但不达标的固定资产可免征第一次进口关税、消费税和营业税；(5) 经老挝计划投资部或相关部门批准进口的车辆（如载重车、推土机、货车、35座以上客车及某些专业车辆等）可免征进口关税、消费税和营业税；(6) 将利润用于扩大再投资的，可减免下年利润税；(7) 进口项目所需设备、原料和车辆可按相关规定减免进口关税；(8) 来料加工出口产品可免出口关税。

投资项目优惠政策方面：老挝政府对部分优先发展行业采取投资项目优惠政策，如投资医院、学校等项目可按情形享受场地使用租金优惠和额外的5年利润税减免政策等。

3. 地区鼓励政策

老挝政府根据不同地区的实际情况给予投资优惠政策：(1) 一类地区，指没有经济基础设施的山区、高原和平原。免征7年利润税，7年后按10%征收利润税；(2) 二类地区，指有部分经济基础设施的山区、高原和平原。免征5年利润税，之后3年按7.5%征收利润税，再之后按15%征收利润税；(3) 三类地区，指有经济基础设施的山区、高原和平原。免征2年利润税，之后2年按10%征收利润税，再之后按20%征收利润税，免征利润税时间按企业开始投资经营之日起算，如果是林木种植项目，从企业获得利润之日起算。

此外，企业还可以获得以下5项优惠：(1) 在免征或减征利润税期间，企业还可以获得免征最低税的优惠；(2) 利润用于拓展获批业务者，将获得免征年度利润税；(3) 对直接用于生产车辆配件、设备，老挝国内没有或不足的原材料，用于加工出口的半成品等进口可免征进口关税和赋税；(4) 出口产品免征关税；(5) 对用来进口替代的加工或组装的进口原料及半成品可以获得减征关税和赋税的优惠；经济特区、工业区、边境贸易区以及某些特殊经济区按照各区的专门法律法规执行。

五、老挝关于劳动就业的规定

(一) 劳动法的核心内容

老挝国会于2006年12月通过《劳动法》(修改稿)，有关工时、加班、工休、年休、解聘、工资或工薪及加班费、社保待遇等内容简介如下：

【工时】普通工作，每周6天，每天不超过8小时，或者一个星期不超过48小时；特殊工作，如辐射性或疾病传染性工作、接触有毒烟雾或气味和危险化学物品的工作、在地下或隧道或水底下或天上的工作、冷热不正常的场所工作、振动性作业等每天不能超过6小时或每周不超过36小时。

【加班】用工者在征得工会或劳工代表及本人同意后可以要求工人加班，加班时长每月不超过45小时或每天不超过3小时，非紧急情况下如灾害或者对劳动单位造成巨大损失等则禁止连续加班。

【工休】劳动者有权每周休息一天，时间可协商确定；法定休息日休息；劳动者在出具医院证明情况下有权申请病假，但每年不得超过30天，病假期间有权获得正常工资；按天数、时数或承包量计算者，必须工作满90天后才能按个人投保情况获得劳动报酬。

【年休】工作满1年及以上者，可以申请休15天年假；从事重体力劳动或有害身体健康工作者可以申请休18天年假，休假期间获得正常工资。年假时间不能将每周休息日、法定休息日计算在内。

【解聘】雇佣双方需解除劳动合同时，体力劳动者需提前至少 30 天、专业技术劳动者需提前 15 天告知对方。有规定期限的劳动合同须在期限结束前至少 35 天告知对方，需继续合作者，合同双方需重新签订劳动合同；按工作量规定的劳动合同须在工作完成后才终止，如果受雇期间死亡，雇佣者须按实际完成工作量给受雇者支付工资及其他相关补助。

【工资或工薪】老挝政府按不同的工作种类制定不同的最低工资标准。加班费分两种情况：正常工作日加班者，白天以日常工资 150%计算，晚上以 200%计算；法定节假日、公休日加班者，白天一日以日常工资 250%计算，晚上以 300%计算；晚上（22：00～5：00）轮值班补贴日常工资的 15%。

【社保待遇】任何劳动单位必须参加强制性社会保险。

（二）外国人在老挝工作的规定

老挝劳动社会福利部于 1999 年 3 月颁布实施《外籍劳工引进和使用管理决定》。该决定规定进入老挝务工人员必须身体健康并具有一定技能；需要引进外籍劳工单位和个人必须向老挝劳动社会福利部劳务司递交引进申请并注明所需数量、专业、时间等内容；获得批准后，用工单位须持相关材料到劳务司进行劳工登记（材料含：登记申请、引进批准书、护照、健康证、学历证或技能证明、简历、劳动合同、2 张相片）；外籍劳工在老挝工作的期限为半年或一年，需要延期者须办理延期手续（需递交的材料有：延期申请、用工者评价及推荐信、工作证、完税证明等）。

另外，按老挝《外国投资促进管理法》规定，外国投资者使用外籍劳工，长期工作者不能超过本企业劳工总人数的 10%；临时工作者根据相关部门批准确定。

六、与投资合作相关的主要法律

《民法》规定了老挝的自然人之间、法人之间以及自然人与法人之间的财产关系，为私有财产提供保护。

《企业法》规定对企业的成立、组织、运作、解散、转让和变更作出了规定，对企业类型进行了划分，规范企业章程。

［来源：改编自商务部国际贸易经济合作研究院、商务部投资促进事务局、中国驻老挝大使馆经济商务参赞处共同主编.《对外投资合作国别（地区）指南——老挝》.2010 年版第 21～28 页］

马来西亚对外国投资合作的法规和政策

一、马来西亚对外贸易的法规和政策规定

1. 贸易主管部门

马来西亚主管对外贸易的政府部门是国际贸易和工业部，主要职责是：负责制定投资、工业发展及外贸等有关政策；拟定工业发展战略；促进多双边贸易合作；规划和协调中小企业发展；促进和提升私人企业界和土著的管理和经营能力。

2. 贸易法规体系

马来西亚主要对外贸易法律有《海关法》《海关进口管制条例》《海关出口管制条例》《海关估价规定》《植物检疫法》《保护植物新品种法》《反补贴和反倾销法》《反补贴和反倾销实施条例》《2006 年保障措施法》《外汇管理法令》等。

3. 贸易管理的相关规定

马来西亚实行自由开放的对外贸易政策，部分商品的进出口会受到许可证或其他方面的限制。

【进口管理】马来西亚实行宽松的商品进口管理政策，除对一些涉及健康、安全、道德和动植物保护等原因而禁止进口的商品和一部分实行进口许可管理（有关商品目录会定期公布）的商品，如汽车马达、车壳、摩托车、基本钢材产品、咖啡、原糖等外，其他商品都可以自由进口。马来西亚政府主要通过进口关税和消费税来调节商品进口，政府从推动贸易自由化的目标出发，定期调整关税税率，有关进口关税的削减通常是通过年度预算案公布。为体现公平竞争原则，马来西亚政府对许多商品的采购实行公开招标制度，外国供货商可以直接或通过其代理进行投标。此外，为稳定国内市场，马来西亚政府也规定一些关系国计民生的商品和原料性商品如大米、水泥等，必须由国家指定或批准的公司经营。

【出口管理】马来西亚政府规定，大部分商品可以自由出口至除以色列外的任何国家。但是，部分商品须获得政府部门的出口许可，包括短缺物品、敏感或战略性及危险性产品，以及受国家公约控制或禁止进出口的野生保护物种。此外，马来西亚对出口商品的管理划分为三类：禁止出口商品、实行出口许可管理的商品和自由出口的商品。禁止出口的商品主要有：珊瑚、藤条、海龟蛋和所有以

以色列为目的港的出口商品；实行出口许可管理的商品主要有：出于健康、卫生、动植物保护、安全和保证国内稳定需求等原因需加强管理的商品和实行被动配额管理的纺织品等。国际贸易与工业部及国内贸易与消费者事务部负责大部分商品出口许可证的管理。

为了鼓励和促进出口的发展，马来西亚政府实行了一系列措施，如对以出口为导向的外国投资的制造业给予股权方面的优惠待遇。除马来西亚中小企业有能力生产的特定产品外，申请投资制造业的外商投资企业不限出口比例均可拥有100%的股权、对出口产品实行全额退税、对出口促销的各种费用给予所得税抵减、为出口企业提供出口信贷融资计划和为中小企业发展出口提供优惠贷款等。此外，为了稳定国内市场供应或鼓励深加工产品出口，马来西亚政府也对一些出口商品，如原棕油、橡木、活动物等征收出口税。

4. 进出口商品检验检疫

马来西亚要求所有肉类、加工肉制品、禽肉、蛋和蛋制品必须来自经马来西亚农业部兽医服务局检验和批准的工厂，所有进口产品必须获得兽医服务局颁发的进口许可证。

所有肉类、加工肉制品、禽肉、蛋和蛋制品必须通过网教中心的清真认证，牛、羊、家禽的屠宰场以及肉蛋加工设备必须获得马来西亚穆斯林发展部的检验和批准。

5. 海关管理规章制度

【管理制度】马来西亚关税有两种归类系统：一种用于东盟内部贸易，税则号为6位数字；另一种用于与其他国家贸易。国际贸易及工业部下属关税特别顾问委员会负责对关税进行评审，每年在政府预算中公布。

【关税水平】马来西亚关税99.3%是从价税，0.7%是从量税、混合税和选择关税。2009年，马来西亚最惠国关税简单平均关税税率约7.4%。2010年1月1日起，中国与马来西亚90%以上的产品实现了零关税。

二、对外国投资的市场准入的规定

1. 投资主管部门

马来西亚主管工业领域投资的政府部门是贸工部下属的马来西亚工业发展局，主要职责是：制定工业发展规划；促进制造业和服务业领域的国内外投资；审批工业执照、外籍员工职位以及企业税务优惠；协助企业落实和执行投资项目。

马来西亚其他行业投资由马来西亚外资委员会（FIC）及有关政府部门负责，FIC负责审批外资持股比例，而政府部门则负责其业务有关事宜的审批。

2. 投资行业的规定

【限制的行业】外商投资下述行业会在股权方面受到严格限制：金融、保险、法律服务、电信、直销及分销、房地产开发、基础设施建设、汽车制造及组装等。一般外资持股比例不能超过30%或50%。

【鼓励的行业】马来西亚政府鼓励外国投资进入其出口导向型的生产企业和高科技领域。

马来西亚比较适合外国投资的主要产业包括：(1) 原材料产品领域，包括棕油、橡胶以及农渔业；(2) 石油化工行业；(3) 电子电器业；(4) 机械制造业；(5) 清真食品业；(6) IT类高科技产业；(7) 生物科技业；(8) 产品出口至东盟其他国家的制造加工业。

3. 投资方式的规定

【直接投资】外商可直接在马来西亚投资设立各类企业，开展业务。直接投资包括现金投入、设备入股、技术合作以及特许权等。

【跨国并购】马来西亚允许外资收购本地注册企业股份，并购当地企业。一般而言，在制造业、采矿业、超级多媒体地位公司、伊斯兰银行等领域，外资可获得100%股份；同时，马来西亚政府还先后撤销了27个服务业和上市公司30%的股权赔额限制，进一步开放了服务业和金融业。

【股权收购】马来西亚股票市场向外国投资者开放，允许外国企业或投资者收购本地企业上市，但须获得马来西亚外资委员会（FIC）批准。外国投资者在吉隆坡股票交易所购买上市公司的股票，其购买量占上市公司股份5%以下的，无需向证券委员会报告；购买量达到或超过上市公司股份5%的，投资者应通知上市公司秘书，由其向证券委员会报告；购买量达到或超过上市公司股份33.3%的，需要获得证券委员会的许可，同时还须向公司其他股东公布收购情况。

三、马来西亚关于企业税收的规定

1. 税收体系和制度

马来西亚联邦政府和各州政府实行分税制。联邦财政部统一管理全国税务，负责制定税收政策，由其下属的内陆关税局（征收直接税）和皇家关税局（征收间接税）负责实施。直接税包括所得税和石油税等；间接税包括国产税、关税和进出口税、销售税、服务税和印花税等。各州政府征收土地税、矿产税、森林税、执照税、娱乐税和酒店税、门牌税等。外国公司和外国人与马来西亚企业和公民一样同等纳税。

2. 主要税赋和税率

【公司税】截至2009年底，马来西亚的公司税为25%。但对缴足资本低于250万林吉特的公司，第一个50万林吉特收入的税率为20%，以后收入的税率为25%。

【个人所得税】采用0%～27%的累进税率，并可获得减免，起征点为2500林吉特。在马来西亚短期逗留和在马来西亚工作不满60天的非居民取得的收入可免税。

【预扣税】非居民公司或个人应缴纳预扣税。特殊所得（动产的使用、技术服务、提供厂房及机械安装服务等）为10%；专利所得为10%；利息为15%；大众演出所得为15%；依照合同获得承包费用：承包商缴纳15%、雇员缴纳3%。

【销售税】对所有在马来西亚制造的产品和进口商品征税，平均税率为10%，税率范围为5%～25%。

【消费税】税率通常为5%，在服务收费或销售物品时征收，起征点介于15万至50万林吉特之间。

【进口税】大多数进口货物需缴纳进口税，税率分从价税和特定税，近几年马来西亚已取消了多种原料、机械与零部件的进口税。马来西亚与东盟国家之间实行特惠关税，工业产品的进口税为0%～5%之间；与中国实行中国—东盟自贸区的区域自由贸易协定框架下的进口税。

【出口税】马来西亚对包括原油、原木、锯材和原棕油等在内的资源性产品出口征收出口税。

【国产税】本地制造的一些特定产品，包括香烟、酒类、纸牌、机动车辆等，须缴纳国产税。

四、马来西亚对外国投资的优惠

1. 优惠政策框架

外国投资在马来西亚享受最惠国待遇，政府主管部门通过个案核准形式批准其享有的优惠政策，这些政策一般以直接或间接的减税形式体现。马来西亚鼓励投资的优惠措施主要包括：

【新兴产业地位】获得新兴产业地位称号的公司可获准部分减免所得税，即可仅就其法定所得的30%缴纳所得税。免税期为5年。

【投资税赋抵减】获得投资税赋抵减奖励的公司，自符合规定的第一笔资本支出起5年内，所发生符合规定资本支出的60%，可享受投资税赋抵减。

【高科技企业】高科技公司、从事科学研究与开发及在“多媒体超级走廊”内设立电子信息通讯科技企业的，5年内免缴所得税。

【外商企业】向马来西亚国内公司或个人转让先进技术的外商企业，其技术转让费免缴所得税；涉及国家重大利益和对国家经济发展有重大影响的战略性项目，10年内免缴企业所得税。

【环保产业】投资于环保产业领域，5年内公司营业利润的70%免缴所得税；从事植树造林的，10年内免缴企业所得税。

【粮食生产企业】投资于财政部核定的粮食生产（包括槿麻、蔬菜、水果、药用植物、香料、水产物及牛羊等牲畜饲养）的企业，10年内免缴企业所得税。

【出口型企业】出口型企业如出口额增长30%，出口增加额的10%免缴所得税；如其出口额增长50%，出口增加额的15%免缴所得税。

【营运总部和采购中心】在马来西亚设立地区营运总部和采购中心的，5年内免缴所得税，5年期满后，经申请核准后，可再延长5年免缴所得税。

【进口原材料和零部件】为生产出口产品（出口量占其生产量的80%以上）而进口的原材料和零部件免缴进口税。马来西亚国内不能生产或虽能生产但质量或标准不符合要求的机械设备，免征进口税和销售税。

【服务业项目的原材料和零部件及其消耗品】直接用于财政部核准的服务业项目的原材料和零部件及其消耗品，如马来西亚国内无法生产或虽能生产但质量或标准不符合要求的，可免缴进口税和销售税。本地采购的设备和机械免缴销售税和国产税。

2. 行业鼓励政策

【清真食品加工及认证】凡生产清真食品的公司，自符合规定的第一笔资本支出之日起5年内所发生符合规定资本支出的100%可享受投资税赋抵减。

【多媒体超级走廊公司】为了建设全球信息与通讯技术产业的中心，马来西亚政府于1996年制定了信息与通讯技术计划，即“多媒体超级走廊”。所有取得多媒体超级走廊地位的公司都可享受马来西亚政府提供的一系列财税、金融鼓励政策及保障，主要包括：提供世界级的硬件及资讯基础设施；无限制地聘请国内外知识型雇员；公司所有权自由化；长达10年的税收豁免政策或5年的财税津贴等。

【鼓励发展生物科技】马来西亚《2007年财政预算报告》公布了一系列新举措，鼓励在生物科技领域的投资，推动生物科技的发展。投资鼓励政策包括：第一，生物科技公司从首年盈利开始，免交10年所得税；第二，从第11年开始缴纳20%的所得税，优惠期仍为10年；第三，在生物科技领域进行投资的个人和公司，将减去与其原始资本投资相等的税收，并获得前期的融资支持；第四，生物科技公司在进行兼并或收购时，可免征印花税，并免交5年的不动产收益税；第五，用于生物科技研究的建筑物可获得有关的工业建筑物津贴。

3. 地区鼓励政策

2007年10月，马来西亚政府公布了投资伊斯干达特区的优惠措施，实施区域为特区的首个中心地区（即Node 1），国内外投资者均可享受该优惠措施。主要内容是：特区鼓励创意、教育服务、金融咨询、保健、物流和旅游6个领域，特区首个中心点主要发展休闲、住宅、金融和高端工业园等。财务优惠措施包括：对于具有特区地位的公司而言，在2015年前开业的特区地位公司，可免税10年；非国民预扣的服务税和权利金可获10年豁免。对于发展商而言，2015估税年前，在区内第一中心出售土地所获得的法定收入可免税；2020估税年前，商业建筑物租赁或买卖收入免税；非国民的服务税、利息及权利金豁免预扣税直至2015年12月31日。对于产业发展管理人而言，提供管理、监督或行销服务的产业发展管理人，法定收入可免税直至2020年估税年；提供相关服务的非国民，可免预扣税直至2015年12月31日。非财务优惠措施包括：豁免遵守外国投资委员会条例。享有宽松的外汇管理，其中包括：向国民支付或收取外币；向境内银行及非国民借贷任何数额的外币；可用外币在境内及境外投资；可将出口收入保留在境内；聘请外国专门人才无限制，境外专业人才可进口或购买免税汽车自用。

五、马来西亚关于劳动就业的规定

（一）劳工法的核心内容

马来西亚劳工法令包括《1955年雇佣法》《1967年劳资关系法》《1991年雇员公积金法》《1969年雇员社会保险法》，主要内容如下：

【1955年雇佣法】适用于所有月薪不超过1500林吉特的雇员及所有体力劳动者。规定：每个雇员必须有书面合约；工资须在受薪期结束后的7天内支付；正常工作时数，每天不得超过8小时，或每周48小时；超时加班工作的补贴为平时工作的1.5倍，假日及假期为2倍；女性工人不得在晚上10点至早上5点之间从事农业或工业类工作。

【1991年雇员公积金法】雇主为雇员强制缴纳公积金，比例不少于雇员月薪的11%。但2008年10月，马来西亚政府宣布，自2009年1月起，雇员公积金缴纳比例可降低到8%，为期2年。

【1969年雇员社会保险法】包括职业伤害保险计划与养老金计划，职业伤害保险缴纳比例为雇员月薪的1.25%，养老金缴纳比例为雇员月薪的1%。

【1967年劳资关系法】调整资方、劳方与工会之间关系，包括预防和解决劳资争端；规定工会的权利、集体谈判的范围及程序、通过仲裁公平迅速解决争端等。

（二）外国人在马来西亚工作的规定

马来西亚政府鼓励各类公司培训和使用本地员工，但因其国内劳动力短缺，允许在部分领域雇佣外国劳工。这些领域为建筑业、种植业、服务业（佣人、餐馆工人、清洁工人、货物搬运工人、收容所、洗衣店及岛屿度假胜地工人，以及高尔夫球俱乐部的球童）以及制造业。自2008年全球金融危机爆发后，马来西亚政府暂停了部分领域外劳引进工作。外国人在马来西亚工作必须获得工作许可。

外资公司可雇佣外籍员工担任公司管理职务，也可将某些主要职位永久保留给外国人。规定如下：外国公司缴足资本在200万美元以上者，可自动获得最多10个外籍员工职位，包括5个关键性职位。执行员职位的外籍员工雇用期最长可达10年，非执行员可达5年；外国公司缴足资本超过20万美元但少于200万美元者，可自动获得最多5个外籍员工职位，包括至少1个关键性职位。执行员职位的外籍员工雇用期最长可达10年，非执行员的可达5年；外国公司缴足资本少于20万美元者，外籍职位核定将依据以下原则考虑：（1）缴足资本达到14万美元（约50万林吉特），可考虑给予关键性职位；（2）具备专业资格及实际经验的执行员职位可考虑获得10年雇用期，具备专业资格及实际经验的非执行员可达5年，但是公司必须培训马来西亚国民使其最终能接任该职位；（3）关键性职位及时限的数目依据个案而定。

马来西亚国民拥有的制造业公司，可依要求自动获得所需的技术性外籍职员位置，包括研发职位。马来西亚工业发展局负责工业公司外籍职位的审批工作。

六、与投资合作相关的主要法律

《合同法》规定了合同的订立、撤销、履行、代理等内容，是马来西亚民商法律的基础。

《公司法》对公司登记成立、股份债券、抵押登记、公司管理、股份公司、公司账目与审计以及公司清盘作出了详细规定，还明确了投资公司、外国公司的概念。

《工业协调法》规定了从事制造业的公司，如果投资超过 250 万林吉特，或其全职雇员超过 75 人，必须向马来西亚贸工部（MITI）申请工业执照。工业执照需每年申请更新。

《投资促进法》是马来西亚工业投资促进方面最重要的法律，投资优惠措施以直接或间接税赋减免形式出现，直接税激励指对一定时期内所得税进行部分或全部减免，间接税激励则以免除进口税、销售税或消费税的形式出现。

《劳资关系法》调整资方、劳工和工会之间的关系，预防与解决劳资争端。

在马来西亚办理投资合作相关手续，需向当地律师、专门秘书或代理机构以及相关咨询机构寻求帮助，有关政策事项也可与中国驻当地使馆经济商务参赞处/经商室联系。

［来源：改编自商务部国际贸易经济合作研究院、商务部投资促进事务局、中国驻马来西亚大使馆经济商务参赞处共同主编.《对外投资合作国别（地区）指南——马来西亚》.2010 年版第 26～34 页］

缅甸对外国投资合作的法规和政策

一、对外贸易的法规和政策规定

1. 贸易主管部门

缅甸贸易主管部门为缅甸商务部，负责办理批准颁发进出口营业执照、签发进出口许可证，管理举办国内外展览会、办理边境贸易许可、研究缅甸对外经济贸易问题、制定和颁布各种法令法规等。下设贸易司和边贸司，边贸司在各边境口岸设有边境贸易办公室，负责办理边境贸易各种事务。缅甸私商从事对外贸易须通过进出口贸易注册办公室领取营业执照，申领进出口许可证，在国家政策许可范围内自由从事对外贸易活动。

2. 贸易法规体系

现行与贸易管理相关的法律和规定有：《缅甸联邦进出口贸易（临时）管理法》（1947 年）、《缅甸联邦贸易部关于进出口商必须遵守和了解的有关规定》（1989 年）、《缅甸联邦关于边境贸易的规定》（1991 年）、《缅甸联邦进出口贸易实施细则》（1992 年）、《缅甸联邦进出口贸易修正法》（1992 年）等。

3. 贸易管理的相关规定

1988 年以来，缅甸政府实行市场经济，允许私人从事对外贸易，对外贸易实行许可证管理制度。1989 年 3 月 31 日，缅甸政府颁布《国营企业法》，宣布实行市场经济，并逐步对外开放。缅甸政府放宽了对外贸的限制，允许外商投资，农民可自由经营农产品，私人可经营进出口贸易，并开放了同邻国的边境贸易。

自 2006 年以来，在中缅边境地区出口的木材及矿产品贸易，需获得缅甸商务部、林业部木材公司出具的证明及中华人民共和国驻缅甸联邦大使馆经济商务参赞处的证明。

4. 进出口商品检验检疫

缅甸进出口检验检疫工作由农业部主管。《缅甸植物检疫对外投资合作国别（地区）指南法》（1993 年）规定禁止有害生物通过各种方法进入缅甸；切实有效抵制有害生物；对准备运往国外的植物、植物产品，必要时给予消毒、灭菌处理，并发给植物检疫证书。无论是从国外进口的货物，还是旅客自己携带的物品入境时，都必须接受缅甸农业服务公司的检查、检疫。

《缅甸植物细菌防疫法》（1993 年）规定不论任何人，未取得进口许可证的，不准从国外进口植物、植物产品、细菌、有益生物和土壤。必要时对即将运往国外的植物或植物产品进行杀虫和灭菌工作，并颁发无菌证书。根据接收国的需要，规定进行检验的方法。

《缅甸联邦对从事进出口贸易的最新规定》对进出口需要申报进行植物检疫的商品作了详细规定。

5. 海关管理规章制度

《缅甸海关进出口程序》（1991 年）对禁止进出口的物品作了详细规定，《缅甸海关计征制度及通关程序》对进出口关税、通关程序作了详细规定。与海关管理相关的法规还有：《海洋关税法》（1978 年）、《陆地海关法》（1924 年）、《关税法》（1953

年)、《国家治安建设委员会1989年第4号令》、《商业税法》(1990年)、《进出口管制暂行条例》(1947年)、《外汇管制法》(1974年)。

二、对外国投资的市场准入的规定

1. 投资主管部门

缅甸投资委(Myanmar Investment Committee)是主管投资的部门。其主要职能是:根据《缅甸联邦外国投资法》《缅甸联邦公民投资法》的规定,投资委对申报项目的资信情况、项目核算、工业技术等进行审批、核准并颁发项目许可证,在项目实施过程中提供必要的帮助、监督和指导,同时也受理许可证协定时限的延长、缩短或变更的申请等。

缅甸投资委员会由相关经济部门领导组成,2011年6月,新的投资委员会主席由缅甸联邦国家经济发展部和养殖水产部部长吴丁奈登担任。

2. 投资行业的规定

缅甸政府欢迎外国企业到缅甸投资,其允许投资的范围广泛,包括农业、畜牧水产业、林业、矿业、能源、电力、制造业、建筑业、交通运输业和贸易等。

【农业】缅甸是农业大国,闲置土地和农村劳动力众多,逾60%的人口在农村,热带、亚热带地区的农产品均可以开发种植。缅甸政府欢迎外国公司来缅甸进行农业资源开发投资及农产品种植、加工。农业部是缅甸从事农业开发、发展的职能部门。外资来缅甸进行农业投资的程序是通过农业部上报。农业投资没有控股的任何限制,外国公司可以通过合资、独资形式与缅甸开展合作,作为合资公司外资最低要占到35%的份额。投资时间不分长短,多年生、一年生植物种植均可。土地可以出租,租赁期限可长达30年,期满后根据要求还可以5~10年续租。农业部有约2025公顷的审批权,超过约2025公顷要通过农业部上报。可垦荒地的年租金约为37美元/公顷,农民的熟地不属于出租的范围。

【畜牧水产业】缅甸有长达3200千米的海岸线,与之相连的是22.9万平方千米的大陆架以及48.6万平方千米的专属经济区。缅甸领海的渔业开采还相对较少。缅甸的渔业可分为淡水渔业和海水渔业。淡水渔业可以依靠广阔的河流和大量降雨来实现。同时,很多地方也利用池塘、湖泊和水库进行渔业养殖。按照联合国关于海洋法会议制定的相关条款,考虑到与邻国共同分享盈余的渔业资源,缅甸渔业部从1989~1990年开始批准渔业合作捕捞项目以及合资公司的建设。缅甸渔业发展潜力巨大,具备了成为渔业大国的基本条件,同时也可以成为外国投资者出口海外的工厂所在地。

【林业】缅甸有丰富的林业资源。缅甸林业部行使林业的管理职能,主要从事植树造林、林产品生产加工等。植树造林属于林业司管理,林产品加工方面由林业部下属的林业公司管理。伐木要在保持生态平衡的基础上实行可持续发展,需要经过上报、审批。

缅甸政府鼓励外国公司来缅甸建立林产品加工厂,但是要与缅甸国家木材公司合作。缅甸政府非常鼓励外国公司来缅甸植树造林,尤其十分欢迎进行柚木、硬木等珍贵林木种植。缅甸十分欢迎外国企业到缅甸开展竹类、林木资源方面的开发与合作。1993年始,缅甸政府规定木材须经林业部下属的国家木材公司通过招标方式才能出口,并限制原木出口。缅甸《外国投资法》规定,外资可独资或与缅甸国营和私营木材公司合资进行林业开发合作。合作公司中,外资占股份49%,缅方占51%,外资以机械设备和技术入股,利润按股比分成,缅甸政府保证年供应1.2万吨柚木和杂木;独资公司中,缅甸政府以土地、原材料入股,享有25%的利润股。

【矿业】缅甸矿产资源丰富,重要的矿产有铜、金、铅、锌、银、锡、钨、锑、铬、镍。缅甸的矿产储量在亚洲国家中处于领先地位,但资源很少得以开发利用。缅甸矿业部的政策目标就是尽快提高目前矿物产量,以满足国内日益增长的对矿石和金属制品的需求,同时扩大出口。根据缅甸政府规定,外资企业有意向与缅甸开展矿业合作,需按程序直接与缅甸矿业部接洽,提出申请并取得相关许可证后才能视为合法。缅甸矿业部负责矿产资源开发与合作,下设矿业司、地质调查与矿产勘探司、第一矿业公司、第二矿业公司、第三矿业公司、珠宝公司、珍珠公司、盐业公司8个公司。

缅甸对外资开发矿产的程序是:提出项目建议——勘探——实验——提交可行性研究报告——提交项目建议书——缅方安排与有关矿业公司合作。合同期限根据不同的矿种,由双方谈判确定;每个项目都有具体的地域划分。截至2008年年底,以上程序不适用珠宝矿,缅甸珠宝矿不允许外国公司实验、开采,只允许加工。

【石油和天然气】缅甸《外国投资法》颁布以来,缅甸能源部邀请了许多外国石油公司来缅甸和缅甸石油天然气公司合作,以产品分成合同方式

(PSC) 开采原油和天然气。缅甸共与 13 个国家 44 家公司签订了 60 份不同种类的合同，共涉及 56 个海上和陆上区块。目前，有 23 份合同正在 24 个海上及陆上石油区块执行。

【电力】缅甸在水力发电方面的潜力巨大，伊洛瓦底江、锡唐、萨尔温江以及亲敦江通过水力发电可以生产 5000 万千瓦的电力。截至 2010 年 10 月，缅甸全国各类发电站已达 31 座，其中水力发电站 15 座，火力发电站 1 座，天然气发电站 15 座，总装机容量 284.84 万千瓦。自实行市场经济体制以来，缅甸全国对电力的需求不断增加，缅甸政府鼓励外国投资者在缅甸投资水力发电厂项目。

【制造业】缅甸制造业尚未发展起来。缅甸《外国投资法》和《公民投资法》鼓励发展劳动密集型产业，如纺织厂、制鞋厂、电子零件厂等。此外，为了促进工业的进一步发展，缅甸政府也鼓励建立劳动密集型产业。

3. 投资方式的规定

【投资方式】根据《外国投资法》规定，外商投资活动可以通过外商独资的形式来实现，也可以与缅甸的个人、私有企业、合作社或者国有企业组成合资公司来完成。在所有的合资公司里，外商至少要占到本公司 35％以上的股份。酒店以及房地产项目可以采取 BOT（建造、运营和转让体系）方式，而自然资源的开发和开采则可以采用 PSC（产品分成合同）方式。

【外商投资的最低标准】缅甸投资委公布的外商投资的最低金额是：生产制造业为 50 万美元，服务业为 30 万美金，投资可以是货物也可以是现金的形式。在缅甸通常列为外国资本的包括：外国人经批准注入企业的外国资金、机器设备、机器部件、机器零配件、工具等企业确实需要而国内又没有的物资；执照商标、专利等无法计价的知识、技术；企业增值利润、再投资等。目前，由投资委根据投资数额来决定投资时间的长短。

【土地利用】根据现行的缅甸土地法，任何外国的个人和公司不得拥有土地，但可以长期租用土地用于其投资活动。

三、缅甸关于企业税收的规定

1. 税收体系和制度

缅甸的财政税收由 5 个部所属的 6 个局管理。如下图：

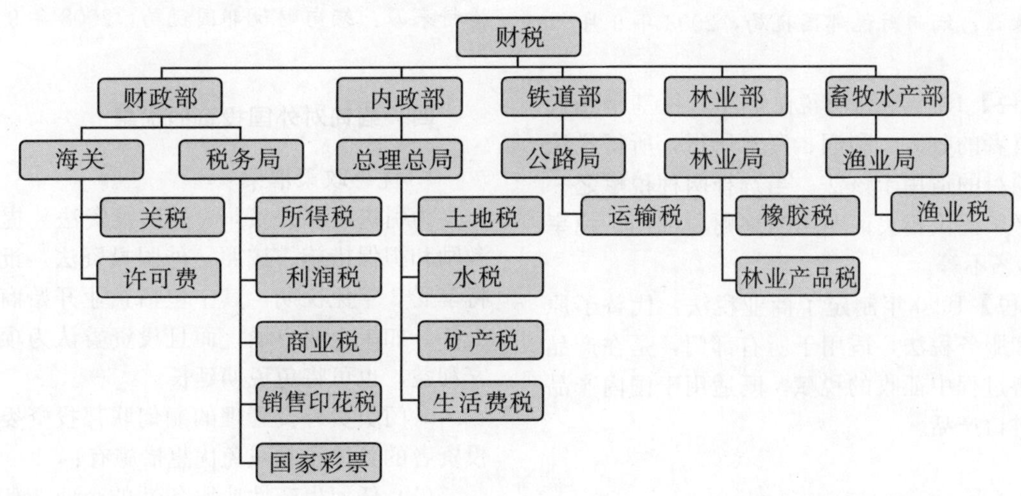

图 3－1 缅甸财政和税收管理部门及相关税收表

缅甸财政税收体系包括对国内产品和公共消费征税、对收入和所有权征税、关税、对国有财产使用权征税四个主要项目下的 15 种税费。以上税收由不同部门管理，其中缅甸国家税务局管理占政府各项税收 89％以上。

2. 主要税赋和税率

【所得税】缅甸《所得税法》于 1974 年颁布，个人、企业、公司及其他团体产生的源于缅甸的所得均要缴税，非缅甸居民只对在缅甸的所得赋税。所得税主要包括企业所得税、个人所得税和资产获得税。

表1　缅甸所得税税率一览表

项目	纳税人	税率（%）
1	公司	30
2	外资企业	30
3	外国组织从事国家项目的	30
4	从事国际项目的外国人	20
5	非本地人来自国外的收入	10
6	当地外国人收入	15
7	当地资产所得	10
8	非当地外国人资产所得	40
9	工资	3～30，收入超过500001缅元按30%
10	个人非公开所得	5～35，超过20000001缅元按35%
11	非本地外国人	35或以上的税率
12	合作性社团	3～30，收入超过500001缅元按30%
13	国有企业	30

资料来源：缅甸财税部国税局，2008年9月

【利润税】1976年利润税法颁布，税基是私人公司和自营者的收入、利润、资本所得，所得税法没有征收项目的适用于该法。当选择两种税赋之一时，公民必须提供相关证明给当地财税部门。税率从3%～50%不等。

【商业税】1990年制定了商业税法，代替了原来的货物和服务税法，适用于所有部门，是在产品生产和销售过程中征收的税赋，既适用于国内产品也适用于进口产品。

表2　缅甸商业税税率一览表

项目类号	商品表	税率（%）
1	72	免税
2	58	5
3	134	10
4	91	20
5	55	25
6	19（特殊商品）	30～200
7	10种服务	5～30

资料来源：缅甸财税部国税局，2008年9月

【印花税】1935年颁布了印花税条例，印花税包括确定（根据法院收费条例）和非确定（根据缅甸印花税条例）的印花税。

【彩票税】昂巴勒国家彩票是惟一的官方彩票，1938年设立，至1989年3月始，彩票每两个月开一次，国家彩票委员会是发行彩票并且征税的惟一合法组织。至2005年11月，一等奖奖金达到5000万缅元，其中60%销售所得用于奖金，40%用于彩票税，以上前两项是直接税，后两项是间接税。

【关税】新的《关税法》共四章，将商品按统一代码（H·S）分成6062个税目。

表3　缅甸关税税率表

第一章	进口税	由24个税率组成，税率范围为0%～40%
第二章	特许税	免税或最高税率为10%
第三章	出口税	一般出口税不计税，但以下商品计税：大米及其制品，按每公吨100缅元计征；豆类及其他作物、油籽饼、生皮和皮，税率为5%；竹，税率为5%
第四章	边境出口税	0%～15%

资料来源：缅甸财税部国税局，2008年9月

四、缅甸对外国投资的优惠

1. 优惠政策框架

为引进更多外资，《外国投资法》提供了很多激励和担保措施、按照《外国投资法》批准的企业将享受3年免税期，其中包括企业开始商业运营的当年。如果企业申请，而且投资委认为项目符合国家利益，也可将免税期延长。

专门负责外资管理的缅甸联邦投资委员会给予投资者的具体税收减免优惠措施有：

（1）任何生产性或服务性的企业，从开业的第一年起，连续三年免征所得税。如果对国家有贡献，根据投资项目的效益，还可继续适当地减免税收；

（2）企业将所得利润在一年内进行再投资，对其所得的经营利润，给予减免税收；

（3）为加强所得税的管理，委员会可按原值比例，从利润中扣除机械、设备、建筑场地及企业设施折旧费后进行征收；

（4）凡是商品生产企业，其产品远销国外所得利润的50%减征所得税；

(5) 投资者有义务向国家支付来自国外受聘于企业的外国人的所得税，此项税收可从应征税收中扣除；

(6) 上述外国人的收入按照国内公民支付所得税的税率征收；

(7) 如属国内确实需要的有关科研项目和开发性项目的费用支出，允许从应征的税收中扣除；

(8) 每个企业在享受上述第一款减免所得税后，连续两年内确实出现亏损，从亏损的当年起，连续三年予以结转和抵消；

(9) 企业在开办期间，确因需要而进口的机器、设备、仪器、机器零部件、备件和用于业务的材料，可减免关税或其他国内税或两种税收同时减免；

(10) 企业建成前3年，因用于生产而进口的原材料，可减免关税或其他国税，或两种税收同时减免；

(11) 企业建成后头3年，进口生产所需原材料，可减免关税或国内税，或者这两种税都减免；

(12) 保证不对外国投资者的投资实行国有化，保证外国投资者在投资结束后以外币形式撤回投资的权利、准许外国投资者所聘外籍人员提取外币存款；

(13) 企业产品出口的，可申请免征商业税。

在缅甸投资所产产品增值率达45%以上时，即可取得缅甸原产地证书，向发达国家出口可享受普惠关税待遇。

外国投资法提供主权担保，保证投资委承认的合法企业在批准期间或延长期间（如有）将不会被国有化。投资法同时保证，允许所有扣除应缴税款之后的资金收益可以返回投资人本国。

2. 经济特区鼓励政策

2011年1月27日，缅甸国家和平与发展委员会（简称和发委）颁布了《缅甸经济特区法》，旨在进一步促进国家的经济发展。《经济特区法》共有12章59条，包括：名词和解释；目的；经济特区；缅甸经济特区中央委员会、中央工作委员会和管理委员会的组成和职责；投资人的特别权力；开发商和投资人的特别权力；土地使用；银行、财务管理和保险业务；海关管理及对产品货物的检查；检疫及隔离；劳工事物；总则等。

五、缅甸关于劳动就业的规定

(一) 劳动法的核心内容

【聘用程序】超过5人的公司在招聘员工时，须向镇区劳动力、登记备案。之后雇主可请镇区劳动办通过后备人才库向其推荐适合人选，也可通过劳务中介或直接在媒体刊登招聘广告招聘员工。

【签订劳动合同】雇主和员工之间须签订劳动合同，方能确立雇佣关系。劳动合同分为有固定期限劳动合同和无固定期限劳动合同，合同类型以及合同期长短由劳资双方协商确定。劳动合同中通常会规定员工的试用期，一般不超过三个月。劳动合同签订后，副本要交镇区劳动办备案。

【解除劳动合同】如果雇佣双方任何一方提前解除劳动合同，须提前一个月通知对方。雇主提前解除固定期限劳动合同时，如果员工的工作期限在3年以下，须向员工支付3个月工资作为补偿；如果工作期限超过3年，则须向员工支付5个月的工资作为补偿。也有部分劳动合同规定，如果员工主动提出提前解除劳动合同，须向雇主支付一定数额的违约金。

【劳动条件及报酬】雇主须为员工提供安全、环保的工作环境，保证员工身心健康。公司、商店、贸易中心、服务型企业、娱乐场所的员工每天工作8小时，每周48小时；工厂、油田、矿井工人每天工作8小时，每周44小时，但流水线作业的工厂工人每周可工作48小时，井下作业工人每周工作40小时。

为私人企业工作的员工每年可以享受6天临时请假，30天病假、10天带薪假期，21天公共假期。

劳动者的薪金根据工作的不同可分为计件制、计时制、日薪制和月薪制。缅甸政府规定，实行月薪制的劳动者最低工资不得低于每月15000缅元。

【职工社会保险及福利】根据缅甸1956年实施的《社会福利法案》，在雇佣人数5人以上的制造业企业、铁路、公共工业及交通、港口、采矿业、石油开采业等行业工作的员工，不论任何工种或工作形式，都被强制性纳入职工社会保险及福利计划的范畴。根据该计划，参保员工可以享受到疾病、生育、死亡、工伤以及职业病等多项保险以及免费医疗服务、疾病与生育津贴、工伤津贴、抚恤金等多项福利。对于未被纳入社会保险及福利计划的劳动者，1932年颁布实施的《劳动者薪酬法案》规定，如劳动者因公受伤或患有职业病，雇主有责任向劳动者支付补偿金。

社会保险及福利基金主要有两大资金来源，一是企业和员工上缴部分，总额度为员工工资的4%（其中企业负担2.5%，员工负担1.5%），一是政府每年划拨2亿多缅元，用于支持该项保险及福利计划。

（二）外国人在缅甸工作的规定

【商务签证】外国人赴缅甸工作，须持有效护照及商务签证（Business Visa）进入缅甸。办理商务签证需要缅甸政府有关部门或企业出具的邀请函。中国公民可在缅甸驻华使馆以及缅甸驻昆明总领馆办理商务签证，缅甸商务签证有效期为70天，可办理延期。如外国人在缅甸超期停留90天以内者，每超期1天需要缴纳罚金3美元，90天以上每天缴纳罚金5美元。

【暂住证】外国人连续在缅甸居留90天以上的，须到移民局办理暂住证（Foreigner's Registration Certificate—FRC）。未办理暂住证的外国人，缅甸政府将不予办理签证延期。所有暂住证有效期到每年的11月30日自然截止，持证人须在当年的12月份重新办理。

【签证及居留许可延期】凡属中国企业与缅甸政府部门合作开展的承包工程项目或投资项目项下外派劳务人员，缅甸政府部门通常会协助办理中国劳务人员的签证以及居留许可延期。

中国企业向缅甸合作企业派遣的劳务人员，如需办理签证和居留许可延期，可向中华人民共和国驻缅甸联邦大使馆经济商务参赞处提交申请免费办理。经核实确属中国企业或国内劳务派遣公司合法派出的劳务人员，使馆将定期照会缅甸外交部，申请批准中国劳务人员的签证及居留许可延期。外交部复照同意后，中国劳务人员可持有效证件及材料直接去缅甸移民局办理签证及居留许可延期。

中国劳务人员到经济商务参赞处申请办理签证及居留许可延期时须提供以下证件及材料：

（1）填妥的《注册为缅甸公司的中国企业明细表》或《为缅甸企业工作的中国公民明细表》；

（2）本人护照及有效签证页复印件；

（3）国内工作单位或劳务派遣公司出具的有效派遣证明；

（4）国内工作单位或劳务派遣公司的有效营业执照复印件；

（5）缅甸雇主提供的证明本人在该企业工作的有效证明；

（6）缅甸雇主的有效营业执照复印件。

外交部复照同意中国劳务人员办理签证及居留许可延期后，中国劳务人员须持以下证件及材料到缅甸移民局办理：

（1）本人护照；

（2）本人暂住证（FRC）；

（3）缅甸雇主的有效营业执照复印件。

六、缅甸与投资合作相关的主要法律

缅甸与投资合作相关的主要法律有：《缅甸联邦外国投资法》《缅甸联邦外国投资法实施细则》《缅甸联邦外国投资委员会1989年第一号令》《缅甸联邦贸易部关于国内外合资企业的规定》《外国对缅甸联邦投资程序及优惠政策》《缅甸联邦公民投资法》《缅甸联邦公民投资法实施细则》《缅甸允许私人投资的经济项目》《缅甸经济特区法》等。

［来源：改编自商务部国际贸易经济合作研究院、商务部投资促进事务局、中国驻缅甸大使馆经济商务参赞处共同主编．《对外投资合作国别（地区）指南——缅甸》．2010年版第34～47页］

菲律宾对外国投资合作的法规和政策

一、对外贸易的法规和政策规定

1．贸易主管部门

贸易工业部（DTI）是菲律宾的外贸政策制定及管理部门，成立于1898年6月，其前身为菲律宾商务部。

【主要职能】制定综合的工业发展战略；制定鼓励政策促进出口；创造有利于促进投资贸易和工业发展的环境；促进竞争和公平贸易；负责双边和多边贸易合作的谈判；支持中小企业的发展。

【日常事务】定期进行回顾和评估国家出口状况、问题和前景；确定影响出口发展的主要问题及问题所存在的领域；监督有关部门制定和实施质量控制原则，保证出口商品的质量管理；向国会建议有利于出口发展的立法；组织国际贸易展览会；为国内外进出口商提供信息服务；整理进出口贸易数据库；对本国的消费者和贸易商进行培训；审批各种贸易商会成立的申请；审批外资企业在菲律宾投资设厂；颁发进出口许可证。

贸易工业部下设的产品标准化局主要负责产品技术标准和法规的管理和实施；进口服务署主要负责特定产品进口法规的实施以及发起和指导反倾销、反补贴及保障措施的初步调查。

菲律宾关税委员会主要负责关税政策的制定，包括关税的减让、变更、退还，负责反倾销和反补贴的公众听证会和磋商以及保障措施的调查工作。

菲律宾财政部下设的关税局主要负责关税法律

的具体实施和进出口关税、进口产品增值税及其他附加税的征收。

其他贸易管理机关还有：海关总署、国家经济发展署、中央银行、贸工部的工业局、投资署、环境管理署、卫生部、技术转让署、食品和医药品局、危险药品局、渔业和水产资源局、国家肉类检疫委员会、计划工业局、能源管理署和服装纺织品出口局等。

2. 贸易法规体系

菲律宾是世界贸易组织（WTO）和亚太经合组织（APEC）成员，也是东南亚国家联盟（ASEAN）的成员国，实行多边的、自由的、外向型的贸易政策，同时对国内幼稚产业适当进行保护。菲律宾政府对其贸易政策不断进行调整并出台了系列出口鼓励措施。

菲律宾管理进出口贸易相关法律主要包括：《海关法》《出口发展法》《反倾销法》《反补贴法》《保障措施法》等。

3. 贸易管理的相关规定

【进口商品管理】菲律宾对进口商品分为三类：自由进口商品；限制进口商品；禁止进口商品。

禁止进口商品包括：枪支弹药；不道德的印刷品、底片、电影、相片、艺术品；违法堕胎的物品及宣传广告；用来赌博的装备及用具；含金、银或其他贵重金属或合金制成的物品；假冒劣质的食品或药品；鸦片或其他麻醉品及其合成品；合成盐或成品盐；鸦片吸管及配件；有关菲律宾法律禁止进口的物品及配件。

限制进口的产品必须经过菲律宾政府机构如农业部、食品药品局核发的进口许可证才能进口，主要涉及汽车、拖拉机、小汽车、柴油机、汽油机、摩托车、耐用消费品、新闻出版和印刷设备、水泥、与健康及公共安全有关的产品等130多种，约占进口商品的4%。

【出口商品管理】菲律宾政府对出口贸易采取鼓励政策，主要包括简化进口手续并免征出口附加税，进口商品再出口可享受增值税退税、外汇资助和使用出口加工区的低成本设施等。

4. 进出口商品检验检疫

菲律宾是《关税与贸易总协定》东京回合中《技术贸易壁垒协议》的签约国。该技术协议要求在采用标准程序和建立争端解决审议程序时公开，目的是确保政府机构遵守这些规定。菲律宾产品质量局是负责产品质量标准的机构，它通过质量管理认证的手段来促进产品质量的提高，对进口商品粘贴合格标志来管理进口商品。适用的标准是ISO 9000和ISO 14000。

【工业品】有28种产品要在当地进行产品标准检验，包括：照明用品、电线电缆、卫生洁具、家用电器、气胎和水泥等。至于其他产品，海关通常接受产品质量证明或原产国标准证明。产品生产者应依据本国或普遍国际标准进行生产，其产品上要附有产品标准质量标志。

【民生、健康、安全和财产的商品】菲律宾贸工部要求出具产品标准许可和产品标准局的证明。这些产品包括：医用氧气、消费品、电器和防火设备、建筑材料等。非公制的度量衡用品、仪器、仪表的进口由产品标准局事先发放许可。

【环保的要求和规定】菲律宾环境和自然资源部主要负责实施政府的环境保护政策。进口商须符合环保的要求和规定。

【食品健康和安全规定】食品方面，如成分、添加剂、非酒精饮料及混合物、糖果类、咖啡、茶、点心、乳制品、蔬菜、水果、肉类等必须符合食品法典委员会（Codex Alimentarius Commission）和世界动物卫生组织（OIE）制定的标准；新鲜、冷冻鱼类产品必须取得菲律宾农业部1999年颁布的《195号行政法规》中规定的国际健康证和卫生植物检疫证；如果进口来自有害虫区的蔬菜和水果，则应具有消毒证明。化妆品、医药在生产时必须取得生产许可证，并提供国际认证机构的临床试验报告。对于危险品的进口，必须依照菲律宾卫生部标准添加标签、销售和扩散。规定中的危险品包括刺激物和腐蚀性、易燃和放射性物质。

【植物及植物产品】目前，植物及植物产品如要进入菲律宾市场须办理如下检疫手续：出口商将发票和箱单传给菲律宾进口商，进口商凭出口商的发票和箱单向菲律宾农业部农作物局植物检疫处（BPI）申请进口许可证，该证会注明每种产品离岸前的要求；进口商将该证交给出口商，出口商提请出口国检疫部门对产品进行离岸检疫并出具检疫证明；出口商将检疫证明和其他运输单据一起以适当渠道转交菲律宾进口商；在货物到达菲律宾港口后，进口商提供给菲律宾检疫部门进口许可证和出口国的检疫证明；菲律宾检疫部门根据进口许可证和检疫证明进行复验，合格后方可入关。

【动物、动物产品及其副产品】菲律宾农业部动物产业局是负责动物、动物产品及其副产品进出口检疫的政府部门。动物产业局对不同动物的进出口有不同的进出口程序和检疫规定。

5. 海关管理规章制度

菲律宾进出口关税的主要法律是《菲律宾关税与海关法》，进口关税税率由菲律宾关税委员会确定公布，出口关税的税率由海关总署确定，并由海关通过有授权的菲律宾中央银行征收。

菲律宾对大部分进口产品征收从价关税，但对酒精饮料、烟花爆竹、烟草制品、手表、矿物燃料、卡通、糖精、扑克等产品征收从量关税。根据《税收法》，海关对汽车、烟草、汽油、酒精以及其他非必要商品征收进口消费税。进口产品还应向菲律宾海关当局缴纳12%的增值税，征税基础为海关估价价值加上所征关税和消费税。

菲律宾还对进口货物征收印花税，该税一般用于提货单、接货单、汇票，其他交易单、保险单、抵押契据、委托书及其他文件。从2010年1月1日起，中国与包括菲律宾在内的东盟6个老成员国之间共有7000多种，即超过90%的产品实行零关税，中国对东盟平均关税将从9.8%降到0.1%，东盟6个老成员国对中国的平均关税将从目前的12.8%降到0.6%。

菲律宾还将陆续调整多种产品的进口税，取消原油进口3%的关税；将冷、热轧钢的进口税从7%减少到0%；将烷基苯和烷基萘甲醇的进口税从3%减少到1%；将尼龙－6切片的进口税从10%减少到1%。但大米进口税在2010～2014年仍维持在40%，2015年后减少至35%；白糖进口税在2010～2011年仍维持在38%，以后再逐步降低，至2015年降至5%。

【进口关税】菲律宾关税与海关法将应税进口商品分为21类，进口关税税率一般为3%～30%。菲律宾于2010年对东盟成员国实现全部产品零关税。

表1 进口关税税率

税率	项目
3%	国内缺乏或不能生产的原材料，如天然石墨、粘土、金属矿砂、精矿、煤炭等矿产品及无机化学品等
10%	国内能生产的原材料，如大理石、石油、棉花及制品等
20%	零配件如小五金工具、各种方式切割的木材、汽车、摩托车零配件等
30%	制成品如部分农产品、各类服装、烟酒、汽车、摩托车整车等

资料来源：菲律宾海关署

另外，菲律宾对部分农产品实行关税与配额并用的措施，对配额内的产品征收正常关税，对配额外的商品则征收高关税，如活动物及其产品、新鲜蔬菜等。

【出口关税】菲律宾对以下出口商品征收关税，且关税税率均为20%：圆木、木材、饰面用薄板和胶合板；金属矿砂及其精矿、金、矿渣水泥、硅酸盐水泥；船用燃料油、石油沥青；银；未加工的ABACA（一种产纤维的植物，产于菲律宾）；香蕉、椰子及椰子产品、菠萝及其成品；糖及糖制品；烟草；小虾和对虾。

【出口退税】《菲律宾关税和海关法》规定：用于从事对外贸易或沿海贸易的船舶推进器燃料油，可退还不超过99%的已征关税或给予税收抵免；用进口原材料生产或制造的产品（包括包装、标签等）出口时，对所用原材料进口时征收的关税将予以退还或给予税收抵免；财政部根据海关总署的建议可发布允许对本法规定的商品实行部分退税的法规规章。退税将由海关总署在收到一套正确、完整的文件后60天内支付。

二、对外国投资的市场准入的规定

1. 投资主管部门

菲律宾贸工部是负责投资政策实施和协调、促进投资便利化的主要职能部门。贸工部下设的投资署负责投资政策包括外资政策的实施和管理。此外，菲律宾在苏比克、克拉克等地设立了自由港区或经济特区，并成立了相应的政府机构进行管理。

2. 投资行业的规定

菲律宾政府每两年更新一次限制外资项目清单。部分领域外国人权益不得超过25%，绝大多数领域外国人权益不得超过40%。

菲律宾政府的2011年投资优先计划（IPP）将给予政府的公私合作基础设施项目（PPP）所得税优惠。PPP项目是2011年投资优先计划中唯一新增加的项目，另外几个曾接受税收优惠的产业将从名单中清除，包括创造就业项目、防灾项目、水泥、钢铁等。政府对投资优先计划进行合理化是希望提高税收收入。2011年投资优先计划草案包括11个优先产业，即农业、渔业、创意产业、造船、大众住宅、能源、基础设施、研发、环保、旅游、战略项目和公私合作项目。

3. 投资方式的规定

对于绝大多数公司，菲律宾公民须拥有至少60%的股份以及表决权，不少于60%的董事会成员是菲律宾公民。如果公司不能满足上述关于菲律宾公民所占比例的要求，则必须满足以下条件：(1) 经投资署批准，属于先进项目，菲律宾公民无法承担，且至少70%的产品用于出口；(2) 从注册之日起30年内，必须成为菲律宾本国企业，但是产品100%出口的公司无须满足该要求；(3) 公司涉及的先进项目领域不属于宪法或其他法律规定应由菲律宾公民所有或控制的领域。

三、菲律宾关于企业税收的规定

1. 税收体系和制度

菲律宾税收的基本法是《国家内部收入法》，1997税收改革法案（RA No. 8424），及2005年11月1日开始实施的9337号修正案（RA No. 9337）。主要税种有：公司所得税、个人所得税、增值税、消费税和关税。

2. 主要税赋和税率

【所得税】国内公司以菲律宾国内外所有净收入为基础纳税；常驻外国公司（180天以上）就菲律宾境内取得的净收入纳税；非常驻外国公司则就菲律宾境内的总收入纳税。

现行的公司所得税税率为应纳税金额的35%，自2009年1月1日起税率降至30%。

如果公司应纳税收入为零或负数，或最低公司所得税超过其普通公司应纳所得税，则自该公司第4个年度起可按2%的最低公司所得税征收。专营教育机构和非盈利性医院按应纳税收入净额的10%征收。

表2　各商业类别的比例税率

商业类别	比例税率
在菲律宾营业的人寿保险公司	所收保费总额的5%
水和气的公用事业单位，广播和/或电视公司，年收入不超过1000万比索	总收入的2% 总收入的3%
本地普通递送	总收入的3%
经营运送和车库	根据经营场所和使用的运输工具的不同，征收税率不同
从菲律宾用电话、电报和其他通讯设备服务进行的海外调度、信息或会议传输	总收入的10%
银行和非银行金融机构	1. 借贷活动产生的利息、佣金、折扣和金融租赁收入，以票据形式且不超过5年的，征收5%，超过5年征收1%。 2. 分红、股权和补助的净收入0%。 3. 版权等专有权，不动产或私人财产出租，交换得来的利润—7%。 4. 纳税年度内外汇贸易净盈余、债券、衍生产品及其他类似的金融工具—7%
在证券交易所名单中并在证券交易所交易的股票的销售	0.5%
其他非增值税登记的业务	总销售或总收入的3%，不超过150万比索

资料来源：菲律宾国内税务局

居民、非常驻居民、常驻外国人、非常驻外国人在菲律宾从事商业和贸易按5%到32%的超额累进税率征收个人所得税。在菲律宾不从事商业和贸易的外国人一律按25%的税率对其收益进行征收（如利息、投资收益）。

【增值税】根据9337号修正案规定，增值税率从2006年2月1日起提高到12%。部分交易免征增值税。免征增值税的交易主要包括：农产品、水产品、种子、种苗、鱼苗、饲料、认证的私人教育机构提供的教育服务、由个人提供的服务、在合作发展署登记的农业合作社对其会员的销售、直接用于农业投入的进口机械和设备包括零部件等、销售、进口或出租船舱、货舱和飞机，包括发动机、设备和零部件等。

【消费税】消费税主要征收对象为在菲律宾生产、制造的用于国内销售或消费以及其他目的的特定商品（如烟、酒、机动车等）。消费税也适用于部分应缴纳增值税和关税的进口商品。

【比例税】免征增值税的个人和实体，如从事国内或国际客运交通或娱乐业的，将按总收入征收比例税（营业税）。

【印花税】印花税征税范围包括文件、契约、证券、贷款协议，还有接收、签署、销售转移责任、权力或资产等的证明。征收对象为制作者、签字人、接收者或转移者。

【关税】进入到菲律宾的商品一般都要缴纳关税。根据关税和海关代码中商品的分类确定申请的税率。特殊商品进口可以免税，如进入海关免税仓库的商品，进口商及其代理应从商品进口之日起，保留进口商品记录3年。这期间海关总署有权对进口商代理商的记录进行事后审核，以确认是否符合海关条例及评估和是否少付关税。

【地方税】地方政府法规定，地方政府有权在其管辖范围内对某些特殊行为或商业行为征税，法律规定免税的除外。地方政府也有权每年对不动产征税，如土地、建筑物、机械和其他改造，还有对不动产的销售、捐赠、易货、或其他任何形式的转移进行征税。然而，地方政府无权征收所得税、关税、印花税、财产税、礼品税。

四、菲律宾对外国投资的优惠

1. 优惠政策框架

【财政优惠政策】

(1) 免所得税。

新注册的优先项目企业将免除6年的所得税，传统企业免交4年所得税。扩建和升级改造项目免税期为3年，如项目位于欠发达地区，免税期为6年。

新注册企业如满足下列其中一个条件，还将多享有1年免税奖励：①本地生产的原材料至少占总原材料的50%；②进口和本地生产的固定设备，其价值与工人的比例不超过每人1万美元；③营业前3年，年外汇存款或收入达到50万美元以上。

(2) 可征税收入中减去人工费用。

(3) 减免用于制造、加工或生产出口商品的原材料的赋税。

(4) 可征税收入中减去必要和主要的基建费用。

(5) 进口设备的相关材料和零部件减免关税。

(6) 减免码头费用以及出口关税。

(7) 自投资署注册日起免除4～6年地方营业税。

【非财政优惠措施】

(1) 简化海关手续；

(2) 托运设备的非限制使用：托运到菲律宾的设备贴上可出口的标签；

(3) 进入保税工厂系统；

(4) 雇佣外国公民：外国公民可在注册企业从事管理、技术和咨询岗位5年时间，经投资署批准，期限还可延长。总裁、总经理、财务主管或者与之相当的职位可居留更长时间。

2. 行业鼓励政策

菲律宾投资署每年根据《2004年～2010年菲律宾中期发展规划》制定一份“投资优先计划”表，列出菲律宾政府鼓励投资的项目，列入该表的项目可享受财政和非财政优惠措施。菲律宾投资署已将采矿、汽车和运输行业列入最新的投资优先计划（IPP），给予所得税优惠期，列入投资优先计划的行业从原来的11个增加到13个。2010年投资优先计划详情可以查询菲律宾投资署网站：http://www.boi.gov.ph/pdf/IPP2010.pdf。需要注意的是，这些领域中有一些是限制或禁止外国投资的领域。

【经济特区鼓励政策】菲律宾经济区主要由PEZA所辖的96个各类经济区和独立经营的菲弗德克工业区、苏比克、卡加延、三宝颜、克拉克自由港等组成。这些经济特区的优惠政策包括：

(1) 企业可获得4年所得税免缴期，最长可延至8年。所得税免缴期结束后，可选择缴纳5%的“毛收入税”（Gross Income Tax），以代替所有国家（中央）和地方税，其中3%上缴中央政府，2%上缴地方财政；

(2) 进口资本货物（设备）、散件、配件、原材料、种畜或繁殖用基因物质，免征进口关税及其他税费。同类物品如在菲律宾国内采购，可享受税收信贷（Tax Credit），即先按规定缴纳各项税费，待产品出口后再返还（包括进口关税部分的折算征收、返还）；

(3) 经批准，允许企业生产产品的30%在菲律宾国内销售，但须根据国内税法纳税；

(4) 免缴码头税费和出口税费；

(5) 给予初始投资在15万美元以上的投资者及其配偶和未成年子女（21岁以下）在经济区内永久居留的身份，此类人员可以自由出入经济区，而不需向其他部门另行申请；

(6) 简化进出口程序；

(7) 允许聘用外籍雇员，为外国经理人员和技术人员办理2年的可延续工作签证，但外籍雇员数量不能超过企业总雇员的5%；

(8) 企业用于员工技术培训和提高管理能力的费用的一半可以从上缴中央政府的3%税收中扣除；

此外，是否给予E.O.226规定的其他优惠待遇，由 PEZA 自行决定。

五、菲律宾关于劳动就业的规定

1. 劳动法的核心内容

菲律宾《劳动法》对于工资标准和雇佣关系进行了规定。

【工作时间】雇员的工作时间为每天工作不超过 8 小时或每周工作不超过 48 小时，这段工作期间应支付雇员正常工资。雇员在连续工作 6 天后应享受连续 24 小时的休息。该要求不适用于政府雇员、管理人员、野外作业人员、提供私人服务者及根据工作成果领取工资者。

【加班补贴】加班补贴是超过规定工作时间的补贴，加班费率如下表所示：

表 3　加班补贴

类别	计算
正常工作日加班	日工资×1.25
休息日或特别假日加班	
前 8 小时	日工资×1.30
超过 8 小时	日工资×1.69
特别假日与休息日重合	
前 8 小时	日工资×1.50
超过 8 小时	日工资×1.95
大众假日	
前 8 小时	日工资×2.00
超过 8 小时	日工资×2.60
大众假日与休息日重合	
前 8 小时	日工资×2.60
超过 8 小时	日工资×3.38

资料来源：菲律宾劳动和就业部

【最低工资】农业和非农业工人的最低工资由各地区的三方工资委员会决定。1990 年 7 月生效的《菲律宾共和国第 6727 号法令》对最低工资进行了合理化调整，以显示地区间或地区内生活成本的不同。工资或薪水必须两周支付一次，且不能以发票、代币等形式发放。

【雇员保险与福利】私人雇员适用社会保险系统（SSS），政府雇员适用政府服务保险系统（GSIS），该计划是强制性的，适用于每一个拥有一个或更多雇员的雇主、国家政府及其具有政府职能的分支机构，包括政府拥有和控制的公司。他们应每月向该计划支付其雇员工资的 1%作为贡献金。

所有菲律宾公民均享受国家健康保险计划（NHIP），该计划由菲律宾健康保险公司（PHIC）管理，该计划为非强制性。所有该计划的成员要根据 PHIC 制定的理性、公平和递增的费用表支付国家健康保险基金。保险计划受益范围包括：房间和食物；专业的健康服务；医疗检查服务；处方药及生物制剂；急救、医疗和牙科服务。

劳动和就业部要求每个雇主都要提供紧急救助药物和设备。如果是危险性工作，必须配备兼职的内科医生或牙医。如果雇员人数达到一定标准，则要求配备全职的内科医生。如果工作不是危险性的，内科医生和牙医应随叫随到。

如果女性雇员是 SSS 的成员，并在 12 个月的期限内已交满 3 个月的贡献金，即可享受 60 天的带薪产假，或 78 天的剖腹产假。

已婚男性雇员，如其合法妻子生产前 4 个孩子，则有权在每次生产时享受 7 天的带薪假期。

【终止雇用】政府保证工人在职的安全性，保护工人不被任意剥夺工作。因此，所有的雇主不得终止雇员的服务，除非有特殊原因或得到劳动法的授权。这些特殊原因包括：犯了一系列的错误或故意不听从命令，明显的和经常性的对工作忽视，欺骗、犯罪或冒犯其雇主，或类似的行为。如果开除是基于上述任何原因，雇主必须给雇员 2 次书面通知和 1 次听取申诉的机会。

另外，在以下情况雇主也可中止对雇员的雇用：雇主安装了节约劳动力的设备，存在冗员现象，为了节省费用以避免损失，或关闭、终止经营。在这种情况下，法律规定雇主必须提前 1 个月向雇员和劳动部出示书面通知。

2. 外国人在菲律宾工作的规定

外籍人在菲律宾工作需获得劳工部颁发的外侨就业许可和移民局的合法签证。外籍人在菲律宾工作享有与本地雇员相同的权利。

外侨就业许可由劳工部签发给欲在菲律宾就业的外籍人（离岸银行和地区总部的执行官不包括在内）。劳工部用以评估申请者的主要标准是申请者能否在菲律宾胜任其申请工作的要求并愿意从事该工作。在获得许可后，非经劳工部批准，外籍人不得更换工作或雇主。若外国承包商雇佣的员工是外国人，那么这些员工在菲律宾应用其专业前，还必须通过菲律宾劳工部和专业管理委员会组织的劳动市场测试。

六、与投资合作相关的主要法律

菲律宾有数个涉及投资的重要法律，目前有关方面正在推动将所有促进投资的法律合并成一部法律，进一步规范各部门出台财政或非财政激励政策。

【《1987年综合投资法典》】共和国第226号法令，共和国第7918号法令对其进行了修正。该法典为国内外企业提供一系列国家优先发展领域的综合激励措施。企业需参与"投资优先计划"所列的领域且享受这些优惠措施。如果企业未参与列入"投资优先计划"的领域，在满足以下任一条件后也能享受这些优惠措施：

(1) 50%以上的产品出口（菲律宾公民所有的企业）；

(2) 70%以上的产品出口（外商持股40%以上的企业）。

【《1991年外国投资法》】共和国第7042号法令，共和国第8179号法令对其进行了修正。外国公司被允许在菲律宾从事未列入《外国投资限制清单》的行业。在《外国投资限制清单》中列举了禁止和限制外国投资的领域，主要包括两部分：

清单A为宪法或其他法律规定禁止和限制外国投资的领域；

清单B为外商所有权受法律限制的领域，包括与国防、执法、公众卫生、道德、保护中小企业等相关的领域。

【《1995年经济特区法案》】共和国第7916号法令，共和国第8748号法令对其进行了修正。该法案于1995年通过，旨在通过发展经济特区促进经济增长。菲律宾经济特区署（PEZA）负责该法的实施和给予经济特区内的合格企业优惠政策。经济特区分为工业园区、出口加工区、自由贸易区、旅游经济区、IT园区、农业经济区等各类经济园区。

每个经济特区都朝着政府干预最小化、独立自由区域的目标发展。经济特区不需政府提供特别帮助，自我管理经济、金融、工业及旅游发展，同时与周边区域建立起相应的联系。

【《1992年基地转型及发展法案》】共和国第7227号法令。根据该法案成立了基地转型发展委员会、苏比克湾管理署（SBMA）以及苏比克经济特区和自由港区（SSEFZ）。在苏比克经济特区和自由港区注册的企业将享受各种投资优惠，包括一流的商业、居住和旅游设施。

【《地区总部、地区生产总部和地区仓储中心相关法案》】共和国第8756号法令。该法案明确了关于在菲律宾设立跨国公司地区总部（RHQs）、地区生产总部（ROHQs）和地区仓储中心（RWs）的规定和指南。地区总部是指跨国公司在菲律宾设立、但并不从菲律宾获取收入的分支机构。地区生产总部指跨国公司在菲律宾设立、可以通过提供服务而获取收入的分支机构。

【《投资者租赁法案》】共和国第7652号法令。该法案允许外国投资者在菲律宾租用商业用地最长不超过75年（过去规定为50年）。根据该法，任何到菲律宾投资的外国投资者在遵守菲律宾法律和下列条件的情况下，可租赁私人土地：(1) 土地租赁合同期限为50年，仅可一次性延长25年；(2) 租赁的土地仅做投资用途；(3) 租赁合同应符合《综合土地改革法》和《地方政府法案》。

【《1994年出口发展法案》】共和国第7844号法令。该法案向出口商提供优惠政策，鼓励增加在出口方面的投入，包括：(1) 设立出口发展委员会；(2) 鼓励私营部门参与出口推介活动，包括建立世界水准的菲律宾贸易中心；(3) 设立私营部门为主导的融资中心，直接为促进出口服务；(4) 为出口商提供财政激励政策。

《出口发展法案》在相关政府部门如投资署和菲律宾经济区管委会给予优惠政策的同时，还给予其他的优惠政策。

【《BOT法》】共和国第7718号法令。明确了私营企业参与一般由政府负责的基础设施建设和有关服务的政策和规定。

［来源：改编自商务部国际贸易经济合作研究院、商务部投资促进事务局、中国驻菲律宾大使馆经济商务参赞处共同主编．《对外投资合作国别（地区）指南——菲律宾》．2010年版第22～38页］

新加坡对外国投资合作的法规和政策

一、对外贸易的法规和政策规定

1. 贸易主管部门

新加坡国际企业发展局（International Enterprise Singapore，简称企发局或IE Singapore），是隶属于新加坡贸易工业部的法定机构，是新加坡对外贸易主管部门，其前身是成立于1983年的新加坡贸易发展局（贸发局）。企发局下设贸易促进部，并分设商务合作伙伴策划署和出口促进署，主要职责是宣传新加坡作为国际企业都会的形象以及提升以新加坡为基地公司的出口能力。

2. 贸易法规体系

新加坡与贸易相关的主要法律有《商品对外贸易法》《进出口管理办法》《商品服务税法》《竞争法》《海关法》《商务争端法》《自由贸易区法》《商船运输法》《禁止化学武器法》《战略物资管制法》等。

3. 贸易管理的相关规定

【开展进出口和转运业务的基本条件】(1)必须在新加坡组建一家公司并向会计与企业管理局注册(查询网址:http://www.licences.business.gov.sg,通过在线商业注册服务注册公司)。(2)注册公司后,需向新加坡关税局免费申请中央注册号码。中央注册号码将允许通过贸易网系统提交进出口和转运准证申请。

贸易交换网(TradeXchange)系统是新加坡全国范围内的贸易电子信息交换系统,能让公共和私营部门在此平台上交换电子贸易数据和信息。一般情况下,在新加坡开展进出口或转运业务必须在贸易交换网上获得相关业务准证。(查询网址:http://www.tradexchange.gov.sg)

【货物的进口】新加坡进口产品都不限制配额,大部分产品无需许可证即可免税进口。尽管如此,进口医药品、危险品、化学药品、电影电视、武器和弹药等受管制产品的进口仍需要有进口许可证。

货物进口到新加坡前,进口商需通过贸易交换网向新加坡关税局提交准证申请。如符合有关规定,新加坡关税局将签发新加坡进口证书和交货确认书给进口商,以保证货物真正进口到新加坡,没有被转移或出口到被禁止的目的地。一般情况下,所有进口货物都要缴纳消费税。如果进口货物是受管制的货物,必须向相关主管部门提交准证申请并获得批准。

表1 新加坡进口管制物品及主管机构一览表

项目	主管机构
投币式或盘片操作游戏机,包括弹球桌、射击游戏机和影像放映游戏机	公共娱乐执照组(PELU)
动物、禽类及其产品	农粮与兽医局(AVA)
武器与爆炸物	武器与爆炸物执照署(A&E)
石棉制品	污化管制处(PCD)

续表

项目	主管机构
具防攻击功能的衣物,包括防弹背心	武器与爆炸物执照署(A&E)
电池(普通),碱性、炭锌和汞氧化物	污化管制处(PCD)
预录的盒式磁盘、卡式磁带、音频光盘	媒体发展管理局(MDA)
化学品:毒性及危险性化学品、有毒及易制度化学品、杀虫剂	污化管制处(PCD)
国家机构、化学武器公约(NA,CWC)	污化管制处(PCD)
香口胶	香口胶(牙科用)
香口胶(药用)	违禁品,新加坡关税局(Singapore Customs)
化妆品控制单位(CCU)	管制支援单位(RSU)
氟氯碳化合物(CFCs)	污化管制处(PCD)
打火机(气枪或左轮手枪形状)	违禁品,武器与爆炸物执照署(A&E)
化妆品与美容产品(除了由RSU管制的皮肤与面部药性美容液或膏以外)	化妆品控制单位(CCU)
柴油或汽油	污化管制处(PCD)
来自黎巴嫩未经加工的钻石	未经加工的钻石(KPCS)
违禁品,新加坡关税局(Singapore Customs)	新加坡关税局(Singapore Customs)
胶卷,影片/录像/激光光盘	媒体发展管理局(MDA)
爆竹	违禁品,武器与爆炸物执照署(A&E)
鱼类与渔业产品	农粮与兽医局(AVA)
易燃物质	新加坡民防部队(SCDF)
食品(不包括新鲜或冷冻蔬菜及水果)	农粮与兽医局(AVA)
水果(新鲜或冷藏)	农粮与兽医局(AVA)
水果机/吃角子老虎机	新加坡警察部队执照署(SPF)

续表

项目	主管机构
人参	农粮与兽医局（AVA）
唱片	媒体发展管理局（MDA）
手铐	武器与爆炸物执照署（A&E）
哈龙（Halons）	污化管制处（PCD）
染发剂与护发品（毒性或无毒性）	管制支援单位（RSU）
化妆品控制单位（CCU）	头盔（工业安全型或钢质）
职业安全健康处（OSHD）	武器与爆炸物执照署（A&E）
人类病原体	生物安全组（BSB）
工业安全项目（安全带、安全挽具、救生绳索、安全绳、救生网）	职业安全健康处（OSHD）
放射性器材	放射防护中心（CRP）
任何媒介的录制与翻录器材（CD、CD－ROM、VCD、DVD、DVD－ROM）	新加坡关税局（Singapore Customs）
动物与禽类的肉与肉制品	农粮与兽医局（AVA）
药物、药剂、药制品	管制支援单位（RSU）
兽医用药剂	农粮与兽医局（AVA）
奶粉以及马来半岛、沙巴、沙捞越生产的新鲜、去脂、巴氏杀毒牛奶	农粮与兽医局（AVA）
硝化纤维素	武器与爆炸物执照署（A&E）
有机肥料	农粮与兽医局（AVA）
石油	新加坡民防部队（SCDF）
带泥土或不带泥土的植物、花及种子	农粮与兽医局（AVA）
罂粟种子（kaskas）	中央肃毒局（CNB）
易制毒化学品	中央肃毒局（CNB）
出版物	媒体发展管理局（MDA）

续表

项目	主管机构
放射性物质	放射防护中心（CRP）
犀牛角及处理后该产品的废料和粉末	违禁品，农粮与兽医局（AVA）
米（不包括米糠）	新加坡国际企业发展局（IE Singapore）
阴离子表面活性剂	污化管制处（PCD）
餐桌用品与厨房器皿（陶瓷、晶质玻璃）	农粮与兽医局（AVA）
磁带（预录）	媒体发展管理局（MDA）
通信设备	新加坡资讯通信发展管理局（IDA）
木材与木料	农粮与兽医局（AVA）
玩具手枪、气枪、左轮手枪	武器与爆炸物执照署（A&E）
玩具对讲机	新加坡资讯通信发展管理局（IDA）
蔬菜（新鲜、冷藏）	农粮与兽医局（AVA）
废铅酸电池及任何废铅、镉或汞制电池	污化管制处（PCD）
部分从朝鲜进口或转口的货物	违禁品，新加坡关税局（Singapore Customs）
部分从伊朗进口或转口的货物	违禁品，新加坡关税局（Singapore Customs）

资料来源：新加坡海关

【货物的出口】非受管制货物通过海运或空运出口，必须在出口之后3天内，通过贸易交换网提交准证申请。受管制货物，或非受管制货物通过公路和铁路出口的，需要在出口之前通过贸易交换网提交准证申请。出口受管制货物还必须事先取得相关主管机构的批准或许可。

表2　新加坡出口管制物品及主管机构一览表

项目	主管机构
动物	农粮与兽医局（AVA）
武器与爆炸物	武器与爆炸物执照署（A&E） 新加坡关税局（Singapore Customs）
具防攻击功能的衣物，包括防弹背心	武器与爆炸物执照署（A&E） 新加坡关税局（Singapore Customs）
化学品：有毒及易制度化学品、杀虫剂	国家机构、化学武器公约（NA，CWC） 新加坡关税局（Singapore Customs） 污化管制处（PCD）
氟氯碳化合物（CFCs）	污化管制处（PCD）
未经加工的钻石	新加坡关税局（Singapore Customs）
鱼类与渔业产品	农粮与兽医局（AVA）
人参	农粮与兽医局（AVA）
手铐	武器与爆炸物执照署（A&E）
哈龙（Halons）	污化管制处（PCD）
钢质头盔	武器与爆炸物执照署（A&E）
放射性器材	放射防护中心（CRP） 新加坡关税局（Singapore Customs）
肉类与肉类制品	农粮与兽医局（AVA）
军事设备、其他军用品	新加坡关税局（Singapore Customs）
易制毒化学品	中央肃毒局（CNB） 新加坡关税局（Singapore Customs）
放射性物质	放射防护中心（CRP） 新加坡关税局（Singapore Customs）
犀牛角及处理后该产品的废料和粉末	违禁品，农粮与兽医局（AVA）
米（不包括米糠）	新加坡国际企业发展局（IE Singapore）

续表

项目	主管机构
橡胶	新加坡国际企业发展局（IE Singapore）
出口欧盟或美国的新加坡生产的纺织品和服装	新加坡关税局（Singapore Customs）
木材与木料	农粮与兽医局（AVA）
玩具手枪、气枪、左轮手枪	武器与爆炸物执照署（A&E）
废铝酸电池及任何废铅、镉或汞制电池	污化管制处（PCD）
出口到阿富汗、科特迪瓦、刚果民主共和国、伊拉克、利比里亚、卢旺达、塞拉利昂、索马里、苏丹的各类武器和相关物品及零件	违禁品，新加坡关税局（Singapore Customs）
出口或转口到朝鲜的坦克、装甲车、大口径炮、战斗机、战斗直升机、军舰、导弹或导弹系统及设备零件；任何与核项目、弹道飞弹等联合国列名项目相关的材料、设备、技术等；奢侈品	违禁品，新加坡关税局（Singapore Customs）
出口或转口到伊朗的任何与核项目、弹道飞弹等联合国列名项目相关的材料、设备、技术等	违禁品，新加坡关税局（Singapore Customs）

资料来源：新加坡海关

4. 进出口商品检验检疫

新加坡对进口商品检验检疫的标准和程序十分严格。负责进口食品、动植物检验检疫的部门是农粮兽医局（Agri－Food and Veterinary Authority，简称AVA），负责进口药品、化妆品等商品检验的部门是卫生科学局（Health science Authority，简称HSA）。

【农产品和食品检验】农产品和食品的进口商须向AVA申请执照，只有获得AVA进口执照的贸易商才能在新加坡从事农产品和食品进口业务。AVA有完整的一套食品安全计划，对肉、鱼、新鲜水果和蔬菜、蛋、加工食品等商品的进口来源、包装运输、检验程序、检验标准有不同的要求和详尽的规定（查询网址：http//www. Ava. gov. sg）。

【动物检疫】只有获得 AVA 执照的进口商才可以在新加坡从事商业用途的动物进口。每次进口动物须向 AVA 申请许可，并提前获得海关清关许可。所有进口动物需符合 AVA 的兽医标准（查询网址：http//www. Ava. gov. sg）。

【植物检疫】进口植物及植物产品须出示原产国有关机构签发的植物检疫证书并获得 AVA 的进口许可。所有进口植物及植物产品必须符合 AVA 规定的健康标准，除另有规定外，植物及植物产品进口后必须接受 AVA 检查。受 CITES 保护的濒临绝种植物，必须备有 CITES 的许可证方可进口。

【药品、化妆品检验】根据《药品法》《有毒物质法》《滥用药物法令》，新加坡所有从事药品进口、批发、零售以及出口的经营者须向 HSA 取得相关许可方可开展业务。进口药品和化妆品前，须向 HSA 如实申报其成分、疗效等相关信息，获得批准后方可进口。HSA 对进口相关产品进行抽检，一旦与申报不符，即取消其经营相关产品的资格。

5. 海关管理规章制度

新加坡《海关法》规定，进口商品分为应税货物和非应税货物，应税货物包括石油、酒类、烟类和机动车辆等 4 大类商品，非应税货物为上述 4 大类商品之外的所有商品。应税货物和非应税货物进口到新加坡都要征收 7％消费税，应税货物除征收消费税外，还需征收国内货物税和关税。

2008 年 10 月在中国和新加坡签署的自由贸易协议中，新加坡对从中国进口的应税货物税率给予了优惠安排。

表 3　新加坡应纳税商品及关税/国内货物税一览表

商品名称	国内货物税
酒类商品	每公升 48～70 新元
烟草类商品	每千克 181～352 新元
石油类商品	每十升 3.7～7.1 新元
机动车	20％
带引擎的摩托车、自行车	12％

资料来源：新加坡海关

二、对外国投资的市场准入的规定

1. 投资主管部门

新加坡负责投资的主管部门是经济发展局（EDB，简称经发局），成立于 1961 年，是隶属新加坡贸工部的法定机构，也是专门负责吸引外资的机构，具体制订和实施各种吸引外资的优惠政策并提供高效的行政服务。其远景目标是将新加坡打造成为具有强烈吸引力的全球商业与投资枢纽中心。

2. 投资行业的规定

新加坡对外资准入政策宽松，除国防相关行业及个别特殊行业外，对外资的运作基本没有限制。此外，新加坡政府还制定了特许国际贸易计划、商业总部奖励、营业总部奖励、跨国营业总部奖励等多项计划以鼓励外资进入。

根据新加坡政府公布的 2010 年长期战略发展计划，电子、石油化工、生命科学、工程、物流等 9 个部门被列为奖励投资领域。

3. 投资方式的规定

外资进入新加坡无方式限制。除金融、保险、证券等特殊领域需向主管部门报备外，绝大多数产业领域对外资的股权比例等无限制性措施。

三、新加坡关于企业税收的规定

1. 税收体系和制度

新加坡以属地原则征税。任何人（包括公司和个人）在新加坡发生或来源于新加坡的收入，或在新加坡收到或视为在新加坡收到的收入，都属于新加坡的应税收入，需要在新加坡纳税。也就是说，即使是来源于新加坡之外的收入，只要是在新加坡收到，就需要在新加坡纳税；相应的，如果收入来源于新加坡境外，并且不是在新加坡收到或视为收到，则不需在新加坡纳税。

新加坡为城市国家，全国实行统一的税收制度。任何公司和个人（包括外国公司和个人）只要根据上述属地原则取得新加坡应税收入的，就需在新加坡纳税。

2. 主要税赋和税率

新加坡现行主要税种有：企业所得税、个人所得税、消费税、不动产税、印花税、车船税等。此外，还有对引进外国劳工的新加坡公司征收的劳工税。新加坡之前还有遗产税，新加坡政府在 2008 年 2 月 15 日之后取消了该税。

【企业所得税】新加坡对内外资企业实行统一的企业所得税政策。新加坡税法规定，企业所得税的纳税义务人包括按照新加坡法律在新加坡注册成立的企业、在新加坡注册的外国公司（如外国公司在新加坡的分公司），以及不在新加坡成立但按照新加坡属地原则有来源于新加坡应税收入的外国公司（合伙企业和个人独资企业除外）。新加坡根据公司的控制和管理职能是否在新加坡，对纳税人分为居民公司和非居民公司两类。居民公司是指公司的控制和管理职能在新加坡的公司。换言之，只要公司的控制和管理职能在新加坡，无论公司是否按照新加坡的法律在新加坡注册，其即为新加坡居民公司。反之，若公司的控制和管理职能不在新加坡，即使是按照新加坡法律在新加坡注册的公司，在税务上也为非居民公司。

自2008年估税年度起（即在2008年度缴纳2007财年的所得税时），企业所得税税率为18%，自2010年估税年度起所得税税率调为17%，并且所有企业可以享受前30万新元应税所得的部分免税待遇：一般企业前1万新元所得免征75%，后29万新元所得免征50%；符合条件的起步企业前10万新元所得全部免税，后20万新元所得免征50%。

【个人所得税】纳税人分为居民个人和非居民个人两类。居民个人包括：新加坡人、新加坡永久居民，以及在一个纳税年度中，在新加坡居留或者工作183天以上（含183天）的外籍个人（公司董事除外）；非居民个人是指在一个纳税年度内，在新加坡居留或者工作少于183天的外籍个人。

一般情况下，居民个人和非居民个人都要就其在新加坡取得的所有收入纳税。自2004年1月1日之后，纳税人在新加坡取得的海外收入不再纳税，但通过合伙企业取得的海外收入除外。因为合伙企业不是一个法律实体，合伙企业本身不需缴纳企业所得税，但每个合伙人需要纳税。如果合伙人是个人，则需按照个人适用的所得税税率缴纳个人所得税；如果合伙人是公司，则需按照公司适用的所得税税率缴纳企业所得税。

居民个人的应纳税所得额为收入总额扣除费用、捐赠和税务减免后的所得。适用税率为0%～20%的超额累进税率。

非居民个人的应纳税所得税额为收入总额扣除费用和捐赠后的所得，非居民个人不适用税务减免。非居民个人的受雇所得适用15%税率和居民个人所得税税率这两者间税率的较高者。董事费、咨询费和其他所得，适用20%的税率。

表4　居民个人所得税税率表

年应纳税所得额	税率（%）	应纳税额
首20000新元	0	0
后10000新元	3.5%	350
首30000新元	—	350
后10000新元	5.5%	550
首40000新元	—	900
后40000新元	8.5%	3400
首80000新元	—	4300
后80000新元	14%	11200
首160000新元	—	15500
后160000新元	17%	27200
首320000新元	—	42700
320000新元以上	20%	

资料来源：新加坡税务局

【消费税】即货物和劳务税（Goods and Services Tax），是对进口货物和所有在新加坡提供货物和劳务服务征收的一种税，相当于一些国家的增值税，税负由最终的消费者负担。从事提供货物和劳务服务且年营业额在100万新元以上的纳税人，应进行消费税的纳税登记。进行了消费税登记的纳税人，其消费税应纳税额为销项税额减去购进货物或服务支付的进项税额后的差额。

新加坡的消费税于2007年起从5%调高至7%。住宅财产的销售和出租以及大部分金融服务可免征消费税。出口货物和服务的消费税税率为零。预计消费税可能在未来两三年内从目前的7%调高到10%。

【不动产税】这是对所有不动产如房子、建筑物和土地征收的一种税。所有拥有不动产者都应为所拥有的不动产缴纳不动产税。不动产税按年缴纳，每年1月份缴纳全年的不动产税，纳税基数为不动产的年值。不动产的年值是根据不动产的年租金收入估计的，估计的租金收入不包括出租的家具、装置和服务费。不动产出租、自用或空置适用同样的基数。新加坡税务局每年会对不动产的年值进行审阅，以确定是否需要修改。如果不动产的年值发生变化，新加坡税务局会通知纳税人。目前不动产税的税率为10%。居住在自有住宅里的个人适用4%的减免税率。

【印花税】这是对不动产有关的书面文件征收的一种税。与不动产有关的文件包括不动产的买卖、交换、抵押、信托、出租等；与股份有关的文件包括股份的派发、转让、赠予、信托、抵押等。在新加坡境内签署的文件，应在文件签署之日起 14 日内缴纳印花税；在新加坡境外签署的文件，应在新加坡收到文件的 30 日内缴纳印花税。不同的文件使用的税率不同。印花税支付根据文件中的条款确定，如果文件对此未加以明确，则根据下表确定纳税人。

表 5　印花税纳税义务人确定原则

文件种类	纳税义务人
债券，债券契约或证书正本、副本	承租人
出租人	财产转让
受让人	财产出租正本、副本
承租人	出租人
抵押	抵押人或债务人
分割	财产分割参与方

资料来源：新加坡税务局

四、新加坡对外国投资的优惠

1. 优惠政策框架

新加坡优惠政策的主要依据是《公司所得税法案》和《经济扩展案》(Economic Expansion Incentives) 以及每年政府财政预算案涉及的一些优惠政策。

新加坡采取的优惠政策主要是为了鼓励投资、出口，增加就业机会，鼓励研发和高新技术产品的生产以及使整个生产经营活动更具有活力。如对涉及特殊产业和服务（如高技术、高附加值产业）、大型跨国公司、研发机构、区域总部、国际船运以及出口企业等，给予一定期限的减、免税优惠或资金扶持等。

2. 行业鼓励政策

【先锋企业奖励】享有先锋企业（包括制造业和服务业）称号的公司，自生产之日起，其从事先锋活动取得的所得可享受免征 5～10 年所得税的优惠待遇。先锋企业由新加坡政府部门界定。通常情况下，从事目前新加坡还未大规模开展而且经济发展需要的生产或服务的企业，或从事良好发展前景的生产或服务的企业可以申请“先锋企业”资格。

【发展和扩展奖励】从政府规定之日起，一定基数以上的公司所得可享受最低为 5%的公司所得税率，为期 10 年，最长可延长到 20 年。此项政策主要是为鼓励企业不断增加在高新技术和高附加值领域的投资并提升其设备和营运水平。曾享受过先锋企业奖励的企业以及其他符合条件的企业均可申请享受此项优惠。

【服务出口企业奖励】从政府规定之日起，向非新加坡居民或在新加坡没有常设机构的公司或个人提供与海外项目有关的符合条件的服务的公司，其符合条件的服务收入的 90%可享受 10 年的免征所得税待遇，最长可延长到 20 年。

【区域/国际总部计划】将区域总部（RHQ）或国际总部（IHQ）设在新加坡的跨国公司，可适用较低的企业所得税税率。区域总部为 15%，期限为 3～5 年；国际总部为 10%或更低，期限为 5～20 年。此项政策主要是为鼓励跨国公司将区域或国际总部设立在新加坡。具体的优惠政策企业可与新加坡企业发展局（EBD）进行商谈，企业发展局可根据公司规模和对新加坡贡献为企业量身定做优惠配套。

【国际船运企业优惠】拥有或运营新加坡船只或外国船只的国际航运公司，可以申请 10 年免征企业所得税的优惠，最长期限可延长到 30 年。申请企业应具备以下条件：属于新加坡居民公司；拥有并运营一定规模的船队；在新加坡的运营成本每年超过 400 万新元；至少 10%的船队（或至少一只船）在新加坡注册。此类优惠项目由新加坡海运管理局（MPA）负责评估。

【金融和财务中心奖励】此项政策是为鼓励跨国企业在新加坡设立金融和财务中心（FTC），从事财务、融资和其他金融服务业务而制定。金融和财务中心从事符合条件的活动取得的收入可申请享受 10%的企业所得税优惠税率，为期 10 年，最长可延长到 20 年。

【研发业务优惠】为鼓励企业加大研发力度，新加坡政府规定，自 2009 估税年度起，企业在新加坡发生的研发费用可享受 150%的扣除，并对从事研发业务的企业每年给予一定金额的研发资金补助。

【国际贸易商优惠】为鼓励全球贸易商在新加坡开展国际贸易业务，对政府批准的全球贸易商给予 5～10 年的企业所得税优惠，税率减低为 5%或 10%。此项优惠项目由新加坡国际企业发展局（IES）负责评估。

此外，新加坡还对部分金融业务、海外保险业务、风险投资、海事企业等行业给予一定的所得税优惠或资金扶持。

五、新加坡关于劳动就业的规定

（一）劳动法的核心内容

新加坡主要通过《移民法案》《就业法案》《外国工人雇佣法案》和《职场安全与健康法案》等几部重点法律来规范其劳动力市场中所涉及的工作准证、劳动关系、外国工人管理及职业安全与健康等方面的问题。

【工作合同】只要是雇佣双方以书面、口头、明示或暗示等形式共同达成的协议均构成工作合同。

当工作合同中列明的具体工作已经完成或达到规定的期限，该合同自动解除。无具体期限的工作合同，签约双方均有权提出终止。签约一方在合约期满前提出终止工作合同须提前书面通知对方：

(1) 如雇员工作少于26周须提前1天通知；

(2) 如雇员工作在26周至2年期间须提前1周通知；

(3) 如雇员工作2年至5年期间须提前2周通知；

(4) 如雇员工作超过5年须提前4周通知。

【工作时间】工人的正常工作时间每天不超过8小时，每周工作5天半，即每周不超过44小时或每两周不超过88小时。工人在雇主的要求下在超过规定的时间以外工作，雇主应该支付工人至少为正常工资的1.5倍。

【给付薪水】依据工作合同确定工资，包括工人根据合同完成的超时工作奖金，不包括住宿、水电费、医疗及其他生活福利等。雇主应及时支付工人工资，当月工资应该在第二个月的前7日内支付，当月超时工作奖金应该在第二个月的前14日内支付。雇主支付工人月工资时，可扣除工人未做工日薪、因工人失职造成的钱物损失、向工人提供的食宿费用、提前支付工人的预付款或贷款或多支付的工资以及须由工人支付的所得税。上述扣款一般不得超过月工资的50%。

【中央公积金】新加坡通过建立中央公积金(Central Provident Fund，CPF)来为雇员提供全面的社会福利保障。中央公积金制度始建于1955年，由人力部下属的中央公积金局负责管理运行，新加坡雇主和雇员均有义务将收入的一部分上缴给公积金局，由公积金局将收缴的公积金记入会员的个人账户，雇主和雇员缴纳的比例分别为14.5%、20%，总缴交率为34.5%。2011年3月以后，雇主的缴纳比例上调为15.5%。个人账户分为三部分：普通账户，用于购房、投资、教育支出；保健账户，用于支付住院医疗费用和重症医疗保险；特别账户，用于养老和特殊情况下的紧急支付，一般在退休前不能动用。

（二）外国人在新加坡工作的规定

与中国对新加坡开展劳务输出业务最为相关的是《外国工人雇佣法案》。该法案列明了雇佣外国工人的条款和条件，规定了对雇主或工人违法行为的处罚，有利于维护新加坡特别针对外籍工人所建立的工作准证系统并保护外籍工人的福利。2007年5月22日，新加坡国会审议通过了该法案的修订稿，并将法案更名为《外国人力雇佣法案》。新《法案》的立法权限较旧法案更为清晰，所规范的内容也更加全面，并进一步放宽对引进中国工人的行业限制，具体内容如下：新加坡海事业公司可以聘用不超过公司外籍员工总量75%的中国工人；新加坡制造业公司可以聘用不超过公司外籍员工总量25%的中国工人；新加坡服务业公司可以聘用不超过公司外籍员工总量10%的中国工人。

［来源：改编自商务部国际贸易经济合作研究院、商务部投资促进事务局、中国驻新加坡使馆经济商务参赞处共同主编.《对外投资合作国别（地区）指南——新加坡》.2010年版第24～37页］

泰国对外国投资合作的法规和政策

一、对外贸易的法规和政策规定

1. 贸易主管部门

泰国主管贸易的政府部门是商业部（Ministry of Commerce），其主要职责分为两部分，对内负责促进企业发展、推动国内商品贸易和服务贸易发展、监管商品价格、维护消费者权益和保护知识产权等；对外负责参与WTO和各类多双边贸易谈判、推动进出口贸易良性发展等。泰国商业部主管对外业务的部门有贸易谈判厅、出口促进厅和国际贸易厅等，主管国内业务的部门有商业发展厅、国内贸易厅、知识产权厅和灾祸保险厅等。

2. 贸易法规体系

泰国与贸易相关的主要法律有1960年《出口商品促进法》、1979年《出口和进口商品法》、1973年《部分商品出口管理条例》、1979年《出口商品标准法》、1999年《反倾销和反补贴法》、2000年《海关法》等。

3. 贸易管理的相关规定

【进口管理】泰国对多数商品实行自由进口政策，任何开具信用证的进口商均可从事进口业务。泰国仅对部分产品实施禁止进口、关税配额和进口许可证等管理措施。禁止进口产品主要涉及公共健康、国家安全等的产品；关税配额产品包括桂圆等23种农产品，但关税配额措施不适用于从东盟成员国进口的产品；进口许可分为一般产品许可和特殊产品许可，并规定进口许可的产品必须得到泰国商业部批准后才能入港。

【出口管理】泰国除通过出口登记、许可证、配额、出口税、出口禁令或其他限制措施加以控制的产品外，大部分产品可以自由出口。受出口管制的产品目前有45种，其中征收出口税的有大米、皮毛皮革、柚木与其他木材、橡胶、钢渣或铁渣、动物皮革等。

【贸易壁垒】泰国对WTO成员方的平均关税是14.6％，对非WTO成员方的平均关税是16.8％。

（1）关税高峰。泰国目前对大量的进口产品征收超过30％的关税，包括农产品、汽车和汽车零部件、酒精饮料、纤维和一些电子产品。如丝织品、羊毛织物、棉纺织品及其他一些纤维织物的进口关税多为60％，摩托车及一些特殊用途车的进口关税达到或超过80％、大米52％、奶制品216％。

（2）关税升级。泰国对绝大多数工业原材料和必需品，如医疗设备征收零关税；对有选择的一些原材料、电子零配件以及用于国际运输的交通工具征收1％的关税；一些化工原料，如氯化铵、氯化钙、氯化镁等氯化物的关税也仅为1％；对初级产品和资本货物大部分征收5％的关税；对中间产品一般征收10％的关税；对成品一般征收20％的关税；对需要保护的特殊产品征收30％的关税。

（3）关税配额。根据WTO《农业协定》，泰国对23种农产品实行关税配额管理，分别是桂圆、椰肉、牛奶、土豆、洋葱、大蒜、椰子、咖啡、茶、干辣椒、玉米、大米、大豆、洋葱籽、豆油、椰子油、速溶咖啡、土烟丝、生丝等。这些产品在配额内实行低关税，在配额外实行高关税，如大蒜进口配额仅64.6吨，配额内关税为27％，配额外关税高达57％。

（4）进口限制。泰国规定26种产品需要进口许可，包括原材料、石油、工业原料、纺织品、医药品及农产品。泰国禁止进口二手摩托车及其零件和游戏机。产品进口必须满足规定的要求，如缴纳特别费用、需要原产地证明等。进口食品、医药产品、矿产品、武器弹药、艺术品，需要相关部长的特别许可。泰国要求在食品进口登记中提供关于食品生产工艺及组成成分的详细产品经营信息。泰国卫生部食品药品管理局规定所有食品、药品及部分医疗设备的进口均须符合进口许可证的管理。食品进口许可证每三年换一次，每次均需要重新认证，文件送达食品药品管理局后还需重新收费；药品进口许可证每年更换一次，同样需要缴纳有关费用。

（5）技术性贸易壁垒。泰国对10个领域的60种产品实行强制性认证，包括农产品、建筑原料、消费品、电子设备及附件、PVC管、医疗设备、LPG气体容器、表层涂料及交通工具等。泰国卫生部食品药品管理局规定，所有进口食品、药品及部分医疗设备要符合标准、检测、标签和认证要求。进口上述产品必须附有泰文说明产品名称、重量或容量、生产和失效日期的标签，并经泰国卫生部食品药品管理局批准。

（6）政府采购。泰国不是WTO《政府采购协定》的签署国。在政府采购招标中，泰国对外国投标企业设置一系列限制，使外国企业无法投标或难以中标。如泰国常在招标文件中规定非泰国产品不得参与投标；政府采购部门对投标资格的规定不确定，有权在任何时候接受或拒绝部分或所有投标，甚至可以在招标过程中修改技术要求；投标者对招标结论没有申诉权利等。根据2000年5月泰国颁布的《对销贸易法》，对金额超过3亿泰铢的政府采购合同，外国中标企业须易货回购价值不低于合同金额50％的泰国产品，该规定大大提高了外国中标企业的经营成本。

4. 进出口检验检疫

泰国负责商品质量监督、检验和标准认证的管理部门主要是卫生部下属的食品与药品监督管理局（Food and Drug Administration，简称FDA）及农业合作部下属的国家农业食品和食品标准局（National Bureau of Agriculture Commodity and Food Standards，简称ACFS）。

FDA行使职责依据的国内法规和国际协议主要有：泰国1967年《药品法》、1975年《精神类物质法》、1979年《食品法》、1979年《麻醉品法》、1988年《医疗器械法》、1990年《防止滥用挥发性物质法》、1992年《化妆品法》、1992年《危险物质法》和1971年《关于精神类物质的国际公约》、1988年联合国《关于反对非法买卖麻醉品和精神类物质的协定》等。FDA根据相关法律法规对商品的市场准入进行控制，审核发放各类商品相应的卫生证明、GMP证明、HACCP证明和自由销售证明等。进口商必须申请进口许可证后才能进口食品，指定的食品储藏室必须经FDA检验后才能使用，进口许可证要每三年更新一次；对于特别控制的食品，进口商必须到FDA注册，获得批准才能进口。

ACFS的主要职责是制定初级农产品、食品和加工农产品的标准，发放许可证明，对有关产品的认证机构及企业进行认证等，此外，还协助和参与技术问题、非关税措施及国际标准等方面的对外谈判，其主要工作目标是发展泰国农产品和食品标准体系，使其适应国际标准，以扩大泰国农产品和食品的出口额。ACFS自成立以来，共制定公布了22项植物食品标准、10项动物产品标准、3项鱼类食品标准和20项其他标准。

5. 海关管理规章制度

《海关法（Customs Act）》是泰国实施海关管理的根本法律制度。目前，泰国海关进出口商品代码和关税管理体系是根据1987年修订的海关关税法令（Customs Tariff Decree 1987）制定的。泰国政府根据管理需要会对商品代码分类和海关关税进行不定期调整，有关法令和公告可在泰国海关厅网站上查询，网址为http://www.igtf.customs.go.th/igtf/en/main.frame.jsp。

在泰国，大部分进口商品都需要缴纳两部分税，一是海关关税，二是增值税（VAT）。关税计税方法一般为按价计税，也有部分商品按照特定单位税率的方式征税。一般情况下，进口商品关税额计算公式为商品到岸价（CIF）乘以该项商品的进口税率，绝大部分商品的进口关税在0%～80%之间；增值税的计算公式为进口商品缴纳关税和消费税（部分商品需缴纳）后的总价值乘以7%。

表1　泰国主要进口商品的关税税率

商品名称	HS编码	一般关税税率
原油	2709	25%
集成电路	8542	35%
打字机等办公机器的零部件	8473	40%
摩托车零部件	8708	60%
光盘、磁带、记忆卡等未录制内容的固体媒体存储介质（胶卷除外）	8523	60%
成品油	2710	部分采用30%的税率按价计税，部分采用特定单位税率2.91泰铢/升
天然气和其他气体燃料	2711	采用特定单位税率0.001泰铢/千克
未加工的精铜和铜合金	7403	6%
自动数据处理设备	8471	40%
未加工的金、金粉	7108	35%

注：泰国给予东盟成员国和与其签订多双边贸易协定的国家地区不同程度的关税减让，具体商品的关税税率和减让情况均可以通过HS税号或商品名称在海关网站上查询，网址为http://www.igtf.customs.go.th/igtf/en/main.frame.jsp。

二、对外国投资的市场准入的规定

1. 投资主管部门

泰国主管投资促进的部门是投资促进委员会（Board of Investment，简称BOI），负责根据1977年颁布的《投资促进法（Investment Promotion Act）》及1991年第二次修正和2001年第三次修正的版本制定投资政策。投资促进委员会办公厅（Office of the Board of Investment）隶属于泰国工业部的国家厅级单位，负责审核和批准享受泰国投资优惠政策的项目、提供投资咨询和服务等。

2. 投资行业的规定

2002年，BOI发布了泰国鼓励外商投资的五大行业，分别是农业、汽车业、电子业、时尚业（包括信息技术和电信）、高增值服务业以及能源行业。2009年，BOI又增加了6个可享受投资优惠的行业，包括高科技项目，如通讯、电子零配件等；另有大型投资项目，如捷运线车厢生产等。

泰国列入鼓励投资的行业种类有：农业及农产品加工业（26种）；矿业、陶瓷及基础金属工业（18种）；轻工业（16种）；金属产品、机械和运输设备制造业（22种）；电子和电子工业（9种）；化工产品、纸张及塑胶业（15种）；服务业及公用事业（21种）等七大类行业。

外国人在泰国可以投资、经营，但要受到一定限制的行业有：批发业，出口贸易，机器、机械和工具的零售业务，旅游食品、饮料销售，饲料生产，植物油制品，纺织和纺织品，玻璃容器（包括灯泡）生产，口缸、茶杯、器皿生产，印刷纸，岩盐生产，矿业等。还有其他部分涉及服务、建筑等的10多个行业，也受到限制。对这些行业进行投资，必须经商业注册登记局许可。

禁止外国人在泰国投资的有12个行业：稻米生产、制盐、国产农产品的国内贸易、不动产交易、会计事务、法律事务、建筑设计、广告业、中介人和代理人、推销业务、理发美容店和大楼建筑等。

不允许外国人在泰国投资的则有39个行业和职业：体力劳动，农林牧渔，烧砖，建筑工，木工，汽车驾驶员，运输，搬运，机械操作（除国际航线飞机驾驶员），店员，推销业务，会计（包括监督员），宝石切磨，理发、美容，编织，以藤、竹、麻为原料的制品业，手工纸制品，漆器，泰国乐器，象嵌、牙雕，金银贵重制品，石工，泰国玩具，床垫、外套罩衫，托钵，丝织手工艺品，佛像生产，刀具，布纸伞生产，制鞋，制帽，代理店，与建筑有关的计划、计算、组织、分析、检查，建筑设计、制图、成本核算，陶瓷生产，服装，手工卷烟，旅游导游，摊贩、行商，泰文打字员，丝织手帕，公务员、秘书，法律、诉讼。

泰国有关农业、畜牧业、渔业、勘探与开采矿业和外商投资法中的服务行业规定：泰籍投资者的持股量必须不低于51%；工业企业的投资，无论生产场所设在何处，均允许外商持有大部分股份或全部股份；除非有特殊理由，BOI规定某些行业外商投资的限额。

3. 投资方式的规定

【股权投资】外籍人在泰国开展投资经营活动的方式可分为以下两类：一是按照泰国法律在泰国注册为某种法人实体，具体形式有合伙企业、有限公司和大众有限公司等；二是成立合资公司（Joint Venture），通常指一些自然人或法人根据协议为从事某项商业活动而组建的实体，根据泰国《民商法典》，合资公司不是法人实体，但是根据《税法典》，合资公司在缴纳企业所得税时被视为单一实体。

【上市】泰国法律规定，只有公众有限公司才有资格申请登记加入证券交易市场。根据1992年颁布的《公众有限公司法（Public Limited Company Act）》的有关规定，有限公司可以转为公众有限公司。泰国没有关于外资公司在泰国上市的特殊限制，在泰国注册成立的公众有限公司，只要符合泰国证券交易委员会（Securities Exchange Commission，简称SEC）和股票交易所（Stock Exchange of Thailand，简称SET）的有关规定，即可申请上市。

【收购】泰国没有关于跨国并购的专门法律法规，规范收购行为的法律法规是《公众有限公司法》和1992年颁布的《证券交易法（Securities and Exchange Act）》。收购行为通常有股票收购、兼并和资产收购。收购上市公司，必须符合《证券交易法》和泰国证券交易委员会的有关规定，当收购量达到上市公司股份的25%，收购者必须正式提出股权收购。有关法律法规可查询泰国证券交易委员会网站，网址为http://www.sec.or.th/laws_notification/file_dw_en/SEC_eng.pdf。

4. 外汇管理

泰国实行自由外汇制度，所有正常贸易的外汇支付不受任何限制。泰国中央银行统一管理外汇业务并授权商业银行负责外汇支付业务。

【资金进入】非本国居民：过境的个人通常可以自由携带外汇和可流通的票据。

本国居民：对携带入境的外汇和流通票据的数量没有限制。但所有的外汇和票据须在收到或进入泰国7天内存入一家商业银行的外汇账户上。

投资者：对进入泰国的外汇如投资基金、离岸贷款等没有限制，但这些外汇须在收到或进入泰国7天内兑换成泰铢，或存入一家授权银行的外汇账户上。

【资金汇出】投资基金、分红和利润以及贷款的偿还和支付利息，在所有适用税务清算之后，可以自由汇出。同样，本票和汇票也可以自由汇出境外。

【商业交易中的外汇汇兑】泰国居民的外汇账户，对以下情况，允许泰国个人和法人保留外汇：在泰国授权银行开立的账户，存入从国外或从曼谷离岸业务机构借来的外汇。存款人须提交证据，证明在存款日期三个月内，要向国外的个人、授权银行、泰国进出口银行或泰国工业金融公司偿付外汇。但存款人的存款不能超过上述偿付数额。外汇存款票据和货币不能超过2000美元/天。每一个法人所有账户的日到期余额不得超过500万美元，个人不得超过50万美元。

（1）非本国居民的外汇账户。非本国居民可以在泰国授权银行开立并保留外汇账户，存款须来自海外资金。上述账户的余额可以不受限制地转移。

（2）非本国居民的银行账户。非本国居民可以在泰国任意一家授权银行开立账户。可以自由提取包括出售境外外汇所得的收入或非本国居民外汇账户上的外汇、其他非本国居民泰铢账户上转移过来的数额、本国居民与非本国居民间偿付债务的款项等。

(3) 进口。进口商可为进口支付而自由购买或从自己的外汇账户上提取外汇。进口商无须得到泰国银行的许可，但在进口货物或交易价值超过50万泰铢时，则须提交FT2表格以及货物提单给客户。

(4) 出口。出口可不受任何外汇管制。但出口收入或交易超过50万泰铢以上时，须自出口之日120天内收到外汇并交予一家授权银行或在收到外汇7天内将其存入授权银行的外汇账户。

(5) 无形交易。在提交支持性文件给授权银行后，非本国居民的汇款可以用于非资本项目，如服务费、利息、红利、利润和税费。居民的旅行支出或教育费用也可自由使用外汇。无形交易的收入须交授权银行或在收到外汇7日内存入一家授权银行的外汇账户。

居民可以在泰国内持有或交易黄金珠宝、金币、金条。

5. 工厂许可

泰国目前实施的是1992年修订后的《工厂法》(Factory Act)，该法明确规定了工厂建设、运行、扩建和安全的有关要求。由工业部工业建设厅(Department of Industrial Works, Ministry of Industry) 根据该法负责管理，对于工厂建设项目的管理控制程度通常取决于环境保护的需要，例如对排放造成污染的产业控制会更加严格。根据该法，工厂被分为三类：

第一类，不需要政府许可就可以建设运行；

第二类，开始建设运行前需要事先告知政府有关部门，业主在收到工业部确认的回执后即可开始建设；

第三类，工厂建设前需要向工业部工业建设厅申请许可证。

在工厂试运行前和正式开工生产之前，业主要至少提前15天告知有关政府部门。

许可证的有效期为自项目运营起至第五年年底结束，如果工厂转让、出租或者停产，则在新业主取得许可证之日原许可证作废，或者在停产之日原许可证作废。业主在许可证到期前可以申请延期。

三、泰国关于企业税收的规定

1. 税收体系和制度

泰国关于税收的根本法律是1938年颁布的《税法典》，财政部有权修改《税法典》条款，税务厅负责依法实施征税和管理职能。外国公司和外国人与泰国公司和泰国人一样同等纳税。泰国对于所得税申报采取自评估的方法，对于纳税人故意漏税或者伪造虚假信息逃税的行为将处以严厉的惩罚。目前泰国的直接税有3种，有个人所得税、企业所得税和石油天然气企业所得税。间接税和其他税种有特别营业税、增值税、预扣所得税、印花税、关税、社会保险税、消费税、房地产税等。泰国并未征收资本利得税、遗产税和赠与税。

2. 主要税赋和税率

【企业所得税】在泰国具有法人资格的公司都须依法纳税，纳税比例为净利润的30%，每半年缴纳一次。基金、联合会和协会等则缴纳净收入的2%～10%，国际运输公司和航空业的税收则为净收入的3%。未注册的外国公司或未在泰国注册的公司只需按在泰国的收入纳税。正常的业务开销和贬值补贴，按5%～100%不等的比例从净利润中扣除。对外国贷款的利息支付不用征收公司的所得税。企业间所得的红利免征50%的税。对于拥有其他公司的股权和在泰国证券交易所上市的公司，所得红利全部免税，但要求持股人在接受红利之前或之后至少持股3个月以上。企业研发成本可以作双倍扣除，职业培训成本可以作1. 5倍扣除。注册资本低于500万泰铢的小公司，净利润低于100万泰铢的，按20%计算缴纳所得税；净利润在100万～300万泰铢的，按25%计算缴纳。在泰国证交所登记的公司净利润低于3亿泰铢的，按25%计算缴纳。设在曼谷的国际金融机构和区域经营总部按合法收入利润的10%计算缴纳。从国外来泰国投资的公司如果注册为泰国公司，可以享受多种税收优惠。

【个人所得税】个人所得税纳税年度为公历年度。泰国居民或非居民在泰国取得的合法收入或在泰国的资产，均须缴纳个人所得税。税基为所有应税收入减去相关费用后的余额，按从5%到37%的五级超额累进税率征收。按照泰国有关税法，部分个人所得可以在税前根据相关标准进行扣除，如租赁收入可根据财产出租的类别，扣除10%～30%不等，专业收费中的医疗收入可扣除60%，其他30%，著作权收入、雇佣或服务收入可扣除40%，承包人收入可扣除70%。

【增值税】泰国增值税率的普通税率为7%。任何年营业额超过120万泰铢的个人或单位，只要在泰国销售应税货物或提供应税劳务，都应在泰国缴纳增值税。进口商无论是否在泰国登记，都应缴纳增值税，由海关厅在货物进口时代征。免征增值税的情况包括：年营业额不足120万泰铢的小企业；销售或进口未加工的农产品、牲畜以及农用原料，如化肥、种子及化学品等；销售或进口报纸、杂志及教科书；审计、法律服务、健康服务及其他专业服务；文化及宗教服务；实行零税率的货物或应税劳务包括出口货物、由泰国提供的但用于国外的劳务、国际运输航空器或船舶、援外项目项下政府机构或国企提供的货物或劳务、向联合国机构或外交机构提供的货物或劳务、保税库或出口加工区之间提供货物或劳务。当每个月的进项税大于销项税时，纳税人可以申请退税，在下个月可返还现金或抵税。对零税率货物来说，纳税人总是享受退税待遇。与招待费有关的进项税不得抵扣，但可在计算企业所得税时作为可扣除费用。

【特别营业税】征收特别营业税的行业有银行业、金融业及相关业务、寿险、典当业和经纪业、房地产及其他皇家法案规定的业务。其中，银行业、金融及相关业务为利息、折旧、服务费、外汇利润收入的3%，寿险为利息、服务费及其他费用收入的25%，典当业经纪业为利息、费用及销售过期财物收入的2.5%，房地产业为收入总额的3%，回购协议为售价和回购价差额的3%，代理业务为所收利息、折扣、服务费收入的3%。同时在征收特别营业税的基础上还会加收10%的地方税。

四、泰国对外国投资的优惠

1. 优惠政策框架

BOI向投资者提供两种形式的优惠政策：一是税务上的优惠权益，主要包括免缴或减免法人所得税及红利税、免缴或减免机器进口税、减免必需的原材料进口税、免缴出口产品所需要的原材料进口税等；二是非税务上的优惠权益，主要包括允许引进专家技术人员、允许获得土地所有权、允许汇出外汇以及其他保障和保护措施等。

非税务优惠适用于所有获BOI批准的项目，税务优惠则根据项目所在地和所属行业等不同情况享受相应的优惠。一般而言，位于受到特别鼓励投资区域的项目、生产出口型的项目或者属于泰国政府鼓励支持产业范畴内的项目均可以获得更大程度的优惠。

此外，为鼓励外商投资，BOI还放宽了对外商持股比例的限制，对于工业企业投资，无论工厂设在何处，允许外商持大部分或全部股份，如果有适当理由，BOI可规定外商在某些受鼓励的行业持股比例的限额。

另外，泰国计划推出特别税收优惠举措，以鼓励外国投资者在泰国设立地区总部。

2. 行业鼓励政策

BOI将鼓励投资的行业分为七大类，分别是：农业及农产品加工业，矿业、陶瓷及基础金属工业，轻工业，金属产品、机械设备和运输设备制造业，电子与电器国内工业，化工产品、造纸及塑胶和服务业及公用事业。

每个大类下还细分为许多小类，BOI对一些重点鼓励投资的行业都规定了特别的优惠条件，其中，农产品加工业、人才及科技发展业、公共事业、基础设施、环境保护等属于特别重视的项目。

3. 地区鼓励政策

BOI根据全国76个府的收入和基础设施等经济发展因素，将其划分为三个区域：

第一区共6个府，分别是曼谷、北榄、龙仔厝、巴吞他尼、暖武里和佛统。

第二区共12个府，分别是夜功、叻丕、北碧、素攀、大城、红统、北标、坤西育、北柳、春武里、罗勇和普吉。

第三区为其他58个府，分为两组，即36个府一组和22个低收入府一组。

设立在不同区域的外商投资企业可获得不同优惠幅度的所得税减免待遇，免税期分别为3～8年不等，其中第三区为最高待遇投资区。无论在哪一区，经投资署批准的特别优先扶持的投资领域的项目可免缴8年所得税。

4. 泰国工业园的鼓励政策

泰国工业部下设有工业园管理机构（Industrial Estate Authority of Thailand，简称IEAT)，负责发展工业园区和科技园区等工业地产。2007年，IEAT第四次修改《工业园机构条例》(Industrial Estate Authority of Thailand Act)，以提高工业园内投资者的竞争能力。

根据《工业园机构条例》，泰国的工业园分为两类：一是一般工业区；二是自由经营区（原出口加工区）。在一般工业区投资的外国投资者，不必向BOI提交申请，就可以获得工业园内的土地所有权和引进外国技术人员、专家来泰国工作的权利。此外IEAT还向工业园内的投资者提供便利设施和一条龙服务，如运输服务、仓库、培训中心和医疗服务等。在自由经营区的投资者，还可以享有更多的优惠政策，如无条件向国外出口产品，享受更大的进口物件和原材料便利。除BOI鼓励投资政策提供的优惠条件外，还可以享受更多的税务优惠。

目前，泰国IEAT独立开发的工业区有10个，IEAT与合作者联合开发的工业区共有28个，此外还有很多私人投资者开发的工业区。

5. 税收优惠政策

进口税优惠：产品出口超过30%的企业，为生产出口产品而进口的原材料免关税一年；符合一定条件的企业可享受进口设备减免征收关税的待遇；凡经投资署批准的鼓励类项目，进口设备均免缴增值税和关税，国内采购原材料可申请退还增值税（增值税7%）；出口加工区内，凡产品出口超过40%的企业，经投资署批准，进口设备、原材料可免除全部关税和增值税。此外，税率为10%的外商投资企业免缴收入汇出税。

在泰国成立区域经营总部可享受更多的税收优惠。从2010年6月1日起，外资在泰国设立企业总部（ROH）免收15年法人所得税。具体规定为：来自国外的收入不需要交纳所得税，之前纳税额为10%；至于在泰国所获得的收入，法人所得税纳税额从30%降至10%；在ROH工作的外国人，8年内个人所得税率为15%，之前只有4年，同时取消50%收入来自国外的规定。

五、泰国关于劳动就业的规定

（一）劳动法的核心内容

泰国目前实施的《劳动保护法》(Labour Protection Act)制定于1998年,其中明确了雇主和雇员的权利及义务,建立了关于一般劳动、雇佣女工和童工、工资报酬、解除雇佣关系和雇员救济基金等方面的最低标准。同时,《劳动保护法》也赋予了政府干预管理的权利以确保雇主和雇员双方关系的公平、健康发展。此外,相关立法还有《劳动关系法》(labor Relation Act,1975年)、《工会法》(Act on Establishment of Labor Courts and Labor Courts Proce－dures,1979年)、《社会保险法》(Social Security Act,1990年)和《工人抚恤金法》(Workmens Compensation Act,1994年)等。

上述法律法规的主要内容有：

【最低工资】按照地区的不同规定了不同的最低工资水平。根据2008年1月1日起实行的标准，泰国76个府的最低工资标准为每天148～203泰铢不等。泰国劳工部预计2011年8月起将首先公布11个行业的技工日薪标准，并逐步增加到120个行业，每个行业还对技工水平进行分级，分别规定其最低薪酬。

【工作时间和请假】工作时间标准为每日不超过8小时，每周不超过48小时，特殊行业每日工作时间可能延长，但是每周工作总时长不得超过48小时。对于有害雇员健康的工作和危险的工作，每日不得超过7小时，每周不得超过42小时。雇员每周至少应休假一天，雇主不得要求雇员加班，除非雇员同意，且超过最高工作时间必须支付雇员补偿金，补偿金为正常工作时间工资的1.5～3倍。雇员每周工作时间不得超过最长工作时间36小时。

雇员请病假没有限制，但是每年带薪休病假的总天数不得超过30个工作日，雇员请3天病假以上，雇主可以要求提供医生证明。为同一雇主连续工作1年以上的雇员，每年在国家13个法定假日之外还可以享受6天的带薪假期。女雇员可以享受包括假日在内共90天的孕产假，但是其中只有45天为带薪假。

【雇员记录】雇佣10人及以上的雇主自雇员达到10人之日起15天内必须制定劳动管理章程并公示，管理章程应在宣布或公示之日起7天内提交给劳工部劳动福利保护厅。雇佣10人及以上的雇主还必须建立雇员记录，包括雇员工资发放、加班和假日工作等情况，上述雇员记录和证明材料在雇员离职后还要保存至少两年。

【女工的使用】规定了雇主不得使用女工从事劳动的工作种类，以及雇主不得使用孕妇从事劳动的工作种类。规定雇主不得因女工怀孕而对其解雇。

【童工的使用】规定了雇主不得雇佣童工（15～18岁）从事劳动的工作种类。雇主只允许雇佣15岁以上的童工，且要向劳动检查部门申报雇佣童工情况。雇主不得雇佣童工加班或在假日工作，一般也不得雇佣童工在晚上10点至次日早上6点工作。

【工人抚恤金】雇主必须向因工作原因或在工作过程中受伤、生病和死亡的雇员提供抚恤，具体可分为抚恤金、医药费、复原费和丧葬费四类。抚恤标准根据事件的严重程度而定，一般情况下雇主必须每月支付给雇员原工资的60%作为抚恤金，但不低于每月2000泰铢或高于每月9000泰铢，对于失去器官、致残或致死的情况，雇主要依法支付抚恤金达到一定时间段。所有雇主都要于每年1月31日前向社会保险办公室管理的工人抚恤基金缴款，缴款标准由劳工部规定。

【社会保险】所有雇主必须依法在雇员每月工资中代扣社保基金，目前规定的社保基金缴纳标准为雇员月工资的5%（月工资最高基准为15000泰铢），雇主也必须为雇员缴纳同样金额的社保基金。雇主和雇员必须于次月的15日前将社保基金汇给社会保险办公室。在社保基金注册的雇员非因公受伤、患病、残疾或死亡可以申请补偿，还可以享受儿童福利、养老金和失业金。

【解除雇佣关系】对于没有时限的雇佣合同，雇主和雇员双方都可以在发薪日当天或之前通知对方，然后在下一个发薪日前解除雇佣关系。雇员出现违法犯罪、因故意或疏忽给雇主带来巨大损失、连续旷工三日以上等情况，雇主不需事先通知即可解雇雇员并停发工资。没有任何过错而被解雇的雇员，有权取得离职费，具体金额根据雇员为雇主工作的年限而定。

雇主因为部门和业务调整、设备技术改造等原因裁员，应提前60天通知雇员或者支付给雇员60天的工资作为离职费。此外，对于为同一雇主连续工作满6年的雇员，还需增发离职费，计算方法为自工作的第七年起每增加一年工龄增发15天工资，最多不超过360天工资。

（二）外国人在泰国工作的规定

1978年修订颁布的《外籍人工作法》（Alien Employment Act）是泰国政府管理外籍人在泰国工作的基本法。1979年《外籍人工作从业限制工种规定》、2004年劳工部就业厅颁发的《外籍人工作申请批准规定》是泰国受理审批外籍人在泰国工作的主要依据。

其中对于外籍人在泰国工作的要求主要有：

任何泰国雇主欲雇佣外籍人士在泰国境内工作的，均须向泰国劳工管理部门提出申请；

申请劳工许可证者须具备的条件：一是在泰国境内有住所或按照移民法允许入境的暂时居留人员，不包括旅游者或过境人员；二是不属于部长在政府公报上列明的几类不够资格或禁止从事工作的人员；

劳工证到期前须及时提出续延申请；

劳工证持有者须随身携带劳工证；

在劳工管理部门官员（挂有身份证件）到业主居住地履行公务时，向被检查者查验证件时，雇主要予以适当协助；

任何外籍人违法打工，将视情节轻重而定被处以不超过5年的监禁，或处以2000～100000泰铢的罚款，或两者并罚；

申办在泰国工作许可收费办法：手续费100泰铢/例；新办工作许可证：不超过3个月为750泰铢/例；3～6个月为1500泰铢/例；6～12个月为3000泰铢/例；许可证续延：续延不超过3个月为750泰铢/例；续延3～6个月为1500泰铢/例；续延6～12个月为3000泰铢/例；更换许可证150泰铢/例；变更工种150泰铢/例；变更工作场所150泰铢/例。

泰国政府鼓励外国人通过合法程序申请合法工作许可证，对外国人在泰国投资、经商、从教等人员申请工作许可持积极、鼓励的态度。泰国政府为方便外国人获得工作许可申请，劳工部自2004年11月15日起与泰国移民局试行联署办公，受理审批劳工申请事项，一般审批时间视工种而定，约需1～5天。

六、与投资者合作相关的法律

1.《民商法典》，明确了自然人、团体和法人之间的民事关系，对法人的设立、组织、经营、变更等行为作出了规定。查询网址：http://www.samuiforsale.com/Civil_Code_text_english_I.html。

2.《外籍人经商法》，规定外籍人在泰国经商行为的根本法律。查询网址：http://www.dbd.go.th/mainsite/index.php?id=791&L=1。

3.《税法典》，规定泰国税种、税率和计算方式等税务相关问题的根本法律。查询网址：http://www.rd.go.th/publish/37693.0.html。

4.《投资促进法》（以及历次修改公告），明确了外商在泰国投资可以享受的各项优惠权益。查询网址：http://www.boi.go.th/chinese/about/law_and_regulations.asp。

5.《劳动保护法》，明确了雇主和雇员的权利及义务。查询网址：http://www.mol.go.th/download/laborlaw/labourprotection1998_en.pdf。

6.《外籍人工作法》，规定外籍人在泰国工作的根本法律。查询网址：http://www.mol.go.th/law_labour.html。

7.《海关法》，规定了商品进出泰国关境的原则和方式，明确了进出口经营者和海关管理机构的权利义务等。查询网址：http://www.customs.go.th/law/lawl7.htm。

［来源：改编自商务部国际贸易经济合作研究院、商务部投资促进事务局、中国驻泰国大使馆经济商务参赞处共同主编.《对外投资合作国别（地区）指南——泰国》.2010年版第23～36页］

越南对外国投资合作的法规和政策

一、对外贸易的法规和政策规定

1. 贸易主管部门

越南主管贸易的部门是工贸部，设有36个司局和研究院，负责全国工业生产（包括机械、冶金、电力、能源、油气、矿产及食品、日用消费品等行业生产）、国内贸易、对外贸易、WTO事务、中国—东盟自由贸易区谈判等。

2. 贸易法规体系

越南主要贸易法律法规包括：《民法》《贸易法》《电子交易法》《海关法》《进出口税法》《知识产权法》《信息技术法》《反倾销法》《反补贴法》《企业法》《会计法》《统计法》等。

3. 贸易管理的相关规定

【进口管理】根据加入WTO的承诺，越南逐步取消进口配额限制，基本按照市场原则管理。禁止进口的商品主要包括：武器、弹药、毒品、有毒化学品、军事技术设备、麻醉剂、部分儿童玩具、颓废和反动的文化品、爆竹、烟草制品、二手消费品、右舵驾驶机动车、二手物资、低于30马力的二手内燃机、含有石棉的产品和材料、各类专用密码及各种密码软件等。

越南财政部、工贸部、公安部联合下发通知：自2011年7月1日起，各进口、经营、分销进口商品的单位将执行发票和证明方面的新规定。对于各单位正在摆卖和存放于仓库、码头、货场的进口商品，自职能机关检查开始的72小时内，各单位须出示商品的合法发票和证明。

【出口管理】关于出口，越南主要采取出口禁令、出口关税、数量限制等措施进行管理。禁止出口的商品主要包括：武器、弹药、爆炸物和军事装备器材；毒品、有毒化学品；古玩；伐自国内天然林的圆木、锯材，来源为国内天然林的木材、木炭；野生动物和珍稀动物；用于保护国家秘密的专用密码和密码软件等。

2011年5月，越南粮食协会（VFA）已按109号规定通知所有具备存储、碾磨大米仓库和厂房条件的大米出口商尽快将材料提交工贸部办理许可证。109号规定要求，大米出口企业须至少拥有一个容积不低于5000吨稻谷、符合农业和农村发展部的统一标准的专用仓库，并至少有一个加工能力为10吨/小时稻谷的碾米厂。

4. 进出口商品检验检疫

越南进出口商品检验检疫工作根据不同商品种类由不同部门负责，食品和药品检验由卫生部负责，动植物和其他农产品检验由农业与农村发展部负责。越南工贸部部长武辉煌于2011年3月25日签署第1380/QD—BCT号决定，公布越南限制进口的商品清单。清单所列的限制进口商品共97类约数百种。包括：活动物；肉类及肉制品；鱼类；甲壳动物、软体动物、无脊椎动物；奶及奶制品；鸟蛋、禽蛋和天然蜂蜜；玩具、游戏和体育用品；家具、床上用品、床垫等。特别是汽车、移动电话、手提电脑、手表、怀表、天然珍珠、酒类、化妆品、宝石、贵重金属等奢侈品及发电机、电子设备、羽毛、香烟辅料等也在清单限制进口之列。该决定自公布之日起正式生效。

5. 海关管理规章制度

【管理制度】越南现行关税制度包括四种税率：普通税率、最惠国税率、东盟自由贸易区税率及中国—东盟自由贸易区框架下特别优惠税率。普通税率比最惠国税率高50%，适用于未与越南建立正常贸易关系国家的进口产品。原产于中国的商品享受最惠国税率，其中属于越南海关税则1～8章的商品适用于“早期收获”税率。

【关税税率】根据中国—东盟自由贸易区《服务贸易协议》，包括越南在内的东盟新成员的一轨产品从2005年7月起开始降税，2006～2009年每年1月1日均进行一次关税削减，2010年不削减关税，2011年起每两年削减一次关税，至2015年将关税降为零。二轨产品在2018年1月1日前最终取消关税。根据越南财政部官网声明，2011年1月14日起，汽油进口关税税率由6%下调至0%，柴油关税由2%下调至0%，煤油关税由6%降至2%，重油关税由5%降至2%。越南部分商品进口税率见下表：

表1 越南部分商品进口税表

商品名称	关税税率	商品名称	关税税率
香烟	45%	纺织原料	5%～30%
皮革原料	0%	成衣	35%
皮革制品	30%	鞋	35%
木材原料	5%～10%	玻璃	3%～5%
纸浆	1%	钢材	0%～10%
纸张	5%～30%	发动机	5%～25%
农机	5%～15%	汽车（5座）	83%

资料来源：越南海关

二、对外国投资的市场准入的规定

1. 投资主管部门

越南主管投资的政府部门是计划投资部，设有26个司局和研究院，主要负责对全国“计划和投资”的管理，为制定全国经济社会发展规划和经济管理政策提供综合参考，负责管理国内外投资，负责管理工业区和出口加工区建设，牵头管理对官方发展援助（ODA）的使用，负责管理部分项目的招投标等。

2. 投资行业的规定

【禁止投资项目】

（1）危害国防、国家安全和公共利益的项目；

（2）危害越南文化历史遗迹、道德和风俗的项目；

（3）危害人民身体健康、破坏资源和环境的项目；

（4）处理从国外输入越南的有毒废弃物、生产有毒化学品或使用国际条约禁用毒素的项目。

【限制投资项目】

（1）对国防、国家安全、社会秩序有影响的项目；

（2）财政、金融项目；

（3）影响大众健康的项目；

（4）文化、通信、报纸、出版等项目；

（5）娱乐项目；

（6）房地产项目；

（7）自然资源的考察、寻找、勘探、开采及生态环境项目；

（8）教育和培训项目；

（9）法律规定的其他项目。

【鼓励投资项目】

（1）新材料、新能源的生产；高科技产品的生产；生物技术；信息技术；机械制造；

（2）种植、养殖；农林水产品加工；制盐；培育新的植物和畜禽种子；

（3）应用高科技、现代技术；保护生态环境；研究、发展、创造高技术；

（4）劳动密集型；

（5）基础设施项目；

（6）发展教育、培训、医疗、体育和民族文化事业的项目；

（7）传统手工艺项目；

（8）其他需鼓励的生产和服务项目。

【不鼓励投资项目】

越南工贸部颁布不鼓励进口商品名目的138号决定。该决定规定越南不鼓励进口的商品共计97种。其中包括核反应堆、蒸汽炉、机器和机械设备、发电机及发电设备、车辆及其零件（火车和电车设备除外）、载人汽车、赛车等。但用以生产的原料进口不属于决定调整的范畴。该决定于2011年3月25日起生效并实施。

3. 投资方式的规定

根据越南《投资法》，外国投资者可选择投资领域、投资形式、筹集资金方式、投资地点和规模、投资伙伴及投资项目活动期限。外国投资者可登记注册经营一个或多个行业；根据法律规定成立企业；自主决定已登记注册的投资经营活动。

【直接投资】直接投资方式包括：外商独资企业；成立与当地投资商合资的企业；按BCC、BOT、BTO和BT合同方式进行投资；通过购买股份或融资方式参与投资活动管理；通过合并、并购当地企业的方式投资；其他直接投资方式。

【间接投资】间接投资方式包括：购买股份、股票、债券和其他有价证券；通过证券投资基金进行投资；通过其他中介金融机构进行投资；通过对当地企业和个人的股份、股票、债券和其他有价证券进行买卖的方式投资。间接投资的手续根据《证券法》和其他相关法律的规定办理。

【外资并购】越南正在对隶属于70多家集团和总公司的1600多家国企进行改革，包括银行、航空、通信、造船、汽车、电力、水泥、交通等重要行业，鼓励外商参与，允许外商购买股份和参与管理，仅保留554家与国防、安全等有关的国有全资企业。外商可通过购买上市企业的股票，或购买股份制企业的股权等方式进行并购。

三、越南关于企业税收的规定

1. 税收体系和制度

越南实行属地税法，已建立以所得税和增值税为核心的全国统一税收体系。根据越南《投资法》规定，外国投资企业和越南内资企业都采用统一税收标准，对于不同领域的项目实施不同的税率和减免期限。例如，特别鼓励投资项目所得税率为10%，减免期限为12～15年；鼓励投资项目所得税率为15%，减免期限为8～12年；普通投资项目所得税率为20%～25%，减免期限为3～5年。

2. 主要税赋和税率

越南是以间接税为主的国家，现行税制中的主要税种是：公司所得税、个人所得税、增值税、特别销售税、社会保障税、健康保险、进出口税、生产特许权使用费、财产税和预提税。

【公司所得税】

越南颁布的企业所得税法规定，越南企业所得税将由原来的28%下调为25%，该规定从2009年1月1日起实施。根据上述法律规定，油气和其他稀有资源勘探及开采的企业所得税为32%～50%。

(1) 纳税人：越南公司税的纳税人分为居民公司和非居民公司。公司所得税法对常设机构作了规定。外国对越南投资必须得到有关当局批准且取得营业执照，而取得公司所得税纳税人身份是获得批准的手续之一。居民纳税人身份与外汇管制和税收协定相关。

(2) 征税对象、税率：居民公司应当就其来源于全世界的经营所得纳税，非居民公司仅就来源于越南的经营所得纳税。

从2004年1月1日起，外国投资公司、国内公司、外国公司的分支机构以及不受《外国投资法》管辖的外国承包商适用的标准公司所得税税率为28%。建设—经营—移交（BOT）企业的标准税率为10%。

国内外石油、天然气企业的标准税率为50%，优惠税率最低为32%。

符合政府规定条件（见税收鼓励政策）的外国投资公司和国内公司，优惠税率为20%、15%和10%。

外国企业的分支机构目前已允许在越南开业，但有许多限制条件。外国银行、烟草公司和法律公司等分支机构取得的利润，按照28%的税率纳税。

(3) 应纳税所得额和应纳税额的计算存货估价。对存货的估价目前没有专门规定。存货的税务处理采用会计处理方法，遵循《越南会计标准》。

资本利得。取得资本利得应当缴纳公司所得税。根据资产的属性，某些销售收入还应当缴纳增值税。外国投资者转让在越南注册公司的权益取得的利得，按照28%的标准税率纳税。

公司间股息。公司间股息目前不征税。

外国所得。按照国内税法的规定，取得外国所得在缴纳公司所得税之前可以享受税收抵免。

折旧的扣除。从2004年1月1日起，税收折旧应与会计折旧区别对待。在计算公司所得税时，超过规定折旧率的部分不能扣除。对各类资产（包括无形资产在内）规定了最长和最短使用年限。一般采用直线折旧法计算，在特殊情况下也可采取双倍余额递减折旧法和生产折旧法。

【个人所得税】

越南国会于2007年11月20日通过新个人所得税法，并自2009年起生效。新法对越南人及外国人均采取相同的个人所得税率表。课征个人所得税的所得为400万越南盾起，其扶养家眷折扣额为160万越南盾/一个扶养家眷。

(1) 纳税人：越南个人所得税纳税人分为居民纳税人和非居民纳税人。外国人一年中在越南居住和工作的时间满183天，则为居民纳税人，按累进税率纳税；在越南居住和工作的时间不满183天，则为非居民纳税人，按单一税率纳税。

(2) 征税对象、税率：居民纳税人应当就来源于全世界的所得纳税。非居民外国人仅就来源于越南的所得纳税，第一年适用25%的税率，以后的年度适用居民外国人的税率。与越南签订了避免双重征税协定的国家的居民个人纳税人，如果是越南的非居民纳税人并符合一定条件，则可以免缴个人所得税。

【其他主要税种】

(1) 增值税：就商品和服务的增值额征税。在越南设立的本国和外国的所有经营机构都应当缴纳增值税。2008年3月20日，越南税务总局给各省和中央直辖市税务局下发了有关对于编造投资报告的增值税税率的第1159/TCT－CS号公文。该公文指出，依据2003年12月12日第120/2003/TT－BTC号通知第B部分第二目第2.16点，2007年4月19日第32/2007/TT－BTC号通知第B部分第二目第2.16点，2003年12月12日第120/2003/TT－BTC号通知第B部分第二目第2.14点和2003年建设法第三条第一款的规定，对于编造投资报告，投资的增值税税率为10%；对于编造服务于科学活动和计算发展的可行性研究报告，适用于增值税税率为5%。

(2) 特别消费税：据新的《越南特别消费税律》规定，①9座以下轿车：2000CC排量以下，特别消费税为45%；排量为2000CC～3000CC，特别消费税为50%；3000CC以上，特别消费税为60%。②10～16座面包车的特别消费税为30%。③16～24座旅行车和客货两用车的特别消费税为15%。该规定自2009年4月1日起生效。

《越南特别消费税律》同时规定，自2009年4月1日起，功率为9万BTU（英制热量单位）以下空调的特别消费税由现行的15%下调至10%；酒精含量为20%以上的白酒，2010～2012年特别消费税由50%下调为45%，2013年以后将恢复至50%；酒精含量为20%以下白酒特别消费税为25%；2010～2012年各类啤酒的特别消费税为45%，从2013

年起调至50%。

(3) 社会保障税：雇主和雇员分别按照雇员工资的15%和5%按月缴纳社会保障税。外国人免缴社会保障税。

(4) 健康保险：由雇主和雇员分别按照雇员工资的2%和1%缴纳。外国人免缴健康保险。雇员缴纳的社会保障税和健康保险可以在计算个人所得税时扣除。

(5) 进出口税：一般商品的进口税税率是0%~50%。但是对某些产品，如酒和烟，税率高达100%。对外国投资中作为资本投入的商品和来料加工再出口的商品，给予免税。由于越南加入了东南亚国家联盟，该国的关税到2006年之前必须降至5%以内，所以政府正在修改税率。在与东南亚国家联盟的成员国开展进出口贸易时，部分产品已实行修改后的新税率。出口税只对出口自然资源产品征收，税率为0%到45%。

(6) 生产特许权使用费：以自然资源税的形式，对开采石油、天然气、其他矿产品、森林、鱼类和矿泉水等自然资源的产业征收，税基为产品价值，税率为0%~40%。

(7) 预提税：1998年12月31日之后签订的贷款协定，其利息应缴纳10%的预提税。但外国政府或政府性机构提供的海外贷款，按照双边税收协定的规定，可以免缴预提税。

(8) 知识产权：知识产权按10%的税率纳税。

外国承包商应缴纳的增值税和公司所得税由承包方按应税流转额的一定比例预缴，转包额除外。根据合同的性质不同，预缴的比例不同。公司所得税和增值税的预提税税率都为1%~10%，预缴的增值税可以在增值税申报表中作进项抵扣。

【主要税收优惠】

越南政府规定，符合某些条件的企业和在鼓励投资的行业或者地区进行投资的企业，其公司所得税可以享受10%、15%和20%的优惠税率，优惠期为开始经营年度起10年之内或在整个项目存续期间。优惠期满后，税率调整回标准税率28%。

外国投资者还可以享受免税期，即从企业开始盈利（冲抵亏损之前）起的一定时期内可以免缴公司税，并且在以后的一定时期内减半征税。免税期的长短直接与该项目适用的税率有关，最长可以达到8年。

位于出口加工区、工业区和高技术区的外国投资企业和建设——经营——移交项目，如果符合一定条件，还可以享受其他税收优惠。

四、越南对外国投资的优惠

1. 优惠政策框架

2006年7月1日，越南出台新的《投资法》，对国内和外商投资实行统一管理，取消先行实施的《外国投资法》的诸多限制，进一步开放市场。取消的限制包括：要求优先购买、使用国内商品和服务，或必须购买国内某一生产厂家的产品和服务；要求商品或服务出口必须达到一定比例；限制出口商品和服务的种类、数量和价值；要求商品进口数量和价值与商品出口数量和价值相当或必须通过自身出口来平衡进口所需外汇；要求商品生产要达到一定的国产化比例；要求研发工作要达到一定水平或价值；要求在国内外某具体地点提供商品及服务；要求总部设在某具体地点等。

2. 行业鼓励政策

越南鼓励外商直接投资发展高新技术产业，尤其是鼓励到高新技术开发区投资设立企业。

越南规定进驻高技术园区的条件包括：高科技产品的销售额占营业收入的70%以上；生产技术需达到先进程度；产品可以出口或替代同类进口产品；产品质量达到ISO 9000标准；人均产值达40000美元以上等。为加快人才培养，越南还规定：至少40%的企业员工拥有高等学历，并在国外研究机构或现代化生产一线受过业务培训；100%的中层干部和工人应得到业务和技术培训，其中至少5%的员工需经过国外现代生产线操作培训；科研经费的支出不得低于年营业收入的2%；对于法定资金超过1000万美元的项目，科研和培训经费至少每年20万美元，人均营业收入需达到70000美元（法定资金超过3000万美元，员工超过1000人的企业除外）等。

越南对该类投资项目提供如下优惠政策：

(1) 外商投资高新技术产业的项目可长期享受10%的企业所得税（园区外高科技项目为15%，一般性生产项目为20%~25%），并从盈利之时起，享受4年免税和随后9年减半征税的优惠政策。

(2) 在高新技术企业工作的越南籍员工与外籍员工在缴纳个人所得税方面享受同等纳税标准。

(3) 外国投资者和越国内投资者享受统一的租地价格；投资者可以土地使用权价值及与该土地使用面积相关联的财产作抵押，依法向在越南经营的金融机构贷款；对高新技术研发和高科技人才培训的项目，可根据政府规定免缴土地使用租金。

(4) 在出入境和居留方面，外籍员工及其家属可申请签发与其工作期限相等的多次入境签证；越政府依据有关法律规定为外籍员工在居留，租房购房等方面提供便利条件。

(5) 高新技术项目：投资者根据其他投资优惠政策法规文件的规定享受最高的优惠政策待遇。

3. 地区鼓励政策

越南的工业区、出口加工区对外资企业实行优惠税收政策。这些优惠的税收政策，不仅有力地促进了越南吸收外资的工作，而且增强了越南工业区和出口加工区的发展后劲。

【工业区】工业区内的外资企业按以下规定缴税：

(1) 进出口税

①生产性企业和服务性企业均免征出口税；

②生产性企业进口构成企业固定资产的各种机械设备、专用运输车免征进口税；对用于生产出口商品的物资，原料，零配件和其他原料可暂不缴进口税，企业出1∶3成品时，再按进出口税法补缴进口税；

③服务性企业按进口税法缴税。

(2) 企业所得税

①产品出口80%以上的生产性企业从盈利之年起免税4年，接着4年按纯利润的5%缴税，此后每年按纯利润的10%缴税；

②出口50%～80%的生产性企业从盈利之年起免税2年，接着3年按纯利润的7.5%缴税，以后每年按纯利润的15%缴税；

③50%以下的生产性企业从盈利之年起免税1年，随后2年按纯利润的10%缴税，以后每年按纯利润的20%缴税；

④服务性企业从盈利之年起免税1年，随后2年按纯利润的10%缴税，以后每年按纯利润的20%缴税。

【出口加工区】出口加工区内的外资企业按以下规定缴税：

(1) 进出口税

①生产性企业和服务性企业均免征出口税；

②生产性企业和服务性企业进口构成企业固定资产的各种机械设备、专用运输车辆和各类物资，原料免征进口税。

(2) 企业所得税

①产品出口80%以上的生产性企业从盈利之年起免税4年，随后4年按纯利润的5%缴税，以后每年按纯利润的10%缴税；

②服务性企业从盈利之年起免税2年，随后3年按纯利润的7.5%缴税，以后每年按纯利润的15%缴税。

越南《劳动法》规定劳务合同应包括工种、工作时间、工作场所、休息时间薪资、合同期限、劳动安全、劳动卫生、社会保险等内容。

五、越南关于劳动就业的规定

(一) 劳动法的核心内容

越南《劳动法》规定劳务合同应包括工种、工作时间、工作场所、休息时间、薪资、合同期限、劳动安全、劳动卫生、社会保险等内容。

【规定试用期期限】技术性工作的试用期不超过60天，一般性工作的试用期不超过30天，临时性工作的试用期不超过6天。试用期薪资不少于正式录用薪资的70%，试用期内，双方可对合同进行修改和补充。

【社会保险】规定工作时间超过3个月和无期限合同，须办理强制性社会保险。劳工因工受伤残，雇主须支付医疗费，如未投保，亦按社会保险条件支付赔偿。

【业主终止合同】规定业主单方终止劳务合同时应事先通报劳动者的时间要求。业主单方终止劳务合同时，应事先通报劳动者，通报时间要求如下：无期限合同，提前45天；1至3年合同，提前30天通报；1年以下期限合同，提前3天通报。辞退工人时，业主须按每年半个月工资及奖金支付补偿。

【外资企业雇用当地劳务的规定】根据越南《投资法》和《劳动法》有关规定，外资企业可以通过中介机构录用当地劳动力，并可根据生产需要及有关法律规定增减劳动力数量；劳资双方需签署劳动合同。合同内容应包括工作内容、工作地点、工作时间、休息时间、薪水、合同期限、劳动卫生、社会保障、保险等；企业因变更生产经营而裁减已工作12个月以上的工人，应组织相关培训，以便被裁减工人寻求新的工作岗位。如无法安排培训，则应支付不低于两个月薪水的遣散费；若企业被并购，则新的企业主应根据劳动合同继续履行相关义务；在劳动合同执行过程中，任何一方需修改合同内容，应提前3天告知另一方；企业要求员工加班，应根据规定支付加班费；企业应根据生产效益情况给员工发放奖金；员工社会基金来源包括：企业缴纳工资总额的15%、员工缴纳工资额的5%、政府补贴、基金本身收入及其他来源；劳资双方出现纠纷时，由双方通过协商解决。如无法协商解决，则提交法院处理；企业应为工会的成立创造便利条件。

（二）外国人在越南工作的规定

在越南工作3个月以上的外籍劳务人员须办理由省（直辖市）劳动部门颁发的劳动证。

【外籍人员在越南工作条件】

（1）年满18岁；

（2）身体状况符合工作要求；

（3）具高技术水平、在行业及管理方面具有丰富经验。此类人员的技术水平、管理经验等资质须有该人所在国职能部门颁发的认证书；

（4）无犯罪记录；

（5）有越南职能部门颁发的3个月以上工作许可证。

【无须办理劳动证的人员】

（1）工作期在3个月以下；

（2）外籍人员为公司董事会成员、总经理、副总经理、经理、副经理；

（3）在越南代表处代表、分公司领导；

（4）已取得越南司法部颁发行业许可的律师。

六、与投资合作相关的主要法律

《民法》规定越南的自然人之间、法人之间以及自然人与法人之间的财产关系，为私有财产提供保护。

《投资法》规定外商在越南投资的项目审批、权利、义务、税收、政策优惠等。

《海关法》规定商品进出越南的原则和方式，以及海关机构和进行商品外贸活动的人的权利和义务等。

［来源：改编自商务部国际贸易经济合作研究院、商务部投资促进事务局、中国驻越南使馆经济商务参赞处共同主编.《对外投资合作国别（地区）指南——越南》.2010年版第21～32页］

企业案例篇

东风柳汽："柳州制造"闯东盟

作为距东盟各国最近的中国汽车制造商，东风柳汽显然具有得天独厚的地理优势，且产品系列齐全，乘用车及商用车双轮驱动，轻重卡并举。

东风柳汽产品批量进入东盟市场已有5年。近几年，该企业一直致力于海外网络的建设。中国—东盟自贸区如期建成后，该公司更是加快在东盟市场的网络布局。目前，在越南、缅甸、菲律宾、印尼4国已拥有40个销售网点、33个服务网点和25个配件网点。

2010年，该公司乘用车在东盟实现"零"的突破，1～11月200辆风行菱智销到缅甸，600多辆商用车在越南、菲律宾、印尼、缅甸4国热卖，总销售额达2000多万美元。

如今，东风柳汽出口模式已呈现多样化。过去，主要单一依靠整车出口，2010年7月，风行车CKD工厂在缅甸建成投产，标志着东风柳汽开始向CKD组装出口模式转变。

目前，东风柳汽拥有亚洲最大的6300T压力机，以及最新建成的年产8万辆商用车和年产10万辆乘用车的两条现代化生产线，越南经销商对携手合作拓展市场、做大做强业务更是信心倍增。越南经销商决定投资2000万美元，在越南北部永福省会筹建越南目前规模最大、功能最齐全的4S店，于2011年5月投入使用。

东风柳汽到2011年将完成海外战略布局，其中4个基地市场分别设在越南、缅甸、菲律宾和印尼。

东风柳汽进出口公司总经理龙建国表示，之所以看好东盟市场，是因为其有着很大的汽车市场容量。再者，东盟各国自然环境和人文环境与中国比较接近，容易接受中国的汽车产品，中国的汽车产品也很适应东盟各国的使用环境。此外，东盟各国本土汽车工业基础薄弱，主要依赖进口，而中国卡车良好的性价比，极具吸引力和竞争力。

柳汽日产式精细化管理

东风柳汽在日产正式介入其中后，将雷诺—日产—东风系的精益化管理贯彻到每一个管理细节。56年前，东风柳汽还是一个农业机械厂。当前，东风柳汽销售收入已经突破百亿元，2010年全年的销售收入将有望达到130亿元。在广西千亿汽车城项目的工地上，东风柳汽的10万辆新商用车基地已经开工，20万辆新乘用车基地于2011年开工。在不久的将来，东风柳汽年销售收入将迅速达到数百亿元，成功跻身中国一流汽车制造商行列。

东风柳汽如何从一个地方小厂，在短短几十年间便跃升为国家大型一档企业？是精细化管理。东风柳汽借助精细化管理思想，从研发设计到生产工艺，再到质量管理，再到市场推广，对企业的整个运营系统进行了全面升级，为其百亿之路夯实了基础。

国际化的研发团队

中国乘用车联合会会长饶达在一次访谈中称，在中国鲜有汽车制造商并购成功的例子，因为技术、管理、文化的融合都是难以解决的问题，但东风并购柳汽除外。在东风内部，对东风柳汽的定位是四大基地：即商用车基地、乘用车基地、研发基地与东南亚出口基地，这四大基地对于东风柳汽而言，最为核心的要素是研发。

东风柳汽的技术研发中心为省级的技术开发中心，技术开发费占销售收入的比重每年都保持在1.57%以上，目前已拥有一支国际化水准的研发团队。除此之外，东风柳汽还先后与清华大学、湖南大学、吉林工大等中国高等汽车院校建立了工作站，又与德国EDAG、FEV公司及同济同捷高科等汽车研发机构建立紧密的合作关系。

高标准的生产及质量管理

东风柳汽以ISO9001：2000质量体系标准为主

线，丰田的精益生产方式与日产的QCD精益质量管理思想为指导，借助原子吸收光谱仪、NEOPHT32金相显微镜、大型三坐标测量仪等先进的检测设备，为产品的质量可靠性提供全方位的硬件支持。

同时，东风柳汽在产品实现过程中推广应用“6σ”（6σ≈每百万机会3.4个差错）质量统计技术，以精确地调整产品及其生产过程，及时发现产品加工过程的异常波动，将变异控制在可接受范围内。此外，东风柳汽还对下线整车产品进行100%全检，采用流水线作业，从外观、装配等静态检验到安全环保检测、路试动态检验全程进行控制，杜绝不合格产品出厂。

精益求精的售后服务

随着汽车销量的不断增加，国内汽车产品质量趋于同质化，售后服务质量显得越来越重要，售后服务水平的高低将成为评判一个汽车厂商综合实力的有力依据。在技术不断进步，销量不断上涨的同时，东风柳汽不断注重内在服务修为，不管是商用车还是乘用车，都组织全国的各4S店开展服务技能比赛。

面对迅速发展的汽车行业，服务跟不上必定要扯后腿。柳汽的目标是要让服务走在销量前面。技术追求卓越，服务精益求精，东风柳汽在服务营销的探索中已经走在了前面。

细致而精准的市场推广

精细化管理的思想，已全面融入到东风柳汽的市场推广举措中。2010年1～10月，柳汽召开产品推介会516场，面对集团用户、企事业单位、物流公司、工地项目、以及原油的忠实用户，进行产品推介、用户座谈、产品巡展、定点展示，这为其2010年销量的飞速增长作出了巨大贡献。与此同时，柳汽还开展了网络式营销，运用汽车电子商务的形式，通过精准的投放，通过网络搜集目标客户，并取得了可喜的效果。

东风柳汽还通过东风风行景逸1.5XL官方网站，并整合各大网络新媒体，举办了景逸1.5XL全国网络上市盛典，成为汽车行业内首个借助web2.0平台举行全网上市发布的品牌盛会。

可以看出，“精细化”就是针对过去企业“粗放化”管理而提出的在管理上精耕细作。这种精耕细作的管理方式，为柳汽的发展提供了不竭的动力，引导着柳汽向更高的目标迈进。

（来源：综合整理自广西新闻网—广西日报、中国—东盟在线、汽车之家）

联想新市场崛起

2010年6月，联想与东南亚某银行签订合作协议，成为其长期的PC供应商，根据这项为期三年的合同，联想将为该银行提供总计13500台个人电脑及相关服务。该银行历史悠久，是东南亚最大的金融服务集团之一，业务涉及个人业务、公司业务、投资、保险、资产管理等，是世界知名的银行之一。

联想此次从多家PC厂商中胜出，主要原因在于：Think系列产品在品牌、设计和技术方面的领先优势，以及全球范围内极高的客户满意度。同时，联想独有的ThinkVantage技术，使其Think产品更受客户欢迎；联想的硬盘数据恢复服务和4小时应急响应服务，能够大大缩短因系统宕机的误工时间。此外，联想还提供大型IT项目管理服务和工程师现场援助服务等。

野心扩张　看好东南亚市场

2009年7月，联想已经在马来西亚吉隆坡的刘蝶购物中心（Low Yat Plaza）开了两家新型概念店，并宣布在马来西亚的客户服务中心的运营时间包括非工作日星期六，这是第一家在马来西亚提供星期六客服的PC厂商。

从2009年3月份开始，联想用一个新的组织架构取代了原来的地理大区架构：新兴市场集团和成熟市场集团，新兴市场覆盖了中国大陆和香港地区、韩国、印度、东欧、非洲以及东亚的几个国家和地区，成为联想未来发展的主要着力点。

联想东盟（大区）大客户销售高级总监许光明称，东盟其他几个国家的电脑普及率要比新加坡低很多，这让许光明看到了联想PC市场未来发展的希望所在。

马来西亚被联想列为超高速增长的四个国家之一，另外三个是俄罗斯、印度和土耳其。

目前，联想在新加坡的零售门店已经达到80多个，在马来西亚也有14个门店，包括4个联想概念店和10个联想的多品牌柜台。而联想的目标是，到2010年，门店数量将增加到6个联想概念店和40多个品牌柜台。

针对马来西亚的消费和商用市场业务，联想必须以渠道和产品创新这两方面为抓手，增长主要来自于中小企业客户和其他消费者群体。经过严谨的调查分析，许光明预测，来自中小企业和个人消费者的购买比重将占到东盟国家市场的六七成。

焦点战：争抢大客户

各企业从不放手大客户采购的机会，争夺大客户也就成了联想和几大 PC 厂商的焦点战。具体而言，这些大客户以学院和一些大规模的商业场所为主。

2009 年 5 月 28 日，联想新加坡公司宣布拿下了圣淘沙名胜世界的一项超过 3000 台 Think 系列笔记本和台式电脑的合同。在东盟市场的几个国家，一直有一些 PC 厂商专门针对学校的促销活动。联想在加大东盟市场布局的同时，也将战略目光锁住了校园市场。

联想除了提供三个型号电脑，还为之配备了联想独特的 Think Vantage 技术，能够帮助企业避免数据丢失以及做数据恢复、IT 服务台呼叫、资产管理等相关工作。

联想相关负责人表示，每一部分市场联想都非常重视。比如吉隆坡地区市场可能占到马来西亚市场的 60%以上，是主力发展的。而对于盟、马来西亚，相对而言地域比较辽阔业务量只占整个马来西亚市场的 7%，“尽管份额少一些，但我们不会放过这个市场。”

按照联想的规划，成都制造厂今后面向的市场包括现在的东南亚、南亚次大陆、中亚、西亚以及整个非洲，这是一片广阔的，未开辟的，没有竞争者的市场。这片大地上集中了全球近 50%的人口，但宏基、戴尔、惠普等竞争对手在这些区域尚未形成真正的竞争力。联想高级副总裁、新兴市场总裁陈绍鹏将新兴市场的业绩增长归结为三个原因：一是复制在中国交易型的业务模式；二是把中国建设渠道的方法带出去；三是外派一些能力较强的领导人和当地的团队打成一片，共同开拓当地市场。

（来源：综合整理自《商界》杂志、第一财经日报等）

南车株机揽马来西亚 40 亿元“大礼包”

2010 年，南车株机公司获得合同总金额近 40 亿元的马来西亚城际动车组出口订单。全球轨道交通市场起稳复苏，方兴未艾的市场商机，吸引了众多跨国公司的目光。近两年，在土耳其、新加坡、马来西亚、印度等市场，中国南车株洲电力机车有限公司频频中标，表现不俗，备受关注。

坚韧不拔　志在必得

马来西亚城际动车项目是迄今为止中国机车车辆企业最大的单笔整车出口订单。车辆将用于吉隆坡最繁忙的南北城际线运营，马来西亚交通部计划投资近 40 亿元用于城际动车组采购，实现吉隆坡城际动车发车间隔时间从目前的 30 分钟缩短至 7.5 分钟，改善吉隆坡交通拥堵的状况。为了这个项目，株机公司商务团队守望了 10 年，业务人员更换了几批，最终由该公司海外市场营销中心副总监肖志明和他的团队成功签下订单。

迫于交通压力，马来西亚交通部要求该批订单车辆在 2 年后全部交付。面对国际采购中史无前例的交货速度，参与竞标的欧洲公司表示，交货期无商量余地。株机公司商务团队则集中了项目、技术人员参与谈判，评估交付周期问题。株机公司保证，决不延误，2 年后全部交付，同时承诺服务将贯穿产品全寿命周期，服务链延伸至售后保养、维修、配件更换等。

2009 年年底，中国南车株机公司邀请马来西亚业主来到湖南株洲，这是一次具有关键意义的访问。海外商务团队和相关部门做好了迎考准备。经过 3 天的实地考察，业主对株机公司的实力有了深刻认识，对企业留下良好的印象。

2010 年 3 月上旬，马来西亚投标方案进入最后一轮评选，要求 2 天内提交标书，意味着整个文件的准备只有 1 天时间，标书内容必须准确无误，编排、装帧必须精美。肖志明带领许波、谭艺、张旭光，与时间展开赛跑，从早上忙到晚上 8 点，在准备的过程中突然停电，现场气氛顿时凝重，这时肖志明果断命令团队成员，将 4 台办公室电脑、打印机、装订机等，转移到有电的商务宾馆继续工作，一直持续到凌晨 4 点，最终 400 多页、一尺多厚的商务、技术标书才得以全部准备完毕。

商战无硝烟，信息是关键。面对韩国、欧洲及国内的竞争对手，肖志明带领的商务团队利用一切渠道获取信息和动态，频繁穿梭在有关国家的政府部门和集团公司，来往于使领馆和业主之间，同时在第一时间作出有效应对。

付出终有回报。2010 年 5 月 19 日，马来西亚交通部向株机公司正式签发中标通知书。海外经营 13 年，中国南车株机公司获邀参加六大洲、20 多个国家各类项目投标，已获新加坡、土耳其、印度、马来西亚、乌兹别克斯坦、哈萨克斯坦、中东等国家和地区项目订单，合同金额累计超过80亿元。据悉，“十二五”后期，南车株机公司的海外市场年均订单将占总销售收入四分之一左右，根据乘数效应，将拉动湖南数百亿元以上的相关产业发展。

（来源：综合整理自株洲网、株洲日报社官方网站、湖南日报、湖南频道）

中国石油在印度尼西亚

2010年4月18日，中国石油天然气集团公司在北京发布《中国石油在印度尼西亚》国别报告。

报告呈现了中国石油在印度尼西亚开展业务以来，全面履行经济、环境和社会责任，致力于实现可持续发展所取得的业绩，客观反映了中国石油在印尼秉承“互利共赢，共同发展”的合作理念，重视与印尼各利益相关方的沟通与交流，关注和倾听社会各方利益诉求的事实。

业务发展

“走出去”，走的是创业路。2002年，中国石油与印度尼西亚国家石油公司签署合作谅解备忘录，收购美国戴文能源公司在印尼的油气资产，正式进入印尼投资领域。截至2010年年底，中国石油在印尼有8个油气勘探开发项目保持运营。

初入印尼市场，由于印尼陆上大部分油田经历了几十年的开采，面临着油田产量低、递减速度快、增产难度大的问题。中油国际（印尼）公司通过油藏精细化管理，采用剩余油研究、加密钻井、分层注水、压裂增产等方法提高老油田产能，效果也立竿见影：与2002年相比，中油国际（印尼）公司2010年油气产量提高了1.6倍，居印尼市场第7位。通过技术创新，使总体保持储量替换率大于1，实现了年均15.7%的增长。

在油气勘探开发方面，中国石油成熟的精细油藏描述能力，在印尼市场得到了充分验证。以在中苏门答腊盆地SP区块RM大型构造——地层复合型油气藏为例，中油国际（印尼）公司2005年至2006年间在SP区块钻探的3口探井全部获得商业油气流，并在区块发现一个大型构造——地层复合型油气藏，使该区块勘探价值大幅提高。截至2010年，中油国际（印尼）公司新增油气可采储量2.4亿桶，在勘探领域保持着印尼67%的最高探井成功率。

2003年，中国石油投资建设了BETARA天然气处理厂。该厂在解决了周边3个区块的天然气回收处理问题之余，还将油气田的放空天然气加以回收利用，实现天然气零放空。目前BETARA处理厂年处理能力达400万吨，每年可向新加坡供应10亿立方米商品气。2006年，印尼能矿部专门为BETARA处理厂建成投产颁发了“印尼经济发展特殊贡献奖”。位于JABUNG区块的LPG处理厂于2005年5月投入试生产，对上下游一体化油气综合开发建设具有重要作用。目前液体和天然气处理能力分居印尼第一和第二位。

安全管理

2007年，JABUNG区块BETARA处理厂一名操作工爬上装置塔顶抄录仪表数据。在离地面1米高度时不慎跌落地面。虽然员工体检后只有轻微损伤，治疗当天便出院，但这引起了项目管理层的高度重视。一周内，BETARA处理厂通过全系统普查和巡检，将厂内所有高点位置的仪表都移至地面，并完善了抄表规范流程，将其加入员工培训教程中。此后类似事件再未发生。

中国石油在印尼认真遵守印尼政府颁布的环境保护相关法律法规，高度重视安全生产运营和环境保护工作，致力于实现“零伤害、零污染、零事故”的HSE目标。

在安全方面，各项目保持对安全的敏感度，不断完善HSE管理规定和操作规范，以制度和程序健全HSE管理，让安全理念深入员工意识。通过安全培训和定期演习，严格执行员工持证上岗相关制度，使员工在工作中保持良好的安全习惯。印尼各项目还形成成熟的隐患排查机制，发生事故后快速查明原因，确保同类事故不会再次发生。

在印度尼西亚，林地覆盖了67.8%的国土面积，因此环境保护格外重要。中国石油在印尼的生产过程中对环保高度重视，通过调整生产工艺参数等措施减少生产排放，并积极引进和应用节能减排新技术，努力实现清洁生产。在JABUNG区块，项目利用3套污水处理装置，将原油和天然气生产过程中产生的废水处理达标后回注油田，实现循环利用。LPG处理厂则每天回收90万立方米天然气，避免了放空气燃烧带来的环境污染。

骨干力量

在海外开展各项投资活动时，中国石油始终遵循为当地创造更多的就业机会的原则。经过8年来的经营，中国石油在印尼所属企业中已经形成一支以当地员工为骨干力量的团队，共吸纳了近7000名当地员工为公司工作。

中国石油积极响应印尼政府员工本地化政策，不断完善符合员工本地化的管理制度、规定和程序，建立当地员工的录取、培训档案和考核激励制度，不断提升员工本地化程度。2010年，中油国际（印尼）公司员工本地化程度达到98%，公司所属在印尼的石油工程技术服务企业本地化员工程度平均接近90%。

注重对当地员工开展培训一直是中国石油人力资源工作的重中之重。中油国际（印尼）公司每年结合员工岗位需要和个人工作需求，为当地员工提供为期一周的业务培训，培训内容涉及石油技术、风险管理等各个方面。员工培训投入的经费已从2002年的95万美元逐步增长到2010年的200万美元，累计投入达1412万美元。

中国石油关注员工健康，定期为员工体检，长年为员工提供健康咨询和服务，为员工及其家庭购买养老、医疗等保险。

国际化公司需要与之相适应的多元文化体系。目前，中油国际（印尼）公司员工的本地化程度已达到98%，另外还有1%的员工来自英国、美国、加拿大、澳大利亚等10多个国家。公司尊重来自不同国家和地区的员工及其宗教信仰，在饮食、生活习惯等方面为员工创造便利，并在每个作业点和固定办公场所为穆斯林员工提供祈祷室。

社区融合

与当地政府和社区构建和谐友好关系是中国石油业务发展和生产稳定的重要保证。中国石油始终秉承“互利共赢，共同发展”的理念，尊重当地风俗习惯，兼顾居民利益，与政府并肩携手，支持社区发展，开展了种牛培训等大量符合当地实际和需要的社区发展项目。

中油国际（印尼）公司十分注重与当地政府和社区沟通，努力构建和谐的社区关系。多年来，公司在印尼企业与所在社区建立了完善的沟通机制，在每个项目实施的全过程，保持与当地政府和社区的良好沟通，全面兼顾当地社区的经济效益、环境效益和社会效益。

中国石油还为当地农民修建农田基础设施，提高了当地农业生产应对自然灾害的能力，修建了天然气回收处理装置，并积极支持当地医疗卫生和教育事业的发展。

无论是油气投资业务，还是工程技术服务，中国石油都尽可能依托当地社会资源，大力推进本地化采购，开展与当地企业的技术合作，带动和促进了当地相关中小企业业务的发展。

在印度尼西亚发生海啸、地震和火山爆发等重大自然灾害后，公司积极参与赈灾救助活动，通过捐款捐物等多种形式及时伸出援助之手，累计向印尼捐助83万美元。2005年1月，中国石油通过中国红十字会转交公司员工为印度洋海啸灾区的捐款，累计达到1250万人民币。

（来源：丁萌，崔茉．中国石油报．http://news.cnpc.com.cn/system/2011/04/19/001330963.shtml.2011—04—19）

中国万达集团的印度尼西亚淘金路

2010年，由中国万达集团在印度尼西亚投资建设的年产100万米抽油杆项目建成投产，产品填补了该国市场空白，整套生产线的技术水平达到了业界领先水平。而早在4年多前，位于东营市的这家民营企业，就确定了“销地产”战略，开始在印尼开设电缆公司，其生产的潜油泵电缆等系列产品同样填补了该国空白。

“有心”插柳柳成荫

作为中国大型的电缆生产企业之一，中国万达集团是国内参与起草和制定探测电缆、潜油泵引接电缆、电磁线3种产品生产工艺技术标准、检测标准的企业之一，主要生产以特种电缆为主导的多规格系列化产品。但由于中国电线电缆产品的附加值并不高，且已经进入了竞争白热化的状态，迫切需要通过海外投资建厂转移优势产能。

经过调研发现，印尼是亚太地区重要的油气生产国，其石油开采业对特种电缆，特别是潜油泵电缆的市场需求巨大，但印尼国内却没有企业生产，多年来一直由发达国家垄断。不但价格高昂，且产品运输需要海运，从订货到交货一般都需要两个月以上，供货距离和供货时间成为制约印尼石油开采业的一大瓶颈。于是，中国万达集团果断制定了“销地产”战略，印尼由此成为该集团国外投资建厂的第一选择。

而恰在此时，印尼本土最大的电缆企业之一——新纳摩拉斯公司来中国寻找合作伙伴，共同开发生产潜油电缆产品。双方一拍即合，决定在印尼共同投资成立万达珍宝电缆股份有限公司，主要研发生产潜油泵电缆、橡套电缆等系列产品。公司于2006年8月28日成功投产运营，结束了印尼潜油泵电缆40多年来依靠进口的历史。

"销地产"路子越走越宽

万达珍宝电缆股份有限公司工作人员一方面自觉学习印尼语言；另一方面，努力学习各种技能，如焊接和电器等知识，以便在沟通不到位的情况下能够维护正常的运营。

挑战不仅如此。由于印尼潜油电泵电缆市场一直由美国雷达和圣垂两家公司垄断，作为初到印尼投资建厂的企业，万达珍宝电缆股份有限公司一开始就和世界知名企业同台竞技。在市场开拓中，他们发挥产地优势，在提供更适合客户使用产品型号的同时，向客户提供及时、周到的技术咨询和现场服务，虚心听取客户的反馈意见。同时严把产品质量关。2006年，万达珍宝电缆有限公司就与印尼所有使用电泵生产的石油公司建立了良好的业务联系，形成了稳定的供求关系。2009年2月，他们又通过了印尼BP. MIGAS本地产品认证。在参与招标时，虽然价格高出竞争对手15%，但是按照印尼法律依然能拿到标的，这为进一步占领市场创造了非常有利的条件。

在万达珍宝潜油泵电缆项目获得持续健康快速发展的同时，鉴于印尼石油开采业对抽油杆产品的巨大市场需求，2009年11月，中国万达集团又深入开展了在印尼上马建设100万米抽油杆项目的调研论证。经过7个多月的紧张筹备，该项目终于顺利成功建成投产。一方面，印尼本土生产的产品与国外产品在共同参与投标时，对印尼本土产品有一定的价格保护政策，其支持力度之大前所未有。另一方面，中国—东盟自由贸易区的启动，实现了更广泛深入地开放服务贸易市场和投资市场，这都为该集团实施"销地产"战略提供了契机。

中国万达集团借助印尼"销地产"战略的成功经验，还计划在厄瓜多尔成立万达（厄瓜多尔）有限公司，将产品辐射到南美洲国家油田、电力系统市场，目前各项手续正在办理之中。

（来源：综合整理自经济导报、网易新闻）

自贸区建成一周年：玉柴开拓东盟市场启示

尽管中国—东盟自贸区成立刚满一周年，但对于玉柴集团而言，东盟国家早已不是陌生的市场。早在1996年，玉柴集团就开始在越南设立办事处，进军东盟市场。经过10余年开拓，东盟市场已成为玉柴集团最重要的海外市场之一。最近几年，随着中国—东盟自贸区的提出和建立，玉柴集团逐渐在东盟市场取得重大突破。目前，玉柴发动机在东盟市场的产品保有量已经突破5万台，2010年销量达到1万多台。

1996年，玉柴派出梁冰等人赴越南成立了办事处。在接下来的几年里，玉柴坚持在越南做细致的市场调研，同时建立人际脉络。

2002年，越南政府开始实施本国的汽车发展战略。因韩国、日本不愿转让技术且新产品昂贵，越南把目光转到中国。这时，玉柴抓住机会，联手柳汽进入越南市场，并迅速帮助柳汽张罗起一个汽车组装项目。此后，柳工也开始与玉柴合作，共同开发市场。

2004年，玉柴与钦州一家农用车公司的轻型农用车成功说服越南最大的国有机械公司并与之签单。此后，玉柴发动机在越南的销量从之前每年数百台剧增到七八千台。

受益于中国—东盟自贸区的提出，中越双方的贸易政策进一步放开。特别在2006年，中越双方签订一个自贸区框架下的"早期收获协议"，商定越南向中国全面开放汽车市场。随后，中国汽车越来越多地销入越南。玉柴发动机的销量随之迅速上升，占领了越南中小型柴油机市场的大半份额。目前，玉柴在越南年销售量约1万台，占集团整个东盟销量的90%以上。

随着2010年自贸区正式建成，一些贸易壁垒清除，玉柴在菲律宾、泰国、马来西亚等东盟国家的市场销售也开始有了起色。到2010年11月底，在菲律宾、马来西亚、印尼的发动机销量同比分别增长24.2%、34%和122%。

中国—东盟自由贸易区建成后，玉柴的战略是立足越南，逐渐向其他东盟国家拓展。目前，玉柴已设立越南、泰国、马来西亚、菲律宾、印度尼西亚5个海外办事处，占玉柴国外13个办事处的40%。同时针对东盟市场开发新产品，提高市场竞争力。2010年10月，玉柴重工针对印尼和马来西亚的开矿需求开发了系列重型挖掘机。

总结10余年来闯荡东盟市场的经验，梁冰认为，由于东盟国家各方面差异甚大，企业的首要工作就是细致地做好市场调研，包括政治、经济、文化及宗教等方面的因素。同时，梁冰期待中国与东盟各国间的政府交流能够进一步加深，从而为企业清除在一些行业内还存在的贸易壁垒。此外，还可以借鉴日本的经验，让金融、投资等行业的相关服务机构与企业一起进驻东盟，合力开拓市场。

（来源：综合整理自广西新闻网—广西日报、中国—东盟在线）

贵州茅台集团拓展东盟市场

2010年4月8日，“泛珠东盟·新南行记”采访团踏进位于贵州省遵义市茅台镇的茅台酒厂，揭开了国酒茅台的神秘面纱。

茅台酒厂作为世界三大蒸馏名酒之一，贵州茅台酒是不愁嫁的“皇帝女”。20世纪的亚洲金融危机，曾终结了经销商“靠批条发财”的好日子。

痛定思痛。茅台酒厂锐意创新，打造自己的销售队伍和销售网络，使茅台酒跃上一个空前发展的辉煌时代。2009年，茅台集团实现销售127.71亿元、利润65.04亿元、上缴税金47.35亿元，同比分别增长18.53%、3%和14.37%。2009年，再度登上《福布斯》排行榜。

同时，茅台酒厂不忘开拓国外市场。1915年，茅台酒在巴拿马万国博览会荣获金奖，代表中国民族工业率先走向世界。尽管茅台酒远销欧美、日本、韩国等国家和地区，但由于外国消费者口味、习惯不相同等原因，2009年茅台酒国外销售额只占总销售额的5%。

季克良董事长表示，从中国—东盟自由贸易区建成看到了国酒茅台在东盟国家的广阔前景。

在茅台酒的销售战略中，“特供酒”是一种特殊的营销策略。茅台酒依托自身的巨大影响力，提升被特供对象的影响力。在茅台集团陈列柜上，一个贴着“第五届中国—东盟博览会专用”的茅台酒瓶，在茅台家族中很显眼。茅台特供酒，只对有影响的大团体和重大事件“特供”。

消费者是茅台持久发展的决定性因素，而亚裔人和中国人口味相近，特别是东盟国家寄居很多华人华侨。因为口味相同或相近，所以就有了消费的情感认同。

茅台开拓东盟市场，特别运用了“茅台外交”手段。在1955年召开的万隆会议上，周恩来总理用茅台大宴国际友人，在东南亚掀起一股强大的“茅台热”。周总理还用茅台宴请过美国总统尼克松、日本首相田中角荣、越南主席胡志明等领导人。

消费的情感认同和民族情感认同，整合成为茅台酒厂拓宽东盟市场的“情感认同牌”。茅台集团准确地瞄准国外消费群——东盟国家。

依托中国—东盟博览会这个重大平台，茅台集团做好营销策略。季克良董事长表示，来参加一年一度的中国—东盟博览会的不仅有政府代表团，也有商务代表团，在这样的隆重场合推出茅台特供酒，对拓展东盟市场有着巨大的推动作用。茅台集团将和国外公司联合开发产品，进入东盟国家航空港免税店。

国酒茅台的“情感认同牌”，不断增加茅台酒在东盟各国的市场份额。目前，茅台集团已经在东盟国家建立了茅台经销点，销售网络已经初步形成。按照公司发展战略规划，茅台集团2010年销售收入已达130亿元。

（来源：广西新闻网—广西日报．http://sub.gxnews.com.cn/staticpages/20100410/newgx4bbfc0cb—2865271.shtml.2010—04—10）

海尔：自贸区新动力引发新思考

在亚洲，海尔的市场拓展起步于东南亚。在东南亚的投资是“海尔国际化”的重要一步，同时也为实现“国际化的海尔”奠定了坚实的基础，海尔首席执行官张瑞敏戏称，东南亚既是海尔的首块投资地，也是海尔进入欧美市场的最佳练兵地。因此，海尔小心经营这块比较熟悉、地理位置和风俗习惯都相近的东南亚地区，采取了与其他地区不同的营销策略，形成了独特的东南亚模式，并取得了非凡的业绩。

一、在东南亚练兵：渐进式的投资模式

海尔的战略目标是要创造世界性的名牌，要建成由世界各地本土化的海尔组成国际化的海尔。但对于这一远大目标，并不是每个企业都能顺利地实现。因为欧美市场是非常成熟的市场，也是世界上最难进入的市场。亚洲许多公司都在这个市场上栽了跟斗，如台湾的Acer在过去10多年花了10多亿美元在美国推销其品牌，但最终因亏损严重而退出了美国市场。为了进军欧美市场，海尔必须积累国外生产的经验。在海尔看来，东南亚的许多国家受欧美影响最深。为此，海尔将跨国生产的第一步迈向了东南亚。

海尔是选取渐进式的投资模式进入东南亚的。所谓渐进式的投资模式是指企业分阶段的海外扩张方式，即遵循间接出口——直接出口——技术出口——直接投资（海外设厂）这样一个海外经营逐步

深入的过程。海尔首先通过与东南亚当地的代理商合作，建立起自己的国际营销网络，并按照当地的营销方式来销售产品。然后，在该地区销售量达到一定规模后，达到建厂的盈亏平衡点时，才考虑在海外选址设厂，也就是所谓的“先有市场，后建工厂”原则。根据上述原则，1996年2月，经过洽谈和协商，海尔在印尼雅加达建立了境外的第一家以生产电冰箱为主的合资企业海尔—莎保罗（印度尼西亚）有限公司，占51%的股份，实现了首次跨国经营；1997年6月，菲律宾海尔LKG电器有限公司成立；1997年8月，马来西亚海尔工业（亚细亚）有限公司成立，海尔电器产品已经成功占领马来西亚17%的家用电器市场。

东南亚金融危机爆发后，欧、美、日、韩等家电行业纷纷撤出在东南亚的投资。而海尔不仅没有撤资，反而抓住发达国家撤资后带来的机遇，加强了其在东南亚的投资与宣传，在马来西亚、菲律宾等国树立了大量巨型广告牌，极大地提升了海尔品牌知名度，也得到了当地人们的赞赏和市场的认可。在菲律宾，海尔冰箱一直保持着100%的开箱率和低于4%的返修率，打破了菲律宾市场被日美品牌垄断的局面；在马来西亚，海尔的销售量不断上升，2005年实现了6000万林吉特的销售额，2006年预期目标销售额为1亿林吉特。海尔洗衣机、液晶电视、冰箱，空调将作为完成销售指标的四大主打产品，逐步取代欧美、日韩在马来西亚的家电产品。

成功投资东南亚为海尔积累了宝贵的跨国经营的经验。1999年4月，美国南卡洲占地约46.7公顷的海尔美国电冰箱有限公司破土动工，这无论是在中国还是美国都引起了极大的轰动。2000年3月，美国本土生产的海尔冰箱已经进入美国消费者的家庭。当海尔的产品在美国不断扩大时，海尔又加大了对东南亚的投资。这被人们总结为“先难后易”的原则，即凭借在美国市场创出的美誉，以高屋建瓴之势再次进攻东南亚发展中国家。2002年，海尔进入泰国，与泰国微星电子集团（DISTAR）合资成立了海尔家电（泰国）有限公司；2006年，海尔与泰国电信设备分销商TWZ公司、泰国投资控股公司Tiga有限公司和Makaranan有限公司合资成立在泰国的第二家合资公司——海尔电器（泰国）有限公司，在泰国本土主要生产液晶电视，通讯产品和信息技术产品的屏幕。此外，海尔还准备将泰国建成在东盟的生产基地。目前，海尔在泰国已形成当地制造、设计、营销“三位一体”的成熟运作模式，进入泰国前5大连锁店在内的零售渠道，2004年仅出口额就达到500万美元以上，年增长率达到50%以上。此外海尔还在新加坡设立贸易公司，未来还计划将新加坡设立为海尔在亚洲的区域总部。可以看出，在东南亚的练兵场上，海尔市场的拓展已迈上快车道。

二、东方亮了再亮西方：产品多元化的进入模式

“东方不亮西方亮”，这句话曾被许多企业采取作为多元化经营的一种策略，意思是这边赔了那边补。但海尔却避开这种常规思维，探索出了一套“东方亮了再亮西方”的产品进入模式。海尔认为把自己最熟悉的行业做大、做好、做强，在此前提下进入与该行业相关的产品经营。比如，海尔最初时做冰箱，所以在1984～1991年间把冰箱做到中国最好，然后再扩张到其他的家电行业。

海尔将这一理论成功运用到东南亚的产品投资策略中，并收到了很好的效果。海尔在菲律宾以其技术非常成熟的冰箱和冷柜作为主打产品，同时还根据当地消费习惯不断设计出个性化的产品，如菲律宾消费者习惯把毛巾放在冷柜上，以便在使用冷柜过程中擦手，然而毛巾很容易从冷柜上掉下来，当海尔发现这一情况后，立刻为菲律宾用户开发出大手柄冷柜，这样毛巾就很容易绑在手柄上。当冰箱产品在菲律宾市场站稳脚跟后，海尔再将其他系列的产品引入到菲律宾的消费市场上。在马来西亚，海尔以洗衣机作为突破口，当洗衣机获得马来西亚消费者青睐后，海尔再将液晶等离子电视、冰箱，空调等家电逐步推入马来西亚市场。在泰国，海尔首先亮出了彩电。2002年，一年一度的以高门槛闻名的POWER－BUY家电业博览会在泰国曼谷举行，海尔作为中国惟一参展的家电品牌，将彩电作为其重头戏，与东芝、松下、先锋、菲利浦等国际著名品牌同台竞展，获得了良好的效果，被业界称为“跳板”，成功进入到东南亚高档彩电市场。之后，海尔将冰箱、空调等也带到了泰国市场，其业绩表现不俗。

海尔的这种“亮了东方再亮西方”的产品多元化营销策略，是建立在海尔高质量的专业化生产基础之上。这种逐步的多元化营销策略不但没有成为销售的陷阱，反而成为海尔扩张东南亚的途径。

三、品牌至上：盛誉东南亚

在海尔人的心目中，创品牌、成名牌是至高无上的。早在20世纪80年代末90年代初，当出口创

汇之风还非常盛行之时，海尔却提出了“出口不为创汇而为创牌”。之后，张瑞敏又提出了“国门之内无名牌”的理念，带领海尔走上了做国际品牌、创世界名牌之路。品牌是高质量的载体，是高信誉的保证。为了让海尔这个牌子在东南亚各国响亮，海尔人费了不少的心思。首先，把好质量关，满足当地消费者的多样化需求。马来西亚拥有众多世界著名的旅游城市，历来重视环保，因此海尔迅速在马来西亚推出了不用洗衣粉的“天然”洗衣机，并为马来西亚人订做新款。此外，海尔人还为菲律宾设计大手柄冷柜，为泰国人设计小屏幕前置 AV 端子彩电及 AV 立体声彩电等。如今，海尔以其在国内越来越稳固的市场地位和产品开发实力为依托，加上个性化的设计、高性价比的产品、人性化的服务，越来越受到东南亚地区消费者的喜爱。其次，注重当地的公益事业。海尔本着“真诚到永远”的品牌精神，一直致力于回馈当地社会。在泰国，海尔不仅创造直接就业机会 500 余个，还连续举办助学、助残等公益活动，为泰国人民献上一片爱心；海尔还为因受海啸灾害而失去家园的当地难民筹备举办捐助活动；再者做足宣传，举行大型产品推介会，如 2005 年举行题为“龙行全球”的中国企业在马来西亚规模最大的推介会，在印尼高档购物中心举行新产品时尚发布会。这些不同形式的推介会充分体现了海尔品牌“领跑时尚、领先科技”的品牌内涵，对提升海尔品牌在当地经销商和消费者中间的形象大有裨益。此外，海尔还邀请当地明星作为形象代言人，赞助大型娱乐活动等。如请马来西亚十大歌星之一的张觉隆作为在马来西亚海尔产品的代言人，而真诚、健康、时尚、奋进、有爱心是张觉隆带给马来西亚人民的形象；2006 年，海尔还在中国香港、印度、韩国、马来西亚、泰国及新加坡启动海尔亚洲超级明星选拔赛，作为 MTV 亚洲大奖平板电视惟一赞助商，涉足大型娱乐活动，提升海尔的知名度。

海尔在东南亚创名牌的努力为海尔带来很高的荣誉和无限的财富。当海尔刚进入菲律宾市场时，菲律宾前总统埃斯特拉达就对张瑞敏承诺要保证海尔在菲律宾的利益。2004 年，海尔获得菲律宾每两年才评选一次的“最佳冷柜品牌”奖，此次评选囊括了菲律宾市场上所有冷柜品牌，是根据产品的质量服务、市场价格、民意调查以及对菲律宾顾客的幸福健康所做的贡献这四个方面进行测评，结果是海尔成为惟一当选的品牌。国际著名的家电品牌如三洋等都曾获得过此项荣誉，这说明随着海尔国际化进程的不断推进，海尔已在东南亚市场与日本、韩国等“老牌劲旅”形成了分庭抗礼之势。2005 年，时任泰国总理他信为表彰海尔对泰国的贡献，特授予张瑞敏“荣誉投资顾问”称号。此外，海尔还多次荣登《远东经济评论》年度“亚洲企业 200 强”之中国大陆企业综合领导力冠军。可见，海尔品牌至上的理念为海尔在东南亚赢得了一次又一次的美誉。

四、自贸区新动力引发新思考

中国—东盟自由贸易区（以下简称“自贸区”）于 2010 年 1 月 1 日如期建成。自贸区拥有 19 亿人口、接近 6 万亿美元年国内生产总值和 4.5 亿美元的年贸易总额。

自贸区时代的正式到来不仅意味着贸易壁垒的逐步消除，也意味着服务、投资和政策方便之门的敞开。目前海尔在泰国的本土化生产和研发已经站稳了脚跟，今后将以泰国为基地，利用东盟内部自贸区的有利条件扩大其他东盟国家的市场，其中，印度尼西亚、越南、菲律宾将是海尔电器（泰国）公司的先期重点目标。

在收购泰国工厂后，海尔已经能够因地制宜，根据泰国人的生活方式设计生产。按照产能设计，预计 2010 年海尔将成为泰国第一大冰箱制造商。

由于中国家电品牌进入东盟市场的时期相对较晚，目前并不占有优势。而日本、韩国品牌在东盟市场拥有主导地位，如在泰国的冰箱市场，日本品牌的份额在 60% 以上。在这种情况下，如何在自贸区关税和政策优惠的基础上做好品牌建设和提升产品竞争力是一个更加重要的课题。

进行本土化产生、研发和销售也不失为双方企业占领自贸区下大市场的一个思路。海尔在泰国的工厂便体现了海尔“三位一体本土化”战略思路。本土化生产一方面可以利用零配件从中国进口的零关税优惠，另一方面又避开了中国电器产品整机出口泰国的关税壁垒，而且在利用当地优势技术、开发销售线路和推广品牌方面都更加便利。不仅如此，泰国产家电产品面临的关税壁垒比中国家电产品要少得多，因此可以利用泰国作为生产基地，把产品销往东盟乃至世界其他地区。

（来源：改编自李皖南．《海尔集团的东南亚策略》．http：//www.gx.xinhuanet.com/newscenter/2007－11/06/content＿11595272＿1.htm）

晋江鞋机“淘金”东南亚

福建作为三大鞋机生产基地之一，部分制鞋机械企业的产品基本上覆盖了制鞋工艺的各个环节，完全具备了整厂输出能力，产品技术含量和档次接近甚至超过中国台湾鞋机的水平，在产品技术水平、生产管理及市场销售上颇具特色，有些产品已出口欧洲、东南亚等。而作为福建鞋机最主要的产区，晋江鞋机更是成为福建鞋机冲击国际市场的主力军。包括满誉鞋机、鸿安机械等在内的本土鞋机企业都把目光投向了东南亚这一区域。

本土市场容量稳定

作为晋江鞋产业的配套，制鞋机械最初来源于中国台湾，目前晋江的许多制鞋机械制造企业以前都是中国台湾地区制鞋机械企业的代理商，通过销售、装配、维修、服务，最后掌握了核心技术，形成自己的开发能力，转化为自己的产品。在这个过程当中，晋江也产生了一大批优秀的制鞋机械企业。在10多年的发展过程当中，晋江的鞋机基本能够对制鞋产业形成有效的配套供应。然而也正因为对本土鞋产业的过度依赖，导致本土鞋机产业缺乏足够的创新能力，同质化现象异常严重，晋江的鞋机产业市场总量一直停滞不前，这也成为众多晋江鞋机企业发展的困惑。

在外人看来，晋江鞋产业对于鞋机的需求非常大。但是再大的市场需求也经不起多家企业的共同折腾。近几年，晋江鞋产业对于鞋机的需求已经达到一个比较稳定的水平。本土鞋机市场基本上每年都保持在一个比较低水平的增长。鸿安（福建）机械有限公司的负责人吴建军表示，同下游鞋材厂、成品鞋厂的发展一样，本土鞋机市场对于产品的需求已经趋向稳定，短时间内很难出现爆炸式的发展。

本土市场趋于稳定只是一方面，对于晋江鞋机而言，在本土市场上生存还有一个短板——研发。一直以来，晋江本土生产的鞋机只是在中国台湾鞋机的基础上进行修改，很难有企业拿得出完全独立设计、研发的机器。在整个市场需求旺盛的时候，这个短板还不会显现出来，但是等到市场需求趋于稳定的时候，就能够很明显地看出晋江鞋机的不足。目前晋江鞋机市场上对于鞋机的需求主要集中在高端鞋机这一块，而这一块本土鞋机企业很难满足，这就导致了虽然市场空间仍在，但是本土鞋机却无法享受的局面。

福建喜攀登体育用品有限公司总经理张嘉猛在谈到这一问题时也持相同看法，他认为，如果企业正处在稳步发展的时期，根本没有人会去大规模地购进机器。毕竟购买机器设备是一笔长期投资，而且不同于其他投资，机器买进来之后只会贬值，不会升值，买进的机器再卖出去时连废铁都不如。这也是不少下游厂商考虑的问题之一。

外拓首选东南亚

晋江鞋机本土市场发展空间有限，外来势力又加大对晋江市场的抢夺。在内忧外患的形势下，不少晋江鞋机开始逐步向外拓展市场空间的步伐。而在晋江鞋机外拓的步伐中，以印度、越南为代表的市场成为他们的第一目标。

印度市场空间非常大。以前这些市场主要是出口橡胶、进口鞋材，目前这些地区开始了进口鞋机、独立生产鞋材的阶段。与此同时，目前当地没有比较成熟的鞋机企业，只能从其他产区进口。对中国企业而言，这就意味着机会。吴建军认为，从2009年开始，鸿安机械就加大了对这一块市场的投入。目前在鸿安机械内部，外销所占的比例已经接近30%，印度市场更是占到了鸿安机械整体市场销售额的10%。

而本土另一家龙头企业满誉（福建）制鞋机械有限公司更是把外销市场视为自己生存的基础，目前其市场战略目标主要集中在东南亚、美洲等地。其中，又以东南亚市场特别是越南市场为重。

晋江鞋机订单量“爆发”

晋江本土几家鞋机厂在2010年都表现出了良好的发展势头。满誉集团总经理丁玉峰表示，2010年晋江鞋机企业普遍表现都很不错，已经有不少企业的订单量超过了2007年的同期水平。

步入2010年，本土不少规模比较大的鞋材厂、鞋厂进一步扩大生产线，与之相对应，这些企业对于各种鞋机的需求也逐渐增加。与此同时，以河北、河南、江西、湖南等为代表的内陆地区运动鞋产业逐渐兴起，与晋江的同行更青睐中国台湾机器不同，这些地区的运动鞋生产企业喜欢用性价比更高的“晋江造”鞋机。在全球性金融危机期间，鞋机厂商都有意识地减少库存，如今库存已经消化殆尽，而市场又有着向好的趋势，不少鞋机厂商开始像在金融危机前一样，进行库存的储备。

“市场”外拓之后

对于晋江鞋机而言，进行这样艰辛的外拓之旅的原因在于本土鞋厂、鞋材厂对于鞋机的要求已经高到很多本土鞋机企业都很难满足的地步。

五年前，晋江鞋机也曾经凭借过人的模仿能力占据本土市场份额的80%，达到了一个顶峰。而如今，这一数据已经不足30%。

（来源：中华服装网．http：//www.51fashion.com.cn/BusinessNews/2010－7－21/283418.html.2010—07—21）

昆钢拓展东盟市场成效显著

2010年10月22日，昆明钢铁集团有限公司与越南老街钢铁厂举行老街100万吨钢铁厂项目总承包签字仪式，昆钢作为总承包商建设该项目，标志着昆钢拓展东盟的步伐加快。

近年来，昆钢积极实施“走出去”战略，先后在越南、老挝、缅甸设立办事机构，在老挝独资设立了“老挝KG公司”之后，又在越南成立了昆钢参股45%的越中矿产与冶金联营公司，负责开发越南贵沙铁矿项目并建设越南老街省100万吨钢铁厂项目。作为总承包商，昆钢计划于2011年底建成老街钢铁厂第一期工程项目。

昆明钢铁集团顺应中国—东盟自由贸易区发展的需要，还在老挝成立了昆钢控股70%的老挝钢铁有限公司和控股65%的老挝万荣矿业有限公司。老挝钢铁有限公司将在老挝万象建设年产50万吨的钢铁厂，目前项目已经开工，预计在2011年底前完成第一期20万吨全流程钢铁厂的建设；老挝万荣矿业有限公司已经取得老挝邦双铁矿的《开采许可证》，并建设矿山采选及20万吨直接还原铁项目，于2011年建成。与此同时，昆钢还与多个国际和国内公司建立了战略联盟并保持良好的业务合作关系，与孟加拉国AKG公司签订了80万吨棒材生产线的技术服务协议，并在更广泛领域的合作达成共识。这些为昆明钢铁集团实施“走出去”战略积累了经验，奠定了坚实的基础。

昆明钢铁集团为大陆西部地区特大型钢铁生产企业之一，从20世纪90年代开始，引进世界钢铁行业发展的总体走势及先进技术，加快技改工程，采取多种方式，筹措近百亿元的技改资金，先后从德国、美国、意大利、卢森堡、俄罗斯等国引进一大批先进技术设备、先进管理经验，迅速提高其技术含量和竞争力。

在参与国内市场竞争的同时，昆明钢铁集团充分利用中国—东盟自由贸易区建设启动的机遇，在云南省外经贸厅的大力支持下，积极扩展东盟市场。2000年至今，出口创汇累计达4000多万美元，其中98%来自东盟市场，该数据表明对东盟市场开拓有成。

透过充分的市场研究，昆钢针对东盟国家矿产资源丰富、钢铁行业基础较差、人才缺乏、钢铁市场发展潜力大的情况，先后在越南、老挝、缅甸等国建立营销机构，按照优势互补，共同受益、共同发展的方针，制定从原料—产品加工—技术管理与输出—产品销售等的东盟市场开拓计划。

近年来，昆明钢铁集团拓展周边市场，步子越迈越大，总结起来有4条成功经验。昆明钢铁集团有限公司董事长王长勇总结道：一是熟悉投资国家的政策环境，与当地各级政要建立良好的沟通渠道，充分展示务实作风，为合作项目顺利推进创造条件；二是在投资国选择较具实力的企业作为合作伙伴，走互利互惠、合作共赢的路子。例如昆钢与越南钢铁总公司、老街省大矿产公司合作，为成功开发越南第二大铁矿山贵沙铁矿赢得了先机，与老挝第一太平洋公司合作成立老挝钢铁公司，为开发矿山和建设钢厂创造了条件；三是选择具有相对优势的国内企业合作，共同“走出去”。例如昆钢在越南合作开发矿山和建设钢厂，投资规模大，资金需求多，国企机制不适应，昆钢引进省内较有实力的民营企业负责投资经营管理，昆钢以品牌、技术参与投资，实现了建设速度快、经营效果好的共赢局面。2010年初，昆钢引进中国上海外经（集团）有限公司，组建云南沪滇海外投资有限公司，搭建对外投资和经济合作平台，创新境外市场运行机制，进一步拓展国际市场，目前正在全力推进老挝项目；四是遵循循序渐进，先易后难，做一个项目，成一个项目的涉外投资合作原则，从周边国家做起，从熟悉的行业做起，避免境外重大投资风险。

（来源：云南日报．http：//news.163.com/10/1027/07/6K01R3RF00014AED.html.2010—10—27）

大庆特色技术叫响印度尼西亚市场

2010年7月10日，大庆钻探测井一公司在印尼服务近10年，中标15次、延标3次，完成合同额3.2亿元，创产值2.3亿元。

10年前，随着大庆油田内部测井市场份额减少，大庆测井一度面临经营困境。大庆测井人毫不犹豫地把目光盯在了印尼市场——印尼被称为国际测井市场，那里驻扎着世界测井三大巨头。

初到印尼开拓市场，大庆测井一公司的解释技术已形成了薄层精细解释、多井联作分析等方面技术的比较优势，但印尼市场的解释项目一直被一家国际老牌测井公司所垄断。可大庆测井人树立“一切为甲方服务”的思想，提升自身服务能力，抓住一切机会向印尼推荐自己的优势技术，并主动上门服务。

在某区块测试层位时，印尼抱着试一试的态度让大庆测井一公司进行施工作业。大庆测井一公司运用技术优势测试该层后，日产原油近千桶，印尼紧接着又让该公司做两口井测井解释。经过对比，大庆测井不但服务质量好、价格相对较低，而且测井解释符合率超出了印尼的预想水平，因此他们决定把项目再交给大庆测井一公司。

不久前，在得知中油国际Jabung区块有招标意向时，大庆测井经过多方努力，成功胜出。这个为期2年、金额高达1.01亿元的测井工程服务合同，是大庆钻探测井印尼项目部成立以来，获得的时间跨度最长、合同金额最大的一个项目。

走出去　就要善打“硬仗”

格玛—1井是试采印尼项目部在印尼测试施工的第一口井，当时的美国监督约翰对中国人持怀疑态度，他调来了斯仑贝谢公司的队伍守在一旁，一旦发现测试失败就立即替换，这样就会把项目部挡在印尼技术服务市场的大门外。大庆人顶住压力，认真计算压力参数，合理设计APR管柱结构，仔细检查每个环节，最终测试成功。

2009年12月31日，试采印尼项目部DST测试队接到了甲方监督发来的一封邮件，内容是关于Dolang—Dolang—1井的，这是试采印尼项目部在马杜拉区块施工的第一口井。

马杜拉区块地处赤道附近，地质条件复杂，美国几家大石油公司都难有办法来钻井和开采。

经过110天的奋战，第一口井14层的测试施工任务顺利完成，无任何安全责任事故，成功率100%，优质率100%，实现产值116.48万美元，创出了自开拓印尼市场8年来施工中单井产值最多、单井施工劳务费最高、施工进度最快、成功率和优质率均为100%的多项纪录。

重服务　细节中凸显品牌个性

对于技术服务行业而言，最为重要的产品就是服务。爪哇岛RDU—1井急于投产，有10层测试任务需要马上施工。该井地处低洼的水塘边，施工条件恶劣。项目部人员克服种种困难，顺利完成了测试任务。

复合射孔是这个分公司自主研发的一项成熟技术，较常规射孔有很大优势。项目部人员多次主动向印尼宣传推介这项技术。试验井是苏门答腊岛上的NEB—7井，这口井应用常规射孔测试后，连续几层没有达到预期效果。

项目部立即研究区域相关资料，优化工艺设计，精心组织施工。点火一次成功，日产油达到370多桶，比预测的高3倍以上。

随后，印尼主动要求把此项技术应用到全部探井和部分开发井上，特色技术带来了高附加值和高收益。仅2009年，项目部完成复合射孔42层，创产值1355万元。

树品牌　“大庆试采”叫响印尼

大庆钻探测井一公司进入印尼6个月后，试采成功拿到了第一份技术服务合同。

在市场竞争中，机会永远青睐有准备的人。马杜拉区块是中油国际印尼公司购买的一个新区块，市场潜力大，地质条件复杂，地层高温高压，富含硫化氢，井控风险大，甲方对安全工作要求严。该区块测试项目吸引了斯伦贝谢、哈里伯顿等国际知名公司参与竞标。为此，他们在调整投标策略、积极宣传优势技术的同时，针对该区块地层特点，在井控方案中增添测试树下主阀等安全设备。印尼把该方案作为重要条款追加到标书中。细致的工作加上多年服务建立的良好信誉，使试采项目部最终成为惟一通过技术验收的投标者，成功赢得了马杜拉测试项目，合同额5800万元，预计收益较2009年翻一番，市场空间进一步扩大。

试采印尼项目部自2002年11月成立以来，连续7年实现安全生产无事故，连续4年获得油田公司市场开发先进项目部荣誉称号，累计实现产值3.05亿元，实现利润2930万元。

（来源：综合整理自黑龙江新闻网、中国石油新闻中心）

从红豆投资柬埔寨看中国企业生存之道

2010年12月16日，应中国国务院温家宝总理邀请，在中国访问的柬埔寨首相洪森专程视察参观了红豆集团。红豆集团总裁、西港经济特区公司董事长周海江分别代表红豆集团和西港经济特区中柬双方的投资股东，向首相阁下汇报了红豆集团的发展情况和西港经济特区的推进建设情况。

1957年，红豆集团只是一个手工针织品小作坊，经过几代人50多年的艰苦奋斗，发展成为目前拥有服装、轮胎、地产和生物医药四大支柱产业、22000名员工、年销售超过220亿元、建有3.5平方公里工业园区的大型企业集团，这为红豆集团作为投资建设西港特区的最大股东奠定了坚实的基础。

周海江表示，此次首相阁下访华专程前来西港特区中方最大投资主体红豆集团视察，是对该集团更好、更快建设西港特区的极大鼓舞和鞭策。西港特区公司将不负两国领导人的厚望，再接再厉，再创佳绩。2011年，西港特区将再建10栋厂房，再引进10家以上企业并积极引进地区、行业进行成片开发，建设“区中园”。到2011年年底，争取实现累计入区企业超过20家，区内从业人员接近1万人，进出口规模达到12亿美元，生产、生活、物流等配套更加完善、高效。

富裕产能的转移、规避贸易壁垒、实施原产地多元化、成本迁移等，这几乎完整描绘了10多年来，中国企业“走出去”的演进轨迹。

“出海”

这是一种典型的仅将柬埔寨作为生产基地，两头在外的纯加工出口模式。而这源自当时国内整个纺织行业面临的窘状：一方面，加入WTO后纺织品出口受配额制约因素减少，出口能力得以释放，另一方面，接踵而至的却是美国、欧盟以“扰乱市场”为由对中国纺织品出口设限。

为规避贸易壁垒，以港企、台企为首的大批纺织服装、鞋类企业纷纷转战海外，首选越南。一时间，越南甚至成为中国企业“走出去”的桥头堡。

为什么是柬埔寨？

一是越南与中国因为边境问题，关系并不紧密，而柬埔寨可以说是中国在东南亚最坚定的盟友；二是越南快速发展十年，经济体系大体成型，从另一角度解读，也就是说其发展空间有限；三是相比柬埔寨，越南出口欧美并不会完全免税，同时出口配额限制较为严厉。

2006年8月，中华人民共和国商务部开始境外经贸合作区第一轮招标，全国共有8家单位中标，柬埔寨西港特区就是其中一家。作为“走出去”战略中的重要组成部分，中华人民共和国商务部对这8大境外经贸区是前所未有的重视，按照招标文件，每个中标的境外经贸区最多可获得20亿元的优惠贷款，以及其他“走出去”的鼓励政策。

原来西港特区是由江苏无锡三家企业“抱团”投资，项目注册资本8000万元。因为股份相当，在众多决策性问题上，一旦三方意见不一，就争执不下，以致西港特区项目进展缓慢甚至停滞不前。这是当时江苏省惟一一家中标的境外经贸区，他们开始寻找一个本地的强势企业接盘。同样，位于无锡的当地龙头企业红豆集团，就此被推上前台。

2006年，红豆集团年营业额就已达143亿元，产业横跨服装、橡胶、机车、房地产和生物制药，而且早已在美国等地设有多家境外企业做贸易，年出口总额1亿美元以上。无论怎样，对红豆而言，这次中途变局的“出海”，因为双边政府的殷殷期盼，已经是箭在弦上，不得不发了。

第二次创业

柬埔寨贫富落差大，它是世界上最贫穷的21个国家之一。这个国家70%的富人都是华人。

尽管红豆是以产品发展而来的实体企业，跟做工业园区完全是不同路数，视角、视野甚至人才都需要调整思路，但是该集团坚信一点：既然大企业如红豆，自身都有“走出去”，到柬埔寨去的迫切需求，推己及人，其他劳动密集型产业的企业必然也有这种需求。那么西港特区就是为国内有意走出去的企业搭建的境外投资发展平台——这就是其价值所在。

这是不折不扣的第二次创业。显然，相比模仿中国惟妙惟肖的越南，红豆还要面对更为陌生的社会制度和人文环境，以及可能面临的政策风险和法律风险。这条路很艰难，红豆只能一步一步摸索着来。

股权转换迫在眉睫。通过股权转换，中方85%的股份归集到红豆旗下，原来的三家股东股份仅保留15%。与此同时，红豆进一步确立了独家经营地位。

红豆集团开始联系柬埔寨政府商讨政策。一方面，柬埔寨属于极不发达国家，天然享有美国、欧盟、日本等28个国家给予的普惠制待遇，譬如自柬埔寨进口纺织品，美国给予较宽松的配额和减免征收进口关税、欧盟不设限、加拿大给予免征进口关税等优惠政策；另一方面，柬埔寨亟待摆脱贫困，对外来投资企业政策尤为优厚，譬如企业用于投资建厂的生产设备、建材、零配件及用于生产的原材料等免征进口关税；企业投资后根据产品种类最多可享受柬方9年的免税期；利润用于再投资免征所得税；产品出口免征出口关税；无外汇管制，外汇资金可自由出入等。

而起步工作的重中之重是圈地。西港特区占地11.13平方公里，是柬埔寨政府批准的最大的一个经济特区，也是惟一一家中国人建设的经济特区，位于西哈努克市墨德郎乡，距离柬埔寨惟一一个深水港口——西哈努克港仅12公里，距离西港机场仅4公里，同时靠近贯穿柬埔寨全境并直通金边的最好公路——4号国道，淡水资源获取方便。

获取这个地块的代价不菲，其他四个地块都较为平整，只有这个地块的岩石、沼泽、丘陵纵横交错，而且高低不平，最高处和最低处相差竟有六十多米。经估算，这块地购买成本仅上千万美元，建设成本却远远超出预算。

2008年2月23日，柬埔寨首相洪森亲自出席奠基典礼，宣告西港特区正式成立。作为表率，红豆集团旗下纺织类企业率先签约入驻。

棋至盘中

在此之前，这8大境外经贸区只有巴基斯坦海尔—鲁巴经济区、赞比亚中国经贸合作区先后挂牌，进入正式运作当中。一家在俄罗斯的中国境外经贸区负责人坦承，这个速度算不上快，但也不算慢，毕竟这样大规模的海外操作模式，对中国企业而言还无前例可循。

首当其冲的是土地平整问题。因为一年之中有一半时间雨水充沛，西港特区内一条路做下来，还需要一年时间的自然沉降过程，这就拖了整个工程的后腿。红豆集团只能自己调整规划，顺应“天时”。

第二就是柬埔寨当地政府的开发理念。不发达国家热切盼望投资，尤其柬埔寨，一直将中国当成自己的“老大哥”，想要学习中国的经济发展模式。但是至今为止，柬埔寨还没有具体的法律分工，关于经济、商业、贸易等方面的法律法规尤其欠缺。前去投资的企业没有《公司法》可以作为依据，商业活动中适用最广的《合同法》还是1988年制订的。

为此，在红豆力推之下，江苏无锡市与西哈努克市结成了友好城市。红豆不定期地邀请柬埔寨政府官员尤其是西哈努克市政府官员，到无锡交流学习，甚至培训。

第三是相关基础设施的薄弱。柬埔寨经济的起步从1998年开始，但直到2005、2006年，韩国、日本、新加坡等国的大企业涌进柬埔寨建厂，才开始真正进入大发展时期，因此其电力、供水、道路交通等方面仍然极度落后。

这是红豆早已预见到的。为此，红豆才选定了淡水资源丰富的西港特区地块。目前特区内，已经投入运行2000千瓦柴油发电厂，保证为入区企业提供足够的水电资源，并且在2011年还将建成一个热发电厂，进一步降低企业电力成本。

此外，因为柬埔寨几乎没有工业，其产业链配套极不健全。就纺织制衣业、制鞋业而言，尽管占到柬埔寨工业的80%以上，却没有相关配套的上游工业，布料、衣服零配件、线、拉链、纽扣等辅料仍需依赖进口。

突围之路

奠基不到三年时间，红豆已投资7100多万美元，建成西港特区1平方公里核心启动区——相对其他7大境外经贸区的建设进展，红豆以一种开创性的操作模式走进柬埔寨，速度堪称惊人。不仅如此，在柬埔寨大大小小二十多个由各国企业建立的经济特区中，西港特区拔得头筹，其扎实、完善的规划建设甚至被柬埔寨政府视作范本在全国推广。而其他二十多个经济特区，有些早红豆七八年就已进驻柬埔寨。

西港特区立足中国，面向世界，至今已经吸引7家中国企业、2家欧美企业和1家日本企业正式入驻，涉及服装、鞋类、箱包、钢结构等行业，另外还有30多家企业初步达成了合作意向。随着未来三年首期5.28平方公里园区建设，总预算3.2亿美元的投入，这一入园企业数据还将继续扩大。

红豆站稳脚跟之后，也开始探索自己的突围之路。这两年来发生了三件大事：一是越南经济危机爆发，通胀率超过8%，越盾持续贬值，大批转战越南的中国企业举步维艰，转而将目光投向柬埔寨，足见红豆的先见之明；二是国内生产成本急速上升，逼得更多中国企业不得不放眼海外，综合核算，建厂柬埔寨，其极其低廉的劳动力成本不仅足以抵消因原材料进口产生的物流成本，还有巨大盈余空间。因此继越南之后，柬埔寨成为目前炙手可热的投资“圣地”；三是2010年1月1日正式启动的中国—东盟自由贸易区，这是世界上由发展中国家组成的最大的自由贸易区，涵盖19亿人口，是一个巨大的市场。

高度决定出路。与柬埔寨当地其他经济特区一味引进劳动密集型产业的企业不同，红豆不仅要引进产业链，更致力于引进中国企业在能源、石油、天然气、水利、医疗保健和金融项目等方面的投资——这才是立足柬埔寨未来的“黄金”市场，这才可能真正把握柬埔寨的经济命脉。

红豆给予园区企业的政策最为优惠，成本价格最低。这样“无私”的投入，是寄望于未来8～10年，园区内能够达到超过100家企业入驻，5万从业人员的规模，届时红豆就可以在已经规划好的区域内，建设相关的商业配套设施。而区内1平方公里启动区竣工的10栋厂房已被来自中国和欧美的服装、鞋类、箱包、钢结构等行业的10家企业租用，5家企业正式投产，吸纳了近3000名柬埔寨员工入区工作，已形成2.3亿美元的年生产销售能力和3亿美元的年进出口额。

特区行政办公大楼也即将交付使用，生产、生活设施正在逐步配套完善。为了满足先期入区企业的要求，海关、商业部等柬埔寨政府部门克服困难，临时用房内设立了“一站式”服务窗口，及时为园区提供了高效、便捷的行政服务。

（来源：综合整理自《商界》杂志）

中国寰球工程公司缅甸化肥项目建设纪略

2010年11月23日，由中国寰球工程公司（以下简称“寰球公司”）总承包的缅甸第四化肥厂成功实现了尿素一次投料造粒。12月5日，在缅甸第四化肥厂尿素装置造粒塔前，时任缅甸总理吴登盛为缅甸第四化肥厂的美好明天寄予祝福。这标志着凝聚着中国石油建设者智慧和汗水，承载着缅甸人民美好希冀的有史以来缅甸最大的化工项目正式竣工投产。

中国技术出口

2003年，缅甸政府对达基拟建化肥厂总承包项目进行国际公开招标，这也是缅甸近30年来首次建设大型化工项目，技术要求含量高、工艺流程复杂、设备制造加工难度大，然而这一项目为“中国技术”赢得了机会。

2004年3月13日，中国驻缅甸大使馆率先通报寰球公司中标喜讯。2004年3月24日，寰球公司与缅甸能源部石油化工公司签署EPS总承包合同。

这是寰球公司第一次在海外实施的以工艺装置出口为主，包含配套公用工程和辅助设施并且采用自己专利技术的项目。同时合同的签署，预示着中国成熟、可靠的中型合成氨、尿素技术和装备走出国门，设备材料90%以上在国内采购，同时带动劳务出口。这一项目聚集了中缅两国政府高度关注的目光，成为推动中缅两国间经济合作和政治关系发展的一个重要窗口性项目。

2007年年初，在原合同基础上，经缅甸业主要求，缅甸化肥项目由“一厂变两厂”——同时建设两个日产325吨合成氨和500吨尿素的化肥厂。2007年3月，缅甸化肥项目正式启动。

国际化管理接轨

同时建设两个日产325吨合成氨和500吨尿素的化肥厂，是目前缅甸生产技术最先进、规模最大的化肥厂，在缅甸化工项目的建设史上无前例。

然而，挑战还不仅限于此。由于缅甸近30年没有过大型化工项目的建设经验，业主及施工总包商缺乏基本的建设管理经验，而且当地管理人员、技术人员、熟练工人，以及施工用材料资源都极度匮乏。这使得项目基本上没有地利之便可以凭借。

针对缅甸化肥项目面临的实际状况，寰球公司缅甸项目部决定从设计方案出发，一方面选派人员到国内工艺路线相近的合成氨、尿素化肥工厂进行实地调研，对方案不断进行优化，最终确定一个适合业主原料工况、气候条件、地理环境、运输状况以及当地电力环境的工艺方案；另一方面积极采用国际上先进的PDMS三维协同设计方案，有效做到平台共享，及时碰撞检查。整个设计过程，提交设计施工图纸就达6000张，极大地为业主提供了便利。

同时，在项目实践中，确立了“从优化设计方案和严格选择供货商入手，寻找技术质量和经济效益的平衡点”的采购管理理念，保证了工程原材料的性价比优势。

重视风险管理，是缅甸化肥项目管理中的另一大亮点。实践证明，良好的风险意识和切实的风险管理措施，为项目一步步顺利推进，并为最终取得成功起到了保驾护航的关键作用。根据缅甸化肥项目执行周期长的特点，项目部做了设备材料采购风险分析报告，理出了费用变化最大的成套设备、管道材料、化学品及试剂、运输费用等重点控制目标，并制定了相应的应对方案。每年的5月至9月是缅甸的雨季，为减小对工程进展的影响，项目部提前做好与季节相适应的工程采购及建设计划。

在人力资源管理方面，根据需求提前策划，根据进度动态调配，有效和及时地激励，适当而清晰地授权。通过这些举措保障了工程的人力需求。

在安全管理方面，全面贯彻“安全是天字号工程”的思想，每周坚持至少一次的全员HSE培训，每半年集中组织一次应急救援暨防恐应急撤离的演练。项目建设实现了零死亡事故、零重大火灾爆炸事故、零重大机械设备事故的管理目标。

由于缅甸的社会状况所致，项目管理界面纷繁复杂。作为缅甸化肥项目的EPS总承包商，项目部充分发挥协调与沟通智慧，努力使管理理念的表述与贯彻能够适应业主及社会各个界面的需求和理解。寰球公司以卓越的项目执行能力和管理水平，为缅甸化肥项目工程建设开辟了广阔的通途，也为同类海外项目管理积累了宝贵经验。

精神旗帜高扬

业主项目的成功就是寰球的所求——这是寰球公司一以贯之的服务理念。

项目运行之初，业主方只提供一根0.3048米的天然气管线，两路33KV的高压电源，以及哈拉迎（HLAING）河畔的一片狭长空地，且当地的气象水文资料严重不全。从某种程度而言，每一个在国内看似简单的任务，放在施工条件极其落后、施工机具非常缺乏的缅甸现场，都变成了一项项十分艰巨的任务。

寰球公司缅甸项目全体员工以其聪明才智和钢铁意志，以及众志成城的决心，勇敢地向横亘在面前的一个个“拦路虎”发起了冲锋。

超重超限设备的内陆运输、二次倒运及吊装难题，一直是制约项目执行的瓶颈。项目员工群策群力，想出各种措施积极应对。当超限设备在现场临时码头上岸时，采用对接铁轨、牵引上岸的原始方法顺利加以解决。最重的尿素合成塔，净重达152吨，技术人员巧妙地设计出利用其上部的尿素钢结构框架作为吊点，在设备吊耳上各挂置一个滑轮组，使用两台大功率的卷扬机作为主吊，300吨履带吊作为溜尾吊车的吊装方案。

信念不移，士气高扬。超重设备吊装任务，从2009年12月22日开始吊装开工锅炉，到2010年1月10日尿素合成塔吊装就位，仅用时20天，比计划工期缩短9天。

缅甸化肥项目培养、锻炼了一批适应国外工程项目执行和公司实施国际化战略的人才，寰球人也让大庆精神、铁人精神的旗帜高扬在异国他乡。

友谊之花添彩

在集团公司以及中国驻缅甸大使馆的协调与帮助下，寰球公司与缅甸能源部等部门进行了有效的沟通，并在此基础上，通过项目方面的合作互动，进一步加深对彼此间的了解，建立起深厚和长久的工作情谊。

为解决缅甸业主项目资金缺口问题，在中国进出口银行的大力支持下，2007年7月12日，缅甸财税部与中国进出口银行在北京人民大会堂就缅甸化肥项目使用中国政府优惠贷款签署了贷款总协议。

由于缅甸实行的是计划经济，政府干预多，在项目面临高层压力、诸多难题、界面混乱等复杂局面下，寰球公司以耕耘者的态度和耐心，不断通过真诚的沟通，化解矛盾，平衡各方利益诉求，保持着相互的支持和谅解，形成彼此间的信任。

在工艺装置区管道安装仍在紧张施工的情况下，业主方调集了数十吨液氨，想直接灌注到液氨球罐内，为开车做准备。项目部一方面通过给业主高层写信的方式，告知业主高层目前现场尚不具备液氨灌注的条件，并详细列举了液氨灌注前应完成的前期准备工作；另一方面，在现场协助业主项目管理层逐条落实、检查各项准备工作，使开车准备工作得以合理有序地进行。

缅甸化肥项目是一个涵盖设计、采购、施工监理的总承包项目，寰球公司不但完成合同范围内的工作，还为业主提供了全方位的技术、项目管理支持。

项目执行过程中，寰球公司在现场派驻由现场管理人员、设计代表、施工管理人员和厂商服务人员组成的有独立处理问题能力、专业配套、人员充足的现场服务团队，帮助业主制定、控制现场的质量和进度。

考虑到提供的装置的技术水平，特别是自动控制水平远高于业主现有装置的水平，为保证自主技术、国产装备等成果在项目中充分体现，寰球公司在详细做好操作手册编制的基础上，充分利用中国国内的资源和生产经验，开展业主培训和开车指导工作，将业主的工厂培训安排在中国石油集团宁夏石化公司的类似装置进行。

做好项目就是最好的市场开发。缅甸化肥项目的运作成功，寰球公司实现了“干一个项目，插一面红旗，交一批朋友，扩一片市场”的目标，充分证明了寰球公司的综合实力，树立了良好的品牌形象。

缅甸化肥项目将极大地推动缅甸农业发展，为中缅传统友谊又增添一朵新花，也为中缅能源战略合作站在一个新的历史高度，为寰球公司拓展海外市场奠定了坚实的基础。

（来源：中国石油新闻中心．http://news.cnpc.com.cn/system/2011/01/11/001319311.shtml.2011—01—11）

经商实务篇

中国公民赴东盟十国签证

文莱签证办理指南

一、签证规定

目前文莱驻华使馆不办理个人旅游签证，可办理团体旅游签证，每团不少于5人，其中一人为导游。如个人办商务、探亲签证，需提供文方邀请信及文莱移民局批准函。自2003年4月起，签证申请人还需提供健康证明。官方代表团则仅凭文方政府邀请信。办理签证时需填写申请表一张、交相片一张，签证费80元。签证需时3个工作日，有效期3个月，入境时文莱移民局盖14天停留章。

新加坡、马来西亚和英国国民（包括海外公民）进入文莱及逗留30天免签证；菲律宾、加拿大、法国、日本、韩国、瑞士、列支敦士登、荷兰、卢森堡、比利时、德国、瑞典、丹麦、马尔代夫、美国及新西兰国民逗留14天可豁免签证；乘飞机抵境及离境的泰国和印尼国民逗留14天也可豁免签证；日本国民若须逗留更久或就业则需要签证；其他国家的国民（古巴、朝鲜和以色列护照除外）可享有72小时落地签证的便利；印度、孟加拉国、巴基斯坦、斯里兰卡、伊朗和中国大陆的旅客，只要具备有声望的文莱本地人担保，也可获准在文莱过境时逗留一个待定的时间。海湾国家护照的持有者，不仅需要填写一张身份表格，而且还需要加上文莱的相关公章才能成效。通常情况下，签证的有效期是两个星期。签证时可在任何一处文莱驻外使馆申办。若没有文莱使馆的国家或地区，代表单位则是英国领事馆。

文莱劳工局2010年3月9日签发规定，暂时冻结按摩院、美发院、SPA、脚底按摩师到文莱工作的签证申请，已签发的工作准证不受影响，该项新措施自签发日开始执行，何时终止将另行通知。

二、签证类型

（一）商务签证

1. 签证规则及条件签证官有权要求任何申请人面谈或补充其他材料，申请人须无条件配合。

2. 因公护照申请商务签证

（1）所需时间：需提前一周申请签证。

（2）要求项目：照会或公函上应注明访问目的和停留时间；提供邀请函原件及护照复印件两份；申请人无论持何种护照，均须填写签证申请表2张、2张2寸照片；3人以上须填写名单表1份。

（3）签证情况：文方发给3个月有效的一次入境签证。

（4）注意事项：公函上文莱国名须写全称“文莱达鲁萨兰国”。

3. 签证资料

（1）2寸彩色证件近照2张（白底）；

（2）有效期9个月以上的护照原件、同时应提供两张护照（含首页）复印件；

（3）往返飞机票原件和复印件；

（4）文莱公司的邀请函：列明被邀请人的姓名、国籍、护照号码、出生日期、职位、赴文莱的目的以及拟在文莱停留天数；

（5）国内公司的英文派遣函：列明被派遣人的姓名、国籍、护照号码、出生日期、职位、赴文莱的目的以及在文莱期间的具体地址；

（6）申请人必须提供本人身份证复印件及申请人本人所出具的英文委托书；

（7）填写个人资料表。

（二）团体旅游签证

签证类型：旅行

有效期：6个月

最多停留：14天

预计工作日：35天

申请人范围：中国各省因私护照持有人

签证资料：

5张2寸近照相片；

有效期9个月以上的护照原件；

申请人的身份证正反复印件1份；

申请人个人资料，内容包括：婚姻状况、家庭住址、联系电话等。

（三）落地（旅游）签证

来不及事先办妥签证的中国公民，可申办落地签证，具体手续为：由文莱担保人向文莱政府移民局申请批准函，将批准函原件邮寄或传真给拟来文莱的中国公民。中国公民抵达文莱国际机场后凭该批准函原件或传真件、护照和回程机票在文莱移民局机场柜台办理落地签证，签证费20文莱元。

（四）个人访问签证

最多停留时间：14天

签证有效期：1个月

所需材料：护照及2张照片

（五）短期商务签证

最多停留：14天

签证有效期：3个月

短期访问（公务/商务或学术访问）签证要求：

1. 如实填写亚洲签证申请表一份；

2. 身份证复印件；

3. 2张2寸近期半年内白底彩照；

4. 在前往文莱前，护照必须为9个月的有效期，且护照上有足够页数供签证之用；

5. 文莱公司的英文邀请函：列明被派遣人的姓名、国籍、护照号码、出生日期、职位、赴文莱的目的以及拟在文莱停留天数、赴文莱期间发生的费用由谁支付。邀请函可以传真件，但是传真给大使馆的抬头必须为文莱达鲁萨兰国驻华大使馆签证处，传真给中国公司的抬头为：中国某某公司；

6. 国内公司的英文派遣函：列明被派遣人的姓名、国籍、护照号码、出生日期、职位、薪水、赴文莱的目的以及在文莱期间的具体地址、赴文莱期间发生的费用由谁支付；

7. 往返飞机票原件；

8. 申请者本人所出具的英文委托书。

备注：

1. 签发地为北京，文莱驻华使馆一般受理时间为4个工作日。若无加急，资料来回快递时间为3至4天；

2. 文莱驻华使馆受理日：每周一至周四；

3. 所有提交的相关文件，必须有英文翻译文本；

4. 签证有效期一般为三个月，停留期一般是14天，具体由文莱驻华使馆决定，不得延期；

5. 文莱驻华使馆持有面试与增补申请人资料的权利。

（六）工作签证

雇主先向文莱劳工局申请配额，向文莱政府交纳1800文莱元的保证金，再向文莱移民局申请批准函。当事人凭批准函和本人的健康证明到文莱驻华使馆申请工作签证。

（七）过境签证

持有前往第三国有效签证和联程机票（亚洲航空除外）的中国公民，可在文莱机场移民局柜台办理在文莱停留不超过72小时的过境签证。

三、注意事项

签证申请表格每一栏均须填写正确资料，若无者请填NIL；周一至周四早上9点至中午12点收件，下午2点至5点领件，工作时间为4天（即当天早上送，4天后下午领），每次入境文莱最多可停留14天，可在当地申办加签延期，最多两次；持中国台湾护照者，皆须申请签证方得进出文莱。

持以下国家护照者免签证可免签停留14天：印尼、泰国、菲律宾、韩国、日本、法国、瑞士、荷兰、比利时、卢森堡、列支敦士登、瑞典、丹麦、挪威、西班牙、马尔代夫、加拿大、阿曼苏丹国、秘鲁；

可免签停留30天：马来西亚、新加坡、英国、德国、新西兰；

可免签停留90天：美国。

持澳洲护照可申请落地观光签证，最多可停留14天。

（来源：综合整理自南博网）

柬埔寨签证办理指南

一、签证规定

中国公民赴柬埔寨，须事先到柬埔寨驻华使、领馆办理签证。目前，柬在中国上海、广州、重庆、昆明、南宁和香港设有总领事馆。柬埔寨驻华使、领馆一般只发旅游、商务签证，有效期三个月，停留期一个月。自2006年9月14日起，中柬两国互免持外交和公务护照人员签证。持商务签证（E签证）入境后可通过当地旅行社向柬移民局申请半年或一年的长期居留签证。持旅游签证（T签证），入境后不能改变签证种类。入境须填写入、出境卡、海关申报单。入境卡由口岸存留，出境卡交旅客保存，待出境时查验。中国公民自第三国赴柬，可在柬国际口岸办理落地签证。据澳门特区政府身份证明局2011年3月29日消息，澳门特区护照持有人可取得落地签证入境柬埔寨王国境内。

柬埔寨签证代号如下：

外交签证（A签证）：发给外国驻柬埔寨外交代表机构的外交官及其配偶和未成年子女。

公务签证（B签证）：发给持公务护照且在柬执行公务的人员。

商务签证（E签证）：发给来柬埔寨短期或长期投资、经商、劳务的人员。

访问签证（C签证）：发给柬埔寨官方邀请来柬访问的人员。

旅游签证（T签证）：发给来柬埔寨旅游的外国公民。

长期居留签证（K签证）：发给持外国护照的柬埔寨人。

免费签证（G签证）：发给12周岁以下的儿童。

二、签证类型

（一）商务签证

签证种类：B

签证有效期：90天

签证停留期：30天

工作日：3天；老挝国家为方便中国公民紧急情况，特开加急业务，可以一个工作日出签。

所需材料：申请者护照原件（护照有效期6个月以上）＋复印件、3张半年内的白底照片（规格3.5厘米×4.5厘米）、申请者身份证复印件一份(需要复印正反面)、如实填写申请签证资料表。

（二）旅游签证

签证种类：B

签证有效期：有效期90天

签证停留期：30天

工作日：3天；柬埔寨国家为方便中国公民紧急情况，特开加急业务，可以一个工作日出签。

所需材料：申请者护照原件（护照有效期6个月以上）＋复印件 、3张半年内的白底照片（规格3.5厘米×4.5厘米）、申请者身份证复印件一份(需要复印正反面)、如实填写申请签证资料表。

（三）过境签证

凡经柬埔寨赴第三国者，持联程机票，不出机场且停留不超过24小时，可免办签证。否则，应申办过境签证。柬方发给两个月有效过境签证。

（四）短期商务访问签证

柬方发给两个月有效一次入境签证，有时也发两次入境签证。

申请签证所需的材料：

1. 照会或公函上应注明访问目的及停留时间；

2. 提供邀请函，内容包括邀请者的姓名、电话号码；

3. 持因公普通护照者，需填写签证申请表格4张，交照片4张（白底彩色），持外交、公务护照者免填表格，免交照片；

4. 使领馆有权在个别情况下要求申请人提供其他资料。

（五）落地签证

前往越南和柬埔寨者，在办理越南签证后，可以在柬埔寨办理落地签证（不超过1个月时间内）。对散客而言，只要在东盟国家中办理其中一个国家的一般领事馆签证后，在其他东盟国家就可以办理落地签证。

三、申请签证的材料

1. 2张或多张2寸白底彩色照片；

2. 有效期6个月以上的护照，末页须附持照人中文签名；

3. 身份证复印件正反面各一张；

4. 具体签证所需资料要求。

申请人必须按不同类别的签证准备相应的资料，柬埔寨驻华使领馆签证处可能会要求申请人提供其他需要补充的任何材料的原件或复印件。

（来源：综合整理自南博网）

印度尼西亚签证办理指南

一、签证规定

自2010年11月12日起，中国政府和印尼政府修订互免签证协定，将“持外交或公务护照人员入境、停留、过境对方国免签十四天”修改为“三十天”。中国公民持普通和因公普通护照前往印尼可办落地签证的规定不变。

自2005年8月起，印尼政府开放对中国（大陆）

公民赴印尼的落地签证（VISA ON ARRIVAL）申请。申请者可持个人有效因私护照和往返机票在雅加达、泗水、棉兰、巴厘岛等国际机场的专设柜台办理。自2009年1月26日开始，包括中国在内的64个国家的公民进入印尼办理落地签证，逗留30天内收费25美元，满30天后可申请延期最多30天，即总共不超过60天。

除此之外，中国公民赴印尼均须事先在印尼驻华使馆或印尼驻广州总领事馆获得相应签证。为了避免出入境时遇到不必要的麻烦，建议持新护照（无任何出境记录）的中国公民离境前在印尼驻华使领馆办妥签证后再前往印尼。

二、签证类型

（一）商务签证

签证种类：B

签证有效期：90天

签证停留期：30天及60天

工作日：4天；印尼国家针对中国公民可能遇到的紧急签证的情况，特开设加急业务，可以1个工作日出签。

所需材料：护照正本、2张2寸彩色照片、身份证正反面复印件、在职证明信英文版。

（二）旅游签证

签证种类：B

签证有效期：90天

签证停留期：30天及60天

工作日：4天；印尼国家针对中国公民可能遇到的紧急签证的情况，特开设加急业务，可以1个工作日出签。

所需材料：护照正本、2张2寸彩色照片、身份证正反面复印件、在职证明信英文版。

（三）多次往返签证

签证种类：B

签证有效期：360天

签证停留期：60天

工作日：4天；印尼国家针对中国公民可能遇到的紧急签证的情况，特开设加急业务，可以1个工作日出签。

所需材料：护照正本、2张2寸彩色照片、身份证正反面复印件、在职证明信英文版。

（四）工作签证

签证种类：Z

签证有效期：360天

签证停留期：360天

工作日：4天；印尼国家针对中国公民可能遇到的紧急签证的情况，特开设加急业务，可以1个工作日出签。

所需材料：护照正本、2张2寸彩色照片、身份证正反面复印件、在职证明信英文版。

（五）过境签证

签证种类：B

签证有效期：90天

签证停留期：7天

工作日：4天。印尼国家针对中国公民可能遇到的紧急签证的情况，特开设加急业务，可以一个工作日出签；

所需材料：护照正本、2张2寸彩色照片、身份证正反面复印件、在职证明信英文版。

（六）落地签证

此签证适用于从第三国入境或者中国赴印尼旅游的团体。

详细说明：第三国入境是指从新加坡旅游后进入印尼旅游，不可以持白本护照直接前往印尼办理落地签证。印尼国家针对中国公民可能遇到的紧急签证的情况，特开设加急业务，可以1个工作日出签。

三、注意事项

（一）短期商务签证要求（90天以内）：

1. 每人需填写一张VISA APPLICATION FORM FOR VISIT SINGLE / SEVERAL JOURNEY（S）申请表；

2. 彩色照片3张，并须在其中1张照片的背面注明申请人姓名、出生日期、护照号码；

3. 每人一份护照复印件；

4. 一个团组须一封邀请信；

5. 一封致印尼移民总司长并抄送印尼驻华大使的担保信（要求不变）。

注：一般只发给不超过30天的过境、旅游、商务和社交文化类签证。持上述签证抵达印尼后，不得申请延期或另作安排。

（二）长期工作签证要求（90天以上）：

1. 每人须填写一张VISA APPLICATION FORM FOR TEMFORARY STAY IN INDONESIA表；

2. 彩色照片3张，并须在其中1张的背面注明申请人的中文及拼音姓名、出生日期、护照号码；

3. 每人一份护照复印件；

4. 邀请信：除了要有邀请人的亲笔签名外，还应打印有申请人的姓名及职务；

5. 担保信：担保信的抬头应写“印尼移民局局长”并抄送“印尼驻华大使馆”；

6. 印尼劳工部颁发的工作许可证（传真件亦可，如果几个申请人的姓名在同一份许可证上，则还须为每人复印一份）；

（三）申请人在填写签证申请表时须注意以下4个事项：

1. 签证申请表必须用英文正楷大写字母填写；

2. 签证申请表中申请人姓名的书写方式：姓与名分开，名若有两个字必须连在一起，不得分开，姓名亦须用英文正楷大写填写；

3. 填写签证申请表时不能空项，不需填写的项目须划上斜线；

4. 一个团组只能使用一封担保信。如果担保信分开，即使是同一单位的出国人员，签证申请亦须按担保信分开办理。

（来源：综合整理自南博网）

老挝签证办理指南

一、签证规定

持外交、公务、普通公务护照前往老挝免办签证，持因私普通护照须办签证。一次出入境的商务、旅行签证可在老挝停留30天（签证期满可到老挝移民局申请延期），过境签证停留期7天。申请签证可到北京老挝驻华大使馆或老挝驻昆明总领事馆申请。获取签证进入老挝后，必须按所申请的签证种类从事相应的活动，否则将被视为非法活动并予以处罚。老挝海关限每人携带5000美元现金或同等币值现钞出境，超出5000美元的须得到老挝外汇管理局的许可，否则将视情节轻重处以50%的罚款或全部没收。据澳门特区政府身份证明局2011年2月21日消息，澳门特区护照持有人可取得落地签证入境老挝人民民主共和国。

二、签证类型

（一）商务签证

准备进行市场调研的商务人员，应先申请一份单式签证，之后再申办一张为期3个月的商业签证，该签证可以再延长3个月。如外国投资者的工厂建成和动工，外商则可获得一份6个月到1年的签证。办理商务签证时，还需要一封与老挝合作公司的邀请信以及3张照片。

留居老挝处理投资事务的外商和外国雇员，可以获得为期1年的签证，这种签证还可以再延长1年时间，直到工作结束。驻老挝的外国代表，必须向老挝内务部或居留地的省或地区的安全保卫部门，申请一份居住证。

办理签证时须准备6个月以上有效期护照原件、2寸照片4张、身份证复印件、户口本复印件。

（二）旅游签证

若想到老挝旅行的外国人必须向老挝大使馆申请签证。一般情况下可以获得1份为期15天的单式签证，该签证可以再延长15天。

办理旅游签证时间一般为10至20天，最快两三天便可获批。此前外国旅游者跨省游览必须事先申请通行证，目前旅游者可以直接到老挝全国各地游览。

办理此签证须6个月以上有效期护照原件、2寸照片4张、身份证复印件。

（四）参观者签证

参观者签证需要办理为期30天的单式签证，如果需要可以再延长30天。申请时须附一封老挝亲属的担保书，此人向老挝内务部移民局提交适当文件，老挝外交部将通知使馆是否给予签证。

申请人须向在老挝的担保人提供申请人的姓名、出生日期、地址、护照号码，以及与护照照片大小相同的6张照片。

办理参观者签证所须材料：6个月以上有效期护照原件、1张护照照片、签证申请表1份（可以通过传真索取后复印）。

办理时间：3个工作日。

签证逗留期限：15天，可以在老挝续签。

三、老挝签证照片要求

1. 4张2寸白底彩色近照；

2. 尺寸要求35毫米×45毫米；

3. 在照片背面用铅笔写上申请人的姓名；

4. 脸部要处于照片的中心位置，要求表情严肃，不能皱眉，也不能微笑，嘴唇要闭拢；

5. 照相时不能戴墨镜；

6. 照片应为正面（免冠）照片。

四、注意事项

按《中老边界制度条约》规定，持中老边境通行证的中国公民只能到老挝的丰沙里省、南塔省、乌多姆赛省和波乔省，超越上述地区的必须持护照前往，否则将按非法入境处罚。

（来源：综合整理自南博网）

马来西亚签证办理指南

一、签证规定

马来西亚自2010年8月15日起停止向外国游客发放落地签证，前往马来西亚的游客需在国内申请签证，获批准后再出发。

自2011年5月18日起，中国与马来西亚公民，凡持有效外交护照、公务护照和官员护照人员，且入境目的为正式访问、度假旅游、探亲、和其他缔约一方主管机关同意之目的等的，在对方国家入境并停留不超过30天，可免办签证。

中国公民赴马来西亚应在境外办妥签证，未事先办好签证的散客如果途经泰国或新加坡入境马来西亚可以申请口岸签证；从中国来访的旅行团可以申办口岸团体签证，前提是马来西亚接待旅行社具有马来西亚移民总局授权并已经备案。经第三国抵达彭亨州刁曼岛的旅客，如能出示有效回程机票可以申请落地签证。

二、签证类型

根据中国公民赴马来西亚不同目的可分为以下三种签证类型：

（一）社交签证

发给以旅游、探亲访友和商务活动为目的的中国公民。有效期3个月，停留期14天。马来西亚移民局已取消发给中国公民停留期为1个月的商务签证。社交签证不能延期，因健康原因、航班问题不能及时回国者，可凭有关医院和航空公司出具证明信函到马来西亚移民局延期签证。

（二）工作和学生签证

在马来西亚工作或学习须分别由马来西亚公司或学校首先向马来西亚移民局申请，获准后，由马来西亚移民局通知申请人所在地区的使领馆颁发社交签证。抵达马来西亚后，再到移民厅换成相应种类的长期签证。就读马来西亚大学的公民可由学校到马来西亚移民局总部申请，就读高中及以下学校的，可向马来西亚各个州的移民厅申请办理。

（三）探亲签证

来马来西亚探亲最长可停留6个月，由在马来西亚工作、学习、居住（马来西亚公民、中国公民同其结婚）的当事人向马来西亚移民局申请，申请签证时须提供亲属关系证明。

根据马来西亚不同的签证签发机构来划分，马来西亚签证分为入境签证（VISA）和入境准证（PASS），VISA由马来西亚驻外代表机构签发；PASS由马来西亚各入境口岸或马来西亚移民总局签发。

（一）入境签证（VISA）

入境签证分两种情况：旅游及商务签证由马来西亚各驻外代表机构直接签发，统称免查询类签证（VIAS WITHOUT REFERENCE）；工作、学习等特殊签证须经马来西亚移民总局核准后由驻外机构签发，统称须查询类签证（VISA WITH REFERENCE）。入境签证有效期一般为3个月，但无停留期。

入境签证类别有以下三种：

1. 一次入境签证：发给以旅游或商务为入境目的的外国人。

2. 多次入境签证：发给以商务或公务为入境目的的外国人，有效期由3～12个月不等。

3. 过境签证：发给以过境为目的外国人。不出机场转机或搭乘同一航班中转的外国人免办过境签证。

（二）入境准证（PASS）

入境准证由马来西亚口岸移民机构或移民总局签发。无论是否已取得入境签证，所有拟入境的外国人必须在取得口岸入境准证后方可入境。旅游及商务入境准证可在抵达口岸时即时办理；工作、学习等特殊入境准证须在抵达口岸前与入境签证同时申请。入境准证规定入境的停留期。

入境准证分为短期和长期两类，短期准证包括旅游、商务、临时雇工和专家四种；长期准证包括工作、相亲和学习三种。

1. 旅游准证：发给入境旅游或探亲者，按不同的国别给予14天～3个月不等的停留期，中国游客一般可获得14天的停留期。如出现特殊情况，如探望马来西亚籍贯的配偶者，可申请最长至6个月的停留期。

2. 商务访问准证：发给入境进行商贸活动、新闻采访及参加体育比赛者，按不同的国别给予1～3个月不等的停留期。来马来西亚进行商务活动的中国人一般可取得一个月的停留期。

3. 临时雇工准证：发给从事种植、建筑、制造、服务及家庭佣工等低技术要求行业的外来劳工。停留期3～6个月不等，期满后可延期。

4. 专家准证：发给来马来西亚履行1年期以下合约的专业技术人员，如从事文艺表演、影视片制作、科研、讲学、设备安装或宗教活动者。

5. 工作准证：发给来马来西亚履行两年期以上合约的专业技术人员。停留期为 2 至 3 年，期满后可延期。马来西亚有关公司在为外国人申请此类工作准证前，必须取得马来西亚有关政府主管部门或外侨委员会的核准。马来西亚规定外资达 200 万美元以上的公司可长期聘请 5 名外籍人士，并可担任公司高级主管人员；外资在 200 万美元以下的公司可酌情聘请若干名外籍人士，其中高级主管人员服务年限最长不超过 10 年，一般技术人员最长不超过 5 年，目的是鼓励公司培养其国内人才。

6. 依亲准证：发给已取得工作准证者的外籍配偶及子女。停留期与受聘人员相同。

7. 学习准证：发给来马来西亚有关院校就读的学生。停留期一般为 6～12 个月，期满后可延期。

三、申请签证需提交材料

（一）商务签证提交材料

赴马来西亚商务访问（会议、学术会议、商务洽谈），申请签证须递交以下材料：

1. 每人须填写 3 份申请表格及提交 3 张照片；

2. 马来西亚邀请信（公司、团体或组织、政府及半官方机构须用英文），带有公司编号，加盖公司印章，须写明被邀请人的姓名、护照号码及性别、访问的性质和在马来西亚停留的时间；

3. 被证明真实的副本：马来西亚公司注册证书、公司法规定的证书；

4. 6 个月以上有效护照；

5. 护照复印件（附有持照人有关资料的页数）；

6. 申请人公司、机构、外办及部委的信函（最好用英文）写明商务或其他活动的性质。

（二）探亲旅游签证提交材料

中国公民赴马来西亚探亲旅游签证的申请，应递交以下材料：

1. 每人填写 2 份申请表格及提交 3 张照片；

2. 首先由旅居马来西亚的亲属出具担保书，并担保申请人在入境后一定要按期离开马来西亚；

3. 吉隆坡移民局出具 1500 林吉特担保金和返往机票副本；

4. 吉隆坡移民局的批准书（原件）；

5. 6 个月以上有效护照；

6. 护照复印件。

申办探亲签证者，其探望对象必须为直系亲属或兄弟姐妹，由其在马来西亚的亲属进行担保。

（三）团体旅游签证提交材料

中国公民赴马来西亚团体旅游，停留期不超过 14 天的一次或多次入境，申请签证须递交以下材料：

1. 每人须填写 2 张申请表及提交 2 张照片；

2. 来马来西亚旅游，必须由马来西亚内政部和马来西亚旅游促销会注册约马来西亚旅行社组织；

3. 6 个月以上有效护照；

4. 护照复印件（载有持照人有关资料的页数）；

5. 中国国内旅行社的信函（英文版）。

（四）过境签证

凡经马来西亚赴第三国者，不论停留多长时间、是否出入机场，均需申办过境签证。

申办签证时须提供的材料：

1. 每人须填写 3 份申请表及 3 张照片；

2. 已确认的联程机票；

3. 第三国或目的地的有效签证；

4. 6 个月以上有效护照；

5. 护照复印件（附有持照人有关资料的页数）。

四、出入境注意事项

（一）临时来马来西亚人员须携带至少 500 林吉特现金

马来西亚移民厅对中国游客（散客）尤其是 30 岁以下妇女入境要求尤其严格，如在短期内来往马来西亚多次，当事人会被原机遣返。马来西亚移民局有权拒绝有犯罪记录、无经济能力及谎报来马来西亚的外国人入境。

（二）出入境检查

入境。入境免税物品有：200 支香烟、1 升酒、总价值不超过 200 林吉特的化妆品、香水、每件限价为 25 林吉特的纪念品或礼物。本国货币入境不得超过 1000 林吉特。

外国人可携带任何货币入境，外国人出境时可将任何货币带出，只要在入境时向海关和税务部门申请。根据马来西亚海关政策，外国人可将自己的日常生活物品带入马来西亚，数量和品种没有限制，只要海关认定这些物品是日常生活必需品即可。

禁止入境的物品：有色情内容的出版物与雕刻品、短剑、收音机、彩色复印机、爆竹、《古兰经》印刷品、毒品等，录像带须经检查合格后才能放行。

出境。外国人携带本国货币出境不得超过 5000 林吉特（马币）；外国货币出境不得超过入境时的申报数额。

（来源：综合整理自中华人民共和国外交部网、南博网）

缅甸签证办理指南

一、签证规定

中国公民进入缅甸，持外交、公务护照者可免办签证。凡持因公普通护照和因私护照来缅甸都须办理有效签证。中国公民可前往北京的缅甸驻中国大使馆或驻昆明、南宁、香港总领馆申办缅甸签证。目前中国云南省已经与缅甸在旅游方面实现了互免签证，旅游者可以到当地的旅行社办理通行证。目前缅甸较常用的签证种类为旅游签证和商务签证。

从中缅边境陆路进入缅甸可持地方政府边境通行证，但活动范围有限。根据当地规定，外国人出入缅甸一般遵循“飞机来，飞机走；陆路来，陆路走”的原则，例如，乘飞机来仰光的中国公民不允许从中缅边境陆路回国。由边境口岸入境，出境必须是同一口岸。以非法途径入境，护照上无入境记录者无法正常出境。

根据缅甸政府规定，外国人在缅甸长期经商若需办理签证延期，首先要办理劳动卡。办理劳动卡需要以一个当地合法注册登记的公司雇员身份到缅甸劳动部办理，须提供相片并交费。

往返签证有多次往返签证和一次往返签证。多次往返签证有效期一般为三个月、半年或一年。一次往返签证有效期一般为一个月。

在缅甸注册的外资合资公司董事可申请6个月或1年有效期的多次往返签证。一般外国经商人员可申请3个月有效期的多次往返签证。多次往返签证不分有效期长短，收费均为180美元。一次性往返签证收费54美元。

缅甸海关规定，入境时携带2000美元以上者须向海关申报，离境时不可超过入境时所申报的美元金额，一旦被查出将被没收。乘航班来缅甸在抵达仰光国际机场或曼德勒国际机场时，须提供填好的入境卡和健康情况卡，另须向海关提交申报单，如实申报所携带的外汇和须申报的物品。游客可免税携带500克瓶装酒和200支香烟。海关对客人携带的行李一般要开包检查，没收违反规定或未申报的物品。携带外汇出关须附海关申报单。游客不能将任何专业通讯器材携带入境。

在缅甸旅游应注意保存好个人护照等证件，如护照遗失后应立即报警并报告缅甸驻华使领馆补办。在缅甸旅游可使用美元或缅币，在边境地区和仰光的一些旅游商品店也接受人民币。出关时，购买翡翠、珠宝等物品，必须携带合法发票，否则将会以非法物品处理。不允许携带缅币出境，严禁携带玉石毛坯、木化石，违者以走私罪论处。出境时，除了古董等不准携出，海关也会详细核对入境时所申报贵重物品，若有未携出而无法交代去处之贵重物品，则课重税；此外，在境内若有重大支出，海关亦会检查收据，所以，有重大开支，宜保留凭证，以供出关时备查。

二、签证类型

（一）商务签证

凡持商务签证在缅甸长期经商，须办理以下手续：

1. 劳动卡（LABOUR CARD）

根据缅甸政府规定，外国人在缅甸长期经商若需办理签证延期，首先要办理劳动卡。办理劳动卡需要以一个当地合法注册登记的公司雇员身份到缅甸劳动部办理劳动卡，须提供相片并交费。

2. 办理签证延期（VISA EXTENSION）、逗留许可（STAY PERMIT）

办理劳动卡后，办理签证延期及逗留许可同样要当地合法注册登记公司出具证明，到中国商务部办理手续，然后再到缅甸移民局办理签证延期及逗留许可，一般一次可延期3个月至1年。签证逾期每日罚款3美元，也须提供相片并交费。

3. 办理外侨登记证（F. R. C）

凡到缅甸居住时间超过3个月者，均需提前到缅甸移民局办理外侨登记证，须提供相片并交费。超期未办者将被罚款。凡到缅甸1个月内申请办理外侨证的外籍经商者只需交纳9美元，超过1个月再办理须交18美元。

4. 离境表（DEPARTURE FORM）

凡到缅甸居住超过1个月者，离境前须到缅甸移民局办理离境表。长时间居住者，须向缅甸移民局交回外侨登记证，并领2张离境表，其中一张离开时交缅甸机场移民局，另一张下一次来缅甸时，再到缅甸移民局换回原有的外侨登记证。来到缅甸1个月内换证交6美元，超过1个月须交12美元。

（二）旅游签证

根据缅甸规定，从边境口岸入境，需持护照并办签证，并由旅游公司带领方可在缅甸旅行。

1. 目前缅甸较常用的签证种类为旅游签证和商务签证，其中旅游签证停留期限一般为28天，不可延期，只能在规定的地区旅游；商务签证停留期限一般为70天，可否延期由缅甸移民部门视情况而定。在缅注册的中资公司人员可通过其缅方合作伙伴协助办理居留延期手续，或由中国驻缅大使馆经商处出具证明协助办理延期。另有探亲签证，停留期限28天，最多可延期至70天。签证期满逾期滞留者，每超一日罚款3美元，超过90天，每日罚款5美元。

2. 从中缅边境陆路进入缅甸可持边境通行证，但活动范围有限。

3. 在缅甸停留超过3个月须办理外侨证，有效期分1个月、3个月和1年。

（三）个人旅游签证

持中国各省因私护照者均可申请缅甸个人旅游签证，签证可停留天数为28天，有效期为90天。

（四）落地签证

缅甸自2010年11月起停发口岸签证（落地签证），自2011年2月25日起停发"海员证"口岸签证。特别提醒中国公民，无论持何种证件，赴缅前应先办妥签证为宜，以免滞留在机场或海港。

缅甸当局自2010年5月1日起开始在仰光国际机场和曼德勒（瓦城）国际机场实施落地签证，细则规定如下：

1. 任何国家的国民，只要持有合法的普通护照和符合有关规定，就会批发落地签证。

2. 申请落地签证者的护照有效日期从到达之日起最少要有6个月期限。

3. 对申请旅游落地签证者征收30美元，允许居留28天，但不能延期。

4. 对持有商务护照的申请者征收40美元，批准居留70天，而且可以延期。

5. 对持有探亲护照（社交旅游）的申请者征收40美元，允许居留28天，可以延期。

6. 对申请过境签证者征收18美元，允许逗留24小时。

7. 申请者须持有往返机票。

8. 申请者必须投宿在有合法执照的宾馆、汽车宾馆、旅店里，必须填写详细地址。

9. 在亲戚朋友家或在工厂等地方居住的申请者必须写明主人的地址。

10. 须备有6个月内拍摄的两张照片（4厘米×6厘米）。

11. 申请者必须严格遵守包括缅甸移民法律在内的所有现行法律。

12. 在护照内附带有7岁以下的子女获免费批准。持有个别护照的7岁以下的子女也免交签证费。

13. 个人来旅游者最少持有300美元现金。携带家眷旅游者最少持有600美元现金。

14. 居留和观光者必须遵守缅甸现行签证条款中的规定。

15. 不能前往受限地区旅游，接待者有责任让外国旅客明白哪些地方是受限地区。

16. 接待旅客投宿的宾馆、汽车宾馆、客栈、旅店、住家、办公室等必须向有关镇区移民局报告旅客的相关资料。

17. 落地签证申请表可以从航空公司或从网络上提前获取后申请。

这一落地签政策不适用于准备从中缅陆地口岸入境缅甸的中国公民，此类人员仍需去缅甸驻中国使领馆事先办妥签证。根据中缅双方原先的互免签证的协议，持外交、公务（官员）护照的中国公民仍无需签证入境缅甸。

三、签证需提交材料

（一）商务签证所需材料

1. 护照须有六个月以上的有效期，申请签证前，持照人须在护照上签名；

2. 近期半年内彩色照片四张；

3. 缅甸公司邀请函原件（须有邀请人姓名和电话号码）；

4. 照会或公函上应注明访问目的和停留时间；

5. 缅甸公司有效期内营业执照复印；

6. 填写三份申请表；

7. 填写三份《签证申请表》和一份《到达报告表》，经申请人签字后同邀请函一起交到缅甸总领事馆。

（二）旅游签证所需资料

1. 填写两份申请表；

2. 提供3张申请人近期彩色照片（3.5厘米×4.5厘米）；

3. 有签证页的有效护照（护照有效期需长于6个月）；

4.1份《到达报告表》；

5. 填写2份《签证申请表》和1份《到达报告表》，经申请人签字后交到缅甸总领事馆；

6. 旅游签证自签证之日起算，有效期为6个月。停留期自入境之日起算，可停留4周。

（三）个人旅游签证所需材料

1. 有效期为6个月以上的护照原件（指回国后

还有6个月以上的有效期）护照末页必须由持证人亲笔用蓝、黑色水笔或圆珠笔签名；

2. 护照内应至少有两页完整的空白签证页，不包含备注页；

3. 近2年拍摄的两寸白底光面彩照2张（3.5厘米×4.5厘米）；

4. 在职人员还须提供公司空白抬头公文纸2张并加盖公章（在公文纸中注明仅限缅甸签证使用）；

5. 申请人长期居留地址、身高及申请人父亲的姓名。

四、落地签证所需材料

必要材料：

1. 两份签证申请表；

2. 缅甸有关部级介绍信；

3. 两张申请人近期彩色照片（35毫米×45毫米）；

4. 有空白签证页的有效护照；

5. 一张登陆卡。

以下人员有资格申请落地签证：

1. 居住在距离缅甸使领馆很远的地方不便申请签证者；

2. 居住在没有设立缅甸使领馆的国家的公民；

3. 对于持已过期的正常签证，但过期时间不超过7天者。

（来源：综合整理自中华人民共和国外交部、中华人民共和国驻缅甸联邦共和国大使馆经济商务参赞处、南博网）

菲律宾签证办理指南

一、签证规定

1. 根据菲方新的规定，凡由菲律宾政府授权的旅行社接待的来菲律宾团体中国游客（至少3人），可在菲律宾任何国际入境口岸申办落地签证，在菲律宾停留期最长不超过14天；菲政府授权的旅行社接待的来菲中国个体游客也可享受以上政策。持中国香港特区护照、BNO护照、中国澳门特区护照或澳葡护照来菲律宾者，7天之内免签。持中国台湾护照、中国香港DI（Document of Identity）、CI（Certificates of Identity）或旅行证来菲律宾者，应申请非方签证。此外，团体中国游客落地签证费有所降低，3人至19人团减为每人25美元，20人以上团（含20人）减为每人15美元。

另外，作任期不超过6个月（含6个月）的中国记者，应在来菲律宾前申请临时访问签证（9A签证），来菲律宾后移民局将为其颁发特别工作许可（Special Working Permits）。该许可有效期为3个月，并可再延期3个月；来菲律宾工作任期超过6个月的中国记者有2种选择：一是，来菲律宾前由其在菲律宾工作单位协助，向菲律宾劳工部申请外国人就业许可（Alien Employment Permit），并凭该许可向菲律宾移民局申请工作签证（9G签证）。如申请获批，由菲律宾外交部通知菲律宾驻华使领馆为申请人颁发签证；二是，来菲律宾前申请临时访问签证（9A签证），到任后依照有关规定向菲律宾移民局申请更换为工作签证（9G签证）。

2. 入境须知

（1）毒品走私者将被判处死刑；

（2）对于从事零售买卖的，菲移民局将罚款5.5万比索并将驱逐出境。

3. 海关须知

非法进口严禁物品（武器、爆炸物等）、管制物品（无线电收发机、光盘、录像带等）和控制物品（麻醉剂、化学物、没有医生药方的处方药等），无论数量多少，均违反菲律宾海关法。

严禁携带植物、植物产品、肉类、肉产品、鸟类、蜗牛以及其他活动物和动物产品。

严禁携带珍稀海贝出境。

未经菲律宾中央银行批准，任何入出境旅客带入或带出超过1万比索的纸币、硬币、在菲律宾银行提取的支票或其他汇票，均属违法，并可能导致上述被没收，且被处以民事处罚或刑事起诉。携带外币不违法。

二、签证类型

（一）旅游签证

1. 所需材料

护照或旅行证件，有效期至少6个月以上，不包括允许在菲律宾的停留时间（复印护照资料页）；

签证申请表：持中国大陆和其他国籍护照1份，并贴上照片；持中国台湾护照2份，并贴上照片；

工作单位出具的在职证明或介绍信，用英文书写；

通过如下证明证实经济能力，但领馆官员会要求申请人提供更多证明：

（1）个人财产证明；

（2）银行存款证明；

（3）有效的国际信用卡（复印件）；

（4）授权的中国旅行社的保证书，保证当事人能按时离开菲律宾；

（5）确认的往返或前往他地机票（复印件）。

中华人民共和国公民签证费为250元人民币，其他国籍为300～400元人民币。

2. 手续

申请人必须亲自或通过经认可的旅行社递交申请；

办理和签发签证不超过3个工作日；

一个工作日加急办理加收250元人民币，两个工作日加急办理加收150元人民币；

在签证申请表上写明警告严厉禁止毒品走私和禁止外国游客从事零售买卖。

可在菲律宾的停留时间：7～30天。

（二）商务签证

1. 所需材料

护照或旅行证件，有效期至少6个月以上，不包括允许在菲律宾的停留时间（复印护照资料页）；

签证申请表：持中国大陆和其他国籍护照需1份，并贴上照片；持中国台湾护照需2份，并贴上照片；通过以下证明证实经济能力，但领馆官员会要求申请人提供更多证明：

（1）工作单位出具的在职证明/介绍信，用英文书写；

（2）菲律宾公民或有声望的菲律宾公司经过公证的担保书原件，保证当事人能按时离开菲律宾；

（3）授权的中国旅行社的保证书，保证当事人能按时离开菲律宾；

（4）确认的往返或前往他地机票（复印件）。

中华人民共和国公民签证费为250元人民币，其他国籍为300～400元人民币。

2. 手续

申请人必须亲自或通过经认可的旅行社递交申请；

办理和签发签证不超过3个工作日；

一个工作日加急办理加收250元人民币，两个工作日加急办理加收150元人民币；

在签证申请表上写明警告严厉禁止毒品走私和禁止外国游客从事零售买卖。

可在菲律宾的停留时间：59天。

（三）过境签证

1. 所需材料

签证申请表：中国大陆和其他国籍护照1份，并贴上照片；持中国台湾护照2份，并贴上照片；

有效的护照，有效期至少6个月以上，不包括允许在菲律宾的停留时间；

确认的前往别国机票和赴该国的有效签证；

通过如下证明证实经济能力，但领馆官员会要求申请人提供更多证明：

（1）工作单位出具的在职证明/介绍信，用英文书写；

（2）个人财产证明；

（3）授权的中国旅行社的保证书；

（4）银行存款证明；

（5）有效的国际信用卡（复印件）；

（6）菲律宾公民或有声望的菲律宾公司经过公证的担保书原件。

签证费为200元人民币。

2. 个人办理手续

申请人必须亲自或通过经认可的旅行社递交申请；

办理和签发签证不超过3个工作日；

一个工作日加急办理加收250元人民币，两个工作日加急办理加收150元人民币。

3. 过境签证旅行社办理手续

旅行社必须在过境者到达菲律宾前的48小时之内书面通知菲律宾移民局递交其身份、护照号码、旅行安排和其他相关的移民资料，并在48小时内向菲律宾移民局递交过境签证书面申请和担保书；

每位过境者支付1000比索服务费到菲律宾移民局（BI）账户，其地址是Magallanes Drive，Intramuros，Manila；

旅行社出示1000比索服务费的正式发票后，菲律宾移民局通过菲律宾移民控制处（IRD）处长把过境抵达通知（TAN）发布给指定入境口岸的所有移民官。过境抵达通知上有每位到达的过境者名字和信息，指示移民官将过境抵达通知上的每位过境者作为非移民允许入境，限制停留时间为3天。同时菲律宾移民局身份卡会发给每位过境抵达通知上的过境者。

（四）海员/机务人员签证

1. 所需材料

海员证和护照，有效期至少6个月以上，不包括允许在菲律宾的停留时间（复印海员证和护照资料页）；

填写签证申请表并附上照片；

确认的往返或前往他地机票；

通过如下证明证实经济能力，但菲律宾领使馆官员会要求申请人提供更多证明：

（1）工作单位出具的在职证明/介绍信，用英文书写；

（2）菲律宾公民或有声望的菲律宾公司经过公证的担保书原件。

签证费为200元人民币。

2. 手续

办理和签发签证不超过3个工作日；

一个工作日加急办理加收250元人民币，两个工作日加急办理加收150元人民币；

在签证申请表上写明警告严厉禁止毒品走私和禁止外国游客从事零售买卖。

（五）临时访问签证：旅行团

1. 所需材料

护照或旅行证件，有效期至少6个月以上，不包括允许在菲律宾的停留时间；

填写好的旅行团签证申请表，以及旅行团每位成员护照资料页复印件（原件递交菲律宾移民局、使领馆存档复印件一套，旅行社保存另一套复印件）；

菲律宾旅行社的担保书；

签证费为250元人民币。

2. 手续

办理和签发签证不超过3个工作日，菲律宾使领馆有权根据工作量决定是否提前发放签证；

不收取加急费（不适用于菲律宾驻香港领事馆）；

申请表背面将贴上签证，旅行团每位成员的护照上会有如下格式的印章：

Joining GROUP TOUR 参加旅行团

(with persons)（同位游客）

UNDER VISA NO. 签证号

Organized by: Name of Agency 组织者：旅行社名称

每个旅行团只用1个签证号，旅行团每位成员护照上是这个签证号后加一个连续的数字后缀。

在签证申请表上写明警告严厉禁止毒品走私和禁止外国游客从事零售买卖。

三、签证照片注意事项

1. 照片规格：申请人最近6个月内拍摄的2寸彩色白底正面照片2张。

2. 人像大小：脸部占据整张相片面积的70%～80%。

3. 照片表面：无墨迹、折痕、污迹、油渍、指印或粘胶印。

4. 人像衣着：衣着整齐。

5. 照片画质：色彩呈现自然肤色，光源均匀且不能有阴影或闪光反射在脸部。

6. 佩戴眼镜：相片人像不得佩戴眼镜或墨镜，足质辨识人貌。视障者除外。

7. 头巾佩戴：不得佩戴头巾，人貌五官尤其眼部须清楚呈现。宗教因素除外。

8. 头部装饰：相片中人像不得佩戴头帽或其他装备。

9. 隐形眼镜：人像不得佩戴有色隐形眼镜。

10. 签证申请表格含下列照片均一律退件：

（1）人像眼部呈现红色；

（2）相片含污迹；

（3）脸部占据相片面积太大或太小；

（4）非白色背景；

（5）画质不清晰；

（6）眼睛不正视相机镜头拍摄，视障者除外。

（来源：综合整理自中华人民共和国驻菲律宾共和国大使馆经济商务参赞处、菲律宾驻沪总领事馆）

新加坡签证办理指南

一、签证规定

新加坡签证可向新加坡移民局申请，也可向新加坡驻中国大使馆（或领事馆）申请。新加坡驻华使领馆包括驻北京大使馆、驻上海总领馆、驻厦门总领馆（及厦门总领馆驻广州领事办公室）和驻香港总领馆。

《中华人民共和国政府和新加坡共和国政府关于外交、公务和公务普通护照持有者互免签证的协定》已于2011年2月18日在新加坡签署。双方已完成本国法律程序并确认上述协定自2011年4月17日起生效。协定规定，持有效外交、公务和公务普通护照的中国公民和持有效外交、公务护照的新加坡公民，入境缔约另一方如不超过30日，免办签证。

上述中国、新加坡两国公民如欲进入缔约另一方国境并停留超过30日，或以工作、学习或任何营利活动为目的，应根据缔约另一方主管部门的有关规定在抵达缔约另一方国境前申办签证或有关通行证。

按进入新加坡的时间长短，新加坡的签证分为短期签证（如：旅游签证，探亲访友签证和商务签证等）和长期签证（如：长期旅游证，学生准证和就业准证等）。前者在新加坡停留时间短（4～30天），后者停留时间较长（3个月到一年不等）。

二、签证类型

（一）商务签证

申请商务签证须提供以下材料，若有必要，新加坡驻华使馆有权要求申请者提供其他材料。

1. 申请者的护照有效期至少6个月（从出国日期开始计算）并至少有1张空白签证页。

2. 每个申请者须用英文填写一份14表格（原件），申请者须附两张2寸彩色近照（1张贴在14表格上，另一张供扫描用），照片必须符合下列要求：最近3个月内的近照，照片尺寸为35毫米（宽），45毫米（长），无白边；正面免冠（按特殊宗教或风俗要求戴帽或配饰者，帽子和配饰不得遮盖申请者面部特征），面部尺寸为25毫米（宽），35毫米（长）；白色背景。

3. 由新加坡注册公司用英文填写完整的介绍信（即V39A表格）原件一份。介绍信上必须注有新加坡注册公司的地址、电话和传真号码。

4. 填写完整的V52表格原件一份，须注明申请者的姓名，所在公司及访问目的、日期。该表格须由新加坡注册公司签发。

5. 由新加坡会计与企业管制局（www.acra.gov.sg）出具的新加坡公司的最新商业注册简况的打印件，该简况内容的打印日期距递交日期不得超过6个月。

6. 如本人不能亲自到新加坡驻华使馆申请签证，则须出具委托书，委托书中须注明被委托人的姓名及身份证号码（中英文均可）。

7. 由新加坡政府机构、大学邀请或是出席在新加坡召开的展览会、大型会议等的申请者，无须出具39A表格、V52表格和商业注册简况，申请者只需递交该机构或组织签发给申请者的邀请函。

8. 签证办理过程需要3个工作日。

（二）观光签证

申请观光签证须本人亲自到新加坡驻华使馆办理，以下情况除外：

未满16岁的申请者可由父母代办，但必须出具能证明其关系的出生公证书或户口本（原件及复印件）；申请者如已退休，可委托他人办理（须出具注明被委托人的姓名及身份证号码的委托书）；如申请人由新加坡公民或永久居民作担保，请参照第5条办理。

申请观光签证须提供以下材料，必要时新加坡驻华使馆有权要求申请人提供其他材料：

1. 申请者护照有效期至少6个月（从出国之日起开始计算）并至少有一张空白签证页。

2. 一份用英文填写的14表格（表格第1、2页每一项都须填写，第3页必须由申请者本人签字并注明申请日期）。申请者须附两张2寸彩色近照，并将一张彩照粘贴在14表格上而另一张彩照供扫描。照片必须符合下列要求：最近3个月内的近照，照片尺寸为35毫米（宽），45毫米（长），无白边；正面免冠（按特殊宗教或风俗要求戴帽或配饰者，帽子和配饰不得遮盖申请者面部特征），面部尺寸为25毫米（宽），35毫米（长）；白色背景。

3. 申请者公司出具的同意其休假并说明申请者在该公司任职时间、职务及工资的信函。信函所用信笺须注明公司的名称、地址、电话号码及传真号码。信笺须加盖公章。

4. 申请人如无工作，须提供户口本原件和复印件各一份。原件被审查后将退还给申请人。申请人还可提供相关文件以证明其如期返回中国，如银行存款证明有足够的资金。

5. 如申请人由在华的新加坡公民或新加坡永久居民作担保，则无须按上述第3、4条规定办理。但需担保人亲自到新加坡驻华使馆递交申请，并提供填好的V39A表格及担保人身份证复印件。

6. 观光签证自签发之日起一般5周内有效。签证持有人可在5周之内多次进出新加坡。由新加坡移民和关卡局的官员决定每次停留天数，最多不超过30天。

7. 签证办理过程为3个工作日。

8. 申请人有可能在申请被批准前要求缴纳人民币5100元/人的担保金。新加坡驻华使馆将在受理申请的第2个工作日通知申请人交纳担保金。申请人须在申请表左上方注明其家庭电话号码或手机号码。

（三）入境签证

入境签证仅适用于以下申请者：

1. 已获得新加坡移民与国民登记局批准新加坡永久居民通知书的人士；

2. 原则上已获新加坡移民与国民登记局或新加坡人力部批准即将发给各类准证的人士。如工作许可证、受雇准证、学生准证、长期社交访问准证、职业人士访问准证；

3. 已获新加坡移民与国民登记局批准并被通知在新加坡驻北京大使馆领取签证的人士。

申请入境签证须提供以下材料，必要时新加坡驻华使馆有权要求申请人提供其他材料：

1. 申请者护照有效期至少6个月（从出国之日起开始计算）并至少有1张空白签证页；

2. 一份用英文填写的14表格（表格第1、2页每一项都需填写，第3页必须由申请者本人签字并注明申请日期），申请者须附2张2寸彩色近照，请将一张彩照粘贴在14表格上而另一张彩照供扫描。照片必须符合下列要求：

最近3个月内的近照，照片尺寸为35毫米（宽），45毫米（长），无白边；正面免冠（按特殊宗教或风俗要求戴帽或配饰者，帽子和配饰不得遮盖申请者面部特征）。面部尺寸为25毫米（宽），35毫米（长）；白色背景。

3. 申请者须提供新加坡移民与国民登记局或新加坡人力部批准函的复印件。

4. 签证费为每人102元人民币。

5. 签证办理过程为两个工作日。

6. 签证地点：北京市朝阳区建国门外秀水北街1号，邮编：100600。

三、担保金交纳须知

被要求交纳担保金的申请者将在其递交申请表的第2个工作日由新加坡驻华使馆通知其办理交纳手续。

申请者需领取一份四联的进账单（送款单上须填写本人姓名、存款日期、身份证号码及联系电话），到中国银行总行一层16～18号柜台存入担保金5100元人民币后，持经中国银行盖章的进账单首联和第三联（回单和收账通知）和填写完整并有申请者亲自签名的担保函到新加坡驻华使馆再次办理签证。上述手续办理完毕后于第2个工作日领取签证。

观光签证到期后，不可继续在新加坡停留；不可在新加坡谋求长期居留；不可打工（有偿或无偿）、经商或参与其他专业活动及不利于新加坡安全的活动；不可吸毒、走私或贩卖毒品。违反上述规定者将被没收担保金5100元人民币。

四、担保金退款须知

进入新加坡时，入境者应主动出示护照及旅游签证卡。在离境时新加坡边防检查站官员会收回签证卡并在护照上加盖出境章。如签证卡未被收回，入境者应主动交给边防检查站官员。

担保金只有在新加坡驻华使馆收到新加坡移民与关卡局的通知后方能退还。申请者在离开新加坡后1个月可打电话咨询，得到确认后可预约领取担保金的时间。领取担保金的时间为每月的5～25日。

在指定时间到新加坡驻华使馆领取现金支票，再到中国银行总行一层19～24号柜台兑现。

若申请者不能亲自办理担保金退还手续，申请者可出具委托书，并附上被委托人身份证复印件。被委托人凭委托书、申请者护照复印件及担保金收据到新加坡驻华使馆办理手续。

若申请者在签证有效期内未前往新加坡，申请者本人需持护照、签证卡、收据及本人写的解释信到新加坡驻华使馆，经确认后方能预约时间领取担保金。

若收据遗失，申请者必须提交公安局丢失证明或相关公证书予以证明。

若未交回签证卡或新加坡驻华使馆未得到新加坡移民与关卡局退款授权，申请人将担保金收据，护照首页及有入境、离境章的签证页复印，一起送交到新加坡驻华使馆。新加坡驻华大使馆在接到退款申请后致函新加坡移民与关卡局查询。这需要两个月以上的时间。

五、注意事项

（1）从2009年8月1日起，赴新加坡签证申请的递交与领取时间更改如下：

材料递交：周一至周五上午9:00至11:00

领取签证：周一至周五下午4:00至4:30

（2）申请表格可从 http://www.ica.gov.sg 下载。

（3）申请材料原件在签证窗口审核后会立即返还给申请者。

（4）未填好的表格、材料不齐或不符合要求的有可能导致拒签或推迟受理。

（5）签证申请是否被批准及批准的有效期限都由签证官根据申请者个别情况决定。

（6）申请者应在签证批准后再购买机票。

（7）签证的签发日期一般是签证的申请日，签证一旦被签发，有效期将不再变更。申请者不应过早递交申请材料。若签证已过期，申请者需重新递交申请材料。申请者在领取签证时，应仔细核对签发日期及签证有效期。建议申请者在出国前1至2周递交申请。

（8）签证持有者并不一定可以入境新加坡。签证持有人须符合入境规定方可准许入境，如持有有效护照、足够的资金和往返机票。新加坡移民与关卡局官员有权决定其是否可入境。

(9) 新加坡移民与关卡局官员在签证持有者入境时决定其停留天数。申请者应留意护照的入境章和批准的停留期限。

（来源：综合整理自中华人民共和国外交部网站、南博网）

泰国签证办理指南

一、签证规定

自2008年2月25日起，携带超过2万美元或等值货币出入泰国境内时需向泰国海关申报。

2009年6月25日至2010年3月4日期间，泰国政府对全世界范围内的所有在泰国使领馆申请旅游签证，以及所有在指定边境检查站符合条件申请落地签证的外国公民免收旅游签证费用。而自2010年3月5日起恢复收取旅游签证费用。

泰国允许中国公民办理落地签证，但是该政策具有一定限制。

二、签证类型

（一）商务短期签证

凡赴泰国联系业务、出席会议、参加培训和进行学术交流不超过90天者须办此类签证。申请者须递交如下材料：

1. 填写签证申请表一式四份，申请表必须由本人签名；2寸照片4张。

2. 泰国有关部门单位负责人署名的邀请信原件，并注明申请人在泰国停留时间和邀请单位的营业执照复印件（含公司股东登记证），上述材料均须另外加盖公司印章，并由公司法人代表签名才被视为有效，署名法人代表须提供其身份证复印件，身份证复印件亦需本人亲笔签名。

3. 申请者的工作单位或者户口所在地街道致泰王国驻上海总领事馆的英文照会信原件，确认申请人为本单位（街道）人员及其赴泰国目的；在泰国停留时间，保证其在照会信注明的期限内离开泰国，该英文照会必须加盖公章并有负责人署名。

4. 出示确认往返时间的出入泰国的机票，并递交该票的复印件1份、护照和护照复印件1份。

（二）旅游签证

凡赴泰国旅游、访友和探亲者须办此类签证。具体做法如下：

申请者可以到经中国国家旅游局批准、特许经营中国公民自费出国旅游业务的旅行社中的任何一家办理有关手续。

特许经营出境旅游业务的旅行社和泰王国驻沪总领事馆协定为申请者做担保。

申请者可亲自到泰王国驻沪总领事馆办理相关手续，届时须递交如下材料：

1. 填写旅游签证申请表1式1份，申请表必须由本人签名；2寸照片1张。

2. 申请者本人在中国工作的单位或街道办事处的英文担保信原件，内容包括申请者姓名、赴泰国目的及在泰国停留期。该信必须担保申请者按期返回国内，使用印有申请者本人单位抬头的信纸打印，并附有该单位的地址及电话。此信还必须加盖单位公章、负责人签字及签字人的姓名和职务。

3. 出示往返泰国的机票，并递交该票的复印件1份、护照和护照复印件一份。未满16周岁的公民须提供中英文出生证或者中英文的关系公证书原件及复印件。

（三）过境签证

凡目的地是第三国仅从泰国过境者，或者从第三国经泰国返回国内者须办此类签证。在申请过境签证时，须递交如下材料：

1. 填写过境签证申请表一式三份，申请表必须由本人签名；2寸近照3张；前往第三国的有效签证或者入该国国境不需要国境签证的证明。

2. 出示往返泰国的机票，该机票必须注明飞往泰国和第三国的日期或者从第三国途径泰国回中国的日期，并递交该机票的复印件1份、护照和护照复印件1份。

3. 银行存款证明或者可兑付票证（旅行支票、信用卡等），其所有金额足以满足申请者在泰国所需，并递交复印件1份。

（四）落地签证

中国公民如果赴泰国旅游不超过15天，可以直接到下列泰国移民边防检查站申请落地签证。

申请落地签证的边防检查站有：曼谷国际机场、清迈国际机场、普吉国际机场、合艾国际机场（宋卡府）、乌塔抛机场（罗勇府）、夜柿移民边防检查站（清莱府）、清盛移民边防检查站（清莱府）、清堪移民边防检查站（清莱府）、百东移民边防检查站（雅拉府）、昔罗移民边防检查站（宋卡府）。

落地签证规定：

申请人须出示泰国政府承认的有效护照或旅行证；

出示已经确认并在泰国停留不超过15天的往返机票；

申请人未被列入曾经违反泰国移民法的黑名单之内；

申请人必须持有足以证明携带不少于200美元的银行存款证明或可兑票证；

手续费300泰铢。

三、泰国出境及安检注意事项

1. 出境流程：办理登机牌和行李托运手续—持护照和登机牌到出境处办理出境手续（盖边检章）—进行出境安检—进入候机厅。

2. 国际航班须提前90分钟到达机场。如果对机场不熟悉，或者还要办理托运，须提前2个小时。

3. 安检：随身携带的行李中，不得有超过150毫升的液体。关于液体标准，每个机场标准略有不同。

4. 不得随身携带尖锐物品，如瑞士军刀。若需携带，请务必托运。

备注：以上所有签证须本人申请，申请需两个工作日，护照有效期在半年以上。

（来源：综合整理自泰王国驻上海总领事馆）

越南签证办理指南

一、签证规定

中国公民赴越南，持外交、公务与因公普通护照免签证。持因私护照须向越南驻华大使馆申请签证。2005年1月15日起，越南对临时赴越进行商务活动或旅游的中国公民颁发有效期为12个月的多次入境签证。在此之前，这两类签证的有效期最长为6个月。赴越临时商务签证即B—1签证，赴越旅游签证即B—2签证。

在越南持有国家合作与投资委员会发给的投资许可证或经营许可证的外国人，则可获多次同入境有效签证，期限自3个月至1年，依在越南的工作性质而定。

自2011年5月起，济南国际交流服务中心获得越南驻华大使馆授权，成为山东省内惟一越南签证代理机构。该中心将正式受理山东省公民因私赴越南各类签证申请。

二、签证类型

1. 越南商务签证

代码：（211）

签证种类：B

签证有效期：90天

签证停留期：30天及60天

工作日：4天；越南国家为方便中国公民紧急情况，特开加急业务，可以一个工作日出签。

所需材料：护照正本、照片2张2寸彩色、身份证正反面复印件，在职证明信英文版。

2. 越南旅游签证

代码：（211）

签证种类：B

签证有效期：90天

签证停留期：30天及60天

工作日：4天；越南国家为方便中国公民紧急情况，特开加急业务，可以一个工作日出签。

所需材料：护照正本、照片2张2寸彩色、身份证正反面复印件，在职证明信英文版。

3. 越南一年多次往返签证

代码：（212）

签证种类：B

签证有效期：360天

签证停留期：60天

工作日：4天；越南国家为方便中国公民紧急情况，特开加急业务，可以一个工作日出签。

所需材料：护照正本、照片2张2寸彩色、身份证正反面复印件，在职证明信英文版。

4. 越南工作年签证

代码：（312）

签证种类：Z

签证有效期：360天

签证停留期：360天

工作日：4天；越南国家为方便中国公民紧急情况，特开加急业务，可以一个工作日出签。

所需材料：护照正本、照片2张2寸彩色、身份证正反面复印件，在职证明信英文版。

5. 越南过境签证

代码：（111）

签证种类：B

签证有效期：90天

签证停留期：7天

工作日：4天；越南国家为方便中国公民紧急情况，特开加急业务，可以一个工作日出签。

所需材料：护照正本、照片2张2寸彩色、身份证正反面复印件，在职证明信英文版。

6. 越南落地签证（此签证适用于从第三国入境或者中国赴越南旅游的团体）

详细说明：第三国入境是指从新加坡旅游后进入越南旅游，不可以持白本护照直接前往越南落地签证。

越南国家为方便中国公民紧急情况，特开加急业务，可以一个工作日出签。

三、注意事项

暂住越南的外国人的签证若需要延期，应由本人或越南主管机关向所在地出入境管理处或管理局书面申请，附上护照和越南常住证。

如签证期满，而暂住期限未满，签证无需延期。如签证和暂住也已期满，需要再住的公民只需办理暂住延期。暂住证可以延期，每次不超过12个月。

入境越南的外国人向越南口岸公安站出示护照或代护照证件和出入境证后，立即获发暂住证。在越南口岸签发的暂住证有效期与入境许可证有效期相适应，自签发之日起不超过12个月。

商务签证可通过越南的某个贸易公司提出申请，旅游签证则可在驻任何国家的越南大使馆或泰国和越南各旅行社办理签证（越南已授权国外旅游机构代办赴越南旅游签证业务）。

用传真办理签证，须提供申请人的姓名、出生日期、地点、籍贯、家庭地址、职业、护照号码、逗留时间和入境地点。越南河内发出的签证可允许在越南境内活动，越南胡志明市发出的签证则只允许在胡志明市内活动。

（来源：综合整理自中华人民共和国外交部网、南博网）

东盟商标指南

东南亚商标指南

东南亚各国都拥有自己悠久的历史，同时也是当今世界经济发展最有活力和潜力的地区之一。在未来新的世界政治和经济格局中，东南亚的作用与战略地位将更加重要。

东南亚品牌保卫策略

商标是企业品牌的无形资产，是品牌所有权惟一的法律凭证，商标所有权关系到企业和品牌的生死存亡、兴衰成败，历来是企业争夺的宝贵资源，因为知名商标的无形资产比企业的有形资产更有价值。

企业开拓东南亚市场，需要先了解东南亚的商标保卫策略，不仅要保卫商标商誉，更要防止其他企业在东南亚抢先注册其商标，以免痛失进军东南亚的机会。

东南亚商标防御策略

企业有必要定下明确的东南亚发展计划，建立一套适合自己的商标防御体系，最好的商标保护措施就是针对东南亚目标市场，委托当地专业事务所，以逐一注册的方式申请海外商标，同时也注册相关分类。

目前，东南亚成员国执行的是国际分类尼斯协定（Nice Agreement）。《商标注册用商品与服务国际分类尼斯协定》于1957年6月15日在法国尼斯签订，于1961年4月8日生效。

尼斯协定主要规定商品与服务分类法，将商品分为34大类，服务项目分为8大类，为商标检索和商标管理提供了便利。申请商标注册时，应按商品与服务分类表的分类，确定使用商标的商品或服务的类别。

在东南亚注册商标，不同国家有不同的法律规定，风俗和禁忌也是注册时需要考虑的因素，企业很难了解所有东南亚国家的法律规定，如想亲自去各国申请，难度较大，因而可以委托专门的中介机构办理。

世界多数国家均设置“商标注册异议公告”程序。商标事务所定期追踪目标国家的商标注册公告，一旦发现有雷同或近似的商标，便可提出异议。被异议人应当在接到通知后对此进行答辩，否则被异议人的申请将会被作废。

东南亚商标反抢策略

如果商标已被海外注册，可通过正当手段尽力挽回，最直接的方式是依靠法律。《保护工业产权巴黎公约》第六条规定：“商标所有人的代理商或代表人，未经商标所有人授权而以自己的明文申请注册商标，该所有人有权对所申请的商标提出异议或请求撤销。”如果企业能够提供商标的原始凭证及公证材料，被抢注企业是有可能依靠法律夺回商标的。

法律手段往往成本较高。搜集证据及委托律师所需的费用并不低，而法律程序又历时较久，致使企业坐失市场发展的机会。因而，最便捷的挽回手段是商标谈判。抢注者的动机不外乎一个“利”字，如果企业可以坐下来与抢注者谈判，不失为一个兼顾市场和效益的周全之策。

如果企业无法通过谈判拿回自己的商标，又无心力应对法律程序，则将只有换标可供选择。

东南亚商标打假策略

做好商标打假工作。东南亚有许多小型公司以假冒为生，恶意使用与名牌相似的商标。要预防商标相似事件，只能及时进行打假。首先须建立一个庞大的反假冒商标情报网络，发动所有业务人员密切关注市场上的假冒商标产品。此外，大型展销会也是假冒商标泛滥的场所，应当派专人调查。一旦发现假冒商标产品，须及时保留证据，借助政府有关机构和法律的力量，对假冒商标企业进行严厉的打击。

东南亚商标保护制度

目前，世界各国主要有两种商标确认制度：使用优先制与注册优先制。使用优先制是依据商标的原始凭证认定权利人，此原则在东南亚范围内适用于马来西亚、菲律宾、新加坡、柬埔寨、泰国、缅甸、印尼、文莱等。注册优先制可依据商标在该国的注册记录确定权利人，此原则在东南亚范围内适用于越南、老挝。针对这两种商标确认制度，不同的企业可采取不同的商标保护策略。

一般情况下，中小企业取得了一定的国内业务，也有一些产品销往东南亚，但其产品在国内外均不具备领导市场的能力，自身商标还只是起“区别”作用的标识。此时，企业可不急于在东南亚注册，特别是在使用优先制国家，而只需委托国内商标事务所监察企业海外潜在市场的商标注册情况，同时保留商标原始凭证，如广告、发票、合同、公证材料、报关单等。

市场领先企业的产品在国内市场已成为主流，伴有较大数额出口业务，其商标在“区别标识”作用之外，也具备了“价值增值”功能，此时，企业应该开始考虑“马德里商标注册”（以下简称“马德里体系”），以防止商标被抢注后所带来的损失。

马德里体系是注册人仅需提交一份申请，即可确保其商标在多国受保护的国际条约体系，包括“商标国际注册马德里协定”和“马德里议定书”两部分。该体系的优点在于：费用较低。注册费用只包括基础注册费、指定国家注册费、本国商标主管机关费用三部分；节省时间。申请人从提交商标国际注册申请书至商标局之日算起，6个月左右即可取得世界知识产权组织（WIPO）国际局颁发的商标国际注册证明；手续简单。申请人向本国商标局递交一份申请，即可指定众多国家进行申请保护，后期变更名称或地址、续展等手续均可通过单一程序办理。

马德里体系既能保护自身品牌，又没有额外增加企业的经营费用，在注册优先制国家非常适用。而对于非马德里体系成员国，企业可根据自身需要，采取逐一注册的方式或继续委托国内事务所监察，同时妥善保存有利于自身的商标原始凭证，已备解决可能纠纷之用。

（来源：综合整理自马来西亚大将出版社，2007年版《东南亚商标注册》）

文莱商标注册指南

一、概要

商标注册采用在先使用原则，保护商品商标、证明商标、系列商标、联合商标、防御商标和彩色商标。

文莱1984年商标法和沿用的1957年商标法实施细则与英国1938年商标法及其实施细则大体相似。商品分类与国际商品分类相同，商品只能注册具体商品或商品类别，每个商品类别要分别申请。文莱是世界知识产权组织成员国。

2000年6月1日生效的新商标法增加了对服务商标的保护，注册有效期从14年修改为10年。

二、可注册商标的构成要素

商标注册簿分为A簿与B簿，与英国1938年商标法近似。商标在A簿注册必须至少包含以下要素或由下列其中之一要素组成：

1. 以独创或独特形式表示的公司、个人或商行的名称；

2. 注册申请人或其业务先辈的签名；

3. 独创的词或词组；

4. 不直接描述商品特性、质量的词或词组，就其通常含义不是地理名称和姓氏；

5. 任何其他显著性商标。上述1～4所述之外的名称、签字、词或词组，除非注册官或法院认为是显著性的商标，否则不能注册。在新加坡、英国获得注册的商标被认为是具有显著性的商标。注册官有权决定商标是否具有显著性。如商标设计中包括人名或肖像，注册官可以要求提供该个人的同意书。如有关个人已经死亡，则需要该个人代表出具同意书；

6. 用于纺织晶、纱和线的商标（第23和24类除纱笼和纱笼布之外的所有商品）除非已经获准在英国注册，否则不可在文莱申请注册。

三、不可注册商标的构成要素

除了诚实共用人的情况外，注册与他人已在相同商品上注册的商标相同，或与已注册商标很近似可能因此造成欺骗或混淆，或违反法律、道德或任何诽谤性图案，注册官均不给予注册。

注册官拒绝接受以下所列申请：

1.“专利”、“专利的”、“注册的”、“注册的外观设计”、“版权”或类似的词；

2. 苏丹殿下或文莱皇家任何成员的肖像或任何欺骗性的仿制品，英王陛下或皇家任何成员的肖像或任何欺骗性的仿制品；

3.“红十字”或“日内瓦十字”和日内瓦标识，其他红色十字形或瑞士联邦红底上的白十字或在红底上的银十字，或近似的彩色或多种色彩的设计；

4. 可能使人们认为申请人有皇家的身份或授权的皇家或帝国纹章的复制品、纹饰、盾徽的支撑，与徽章或纹章非常近似导致误解，或皇家或帝王的王冠，或国旗或“皇家”、“帝王”或任何其他的文字、字母或图形。

四、申请人资格

任何商标所有人使用或计划使用商标均可申请注册，商标的先使用人有权注册。

若属下列情况，仅仅根据似乎申请人没有使用或没有计划使用商标而批驳或拒绝任何商品的商标注册申请是不允许的：

1. 如果注册官相信一个法人团体将组建，而申请人计划将商标转让给这个法人团体，并由该法人团体在那些有关商品上使用；

2. 如果申请书附上一个商标注册使用人的注册申请，并且注册官相信所有人计划将商标给予注册商品有关的人使用，而且在商标获准注册后，那个人将立即注册为商标注册使用人。所有人之外的人可以在注册的全部或任何商品上有条件或无条件注册为商标使用人。

五、商标申请与注册

（一）申请所需文件

1. 代理人的委托书，只需签字；

2. 商标图样6张；

3. 商标印版1件。

（二）审查

收到商标申请之后，注册官做近似商标查询，如有近似商标而要批驳申请，则书面通知申请人，申请人应在1个月内进行答辩或要求听审，否则将视为放弃商标申请。注册官可以有条件地接受申请或要求放弃有关部分的专用权后予以注册。

由于申请人的拖延，如果注册在12个月内没有完成，注册官将书面通知申请人或他的代理人，自通知之日起14日内或在注册官指定的时间内没有完成，申请将被视为放弃。

（三）公告

商标申请被接受注册之前或注册之后，连同注册官认为合适的条件或限制一起刊登在商标公告上。

任何关系人在商标公告之日起2个月内，可以提出书面异议、阐明异议理由的根据，并提交异议书委托一式两份。申请人在接到注册官异议通知之后的1个月内进行答辩，提交证据并由注册官主持庭审后作出最终决定。申请人若反对注册官的审定可以上诉至法院。

六、商标注册有效期和续展

商标注册有效期为10年，续展注册有效期为10年。续展必须在注册有效期之前3个月内办理。

接近期满的商标，注册官将通知注册所有人。如果商标没有续展，注册官将在公报上公告。如果在公告的1个月内还没有续展，商标注册将从注册簿中注销。商标注册被取消后，如果提供给注册官满意的理由，可以恢复注册。商标续展注册只需提供经申请人签字的代理人的委托书。

注册商标没有诚意计划使用或不使用达5年之久，商标注册将被撤销，商标注册使用人的使用将被视为所有人的使用。

七、诉讼

商标注册后受到法律保护。商标在A簿注册7年后，除非商标权是欺诈获得，或其由不道德或诽谤性构成或其使用可能造成欺骗或混淆，则该商标权获得不可争议性，注册商标所有人有权对侵权行为起诉，挽回损失。非注册商标如果受到侵犯则无权起诉，只能通过普通法解决。

八、商标转让和许可

商标可以转让，转让时可以同商誉一起转让，也可以不同商誉一起转让。转让获得的商标所有权必须向注册官注册。若不注册所有权，在法院起诉时不能作为证明文件。

商标许可他人使用，具体规定适用英国法律。许可需要提交申请书、规定的格式和代理人的授权，上述文件只需申请人签字。

（来源：综合整理自南博网）

柬埔寨商标指南

一、柬埔寨商标法简介

柬埔寨商标法于2000年制定，但商标注册工作在此之前已开展。柬埔寨还没有加入WTO，是WIPO的成员，于1989年加入巴黎公约，尚未加入马德里协定。

二、柬埔寨商标制度

（一）商标的构成要素

单词、字母、数字、图形或照片、徽章、颜色或者颜色组合、商品的容器或外包装的形状（不能仅是为了获得某种功能的形状），以及上述要素的组合等。

（二）种类

商品商标、服务商标、集体商标和立体商标。

（三）主体

商标的拥有者，不管是个人、还是合伙或公司都可以申请注册商标。

（四）注册商标的期限

商标权的期限为10年，期满可以续展，每次续展注册的有效期为10年。

（五）使用要求

每5年向柬埔寨知识产权主管当局报告使用或未使用情况。若没有报告使用或未使用情况，该商标将被取消。

（六）禁止注册条件

误导公众；公用标志；商品或服务的特征，如性质、质量或数量等；商品的形状或组成部分；违反道德、秩序、习惯或法律；未经所有人的同意，与已经注册的商标相同或类似等。

（七）使用优先制

柬埔寨是使用优先制国家，凭商标的原始凭证认定权利人。

三、申请商标注册程序

（一）所需材料

1. 申请人名称和地址
2. 申请的商品或服务项目
3. 商标图样
4. 委托书（需公证）

（二）注册程序

柬埔寨商标注册流程：申请——形式审查——修改——实质审查——注册——异议（90天内）——行政决定——诉讼。

1. 搜查

申请注册的商标不得与他人在先取得的合法权利相冲突。鉴于此，搜查及收集资料是第一个必然的步骤，也是重要的第一步，这就避免了与他人的专利有相似之嫌。

2. 申请

申请者必须提呈指定的委任书、商标模式、服务及商品例表，第一次注册的号码、日期、国家及申请日。

3. 审查

在确认费用已交齐的前提下，柬埔寨商标局会审查商标记录，以确定在相同或类似的货品或服务是否有其他商户已经注册或申请注册相同或类似的商标。同时，核查有关商标是否符合商标法律法规的注册规定。

如审核通过，申请程序将进入下一阶段——登宪公告阶段。

4. 登宪公告

柬埔寨商标局批准申请后，便会在商标周刊上刊登公告，为期3个月。若无人提出异议，该商标就可以成功注册。

5. 注册

柬埔寨商标注册一般在提交申请后3个月左右会收到政府的官方回执，在申请比较顺利的情况下，12～15个月可以拿到政府的注册证书，有效期为10年，每次可续展10年。商标持有人必须在商标注册的第5年期间提交使用证据以维护其注册的有效性。如未提交使用证据，该商标将被撤销。

（来源：综合整理自南博网）

印度尼西亚商标法指南

一、简介

印度尼西亚最新修订的商标法取代了1961年印度尼西亚商标法，于2001年8月1日开始施行。目前，印度尼西亚是WTO成员，于1979年加入WIPO，1950年加入巴黎公约，尚未加入马德里协定及其议定书。

二、印度尼西亚商标制度

（一）商标的构成要素

单词、字母、数字、图形或照片、徽章、颜色或者颜色组合、商品的容器或外包装的形状（不能仅是为了获得某种功能的形状），以及上述要素的组合等。

（二）种类

商品商标、服务商标、集体商标和立体商标。

（三）主体

商标的拥有者，不管是个人、还是合伙或公司都可以申请注册商标。

（四）注册商标的期限

商标权的期限10年，有效期满后可申请续展，每次续展注册的有效期为10年。

关于商标的续展，旧商标法规定续展申请应在商标专用期满日前一年起至半年内提出，目前则放宽于专用期满日前一年起至有效期满日止，为当事人提供了便利。

（五）优先权

关于优先权，印度尼西亚旧商标法规定，主张优先权之商标申请案，未在3个月内补齐优先权的文件，则被认定为失效。目前的印度尼西亚商标法则规定，未在3个月内补齐优先权文件的商标申请案，则依非主张优先权的申请案进行审查。

（六）商标争议

商标撤销争议案应向印度尼西亚商业法院提起，也可通过仲裁程序解决商标纠纷。另外，第三人提出异议的时间则由公告日起6个月缩短为3个月。

（七）使用优先制

印度尼西亚是使用优先制国家，凭商标的原始凭证认定权利人。

三、申请程序

（一）搜查

申请注册的商标，应当有显著特征，有便于识别，并不得与他人在先取得的合法权利相冲突。有鉴于此，搜查及收集资料是第一个必然的步骤，也是重要的第一步，这将避免与他人的商标有相似之嫌。

（二）申请注册

在决定本身的商标后，所有申请者必须提呈所需的文件给有关部门。印度尼西亚商标注册所需材料如下：

1. 申请人名称和地址（申请人在提交商标注册申请时必须委托代理机构办理有关事宜。外国公民在印度尼西亚申请商标注册或办理其他商标事宜，必须指定印度尼西亚代理机构代为办理。根据巴黎公约关于优先权的规定，外国申请人可基于原属国或巴黎公约任一成员国的首次申请，在自该申请日起的6个月内要求优先权）；
2. 申请的商品或服务项目；
3. 商标图样。

（三）审查

在提呈上述文件给予商业标志单位后，有关单位将依据法定程序给予审查，有关申请者将拥有两个月的时间对有关的商标申请文件作出修正。一旦所有的申请文件符合所有的法定要求，商业标志单位将会发出申请日期。此外，在该单位发出申请日期后，属第三方的独立机构在9个月内将进行审查。

（四）公告

有关单位将把所有的商标申请发布在官方商标公告上，为期6个月，再进行3个月的公告程序。

（五）异议

若有人对有关商标申请提出异议，必须提出反对有关商标注册的有利文件，包括申请注册商标与他人先取得的合法权利商标相冲突，存有共同点或存有违反法令等嫌疑证据。一旦呈交反对信件后，反方必须在2个月内提呈有利于自身的有关的反对文件。有关单位将会对商标申请重新作出审查，所需时间约2个月。

（六）注册

印度尼西亚商标注册一般在提交申请后3周左右会收到政府的官方回执。在申请比较顺利的情况下，13～15个月就可以拿到政府的注册证书，有效期为10年。

（来源：综合整理自南博网）

老挝商标指南

一、老挝商标法简介

老挝的商标法制定于1994年，自1995年1月起施行。

老挝还没有加入WTO，于1995年加入WIPO，1998年加入巴黎公约，尚未加入马德里协定。

老挝商标条例属于大陆法系，商标注册采用申请在先原则，采用《商品和服务国际分类尼斯协定》作为商品和服务商标的分类标准。

二、老挝商标制度

（一）商标的构成要素

单词、字母、数字、图形或照片、徽章以及上述要素的组合等。

以下商标不能获得注册：没有显著性，即不能区别商品或服务的来源；商标违反国家的文化精神或公共秩序；误导公众，特别是关于产地标记、商品或服务的特征等；商标相同于或模仿于、组成于老挝的军旗、军徽、国家的文化或历史遗迹、国家名称或其简称、政府间组织的名称、检验检疫标记以及与驰名商标相同或类似的商标。

（二）种类

商品商标、服务商标、集体商标和立体商标。

（三）主体

商标的拥有者，不管是个人、还是合伙或公司都可以申请注册商标。

（四）注册商标的期限

商标权的期限为10年，期满可以续展，每次续展注册的有效期为10年。

（五）注册优先制

老挝是注册优先制国家，依据商标在该国的注册纪录确定权利人。

三、申请程序

（一）申请文件

1. 商标图样：不大于9厘米×9厘米，不小于5厘米x5厘米的商标图样15张。如果申请彩色商标，则应当提供彩色商标图样；

2. 如果商标实用标签中包括了对产品原产地及产品价格的说明，则应当提供该实用标签；

3. 如果申请优先权，则应提供优先权文件；

4. 经过公证的委托书；

5. 商标申请人的名称、地址和国籍；

6. 对申请商标的说明；

7. 商标所使用的商品或服务项目；

8. 经过公证的申请人的营业登记文件；

9. 缴纳必要的商标申请费用。

此外，如果申请注册集体商标，则应提供商标使用规则。如果集体商标的使用目的有所变化，集体商标注册人必须向老挝科学技术和环境部提出申请，以获得其对此的许可。

（二）注册程序

申请人提出申请后，老挝科技和环境部将对申请进行审查；若申请无异议，申请将在5至6个月内被核准注册，老挝科技和环境部将颁发商标注册证书，并进行公告。

1. 搜查

申请注册的商标，不得与他人在先取得的合法权利相冲突。有鉴于此，搜查及收集资料是第一个必然的步骤，也是重要的第一步，这就避免了与他人的专利有相似之嫌。

2. 申请

申请者必须提呈指定的委任书、商标模式、服务及商品例表、优先权文件；必须按《商标注册用商品和服务国际分类尼斯协定》（第八版）的分类，按类提出商标注册申请。

外国人申请老挝的商标，应当使用老挝语、英语或法语。所有申请文本要求用打印稿，并由老挝的代理组织代理。

申请人应对其申请注册的商标进行描述，该种描述应当反映商标每一个要素的意义。

（来源：综合整理自南博网）

马来西亚商标指南

一、马来西亚商标法简介

马来西亚商标法制定于1976年。服务业的商标注册在马来西亚起步较晚，1997年12月1日才开始施行。

2000年修订的商标法于2001年8月起实施，取消了A、B簿的注册制度，保护驰名商标，增加海关执法措施。

目前，马来西亚是WTO成员，于1989年加入WIPO和巴黎公约，尚未加入马德里协定。

二、马来西亚商标制度

（一）商标的构成要素

单词、字母、数字、图形或照片、徽章、颜色或者颜色组合、商品的容器或外包装的形状（不能仅是为了获得某种功能的形状），以及上述要素的组合等。

（二）种类

商品商标、服务商标。

（三）主体

商标的拥有者，不管是个人、还是合伙或公司都可以申请注册商标。欲在马来西亚申请商标的注册者须在当地设有营业所或住所。

（四）注册商标的期限

自申请之日算起，注册商标的有效期为10年。注册商标有效期满后，需要继续使用的，应当在有效期满前3个月内申请续展注册，每次续展注册的有效期为10年。

（五）负责管理商标主体

马来西亚贸易与消费人事务部（简称“贸消部”）属下的商标局负责管理商标注册转让注册、续展注册、变更、补证、评审及其他有关事项。该商标局也负责刊登商标公告于宪报（GAZETTE）上，同时刊载注册商标及有关注册事项。

（六）使用优先制

马来西亚是使用优先制国家，凭商标的原始凭证认定权利人。

三、申请商标注册程序

（一）申请规定

申请商标注册，应该依据1997年商标条文（TRADEMARK REGULATION 1997）公布的商品分类表按类别申请。每一份商标注册申请应向马来西亚商标局呈交《商标注册申请书》（TM5）5份、商标图样5份、宣誓书（STATUTORY DECLARATION）1份。商标注册的申请日期以马来西亚商标局收到申请书的日期为准。申请手续完整并按照规定填写申请书者，马来西亚商标局将配发申请编号。可以公司名义或者个人（要求年满18周岁）名义申请。

（二）办理申请资料

1. 商标注册委托书

商标注册委托书可从Pintas网站“资料下载”栏目中下载或者到中国香港永达会计事务所索取。而申请人必须在该委托书上签字盖章。

2. 申请人资格证明资料：

（1）以公司名义申请，须附企业营业执照复印件；

（2）以个人名义申请，须附身份证或者护照复印件。

3. 商标图样

清晰商标图样12份，图片尺寸为5厘米×5厘米到10厘米×10厘米。

4. 优先权证明

根据《巴黎公约》，享有优先权者，请详细列出该优先权涉及的商品或服务以及相关证明。优先权的获得期限是在第一次申请的6个月内。

5. 商标类别

列出寻求注册的商品或者服务，指出商标类别。所有商品或者服务必须严格按照商标分类表列明。马来西亚1976年商标法令采纳了《尼斯协定》分类法。手续不完整或不按照规定填写申请书的，有关申请将被退回。马来西亚商标局对编定申请号码的申请进行审查，将初步审定的商标刊登在商标公告。被驳回申请的，该商标局会向申请人发出驳回通告。

对马来西亚商标局初步审定予以公告的商标，如有异议，异议人应当将异议书寄送马来西亚商标局。异议书上应当写明刊登于商标介绍的被异议商标的期号及初步审定号。之后，马来西亚商标局将异议书呈交，并根据当事人陈述的事实和理由予以裁定。若当事人对马来西亚商标局的异议裁定不服，可以就此提出上诉。商标注册申请一经审核批准，马来西亚商标局将发出《商标注册证》（CERTIFICATE OF REGISTRATION）予以公告。

（三）商标注册申请流程

1. 商标查询

商标查询通常是指商标注册申请人在申请注册商标前，为了解是否存在与其申请注册的商标可能构成冲突的在先商标权利而进行的有关商标信息的查询。一个商标从申请到核准注册历时长久。如果商标注册申请被驳回，一方面损失商标注册费，另一方面重新申请注册商标还需较长时间，而且再次申请能否被核准注册仍然处于未知状态。因此，申请人在申请注册商标前最好先进行商标查询，了解在先权利情况。虽然查询结果不等于审查结果，但是，到政府申请查询服务，极大程度地降低了申请人在申请注册过程中的风险。

2. 审查

在确认费用已交齐的前提下，马来西亚商标局会审查商标记录，以确定在相同或类似的货品或服务中，是否有其他商户已经注册或申请注册相同或类似的商标。同时，核查有关商标是否符合商标法律法规的注册规定。

如审核通过，申请程序将进入下一阶段——登宪公告阶段。

3. 登宪公告

马来西亚商标局核准申请后，便会在商标周刊上刊登公告，为期 3 个月。若无人提出异议，该商标就可以成功注册。

4. 注册

商标注册申请被核准后，马来西亚商标局会将该商标的详细资料记入注册记录册，并向申请人发出注册证明书。此外，马来西亚商标局会在商标周刊中公布有关的注册公告。注册日期为申请之日。

5. 申请商标时间

有关申请如无异议，则整个程序（自马来西亚商标局接获申请至批准商标注册这一阶段）需时可短至 14 个月。

6. 异议

任何利害关系人均有权在商标公告之日起的 2 个月内对被公告的商标提出异议，商标注册官在异议程序中将根据当事人提交的书面文件、证据和理由等作出裁定，而不再进行听审。

（来源：综合整理自南博网）

缅甸商标指南

一、缅甸商标法简介

缅甸商标体系实际上是一种登记制度，而不是由某个政府部门授予的专用权。

目前，缅甸是 WTO 成员国，于 2007 年加入 WIPO，尚未加入巴黎公约和马德里协定。

二、缅甸商标制度

（一）商标的构成要素

缅甸民法没有对商标具体含义和构成要件的阐述，但一般认为，商标应当具有显著性。一个商标应当含有一个或多个具有创造性的词语，也可以是针对某些特定的产品进行注册。缅甸的法律没有任何对颜色组合注册的限制。

（二）商标使用主义

缅甸采用商标使用主义，注册主要是防止他人仿冒。因此，曾经使用过的特有品牌或标签是否构成商标并不重要，因为制造商可以通过使用受到法律的保护，这是缅甸普通法在打击假冒行为方面的特有优势，而在其他建立了商标注册制度的国家往往需要通过反不正当竞争法来实现。缅甸商标专用权试用期限自商标首次使用日起至商标专用权人允许他人使用该商标止。

（三）保障期限

商标权的注册期限为 3 年，期满可以续展，每次续展注册的有效期为 3 年。

（四）使用优先制

缅甸是使用优先制国家，凭商标的原始凭证认定权利人。

三、申请程序

（一）所有权声明

在缅甸，商标可以通过向缅甸注册局发布所有权声明的形式进行注册，这个声明必须包括名称、注册个人的签名等。所有权声明是声明方单方面的事实陈述，通常要求地方官员、公证员或司法官员的认证。所有权声明并不是商标专用权的最终凭证，却是初步证据，在刑事诉讼或民事诉讼过程中，当事人出具其注册证书，将会对该诉讼起到很大的帮助。

（二）所需材料

1. 申请人名称和地址

2. 申请的商品或服务项目

3. 商标图样

4. 委托书（须经缅甸法院、外交部之公证、签证）

（三）登记制

缅甸采用登记制，商标所有权声明的登记通常需要 3 至 4 个月，之后代理人将在缅甸的《英语日报》上刊登敬告启事，或在使用缅甸语的报纸上刊登启事，届时就可完成商标注册程序。

（四）申请文件

1. 委任状：须经缅甸法院、外交部审查的公证和签证材料。

2. 商标权声明书：由申请人签署后须经他人见证。

（五）注册商标所有权声明程序

1. 呈报业者身份：业者在申请商标时必须呈报有关业者的身份；

2. 申请商标的授权律师：外国业者若需申请商标注册，必须提名申请商标的授权律师，该授权律师将被赋予在公证人前执行签署呈报文件的权力。有关文件必须在缅甸邻近的大使馆签署执行；

3. 注册：缅甸当地执法局将有关的呈报业者申请的注册登记于契约及保证登记录上，缅甸当局将发布临时的注册号码予申请者，而真正的批准程序则需要2至3个星期；

4. 公告：业者有权利在获得注册批准后，选择是否公告在缅甸当地报纸上。公告主要是为了避免有关的商标受到侵犯。

（来源：综合整理自南博网）

菲律宾商标指南

一、菲律宾商标法简介

菲律宾于1997年7月制定知识产权法典与商标规则，自1998年1月起施行。

菲律宾是WTO成员，于1980年加入WIPO，1965年加入巴黎公约，尚未加入马德里协定。菲律宾是《保护工业产权巴黎公约》《里斯本文本及斯德哥尔摩文本第13～30条》和世界知识产权组织的成员国之一。

二、菲律宾商标制度

（一）商标的构成要素

单词、字母、数字、图形或照片、徽章、颜色或者颜色组合、商品的容器或外包装的形状（不能仅是为了获得某种功能的形状），以及上述要素的组合等。若申请彩色商标则必须确切指明色彩。

（二）种类

可注册商标包括商品商标、服务商标及集体商标。

（三）主体

商标的拥有者，不管是个人、还是合伙或公司都可以申请注册商标。欲在菲律宾申请商标的注册者须在当地设有营业所或住所。

（四）注册商标期限

自申请之日算起，注册商标的有效期为10年。注册商标有效期满后，需要继续使用的，应当在有效期满前6个月内申请续展注册，每次续展注册的有效期为10年。

（五）使用规定

若连续5年未使用该申请注册商标，将丧失商标专用权。相关事项：1998年修订的新商标法则规定，申请人须在提出申请3年内递交商标使用宣誓书及证明，否则商标局将会撤销此次申请。

（六）对注册商标撤销的规定

商标注册期间在5年之内；在注册期间此注册商标缺乏显著性；申请人放弃使用专用权；商标注册时，以不正当方式取得商标名称，使消费者对于商品的产地或服务（服务标章）产生误认；3年无正当事由而未使用该商标。

（七）使用优先制

菲律宾是使用优先制国家，凭商标的原始凭证认定权利人。

三、申请商标注册程序

（一）搜查

申请注册的商标，应当有显著特征，有便于识别，并不得与他人在先取得的合法权利相冲突。有鉴于此，搜查及收集资料是第一个必然的步骤，也是重要的第一步，这就避免了与他人的商标有相似之嫌。申请商标注册前，申请人可对申请的商标进行检索，了解是否有相同或类似的商标已经在相同或类似的商品、服务上申请、注册。通常情况下10个工作日内可得到查询结果。

（二）申请

若查询结果显示他人未有相同或类似的商标在类似商品或服务上存在，申请人可提出申请。根据《商标注册用商品和服务国际分类》（又称“尼斯分类”）的规定，商品和服务共分为45个类别。

所有申请者必须提呈所需材料如下：

1. 申请人中英文名称及地址
2. 商品或服务项目
3. 商标图样
4. 使用声明（需公证）

（三）审查

审查期限为提呈日期后的12至18个月。菲律宾商标局在收到商标注册申请后，便会对商标申请进行形式审查和实质审查，以确定所提交的申请文件是否备齐，申请商标是否具备显著性，是否违反商标法有关禁用条款的规定以及是否与他人在先申请或注册的商标相同或类似。如果经审查申请不符合注册规定，商标申请将被驳回。如果申请人对商标局做出的裁定不服，可向菲律宾上诉法院提出上诉。若审查员对于申请人所提交的申请文件内容有异议，可要求申请人提交证明文件以证明文件的正确性。审查员也可要求申请人删除某些指定商品，但以不损害申请人的利益为前提。

（四）提交使用声明书

申请人须自申请日起3年内向菲律宾商标局提交经公证的“商标使用声明书”，并附上相应的使用证据。使用证据为商标实际使用的标签或清楚显示该商标的产品外包装的图片或照片。

（五）公告

有关当局将在申请期后12至24个月内公告有关的申请及发出允许通知，申请者必须在获得有关允许通知后的两个月内，缴纳申请注册费用。之后有关当局会将有关申请刊登在公报上，以接受有关方面的异议。

（六）异议

在异议期内，任何人都可以对该商标申请提出异议，申请人可以对该异议进行答辩。异议方必须在公报刊登的30天内提出异议，并提呈有利的文件。之后，审查官将对异议结果作出裁定。

（七）发出申请批准通知

若在公报刊登期间并未接获申请的反对，有关当局将会在发出允许通知后的3个月内批准有关申请。

（八）注册

有关当局一旦接获申请者的注册费用后，将会在5至7个月内发出注册准证，注册时间为18至24个月。

（来源：综合整理自南博网）

新加坡商标指南

一、新加坡商标法简介

新加坡商标法制定于1998年，自1999年1月起施行。

新加坡是WTO成员，于1990年加入WIPO，1995年加入巴黎公约，2000年加入马德里协定议定书。

二、新加坡商标制度

（一）商标的构成要素

单词、字母、数字、图形或照片、徽章、颜色或者颜色组合、商品的容器或外包装的形状（不能仅是为了获得某种功能的形状），以及上述要素的组合等。新加坡也接受非视觉性商标如声音、味道、嗅味的商标。

（二）种类

商品商标、服务商标、系列商标、联合商标、证明商标及防御商标在新加坡都可以注册。

（三）主体

商标的拥有者，不管是个人、还是合伙或公司都可以申请注册商标。想在新加坡申请商标的注册者须在当地设有营业所或住所。

（四）注册商标的期限

自申请之日算起，注册商标的有效期为10年。注册商标有效期满后，需要继续使用的，应当在有效期满前6个月内申请续展注册，每次续展注册的有效期为10年。

（五）商标注册管理部门

新加坡知识产权署属下的商标注册处。

（六）使用优先制

新加坡是使用优先制国家，凭商标的原始凭证认定权利人。

三、新加坡商标注册程序

（一）搜查

申请注册的商标，应当有显著特征，有便于识别，并不得与他人在先取得的合法权利相冲突。有鉴于此，搜查及收集资料是第一个必然的步骤，也是重要的第一步，这将避免与他人的商标有相似之嫌。申请商标注册前，申请人可以考虑对申请商标进行检索，看是否有相同或类似的商标已经在相同或类似商品、服务上申请、注册。通常情况下10个工作日可以得到查询结果。

（二）申请

申请者必须提呈指定的文件及申请书、注册费、使用商标的商品或服务类别和名称、商标的详细解说、商标图样。若有关申请商标是附有颜色的，在申请时必须准确提供6份商标图案，如拟注册商标是黑白图案，则只需提供一份商标图案。

办理商标申请所需材料如下：

1. 申请人的姓名、地址或注册国家；
2. 采用拟注册商标的产品或服务的详细清单及欲注册类别；
3. 优先权文件，如申请优先注册；
4. 如果拟注册商标有任何字面上的描述，须附上一份译本；
5. 申请人无须签署委任状即可提出申请。

（三）审查

新加坡知识产权局收到注册商标申请后将对此进行审查，确保不会与之前的注册商标出现相同或类似之处。在获得有关的审查报告后，申请者可检查以确定该申请商标是否获允许注册。新加坡知识产权署受理申请后，将对申请进行初审。如果申请符合商标条例规定的标准，且未与曾经申请的个案重复或类同，申请将进入公告阶段。

（四）公告

有关商标申请会公布在商标公告上，反方在公告后2个月内可提出异议。在公告期间，若无异议，有关商标将被获批注册。

（五）异议

在异议期内，任何人可以对该商标申请提出异议，申请人可以对该异议进行答辩。

（六）注册

若异议不成立或并无任何一方提出异议，有关申请注册商标将被核准注册，新加坡知识产权局将会颁发注册证书。

（来源：综合整理自南博网）

泰国商标指南

一、泰国商标法简介

泰国商标法颁布于1991年，最新的一次修订是在2000年，修订后的商标法于2000年6月起施行。

泰国是WTO成员，于1989年加入WIPO，目前尚未加入巴黎公约和马德里协定。

二、泰国商标制度

（一）商标的构成要素

泰国商标法对商标注册和商标保护进行了规定，并将商标定义为用于说明商品所属的符号，包括立体商标和颜色商标。

（二）种类

商品商标、服务商标、证明商标、集体商标、联合商标和彩色商标。

（三）主体

商标的拥有者，不管是个人、还是合伙或公司都可以申请注册商标。想在泰国申请商标的注册者须在当地设有营业所或住所。

（四）注册商标的期限

自申请之日算起，注册商标的有效期为10年。注册商标有效期满后，需要继续使用的，应当在期满前3个月内申请续展注册，每次续展注册的有效期为10年。

（五）商标侵权处罚措施

对非法使用注册商标的行为，包括买卖行为，可进行刑事起诉，并将处以拘留不超过1年或罚款2万泰铢的惩罚，甚至两罚并施。

对任何伪造他人注册商标的行为，或任何买卖伪造商标的行为将处以入狱不超过4年或罚款不超过4万泰铢的惩罚，甚至两罚并施。

（六）使用优先制

泰国是使用优先制国家，凭商标的原始凭证认定权利人。

三、泰国商标注册程序

（一）搜查

申请注册的商标，应当有显著特征，有便于识别，并不得与他人在先取得的合法权利相冲突。有鉴于此，搜查及收集资料是第一个必然的步骤，也是重要的第一步，这将避免与他人的商标有相似之嫌。申请商标注册前，申请人可以考虑对申请的商标进行检索，看是否有相同或类似的商标已经在相同或类似商品、服务上申请、注册。通常情况下7至10个工作日内可以得到查询结果。

（二）申请

若查询结果显示他人相同或类似的商标未先在类似商品、服务上注册，申请人可提出申请。

1. 有关的申请必须由业者或其代理（在泰国拥有固定商业住址者）提出。

2. 根据《商标注册用商品和服务国际分类》（又称“尼斯分类”）的规定，商品和服务共分为42个类别。

3. 优先权的文件的复印版本。

（三）审查

泰国商标局在收到商标注册申请后的3至4个月内便会对商标申请进行形式审查和实质审查，以确定申请商标是否违反泰国商标法中有关禁用条款的规定以及是否同他人在相同或类似商品上在先申请或注册的商标相同或类似。

如果经审查该申请不符合注册规定，商标申请将被驳回。如果申请人对泰国商标局作出的裁定不服，可向泰国商标委员会申请复审。

（四）公告

在异议期内，任何人可以对该商标申请提出异议。申请人可以对该异议进行答辩。异议方必须在公报刊登的90天内提出异议，并提呈有利的文件。审查官将对异议结果作出裁定。

（五）异议

在公布期90天后，若无人提出异议，有关商标将被批准注册。

（六）注册

申请者在获得通知书后的30天内必须缴纳注册费用，商标注册需12至18个月。

（来源：综合整理自南博网）

越南商标指南

一、越南商标法简介

越南商标法定于1996年7月1日起实行。

越南目前是WIPO、巴黎公约及马德里协定成员。

二、越南商标制度

（一）商标的构成要素

单词、字母、数字、图形或照片、徽章、颜色或者颜色组合、商品的容器或外包装的形状（不能仅是为了获得某种功能的形状），以及上述要素的组合等。

（二）种类

商品商标、服务商标。

（三）主体

商标的拥有者，不管是个人还是合伙或公司，都可以申请注册商标。想在越南申请商标的注册者须在当地设有营业所或住所。

（四）注册商标的期限

自申请之日算起，注册商标的有效期为10年。注册商标有效期满后，需要继续使用的，应当在有效期满前6个月申请续展注册，每次续展注册的有效期为10年。

（五）多类申请及商品分类

以自然人或者法人的身份直接向越南国家知识产权局提出申请，可允许多类申请。商品分类根据尼斯协定分为42类。

（六）商标使用

注册商标必须使用。如果在注册后连续5年未使用，有可能会被撤销申请。

（七）商标转让及许可

商标申请或注册商标均可转让。注册商标的转让必须登记才有法律效力，商标申请的转让只有在注册后才能登记。只有注册商标才能许可，许可合同必须进行登记。

（八）注册优先制

越南是注册优先制国家，依据商标在该国的注册纪录确定权利人。

三、越南商标注册程序

（一）搜查

申请注册的商标，应当有显著特征，有便于识别，并不得与他人在先取得的合法权利相冲突。有鉴于此，搜查及收集资料是第一个必然的步骤，也是重要的第一步，这将避免与他人的专利有相似之嫌。

（二）申请

申请者必须提呈指定的文件及申请书、包括委托书、申请注册商标样本、商品及服务分类、优先权文件。申请资料包括：

1. 申请人签署的经公证的授权书一份（申请时可先递交委托书复印件，3个月内提交原件）；

2. 商标的描述，包括商标含义、非英文单词的英文翻译或者音译；

3. 申请人名义，中英文地址；

4. 商标图样；

5. 需要保护的类别和商品、服务名称；

6. 优先权声明（如需要）。

（三）审查

进行形式审查（3个月左右）。对合格者发出注册受理通知书，给予申其请号、申请日期。对不合格者发出驳回通知书并要求其补正或更正。

形式审查结束后，进入实质审查阶段（9个月左右），以确定申请商标是否违反越南商标法中有关禁用条款的规定，以及是否同他人在相同或类似商品上在先申请或注册的商标相同或近似。不通过则先发出准备驳回的通知，给申请人2个月的时间作出答复或修改申请。申请者可要求对有关的申请文件作出纠正，期限是申请纠正日期2个月之内。如仍不能通过，越南知识产权局则发出驳回通知书，申请人可在3个月内就此作出上诉。

（四）公告

有关商标申请会公布在宪报上。任何第三人均可以在注册商标有效期内对该商标提出异议。在公告期间，若无异议，有关商标将被批准注册。

（五）注册

若完成以上所有的步骤，有关申请注册商标将被核准注册。申请注册时间至少需12个月，并自申请之日起开始生效。

（来源：综合整理自南博网）

东盟十国税制概述

文莱税制概述

文莱的税种很少，其税率在东南亚地区属较低的。不仅无个人所得税，也无出口税、工资税、销售税和生产税等。独资和合伙经营商行无需交纳所得税，有限公司需交纳公司所得税。文莱现行税制中的主要税种是：公司所得税、石油税等，尚未开征个人所得税、增值税。

一、主要税种

1. 公司所得税

（1）纳税人

公司所得税的纳税人分为居民公司和非居民公司。居民公司是指在文莱组建的或者在文莱从事经营活动，并且其控制和管理实际上是由其公司董事会负责执行的公司。

（2）征税对象、税率

非居民公司就文莱境内发生的所得缴税。居民公司则就来源于文莱境内和境外的从事经营活动所获取的所得、利息、财产运营的收入和来自文莱国内公司的股息缴税。公司所得税的税率为30%。

文莱政府对于居民公司支付给非居民个人或者非居民公司的利息，征收20%的预提税。

（3）应纳税所得额和应纳税额的计算

①折旧：工业用的建筑物（直线折旧法）和机械、设备（余额递减折旧法），按照规定的折旧率计提折旧。

②亏损结转：亏损额可以向后结转，期限为6年。亏损额向前结转时，期限为1年。

③费用扣除：与非居民公司、外国关联企业之间的费用，如果是适当的合理的，可以扣除。2001年6月1日以后，允许公司对在海外贸易机构的维持运营费用或者贸易会、展览会费用、开发出口市场费用和特定的广告费用、研究和开发费用、为获得技术和特许产品的认可而支付的评审费用进行扣除。

④外国税收抵免：文莱与英国之间签订了防止双重征税的协定。此外，文莱的居民公司和非居民公司，在有相互外国税收抵免协定的英联邦诸国发生的所得，允许在一方国家抵免，在文莱抵免时，最高抵免率不得超过文莱税率的一半。

⑤税款的缴纳：公司所得税按照日历年度缴纳。公司提交的所得税申报表由所得税征税员审核，税款核定通常在每年的2月进行。公司通常在收到核定税款通知书以后的30日之内缴纳税款。

2. 其他主要税种

（1）石油税

石油资源开采企业的所得税，是按照所得税法中有关石油资源开采企业的特殊规定征收。

（2）印花税

文莱政府对各种书立凭证课征印花税。税率根据书立凭证性质不同而有所差别。

（3）代扣所得税

非本地公司的债券、贷款等的利息收入按20%比例交纳所得税。文莱无其他代扣所得税。

（4）房地产遗产税

1988年12月15日后去世的人，其房地产遗产按每200万文莱元3%的税率征收。

（5）进口税

工业用的食品和其他产品免交进口税。电器产品、木材、照相设备和耗材、家具、汽车及零部件的进口税率为20%，化妆品和香水进口税率为30%。

二、主要税收优惠

1. 外国投资、融资的优惠政策

（1）新兴产业的投资

按照文莱政府经济发展规划的要求，投资于新兴产业的外国投资企业，可以根据投资额的标准，在5年之内免缴公司所得税和用于生产的原材料的进口关税。符合一定条件的，免税期限可以继续延长。为吸引更多外资，文莱政府决定再次削减公司税，自2011年起，公司税将从23.5%下调至22%。同时，政府还将调整税制，为新成立企业和利润低于25万的小企业提供更多税收优惠。

（2）外国投资、融资

对于经文莱政府许可的非居民个人提供的外国贷款的利息，免征预提税。外国投资者可以享有20年的免公司税的优惠待遇。

2. 企业扩大生产的鼓励政策

扩大生产企业获得文莱政府的认可，满足新增固定资本支出的一定标准，就可以享受5年以内的免税待遇。

（来源：综合整理自秦皇岛市国家税务局网、南博网）

柬埔寨税制概述

柬埔寨现行税制中的主要税种是：公司所得税、个人所得税、增值税、特定商品和服务税、土地和房屋的租赁税、印花税等。柬埔寨对私人投资企业所征收的主要税种和税率分别是：利润税 9%、增值税 10%、营业税 2%。

一、主要税种

1. 公司所得税

（1）纳税人

柬埔寨公司所得税的纳税人分为居民公司和“永久性常设机构”。居民公司是指在柬埔寨组建和管理或者其主要经营场所在柬埔寨境内的公司。“永久性常设机构”是指外国公司的分支机构或者居民代理人通过非居民人员在柬埔寨境内从事经营活动的场所。此外，对于有外国投资的公司纳税人还有一些特殊的规定。

（2）征税对象、税率

公司所得税的征税对象是营业利润和规定的消极所得。营业利润包括资本利得，消极所得包括利息、特许权使用费、租金等。公司和常设机构的标准税率为 20%，政府鼓励的投资企业可以享受 9% 的优惠税率，从事石油、天然气和特定矿产资源开发公司的税率为 30%。保险企业应以纳税年度所接收的保险金总额的 5%缴纳公司所得税。关于预提所得税。柬埔寨对于支付给非居民的利息、股息、租金、特许权使用费、技术管理服务费等按照 14% 的税率征收预提所得税；对于银行支付的定期储蓄存款利息、活期储蓄存款利息分别按照 6%、4%的税率征收预提所得税。

（3）应纳税所得额和应纳税额的计算

①折旧。有形资产的折旧率与折旧方法：楼房及其附属建筑物部分的折旧率为 5%，使用直线折旧法；计算机、电子信息系统、软件与数据处理设备等的折旧率为 50%，使用余额递减折旧法；汽车与办公用具设备等的折旧率为 25%，使用余额递减折旧法；其他有形资产的折旧率为 20%，使用余额递减折旧法；对于合格投资项目的有形资产实行特别再折旧，即购买资产以后第一年可以按照该资产成本加提折旧 40%。无形资产的折旧率按照其规定年限使用直线折旧法摊销。自然资源的折耗有特别规定。

②亏损结转。亏损额可以向后结转，期限为 5 年，不允许向前结转。

③其他扣除。利息扣除不能超过当年实现的利息收入，不能扣除的部分可以结转到下一年度扣除。

2. 个人所得税

（1）纳税人

个人所得税的纳税人分为居民个人和非居民个人。一个人在 12 个月中居住在柬埔寨的时间超过 182 天，即被视为柬埔寨居民。

（2）征税对象、税率

柬埔寨的个人所得税的征税对象主要是工资、薪金收入。柬埔寨居民个人就其来自柬埔寨境内、境外的工资收入纳税，非居民个人仅就其来源于柬埔寨境内的工资收入纳税。应税工资分为现金工资和附加福利工资，两者适用不同的税率。现金工资包括工资、奖金、加班补助等。附加福利工资包括教育补助（与雇佣有关的教育除外）、住宿补助、特定保险的补助、社会福利等。可以免税的工资包括得到认可的国际组织、外交机构的雇员的工资等。柬埔寨的国会议员不缴纳工资、薪金所得税。

工资、薪金所得税税率表

<table>
<tr><th></th><th>级数</th><th>月应纳税所得额</th><th>税率（%）</th></tr>
<tr><td rowspan="5">现金工资</td><td>1</td><td>500000 瑞尔以下的部分</td><td>0</td></tr>
<tr><td>2</td><td>超过 500000 瑞尔至 1250000 瑞尔的部分</td><td>5</td></tr>
<tr><td>3</td><td>超过 1250000 瑞尔至 8500000 瑞尔的部分</td><td>10</td></tr>
<tr><td>4</td><td>超过 8500000 瑞尔至 12500000 瑞尔的部分</td><td>15</td></tr>
<tr><td>5</td><td>超过 12500000 瑞尔的部分</td><td>20</td></tr>
<tr><td colspan="2">附加福利工资</td><td colspan="2">附加福利工资部分的税款由雇主缴纳，税率为福利工资的市场价值的 20%。</td></tr>
</table>

注：非居民个人的工资所得税税率为 20%。

3. 其他主要税种

（1）增值税

在柬埔寨境内提供货物或者劳务的企业和个人有缴纳增值税的义务。增值税的税率为 10%，出口货物和劳务适用零税率。按照应税供应品应税价值的 10%税率征收。应税供应品包括：柬埔寨纳税人提供的商品或服务；纳税人划拨自用品；以低于成本价格赠与或提供的商品或服务；进口至柬埔寨的商品。对于出口至柬埔寨境外的货物，或在柬埔寨境外提供的服务，不征收增值税。

提供下列劳务免征增值税：公共邮电业的服务、医疗卫生业的服务、国有公共运输业和电力事业、保险业和特定的金融服务。

（2）最低税

不属于公司所得税和增值税的纳税人有缴纳最低税的义务。最低税的计税依据为提供服务和货物者的营业收入，税率为1%。

（3）特定商品和服务税

特定商品和服务税对进口商品或者特定商品和服务征收，税率从0%至33.33%不等。

（4）土地和房屋的租赁税

从事土地、建筑物租赁等业者有缴纳土地和房屋的租赁税的义务。土地和房屋的租赁税以从事土地、房屋租赁者取得的租赁费为计税依据，税率为10%。

（5）印花税

印花税是针对特定的正式文书、特定的广告等征收的，税额根据广告等所设置的场所、使用的照明和国家语言的差异而定。

（6）未使用土地税

未使用土地税对城市和指定地域的土地上没有从事建设的、或者有建筑物没有使用的、以及特定的开发地的未使用土地征收，税额于每年6月30日由未使用土地评价委员会决定，按照每平方米土地的市场价格的2%计算，1200平方米以内的土地免税。应税土地的所有者必须在每年的9月30日以前缴纳未使用土地税。

（7）注册税

柬埔寨对企业的设立、合并或者撤销等有关特定文书以及特定资产转让的有关文书征收注册税，税额按照转让价格的4%计算。

（8）运输工具税

运输工具税是对卡车、船舶等特定运输工具注册时的法定手续费征收的。

二、主要税收优惠

（一）投资鼓励政策

根据2005年9月颁布的《柬埔寨王国投资法修正法实施细则》规定，柬埔寨政府对符合政府鼓励投资项目的企业给予如下的税收优惠：

1. 投资企业获利之后，免征3年公司所得税。之后，根据投资行业的不同，投资企业还可以追加2～5年的免税期。

2. 符合规定的投资企业可以免征进口生产设备、原材料的关税。

（二）再投资优惠政策

柬埔寨政府对于将符合政府鼓励的投资项目所取得的利润在柬埔寨境内进行再投资的企业，给予加速折旧税收优惠。

（三）柬埔寨对外国投资的优惠

1. 投资优惠

经柬埔寨发展理事会批准的合格投资项目可取得的投资优惠包括：（1）免征投资生产企业的生产设备、建筑材料、零配件和原材料等的进口关税；（2）企业投资后可享受3～8年的免税期（经济特区最长可达9年），免税期后按税法交纳税率为9%的利润税；（3）利润用于再投资，免征利润税；分配红利不征税；（4）产品出口，免征出口税。

2. 农业行业鼓励政策

农业在吸引外商投资农业产业上，柬埔寨政府依据投资法对开发种植1000公顷以上的稻谷、500公顷以上的经济作物、50公顷以上的蔬菜种植项目；对畜牧业存栏在1000头以上、饲养100头以上的乳牛项目、饲养家禽10000只以上项目；以及占地5公顷以上的淡水养殖、占地10公顷以上的海水养殖项目均给予支持和优惠待遇。主要鼓励措施是：（1）项目在实施后，从第一次获得盈利的年份算起，可免征盈利税的时间延长为8年。如连续亏损则被准许免征税。如果投资者将其盈利用于再投资，可免征其盈利税；（2）政府只征收纯盈利税，税率为9%；（3）分配投资盈利，不管是转移到国外，还是在柬国内分配，均不征税；（4）对投资项目需进口的建筑材料、生产资料、各种物资、半成品、原材料及所需零配件，均可获得100%免征其关税及他赋税，但该项目必须是产品的80%供出口的投资项目。

3. 外资主要鼓励措施

对外资的主要鼓励措施有：企业利润税为9%；企业从盈利第一年算起，免征8年利润税；对于80%以上的产品用于出口、或在政府指定的开发区内的外资企业，其进口建厂所需材料设备和生产用的原料等均免征进口关税；对投资现代农业、加工业、基础设施建设和动力机械生产的外资企业，则在建厂期间和生产第一年享受上述设备物资免税进口的优惠。

（来源：综合整理自宁波市对外贸易经济合作局、中华人民共和国海关总署、秦皇岛市国家税务局网）

印度尼西亚税制概述

印度尼西亚实行中央和地方两级课税制度，税收立法权和征收权主要集中在中央。

印度尼西亚现行的主要税种是：公司所得税、个人所得税、增值税、奢侈品销售税、土地和建筑物税、离境税、印花税、娱乐税、电台与电视税、道路税、狗税、机动车税、自行车税、广告税、外国人税和发展税等。

一、主要税种

1. 公司所得税

（1）纳税人

印度尼西亚公司所得税的纳税人，包括设在本国的公司和外国公司设在本国的分支机构及常设机构。石油、天然气和采矿公司按照合同的规定纳税。

（2）课税对象、税率

印度尼西亚公司应就来源于全世界的所得纳税。外国公司设在印度尼西亚的分支机构和常设机构就其在印度尼西亚所从事经营活动取得的有关所得纳税。除特殊规定外，资本利得视为普通所得征税。

2008 年 7 月 17 日印尼国会通过了新《所得税法》，个人所得税最高税率从 35%降为 30%，分为四档，5000 万盾以下，税率 5%；5000 万盾至 2.5 亿盾，15%；2.5 亿盾至 5 亿盾，税率 25%；5 亿盾以上者，税率 30%。企业所得税率，2009 年为过渡期税率 28%，2010 年后降为 25%。印尼对中、小、微型企业还有鼓励措施，减免 50%的所得税。

资本利得按照一般公司所得税税率征税。但对出售上市股票的收入征收 0.1%的预提税（发起股东为 5.1%）。对出售土地和建筑物的收入按出售价格的 5%征税。对在地方银行定期存款的利息按 15%的税率征税，并实行源泉扣缴。

外国公司设在印度尼西亚的分支机构和常设机构除按公司所得税税率纳税外，税后所得还要缴纳 20%的预提税（有协定的国家按协定规定的税率纳税），如果税后所得用于在印尼再投资，则可免缴 20%的预提税。在印度尼西亚没有常设机构的外国公司来源于印尼的所得，仅就规定的几种类型的所得缴纳预提税，税率为 20%。

（3）应纳税所得额的计算和应纳税额的计算

折旧：除建筑物外固定资产的折旧可以使用直线法和余额递减法。选择一种方法后，必须始终使用这一方法。建筑物只能采用直线折旧法，永久性建筑折旧期限为 20 年，非永久性建筑折旧期限为 10 年。

股息：居民公司之间取得的股息免税。其他公司之间的股息按一般公司所得纳税。

亏损结转：亏损一般可以向以后年度结转 5 年，有些农业和采矿公司可以结转 8 年。有些经营项目和位于偏远地区的公司，亏损可以向以后年度结转 10 年。亏损不能向以前年度结转。

关联实体交易：关联实体的交易应遵循公平独立原则，如果税务当局认为关联实体没有按照公平独立原则进行交易，就要对其所得进行调整。关联实体主要是指，一纳税实体对另一纳税实体直接或间接拥有 25%以上的所有权。

资本利得：资本利得是指资产的销售价格和账面净值之间的差额。资本损失作为费用处理。

税款的缴纳：公司所得税税款按月预缴。预缴额是上年公司缴纳的全部公司税额减去第三方代扣代缴的数额再除以 12。支付给公司的股息、利息、租金、特许权使用费和服务费要求代扣公司所得税。年终应缴与全年预缴税款的差额必须在公司向税务当局提交公司税申报表之前缴清。公司的所得税申报表必须在公司的资产负债表日之后 3 个月内提交印尼税务当局。滞纳税款要处以罚金，罚金按每月 2%计算，最高不超过滞纳税款的 48%。如果被认为是偷税则罚金更高。

2. 个人所得税

（1）纳税人

印度尼西亚个人所得税的纳税人为居民和非居民个人。个人在 12 个月中居住在印尼的时间超过 183 天，则被视为印尼居民。

（2）课税对象、税率

居民个人就其来源于全世界的所得纳税，非居民个人就其来源于印尼的所得纳税。个人在一个纳税期内的应纳税所得按照与公司税相同的税率征税。配偶双方除工薪以外的所得一般要合并纳税，并提交联合纳税申报表。非居民个人按 20%的税率征税。以下项目可以扣除：职业培训费用，按全年工薪收入的 5%扣除，但最高不得超过 64.8 万印尼盾；缴纳给政府批准的退休和养老基金款项。每个纳税人每年的免税额为 172.8 万印尼盾，配偶的免税额为 86.4 万印尼盾。每个被抚养人的免税额为

86.4万印尼盾，但享受此待遇的被抚养人不得超过3个。一次性获得的所得，如抚恤金、奖金、退伍金等，按15%的税率扣税。资本利得一般按普通所得征税。但出售土地和建筑物按售价的5%征税。在印尼的证券公司出售的股票按0.1%的税率征税，发起股税率为5.1%。

3. 其他主要税种

(1) 增值税

出口商品的税率为零，其他商品和劳务为10%。

下列项目的进项税额不能抵扣：不是以直接销售为目的购进的商品；在登记为缴纳增值税的企业之前购买的商品；购置的某些车辆；购买商品所开的增值税发票不完整；免增值税的商品和劳务；简化的增值税发票中注明的增值税纳税额；纳税通知书中注明的增值税额；税务审计发现的增值税及申报表中未注明的增值税额。

免征增值税的项目：经加工的商品（如农产品等），金融、保险、租赁和证券业务，社会、健康、宗教和教育服务等，公共交通、邮电服务、电台和电视广播等，旅馆和饭店业，提供劳动力，电力、自来水。

主要优惠项目：进口用于动力和地热工程的设备；购买用于出口的商品；进口用于救援和采矿的物资；临时进口用于石油和天然气工业的设备及石油和地热开采公司在开始生产之前的钻探成本。

(2) 奢侈品销售税

主要对某些进口或印尼国内生产的奢侈品征收。根据印尼政府确定的奢侈品的类型，税率分别为10%、20%、35%。出口奢侈品税率为零。

(3) 土地和建筑物税

按照土地和建筑物的市场价格征收，税率为5%。

(4) 印花税

印花税对特定的商事凭证征税，税率分为两档，即3000印尼盾和6000印尼盾。商事凭证包括收据、合同、委托书等。

(5) 离境税

居民离开印尼要缴纳离境税。乘飞机税额为25万印尼盾，如果是雇主代为缴纳，则这笔税款就作为预缴的公司税。乘船税额为10万印尼盾。

(6) 货物税

货物税的征税对象为特定产品，如卷烟、雪茄烟、烈性酒等。

地方政府开征的税种包括：娱乐税、电台和电视税、道路税、狗税、机动车税、自行车税、广告税、外国人税和发展税（对餐饮业和旅馆业征收）等。

二、主要税收优惠

印尼对外国投资优惠税收政策根据2007年印尼《有关所规定的企业或所规定的地区之投资方面所得税优惠的第1号政府条例》，印尼政府对有限公司和合作社形式的新投资获扩充投资提供所得税优惠。

提供的所得税优惠包括：

(1) 企业所得税税率为30%（根据新《所得税法》，2010年后为25%），可以在6年之内付清，即每年支付5%；

(2) 加速偿还和折旧；

(3) 在分红利时，外资企业所缴纳的所得税税率是10%，或者根据现行的有关避免双重征税协议，采用较低的税率缴税；

(4) 给予5年以上的亏损补偿期，但最多不超过10年。上述所得税优惠，由财政部长颁发，并且每年给予评估。

另外，印尼政府对东部的一些省份和一些产业给予税收优惠，主要有：亏损结转的年限扩大到10年；允许加速折旧；降低股息税负。另外，对资本品、原材料及特定投资项目给予减免关税的优惠。

2009年8月18日，印尼国会首次通过对地方政府辖区内商业活动进行征税规定。该法令于2010年1月1日生效，目的是提高印尼地方政府税收和取消非法、无理地方税。此法实施后可能会导致车辆和烟草价格升高。新的法令规定，印尼地方政府可以对摩托、车辆、烟草、酒店、酒吧、广告和矿产等行业征税。新的税率根据各地情况而定，或高于现税率，或低于现税率。到2011年该规定全面实施，印尼全国地方财政收入将增长24%。该法令也会鞭策印尼地方政府用财政收入来刺激经济持续增长的需要。新法令瞄准了一些关键的商品和服务，如第二辆汽车、香烟、广告价格将会更加昂贵，但是具体价格有地域差别。法令中一项重要规定是允许印尼地方政府对购买的第二辆或额外的车辆（包括摩托车）征收较高税额。新法允许印尼地方政府对第二辆或额外的车辆在原价格基础上增收2%～10%的税。

（来源：综合整理自中国印尼经贸合作网、重庆市国有资产监督管理委员会、江苏省国家税务局网）

老挝税制概述

老挝实行全国统一的税收制度，外国企业和个人与老挝本国的企业和个人一样同等纳税。老挝共有6个税种，其中，间接税包括营业税和消费税2种，直接税包括利润税、最低税、所得税、手续和服务费等4种。经老挝国会通过，2010年1月1日起实行增值税。老挝现行税制中的主要税种是：公司所得税、个人所得税、营业税、消费税、最低税及土地和其他财产租赁税等。

一、主要税种

1. 公司所得税

（1）纳税人

公司所得税的纳税人分为老挝国内的法人企业、个体事业经营者和外国投资企业。

（2）征税对象、税率

公司所得税的征税对象是来源于老挝境内和境外的企业净所得。老挝的国内法人企业适用35%的税率。外国投资企业适用税率为10%、15%和20%（详见后述税收优惠政策）。个体事业经营者适用下列的超额累进税率。

个体事业经营者适用的税率表

级数	月应纳税所得额	税率（%）
1	36万基普以下的部分	0
2	超过36万基普至150万基普的部分	10
3	超过150万基普至300万基普的部分	15
4	超过300万基普至600万基普的部分	20
5	超过600万基普至1200万基普的部分	25
6	超过1200万基普至2400万基普的部分	30
7	超过2400万基普至3600万基普的部分	35
8	超过3600万基普至6000万基普的部分	40
9	超过6000万基普的部分	45

（3）应纳税所得额和应纳税额的计算

①折旧。有形资产按照税法第三十四条的规定计提折旧，如：为工业服务的建筑物折旧年限20年，折旧率为5%；陆路运输工具折旧年限5年，折旧率为20%。土地不作为折旧资产。折旧方法可以在直线折旧法和余额递减折旧法中任选其一。

②亏损结转。亏损额可以向后结转，期限为3年，不允许向前结转。

2. 个人所得税

（1）纳税人

个人所得税的纳税人包括老挝公民和外国人。外国人在老挝取得的工资、薪金所得应当在老挝缴纳个人所得税。

（2）征税对象、税率

个人所得税的征税项目有工薪所得、不动产租赁所得、特许权使用费所得、红利所得等。工薪所得包括工资、加班费、补贴、董事费等，还有税法和政令规定的实物报酬和补助等。一次性补助金、退休金补贴、存款利息、公债利息、彩票奖收入、科研和发明创造成果的奖金等是免税所得。外国人的工薪所得一律适用10%的税率。老挝公民和移居老挝的外国人的工薪所得适用下列超额累进税率：

老挝公民和移居老挝的外国人适用的税率表

级数	月应纳税所得额	税率（%）
1	30万基普至150万基普	5
2	150万基普至400万基普	10
3	400万基普至800万基普	15
4	800万基普至1500万基普	20
5	超过1500万基普的部分	25

不动产租赁所得、红利所得等税率为10%，特许权使用费所得的税率为5%。

3. 其他主要税种

（1）最低税

在老挝境内开展经营的个人和企业都必须按照年度总营业收入的0.25%缴纳最低税。一般贸易和服务业者（包括从事自由职业者）必须按照年度总营业收入的1%缴纳最低税。按照《鼓励外国投资法》的规定，在认可的免税期间，外国投资企业免征最低税。

（2）营业税

营业税对进口和老挝国内出售的商品货物和普通服务业征收。进口和老挝国内出售的商品货物具体分为64大类，税率有3%、5%和10%。普通服务业是指提供劳务以收取服务费为报酬的行业，如：邮电通信业、运输业、建筑业、修理业、市场管理承包业、出售土地使用权的开发业、宾馆、餐饮、旅游业、文艺表演、体育业、娱乐业、医疗业及以提供劳务并收取报酬的各种行业的代理或委托业。服务业具体分为 37 大类，税率有 3%、5%和10%。

特定的商品和服务可以免征营业税，包括进口的种子、农药，用于科研的原料、设备等，还包括教育事业、慈善事业、国际运输以及与该运输业直接相关的服务业等。

（3）消费税

消费税是对税法规定的特定商品和服务征收，应税商品和服务有如下 10 大类：

①燃油类（汽油、柴油等），税率在 5%～24%之间。

②酒及含酒精的饮料，税率为 50%、60%。

③汽水及保健饮料，税率为 30%。

④卷烟包括雪茄，税率为 50%。

⑤香水及化妆品，税率为 20%。

⑥骨牌及其类似品、烟花等，税率为 70%。

⑦轿车、巴士、面包车、摩托车等，税率在15%～104%之间。

⑧电器类（冰箱、彩电等），税率为 12%。

⑨台球、乒乓球、游戏机等，税率为 10%。

⑩服务类：台球、保龄球及彩票业税率为10%，舞厅、卡拉 OK 厅税率为 15%。

（4）土地和其他财产租赁税

租赁土地和其他财产者，一律按照租赁收入的25%的税率缴纳土地和其他财产租赁税。租赁房屋者，按照租赁收入的 25%、30%两档税率缴税，或者依据房屋类型、租赁对象的不同，按照月每平方米计算税额纳税。

（5）增值税

老挝政府决定于 2010 年 1 月 1 日起实行增值税。增值税属于一种消费类税收；征收对象为所有在老挝进行税务登记的法定企业及未进行税务登记的进口商的全部进口产品；所有货物类和服务类产品均按 10%的同一税率进行征收，而现行的营业税率分 5%和 10%两种；年收入在 4 亿基普（约折合4.7 万美元）的企业列入首批征收范围，不足上述收入的企业仍按现行税率执行，但企业自愿也可进入首批范围。另外，自老挝加入中国—东盟自由贸易区到 2015 年后，大部分进口关税降为零，老挝政府可以从增值税渠道中获得部分补偿。

（6）利润税：按可收税利润（6 千万基普以上）的 35%计征。

（7）红利税：公司股东年终分红时须缴纳红利税，税率为 10%。

二、主要税收优惠

根据 2004 年 11 月 15 日颁布的《鼓励外国投资法》，老挝政府鼓励外国投资企业投资如下行业和地区，并给予各种税收优惠政策。

1. 鼓励外资企业投资的行业项目

（1）出口商品生产。

（2）农林业和手工业产品加工。

（3）利用先进技术的加工制造业，科学研究与开发项目，环境保护和生物多样性项目。

（4）有关人力资源和劳动力技能开发以及公民医疗保健方面的项目。

（5）基础设施建设项目。

（6）服务于重要工业生产的原料和设备生产项目。

（7）旅游工业和过境服务发展项目。

2. 鼓励外资企业投资的三类地区

（1）一类地区：尚无基础设施提供给投资者的山区、高原和平原地区。

（2）二类地区：有基础设施，并可以接受部分投资的山区、高原和平原地区。

（3）三类地区：已接受过投资、且基础设施较好的山区、高原和平原地区。

3. 税收优惠政策

投资上述行业和地区的外资企业可以享受如下税收优惠政策：

（1）在一类地区投资，可在 7 年内免征公司所得税，之后可按 10%的税率缴纳公司所得税。

（2）在二类地区投资，可在 5 年内免征公司所得税，之后 3 年内可按 15%的一半税率缴纳公司所得税，此后将按 15%的税率缴纳公司所得税。

（3）在三类地区投资，可在 2 年内免征公司所得税，之后 2 年内可按 20%的一半税率缴纳公司所得税，此后将按 20%的税率缴纳公司所得税。

公司所得税免征时间从外资企业经营之日起计算。植树造林项目免征公司所得税的时间从企业赢利之日起计算。

除上述优惠政策外，外资企业还可以享受如下税收优惠：

（1）在减免公司所得税期间，可免缴最低税。

（2）经批准，用于扩大再生产项目的投资可免缴公司所得税。

（3）直接用于生产的材料、零配件、交通工具，老挝国内没有或者有但不足的原料，用于加工或装配出口产品所进口的半成品可以免征进口关税和进口环节中的其他税款。

（4）出口产品可以免征出口关税。

老挝对外来投资者的优惠政策主要是减免利润税及进口生产原料、设备和交通工具的关税等，满足投资者在土地和自然资源使用以及国内劳务使用的需求，同时在居住和进出境方面给予便利等。

在企业进口生产材料等方面的税收优惠政策有：

（1）进口用于在老挝国内销售的原材料、半成品和成品，可享受减征或免征进口关税、消费税和营业税。

（2）进口的原材料、半成品和成品在加工后销往国外的，可享受免征进口和出口的关税、消费税和营业税。

（3）经计划投资部或相关部门批准进口的老挝国内没有或有但不达标的固定资产可免征第一次进口关税、消费税和营业税。

（4）经过计划投资部或相关部门批准进口的车辆（如载重车、推土机、货车及某些专用车辆等）可免征进口关税、消费税和营业税。

此外，企业在免征或减征利润税期间，还可以获得免征最低税的优惠；利润用于拓展获批业务的，将获得免征年度税；对直接用于生产车辆配件、设备，老挝国内没有或不足的原材料，用于加工出口的半成品等进口可免征进口关税和赋税；企业出口的产品免征关税。在经济特区、工业区、边境贸易区以及某些特殊经济区投资，还可按照各区的特别优惠政策和规定执行。

（来源：综合整理自秦皇岛市国家税务局网、中华人民共和国商务部网站、广西壮族自治区人民政府门户网站）

马来西亚税制概述

马来西亚税收品种分直接税和间接税。直接税包括：所得税、不动产亏损税和石油所得税等；间接税包括：国产税、关税和进出口税、出售税、办事税和印花税等。

马来西亚联邦政府和地方政府施行分税制，具体税种如下：

（一）联邦政府征收的税种

联邦政府征收的税种税率及税收比重如下：财务税（约占80%）和非财务税（约占20%，含相关政府收费）。财务税分为直接税和间接税，其中：

直接税约占54%，包括：所得税（公司，税率28%；个别，税率0%～28%；石油业，税率38%）其他则包括印花税，税率0%～2%等；

间接税约占46%，包括：出口税、进口税，税率0%～300%、办事税，税率5%、出售税，税率0%～25%、货物税等。

（二）地方政府征收的税种

州政府征收的税种主要有：土地矿山和森林税、执照税（不含机动车、电气设备和贸易注册执照）、文娱税和酒店税等；门牌税由市镇卖局征收。

一、主要税种

1. 公司所得税

（1）纳税人

纳税人为居民公司和非居民公司。马来西亚税法规定，居民公司指公司董事会每年在马来西亚召开，公司董事在马来西亚境内掌管公司业务的法人。居民公司就来自全世界的所得（经营和非经营所得）纳税，非居民公司仅就来自马来西亚的所得纳税。

一般而言，在马来西亚经营的公司一切收入均应课税。但是，居民公司和非居民公司汇入马来西亚的款项得以免税（银行、保险、海运及空运公司除外）。

（2）征税对象和税率

法人所得大致分为4种：经营所得；股息、利息所得；租赁费、使用费、佣金所得；其他利得和收益所得。

2006年居民公司采用20%和28%的比例税率，实行申报纳税制度。不超过50万林吉特的应纳税所得额适用税率为20%，超过50万林吉特的应纳税所得额适用税率为28%。

非居民公司实行预提税制度。预提税税率为10%至15%。非居民公司来自马来西亚的利息和特许权使用费缴纳预提税，但是，非居民公司为马来西亚中央政府、州政府、地方当局或法定实体提供信贷收取的利息不征预提税。1983年以后，马来西亚加强了对建筑行业非居民承包商的预提税征收，按照承包合同，对非居民承包商的预提税税率为20%（包括法人税15%，个人所得税5%）。

（3）应纳税所得额和应纳税额的计算

对经营所得的扣除项目，马来西亚税法采取实务操作上的判断标准：①所得税法或其他法律没有特别规定不列支出的项目；②与经营活动有关的支出项目；③为创造所得发生的支出项目；④不属于资本性的支出项目。

税务上的扣除项目主要包括：

①折旧。税务机关依法认可的折旧资产有：工业用建筑、机械及设备。部分地区对机械设备购进时的初期折旧采用20%的折旧率，而进口重型机械设备则按10%计提折旧。机械设备在使用过程中按每年10%至20%的比率提取折旧。加速折旧适用于计算机、通信技术设备、环保设备和资源再生设备。

②亏损处理。经营亏损在当期从其他经营所得以及投资或资产所得中扣除。不足扣除的经营亏损可以往以后年度无期限结转，但只能冲抵经营所得。

③向外国子公司的支付。对国外子公司支付的使用费、管理服务费和利息费用经申请可以从公司所得税中扣除，但必须使用公平交易价格（即非关联公司间的交易价格）。

④税额扣除。通常不允许从应纳税所得额中扣除，但是，一些间接税如销售税和服务税可以从应纳税所得额中扣除。

2. 个人所得税

(1) 纳税人

纳税人为居民和非居民。居民就来自全世界的所得纳税，非居民只对来自马来西亚境内的所得纳税。马来西亚个人所得税法规定，居民的4种认定标准为：该年在马来西亚居住时间超过182天；该年在马来西亚居住时间不足182天，但该年前一年或后一年的持续居住时间超过182天；该年居住时间超过90天，包括该年在内的4年中有3年是居民或居住90天以上；即使该年不在马来西亚居住，最近3年或者以后年度都被认定为居民。不符合上述4个标准则判定为非居民。

(2) 征税对象和税率

马来西亚居民就来自马来西亚的所得、派生所得和国外汇往马来西亚的所得缴纳个人所得税。

居民个人所得税率采用0%～28%的累进税率，对符合相关规定的，可予以减免。居民取得的利息按照5%的比例税率缴纳利息税。一年期存款利息免税。特种国债及证券利息免税。马来西亚的商业银行及其他金融机构支付给非居民的利息免税。

2006年马来西亚个人所得税、工薪所得税税率表

级数	全年应纳税所得额	税率(%)
1	不超过5万林吉特的部分	0
2	超过5万至7万林吉特的部分	19
3	超过7万至10万林吉特的部分	24
4	超过10万至15万林吉特的部分	27
5	超过15万至25万林吉特的部分	27
6	超过25万林吉特的部分	28

非居民个人的所得税率为28%，除对在马来西亚短期逗留和在马来西亚工作不满60天的非居民取得的收入可予免税外，非居民的其他收入不享有减免优惠。对于非居民个人在马来西亚期间取得的下列收入，须预先交纳特定的所得税：

因动产的使用、提供技术咨询服务、提供厂房和机械安装服务以及因提供其他无形资产的使用而取得的收入预先缴纳的税率为10%；

因提供专利的所得预先缴纳的税率为10%；

银行存款利息所得预先缴纳的税率为15%；

大众演出的所得预先缴纳的税率为15%。

(3) 应纳税所得额和应纳税额的计算

居民扣除项目有10个：①基础扣除：8000林吉特。②配偶扣除：3000林吉特。③抚养扣除：(未满18岁的子女）每人1000林吉特。④人寿保险扣除及雇员退休公积金扣除：最高限额5000林吉特。⑤教育及医疗保险扣除：最高限额3000林吉特。⑥医疗费扣除：纳税人双亲最高限额为5000林吉特。纳税人、配偶或者子女每人5000林吉特，只限于重大疾病的治疗费用。⑦残疾人扣除：纳税人5000林吉特，配偶2500林吉特，子女5000林吉特。购买残疾人辅助器具的费用最高至5000林吉特。⑧税额返还：对应纳税所得达不到35000林吉特的居民给予350林吉特的税额返还。⑨书籍扣除：500林吉特。⑩教育费扣除：5000林吉特。

3. 其他税

(1) 不动产利得税

纳税人为转让不动产的个人和法人（不论居民或者非居民），出售马来西亚境内的土地和土地上的权利产生的利得要缴纳不动产利得税。转让收益按照转让价格减去购进成本和转让费用的公式计算。转让损失可与不动产利得相抵。税率取决于不动产在转让日以前的持有期限。见下表：

马来西亚不动产利得税税率表

转让资产前持有期限	个人（%）	法人（%）
不超过2年	30	30
不超过3年	20	20
不超过4年	15	15
超过5年	0	5

马来西亚公民和永久性居民可以享受最高为5000林吉特或所得额10%的免税。非马来西亚公民和居民的不动产所得税，五年内出售不动产及相关权益的，税率为30%，五年后的税率为5%，且不享有减免税优惠。

(2) 销售税

销售税为单阶段从价税，所有在马来西亚制造的产品和进口的商品（除可免税商品外）均须缴纳销售税，税率为0%～25%，但用来制造课税货物的原材料与机械通常可获得免税。一些非主要的食品与建筑材料的税率为5%，烟草和酒类的税率分别为25%和20%；某些原料性产品、基本粮食、建筑材料、农业用具、以及供建筑业用途的重型机械可获得免税；一些观光旅游和运动用品、书籍、报章与读物也可获得免税。

(3) 服务税/消费税

某些机构场所提供的特定货物（如食物、饮料和烟草等）和服务须缴纳服务税，亦可视为消费税，在提供服务或销售物品时征收，税率通常为在服务收费或产品售价上另加5%。目前，所有大型饭店以及设在饭店内外的餐厅、为会议及表演提供场地、律师、会计师和测绘师等提供的专业服务、保险和电信服务、保安和休闲等服务，均须缴纳服务税。

(4) 暴利税

对价值超过每吨2000林吉特的天然椰油、天然椰果，从量征收暴利税。

(5) 合同税

合同税按照0.25%的税率对每位在建筑工业发展委员会注册的承包商所订立的合同金额超过50万林吉特的合同文本征税。

(6) 石油所得税

石油所得税对在马来西亚境内经营石油所得按照38%的税率征税。

(7) 国产税

本地制造的一些特定产品须缴国产税，主要包括香烟、酒类、纸牌、机动车辆等。

(8) 进口税

大多数进口货物需缴付进口税，税率分按值计税和特定税率。按值计税的进口税率介于2%～300%（已装配完成的汽车）之间。近几年来，大部分原材料、零部件和机械设备的进口税已被取消。但自从1997年下半年发生金融危机以来，马来西亚政府为压缩进口以减少外汇的开支，又调高了一些大型机械设备和高档消费品的进口税率，其中豪华汽车整车的进口税率从200%提高到300%。

根据马来西亚承诺的东盟共同有效特惠关税方案，2003年1月1日起，东盟其他成员国进入马来西亚的除汽车及零部件外的其他商品的进口关税减至0%～5%。

(9) 出口税

马来西亚除对一些资源性商品的出口征收出口税外，通常对制成品的出口免征出口税。马来西亚征收出口税的应税商品包括原油、原木、锯材和棕榈油等资源性商品。

(10) 印花税

印花税的课税对象为某些票据和文件，依据票据及文件的种类以及所涉及的交易额采用不同的税率。对于企业来说，其资产首次达到10万林吉特的，征收1%的印花税，超过该金额的，征收2%的印花税。对于可转让政权，印花税税率为0.3%。某些票据，如提货单和版权专利商标等权益转让的票据，免征印花税。

二、主要税收优惠

(一) 优惠政策框架

外国投资可通过马来西亚政府主管部门个案核准形式批准享有优惠政策，这些政策一般以直接或间接的减税形式体现。包括：新兴工业地位，获得新兴工业地位称号的公司可获准部分减免所得税，即可仅就其法定所得的30%缴纳所得税。免税期为5年。投资税赋抵减，获得投资税赋抵减奖励的公司，自符合规定的第一笔资本支出起5年内，所发生符合规定资本支出的60%，可享受投资税赋抵减优惠。

一般外资企业所得税与国内企业一样同为28%，从事石油生产的公司，所得税税率为38%。

(二) 行业鼓励政策

清真食品加工及认证：凡生产清真食品的公司，自符合规定的第一笔资本支出之日起5年内所发生符合规定资本支出的100%可享受投资税赋抵减。

多媒体超级走廊公司：为了成为全球信息与通讯技术产业的中心，马来西亚政府于1996年创建了信息与通讯技术计划，即多媒体超级走廊。所有取得多媒体超级走廊地位的公司都可享受马来西亚政府提供的一系列财税、金融鼓励政策及保障，主要包括：提供世界级的硬件及资讯基础设施；无限制地聘请国内外员工；公司所有权自由化；长达10年的税收豁免政策或5年的财税津贴等。

鼓励发展生物科技：马来西亚2007年财政预算报告宣布了一系列新举措，鼓励在生物科技领域的投资，推动生物科技的发展。投资鼓励政策包括：第一，生物科技公司从首年开始盈利起，免交10年收入所得税；第二，10年届满后，生物科技公司将从第11年开始缴纳20%的所得税，优惠期仍为10年；第三，在生物科技领域进行投资的个人和公司，将减去与其原始资本投资相等的税收，并获得前期的融资支持；第四，生物科技公司在进行合并或并购时，可豁免印花税，并免交5年的不动产收益税；第五，用于生物科技研究的建筑物可获得有关的工业建筑物津贴。

（三）依斯甘达特区鼓励政策

2007年10月，马来西亚宣布了投资伊斯干达特区的优惠措施。财务优惠措施为：对于具有特区地位的公司而言：在2015年前开业的特区地位公司，可免税10年；非国民预扣的服务税和权利金可获10年豁免。对于发展商而言：2015估税年前，在区内第一中心脱售土地所获得的法定收入可免税；2020估税年前，商业建筑物租赁或买卖收入免税；非国民的服务税、利息及权利金豁免预扣税直至2015年12月31日。对于产业发展管理人而言：提供管理、监督或行销服务的产业发展管理人，法定收入可免税直至2020年估税年；提供相关服务的非国民，可免预扣税直至2015年12月31日。非财务优惠措施为：豁免遵守外国投资委员会条例。享有松宽外汇管理，包括：向国民支付或收取外币；向岸内银行及非国民借贷任何数额的外币；可用外币在岸内及岸外投资；可将出口收入保留在岸内；无限制聘请外国专才，外国专才可进口或购买免税汽车自用。

（来源：综合整理自中华人民共和国商务部网站、宁波市对外贸易经济合作局、安徽省芜湖市地方税务局网）

缅甸税制概述

一、主要税种

缅甸主要税种有所得税、商业税、财产税、消费税、关税、机动车税、印花税等，其中所得税、商业税、关税占了缅甸税收收入的90%以上。

主要税赋和税率所得税：缅甸所得税法于1974年颁布，个人、企业、公司及其他团体产生的源于缅甸的所得都要缴税，非缅甸居民只对在缅甸的所得赋税。所得税主要包括企业所得税、个人所得税和资产获得税。

利润税：1976年利润税法颁布，税基是私人公司和自营者的收入、利润、资本所得，所得税法没有征收项目的适用于该法，当选择两种税赋之一时，公民必须提供相关证明给当地财税部门。税率从3%～50%不等。

商业税：1990年制定了商业税法，代替了原来的货物和服务税法，适用于所有部门，是在产品生产和销售过程中征收的税赋，既适用国内产品也适用进口产品。

印花税：1935年颁布了印花税条例，印花税包括确定（根据法院收费条例）和非确定（根据缅甸印花税条例）的印花税。

根据2008年宪法，省邦依法征收税表所列19种税须纳入省邦财政基金并依法使用。

19种税费包括土地税、麻醉品税、省邦管理的水坝、水库水税和使用该水坝水库水电站电费、省邦管理的道路桥梁费、淡水海水渔业捕捞监管费、省邦依法征收的陆路水路车船税、省邦物资销售收入和出租费、省邦对服务业规定征收的税费、省邦立法院和省邦法院规定的罚金和服务费、省邦投资盈利、在省邦区域内除柚木以外对其他木材征收的税、对木柴、木炭、藤条、竹、燕窝、黄楝、松油、蜂蜜产品征收的税等。

缅甸税收负担表

单位：10亿缅甸元

项目	96/97	97/98	98/99	99/20
GDP	791.98	1119.5	1609.8	2190.3
税收收入	28.9	45.9	52.9	54.4
占GDP%	3.7	4.1	3.3	2.5

续表

项目	96/97	97/98	98/99	99/20
其中:所得税	9.2	15.3	20.9	21.5
商业税	9.5	18.1	22.7	24.6
关税	7.8	8.6	5.2	5
非税收入	24.2	40.7	63.5	61.3

资料来源：2001 IMF Country Report NO. 01/

根据统计数据显示，缅甸的税收收入不到其财政收入的50%，其主要税种有所得税、商业税、财产税、消费税、关税、机动车税、印花税等，其中所得税、商业税、关税占了缅甸税收收入的90%以上。从1996～2000年这几个财政年度的数字看，其宏观税收负担很低，1999～2000年间财政年度宏观税收负担率（税负）仅为25%。

二、所得税法

1. 基本规定

(1) 划分标准

外国人或外国企业所得税是按“居民外国人”和“非居民外国人”进行划分，具体标准如下：

如果外国人在纳税年度内，居住在缅甸的时间不少于183天，则可作为居民外国人；按照缅甸公司法或其他现行法律设立的公司，其股东全部或部分为外国人或外国机构，可成为居民外国人；全部或部分合作伙伴由外国人组成的协会（而非公司），如果其业务的监控、管理和决策完全在缅甸境内进行并实施，应视为居民外国人；

非居民外国人是指并非缅甸居民的外国人，因此，外国公司在缅甸的分公司是“非居民”，因为是在缅甸以外设立的；

但上述分类与按《缅甸联邦外国投资法》设立的企业无关。

(2) 纳税年度

所得税纳税年度是以财政年度为基础，从当年的4月1日起到次年的3月31日止。在财政年度中，有收入的年份称为“所得税年”，下一年则为“评估年”。收入的资料应在所得税年度的6月31日或之前报送税收办公室，但如果业务终止，有关资料应在终止之日起的一个月内提交。资本收益的资料应在处置有关资产后的一个月内提交。不合理的收益将以罚代税（最高为10%）。

(3) 税源

居民外国人或企业的所得税收入，无论来源于缅甸或国外均应纳税。非居民外国人或企业收入来源于缅甸境内，应按非居民所规定的税率纳税。主要来源分为：职业收入、业务收入、其他收入、财产收益和未申明收入。

(4) 所得税的计算

在计算一项业务的净利润时，应扣除为此产生的费用，如：合理的业务开支、业务损失的抵偿、固定资产的折旧费、向慈善机构捐献的减免（不得超过总收入的25%）等，但以下费用不得扣除：资本消耗、个人花费、与业务不相称的花费，除职业服务外，支付给并非公司或合作社的任何协会成员的费用等。在“职业、财产和其他收入”项下的收入，也按上述方法计算，但与财产收入有关的折旧费不能扣除。

2. 免征所得税

根据《所得税法》，对以下收入免征所得税：

(1) 宗教或慈善机构的收入，并且该收入只能用于宗教或慈善事业。

(2) 政府当局的收入（如发展委员会）。

(3) 与存款（储蓄）有关的任何收入。

(4) 抚恤金收入。

(5) 死亡或受伤补偿。

(6) 人寿保险收入。

(7) 除资本收益和企业收入（如业务、职业或假期）之外的非定期或一次性收入。

(8) 来源于协会或公司、工厂等个人的分利或分红收入。

3. 主要税率

(1) 个人所得税

缅甸个人所得税税率表

纳税人或收入的类型		税率
1. 工资、薪金		20%
经特别许可参与国家主办项目、企业或任何事业的外国人		10%
为MFIL企业工作的外国人		10%
为非MFIL企业工作的外国人		15%
国民赚取外汇收入		10%
2. 外国人其他收入		>35%或5%～40%
3. 资本收益	居民	10%
	非居民	40%

（2）公司所得税

缅甸公司所得税税率表

纳税人或收入的类型	税率
在缅甸依照《缅甸公司法》组建的公司	30%
依照 MFIL 运作的企业	30%
经特别许可参与国家主办项目、企业或任何事业的外国组织	30%
非居民外国组织如外国公司分支机构	＞35%或 5%～40%
居民公司资本收益	10%
非居民公司资本收益	40%

（3）预扣税税率：雇主发工资时替政府预扣的所得税，具体如下：

缅甸预提税税率表

纳税人或收入的类型	居民税率	非居民税率
利息	0%	15%
许可证、商标、专利等使用费	15%	20%
支付给外国承包人的费用	2.5%	3%
根据政府合同支付的费用	3%	3.5%

三、商业税法

1. 商业税是根据《商业税法》规定对生产产品或进口商品五种服务征收的营业税，其税率如下：

缅甸商业税税率表

按收入征收的项目	税率
贸易收入（缅元）	5%
贸易收入（美元）	8%
运输	8%
娱乐	15%～30%
酒店、餐馆、寄宿	10%
销售食品和饮料	10%
旅游	5%
机动车清洗和加油	10%
保险（人身保险除外）	5%
美容、美发、健身等	5%
印刷	5%

自 2010 年 1 月起，此前以美元上交的商业税改为以缅币上税。此前，上缴商业税最多的是香烟、酒类等商品，以美元销售后，上交 10%的税，这也是给以美元交税者的优惠。如果以缅币纳税，按商品的种类，税率在 0%至 200%之间，有些威士忌等商品税率为 200%。为了实现公平，以后酒类和香烟等商品都将以缅币纳税。除了将纳税货币都改用缅币以外，商业税将以市场汇率计算上交。此前，以美元进口的商品，用缅币折算商品总值后交税，折算价为 1 美元兑 450 缅币。2010 年 1 月 1 日以后，对汽车、机械设备等是以市场价进行折算（1 美元约兑 1000 缅币）。商业税率不变，仍按商品种类征税 0%至 200%。由于是按市场汇率计算，进口商品的商业税额就增多了。从 2010 年 2 月第一个星期开始，电瓶、轮胎、汽车配件等也开始以市场价折算税费。

2.《商业税法》对下列行为给予免税或减税的优惠：

（1）政府可对任何商品、服务和被评估人给予免税或减税；

（2）政府可确定无需征税的销售和服务收入的金额；

（3）任何有关的新建企业，为新建项目安装而使用的进口的商品可免税或减税，并给予企业不超过 3 年的免税或减税；

（4）给予在缅甸本国生产并供出口的任何商品免税或减税。

四、关税法

1. 新的《关税法》共四章，将商品按统一代码（H. S）分成 6062 个税目，具体税率如下：

第一章进口税：由 24 个税率组成，税率范围为 0～40 克。

第二章特许税：免税或最高为 10 缅元。

第三章出口税：一般商品出口不计税，但以下商品须计税：大米及其制品，按每吨 100 缅币计征；豆类及其他作物、油籽饼、生皮和皮，按 5%计征；竹，按 5%计征。

第四章边境出口税：0%～15%。

因缅甸已被列为最不发达国家之一，故可享有普惠制（GSP）税率。

2. 缅甸财税部部长有权根据《关税法》的规定，确定对进口或出口商品免税或减税。为鼓励发展出口导向型项目，对以下进口业务给予免税待遇：

(1) 为复出口而进口的原材料；

(2) 以切割、制作和包装方式（C.M.P）进口而复出口的商品；

(3) 为出口而进口的包装材料。

3. 退税与保税：如果进口商品能在缅甸海关监管的指定仓库内存放，则无需支付进口关税和其他税。即使征税后，如能在两年内将所进口的商品复出口，则可退还已征关税的7/8。

4. 财产税

缅甸仰光市政发展委员会（YCDC）将按《仰光市政法》赋予的权力征收“财产税”，包括：一般税、灯光税、资源保护税、用水税。除一般税外，其他税实际上是仰光市政发展委员会收取的管理费或服务费，其金额将根据具体情况而定。如灯火税，如果其建筑物或地基远离仰光市政委员会设立的街灯1000英尺（约305米）以外则免收。用水税，也只对使用仰光市政委员会所提供水的单位或个人征收。财产税税率由YCDC根据建筑物或土地价值来确定。一般税以不超过其财产年价值12%的税率计征，但总的原则是：该税收应足够弥补仰光市政委员会完成其职责所需的费用。灯火税、资源保护税和用水税率的确定原则也一样。

五、主要税收优惠

缅甸联邦投资委员会将依法确定给予外国投资项目的税收减免，以吸引外国投资者，其具体规定如下：

1. 任何从事生产或服务性行业的单位，从投产或启用之年算起，连续三年免征所得税。如有需要，可依实际情况，经批准后可延长减免所得税的期限；

2. 若将利润作为积累且在一年内再投资，可减免所得税；

3. 机器、设备、建筑物及其他资产可按MIC同意的比例加快折旧；

4. 如果企业生产产品是供出口的，其产品销售国外所得利润的50%免征所得税；

5. 投资者有义务向缅甸政府支付外籍受聘人员所得税，该项所得税可从应征税中扣除；

6. 外国人的收入可按缅甸公民支付所得税税率计征；

7. 如属缅甸国内确需的科研项目和开发性项目的费用支出，允许从应征的税收中扣除；

8. 企业在享受减免所得税优惠后，连续两年亏损者，可从亏损当年算起，连续三年予以结转和抵消；

9. 企业开办期间确需进口的机器、设备、仪器、零部件、备件和有关材料可减免关税或国内税，或两种税同时减免；

10. 企业建成后的最初三年，因用于生产而进口的原材料减免征收关税或国内税，或两者都予以减免。

另外，为了鼓励外国投资者在缅甸投资，缅甸政府特别注意在税收方面实行优惠的政策措施：政府可对任何商品、服务和被评估人给予免税或减税；政府可确定无需征税的销售和服务的金额；任何时候，新建企业及为新建项目安装而使用的进口的商品可免税减税；给予在本国生产并供出口的任何商品免税或减税。

1. 如果3年后未获准延期，则应按照固定的统一税率30%征收企业所得税，但对于出口加工型的企业，该税率可降至15%。对于国家有贡献的企业，政府还可依据其投资效益的高低继续适当减免税收。

2. 对于采取CMP方式，即将进口的原料加工后再出口的企业，目前其产品出口可无需交纳出口税。

由于缅甸目前是世界上最不发达国家之一，在缅甸投资所产产品增值率达45%以上时，即可取得缅甸原产地证书，向发达国家出口可享受普惠关税待遇。

（来源：综合整理自广西壮族自治区人民政府门户网站、中华人民共和国农业部对外经济合作中心、厦门市地方税务局）

菲律宾税制概述

菲律宾现行税制中的主要税种是：公司税、个人所得税、增值税、社会保障税、附加福利税等。菲律宾是以间接税为主的国家，实行中央和地方分级征税制度。

一、主要税种

1. 公司所得税

1997年菲律宾通过税改法案，对国内收入法典进行了重大修正，该法案已于1998年1月1日生效执行。该法案包括征收附加福利税、最低公司所得税，以及对外币储蓄取得的所得征税。

(1) 纳税人

根据菲律宾法律建立或者组建的公司，或者在菲律宾从事贸易或者经营的公司，是公司所得税的税收居民。

（2）征税对象、税率

对于外国居民公司，仅就其菲律宾来源的所得缴纳公司所得税，其征税方法同于菲律宾国内公司。对于外国非居民公司，其来源于菲律宾境内的所得，在一般情况下其征税方法也同于菲律宾国内企业。

对于菲律宾国内公司而言，其所有来源的净所得适用35%的公司所得税税率（自2009年1月1日起，税率减为30%）。自其开始经营的第四个应纳税年度起，就总所得征收2%的最低公司所得税（MCIT）。对于私立教育机构和非营利医院，其从事与教育、医疗无关的贸易，经营所得不超过其总所得50%的，其净应纳税所得适用10%的税率；对于其非相关活动超过所有来源所得50%的，税率为35%；对于其所有财产和收入实际上直接完全用于教育目的的非营利教育机构，免予征税。

对于外国居民公司的征税，一般适用菲律宾国内公司相同的税率。对于外国非居民公司，其来源于菲律宾境内的毛收入，通常按照35%的税率征税。但是其再保险的保险费收入免予征税；其外国贷款利息的税率为20%；其从菲律宾国内公司取得的股息，如果该外国公司的所在国对该项股息免予征税，或者视为已征税按照20%给予抵免，则该项股息在菲律宾适用15%的最终预提税；如果股息的收款人是与菲律宾签订协定的国家的居民，则可以适用较低的协定税率。否则，适用正常的公司所得税税率。

关于预提所得税。对于公司和从事经营的个人向非居民支付的一些类型的所得，被要求扣除适当的税收。对于支付给非居民外国公司的款项，预提税率为32%；对于支付给不在菲律宾从事贸易或者经营的非居民外国人的款项，其预提税率为25%，有税收协定的除外。按照规定，对于菲律宾国民向非居民船舶所有者支付的租金和包租费，适用4.5%的最终预提税；对于菲律宾国民向非居民飞机、机械和设备的所有者支付的租金，适用7.5%的最终预提税。

关于非适当留存收益税。对于公司为了逃税的目的不向股东分配留存收益，就其非适当留存收益额，征收10%的非适当留存收益税。公有公司、银行和非银行金融中介机构和保险公司除外。

（3）应纳税所得额和应纳税额的计算

①存货计价：通常按照成本计价，或者按照成本与市价孰低法计价。在税收上不允许使用后进先出法。

②折旧方法：尽管企业可以选择任何合理的方法计算折旧，但是通常是按照直线法计算折旧。

③资本利得：销售不同的资本财产取得的资本利得，其适用的税率不同。所发生的资本亏损仅可在资本利得中扣除。

④亏损结转：对于企业任何应纳税年度发生的净经营亏损，允许向后结转3年。

2. 个人所得税

（1）纳税人

菲律宾对其居民公民的境内外所得征税。对于非居民公民，以及无论是否是菲律宾居民的外国人，只就其在菲律宾境内来源的所得征税。非居民外国个人来到菲律宾，在一个日历年度内停留超过183天，将被视为在菲律宾从事贸易和经营的非居民外国人，否则，该个人不被视为在菲律宾从事贸易和经营的非居民外国人。

（2）征税对象、税率

对于居民外国人取得的报酬，以及任何受雇或者从事专业劳务的个人，其税率如下：

菲律宾个人所得税税率表

级数	应纳税所得额	税率（%）
1	不超过10000菲律宾比索的部分	5
2	超过10000菲律宾比索至30000菲律宾比索	10
3	超过30000菲律宾比索至70000菲律宾比索	15
4	超过70000菲律宾比索至140000菲律宾比索	20
5	超过140000菲律宾比索至250000菲律宾比索	25
6	超过250000菲律宾比索至500000菲律宾比索	30
7	超过500000菲律宾比索的部分	32

对于不在菲律宾从事贸易或者经营的非居民外国人，其来源于菲律宾境内的所有总所得，适用25%的比例税率。

（3）应纳税所得额和应纳税额的计算

对于从事经营或者专业服务的个人，其下列经营费用，可以从总所得中扣除：①在该纳税年度发生的与其贸易、经营或者专业活动有关的正常费用，包括原材料、物品和直接劳动；②实际提供个人服务取得的工资和其他形式的报酬，包括附加福利的货币价值以及经营或者专业活动所发生的履行费用；③经营租赁费；④在纳税人从事贸易、经营或者专业活动的有关纳税年度所支付或者发生的利息，减去一定百分比的利息所得；⑤不超过规定限额的招待费；⑥各种税收；⑦亏损、坏账和折旧；⑧一定限额的慈善和其他赠与；⑨研究和开发费用。

对于居民外国人，以及在某些条件下，在菲律宾从事贸易和经营的非居民外国人，可享受个人免税待遇。单身者所允许的个人免税额为20000菲律宾比索；户主25000菲律宾比索；已婚者32000菲律宾比索。对于已婚者的每个未成年子女（不超过4个），允许额外扣除8000菲律宾比索。对于年总所得不超过250000菲律宾比索的家庭，允许扣除不超过2400菲律宾比索的健康或者住院保险的保险金款项。

3. 其他主要税种

(1) 社会保障税

2002年，每个纳税人应支付的年社会保障和健康缴款最多为7500菲律宾比索。

(2) 附加福利税（Fringe benefits tax）

对于雇主向其管理和监督层的雇员提供的附加福利，就其附加福利的货币价值，征收32%的最终附加福利税。所谓附加福利，包括：住房、家政服务人员、交通工具、国外旅费、休假费等等。该税按季由雇主支付，是最终税收，可以作为附加福利费用扣除。适用附加福利税的附加福利，不再计入雇员的应纳税所得额。

(3) 增值税

增值税适用于提供服务、进口产品、销售、易货贸易、调换、租赁货物或者资产（有形资产或者无形资产）。自2006年2月1日起，增值税税率为12%。其税基是所售货物或者资产的总售价或者提供服务收到的总收入。对于进口货物，其税基为海关部门在确定关税时所使用的价值，加上关税、消费税（如存在），以及其他附加。如果海关部门采取按照容积或者数量确定价值，其增值税的税基为到岸成本。办理增值税税务登记的标准为年销售额150万菲律宾比索以上。此外，对于政府合同的款项适用5%的最终预提增值税。某些交易适用零税率或者免征增值税。

二、主要税收优惠

对于先进企业、或者是位于不发达地区的企业，在公司所得税方面，可以享受定期免税或者按照减低税率纳税。对于符合规定的出口企业，如其为先进企业或者是位于不发达地区的企业，自开始商业经营或者目标经营之日（以其两者中的较早者为准）起，6年内全额免除公司所得税；对于非先进企业，免税期为4年；对于扩大出口型企业，免税期为3年。产品的70%出口的、拥有海关保税生产仓库的出口生产商，进口零备件免予征税。不发达地区的企业在基础设施上的成本支出可以完全扣除。种畜和遗传物质的进口，给予10年的免税期。

菲律宾负责制定鼓励投资政策的部门投资署每年根据菲律宾关于中期发展规划制定“投资优先计划”表，列出鼓励投资的项目及其可享受的财政税收优惠措施。优惠政策措施主要有：

减免关税项目：外资生产企业进口用于本企业生产设备所需的零配件等，免除相应的进口关税；农业生产企业注册后10年内，进口繁殖用牲畜和遗传物（品），免除进口关税；在菲律宾当地购买原材料，免除相应的税金等。

减免所得税项目：列入新兴行业的新项目免除所得税6年；非新兴行业的新项目免除所得税务4年；在不发达地区建立的新项目或扩建项目免除所得税6年；在开发区的投资及合作生产项目，产品100%出口时，可免除所得营业税；更新改造项目所产生的营业收入增加值部分，免除所得税3年。在非投资企业的税后利润可以汇出汇回。

另外，菲律宾有专门针对各类经济区和独立经营的菲弗德克工业区、苏比克、卡加延、三宝颜、克拉克自由港等的优惠政策，主要有：(1) 企业可获得4年所得税免缴期，最长可延至8年。所得税免缴期结束后，可选择缴纳5%的“毛收入税”，以代替国家（中央）和地方税，其中3%上缴中央政府，2%上缴地方财政；(2) 进口资本货物（设备）、散件、配件、原材料、种畜或繁殖用基因物质，免征进口关税及其他税费。同类物品如在菲国内采购，可享受税收信贷，即先按规定缴纳各项税费，待产品出口后再返还（包括进口关税部分的折算征收、返还）；(3) 经批准，允许企业产品的30%在菲律宾国内销售，但须根据国内税法纳税；(4) 给予初始投资在15万美元以上的投资者及其配偶和未成年子女（21岁以下）在经济区内永久居留的身份；(5) 允许聘用外籍雇员，为外国经理人员和技术人员办理2年的可延续工作签证，但外籍雇员数量不能超过企业总雇员的5%；(6) 企业用于员工技术培训和提高管理能力费用的一半可以从上缴中央政府的3%税收中扣除。

（来源：综合整理自中华人民共和国税务总局、秦皇岛市国家税务局网）

新加坡税制概述

新加坡现行税制中的主要税种：公司所得税、个人所得税、商品和劳务税、社会保障税、遗产税、外国工人税、财产税、印花税等。

一、主要税种

1. 公司所得税

（1）纳税人

公司所得税的纳税人分为居民公司和非居民公司两类。居民公司是指在新加坡组建或在新加坡从事经营活动，并且其控制和管理是在新加坡的公司。一般情况下，公司的控制和管理是由公司董事负责执行，因此，如果一个公司的董事会主要在新加坡举行，通常这个公司就被认为是居民公司。

（2）征税对象、税率

居民公司和在新加坡有常设机构的非居民公司就其来源于新加坡和在新加坡收到的来源于新加坡以外的收入纳税，没有常设机构的非居民公司仅就来源于新加坡的所得纳税。

如果非居民公司从事的生产经营活动中的一部分是在新加坡进行的，其所获得的利润中与其在新加坡以外的地方从事这种经营活动没有直接联系的部分，就被视为来自于新加坡的所得。

17%的公司税税率在2009评税年度生效。在新加坡注册的子公司，或者外国公司的分公司，无论是当地企业或非当地企业，均一律享有这个税率。

利息的预提税税率一般为15%，适用税收协定的按协定规定预提。

支付给非居民公司的特许权使用费征收10%的预提税。

股息不征预提税。根据新税制，公司可以发出单一豁免股息，而股东取得的股息收入不必缴税。向非当地企业支付的一些付款，例如技术援助费或管理费，必须按照公司税税率缴付预扣税。

（3）应纳税所得额的计算

应纳税所得额在10000新加坡元以下的部分，可以扣除75%，10000新加坡元至290000新加坡元的部分可以扣除50%。

①折旧的计算。新加坡的税收折旧一般要求采用直线法，年度具体折旧率如下：

建筑物3%；

重型设备7.5%；

建筑设备12.5%；

办公家具和设备10%～15%；

客运车辆25%。

②加速折旧：

对符合规定的资本支出可在三年期内折旧，每年扣除率33.3%；计算机、指定的自动化仪器、遥控设备、环境保护和节能设备、降低噪音设备等的折旧率为100%。用于知识产权的资本支出年摊销率为20%。

③计算应税所得时应包括股息。对股息的征税实行抵免制，即股东的股息所得在公司环节已交纳20%的公司所得税，因而股东在交纳所得税时，其股息所得可以少交20%的所得税。

一般情况下，任何经营亏损都可无限期向后结转。

新加坡的收入法和各种双边税收协定都含有专门条款，规定相互关联的经济实体之间的交易应遵守公平独立的定价原则。新加坡税务当局有权取消、修改或调整关联实体之间出于避税的目的，而不是纯商业上的原因确定的价格。

新加坡税务局向纳税人发出纳税通知书后，纳税人必须在一个月内按纳税通知书中注明的税款纳税，而不论其是否有异议。如果纳税人没有按期纳税，将被处以应纳税款的5%的罚款。此后，滞纳期每增加一个月罚款就增加1%，最高罚款为滞纳税款的12%。

2. 个人所得税

（1）纳税人

个人所得税的纳税人分为居民个人和非居民个人两类。居民个人一般是指居住在新加坡的个人。在一个纳税年度中，居留在或受雇于新加坡的时间超过183天的个人，在这个纳税年度中也被视为居民个人。

（2）征税对象、税率

一般情况下，居民个人与非居民个人都就其来源于新加坡的收入纳税，在新加坡收到的来源于新加坡以外的收入免税。

当非居民从事的生产经营活动中的一部分是在新加坡进行的，其所获得的利润中与其在新加坡以外的地方从事这种经营活动没有直接联系的部分，就被视为来自于新加坡的所得。非居民在一个公历年度内在新加坡受雇累计不超过60天，其取得的所得免税；如果累计为61天至182天，则其取得的所得按15%的税率纳税。

新加坡对个人资本利得不征税，同时资本损失也不能抵补。

如果非居民个人的所在国与新加坡签订有税收协定，这种非居民个人就可根据税收协定的规定申请相应的减免税。

2007年度新加坡居民个人所得税税率表

级数	全年应纳税所得额	税率（%）
1	超过20000新加坡元至30000新加坡元的部分	3.5
2	超过30000新加坡元至40000新加坡元的部分	5.5
3	超过40000新加坡元至80000新加坡元的部分	8.5
4	超过80000新加坡元至160000新加坡元的部分	14
5	超过160000新加坡元至320000新加坡元的部分	17
6	超过320000新加坡元的部分	20

一般情况下非居民个人收入按20%的比例税率纳税；适用税收协定的，按协定的规定纳税。

非居民个人受雇用收入可按15%的税率纳税。

（3）应纳税所得额和应纳税额的计算

在计算应纳税所得额时，与个人从事经营活动和专门职业有关的支出原则上都可以扣除。大部分固定资产的折旧（除土地和非工业建筑外）按照规定的比例扣除。

新加坡居民个人每年可以享受2000新加坡元的免税额，另外还有其他根据不同家庭情况而制定的名目繁多的扣除项目，如一个残疾儿童可以扣除3500新加坡元。

个人所得税征税年度是日历年度。每个纳税人都必须在每年的4月15日之前向新加坡税务当局提交上一年度的纳税申报表。

3. 其他主要税种

（1）商品和劳务税

新加坡对所有提供的商品和劳务都征这种税，税率为7%。这种税类似于增值税，已登记的纳税人在计算应纳税款的时候可以扣除进项税额。进行商品和劳务交易的纳税人，其应税营业额在100万新加坡元以上的，就要求进行商品和劳务税的纳税登记。免税项目包括人身保险、某些金融交易、住宅财产交易等。出口商品和劳务适用零税率。

（2）社会保障税

社会保障税对雇主和雇员征收，一般情况下，雇主按照普通货币工资总额13%的税率缴纳社会保障税，雇员按收到的普通货币工资20%的税率纳税。雇员也根据年龄按一定比率缴纳，50岁以下为14.5%，60岁以上为5%。

（3）遗产税

新加坡的遗产税对死者在新加坡的不动产和动产征收。税率为：遗产价值不超过1000万元的部分，按5%计征；超过1000万元的部分，按10%计征。死时居住在新加坡的人其动产不论在何处都要交纳遗产税。

死者拥有的住宅财产如果其价值不超过300万新加坡元可以免交遗产税，其他财产的免税额为50万新加坡元。

（4）外国工人税

某些行业的雇主每月要为雇用每一名外国工人缴纳这种税，税额最高不超过470新加坡元。

（5）财产税

财产税对所有住房、土地、建筑物及工商业财产征收，税基为财产的年度价值，税率为10%。工商业财产有一定的免征额。

（6）印花税

印花税对与证券和不动产有关的书面文件征收，不同类型及所列价值不同的文件，税率也不同。

二、主要税收优惠

新加坡采取的税收优惠政策主要是为了鼓励新加坡投资、出口、增加国内就业机会以及对高新技术产品的生产，从而使整个新加坡经济更加具有活力。例如，对具有新技术开发性质的产业给予5～15年的免税期；出口产品的生产可以享受最高达所获利润的90%的免税待遇，期限为3～15年；对计算机软件和信息服务，农业技术服务，医药研究、试验室和检测服务等生产和服务公司用于研究和开发的支出允许双倍扣除。

新加坡在税收优惠方面的规定主要体现在所得税法以及专门的鼓励经济发展的单项法规中，主要有：

1. 对新兴工业和新兴服务业的税收优惠。新兴工业和新兴服务业是指在新加坡尚未经营过、适合新加坡经济需要的和有助经济发展的产业。新加坡政府给予这些产业5～10年的税收优惠。投资额大，拥有先进技术、熟练雇员的公司，可享受更长的免税期。

2. 对扩展企业的税收优惠。扩展企业包括扩大产品生产的企业、扩大业务的服务公司、出口贸易公司等行业。新加坡税法对这些行业给予部分免税的优惠。如企业为了增产批准产品而增加的资本支出，数额超过1000万元的，可以书面申请成为扩展企业，享受特种免税待遇，一般免税期为5年。

3. 对金融业的税收优惠。金融机构在新加坡境内进行银团离岸贷款，由此取得的亚洲货币单位所得免税；保险公司的来自离岸风险保险和再保险业务（不包括人寿险）的所得，税率为10%；对于经批准的用于生产设备的贷款而支付给非居民的利息免税；对于经批准的特许权使用费收入、技术服务费收入、向研究开发基金的拨款，给予免税或减税。

4. 红利：跨国公司地区总部获得拥有股权的海外附属子公司或有关企业的红利可免交公司所得税，该公司若将其转给区域子公司或汇入新加坡总部也不增加任何税项。

5. 理费：在新加坡境内的跨国公司地区总部，其各项管理服务收入只需交10%的公司所得税。

6. 驱企业、先驱服务公司（包括对销贸易）、先驱工业的后续奖励、投资津贴奖励计划、营业总部、服务出口、创业资本、合格岸外收入、辛迪加经营活动、基金管理计划、船务企业、特许石油贸易商、特许国际贸易商、特许国际船务企业、金融和财务中心等奖励计划下的项目利润可在一定的年限（5～10年）内享有一定的税收减免。

7. 除了一小部分是法定不许减免之外，营运成本一般都可减免。由于新加坡不征收资本收益税，因此也不允许扣除折旧额（作为资本开销），但以下资产可享有资本折扣：

工业建筑和某些其他建筑25年（包括25%的新置减让和3%的年度折扣）；

厂房和机器3年（某些资产1年）以直线折旧法计算。公司可选择5～16年的逐步注销法（包括20%的新置减让和在资产规定使用年限内享有相等的年度折扣）；

已获批准的制造业专门技术和专利权5年，以直线折旧法计算；

已获批准的研发分担成本付款5年（或获批准的更短年限），以直线折旧法计算。

8. 仅限于海外应付税额以及该收益在新加坡所应缴付的税额，适合者较低。海外税额抵免以个别国家和个别来源计算，若超额则被没收。新加坡与50个国家签署了双重课税条约，来自非条约国的所有服务所得则可获单边税额抵免。

9. 储蓄利息所得得征税，储蓄银行利息所得除外从获批准的银行所得储蓄利息不征税；所有工资所得需征税在新加坡受聘不超过60天的工资所得免征税。

10. 目前的税务体制视专利权的一切成本为资本的一部分，因此并不享有税务减免的优待。为了鼓励更多的企业为本身的发明申请专利权，继而使新加坡有条件发展成为一个杰出的知识产权管理基地，因此为驻新加坡企业（以下称“人士”）在2003年6月1日当天或以后的专利权成本提供单一税务减免。

合格条件：

任何人士只要符合以下条件，便可获单一税务减免：

1. 专利权成本必须由在新加坡合法注册的公司所承担。

2. 在申请减免专利权成本开销时，以书面证实：

他有权享有专利权的开发收益；

他将专利权申请成功后在新加坡行使拥有权；

他未曾也不会就专利权成本开销申请专利权申请基金优惠（由经发局负责审批）。

在涉外税收方面，居民公司来源于国外的收入在汇到新加坡时应该纳税，但有税收协定的，可以根据协定的规定得到抵免。另外，对于居民来源于与新加坡没有税收协定的某些国家的特定项目所得也可以得到新加坡提供的单方减免税优惠。这些所得包括：提供专业技术、咨询获得的所得，以及税法规定的金融等服务业所获得的所得。

在东盟国家取得的所得也可以获得对应的单方税收减免。汇到新加坡的股息可以得到相应的抵免。

（来源：综合整理自新加坡经济发展局、秦皇岛市国家税务局网、中华人民共和国税务局）

泰国税制概述

泰国实行中央和地方两级课税制度，以间接税为主。现行税制中的主要税种包括国税：公司所得税、个人所得税、增值税、特别营业税；地方税：土地房产税、地方发展税、广告税等。

一、主要税种

1. 公司所得税

（1）纳税人

公司所得税的纳税人为依法设立的公司、法人有限责任合作企业、合资企业，取得经营收入的基金或协会以及居民公司和非居民公司。泰国居民公司就其来自全世界的所得缴纳公司所得税。非居民公司就其产生于泰国的利润或在泰国经营业务的所得缴纳公司所得税。

公司所得税标准税率为30%。对于特定上市公司如泰国股票交易公司（SET）和替代投资市场（MAI）——由SET新设的交易委员会，设置优惠税率如下：对2001年9月6日以前在SET上市的公司净利润至3亿泰铢的部分按25%征收，超过3亿泰铢的部分按30%征收；对2001年9月6日以后在SET和MAI上市的公司分别按25%和20%的税率征收。

针对资本金额不超过500万泰铢的中小企业，优惠税率设置如下：净利润不超过1亿泰铢的部分按15%的税率征收；对超过1亿至3亿泰铢的部分按25%的税率征收；对超过3亿泰铢的部分按30%的税率征收。

泰国居民公司实行居住地原则。按泰国法律注册的公司为居民公司。在海外注册的公司只要在泰国经营业务即为泰国居民。管理与控制地没有明确规定。“在泰国经营业务”是很宽泛的概念，根据避免双重征税协定的规定，导致一个外国公司在泰国产生所得或利得的雇员、代表处等的存在均包含在其中。

（2）征税对象、税率

征税对象为公司取得的可兑换成现金的全部所得。公司税法没有特别规定所得的种类，适用于公司的所得大致如下：①无形资产产生的所得；②利息所得；②股息所得；④使用费；⑤损害赔偿金；⑥经营所得。

公司所得税对净应纳税利润按照标准税率30%征税。对非居民公司在泰国取得的股息、利息和特许权使用费采用预提税方式征收，股息的预提税税率为10%，利息和特许权使用费为15%。订有税收协定的，也大都维持这个水准。

对于特定上市公司如泰国股票交易公司（SET）和替代投资市场（MAI）——由SET新设的交易委员会，设置优惠税率如下：对2001年9月6日以前在SET上市的公司净利润至3亿泰铢的部分按25%征收，超过3亿泰铢的部分按30%征收；对2001年9月6日以后在SET和MAI上市的公司分别按25%和20%的税率征收。优惠税率的适用期限设定为5年。

针对资本金不超过500万泰铢的中小企业，优惠税率设置如下：净利润不超过1亿泰铢的部分按15%的税率征收，对超过1亿至3亿泰铢的部分按25%的税率征收，对超过3亿泰铢的部分按30%的税率征收。

（3）应纳税所得额

①非经营扣除。特定慈善捐赠扣除是在其他所有扣除之后按应纳税所得额的10%给予扣除。对国立教育机构、政府组织的教育机构、法定的私立学校（大学）提供的教育支持捐赠款可进行双倍扣除，但最高限额为应纳税所得额的10%。

②固定资产折旧。通常按照直线法进行折旧，其他方法如余额递减法和综合年限法也可使用。特定资产如用于研发的机械设备可采用加速折旧的方法，折旧率为40%，其他资产按照以下比率折旧（见下表）。

泰国固定资产折旧比率表

项目	折旧率（%）
永久建筑	5
临时建筑	100
消耗天然资源	5
租赁权无合同或有合同包含更新条件者	10
租赁权不限使用期限者	10
除土地、库存品及上述提及以外的财产	20
用于技术研发的机器设备	40

折旧比率按照租赁权使用初期和更新期间的年限等分为100%。

经营损失允许向以后年度结转5年。

泰国居民公司向外国分支机构支付的特许权使用费、管理服务费和利息费用属于为获取利润和在泰国业务的支出，允许全额扣除，但不能超出合理范围。

原则上，除公司所得税以外的所有的税均可扣除。

慈善捐款和其他捐赠的扣除额以净应纳税利润的2%为限。

③跨国公司股息。取自泰国证券交易上市公司

的股息免征公司所得税。非上市公司从其他泰国公司取得的股息同样免征公司所得税，并规定取得股息的公司持有股份至少占全部权益股的25%，而非相互持股。另一种情形是一家泰国公司从另一家泰国公司取得股息时，股息的一半免征所得税。上述免税措施必须符合下列条件，即股份的持有期为取得股息之前3个月和取得股息之后3个月。

2. 个人所得税

（1）纳税人

个人所得税采用申报纳税制度。在泰国居住180天以上为居民，不满180天为非居民。居民的国外来源所得汇往泰国时要征税，非居民则免税。工薪所得采用预提税制度。泰国没有个人经营扣除的规定。

（2）征税对象、税率

主要征税项目：①工薪所得；②提供劳务所得；③利息所得；④股息所得；⑤使用费；⑥资本利得。

个人所得税采用0%～37%的5档累进税率征收。

2006年泰国个人所得税税率表

级数	全年应缴纳所得税	税率（%）
1	不超过100000泰铢的部分	0
2	超过100000至500000泰铢的部分	10
3	超过500000至1000000泰铢的部分	20
4	超过1000000至4000000泰铢的部分	30
5	超过4000000泰铢的部分	37

（3）应纳税所得额

自2003年1月1日起，纳税人销售主要居所的收入免征个人所得税，但是，当该纳税人在其住所居住一年以上并在销售其住所之前一年以内购买了新住所时，则免税额等于其购买的房产价值，但不能超出其新居价值。

泰国居民和非居民个人通过提供在泰国境内的劳务所取得的工资薪金、红利、小费、年金、免租金房屋的货币价值、雇主（代雇员）支付的所得税、以及其他任何来自雇佣劳务的货币、财产和利益均需在泰国缴纳个人所得税，不论收入取自泰国境内或境外。对外国人和短期居住者亦不例外。

资本利得大多列入正常收入纳税。以下两种情况除外：①来自销售泰国证券交易上市公司股票以及销售互助基金投资组合的资本利得免税；②来自销售政府债券、无担保公司债券、证券、法人实体发行的负债证券，个人可以选择仅按15%的税率缴纳预提税，在年终计算个人所得税时，从应纳税所得额中扣减这部分利得。

资本损失不能冲抵资本利得。泰国居民来自于境外的资本利得和投资所得不纳税，但是，境外所得汇往泰国时则需纳税。

取自银行存款、金融机构贷款、政府债券、无担保公司债券以及法人实体发行证券的利息应按15%的统一税率缴纳预提税。纳税人选择按源泉扣缴方式缴纳利息税时，不纳入综合计税。

取自泰国居民公司的股息应按10%的统一税率缴纳预提税。纳税人选择按源泉扣缴方式缴纳股息税时，不纳入综合计税。

个人扣除项目规定如下：

个人扣除项目的规定如下：工薪所得扣除额为工薪所得的40%，扣除限额为6万泰铢；纳税人和其配偶的个人扣除额各自为3万泰铢，每个子女扣除额为1.5万泰铢，对在政府认可的教育机构就读的子女额外增加2000泰铢；从2004年起增加了赡养父母扣除，赡养一位老人的扣除额为3万泰铢；在泰国居住的非居民可享受子女和配偶扣除。

人寿保险费扣除。由纳税人或配偶向泰国保险机构支付的人寿保费每人最多可扣除至5万泰铢。如配偶没有经济来源，该配偶最多可扣除1万泰铢。向泰国经批准的准备基金以及退休互助基金的捐款最多可扣除至30万泰铢。在泰国为购买或建造居住用建筑所产生的抵押贷款利息最多可扣除至5万泰铢。向泰国保险基金的捐赠也可扣除。向长期权益基金的捐款最多可扣除至30万泰铢，规定这项投资至少连续5年（无能力和死亡的情况除外）。

税额扣除。泰国居民个人对泰国法人公司分配的股息可选择按预提税方式，抵免个人所得税。此项抵免应视为公司分配利润已缴纳法人税，税后利润作为股息收入与个人的其他所得一并综合计税，个人所得税对个人全部应纳税所得额计征，为避免双重征税，对股息征收的税额可从个人所得税税额中抵扣。

此外，社会保障税是与个人所得税紧密相连的税种，从2004年1月1日起，泰国要求所有雇主按每个雇员工资的5%向社会保障基金缴纳社会保障税（每人每月的最大限额为750泰铢）。政府雇员的社会保障税已降至工资额的2.75%（每人每月的最大限额为412泰铢）。

3. 增值税

增值税不论居民或非居民均承担纳税义务。增值税税率为10%，至2007年9月临时按7%的优惠税率征收。出口产品实行零税率。另外，有一些免税商品、劳务，比如基本生活用品、教育、卫生、利息、不动产租赁和销售。

4. 特别营业税和都市税

特别营业税对特定业务的收入总额征税。其中重要的项目如银行和其他金融机构的利息和外汇收入、人寿保险佣金以及不动产交易等，税率为3%。都市税作为特别营业税的附加税征收，税率为10%。

5. 其他主要地方税种

地方政府作为征税主体征收的税称为地方税，地方税有土地房产税、地方发展税、广告税。土地房产税对应纳税租赁收入按12.5%的税率征收；广告税根据广告大小税率不同，每年最低为200泰铢；地方发展税对地方权力部门评估的土地评估价按0.25%至0.95%的税率征收。如财产缴纳土地房产税时则不适用此税。

二、主要税收优惠

泰国政府鼓励进口的措施：对进口机器设备、进口原材料和零部件减免关税；自公司首次取得收益之日起，免除3至8年的企业所得税，并许可其结转亏损并将其作为费用抵扣，最长期限为五年；以及在企业所得税免除期间，免除因被鼓励项目而取得的红利的应税收入的预提所得税。

鼓励出口措施：对再出口的商品免征进口税；对减除运费和保费以外的上一年度出口收入增额的5%，允许从法人应纳税所得额中扣除。

资本投资鼓励措施：海外投资取得的股息免税。税法规定取得股息的泰国公司需持有支付股息公司的至少25%的权益股份，且股份持有期在取得股息之日前不低于6个月。来自外国公司净利润的股息被征税的比率不能低于15%。如果个别外国公司根据“特例法”，规定优惠税率或净利润免税，则取得股息的有限责任公司享受免税优惠仍然是合法的。

用于特殊目的的安全保卫车辆（SPV）享受免税优惠待遇。此项免税收入来自经安全与交换委员会批准的安全保卫项目。尽管如此，为支付债务与支出的现金流的运作与配置必须服从于经批准的该项目计划。投资于SPV的股东不接受股息的支付，在剩余资产和利润最终被转让给安全保卫项目的发起者或SPV停止存在的期间内，SPV的投资者不享受股息回报收益。

地区经营总部的税收优惠：为吸引外国公司在泰国设立地区经营总部（ROH），对符合规定条件的ROH，按10%的优惠税率征收公司所得税：

①ROH向子公司和分支机构提供行政管理服务、技术援助、研发及培训收取的服务费；

②向子公司和海外分支机构提供二手出租取得的利息收入；

③来源于子公司和分支机构包括其关联公司以及在泰国国内运作的研发项目产生的特许权使用费。免征公司所得税的项目为取自国内和海外子公司及分支机构的股息收入。对移居国外的泰国雇员在海外承包劳务免征个人所得税。海外雇员可选择按15%的税率对其个人收入缴税，期限为4年，并规定利息和股息收入采用源泉扣缴方式预先扣除，不纳入综合计税。

享受税收优惠的地区经营总部（ROH）必须符合下列条件：

① 按照泰国法律组成的法人组织；

② 在任何一个会计年度结束时至少拥有1千万泰铢的实收股本；

③ 至少向其他3个国家的子公司和分支机构提供劳务输出；

④ 取得的劳务收入必须构成ROH收入的至少50%（最初3年降低至其收入的三分之一）。

投资区及相应的税收优惠政策：为了缩小经济发展的地区差距，让经济繁荣扩散到全国各个地区，泰国政府根据各地区的人均收入和基础设施条件等经济因素以及距离曼谷的远近，把全国划分为三个投资区。

1. 第一投资区：涵盖人均收入较高、基础设施良好的曼谷及周边府治，包括曼谷、佛统、暖武里、巴吞他尼、北榄及龙仔厝。

在第一投资区获得鼓励的工业园区内的投资项目可获税收优惠如下：

进口税率不低于10%的机器设备减半征收进口关税；

若项目投资额等于或超过一千万泰铢（不包括土地成本和营运资金），且自其开始经营之日起两年内取得ISO 9000认证或者类似国际标准认证，免征企业所得税三年；否则免征企业所得税的期限将减少一年；

免征用于生产出口产品的原材料或基本材料的进口关税一年。

在第一投资区但不在获得鼓励的工业园区内的投资项目可获税收优惠如下：

进口税率不低于10%的机器设备，给予减免50%的进口关税；

免征用于生产出口产品的原材料或基本材料的进口关税一年。

2. 第二投资区：涵盖人均收入和基础设施中等的12府，包括中部的红统、大城、北柳、春武里、北碧、那空那育、叻丕、夜功、北标、素攀、罗勇以及南部的普吉。在第二投资区获得鼓励的工业园区（除廉差邦工业园区和罗勇府获得鼓励的工业园区外）内的投资项目可获税收优惠如下：

免征机器设备进口关税（仅限于2014年12月31日前申请投资优惠的项目）；

若项目投资额等于或超过一千万泰铢（不包括土地成本和营运资金），且自其开始经营之日起两年内取得ISO 9000认证或者类似国际标准认证，免征企业所得税七年；否则免征企业所得税的期限将减少一年（仅限于2014年12月31日前申请投资优惠的项目）；

免征用于生产出口产品的原材料或基本材料的进口关税一年。

在第二投资区但不在获得投资鼓励的工业园区内的投资项目可获税收优惠如下：

进口税率不低于10%的机器设备减半征收进口关税；

若项目投资额等于或超过一千万泰铢（不包括土地成本和营运资金），且自其开始经营之日起两年内取得ISO 9000认证或者类似国际标准认证，免征企业所得税三年；否则免征企业所得税的期限将减少一年；

免征用于生产出口产品的原材料或基本材料的进口关税一年。

3. 第三投资区：涵盖人均收入较低、基础设施较薄弱的58府，分为两组：

第一组36府，包括甲米、甘烹碧、孔敬、尖竹汶、猜纳、春蓬、清莱、清迈、董里、桐艾、达、呵叻、洛坤、那空沙旺、巴蜀、巴真武里、攀牙、博他仑、披集、彭世洛、佛丕、碧差汶、莫拉限、夜丰颂、拉农、华富里、喃邦、喃奔、莱、宋卡、沙缴、信武里、素可泰、素叻、程逸及乌泰他尼。

在上述36府获得鼓励的工业园区，以及2014年12月31日前申请投资优惠的在廉差邦工业园区和罗勇府获得鼓励的工业园区内的投资项目可获税收优惠如下：

免征机器设备进口关税；

若项目投资额等于或超过一千万泰铢（不包括土地成本和营运资金），且自其开始经营之日起两年内取得ISO 9000认证或者类似国际标准认证，免征企业所得税八年；否则免征企业所得税的期限将减少一年；

免征用于生产出口产品的原材料或基本材料的进口关税五年；

免征公司所得税期满后五年内减半征收公司所得税；

自获得收入之日起十年内在应税收入中双倍扣除水电费和运输费；

自获得收入之日起十年内，可任选一年或几年在企业净利润中再扣减相当于投资额25%的基础设施安装费或建筑费，企业资产的折旧费仍按常规扣减；

对用于内销产品生产的原料和基本原料减征75%的进口关税（须逐年审批），但在廉差邦工业园区以及2005年1月1日后申请投资优惠的位于罗勇府获得鼓励的工业园区的投资项目除外。

在上述36府但不在获得投资鼓励的工业园区内的投资项目可获税收优惠如下：

免征机器设备进口关税；

若项目投资额等于或超过一千万泰铢（不包括土地成本和营运资金），且自其开始经营之日起两年内取得ISO 9000认证或者类似国际标准认证，免征企业所得税八年；否则免征企业所得税的期限将减少一年；

免征用于生产出口产品的原材料或基本材料的进口关税五年；

自获得收入之日起十年内，可任选一年或几年在企业净利润中再扣减相当于投资额25%的基础设施安装费或建筑费，企业资产的折旧费仍按常规扣减。

第二组22府，包括猜也奔、胶拉信、那空帕农、陶公、难、廊开、武里喃、北大年、帕夭、帕、玛哈沙拉堪、益梭吞、也拉、黎逸、四色菊、沙功那空、沙敦、素攀、农磨喃普、庵纳乍伦、乌隆及乌汶。在上述22府的投资项目可获税收优惠如下：

免征机器设备进口关税；

若项目投资额等于或超过一千万泰铢（不包括土地成本和营运资金），且自其开始经营之日起两年内取得ISO 9000认证或者类似国际标准认证，免征企业所得税八年；否则免征企业所得税的期限将减少一年；

免征用于生产出口产品的原材料或基本材料的进口关税五年；

免征公司所得税期满后五年内减半征收公司所得税；

自获得收入之日起十年内在应税收入中双倍扣除水电费和运输费；

自获得收入之日起十年内，可任选一年或几年在企业净利润中再扣减相当于投资额25%的基础设施安装费或建筑费，企业资产的折旧费仍按常规扣减；

对用于内销产品生产的原料和基本原料减征75%的进口关税（须逐年审批），且仅限于在获得鼓励的工业园区并在2014年12月31日内申请投资优惠的项目。

鼓励特区投资企业的措施：在正常的所得税优惠期过后，或未设税收优惠期自取得收入之日起，对法人所得减半征收；允许从法人应纳税所得额中双倍扣除水电费和交通费。经授权在泰国从事国际金融业务的商业银行拥有以下特权：对国际金融机构业务收入按10%征收公司所得税；向境外贷款时，支付给外国存款人或债权人的利息免征预提税。

（来源：综合整理自中华人民共和国税务局、中华人民共和国驻宋卡总领事馆经济商务室、秦皇岛市国家税务局网）

越南税制概述

越南是以直接税为主的国家，实行中央一级课税制度。现行税制中的主要税种是：公司所得税、个人所得税、增值税、特别销售税、社会保障税、健康保险、进出口税、生产特许权使用费、财产税和预提税。

一、主要税种

1. 公司所得税

（1）纳税人

越南公司税的纳税人分为居民公司和非居民公司。公司所得税法对常设机构作了规定。外国对越南投资必须得到越南有关当局批准且取得营业执照，而取得公司所得税纳税人身份是获得批准的手续之一。居民纳税人身份与外汇管制和税收协定相关。

（2）征税对象、税率

居民公司应当就其来源于全世界的经营所得纳税，非居民公司仅就来源于越南的经营所得纳税。

从2004年1月1日起，外国投资公司、国内公司、外国公司的分支机构以及不受《外国投资法》管辖的外国承包商适用的标准公司所得税税率为25%。建设——经营——移交（BOT）企业的标准税率为10%。

国内外石油、天然气企业的标准税率为50%，优惠税率最低为32%。

符合越南政府规定条件（见税收鼓励政策）的外国投资公司和越南国内公司，优惠税率为20%、15%和10%。

外国企业的分支机构目前已允许在越南开业，但有许多限制条件。外国银行、烟草公司和法律公司等分支机构取得的利润，按照28%的税率纳税。

（3）应纳税所得额和应纳税额的计算

①存货估价。对存货的估价目前没有专门规定。存货的税务处理采用会计处理方法，遵循《越南会计标准》。

②资本利得。取得资本利得应当缴纳公司所得税。根据资产的属性，某些销售收入还应当缴纳增值税。外国投资者转让在越南注册公司的权益取得的利得，按照25%的标准税率纳税。购买方被要求从其支付给出售方的的款项中预提25%作为税款缴纳给税务当局。当外国投资者把资本转让给依据越南法律成立的居民公司时，税款可以减少50%。

③公司间股息。公司间股息目前不征税，对股息支付也不征收预提税。

④外国所得。按照越南税法的规定，取得外国所得在缴纳公司所得税之前可以享受税收抵免。

⑤折旧的扣除。从2004年1月1日起，税收折旧应与会计折旧区别对待。在计算公司所得税时，超过规定折旧率的部分不能扣除。对各类资产（包括无形资产在内）规定了最长和最短使用年限。一般采用直线折旧法计算，在特殊情况下也可采取双倍余额递减折旧法和生产折旧法。现行折旧率如下：

2006年越南公司税折旧率表

资产种类	折旧率（%）
建筑物	2～4
办公设备	10～20
汽车	10～16.66
机器和设备	6.66～33.33

⑥净经营亏损。亏损可以向后结转5年，不允

许向前结转。

⑦支付给外国子公司的费用。支付给外国子公司的特许权使用费和服务费费用扣除方面，没有特殊规定（除了管理费和那些由分支机构支付的费用），但是对特许权使用费和其他技术转让费方面有一些限制，例如对于某些特定技术转让合同必须经有关部门记录在案。债务和发行股票融资的限制比例为 70∶30（适用于关联方债务及第三方债务）。

⑧已缴纳的特别销售税，在计算公司税时可以扣除。

⑨在计算公司所得税时以下费用不允许扣除：罚款；超过财政部规定的折旧率计算的折旧额；超过总支出百分比限制（10%）的各类支出；应计支出；没有合法凭证的支出；与营业额或应税收入无关的支出；由于自然灾害或者偷盗等引起的财产损失；无论什么原因所引起生产混乱而造成的损失。

⑩对外国承包商的付款。越南居民企业（包括依据外国投资法在越南注册成立的外资企业）向没有在越南注册投资的外国承包商支付合同款项时要征收预提税。

外国总承包商应缴纳的公司所得税由承包方按应税收入的一定比例预缴，转包额除外。根据合同的性质不同，预缴的比例不同。公司所得税预提税税率为 1%至 10%。

另外，在越南进行跨境租赁而向境外租赁者支付的租金应缴纳预提税，该预提税由 5%的公司预提税和 5%的增值税预提税组成，共计 10%。支付的机器设备和交通工具的租金被视为特许权费用（以前被视为服务费用），相应的预提所得税税率为 10%。对于船舶租赁，根据是由出租方还是由承租方支付不等的运营成本的情况，来确定租金的 50%或 20%为计税营业额。

支付给外方的技术转让费按 10%缴纳知识产权预提税，除非该技术是作为法定资本投入（类似于所有者权益）的转让。技术转让的定义非常宽泛。特定的技术转让合同必须经过有关部门，比如科学技术部的登记备案。

2. 个人所得税

（1）纳税人。越南个人所得税纳税人分为居民纳税人和非居民纳税人。外国人 12 个月中在越南居住和工作的时间满 183 天，为越南的居民纳税人；在越南居住和工作的时间在 30 天至 182 天之间，则为非居民纳税人。非居民外国人在越南工作的时间不满 30 天，无须缴纳个人所得税。纳税人身份按以下标准确定：

第一，外国人 12 个月内在越南居住和工作的时间合计满 183 天或超过一年（第一个纳税年度以其第一次入境日起算满 12 个月计算，随后则以公历年度计算），为越南的居民纳税人；个人所得税按超额累进税率计算缴纳。

第二，无住所且 12 个月内在越南工作不超过 183 天的外国人只就其来源于越南的工资收入纳税，税率为 25%的比例税率。与越南签订了避免双重征税协定国家的居民纳税人，如果在越南是非居民纳税人且满足其他条件，可以免税。

（2）征税对象、税率。居民纳税人应当就其来源于全世界的所得纳税，本国居民和外国居民适用不同的税率表。非居民外国人就来源于越南的所得在第一年按照 25%的税率纳税，以后年度则按照居民外国人适用的税率纳税。

根据《越南个人收入所得税法补充修订法案》，从 2004 年 7 月 1 日起，对原来的个人收入所得税税率进行调整。调整后的个人所得税率如下：

2004 年越南居民个人所得税税率表

级数	每月每人平均所得	税率（%）
1	0 至 500 万越南盾的部分	0
2	500 万越南盾以上至 1500 万越南盾的部分	10
3	1500 万越南盾以上至 2500 万越南盾的部分	20
4	2500 万越南盾以上至 4000 万越南盾的部分	30
5	4000 万越南盾以上的部分	40

2004 年越南居民外国人个人所得税税率表

级数	每月应纳税所得额	税率（%）
1	800 万越南盾以下	0
2	超过 800 万至 2000 万越南盾	10
3	超过 2000 万至 5000 万越南盾	20
4	超过 5000 万至 8000 万越南盾	30
5	8000 万越南盾以上	40

注：此表所示税率适用于越南居民外国人。即使年度个人所得税已经总汇申报，雇员的收入数额仍然可以按月进行修改并据此计算应纳税额。

对于不同的交易事项，各种收入适用不同的税率如下：

超过1500万越南盾技术转让费按照每次交易全额的5%纳税，不得扣除任何费用；

超过1500万越南盾的博彩所得按照每次所得的10%纳税；

对于非雇员在劳务、佣金、董事会酬劳每次获得50万越南盾之所得以上者，一般要求从中预提10%的个人所得税。

(3) 应纳税所得额和应纳税额的计算。

①雇员毛所得的计算。一般地，个人工资收入和其他各种形式的收入都应该缴纳个人所得税。雇员的经常性的收入包括工资、薪金、报酬、补贴等。雇主为雇员提供的住房和水电也应该纳税。从技术上讲，所有的非现金福利都应该纳税。但是以下情况除外：由雇主向服务的提供方直接支付的外国人子女的学费、外国人的搬家费、雇员的教育或者培训费。如果住房的价值低于实际成本，则由雇主所提供的住房应征税的价值限于毛应税收入的15%。

非经常性收入（如来自海外的赠与、彩票奖、技术转让费、工业设计费、版税、技术或者科学研究费）与经常性收入不同，应当分别就每笔所得按照不同的税率纳税。经营所得缴纳营业所得税而非个人所得税。

②资本利得和投资所得。按照税法规定，某些资本利得和投资所得暂免征税，包括银行存贷款利息、债券或者股票分红、证券投资所得和证券买卖所得。

在越南工作的雇员进行的各种非现金形式的股票期权操作所获收入作为日常收入缴纳所得税，无论这些利得是否流向越南国内，也不论其应税价值是否与交割价值或交割日的市场价值相等。同时，所有与交易有关的支出都可以用以抵免应税价值。这一协定同时适用于外国人和越南公民。

③经营性费用的扣除。经营性所得及费用扣除的计算，按照公司所得税而非个人所得税的规定执行。非经营性费用不能扣除。

④个人扣除。某些类型的津贴无须纳税但也不能享受个人扣除，如艰苦工作补贴、夜班补贴、固定的餐费补贴等。但是经国家专门管理机构认定的歌手、演员、足球运动员和其他专业运动员允许从其所认定的应税收入中扣除25%。

另外，对于在越南工作的外国雇员，只要符合下列条件，其在本国缴纳的养老金、退休金、社会保险费和准备基金可以扣除，一是可以向越南税务机关证明它们在本国是依法强制征收的；二是在外国人的劳务合同中列明了收益；三是有支付的证据。

(4) 税收抵免。越南公民、在越南无确定居住地且没有公民身份的人以及被视为税收意义上居民的外国人如果能够提供证据，均可享受海外已纳税款的抵免。但是抵免额不能超过按照越南税法计算的应纳税额。

对在经济区、出口加工区和工业区工作的越南人和外国人个人收入所得税，按应纳税额的50%征收。

3. 其他主要税种

(1) 增值税

增值税是对在越南境内生产、贸易和消费的货物和劳务增加值（价值）所征收的税。在越南，对营业机构（无论是当地还是外国投资）广泛地征收增值税，根据货物和劳务的分类，增值税税率分别为0%，5%和10%（标准税率），出口货物和劳务适用0%税率。2008年修订后的该法规定25种经营活动不征收增值税，其中，未经加工的原矿出口列入免税项目。越南国家税务总局作出决定，提高茶叶增值税税率。

外国总承包商应缴纳的增值税由承包方按应税流转额的一定比例预缴（见下表），转包额除外。根据合同的性质不同，预缴的比例不同。增值税的预提税税率为1%至10%，预缴的增值税可以在增值税申报表中作进项抵扣。

2006年越南增值税预提税税率表

企业活动	增值税预缴税率(%)
贸易（包括提供水、食品、粮食以及石化物资）	1
服务	5
建筑及安装（不提供材料、机器和设备）、设计、监理、勘探	5
建筑及安装（提供材料、机器和设备）	3
运输	1.25
制造，其他经营活动	2.5或1.25
利息	免税
特许权使用费	免税

(2) 特别销售税

特别销售税（SST）适用于特定的货物和服务，例如酒类、进口汽车、石油、香烟、纸牌和迪斯科舞厅、按摩、卡拉 OK 、歌舞厅、桥牌累积奖金，高尔夫球俱乐部和博彩娱乐。对于货物，特别销售税（SST）在生产或进口环节征收。税率范围在10%到75%之间。只有由于自然灾害造成损失的情况下，才会存在临时的特别销售税（SST）减免。2008 年越南财政部对 8 类商品和 5 类服务业务进行调整。部分商品列入特别销售税征收范围，比如烟草制品、24 座以下载人汽车、排气量 175 以上摩托车和电子玩具等。同时，也有部分商品调整出特别销售税征收范围，比如载人专用汽车（救护车、囚车、残疾人车等）、非运营性载人汽车、在交通工具上安装的空调机、进入非税区的国外进口商品、商品在非税区之间的转移等。越南财政部在特别消费税法草案中提出，将娱乐场所和电玩经营服务税率从现行的 25%提高到 30%；酒精浓度在 20 度以上的酒品税率 40%提高到 60%，酒精浓度在 20 度以下的酒品维持 20%原税率。汽车摩托车等其他商品列入未来特别消费税调整范围；空调机和 24 座以下汽车等商品免征特别消费税。

（3）社会保障税

社会保障税。雇主和雇员分别按照雇员工资的15%和 5%按月缴纳社会保障税。外国人免缴社会保障税。雇员缴纳的社会保障税可以在计算个人所得税时扣除。

（4）健康保险

健康保险税。健康保险由雇主和雇员分别按照雇员工资的 2%和 1%缴纳。外国人免缴健康保险。雇员缴纳的健康保险税可以在计算个人所得税时扣除。

（5）进出口税

一般商品的进口关税税率为 0%～50%。但是对某些产品，如酒和烟，税率高达 100%。对外国投资中作为资本投入的商品和日本政府开发援助资金项目规定的来料加工再出口的商品，给予免税。对进口合金钢征收 10%的进口关税。企业只有在提供进口钢材为机器制造原料合金钢的鉴定证明后才能享受 0%的关税。

出口关税只对极少数产品，例如自然资源出口征收，税率为 0%～45%。2008 年，越南决定对煤炭出口实行配额管理和征收绝对税，对出口大米和尿素征收绝对税。将原油、煤炭和矿产出口税率拟提高至 20%，钢坯出口税率从 0%提高到 10%。据越南财政部此前发布的规定，对东盟国家的数千种商品将实行 0%～5%的优惠降税率。从东盟国家进口原装汽车的税率将从 10%降至 5%，2013 年 9 座以下的旅游车的进口税率将从 83% 降至 60%。对产自老挝并实行零进口优惠关税的三类商品为：稻米、烟叶和摩托车配件。调整部分商品进口优惠税率。其中，水泥熟料进口税率下降到 0%。对产自中国的部分商品执行进口特别优惠税率。降税幅度最大的是现行最惠国待遇税率（MFN）在 60%以上的商品，税率将降到 40%，包括啤酒、葡萄酒、旧服装、大排量摩托车、10 吨以下自卸车等。对由100%进口原料加工生产的木制品和焦煤免征出口税。

（6）生产特许权使用费

自然资源税是生产特许权收费的一种形式，针对开采自然资源，比如石油和天然气，其他矿产，森林，渔业和重要的自然水资源而征收。以资源产品价值为征收依据，税率从 0%到 40%。

（7）预提税

1998 年 12 月 31 日之后签订的贷款协定，其利息应缴纳 10%的预提税。但外国政府或政府性机构提供的海外贷款，按照双边税收协定的规定，可以免缴预提税。

知识产权按 10%的税率纳税。

外国承包商应缴纳的增值税和公司所得税由承包方按应税流转额的一定比例预缴，转包额除外。根据合同的性质不同，预缴的比例不同。公司所得税和增值税的预提税税率都为 1%至 10%，预缴的增值税可以在增值税申报表中作进项抵扣。

增值税和公司所得税的预缴比例如下：

企业活动	增值税预缴比率（%）	公司所得税预缴比率（%）
贸易（包括提供水、食品、粮食以及石化物资）	1	1
服务	5 或 10	5
建筑及安装（不提供材料、机器和设备）、设计、监理、勘探	2.5	2
建筑及安装（提供材料、机器和设备）	1.5	2
其他制造和运输	2.5 或 1.5	2
利息	免税	10
特许权使用费	免税	10

公司所得税和增值税的预提和缴纳义务由合同中的越方承担。

越南获得跨境租赁而向境外租赁者支付的租金应缴纳预提税，由5%的公司预提税和5%的增值税预提税组成，共计10%。

(8) 财产税。土地使用权转让收入要缴纳经营所得税，另外还要缴纳附加费。土地使用权计税价值由政府法令确定。一旦土地和水域投入使用，就要收取租金。越南将土地使用权转让课税率从此前的4%下降到2%，2009年起生效。对特别贫困地区投资项目减免土地使用税。具体内容为享受特别优惠政策的项目减免50%，享受优惠政策的项目减免30%。而对投资非贫困地区，但享受投资优惠政策的其他项目，减免20%土地使用税。

二、主要税收优惠

越南政府规定，符合某些条件的企业和在鼓励投资的行业或者地区进行投资的企业，其公司所得税可以享受10%、15%和20%的优惠税率，优惠期为开始经营年度起10年之内或在整个项目存续期间。优惠期满后，税率调整回标准税率28%。

外国投资者还可以享受免税期，即从企业开始赢利（冲抵亏损之前）起的一定时期内可以免缴公司税，并且在以后的一定时期内按协商税率减半征税。免税期的长短直接与该项目适用的税率有关，最长可以达到8年。

位于出口加工区、工业区和高技术区的外国投资企业和建设——经营——移交项目，如果符合一定条件，还可以享受其他税收优惠。

对在经济区、出口加工区和工业区工作的越南人和外国人个人收入所得税，按应纳税额的50%征收。

2008年修订后的企业所得税法规定，在经济社会条件特别困难地区新设立的企业、新设立的支柱产业企业和新设立的已经社会化领域的企业可享受15年所得税为10%的优惠待遇，获得最高4年免税，9年减半征收的优惠政策。

（来源：综合整理自中华人民共和国税务总局、中华人民共和国驻越南社会主义共和国大使馆经济商务参赞处、安徽省芜湖市地方税务局网）

在东盟十国开展投资合作的手续

在文莱开展投资合作的手续

一、在文莱投资注册企业需要办理的手续

1. 设立企业的形式

在文莱可以设立以下几种形式的企业：独资经营企业、合资或合伙经营企业、公司（私人或公共）及外国公司的子公司。

【独资与合伙经营企业】可以是个人、当地企业及外国公司的分支机构，具体规定包括：(1) 合作伙伴不超过20个；(2) 主管部门批准后，将签发企业名称证书，并征收30文莱元；(3) 外国人申请必须事先获得移民局、经济规划和发展局及劳工局的许可。

【公司（私人或公共）】可以是以股票或担保或股票及担保承担的有限责任企业，或无限责任企业。具体规定包括：(1) 必须有至少2名及不超过50名股东；(2) 股东可以是非文莱公民或居民；(3) 股东转让股份的权力有限制，禁止任何公众股票招募；(4) 子公司可以持有其母公司股票；(5) 合伙协议必须填写公司注册人及公司名称，同时提供其他标准表格的企业文件；(6) 主管部门批准后，将签发企业证书，并征收2文莱元；(7) 注册费用取决于公司股票资本授权规模；(8) 没有企业最低股本限制。私营企业还有以下要求：①指定当地注册的会计师；②逐年准备资产负债表。

所有企业必须注册名称，名称须经注册师的确认。每个名称征税5文莱元。

2. 注册企业的受理机构

在文莱注册企业，需向文莱工业与初级资源部企业登记处申请。

3. 注册企业的主要程序

注册私人有限公司程序如下：

(1) 按照指定格式（Form A）向文莱总检查长署企业注册部门提出申请，审核公司名称是否符合要求；(2) 公司名称获对外投资合作国别（地区）指南得批准后，30天内向公司注册处提供公司合作协议、章程、董事名单、情况说明、所有股东及董事的身份证或护照复印件等规定文件。注册费按照公司资本股金计收。最低档为资本金不超过2.5万

文莱元的，按 300 文莱元征收；最高档为资本金达到 1.5 亿文莱元的，按 3.5 万文莱元征收注册费。

外国公司的子公司须提供以下材料：（1）有关章程企业等证明文件副本；（2）董事会名单及详细情况；（3）获批准后，将签发证书，并征收 25 文莱元费用；（4）没有最低股本要求。并完成以下程序：（1）指定在当地注册的会计师；（2）准备年度财务表、资产负债表及董事会报告；（3）准备分支机构账目；（4）每年提交账目报表；逐年向公司注册处提交申报表。

除合伙经营外，其他形式企业均须交纳公司税 23.5%。

二、承揽工程项目的程序

1. 获取信息

政府各部门在其公告栏刊登招标公告，并同时在每周的政府公报上刊登。此外，各主要报刊也定期发布招标信息。

2. 招标投标按照有关规定，政府投资项目一律采用招标方式。大型项目的招标要经过漫长和严密的法律程序；自筹资金承建项目，可通过议标方式进行。

文莱政府工程项目均无预付款，支付方式一般采用按工程进度支付，滞后三个月左右，因此承包商须垫资承包。政府项目一般不存在工程款拖欠现象。

按惯例，项目标的在 500 万文莱元以下的项目一般会发标给第一标即最低标，而 500 万文莱元以上得项目则不一定是第一标中标，还要考虑其他因素。

3. 许可手续

在文莱承包工程的主管部门是发展部。承包商承揽当地工程需要到该部门申请承包建筑工程许可证，并接受该机构对承包工程的审查和项目监督。BEDB（文莱经济发展理事会）作为文莱推进经济多元化的重要执行机构之一，近年逐渐在承包工程招标方面发挥重要作用，文莱政府住房、高速公路项目、机场改扩建项目等均由该机构组织招标，并负责相关问题的协调工作。

三、申请专利

文莱总检查长署（Attomey General's Chambers）负责商标、专利、工业设计等的注册。在英国、马来西亚和新加坡申请的专利，在文莱注册后前 3 年有效。在文莱申请注册的专利，有效期为 7 年，可延长至 14 年。

文莱对版权保护尚无特别立法，但在需要时可适用英国的相关法律。

四、企业在文莱报税的相关手续

1. 报税时间

报税时间根据企业最初注册时间每年申报一次，最长逾期不能超过规定时间的 3 个月。通过会计师事务所到税务部门上报。

2. 报税渠道

通过会计师事务所到税务部门上报。

3. 报税手续及报税资料 文莱税收较少，报税手续比较简单，相关资料可向当地会计师事务所咨询。

五、赴文莱的工作准证的办理

1. 主管部门

文莱负责外国人工作许可管理的部门是内务部劳工局。

2. 工作许可制度

外国人赴文莱工作，必须获得当地劳动部门签发的工作许可。赴文莱就业则需事先由雇主申请工作准证，配偶及 18 岁以下的未成年人需要办理附属签证。外国人来文就业需要得到 3 年有效的工作准证，需事先向劳工局申请。经劳工局的推荐，移民局将发给许可证。劳工局要求申请者提供金额为文莱至劳工来源国单程机票款的押金或银行担保。工作准证在签发后 6 个月内不得更改。公司或外国公司的分支机构注册批准之前，申请将不会被接受。

3. 申请程序

在引进劳工的问题上，文莱对外宣称实施的是开放的政策，但为了确保劳工的流入不影响本地人的生活习惯和价值观，实际操作中实行一事一批、个案处理。基本操作程序是：

（1）由需要输入劳务的本地公司将公司经营情况、所需劳务的数量、国别及申请理由上报到劳工局；

（2）由劳工局、移民局等相关部门组成的审查委员会审批后下达劳务输入配额；

（3）申请单位获得配额后须在政府认可的银行开设专门账户，按输入劳务的数量存入相应的劳务保证金（按法规要求此数额应相当于回到派出国的机票款），东盟国家劳务每人 600 文莱元，东盟以外国家（包括中国）每人 1800 文莱元。文莱—中国直航2010年3月恢复后，每人收取800文莱元；

(4) 申请单位获取配额后直接招工或委托招工，招工时应出示的文件包括：劳工局配额批准函、已交纳保证金的证明；

(5) 申请单位到移民局申领劳务人员工作签证后，劳务人员到文莱使馆申办签证；

(6) 劳务人员抵达文莱后接受文莱卫生部的体检，体检通过后办理为期1年或2年的工作准证。卫生部将疟疾、肺结核、爱滋病、性病、乙肝、羊癫疯、精神病和毒瘾等疾病列为“不适合工作”病症，除疟疾患者外，其他患者均需遣返；

(7) 劳工工作准证到期须回国或申请工作准证延期。

根据上述流程，从申请到获得配额一般需3个月或更长的时间。

另外，专业人士短期到文莱可以办理有效期3个月（可以延续三次，最长一年）的专业工作签证，由雇佣公司持申请信函和护照、执业证书等到移民局申请，此手续办理较快，但现已停办。

建筑公司申请劳工时须出示有关项目的清单，如不能证明项目能超过一年，则只能得到一年的配额，如此后再获得新的项目，则可以申请延续配额的有效期。

文莱业主办理保证金的方法：

(1) 业主在拿到劳工局的配额通知后即向政府指定的银行存入保证金，项目结束外籍劳工都回国后，政府退还保函，业主可以获得全额退款。这种方法只有在输入人数较少时或政府有强制要求时使用，它要占用业主一定数额的资金，而且退还保证金的时间较长。

(2) 业主在拿到劳工局的配额通知后即向保险公司按比例交纳少量金额，申请一份担保函，凭此担保函到银行办理银行保函，交给政府抵押用。项目执行完毕外籍劳工都回国后，政府取消银行保函即可。实际上业主并没有付出多少金额就可以拿到一大笔银行保函，节约了资金，也减少了风险。如果劳务人员出了问题，需要扣除保证金，也由银行负责。

4. 提供资料

提供的资料包括：(1) 雇主或赞助人的申请函；(2) 工作准证申请表；(3) 签证申请表；(4) 护照复印件或有效旅行文件；(5) 雇主的劳工执照；(6) 劳工局表格Form500。

［来源：改编自商务部国际贸易经济合作研究院，商务部投资促进事务局、中国驻文莱大使馆经济商务参赞处共同主编．《2010版对外投资合作国别（地区）指南——文莱》．第39～43页］

在柬埔寨开展投资合作的手续

一、在柬埔寨投资注册企业需要办理的手续

任何在柬埔寨从事商业活动的企业都必须进行注册，否则将被以非法从事商业活动罪论处。

1. 设立企业的形式

在柬埔寨进行经济贸易活动环境比较宽松，经商标准比较低，可以个人、合伙、公司等各种商业组织形式注册。

2. 注册企业的受理机构

柬商业部负责管理“工商登记簿”，企业应在设立前向柬商业部商业注册局或商业部指定的工商登记处进行注册。

在柬埔寨设立分支机构或代表处的企业也应到商业部商业注册局注册。

在柬从事投资的企业或个人如需获得投资优惠，则还应首先向柬埔寨发展委员会（CDC）提交投资申请，获得有条件注册证书后再进行注册。

3. 注册企业的主要程序

【注册申请】企业的一位董事或股东应亲自前往主管部门填写注册登记表，提出申请。柬商业注册局可为注册者提供公司章程蓝本。注册应提交的文件包括：注册登记申请表、公司章程、文件属实证明、在指定刊物上发布广告的申请、全部董事或股东的身份证或护照复印件和照片、董事无犯罪记录证明、股权分配决定（如有自然人参与）、办公地点以及其他商业部要求的文件。

【注册审批】主管部门受理注册申请后，将颁发标有注册号的注册证书。该证书自颁发之日超1个月内为临时证书，在此期间，登记员发现申报材料有误的，可提出异议并吊销注册号。注册审批时间视情况而定，一般为1周。注册费用视公司的形式和规模而定。

【注册时效】注册证书从注册之日起，有效期3年。企业应在注册证书到期前30天再次申请换发新的证书。若企业延误申请新的证书，则将被视为违法，其原有证书作废，企业必须重新申请注册并缴纳有关费用。

【开立银行账户】注册的公司应在柬埔寨境内银行开立1个或以上银行账户。

二、承揽工程项目的程序

1. 获取信息

国家项目由各主管部门发布信息；各省及主要城市也发布本地区的项目信息。此外，各主要报刊也定期发布招标信息。

2. 招标投标

柬埔寨国家投资项目或国际组织贷款和援助项目，一律采用招标方式。

招投标基本程序包括：

（1）准备阶段：设计及其费用估算；向银行提交设计及其费用估算，征求银行意见并获得批准；招标文件准备；向银行提交招标文件，征求意见并获得批准。

（2）资格预选阶段：邀请参加资格预选（在报纸上登广告）；评估委员会对资格预选进行评估；资格预选评估报财政部批准；资格预选评估报银行批准；向承包商通知资格预选结果；确定符合资格预选条件的承包商。

（3）招标及评标阶段：发标；承包商准备投标；开标；评标委员会评标；评标结果和授标建议报财经部批准；评标结果和授标建议报银行批准；签署合同。

（4）选择决选名单阶段：邀请说明取费率；顾问或监理准备说明取费率；向项目执行部提交取费说明；评估委员会对取费说明进行评估；公司决选名单报财经部批准；公司决选名单报银行批准。

（5）方案准备阶段：邀请决选名单中的公司提出方案；决选名单中的公司准备方案；提交方案。

（6）技术和财政评估阶段：评估委员会对技术方案进行评估；技术方案报财经部批准；技术方案报银行批准；请决选名单中的公司公开财政方案；评估委员会对财政方案进行评估；按技术方案和财政方案综合最高分的授标建议报财经部批准；按技术方案和财政方案综合最高分的授标建议报银行批准；签署合同。

3. 许可手续

在柬埔寨承包工程需要提供公司资质证明、母国出具的对外承包工程权证书、柬商业部注册证书及银行提供履约保函，还要经过招标资审，且要通过评标并中标。

三、申请专利

柬埔寨《专利、实用新型与工业设计法》规定工业矿产能源部为申请专利、注册实用新型和工业设计的主管部门。

发明专利的申请书应该向工业矿产能源部申报，其内容应包括申请文、关于发明的陈述、坚称及图案的显示。倘若有必要的话，还应附有发明项目的简介。递交的申请书应按《柬埔寨王国知识产权法》第一百三十条款中所作出的规定交纳一定的税款。允许延迟时间的为6个月，缴税时应连同滞纳金一起上缴。倘若不按照本条款所阐明的条件缴纳年度税金，将把发明专利的申请书退回，或宣布发明专利证书无效。

为管理专利和专利申请，专利权所有人每年需提前向专利登记处缴纳年费。专利登记处授予或驳回专利申请之前，专利申请人可转为申请实用新型证书。专利登记处授予或驳回实用新型证书申请之前，专利申请人可转为申请专利。

在申请注册时，若想得到持簿官承认其申请书申请注册日期，必须在申请书上附有以下可靠资料：阐明要求获得发明申请专利证书的愿望；附表明申报者的身份的资料；附在申请书资料中应有一部分是专门用来论述发明项目的。

工业设计注册有效期5年。注册后可连续延期两次，每次5年。

发明专利证书的有效期，从发明专利申请注册之日起为期20年。

四、企业在柬埔寨报税的相关手续

1. 报税时间

企业完成商业注册后，需在1个月之内到财经部税务司进行税务登记。税务登记后，企业按月报税，于每月15日前将税务月报表呈交税务局，并按额缴税。每年初呈交上一年度税务年报表。

2. 报税渠道

企业可自行或通过会计师事务所、律师事务所等中介进行报税。

3. 报税资料

每月提供税务月报表（企业注册资本、当月营业额、当月利润）、年初提供上一年度税务年报表（企业注册资本、年营业额、年利润）。

五、赴柬埔寨工作准证的办理

1. 主管部门

柬埔寨劳工部负责外国人工作许可管理。

2. 工作许可制度

外国劳工必须持有劳工部颁发的工作许可证，该工作许可证的有效期为1年，可以延期，但延期不得超过居留许可证确定的期限。外国人的工作合同每次期限不超过 2 年。工作合同可以用外文，但应附有一份柬文版。工作合同应明确规定符合劳动法的主要雇佣条件。外国人在合同工作期满后要在柬继续工作应重新报批。

3. 申请程序

根据劳工法的规定：需要雇佣外国专业技术和管理人员的企业，必须在每年 11 月底前向劳工部申请下一年度雇佣外劳的指标，每个企业所雇佣的外劳不得超过企业职工总数的 10%。未申请年度用工指标，将不被允许雇佣外劳。

4. 提供资料

包括：（1）雇主预先获得在柬工作的合法就业证；（2）雇主的聘用证书；（3）有效护照；（4）有效签证；（5）健康证明。

[来源：改编自商务部国际贸易经济合作研究院，商务部投资促进事务局、中国驻柬埔寨大使馆经济商务参赞处共同主编．《2010 版对外投资合作国别（地区）指南——柬埔寨》．第 39～42 页]

在印度尼西亚开展投资合作的手续

在印尼投资合作办理相关手续，可向印尼投资协调委员会等官方机构咨询，也可向律师、投资顾问、咨询机构和中国驻印尼使领馆经商处等部门咨询。

一、在印尼投资注册企业需要办理的手续

1. 设立企业的形式

在印尼，投资设立企业的形式包括有限责任公司和代表处两种。

2. 企业注册的受理机构

设立有限责任公司和代表处均需得到印尼投资协调委员会（BKPM）批准。外国投资可以在印尼雅加达由投资协调委员会（BKPM）批准，也可以由其在印尼各地和驻国外的代表机构批准。但是，外资欲在保税区内投资项目，投资者必须经过各保税区管理机构向投资协调委员会（BKPM）递交其投资申请。

3. 企业注册的主要程序

投资者在印尼投资前，首先应查阅《非鼓励投资目录》（DNI），该目录包含了对国外投资者禁止和限制经营的业务范围；如在印尼进行资金投资，投资者必须专门查阅《资金投资技术指南》（PTP-PM），该《指南》中的一些章节列明了允许投资的具体经营范围，资金投资的申请和运作行为，必须按有关规定操作。

若投资申请得到批准，投资协调委员会（BKPM）主席、印尼政府海外代表机构首席代表、或地区投资协调委员会（BKPMD）主席颁布投资批准证书。从收到申请到颁布投资批准证书全过程，最多只需 10 个工作日。在颁布投资批准证书后，外国投资公司即可按照有限责任公司的有关条款，以章程公证的形式，依法成立。

在印尼投资注册主要程序如下：

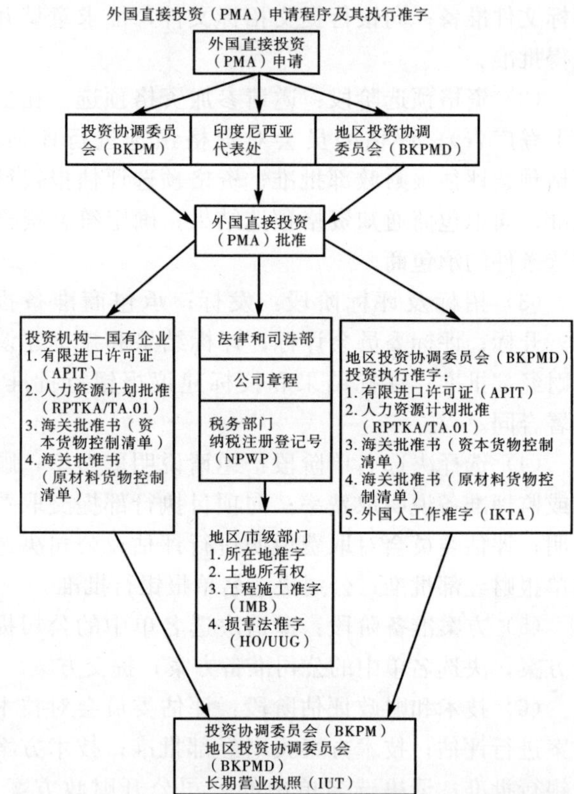

图 1 外国直接投资（PMA）申请程序及其执行准则

二、承揽工程项目的程序

1. 获取信息

印尼的承包工程项目主要分为四类，即国际金融机构援助项目，如世界银行、亚洲开发银行、欧洲复兴开发银行等提供资金的项目；外国资金援助的印尼政府项目；外国和本国资金投资的政府项目；私人资金项目。前三类项目由印尼国家计委或公共工程部、能矿部、交通部和国家电力公司等具体实施项目部门对外发布项目招标信息。私人项目则多通过商业关系寻求合作伙伴。以上信息，大多可通过印尼当地报纸、电视、网络等途径获得。

2. 投标方式

根据印尼国家法律和国际金融组织项目要求规定，由国际金融组织贷款或援助项目，一律采用招标方式；而使用某一国家特定贷款项目，一般采用在援助国国际公司中公开招标形式，但也可通过两国政府协商确定项目实施公司；印尼政府自筹资金项目的招标形式比较灵活，视实际情况可进行国际招标或只在印尼公司中招标；私人项目则由项目业主自行决定议标或招标。

3. 办理许可

在印尼承包工程的主管部门是公共工程部。中标的外国公司必须在印尼成立有限责任公司或代表处并取得印尼公共工程部颁发的承包工程准字，方可与项目业主签约。从事承包工程业务的外国公司，其印尼合作伙伴必须是具有“A”级资格的印尼承包商或印尼承包商联合会成员。进行工程业务咨询的公司，印尼合作伙伴必须是具有“A”级资格的印尼咨询商协会成员。“A”级资格的承包商是指有价值1亿印尼盾的设备，至少有3名工程师，一年至少有10亿印尼盾营业额的工程承包商。

三、申请专利

现行的印尼《专利法》为2001年颁布的第14号法律。按照印尼《专利法》规定，专利申请要由发明人或者申请人提出，申请专利需以印尼文书面向印尼知识产权理事会提出。专利申请应自申请之日起18个月内公开，公开时间为6个月，申请人提出审查请求之后36个月之内结案，不服驳回的可在三个月内提出复审请求。

专利代理人必须是知识产权理事会注册的知识产权法律顾问。

专利申请文件包括：申请日期、申请人地址、发明人姓名及国籍、专利代理人姓名及地址（通过专利代理人提出申请时）、特别授权专利代理人、专利请求书、申请发明专利名称、权利要求书、专利说明书、该专利照片、专利摘要。专利申请相关的费用包括申请费、专利公告费、专利转让记录和公告费、专利许可登记和公告费、强制许可申请费及专利年费。

印尼《专利法》要求发明人在印尼实施新产品生产后方能申请专利。专利的保护期限为自申请日起20年，小专利（印尼无实用新型专利）的保护期限为自申请日起10年，两种专利均不得续展。

现行专利法规定，涉及以下内容的发明不得授予专利权：①违反法律法规、宗教道德、公共秩序和伦理；②人和/或动物的检查治疗、治疗方法；③科学和数学理论、方法以及除微生物外的活体生物；④动植物培育过程中不可或缺的生物方法。

此外，印尼《专利法》还规定，在规定期限内不缴纳专利费用的取消专利资格。有关专利的诉讼案件必须在案件提交之后的180个工作日之内结案。侵犯他人专利权者最高可处4年监禁和/或5亿印尼盾的罚金。侵犯小专利者则最高可处2年刑期及/或2.5亿印尼盾的罚金。

四、企业在印尼报税的相关手续

1. 报税时间

除根据印尼政府从1月1日到12月31日财政年度报税外，企业也可使用会计年度报税，企业纳税通过月度分期付款的方式来进行。

2. 报税渠道

企业自行到税务部门报税。

3. 报税手续

纳税年度期间应当由纳税人本人每月缴纳分期支付税款的数额，应当等于根据前一纳税年度的《年度所税申报表》到期应付的税款，并且扣除下列所得税：已按规定扣缴的所得税和已征收的所得税；在境外已付或到期应付，并且属于规定的可抵免的所得税。在提交前一年纳税年度《年度所得税申报表》的到期日前，纳税人本人应立即缴纳的分期支付税款的数额，就当等于年度最后月份的分期支付税款的数额。如果在前纳税年度期间签发了前一纳税年度的税收查定，就应当以有关的税收查定为基础重新计算分期支付税款的数额，并且应当自前一纳税年度的最后月份起生效。

五、赴印尼的工作准证的办理

1. 主管部门

印尼负责外国人工作许可管理的是移民局。

2. 工作许可制度

外国人赴印尼工作，必须向印尼大使馆申请工作签证，以及通过雇主办妥印尼劳工部工作准证，并在抵达印尼后规定时间内办理临时居留等相关手续。

3. 申请程序

印尼雇主向投资协调委员会（BKPM）申请人力资源计划（RPTKA），并向印尼劳工部申请TA.01推荐表，以TA.01表格推荐为基础，移民局局长将向印尼驻外机构发出指示，允许为有关外国人签发限期居留证（VITAS）后，便到印尼相关移民局办理临时居留证（KITAS）和工作准字。

4. 提供资料

护照或旅行证件的有效期必须在 18 个月以上；一封海外或印尼担保人的推荐信；由外国投资公司（PMA）或国内投资公司（PMDN）雇用的申请人、作为海外技术援助专家的外国申请人必须附上行业主管部门和人力资源部、投资协调委员会（BKPM）的推荐信和使用外国人的人力资源计划（RPTKA）批准书；入境费（签证费）：限期居留签证每人 40 美元，限期居留准字每人 125000 印尼盾。

［来源：改编自商务部国际贸易经济合作研究院，商务部投资促进事务局、中国驻印度尼西亚使馆经济商务参赞处共同主编.《2010 版对外投资合作国别（地区）指南——印度尼西亚》. 第 32～36 页］

在老挝开展投资合作的手续

一、在老挝投资注册企业需要办理的手续

1. 设立企业的形式

可以设立私营企业、股份企业和公司三种。

私营企业指的是个人拥有全部所有权，以个人名义开展经营并无限制承担企业一切债务的企业形式。股份企业指的是两个或几个以上个人在协议的基础上共同出资、共同经营、共负盈亏的企业形式。股份企业分为一般股份企业和有限股份企业两种。一般股份企业指的是股东以相互信任为基础共同经营并无限制共同承担债务的企业形式；有限股份企业指的是对债务负有限责任，即“债务有限股东”的企业形式。

公司指的是以资金入股，各股价值相同，股东按照八股比率来承担公司债务的企业形式。公司分为有限公司（含一人有限公司）和大众公司两种。有限公司指的是两个或两个以上但不超过三十个股东持股的公司形式。只有一个人持股的有限公司叫“一人有限公司”；大众公司指的是由至少九个股东成立并可以自由转让股份和对外公开销售股份的公司形式。

2. 注册企业的受理机构

企业注册由老挝工业贸易部（或省/直辖市工业贸易厅）企业注册办公室受理。

3. 注册企业的主要程序

（1）向老挝计划投资部（或省/直辖市计划投资厅）申请外国投资许可证；

（2）获得外国投资许可证 2 日内向老挝工业贸易部（或省/直辖市工业贸易厅）企业注册办公室递交企业注册申请材料（含：企业注册申请书、企业名称许可证、投资许可证、成立协议、企业章程及授权书等）；

（3）递交申请后 10 个工作日获得批复（如未获批准将有书面说明）。

为便于外国投资者到老挝投资，老挝政府在计划投资部投资促进管理局及省/直辖市设立“一站式”服务办公室，受理外国投资并负责办理企业投资、注册的相关手续。

在老挝注册的外国企业可以在老挝银行开设外汇账户，用于进出口结算。外汇进出老挝需要申报。携带现金如超过 5000 美元，需要申报并获得同意方可出入境。在老挝工作的外国人，其合法税后收入可全部转出国外。

二、承揽工程项目的程序

1. 获取信息

国家筹资的项目由各主管部门发布信息；各省及主要城市也设有市政基础设施管理部门，负责发布本地区的发展战略与项目信息。一般而言，招标项目均在主要报刊上发布招标信息。

2. 招标投标

老挝国家投资或国际组织贷款和援助项目，多数采用招标方式；自筹资金承建项目或国别援助项目可通过议标方式进行。

3. 许可手续

在老挝承包重大工程项目，一般是通过项目业主向老挝总理府报批，获批后即可签订工程承包协议并进行施工，监理单位可由施工单位推荐由项目业主最终决定。

三、申请专利

老挝国家科技署是负责包括专利在内的一切知识产权事务的主管部门，下设省/市科技厅，企业或个人申请专利须向其提交申请。专利保护期为创作者终身及死后 50 年。

四、企业在老挝报税的相关手续

1. 报税时间

报税时间是每年的 12 月 31 日前，但利润税按季度缴纳，个人所得税逐月缴纳。

2. 报税渠道

根据老挝法律，企业按规定直接向所在税务登记部门缴纳。

3. 报税手续

根据老挝的法律，企业在老挝的纳税手续是企业自己到所在税务登记部门申报并缴纳。

4. 报税资料

企业在老挝纳税需要提供的相关材料包括：税务报表、发票、外国投资许可证、企业营业执照、企业经营许可证等。

五、赴老挝的工作准证的办理

1. 主管部门

老挝负责外国人工作许可管理的部门是老挝劳动社会福利部外国工作人员管理司。

2. 工作许可制度

外国人赴老挝工作，必须获得当地劳动部门签发的工作许可，并在老挝驻申请所在国大使馆或领事馆办理B 2 商务签证。

3. 申请程序

工作许可证由在老挝的雇主（公司或个人）向所在地劳动主管部门提出申请，经审核后，14 个工作日内发放工作许可证。

4. 提供资料

申请工作许可证需携带聘用单位的聘用许可证明；一张一寸照片、含 B2 商务签证的护照和办证费用（120 美元/人/年）。

六、投资经营程序和法定手续

（一）事先咨询

企业或个人进入老挝投资经商应事先向老挝计划投资部外国投资促进管理局、老挝工业贸易部对外贸易政策司、老挝国家工商会、老挝贸易促进中心等老挝政府部门以及中国驻老挝大使馆经商处、老挝中资企业商会等机构咨询相关政策、环境情况。

（二）做好考察

企业或个人进入老挝投资经商应对感兴趣领域和项目作全面深入的考察。

（三）提交申请

企业或个人完成投资经营考察后，决定在老挝投资经营者应向老挝计划投资部投资促进管理局递交相关投资申请并获得投资许可证。

（四）审批部门和权限

1. 目前老挝开展外国投资合作的审批程序为：中央和省二级审批，一个窗口对外，即由老挝计划投资部的投资促进局及各省的计划投资厅统一受理投资合作项目的申请。其中涉及水电、矿产项目及投资金额超过 500 万美元、土地租赁面积超过 100 公顷的项目须向计划投资部的投资促进局提出申请；涉及木材加工行业直接向工贸部申请；其他项目向各省计划投资厅提出申请。由投资促进局和投资厅分别征求同级有关部门意见。汇总意见后由计划投资部报总理府审定，经授权由计划投资部同投资业主签订合同并颁发投资许可证；省级投资项目由计划投资厅汇总后报省政府审定，经授权由计划投资厅同投资业主签订合同并颁发投资许可证。其中涉及水电、矿产的重点项目，由总理府提交老党政治局批准；土地面积超过 1 万公顷的项目由总理府提交国会批准。

2. 申请项目前的准备阶段：涉及水电、矿产现场踏勘须向能矿部有关司咨询和申请；涉及其他工业投资项目按 500 万美元审批权限分别向工贸部和各省工贸厅咨询有关情况；涉及农业、林业投资项目按 500 万美元及 100 公顷土地面积审批权限分别向农林部和各省农林厅咨询有关情况。

3. 2009 年 7 月 8 日，老挝第六届国会七次会议表决通过，国会主席通辛正式宣布批准老挝新修订的投资促进法。新投资促进法在三个方面有突破：（1）在老挝投资超过 30 万美元的外国投资者可依法购买宅基地；（2）原国内投资法和国外投资法合并为一部统一的投资促进法，国内外投资者将享受同一标准的免税等优惠政策，政策将更加公平、透明，投资环境将进一步改善；（3）新法律将继续完善“一个窗口对外”的便利审批程序和措施，以减少环节，加快程序，增强服务意识、提高服务水平。

（五）注册企业或办事处

企业或个人决定在老挝投资经营，须按照老挝法律法规向老挝计划投资部（或省/直辖市计划投资厅）申请外国投资许可证；获得外国投资许可证 2 日内向老挝工业贸易部（或省/直辖市工业贸易厅）企业注册办公室递交企业注册申请材料（含：企业注册申请书、企业名称许可证、投资许可证、成立协议、企业章程及授权书等）；递交申请后 10 个工作日获得批复（如未获批准将有书面说明）。企业注册后，须在 3 个月内注入 30％的注册金；办事处须按年缴纳管理费等约 600 美元。

为便于外国投资者到老挝投资，老挝政府在计划投资部投资促进管理局及省/直辖市设立“一站式”服务办公室，受理外国投资并负责办理企业投资、注册的相关手续。

（六）办理国内有关手续

企业或个人决定在老挝投资经营，须按照中国商务部境外投资管理办法，到所属中央或地方主管部门递交境外投资申请并获得境外投资批准证后办理有关外汇、海关、出入境等手续。

（七）到经商处报到登记备案

中国企业在进入老挝市场过程中，应按照中老双方政府的规定，办理两国政府批准投资的法律文件，并在当地注册后，及时将上述相关法律文件复印件［含：1.（商务部）企业境外投资或设立机构批准证书；2. 省/直辖市商务厅（局）的批复；3. 境外中资企业（机构）报到登记表；4.（老挝）外国投资许可证；5.（老挝）公司或办事处营业执照；6.（老挝）公司或办事处税务登记；7.（老挝）项目经营许可证；8. 公司负责人和联络人联系方式］到使馆经商处报到登记备案。正常情况下，保持与经商处的联络，每年1月10日前将公司上年度经营情况抄报经商处。

［来源：改编自商务部国际贸易经济合作研究院，商务部投资促进事务局、中国驻老挝大使馆经济商务参赞处共同主编《2010版对外投资合作国别（地区）指南——老挝》. 第29～31页］

在马来西亚开展投资合作的手续

在马来西亚办理投资合作相关手续，须向当地律师、专门秘书或代理机构以及相关咨询机构寻求帮助，有关政策事项也可与中国驻当地使馆经参商处/经商室联系。

一、在马来西亚注册企业需要办理的手续

1. 设立企业的形式

在马来西亚，外商投资设立企业的形式主要包括公司代表处（办事处）、分公司、有限责任公司和股份有限公司四种。

2. 注册企业的受理机构

中国企业在马来西亚设立代表处（办事处）、分公司、有限责任公司或股份有限公司，均须到马来西亚公司注册委员会（简称SSM）或通过互联网络（http：//www. ssm. gov. my）提交申请，进行注册登记。

3. 注册企业的主要程序

【注册申请】申请企业填写有关申请表格，向马来西亚公司注册委员会提出申请。

【注册审查】公司注册官员审查拟议中的公司名称是否被使用，如未被使用，则该名称为申请者保留3个月。

【提交材料】3个月之内，申请者依据不同的企业形式相应地向注册官提供不同的文件，具体需提供的文件清单可咨询专业秘书公司或律师事务所。

【批准申请】公司注册官审查申请材料，批准公司注册，并发出同意公司注册文书以及公司代码（主要供缴纳税务使用）。

【开设银行账户】公司注册完毕后，可凭有关文件到马来西亚当地银行开设公司银行账号。

二、承揽工程项目的程序

1. 获取信息

马来西亚大型工程项目从可行性研究、设计到最后实施需要较长过程，工程公司应从各种渠道获取工程前期信息，密切跟踪，适时介入。一般而言，政府出资项目由政府主管部门发布信息，私人项目通过主要报刊定期发布招标及项目信息。

2. 招标投标

在马来西亚，由世界银行、亚洲开发银行和其他外来资金参与的项目均按国际标准公开招标。政府财政拨款的工程项目，一般把招标对象限定在拥有A级资格的马来西亚本地公司，外国公司需从中分包或合作。私人发展项目招标对象限制较少，但最大的风险是支付保障问题，要慎重选择有实力有信誉的业主。在马来西亚，无论是哪类项目，均存在议标的情况。

3. 许可手续

在马来西亚主管承包工程的政府部门是建筑业发展局（CIDB）。承包商与当地发展商签订承包合同后，需要向该局申请办理施工许可证，并由其查验承包公司资质和监督审查项目进展情况。一般情况下，承包公司还须申请许可有机械设备使用许可（机械管理部门）和工人现场驻地和设备材料堆放许可（市政管理部门）。

三、申请专利

马来西亚的专利管理机构是马来西亚专利委员会，委员会主席由国内贸易及消费者事务部秘书长担任，企业申请专利须向该委员会的专利特许处申请。

申请程序：

（一）申请工业新式样专利注册时，须提呈相关数据至马来西亚专利局，如申请人数据、图标、

新颖性说明及委任状等。

（二）修正：申请人可针对其新式样专利申请案进行修正。然若该修正会扩大原专利范围，则不被允许。若经修正后，决定将一项或数项新设计从原申请案移除，则申请人可在原申请案告准前的任何时候针对被移除的新设计提出分割案申请。而该分割案可延用母案之申请日。

（三）进入审查阶段：一旦新式样专利申请案取得申请日且未被撤回，即直接进入形式审查阶段，而不需新颖性调查。若审查结果为本案不符合形式审查的要求，则申请人可在期限内进行修正答辩的作业，以期符合审查委员的要求，否则专利局将拒绝本案注册。

（四）核准注册及公告：一新式样专利案准予注册后，专利局将纪录相关数据以进行注册作业，并颁发注册证书予申请人。之后，专利局将尽快将该专利相关资料（如申请人姓名、地址等）公告于公报上。

自申请日起算 5 年，可延展 2 次，每次延展 5 年，共 15 年。

四、企业在马来西亚报税的相关手续

1. 报税时间

在马来西亚，个人必须于每年 4 月 30 日前呈报前一年度的个人税务；企业必须于企业财政年度结束后的七个月内向税务机关报税。

2. 报税渠道

马来西亚企业可以指派内部有专业资格的人员到税务机关报税，也可委托有税务代理执照的会计师向税务机关报税。

3. 报税手续

根据法律规定，在马来西亚报税的基本程序是企业按照成立时领取的报税编号向税务机关索取有关报税表格，填写有关呈报内容，缴纳税务。

4. 报税资料

企业在马来西亚报税需要提供的资料包括：企业报税编号、企业基本资料（股份及董事会构成等）、企业银行账户、企业财政年报、派发股息情况以及企业资产损益表等。根据规定，企业每月须向税务机关缴纳自行估计的税务，到财政年度结束时再统一报税，多缴退还，少缴补足。但是如果少缴的税务超过 30%，则要罚款 10%。如果个别月份利润增长发生变化，需要单独报告说明。

五、赴马来西亚的工作准证的办理

1. 主管部门

负责具体办理外国人工作准证的管理部门是马来西亚内政部移民局（http：//www. imi. gov. my）。

2. 工作许可制度

外国人赴马来西亚工作，必须获得马来西亚内政部移民部门签发的工作许可，赴马前事先办理好工作准证。

3. 申请程序

（1）制造业公司外籍管理人员职位。由外资公司向马来西亚工业发展局提出申请，工业发展局视公司投资额核定名额，再交由其内部“一站式”服务部门统筹审批。外籍管理人员期限一般为 5 年，期满后可再延长 5 年。

（2）制造业公司雇用外籍劳务。由雇主向马来西亚工业发展局提交申请，由其内部“一站式”服务部门统筹处理。外籍劳务的基本雇用期为 3 年，表现良好可再延长 2 年。

（3）制造业以外其他领域雇佣外籍劳务。由雇主向内政部外籍劳工处提交申请。政府对外籍劳工实行个案批准制度，并附带一定条件；雇主必须在尝试雇用本国公民未果后，才可以考虑雇用外籍劳工。

4. 提供资料

公司申请信函（申请职位及说明、工作时间、每月工资等）；已缴纳印花税的雇佣合同；公司注册文件；护照原件及复印件、学历证明或技术等级证书复印件及英文翻译件；申请人个人简历；标准护照照片；相关申请表格（一般为 Form DP11）。

需要资料及有关费用要求详情请查阅马来西亚内政部移民局官方网站：http：//www. imi. gov. my/eng/perkhidmatan。

办理工作准证过程中应该注意：根据马来西亚法律规定，雇主应该亲自向政府提出雇佣外籍员工的申请，但由于马来西亚外籍人士办理工作准证手续比较复杂，建议中国企业办理前向当地有经验的人力资源顾问公司咨询，请其提供有关协助。还需注意：最好亲自申请，但必须了解员工情况，熟知程序；合理控制办理准证费用；和移民局官员交涉时注意掌握技巧；委托马来西亚政府认可并批准的中介代理。

［来源：改编自商务部国际贸易经济合作研究院，商务部投资促进事务局、中国驻马来西亚大使馆经济商务参赞处共同主编《2010 版对外投资合作国别（地区）指南——马来西亚》. 第 35～37 页］

在缅甸开展投资合作的手续

一、在缅甸投资注册企业需要办理的手续

1. 设立企业的形式

根据《缅甸联邦外国投资法》规定，外国投资可独资或合资或成立股份有限公司，如果成立合资经营企业，外资比例不得低于总投资的35%。

2. 注册企业的受理机构

企业注册的受理机构为缅甸投资委员会。

3. 企业注册的主要程序

（1）根据《缅甸联邦外国投资法》要求，向缅甸投资委员会（MIC）提交申请表（FORM1），申请表应含以下文件：

①企业财务状况表（近几年账务审计情况）；

②开户银行推荐信；

③项目经济可行性报告；

④根据合作性质，如果项目属外商独资，则须提供一份拟与主管部门签署的草本合同；如果项目属合资项目，则须提供一份拟与合作公司签署的草本合同。准备必需的协议草案，如：合资协议；租赁协议；独资项目协议（由有关主管部门代表签字）；

⑤若该项目是以有限公司的名义经营的，应提交按《缅甸公司法》起草的《公司备忘录》或《公司章程》；

⑥按《缅甸联邦外国投资法》第十章26款规定提交税务减免申请函。

（2）由投资和公司管理指导委员会（DICA）对所提交项目建议书进行详细研究。并从以下几方面进行审查：

①实施项目是否符合被推选条件；

②文件是否齐全一致；

③经济可行性和项目的商业期限；

④技术适用性；

⑤市场状况；

⑥提供就业机会；

⑦项目实施对环境影响。

（3）投资和公司管理指导委员会（DICA）向政府代理公司或投资者及其代表咨询有关技术问题，并将所件提交MIC；

（4）如果所需提交的文件资料齐全，约在2个月内完成报批手续。

二、承揽工程项目的程序

1. 获取信息

一般情况下，缅甸政府各部门及下属司局或直属企业可直接对外发布工程项目招标信息，省级政府亦有部分自筹资金项目对外招标，但市以下级政府对外招标项目数量极少。缅甸主流媒体（缅甸新光报、镜报等）也会定期发布一些项目招标信息。中国企业一般通过直接联系有关政府部门或通过缅方合作伙伴介绍等方式获取项目信息。

2. 备案及协调制度

按照《商务部关于加强中国驻外使（领）馆经商参处（室）管理对外投资合作工作的指导意见》（商合发［2008］270号）、《对外承包工程项目投（议）标协调办法》以及《对外承包工程项目投（议）标协调办法实施细则》等有关文件规定，中国企业在缅甸承揽工程项目须由驻缅经商机构出具推荐函的（详见商合发［2008］270号），须按照有关规定在驻缅经商机构对有关项目信息进行备案，并接受经商机构的指导和协调。

3. 投标方式及流程

缅甸政府规定，承包工程项目原则上采用公开招标的形式，但由政府部门自筹资金且金额在10万美元以上的项目，必须有3家以上的承包商进行投标。

通常，发标部门对各投标方的技术细节与价格进行比较，形成授标意见后报请国家采购委员会审批。国家采购委员会一般要与竞标企业再进行一轮价格谈判，之后或维持发标部门的意见，或做出新的授标决定。根据采购委员会的意见，发标部门须上报国家贸易委员会审批，批准后再报内阁批准通过，最后进入实施阶段。

三、申请专利

专利注册与商标注册类似，也采用注册登记制度，在缅甸农业灌溉部设在各省、邦的注册局办理。依照现行规定，外国人不能直接提出专利注册申请，需以合法注册的缅甸公司的名义或者缅甸当地代理人的个人名义提出申请。注册成功后，需要在报纸上发布公示，为期一周。公示期间如没有人提出异议，登记注册即可生效。专利权受到侵犯时，可参照商标权的有关规定提起民事诉讼。

四、企业在缅甸报税的相关手续

1. 报税时间和渠道

根据《缅甸税务法》（1992）、《缅甸国内税收实施细则》（1987）规定，企业可以在取得收益之年年底算起三个月内，凭可靠的证明向各省/邦税务人员申请交纳所得税，纳税人的收入按从当年的4月1日起至次年3月31日止的财政年度来计算。税款一般在下一个年度按照上一个年度的收入进行估算，作出估算后，既可每个月也可每个季度交纳一次税。

纳税人如果想离开缅甸，必须向移民局提交一份完税证明。

2. 报税手续和资料

中国在缅纳税的企业须聘请缅甸当地注册的会计师协助整理账务，中方同意签字后，由该会计师代交缅方税务机关，待税务官核定税款后即通知公司签字交税。目前缅方对纳税管理不严，上税的多少，很大程度上取决于当事人的关系。

五、赴缅甸的工作准证的办理

外国人到缅甸工作，不需要办理工作许可，缅甸未制定外国人在缅工作许可制度。

（一）商务签证

目前，外国人赴缅甸工作，须持有效护照及商务签证进入缅甸。办理商务签证需要缅甸政府有关部门或企业出具的邀请函。中国公民可在缅甸驻华使馆以及缅甸驻昆明总领馆办理商务签证。缅甸商务签证有效期为70天，可办理延期。逾期停留1天需缴纳罚金3美元，超过90天以上者每天缴纳罚金5美元。

（二）暂住证

外国人连续在缅甸居留90天以上者须到移民局办理暂住证（Foreigner's Registration Certificate—FRC）。未办理暂住证的外国人，缅甸政府将不再予以办理居留延期。

对中国来缅甸的经商或务工人员，缅政府尚未明文规定是否需办理工作许可。但为了保护中国公民的合法权益和人身安全，建议中国来缅人员严格遵守居留有效期的规定，居留逾期者尽快返回国内重新办理入缅签证。

［来源：改编自商务部国际贸易经济合作研究院，商务部投资促进事务局、中国驻缅甸大使馆经济商务参赞处共同主编．《2010版对外投资合作国别（地区）指南——缅甸》．第48～51页］

在菲律宾开展投资合作的手续

一、在菲律宾投资注册企业需要办理的手续

1. 设立企业的形式

根据菲律宾《1991年外国投资法》及其他相关法律，外国人在菲律宾可设立的企业形式包括：

【个人独资企业】由个人全部出资、独享收益并承担全部责任的企业形式，须向菲律宾贸工部申请设立。

【合伙企业】由两名以上合伙人建立，具有区别于其合伙人的独立人格，可以为有限责任或无限责任，在菲律宾证券交易委员会申请设立，要求每名合伙人至少出资3000比索。

【公司】根据《公司法典》，由5～15名发起人设立，向菲律宾证券交易委员会申请注册，实缴资本至少为5000比索。

【分公司】外国公司的延伸机构，不是独立法人，可以在菲境内取得收入，注册时须向菲境内汇入20万美元资本。

【代表处】代表母公司在菲律宾境内从事信息发布、联络、促销、质量控制之类的活动，不在菲境内取得收入，注册时须向菲境内汇入3万美元资本。

2. 注册企业的受理机构

（1）证券交易委员会（SEC）负责注册法人企业（5人以上）和合伙企业（3人以上）；

（2）菲律宾贸工部（DTI）负责注册商业名称（有效期5年）和注册独资企业（以个人名义办公司）；

（3）菲律宾投资署（BOI）负责注册优先投资计划下的享受优惠企业；

（4）菲律宾经济区署（PEZA）、苏比克湾管理署、克拉克发展署、卡加延经济区署、菲弗德克工业署和三宝颜经济区署负责注册其他享受优惠的投资促进代理机构；

（5）菲律宾中央银行（BSP）负责外国投资注册（以资本回收和利润汇出为目的）；

（6）纳税人还应到对其营业所在地有管辖权的BIR地区税务办公室（RDO）注册；

（7）在社会保险系统（SSS）取得雇主社会保险号，在菲律宾健康保险公司。（PHIC）取得政府保健保险系统成员资格。

另外，在SEC和DTI注册之后应取得公司所在地的市长批准。

3. 注册企业的主要程序

【在SEC的注册】

(1) 投资人向SEC递交申请；

(2) SEC审核申请；

(3) 如果申请批准，投资人支付登记费（相当于实收资本的1/1000），并递交相关文件。

SEC审批和评估文件，如果用“快速”流程，时间为1周。

如果批准，SEC发给注册证明。

二、承揽工程项目的程序

1. 获取信息

在菲律宾可以通过以下几个途径获取工程招标信息：

(1) 菲政府主管部门或企业（业主）在当地媒体上发布招标邀请信息；

(2) 业主直接邀请；

(3) 业主通过驻菲使馆经商处、中资企业（菲律宾）协会承包分会发布信息。

2. 招标投标

菲律宾政府工程承包项目根据业务性质分属不同部门管理，如公造部负责路桥项目，灌溉局主管水利灌溉项目等，但政府项目若使用的是菲律宾政府资金，则只能由本地企业或外资不超过25%的合资企业承揽。而通讯、电力、房地产等项目多为私人经营，对外资一般没有限制。

工程项目招投标一般需要经历以下程序，业主或融资方还会有各自具体的要求：

(1) 招标信息发布；

(2) 企业报名，递交意向书；

(3) 资格预审；

(4) 编制发售招标文件；

(5) 投标预备会；

(6) 投标；

(7) 开标、评标、定标。

三、申请专利

（一）申请程序

专利的申请需要向知识产权办公室（IPO）的专利局（BOP）提出，在提出申请时必须提交以下材料：

(1) 专利申请请求书；

(2) 申请人姓名、地址和签名；(3) 对申请专利的发明或实用新型作出说明，必要时应当有附图；

(4) 申请费用；

(5) 申请人要求优先权的，应当在申请的时候提出书面声明，写明在外国提出申请的申请日和受理该申请的国家。

在一项发明或实用新型专利被最终批准之前，BOP还要对该发明或实用新型进行实质审查，审查通过后，BOP将会把审查报告送达申请人。申请人在收到报告2个月之内，可做以下任何一种决定：

(1) 将实用新型申请转换为发明专利申请；

(2) 撤销申请；

(3) 修改申请；

(4) 请求BOP出具注册可行性报告；

(5) 不采取任何行动（但如果申请符合BOP的所有要求，且已付清有关费用，BOP将视为自动注册）。

经IPO注册的发明或实用新型应在登记后半年内，在IPO的公报上按照目录或样图予以公告。

（二）保护专利

目前被认可的专利类型有两种——发明和实用新型。

可通过两种方式注册取得专利。一种是直接向知识产权局提交申请。另一种可以通过专利合作条约（PCT）途径，向瑞士的世界知识产权组织申请指定菲律宾。这是一个符合成本效益的体系，据此可以指定很多国家进行保护。

申请人需要通过一系列的权利要求详细说明请求保护的范围，并通过技术性描述和图样来解释该项发明如何操作。

（三）注册专利的时间和期限

一般而言，从申请到登记需要花4到5年时间。实用新型注册稍快。专利的实质审查需经申请。知识产权局将在专利申请提交之时对该申请进行形式审查。然后，该申请将进行到实质审查阶段，这需由申请人自专利在知识产权局公报公布之日起6个月内向知识产权局专利部门提出明确的请求。

符合条件的专利一般情况下保护期限为20年。

（四）授予专利的条件

任何发明要赋予专利必须具备下列条件：

新颖性，之前没有同样的技术在菲律宾国内外出现过（例外是发明在申请之前已经由下列人公布达12个月。(1) 发明者；(2) 从发明者处直接或间接获得资料的第三人；(3) 专利局，要么是发明人提交的尚未被专利局公布的另一份申请，要么是从发明者处直接或间接获得资料的第三人提交的申请)。

独创性,与人们已有的技术不同并且具有工业实用性。

除此之外还有某些类别根本不能获得专利(如计算机程序或纯粹的商业方法)。

四、企业在菲律宾报税的相关手续

外国投资者在菲律宾注册企业后、开始经营活动前,应到国内税务局(BIR)取得税收证明号(TIN)。具体程序为:携带证券交易委员会颁发的企业登记证明(或在菲经商证明)和市长许可证(或申请市长许可证的文件),前往对其营业所在地有管辖权的BIR地区税务办公室(RDO),填写1903号BIR表格,到RDO指定银行缴纳500比索的年检费用,向RDO支付15比索的办证费和15比索的印花税,RDO将签发税务登记证明(2303号表格)。相关详情可以查询菲律宾国内税务局网站:http://www.bir.gov.ph/reginfo/regtin.htm。

1. 报税时间

前一年所得税(Income Tax)的报税截止时间是当年的4月15日。

2. 报税渠道

可通过地区办公室授权代理银行(Authorized Agent Bank,AAB)或收入采集官(Revenue Collection Officer)等。

3. 报税手续

(1)填写3份1702号表格;

(2)如果有收入:到注册地临近的AAB,提交填好的1702号表格及收入相关附件;在没有AAB的地区,提交给收入采集官表格和相关材料;从相关地点取回盖章的表格及确认件。

(3)没有收入返还的情况:向注册地的地区收入办公室或税收填报中心提交填写好的1702表格及相关附件;从RDO或税收填报中心取回盖章和确认的表格。

4. 报税资料

申报所得税时,企业或合伙者需要提交以下资料:

(1)不需交纳预提税(withholding Tax)的,提交收入证明,并填写BIR表2304(如果满足减免条件);

(2)税收减免的,填报BIR表2307(如果满足相关条件);

(3)税收减免备忘录(如果满足相关条件);

(4)国外税收减免(如果满足相关条件);

(5)如果税收返还有调整,返还前期返还税收;

(6)账户信息表格(Account Information Form,AIF)和独立的注册会计师(CPA)和/或经审计的财务报告;

(7)上一年税收应返还数额(如果满足相关条件)。

五、赴菲律宾工作签证的办理

1. 主管部门

菲律宾劳动和就业部、移民局。

2. 工作许可制度

外国人在菲律宾需获得工作签证(签证代码为9G),菲律宾外籍劳务就业签证分以下类别:

(1)多次往返特别签证:签发给离岸银行和地区总部的执行官。有效期1年,每次可续延1年。持有此签证者免移民局注册和费用、免(除税收检查以外的)任何政府机构的安全检查;

(2)经商签证:由美国、德国或日本拥有,并在菲有真实投资的企业可以为其外国雇员申请此签证。外籍雇员必须是来自与公司主要投资者相同国家的高级管理者或执行官;

(3)特别非移民签证:由总统通过有关政府部门签发给石油勘探公司、出口加工区企业和投资署注册企业。有效期1年,每次可延1年;

(4)预先安排就业签证:外籍人将要到在菲公司担任执行官或高级技术职务时可申请此签证。签证有效期与就业合同有关,但不能超过2年,可以年度延续,但总延续期不超过3年。在个别案例中,延续期可以不超过5年。申请者必须先获得劳工部的外侨就业许可;

(5)苏比克自由港工作签证:拥有经菲劳工部确认为苏比克自由港内菲籍人没有的高级技术和管理技能的外籍人可以向苏比克管理署申请此工作签证。签证有效期2年,可以延2年。

3. 申请程序

主要有以下两个步骤:到菲律宾劳动和就业部(Department of Labor and Employing,DOLE)申办劳工许可证(AEP—Alien Employment Permit);

到菲律宾移民局(Bureau of Immigration)申办9G签证,并办理I—CARD身份证。

4. 提供资料

需要提交以下材料:公司在菲律宾证券交易委员会(SEC)注册文件,公司有效营业执照;

公司最近一年的税务报表或近期经过审计的财务报告，新公司提供在税务局的登记证明；

申办人的护照原件；

个人简历；

个人税号；

两寸照片8张，1寸照片6张；

申办人和用人单位的劳动合同。

办理工作签证程序较繁琐，周期较长，外国员工多通过中介或代理办理，需注意甄别中介资质和诚信，比较代理费用。

［来源：改编自商务部国际贸易经济合作研究院，商务部投资促进事务局、中国驻菲律宾大使馆经济商务参赞处共同主编《2010版对外投资合作国别（地区）指南——菲律宾》．第39～46页］

在新加坡开展投资合作的手续

在新加坡投资合作办理相关手续，需向新加坡法律事务所、公司秘书事务所或会计师事务所寻求咨询和帮助，具体事项请与中国驻新加坡大使馆商务处、中资企业（新加坡）协会联系。

一、在新加坡投资注册企业需要办理的手续

按照新加坡《公司法令》的有关规定，注册成立的公司应该是一个商业实体。要组建公司，必须按照《公司法令》得规定注册。要组建有限责任合伙公司，必须按照《有限责任合伙法令2005》的规定注册。

1．设立企业的形式

在新加坡投资设立企业的形式主要有：公司代表处或办事处、分公司、私人有限公司、股份有限公司和有限责任公司。

2．注册企业的受理机构

会计与企业管理局（ACRA）是《公司法令》《有限责任合伙法令2005》的执行机构，负责监管新加坡的公司、商业机构、有限责任合伙以及公共会计师。

新加坡国际企业发展局（IE Singapore）负责为制造业、贸易、贸易物流及与贸易有关的服务业注册代表处。

3．注册企业的主要程序

在新加坡注册不同的企业形式，需到不同的机构申请。

【注册公司】可以通过在线商业注册服务（Online Business Licensing Service）注册公司和申请所需的许可证，网址为：http：//www. licences. business. gov. sg；也可以通过专业事务所或服务事务所代为注册。

【注册外国公司或分支机构】须聘请专业人士帮助准备所需文件并在企业与会计管理局网站 http：//www. acra. gov. sg 通过 Bizfile 申请注册。

【注册代表处或办事处】只须从新加坡国际企业发展局的网站下载注册表格或在 http：//www. roms. iesingapore. gov. sg 网注册。

【注意事项】

（1）在注册公司之前，需要确定公司商业活动的性质。

可通过会计与企业管理局网站 http：//www. acra. gov. sg 的 SSIC Search 在线查找商业活动的相应新加坡标准产业分类（SSIC）代码。

（2）公司在进行某些范围的商业活动前，还需要获得许可证。如公众娱乐、食品商店、广告等。

（3）一家公司可以有一名董事，该董事必须是新加坡公民、新加坡永久居民或者持有就业准证/原则同意书/家属准证。

（4）外国公司必须在新加坡有两位本地代理人代表公司。代理人必须是新加坡公民、新加坡永久居民或者持有就业准证/原则同意书/家属准证。外国人也可作为外国公司在本地的代理人，需向人力部（MOM）工作准证署申请就业准证或原则同意书。

二、承揽工程项目的程序

新加坡建设局（BCA）是新加坡国家发展部属下的法定机构，也是新加坡对建筑业的管理机构。它对整个新加坡建筑业行使行业管理职能，代表政府健全和完善市场机制，保证市场秩序，提供相关服务，培育和发展健康、统一、完善的市场。

在新加坡有注册资质等级的建筑施工企业共2518家，建筑业从业人数近20万人。这些施工企业绝大部分是私人企业，具有大型企业少、中小型企业多的金字塔形结构特点。上述企业按资产规模、技术资质和企业信誉分为A1～C3七个等级，不同等级可承包不同规模、不同类型的项目。其中，A1是最高等级的公司，它们多是资金、技术、管理密集型企业，以项目总承包为主，不限制标的金额，目前共有31家企业。其次为A2等级，共24家，此类企业投标金额上限为一亿新元。其余均为中小型企业及各类专业分包公司，如：打桩、预应

力张拉、砼、电器安装、门窗安装等，投标限额5000万新元至75万新元不等。

1. 获取信息

新加坡所有公共工程项目的招标均由各主管部门负责对外公开发布消息，可通过新加坡政府电子政务网站查询项目信息，网站地址：http：//www.gebiz.gov.sg。

2. 许可手续

建筑公司首先在商业注册局（RCA）完成公司注册，之后到新加坡建设局（BCA）申领资质等级，个人公司或合伙制的企业，首次只能申请C1和L1资质等级。

三、申请专利

在新加坡规范专利授予的主要法律是专利法（Patents Act）。

新加坡知识产权局（IPOS）是负责专利事务的主管部门，企业申请专利需向专利登记处（Registry of Patents）提交专利申请。专利申请中应当包含发明的相关信息，包括发明以及操作说明。专利法没有明确列出哪些发明是受法律保护的，但规定了不能取得专利的发明，如具有攻击性、不道德以及反社会的行为。而可以获得专利的发明要具有新颖性、创造性和工业应用性。在现行法律下，专利有效期是自申请之日起20年，该期限不得被延长。

申请专利必须提交一整套文件。其中一套叫规格文件（specification），包括说明书、权利要求书、说明书摘要及各种附图。一般由专利代理人（多数为工程师或技术专家出任）负责。说明书要讲清楚要求保护的发明是属于何种领域，如电气工程或生物科技，背景技术如何，发明的内容以及具体使用这项发明的方式或方法。如有需要，可附上各种示意图。申请程序：

（1）专利局作初步审查，看文件是否备齐；

（2）在13个月内，申请人要向专利局提出，要求检索报告；

（3）在申请的18个月内，专利局会把正在申请的专利之摘要公告；

（4）申请人必须在21个月之内，向专利局要求对其申请做实质性检查，即看其发明是否具有新颖性，有具体发明步骤以及是否可应用在有关工业上（新加坡申请的检索和实质性审查须送到澳洲、奥地利、丹麦及匈牙利专利局，新加坡不提供该方面的服务）；

（5）若审查员发现有问题，会提出书面意见，由专利局转给申请人，申请人可以与审查员联系。有需要的话，可以修改其说明书及权利要求书。但审查员必须在39个月之内，提出其审查报告；

（6）申请人须在申请后的第42个月内向专利局要求，批准其申请。若发明之前未曾有人拿过专利，并且申请的主题与发明专利申请具有单一性，专利局一般会批准。

四、企业在新加坡报税的相关手续

1. 报税时间

新加坡的所得税（包括个人所得税和企业所得税）的申报为年度申报。个人所得税的申报是每年的4月15日之前申报上一年度的个人所得税；2009年估税年度及以后估税年度，企业所得税申报的截止日期为每年的10月31日。

新加坡消费税按季度申报，季度终了后的一个月内要完成申报。纳税义务人也可向税务机关申请每一个月或每六个月申报一次。无论是每一个月申报还是每六个月申报，申报时间均为相关期间结束后的一个月内。

2. 报税渠道

新加坡的个人所得税可通过网络或电话进行电子申报（e－filing），也可进行纸质申报（paper－filing）。通过网络申报个人所得税可登录http：//www.mytax.iras.gov.sg，网上填写提交申报资料；通过电话申报个人所得税，可拨打1800－3568322进行申报。

新加坡企业所得税的申报也分电子申报和纸质申报。电子申报可通过登录http：//www.mytax.iras.gov.sg，网上填报资料；纸质申报可从税务局网站上下载申报表或致电1800－3568622索取申报表，填好后邮寄到税务机关。

新加坡税务局规定，消费税必须通过税务局网站（http：//www.iras.gov.sg）进行电子申报。

3. 报税手续

新加坡个人所得税申报手续为：纳税人在规定时间内进行纳税申报后，税务机关会向纳税人出具缴税通知（Notice of Assessment），纳税人须在接到缴税通知后一个月内缴纳税款，否则税务机关会对欠交税款征收罚款。

新加坡的企业所得税申报手续为：纳税人在财年结束后三个月内向税务机关报送预估应税收入表（ECI），即便纳税人没有应税收入，也要进行零申报，此为预申报；税务机关在每年3月份会向纳税人寄送有编号的申报表C，纳税人收到申报表后，按照要求填好，通过电子申报或邮寄等方式报送给税务机关；税务机关会对纳税人报送的申报资料进行审核，并向纳税人寄出缴税通知书（Notice of Assessment），纳税人应在收到缴税通知后一个月内，通过银行转账等方式缴纳税款，否则税务机关会对欠交的税款征收罚款。

如果纳税人在4月底未收到税务局寄出的有编号的申报表C，可从税务局网站上下载或致电1800—3568322索取。

4. 报税资料

个人所得税申报资料为个人所得税纳税申报表（表B或B1），若税务机关对个人申报的数据有疑问，会要求纳税人提交相关支持材料；企业所得税的申报资料为申报表C、审计报告，以及税款计算表和相关支持文件；消费税的报税资料为消费税申报表，此外，纳税人需按照要求保存经营及账目记录、税务发票，以及进出口等相关文件，以备税务机关检查。

五、赴新加坡的工作准证的办理

1. 主管部门

新加坡负责外国人工作许可管理的部门是新加坡人力部（Ministry of Manpower）。

2. 工作许可制度

工作准证系统由三个部分构成：就业准证——适用于高技术和管理人才，主要针对受过良好教育，拥有较高文凭，在新加坡企业中担任行政、管理、财务等较高职位，月薪在2500新元以上的外籍人员；S准证——新加坡政府为弥补国内技术工人不足，从2004年7月1日起，推出S准证以促进引进中等技术水平的外籍工人。持S准证在新务工的外籍劳工需要满足最低月薪1800新元、拥有大专学历和相关工作经验等条件；工作准证适用于技能比较低的外籍劳工，月薪低于1800新元。

3. 申请程序

雇主或由雇主委托的中介公司可通过互联网向新加坡人力部提出拟聘用外籍人员的工作许可申请，人力部签发工作相应的许可后，外籍人员方可入境工作。

4. 资料要求

如申请就业准证和S准证，需要提交以下资料：

（1）申请表；

（2）学历证明复印件、就业鉴定复印件；

（3）照片1张（3个月以内的证件照）；

（4）申请人旅行证件（如护照）复印件；

（5）雇主的商业注册文件。

如申请工作准证，只需提交申请表，或登录人力部网站提交相应信息，待人力部预核准后，在网站上直接打印预核准信。外籍人员凭预核准信入境新加坡，完成体检、按指纹等手续后即可获得正式的工作准证。

［来源：改编自商务部国际贸易经济合作研究院，商务部投资促进事务局、中国驻新加坡使馆经济商务参赞处共同主编.《2010版对外投资合作国别（地区）指南——新加坡》.第40～44页］

在泰国投资合作的手续

一、在泰国投资注册企业需要办理的手续

1. 设立企业的形式

在泰国，投资设立企业的形式包括合资/合伙企业（两合公司）、私营有限责任公司、公众有限责任公司、合营/合作企业、外国公司分支机构（分公司）、外国公司代表处、跨国公司地区代表处。【合资/合伙企业】根据责任制的不同，泰国主要分为三种不同的合资/合伙形式：

（1）未注册的普通合资/合伙企业的所有合伙人共同承担法律责任，合资的偿还债务责任没有上限。此类合资/合伙企业不是一个合法的实体，并只作为私人个体来收税。

（2）已注册的普通合资/合伙企业是一个法律实体，在商业注册部门进行登记后即拥有一个单独的、清楚的、对所有合伙人相对独立的法人身份。已注册的普通合资/合伙企业作为一个公司实体进行征税。

（3）有限责任合资企业是一个或多个合伙人的个人偿还债务责任以他们各自的投入金额作为上限，以及一个或多个合伙人对所有债务共同承担连带的法律责任的合伙企业。有限责任合资企业作为公司实体来征税。

【私营有限责任公司】泰国的私营有限责任公司与通常所说的公司相似。公司可能完全由外国人拥有。然而，在那些泰国国家政策规定中有所保留和保护的商业行业和领域，外资所占的比例通常不能超过49%。

公司股东的债务偿还责任以其被认可的注册资本份额作为上限。如果在公司的合股备忘录或公司章程条款中有所规定，董事会成员的偿还责任也可

能没有上限。依据公司的契约宪章以及法律规定，有限责任公司由其董事会进行管理。

虽然法律对于私营有限责任公司没有设定其最低资本的下限，但要求其注册资本必须能满足公司目标的实现。所有的公司股份都必须得到认购，并且至少25%的认购股份必须付清。可以发放普通和优先两种股份，但所有的股份都要有投票权。泰国法律禁止发放没有票面价值的股票；并且规定股票的票面价值在5泰铢或5泰铢以上才允许发售。

泰国公司法有一些特点可能不被外国经商者所熟悉。其中就有禁止发售库存股票（债券股票）；并且要求私营有限责任公司的股份持有者在任何时间都不能少于7位。另外，对于无投票权的股份，无论是普通还是优先股，都不允许发售；原始授权资本股份必须要全额认购。

【公众有限责任公司】公众有限责任公司的设立程序与设立私营有限责任公司程序很相似。1992年的公众有限责任公司法案中的条款规定，私营有限责任公司可转化为公众有限责任公司。公众有限责任公司与私营有限责任公司最主要的区别在于，私营有限责任公司禁止向公众发售其公司股票。其他区别在下表中列出：

私营有限责任公司和公众有限责任公司比较

	私营有限责任公司	公众有限责任公司
作为公司发起者的自然人最低	3人	15人
最低持股人数	3人	15人
发行计划书的公众认购股份	不允许	允许
发行计划书的公众认购债券	在特殊条款下允许	允许
每百万注册资本的注册费用（泰铢）	5500	2000

【合营/合作公司】通常情况下合营/合作公司指的是一定数量的人（自然人和/或者法人）签署一份联合备忘录/协议来共同运作一项事业。在民法和商法典中还未将其认定为一个法律实体。然而，在税收法典中将合营/合作公司的收入纳入公司税收之下并将其归类为一个独立实体。

【外国公司的分支机构/分公司】在外国法律下成立的公司可在泰国设立其分支机构。在泰国，外国分支机构只允许维持与其业务相关的账目往来。然而，预先将机构的收入组成向泰国税务部门进行澄清尤为重要，因为泰国税务部门可能将外国总部机构从泰国国内市场资源直接赚取的利润纳入泰国税收范围之内。

作为批准外国公司分支机构的外资营业执照的条件之一，外资公司必须注入泰国的注册资本最低不能少于300万泰铢。但是，如果内阁法案有特殊规定，这个数目也可有所变化。分支机构存在期限可为无限期，直至其自行解散之日。

【外国公司代表处】一个外国法人实体可在泰国设立其代表处来运作有限度的、无利润收入的相关运营活动。这些运营活动的限制如下：

为公司总部开发在本地市场的产品及服务资源，对其总部生产的产品质量及数量进行监控；

对其公司总部直接销售给本地分销商和消费者的产品提供相关的、全方位的建议和售后服务；

提供和散发其公司总部新产品和服务的信息资料；

向公司总部汇报本地业务发展及活动情况；

外国公司代表处的最低注册资本与外国公司分支机构一致。

【跨国公司地区代表处】一个跨国公司可在泰国设立其地区代表处来运作有限度的、无利润收入的相关运营活动。这些运营活动的限制如下：

为本区域内公司相关的业务活动进行联系、合作及监督；

为公司相关的分支机构和子公司提供如下服务，包括顾问建议及管理服务、培训及人力资源发展、财务管理、市场监控及促销、产品的研发和发展。

跨国公司地区代表处所有发生的费用均必须来自跨国公司总部。跨国公司地区代表处的最低注册资本与外国公司分支机构一致。

2. 企业注册受理机构

在泰国注册上述不同的企业形式，特别是设立有限公司等均需到泰国商业部商业发展厅企业注册处进行申请。

3. 企业注册的主要程序

【有限公司注册程序】

（1）公司名称登记和核准。在建立一个有限公司之前，首先要将选定的公司名称进行注册登记并通过商业注册厅的审核。登记的公司名称不能与其他公司的名称相似或相同。一些专门的名称不允许登记且必须遵守泰国商业部商业发展厅的公司名称登记准则。批准后的登记公司名称有效注册期为30天，不能延期。

起草一份联合备忘录（公司章程），其内容包括：已批准之公司登记名称、公司的详细注册地址、公司目标和经营范围、公司7个发起者的名字等个人详细资料。股东的股份认购情况以及公司经批准后的注册资本数据。资本信息必须包括股份数量及每股面值，资本可以分期投入，但总额应明确。

法律上没有明确规定最低资本金额，但要求投入资本应能满足业务运作和发展的需要。公司章程的登记费用为注册资本的万分之五，最低下限为500泰铢，最高上限为2.5万泰铢。

（2）召开法定会议。一旦公司股份架构确定后，在法律和公司宪章的批准下组织全体股东召开法定会议，选举出公司董事会，批准公司发起人的交易和支出，任命审计师。第一次投入的资本不应低于资本总额的25%。

（3）注册。在法定会议召开后3个月之内，公司董事会必须向商业注册厅提交公司注册申请。注册费用为注册资本的千分之五，最低下限为5000泰铢，最高上限为25万泰铢。

（4）税务登记。在公司正式成立开始营业后60天之内，必须向税收部门申请公司纳税登记卡和企业代码（税号），缴纳所得税。经营者如果年收益超过60万泰铢，必须在其销售额达到60万泰铢之日起30天内申请产品增值附加税（VAT）的登记，成为增值税纳税人。

【分支机构、代表处和地区办公室】外国公司如希望通过设立分支机构、代表处和地区办公室在泰国开展业务，必须提交相关的文件资料。这些文件资料必须由其公司总部提供并得到公证部门的公证或泰国在其本地的大使馆或领事部门的证明和批准。在泰国注册上述不同的企业形式，特别是设立有限公司，均需到泰国商业部商业发展厅企业注册处进行申请。详情可以在泰国商业部商业发展厅的官方网站上查询，网址是http：//www. dbd. go. th/mainsite/index. php？id=40&L=1。

二、承揽工程项目的程序

1. 获取信息

泰国政府项目信息通常通过下列渠道获得：

（1）政府公告。泰国各政府部门都会定期发布各自项目招标公告，投标人可派人到各部门索取投标资料；

（2）政府各部门网站。政府各部门会同时在其各自网站上发布招标信息，投标人可从网站上查找；

（3）报纸公告。某些大型项目——特别是国外资金的大型基础设施项目，主管部门通常会在泰英文报上发布公告；

（4）邀请投标。某些大型项目——特别是国外资金的大型基础设施项目，主管部门通常会通过商会、大使馆等渠道向各自所在国的承包商发出投标信息。

2. 招标投标

泰国政府项目的招标和投标方式视项目情况而定，通常采用的方式：一是直接投标，通常适用于一般规模项目，有资格的投标人在购买标书后直接进行商务投标。二是资格预审＋投标，通常适用于大型项目，尤其是资金来自国外的大型基础设施项目通常采用此方法。投标人须根据标书要求先进行资格预审，通过者方可有资格参加商务投标。资格审查通常分为一般性资审和技术性资审。一般性资审是投标公司背景、以往业绩、财务状况、人员和设备情况等；技术性资审是投标公司必须根据项目的特性提出具体的施工技术方案，甚至设计或设计扩充方案等。超大型项目通常都要进行一般性资审和技术性资审，而某些国内预算项目则可能只要求一般性资审。三是特别招标/议标，国家预算的小项目（通常不超过1亿泰铢）有可能采用议标特别聘雇的方式招标，而国家预算的国外项目如驻外使领馆等也通常采用议标聘雇的方式招标。

泰国所有政府项目在招标前都必须完成预算，确定项目的中间价，上述前两种招标中若项目的中间价大于1亿泰铢，商务投标就必须采用电子竞标(E—Auction)的方式进行。

3. 许可手续泰国承包公司（泰国法人）可在政府各部门进行资质申请，相关部门会根据申请人的公司情况审批其资质。最高资质为一级，其次为二级、三级等。必须具有各级资质的承包公司方能有资格参加相应的国家预算（非外资）项目的投标，而招标人在招标文件规定（Terms of Reference，简称TOR）中通常会规定投标人必须具备的资质等级。泰国没有国家统一的资质注册，在不同部门（如内政部、交通部、农业部等）注册的资质只适用于该部门，不能相互替代。但是参加某些大型基础设施项目——特别是建设资金来源为外资的项目投标的外国承包商、或投标联营体中的外国承包商不受此规定限制。

三、申请专利

【专利申请的程序】专利申请者在发明或设计

一个产品后，可根据其产品性质特点（如发明的复杂性和先进性）和需要来申请合适的专利保护种类。选择的种类有：专利（Patent）、次要专利（petty Patent）和专利保护（Patent Protection）。申请的种类不同，需要的申请费用和手续也相应不同。

在具备专利申请条件后，申请程序如下：

填写专利申请表格（含费用），申请文件包括：专利申请表格、专利发明的法律规定描述、主张的权利、摘要、图纸（如有）、其他文件（如有，例如书面委托协议、雇佣合同、代理人权利及法人证明等）。

如填写的申请文件有明显错误，专利审批官员会通知申请人或其代理人在自通知之日起90天之内进行修改，同时视情况加收申请费用。如逾期不能完成修改则其申请作废。

将专利申请进行公示，期限为90天。公示费用为500泰铢，必须在通知后60天内缴纳。

如果申请的是发明专利，申请者须在公示之日起5年内请求对专利进行审核检查，并缴纳费用。之后，专利审核官员将进行审核是否符合条件与法律，并要求缴纳注册费用及保证金，最后发放发明专利证书。

如果申请的是产品设计专利，则不需要进行审核申请。专利审核官员将在公示后90天后对提交的文件进行审核，并要求缴纳注册费用及保证金，最后发放产品设计专利证书。

【专利期限】发明的专利从申请日起有效期为20年，产品设计专利从申请日起有效期10年，法庭审议专利期间不计算在内。

在专利的有效期内，专利所有者是惟一具有使用专利发明和设计、生产和销售产品的权利人。在专利通过前，任何有关该专利的侵权案都不被视为违法。专利所有人可以将其专利授权给其他人所有或使用，但受以下条件限制：专利人不得附加任何条件或限制，或引起不良竞争；在专利的有效期过后，专利所有者不得要求被授权人付费。任何与以上相悖的授权都无效。任何协定或许可必须以书面的形式，并进行正式注册。

【专利的取消】尽管专利已获批准，任何对此有质疑的人或检察官都可上诉法庭对其提出质疑，取消其专利权。

还没有在泰国获准专利的国外专利，不受专利法的保护。但国外专利的持有者或发明、设计权的享有者可与泰国机构合作进入泰国的商务领域，同时通过在特许协定上的契约义务得到相同的保护。由于国外专利、发明和设计不受专利法的保护，泰国不受理因第三机构生产销售外国专利的持有人的产品而未付相关费用，或在泰国申请已在其他国家申请的专利而引起的纠纷。

四、企业在泰国报税的相关手续

泰国的税务条例规定了有关所得税的征收细节。概括起来，泰国的所得税可分为公司所得税、增值税（或特定行业营利税）及个人所得税三大类。在此主要介绍公司所得税得的报税相关情况。

泰国财政部是泰国负责财政和税收管理的主管部门，下辖财政政策办公室、总审计长厅、财政厅、海关厅、国货税厅、税务厅、国债管理办公室等8个厅和政府彩票办公室、烟草专卖局、住房银行、泰国进出口银行、扑克牌厂、资产管理公司等16个国有企业。其中负责税收征收管理的主要是税务厅、国货税厅，以及负责关税征收的海关厅。税务厅主要负责征收所得税、增值税、特种行业税以及印花税，国货税厅征收特定商品消费税，海关厅负责进出口关税的征收。地方政府负责财产税以及地方税的征收。泰国税务厅负责税收征管的最高管理机关，主要征收和管理以下税种：个人所得税、法人所得税、增值税、特别营业税、印花税和石油所得税。税务厅实行厅长负责制，并设四个副厅长。税务厅的组织机构在全国分为两个部分，即中央税收管理和各府税收管理机构。

各府的税收管理包括府税务办公室和曼谷以外的区税务办公室。府以下的税务管理机构由府尹或区行政长官直接管理。

1. 报税时间

公司所得税款征收期以半年为基准，第一次在年度会计期间的前半期，法人应从当年会计年度前半期截止日起2个月内填写报表申报纳税；第二次在当年会计年度后半期终了日起150天内填写报表申报纳税。雇主须从其雇员薪金中扣除个人所得税。除新成立公司外，会计年度一般定为12个月。报税单必须和公司财务报表一并提交给有关部门。

公司纳税人在会计年度的第八个月底前缴付50%的预估年税。纳税人没有按期缴付或者少缴超过25%者，将被罚款，罚款额一般为少缴税款的20%。

个人所得税须在获取收入的第二年的3月底之前进行申报，并缴纳及返还。

2. 报税渠道

泰政府对于报税方式和渠道无硬性规定。但是，泰国的公司所得税申报比较复杂，计算比较繁琐，因此公司一般都聘请专业的会计师事务所来准备申报材料，帮助企业处理申报工作。

3. 报税手续

企业在申报期限之内自行或委托有资格的会计师填写报税表格，准备所需相关材料，然后呈递至当地（府、县）税务部门，缴纳税金。

4. 报税资料

公司报税所需文件有：填写申报税务表格；经过有资格的审计师确认的公司的账簿（收支明细表）、损益表、资产负债表以及其他一些要求出具的相关文件。

五、赴泰国的工作证的办理

1. 主管部门

泰国劳工部就业厅是外籍人在泰工作许可的归口管理部门，下属外籍人工作许可证管理局直接管理外籍人在泰工作许可申请的受理与审批。劳工部会同泰国投资促进委员会、泰国移民局在首都设立境外投资者“一站式服务”窗口；取得当地投资促进优惠政策的企业，其外籍人在申请材料完备的前提下，可在三小时内办妥工作许可证。泰国的外国人就业法规定所有在泰国工作的外国人都必须首先取得工作许可证，如获得泰国投资促进委员会批准的项目，其外籍雇员可在30天内办理申请，并允许其在办理工作证期间工作。申请工作证必须持有非移民签证。

2. 工作许可证制度

泰国于1973年开始实施《外国人工作法》。该法要求所有在泰国工作的外国人在该国工作前都须取得工作许可。该法于1978年进行了修订，对工作许可证的签发、延期程序，以及有可能禁止外国人从事的工作种类作了规定。

【豁免】该法规定从事下述职业的外国人可以不必有工作许可证：外交使节团成员；领事团成员；联合国及其特别机构的成员国代表和官员；从国外来为上述人员工作的私人服务人员；执行泰国政府与他国或国际机构协议项下公务的人员；为教育、文化、艺术或体育事业而进入泰国的外国人员；经泰国政府特别批准来泰国履行义务或执行任务的外国人。

【特别例外】尽管大多数外国人必须申请工作许可证，而且必须在许可证签发后才可开始工作，《外国人工作法》为下列情况提供了特别的待遇：

（1）紧急和重要的工作

根据移民法，对暂时进入泰国执行任何紧急和重要事件而且在泰停留时间不超过15天的人，可以不必取得工作许可证。但是这些人必须提交由本人签字并由其雇主背书的书面报告，并经移民局局长或其指定的委托人同意。享有此项待遇的外国人可凭任何一种签证进入泰国。所谓“紧急、重要的工作”法律上并没有明确的规定，是否给予工作证的豁免完全由管理机关决定。

（2）投资促进

根据《投资促进法》，试图在泰国得到工作许可的外国人必须在收到投资促进委员会的任职通知后30天内提交工作许可申请。这类人可以在政府处理其申请期间从事经授权的工作。

3. 申请程序

《投资促进法》要求在泰国工作的外国人必须在开始工作前获得工作许可。该法第八章规定，在开始工作前雇主可代其填写申请表格。但是根据《移民法》，只有当该外国人根据移民法进入泰国后方给予发放工作许可证，而且必须由本人亲自领取。

工作许可开始的有效期限仅仅是根据移民法该外国人的非移民签证所允许他在泰国居留的时间。因此工作许可将根据签证的延期和更新而进行更新。对于持有泰国居留证的外国人，工作许可证可每年更新。劳工厅具体负责办理更新事宜，原则上工作许可的初始有效期限为一年。工作许可证必须在其到期以前更新，否则将自动失效。

4. 提供资料

申请工作许可需备齐如下文件：

（1）对于非永久性居留，要有一本非移民签证的有效护照；

（2）对于永久居留，需一本有效护照、居留证以及外国人身份证；

（3）申请人的学历证明和原雇主的推荐信（详细说明该申请人过去的职务、职责、表现、工作地点及期限）。如果文件是英文，须附有泰文译文并经泰国大使馆或泰国外交部认证。

（4）近期体检证明；

（5）三张5厘米×6厘米照片；

（6）如申请表非本人填写，须附有符合规定格式的有效的委托书及10泰铢税票；

（7）填写申请表“工作描述”一栏时，须详细说明申请者将从事何种工作，该工作涉及何人以及工作中所需何种设备原料等；

(8) 根据该法，如果申请的工作须依照一些特别的法律审批发放执照（证件），则还须附有该执照（证件）的复印件一份（如教师证、医生行医证、新闻记者证等）；

(9) 如申请人已和泰国人结婚，须提交下列各项文件的原件及复印件：结婚证明、配偶身份证、子女出生证明（如有）、户口登记表以及申请人护照复印件（每页都要）；

(10) 如申请的工作不在曼谷，则申请表应在相关府的劳工厅填写，如没有这样的机构，就在该府市政厅填写；

(11) 其他需要的证明。

［来源：改编自商务部国际贸易经济合作研究院，商务部投资促进事务局、中国驻泰国大使馆经济商务参赞处共同主编.《2010版对外投资合作国别（地区）指南——泰国》. 第38～46页］

在越南开展投资合作的手续

一、在越南投资注册企业需要办理的手续

1. 设立企业的形式

在越南，投资设立企业的形式包括：贸易公司、有限责任公司、股份公司等。

2. 注册企业的受理机构

在越南，所有投资企业都要到项目所在地的省级计划投资厅办理投资登记手续，而后根据项目规模和性质，由所在省市政府或计划投资部或政府总理分级审批。

投资金额在3000亿越盾（约合1800万美元）以下，不属于限制投资领域的外资项目，投资商在省（直辖市）级计划投资厅办理投资登记手续。所在省（直辖市）政府自收齐符合要求的投资登记资料之日起15天内，颁发投资许可证。

投资金额在3000亿越盾（约合1800万美元）以上和属于限制投资的项目须通过审查后才能颁发投资证书。审查期限自收齐符合要求的资料之日起不超过30天；必要时，可以延长期限，但不超过45天。对于国家重大项目，由国会决定项目投资立项，政府总理负责审查并颁发投资许可证。

3. 注册企业的主要程序

【外国独资企业】

(1) 申请书：成立公司之前，创办者必须向省、中央直辖市人民委员会或公司设立办公地点所在地相当一级行政单位递交成立公司申请书。

(2) 经营登记：公司必须在省、中央直辖市经济仲裁组织或同级的行政单位进行经营登记。

(3) 成立公告：根据相关法律法规，在越南投资的外资企业成立后，必须在中央或地方报纸必须连登三期公告。

【代表处】按照越南法律规定，企业只要根据中国法律规定已登记进行合法经营，即可获得在越南成立代表处的许可证。需要注意的是，外国企业在越南成立的分公司不能进一步设立代表处。

【分公司】成立分公司要把材料寄到越南贸易部。企业申请获得成立分公司许可证所需的文件包括：

(1) 企业申请成立分公司的申请表（按越南贸易部和旅游总局统一规定的格式）；

(2) 营业执照副本；

(3) 越南国内公证机关或越南驻中国大使馆、领事馆证明的营业执照的越文译本，并经中国权威公证办事处签字盖章。

二、承揽工程项目的程序

1. 获取信息

越南计划投资部通过报刊、网站等渠道公布全国范围的投标信息。中国企业可订购由计划投资部主办的《投标报》或通过该部网站 http://www.mpi.gov.vn 获取项目招标信息。

2. 招标投标

根据越南《投标法》规定，越南国家投资项目或国际组织贷款项目，一律采用招标方式。大型项目的招标需过较长时间的审批；自筹资金项目可通过议标方式进行。

越南对项目审批采取分级管理办法，具体包括：对于由政府总理审批的项目：总理批准投标计划；批准或委托批准承包商评选结果；批准或委托批准投标过程中产生的相关情况并处理违法行为。对属于国家秘密的项目、为国家利益而紧急实施的项目、涉及能源安全的项目，由总理批准或委托批准投标计划和承包商评选结果。

对于由部长、部级机关领导、中央其他机关领导、中央直属各省市人委会主席审批的项目：由该部门行政首长负责批准投标计划；批准或委托批准招标标书、承包商评选结果。

对于由省以下各级地方政府行政首长审批的项目：由该部门行政首长负责审批授权范围内的招投

标内容；对于本部门审批权限范围内的项目，可批准项目招投标计划，批准或授权批准标书、承包商评选结果等。

3. 优惠政策

【优惠政策享受对象】越南《投标法》规定，在国际投标中享受政策优惠的对象包括：

（1）根据越南《企业法》和《投资法》在越南成立和经营的企业。

（2）承包联合体中含有上述规定企业，且其实施的合同价值占合同总价值的50%以上，则该联合体可享受政策优惠。

（3）对于商品供应项目，承包商所供应的商品其国内价值占30%以上的，该承包商可享受政策优惠。

【优惠政策具体实施办法】

（1）对于设计咨询项目：享受优惠的承包商，其标书综合分数可增加7.5%。如果该项目为高技术项目，则承包商的技术分可增加7.5%。

（2）对于建造和安装项目，不在政策优惠享受之列的承包商，若其标书出现错误并进行修改后，其评标价需加上参加投标价格的7.5%。

（3）对于商品采购项目，不在政策优惠享受之列的承包商，其评标价需加上相当于商品进口税费总额的价格。不需交纳进口税费的商品除外。

【进出口管理】

越南《投标法》规定，除国家禁止进出口的商品外，承包商可进口或暂进再出用于实施项目的商品。对于许可证管理的进口商品或专业商品，承包商得到工贸部或有关行业管理部委批准后方可进口。进口手续如下：

（1）进口施工设备：承包商中标后，可在海关直接办理施工设备进口手续。

（2）从国外租借施工设备：在实施项目过程中，承包商可免税从国外租借有关施工设备。项目完成后，承包商需再出口所租借的设备。如果在越南处理租借的施工设备，需按越南关于进口二手设备有关规定办理手续。

（3）承包商可免税暂进口施工设备，项目完成后，需进行再出口；承包商可暂出口施工成套设备中的损耗部件，在国外修复或更换后再进口。可直接在海关办理暂进再出或暂出再进手续。

三、申请专利

目前，越南的知识产权立法主要是《2005年知识产权法》和《2005年民法》中与知识产权有关的条款。上述法律已于2006年7月1日生效。在此之前，知识产权主要受《越南民法》中相关规定的保护。越南国家知识产权局（NOIP）是越南知识产权事务的行政主管机构。

目前，越南共有三种专利保护类型：发明专利、实用专利（utility solution patent）和外观设计专利。

（一）《越南民法》第782条规定，发明技术如具有新颖性、创造性并可付诸工业应用，则可授予专利权。保护期限为自申请之日起20年，发明专利在申请中可请求转换为实用新型专利；

（二）《越南民法》第783条规定，实用技术如具有新颖性并可付诸工业应用，则可授予专利权，创造性不是实用专利授权的必要条件。实用专利的保护期限为自申请之日起10年；

（三）外观设计可以包括产品的线条、三维形状和颜色，或上述任一组合。授予专利权的外观设计应具有新颖性，并可进行工业或手工生产。保护期限为自申请之日起5年，可续展2次，每次可续展5年。

委托申请越南专利，委托书需要公证。越文的专利申请文件、专利代理委托书原件及优先权证明原件等，可在提交申请后3个月内提交，提交申请时，可接受的专利文本的外国语种包括英文、法文和俄文。越南采取延迟审查，发明专利应在优先权起起42个月内提出审查请求，实用新型专利应在优先权日起36个月内提出实质审查请求。年费应在期限届满前6个月内支付，推迟支付1个月需要支付额外的10%。

四、企业在越南报税的相关手续

1. 报税时间

外资企业的计税年度为公历1月1日至12月31日。外资企业可建议越南财政部准予采用其12个月会计年度制，以便于计算和缴纳企业所得税。

2. 报税方式

企业所得税应税利润，为企业在计税年度中，企业收入总额与支出总额之差额，加上企业其他副业所得的利润后，扣除可转入下一年度的亏损额。外资企业可将经税务机关确认为慈善、人道等目的，向越南组织与个人提供捐助的合理开支，一并计入其总支出。

经营过程中，外资企业在向税务机关应税决算后，出现亏损的，可将其亏损额结转入下年度，该亏损额可从应税收入中扣除。亏损结转期不超过5

年。

五、赴越南的工作准证的办理

1. 主管部门

越南主管部门：越南公安部所属出入境管理机关、各省（直辖市）劳动部门。

2. 工作许可制度

在越工作3个月以上外籍劳务人员须办理由越南省（直辖市）劳动部门颁发的劳动证，劳动证有效期根据合同期定，但不超过3年，依用工单位的要求，劳动证可延长。

3. 申请程序

【居留规定】外国人须申报入境目的、时间及居留地址，入境活动应与申报相符。外国人不得在禁区内居留；外国人在越南公安部所属出入境管理机关办理长期居留手续；越南公安部所属出入境管理机关将为获准在越南居留1年以上的外国人颁发长期居留证。居留证有效期为1～3年。持证人出入境免签证：长期居留越南的外国人须每3年一次定期向越南公安部所属出入境管理机关报告；签证、签证加注、签证变更、居留证及居留许可延期申请将在受理之日起5个工作日内完成。

【工作许可】越南企业、机关、组织及个人雇佣外籍劳务人员均须签署劳动合同。劳动合同内容应包括：工种、工作时间、工作场所、休息时间、薪资、合同期限、劳动安全、劳动卫生、劳动保险。劳动合同包括书面合同和口头协议。外籍劳动者在获得劳动许可证后，用人单位有责任将劳资双方签署的劳动合同复印件呈交给劳动许可证颁发机关，但外籍劳动者系由外方选派到越南工作除外。

【社会保险】工作时间超过3个月和无期限合同，须办理强制性社会保险。劳工因工受伤残，雇主须支付医疗费，如未投保，亦按社会保险条件支付赔偿。

4. 提供资料

（1）就业申请书；

（2）本国职能部门颁发的司法履历，如已在越6个月以上的，须增加由越所在地司法厅发的司法历履；

（3）体检表；

（4）大学毕业或以上学历证书、工艺技术证等专门技术证书的复印件。如劳工属于具有传统工艺或管理经验的人才，须有该国职能部门的证明；

（5）上交3张近1年内照的彩照（3厘米×4厘米，免冠、正面、不戴眼镜）。

所提交的材料须公认证，并译成越文。须有复印件与原件、翻译件与原件相符公认证。

［来源：改编自商务部国际贸易经济合作研究院，商务部投资促进事务局、中国驻越南使馆经济商务参赞处共同主编．《2010版外投资合作国别（地区）指南——越南》．第33～37页］

区域合作篇

中国—东盟自由贸易区

概述

中国—东盟自由贸易区于2010年1月1日正式建成，英文China－ASEAN Free Trade Area，缩写CAFTA，是中国与东盟十国组建的自由贸易区，即“10＋1”。中国—东盟自由贸易区是中国对外商谈的第一个自贸区，也是东盟作为整体对外商谈的第一个自贸区。建成后的中国—东盟自由贸易区覆盖1300万平方公里，惠及19亿人口，是世界上拥有消费者最多和覆盖面积最大的自贸区，也是发展中国家间最大的自贸区，被称为继欧盟、北美自贸区之后的未来世界第三大经济体。

东南亚国家联盟，简称东盟，正式成立于1967年8月，由文莱达鲁萨兰国、柬埔寨王国、印度尼西亚共和国、老挝人民民主共和国、马来西亚联邦、缅甸联邦共和国、菲律宾共和国、新加坡共和国、泰王国和越南社会主义共和国组成。

20世纪90年代以来，中国与东盟的经济联系日益紧密，双边贸易持续攀升。2010年1月，中国—东盟自由贸易区建成后，东盟成为中国第四大贸易伙伴。2010年12月22日，中国—东盟博览会秘书处官员披露，中国—东盟自由贸易区的建成显著拉动中国与东盟双边贸易快速增长，东盟已取代日本成为中国第三大贸易伙伴，中国已成为东盟第一大贸易伙伴。

建立中国—东盟自由贸易区的设想于2000年在新加坡召开的中国与东盟领导人会议期间提出。领导人会晤期间，针对东盟方面关注中国加入WTO对东盟的影响，时任中国国务院总理朱镕基提议就中国与东盟之间建立自由贸易区的可行性进行研究。随即成立的中国—东盟经济合作专家组经过研究，向领导人提出了建立中国—东盟紧密经济伙伴关系的建议，其中包括建立中国—东盟自由贸易区，该建议被双方领导人采纳。

到2000年，中国与东盟之间的贸易额达到395亿美元。东盟在中国的商品贸易市场上的份额提高到8.3%，为中国的第五大贸易伙伴；中国在东盟的对外贸易中的份额提高到3.9%，为东盟的第六大贸易伙伴。当时，中国和东盟共有17亿人口，中国国内生产总值为2万亿美元，对外贸易额17万亿美元。据全球贸易分析模型（GTAP）计算，如果在中国与东盟之间建立自由贸易区，可以使东盟向中国的投资增加48%，使东盟的GDP增加0.9个百分点；使中国向东盟的出口增加55%，使中国的GDP增加0.2个百分点。中国—东盟自由贸易区不仅可以增加区内贸易，而且能促进外部对区内的投资以及区内本身的投资，从发展区内的角度来看，中国对东盟国家的投资将会大大增加。

中国—东盟自由贸易区是中国与东盟共同协议构建的所有货物贸易取消关税和非关税壁垒、实现涵盖众多部门的服务贸易自由化、建立开放和竞争的投资机制、便利和促进中国与东盟相互投资的贸易区，即指在中国与东盟十国之间构建的自由贸易区。

中国—东盟自由贸易区计划始于1992年，原计划用15年时间完成。中国—东盟自由贸易区的建设是通过落实“共同有效优惠关税”计划（CEPT）来进行的。1994年，东盟决定把CEPT完成的时间由15年缩短为10年，即从2008年提前到2003年，规定被列入“暂时排除项目单”的商品2000年到期失效，并使CEPT扩展到未加工的农产品。1998年东盟决定把实施CEPT的时间再提前一年，即到2002年，6个老成员国承诺到2000年把85%的CEPT关税降到0%～5%，2000年把CEPT关税比例提高到90%，2002年提高到100%。新成员中，越南到2003年，老挝和缅甸到2005年实现目标。建立中国—东盟自由贸易区的时间表一再提前，开放的项目一再扩大。此外，东盟还制定了“东盟投资区”建设计划，规定东盟老成员到2003年，新成员到2010年完成计划目标。中国—东盟自由贸易区的建设既包括关税减让，也包括非关税削减。为了扫除削减非关税障碍，东盟制定了《流转商品便利化框架协议》《相互承认安排框架协议》等。

中国和东盟之间存在很强的互补性，同时也存在一些竞争性很强的产品，因此，在如何安排敏感产品的开放，如何保护弱势产品，即如何达到双方互利双赢的问题上，还有不少难题需要解决。尤其是近几年来，东盟因受金融危机的影响，经济陷入困境，经济增长放慢，外资流入减少，使新竞争性产品能力的形成缓慢。即使在金融危机的影响下，中国经济仍能继续保持增长，外资继续大量流入，形成了许多新的具有竞争力的产品，因此中国与东盟之间出现了新的竞争不平衡的局面，东盟对中国竞争的担忧由此增加。但最终东盟还是同意与中国建立自由贸易区，其根本原因在于东盟不仅看到了竞争压力的一面，同时也看到了机会的一面。一个拥有13亿人口、经济持续发展的大市场，对东盟而言意义是非常重大的。

中国和东盟建立自由贸易区有利于东亚合作进程，将成为加快东亚一体化的一个有利因素。从积极的方面来看，可以设想它可能起到三个方面的效应：一是中国和东盟先行在一个大的范围内建成自由贸易区，把其他国家吸引进来；二是激励其他国家采取更积极的态度加快与东盟建立自由贸易区的步伐；三是推动整个东亚地区自由贸易区建设的进度，从而激励东亚领导人及早对“东亚合作展望小组”关于建立东亚自由贸易区的建议作出决定，提出规划并开始落实。

提 出

2000年9月，在新加坡举行的第四次东盟与中国（10+1）领导人会议上，时任中国国务院总理朱镕基提出建立中国—东盟自由贸易区的建议得到东盟有关领导人的积极响应。2001年11月，在文莱举行的东盟首脑会议期间，中国和十个东盟成员国宣布在未来10年内建成中国—东盟自由贸易区的目标。2002年11月4日，第六次东盟与中国领导人会议在柬埔寨首都金边举行。时任中国国务院总理朱镕基和东盟十国领导人签署了《中国—东盟全面经济合作框架协议》，宣布2010年建成中国—东盟自由贸易区，启动中国—东盟自由贸易区的建设进程。

目 标

第一，用10年的时间完成所有关税和非关税的削减，消除中国与东盟双方之间存在的关税及非关税壁垒；第二，建立一个综合框架，包含市场一体化等一系列措施，如投资促进、贸易便利化及投资规则与标准。

重要性

建立中国—东盟自由贸易区是中国和东盟合作进程中历史性的一步。它充分反映了双方领导人加强双边睦邻友好关系的良好愿望，也体现了中国和东盟之间不断加强的经济联系，是中国与东盟关系发展的新里程碑。

中国—东盟自由贸易区的建成，创造了一个拥有19亿消费者、近6万亿美元国内生产总值、4.5万亿美元贸易总量的经济区。按人口算，其是世界上最大的自由贸易区；从经济规模上看，其是仅次于欧盟和北美自由贸易区的全球第三大自由贸易区，是发展中国家组成的最大的自由贸易区。

内容框架

由于中国和东盟成员国经济发展水平差距巨大，所处的经济发展阶段各不相同，合作的目标和承受的能力也不尽相同，加上实行的社会制度有所差异，必须要综合考虑各国的实际情况，才能兼顾各成员国的利益。因此，中国—东盟自由贸易区关税减让的时间表安排是一个复杂的过程。此外，中国—东盟自由贸易区合作的领域不仅限于货物贸易自由化，还将扩大到其他领域。中国—东盟自由贸易区的内容可大致概括为以下几方面：

第一，中国—东盟自由贸易区目前存在两个关税时间表：一是中国加入WTO后，关税将按WTO的规则逐渐降低，而在2007年之前，东盟七个成员国（新加坡、马来西亚、印尼、菲律宾、文莱、泰国和缅甸）是WTO成员国，中国与东盟WTO成员国于2003年7月1日实行WTO最惠国关税率。《中国—东盟全面经济合作框架协议》规定中国与非WTO东盟成员国也于2003年7月1日实施WTO最惠国关税率；二是根据《中国—东盟全面经济合作框架协议》的规定，2010年中国和原东盟六国建立自由贸易区，而与东盟新成员国建成的时间是2015年。

中国—东盟自由贸易区的货物贸易关税减让分为正常类和敏感类。

正常类：经各方同意各自实施的最惠国关税税率依照特定的减让表和税率逐步削减或取消。对于中国与原东盟六国，实施期从2005年1月1日到2010年；对于东盟新成员国，实施期从2005年1月1日到2015年。

敏感类：一方根据自身安排纳入敏感类的产品，应依照相互同意的最终税率和最终时间削减或取消，而敏感产品的数量应在各缔约方相互同意的基础上设定一个上限。

由于各成员国经济发展情况不同，中国与东盟各国有不同的关税减让时间表。泰国率先提出与中国进行果蔬零关税贸易，双方已同意于2003年10月1日起将双方的果蔬关税减至0%。越南也提出提前享受果蔬的零关税待遇。同样，其他东盟国家也会根据本国与中国经济的发展情况提出不同的关税减让方案。

第二，早期收获。中国—东盟自由贸易区的关税减让还根据双方的具体情况，分行业制定减税时间表。《中国—东盟全面经济合作框架协议》对中国—东盟自由贸易区的“早期收获”作了规定，产品范围包括活动物、肉及食用杂碎、鱼、乳品、其他动物产品、活树、食用蔬菜、食用水果及坚果。关税减让时间最迟在2004年初开始下调农产品的关税，并于2006年取消全部农产品关税。

第三，逐步取消非关税壁垒（措施），简化和协调关税程序，但仍保留各自对非成员国的贸易保护政策。非关税壁垒（措施）包括但不限于对任何产品的进口或者对任何产品的出口或出口销售采取的数量限制或禁止，缺乏科学依据的动植物卫生检疫措施以及技术性贸易壁垒。

第四，实施有效的贸易便捷化措施，包括但不限于简化海关程序和制定相互认证安排。

第五，逐步实现涵盖众多部门的服务贸易自由化。

第六，中国—东盟自由贸易区对东盟新成员国给予特殊和差别待遇及灵活性。2001年，中国宣布向老挝、柬埔寨和缅甸提供特殊优惠关税待遇，给予非WTO东盟成员国享受WTO最惠国关税税率，以增加从这些国家的商品进口量。2002年11月，中国还宣布免除老挝、柬埔寨、缅甸等国家的全部或部分债务。为推进建立中国—东盟自由贸易区，双方已经落实一些具体的合作项目，如中方出资500万美元资助湄公河通航问题，中方愿以援助的方式承建昆明—曼谷公路中老挝境内三分之一的路段。中方对建设泛亚铁路继续持积极的态度，表示只要东盟最后确定选线方案，中方将尽快启动境内相关线路的修建或改造。

第七，建立中国—东盟自由贸易区，除了货物贸易自由化外，中国与东盟的合作还扩大到金融、旅游、投资、农业、人力资源开发、中小企业、产业合作、知识产权、环境保护、林业及其产品、能源及次区域开发等领域。在2001年东盟和中国“10＋1”首脑会议上，双方领导人确定了中国与东盟在新世纪重点加强五个领域的合作：农业、信息及通讯技术、人力资源开发、投资和湄公河流域开发。

农业合作。农业在中国与东盟国家中均占有十分重要的地位，双方在农业技术、农作物品种、农产品加工、农产品市场等方面存在十分明显的互补性。双方除了签署《中国与东盟农业中长期合作谅解备忘录》之外，在农业方面的技术培训与合作也开展顺利。

金融合作。1997年东南亚金融危机后，中国与东盟有关国家签订了《清迈倡议》。2001年12月和2002年3月、6月，中国分别同泰国、日本、韩国签署了双边货币互换协议，而与其他东盟国家也就双边货币互换协议的问题开始进行接触。此外，中国与东盟还举办各种研讨会和培训班，以加强双方金融方面的合作。

投资合作。加强双方投资领域的合作，创造透明、自由和竞争的投资机制，提供投资保护，便利和促进中国—东盟自由贸易区的投资。

信息技术合作。中国积极支持并参加“电子东盟”的建设，加大对东盟人员信息技术的培训力度，积极参加东盟国家信息通讯基础设施的建设。中国与东盟签署《中国与东盟信息产业中长期合作谅解备忘录》。中方经举办多期培训班，为东盟培训信息技术方面的人才。

人力资源开发合作。自宣布加强中国与东盟在人力资源开发方面的合作以来，中方向中国—东盟合作基金出资500万美元，举办了通讯技术与管理、人员交流、地震学、社会保障、农药管理、商务信息网、农业技术、交通管理技术、艾滋病实验室、媒体等研讨会和培训班，效果良好。

旅游合作。中国和东盟都积极发展旅游业。目前，东盟十国均已成为中国公民出国旅游目的地国。中国还与泰国、新加坡、菲律宾、越南、缅甸等东盟国家分别签署了政府旅游合作协定或旅游合作谅解备忘录。2002年1月23～25日，首次东盟和中、日、韩“10＋3”旅游部长会议在印尼日惹召开，标志着在“10＋3”框架下的双边旅游合作正式启动。

非传统安全领域的合作。中国与东盟除了加强以经济为重点的合作外，还拓展非传统安全领域的合作，如打击跨国犯罪、禁毒、防治艾滋病、环境保护、打击恐怖主义等。中国已与缅甸、泰国、越南、柬埔寨、老挝和联合国禁毒署共同建立了六国七方禁毒合作机制，与东盟签署了《东盟和中国禁毒合作行动计划》，与缅甸、老挝、泰国举行了四国禁毒合作部长会议，在禁毒技术和人员培训、替代种植等方面，中国给予了东盟北部国家大力支持。在打击跨国犯罪方面，中国提出中国与东盟可重点建立高效的情报交流机制，并加强执法人员的交流和培训。2002年5月，中方在东盟地区论坛上提交了《关于加强非传统安全领域合作的中方立场文件》。2002年11月，在柬埔寨金边召开的东盟与中国“10+1”首脑会议上，双方将反对恐怖主义与地区安全纳入中国与东盟合作议题。

2003年上半年，面对SARS的挑战，中国与东盟国家加强了合作。双方于2003年4月26日在马来西亚吉隆坡召开的东盟和中国、日本、韩国“10+3”卫生部长会议及2003年4月29日在泰国曼谷召开的东盟和中国首脑特别会议上，分别发表了《东盟与中、日、韩卫生部长会议关于SARS的联合声明》和《中华人民共和国与东盟国家领导人特别会议联合声明》，双方决定就防治SARS和重振地区经济与信心方面进一步加强合作。SARS的挑战使中国—东盟自由贸易区的合作进一步扩大到医疗卫生以及应对突发事件等领域。

第八，中国—东盟自由贸易区的标准将以东盟自由贸易区为基础，与WTO倡导的贸易自由化宗旨和目标相一致（如便利和促进对与贸易有关的知识产权进行有效和充分的保护）。另外，它在市场上的开放程度比WTO更进一步。

此外，中国—东盟自由贸易区的谈判内容还包括原产地原则，配额外税率的处理，补贴、反补贴措施及反倾销措施的各项规定等。

发展进程

1997年12月，中国和东盟领导人在首次东盟—中国领导人非正式会议上确定了建立睦邻互信伙伴关系的方针。为扩大双方的经贸交往，1999年，时任中国国务院总理朱镕基在菲律宾马尼拉召开的第三次中国—东盟领导人会议上提出，中国愿加强与东盟自由贸易区的联系，这一提议得到东盟国家的积极回应。2000年11月，时任中国国务院总理朱镕基在新加坡举行的第四次中国—东盟领导人会议上首次提出建立中国—东盟自由贸易区的构想，并建议在中国—东盟经济贸易合作联合委员会框架下成立中国—东盟经济合作专家组，就中国与东盟建立自由贸易关系的可行性进行研究。

2001年3月，中国—东盟经济合作专家组在中国—东盟经济贸易合作联合委员会框架下正式成立。专家组围绕中国加入世界贸易组织的影响及中国与东盟建立自由贸易关系两个议题进行了充分研究后，建议中国和东盟用10年时间建立自由贸易区。这一建议获得中国—东盟高官会和经济部长会议的认可，于2001年11月在文莱举行的第五次中国—东盟领导人会议上正式宣布。

2002年11月，第六次中国—东盟领导人会议在柬埔寨首都金边举行，时任中国国务院总理朱镕基和东盟十国领导人签署了《中国—东盟全面经济合作框架协议》，决定到2010年建成中国—东盟自由贸易区。这标志着中国—东盟建立自由贸易区的进程正式启动。

1995～2002年，中国与东盟双边贸易额年均增长15%。

2003年，中国与东盟双边贸易额创下历史性的782亿美元，比2002年增长42.9%。

2004年1月1日，中国—东盟自由贸易区实施早期收获计划，下调农产品关税。到2006年，约600项农产品的关税降为零。

2004年10月30日，第十次东盟首脑会议举行，在中国国务院总理温家宝和东盟十国领导人的见证下，中国与东盟签署了《中国—东盟全面经济合作框架协议货物贸易协议》，时任中国商务部部长薄熙来与东盟十国经济部长共同签署了《中国—东盟全面经济合作框架协议争端解决机制》。这标志着中国—东盟建设自由贸易区进程的全面启动进入实质性执行阶段。东盟在协议中承认了中国的市场经济地位。

2005年4月，中国国家主席胡锦涛在访问文莱、印尼和菲律宾时提出，到2010年，中国和东盟双边贸易额将达到2000亿美元。

2005年7月20日，中国—东盟自由贸易区《中国—东盟全面经济合作框架协议货物贸易协议》降税计划开始实施，中国和东盟的7000种产品在大幅降低关税、免除配额以及其他市场准入条件进一步改善的情况下，更加顺畅地进入对方市场，这有助于东盟国家的产品扩大对中国市场出口，也有助于中国企业以更低成本从东盟进口原材料、零部件和设备。

自2005年7月中国—东盟自由贸易区《中国—东盟全面经济合作框架协议货物贸易协议》实施以来，中国对东盟各国已减免了5375种产品的关税，平均税率从9.9%降到5.8%。同时，东盟各国对中国的平均关税也有不同程度的降低。

2006年，中国与东盟贸易额达1608.4亿美元，同比增长23.4%。其中中国进口895.3亿美元，增长19.4%；出口713.1亿美元，增长28.8%。

2007年1月14日，中国与东盟十国签署了中国—东盟自由贸易区《中国—东盟全面经济合作框架协议服务贸易协议》。这是中国—东盟经贸合作领域取得的又一重大成果，标志着中国—东盟自由贸易区建设向前迈出关键的一步。

2007年7月1日，中国—东盟自由贸易区《中国—东盟全面经济合作框架协议服务贸易协议》开始正式实施。

2007年1~7月，双边贸易额达1097.7亿美元，同比增长27.5%。其中中国进口587.7亿美元，增长22.4%；出口510.0亿美元，增长34%。

2007年11月20日，中国国务院总理温家宝在新加坡出席第十一次中国与东盟领导人会议，并与东盟各国领导人一同出席了《中国—东盟关于加强卫生和植物卫生合作谅解备忘录》的签字仪式。

截至2008年8月，双边贸易额已提前3年突破2000亿美元，约7000种税目商品开始实施全面降税。双方签署了《服务贸易协议》，60多个服务部门相互作出了高于WTO水平的市场开放承诺，中国—东盟自由贸易区投资谈判取得了积极进展。

2008年，中国自东盟进口受惠货物61亿美元，企业优惠税款32亿人民币。同时，中国企业申领了18.4万份中国—东盟自由贸易区优惠原产地证，向东盟出口受惠货物51亿美元。随着中国—东盟自由贸易区宣传力度加大和税率进一步降低，双方企业将享受到更多的优惠。

2009年8月15日，第八次中国—东盟经贸部长会议在泰国曼谷举行，中华人民共和国商务部部长陈德铭与东盟十国的经贸部长共同签署了中国—东盟自贸区《投资协议》。《投资协议》的签署标志着双方成功地完成了中国—东盟自由贸易区协议的主要谈判，中国—东盟自由贸易区将如期在2010年全面建成。

2010年1月1日，按照《中国—东盟全面经济合作框架协议》的时间框架，中国—东盟自由贸易区全面启动。这标志着由中国和东盟十国组成接近6万亿美元国民生产总值、4.5万亿美元贸易额的区域开始步入零关税时代。

2010年1月7日至8日，中国—东盟自由贸易区论坛在广西南宁举行。中国与东盟签署18个项目，签约金额48.96亿美元。项目涉及通讯技术、电力、农业等行业。此外还举行了钦州保税港区、南宁保税物流中心揭牌仪式，既为中国—东盟自由贸易区建成献礼，也为中国—东盟自由贸易区下一步发展提供动力、夯实基础。

2010年3月24日，清迈倡议多边化协议正式生效，总规模为1200亿美元的区域外汇储备库和7亿美元的区域投资信用担保基金也相继建成。中国与东盟国家之间的财金合作已经取得了政府间投资合作基金以及信贷、跨境贸易人民币结算试点、金融领域人才交流培养等多项可持续性成果。

2010年10月19至24日，第七届中国—东盟博览会和中国—东盟商务与投资峰会在广西南宁举行。第七届博览会以“自贸区与新机遇”为主题。在延续了往届嘉宾规格高、展位逐年增多等情况的同时，第七届博览会和峰会更为务实，在多个领域取得了实效性的收获。

2010年10月29日，在第13次中国与东盟领导人会议上通过了《落实中国—东盟面向和平与繁荣的战略伙伴关系联合宣言的第二个五年行动计划》。在这一《行动计划》规划了从2011年至2015年双方合作的主要内容，对中国—东盟自由贸易区深化合作具有重要意义。中国国务院总理温家宝在东盟领导人会议上提出中国与东盟贸易额力争2015年达5000亿美元的目标。

2010年10月29日，中国与东盟签署了《〈中国—东盟全面经济合作框架协议货物贸易协议〉第二议定书》，双方企业可更方便地使用自贸区优惠政策，从自贸区中得到更多利益。

（来源：综合整理自中国新闻网、广西日报、中华人民共和国中央人民政府网）

大湄公河次区域合作

背景

大湄公河次区域经济合作（Great Mekong Subregion Cooperation，简称GMS）是由亚洲开发银行于1992年根据银行成立时制定的宗旨和其章程中关于促进银行发展中国家成员间合作的授权，并为贯彻银行于1991年通过的中期发展框架性计划，经与湄公河沿岸中、柬、老、泰、缅、越等六国进行一系列磋商后发起的项目。1991年至1995年间，亚洲开发银行根据上述六国政府的要求，进行了两次较大规模的大湄公河次区域经济合作可行性研究（称为“可行性研究第一阶段”和“可行性研究第二阶段”)。这两次研究得到了中、柬、老、泰、缅、越等六国政府的全力支持和配合。最后框架性报告得出大湄公河次区域经济合作是大势所趋、人心所向的结论,这为六国彼此间的合作奠定了坚实的基础。

大湄公河次区域的范围以及依据:亚洲开发银行把促进亚太地区发展中国家之间的合作定名为区域经济合作,为此在亚太区域经济合作框架下的中、柬、老、缅、泰、越之间的合作定名为次区域经济合作。除柬、老、缅、泰、越之外,中国主要指的是中国云南省。大湄公河次区域的界定有以下八个方面的理由:

1. 共同拥有湄公河。湄公河在六国的经济生活中占有重要地位。六国都需要在湄公河开发利用方面加强合作;

2. 六国除泰国外均属转型经济;

3. 六国都推进对外开放;

4. 六国都是资源富集地区,在合理使用低廉劳动力来进行开发方面,各国相互间有巨大的互补关系;

5. 六国边贸日趋繁荣;

6. 基础设施极为落后,其中中国云南省和老挝无出海口;

7. 六国发展资金极度匮乏;

8. 六国文化背景极为相似。

大湄公河次区域经济合作部长级会议:大湄公河次区域经济合作项目启动后,为保证相关的投融资计划与亚洲开发银行按成员国组成董事会决定重大投融资事项的体制相衔接,并讨论和决定大湄公河次区域经济合作的重大问题的实施,大湄公河次区域经济合作部长级会议应运而生。

2008年3月31日,大湄公河次区域经济合作第三次领导人会议在老挝首都万象开幕。这是中国国务院总理温家宝(右三)同其他王国与会领导人和亚洲开发银行行长合影。

地理态势

大湄公河次区域涉及澜沧江—湄公河流域内的中国、缅甸、老挝、泰国、柬埔寨、越南,面积达256.86万平方公里,总人口约3.2亿,连接着中国和东南亚地区,地理位置十分重要。

贯穿大湄公河次区域的澜沧江—湄公河是亚洲一条重要的国际河流,中国境内段称为澜沧江,中国境外段称为湄公河。澜沧江—湄公河发源于中国青藏高原唐古拉山,自北向南流经中国青海、西藏、云南三省区和缅甸、老挝、泰国、柬埔寨、越南五国,于越南胡志明市附近注入南中国海,全长4880公里。

大湄公河次区域涵盖了多种气候类型,又兼具多种地理特征,蕴藏着丰富的水资源、生物资源和矿产资源,经济潜能和开发前景巨大。次区域内居住着多个民族,建筑、风情、服饰、宗教习俗各不相同。次区域各国还拥有不少名胜古迹,包括中国的丽江古城、缅甸的仰光大金塔、老挝的琅勃拉邦古都、柬埔寨的吴哥窟、泰国的大王宫和越南的下龙湾等。

大湄公河次区域拥有丰富的生物资源、农业资源、水能资源、矿产资源、土地资源、人力资源、人文资源和旅游资源,区位优势特别明显,在资源和市场方面具有较强的互补性,充满着巨大的贸易和投资机会,具有极大的发展潜力。深入一点看,大湄公河次区域腹地涉及东南亚和南亚的许多国家和地区,拥有大约20亿人口,是当今世界经济最具活力的地区之一,也是世界重要的战略物资补给地,有望成为21世纪世界和亚洲巨大的新兴市场。

合作目标

加强经济联系,消除贫困,促进发展。

主要机制

亚洲开发银行大湄公河次区域合作(Great Mekong Subregion Cooperation,简称GMS)。

亚洲开发银行大湄公河次区域合作项目自1992年起开始实施,经过初期规划、项目选择,目前已进入项目实施阶段。亚洲开发银行大湄公河次区域合作范围包括湄公河流域的老挝、缅甸、柬埔寨、泰国、越南五国和中国云南省,涉及7个合作领域,即交通、能源、电讯、环境、旅游、人力资源开发以及贸易与投资。该合作机制分为两个层次:其一是部长级会议,自1992年起每年一次;其二是司局级高官会议和各领域的论坛(交通、能源、电讯)和工作组会议(环境、旅游、贸易与投资),每年分别举行会议,并向部长级会议报告。

亚洲开发银行大湄公河次区域合作是湄公河开发三个国际合作机制中起步较早并取得实质性进展的机制。自1992年起至2005年,亚洲开发银行为湄公河流域国家的基础设施建设累计提供贷款7.7

亿美元，帮助融资 2.3 亿美元，已经在运输和能源领域完成了 9 个项目。截至 2001 年，亚洲开发银行共向大湄公河次区域开发项目提供 32 个累计 2500 万美元的技术援助项目。亚洲开发银行除向湄公河开发项目提供技术援助外，还利用自身的影响力呼吁西方发达国家尤其是私人投资者为这些备选项目提供融资。湄公河沿岸各国政府也十分重视亚洲开发银行大湄公河次区域合作项目。目前亚洲开发银行大湄公河次区域合作的重点是加强次区域的基础设施建设和有关贸易投资政策等软环境建设。

东盟—湄公河流域开发合作（Asean—Mekong Basin Development Cooperation，简称 AMBDC）。

东盟—湄公河流域开发合作于 1996 年 6 月在马来西亚首都吉隆坡举行首次部长级会议。根据会议通过的框架协定，部长级会议将至少每年举行一次。两次部长级会议期间由成员国选派司局级官员举行指导委员会会议，为部长级会议做准备并提供政策建议。同时确定基础设施建设、投资贸易、农业、矿产资源开发、工业及中小企业发展、旅游、人力资源开发和科学技术等八大合作领域。东盟—湄公河流域开发合作第一次部长级会议确定由东盟 7 国加湄公河沿岸国——老挝、缅甸、柬埔寨和中国为该合作机制的核心国。随着老挝、缅甸和柬埔寨三国相继加入东盟，日本和韩国也应邀加入东盟—湄公河流域开发合作。从此，东盟—湄公河流域开发合作组织的核心实际上衍变成东盟 10 国加中、日、韩 3 国的区域合作格局。

东盟—湄公河流域开发合作第一次部长级会议结束后不久，便因亚洲金融危机的影响中断，从 1997 年起至 1999 年连续三年没有举行。直到 2000 年，随着亚洲各国逐渐摆脱金融危机的阴影，第二届东盟—湄公河流域开发合作部长级会议才于 2000 年 7 月初在越南首都河内召开，会议根据日本和韩国政府的申请，讨论了吸收日韩为东盟—湄公河流域开发合作核心成员的问题。东盟—湄公河流域开发合作第三届部长会议于 2001 年 10 月 8～9 日在泰国清莱举行。此后，东盟—湄公河流域开发合作的主席国在各核心成员之间轮任。

湄公河委员会（Mekong River Commission，简称 MRC）。

新湄公河委员会（MRC）是在 1957 年成立的湄公河下游调查协调委员会（老湄公河委员会）的基础上产生的。1995 年 4 月，湄公河下游泰国、老挝、柬埔寨和越南四国在泰国清莱签署了《湄公河流域可持续发展合作协定》，承认“湄公河流域和相关的自然资源及环境是沿岸所有国家争取经济发展和社会富足以及提高本国人民生活水平的具有巨大价值的自然资产。”此后四个国家决定在湄公河流域共同开发和管理一切领域，包括河流资源、河上航运、洪水控制、渔业、农业、发电及环境保护等所有可能产生跨越国界影响的领域。

依照协定，建立的新湄公河委员会（Mekong River Commission）取代原来的湄公河临时委员会。新湄公河委员会的职责范围并不限于调查和协调湄公河下游水资源的综合开发，而是根据可持续发展思想，强调对整个湄公河的水资源和相关资源以及全流域的综合开发制订计划并实施管理。新湄公河委员会由三个常设机构组成：理事会、联合委员会和秘书处。理事会由每个成员国各派一名级别不低于司长级的官员组成，每年至少举行两次会议。秘书处负责为联合委员会和理事会提供技术和行政服务，其工作在首席执行官（CEO）的领导下进行，而首席执行官的任免则由理事会决定。湄公河委员会各成员国还分别成立了负责本国的湄公河开发和协调任务的机构。新湄公河委员会自成立之日起，就邀请上游的两个国家即中国和缅甸加入该组织，并于 1996 年开始与两国定期举行对话会，迄今已举行过 6 次对话会。

领导人会议

2002 年 11 月 3 日，大湄公河次区域经济合作首次领导人会议在柬埔寨金边举行。时任中国国务院总理朱镕基出席会议并就加强次区域合作的重要性等问题作了主旨发言。会议批准了《次区域发展未来十年战略框架》，并决定其后每三年在成员国轮流举办一次领导人会议。会后，有关国家签署了《大湄公河次区域便利运输协定》谅解备忘录、《大湄公河次区域便利运输协定》中方加入书和《大湄公河次区域政府间电力贸易协定》。

大湄公河次区域经济合作（GMS）第二次领导人会议 2005 年 7 月 5 日在云南昆明开幕

2005年7月4日至5日，大湄公河次区域经济合作第二次领导人会议在中国云南省昆明举行，中国国务院总理温家宝主持会议并在会议开幕式上发表了讲话。会议围绕"加强伙伴关系，实现共同繁荣"的主题进行深入讨论并达成广泛共识，确立了以"相互尊重、平等协商、注重实效、循序渐进"为主要内容的合作指导原则，并发表了《昆明宣言》。此外，与会六国领导人还签署了便利客货运输、动物疫病防控、信息高速公路建设和电力贸易等多项合作文件，同时批准了贸易投资便利化行动框架和生物多样性保护走廊建设等多项合作倡议。

2008年3月30日至31日，大湄公河次区域经济合作第三次领导人会议在老挝万象举行，六国领导人围绕"加强联系性、提升竞争力"的主题，就加强基础设施互联互通，贸易运输便利化，构建伙伴关系、促进经贸投资，开发人力资源、增强竞争力，可持续的环境管理，次区域合作与发展伙伴关系等方面的合作构想交换意见。中国国务院总理温家宝在会上就加强次区域合作的问题阐述了中方的倡议主张。与会各国领导人签署了《领导人宣言》，指出了大湄公河次区域经济合作面临的机遇与挑战以及未来行动的方向，提出2008～2012年大湄公河次区域经济合作发展行动计划。与会领导人还签署了《实施次区域跨国电力贸易路线图谅解备忘录》以及《经济走廊可持续与均衡发展谅解备忘录》等一系列合作文件。

进展

最近20年来，大湄公河次区域已经成为世界和东亚一体化发展速度最快的地区之一，年平均经济增长速度超过6%，在基础设施建设和经贸领域均取得显著的突破和进展。

GMS经济走廊的发展分为三个阶段：交通走廊建设阶段、物流走廊建设阶段、经济走廊建设阶段。2007年，沿南北、东西、南部走廊城市间的铁路、公路、水运等基础设施建设已初具规模，交通状况得到明显改善。

大湄公河次区域经济合作以项目为主导，根据区域内成员的实际需要提供资金和技术支持。2008年3月21日，合作重点项目之一的昆明—曼谷公路（昆曼公路）中国路段全线贯通。作为连接东南亚、南亚国家的4条陆路通道之一，昆曼公路对于完善区域路网结构、优化地区投资环境、促进区域经济交流及推动各国经济社会全面发展都具有重要意义。

自合作机制启动以来，大湄公河次区域各国围绕基础设施建设、跨境贸易与投资、私营部门参与、人力资源开发、环境保护和自然资源可持续利用五大战略重点加强合作，取得显著成果。

截至2007年底，在次区域经济合作框架内，在交通、能源、电信、环境、农业、人力资源开发、旅游、贸易便利化与投资九大领域共开展180个合作项目，其中投资项目达34个，总投资达98.7亿美元；技术援助项目146个，涉及资金1.66亿美元。

大湄公河次区域其他各国都是中国的友好邻邦，与中国的友谊源远流长。中国历来重视参与大湄公河次区域经济合作，不断推进与次区域各国间的睦邻友好关系。2010年是澜沧江—湄公河国际航道正式通航十周年。十年来，澜沧江—湄公河国际航道已经成为中国连接东南亚各国的国际黄金水道，在建设中国—东盟自由贸易区、加强大湄公河次区域经济合作、促进中老缅泰四国间经贸文化交流中发挥着不可替代的作用。

截至2009年，中国通过澜沧江—湄公河国际航道完成累计运输量达300万吨以上，有效带动了中老缅泰4国农业、轻工、运输、造船、商贸、宾馆服务等行业的协调发展。同时，澜沧江—湄公河国际航道也为中国与东盟国家建立跨国旅游经济区奠定了基础。澜沧江—湄公河对接了中国西南及泰国金三角、老挝琅勃拉邦等国际旅游热点，中国景洪—泰国清盛、老挝琅勃拉邦旅游班轮开通后，进一步改变了澜沧江—湄公河沿岸区域的国际旅游格局，多条富有吸引力的国际旅游特色线路也在规划之中。

2010年，中国—东盟自由贸易区的政策逐步实施到位，澜沧江—湄公河国际航道迎来新一轮的发展机遇。预计到2015年，中国澜沧江—湄公河国际货运量可达到150万吨，客运量可达到20万人次以上，其在区域经济合作中将发挥更大的作用。

广西壮族自治区是中国参与大湄公河次区域经济合作的主要省区。近年来，广西利用身处多个中国—东盟次区域合作交汇点的区位优势，依靠中国—东盟博览会的平台，与大湄公河次区域经济合作各国就共同推进交通设施建设，加强贸易投资便利化和产业合作，推进跨境经济合作区节点建设等方面展开合作。

2010年4月6日，大湄公河次区域核心环境项目——中越跨境生物廊道建设一期增资项目启动会在广西南宁召开。项目从2010年2月1日开始到2011年12月31日结束，实施地点为广西靖西邦亮自然保护区及附近方圆200平方公里的区域。该项目由亚洲开发银行提供建设资金，围绕5个部分展开。该项目的顺利实施，对加强次区域生物多样性保护、减贫、提高环境管理水平等起到重要推动作用。

为推动大湄公河次区域经济合作的深入开展，2009年9月17日，第二届大湄公河次区域（GMS）经济走廊论坛在柬埔寨首都金边举行。论坛的主题是“大湄公河次区域经济走廊：走向一体化、和谐与繁荣次区域的通道”，论坛主要就加强区域内国家跨境合作和加快经济走廊建设等发展战略进行了探讨。论坛结束后，柬埔寨与泰国签署了《跨境运输协议》，允许对方每天有40辆货车直接进入本国，并将根据需要增加数量，这是本届论坛取得的重要成果之一。此后，跨境运输的障碍将逐步消除。

2009年11月15日，由中国科技部政策法规司和国家发改委地区经济司共同主办的“大湄公河次区域发展高层论坛”在云南省昆明市举行。

论坛研讨主题包括“次区域经济合作的战略构想”、“次区域产业经济技术合作”、“次区域经贸合作与科技支撑”等诸多涉及大湄公河次区域未来发展与合作的重要论题。对加强中国同周边国家的国际交流与合作、探索发展中国家进行经济合作的模式与相关机制、促进中国经济社会的协调发展、推动西南东盟一体化发展、提高中国在大湄公河次区域合作水平等方面均将发挥积极作用。此次，“大湄公河次区域发展高层论坛”全面总结了大湄公河次区域合作的历程、成效与经验，系统分析了新时期大湄公河合作与开发面临的新问题、新挑战，深入探讨中国在战略与策略层面上针对未来大湄公河次区域合作的方式、机制和政策。2009年6月19日，大湄公河次区域经济合作（GMS）第十五次部长级会议在泰国举行，来自中国、缅甸、泰国、柬埔寨、越南、老挝的部长级官员以及亚洲开发银行和国际组织的代表参加了会议。各国部长在会议上签署了扩大现有跨境能源贸易的路线图，除电力以外，次区域各国还将寻求水能、石油、天然气以及煤等多种能源的跨境整合。

联合声明还表示，在接下来的三年中，各国应当优先实施《跨境便利运输协定》以及提出其他贸易便利化建议，将交通走廊发展成为全面发展的经济走廊。

2010年4月5日，首届湄公河委员会峰会在泰国华欣举行，会议发表了《湄公河委员会华欣宣言》，委员国承诺要致力于建设“一个经济繁荣、社会公正和环境良好的湄公河流域”。时任泰国总理阿披实在会上宣读了《华欣宣言》。这一宣言以“满足需要，保持平衡，面向湄公河流域的可持续开发”为主题，指出湄委会的任务是促进和协调水资源以及相关资源的管理和可持续发展，谋求各国的共同利益和人民福利。中国、缅甸作为两个对话伙伴参加了峰会。

2010年6月8日，大湄公河次区域（GMS）商务理事会在云南昆明成立，并将设立GMS合作基金，帮助那些有意愿进入GMS国家发展的广大中小企业解决资金困难。该机构将定期编写GMS商务咨询报告，聘请相关专家编写有关GMS各国政策、法律、投资环境、投资项目的权威咨询报告，分析GMS国家各领域的贸易与投资状况、合作商机，并向理事会成员提供。该机构由GMS国家和地区前行政首长、GMS国家工商界领袖及精英代表、GMS国家有代表性的企业、有关专家和学者组成。

2010年6月9日，大湄公河次区域（GMS）经济走廊活动周在此间落下帷幕，云南省商务厅副厅长李极明表示，本次活动周取得了包括中国—东盟自由贸易区商务门户网站投入运营、正式签署中越跨境经济合作区框架协议等五大成果，这对推动大湄公河次区域经济合作具有重大意义。

2010年8月20日，在越南河内举行的大湄公河次区域经济合作第十六次部长级会议上，六国一致通过了大湄公河次区域铁路衔接计划。预计到2020年，大湄公河次区域六国将实现铁路网络的连通，该计划被视为开发并实现泛亚铁路系统的第一步。

2010年12月2日至3日，亚洲开发银行及湄公河次区域6国交通部门官员、专家齐聚广西南宁，举行大湄公河次区域交通论坛第十四次会议，共同探讨区域交通合作的美好前景。出席论坛的嘉宾有中国交通运输部、亚洲开发银行和大湄公河次区域国家交通部门的代表。此次论坛的议题是：大湄公河次区域下一步交通通联。论坛审议并检查大湄公河次区域《万象行动计划（2008～2012年）》交通项目，讨论大湄公河次区域交通发展重点项目，审议《大湄公河次区域铁路战略规划》及其行动计划。

2011年5月18日，大湄公河次区域蓝皮书《大湄公河次区域合作发展报告（2010～2011）》在云南昆明正式发布。蓝皮书预测，到2015年，中国与GMS国家的贸易总额有望超过1500亿美元。

2011年6月7日，在中国云南省昆明市召开的大湄公河次区域合作（GMS）商务理事会第二次会议上，来自中国、越南、柬埔寨、老挝、缅甸和泰国的代表一致通过了旨在深化区内各国企业间合作的《大湄公河次区域商务理事会昆明共识》。与会各国代表呼吁工商界继续加强在GMS框架和中国—东盟自由贸易区框架内的合作，加快GMS经济走廊交通基础设施的互联互通；推动交通走廊向经济走廊转化，推动贸易投资政策和市场准入政策的互联互通，促进GMS贸易投资便利化，推进贸易结算便利化；加强GMS主要行业之间的密切联系，鼓励成立区域性的行业合作委员会。

国际关注

在国际政治多极化、世界经济全球化和区域化迅速发展的推动下，澜沧江—湄公河次区域国际合作成为亚太地区经济、贸易及投资的新热点。自亚洲开发银行倡导大湄公河次区域合作以来，西方发达国家以及东盟对该地区合作都高度重视，纷纷参与到该区域合作中来。

日本一直是湄公河开发的重要捐助国。2009年11月16日，由日本和湄公河地区5个国家的领导人参加的首次“日本—湄公河地区各国首脑会议”在东京举行。会议通过了《东京宣言》，旨在加强日本与湄公河地区国家之间的合作。日本将把湄公河地区作为外援重点，继续扩充对该地区整体，特别是柬埔寨、老挝、越南三国的政府开发援助，2009年始的3年内将共向该地区提供5000亿日元（1美元约合90日元）以上的政府开发援助；从2010年开始启动相关项目推进环保领域合作；扩大双方人民特别是青少年交流；规定每3年在日本召开一次首脑会议等。此外，会议还通过了双方合作行动计划，涵盖基础设施和地区性经济制度建设、地区稳定合作及文化遗产保护等。

美国也积极关注湄公河的发展。2009年7月23日，美国国务卿希拉里·克林顿与湄公河下游的泰国、越南、老挝和柬埔寨等四国外长在普吉举行外长会议，与会五国外长们就加强在河流灾害预防等领域的合作达成共识。决定各国成立一个专门工作小组，对有关情况进行研究并将成果提交给美国，以便共享灾害预防方面的专业建议和意见。同时还决定将“美湄会议”定为东盟与对话伙伴外长会议期间举行的年度会议。

欧洲及其他西方国家大部分是通过官方的开发援助和直接投资、捐助开发和研究等方式参与澜沧江—湄公河的开发合作。如澳大利亚、新西兰、瑞典等国积极参与湄公河开发，以官方开发援助和人力资源开发为主。英法等国在多极化的推动下，重点的投资、捐助和合作主要集中在原旧殖民地国家。欧盟及其他欧洲国家以亚欧首脑会议为契机，对湄公河开发也有一定兴趣，已在“共同合作湄公河开发计划”方面达成共识，表示积极支持开发合作。

东盟近年来也越来越重视湄公河流域开发合作。1995年，第五次东盟首脑会确定东盟走向21世纪的战略发展目标，决定加快东盟经济政治一体化的进程，并将“东盟自由贸易区”计划从2008年提早到2003年实现。为实现十国“大东盟”计划，东盟积极地介入湄公河开发计划，考虑到东盟的几个新盟员是该地区经济较不发达的国家，经济、社会、政治、法律制度及历史文化背景与原东盟成员国之间有较大差异和距离，还考虑到这一地区与中国的密切关系，于1996年6月在吉隆坡召开东盟—湄公河流域开发合作第一次部长级会议上，通过《东盟—湄公河流域开发合作基本框架》，以提高湄公河流域国家的经济水平，加速将湄公河沿岸国如老挝、缅甸和柬埔寨纳入东盟的轨道。同时，也将“东盟—湄公河流域开发合作”作为东盟与中国经济合作关系的重要组成部分。

“湄公河铁路”修建计划于2010年8月20日在越南首都河内举行的大湄公河次区域经济合作部长级会议上获得通过，将由亚洲开发银行出资，亚洲开发银行负责人认为该铁路网将于2020年成为现实。而另一条早在20世纪90年代中期开始构思，是连接中国云南和东盟诸国的铁路大通道，在经历了十几年的冷热沉浮后重新上路。若然“湄公河铁路网”构建成功，料将成为“泛亚铁路”三条选线的重要组成部分。

（来源：综合整理自中国新闻网、新华网、广西新闻网、云南网）

2010 泛北部湾经济合作论坛

时间

2010 年 8 月 12 日～13 日

宗旨

论坛以共建中国—东盟新增长极为宗旨，与会的中外官员、专家学者和企业家围绕中国—东盟自由贸易区建设与泛北部湾经济合作这一主题，对中国—东盟自由贸易区建成与南宁—新加坡通道建设、泛北部湾经济合作中的国际投资与产业发展以及务实推进泛北部湾航运、港口、物流等先导领域的合作进行深入研讨，积极推动泛北部湾经济合作取得新进展，迈上新台阶。

主题

中国—东盟自贸区建设与泛北部湾经济合作

主要议题

议题一：中国—东盟自由贸易区建成与南宁—新加坡通道建设；

议题二：北部湾对话世界 500 强——泛北部湾经济合作中的国际投资与产业发展；

议题三：泛北部湾地区航运、港口、物流合作。

组织机构

主办单位：

中国国家发展和改革委员会

中华人民共和国商务部

中国交通运输部

中国人民银行

中国海关总署

中国国家旅游局

中国国务院发展研究中心

人民日报社

中国国家开发银行

广西壮族自治区人民政府

广东省人民政府

海南省人民政府

特点

与前几届论坛相比，本届论坛呈现“新、实、活”三大特点：

一是总体设计更为新颖。结合中国—东盟自由贸易区建成的新形势，本届论坛设计了“中国—东盟自贸区建设与泛北部湾经济合作”的新主题和“南宁—新加坡”通道建设等三个新议题，既体现了泛北合作的新进展，也使论坛内容更具有针对性。同时，结合泛北论坛五周年庆典，论坛期间还安排了专场文艺晚会、泛北论坛回顾图片展等相关活动，积极为论坛庆典营造氛围。

二是论坛研讨更趋务实。为进一步吸引世界 500 强企业到北部湾投资发展，论坛期间，将安排一批世界 500 强企业的总裁或副总裁与北部湾地区的政府官员、企业家、专家学者登台演讲，同坛对话，共同探讨北部湾投资发展路径；为进一步推动泛北部湾航运、港口、物流合作，论坛期间，广西北部湾港还与新加坡万邦航运公司、泰国 RCL 航运公司、新加坡裕廊港、柬埔寨西哈努克港以及广东省、海南省的港口签订合作协议或缔结友好港；此外，在 2010 年 7 月中国南宁—新加坡经济通道建设考察团完成沿线国家实地考察交流的基础上，来自泛北部湾国家的智库机构将在论坛上共同发布《关于推进“南宁—新加坡经济通道”建设》的联合倡议，这也是本届论坛的亮点之一。

三是组织形式更加灵活。本届论坛突破往届论坛单纯研讨的形式，安排了主题午餐会、嘉宾对话、参观考察和论坛五周年纪念晚会等内容，既营造了轻松愉快的论坛氛围，增进了嘉宾之间的交流互动，也为参会嘉宾提供了深入了解广西北部湾经济区开放开发的契机。

论坛成果

2010 年 8 月 13 日上午，第五届泛北部湾经济合作论坛在广西南宁落下帷幕。作为中国—东盟自由贸易区建成后举行的第一届论坛，本届论坛就交通、产业、投资等多方面合作达成了广泛共识，取得了丰硕成果。

一是总结泛北合作五年来成绩。五年来，泛北合作务实推进，创新发展，成为中国—东盟合作新平台，成为中国—东盟全面合作的新亮点，符合泛北各方的根本利益，符合当今世界互利共赢、和平发展的潮流。经过 5 年发展，泛北部湾经济合作机制不断完善，为中国—东盟自由贸易区的迅猛发展提供了强劲的动力。目前，中国与东盟国家经贸往来快速发展，贸易总额已由2006年的1608亿美元增加到2009年的2130亿美元。2010年1月至6月，中国—东盟双边贸易额达1365亿美元，同比增长55%。

二是开启泛北合作新领域。2010年1月1日，涵盖了19亿人口的中国—东盟自由贸易区建成，中国与东盟的贸易交往进入“零关税”时代。自贸区的建成，为深化泛北部湾经济合作带来新的机遇。本届论坛的主题定格在“中国—东盟自贸区建设与泛北部湾经济合作”上。泛北合作成为中国—东盟自由贸易区框架下的次区域合作新亮点，彰显出了强大的生命力。据统计，2009年中国与泛北部湾国家的贸易总额达2084亿美元，占中国与东盟贸易总额的97.8%。作为中国与东盟合作最前沿的广西，2009年与泛北部湾国家的进出口贸易，更是占到了广西与东盟贸易总额的99.33%。

三是构建南宁—新加坡经济新通道。在本届论坛上，中国、越南、老挝、泰国、马来西亚、新加坡等国家的16家智库机构联合发布了有关推进南宁—新加坡经济通道建设的倡议书，提出了共同开展对南宁—新加坡经济通道的可行性研究，加强基础设施建设规划合作，率先在国际贸易、国际旅游、客货跨境运输等领域开展双边或多边合作，建立多层次的合作机制，逐步在沿线国家实施客货运输通关便利化措施等五项倡议。南宁—新加坡经济通道建设是中国—东盟“一轴两翼”区域合作的重要组成部分，有利于实现中国与东盟之间的互连互通和中国—东盟自由贸易区的发展。

四是北部湾经济区成为投资新热点。由于北部湾经济区具备国家层次的区域发展优惠政策、海陆便利的交通优势和优良的基础设施平台，成为世界500强企业投资的新选择。摩托罗拉中国区董事长高瑞彬表示，北部湾地区有很多高新技术企业，具备到北部湾投资寻找合作开发产品的机会。更重要的是，北部湾有着发达的交通物流网，为加快产品运输速度提供了良好平台。

五是港口物流合作取得新成效。港航物流合作是泛北部湾经济合作的重要内容。近年来，北部湾各港口发展迅猛，区域间港航物流合作前景广阔，加强泛北部湾各港口的合作将形成多赢局面。在本届论坛期间，广西北部湾国际港务集团与海口港、广州港、新加坡万邦航运公司、柬埔寨西哈努克港等签订了合作协议或者缔结了友好港，泛北合作的务实行动迈出了坚实的一步。

（来源：综合整理自新华网、广西新闻网、人民日报）

活动篇

中国—东盟博览会

概　况

中国—东盟博览会是由中国国务院总理温家宝倡议，由中国和东盟十国经贸主管部门及东盟秘书处共同主办，广西壮族自治区人民政府承办的国家级、国际性经贸交流盛会，每年在广西南宁举办。博览会以“促进中国—东盟自由贸易区建设、共享合作与发展机遇”为宗旨，涵盖商品贸易、投资合作和服务贸易三大内容，是中国与东盟扩大商贸合作的新平台。

截至目前，中国—东盟博览会已成功举办了七届，为推动中国与东盟经贸关系的发展发挥了重要作用。

2005年，中国—东盟博览会被评为中国十大知名品牌展会，博览会常设机构——中国—东盟博览会秘书处荣获中国会展业特别贡献奖。

2006年，中国—东盟博览会荣获“2006年中国十大最具影响力的政府主导型展会”称号。

2007年，中国—东盟博览会获得“2007年中国十大最具影响力的国家级品牌展会”称号。

2008年，中国—东盟博览会在第六届中国会展节事财富论坛上被评为“2008年度十大会展”。

2009年，中国—东盟博览会在第七届中国会展高峰论坛上被评为2009年度十大国家级品牌展会。

第八届中国—东盟博览会将于2011年10月21～26日在广西南宁举办。

中国—东盟博览会是目前中国境内惟一由多国政府共同主办且长期在一地举办的展会。

中国—东盟博览会以展览为中心，同时开展多领域多层次的交流活动，搭建了中国与东盟交流合作的平台。

凝　聚

作者的设计灵感源自“10＋1”概念。

十一条彩带分别代表着美丽的中国和旖旎的东盟十国。

合作的平台凝聚人心、汇聚人气。中国与东盟十国的朋友相聚在广西南宁，以中国—东盟博览会为平台，通过广泛深入的交流与合作，实现优势互补、共同发展的美好愿望。

凝聚产生力量。中国—东盟博览会将是国际盛会，中国人民带着美好的期盼与憧憬，与东盟各国朋友携手并肩，抒写梦想，挥洒欢乐，分享荣耀！

绽　放

美丽的花瓣，像无数双欢迎的手臂。这不仅体现了中华民族好客的传统，也表达了广西各族人民待客的诚意。

盛开的朱槿，标志着中国—东盟博览会这个盛大聚会的开放与包容，寓意发展空间永无止境。

同时，作者巧妙地运用了现代艺术手法，将南宁的市花朱槿与广西标志性建筑——南宁国际会展中心有机地结合起来，传递出中国—东盟博览会举办地的信息，表达了广西5159万（2010年第六次全国人口普查数据）人民作为十几亿中国人的代表，向世界敞开博大的胸怀！

繁　荣

繁花似锦。11片花瓣间铺满了光荣与梦想，预示着中国与东盟十国人民互利合作、共享繁荣美好的未来。

作者将中国传统的书法绘画艺术与现代设计手法相融合。缤纷的色调，流畅的线条，演绎着一个区域的活力、变革与发展，弹奏出这片热土的激越情怀。

东盟十国中多数国家毗邻海洋，中国—东盟博览会举办地——广西亦具沿海优势。因此，会徽以蓝色为主色调，意在体现中国—东盟博览会将奏响和平进步的人类赞歌，弘扬“10＋1”各国人民的民族智慧。

会歌

中国—东盟博览会会歌——“相聚到永久”。

中国—东盟博览会会歌“相聚到永久”综合性强，兼具传统与时尚感，易于传唱。歌名和歌词内容切合博览会主题，尤其是“相聚”和“永久”，既概括了博览会的内容、特点，又表达了人们友谊、合作、发展、繁荣的美好愿望。

会歌歌词：

再大的城市也装不下
双眼的眺望梦想的宽广
共同的梦想才能拥有
不熄的信念和力量
再高的山峰不能阻挡
坚强的拥抱超越的渴望
广阔的天空才能书写
腾飞的希望和辉煌
相聚到永久
风雨并肩走
共患难我们手牵手
永远是朋友
相聚到永久
风雨并肩走
看东方我们同声唱
我们永远是朋友

吉祥物

中国—东盟博览会吉祥物——“合合”。

吉祥物“合合”以独产于广西的珍稀动物白头叶猴为创作原型。“合合”形象活泼、可爱，富有人情味，构思新颖，用笔灵动洗练，用色单纯明快。“合合”寓意合作、融合，反映了中国—东盟博览会“合作与发展”的宗旨。“合合”又是“和平、和气”之“和”的谐音，体现了中国与东盟建立和平与繁荣的战略合作伙伴关系的内涵。它不仅具备中国文化和广西的特色文化底蕴，同时兼容东盟国家等不同的文化背景，充分体现了中国—东盟博览会的主题。

缘起

2003年10月8日，中国国务院总理温家宝在第七次中国与东盟“10＋1”领导人会议上倡议，从2004年起每年在中国广西南宁举办中国—东盟博览会，同期举办中国—东盟商务与投资峰会。这一倡议得到了东盟各国领导人的积极响应，并写入了会后发表的主席声明。

背景

纵观世界经济的发展形势，区域经济一体化与经济全球化已成为当今世界经济发展的两大潮流。中国同东盟领导人审时度势，高瞻远瞩地作出了建立中国—东盟自由贸易区的重大战略决策。

2002年11月，在柬埔寨金边召开的第六次中国—东盟“10＋1”领导人会议上，中国与东盟领导人签署了《中国—东盟全面经济合作框架协议》，共同启动了中国—东盟自由贸易区的建设进程。

根据《中国—东盟全面经济合作框架协议》，2004年1月1日，中国—东盟自由贸易区的先期成果“早期收获计划”开始实施。

2004年11月，中国和东盟签署了《中国—东盟全面经济合作框架协议货物贸易协议》和《中国—东盟全面经济合作框架协议争端解决机制协议》，标志着中国—东盟自由贸易区建设进入了全面启动的实施阶段。

2005年7月，《中国—东盟全面经济合作框架协议货物贸易协议》实施，中国与东盟开始对7000种商品相互降税。自2007年起，又进行了第二阶段降税，中国降低了5375种产品的关税，对东盟的平均关税由8.1%下降为5.8%。东盟各国对中国的平均关税也有不同程度的降低。《协议》承诺，到2010年，中国—东盟自由贸易区正式建成，中国和东盟老成员国的绝大多数产品关税降为零。中国与东盟四个新成员国（柬埔寨、老挝、缅甸、越南）则在2015年将双方绝大多数产品的关税降为零。

2007年7月，中国—东盟自由贸易区《中国—

东盟全面经济合作框架协议服务贸易协议》实施，标志着中国—东盟自由贸易区的建设向前迈出了关键的一步，为如期全面建成自贸区奠定了更为坚实的基础。

2010年1月1日，中国—东盟自由贸易区正式全面启动。自贸区建成后，东盟和中国的贸易占到世界贸易的13%，成为一个涵盖11个国家、19亿人口、GDP达6万亿美元的巨大经济体，是目前世界人口最多的自贸区，也是发展中国家间最大的自贸区。

中国—东盟博览会以中国—东盟自由贸易区为依托。自贸区建设的成果为博览会持续发展提供了内在的市场动力。同时，博览会为企业分享自贸区建设成果，进一步开拓市场，提供了难得的好平台。

定 位

中国—东盟博览会以促进中国—东盟自由贸易区建设，共享合作与发展机遇为宗旨，围绕《中国与东盟全面经济合作框架协议》以双向互利为原则，以自由贸易区内的经贸合作为重点，面向全球开放，为各国商家共同发展提供新的机遇。

内 容

商品贸易、投资合作、服务贸易、高层论坛、文化交流。

特 色

1. 进口与出口相结合。以进口为特色，强调对东盟市场开放，成为东盟商品进入中国的桥梁。

2. 投资与引资相结合。以中国企业“走出去”为特色，成为中国企业投资东盟的平台。

3. 商品贸易与服务贸易相结合。以旅游服务和中小企业技术创新成果转让为切入点，培育中国与东盟经贸合作的新增长点。

4. 展会结合，相得益彰。中国—东盟商务与投资峰会和中国—东盟博览会同期举办，二者有机结合，相互促进。“两会”期间，既有实实在在的经贸活动，又有政府、企业、专家学者的相互对话与交流。

5. 经贸盛会与外交舞台。中国—东盟博览会既是一次经贸盛会，又是一次多边国际活动，充分体现了中国与东盟睦邻友好、建立面向和平与繁荣的战略合作伙伴关系的宗旨和意图，务实地推动了中国与东盟国家区域经济合作的深入发展。

6. 经贸活动与文化交流相结合。中国—东盟博览会期间同时举办“风情东南亚”晚会、“南宁国际民歌艺术节”开幕晚会、“中华情”晚会、高尔夫名人赛、“网球之友”名人赛、时装节、美食节等，五彩纷呈的文化体育活动穿插其间。

组织机构

主办单位：
中华人民共和国商务部
文莱工业和初级资源部
柬埔寨商业部
印度尼西亚贸易部
老挝工业贸易部
马来西亚国际贸易和工业部
缅甸商务部
菲律宾贸易和工业部
新加坡贸易和工业部
泰国商业部
越南工业贸易部
东盟秘书处

承办单位：
广西壮族自治区人民政府

协办方：
中国科学技术部
中国交通运输部
中国国家旅游局
中国国际贸易促进委员会
香港贸易发展局

国内外支持商协会：
文莱中华商会
文中友协
柬埔寨总商会（又名金边总商会）
柬埔寨成衣厂商协会
柬埔寨中国商会
柬埔寨港澳侨商总会
印尼工商会馆中国委员会
印尼中华总商会
印尼—中国经济社会与文化合作协会
老挝国家工商会
马来西亚中国经济贸易总商会
马来西亚制造商联合会
马中友好协会
马来西亚中华工商联合会
缅甸联邦工商会
缅甸林木产品商协会

缅甸豆类商协会
缅甸渔业协会
缅甸工业联合会
菲华商联总会
新加坡中华总商会
新加坡工商联合总会
新加坡制造商联合会
新加坡中国商会
新加坡中小企业工会
泰国中华总商会
泰国工商总会
泰中商务委员会
越南工商会
中国纺织品进出口商会
中国轻工工艺进出口商会
中国五矿化工进出口商会
中国食品土畜进出口商会
中国机电产品进出口商会
中国医药保健品进出口商会
中国对外承包工程商会
中国食品和包装机械工业协会

常设机构

中国—东盟博览会秘书处

主要负责：

中国—东盟博览会的总体规划和重大活动的组织实施；

统筹和组织实施中国—东盟博览会境内外招商招展，展会的展区规划、现场管理与服务；

展馆租赁、展位经营、广告赞助以及中国—东盟博览会专有品牌资源的管理和经营；

中国—东盟博览会的整体形象设计和宣传推介工作等。

中国—东盟博览会秘书处内设综合协调部、研究发展部、招商招展部、展览管理部、对外联络部、宣传推介部、会议接待部、经营开发部、人力资源部、财务会计部等十个职能部门。

历届出席领导

第一届·2004 年 11 月 3～6 日
中共中央政治局委员、国务院副总理吴仪
柬埔寨首相洪森
老挝总理本扬
缅甸总理梭温
泰国副总理披尼
越南副总理范家谦

第二届·2005 年 10 月 19～22 日
中共中央政治局常委、国家副主席曾庆红
老挝国家副主席朱马里
柬埔寨首相洪森
缅甸总理梭温
泰国第一副总理颂奇
越南常务副总理阮晋勇

第三届·2006 年 10 月 31～11 月 3 日
中共中央政治局常委、国务院总理温家宝
东盟轮值主席国菲律宾总统阿罗约
文莱苏丹哈桑纳尔
柬埔寨首相洪森
印度尼西亚总统苏西洛
老挝总理波松
马来西亚总理巴达维
缅甸总理梭温
新加坡总理李显龙
泰国总理素拉育
越南总理阮晋勇

第四届·2007 年 10 月 28～31 日
中共中央政治局委员、国务院副总理曾培炎
文莱王储穆赫塔迪·比拉
柬埔寨首相洪森
老挝总理波松
越南总理阮晋勇

第五届·2008 年 10 月 22～25 日
中国国务院副总理王岐山
中国全国人大常委会副委员长顾秀莲
中国全国政协副主席李兆焯
柬埔寨首相洪森
柬埔寨副首相贺南洪
缅甸总理吴登盛
老挝国家副主席本扬
菲律宾众议长普罗斯培·诺格拉雷斯
越南副总理黄忠海
文莱公主玛斯娜

第六届·2009 年 10 月 20～24 日
中共中央政治局常委、中国国务院副总理李克强
老挝总理波松
菲律宾众议长诺格拉雷斯

缅甸国家和平与发展委员会第一秘书长吴丁昂敏乌

越南常务副总理阮生雄

第七届·2010年10月20～24日

中共中央政治局常委、全国政协主席贾庆林

印尼副总统布迪约诺

老挝副总理阿桑·劳里

越南副总理张永仲

主 题

中国—东盟博览会从第四届开始，每届选择一个重点合作领域作为主题，以推动中国—东盟合作的更快发展。第四届中国—东盟博览会的主题为：港口合作；第五届中国—东盟博览会的主题为：信息通信合作；第六届中国—东盟博览会的主题为：海关和商界合作；第七届中国—东盟博览会的主题定为：自贸区与新机遇；第八届中国—东盟博览会主题为：环保合作。

成果与述评

七届中国—东盟博览会吸引国内外企业踊跃参会，参展参会企业及客商人数稳步增长，贸易成交额和经济合作项目签约额逐年提高，东盟国家参展参会积极性不断增强，展会专业性明显提升，取得了显著的经贸成效。

成 果

项目	第一届	第二届	第三届	第四届	第五届	第六届	第七届	合计
总展位数(个)	2506	3300（＋31.8％）	3663（＋11％）	3400（－7％）	3300	4000（＋17％）	4600（＋15％）	24769
东盟展位数(个)	626	696（＋11.2％）	837（＋20.3％）	1124（＋35％）	1154	1168（＋11％）	1178	6783
东盟展位占比	25％	21％（－4％）	23％（＋2％）	33％（＋10％）	35％	29.2％	25.6％	平均 27.7％
参展企业总数(家)	1505	2000	2000	1908（－4.6％）	2100	2450	2200	14163
其中：东盟企业数(家)	275	330（＋20％）	356（＋7.9％）	667（＋87.4％）	670	1168	647	4113
参展参会客商人数(人)	18000	25000（＋38.9％）	38900（＋55.6％）	41600（＋7％）	36500（＋9％）	48619（＋33.2％）	49000	257619
境外采购商人数(人)	4000	6000（＋50％）	7000（＋16.7％）	7500（＋6.3％）	7650（＋2％）	8262（＋8％）		40412
贸易成交(亿美元)	10.8	11.5（＋6.5％）	12.7（＋10.4％）	14.2（＋12.1％）	15.97（＋12.18％）	16.54（＋3.8％）	17.12（＋3.5％）	98.83
国际合作项目签约额(亿美元)	49.68	52.9（＋6.5％）	58.5（＋10.6％）	61.5（＋5.3％）	63.64（＋3.41％）	64.4（＋1.19％）	66.9	417.52
国内合作项目签约额(亿元)	485.4	501.8（＋3.4％）	553.7（＋10.3％）	582.1（＋5.1％）	612.01（＋5.13％）	618.45（＋1.05％）	674.46（＋9％）	4027.92

述 评

金秋十月，硕果累累。2010年10月24日下午，随着中国—东盟博览会组委会副主任兼秘书长、中国—东盟商务与投资峰会组委会副主任兼秘书长、广西壮族自治区党委常委、自治区副主席陈武宣布：第七届中国—东盟博览会胜利闭幕，历时5天的中国—东盟经贸盛会圆满落下帷幕。2010年10月24日下午，中国—东盟博览会组委会、中国—东盟商务与投资峰会组委会在广西南宁举行新闻发布会，向中外媒体介绍第七届博览会和商务峰会的基本情况和主要成果。

第七届中国—东盟博览会成效显著，硕果累累：

一是继续保持高规格。中共中央政治局常委、全国政协主席贾庆林，印尼副总统布迪约诺、老挝副总理阿桑·劳里，越南副总理张永仲出席本届博览会、商务与投资峰会。中国和东盟国家的商务、能源、金融等部门的部长级官员，国际组织代表、各国商协会会长、世界知名企业家出席盛会。出席本届博览会、商务与投资峰会的部长级贵宾有191人。其中，东盟及其他国家部长级贵宾53人。

二是紧扣自由贸易区建成后的新需求，务实推动中国与东盟合作。第七届博览会、商务与投资峰会紧扣自贸区建成后的新需求，除保持原有的高规格和共办特色外，还围绕自贸区已签署和实施的《中国—东盟全面经济合作框架协议货物贸易协议》、中国—东盟自由贸易区《服务贸易协议》、中国—东盟自由贸易区《投资协议》，增加了新内容，如：新设服务贸易专题，新增珠宝首饰展等。把自贸区一系列贸易和投资便利化政策传导给企业，受到企业的欢迎，各方踊跃参展参会。东盟10国均组织本国品牌企业参展，东盟品牌展区成为本届亮点。

第七届博览会参展企业2200家，各国大企业和品牌企业比第六届增多，展位需求量大，供不应求。第七届博览会总展位数4600个，比第六届增长15%。其中，中国内地及港澳台地区使用展位3379个，外国企业使用展位1221个，其中东盟10国展位1178个，均创历届新高。印尼、老挝、马来西亚、缅甸、泰国、越南等六个东盟国家包馆。东盟10国均组织本国品牌企业参展，东盟品牌展区成为第七届博览会亮点。东盟各国还在本国展区内按行业布展，突出展示农产品食品、木材家具、轻工工艺、珠宝等行业产品，有效提高了本届博览会的专业化水平。第七届博览会国内外企业重复参展率明显提高。值得注意的是，中国—东盟博览会外国展位数连年提高，目前外国展位数在中国国内展位中居于前列，博览会已经成为东盟等外国企业开拓中国市场的重要渠道。

第七届博览会专业观众39130人，比第六届增长2%。其中来自美国、法国、日本、韩国、中国港澳台地区的专业观众有所增加。参展参会规模进一步扩大。

截至2010年10月24日下午16时，累计交易总额达到17.12亿美元，比2009年增长3.5%。其中，出口额14.28亿美元，同比增长12.3%，东盟出口到中国的贸易额明显增长。

投资合作更富实效。第七届博览会举行了46场投资推介活动，共签订国际经济合作项目135个，总投资额66.9亿美元，比第六届增长3%。其中，中国与东盟签约的投资合作项目58个，总投资额26.63亿美元，分别占国际经济合作项目的43%和38%。项目数量多，涉及农业、制造业、商贸物流、旅游开发、矿产开采及加工、交通能源设施建设等更多领域，合作质量进一步提升。本届博览会签署国内经济合作项目156个，总投资674.46亿元，比第六届增长9%。

商务与投资峰会取得丰硕成果。第七届商务与投资峰会“中国—东盟自贸区与区域经贸合作的展望”为主题，形式更加新颖，交流更加深入。来自中国、东盟以及世界10多个国家和地区的政府高官、商界领袖、企业精英、区域组织代表、知名专家学者和媒体代表1500人参会。会期举行了东盟国家领导人与中国企业家CEO圆桌对话会，以及中国—东盟商会领袖论坛和行业论坛，进一步推动务实合作。

三是会期论坛和活动突出“自贸区与新机遇”主题，体现了各方抓住自贸区建成的新机遇深化多领域合作的共同愿望。第七届博览会举办中国—东盟自由贸易区建设成就展，展示自贸区建设成就和美好前景。中华人民共和国商务部官员、东盟国家驻南宁领事馆官员以及中国和东盟各国各界代表500多人出席了开馆仪式，共有330位中国和东盟国家书画艺术家参与创作，其中，东盟国家艺术家有66位，占20%。本次成就展吸引了十多万各界人士参观，得到各方的赞誉。

中国—东盟博览会会期前后围绕“自贸区与新机遇”重点主题举办了10个高层次论坛，扩大了多领域交流。

期间还举办了南宁国际民歌艺术节暨第七届中国—东盟博览会开幕晚会，以及高尔夫球、网球、汽车拉力赛、青年艺术品创作等丰富多彩的文化体育交流活动，增进了中国与东盟各国人民之间的友谊。

四是展会影响力进一步扩大。第七届中国—东盟博览会、中国—东盟商务与投资峰会继续受到国内外主流媒体和专业媒体的高度关注。据大会介绍，到会采访的记者较往年有所增加，达到199家共1458名记者，比2009年增加39名。其中，国外媒体72家共106名记者，包括东盟媒体88人；港澳台媒体16家共41名记者。中外媒体对博览会、商务与投资峰会进行了全方位、多角度的报道。据不完全统计，中外媒体累计发稿5700多篇，网络报道页面约9400多个，网络相关新闻转载与链接页面约85万个。

（来源：中国—东盟博览会官方网站. http://www.caexpo.org/gb/aboutcaexpo/caexponews/t20101025_90855.html. 2010—10—25）

中国—东盟商务与投资峰会

概　况

背景

2003年10月8日，中国国务院总理温家宝在第七次中国与东盟（10＋1）领导人会议上倡议，从2004年起每年举办一次中国—东盟商务与投资峰会。

这一倡议，作为中国推动中国—东盟自由贸易区建设的一项实际行动。得到了东盟国家领导人的积极响应，并写入会后发表的主席声明。

中国—东盟商务与投资峰会与中国—东盟博览会同期举办，已成功举办七届。

会徽

十一道彩色弧线的组合，仿佛一双充满力量的翅膀，象征着中国与东盟十国的诚挚协作，共谋发展；仿佛两张充满希望的风帆，象征着中国与东盟各国在商务与投资峰会这一东风的强劲助推下，迎接着新的机遇与挑战；它又像天边绚丽夺目的彩虹，昭示了饱含激情的澎湃商机与热力四射的光明前景。

宗旨

中国—东盟商务与投资峰会以推动中国与东盟国家全面经济合作与中国—东盟自由贸易区建设为目标，为中国和东盟十国的政府官员、企业界和学术界人士建立起宣传经贸政策与推介合作项目、开展多向互动与信息交流的合作平台，为各国采购商、生产商和投资商提供更多的商业机会，向各国政府表达商界意愿，促进政策制定与经贸合作，推动中国与东盟经济合作的全面发展。

组织机构

主办机构：
中华人民共和国商务部
中国国际贸易促进委员会
中国广西壮族自治区人民政府
协办机构：
东盟工商会
中国—东盟商务理事会
东盟十国国家工商会
承办机构：
中国—东盟商务与投资峰会秘书处
常设机构：
名称：中国—东盟商务与投资峰会秘书处
地址：中国广西南宁市东葛路3号
邮编：530022
网址：http://www.cabiforum.org
邮箱：cabi@cabiforum.org
境内联系电话：0771—2801173、2809149
传真：0771—2809149
境外联系电话：86—771—2800607、2618812
传真：86—771—2800607

历届概况

	时间	主题	出席领导
第一届中国—东盟商务与投资峰会	2004年11月3日至4日	促进互利合作谋求共同发展	中国国务院副总理吴仪、柬埔寨首相洪森、老挝总理本南、缅甸总理梭温、泰国副总理比尼、越南国家副总理范家谦、东盟秘书长王景荣。
第二届中国—东盟商务与投资峰会	2005年10月19日至20日	中国与东盟国家市场的开放及开发	缅甸总理梭温、老挝国家副主席朱马里·赛雅颂、泰国第一副总理颂奇、越南常务副总理阮晋勇、中国商务部部长薄熙来、中国贸促会会长万季飞、广西壮族自治区党委书记曹伯纯、广西壮族自治区主席陆兵、东盟秘书处秘书长王景荣等。

续表

	时间	主题	出席领导
第三届中国—东盟商务与投资峰会	2006年10月31日至11月3日	共同的需要，共同的未来	中国国务院总理温家宝、菲律宾总统阿罗约、文莱苏丹博尔基亚、柬埔寨首相洪森、印度尼西亚总统苏西洛、老挝总理波松、马来西亚总理巴达维、缅甸总理梭温、新加坡总理李显龙、泰国总理素拉育、越南总理阮晋勇。
第四届中国—东盟商务与投资峰会	2007年10月28日至10月31日	创新合作——加快提升区域增长力	中国国务院副总理曾培炎、文莱王储穆赫塔迪·比拉、柬埔寨首相洪森、老挝总理波松、越南总理阮晋勇和东盟秘书长王景荣。
第五届中国—东盟商务与投资峰会	2008年10月22日至10月25日	广阔的视野，积极的行动	中国国务院副总理王岐山、柬埔寨首相洪森、缅甸总理登盛、老挝国家副主席本扬、菲律宾众议长普罗斯培·诺格拉雷斯、越南副总理黄忠海、联合国贸发会议秘书长素帕猜。
第六届中国—东盟商务与投资峰会	2009年10月22日至10月24日	中国—东盟自由贸易区与东盟一体化：合作共进	中国国务院副总理李克强、老挝总理波松、菲律宾众议长普洛斯彼罗·C·诺格拉雷斯、缅甸和平与发展委员会第一秘书长丁昂敏吴、越南常务副总理阮生雄、东盟秘书处秘书长素林等。

第七届中国—东盟商务与投资峰会

时 间

2010年10月19日至10月24日

主 题

本届中国—东盟商务与投资峰会的主题是“中国—东盟自贸区与区域经贸合作的展望”，围绕自贸区建成后的区域经贸合作前景、机遇和挑战进行讨论和展望。

出席领导

中共中央政治局常委、全国政协主席贾庆林以及印度尼西亚副总统布迪约诺、老挝副总理阿桑·劳里、越南副总理张永仲等出席开幕式。

领导发言

在第七届中国—东盟商务与投资峰会开幕式上的主旨演讲

中共中央政治局常委、全国政协主席　贾庆林

（2010年10月19日）

尊敬的印尼副总统布迪奥诺阁下，尊敬的老挝副总理阿桑·劳里阁下，尊敬的越南副总理张永仲阁下，尊敬的东盟各国嘉宾，各位来宾，女士们，先生们，朋友们：

金秋十月，丹桂飘香。在这美好的时节，我很高兴出席第七届中国—东盟商务与投资峰会。首先，我谨代表中国政府并以我个人的名义，对峰会的召开表示热烈的祝贺！对莅临峰会的东盟国家领导人和各位嘉宾表示诚挚的欢迎！

2010年是中国—东盟自贸区全面实施的开局之年，也是中国—东盟战略伙伴关系再获丰收之年。一年来，双方高层交往密切，睦邻互信加强；各领域务实合作扎实推进，2010年1至9月，双方贸易额达2113亿美元，同比增长44%；双方社会人文领域的交流合作广泛而活跃，在重大国际和地区问题上密切沟通与协调。充满生机和活力的中国—东盟睦邻友好合作，为我们各自国家发展提供了广阔空间和众多商机，也为亚洲率先实现经济回升向好和保持总体稳定作出重要贡献。

女士们、先生们！

当前，国际政治经济格局加速调整，亚洲发展孕育着重大机遇。中国同东盟国家的前途命运日益紧密地联系在一起。在新形势下，巩固和加强中国—东盟战略伙伴关系，符合我们的共同利益，是我们的共同责任，也是我们的共同选择。中方将一如既往，坚定奉行与邻为善、以邻为伴的周边外交方针，同东盟加强战略互信，深化互利合作，扩大人文交流，密切在重大地区和国际问题上的沟通协调，促进我们各自国家又好又快发展，促进亚洲的和平、稳定、发展、繁荣。

从这个意义上讲，以“中国—东盟自由贸易区与区域经贸合作的展望”为主题的本届峰会，顺应了中国和东盟携手合作、共创未来的趋势和需求。我们希望峰会围绕主题，就进一步发挥中国—东盟自贸区作用，扩大双方经贸合作和相互投资，加强基础设施建设和互联互通，开展重大民生项目合作，促进双方中小企业交流合作，推动行业对接与合作，打造新的产业链，深化湄公河次区域开发、东盟—东部增长区等次区域合作等集思广益、献计献策，推动中国—东盟互利合作进一步向广度和深度发展。

女士们、先生们!

2010年是中国实施经济社会发展“十一五”规划的最后一年。五年来，我们励精图治，成功应对国内外各种重大风险和挑战，国家面貌发生了新的历史性变化。中国社会生产力快速发展，综合国力大幅提升，人民生活明显改善，国际地位和影响力不断提高，中国人民以自己的优异成绩谱写了中国特色社会主义事业的新篇章。

“十二五”时期是中国全面建设小康社会的关键时期，是深化改革开放、加快转变经济发展方式的攻坚时期。刚刚闭幕的中国共产党十七届五中全会描绘了未来五年中国发展的宏伟蓝图。我们将适应国内外形势新变化，顺应各族人民过上更好生活新期盼，以科学发展为主题，以加快转变经济发展方式为主线，深化改革开放，保障和改善民生，巩固和扩大应对国际金融危机冲击成果，促进经济长期平稳较快发展和社会和谐稳定，为全面建成小康社会打下具有决定性意义的基础。我们将坚定不移地走和平发展道路，恪守和平共处五项原则，同周边邻国和世界上其他国家平等相待、友好合作；将坚持相互尊重、求同存异，通过对话协商和平解决矛盾和分歧；将忠实履行自己应尽的国际责任和义务，向包括东盟国家在内的广大发展中国家提供力所能及的帮助。

女士们、先生们!

在东盟各国政府、商协会、企业界的鼎力支持和积极参与下，中国—东盟博览会、中国—东盟商务与投资峰会已成为中国同东盟国家对话、交流、合作的有效平台。在此，我谨对各位东盟国家领导人、企业家、专家学者付出的努力和作出的贡献表示衷心感谢。我深信，在大家共同努力下，中国—东盟博览会、中国—东盟商务与投资峰会将进一步办出特色、办出水平、办出成效，为推进中国—东盟自贸区深入发展，为不断开创中国—东盟睦邻友好合作新局面作出更大贡献。

最后，我衷心祝愿本届中国—东盟商务与投资峰会圆满成功!

谢谢大家!

（来源：《人民日报》. http://paper. people. com. cn/rmrb/html/2010－10/20/nw. D110000renmrb_20101020_2－03. htm? div=－. 2010—10—20）

会议论坛

2010年中国—东盟物联网高峰论坛

2010年10月22日下午，由中国RFID产业联盟和中国信息产业商会联合主办的“中国—东盟物联网高峰论坛”在广西南宁国际会展中心102会议室举行，广西科学技术厅副厅长纳翔和前工业和信息化部软件司司长赵小凡及南宁市副市长石文怀等领导出席了本次高峰论坛，来自政府主管领导、专家学者、企业界精英以及来自各个行业的用户等200多名嘉宾的各界人士齐聚一堂，探讨物联网时代的技术融合与商业模式创新。

本次高峰论坛主题围绕：（一）中国—东盟自由贸易区物联网发展之道：如何把握政策动向、做好市场定位及加强各方合作；（二）物联网行业的技术融合：无线射频识别RFID、二维码、智能识别、智能传感、无线通讯以及云计算等技术的融合与创新；（三）中国—东盟物联网产业的商业模式创新；（四）中国—东盟自由贸易区物联网的应用探讨等四大主题，通过深入的分析和互动式的探讨，把握中国宏观经济及政策走向，揭示物联网产业发展的热点与趋势，帮助企业开启通向信息化之门。此次高峰论坛，为中国物联网产业界人士与政策制定者之间建立直接对话的桥梁，从而推动中国—东盟物联网的高速发展。

2009年，物联网热浪席卷中国。在“两化融合”和“感知中国”的国家战略背景下，物联网发展受到了政府、产业、资本等各层面的高度关注。相对于人际间交流的互联网，物联网是物与物之间的网络。这种不同物体间的“对话”关系将迅速扩大化，到2011年，内嵌芯片、传感器、无线射频的“智能物件”可能超过1万亿个。有不少IT专家、经济学家、企业家和政府官员都认为，物联网与互联网的创新融合，将成为下一轮世界经济发展的技术驱动力。建设庞大的物联网，不仅可拉动新的投资，而且能提高原有经济运行效率，具有双重效应。

物联网不是一种新技术，物联网是应用的融合和商业模式的创新，同时也是多种无线技术的融合。物联网所涉及的技术包括：无线射频识别RFID、二维码、智能识别、智能传感、无线通讯以及云计算等等。如何充分认识和利用这些技术各自的优劣势来组建一个高性价比的物联网是当前物联网产业的首要问题。此外，各种技术的不同也使得更难建立一个泛在物联网的行业标准，原理不同、频段不同、应用领域和环境不同、安全要求等级不同这些问题都是产业界需要深入探讨的热点难题。

要建立一个完善的物联网，需要产业界在商务模式上不断创新。其一，物联网涉及的应用领域包括社会的方方面面，各个领域的应用环境都是不同的，对应的客户需求也不尽相同。从产品生产到物流追踪，从环境监控到智能家居，从食品安全到智能医疗，从票证防伪到手机支付都是物联网技术大显身手的舞台。其二，物联网涉及行业链长，涵盖了芯片设计和制造、感应模块研发生产、中间件提供、软件集成、运营管理、平台服务等一系列环节。以手机支付为例，运营商、金融机构和设备提供商三方的利益各不相同，要争取一个各方都认可的商业模式仍需要协调和博弈。其三，物联网运营涉及政府部门多，物联网的共享程度越高，价值也越大。一个全国甚至全球的物联网必然要涉及政府多个部门监管。所以要加快物联网的推进，关键的是要真正建立一个多方共赢的商业模式，让物联网真正成为一种商业的驱动力，而不是一种行政的强制力。让所有参与物联网建设的各个环节都从中收益，获得相应的商业回报，让物联网得以持续快速地发展，这就是本次峰会论坛要探讨的重点问题。

物联网是一个相当大的产业，未来几年的物联网产业发展最关键的是应用环节。这是因为：（一）物联网发展将以行业用户的需求为主要推动力，以需求创造应用，通过应用推动需求，从而促进标准的制定、行业的发展；（二）物联网是国家通过科技创新并转化为实际生产力的现实载体，也是实现信息化与工业化相融合的一个突破口；（三）以行业应用为核心，创建示范性的大型项目、利用大项目来带动产业链某个环节或某方面，将会加速物联网产业在中国的发展。

物联网的发展和成熟与电子信息产业紧密相关。物联网的核心是大力发展并整合三大已有技术——传感、网络和信息系统，其实质就是“信息化新阶段”。物联网的发展离不开信息基础设施建设。要加大投入，加快发展广西壮族自治区《电子信息工业调整和振兴规划》中提出的7大电子信息工业基地，即以柳州为中心的汽车电子工业基地；以新型元器件、平板显示、计算机及零部件、船舶电子和数字存储及播放设备等为重点的北部湾（沿海）电子信息工业基地（含中国电子北海信息产业园、北海网络存储产业基地、钦州电子产业园）；以桂林为中心的光电子、通信产业和软件产业基地；以南宁为中心的软件产业、信息服务业基地；以玉林、贺州、梧州为重点的承接东部电子信息工业转移基地。加快推进信息化和工业化的融合，为发展物联网奠定基础。

通过举办“中国—东盟物联网高峰论坛”，数百位来自政府主管部门、地方政府、物联网产业界、权威研究机构及相关企业等产业链上下游的嘉宾将立足现状、放眼未来，从产业宏观到技术微观，从技术标准到产业链条，以前瞻性的战略眼光探讨物联网产业未来的发展。目前，作为世界最大的自由贸易区，中国—东盟自由贸易区如何借助现有的电子信息产业优势基础，实现从传统的电子信息产业向物联网产业的跨越式升级，也成为此次高端会议上嘉宾们深入交流探讨的重要议题。

（来源：中国—东盟博览会客服中心. http://www.caexposervice.com/site/gb/press/xwtg/2010－10－26/83421.html. 2010—10—26）

2010中国—东盟商会领袖论坛

2010年10月20日，中国—东盟商会领袖论坛在广西南宁召开。16位中国与东盟商协会领袖以密切双方工商企业界的交流与合作、推进区域物流体系的形成为主要议题进行展望和论坛。

本届论坛是自中国—东盟自由贸易区建成以来的首届商会领袖论坛，其宗旨为整合中国与东盟商会资源，构建中国—东盟商会网络和平台，形成中国与东盟固定的联合对话机制。推动中国与东盟工商界进一步加强交流，增进了解；推动中国与东盟商会开展全方位、宽领域、多层次的务实合作，促进区域经济共同繁荣和发展。通过中国与东盟双方的政界要员、商会领袖以及专家学者就大家所关注的经济热点、贸易、投资等问题的交流和研讨，为双方企业搭建交流合作的平台。本次论坛有利于增强各商会间的沟通和友谊；有利于信息资源的共享；有利于双方取得更大的发展。

广西壮族自治区副主席林念修在论坛上发表讲话指出，2004年到2009年6年间，中国和东盟之间的贸易额增长了1倍以上，双方投资增长了10倍以上，2007年双方贸易额达到205亿美元，截至2009年年底，双向投资额已经超过了600亿美元，这些成就的取得可喜可贺、令人振奋的收获，更加增强双方协助合作的信心和对美好未来的期待。2010年1月中国—东盟自贸区如期建成，这为中国—东盟工商界深化合作提供新的历史机遇和更加广阔的空间，也将为区域的共同繁荣和发展创造更为有利的条件。

中国国际贸易促进委员会副会长于平表示，2010年1月1日中国—东盟自贸区成立以来，我们欣喜地看到中国—东盟经济合作日益显著，双方贸易额较2009年同期增幅较大，相互投资呈现良好的增长态势，人员交流往来密切频繁，我们也认识到自贸区作为一个新生事物，有一些难题都需要我们积极的探讨和解决，其生存建设和完善，需要中国和东盟各国政府、企业和社会力量的积极参与和共同的努力。中国—东盟各国商会作用和合作意义由此凸显出来，中国和东盟商会间的合作是扩大企业间合作的重要渠道，在中国和东盟合作中企业普遍需要的问题，寻找新的商机，我们要借助商会的力量和平台，巩固和发展，开拓互利合作。

出席本次商会代表就如何进一步加强中国—东盟工商界的务实合作，共同推进区域发展和繁荣友好地交换了意见，并达成多项共识。同时，11位中国—东盟工商界的代表们现场进行了中国—东盟商会领袖论坛备忘录签字仪式。

（来源：国际在线广西网. http://difang.cri.cn/201/2010/10/20/81s2712.htm. 2010—10—20）

第14届东盟与中日韩财长会议

2011年5月4日，第14届东盟与中、日、韩(10+3)财长会议在越南河内举行，中国财政部副部长李勇率团出席会议。会议就东亚区域宏观经济形势展开讨论。

会议认为，东亚经济增长势头强劲，为促进世界经济复苏发挥了重要引擎作用，但同时也面临商品价格上涨和通胀压力上升、资本无序流动、经济结构调整压力加大等挑战。同时，欧洲主权债务风险加大、日本地震以及中东、北非局势动荡给区域经济带来新的不确定性。

与会财长们强调，在当前形势下要继续保持灵活的政策措施，稳固增长势头，以有效应对通胀和资本无序流动，积极推进经济结构改革，大力促进内需和就业，共同抵制保护主义，推动区域经济持续健康发展。

出席会议的各国财长们对各项区域财金合作倡议进展情况表示满意。会议通过了清迈倡议多边化操作指南；宣布“10+3”宏观经济研究办公室正式成立，以加强区域经济监测，为清迈倡议多边化实施提供支持；同时要求区域信用担保与投资基金尽早开始运作，以促进本币债券的发行。

财长们还探讨了“10+3”财金合作未来重点领域，指示在区域基础设施融资、灾害保险、区域贸易中使用本币三个领域开展研究。上述成果体现了“10+3”各方加强合作、寻求互利共赢的精神和共创稳定繁荣东亚的坚定承诺，对于维护区域金融稳定，促进本地区经济持续健康发展具有积极意义。

中方在会上介绍当前中国宏观经济形势及“十二五”规划的有关情况，并就进一步巩固本地区经济回升向好，实现强劲、可持续、平衡增长提出五点建议：第一，采取灵活的政策措施，稳固经济增长势头，同时抑制物价过快上涨。第二，大力推进经济结构调整，增强经济内生增长的动力。第三，积极预防国际资本无序流动和大宗商品价格剧烈波动对本地区金融市场和实体经济可能造成的冲击。第四，反对一切形式的保护主义，促进全球及区域贸易和投资的健康发展。第五，加强宏观经济政策对话与交流，积极参与全球经济合作，共同维护本地区的利益。

关于区域财金合作，中方呼吁各方在已取得成果的基础上，继续深化合作，积极发挥“10+3”宏观经济研究办公室在区域经济监测方面的作用，进一步提高清迈倡议多边化有效性、深化亚洲债券市场发展合作。研究和探索区域基础设施融资等新的合作倡议，为维护区域经济金融稳定、促进区域经济持续发展、推动区域经济一体化进程作出贡献。

会议结束后发表了《第14届10+3财长会联合声明》。

（来源：新华网. http://news.xinhuanet.com/world/2011－05/04/c_13858981.htm. 2011—05—04）

第二届中国—东盟金融合作与发展领袖论坛

2010年10月20日，作为第七届中国—东盟博览会重要论坛之一的第二届中国—东盟金融合作与发展领袖论坛在广西南宁隆重举行。广西壮族自治区党委书记、自治区人大常委会主任郭声琨出席论坛并致辞。

论坛由广西壮族自治区党委常委、自治区副主席陈武主持。自治区党委常委、秘书长余远辉，自治区人大常委会副主任莫永清，自治区政协副主席蒋济雄出席论坛。

郭声琨在致辞中充分肯定一年来论坛各参与方认真践行首届中国—东盟金融合作与发展领袖论坛通过的《共同宣言》，推动务实合作，共同应对危机，取得显著成果。

郭声琨指出，广西充分发挥作为中国与东盟合作的前沿和桥头堡的作用，全面深化与东盟各国包括金融在内的各领域的务实合作，特别是 2010 年 7 月 23 日率先启动了第二批跨境贸易人民币结算试点工作，试点开展以来，广西跨境贸易人民币结算业务量一直排在各试点地区前列；积极支持东盟国家金融机构来广西设立分支机构、发展业务；积极支持广西辖内的金融机构与东盟国家金融机构开展务实合作；积极支持金融机构为中国企业在东盟国家开展贸易投资、资源开发、工程承包等方面提供金融服务，为推动广西和东盟经济与金融和谐发展、互利共赢作出了积极贡献。

郭声琨表示，当前，随着中国—东盟自由贸易区如期建成，为中国与东盟进一步深化战略伙伴关系提供了难得机遇。我们热切期望与区域各方加强金融等各领域的合作，努力实现互利共赢、共同发展。

此次论坛由广西壮族自治区人民政府、中国人民银行、中国银行业监督管理委员会、中国证券监督管理委员会和中国保险监督管理委员会共同主办，广西壮族自治区人民政府承办，是国内为数不多的同时由“一行三会”主办的金融主体论坛。来自中国、东盟及欧美驻亚太区域商业金融机构高层管理人员以及其他各类银行代表、金融界知名专家学者、企业代表、媒体记者共 400 多人参加论坛。

作为本届论坛的亮点，论坛增设中国—东盟银行家圆桌会议，就“推动合作交流，加强中国—东盟自由贸易区金融平台建设与完善”、“中国—东盟自由贸易区成立后，银行协会如何更好地发挥纽带作用”等议题展开深入交流与热烈讨论，取得积极成效，形成了《中国—东盟银行家圆桌会议倡议》。

中国人民银行行长助理李东荣、中国银行业监督管理委员会广西监管局局长苏保祥、中国证券监督管理委员会主席助理朱从玖分别发表了主题演讲。他们表示，金融论坛作为中国—东盟开展更紧密的金融合作而搭建的一个新平台，促进了中国—东盟金融领域合作有序深入开展，进一步丰富、拓展了中国—东盟博览会的平台作用。

论坛以“深化合作机制，构建中国—东盟自由贸易区金融互利共赢发展新格局”为主题，围绕“区域经济一体化下银行业的‘走出去’战略”、“中国—东盟自由贸易区建成后区域性银行业机构的跨越式发展之道”、“中国—东盟自由贸易区内中小企业的融资和上市策略”及“中国—东盟自由贸易区建成后保险业的发展机遇”4 个议题展开深入研讨，达成广泛共识。会议一致认为，加强区域金融合作，是抓住中国—东盟自由贸易区如期建成的新机遇，应对国际金融危机新挑战的需要，促进中国—东盟自由贸易区共赢的现实要求。中国—东盟金融合作交流在首届金融论坛成果的基础上，进一步推进了《共同宣言》的实施，加强团结，深化合作，携手共建未来，达成了《第二届中国—东盟金融合作与发展领袖论坛共识》。

（来源：广西新闻网—广西日报. http://www.gxnews.com.cn/staticpages/20101021/newgx4cbf703e—3345593—2.shtml. 2010—10—21）

第九次中国—东盟（10＋1）经贸部长会议

2010 年 8 月 26 日，第九次中国—东盟（10＋1）经贸部长会议在越南岘港召开，来自中国和东盟十国的经贸部长参加了会议，会议评估了《中国—东盟全面经济合作框架协议》实施进展情况，积极评价中国—东盟自贸区的成效。中国商务部部长陈德铭率团出席了本次会议。

陈德铭在会上指出，2010 年中国—东盟自贸区全面建成以来，双方贸易投资增长加快，经济融合程度加深，企业人民切实受益。即使在金融危机时期，不少东盟国家的对中国贸易仍然保持增势。2010 年 1～7 月，中国与东盟进出口总额 1610 亿美元，同比增长 49.6％。其中，中国贸易出口 767.3 亿美元，进口 842.7 亿美元，同比分别增长 43.2％和 56.1％。东盟对中国贸易出口增速比从中国进口增速高出 13 个百分点。中国贸易逆差 75.4 亿美元。来自中国的进口有效地促进了东盟国家扩大就业和经济发展。中国对东盟投资快速增长，2010 年上半年，中国对东盟新增非金融类直接投资金额 12.2 亿美元，同比增长 125.7％。东盟已成为中国企业赴海外投资兴业的主要目的地之一，未来还有很大潜力。

陈德铭强调，实践证明，中国—东盟自贸区是互利互惠的，符合双方利益。中国将与东盟各国一起认真全面地落实好《中国—东盟全面经济合作框架协议》，提升双方经贸合作的规模和水平。目前，中国和东盟之间90%以上的货物实现了零关税，下一步应重点提高服务贸易的相互开放水平，同时也要做好《中国—东盟投资协议》的实施工作，保障和促进双向投资合作进一步发展。陈德铭还对东盟各国积极参加上海世博会表示感谢，并希望与各主办方一道办好第七届中国—东盟博览会。

中国—东盟经贸部长会议结束后，参加会议的各国经贸部长发表联合新闻声明。声明积极评价中国—东盟自贸区的全面建成，充分肯定各方按期履行降税承诺，同时授权中国—东盟贸易谈判委员会进一步探讨可能的措施，解决敏感产品占贸易额比重过高的问题，在原产地证书操作审核等方面继续推动贸易便利化，并成立机制来监督中国—东盟自贸区的执行情况。部长们对服务贸易第二批市场准入承诺最终出价谈判结束表示欢迎，并在2010年10月举行的中国—东盟领导人会上签署《修订〈服务贸易协议〉议定书》。此举进一步促进双方服务贸易领域的相互开放。各国经贸部长要求确定重点项目和活动，支持贸易便利化和中小企业的发展，确保中小企业从自贸区中获益，并欢迎中方于2010年11月在北京、深圳、云南等地举办跨境贸易人民币结算对中国—东盟经贸合作的推动作用研讨班，以探讨如何通过跨境人民币结算来促进中国与东盟的经贸往来。各国经贸部长还对联合专家组所做的泛北部湾经济合作可行性研究工作的积极进展表示欢迎，并敦促尽早完成相关研究。

（来源：中华人民共和国商务部新闻办公室. http://www.mofcom.gov.cn/aarticle/ae/ai/201008/20100807103575.html? 381673659=850387913. 2010—08—26）

第三届中国—东盟智库战略对话会议

2010年10月17日，一百多名来自中国、柬埔寨、印尼、老挝、马来西亚、新加坡、泰国、越南、美国等国家的高层专家、学者齐聚广西南宁，举行为期两天的第三届“中国—东盟智库战略对话会议”。

本次会议以“后金融危机的中国—东盟合作”为主题，深入探讨加强新形势下的中国—东盟合作、中国—东盟自贸区现状与前景、南宁—新加坡经济走廊建设、文化交流合作与壮老泰族群关系等热点话题，延伸、拓展和提升中国—东盟自由贸易区经济一体化发展的内涵、层次和水平，进一步深化中国—东盟战略伙伴关系。

会议分为“后金融危机：世界局势与中国—东盟合作”、“东南亚地区经济与政治”、“中国与东南亚关系”、“中国—东盟自由贸易区现状与前景”、“区域合作与南宁—新加坡经济走廊建设”、“文化交流合作与壮老泰（包括岱依、侬、掸、印度泰人）族群文化比较”等六个主要议程。中国社会科学院国际研究学部主任张蕴岭、柬埔寨和平与合作学院院长诺罗敦·西里武、新加坡国立大学东亚所高级研究员杨沐、越南社会科学院中国研究所所长杜进森、泰国政法大学教授郑树成、美国弗吉尼亚大学政治系外国事务教授吴本立等国内外专家分别在会上发言，就上述议题充分发表自己的看法，对新形势下如何加强中国—东盟各方面合作提出了许多建设性的对策和意见。

会议开幕式上，广西壮族自治区党委常委、宣传部部长沈北海致辞。他表示，广西已成功举办六届中国—东盟博览会，中国—东盟合作的“南宁渠道”逐步形成，广西作为中国—东盟交流与合作的枢纽和前沿地位更加显现，成为区域合作的一个重要交汇点。进入风云变幻的2010年，国际金融危机深刻影响着各国发展和世界格局，当前国际形势正处在复杂而深刻的变化之中，各种全球性挑战增多。合作应对挑战、实现互利共赢，已经成为越来越多国家的强烈愿望和普遍共识。在复杂多变的新形势下，中国—东盟合作需要新思维，广西扩大开放合作更需要新智慧。沈北海希望各位专家积极开拓思维，共同为拓展和提升中国—东盟自由贸易区经济一体化发展的内涵、层次和水平，进一步深化中国—东盟战略伙伴关系，促进广西开放建设提供更多、更好的创新意见。

广西社会科学院、广西北部湾发展研究院院长、研究员吕余生在开幕式中提议，把每年一次的中国—东盟智库战略对话形成常态对话机制，在休会期间亦可就一些战略问题开展专题讨论，以智库的共识去推动和影响政府间的共识；整合中国—东盟智库资源，以对话机制形成中国—东盟现实的智库；联合各国智库对一些重大战略问题进行前瞻性研究，为政府提供决策咨询；努力推动建立北部湾经济区智库中心和中国—东盟研究交流基地，打造中国—东盟智库合作基地与平台。

“中国—东盟智库战略对话”是中国—东盟博览会系列论坛之一，以发挥中国与东盟国家智库及专家的思想库和智囊团作用，为深入了解东南亚情势、促进中国东盟交流合作、办好中国东盟博览会提供智力支撑为宗旨。“中国—东盟智库战略对话”至2010年已成功举办两届，2010年举办第三届，目前已成为中国—东盟博览会系列论坛中的品牌。

（来源：人民网—广西频道．http://gx.people.com.cn/GB/179464/12971895.html. 2010—10—17）

中国—东盟基础设施合作高峰论坛

2010年10月20日，中国—东盟基础设施合作高峰论坛在广西南宁举行，论坛围绕“加强中国与东盟基础设施建设合作”这一主题，探讨了中国—东盟自贸区全面实施新形势下发展中国与东盟基础设施合作的新机遇，尤其是在工程技术和标准、项目融资、风险管理等方面的合作，就进一步发挥各自优势、促进双方基础设施领域的合作达成共识。

基础设施合作成效显著

中国与东盟国家在基础设施领域开展合作，优势互补。据中华人民共和国商务部统计，截至2010年6月，中国企业对东盟国家累计非金融类直接投资已超过90亿美元。其中2010年1～6月，中国对东盟国家非金融类直接投资达12.21亿美元，同比增长125%。

中国企业广泛参与东盟国家的贸易、交通、旅游、电力、机械、轻工、纺织、采矿、农林牧渔等领域的投资建设和发展。在基础设施建设领域，中国企业也与东盟国家同行开展了卓有成效的合作。截至2010年7月，中国企业在东盟国家承包工程完成营业额累计已达525亿美元。其中2010年1～7月，中国企业在东盟国家完成承包工程营业额63.52亿美元，同比增长23%。中国企业承建了大量的电站、道路、港口、通讯等基础设施项目，改善了当地的社会发展条件，满足了当地民众生活的需要，创造了大量的就业机会。中华人民共和国商务部合作司王胜文副司长表示，中国政府将继续鼓励和支持有条件的企业与东盟企业开展互利合作，积极参与东盟国家基础设施建设。

中国—东盟基础设施合作高峰论坛与中国对外承包工程商会承办的“国际经济合作展区”相得益彰，共同构成了促进中国与东盟国家开展投资和经济合作的新平台。

据中国对外承包工程商会会长刁春和介绍，近年来，中国与东盟各国在承包工程领域的合作快速发展，业务规模逐年扩大。2009年中国承包工程企业在东盟10国的新签约合同额和完成营业额分别达172.52亿美元和109.26亿美元，较2008年分别增长54.96%和30.19%。2010年前三季度，中国承包工程企业在东盟10国的新签约合同额和完成营业额分别达111.51亿美元和84.05亿美元。

自贸区新机遇推进合作

虽然近年来中国与东盟的基础设施建设取得了很大进展，但是目前东盟一些国家基础设施建设不完善，发展水平差异大，仍需进一步加强区域之间的合作，推动全面发展。中国—东盟自贸区如期全面建成，实际上为双方在这一领域扩大合作提供了契机。

基础设施建设对于经济的可持续发展至关重要。对于拥有人口19亿，国内生产总值近6万亿美元，贸易总额超过4.5万亿美元的中国—东盟自贸区而言，加快基础设施建设合作，能够直接带动能源、原材料、金融资本和人员流动等多行业的快速发展，创造更多的就业机会，增加财政和居民收入，最终将产生巨大的社会经济效益。同时，良好的基础设施能够降低企业生产成本，提高生产效率，改善投资和消费环境，吸引资本进入，促进当地产业结构优化升级，实现经济的可持续发展。

中国—东盟自贸区《投资协议》为双方搭建起一个新的投资合作平台，在中国—东盟自贸区框架下营造出更加稳定、开放的投资环境，减少了相互投资中的不合理限制和管制，为中国与东盟各国的相互投资提供了制度性保障。

中华人民共和国商务部国际经贸关系司副司长孙元江指出，中国与东盟国家在基础设施领域合作前景广阔，中国政府设立的规模100亿美元的“中国—东盟投资合作基金”和对东盟国家提供150亿美元的信贷资金，对双方在这一领域的合作具有促进作用。此外，东盟国家也希望与中国企业在基础设施方面展开合作，中国企业应当主动抓住这个机遇，积极参与东盟基础设施建设。

马来西亚公共工程部建筑发展局局长韩查·哈山表示，随着中国—东盟自贸区经济合作的不断推进与深化发展，相信中国与东盟在基础设施建设合作方面将取得更卓越的成效。

把握契机完善合作平台

广西与东盟山水相连，地处中国—东盟自由贸易区的中心地带，连接中国国内和东盟两个市场，具有双向沟通中国与东盟的区位优势。近年来，广西不断加大基础设施投入，加快交通、港口、能源等基础设施建设，截至2009年底，全区公路总里程突破10万公里，其中高速公路里程2395公里，铁路营运里程3200公里。

广西壮族自治区副主席林念修在中国—东盟基础设施合作高峰论坛上表示，广西将以此次论坛为契机，进一步发挥与东盟合作的地缘人缘优势和便利条件，全面加强与东盟各国基础设施建设合作。

首先，广西应进一步加强泛北部湾区域交通基础设施建设，共同推进公路、铁路、空港建设，共建沿海港口设施、航线、港口物流系统，全力打造泛北部湾"海上高速公路"。其次，以投资合作为纽带，加快区域通信、电力等领域的建设，逐步实现泛北部湾地区基础设施的互联互通和网络化，打造区域经济合作新亮点。同时，继续积极支持广西企业通过EPC、BOT、承揽援外项目、资源换项目、"借船出海"等各种方式，大力开拓东盟基础设施工程承包市场，参与东盟国家道路、桥梁、电站、输电等基础设施及房屋等民用建筑建设。

林念修提出，广西还将继续加强与中国对外承包工程商会的合作，希望商会在对外承包工程业务、信息、培训、招投标、质量监督等方面继续给予广西企业大力的支持，为广西企业与中央企业合作牵线搭桥，推动广西企业"走出去"，为到东盟开展基础设施建设的承包工程提供更好的机遇和平台。

（来源：广西新闻网—广西日报. http://news.gxnews.com.cn/staticpages/20101109/newgx4cd8a0d5－3390507－1.shtml. 2010—11—09）

首次银行家圆桌会议

2010年10月20日，作为第二届中国—东盟金融合作与发展领袖论坛增设的内容，首次中国—东盟银行家圆桌会议在广西南宁举行。来自中国和多个东盟国家的银行业精英在会上进行了一场关于促进中国—东盟银行业合作的高端对话。此次会议中，各国银行家还发出了中国—东盟银行家圆桌会议倡议。

会上，中国进出口银行副行长朱鸿杰、中国银行股份有限公司副行长岳毅、老挝开发银行行长兼老挝银行业协会主席奔达·答拉位、越南工商银行人力资源和培训学校校长阮氏妹分别围绕在中国—东盟自由贸易区已经建立的大背景下，如何促进银行业合作交流，建设完善自贸区金融平台这一主旨进行了发言。

参加会议的银行业精英对会议的两大议题——"推动合作交流，加强中国—东盟自由贸易区金融平台建设与完善"、"中国—东盟自由贸易区成立后，银行业协会如何更好地发挥纽带作用"进行了深入探讨，达成共识，并发出中国—东盟银行家圆桌会议倡议。

本次圆桌会议的倡导者和组织者中国银行业协会的专职副会长杨再平在会后接受采访时表示，目前，中国和东盟各国银行业之间的经贸交流合作还不够，互设分支机构也不是很多，在未来的发展中，双方应采取一些针对对方当地特点和客户的措施和服务，促进中国—东盟银行业之间交流发展。

附：中国—东盟银行家圆桌会议倡议（全文）

一、本着互惠互利、共同发展的原则，将圆桌会议发展成中国—东盟自由贸易区金融合作的常设机制。通过银行家的高端磋商和会晤，共同探讨加强合作、谋求发展及共同应对国际金融危机及后续影响的举措和方略。

二、充分发挥中国与东盟银行业协会在各国政府、金融机构市场及金融消费者之间天然的桥梁纽带作用，以双方银行业协会为主体，建立以圆桌会议为中心的交流和信息共享机制，推动双方金融智力合作，从而有效促进多方经贸合作。

三、通过圆桌会议的协调作用，促进区域内各国资本市场与贸易资源的相互开放。

四、研究并探索相关金融业务与优势产业的结合，积极推动区域型金融合作项目的进行，全面促进中国—东盟贸易往来。

五、在银行跨境发展战略、推动低碳金融、提升农村金融服务水平、提高行业整体竞争实力以及践行社会责任等中国与东盟银行业共同关心的领域开展深入广泛的探索、交流与合作。

六、探讨中国与东盟各国之间的跨境金融合作模式，在银行业金融机构防范风险，尤其是系统性风险，以及加强跨境银行监管等方面进行沟通与协作。

圆桌会议的举办和常设，将充分发挥其桥梁作用，成为中国—东盟自由贸易区定期交流、沟通和对话的平台，以金融合作为基础，通过对中国—东盟自由贸易区金融建设的加强，推进区域内经济合作的交流、促进与发展，成为加强中国和东盟国家经济实力的潜在引擎。

（来源：广西新闻网．http://sub.gxnews.com.cn/staticpages/20101020/newgx4cbf08dd－3343880.shtml．2010－10－20）

中马经贸投资合作论坛

2011年4月28日，中国国务院总理温家宝在吉隆坡与马来西亚总理纳吉布共同出席中马经贸投资合作论坛并致辞。

中国、马来西亚经贸投资合作论坛由中华人民共和国商务部和马来西亚国际贸易和工业部主办，中马政府高级官员和经济界人士代表共700人出席。

温家宝在致辞中表示，中国和马来西亚是隔海相望的亲密邻邦，两国人民之间的传统友谊源远流长。近年来两国互利合作快速发展，合作领域不断拓宽。实践证明，中国和马来西亚既是相互信任、相互支持的真诚朋友，也是平等互利、合作共赢的可靠伙伴。中马关系越往前走，相互理解和友情就越深，共同利益和需求就越多，两国人民得到的实惠也就越大。

温家宝表示，此次两国签署了关于扩大和深化经济贸易合作协定等重要合作文件，确立了新形势下两国互利合作的原则、方向和框架。希望双方共同努力，充分利用中国—东盟自贸区的优惠政策，发挥各自比较优势，进一步扩大双边贸易规模，优化贸易结构，深化双向投资合作，加强道路、桥梁、港口、电站、通信等基础设施建设合作，拓展金融合作，促进教育、科技等领域合作，大力开展两国青年友好交流活动。

温家宝指出，中国刚刚制定了“十二五”规划，明确提出坚定不移地扩大对外开放，实行更加积极主动的开放战略，必将给包括马来西亚在内的世界各国企业带来更大的商机。中国的发展对马来西亚，对周边邻国、对世界都是机遇，而不是挑战，更不是威胁。相信通过双方的不懈努力，中国与马来西亚的传统友谊一定会进一步加深，各领域的互利合作一定会取得更大的成果，中国与马来西亚的关系必将迎来更加美好的明天。

纳吉布在致辞中表示，中国是马来西亚可以信任、尊重、合作的朋友和伙伴，马来西亚一贯视中国的发展为机遇而非挑战，坚定致力于加强同中国的友好合作。温家宝总理此次访问马来西亚取得了丰硕的成果，将全面推进两国各领域合作，也将有力促进马来西亚经济、社会发展。马来西亚愿在互利共赢的基础上，充分利用双边合作机制和中国—东盟自贸区全面建成带来的有利条件，深化两国各领域合作，实现优势互补，造福两国和两国人民。

（来源：新华网．http://news.xinhuanet.com/2011－04/28/c_121360792.htm．2011—04—28）

大事记

2010年7～12月

7月

1日　泰国总理阿披实在总理府会见了来访的中国文化部部长助理高树勋一行。为纪念中泰建交35周年和泰国王加冕60周年，应泰国文化部邀请，中国文化部部长助理高树勋率领中国文化代表团和广州交响乐团于2010年6月30日至7月5日期间访问泰国。

2日　中国—东盟战略人力资源管理高峰论坛在广西南宁举行。本次论坛由广西中国—东盟经济文化促进会、金蝶软件（中国）有限公司、广西嘉方人力资源服务有限公司共同主办。来自广西全区大中小企业人力资源部门的近百名代表参加了此次论坛。

6日　中国交通运输部部长李盛霖在北京钓鱼台国宾馆会见了来华访问的缅甸国家和平与发展委员会第一秘书长吴丁昂敏乌，双方就加快推进中国瑞丽至缅甸皎漂公路建设问题深入交换意见并达成广泛共识。参加会见的还有缅甸国家计划与经济发展部部长吴梭达、国防部副部长吴埃敏、外交部副部长吴貌敏、财税部副部长吴拉登瑞、驻华大使吴登伦，中国驻缅甸大使叶大波。

8日　中国工商银行（印度尼西亚）有限公司荣获印尼银行业协会颁发的2010年度印尼银行业最佳表现奖，这是中资银行首次获此殊荣。

9日　由中国国家旅游局牵头，中国海关总署、公安部等单位参加的《中越德天—板约瀑布地区旅游资源共同开发和保护的协定》调研磋商会在广西南宁举行。

12～16日　第四届中国—东盟社会发展与减贫论坛在广西桂林举办。本次论坛主题为“自由贸易与贫困”，重点分析和研究自由贸易对贫困群体的影响，交流各国在贸易自由化和经济一体化过程中推动本国社会发展与减贫进程的经验、挑战及应对措施，提出在自贸区时代不断推进区域内减贫与社会发展合作的政策建议。同时，在此基础上，进一步推动“第二届东盟与中日韩（10＋3）区域扶贫高层研讨会”所倡议的有关机制的形成与发展，发挥中国在东盟地区社会发展和减贫领域的重要作用，进一步推动中国—东盟及亚洲各国关系务实发展外交战略目标的实现。

16～18日　“2010百色（田东）芒果文化节”自7月16日至18日在中国芒果之乡——广西百色市田东县举行，节会以“芒乡情、田东行”为主题，主要内容包括开幕仪式、大型文艺晚会、芒果乐园、论坛以及招商推介会等5大类共16项活动。在“2010百色（田东）芒果文化节”期间，召开了中国—东盟芒果发展论坛，来自中国和东盟的芒果专家共商芒果产业发展大计。

19日　中国国务院副总理李克强在中南海紫光阁会见了泰国政府第一副总理素贴·特素班。李克强简要介绍了当前中国国内发展情况。素贴·特素班表示，泰国高度重视泰中关系的发展，愿与中方进一步密切和扩大各领域、各层次的交往与合作。

19～20日　泰国公主诗琳通来访中国2010年上海世界博览会泰国馆，探访了泰国馆的各项工作，并观看了舞蹈表演，参观了泰国馆的三个展厅、Silapacheep 904纪念品商店和由泰行经营的泰国餐厅。诗淋通公主一行人还参观了中国馆和其他若干个国家馆。

19～23日　东盟部长级系列会议在越南河内举行，系列会议包括东盟外长会议和后续会议，以及东盟地区论坛等，来自东盟10国以及中国、日本、韩国、印度、澳大利亚、新西兰、美国、加拿大、欧盟、俄罗斯、朝鲜等27个国家和国际组织的外长和高级官员与会。

20日　中国—东盟行业商会联席会第二次会议在北京召开，18家全国性行业商会的负责人出席了会议，均表示将与东盟对口行业商会的对接、合作列入今后的工作计划之中。中国—东盟商务专家许宁宁在主持会议时谈到，2010年1月1日，中国与东盟绝大多数产品贸易“零关税”以来，双方行业合作愈显重要。在行业合作中，双方行业商会可发挥重要的积极作用：一是可指导和协助企业走进对方市场；二是可提高区域生产力和国际竞争力；三是可辅助政府间合作，并落实政府间有关自贸区协议的执行。

21日　第18次东盟—中国（10＋1）经济高官会及第21次东盟—中日韩（10＋3）经济高官会在文莱举行，中国商务部亚洲司梁文洮副司长率团参会。

23日　第17届东盟地区论坛（ARF）外长会议在越南首都河内开幕，27个国家和组织的代表出席该次会议。数十名东盟成员国以及对话伙伴国的外长在越南河内聚集，包括朝核问题六方会谈各参与国的外长，有中国外长杨洁篪、美国国务卿希拉里、俄罗斯外长拉夫罗夫、日本外相冈田克也、韩国外交通商部部长柳明桓、朝鲜外务相朴义春。在论坛上，东盟国家再次重申了其一体化承诺：2015年建成由经济共同体、政治安全共同体和社会文化共同体为三大支柱的东盟共同体。

23日　中国银行在马来西亚巴生开设一家分行，这是自2009年4月份马来西亚总理纳吉布宣布进一步开放金融业、允许外资银行在马来西亚开设更多分行的措施以来，中国银行在马来西亚设立的第三家分行。中国银行此前已分别在马来西亚的麻坡、槟城开设有分行。

29日　由新加坡—中国友好协会主办的2010年“第五届东盟—中国民间友好组织大会”在新加坡隆重举行，来自东盟十国以及中国代表团的数百名代表出席了开幕式，中国代表团团长、中国—东盟协会会长顾秀莲在大会上作了主题发言。

30日　由泰王国驻上海总领事馆商务处主办的2010泰国商贸展之“暹味之享”美食展在上海浦东正大广场开幕。本次泰国美食展为期10天。泰王国商务部部长彭提瓦·娜卡赛女士和泰王国驻上海总领事馆总领事毕伦·莱诗密出席了开幕仪式。

8月

3日　中国国家旅游局局长邵琪伟率团对马来西亚进行了正式访问。邵琪伟局长与马来西亚旅游部部长黄燕燕举行了正式会谈，双方就加强在生态旅游、休闲度假旅游和邮轮旅游等方面的交流与合作交换了意见。

5日　中国（郑州）—东盟会展经济合作论坛在河南郑州会展中心举行。来自文莱、柬埔寨、印度尼西亚、马来西亚、菲律宾、泰国、越南等驻华使馆官员及各国会展服务企业的代表共300余人汇聚一堂。东盟北京委员会轮值主席、越南驻华大使阮文诗表示，中国与东盟是好邻居、好朋友，东盟已经成为中国第三大贸易伙伴，东盟与河南合作空间、潜力很大，东盟各国驻华大使及参赞愿意全力推动东盟与中国的合作，推动东盟与郑州的友好合作，加强相互信任和交流合作。

12日　第五届泛北部湾经济合作论坛在广西南宁隆重开幕。论坛围绕“中国—东盟自贸区建设与泛北部湾经济合作”主题，以及“中国—东盟自贸区建成与南宁—新加坡通道建设”、“北部湾对话世界500强——泛北部湾经济合作中的国际投资与产业发展”和“泛北部湾航运、港口、物流合作”等三大议题展开深入研讨。

14日　中国—东盟商务专家许宁宁关于东盟问题的报告会在广西南宁举行，来自广西区内的企业界人士、中国—东盟问题专家学者共120多人参加了会议。

19日　在“2010中国会展行业年会·世博会主题展策划与中国会展业发展论坛”上，中国—东盟博览会再获会展业大奖，共荣获“新世纪十年·中国会展杰出典范奖”和“新世纪十年·中国十大品牌展会”两项大奖。与此同时，中国—东盟博览会秘书处秘书长郑军健被评为“新世纪十年影响中国会展业60人”。

23日　越南总理阮晋勇在越南河内会见了正在此期间访问的中国商务部部长陈德铭。同日，陈德铭还分别与越南贸工部部长武辉煌、越南计划投资部部长武洪福举行了会谈，双方就推动两国贸易投资、经济合作等有关问题交换了意见。

23日　北部湾乃至西南地区目前重要的石油储备基地——广西中石油国际事业有限公司钦州原油储备库420万立方米油库正式注油投入试运行。

25日　中越青年大联欢活动在广西凭祥友谊关启动。3000多名越南青年进入到广西7个地市，与中国青年进行交流，并于28日相聚南宁，与约2万名中国青年共同举行大联欢。

25～26日　由中国国家知识产权局和新加坡知

识产权局共同主办的“第四届中国—新加坡知识产权研讨会——发挥知识产权的潜在契机：新加坡面面观”在上海举行。中国国家知识产权局局长田力普、新加坡律政部高级政务部长、内政部高级政务部长何炳基和新加坡知识产权局局长廖媛然出席了研讨会。

26日 第九次中国—东盟（10＋1）经贸部长会议在越南岘港召开，来自中国和东盟十国的经贸部长参加了会议，会议评估了《中国—东盟全面经济合作框架协议》实施进展情况，积极评价中国—东盟自由贸易区的成效。中国商务部部长陈德铭率团与会。会上，陈德铭强调，实践证明中国—东盟自由贸易区是互利互惠，符合双方利益的。中方将与东盟各国一起，认真、全面地落实好《中国—东盟全面经济合作框架协议》，提升双方经贸合作的规模和水平。

26日 中越青年创业论坛在中越青年大联欢柳州分会场举行。会上，柳工集团、上汽通用五菱公司代表进行发言，从企业发展的角度来阐述对创业、创新的理解和为此所作的努力；越方嘉宾对越南国内的产业特点、城乡青年创业就业状况以及各级共青团组织采取的扶持措施进行了介绍，并欢迎中方企业到越南开展交流与合作。

27日 第六届泛珠三角区域合作与发展论坛暨经贸洽谈会在福建福州开幕。中国国民党副主席林丰正，国家有关部委领导，东盟国家使领馆使节，来自长三角、环渤海区域合作组织的代表，台资企业、国内外500强企业代表近千人出席了开幕式。

28日 中越青年大联欢活动联欢大会及联欢文艺晚会在广西体育中心隆重举行。

30日 中国—越南商务与投资合作论坛在北京召开。中国国际贸易促进委员会于平副会长、中国商务部亚洲司梁文兆副司长；越南文化体育和旅游部部长黄俊英、越南驻华大使阮文诗、越中友谊协会主席团孟郊、越南工商会副主席兼秘书长范家足以及来自中国和越南的250多名企业家代表出席了会议。中国国际贸易促进委员会副会长于平在论坛上表示，中越两国经贸合作发展潜力巨大，经贸交流有待进一步拓展。

9月

6～7日 “2010中国—东盟矿业合作论坛暨展示会”在广西南宁国际会展中心举行。此次论坛暨展示会首次在广西举行，是中国—东盟商务与投资峰会系列活动之一。区域内外各勘探、开采矿业企业以及企业投资、银行投资等重要矿业投资单位共达成了14个签约项目，共计60亿人民币。其中，广西有色金属集团有限公司与香港FDC矿业集团有限公司，就柬埔寨罗连省罗文铁矿采选开发合作项目达成了20亿人民币签约金额，是14个签约项目中数额最大的一项。另外，万象矿业有限公司、广西地润矿业投资有限公司、广西有色冶金有限公司等企业就老挝、南非开普敦等世界各地区的矿业项目分别签订了不同数额的协议。

9日 中国驻文莱大使闵永年前往文莱都东县特里赛（Telisai）地区视察由中交三航局下属兴安基建筑工程有限公司承建的Telisai至Lumut段高速公路项目。闵永年大使指出，Telisai至Lumut段高速公路项目是目前中资企业在文莱承建的最大单个工程项目，也是文莱重点基础设施建设项目之一。闵大使表示，目前中文两国政治互信，经贸合作发展迅速，一批中国企业正在积极参与文莱经济多元化建设进程，他希望通过这条高速公路的施工建设，在造福文莱当地百姓的同时，也进一步凝聚中文两国友谊。

11日 广西—越南经贸洽谈会暨项目签约仪式在越南河内举行，来自越南和广西的官员、企业家代表400余人参加洽谈会。会上共有64个合作项目签约，总投资19.6亿美元。重要签约项目包括：中国国家开发银行股份有限公司广西分行对越南油气股份财务总公司的5.5亿美元贷款项目、广西投资集团有限公司与越南安圆集团股份有限公司合作的3.68亿美元越南宁顺省安风风电场项目等。

12日 广西凭祥综合保税区在越南首都河内举行推介会。各与会人员就如何建设好保税区进行了深入的交流与探讨。

13日 由广西壮族自治区人民政府主办、越南交通运输部协办的南宁—河内经济走廊与南宁—新加坡经济走廊建设座谈会在越南河内举行。

13～16日 中国—东盟指天椒节在广西天等县隆重举办，来自老挝、越南等东盟国家的客人以及中国国内的宾客参加了开幕式仪式。历时4天的节会通过辣椒贸易洽谈会、专家座谈研讨会、土特优名产品展销、经济发展成就展等活动，探讨和推动了广西天等县指天椒产业的发展。此次辣椒贸易洽谈会共签约11个项目，总投资7000多万人民币。

14日 中越东兴—芒街跨境经济合作区研讨会在越南下龙市举行。广西壮族自治区主席马飚、越南广宁省人民委员会主席阮文诗出席研讨会并致辞。双方就共同推进东兴—芒街跨境经济合作区建设进行深入探讨，达成了共识，并签署了《共同推进建立中国广西东兴—越南广宁省芒街跨境经济合作区协议》。

16日 从广西壮族自治区金融办获悉，“十一五”期间，广西壮族自治区金融总量提前实现翻番目标，历史性挺进全国“万亿俱乐部”。

16～17日 第二届中国—东盟女企业家创业论坛在广西柳州市隆重举行。此次论坛围绕中国—东盟自由贸易区建设所带来的机遇与挑战，以及如何加强合作应对国际金融危机等议题展开交流和探讨。来自中国和东盟各国以及亚洲其他国家、地区的政府官员、外交使节、国际友好组织、知名妇女组织、国际商会代表以及女企业家、著名学者等共约350人出席论坛。

17日 第一届中国—东盟行业合作会议在云南省昆明市举行。共有来自中国和东盟国家的商（协）会负责人、经贸部门官员及企业家代表等200余人与会。会议旨在促进双方在中国—东盟自由贸易区新形势下的产业合作，提升本地区企业的生产力和国际竞争力。

19日 中国国家卫生部人才中心“东盟卫生人才培训基地”，在广西规模最大的医学院校——广西医科大学挂牌成立。

20～24日 中华全国供销合作总社理事会主任、中共中央委员李成玉率团访问老挝。访问期间，代表团拜会了老挝政府总理波松·布帕万及相关部委，并与老挝政府常务副总理宋沙瓦·凌沙瓦共同见证签署中农集团与老挝政府签订的关于建立人力资源培训中心和建立农业产业园区两份备忘录。代表团还考察了供销总社下属中农集团位于老挝甘蒙省他曲市的钾盐矿开采加工项目，出席了援建学校的奠基仪式。中国驻老挝特命全权大使布建国陪同参加了此次相关活动。

21日 位于广西南宁武鸣里建的南宁—东盟经济开发区客运站等五个工程项目动工兴建。该项目一期工程总占地面积约2.33公顷，计划总投资2300万元。

21日 《教育服务广西新发展行动计划（2010～2012年）》（以下简称《行动计划》）新闻发布会在广西南宁举行。《行动计划》指出，广西将在3年时间内，加紧千亿元产业建设及北部湾经济区紧缺人才的培养。同时，广西将启动筹建北部湾大学，大力加强与东盟各国的互认学分人才培养模式等。

23日 为庆祝中国与印尼建交60周年暨中印（尼）友好年，2010年中国图书展销会暨版权贸易洽谈会在印尼首都雅加达兴安会馆隆重开幕。2400多册中国图书亮相展台。

10月

11日 在中国—东盟农业新品种与种业国际科技合作论坛上，各国代表达成共识，将携手发展农业新品种的培育和种业的科技创新与产业化，共同促进中国与东盟各国区域农业产业的可持续发展。此次论坛围绕中国与东盟国家的农业新品种的开发、种业的研究和产业化开展交流、研讨和洽谈，旨在为中国与东盟各国提供信息交流的平台，分享彼此的信息和成果，以进一步推动区域内双边、多边的农业科技合作向深层次、高水平发展。

11日 中国—印尼经贸合作区一期120公顷基础设施建设工程开工仪式在印尼雅加达贝卡西县绿壤国际工业中心隆重举行。这标志着中国在印尼设立的第一个海外园区正式启动建设。

13日 第七届中国—东盟博览会首席战略合作伙伴签约仪式暨新闻发布会在广西南宁举行。新加坡著名企业——丰隆亚洲有限公司成为第七届中国—东盟博览会首席战略合作伙伴。这是国外企业首次成为博览会首席战略合作伙伴。

16～24日 南宁·东南亚国际旅游美食节在广西南宁市江南区邕州老街举行。此届美食节为期9天，以广西“品美食，赏文化”为主题，设置了中华民族精品美食展区、东南亚特色美食展区、现代餐饮原辅料（农副产品）展区、旅游景区节庆展区、邕州老街画廊文化展区，共设200个标准展位，把旅游观光、本土文化融于美食节中，为游客提供一场美食娱乐休闲盛会。

17～18日 第三届“中国—东盟智库战略对话”在广西南宁举行，100多名来自中国、柬埔寨、印尼、老挝、马来西亚、新加坡、泰国、越南、美国等国家的高层专家、学者齐聚南宁，举行为期两天的第三届“中国—东盟智库战略对话会议”。本次会议以“后金融危机的中国—东盟合作”为主题，深入探讨加强新形势下的中国—东盟合作、中国—东盟自由贸易区现状与前景、南宁—新加坡经济走廊建设、文化交流合作与壮老泰族群关系等热点话题，延伸、拓展和提升中国—东盟自由贸易区经济一体化发展的内涵、层次和水平，进一步深化中国—东盟战略伙伴关系。

19日 第七届中国—东盟博览会在广西南宁隆

重开幕。中共中央政治局常委、全国政协主席贾庆林，第七届中国—东盟博览会主题国印度尼西亚副总统布迪约诺，老挝副总理阿桑·劳里，越南副总理张永仲，柬埔寨国务兼商业大臣占蒲拉西，文莱驻华大使张慈祥，缅甸商务部部长吴丁乃登，中国商务部国际贸易谈判代表兼副部长高虎城等贵宾出席开幕式并为开幕式剪彩。第七届中国—东盟博览会主题国印度尼西亚贸易部部长冯慧兰主持开幕式。

19日 第七届中国—东盟商务与投资峰会在广西人民会堂隆重开幕。中共中央政治局常委、全国政协主席贾庆林，印度尼西亚副总统布迪约诺，老挝副总理阿桑·劳里，越南副总理张永仲，中国商务部国际贸易谈判代表兼副部长高虎城，广西壮族自治区党委书记郭声琨，中国外交部副部长张志军，中国国际贸易促进委员会副会长王锦珍等出席了开幕式。广西壮族自治区主席马飚主持了开幕式。

20日 中国—东盟基础设施合作高峰论坛在广西南宁举行，论坛围绕“加强中国与东盟基础设施建设合作”这一主题，探讨了中国—东盟自由贸易区全面实施新形势下发展中国与东盟基础设施合作的新机遇，尤其是在工程技术和标准、项目融资、风险管理等方面的合作，就进一步发挥各自优势、促进双方基础设施领域的合作达成共识。

20日 在中国—东盟博览会项目签约仪式上，南宁—东盟经济开发区与广州统一企业有限公司和金光集团珠海华丰食品（南宁）有限公司分别签订了饮料生产、食品生产项目，成为该开发区这次招商引资项目签约最大的亮点。

20～21日 中国—东盟海事磋商机制第六次会议于10月20日至21日在广西南宁举行，来自中国海事局与东盟各国海事主管当局的40多名代表参加了会议。会上，与会代表就航运安全、船员素质、溢油应急、环境保护等问题进行协商与会谈，对中国—东盟海事磋商机制谅解备忘录相关后续工作进行完善。

20～24日 第七届中国—东盟博览会在广西南宁举行，同期举办第二届中国—东盟金融合作与发展领袖论坛。

20～24日 作为广西民歌节经贸活动重头戏的2010年首届中国—东盟轻工产品展览会，在广西南宁华南城会展中心举办。共有来自中国、东盟国家及中国港台地区共365家企业参加展会。本次轻工展除了各个轻工展区外，还举办了华南城—东盟汽车展销会、“低碳生活从我做起”千人签名、华南城之夜酒会等精彩纷呈的活动。5天展会期间，海内外客商的投资签约意向金额达9.8亿元左右，实际成交金额2.6亿元，其中车展上销售成交汽车1645辆，成交额达2.4亿元。

21日 第七届中国—东盟博览会中国“魅力之城”钦州商机推介会暨项目签约仪式在广西南宁沃顿大酒店3楼会议厅举行。

21日 第七届中国—东盟博览会系列活动“2010魅力中国·钦州之夜”在广西南宁举行。活动中，中国与东盟10国代表共同点亮地球仪，象征着本届博览会11国“魅力之城”正式缔结为“友谊之城”。

24日 第七届中国—东盟博览会高官会议暨第八届中国—东盟博览会国家专题展区抽签仪式举行，会议确定第八届中国—东盟博览会将于2011年10月21日～26日在广西南宁举行。此届博览会重点主题为“环保合作”，主题国为马来西亚，中国“魅力之城”确定为海南国际旅游岛。

24日 历时5天的中国—东盟经贸盛会圆满落下帷幕。中国—东盟博览会和中国—东盟商务与投资峰会组委会在广西南宁召开新闻发布会，宣布第七届中国—东盟博览会胜利闭幕，并向新闻媒体介绍了“两会”的基本情况和主要成果。

25～28日 2010年中国—东盟（百色）现代农业展示交易会在广西百色市田阳县举行，展示交易会以“机遇·合作·共赢”为主题，来自东盟国家的26个代表团开展了亚热带现代农业技术议题的合作和交流。

26～27日 首届“北部湾海洋文化论坛”在北部湾畔的广西防城港市举办。“创海洋文化名城、助海洋产业发展——防城港市党政领导与院士专家交流座谈会”、“浩瀚海洋、特色文明——北部湾海洋与历史文化专题报告会”、“伏波静海、江山多娇——‘伏波文化’主题研讨会”以及“扬帆海湾、共创未来——环北部湾沿海六市‘海洋文化产业’研究成果报告会”等四个主题活动同时举办，进一步研究北部湾海洋文化与海洋产业发展、海洋文化名城建设等重要问题。

26～31日 应马来西亚农业部副部长蔡智勇邀请，中国农业部高鸿宾副部长率团访问马来西亚。在访期间，代表团拜会了马来西亚农业部副部长蔡智勇，并赴马来西亚沙捞越和沙巴的两个州考察了中国企业热带作物生产基地。

28日 为期4天的2010年中国—东盟（百色）

现代农业展示交易会圆满落下帷幕，现场交易金额破5000万元。

28日　第17届东南亚国家联盟（东盟）首脑会议在越南河内国家会议中心开幕，峰会的主题是“面向东盟共同体——从愿景到行动”。会议期间，东盟各国领导人将就推动建立东盟共同体，加强东盟与伙伴国之间合作关系，加快落实第16届东盟峰会达成的共识，推进东盟一体化进程，加强东盟内部在政治、经济和社会等领域的合作，确保东盟在地区架构中的中心作用等问题进行讨论。会议通过了“东盟互联互通总体规划”等文件，朝东盟共同体建设迈出了新步伐。

29日　第13次中国与东盟领导人会议通过了《落实中国—东盟面向和平与繁荣的战略伙伴关系联合宣言的第二个五年行动计划》。这一《行动计划》规划了从2011～2015年双方合作的主要内容，对中国—东盟自由贸易区深化合作具有重要意义。中国国务院总理温家宝在领导人会议上提出中国与东盟贸易额力争2015年达5000亿美元的目标。

29日　中国与东盟签署了《〈中国—东盟全面经济合作框架协议货物贸易协议〉第二议定书》，该议定书于2011年1月1日起生效实施，届时将启用新版中国—东盟自由贸易区优惠原产地证（Form E证书）。新议定书签署实施后，双方企业将更方便地使用自贸区优惠政策，并从中获得更多利益。

11月

2日　为期5天的2010中越边境（东兴—芒街）商贸·旅游博览会落下帷幕。此次博览会汇聚了580家企业参展，观展人数达15万，展销商品成交金额达5360万元。其中汽车销售额为1360万元；小商品销售额为1100万元；红木销售额为40万元；房地产及其他企业合同成交额为2860万元。

3日　捷星亚洲航空成功首航广西桂林，并正式开通桂林—新加坡航线，广西至东盟空中通道得到进一步的拓宽。

5日　第五期东盟中日韩（10＋3）文化人力资源开发合作研讨班在广西南宁举行结业仪式。东盟秘书处文化信息部官员贾图·阿鲁姆·莎莉女士在结业式上提议，东盟中日韩13国应联手建立非物质文化遗产名录，并建设共同的网上门户，供需要了解东盟中日韩文化的人集中访问了解。

5日　柬埔寨首相洪森在金边分别会见中国银行行长李礼辉和中国工商银行董事长姜建清，并对中国银行金边分行即将开业运行和中国工商银行有意在柬埔寨开设分行表示欢迎。洪森表示，柬埔寨农业发展潜力大，是柬埔寨政府优先发展的领域，而且柬中双方已经签署了有关协议，不久的将来柬埔寨的大米、木薯干等农产品即可直接出口中国。因此，他希望中国的银行界多支持和帮助柬埔寨的农业发展，以推动柬埔寨国家经济快速发展。

10日　继2010年8月25日南宁保税物流中心冷库1号库正式投入使用之后，2号冷库经过最后调试正式投入使用。

11日　经中国国务院办公厅的批复文件确认，广西钦州港经济开发区升级为国家级经济技术开发区，定名为钦州港经济技术开发区，实行现行国家经济技术开发区的政策。升级后的钦州港经济技术开发区规划面积仍为10平方公里。

13日　作为“中国—东盟大讲坛”系列报告之一，“中国—东盟自由贸易区语景下的东南亚文化”讲座在广西壮族自治区图书馆举行，广西中国—东盟文化研究会会长、广西区党校教授陈学璞作主题演讲。

14～18日　中国交通部副部长冯正霖结束了在文莱举行的中国—东盟交通部长会议后访问了马来西亚。在访期间，冯正霖副部长考察了马来西亚槟城二桥项目，并与马来西亚交通部秘书长龙仕湖举行了双边会谈。

16日　泰国华侨崇圣大学在泰国曼谷举行记者会，宣布成立泰国国内首家汉语语言文化学院，并于2011年5月正式招收学生。

16～23日　广西壮族自治区党委常委、自治区副主席陈武率领广西代表团访问老挝和缅甸，分别拜会了老挝政府总理波松·布帕万、常务副总理宋沙瓦·凌沙瓦及缅甸国家和平与发展委员会第一秘书长吴丁昂敏乌，就进一步推动广西与老挝、广西与缅甸在各个领域的务实合作，巩固和加强广西与老挝、广西与缅甸的友好合作关系进行了会谈和交流。

17日　第四届伊洛瓦底江、湄南河及湄公河经济合作战略（ACMECS）五国领导人与商界对话会在柬埔寨金边新落成的和平宫举行，柬埔寨总理洪森、老挝总理波松、缅甸总理登盛、越南总理代表、泰国总理阿披实，以及来自以上五国的商界领袖出席。对话会上，五国领导人和商界领袖一致同意，私人领域是推动国家和地区经济发展的引擎，政府与私人应深化彼此间的合作，并扩大到其他重要领域，包括贸易和投资便利化、农业、旅游、运输、工业、人力资源等。

19日　首届“南宁·东南亚国际温泉养生旅游节”在广西南宁市九曲湾温泉度假村开幕。该旅游节以“感恩五年，颐养一生”为主题，充分展示了独特的九曲湾温泉养生的文化魅力。缅甸驻南宁总领事明水，驻邕各异地商会、商协会代表等国内外嘉宾出席了开幕庆典。

19～22日　由中国—东盟博览会秘书处、中国木材与木制品流通协会共同承办的“2010年中国—东盟博览会木材与木制品展”在广西南宁国际会展中心开幕，共设有900个国际标准展位。来自中国和东盟最高水平的名企名品齐聚南宁。

22日　为期4天的中国—东盟区域内最大的木业盛会——中国—东盟博览会木材与木制品展结束。这是中国—东盟博览会首次举办独立专业展会。本次展会设置了中国商品和东盟及国外商品两大展区，共有中国和东盟5个国家约400家企业参展。展品包括实木家具、竹藤家具，板式家具，木制工艺品、木材、林木加工机械、木制建材用品、木质别墅、室外园艺景观等。

23日　中国澳门特区政府民航局与老挝民航局草签了新的航班协议，并更新了双方的谅解备忘录，为两地定期航班服务奠定更有利的经营条件。

24～25日　由广西壮族自治区政府、中华全国工商业联合会共同举办的“全国知名民营企业兴业北部湾”活动在北部湾经济区举行，约有400多名来自全国各地的嘉宾和知名的民营企业代表参加本次活动。其中，企业家代表约240多人。

26日　广西壮族自治区法制办和广西钦州保税港区管委会联合召开新闻发布会称，《广西钦州保税港区管理办法》已经广西壮族自治区政府第56号令发布，于12月1日起正式实施。

27日　广西壮族自治区十一届人大常委会第十八次会议举行，表决通过了《广西壮族自治区港口条例》，将为广西港口快速、健康发展提供法律保障。

28日　2010年中国—东盟矿业项目交流会在广西南宁东春大酒店顺利召开。来自柬埔寨、菲律宾、印尼的企业代表与中国国内知名企业的代表齐聚一堂，就“中国—东盟矿业合作论坛暨展示会”的要点与“2010年第三期矿业汇总书”作了深度挖掘。

30日　首届“东盟（国际）医药开发投资暨中国医药第三终端零售药店新营销模式高峰论坛”在广西南宁金旺角大酒店举行。本次高峰论坛主题为“整合、合作、协商、发展”，全方位地探讨中国农村第三终端市场的营销进展，努力促进中医药在东盟各国的贸易交易与经济文化交流合作。论坛倡议建立东盟医药智库，同时进行第三药店终端产品、广西特色保健食品、东盟和中国医药产品展示活动。

12月

2日　智慧北部湾高层峰会在广西南宁举行，IBM公司、中国电子信息产业集团等知名企业高层与广西北部湾经济区管委会、广西壮族自治区发改委等有关部门负责人齐聚一堂，共同探讨打造“智慧北部湾”。下午，广西北部湾经济区规划建设管理委员会办公室和中电瑞达电子技术有限公司举行了签约仪式。

2～3日　亚洲开发银行及湄公河次区域6国交通部门官员、专家齐聚广西南宁，共同出席大湄公河次区域交通论坛第十四次会议，探讨区域交通合作的美好前景。此次论坛的议题是：大湄公河次区域下一步交通通联。论坛审议并检查大湄公河次区域《万象行动计划（2008～2012年）》交通项目，讨论大湄公河次区域交通发展重点项目，审议《大湄公河次区域铁路战略规划》及其行动计划。

8日　广西钦州保税港区首批5个入区项目同时举行开工仪式，这意味着中国距东盟最近的保税港区进入全面开港运营进程。

11日　“2010越中人民友好大联欢活动”的一个重要项目——中越友好图书推介仪式在越南国家会议中心举行。中国人民对外友好协会会长陈昊苏，越南友好组织联合会主席武春鸿，中共中央委员、中越友好协会会长王金山，越中友协主席段孟交，中国驻越南大使孙国祥，中越友好协会副会长、前中国驻越南大使齐建国，越中友协副主席裴鸿福，中国代表团全体成员以及曾在南宁和桂林育才学校学习过的越南老校友代表、越南各界友好人士共200多人参加了推介仪式。

11日　“2010越中人民友好大联欢”活动在越南首都河内举行，这是继“2009中越边民大联欢”之后，两国友协共同举办的又一次盛会。大联欢的主题是：继承传统，增进友谊，推进合作，共同发展，由越南友好组织联合会、中国人民对外友好协会、越中友好协会、中越友好协会联合举办。

13日　广西首家本土远洋航运企业——北部湾远洋集团在中国香港揭牌成立并正式运营。这是广西港航企业首次与境外港航企业成功合作开展海洋运输业务，标志着广西港航企业真正实现了“走出去”，能够参与世界港航市场的竞争。广西壮族自治区党委常委、自治区副主席陈武出席揭牌仪式。

13 日 中国驻文莱大使闵永年拜会文莱最大智库——战略与政策研究中心（Center for Strategic and Policy Studies）主席拿督·穆尼，双方就文莱能源产业、经济多元化、2035 年远景发展规划以及中文睦邻友好合作关系、两国建交 20 周年等议题交换了意见。

15 日 “2010 年中国工业产品（缅甸）展览会暨中国品牌与企业推广日”开幕式在缅甸仰光举行。缅甸国防部丁威少将、仰光军区司令兼仰光省和平与发展委员会主席吞丹准将、仰光市长昊昂登林以及中国驻缅甸大使馆临时代办王宗颖、经济商务参赞金洪根、中国商务部外贸发展局副局长贾国勇等出席开幕式。展会为期 4 天，来自中国十几个省、市的 50 家企业参展，展品有交通运输设备、机械设备、电气设备、建筑材料、家用电器、五金制品、日用消费品等。

15 日 广西壮族自治区商务厅和中国进出口银行广东省分行在广西南宁共同举办中国—东盟投资合作基金及政策性信贷业务推介会。中国—东盟投资合作基金是由中国进出口银行主发起的一支私募股权基金，总规模达 100 亿美元。基金的宗旨是通过股权、准股权等方式，为中国和东盟国家企业间的经济技术合作提供融资支持。

15 日 中国西江流域 13 个县市区组团在广西南宁举办沙糖桔东盟（南宁）推介会，借助中国—东盟自由贸易区的平台，将沙糖桔推向东盟市场。推介会当天，各县市区的代表与水果客商共签订 14 万吨购销合同，涉及金额 5.6 亿元。

16 日 曼谷—广西防城海运集装箱航线举行开航仪式。这条曼谷至防城的新航线挂靠曼谷—林差邦—海防—防城—香港—蛇口，从泰国到越南海防只需 4 天，到广西防城只需 5 天，比原先从香港中转的方式缩短运输时间 5 至 7 天，并且运输成本更低。

16 日 第七届马来西亚中国进出口商品展览会暨投资洽谈会在吉隆坡国际会展中心开幕，本届展会在展位数和参展企业数量上均创下新高。展厅里共设 589 个展位，吸引了 411 家中国大陆企业和 60 余家来自马来西亚、印尼、韩国等国家和地区的企业参展。本届展会以“立足马来西亚、面向东盟、辐射南亚和中东地区”为定位。展品分为机械电子、家居用品及饰品和食品饮料 3 大类。除展览外，还有多场专业产品洽谈会和中国城市投资推介会。展会定于 19 日结束。

17 日 西南地区最大的建筑装饰博览会——第二届中国（南宁）国际建筑装饰博览会将在广西南宁国际会展中心开幕，展会为期 3 天。

17 日 广西壮族自治区政府与中国外运长航集团有限公司在广西南宁签署战略合作框架协议。双方将共同推进中国与东盟国家之间港口、航运、物流等方面的合作，充分利用泛北部湾经济合作、南宁—新加坡经济走廊等合作平台，推动中国—东盟海上和陆路现代物流网络建设。广西区政府将大力支持中国外运长航集团在广西南宁建设东盟业务总部。

17 日 为增进中越两国人民的了解和友谊，广西与越南义安省根据中越两国建交原则，正式签署协议，建立友好区省关系。

18 日 由中国—东盟博览会秘书处主办的“东方欲晓——2010 中国·东盟美术作品展暨高峰论坛”在广西南宁国际会展中心盛大开幕。作品展汇集了中国及东盟国家最具影响力和代表性的 100 多位著名艺术家的 200 多件艺术作品。同时，中国国家画院、中国—东盟秘书处还举行具有学理性研究价值的专题论坛，与会画家、美术理论家围绕关于“东方自身的价值体现及在世界艺术格局中的角色与位置”，以及“东盟美术的交流现状与前景”两大主题展开探讨。

18～19 日 2010 年中国与东盟工业发展论坛在广西梧州举行。本次论坛以“推动中国与东盟工业一体化进程”为主题。来自中国工业和信息化部，以及马来西亚、菲律宾、印度尼西亚、新加坡、泰国、越南等东盟国家的与会代表，分别就推进“中国与东盟工业一体化”议题发表了主旨演讲。

20 日 由广西壮族自治区旅游局与越南国家旅游局共同举办的“中越跨国自驾游”启动仪式暨首发团发车仪式在广西凭祥友谊关口岸隆重举行。由 20 辆车，78 人组成的“中越跨国自驾游”首发团队将畅游越南河内、荣市、顺化、会安、广平、清化等城市，全程约 2082 公里，行程 7 天。

20 日 “2010 中国（广西）—越南贸易与物流研讨会”在广西经济管理干部学院举行。与会专家围绕中国—东盟自由贸易区建成后广西与越南两国边境贸易发展问题展开研讨，同时还就广西在物流、服务贸易、东盟营销、政策研究、电子商务等方面加强与越南的合作，共同推进双方的边境贸易进行了探讨。

22日　中国移动广西通信信息产业园在广西南宁隆重开工，这标志着中国—东盟信息交流中心建设迈出更有实质意义的一步。信息产业园的建设为开创移动互联网新局面打下了坚实基础。该项目的建设，能够助推广西建成中国新兴的电子信息产业聚集地和中国—东盟电子信息产业合作的桥头堡。

22日　中国—东盟博览会秘书处官员披露，中国—东盟自由贸易区的建成显著拉动中国与东盟双边贸易快速增长，东盟已取代日本成为中国第三大贸易伙伴。

23日　江西省赣州市兴国县在广西凭祥市浦寨边贸市场举行赣南脐橙出口东盟推介会，兴国县将军红集团分别与崇左市经销商、越南客商签订了1.2万吨脐橙购销协议。

28日　以“携手合作、共赢发展”为主题的第四届中国水口—越南驮隆口岸经济合作研讨会在广西崇左市龙州县举行。出席会议的中越双方有关单位的领导、专家、学者，就中国水口—越南驮隆口岸的基础设施建设、商贸物流、交通运输、加工制造、农业种植、旅游开发等方面进行了深入的探讨研究，为进一步深化合作、共谋发展提供理论支撑。

31日　“2010中国四川—缅甸经贸合作洽谈会暨商品展”在缅甸仰光商贸酒店成功举办。本次展会共有30多家四川知名企业前来参展参会，涉及农业、化工、水电工程、通信设备、建筑建材、机械设备、矿产资源开发、冶金、纺织品、日用消费品等诸多行业。缅甸商务部副部长吴昂吞、缅甸商务部贸易司副司长丁兑、缅甸商务部农产品贸易公司董事长吴觉图、缅甸工商联副主席吴昂伦、中国驻缅甸大使馆经济商务参赞处金洪根参赞偕同经商处全体成员出席了开幕式。

2011年1～6月

1月

1日　中国—东盟自由贸易区迎来建成一周年。随着中国与东盟经贸合作的快速发展，区域融合进一步加深，双方的经贸合作将开启新的篇章。

5日　浙江义乌小商品城宣布将联手阿诗玛文化产业投资公司，打造泰国版“义乌小商品市场”。规划中的曼谷·泰中国际精品城总建筑面积超过200万平方米，选址在距曼谷市中心10公里的曼谷市区南部，主要经营工艺品、服装服饰、箱包皮具、文化用品、五金等10多类来自中国的小商品。建成后可为15000家商户提供入驻场地，容纳人数达10万以上。

5～6日　中国驻印尼大使章启月率团访问印尼巴布亚省和西巴布亚省，在两省省会查亚普拉市和马诺夸里市分别会见了巴布亚省巴尔纳巴斯省长和西巴布亚省阿布拉汗省长，双方表示继续推动双边友好关系。同时大使章启月考察了印尼当地经济、社会的发展情况，了解当地的投资环境和潜在的投资机会。

6日　由中国中央电视台主办的“全球变局下的中国机会论坛”在新加坡召开，来自中国、新加坡和美国的政商学专家齐聚一堂，共商中新发展大计。新加坡贸易和工业部兼人力部政务部部长李奕贤表示，中国是新加坡向外投资的首选地，新加坡的优势在于集合软硬件综合发展，2010年在中国各地投资总额达400亿美元。

7～8日　全国人大常委会副委员长、全国妇联主席陈至立在泰国曼谷分别会见泰国总理阿披实、泰国诗琳通公主。陈至立表示，中泰经济互补性强，人文交流基础深厚，各领域合作潜力巨大。阿披实赞同陈至立对中泰双边关系的评价。他希望两国保持高层交往良好势头，不断深化政治互信，共同推动双边经贸、投资、教育、文化和旅游合作持续向前发展。

12日　东盟秘书长素林在印尼雅加达举行的东盟轮值主席国交接仪式上表示，他对越南在过去一年中卓有成效的工作表示赞赏，并感谢印尼对接任东盟轮值主席国表现出的热情。他表示希望印尼能在世界舞台上进一步扩大东盟影响力。

13日　中国人民银行发布《境外直接投资人民币结算试点管理办法》，广西和中国其他19个省区市一起，成为全国首批试点。

18日　东盟—中国经济贸易促进会在泰国曼谷成立，由该协会发起的首届东盟—中国经贸合作论坛也于当天举行，该论坛以“东盟10+1自贸区商贸合作前景”为主题，吸引了多国官员、专家和企业代表参加。中国驻泰国大使馆经济商务参赞高文宽在为论坛致辞时表示，中国—东盟自由贸易区建成一年以来，双边经贸合作成果显著，进入了快速和和谐发展的新阶段。

18日　2011年东盟旅游论坛在柬埔寨首都金边钻石岛隆重开幕。本届东盟旅游论坛的主题为"东盟——奇迹与多元的世界"。柬埔寨首相洪森等政府官员、东盟各国和对话伙伴国的旅游部长、旅游业代表等约3000人出席了开幕式。洪森在开幕式上发表讲话，表示东盟旅游论坛的举行不仅有助于向全世界推广柬埔寨和东盟旅游产品，也表明旅游为社会经济发展和实现联合国千年发展目标以及消除地区和世界贫困作出重要贡献。

26日　中国—东盟矿业合作论坛暨推介展示官方网站正式开通启用，设置了展会预告、新闻资讯、11国投资环境、论坛专题、推介展示、各国矿业概况、各国政策法规、合作进展等栏目，主要提供"新闻发布"、"在线留言"、"文件下载"、"网上报名"、"网上投票"等用户功能，方便及时了解年度中国—东盟矿业合作论坛情况，促进双边矿业的合作与交流。

26日　出席中国—东盟外长会议的老挝外交部部长通伦·西苏里表示，耗资70亿美元的中老高速铁路整体设计工作已经完成。

27日　缅甸国家和平与发展委员会颁布缅甸经济特区法，以进一步吸引外资，发展经济。

28日　中国工商银行（马来西亚）有限公司宣布，该行已与马来西亚丰隆银行和兴业银行签署人民币贸易结算账户协议，通过各自网络优势为马来西亚的工商企业和个人提供人民币结算服务。

2月

1日　Ken Marnoch接替GrahaeME Henderson担任文莱壳牌石油公司执行总裁。文莱壳牌石油公司（BSP）是文莱最大生产企业和国家经济支柱，在文莱已有80余年历史。

4日　缅甸联邦议会选举缅甸现任总理吴登盛为缅甸总统，赛貌坎和吴丁昂敏乌当选副总统。

10日　中国驻马来西亚大使柴玺拜会马来西亚农业部长诺奥玛，双方就中马关系及两国农业领域合作等交换了意见。柴大使表示，当前中马两国在各个领域里的合作不断加深，合作成果丰硕。中方愿与马方进一步探讨在该领域的合作，推动两国互利合作不断向前发展。诺奥玛部长高度评价中马两国关系，表示双方在农业领域里的合作前景广阔，马方愿进一步加强与中方在农业领域的交流与合作。

10日　为促进泰国时尚工艺品的发展，泰国商业部部长彭提瓦·娜卡塞出席并见证了与中方代表签署的相关合作协议。中方代表联合泰华公司总经理何俊波、M. R. P集团董事长杨波与泰方代表SSB负责人古亚潘·亮坎、LLU主席苏帕·瑟问那维，就泰国工艺和时尚产品在北京市场及网络销售方面签署了4项合作协议。

14日　南方航空与广西壮族自治区人民政府正式签订"十二五"战略合作框架协议。根据协议，南航将加大对广西市场的运力投入，力争"十二五"期间投放广西的飞机数量实现翻番，适时开辟东盟航线，并将南宁机场打造成面向东盟的门户枢纽机场。

16日　广西钦州保税港区开港。这标志着服务中国—东盟自由贸易区和中国西部大开发的重要国际性平台启动。广西钦州保税港区是中国西部沿海惟一的保税港区，是中国距东盟最近的保税港区。

17日　中国仪器仪表行业协会副理事长兼秘书长李跃光和中国—东盟商务理事会中方秘书处常务秘书长许宁宁，共同签署了《中国—东盟商务理事会中方秘书处和中国仪器仪表行业协会建立战略合作伙伴关系框架协议》。双方通过建立战略合作伙伴关系，积极开展一系列合作，打造中国—东盟仪器仪表行业合作平台，携手推动中国—东盟仪器仪表行业实现信息共享、项目合作、调研合作、培训合作、商务咨询、建立行业对接机制，实现中国—东盟合作共赢、共同发展。

18日　国家石化产品质量监督检验中心（钦州）、广西北部湾特种设备检验中心落成仪式在广西钦州港经济开发区隆重举行。

18日　新加坡总统纳丹、副总理黄根成分别会见了正在新加坡访问的中国国务委员、公安部部长孟建柱。当天，孟建柱还与新加坡内政部部长尚穆根举行了会谈。

21日　中国商务部副部长傅自应在柬埔寨金边与柬埔寨财经部国务秘书安蓬莫尼拉举行会谈，双方就共同关心的经贸合作问题交换了意见。会后，傅自应副部长拜会了柬埔寨副首相兼财经部大臣吉春，并共同出席了《中柬两国政府经济技术合作协定》等六个经贸合作文件的签字仪式。下午，傅自应副部长拜会了柬埔寨首相洪森，双方就深化两国经贸合作关系交换了意见。之后傅自应副部长视察了中国政府援建的柬埔寨政府办公大楼（友谊大厦），并与柬埔寨副首相兼内阁办公厅大臣索安共同出席了中国援助柬埔寨办公设备的交接仪式。

22日　柬埔寨首相洪森在第四届柬埔寨经济论

坛开幕式上表示，柬埔寨政府已制定两大发展目标，即确保国家年均经济增长7%和年均减少贫困1%。洪森强调，今后，要推动国家经济迈向工业化发展道路，实现经济现代化和多元化。洪森提出三个工业化发展方向：提高现有重要领域的附加值、发展潜在新兴工业和发现潜在产业。柬埔寨要抓住亚洲新兴经济体"东移"的机遇，扩大柬埔寨吸引外资的规模；积极引进国外先进技术和产业，特别是吸引大型跨国公司到柬埔寨工业园区或经济开发区投资设厂。

24日 广西壮族自治区政府与中国联合网络通信集团有限公司合作建设的中国—东盟区域性信息交流中心框架协议签署仪式在广西南宁举行。广西壮族自治区党委书记、自治区人大常委会主任郭声琨出席签署仪式，广西壮族自治区主席马飚、中国联通董事长常小兵分别致辞。

25～27日 中国人民银行行长周小川率团出席了在斯里兰卡首都科伦坡举行的东南亚中央银行组织(South East Asian Central Banks,简称SEACEN)第46届行长会暨第30届理事会会议。周小川行长就后危机时期新兴经济体央行面临的挑战和政策应对等议题进行发言，并主持了中央银行治理和金融稳定议题的讨论。

28～29日 应老挝财政部邀请，中国进出口银行行长李若谷率领代表团访问老挝。访问期间，李若谷行长拜会了老挝国家主席朱马里·赛雅颂，与老挝财政部部长宋迪·隆迪举行会谈，并共同签署老挝占巴色省孟孔县跨湄公河大桥项目贷款协议。中国驻老挝大使布建国、经商参赞张玉成陪同出席了相关活动。

3月

1日 由上海建工集团承建的柬埔寨湄公河大桥提前12个月建成，柬埔寨政府宣布将该桥命名为"中柬友谊湄公河大桥"。该桥全长约1060米，宽13.5米，是继西公河大桥、洞里萨河大桥之后，上海建工集团在柬埔寨建成的第三座大桥。

3日 中国（云南）—东盟自由贸易区—南亚区域合作联盟空间信息公共平台启动仪式在云南昆明举行。中国（云南）—东盟自由贸易区—南亚区域合作联盟空间信息公共平台构建了区域地理环境、国际大通道、资源开发利用、次区域合作等8个应用专题，集成了覆盖东盟10国、南盟8国和云南省的多类型多尺度地理空间数据库、政务数据库、国情与社会发展数据库、经济与统计信息数据库，可以二维电子地图浏览显示，也可进行三维地理景观浏览，被列为国家西部测图工程7个地理信息平台建设应用示范项目之一。

6日 中国驻文莱大使闵永年举办中文建交20周年暨"中文友好年"新闻发布会。文莱英文报《婆罗洲公报》(Borneo Bulletin)和《文莱时报》(The Brunei Times)、华文报《联合日报》、《星洲日报》和《诗华日报》、马来文报《Media Permata》、中文网站《易华网》等七家媒体的编辑和记者出席发布会。

9日 由中国政府提供优惠贷款援助建设的柬埔寨金边港新集装箱码头项目举行开工仪式，柬埔寨首相洪森和中国驻柬埔寨大使潘广学出席仪式并发表讲话。金边港新集装箱码头项目开工建设是柬中互利合作的又一成果。该码头将对柬埔寨未来水路货运和贸易发展发挥重要作用。

10日 中国银联宣布与花旗银行联合签署合作协议，约定共同拓展亚洲7个国家的银联卡商户受理业务，并探讨网上支付等领域的合作。根据合作协议，花旗银行将陆续开通旗下7国商户的银联卡受理业务，这7个国家分别是新加坡、马来西亚、泰国、印尼、菲律宾、越南和印度。此外，花旗银行网上商户也将向银联卡持卡人开放。

12日 越南政府副总理张永仲率团赴广西防城港市进行为期1天的访问考察，以期推动越南广宁省芒街市与这座中国南疆边关城市的务实合作。双边的合作涉及经贸以及基础设施建设等相关领域。

14日 由安徽商务厅主办，缅甸工商联和驻缅甸使馆经商处协办的中国安徽—缅甸经贸洽谈对接会如期在缅甸仰光隆重举行。安徽省商务厅长于勇、缅甸工商联副主席吴温昂、中国驻缅甸使馆经商处参赞金洪根等出席了活动。会上，双方各自介绍了国情、省情及招商引资政策，双方企业家们就开展投资、贸易、房地产、制药、汽车制造、农业种植、农产品、木材加工、物流、建设水泥厂等事宜进行了对口洽谈。

15日 中国—东盟商务与投资峰会秘书处在文莱召开了第八届中国—东盟联络官会议。中国贸促会、中国商务部驻文莱使馆、中国—东盟商务投资峰会秘书处、东盟十国国家工商会、中国贸促会驻新加坡代表处均派高层参加了会议。会议对第八届峰会活动的安排给予了充分肯定，与会各方表示将发挥各自的优势，组织相关企业出席第八届峰会的相关活动。

21日 中国政府提供优惠贷款援助建设的柬埔寨57B号公路修建项目开工仪式在柬埔寨马德望省举行。柬埔寨首相洪森和中国驻柬埔寨大使潘广学出席仪式。位于柬西北边境地区的57B号公路连接多条公路，是当地重要的交通枢纽，这条道路的修复对当地经济社会发展和改善民生有着重要的意义和作用。

22日 中国东兴—越南芒街跨境旅游合作区建设研讨会在广西东兴举行，积极谋划共建中国东兴—越南芒街跨境旅游合作区，来自中国和越南的旅游部门的60多名官员和专家学者为即将启动的中越“无国界旅游试验区”建设出谋划策。中国社科院旅游研究副主任李明德研究员表示，跨境旅游合作区就是建设“无国界旅游试验区”，将在中越两国的合作下实现互免旅游签证，提供给双方人员自由来往、货物自由流通、货币自由换汇、车辆自由通行等旅游便利。

24～25日 应老挝工业和贸易部邀请，中国常驻世界贸易组织代表团副代表、老挝加入世贸工作组主席张向晨公使一行对老挝进行访问。访问期间，张公使出席了老挝工贸部部长南·维亚吉举办的欢迎晚宴，并拜会了老挝副总理兼外长通伦，科技署署长本滇、工贸部副部长开马尼、财政部副部长万通，向老方通报了老挝入世工作当前面临的主要任务及下一步的工作建议。

30日 为庆祝中国和老挝建交50周年，“多彩中华——庆祝中老建交50周年”艺术团在老挝首都万象的国家文化宫为老挝观众献上了一台大型文艺演出。

30～31日 第十七次中国—东盟高官磋商在浙江杭州举行。中国外交部部长助理胡正跃、东盟十国高官及东盟副秘书长出席会议。会议就深化中国—东盟战略伙伴关系及共同关心的国际地区问题达成广泛共识，并重点就落实2010年中国—东盟领导人会议共识，特别是办好中国—东盟建立对话关系20周年纪念峰会和组织好相关纪念活动交换了意见。

31日 马来西亚总理纳吉布、下议院议长潘迪卡尔·阿明、上议院议长阿布·扎哈尔分别会见了正在马来西亚进行友好访问的中国人大常委会副委员长华建敏。

4月

2日 应缅甸人民院议长吴瑞曼邀请，全国政协主席贾庆林乘专机于2日抵达曼德勒，开始对缅甸进行正式友好访问。曼德勒是贾庆林此次访问缅甸的第一站。期间，贾庆林会见曼德勒省地方领导人，并赴缅甸首都内比都和仰光进行访问，与缅甸总统吴登盛、人民院议长吴瑞曼、联邦议会议长兼民族院议长吴钦昂敏和仰光省地方领导人会见会谈，并出席中缅有关合作文件的签字仪式。贾庆林还与在缅甸的中资企业代表座谈。

5日 正在柬埔寨访问的中国国家发展与改革委员会副主任张晓强拜会了洪森首相，双方就深化中柬全面战略合作伙伴关系、推进全方位合作交换了意见。洪森表示，希望中方进口更多柬埔寨的商品，特别是大米、木薯、玉米等农产品，以实现双边贸易的大体平衡；希望更多的中国企业来柬埔寨投资，特别是农产品加工领域。张晓强表示，中方将积极进口柬埔寨的优势产品，同时鼓励更多中国企业到柬埔寨投资，发展互利共赢的合作关系。会见后，张晓强与柬埔寨工矿能源部国务秘书依波朗举行会谈，双方重点就电站建设、矿产资源合作等问题交换了意见。

5～9日 应老挝计划投资部部长辛拉冯·库派吞邀请，中国国家发展与改革委员会副主任张晓强一行6人访问老挝。访问期间，代表团拜会了老挝政府副总理兼外长通伦·西苏里，分别会见了老挝计划投资部和新闻文化部部长，并赴万象省对中国企业投资的南立1－2水电站、中寮钾盐矿项目以及双边合作的数字电视项目进行了考察调研。中国驻老挝使馆经商参赞张玉成陪同代表团参加了上述活动。

7～8日 “陆路东盟崇左看——首届国际商务文化节”在广西崇左举办，越南、泰国、老挝、柬埔寨、新加坡、马来西亚、缅甸等东盟七国城市代表、国家有关部委和经济研究机构、中国边境口岸城市、泛珠经济区城市、全国各省驻广西商会代表等1000多人参加会议。会上共签订30个合作项目，总投资额达83.9亿元。

8日 中国商务部副部长兼国际贸易谈判代表高虎城在广西桂林召开的第八届中国—东盟博览会筹备工作会议上透露，目前中国对东盟累计直接投资已突破100亿美元大关。东盟已成为中国吸引外资的重要来源地。

12日 文莱工业与主要资源部副部长刘光明在第9届东盟东部增长区（BIMP-EAGA）天然资源发展组会议、第11届BIMP-EAGA中小型企业发展组会议及第4届BIMP-EAGA天然资源发展—中小型企业发展组联合会议开幕礼上表示，文莱政府已着手建设农业科技园，以期吸引国外农业、渔业和森林领域的生物科技公司进驻，并将斥资数百万元新设水产园区，主攻高价鱼种的养殖。

12日 随着“飞越1号”高速游轮鸣笛起航，广西防城港至越南下龙湾海上旅游航线成为中国通往越南下龙市距离最近、最快捷的海上跨国旅游航线。

14～16日 博鳌亚洲论坛2011年年会在海南博鳌举行，中国国家主席胡锦涛出席并发表主旨演讲。论坛围绕“包容性发展：共同议程与全新挑战”这一主题共设置了23个议题，其中，既有“政策解读：十二五规划”等关于中国的议题，又有“全球产业转移的新趋势”等国际和地区性热点问题，还有“移动互联网的未来”等行业性议题。共有来自40多个国家和地区近1400位人士参加了会议。

16日 中国外交部部长杨洁篪在海南博鳌会见了来华出席博鳌亚洲论坛2011年年会的东盟秘书长素林。杨洁篪表示，2011年是中国—东盟建立对话关系20周年，是中国—东盟关系发展的重要里程碑，双方应办好系列纪念活动，进一步抓住机遇，推进务实合作，落实领导人提出的合作倡议和目标，保持双方战略伙伴关系全面发展的良好势头。

18日 历经15个月建设、总投资30亿元的中粮广西钦州粮油加工项目竣工投产，这将进一步推动广西北部湾临海产业集群快速发展。而凭借大量粮油企业的进驻，广西钦州也有望成为面向中国西南和东盟国家的粮油产销基地。

21日 由印尼青年企业家协会主办的第三届东盟与中国青年企业家论坛在印尼雅加达开幕。来自包括印尼、文莱、柬埔寨、老挝、马来西亚、缅甸、菲律宾、新加坡、泰国、越南的东盟成员国以及中国在内的青年企业家近千人出席了开幕式。与会的东盟和中国的企业家代表还共同签署了《中国—东盟青年企业家联合宣言》。

22日 中国国家质检总局批准立项的《中国—东盟检验检疫信息网站建设的研究》在广西南宁通过专家鉴定。

23日 中国商务部副部长姜增伟与文莱外交与贸易部常秘林玉辉共同主持召开了中文两国政府第二次经贸磋商会议。双方回顾了首次经贸磋商会议以来两国经贸合作发展情况，并就双边贸易、经济合作、区域合作及进一步深化两国经贸合作等问题深入交换了意见。访问期间，姜增伟副部长还拜会了文莱外交与贸易部第二部长林玉成。

25日 第七届东盟蔬菜和水果标准会议在泰国普吉开幕，来自东盟10国农产品与食品检疫和标准管部门工作人员寻求蔬菜及水果产品的统一标准，提升东盟产品在国际市场上的竞争力。

25日 中国人民银行行长周小川与马来西亚国家银行行长吉蒂共同签署了《中国人民银行和马来西亚国家银行关于在华设立代表处的协议》。这是外国央行在华设立的第六家代表处。

26～28日 由越南工商会（VCCI）、北京国资企联信息技术研究院联合主办，北京中企世博国际展览有限公司及越南H. S. IMPORT&EXPORT STOCK—SHARE CO.，LTD. 承办的“2011第二届中国—越南工程、电力企业合作对接会”在越南首都河内成功举办。

27日 中国国务院总理温家宝下午乘专机抵达吉隆坡，开始对马来西亚进行正式访问。这是温家宝总理时隔6年之后再次对马来西亚进行访问。马来西亚政府高级官员和中国驻马来西亚大使柴玺等到机场迎接。

27日 中国和缅甸有关公司在缅甸内比都签署缅甸木姐—皎漂铁路建设项目合作谅解备忘录，缅甸副总统吴丁昂敏乌出席了签字仪式。木姐—皎漂铁路的全面建成，将有助于中缅油气管道的维护，也有助于缅甸沿线地区的经济和社会发展。

27日 中国—缅甸友好协会在全国友协举办招待会，庆祝中缅友协恢复成立。全国友协副会长、中缅友协会长冯佐库，中缅友协副会长耿志远，缅甸驻华使馆公使衔参赞吴莱敏乌等出席招待会并致辞。

28日 正在马来西亚进行国事访问的中国国务院总理温家宝出席中国—马来西亚经贸投资合作论坛并发表演讲。在论坛上温家宝表示，广西钦州中马产业园区是双方在中国西部地区合作的第一个工业园，具有示范意义。中国政府欢迎马方有实力的企业积极参与园区的规划和开发建设。

29日 第十届中缅边境贸易交易会（简称“边交会”）在缅甸边城木姐隆重开幕，为期3天的交易会旨在促进中缅贸易和经济合作关系进一步向前发展。云南省副省长顾朝曦和缅甸商务部副部长文善为边交会开幕剪彩。中缅双方各有108家公司参展，多家泰国、印度、老挝、孟加拉等国的公司也前来参展。

29日 中国国务院总理温家宝在印尼雅加达与

印度尼西亚总统苏西洛举行会谈。双方就双边关系及共同关心的国际和地区问题坦诚、深入交换意见，达成重要共识。

30 日 中国国务院总理温家宝在印尼雅加达会见东盟秘书长素林、印度尼西亚国会议长马尔祖基和副总统布迪约诺，并出席“中国—印尼战略商务对话”。温家宝在会见布迪约诺时表示，他此访与印尼方达成广泛共识，共同制定了2015年双边贸易额达到800亿美元的新目标。

5月

1 日 由厦门检验检疫局和中国检验检疫科学研究院合作制定的全国首个泰国香米纯度检验标准开始执行。这是目前国际上首个公开发布的泰国香米纯度检验标准。主要涉及泰国茉莉香米品种鉴定和纯度检测的随机扩增多态性DNA技术检测法、感官检验法、水煮检验法等3种方法。

4 日 第14届东盟与中日韩（10＋3）财长会议在越南河内举行，中国财政部副部长李勇率团出席会议。会议就东亚区域宏观经济形势展开讨论。会议通过了清迈倡议多边化操作指南；宣布10＋3宏观经济研究办公室正式成立，以加强区域经济监测，为清迈倡议多边化实施提供支持。同时要求区域信用担保与投资基金尽早运作，以促进本币债券的发行。

6 日 东盟经济部长会议在印度尼西亚首都雅加达举行。印尼经济统筹部部长哈达·拉加萨表示，将在东盟成员国之间建立一套宏观经济合作机制，以应对通货膨胀压力和日益增加的资本流入。

8 日 第18届东盟首脑会议在印度尼西亚首都雅加达闭幕并发表主席声明。在两天的会期中，东盟10国领导人回顾了东盟一体化在过去六个月中的进展，并围绕“全球一体化中的东盟共同体”这一主题，讨论如何应对能源及粮食安全、自然灾害、气候变化等东盟及全球共同面对的挑战。东盟领导人表示，将按照东盟一体化路线图，继续推进以经济共同体、政治安全共同体及社会文化共同体为三大支柱的东盟共同体建设，加强东盟在全球重大事务决策中所起的作用。作为东盟轮值主席国，印尼在会后发表了主席声明。声明称，东盟领导人将继续致力于建设一个以人为本、以规则为基础的东盟。

9 日 中国进出口银行与柬埔寨经济和财政部在柬埔寨金边签署水资源开发项目优惠贷款协议，中方将向柬方提供5200多万美元，用于柬埔寨斯伦河流域水资源开发项目。

18 日 “大湄公河民族医药发展论坛暨第四届湄公河次区域传统医药交流会”在云南昆明举行，来自大湄公河次区域六国的医药界业内人士、专家探讨了区域内传统医药、医疗、教育、产业等的合作发展趋势，展示了各国的民族传统诊疗技法、特色诊疗器械等，并强调要着力建立资源共享平台、完善传统民族医药合作机制。

18 日 云南旅游推介会在马来西亚首都吉隆坡举办，通过图片展示、播放风光片和文艺表演等形式向马来西亚旅游业者展示七彩云南独特的自然风光和人文魅力。

23 日 中国驻新加坡大使馆公参李铭林应邀出席中国工商银行银联双币信用卡全球首发仪式。中国工商银行李晓鹏副行长、中国银联苏宁董事长、国际著名基金投资人罗杰斯、新中友协会长潘国驹教授、驻新加坡中资机构代表以及新加坡当地商界友人等数百人出席了发卡仪式。

24 日 中国—东盟环境保护合作中心在北京正式启动。该中心将成为落实中国—东盟环境保护合作战略及相关合作项目的主要实施机构和技术支撑力量，成为中国环境保护对外交流合作的重要平台和窗口。

26 日 菲律宾公造部部长辛松在北京举行的第二届国际基础设施投资与建设高峰论坛上表示，未来将大力推进菲律宾的交通基础设施建设，希望探索与中国合作的可能性，获得来自中国的投资。辛松称，菲律宾政府已启动了一系列基础设施领域的项目，涵盖城市交通、主要海港、主要空港建设等。辛松进一步指出，菲律宾发展基础设施建设，主要是通过PPP合作（公私合作）。部分PPP项目已在2011年启动，部分将在2012年启动。

26 日 应老挝全国工商会邀请，中国国际贸易促进委员会会长万季飞率中国企业家代表团一行40人开始对老挝进行友好访问。当天下午，万季飞会长拜会了老挝工贸部部长南·维亚吉，就加强中国贸促会与老挝工贸部，特别是全国工商会的务实合作，促进中老双边投资、贸易发展交换意见。张玉成参赞陪同出席拜会活动。代表团在万象期间，于27日上午与老挝全国工商会联合举办中国—老挝商务论坛。

26～28 日 缅甸总统吴登盛对中国进行为期3天的国事访问。这是缅甸新政府2011年3月30日执政之后，缅甸国家最高领导人首次访华。访问期间，双方就深化双边关系和共同关心的国际地区问题交换了意见，并签署了经济技术合作等文件。

27日 中国国家主席胡锦涛在人民大会堂同缅甸总统吴登盛举行了坦诚友好、富有成果的会谈。两国元首一致同意，顺应形势发展需要，把两国关系提升为全面战略合作伙伴关系。会谈后，两国元首共同出席了有关合作文件的签字仪式。

30日 为期3天的“2011中国—东盟矿业合作论坛暨推介展示会”在广西南宁开幕。广西壮族自治区主席马飚、柬埔寨工业矿产能源部部长述赛、中国国土资源部副部长汪民、老挝能源与矿产部副部长宋本·拉沙松本、中国国际贸易促进委员会秘书长徐沪滨在开幕式上分别致辞。广西壮族自治区党委常委、自治区副主席陈武主持开幕式。广西壮族自治区副主席林念修、中国国土资源部总工程师张洪涛、中国和东盟各国相关部门和商协会组织的负责人、外交使节、国际和区域组织的代表、知名人士和专家学者共600多人出席了开幕式。此次论坛现场共签约15个项目，金额约180亿元。

30日 2011中国—东盟矿业合作论坛高官会议在广西南宁举行，出席会议的中国和东盟各国政府矿业主管部门官员经过审议，一致通过了《中国—东盟矿业合作论坛南宁宣言》(简称《南宁宣言》)，同意将中国—东盟矿业合作论坛作为开展矿业界对话合作的重要平台，不断完善合作机制并发挥其作用。

30日 来自广西防城港市、中国电影家协会、中国电影基金会、北京国中商联投资管理服务有限公司的代表在北京签署合作备忘录，各方决定共同斥资1000亿元，在广西防城港打造中国—东盟国际电影季和建设中国—东盟（防城港）国际影视文化产业园项目。促推中国—东盟（防城港）国际电影季和中国—东盟（防城港）国际影视文化产业园项目，是广西防城港打造成为国际滨海旅游胜地和中国海洋文化名城的重要举措之一。

31日 “2011中国—东盟机械行业合作论坛”在广西南宁举行，来自马来西亚、越南、老挝及中国相关部门的官员及机械行业的知名企业高官出席了论坛。中国机械工业联合会执行副会长陆仁琪表示，中国、东盟是一个巨大的市场，双方的基础设施建设、工业发展都需要大批机械设备，这为双方的合作提供了便利条件和巨大的空间。

6月

1日 “2011中国—东盟峰会机械展暨矿业合作论坛”在广西南宁国际会展中心落下帷幕。本次峰会机械展参展面积总计约3.5万平方米，机械行业国内外知名企业云集，实现机械成交额约5亿元，矿业合作论坛现场签单超200亿元。

5日 第九届东盟华商西南项目推介会暨亚太华商论坛在云南昆明世纪金源酒店开幕，共有来自世界28个国家的500余名海外华商和西南五省区74个单位的173人参会。本届东盟华商会的主题为“抢抓桥头堡机遇，促进华商合作发展”。中国国务院侨务办公室主任李海峰，云南省委副书记、省长秦光荣，云南省副省长刘平，广西政协副主席李彬，贵州省政协副主席陈敏等出席会议。国侨办副主任任启亮主持开幕式。

6日 中柬企业20万吨大米加工项目合作备忘录在云南昆明签署。柬埔寨商务部大臣占蒲拉西、柬埔寨驻昆总领事占维拉、中国驻柬埔寨大使馆经商参赞金远、云南省副省长和段琪、云南省东南亚南亚经贸合作发展联合会主席牛绍尧等出席合作备忘录签署仪式。

6日 中国驻新加坡大使参赞李铭林陪同到访的中共湖北省委副书记、省政协主席杨松拜会了新加坡贸工部政务部部长李奕贤。双方就进一步落实新加坡总理李显龙2010年访问湖北所达成的合作意向，做好中新（武汉）科技园的规划工作以及加强新加坡和湖北在生物产业、旅游和人才培训等领域的合作交换了意见。会后，双方共同见证了武汉东湖新技术开发区分别与新加坡凯德商用和胜科公用事业有限公司战略合作协议的签署。

7日 在云南昆明举行的大湄公河次区域(GMS)商务理事会第二次会议上，来自中国、柬埔寨、老挝、缅甸、泰国、越南的政府官员、专家及商界代表达成了“昆明共识”：今后将继续促进GMS交通基础设施、信息、投资和市场准入政策、商品等方面的互联互通，以此进一步深化GMS国家和地区间的企业合作。

7日 2011年中国—东盟自由贸易区背景下“侨商广西行”活动开幕式在广西南宁隆重举行。此次“侨商广西行”活动由国务院侨办和广西壮族自治区政府共同主办，主题为“走进广西、发现商机”。

7～8日 第8次中越经济论坛及亚洲转型中的经济体经济政策对话会在越南河内举行。本次论坛中，演讲嘉宾集中讨论了与亚洲转型中的经济体的经济和社会转变、宏观经济稳定与亚洲新兴经济体的通胀控制、经济结构调整和国有企业重组等有关问题。

10日 越南合作社联盟与中国—东盟农业贸易处（中国）举行了“越中木薯淀粉、化肥及农药贸易”会议。会议吸引了越中各15家和20家企业参加。在农业领域，中国和越南是两个被视为互补性强、合作潜力很大的市场。

14日 中共广西凭祥综合保税区工作委员会、广西凭祥综合保税区管理委员会揭牌，这标志着中国陆地边境线上首个综合保税区——广西凭祥综合保税区管理机构正式成立。

17日 为期9天的“2011中国（深圳）国际投资贸易洽谈会”（深洽会）在深圳大中华国际交易广场开幕，首个主题活动——东盟国家投资环境介绍及企业合作洽谈会率先举行。来自印尼、马来西亚、新加坡、菲律宾、泰国等驻广东总领馆官员和专家对各国的投资政策进行了讲解，海关专家宣讲了深圳对东盟的关税政策。来自深圳及珠三角地区的数百家企业代表参加了此次会议。

17～20日 第二届中国国际时尚博览会在广西南宁举行，吸引了国内外500余家时尚品牌企业参展，其中香港宝生珠宝、千禧之星珠宝、瑞士摩纹、豪度等品牌企业签约落户南宁，抢占中国—东盟自由贸易区通道。

22日 “泰国投资机遇研讨会”在广西南宁举行，泰国投资促进委员会官员力邀中国企业家投资泰国，掘金东盟，还邀请中国企业家参加2011年11月在泰国曼谷举办的主题为“迈向绿色未来”的泰国投资促进委员会2011年博览会。

24日 为庆祝中国—东盟建立对话关系20周年，由中华人民共和国外交部亚洲司、广东省对外文化交流协会和广东电视台等联合策划的大型电视系列片《中国—东盟二十年》在北京宣布正式开拍。该片采访了老挝总理通辛·坦马冯、泰国公主诗琳通、中国驻东盟大使佟晓玲等多位政要高官。全片共12集，每集25分钟，预计于2011年11月在中国—东盟领导人峰会期间隆重推出。

28日 中国工商银行中国—东盟人民币跨境清算（结算）中心在广西南宁挂牌成立。该中心将为中国和东盟各国的商业银行、企业客户在跨境贸易过程中提供完善的人民币结算、银行间清算及配套金融服务。

28日 河南—东盟旅游推介及项目洽谈会在河南郑州举行。河南和东盟国家在推介各自旅游产品和项目的同时，还签署了《互送客源协议》，进一步推动了双方旅游方面的交流与合作。

28日 第二届中国（广东）—东盟战略合作论坛在广州举行，来自中泰双方政产学各界共150人参加了此次论坛。这次论坛的主题为“泰国营商环境与中国对泰投资”，旨在落实《珠江三角洲地区改革发展规划纲要（2008～2020）》有关广东构建新的开放经济的要求，就广东与泰国在商贸、投资领域的合作展开深入探讨，解决广东企业赴泰国投资和开展经贸活动时遇到的问题，实现双方合作共赢。

数据统计篇

2010 年 1～12 月中国对东盟国家贸易统计

金额单位：亿美元

	进出口		出 口		进 口		贸易差额	
	金额	同比	金额	同比	金额	同比	当年	上年同期
东盟	2,927.76	37.5%	1,382.07	30.1%	1,545.69	44.8%	－163.62	－4.17
文莱	10.25	142.8%	3.68	161.8%	6.58	133.3%	－2.90	－1.42
缅甸	44.44	53.2%	34.80	54.4%	9.64	49.2%	25.16	16.15
柬埔寨	14.41	52.6%	13.48	48.5%	0.94	153.6%	12.54	8.70
印度尼西亚	427.50	50.6%	219.73	49.3%	207.77	52.0%	11.95	10.57
老挝	10.55	40.3%	4.84	28.2%	5.71	52.5%	－0.88	0.09
马来西亚	742.15	42.8%	238.06	21.3%	504.10	55.9%	－266.04	－126.99
菲律宾	277.46	35.1%	115.41	34.3%	162.05	35.6%	－46.65	－33.62
新加坡	570.58	19.2%	323.48	7.6%	247.10	38.8%	76.38	122.70
泰国	529.47	38.6%	197.47	48.6%	332.00	33.3%	－134.53	－115.90
越南	300.94	43.0%	231.14	41.8%	69.8	47.0%	161.33	115.54

注：占总值比中的“增长”为同比增减点数。

（来源：中华人民共和国商务部亚洲司．http://yzs.mofcom.gov.cn/aarticle/g/date/n/201101/20110107385479.html?2275669435＝850387913.2011－01－30）

中国对文莱进出口商品构成表（2010 年）

单位：美元

名称	2010 年出口	2010 年进口
总值	367,609,052.00	664,330,044.00
第一类　活动物；动物产品	1,744,395.00	59,402.00
第 1 章　活动物	—	—
第 2 章　肉及食用杂碎	1,514,019.00	—
第 3 章　鱼及其他水生无脊椎动物	202,546.00	59,402.00
第 4 章　乳；蛋；蜂蜜；其他食用动物产品	27,830.00	—
第 5 章　其他动物产品	—	—

续表

名称	2010 年出口	2010 年进口
第二类　植物产品	4,502,629.00	—
第 6 章　活植物；茎、根；插花、簇叶	147,303.00	—
第 7 章　食用蔬菜、根及块茎	3,456,803.00	—
第 8 章　食用水果及坚果；甜瓜等水果的果皮	474,355.00	—
第 9 章　咖啡、茶、马黛茶及调味香料	416,723.00	—
第 10 章　谷物	—	—
第 11 章　制粉工业产品；麦芽；淀粉等；面筋	92.00	—
第 12 章　油籽；子仁；工业或药用植物；饲料	4,993.00	—
第 13 章　虫胶；树胶、树脂及其他植物液、汁	2,360.00	—
第 14 章　编结用植物材料；其他植物产品	—	—
第三类　动、植物油、脂及其分解产品；精致的食用油脂；动、植物蜡	—	—
第 15 章　动、植物油、脂、蜡；精制食用油脂	—	—
第四类　食品；饮料、酒及醋；烟草、烟草及烟草代用品的制品	3,673,033.00	3,788.00
第 16 章　肉、鱼及其他水生无脊椎动物的制品	885,259.00	1,913.00
第 17 章　糖及糖食	238,712.00	676.00
第 18 章　可可及可可制品	158,760.00	—
第 19 章　谷物粉、淀粉等或乳的制品；糕饼	446,967.00	1,199.00
第 20 章　蔬菜、水果等或植物其他部分的制品	1,324,703.00	—
第 21 章　杂项食品	530,456.00	—
第 22 章　饮料、酒及醋	13,786.00	—
第 23 章　食品工业的残渣及废料；配制的饲料	74,390.00	—
第 24 章　烟草、烟草及烟草代用品的制品	—	—
第五类　矿产品	4,578,985.00	622,327,003.00
第 25 章　盐；硫黄；土及石料；石灰及水泥等	4,395,271.00	—
第 26 章　矿砂、矿渣及矿灰	—	—
第 27 章　矿物燃料、矿物油及其产品；沥青等	183,714.00	622,327,003.00
第六类　化学工业及其相关工业的产品	4,936,370.00	38,017,207.00
第 28 章　无机化学品；贵金属等的化合物	1,060,364.00	—
第 29 章　有机化学品	1,549,795.00	38,017,207.00
第 30 章　药品	72,298.00	—
第 31 章　肥料	49,708.00	—
第 32 章　鞣料；着色料；涂料；油灰；墨水等	215,760.00	—
第 33 章　精油及香膏；芳香料制品；化妆盥洗品	145,542.00	—
第 34 章　洗涤剂、润滑剂、人造蜡、塑型膏等	524,905.00	—
第 35 章　蛋白类物质；改性淀粉；胶；酶	209,956.00	—
第 36 章　炸药；烟火；引火品；易燃材料制品	696,400.00	—
第 37 章　照相及电影用品	13,099.00	—
第 38 章　杂项化学产品	398,543.00	—
第七类　塑料及其制品；橡胶及其制品	16,268,737.00	1,047,171.00
第 39 章　塑料及其制品	5,103,989.00	1,026,329.00

续表

名称	2010 年出口	2010 年进口
第 40 章　橡胶及其制品	11,164,748.00	20,842.00
第八类　生皮、皮革、毛皮及其制品；鞍具及挽具；旅行用品、手提包及类似品；动物肠线（蚕胶丝除外）制品	3,661,101.00	42.00
第 41 章　生皮（毛皮除外）及皮革	—	—
第 42 章　皮革制品；旅行箱包；动物肠线制品	3,657,722.00	42.00
第 43 章　毛皮、人造毛皮及其制品	3,379.00	
第九类　木及木制品；木炭；软木及软木制品；稻草、秸秆、针茅或其他编结材料制品；篮筐及柳条编结品	3,272,472.00	240,088.00
第 44 章　木及木制品；木炭	1,911,839.00	239,900.00
第 45 章　软木及软木制品	—	—
第 46 章　编结材料制品；篮筐及柳条编结品	1,360,633.00	188.00
第十类　木浆及其他纤维状纤维素浆；回收（废碎）纸或纸板；纸、纸板及其制品	1,451,398.00	2,593,193.00
第 47 章　木浆等纤维状纤维素浆；废纸及纸板	—	2,592,543.00
第 48 章　纸及纸板；纸浆、纸或纸板制品	1,400,252.00	63.00
第 49 章　印刷品；手稿、打字稿及设计图纸	51,146.00	587.00
第十一类　纺织原料及纺织制品	20,023,276.00	101.00
第 50 章　蚕丝	165,963.00	—
第 51 章　羊毛等动物毛；马毛纱线及其机织物	—	—
第 52 章　棉花	490,460.00	—
第 53 章　其他植物纤维；纸纱线及其机织物	168,684.00	—
第 54 章　化学纤维长丝	1,906,192.00	—
第 55 章　化学纤维短纤	788,549.00	—
第 56 章　絮胎、毡呢及无纺织物；线绳制品等	192,522.00	—
第 57 章　地毯及纺织材料的其他铺地制品	657,090.00	—
第 58 章　特种机织物；簇绒织物；刺绣品等	735,000.00	—
第 59 章　特种机织物；簇绒织物；刺绣品等	984,140.00	—
第 60 章　针织物及钩编织物	886,222.00	—
第 61 章　针织或钩编的服装及衣着附件	9,799,694.00	60.00
第 62 章　非针织或非钩编的服装及衣着附件	1,947,579.00	—
第 63 章　其他纺织制品；成套物品；旧纺织品	1,301,181.00	41.00
第十二类　鞋、帽、伞、杖、鞭及其零件；已加工的羽毛及其制品；人造花；人发制品	8,387,843.00	793.00
第 64 章　鞋靴、护腿和类似品及其零件	7,571,522.00	—
第 65 章　帽类及其零件	102,478.00	—
第 66 章　伞、手杖、鞭子、马鞭及其零件	579,000.00	793.00
第 67 章　加工羽毛及制品；人造花；人发制品	134,843.00	—
第十三类　石料、石膏、水泥、石棉、云母及类似材料的制品；陶瓷产品；玻璃及其制品	13,046,232.00	—
第 68 章　矿物材料的制品	2,514,822.00	—
第 69 章　陶瓷产品	7,916,981.00	—
第 70 章　玻璃及其制品	2,614,429.00	—

续表

名称	2010 年出口	2010 年进口
第十四类　天然或养殖珍珠、宝石或半宝石、贵金属、包贵金属及其制品；仿首饰；硬币	96,174.00	40.00
第 71 章　珠宝、贵金属及制品；仿首饰；硬币	96,174.00	40.00
第十五类　贱金属及其制品	29,264,239.00	13,027.00
第 72 章　钢铁	9,091,132.00	—
第 73 章　钢铁制品	15,156,523.00	12,701.00
第 74 章　铜及其制品	189,561.00	10.00
第 75 章　镍及其制品	—	—
第 76 章　铝及其制品	2,743,627.00	—
第 77 章	—	—
第 78 章　铅及其制品	—	—
第 79 章　锌及其制品	54,383.00	—
第 80 章　锡及其制品	21,694.00	—
第 81 章　其他贱金属、金属陶瓷及其制品	72.00	—
第 82 章　贱金属器具、利口器、餐具及零件	648,569.00	—
第 83 章　贱金属杂项制品	1,358,678.00	316.00
第十六类　机器、机械器具、电气设备及其零件；录音机及放声机、电视图像、声音的录制和重放设备及其零件、附件	44,211,190.00	19,390.00
第 84 章　核反应堆、锅炉、机械器具及零件	19,978,211.00	14,860.00
第 85 章　电机、电气、音像设备及其零附件	24,232,979.00	4,530.00
第十七类　车辆、航空器、船舶及有关运输设备	21,406,917.00	—
第 86 章　铁道车辆；轨道装置；信号设备	309,945.00	—
第 87 章　车辆及其零附件，但铁道车辆除外	5,932,628.00	—
第 88 章　航空器、航天器及其零件	13,342.00	—
第 89 章　船舶及浮动结构体	15,151,002.00	—
第十八类　光学、照相、电影、计量、检验、医疗或外科用仪器及设备、精密仪器及设备；钟表；乐器；上述物品的零件、附件	1,146,452.00	2,203.00
第 90 章　光学、照相、医疗等设备及零附件	850,315.00	848.00
第 91 章　钟表及其零件	139,232.00	—
第 92 章　乐器及其零件、附件	156,905.00	1,355.00
第十九类　武器、弹药及其零件、附件	—	—
第 93 章　武器、弹药及其零件、附件	—	—
第二十类　杂项制品	185,925,341.00	6,596.00
第 94 章　家具；寝具等；灯具；活动房	183,348,723.00	—
第 95 章　玩具、游戏或运动用品及其零附件	1,469,565.00	6,596.00
第 96 章　杂项制品	1,107,053.00	—
第二十一类　艺术品、收藏品及古物	3,775.00	—
第 97 章　艺术品、收藏品及古物	3,775.00	—
第二十二类　特殊交易品及未分类商品	8,493.00	—
第 98 章　特殊交易品及未分类商品	8,493.00	—

数据来源：海关总署——海关统计资讯网 www.hgtj.cn

中国对柬埔寨进出口商品构成表（2010年）

单位：美元

名称	2010年出口	2010年进口
总值	1,347,341,970.00	93,627,088.00
第一类 活动物；动物产品	1,088,999.00	2,605,043.00
第1章 活动物	60.00	1,737,068.00
第2章 肉及食用杂碎	247,050.00	—
第3章 鱼及其他水生无脊椎动物	889.00	867,969.00
第4章 乳；蛋；蜂蜜；其他食用动物产品	—	6.00
第5章 其他动物产品	841,000.00	—
第二类 植物产品	9,694,663.00	214,021.00
第6章 活植物；茎、根；插花、簇叶	107,199.00	—
第7章 食用蔬菜、根及块茎	5,678,791.00	2.00
第8章 食用水果及坚果；甜瓜等水果的果皮	287,242.00	54,444.00
第9章 咖啡、茶、马黛茶及调味香料	38,221.00	6.00
第10章 谷物	—	50.00
第11章 制粉工业产品；麦芽；淀粉等；面筋	3,548,495.00	12.00
第12章 油籽；子仁；工业或药用植物；饲料	—	159,507.00
第13章 虫胶；树胶、树脂及其他植物液、汁	34,715.00	—
第14章 编结用植物材料；其他植物产品	—	—
第三类 动、植物油、脂及其分解产品；精致的食用油脂；动、植物蜡	—	843.00
第15章 动、植物油、脂、蜡；精制食用油脂	—	843.00
第四类 食品；饮料、酒及醋；烟草、烟草及烟草代用品的制品	11,228,289.00	19,430.00
第16章 肉、鱼及其他水生无脊椎动物的制品	640,123.00	—
第17章 糖及糖食	6,580.00	10.00
第18章 可可及可可制品	16,170.00	—
第19章 谷物粉、淀粉等或乳的制品；糕饼	361,804.00	—
第20章 蔬菜、水果等或植物其他部分的制品	78,682.00	12,912.00
第21章 杂项食品	554,798.00	423.00
第22章 饮料、酒及醋	1,251,074.00	6,085.00
第23章 食品工业的残渣及废料；配制的饲料	1,010,939.00	—
第24章 烟草、烟草及烟草代用品的制品	7,308,119.00	—
第五类 矿产品	9,172,310.00	961,727.00
第25章 盐；硫黄；土及石料；石灰及水泥等	86,702.00	202,033.00
第26章 矿砂、矿渣及矿灰	708,315.00	759,694.00
第27章 矿物燃料、矿物油及其产品；沥青等	8,377,293.00	—
第六类 化学工业及其相关工业的产品	23,542,367.00	1,041,885.00
第28章 无机化学品；贵金属等的化合物	794,023.00	1,643.00
第29章 有机化学品	5,905,040.00	34,400.00
第30章 药品	6,567,871.00	36,400.00

续表

名称	2010 年出口	2010 年进口
第 31 章　肥料	1,768,006.00	—
第 32 章　鞣料；着色料；涂料；油灰；墨水等	959,107.00	—
第 33 章　精油及香膏；芳香料制品；化妆盥洗品	1,372,006.00	966,916.00
第 34 章　洗涤剂、润滑剂、人造蜡、塑型膏等	671,273.00	126.00
第 35 章　蛋白类物质；改性淀粉；胶；酶	877,703.00	2,400.00
第 36 章　炸药；烟火；引火品；易燃材料制品	—	—
第 37 章　照相及电影用品	339,329.00	—
第 38 章　杂项化学产品	4,288,009.00	—
第七类　塑料及其制品；橡胶及其制品	16,600,888.00	38,049,301.00
第 39 章　塑料及其制品	10,939,473.00	182,853.00
第 40 章　橡胶及其制品	5,661,415.00	37,866,448.00
第八类　生皮、皮革、毛皮及其制品；鞍具及挽具；旅行用品、手提包及类似品；动物肠线（蚕胶丝除外）制品	5,135,041.00	33,620.00
第 41 章　生皮（毛皮除外）及皮革	519,405.00	31,535.00
第 42 章　皮革制品；旅行箱包；动物肠线制品	4,556,413.00	2,085.00
第 43 章　毛皮、人造毛皮及其制品	59,223.00	—
第九类　木及木制品；木炭；软木及软木制品；稻草、秸秆、针茅或其他编结材料制品；篮筐及柳条编结品	368,129.00	20,571,628.00
第 44 章　木及木制品；木炭	368,129.00	20,571,628.00
第 45 章　软木及软木制品	—	—
第 46 章　编结材料制品；篮筐及柳条编结品	—	—
第十类　木浆及其他纤维状纤维素浆；回收（废碎）纸或纸板；纸、纸板及其制品	12,665,990.00	6,457.00
第 47 章　木浆等纤维状纤维素浆；废纸及纸板	—	—
第 48 章　纸及纸板；纸浆、纸或纸板制品	11,215,287.00	4,542.00
第 49 章　印刷品；手稿、打字稿及设计图纸	1,450,703.00	1,915.00
第十一类　纺织原料及纺织制品	797,540,619.00	24,987,218.00
第 50 章　蚕丝	2,092,573.00	—
第 51 章　羊毛等动物毛；马毛纱线及其机织物	10,324,644.00	—
第 52 章　棉花	193,482,893.00	721,893.00
第 53 章　其他植物纤维；纸纱线及其机织物	7,824,705.00	—
第 54 章　化学纤维长丝	29,364,935.00	29,583.00
第 55 章　化学纤维短纤	74,704,621.00	76,425.00
第 56 章　絮胎、毡呢及无纺织物；线绳制品等	7,516,693.00	5,281.00
第 57 章　地毯及纺织材料的其他铺地制品	121,691.00	—
第 58 章　特种机织物；簇绒织物；刺绣品等	29,278,478.00	23,220.00
第 59 章　特种机织物；簇绒织物；刺绣品等	3,757,974.00	880.00
第 60 章　针织物及钩编织物	402,052,746.00	157,415.00
第 61 章　针织或钩编的服装及衣着附件	32,157,450.00	16,488,115.00
第 62 章　非针织或非钩编的服装及衣着附件	2,362,107.00	5,176,606.00
第 63 章　其他纺织制品；成套物品；旧纺织品	2,499,109.00	2,307,800.00
第十二类　鞋、帽、伞、杖、鞭及其零件；已加工的羽毛及其制品；人造花；人发制品	9,809,087.00	3,316,403.00

续表

名称	2010 年出口	2010 年进口
第 64 章　鞋靴、护腿和类似品及其零件	7,573,034.00	3,301,640.00
第 65 章　帽类及其零件	1,525,281.00	5,978.00
第 66 章　伞、手杖、鞭子、马鞭及其零件	599,248.00	—
第 67 章　加工羽毛及制品；人造花；人发制品	111,524.00	8,785.00
第十三类　石料、石膏、水泥、石棉、云母及类似材料的制品；陶瓷产品；玻璃及其制品	45,818,849.00	3,435.00
第 68 章　矿物材料的制品	6,870,924.00	2,920.00
第 69 章　陶瓷产品	34,759,125.00	515.00
第 70 章　玻璃及其制品	4,188,800.00	—
第十四类　天然或养殖珍珠、宝石或半宝石、贵金属、包贵金属及其制品；仿首饰；硬币	532,342.00	60,099.00
第 71 章　珠宝、贵金属及制品；仿首饰；硬币	532,342.00	60,099.00
第十五类　贱金属及其制品	91,823,531.00	36,693.00
第 72 章　钢铁	17,535,011.00	24,549.00
第 73 章　钢铁制品	37,820,126.00	1,177.00
第 74 章　铜及其制品	426,996.00	—
第 75 章　镍及其制品	6,937.00	—
第 76 章　铝及其制品	31,046,003.00	—
第 77 章	—	—
第 78 章　铅及其制品	16.00	—
第 79 章　锌及其制品	114,407.00	—
第 80 章　锡及其制品	—	—
第 81 章　其他贱金属、金属陶瓷及其制品	—	—
第 82 章　贱金属器具、利口器、餐具及零件	1,515,153.00	—
第 83 章　贱金属杂项制品	3,358,882.00	10,967.00
第十六类　机器、机械器具、电气设备及其零件；录音机及放声机、电视图像、声音的录制和重放设备及其零件、附件	246,439,167.00	36,995.00
第 84 章　核反应堆、锅炉、机械器具及零件	125,324,175.00	4,859.00
第 85 章　电机、电气、音像设备及其零附件	121,114,992.00	32,136.00
第十七类　车辆、航空器、船舶及有关运输设备	36,736,847.00	1,393,140.00
第 86 章　铁道车辆；轨道装置；信号设备	—	—
第 87 章　车辆及其零附件，但铁道车辆除外	28,044,499.00	2,150.00
第 88 章　航空器、航天器及其零件	—	—
第 89 章　船舶及浮动结构体	8,692,348.00	1,390,990.00
第十八类　光学、照相、电影、计量、检验、医疗或外科用仪器及设备、精密仪器及设备；钟表；乐器；上述物品的零件、附件	3,848,755.00	191.00
第 90 章　光学、照相、医疗等设备及零附件	3,736,614.00	191.00
第 91 章　钟表及其零件	74,412.00	—
第 92 章　乐器及其零件、附件	37,729.00	—
第十九类　武器、弹药及其零件、附件	—	—
第 93 章　武器、弹药及其零件、附件	—	—

续表

名称	2010 年出口	2010 年进口
第二十类　杂项制品	25,159,916.00	287,390.00
第 94 章　家具；寝具等；灯具；活动房	16,191,603.00	233,308.00
第 95 章　玩具、游戏或运动用品及其零附件	1,652,602.00	—
第 96 章　杂项制品	7,315,711.00	54,082.00
第二十一类　艺术品、收藏品及古物	—	1,569.00
第 97 章　艺术品、收藏品及古物	—	1,569.00
第二十二类　特殊交易品及未分类商品	136,181.00	—
第 98 章　特殊交易品及未分类商品	136,181.00	—

数据来源：海关总署——海关统计资讯网 www.hgtj.cn

中国对印度尼西亚进出口商品构成表（2010 年）

单位：美元

名称	2010 年出口	2010 年进口
总值	21,953,565,243.00	20,796,596,265.00
第一类　活动物；动物产品	184,542,168.00	76,041,946.00
第 1 章　活动物	—	64,002.00
第 2 章　肉及食用杂碎		
第 3 章　鱼及其他水生无脊椎动物	170,538,748.00	67,834,593.00
第 4 章　乳；蛋；蜂蜜；其他食用动物产品	2,208,102.00	836,417.00
第 5 章　其他动物产品	11,795,318.00	7,306,934.00
第二类　植物产品	1,092,029,570.00	200,955,958.00
第 6 章　活植物；茎、根；插花、簇叶	324,158.00	13,741.00
第 7 章　食用蔬菜、根及块茎	614,918,031.00	30,607,912.00
第 8 章　食用水果及坚果；甜瓜等水果的果皮	334,853,513.00	28,260,612.00
第 9 章　咖啡、茶、马黛茶及调味香料	10,770,838.00	14,033,332.00
第 10 章　谷物	9,342,364.00	—
第 11 章　制粉工业产品；麦芽；淀粉等；面筋	90,507,759.00	1,686,476.00
第 12 章　油籽；子仁；工业或药用植物；饲料	11,299,324.00	92,687,860.00
第 13 章　虫胶；树胶、树脂及其他植物液、汁	19,944,218.00	3,016,648.00
第 14 章　编结用植物材料；其他植物产品	69,365.00	30,649,377.00
第三类　动、植物油、脂及其分解产品；精致的食用油脂；动、植物蜡	2,467,854.00	2,487,594,984.00
第 15 章　动、植物油、脂、蜡；精制食用油脂	2,467,854.00	2,487,594,984.00
第四类　食品；饮料、酒及醋；烟草、烟草及烟草代用品的制品	464,005,768.00	134,353,292.00
第 16 章　肉、鱼及其他水生无脊椎动物的制品	18,708,623.00	310,442.00
第 17 章　糖及糖食	74,266,161.00	1,320,136.00
第 18 章　可可及可可制品	358,269.00	63,194,645.00
第 19 章　谷物粉、淀粉等或乳的制品；糕饼	8,507,480.00	24,153,833.00
第 20 章　蔬菜、水果等或植物其他部分的制品	65,936,697.00	2,566,311.00

续表

名称	2009 年出口	2009 年进口
第 21 章　杂项食品	74,521,220.00	11,534,052.00
第 22 章　饮料、酒及醋	6,284,950.00	1,731,594.00
第 23 章　食品工业的残渣及废料；配制的饲料	34,677,331.00	21,108,081.00
第 24 章　烟草、烟草及烟草代用品的制品	180,745,037.00	8,434,198.00
第五类　矿产品	2,036,759,716.00	10,035,673,229.00
第 25 章　盐；硫黄；土及石料；石灰及水泥等	67,859,765.00	25,575,662.00
第 26 章　矿砂、矿渣及矿灰	1,732,342.00	2,714,154,591.00
第 27 章　矿物燃料、矿物油及其产品；沥青等	1,967,167,609.00	7,295,942,976.00
第六类　化学工业及其相关工业的产品	1,732,436,713.00	1,370,005,577.00
第 28 章　无机化学品；贵金属等的化合物	320,773,330.00	52,090,755.00
第 29 章　有机化学品	661,546,228.00	984,518,375.00
第 30 章　药品	17,821,544.00	1,128,974.00
第 31 章　肥料	140,126,486.00	29,610.00
第 32 章　鞣料；着色料；涂料；油灰；墨水等	228,525,256.00	38,700,162.00
第 33 章　精油及香膏；芳香料制品；化妆盥洗品	52,280,392.00	7,561,980.00
第 34 章　洗涤剂、润滑剂、人造蜡、塑型膏等	36,315,732.00	44,018,814.00
第 35 章　蛋白类物质；改性淀粉；胶；酶	42,229,691.00	5,862,188.00
第 36 章　炸药；烟火；引火品；易燃材料制品	22,609,347.00	—
第 37 章　照相及电影用品	28,603,006.00	23,937.00
第 38 章　杂项化学产品	181,605,701.00	236,070,782.00
第七类　塑料及其制品；橡胶及其制品	640,140,808.00	1,736,171,624.00
第 39 章　塑料及其制品	465,834,258.00	221,815,153.00
第 40 章　橡胶及其制品	174,306,550.00	1,514,356,471.00
第八类　生皮、皮革、毛皮及其制品；鞍具及挽具；旅行用品、手提包及类似品；动物肠线（蚕胶丝除外）制品	105,785,593.00	52,140,238.00
第 41 章　生皮（毛皮除外）及皮革	14,031,418.00	48,306,980.00
第 42 章　皮革制品；旅行箱包；动物肠线制品	89,086,688.00	3,827,919.00
第 43 章　毛皮、人造毛皮及其制品	2,667,487.00	5,339.00
第九类　木及木制品；木炭；软木及软木制品；稻草、秸秆、针茅或其他编结材料制品；篮筐及柳条编结品	87,330,137.00	277,922,537.00
第 44 章　木及木制品；木炭	68,106,815.00	277,096,001.00
第 45 章　软木及软木制品	93,220.00	1,108.00
第 46 章　编结材料制品；篮筐及柳条编结品	19,130,102.00	825,428.00
第十类　木浆及其他纤维状纤维素浆；回收（废碎）纸或纸板；纸、纸板及其制品	120,827,677.00	1,093,557,101.00
第 47 章　木浆等纤维状纤维素浆；废纸及纸板	10,301,415.00	866,544,016.00
第 48 章　纸及纸板；纸浆、纸或纸板制品	105,171,671.00	226,927,309.00
第 49 章　印刷品；手稿、打字稿及设计图纸	5,354,591.00	85,776.00
第十一类　纺织原料及纺织制品	2,348,445,003.00	387,510,216.00
第 50 章　蚕丝	23,997,422.00	66,804.00
第 51 章　羊毛等动物毛；马毛纱线及其机织物	42,907,775.00	80,321.00
第 52 章　棉花	552,007,934.00	106,440,210.00

续表

名称	2009年出口	2009年进口
第53章　其他植物纤维；纸纱线及其机织物	28,705,174.00	10,275,261.00
第54章　化学纤维长丝	304,908,729.00	51,907,024.00
第55章　化学纤维短纤	244,788,177.00	129,635,840.00
第56章　絮胎、毡呢及无纺织物；线绳制品等	58,988,156.00	9,273,574.00
第57章　地毯及纺织材料的其他铺地制品	22,594,601.00	116,277.00
第58章　特种机织物；簇绒织物；刺绣品等	95,159,231.00	961,389.00
第59章　特种机织物；簇绒织物；刺绣品等	228,987,985.00	11,416,146.00
第60章　针织物及钩编织物	364,259,479.00	15,260,660.00
第61章　针织或钩编的服装及衣着附件	294,114,176.00	12,206,784.00
第62章　非针织或非钩编的服装及衣着附件	33,820,706.00	24,767,592.00
第63章　其他纺织制品；成套物品；旧纺织品	53,205,458.00	15,102,334.00
第十二类　鞋、帽、伞、杖、鞭及其零件；已加工的羽毛及其制品；人造花；人发制品	326,182,232.00	77,423,164.00
第64章　鞋靴、护腿和类似品及其零件	244,007,972.00	71,451,455.00
第65章　帽类及其零件	5,839,582.00	336,193.00
第66章　伞、手杖、鞭子、马鞭及其零件	61,364,989.00	1,398.00
第67章　加工羽毛及制品；人造花；人发制品	14,969,689.00	5,634,118.00
第十三类　石料、石膏、水泥、石棉、云母及类似材料的制品；陶瓷产品；玻璃及其制品	326,674,651.00	34,876,122.00
第68章　矿物材料的制品	61,721,306.00	5,110,130.00
第69章　陶瓷产品	133,760,634.00	5,445,356.00
第70章　玻璃及其制品	131,192,711.00	24,320,636.00
第十四类　天然或养殖珍珠、宝石或半宝石、贵金属、包贵金属及其制品；仿首饰；硬币	10,786,572.00	1,160,980.00
第71章　珠宝、贵金属及制品；仿首饰；硬币	10,786,572.00	1,160,980.00
第十五类　贱金属及其制品	1,948,394,228.00	694,157,928.00
第72章　钢铁	592,758,353.00	9,885,041.00
第73章　钢铁制品	697,894,863.00	18,733,239.00
第74章　铜及其制品	61,500,173.00	296,136,540.00
第75章　镍及其制品	4,144,784.00	166,331,519.00
第76章　铝及其制品	277,259,886.00	5,541,397.00
第77章	—	—
第78章　铅及其制品	4,382,336.00	1,321,662.00
第79章　锌及其制品	8,105,310.00	295,139.00
第80章　锡及其制品	19,548.00	192,383,175.00
第81章　其他贱金属、金属陶瓷及其制品	17,025,374.00	280,718.00
第82章　贱金属器具、利口器、餐具及零件	102,246,789.00	991,892.00
第83章　贱金属杂项制品	183,056,812.00	2,257,606.00
第十六类　机器、机械器具、电气设备及其零件；录音机及放声机、电视图像、声音的录制和重放设备及其零件、附件	7,576,390,361.00	1,963,912,886.00
第84章　核反应堆、锅炉、机械器具及零件	4,232,554,094.00	626,753,038.00
第85章　电机、电气、音像设备及其零附件	3,343,836,267.00	1,337,159,848.00

续表

名称	2009 年出口	2009 年进口
第十七类　车辆、航空器、船舶及有关运输设备	1,291,379,759.00	61,865,651.00
第 86 章　铁道车辆；轨道装置；信号设备	40,825,160.00	—
第 87 章　车辆及其零附件，但铁道车辆除外	565,069,786.00	61,773,251.00
第 88 章　航空器、航天器及其零件	86,998,976.00	92,400.00
第 89 章　船舶及浮动结构体	598,485,837.00	—
第十八类　光学、照相、电影、计量、检验、医疗或外科用仪器及设备、精密仪器及设备；钟表；乐器；上述物品的零件、附件	771,681,672.00	68,666,968.00
第 90 章　光学、照相、医疗等设备及零附件	718,707,011.00	45,720,842.00
第 91 章　钟表及其零件	9,934,123.00	283,031.00
第 92 章　乐器及其零件、附件	43,040,538.00	22,663,095.00
第十九类　武器、弹药及其零件、附件	14,108.00	—
第 93 章　武器、弹药及其零件、附件	14,108.00	—
第二十类　杂项制品	882,491,837.00	42,575,785.00
第 94 章　家具；寝具等；灯具；活动房	665,627,605.00	22,804,606.00
第 95 章　玩具、游戏或运动用品及其零附件	77,418,443.00	11,959,298.00
第 96 章　杂项制品	139,445,789.00	7,811,881.00
第二十一类　艺术品、收藏品及古物	566,503.00	30,079.00
第 97 章　艺术品、收藏品及古物	566,503.00	30,079.00
第二十二类　特殊交易品及未分类商品	4,232,313.00	—
第 98 章　特殊交易品及未分类商品	4,232,313.00	—

数据来源：海关总署——海关统计资讯网 www.hgtj.cn

中国对老挝进出口商品构成表（2010 年）

单位：美元

名称	2010 年出口	2010 年进口
总值	483,622,848.00	601,493,806.00
第一类　活动物；动物产品	87,480.00	1,511,407.00
第 1 章　活动物	60.00	1,511,285.00
第 2 章　肉及食用杂碎		
第 3 章　鱼及其他水生无脊椎动物		
第 4 章　乳；蛋；蜂蜜；其他食用动物产品	87,420.00	122.00
第 5 章　其他动物产品		
第二类　植物产品	3,891,608.00	25,964,597.00
第 6 章　活植物；茎、根；插花、簇叶	960.00	8,857.00
第 7 章　食用蔬菜、根及块茎	988,596.00	221,547.00
第 8 章　食用水果及坚果；甜瓜等水果的果皮	2,046,290.00	506,194.00
第 9 章　咖啡、茶、马黛茶及调味香料	55,268.00	307,384.00
第 10 章　谷物	51,900.00	12,801,332.00
第 11 章　制粉工业产品；麦芽；淀粉等；面筋	—	498,425.00
第 12 章　油籽；子仁；工业或药用植物；饲料	667,712.00	10,449,912.00

续表

名称	2010 年出口	2010 年进口
第 13 章　虫胶；树胶、树脂及其他植物液、汁	80,882.00	1,153,491.00
第 14 章　编结用植物材料；其他植物产品	—	17,455.00
第三类　动、植物油、脂及其分解产品；精致的食用油脂；动、植物蜡		
第 15 章　动、植物油、脂、蜡；精制食用油脂		
第四类　食品；饮料、酒及醋；烟草、烟草及烟草代用品的制品	10,768,610.00	149,314.00
第 16 章　肉、鱼及其他水生无脊椎动物的制品		
第 17 章　糖及糖食		
第 18 章　可可及可可制品	—	173.00
第 19 章　谷物粉、淀粉等或乳的制品；糕饼		
第 20 章　蔬菜、水果等或植物其他部分的制品	—	689.00
第 21 章　杂项食品	—	41,009.00
第 22 章　饮料、酒及醋	556,039.00	107,443.00
第 23 章　食品工业的残渣及废料；配制的饲料	27,832.00	—
第 24 章　烟草、烟草及烟草代用品的制品	10,184,739.00	—
第五类　矿产品	7,629,721.00	381,849,293.00
第 25 章　盐；硫黄；土及石料；石灰及水泥等	1,268,747.00	115,171.00
第 26 章　矿砂、矿渣及矿灰	—	379,143,973.00
第 27 章　矿物燃料、矿物油及其产品；沥青等	6,360,974.00	2,590,149.00
第六类　化学工业及其相关工业的产品	8,990,977.00	2,644,648.00
第 28 章　无机化学品；贵金属等的化合物	303,043.00	—
第 29 章　有机化学品	362,485.00	—
第 30 章　药品	704,814.00	—
第 31 章　肥料	3,324,702.00	—
第 32 章　鞣料；着色料；涂料；油灰；墨水等	562,642.00	—
第 33 章　精油及香膏；芳香料制品；化妆盥洗品	352,348.00	2,644,313.00
第 34 章　洗涤剂、润滑剂、人造蜡、塑型膏等	793,765.00	335.00
第 35 章　蛋白类物质；改性淀粉；胶；酶	117,911.00	—
第 36 章　炸药；烟火；引火品；易燃材料制品	1,595,400.00	—
第 37 章　照相及电影用品	142,013.00	—
第 38 章　杂项化学产品	731,854.00	—
第七类　塑料及其制品；橡胶及其制品	11,271,303.00	23,719,952.00
第 39 章　塑料及其制品	6,566,501.00	1,004.00
第 40 章　橡胶及其制品	4,704,802.00	23,718,948.00
第八类　生皮、皮革、毛皮及其制品；鞍具及挽具；旅行用品、手提包及类似品；动物肠线（蚕胶丝除外）制品	7,144,313.00	817.00
第 41 章　生皮（毛皮除外）及皮革		
第 42 章　皮革制品；旅行箱包；动物肠线制品	7,144,313.00	817.00
第 43 章　毛皮、人造毛皮及其制品		
第九类　木及木制品；木炭；软木及软木制品；稻草、秸秆、针茅或其他编结材料制品；篮筐及柳条编结品	212,424.00	97,607,522.00

续表

名称	2010 年出口	2010 年进口
第 44 章　木及木制品；木炭	212,424.00	97,605,482.00
第 45 章　软木及软木制品		
第 46 章　编结材料制品；篮筐及柳条编结品	—	2,040.00
第十类　木浆及其他纤维状纤维素浆；回收（废碎）纸或纸板；纸、纸板及其制品	5,909,040.00	1,021.00
第 47 章　木浆等纤维状纤维素浆；废纸及纸板		
第 48 章　纸及纸板；纸浆、纸或纸板制品	1,885,110.00	931.00
第 49 章　印刷品；手稿、打字稿及设计图纸	4,023,930.00	90.00
第十一类　纺织原料及纺织制品	139,787,242.00	746,289.00
第 50 章　蚕丝	309,574.00	—
第 51 章　羊毛等动物毛；马毛纱线及其机织物		
第 52 章　棉花	425,287.00	—
第 53 章　其他植物纤维；纸纱线及其机织物	42,480.00	—
第 54 章　化学纤维长丝	4,865,097.00	36,955.00
第 55 章　化学纤维短纤	192,651.00	208,972.00
第 56 章　絮胎、毡呢及无纺织物；线绳制品等	2,268,648.00	100.00
第 57 章　地毯及纺织材料的其他铺地制品	894,376.00	—
第 58 章　特种机织物；簇绒织物；刺绣品等	78,588.00	6,435.00
第 59 章　特种机织物；簇绒织物；刺绣品等	509,439.00	29,936.00
第 60 章　针织物及钩编织物	279,092.00	120.00
第 61 章　针织或钩编的服装及衣着附件	50,566,142.00	386,270.00
第 62 章　非针织或非钩编的服装及衣着附件	57,345,728.00	76,778.00
第 63 章　其他纺织制品；成套物品；旧纺织品	22,010,140.00	723.00
第十二类　鞋、帽、伞、杖、鞭及其零件；已加工的羽毛及其制品；人造花；人发制品	7,344,458.00	1,376.00
第 64 章　鞋靴、护腿和类似品及其零件	174,016.00	1,156.00
第 65 章　帽类及其零件	367,394.00	—
第 66 章　伞、手杖、鞭子、马鞭及其零件	2,508,341.00	220.00
第 67 章　加工羽毛及制品；人造花；人发制品	4,294,707.00	—
第十三类　石料、石膏、水泥、石棉、云母及类似材料的制品；陶瓷产品；玻璃及其制品	5,741,922.00	18,371.00
第 68 章　矿物材料的制品	1,846,497.00	8,450.00
第 69 章　陶瓷产品	3,014,261.00	9,921.00
第 70 章　玻璃及其制品	881,164.00	—
第十四类　天然或养殖珍珠、宝石或半宝石、贵金属、包贵金属及其制品；仿首饰；硬币	97,756.00	5,350.00
第 71 章　珠宝、贵金属及制品；仿首饰；硬币	97,756.00	5,350.00
第十五类　贱金属及其制品	48,130,603.00	66,350,574.00
第 72 章　钢铁	12,349,756.00	7,410.00
第 73 章　钢铁制品	19,284,163.00	—
第 74 章　铜及其制品	154,542.00	64,976,844.00
第 75 章　镍及其制品		

续表

名称	2010 年出口	2010 年进口
第 76 章　铝及其制品	7,021,119.00	—
第 77 章	—	—
第 78 章　铅及其制品	16,228.00	152,784.00
第 79 章　锌及其制品	148,329.00	—
第 80 章　锡及其制品	—	205,524.00
第 81 章　其他贱金属、金属陶瓷及其制品	1,449,797.00	1,007,500.00
第 82 章　贱金属器具、利口器、餐具及零件	5,914,967.00	—
第 83 章　贱金属杂项制品	1,791,702.00	512.00
第十六类　机器、机械器具、电气设备及其零件；录音机及放声机、电视图像、声音的录制和重放设备及其零件、附件	133,466,345.00	280,915.00
第 84 章　核反应堆、锅炉、机械器具及零件	63,367,312.00	33,548.00
第 85 章　电机、电气、音像设备及其零附件	70,099,033.00	247,367.00
第十七类　车辆、航空器、船舶及有关运输设备	65,118,985.00	—
第 86 章　铁道车辆；轨道装置；信号设备	21,979.00	—
第 87 章　车辆及其零附件，但铁道车辆除外	61,439,660.00	—
第 88 章　航空器、航天器及其零件	1,341,935.00	—
第 89 章　船舶及浮动结构体	2,315,411.00	
第十八类　光学、照相、电影、计量、检验、医疗或外科用仪器及设备、精密仪器及设备；钟表；乐器；上述物品的零件、附件	4,605,743.00	43,622.00
第 90 章　光学、照相、医疗等设备及零附件	4,602,682.00	40,240.00
第 91 章　钟表及其零件	2,981.00	—
第 92 章　乐器及其零件、附件	80.00	3,382.00
第十九类　武器、弹药及其零件、附件		
第 93 章　武器、弹药及其零件、附件		
第二十类　杂项制品	17,688,590.00	598,738.00
第 94 章　家具；寝具等；灯具；活动房	15,960,507.00	594,915.00
第 95 章　玩具、游戏或运动用品及其零附件	575,903.00	—
第 96 章　杂项制品	1,152,180.00	3,823.00
第二十一类　艺术品、收藏品及古物	199,044.00	—
第 97 章　艺术品、收藏品及古物	199,044.00	—
第二十二类　特殊交易品及未分类商品	5,536,684.00	—
第 98 章　特殊交易品及未分类商品	5,536,684.00	—

数据来源：海关总署——海关统计资讯网 www.hgtj.cn

中国对马来西亚进出口商品构成表（2010 年）

单位：美元

名称	2010 年出口	2010 年进口
总值	23,802,041,575.00	50,442,594,281.00
第一类　活动物；动物产品	297,284,057.00	56,308,569.00

续表

名称	2010年出口	2010年进口
第1章　活动物	36,984.00	—
第2章　肉及食用杂碎	59,704,511.00	—
第3章　鱼及其他水生无脊椎动物	224,373,722.00	43,872,481.00
第4章　乳；蛋；蜂蜜；其他食用动物产品	8,690,140.00	12,373,317.00
第5章　其他动物产品	4,478,700.00	62,771.00
第二类　植物产品	898,492,698.00	22,202,975.00
第6章　活植物；茎、根；插花、簇叶	4,355,046.00	167,024.00
第7章　食用蔬菜、根及块茎	519,924,482.00	56,663.00
第8章　食用水果及坚果；甜瓜等水果的果皮	219,262,220.00	2,587,132.00
第9章　咖啡、茶、马黛茶及调味香料	91,898,947.00	9,137,281.00
第10章　谷物	585,649.00	—
第11章　制粉工业产品；麦芽；淀粉等；面筋	19,420,512.00	265,504.00
第12章　油籽；子仁；工业或药用植物；饲料	35,921,133.00	185,845.00
第13章　虫胶；树胶、树脂及其他植物液、汁	5,996,464.00	4,507.00
第14章　编结用植物材料；其他植物产品	1,128,245.00	9,799,019.00
第三类　动、植物油、脂及其分解产品；精致的食用油脂；动、植物蜡	9,692,871.00	3,085,355,209.00
第15章　动、植物油、脂、蜡；精制食用油脂	9,692,871.00	3,085,355,209.00
第四类　食品；饮料、酒及醋；烟草、烟草及烟草代用品的制品	452,584,756.00	247,665,149.00
第16章　肉、鱼及其他水生无脊椎动物的制品	151,650,109.00	393,729.00
第17章　糖及糖食	63,116,842.00	10,109,546.00
第18章　可可及可可制品	6,185,541.00	78,827,056.00
第19章　谷物粉、淀粉等或乳的制品；糕饼	24,608,426.00	59,587,657.00
第20章　蔬菜、水果等或植物其他部分的制品	96,601,052.00	1,145,980.00
第21章　杂项食品	40,884,524.00	47,694,911.00
第22章　饮料、酒及醋	12,492,581.00	3,064,232.00
第23章　食品工业的残渣及废料；配制的饲料	39,114,961.00	37,205,978.00
第24章　烟草、烟草及烟草代用品的制品	17,930,720.00	9,636,060.00
第五类　矿产品	354,457,102.00	4,964,468,504.00
第25章　盐；硫黄；土及石料；石灰及水泥等	51,861,969.00	8,264,378.00
第26章　矿砂、矿渣及矿灰	2,522,198.00	354,338,269.00
第27章　矿物燃料、矿物油及其产品；沥青等	300,072,935.00	4,601,865,857.00
第六类　化学工业及其相关工业的产品	1,529,570,433.00	1,515,077,096.00
第28章　无机化学品；贵金属等的化合物	289,076,898.00	25,245,298.00
第29章　有机化学品	432,788,962.00	872,487,225.00
第30章　药品	35,174,240.00	261,010.00
第31章　肥料	137,317,563.00	80,668.00
第32章　鞣料；着色料；涂料；油灰；墨水等	83,414,932.00	88,003,415.00
第33章　精油及香膏；芳香料制品；化妆盥洗品	44,406,978.00	1,433,866.00
第34章　洗涤剂、润滑剂、人造蜡、塑型膏等	52,578,983.00	118,647,651.00
第35章　蛋白类物质；改性淀粉；胶；酶	49,611,672.00	15,325,640.00

续表

名称	2010 年出口	2010 年进口
第 36 章　炸药；烟火；引火品；易燃材料制品	2,778,250.00	—
第 37 章　照相及电影用品	31,412,533.00	6,318,004.00
第 38 章　杂项化学产品	371,009,422.00	387,274,319.00
第七类　塑料及其制品；橡胶及其制品	744,686,218.00	3,895,203,020.00
第 39 章　塑料及其制品	508,066,981.00	1,299,155,476.00
第 40 章　橡胶及其制品	236,619,237.00	2,596,047,544.00
第八类　生皮、皮革、毛皮及其制品；鞍具及挽具；旅行用品、手提包及类似品；动物肠线（蚕胶丝除外）制品	262,467,364.00	2,655,181.00
第 41 章　生皮（毛皮除外）及皮革	5,454,663.00	852,299.00
第 42 章　皮革制品；旅行箱包；动物肠线制品	256,714,613.00	1,474,516.00
第 43 章　毛皮、人造毛皮及其制品	298,088.00	328,366.00
第九类　木及木制品；木炭；软木及软木制品；稻草、秸秆、针茅或其他编结材料制品；篮筐及柳条编结品	126,266,716.00	375,739,756.00
第 44 章　木及木制品；木炭	69,344,000.00	375,725,701.00
第 45 章　软木及软木制品	109,819.00	46.00
第 46 章　编结材料制品；篮筐及柳条编结品	56,812,897.00	14,009.00
第十类　木浆及其他纤维状纤维素浆；回收（废碎）纸或纸板；纸、纸板及其制品	236,172,380.00	27,698,937.00
第 47 章　木浆等纤维状纤维素浆；废纸及纸板	—	900,666.00
第 48 章　纸及纸板；纸浆、纸或纸板制品	218,753,258.00	24,006,434.00
第 49 章　印刷品；手稿、打字稿及设计图纸	17,419,122.00	2,791,837.00
第十一类　纺织原料及纺织制品	2,023,199,533.00	174,979,357.00
第 50 章　蚕丝	41,348,905.00	—
第 51 章　羊毛等动物毛；马毛纱线及其机织物	12,695,348.00	2,924,367.00
第 52 章　棉花	142,594,141.00	56,488,761.00
第 53 章　其他植物纤维；纸纱线及其机织物	4,587,101.00	4,327,211.00
第 54 章　化学纤维长丝	174,205,795.00	40,127,547.00
第 55 章　化学纤维短纤	94,418,842.00	32,378,877.00
第 56 章　絮胎、毡呢及无纺织物；线绳制品等	51,935,040.00	9,634,328.00
第 57 章　地毯及纺织材料的其他铺地制品	50,979,680.00	1,655,755.00
第 58 章　特种机织物；簇绒织物；刺绣品等	52,705,005.00	668,590.00
第 59 章　特种机织物；簇绒织物；刺绣品等	128,641,344.00	5,901,505.00
第 60 章　针织物及钩编织物	70,315,941.00	6,673,718.00
第 61 章　针织或钩编的服装及衣着附件	784,441,099.00	4,676,835.00
第 62 章　非针织或非钩编的服装及衣着附件	257,337,837.00	5,638,860.00
第 63 章　其他纺织制品；成套物品；旧纺织品	156,993,455.00	3,883,003.00
第十二类　鞋、帽、伞、杖、鞭及其零件；已加工的羽毛及其制品；人造花；人发制品	632,313,513.00	2,469,530.00
第 64 章　鞋靴、护腿和类似品及其零件	529,297,453.00	2,130,525.00
第 65 章　帽类及其零件	14,407,279.00	236,826.00
第 66 章　伞、手杖、鞭子、马鞭及其零件	64,034,858.00	7.00
第 67 章　加工羽毛及制品；人造花；人发制品	24,573,923.00	102,172.00

续表

名称	2010年出口	2010年进口
第十三类　石料、石膏、水泥、石棉、云母及类似材料的制品；陶瓷产品；玻璃及其制品	487,491,011.00	88,789,179.00
第68章　矿物材料的制品	85,605,933.00	6,465,575.00
第69章　陶瓷产品	209,698,795.00	14,535,892.00
第70章　玻璃及其制品	192,186,283.00	67,787,712.00
第十四类　天然或养殖珍珠、宝石或半宝石、贵金属、包贵金属及其制品；仿首饰；硬币	21,703,764.00	37,787,488.00
第71章　珠宝、贵金属及制品；仿首饰；硬币	21,703,764.00	37,787,488.00
第十五类　贱金属及其制品	2,014,652,831.00	2,075,535,843.00
第72章　钢铁	608,204,233.00	125,336,323.00
第73章　钢铁制品	676,151,100.00	65,300,204.00
第74章　铜及其制品	132,056,825.00	1,088,043,810.00
第75章　镍及其制品	13,803,167.00	655,962.00
第76章　铝及其制品	270,446,247.00	709,317,091.00
第77章	—	—
第78章　铅及其制品	3,455,826.00	308,694.00
第79章　锌及其制品	3,679,136.00	615,971.00
第80章　锡及其制品	3,285,792.00	54,170,385.00
第81章　其他贱金属、金属陶瓷及其制品	5,562,806.00	924,762.00
第82章　贱金属器具、利口器、餐具及零件	129,236,776.00	5,317,075.00
第83章　贱金属杂项制品	168,770,923.00	25,545,566.00
第十六类　机器、机械器具、电气设备及其零件；录音机及放声机、电视图像、声音的录制和重放设备及其零件、附件	9,752,034,133.00	32,896,499,336.00
第84章　核反应堆、锅炉、机械器具及零件	3,864,654,858.00	4,269,775,630.00
第85章　电机、电气、音像设备及其零附件	5,887,379,275.00	28,626,723,706.00
第十七类　车辆、航空器、船舶及有关运输设备	1,162,637,607.00	113,012,345.00
第86章　铁道车辆；轨道装置；信号设备	68,833,074.00	922,490.00
第87章　车辆及其零附件，但铁道车辆除外	595,579,647.00	108,915,041.00
第88章　航空器、航天器及其零件	646,848.00	3,089,756.00
第89章　船舶及浮动结构体	497,578,038.00	85,058.00
第十八类　光学、照相、电影、计量、检验、医疗或外科用仪器及设备、精密仪器及设备；钟表；乐器；上述物品的零件、附件	1,721,229,762.00	790,531,673.00
第90章　光学、照相、医疗等设备及零附件	1,681,386,754.00	781,083,522.00
第91章　钟表及其零件	22,926,876.00	8,796,966.00
第92章　乐器及其零件、附件	16,916,132.00	651,185.00
第十九类　武器、弹药及其零件、附件	14,417.00	—
第93章　武器、弹药及其零件、附件	14,417.00	—
第二十类　杂项制品	1,072,342,581.00	49,678,959.00
第94章　家具；寝具等；灯具；活动房	767,689,899.00	23,128,144.00
第95章　玩具、游戏或运动用品及其零附件	160,841,229.00	9,416,038.00
第96章　杂项制品	143,811,453.00	17,134,777.00

续表

名称	2010 年出口	2010 年进口
第二十一类　艺术品、收藏品及古物	418,978.00	1,230.00
第 97 章　艺术品、收藏品及古物	418,978.00	1,230.00
第二十二类　特殊交易品及未分类商品	2,328,850.00	20,934,945.00
第 98 章　特殊交易品及未分类商品	2,328,850.00	20,934,945.00

数据来源：海关总署——海关统计资讯网 www.hgtj.cn

中国对缅甸进出口商品构成表（2010 年）

单位：美元

名称	2010 年出口	2010 年进口
总值	3,475,524,257.00	966,545,552.00
第一类　活动物；动物产品	14,299,900.00	66,525,457.00
第 1 章　活动物	—	—
第 2 章　肉及食用杂碎	—	—
第 3 章　鱼及其他水生无脊椎动物	—	65,538,219.00
第 4 章　乳；蛋；蜂蜜；其他食用动物产品	4,695,419.00	208,294.00
第 5 章　其他动物产品	9,604,481.00	778,944.00
第二类　植物产品	21,491,821.00	179,987,311.00
第 6 章　活植物；茎、根；插花、簇叶	8,803,019.00	174,257.00
第 7 章　食用蔬菜、根及块茎	1,472,947.00	63,559,724.00
第 8 章　食用水果及坚果；甜瓜等水果的果皮	404,765.00	49,712,740.00
第 9 章　咖啡、茶、马黛茶及调味香料	5,926,774.00	616,876.00
第 10 章　谷物	138,551.00	5,305,308.00
第 11 章　制粉工业产品；麦芽；淀粉等；面筋	4,380,006.00	—
第 12 章　油籽；子仁；工业或药用植物；饲料	54,758.00	58,581,399.00
第 13 章　虫胶；树胶、树脂及其他植物液、汁	311,001.00	47,201.00
第 14 章　编结用植物材料；其他植物产品	—	1,989,806.00
第三类　动、植物油、脂及其分解产品；精致的食用油脂；动、植物蜡	25,546.00	14.00
第 15 章　动、植物油、脂、蜡；精制食用油脂	25,546.00	14.00
第四类　食品；饮料、酒及醋；烟草、烟草及烟草代用品的制品	59,314,80G1.00	10,664,430.00
第 16 章　肉、鱼及其他水生无脊椎动物的制品	96,898.00	19,527.00
第 17 章　糖及糖食	1,526,084.00	3,153,808.00
第 18 章　可可及可可制品	—	—
第 19 章　谷物粉、淀粉等或乳的制品；糕饼	2,200,192.00	210.00
第 20 章　蔬菜、水果等或植物其他部分的制品	86,385.00	—
第 21 章　杂项食品	22,184,055.00	1,268.00
第 22 章　饮料、酒及醋	23,731,606.00	31,592.00
第 23 章　食品工业的残渣及废料；配制的饲料	358,349.00	7,458,025.00
第 24 章　烟草、烟草及烟草代用品的制品	9,131,232.00	—
第五类　矿产品	180,926,583.00	246,181,010.00

续表

名称	2010 年出口	2010 年进口
第 25 章　盐；硫黄；土及石料；石灰及水泥等	22,830,748.00	8,851,364.00
第 26 章　矿砂、矿渣及矿灰	115,259.00	192,787,317.00
第 27 章　矿物燃料、矿物油及其产品；沥青等	157,980,576.00	44,542,329.00
第六类　化学工业及其相关工业的产品	194,523,551.00	3,073,395.00
第 28 章　无机化学品；贵金属等的化合物	21,134,324.00	—
第 29 章　有机化学品	61,943,556.00	—
第 30 章　药品	23,185,094.00	—
第 31 章　肥料	38,249,247.00	—
第 32 章　鞣料；着色料；涂料；油灰；墨水等	5,875,691.00	—
第 33 章　精油及香膏；芳香料制品；化妆盥洗品	2,067,873.00	48,141.00
第 34 章　洗涤剂、润滑剂、人造蜡、塑型膏等	9,199,037.00	6.00
第 35 章　蛋白类物质；改性淀粉；胶；酶	5,032,632.00	44.00
第 36 章　炸药；烟火；引火品；易燃材料制品	3,181,745.00	—
第 37 章　照相及电影用品	2,641,864.00	—
第 38 章　杂项化学产品	22,012,488.00	3,025,204.00
第七类　塑料及其制品；橡胶及其制品	134,526,585.00	72,484,091.00
第 39 章　塑料及其制品	62,707,216.00	259,129.00
第 40 章　橡胶及其制品	71,819,369.00	72,224,962.00
第八类　生皮、皮革、毛皮及其制品；鞍具及挽具；旅行用品、手提包及类似品；动物肠线（蚕胶丝除外）制品	6,626,629.00	289,527.00
第 41 章　生皮（毛皮除外）及皮革	668,575.00	287,750.00
第 42 章　皮革制品；旅行箱包；动物肠线制品	1,305,139.00	—
第 43 章　毛皮、人造毛皮及其制品	4,652,915.00	1,777.00
第九类　木及木制品；木炭；软木及软木制品；稻草、秸秆、针茅或其他编结材料制品；篮筐及柳条编结品	2,734,287.00	204,545,796.00
第 44 章　木及木制品；木炭	2,680,008.00	204,536,520.00
第 45 章　软木及软木制品		
第 46 章　编结材料制品；篮筐及柳条编结品	54,279.00	9,276.00
第十类　木浆及其他纤维状纤维素浆；回收（废碎）纸或纸板；纸、纸板及其制品	16,342,611.00	1,903,584.00
第 47 章　木浆等纤维状纤维素浆；废纸及纸板	146,168.00	1,902,648.00
第 48 章　纸及纸板；纸浆、纸或纸板制品	15,996,400.00	936.00
第 49 章　印刷品；手稿、打字稿及设计图纸	200,043.00	—
第十一类　纺织原料及纺织制品	436,123,904.00	2,775,490.00
第 50 章　蚕丝	3,166,402.00	—
第 51 章　羊毛等动物毛；马毛纱线及其机织物	3,993,320.00	—
第 52 章　棉花	91,328,751.00	14,503.00
第 53 章　其他植物纤维；纸纱线及其机织物	2,225,307.00	131,560.00
第 54 章　化学纤维长丝	39,673,995.00	947.00
第 55 章　化学纤维短纤	175,707,493.00	59,097.00
第 56 章　絮胎、毡呢及无纺织物；线绳制品等	10,214,644.00	118,414.00
第 57 章　地毯及纺织材料的其他铺地制品	10,773,175.00	—

续表

名称	2010 年出口	2010 年进口
第 58 章　特种机织物；簇绒织物；刺绣品等	21,996,013.00	222.00
第 59 章　特种机织物；簇绒织物；刺绣品等	19,422,396.00	—
第 60 章　针织物及钩编织物	26,005,450.00	—
第 61 章　针织或钩编的服装及衣着附件	2,807,464.00	73,077.00
第 62 章　非针织或非钩编的服装及衣着附件	1,520,279.00	1,721,278.00
第 63 章　其他纺织制品；成套物品；旧纺织品	27,289,215.00	656,392.00
第十二类　鞋、帽、伞、杖、鞭及其零件；已加工的羽毛及其制品；人造花；人发制品	25,585,422.00	964,972.00
第 64 章　鞋靴、护腿和类似品及其零件	19,114,429.00	34,571.00
第 65 章　帽类及其零件	599,783.00	—
第 66 章　伞、手杖、鞭子、马鞭及其零件	5,142,446.00	—
第 67 章　加工羽毛及制品；人造花；人发制品	728,764.00	930,401.00
第十三类　石料、石膏、水泥、石棉、云母及类似材料的制品；陶瓷产品；玻璃及其制品	56,163,167.00	232,087.00
第 68 章　矿物材料的制品	18,488,839.00	232,083.00
第 69 章　陶瓷产品	22,935,408.00	—
第 70 章　玻璃及其制品	14,738,920.00	4.00
第十四类　天然或养殖珍珠、宝石或半宝石、贵金属、包贵金属及其制品；仿首饰；硬币	193,828.00	142,412,766.00
第 71 章　珠宝、贵金属及制品；仿首饰；硬币	193,828.00	142,412,766.00
第十五类　贱金属及其制品	523,089,333.00	21,247,679.00
第 72 章　钢铁	217,720,923.00	—
第 73 章　钢铁制品	249,515,610.00	319.00
第 74 章　铜及其制品	2,108,745.00	21,244,960.00
第 75 章　镍及其制品	97,212.00	—
第 76 章　铝及其制品	29,688,459.00	—
第 77 章	—	—
第 78 章　铅及其制品	26,836.00	—
第 79 章　锌及其制品	7,078,225.00	—
第 80 章　锡及其制品	9,000.00	—
第 81 章　其他贱金属、金属陶瓷及其制品	2,341.00	—
第 82 章　贱金属器具、利口器、餐具及零件	5,325,297.00	241.00
第 83 章　贱金属杂项制品	11,516,685.00	2,159.00
第十六类　机器、机械器具、电气设备及其零件；录音机及放声机、电视图像、声音的录制和重放设备及其零件、附件	1,115,805,404.00	1,133,050.00
第 84 章　核反应堆、锅炉、机械器具及零件	729,179,354.00	57,119.00
第 85 章　电机、电气、音像设备及其零附件	386,626,050.00	1,075,931.00
第十七类　车辆、航空器、船舶及有关运输设备	566,451,172.00	—
第 86 章　铁道车辆；轨道装置；信号设备	8,460,091.00	—
第 87 章　车辆及其零附件；但铁道车辆除外	486,698,780.00	—
第 88 章　航空器、航天器及其零件	48,923,990.00	—
第 89 章　船舶及浮动结构体	22,368,311.00	—

续表

名称	2010 年出口	2010 年进口
第十八类　光学、照相、电影、计量、检验、医疗或外科用仪器及设备、精密仪器及设备；钟表；乐器；上述物品的零件、附件	42,342,038.00	9,997,271.00
第 90 章　光学、照相、医疗等设备及零附件	42,031,789.00	9,997,145.00
第 91 章　钟表及其零件	240,987.00	—
第 92 章　乐器及其零件、附件	69,262.00	126.00
第十九类　武器、弹药及其零件、附件	—	—
第 93 章　武器、弹药及其零件、附件	—	—
第二十类　杂项制品	78,869,469.00	137,335.00
第 94 章　家具；寝具等；灯具；活动房	50,918,622.00	137,310.00
第 95 章　玩具、游戏或运动用品及其零附件	6,051,736.00	—
第 96 章　杂项制品	21,899,111.00	25.00
第二十一类　艺术品、收藏品及古物	60.00	17,745.00
第 97 章　艺术品、收藏品及古物	60.00	17,745.00
第二十二类　特殊交易品及未分类商品	88,146.00	1,972,542.00
第 98 章　特殊交易品及未分类商品	88,146.00	1,972,542.00

数据来源：海关总署——海关统计资讯网 www.hgtj.cn

中国对菲律宾进出口商品构成表（2010 年）

单位：美元

名称	2010 年出口	2010 年进口
总值	11,540,259,849.00	16,220,512,497.00
第一类　活动物；动物产品	113,957,216.00	5,340,524.00
第 1 章　活动物	560.00	—
第 2 章　肉及食用杂碎	1,919,491.00	—
第 3 章　鱼及其他水生无脊椎动物	111,146,968.00	3,828,581.00
第 4 章　乳；蛋；蜂蜜；其他食用动物产品	657,540.00	23,928.00
第 5 章　其他动物产品	232,657.00	1,488,015.00
第二类　植物产品	286,672,983.00	233,336,722.00
第 6 章　活植物；茎、根；插花、簇叶	503,562.00	9,188.00
第 7 章　食用蔬菜、根及块茎	124,820,641.00	42,011.00
第 8 章　食用水果及坚果；甜瓜等水果的果皮	110,073,030.00	221,419,394.00
第 9 章　咖啡、茶、马黛茶及调味香料	6,527,483.00	1,222.00
第 10 章　谷物	3,252,594.00	12,106.00
第 11 章　制粉工业产品；麦芽；淀粉等；面筋	26,042,076.00	295,716.00
第 12 章　油籽；子仁；工业或药用植物；饲料	5,703,994.00	6,580,866.00
第 13 章　虫胶；树胶、树脂及其他植物液、汁	9,747,443.00	4,171,762.00
第 14 章　编结用植物材料；其他植物产品	2,160.00	804,457.00
第三类　动、植物油、脂及其分解产品；精致的食用油脂；动、植物蜡	552,476.00	110,209,577.00

续表

名称	2010 年出口	2010 年进口
第 15 章　动、植物油、脂、蜡；精制食用油脂	552,476.00	110,209,577.00
第四类　食品；饮料、酒及醋；烟草、烟草及烟草代用品的制品	359,035,234.00	51,888,255.00
第 16 章　肉、鱼及其他水生无脊椎动物的制品	48,702,385.00	36,432.00
第 17 章　糖及糖食	71,620,650.00	130,511.00
第 18 章　可可及可可制品	11,767,009.00	247,944.00
第 19 章　谷物粉、淀粉等或乳的制品；糕饼	17,562,173.00	6,282,932.00
第 20 章　蔬菜、水果等或植物其他部分的制品	59,136,915.00	13,320,908.00
第 21 章　杂项食品	66,945,695.00	2,999,530.00
第 22 章　饮料、酒及醋	19,621,886.00	1,119,868.00
第 23 章　食品工业的残渣及废料；配制的饲料	20,309,434.00	27,581,542.00
第 24 章　烟草、烟草及烟草代用品的制品	43,369,087.00	168,588.00
第五类　矿产品	498,760,764.00	1,195,022,662.00
第 25 章　盐；硫黄；土及石料；石灰及水泥等	17,886,460.00	4,027,074.00
第 26 章　矿砂、矿渣及矿灰	232,014.00	959,882,446.00
第 27 章　矿物燃料、矿物油及其产品；沥青等	480,642,290.00	231,113,142.00
第六类　化学工业及其相关工业的产品	729,247,235.00	148,375,079.00
第 28 章　无机化学品；贵金属等的化合物	124,499,922.00	8,111,544.00
第 29 章　有机化学品	145,242,206.00	90,396,327.00
第 30 章　药品	36,882,649.00	7,107.00
第 31 章　肥料	173,671,047.00	914,683.00
第 32 章　鞣料；着色料；涂料；油灰；墨水等	40,718,282.00	9,275,424.00
第 33 章　精油及香膏；芳香料制品；化妆盥洗品	27,538,038.00	1,290,013.00
第 34 章　洗涤剂、润滑剂、人造蜡、塑型膏等	34,836,613.00	9,687,336.00
第 35 章　蛋白类物质；改性淀粉；胶；酶	25,350,851.00	1,026,716.00
第 36 章　炸药；烟火；引火品；易燃材料制品	6,665,578.00	109,611.00
第 37 章　照相及电影用品	18,739,926.00	6,765.00
第 38 章　杂项化学产品	95,102,123.00	27,549,553.00
第七类　塑料及其制品；橡胶及其制品	550,523,927.00	440,082,555.00
第 39 章　塑料及其制品	398,845,777.00	387,797,833.00
第 40 章　橡胶及其制品	151,678,150.00	52,284,722.00
第八类　生皮、皮革、毛皮及其制品；鞍具及挽具；旅行用品、手提包及类似品；动物肠线（蚕胶丝除外）制品	68,254,769.00	12,646,449.00
第 41 章　生皮（毛皮除外）及皮革	1,672,051.00	10,365,395.00
第 42 章　皮革制品；旅行箱包；动物肠线制品	66,028,745.00	2,270,922.00
第 43 章　毛皮、人造毛皮及其制品	553,973.00	10,132.00
第九类　木及木制品；木炭；软木及软木制品；稻草、秸秆、针茅或其他编结材料制品；篮筐及柳条编结品	39,942,621.00	63,667,006.00
第 44 章　木及木制品；木炭	35,184,543.00	63,316,621.00
第 45 章　软木及软木制品	95,463.00	254,152.00
第 46 章　编结材料制品；篮筐及柳条编结品	4,662,615.00	96,233.00
第十类　木浆及其他纤维状纤维素浆；回收（废碎）纸或纸板；纸、纸板及其制品	151,844,799.00	14,921,775.00

续表

名称	2010 年出口	2010 年进口
第 47 章 木浆等纤维状纤维素浆；废纸及纸板	1,131,599.00	12,344,156.00
第 48 章 纸及纸板；纸浆、纸或纸板制品	143,804,059.00	2,408,583.00
第 49 章 印刷品；手稿、打字稿及设计图纸	6,909,141.00	169,036.00
第十一类 纺织原料及纺织制品	1,518,447,737.00	69,760,715.00
第 50 章 蚕丝	3,458,922.00	922.00
第 51 章 羊毛等动物毛；马毛纱线及其机织物	15,866,820.00	55.00
第 52 章 棉花	171,710,008.00	124,678.00
第 53 章 其他植物纤维；纸纱线及其机织物	4,197,471.00	9,541,056.00
第 54 章 化学纤维长丝	132,716,980.00	38,516,244.00
第 55 章 化学纤维短纤	99,322,087.00	45,172.00
第 56 章 絮胎、毡呢及无纺织物；线绳制品等	32,470,418.00	1,437,728.00
第 57 章 地毯及纺织材料的其他铺地制品	9,126,591.00	8,745.00
第 58 章 特种机织物；簇绒织物；刺绣品等	81,617,048.00	4,763,559.00
第 59 章 特种机织物；簇绒织物；刺绣品等	121,096,303.00	186,235.00
第 60 章 针织物及钩编织物	171,711,768.00	111,027.00
第 61 章 针织或钩编的服装及衣着附件	477,489,962.00	7,303,904.00
第 62 章 非针织或非钩编的服装及衣着附件	81,343,509.00	6,260,282.00
第 63 章 其他纺织制品；成套物品；旧纺织品	116,319,850.00	1,461,108.00
第十二类 鞋、帽、伞、杖、鞭及其零件；已加工的羽毛及其制品；人造花；人发制品	345,784,747.00	190,955.00
第 64 章 鞋靴、护腿和类似品及其零件	221,289,869.00	34,200.00
第 65 章 帽类及其零件	10,041,315.00	155,158.00
第 66 章 伞、手杖、鞭子、马鞭及其零件	105,917,171.00	375.00
第 67 章 加工羽毛及制品；人造花；人发制品	8,536,392.00	1,222.00
第十三类 石料、石膏、水泥、石棉、云母及类似材料的制品；陶瓷产品；玻璃及其制品	286,735,251.00	42,177,160.00
第 68 章 矿物材料的制品	35,060,792.00	1,344,212.00
第 69 章 陶瓷产品	148,545,559.00	267,504.00
第 70 章 玻璃及其制品	103,128,900.00	40,565,444.00
第十四类 天然或养殖珍珠、宝石或半宝石、贵金属、包贵金属及其制品；仿首饰；硬币	3,956,971.00	709,636.00
第 71 章 珠宝、贵金属及制品；仿首饰；硬币	3,956,971.00	709,636.00
第十五类 贱金属及其制品	1,402,798,006.00	689,317,700.00
第 72 章 钢铁	726,115,314.00	8,251,003.00
第 73 章 钢铁制品	352,641,815.00	5,636,320.00
第 74 章 铜及其制品	29,300,206.00	628,104,505.00
第 75 章 镍及其制品	2,335,987.00	451.00
第 76 章 铝及其制品	138,019,659.00	38,019,108.00
第 77 章	—	—
第 78 章 铅及其制品	7,263,543.00	3,884,508.00
第 79 章 锌及其制品	4,397,323.00	85,694.00
第 80 章 锡及其制品	94,788.00	17,963.00

续表

名称	2010 年出口	2010 年进口
第 81 章　其他贱金属、金属陶瓷及其制品	13,806,242.00	9,923.00
第 82 章　贱金属器具、利口器、餐具及零件	51,386,157.00	2,339,971.00
第 83 章　贱金属杂项制品	77,436,972.00	2,968,254.00
第十六类　机器、机械器具、电气设备及其零件；录音机及放声机、电视图像、声音的录制和重放设备及其零件、附件	3,849,006,319.00	12,772,773,849.00
第 84 章　核反应堆、锅炉、机械器具及零件	1,398,450,152.00	3,910,052,532.00
第 85 章　电机、电气、音像设备及其零附件	2,450,556,167.00	8,862,721,317.00
第十七类　车辆、航空器、船舶及有关运输设备	396,538,584.00	13,123,950.00
第 86 章　铁道车辆；轨道装置；信号设备	3,364,895.00	2,573,043.00
第 87 章　车辆及其零附件，但铁道车辆除外	334,666,505.00	9,746,675.00
第 88 章　航空器、航天器及其零件	4,502,074.00	804,232.00
第 89 章　船舶及浮动结构体	54,005,110.00	—
第十八类　光学、照相、电影、计量、检验、医疗或外科用仪器及设备、精密仪器及设备；钟表；乐器；上述物品的零件、附件	215,993,281.00	255,777,272.00
第 90 章　光学、照相、医疗等设备及零附件	184,668,886.00	254,578,142.00
第 91 章　钟表及其零件	20,302,509.00	1,171,296.00
第 92 章　乐器及其零件、附件	11,021,886.00	27,834.00
第十九类　武器、弹药及其零件、附件	66,125.00	—
第 93 章　武器、弹药及其零件、附件	66,125.00	—
第二十类　杂项制品	720,854,206.00	100,551,554.00
第 94 章　家具；寝具等；灯具；活动房	283,974,691.00	14,769,710.00
第 95 章　玩具、游戏或运动用品及其零附件	360,214,264.00	85,358,643.00
第 96 章　杂项制品	76,665,251.00	423,201.00
第二十一类　艺术品、收藏品及古物	138,087.00	18,539.00
第 97 章　艺术品、收藏品及古物	138,087.00	18,539.00
第二十二类　特殊交易品及未分类商品	1,148,511.00	620,563.00
第 98 章　特殊交易品及未分类商品	1,148,511.00	620,563.00

数据来源：海关总署——海关统计资讯网 www.hgtj.cn

中国对新加坡进出口商品构成表（2010 年）

单位：美元

名称	2010 年出口	2010 年进口
总值	32,347,230,353.00	24,728,185,266.00
第一类　活动物；动物产品	54,629,492.00	12,206,112.00
第 1 章　活动物	135,484.00	6,272.00
第 2 章　肉及食用杂碎	6,353,965.00	—
第 3 章　鱼及其他水生无脊椎动物	39,826,472.00	3,595,472.00
第 4 章　乳；蛋；蜂蜜；其他食用动物产品	8,265,090.00	8,603,900.00
第 5 章　其他动物产品	48,481.00	468.00

续表

名称	2010年出口	2010年进口
第二类　植物产品	215,239,631.00	2,952,603.00
第6章　活植物；茎、根；插花、簇叶	7,109,240.00	15,848.00
第7章　食用蔬菜、根及块茎	94,159,430.00	—
第8章　食用水果及坚果；甜瓜等水果的果皮	45,812,535.00	48,581.00
第9章　咖啡、茶、马黛茶及调味香料	24,337,483.00	1,381,381.00
第10章　谷物	76,537.00	—
第11章　制粉工业产品；麦芽；淀粉等；面筋	11,126,000.00	8,819.00
第12章　油籽；子仁；工业或药用植物；饲料	25,069,597.00	18,373.00
第13章　虫胶；树胶、树脂及其他植物液、汁	6,954,350.00	1,328,581.00
第14章　编结用植物材料；其他植物产品	594,459.00	151,020.00
第三类　动、植物油、脂及其分解产品；精致的食用油脂；动、植物蜡	19,692,695.00	12,321,040.00
第15章　动、植物油、脂、蜡；精制食用油脂	19,692,695.00	12,321,040.00
第四类　食品；饮料、酒及醋；烟草、烟草及烟草代用品的制品	234,209,104.00	473,350,154.00
第16章　肉、鱼及其他水生无脊椎动物的制品	77,619,926.00	226,145.00
第17章　糖及糖食	15,894,700.00	1,449,594.00
第18章　可可及可可制品	1,292,579.00	35,627,219.00
第19章　谷物粉、淀粉等或乳的制品；糕饼	21,275,600.00	365,696,792.00
第20章　蔬菜、水果等或植物其他部分的制品	31,266,151.00	345,861.00
第21章　杂项食品	35,313,639.00	24,118,332.00
第22章　饮料、酒及醋	22,928,076.00	22,526.00
第23章　食品工业的残渣及废料；配制的饲料	8,417,815.00	4,592,549.00
第24章　烟草、烟草及烟草代用品的制品	20,200,618.00	41,271,136.00
第五类　矿产品	3,136,022,604.00	4,636,930,680.00
第25章　盐；硫黄；土及石料；石灰及水泥等	19,842,996.00	704,872.00
第26章　矿砂、矿渣及矿灰	138,055.00	1,887,148.00
第27章　矿物燃料、矿物油及其产品；沥青等	3,116,041,553.00	4,634,338,660.00
第六类　化学工业及其相关工业的产品	1,005,464,459.00	2,714,570,008.00
第28章　无机化学品；贵金属等的化合物	122,730,797.00	23,251,292.00
第29章　有机化学品	436,730,930.00	1,954,663,241.00
第30章　药品	37,225,293.00	5,728,501.00
第31章　肥料	362,320.00	—
第32章　鞣料；着色料；涂料；油灰；墨水等	68,885,565.00	107,617,111.00
第33章　精油及香膏；芳香料制品；化妆盥洗品	119,461,851.00	31,065,619.00
第34章　洗涤剂、润滑剂、人造蜡、塑型膏等	32,342,596.00	78,295,820.00
第35章　蛋白类物质；改性淀粉；胶；酶	28,159,698.00	9,261,371.00
第36章　炸药；烟火；引火品；易燃材料制品	1,206,688.00	54,619.00
第37章　照相及电影用品	48,668,434.00	2,137,251.00
第38章　杂项化学产品	109,690,287.00	502,495,183.00
第七类　塑料及其制品；橡胶及其制品	537,295,245.00	2,719,755,507.00
第39章　塑料及其制品	371,908,394.00	2,650,425,540.00

续表

名称	2010 年出口	2010 年进口
第 40 章　橡胶及其制品	165,386,851.00	69,329,967.00
第八类　生皮、皮革、毛皮及其制品；鞍具及挽具；旅行用品、手提包及类似品；动物肠线（蚕胶丝除外）制品	195,467,383.00	801,964.00
第 41 章　生皮（毛皮除外）及皮革	1,286,689.00	662,919.00
第 42 章　皮革制品；旅行箱包；动物肠线制品	193,919,585.00	139,045.00
第 43 章　毛皮、人造毛皮及其制品	261,109.00	—
第九类　木及木制品；木炭；软木及软木制品；稻草、秸秆、针茅或其他编结材料制品；篮筐及柳条编结品	126,555,777.00	436,844.00
第 44 章　木及木制品；木炭	95,150,071.00	434,917.00
第 45 章　软木及软木制品	193,586.00	1,205.00
第 46 章　编结材料制品；篮筐及柳条编结品	31,212,120.00	722.00
第十类　木浆及其他纤维状纤维素浆；回收（废碎）纸或纸板；纸、纸板及其制品	154,542,794.00	67,558,918.00
第 47 章　木浆等纤维状纤维素浆；废纸及纸板	7,200.00	1,280,914.00
第 48 章　纸及纸板；纸浆、纸或纸板制品	140,637,365.00	21,489,660.00
第 49 章　印刷品；手稿、打字稿及设计图纸	13,898,229.00	44,788,344.00
第十一类　纺织原料及纺织制品	1,051,174,702.00	37,083,774.00
第 50 章　蚕丝	31,182,479.00	19,042.00
第 51 章　羊毛等动物毛；马毛纱线及其机织物	12,480,062.00	162,147.00
第 52 章　棉花	43,229,260.00	784,590.00
第 53 章　其他植物纤维；纸纱线及其机织物	6,356,628.00	2,347.00
第 54 章　化学纤维长丝	37,317,460.00	27,840,034.00
第 55 章　化学纤维短纤	25,536,560.00	605,042.00
第 56 章　絮胎、毡呢及无纺织物；线绳制品等	21,219,393.00	1,060,863.00
第 57 章　地毯及纺织材料的其他铺地制品	28,220,049.00	42,316.00
第 58 章　特种机织物；簇绒织物；刺绣品等	29,823,976.00	227,364.00
第 59 章　特种机织物；簇绒织物；刺绣品等	62,754,339.00	4,489,811.00
第 60 章　针织物及钩编织物	30,138,383.00	196,338.00
第 61 章　针织或钩编的服装及衣着附件	415,005,546.00	877,353.00
第 62 章　非针织或非钩编的服装及衣着附件	195,422,315.00	223,213.00
第 63 章　其他纺织制品；成套物品；旧纺织品	112,488,252.00	553,314.00
第十二类　鞋、帽、伞、杖、鞭及其零件；已加工的羽毛及其制品；人造花；人发制品	330,873,288.00	306,832.00
第 64 章　鞋靴、护腿和类似品及其零件	286,554,966.00	82,680.00
第 65 章　帽类及其零件	9,067,207.00	47,295.00
第 66 章　伞、手杖、鞭子、马鞭及其零件	25,898,585.00	2,672.00
第 67 章　加工羽毛及制品；人造花；人发制品	9,352,530.00	174,185.00
第十三类　石料、石膏、水泥、石棉、云母及类似材料的制品；陶瓷产品；玻璃及其制品	423,607,798.00	34,705,816.00
第 68 章　矿物材料的制品	77,106,894.00	2,341,909.00
第 69 章　陶瓷产品	197,523,331.00	5,615,060.00
第 70 章　玻璃及其制品	148,977,573.00	26,748,847.00

续表

名称	2010年出口	2010年进口
第十四类　天然或养殖珍珠、宝石或半宝石、贵金属、包贵金属及其制品；仿首饰；硬币	29,852,846.00	30,194,366.00
第71章　珠宝、贵金属及制品；仿首饰；硬币	29,852,846.00	30,194,366.00
第十五类　贱金属及其制品	2,064,812,307.00	386,101,068.00
第72章　钢铁	557,436,047.00	52,061,134.00
第73章　钢铁制品	716,966,262.00	123,072,328.00
第74章　铜及其制品	66,593,258.00	122,377,607.00
第75章　镍及其制品	196,617,296.00	2,025,080.00
第76章　铝及其制品	285,624,688.00	53,858,277.00
第77章	—	—
第78章　铅及其制品	1,184,789.00	257,067.00
第79章　锌及其制品	13,331,148.00	710,434.00
第80章　锡及其制品	48,517,911.00	9,687,601.00
第81章　其他贱金属、金属陶瓷及其制品	7,273,387.00	1,098,557.00
第82章　贱金属器具、利口器、餐具及零件	80,219,361.00	11,669,247.00
第83章　贱金属杂项制品	91,048,160.00	9,283,736.00
第十六类　机器、机械器具、电气设备及其零件；录音机及放声机、电视图像、声音的录制和重放设备及其零件、附件	15,603,849,216.00	12,800,798,788.00
第84章　核反应堆、锅炉、机械器具及零件	6,885,235,186.00	4,136,355,308.00
第85章　电机、电气、音像设备及其零附件	8,718,614,030.00	8,664,443,480.00
第十七类　车辆、航空器、船舶及有关运输设备	5,394,363,563.00	79,095,271.00
第86章　铁道车辆；轨道装置；信号设备	171,296,881.00	81,570.00
第87章　车辆及其零附件，但铁道车辆除外	156,198,569.00	62,718,206.00
第88章　航空器、航天器及其零件	16,150,320.00	7,192,718.00
第89章　船舶及浮动结构体	5,050,717,793.00	9,102,777.00
第十八类　光学、照相、电影、计量、检验、医疗或外科用仪器及设备、精密仪器及设备；钟表；乐器；上述物品的零件、附件	579,626,338.00	614,319,522.00
第90章　光学、照相、医疗等设备及零附件	554,812,821.00	588,423,524.00
第91章　钟表及其零件	16,308,691.00	25,895,347.00
第92章　乐器及其零件、附件	8,504,826.00	651.00
第十九类　武器、弹药及其零件、附件	36,557.00	—
第93章　武器、弹药及其零件、附件	36,557.00	—
第二十类　杂项制品	1,149,432,017.00	7,603,765.00
第94章　家具；寝具等；灯具；活动房	846,925,098.00	6,030,323.00
第95章　玩具、游戏或运动用品及其零附件	248,224,710.00	394,617.00
第96章　杂项制品	54,282,209.00	1,178,825.00
第二十一类　艺术品、收藏品及古物	451,610.00	186,751.00
第97章　艺术品、收藏品及古物	451,610.00	186,751.00
第二十二类　特殊交易品及未分类商品	40,030,927.00	96,905,483.00
第98章　特殊交易品及未分类商品	40,030,927.00	96,905,483.00

数据来源：海关总署——海关统计资讯网 www.hgtj.cn

中国对泰国进出口商品构成表（2010 年）

单位：美元

名称	2010 年出口	2010 年进口
总值	19,741,077,100.00	33,194,340,796.00
第一类　活动物；动物产品	124,827,841.00	139,530,144.00
第 1 章　活动物	107,298.00	1,394,689.00
第 2 章　肉及食用杂碎	143,665.00	—
第 3 章　鱼及其他水生无脊椎动物	82,617,293.00	128,905,235.00
第 4 章　乳；蛋；蜂蜜；其他食用动物产品	2,386,530.00	2,409,509.00
第 5 章　其他动物产品	39,573,055.00	6,820,711.00
第二类　植物产品	736,896,074.00	2,011,485,193.00
第 6 章　活植物；茎、根；插花、簇叶	8,098,869.00	16,820,312.00
第 7 章　食用蔬菜、根及块茎	369,722,169.00	966,461,355.00
第 8 章　食用水果及坚果；甜瓜等水果的果皮	222,100,159.00	495,911,969.00
第 9 章　咖啡、茶、马黛茶及调味香料	20,008,872.00	1,371,189.00
第 10 章　谷物	1,283,464.00	228,784,010.00
第 11 章　制粉工业产品；麦芽；淀粉等；面筋	32,775,865.00	287,712,269.00
第 12 章　油籽；子仁；工业或药用植物；饲料	70,824,970.00	13,499,409.00
第 13 章　虫胶；树胶、树脂及其他植物液、汁	11,501,988.00	685,825.00
第 14 章　编结用植物材料；其他植物产品	579,718.00	238,855.00
第三类　动、植物油、脂及其分解产品；精致的食用油脂；动、植物蜡	9,239,025.00	16,672,020.00
第 15 章　动、植物油、脂、蜡；精制食用油脂	9,239,025.00	16,672,020.00
第四类　食品；饮料、酒及醋；烟草、烟草及烟草代用品的制品	292,995,653.00	175,714,987.00
第 16 章　肉、鱼及其他水生无脊椎动物的制品	46,739,245.00	10,501,525.00
第 17 章　糖及糖食	29,480,920.00	11,775,626.00
第 18 章　可可及可可制品	3,875,486.00	605,197.00
第 19 章　谷物粉、淀粉等或乳的制品；糕饼	22,402,470.00	15,960,678.00
第 20 章　蔬菜、水果等或植物其他部分的制品	100,659,978.00	17,712,754.00
第 21 章　杂项食品	42,275,497.00	16,102,931.00
第 22 章　饮料、酒及醋	4,181,740.00	2,079,074.00
第 23 章　食品工业的残渣及废料；配制的饲料	35,578,175.00	100,077,210.00
第 24 章　烟草、烟草及烟草代用品的制品	7,802,142.00	899,992.00
第五类　矿产品	268,412,273.00	1,535,414,190.00
第 25 章　盐；硫黄；土及石料；石灰及水泥等	57,598,388.00	26,132,632.00
第 26 章　矿砂、矿渣及矿灰	16,716,227.00	213,908,489.00
第 27 章　矿物燃料、矿物油及其产品；沥青等	194,097,658.00	1,295,373,069.00
第六类　化学工业及其相关工业的产品	2,080,927,648.00	1,993,909,070.00
第 28 章　无机化学品；贵金属等的化合物	439,125,486.00	18,255,603.00
第 29 章　有机化学品	731,721,048.00	1,571,807,377.00
第 30 章　药品	41,213,535.00	6,208,128.00
第 31 章　肥料	230,817,336.00	75,790.00
第 32 章　鞣料；着色料；涂料；油灰；墨水等	156,002,274.00	54,676,560.00

续表

名称	2010 年出口	2010 年进口
第 33 章　精油及香膏；芳香料制品；化妆盥洗品	32,712,186.00	43,710,715.00
第 34 章　洗涤剂、润滑剂、人造蜡、塑型膏等	49,730,604.00	48,554,280.00
第 35 章　蛋白类物质；改性淀粉；胶；酶	45,194,668.00	97,347,458.00
第 36 章　炸药；烟火；引火品；易燃材料制品	24,013,681.00	1,503,760.00
第 37 章　照相及电影用品	44,623,524.00	1,342,257.00
第 38 章　杂项化学产品	285,773,306.00	150,427,142.00
第七类　塑料及其制品；橡胶及其制品	718,660,588.00	7,039,154,576.00
第 39 章　塑料及其制品	539,405,996.00	2,663,840,611.00
第 40 章　橡胶及其制品	179,254,592.00	4,375,313,965.00
第八类　生皮、皮革、毛皮及其制品；鞍具及挽具；旅行用品、手提包及类似品；动物肠线（蚕胶丝除外）制品	92,033,180.00	203,789,405.00
第 41 章　生皮（毛皮除外）及皮革	6,683,780.00	191,128,668.00
第 42 章　皮革制品；旅行箱包；动物肠线制品	85,121,368.00	12,660,737.00
第 43 章　毛皮、人造毛皮及其制品	228,032.00	—
第九类　木及木制品；木炭；软木及软木制品；稻草、秸秆、针茅或其他编结材料制品；篮筐及柳条编结品	141,616,970.00	676,726,118.00
第 44 章　木及木制品；木炭	113,596,940.00	676,616,578.00
第 45 章　软木及软木制品	12,442.00	129.00
第 46 章　编结材料制品；篮筐及柳条编结品	28,007,588.00	109,411.00
第十类　木浆及其他纤维状纤维素浆；回收（废碎）纸或纸板；纸、纸板及其制品	188,639,388.00	102,031,855.00
第 47 章　木浆等纤维状纤维素浆；废纸及纸板	10,896,309.00	47,054,017.00
第 48 章　纸及纸板；纸浆、纸或纸板制品	169,940,353.00	54,053,113.00
第 49 章　印刷品；手稿、打字稿及设计图纸	7,802,726.00	924,725.00
第十一类　纺织原料及纺织制品	1,508,142,933.00	498,657,347.00
第 50 章　蚕丝	10,388,977.00	52,918.00
第 51 章　羊毛等动物毛；马毛纱线及其机织物	18,815,633.00	993,850.00
第 52 章　棉花	293,780,053.00	79,022,251.00
第 53 章　其他植物纤维；纸纱线及其机织物	9,515,847.00	18,864,819.00
第 54 章　化学纤维长丝	160,577,856.00	126,957,746.00
第 55 章　化学纤维短纤	219,752,449.00	92,129,715.00
第 56 章　絮胎、毡呢及无纺织物；线绳制品等	47,272,960.00	36,649,824.00
第 57 章　地毯及纺织材料的其他铺地制品	14,518,622.00	23,414,823.00
第 58 章　特种机织物；簇绒织物；刺绣品等	57,277,422.00	16,330,494.00
第 59 章　特种机织物；簇绒织物；刺绣品等	192,397,812.00	15,532,017.00
第 60 章　针织物及钩编织物	154,410,339.00	28,037,938.00
第 61 章　针织或钩编的服装及衣着附件	186,301,019.00	30,974,568.00
第 62 章　非针织或非钩编的服装及衣着附件	45,487,111.00	21,779,067.00
第 63 章　其他纺织制品；成套物品；旧纺织品	97,646,833.00	7,917,317.00
第十二类　鞋、帽、伞、杖、鞭及其零件；已加工的羽毛及其制品；人造花；人发制品	309,607,803.00	29,621,157.00
第 64 章　鞋靴、护腿和类似品及其零件	219,583,501.00	28,900,760.00

续表

名称	2010 年出口	2010 年进口
第 65 章　帽类及其零件	7,110,470.00	536,129.00
第 66 章　伞、手杖、鞭子、马鞭及其零件	76,693,641.00	3,978.00
第 67 章　加工羽毛及制品；人造花；人发制品	6,220,191.00	180,290.00
第十三类　石料、石膏、水泥、石棉、云母及类似材料的制品；陶瓷产品；玻璃及其制品	402,032,760.00	167,186,101.00
第 68 章　矿物材料的制品	64,649,127.00	9,545,185.00
第 69 章　陶瓷产品	176,693,119.00	20,289,453.00
第 70 章　玻璃及其制品	160,690,514.00	137,351,463.00
第十四类　天然或养殖珍珠、宝石或半宝石、贵金属、包贵金属及其制品；仿首饰；硬币	131,475,471.00	264,895,795.00
第 71 章　珠宝、贵金属及制品；仿首饰；硬币	131,475,471.00	264,895,795.00
第十五类　贱金属及其制品	2,191,204,409.00	236,218,531.00
第 72 章　钢铁	990,554,251.00	46,761,787.00
第 73 章　钢铁制品	483,204,794.00	97,219,012.00
第 74 章　铜及其制品	163,879,006.00	34,356,481.00
第 75 章　镍及其制品	6,269,386.00	130,835.00
第 76 章　铝及其制品	262,036,023.00	16,770,401.00
第 77 章	—	—
第 78 章　铅及其制品	35,346,937.00	254,661.00
第 79 章　锌及其制品	15,480,028.00	8,130,915.00
第 80 章　锡及其制品	154,838.00	17,358,662.00
第 81 章　其他贱金属、金属陶瓷及其制品	32,552,771.00	2,305,462.00
第 82 章　贱金属器具、利口器、餐具及零件	92,322,322.00	6,532,099.00
第 83 章　贱金属杂项制品	109,404,053.00	6,398,216.00
第十六类　机器、机械器具、电气设备及其零件；录音机及放声机、电视图像、声音的录制和重放设备及其零件、附件	7,819,299,875.00	17,372,893,936.00
第 84 章　核反应堆、锅炉、机械器具及零件	4,192,771,599.00	9,782,268,052.00
第 85 章　电机、电气、音像设备及其零附件	3,626,528,276.00	7,590,625,884.00
第十七类　车辆、航空器、船舶及有关运输设备	525,027,221.00	97,972,154.00
第 86 章　铁道车辆；轨道装置；信号设备	72,123,305.00	150,994.00
第 87 章　车辆及其零附件，但铁道车辆除外	428,694,199.00	59,076,162.00
第 88 章　航空器、航天器及其零件	3,696,517.00	26,178.00
第 89 章　船舶及浮动结构体	20,513,200.00	38,718,820.00
第十八类　光学、照相、电影、计量、检验、医疗或外科用仪器及设备、精密仪器及设备；钟表；乐器；上述物品的零件、附件	1,127,792,910.00	581,879,087.00
第 90 章　光学、照相、医疗等设备及零附件	1,099,302,962.00	511,277,940.00
第 91 章　钟表及其零件	15,905,416.00	68,391,785.00
第 92 章　乐器及其零件、附件	12,584,532.00	2,209,362.00
第十九类　武器、弹药及其零件、附件	1,838.00	—
第 93 章　武器、弹药及其零件、附件	1,838.00	—
第二十类　杂项制品	1,069,272,673.00	50,515,943.00

续表

名称	2010 年出口	2010 年进口
第 94 章　家具；寝具等；灯具；活动房	881,805,227.00	17,610,297.00
第 95 章　玩具、游戏或运动用品及其零附件	83,785,402.00	24,097,351.00
第 96 章　杂项制品	103,682,044.00	8,808,295.00
第二十一类　艺术品、收藏品及古物	207,832.00	73,187.00
第 97 章　艺术品、收藏品及古物	207,832.00	73,187.00
第二十二类　特殊交易品及未分类商品	2,762,735.00	—
第 98 章　特殊交易品及未分类商品	2,762,735.00	—

数据来源：海关总署——海关统计资讯网 www.hgtj.cn

中国对越南进出口商品构成表（2010 年）

单位：美元

名称	2010 年出口	2010 年进口
总值	23,101,541,176.00	6,983,438,097.00
第一类　活动物；动物产品	71,632,270.00	33,984,621.00
第 1 章　活动物	143,330.00	546,000.00
第 2 章　肉及食用杂碎		
第 3 章　鱼及其他水生无脊椎动物	52,133,355.00	32,553,344.00
第 4 章　乳；蛋；蜂蜜；其他食用动物产品	178,548.00	28,261.00
第 5 章　其他动物产品	19,177,037.00	857,016.00
第二类　植物产品	991,945,729.00	653,757,970.00
第 6 章　活植物；茎、根；插花、簇叶	1,867,337.00	804,341.00
第 7 章　食用蔬菜、根及块茎	543,154,438.00	210,597,372.00
第 8 章　食用水果及坚果；甜瓜等水果的果皮	260,319,095.00	318,012,987.00
第 9 章　咖啡、茶、马黛茶及调味香料	11,464,204.00	38,759,265.00
第 10 章　谷物	21,139,460.00	22,325,866.00
第 11 章　制粉工业产品；麦芽；淀粉等；面筋	40,179,107.00	59,693,604.00
第 12 章　油籽；子仁；工业或药用植物；饲料	111,297,175.00	1,631,757.00
第 13 章　虫胶；树胶、树脂及其他植物液、汁	2,449,666.00	1,259,241.00
第 14 章　编结用植物材料；其他植物产品	75,247.00	673,537.00
第三类　动、植物油、脂及其分解产品；精致的食用油脂；动、植物蜡	9,495,315.00	12,848,576.00
第 15 章　动、植物油、脂、蜡；精制食用油脂	9,495,315.00	12,848,576.00
第四类　食品；饮料、酒及醋；烟草、烟草及烟草代用品的制品	240,426,052.00	34,019,581.00
第 16 章　肉、鱼及其他水生无脊椎动物的制品	31,131,618.00	181,940.00
第 17 章　糖及糖食	59,794,978.00	4,630,928.00
第 18 章　可可及可可制品	778,463.00	246,246.00
第 19 章　谷物粉、淀粉等或乳的制品；糕饼	3,882,705.00	1,789,466.00
第 20 章　蔬菜、水果等或植物其他部分的制品	15,356,607.00	2,979,047.00
第 21 章　杂项食品	22,936,912.00	2,820,758.00

续表

名称	2010 年出口	2010 年进口
第 22 章　饮料、酒及醋	2,307,476.00	93,409.00
第 23 章　食品工业的残渣及废料；配制的饲料	88,169,137.00	21,188,537.00
第 24 章　烟草、烟草及烟草代用品的制品	16,068,156.00	89,250.00
第五类　矿产品	1,891,168,882.00	2,133,269,020.00
第 25 章　盐；硫黄；土及石料；石灰及水泥等	34,554,075.00	36,553,894.00
第 26 章　矿砂、矿渣及矿灰	6,905,754.00	317,360,731.00
第 27 章　矿物燃料、矿物油及其产品；沥青等	1,849,709,053.00	1,779,354,395.00
第六类　化学工业及其相关工业的产品	1,737,078,234.00	80,551,331.00
第 28 章　无机化学品；贵金属等的化合物	241,114,446.00	1,730,801.00
第 29 章　有机化学品	444,737,034.00	32,862,028.00
第 30 章　药品	43,771,235.00	63,823.00
第 31 章　肥料	471,348,160.00	1,549,629.00
第 32 章　鞣料；着色料；涂料；油灰；墨水等	140,391,930.00	1,436,218.00
第 33 章　精油及香膏；芳香料制品；化妆盥洗品	27,191,547.00	274,351.00
第 34 章　洗涤剂、润滑剂、人造蜡、塑型膏等	37,810,031.00	1,511,737.00
第 35 章　蛋白类物质；改性淀粉；胶；酶	65,471,516.00	5,966,927.00
第 36 章　炸药；烟火；引火品；易燃材料制品	1,084,391.00	—
第 37 章　照相及电影用品	27,384,958.00	104,241.00
第 38 章　杂项化学产品	236,772,986.00	35,051,576.00
第七类　塑料及其制品；橡胶及其制品	687,853,017.00	581,660,424.00
第 39 章　塑料及其制品	525,679,878.00	55,583,872.00
第 40 章　橡胶及其制品	162,173,139.00	526,076,552.00
第八类　生皮、皮革、毛皮及其制品；鞍具及挽具；旅行用品、手提包及类似品；动物肠线（蚕胶丝除外）制品	104,799,703.00	103,221,523.00
第 41 章　生皮（毛皮除外）及皮革	26,799,615.00	86,504,666.00
第 42 章　皮革制品；旅行箱包；动物肠线制品	51,588,556.00	16,612,788.00
第 43 章　毛皮、人造毛皮及其制品	26,411,532.00	104,069.00
第九类　木及木制品；木炭；软木及软木制品；稻草、秸秆、针茅或其他编结材料制品；篮筐及柳条编结品	157,857,503.00	406,209,315.00
第 44 章　木及木制品；木炭	154,379,137.00	403,799,428.00
第 45 章　软木及软木制品	17,734.00	—
第 46 章　编结材料制品；篮筐及柳条编结品	3,460,632.00	2,409,887.00
第十类　木浆及其他纤维状纤维素浆；回收（废碎）纸或纸板；纸、纸板及其制品	145,563,169.00	5,155,166.00
第 47 章　木浆等纤维状纤维素浆；废纸及纸板	545,566.00	61,125.00
第 48 章　纸及纸板；纸浆、纸或纸板制品	130,883,255.00	5,058,058.00
第 49 章　印刷品；手稿、打字稿及设计图纸	14,134,348.00	35,983.00
第十一类　纺织原料及纺织制品	4,952,100,134.00	539,880,771.00
第 50 章　蚕丝	34,034,701.00	201,878.00
第 51 章　羊毛等动物毛；马毛纱线及其机织物	66,179,230.00	252,307.00
第 52 章　棉花	1,167,208,181.00	337,512,691.00
第 53 章　其他植物纤维；纸纱线及其机织物	77,473,563.00	25,550,259.00

续表

名称	2010年出口	2010年进口
第54章　化学纤维长丝	443,738,777.00	42,262,807.00
第55章　化学纤维短纤	419,385,903.00	23,990,958.00
第56章　絮胎、毡呢及无纺织物；线绳制品等	133,275,847.00	6,652,195.00
第57章　地毯及纺织材料的其他铺地制品	19,534,890.00	29,301.00
第58章　特种机织物；簇绒织物；刺绣品等	116,012,779.00	1,378,535.00
第59章　特种机织物；簇绒织物；刺绣品等	470,816,000.00	10,009,313.00
第60章　针织物及钩编织物	740,766,069.00	13,870,941.00
第61章　针织或钩编的服装及衣着附件	785,892,795.00	22,876,361.00
第62章　非针织或非钩编的服装及衣着附件	380,620,346.00	52,178,409.00
第63章　其他纺织制品；成套物品；旧纺织品	97,161,053.00	3,114,816.00
第十二类　鞋、帽、伞、杖、鞭及其零件；已加工的羽毛及其制品；人造花；人发制品	233,908,266.00	217,075,900.00
第64章　鞋靴、护腿和类似品及其零件	133,757,492.00	215,600,405.00
第65章　帽类及其零件	7,680,737.00	1,329,020.00
第66章　伞、手杖、鞭子、马鞭及其零件	80,277,063.00	102,443.00
第67章　加工羽毛及制品；人造花；人发制品	12,192,974.00	44,032.00
第十三类　石料、石膏、水泥、石棉、云母及类似材料的制品；陶瓷产品；玻璃及其制品	466,767,675.00	70,089,096.00
第68章　矿物材料的制品	160,654,352.00	277,727.00
第69章　陶瓷产品	165,372,550.00	4,774,952.00
第70章　玻璃及其制品	140,740,773.00	65,036,417.00
第十四类　天然或养殖珍珠、宝石或半宝石、贵金属、包贵金属及其制品；仿首饰；硬币	40,939,708.00	35,217.00
第71章　珠宝、贵金属及制品；仿首饰；硬币	40,939,708.00	35,217.00
第十五类　贱金属及其制品	2,861,574,797.00	144,718,941.00
第72章　钢铁	1,632,316,261.00	83,409,696.00
第73章　钢铁制品	588,912,373.00	19,381,705.00
第74章　铜及其制品	53,142,660.00	31,174,115.00
第75章　镍及其制品	2,152,430.00	21,396.00
第76章　铝及其制品	214,108,936.00	3,673,401.00
第77章	—	—
第78章　铅及其制品	30,848,771.00	2,012,117.00
第79章　锌及其制品	1,501,995.00	1,523,276.00
第80章　锡及其制品	23,656.00	287,253.00
第81章　其他贱金属、金属陶瓷及其制品	4,225,149.00	453,856.00
第82章　贱金属器具、利口器、餐具及零件	155,548,395.00	1,943,288.00
第83章　贱金属杂项制品	178,794,171.00	838,838.00
第十六类　机器、机械器具、电气设备及其零件；录音机及放声机、电视图像、声音的录制和重放设备及其零件、附件	7,002,170,850.00	1,805,637,191.00
第84章　核反应堆、锅炉、机械器具及零件	3,401,789,431.00	639,616,494.00
第85章　电机、电气、音像设备及其零附件	3,600,381,419.00	1,166,020,697.00
第十七类　车辆、航空器、船舶及有关运输设备	650,646,841.00	20,191,553.00

续表

名称	2010年出口	2010年进口
第86章 铁道车辆；轨道装置；信号设备	14,166,500.00	—
第87章 车辆及其零附件，但铁道车辆除外	629,455,776.00	19,802,951.00
第88章 航空器、航天器及其零件	1,588,470.00	—
第89章 船舶及浮动结构体	5,436,095.00	388,602.00
第十八类 光学、照相、电影、计量、检验、医疗或外科用仪器及设备、精密仪器及设备；钟表；乐器；上述物品的零件、附件	340,568,979.00	53,553,594.00
第90章 光学、照相、医疗等设备及零附件	325,288,519.00	52,965,358.00
第91章 钟表及其零件	11,123,907.00	391,874.00
第92章 乐器及其零件 附件	4,156,553.00	196,362.00
第十九类 武器、弹药及其零件、附件	62,110.00	
第93章 武器、弹药及其零件、附件	62,110.00	—
第二十类 杂项制品	514,515,437.00	87,567,302.00
第94章 家具；寝具等；灯具；活动房	353,081,178.00	65,980,349.00
第95章 玩具、游戏或运动用品及其零附件	39,735,125.00	16,952,479.00
第96章 杂项制品	121,699,134.00	4,634,474.00
第二十一类 艺术品、收藏品及古物	260,438.00	11,005.00
第97章 艺术品、收藏品及古物	260,438.00	11,005.00
第二十二类 特殊交易品及未分类商品	206,067.00	—
第98章 特殊交易品及未分类商品	206,067.00	—

数据来源：海关总署——海关统计资讯网 www.hgtj.cn

印度尼西亚对外贸易年度和月度表

金额单位：百万美元

时间	总额	同比%	出口	同比%	进口	同比%	差额	同比%
2001年	87,283	−8.9	56,321	−9.3	30,962	−8	25,359	−10.9
2002年	88,448	1.3	57,159	1.5	31,289	1.1	25,870	2
2003年	93,609	5.8	61,058	6.8	32,551	4	28,508	10.2
2004年	118,109	26.2	71,585	17.2	46,525	42.9	25,060	−12.1
2005年	143,361	21.4	85,660	19.7	57,701	24	27,959	11.6
2006年	161,864	12.9	100,799	17.7	61,065	5.8	39,733	42.1
2007年	188,574	16.5	114,101	13.2	74,473	22	39,627	−0.3
2008年	266,218	41.2	137,020	20.1	129,197	73.5	7,823	−80.3
2009年	213,339	−19.9	116,510	−15	96,829	−25.1	19,681	151.6
2010年	293,442	37.5	157,779	35.4	135,663	40.1	22,116	12.4
其中：1月	21,086	51.9	11,596	59.3	9,490	43.8	2,105	209.8
2月	20,665	58.1	11,166	56.5	9,498	59.9	1,668	39.6
3月	23,747	56.6	12,774	48.3	10,973	67.4	1,802	−12.6
4月	23,271	53.5	12,035	42.4	11,236	67.5	799	−54.2

续表

时间	总额	同比%	出口	同比%	进口	同比%	差额	同比%
5月	22,599	34.1	12,619	37	9,980	30.6	2,639	68.3
6月	24,090	39.1	12,330	31.4	11,760	48.2	570	−60.6
7月	25,113	36.7	12,487	28.9	12,626	45.4	−139	−113.9
8月	25,898	27.9	13,727	30.2	12,172	25.4	1,555	85.9
9月	21,836	18.9	12,182	23.8	9,654	13.4	2,528	90.6
10月	26,520	22.4	14,400	17.6	12,120	28.5	2,280	−18.9
11月	28,641	46.2	15,633	45.1	13,008	47.6	2,626	33.9
12月	29,977	26.8	16,830	26.1	13,147	27.6	3,683	20.8

（来源：中华人民共和国商务部亚洲司．http://countryreport.mofcom.gov.cn/record/view.asp?news_id=23814.2011—04—14）

印度尼西亚对主要贸易伙伴出口额（2010年）

金额单位：百万美元

国家和地区	金额	同比%	占比%
总值	157,779	35.4	100
日本	25,782	38.8	16.3
中国	15,693	36.5	10
美国	14,267	31.5	9
新加坡	13,723	33.7	8.7
韩国	12,575	54.4	8
印度	9,915	33.4	6.3
马来西亚	9,362	37.4	5.9
中国台湾省	4,838	43	3.1
泰国	4,567	41.2	2.9
澳大利亚	4,244	30	2.7
荷兰	3,722	28	2.4
菲律宾	3,181	32.2	2
德国	2,985	28.3	1.9
中国香港	2,501	18.5	1.6
意大利	2,370	43.5	1.5

（来源：中华人民共和国商务部亚洲司．http://countryreport.mofcom.gov.cn/record/view.asp?news_id=23815.2011—04—14）

印度尼西亚自主要贸易伙伴进口额（2010 年）

金额单位：百万美元

国家和地区	金额	同比%	占比%
总值	135,663	40.1	100
中国	20,424	45.9	15.1
新加坡	20,241	30.2	14.9
日本	16,966	72.4	12.5
美国	9,399	32.7	6.9
马来西亚	8,649	52	6.4
韩国	7,703	62.4	5.7
泰国	7,471	62	5.5
沙特阿拉伯	4,361	39.1	3.2
澳大利亚	4,099	19.3	3
印度	3,295	49.1	2.4
中国台湾省	3,242	35.5	2.4
德国	3,007	26.7	2.2
中国香港	1,860	9.6	1.4
巴西	1,717	58	1.3
科威特	1,373	−4.8	1

（来源：中华人民共和国商务部亚洲司．http://countryreport.mofcom.gov.cn/record/view.asp?news_id=23816．2011−04−14）

印度尼西亚贸易差额主要来源（2010 年）

金额单位：百万美元

国家	2010 年	2009 年同期	同比%
总值	22,116	19,681	12.4
主要逆差来源			
新加坡	−6,518	−5,288	23.3
中国	−4,732	−2,503	89.1
沙特阿拉伯	−3,194	−2,180	46.5
泰国	−2,904	−1,379	110.6
科威特	−1,275	−1,341	−4.9
阿塞拜疆	−894	−755	18.4
阿根廷	−664	−505	31.5
文莱	−605	−565	7.2
尼日利亚	−605	−301	100.6
瑞典	−569	−568	0.2

续表

国家	2010 年	2009 年同期	同比%
主要顺差来源			
日本	8,816	8,731	1
印度	6,620	5,224	26.7
韩国	4,872	3,403	43.2
美国	4,867	3,766	29.3
荷兰	3,041	2,355	29.1

（来源：中华人民共和国商务部亚洲司．http://countryreport.mofcom.gov.cn/record/view.asp?news_id=23819．2011—04—14）

马来西亚对外贸易年度和月度表

金额单位：百万美元

时间	总额	同比%	出口	同比%	进口	同比%	差额	同比%
2001 年	162,068	—10.1	88,202	—10.1	73,866	—10.1	14,336	—10.4
2002 年	173,241	6.9	93,370	5.9	79,870	8.1	13,500	—5.8
2003 年	180,205	4	100,113	7.2	80,093	0.3	20,020	48.3
2004 年	231,154	28.3	125,857	25.7	105,297	31.5	20,560	2.7
2005 年	255,606	10.6	140,979	12	114,626	8.9	26,353	28.2
2006 年	292,068	14.3	160,845	14.1	131,223	14.5	29,622	12.4
2007 年	323,376	10.7	176,311	9.6	147,065	12.1	29,245	—1.3
2008 年	356,844	10.3	199,759	13.3	157,086	6.8	42,673	45.9
2009 年	281,434	—21.1	157,527	—21.1	123,907	—21.1	33,621	—21.2
2010 年	363,788	29.3	198,941	26.3	164,847	33	34,094	1.4
其中：1 月	27,248	42.2	15,540	45	11,708	38.6	3,832	68.7
2 月	24,022	30.2	13,720	26.1	10,302	36.2	3,419	3
3 月	31,475	55	17,895	50.8	13,580	60.7	4,315	26.3
4 月	29,580	42.5	16,236	42.4	13,344	42.7	2,892	41.1
5 月	29,663	37.8	16,082	32	13,582	45.4	2,500	—12.1
6 月	30,526	32.4	16,189	26.3	14,337	40.2	1,852	—28.6
7 月	32,415	27.9	17,302	25.6	15,113	30.7	2,189	—1.1
8 月	30,900	26.3	16,770	23.4	14,130	29.9	2,640	—2.9
9 月	30,272	24.1	16,265	20.3	14,007	28.9	2,258	—15
10 月	33,269	16.6	17,740	11.2	15,529	23.5	2,211	—34.4
11 月	30,966	15	16,928	14.6	14,038	15.5	2,890	10.3
12 月	33,450	17.3	18,273	14	15,177	21.6	3,096	—12.7

（来源：中华人民共和国商务部亚洲司．http://countryreport.mofcom.gov.cn/record/view.asp?news_id=23938.2011—04—18）

马来西亚对主要贸易伙伴出口额（2010 年）

金额单位：百万美元

国家和地区	金额	同比％	占比％
总值	198,941	26.3	100
新加坡	26,597	21	13.4
中国	25,068	30.8	12.6
日本	20,640	33.3	10.4
美国	18,960	10	9.5
泰国	10,603	24.7	5.3
中国香港	10,128	23.3	5.1
韩国	7,515	25.3	3.8
澳大利亚	7,473	31.2	3.8
印度	6,524	35.1	3.3
中国台湾省	6,290	53.1	3.2
荷兰	6,279	19.6	3.2
印度尼西亚	5,621	14.2	2.8
德国	5,405	27.9	2.7
阿联酋	3,795	33.1	1.9
越南	3,549	52.7	1.8

（来源：中华人民共和国商务部亚洲司．http://countryreport. mofcom. gov. cn/record/view. asp? news_id=23939．2011-04-18）

马来西亚自主要贸易伙伴进口额（2010 年）

金额单位：百万美元

国家和地区	金额	同比％	占比％
总值	164,847	33	100
日本	20,729	34	12.6
中国	20,683	19.7	12.6
新加坡	18,805	37.1	11.4
美国	17,532	26.6	10.6
泰国	10,264	37	6.2
印度尼西亚	9,153	39.5	5.6
韩国	8,934	55.8	5.4
中国台湾省	7,422	40.9	4.5
德国	6,651	26.8	4
中国香港	3,946	28.2	2.4
菲律宾	3,543	209.9	2.2
澳大利亚	3,188	18.2	1.9
越南	2,616	26.9	1.6
印度	2,486	11.3	1.5
阿联酋	2,375	36.3	1.4

（来源：中华人民共和国商务部亚洲司．http://countryreport. mofcom. gov. cn/record/view. asp? news_id=23940．2011-04-18）

马来西亚贸易差额主要来源（2010 年）

金额单位：百万美元

国家和地区	2010 年	上年同期	同比%
总值	34,094	33,621	1.4
主要逆差来源			
印度尼西亚	−3,533	−1,639	115.6
韩国	−1,419	263	—
德国	−1,246	−1,016	22.7
哥斯达黎加	−1,239	−725	71
沙特阿拉伯	−1,138	−296	284.9
中国台湾省	−1,133	−1,159	−2.2
爱尔兰	−899	−724	24.2
阿根廷	−832	−495	68.3
瑞士	−786	−194	304.5
加蓬	−752	−300	150.4
主要顺差来源			
新加坡	7,792	8,266	−5.7
中国香港	6,182	5,136	20.4
荷兰	5,220	4,244	23
中国	4,385	1,883	132.9
澳大利亚	4,285	2,998	42.9

（来源：中华人民共和国商务部亚洲司．http://countryreport.mofcom.gov.cn/record/view.asp?news_id=23943. 2011−04−18）

新加坡对外贸易年度和月度表

金额单位：百万美元

时间	总额	同比%	出口	同比%	进口	同比%	差额	同比%
2001 年	237,635	−12.7	121,691	−11.6	115,943	−13.8	5,748	76.4
2002 年	241,578	1.7	125,156	2.8	116,422	0.4	8,734	52
2003 年	296,517	22.7	160,116	27.9	136,401	17.2	23,715	171.5
2004 年	372,510	25.6	198,791	24.2	173,719	27.4	25,072	5.7
2005 年	429,755	15.4	229,681	15.5	200,075	15.2	29,606	18.1
2006 年	510,816	18.9	271,916	18.4	238,900	19.4	33,016	11.5
2007 年	562,651	10.1	299,404	10.1	263,247	10.2	36,157	9.5
2008 年	657,891	16.9	338,143	12.9	319,748	21.5	18,395	−49.1
2009 年	515,761	−21.6	269,909	−20.2	245,852	−23.1	24,057	30.8
2010 年	663,049	28.6	352,076	30.4	310,973	26.5	41,102	70.9

续表

时间	总额	同比%	出口	同比%	进口	同比%	差额	同比%
其中：1月	49,572	42.1	25,908	46.3	23,664	37.8	2,244	316.2
2月	45,040	26.7	23,271	28	21,768	25.3	1,503	88.3
3月	55,009	41.8	29,194	40.8	25,816	43	3,378	25.8
4月	55,759	42.4	29,348	41.4	26,411	43.6	2,936	24.4
5月	51,594	31	27,705	35.2	23,889	26.6	3,816	135.2
6月	56,125	32.4	29,313	33.2	26,812	31.5	2,501	55.4
7月	57,432	25.4	29,690	22.9	27,742	28.2	1,948	—22.9
8月	57,885	30.3	31,500	33.5	26,385	26.7	5,115	84.5
9月	57,665	20.2	31,138	26.1	26,528	13.9	4,610	227.1
10月	59,932	23.3	32,669	28.2	27,262	17.9	5,407	129.1
11月	58,009	20.5	30,568	19.4	27,441	21.8	3,127	1.6
12月	59,028	16.6	31,772	20.1	27,255	12.8	4,517	96.8

（来源：中华人民共和国商务部亚洲司．http://countryreport. mofcom. gov. cn/record/view. asp? news_id=23216. 2011—03—03）

新加坡对主要贸易伙伴出口额（2010年）

金额单位：百万美元

国家和地区	金额	同比%	占比%
总值	352,076	30.4	100
马来西亚	41,959	35.5	11.9
中国香港	41,257	32	11.7
中国	36,384	38.2	10.3
印度尼西亚	33,062	26.7	9.4
美国	22,735	29.2	6.5
日本	16,416	33.6	4.7
韩国	14,359	14.3	4.1
印度	13,306	44	3.8
中国台湾省	12,828	47.1	3.6
泰国	12,694	25.9	3.6
澳大利亚	12,591	19.1	3.6
巴拿马	7,497	25.5	2.1
越南	7,377	5.6	2.1
菲律宾	7,170	42	2
荷兰	6,175	24.5	1.8

（来源：中华人民共和国商务部亚洲司．http://countryreport. mofcom. gov. cn/record/view. asp? news_id=23217. 2011—03—03）

新加坡自主要贸易伙伴进口额（2010 年）

金额单位：百万美元

国家和地区	金额	同比%	占比%
总值	310,973	26.5	100
马来西亚	36,359	27.4	11.7
美国	34,891	22.2	11.2
中国	33,673	29.7	10.8
日本	24,455	30.4	7.9
中国台湾省	18,527	44.3	6
韩国	18,030	28.2	5.8
印度尼西亚	16,862	18.2	5.4
沙特阿拉伯	11,248	38.8	3.6
泰国	10,282	25	3.3
印度	9,238	64.7	3
菲律宾	9,218	79.2	3
德国	8,907	13	2.9
法国	7,466	−10.7	2.4
阿联酋	6,374	49.5	2.1
英国	5,592	23.6	1.8

（来源：中华人民共和国商务部亚洲司．http://countryreport.mofcom.gov.cn/record/view.asp?news_id=23218．2011—03—03）

新加坡贸易差额主要来源（2010 年）

金额单位：百万美元

国家和地区	2010 年 1～12 月	2009 年同期	同比%
总值	41,102	24,057	70.9
主要顺差来源			
中国香港	38,319	28,570	34.1
印度尼西亚	16,200	11,840	36.8
澳大利亚	9,141	6,570	39.1
巴拿马	7,491	5,958	25.7
越南	5,772	4,714	22.4
马来西亚	5,600	2,421	131.3
印度	4,068	3,635	11.9
利比里亚	2,882	1,652	74.4
中国	2,711	361	651.5
比利时	2,450	1,563	56.7
主要逆差来源			
美国	−12,156	−10,950	11
沙特阿拉伯	−10,434	−7,358	41.8
日本	−8,039	−6,476	24.1
中国台湾省	−5,700	−4,122	38.3
卡塔尔	−5,298	−4,362	21.5

（来源：中华人民共和国商务部亚洲司．http://countryreport.mofcom.gov.cn/record/view.asp?news_id=23221．2011—03—03）

泰国对外贸易年度和月度表

金额单位：百万美元

时间	总额	同比%	出口	同比%	进口	同比%	差额	同比%
2001年	126,861	−2.6	64,909	−5.3	61,952	0.3	2,957	−56.4
2002年	133,207	5	68,594	5.7	64,614	4.3	3,980	34.6
2003年	155,949	17.1	80,253	17	75,679	17.1	4,573	14.9
2004年	192,295	23.3	97,098	21	95,197	25.8	1,901	−58.4
2005年	227,961	18.5	109,848	13.1	118,112	24.1	−8,264	—
2006年	259,273	13.7	130,621	18.9	128,652	8.9	1,969	—
2007年	314,822	21.4	163,119	24.9	151,703	17.9	11,416	479.9
2008年	358,430	13.9	177,846	9	180,583	19	−2,737	—
2009年	286,683	−20	151,948	−14.6	134,735	−25.4	17,213	—
2010年	379,817	32.6	195,297	28.7	184,519	37.1	10,778	−37.3
其中：1月	27,065	39.6	13,704	32.8	13,361	47.3	343	−72.6
2月	28,149	43.7	14,211	23.7	13,938	72.1	273	−92
3月	32,021	54.9	16,467	45.7	15,554	66.1	913	−53
4月	28,455	40.8	14,009	34.9	14,447	46.9	−438	—
5月	30,706	43.4	16,363	37.8	14,343	50.4	2,020	−13.9
6月	33,592	40.4	17,856	44.4	15,736	36.2	2,120	162
7月	32,100	28	15,488	20.4	16,612	35.9	−1,125	—
8月	32,782	34.1	16,623	26	16,159	43.6	464	−76.1
9月	33,832	20.9	18,386	23.4	15,446	18.2	2,939	60.3
10月	32,905	17.3	17,454	17.7	15,451	16.9	2,003	23.6
11月	34,947	31.2	17,566	27.8	17,381	34.8	185	−78.4
12月	33,263	14.7	17,173	18.3	16,091	11.1	1,082	3,375.50

（来源：中华人民共和国商务部亚洲司．http://countryreport.mofcom.gov.cn/record/view.asp?news_id=22947.2011−02−25）

泰国对主要贸易伙伴出口额（2011年1～3月）

金额单位：百万美元

国家和地区	金额	同比%	占比%
总值	56,378	27	100
中国	6,222	23.7	11
日本	5,886	28.9	10.4
美国	5,303	20.1	9.4
中国香港	4,628	68.5	8.2
马来西亚	2,939	18.2	5.2
印度尼西亚	2,606	36	4.6
新加坡	2,464	17.6	4.4
澳大利亚	2,153	−2	3.8
越南	1,530	20.1	2.7
瑞士	1,474	291.2	2.6
印度	1,310	13.8	2.3
韩国	1,183	35.3	2.1
荷兰	1,050	21	1.9
中国台湾省	1,036	44.7	1.8
菲律宾	1,035	−7.8	1.8

（来源：中华人民共和国商务部亚洲司．http://countryreport.mofcom.gov.cn/record/view.asp?news_id=24339．2011−05−16）

泰国自主要贸易伙伴进口额（2011 年 1～3 月）

金额单位：百万美元

国家和地区	金额	同比％	占比％
总值	54,353	26.8	100.0
日本	10,514	19.6	19.4
中国	6,888	29.8	12.7
美国	3,338	30.2	6.1
马来西亚	2,903	7.3	5.3
阿联酋	2,842	80.0	5.2
新加坡	2,303	52.7	4.2
印度尼西亚	2,286	70.2	4.2
澳大利亚	2,270	46.4	4.2
韩国	1,982	－10.4	3.7
中国台湾省	1,941	24.4	3.6
沙特阿拉伯	1,486	39.4	2.7
瑞士	1,388	－31.3	2.6
德国	1,235	16.3	2.3
俄罗斯	1,147	113.1	2.1
印度	760	33.2	1.4

（来源：中华人民共和国商务部亚洲司．http://countryreport.mofcom.gov.cn/record/view.asp?news_id=24340．2011－05－16）

泰国贸易差额主要来源（2011 年 1～3 月）

金额单位：百万美元

国家和地区	2011 年 1～3 月	2009 年同期	同比％
总值	2,024	1,529	32.4
主要顺差来源			
中国香港	4,130	2,297	79.8
美国	1,965	1,852	6.1
越南	1,088	948	14.8
荷兰	773	652	18.6
柬埔寨	600	481	24.7
印度	550	580	－5.2
英国	432	349	23.8
老挝	422	418	0.9
菲律宾	347	575	－39.6
土耳其	328	159	106.9
主要逆差来源			
日本	－4,629	－4,227	9.5
阿联酋	－2,075	－861	140.9
中国台湾省	－905	－844	7.2
沙特阿拉伯	－898	－524	71.3
俄罗斯	－838	－406	106.6

（来源：中华人民共和国商务部亚洲司．http://countryreport.mofcom.gov.cn/record/view.asp?news_id=24343．2011－05－16）

文　　献

重要讲话

2011年4月15日，博鳌亚洲论坛2011年年会开幕式在海南博鳌举行。中国国家主席胡锦涛在论坛开幕式上发表主旨演讲。以下是演讲全文：

推动共同发展　共建和谐亚洲

——在博鳌亚洲论坛2011年年会开幕式上的演讲

（2011年4月15日，海南博鳌）

尊敬的各位贵宾，女士们，先生们，朋友们：

首先，我谨代表中国政府和人民，对博鳌亚洲论坛2011年年会的召开，表示热烈的祝贺！对各位来宾的到来，表示诚挚的欢迎！

10年前，在亚洲有关方面和人士共同努力下，博鳌亚洲论坛宣告成立。这是新形势下亚洲团结意识日益提高、合作意愿不断增强的一个重要标志。10年来，博鳌亚洲论坛在凝聚亚洲共识、传播亚洲声音、促进亚洲合作方面发挥了重要作用，已经成为全球具有重要影响的经济论坛之一。博鳌亚洲论坛之所以能够不断成长，得益于亚洲快速发展，也见证和推动了这一历史进程。

10年来，亚洲经济快速发展，区域合作蓬勃推进，国际影响力持续提高。亚洲经济在国际金融危机中率先企稳复苏，成为拉动世界经济恢复和增长的重要引擎。亚洲发展不仅有力改变着亚洲人民命运，而且日益影响着世界发展进程。

回首亚洲走过的不平凡历程，我们有一个共同的感觉，在国际形势复杂多变的条件下，亚洲能够发生这样深刻的变化、取得这样显著的成就，是有重要原因的。亚洲的发展，得益于总体稳定的国际和地区环境，得益于深入发展的经济全球化和区域合作，得益于亚洲睦邻友好关系的发展，更与亚洲人民既坚持发扬在长期实践中形成的优良传统又注重学习借鉴世界其他地区的有益经验密不可分。

——亚洲人民历来具有自强不息的奋斗精神。在漫长历史进程中，亚洲人民创造了丰富多彩、享誉世界的辉煌文明。近代以来，在内外多种因素作用下，亚洲经历了曲折和艰难的发展历程。长期以来，亚洲人民为改变自己的命运，始终以不屈的意志和艰辛的奋斗开辟前进道路。目前人们所看到的亚洲发展成就，是勤劳智慧的亚洲人民不屈不挠、锲而不舍奋斗的结果。

——亚洲人民历来具有开拓进取的创新精神。历史和现实都证明，实现经济社会发展，必须找到符合自身实际的发展道路。亚洲人民深知，世界上没有放之四海而皆准的发展模式，也没有一成不变的发展道路。亚洲人民勇于变革创新，不断开拓进取，探索和开辟顺应时代潮流、符合自身实际的发展道路，为经济社会发展打开了广阔前景。

——亚洲人民历来具有开放包容的学习精神。亚洲是充满多样性的大陆，亚洲文明在多元文化影响中融合演进，为亚洲人民相互学习、相互借鉴、相互促进提供了重要文化基础。亚洲人民既弘扬自身优秀文化传统，又广泛吸收世界各国人民创造的优秀文明成果，促进了亚洲和世界共同发展。

——亚洲人民历来具有同舟共济的团结精神。亚洲人民是一家。历史上，亚洲人民在掌握民族命运的斗争中曾经并肩战斗、风雨同舟。近年来，从应对亚洲金融危机到应对国际金融危机，从抗击印度洋海啸到抗击中国汶川特大地震灾害，亚洲人民守望相助、患难与共。随着亚洲区域一体化进程加快，亚洲人民命运更加紧密地联系在一起。

2011年3月11日，日本发生特大地震海啸灾害，造成重大人员财产损失。包括中国人民在内的亚洲人民对日本人民遭受的痛苦感同身受，纷纷伸出援手，再次向世人展示了亚洲人民同舟共济的团结精神。我们相信，日本人民一定能够战胜这场灾难、重建美好家园。

总之，以上这些优良传统是亚洲精神的重要体现，是亚洲人民共同的宝贵财富，值得倍加珍惜、发扬光大。我坚信，只要坚持发扬这些优良传统，亚洲人民必将在前进道路上创造出新的业绩，为人类和平与发展的崇高事业作出新的更大的贡献。

女士们、先生们！

步入21世纪第二个十年，亚洲发展站在了新的历史起点上。今天的亚洲，经济更加繁荣，社会更加进步，人民信心更加坚定，发展前景更加广阔。同时，我们也要看到，亚洲经济结构性矛盾凸显，发展不平衡性突出，地区热点问题此起彼伏，传统和非传统安全问题大量存在。在世界多极化、经济全球化深入发展的形势下，如何处理好发展和稳定的关系依然是摆在亚洲人民面前的重大课题。本次年会以“包容性发展：共同议程与全新挑战”为主题，具有重要意义。推动共同发展，共建和谐亚洲，这是时代赋予亚洲人民的共同使命。我愿就此提出以下建议：

第一，尊重多样文明，促进睦邻友好。我们应该继续相互尊重各自选择的发展道路，相互尊重各自推动经济社会发展、改善人民生活的实践探索，把亚洲的多样性转化为加强交流合作的活力和动力，增进相互理解和信任，不断提高各领域合作水平。

第二，转变发展方式，推动全面发展。我们应该紧跟世界发展新趋势，着力转变经济发展方式，积极调整经济结构，增强科技创新能力，发展绿色经济，促进实体经济和虚拟经济、内需和外需均衡发展，同时兼顾速度和质量、效率和公平，把发展经济和改善民生紧密结合起来，实现经济社会协调发展。

第三，分享发展机遇，共迎各种挑战。我们应该加强宏观经济政策协调，不断扩大共同利益，推动地区所有成员共同发展。大国要扶持小国，富国要支援穷国，各国要相互帮助，共同把握机遇，共同应对挑战，努力让发展成果惠及地区所有成员，让全亚洲人民生活得更加幸福。

第四，坚持求同存异，促进共同安全。我们应该摒弃冷战思维和零和观念，大力倡导互信、互利、平等、协作的新安全观，照顾彼此安全关切，最大限度展现善意、智慧、耐心，坚持通过对话和协商化解矛盾，积极促进地区安全合作，努力维护和平稳定的地区环境。

第五，倡导互利共赢，深化区域合作。我们应该秉承协商一致、循序渐进的原则，尊重各方共同意愿，加强区域合作机制建设，推动各类机制充分发挥各自优势、并行不悖发展。我们应该坚持开放的地区主义，尊重地区外国家在亚洲的存在和利益。我们欢迎包括金砖国家在内的各个国家积极参与亚洲合作进程，共同促进亚洲和平、稳定、繁荣。

女士们、先生们！

10年来，中国经济持续快速发展，经济实力、综合国力、人民生活水平迈上新的台阶，国家面貌发生举世瞩目的历史性变化，为促进亚洲和世界经济增长作出了重要贡献。10年来，中国深化同亚洲国家的睦邻友好，广泛参与区域合作，同几乎所有亚洲国家建立起不同形式的伙伴关系，成为多个亚洲国家的最大贸易伙伴和最大出口市场。2010年，中国同亚洲国家贸易额达到9316亿美元。中国—东盟自由贸易区涵盖19亿人口，成为发展中国家自由贸易区的典范。中国同亚洲和世界联系的广度和深度达到前所未有的水平，在国际和地区事务中发挥了重要的建设性作用。事实充分证明，中国发展繁荣离不开亚洲，亚洲发展繁荣也需要中国。

中国虽然取得了举世瞩目的发展成就，但仍然是世界上最大的发展中国家，经济社会发展面临巨大的人口、资源、环境压力，发展中不平衡、不协调、不可持续问题依然突出，实现现代化和全体人民共同富裕还有很长的路要走。不久前，中国制定并公布了国民经济和社会发展第十二个五年规划纲要，提出了今后5年中国经济社会发展的总体任务。我们将适应国内外形势新变化，顺应各族人民过上更好生活新期待，以科学发展为主题，以加快转变经济发展方式为主线，更加注重以人为本，更加注重全面协调可持续发展，更加注重统筹兼顾，更加注重保障和改善民生，促进经济长期平稳较快发展和社会和谐稳定，为全面建成小康社会打下具有决定性意义的基础。

全面落实这一规划，对中国提高对外开放水平、深化同亚洲和世界各国的互利合作也具有十分重要的意义。

未来5年，中国将着力实施扩大内需特别是消费需求的战略，建立长效机制，释放消费潜力，着力促进经济增长向依靠消费、投资、出口协调拉动转变。我们将实行更加积极主动的开放战略，不断拓展新的开放领域和空间，扩大和深化同各方利益的汇合点。我们将发挥进口对宏观经济平衡和经济结构调整的重要作用，促进贸易收支基本平衡。这将为亚洲和世界各国扩大对华出口提供重要机遇。

未来5年，中国将着力实施“走出去”战略，引导各类所有制企业有序到境外投资，积极开展有利于改善当地基础设施和人民生活的项目合作。我们将更多投资亚洲和新兴市场国家，同时增加对亚洲发展中国家的经济援助。

未来5年，中国将着力参与全球经济治理和区域合作，推动国际经济金融体系改革，推动建立均衡、普惠、共赢的多边贸易体制，反对各种形式的保护主义，促进国际经济秩序朝着更加公正合理的方向发展。我们将继续积极参与10＋1、10＋3、东亚峰会以及中日韩合作，推动中国—东盟自由贸易区稳步发展。我们将加强同周边国家在交通、能源管道、信息通信、电网等领域的基础设施建设合作，提升本地区互联互通水平。中国将继续推进同亚洲国家在旅游、文化、教育、青年等领域的交流合作，加深中国人民同亚洲各国人民相互了解和友谊。

未来5年，中国将着力建设资源节约型、环境友好型社会，深入贯彻节约资源和保护环境基本国策，节约能源，降低温室气体排放强度，发展循环经济，推广低碳技术，积极应对气候变化，促进经济社会发展与人口资源环境相协调，走可持续发展之路。

女士们、先生们!

近代饱经沧桑的中国人民，深知和平之珍贵、发展之重要。中国将坚定不移走和平发展道路，坚定不移奉行互利共赢的开放战略，始终把亚洲放在对外政策的首要位置，坚持与邻为善、以邻为伴的周边外交方针，积极发展同亚洲各国的睦邻友好和互利合作，不断增进相互理解和信任。中国将继续致力于通过友好谈判和平解决同邻国的领土和海洋权益争端，在地区热点问题上发挥建设性作用，积极参与各种形式的地区安全对话和合作，努力维护有利于亚洲和平与发展的地区环境。中国永远做亚洲各国的好邻居、好朋友、好伙伴。

总之，我们对亚洲的未来充满信心。让我们携起手来，共同开创亚洲更加美好的明天。

预祝年会取得圆满成功!

（来源：人民网. http://politics.people.com.cn/GB/1024/14400156.html. 2011—04—15）

2011年4月30日，中华人民共和国国务院总理温家宝在印度尼西亚雅加达卡尔蒂妮宫发表了题为《加强睦邻友好　深化互利合作》的演讲。演讲全文如下：

加强睦邻友好　深化互利合作

——在印尼卡尔蒂妮宫的演讲

（2011年4月30日，印尼雅加达）

尊敬的马蒂外长，各位外国使节，青年朋友们，女士们，先生们：

我非常重视这篇演讲，我为这篇演讲几乎准备了一年的时间。我要告诉大家，一个拥有世界人口最多的国家，它的对内对外政策，特别是对东盟国家的政策。这个国家深刻地懂得“如将不尽，与古为新”，只有开放兼容，国家才能富强，只有坚定不移地走和平发展的道路，才能实现富强、民主、和谐、文明的现代化目标。我是诚恳地谈中国对内对外政策的一些基本观点，所讲的每一句话都是真诚的，只有真诚的话才能打动人。我相信，我能够做一篇好的演讲，不辜负大家的期望。

我很高兴来到美丽的千岛之国印度尼西亚访问。感谢印尼世界事务委员会为我精心安排了今天的活动。首先，请允许我代表中国人民，向印尼人民致以亲切的问候，向长期致力于两国友好的各界朋友表示衷心的感谢!

印尼是一个朝气蓬勃、充满希望的发展中大国。近年来，苏西洛总统带领印尼人民，励精图治，勇敢战胜自然灾害，有效应对国际金融危机，经济加快发展、社会保持稳定、民族更加和睦，国家呈现出蒸蒸日上的繁荣景象。作为东盟和20国集团的重要成员，印尼在地区和国际事务中发挥的作用越来越大。我谨对你们取得的卓越成就表示热烈祝贺!

中国和印尼都有着悠久灿烂的文化，日惹的婆罗浮屠佛塔与中国的万里长城都是古代东方文明的奇迹。中国古代佛教高僧法显、会宁、义净曾到爪哇、苏门答腊居住和学习。600年前中国伟大的穆斯林航海家郑和曾在雅加达等地建立多个清真寺，三宝垄至今仍传颂着他与当地人民友好交往的历史佳话。近代以来，两国人民在争取民族独立的艰苦岁月中，相互同情、相互支持，结下了深厚友谊。新中国成立后，印尼是最早与中国建交的国家之一，并且帮助新中国打破西方贸易禁运。对此，中国人民铭记在心。

进入新世纪，两国高层往来频繁，政治互信不断增强，经贸合作快速发展。2005年双方战略伙伴关系的确立，标志着两国关系进入了一个新的阶段。2010年双边贸易额接近430亿美元，中国成为印尼最主要的贸易伙伴和出口市场之一。面对百年罕见的国际金融危机，两国同舟共济，共克时艰，签署了总额高达1000亿人民币的双边本币互换协议，为稳定地区金融发挥了积极作用。双方在国际事务中密切沟通协作，提升了发展中国家的影响力。特别值得一提的是，在对方遭受重大自然灾害时，两国人民感同身受，患难与共。2008年中国发生汶川地震时，印尼派出医疗队奔赴灾区。印尼亚齐一位80岁的老村长行程2000多公里，亲手把全村的捐款送到中国驻印尼使馆。2004年印尼发生地震海啸灾害时，中国国际救援队也迅速赶赴灾区救援。这充分表明，中国和印尼是好邻居，更是好兄弟。

我这次访问，是友好合作之旅，也是规划未来之旅。4月29日，我与苏西洛总统进行了全面、深入的会谈，达成重要共识，决定进一步加强中国印尼战略伙伴关系。双方发表了联合公报，签署了多项政府间合作文件。我和苏西洛总统确定了2015年实现双边贸易额800亿美元的新目标。30日还将签署总额约100亿美元的经贸协议。中方宣布提供10亿美元优买贷款和80亿美元融资额度，用于支持印尼基础设施建设和重点产业发展。我们决定进一步加强矿产资源、清洁能源合作，拓展海洋科研和渔业合作。印尼在马六甲海峡事务中发挥着重要作用，中方愿同印尼加强协调并提供相关支持。这些合作项目是在国际金融危机影响还在延续的背景下达成的，必将为两国巩固经济持续向好势头、深化互利合作注入强劲动力，推动双方战略伙伴关系迈向新的高度。

来到印尼，不能不谈万隆精神。我在来访途中的飞机上，不禁想起16年前访问贵国期间，我曾专程到万隆会议旧址瞻仰的往事。1955年，周恩来总理代表新生的人民共和国，克服重重艰险来到贵国，与亚非国家领导人一道，共同倡导了历久弥新的万隆精神。万隆会议给我们留下了极为宝贵的历史遗产。求同存异、和平共处，是万隆精神的核心，至今仍然是我们正确处理国与国关系的行为指南。万隆精神是不朽的，值得我们倍加珍惜，发扬光大!

女士们，先生们!

印尼是东盟最大的国家，在东盟发展的许多重要时刻发挥了关键作用，为东盟联合自强做出了突出贡献。作为东盟的好伙伴，中国对此高度赞赏，并为东盟取得的成就感到由衷高兴。

1997年亚洲金融危机，催生了东亚全面合作。这次国际金融危机，也将进一步促进中国与东盟的关系，树立发展中国家互助合作的新典范。东盟奉行协商一致、共担责任、互不干涉内政的原则，以东盟方式推动本地区的政治稳定、经济发展和社会进步，顺应了和平、发展、合作的时代潮流。这条道路是成功的，在国际社会产生了重要的积极影响。《东盟宪章》确立到2015年建成政治安全共同体、经济共同体、社会文化共同体的目标，东盟将更具凝聚力、影响力和竞争力，我们对此充满期待，抱有信心。

中国一贯支持东盟联合自强，高度重视和积极推进双方关系的发展。中国第一个与东盟确立了面向和平与繁荣的战略伙伴关系；中国第一个以域外大国身份加入《东南亚友好合作条约》；中国第一个同东盟商签自由贸易区协定，并共同建成了发展中国家之间最大的自贸区。我们这样做，顺应了经济全球化和区域一体化的趋势，符合东盟各国的利益，也符合中国的利益。

2003年，我在印尼巴厘岛出席第七次中国与东盟领导人会议时曾讲过，中国将坚定不移地实行睦邻、安邻、富邻的周边外交政策。八年过去了，人们不难看到，中国说话是算数的。今后，不管国际风云如何变化，中国都将一如既往地奉行这一政策。

——中国坚定支持东盟在区域合作中的主导作用。东盟在实践中形成的区域合作理念和做法，符合东亚地区实际，是行之有效的、成熟的，应该也必须坚持。东亚现行区域合作机制，“10＋1”也好，“10＋3”也好，东亚峰会也好，主体始终应该是“10”，也就是东盟。只有东盟继续发挥主导作用，东亚合作才能健康发展。中国在这个问题上的立场是坚定不移的。

——中国致力于深化同东盟的务实合作。2010年中国成为东盟的最大贸易伙伴，我们建成了发展中国家间最大的自贸区，并确立了2015年双方贸易额达到5000亿美元的目标。中国政府将继续鼓励扩大进口东南亚各国的优势产品，鼓励中方企业到东盟国家投资，把双方共同利益的蛋糕做得更大。在未来10年，我们将加快实现中国与东盟国家陆路运输通道的互联互通，通过双边援助贷款、中国—东盟投资合作基金和商业信贷等多种方式为东盟国家的公路、铁路、通讯、电力等基础设施提供金融支撑。同时，根据东盟方面的需要，加强对海上和空中互联互通的投入，有序推进相关领域的便利化和标准化建设，为促进本地区商品、资本、信息的自由流通、人员往来和经济社会发展创造更好条件。历史将证明，建立中国—东盟自贸区的决策是富有战略眼光的，必将更多惠及双方企业和人民。

——中国将积极推动与东盟各国的人文交流。巩固邦交的根本在民众，增进友谊的基础在交流。2011年是“中国—东盟友好交流年”，规划中的40多项大型活动正在陆续展开，内容涉及文化、教育、旅游、新闻、青年等众多领域。其中，“感知中国”系列活动已经在印尼启动。即将在中国举行的亚洲文化节，将把东盟作为重要主题。双方制定了2020年将留学生规模扩大到各10万人的计划。中国和东南亚丰富多彩的自然景观和底蕴深厚的民族文化，是增进双方人民相互了解和友情的独特资源。2010年中国—东盟领导人会议宣布到2015年双方人员交流达到1500万人次的目标。我们要进一步挖掘教育、旅游等领域的合作潜力，鼓励更多本国民众到对方国家求学和观光旅游，使传统友谊深入人心，代代相传。

——中国愿继续在不附加任何条件的情况下援助东盟欠发达国家。由于历史原因，东盟部分国家尚未摆脱贫困。中国将一如既往地支持他们的发展，提供力所能及的援助。中国的支持和援助不附带任何条件，是真诚无私的。中国有句古语，叫做“授人以鱼，不如授人以渔”。从我们自身的发展经验来看，一个国家要从根本上摆脱贫困和落后，必须依靠人才和科技。中国政府愿意在能力建设和人力资源培训方面加大投入，支持东盟欠发达国家加速实现发展目标。

——中国愿意与东盟携手维护本地区的安全稳定。历史告诉我们，和是福，乱是祸。毋庸讳言，本地区还存在着一些领土主权、海洋权益等争议。我们要本着睦邻友好、平等协商的原则，通过双边渠道为妥善解决这些问题做出不懈努力。中方不赞成渲染或制造紧张气氛和把问题扩大化、复杂化，坚决反对使用武力或以武力相威胁。多年来，中国同东盟各国为维护国际航道的安全通畅做出了重要贡献，这是有目共睹的，中方将继续履行应尽的责任和义务。中方愿同东盟加强合作，共同应对恐怖主义、跨国犯罪、自然灾害、传染疫病等非传统安全威胁，营造安宁、祥和的社会环境。

——中国支持东亚合作在开放中稳步推进。开放和透明，是区域合作的生命力所在。东亚的合作，从来都是开放的，而不是排他的。近年来，包括东盟在内的东亚地区，已经成为发展最快和最具活力的地区，在世界经济格局中的地位和影响不断上升。东亚合作吸收域外国家和地区参与，是顺应经济全球化潮流的必然选择。中国欢迎一切有利于促进地区稳定与发展的主张，支持美国、俄罗斯、欧盟等国家和组织参与东亚合作进程。但是，无论是谁都必须尊重东亚的自主性和多样性。推进东亚合作，要循序渐进，先易后难。当前，首先要充分发挥“10＋1”、“10＋3”和中日韩等现有合作架构的作用，同时探索其他符合本地区特点的合作方式。

女士们，先生们!

新中国成立60多年特别是改革开放以来，经济快速发展，人民生活明显改善，国际地位逐步提高。但是，中国仍然属于发展中国家的基本国情没有变，独立自主的和平外交政策没有变，同东盟各国睦邻友好合作的诚意也没有变。

中国人如何看待自己？如何看待自己同世界的关系？我们既自信又清醒。自信的是，我们对自己选择的发展道路和未来充满信心。清醒的是，我们对自身面临的困难、风险有足够的认识。中国的经济总量在逐年增加，但按13亿人口平均，仅列世界100位左右。中国实现全面建设小康社会的目标尚需时日，建成现代化国家还有很长的路要走。

中国古代伟大的思想家老子在《道德经》中指出，“知人者智，自知者明。”意思是指，了解别人叫明智，认识自己才是高明。我担任国务院总理已经第九个年头，我为我的祖国发展进步感到欣慰，同时我也常常为如何破解各种现实难题而寝食难安。中国确实有一部分地区、一部分人先富起来了，但还有一部分地区、一部分人尚未摆脱贫困，他们在教育、医疗、社保等方面存在着亟待解决的困难。许多国家工业化、城镇化进程中遇到的难题，我们都遇到了；他们没有遇到的问题，我们也遇到了。面对人民的信任和期待，我们不敢有丝毫的懈怠。我们需要虚心借鉴世界各国的有益经验，更需要立足国情，大胆实践，勇于探索。把13亿人口的国计民生问题解决好，我们肩上的担子很重很重，需要长期埋头苦干。中国没有任何理由骄傲自满。

我还想说的是，中国有着几千年的文化传统，历来崇尚和为贵。倡导讲信修睦，以礼待人。丝绸之路，向外国送去的是精美的纺织品、茶叶和瓷器。郑和七下西洋，没有占别人一寸土地。中国的发展离不开世界，世界的繁荣也需要中国。中国人民珍惜同其他国家和人民的友谊与合作，更加珍惜自己经过长期奋斗而得来的独立自主权利。我相信，对这一点，东南亚各国人民和我们是感同身受的。中国的发展不会妨碍任何国家，也永远不会威胁任何国家！中国将始终坚持独立自主的和平外交政策，世世代代走和平发展道路！

女士们，先生们！

“远在天边，近在心田”。中国人民对印尼怀有美好的情感。印尼的岛国风情，多元文化，浪漫情调，令人向往。半个多世纪前，中国、印尼等一大批亚洲新独立国家登上国际政治舞台，宣告了新亚洲的诞生。今天，我们正亲眼见证着亚洲的全面崛起和东方文明的伟大复兴，先辈们振兴亚洲的梦想正在我们手中成为现实，而中国与印尼是推动这一划时代变化的重要力量。相似的历史遭遇，让我们走到了一起，共同的历史使命，把我们紧紧联系在一起。让我们携起手来，加强睦邻友好，深化全面合作，共创美好未来，迎接亚洲世纪的到来！

得里马嘎西！（谢谢！）

（来源：中国网. http://www.china.com.cn/international/zhuanti/2011—05/01/content_22472275.htm. 2011—05—01）

2011 年 4 月 30 日，中华人民共和国国务院总理温家宝在雅加达出席中国—印尼战略商务对话活动并发表讲话。讲话全文如下：

在中国—印尼战略商务对话活动上的讲话

（2011 年 4 月 30 日，印尼雅加达）

尊敬的布迪约诺副总统，女士们，先生们：

我很高兴与两国经济界代表见面。借此机会，我谨对长期以来为促进两国经贸关系发展、增进两国人民友谊做出贡献的朋友们，表示诚挚感谢和良好祝愿！

中国和印尼，是隔海相望的友好邻邦，也是平等互利的战略伙伴。近年来，两国政治互信不断增强，高层往来日益频繁，双方关系步入更加活跃、富有成果的新阶段。在两国经济界的共同努力下，双方经贸合作不断深化，成果丰硕，给两国人民带来了实实在在的利益。

——双边贸易快速发展。新世纪头 10 年，两国贸易额年均增长 22.8%，2010 年达到 427.5 亿美元，远远超过了两国领导人提出的 300 亿美元目标。目前，中国已是印尼第二大贸易伙伴、第一大进口来源地和第二大出口市场。印尼的蛇皮果、山竹等热带水果已进入中国千家万户，中国的温带水果也丰富了印尼人民的餐桌。

——双向投资日趋活跃。两国经济快速发展，吸引着越来越多企业到对方国家投资。截至 2010 年底，在印尼投资办厂的中国企业超过 1000 家，各类投资累计超过 60 亿美元，纳税超过 10 亿美元，为印尼创造了 3 万多个就业岗位。与此同时，印尼企业在中国的累计投资金额也突破了 20 亿美元。

——基础设施建设合作成效显著。中国企业积极参与印尼重大基础设施建设，是两国经贸合作中的一大亮点。2009 年建成的泗马大桥，2010 年竣工的阿萨汉水电站，都是东南亚地区的标志性工程，也是中国工程企业走向国际市场的“名片”。这些质量过硬、造价较低、发展急需的重大基础设施，改善了印尼人民的生产生活条件，夯实了经济长远发展的基础。

——金融领域合作方兴未艾。这些年来，中国政府根据印尼经济建设的实际需要，累计向印尼提供了 28 亿美元的优惠出口买方贷款，印尼成为使用中方这项贷款最多的国家。与此同时，不少中方银行和保险公司也在印尼设立分支机构，参与印尼经济建设进程。为了支持印尼建设第一期 1000 万千瓦电站项目，中方银行就提供了约 65 亿美元的商业贷款。

——两国地方和民间往来频繁。目前，两国地方政府已缔结了 5 对友好省份和 10 对友好城市。两国优美的自然风光和悠久灿烂的文明，吸引着来自世界各地的游客。2010 年共有 47 万中国居民来印尼旅游，同时也有 57 万印尼游客到中国观光。两国人民来往多了，心与心自然贴得更近。

女士们，先生们：

我这次访问印尼，既是加深了解、增进友谊之旅，也是规划未来、深化合作之旅。此访期间，我和苏西洛总统进行了友好、富有成果的会谈，签署了两国政府关于扩大和深化经贸合作的协定，确立了到 2015 年双边贸易额达到 800 亿美元的新目标，达成了总额约 100 亿美元的经贸协议。我们对发展两国经贸关系取得广泛共识，一致认为中国和印尼经济互补性强，又都处于经济快速发展的阶段，双方经贸合作具有坚实的政治基础和广阔的发展前景。为了推动两国经贸合作向更高层次、更广领域发展，更好地造福于两国人民，我愿提出以下几点建议：

第一，继续扩大双边贸易规模。中国和印尼人口多，市场潜力大，双方贸易还有较大潜力可挖。我们要进一步提高双方贸易便利化水平，稳定和扩大两国大宗商品、大型机电产品和高附加值产品贸易，优化进出口商品结构，推动两国贸易上规模、上水平。中国不谋求贸易顺差，愿意增加来自印尼的进口，推动双方贸易健康、平衡、持续发展。中方理解印尼热带水果对华出口的诉求，愿意加强两国政府主管部门的沟通和协商，为印尼水果进入中国市场提供便利。我们希望印尼企业充分利用中国—东盟博览会、广交会等平台，加强产品宣传，在中国市场上赢得更大的份额。

第二，加快推进基础设施建设合作。中方支持中国企业通过多种方式，参与印尼道路、桥梁、港口、电站、通信等基础设施建设，包括已经启动的第二期1000万千瓦电站项目。为了深入推进双方基础设施领域的合作，中国政府决定向印尼新增10亿美元优惠出口买方信贷，同时鼓励金融机构为条件成熟的合作项目提供融资支持。希望双方加快落实已经商定的优惠出口买方贷款项目，用好用足剩余资金，争取相关合作项目尽早启动实施。

第三，积极扩大双方投资合作。中国政府一如既往地欢迎印尼企业到中国投资兴业，同时也鼓励和支持有实力的企业扩大对印尼的投资，重点加强农业、渔业、旅游、加工制造和能源资源等领域的互利合作。建设中印尼经贸合作区，是扩大投资合作的有效途径，希望双方加大投资和工作力度，吸引更多企业向园区聚集。印尼正在实施六大经济走廊规划和建设巴布亚等经济特区，中方愿意推动中国企业积极研究参与建设的可行性，希望印尼政府为中方企业赴印尼投资提供便利和政策支持。

第四，深化多边经贸领域的合作。印尼是世界上具有重要影响的国家，是“二十国集团”、“新钻十一国”的重要成员。中国重视印尼在国际和地区事务中的地位和作用，愿与印尼方共同促进中国—东盟经贸关系发展，共同推动发展中国家的互利合作，共同反对贸易保护主义。中国—东盟自贸区是中国与东盟国家经过多年努力精心培育的利益共同体。实践证明，这个自贸区对东盟各国有利，对中国有利，对印尼也有利，是互利共赢的典范。我们希望双方企业充分利用自贸区的优惠政策，发挥各自的比较优势，拓展各个领域的交流与合作。也希望两国政府和社会各界倍加珍惜来之不易的成果，妥善解决自贸区建设中出现的各种问题，共同建设好、维护好自贸区，使两国经济在更大范围、更高层次上实现优势互补。

女士们，先生们：

中国和印尼，是亚洲两个重要的发展中大国。加强两国经贸合作，符合两国的根本利益，也有利于地区和平、稳定与发展。当前，发展两国经贸关系具备“天时”、“地利”、“人和”等多种有利条件。我坚信，富有进取精神的两国企业家，一定会把握时机，携手共进，以更大的决心和勇气深化两国互利合作，共同创造两国经贸合作的美好明天！

谢谢大家！

（来源：中华人民共和国中央人民政府. http://www.gov.cn/ldhd/2011－04/30/content_1855696.htm. 2011—04—30）

2011年4月28日，中华人民共和国国务院总理温家宝在吉隆坡与马来西亚总理纳吉布共同出席中马经贸投资合作论坛并致辞。致辞全文如下：

共同推动中马互利合作再上新台阶

——在中马经贸投资合作论坛上的致辞

（2011年4月28日，马来西亚吉隆坡）

尊敬的纳吉布总理阁下，女士们，先生们：

我很高兴在吉隆坡与中马两国经济界人士相聚。借此机会，我代表中国人民，向马来西亚人民致以亲切问候！并向长期致力于中马经贸合作的两国经济界人士表示衷心感谢和崇高敬意！

这是我担任总理以后时隔六年再次访问马来西亚。六年来，马来西亚积极推进经济转型，经济快速发展，社会和谐稳定，外交务实活跃，地区和国际影响力显著提升。中国人民为马来西亚的发展和进步感到由衷高兴和钦佩。中国和马来西亚是隔海相望的亲密邻邦，两国人民之间的传统友谊源远流长。马来西亚是第一个同中国建交的东盟国家。在两国几代领导人和双方人民的精心呵护下，中马关系经受住了时间和国际风云变幻的考验，步入成熟、稳定、健康的发展轨道。

政治上，两国战略互信加深，高层交往频繁。双方就两国关系及重大国际地区问题保持密切沟通。在涉及彼此重大利益的问题上相互支持，照顾彼此关切；在应对国际金融危机中同舟共济，共克时艰；在国际金融体系改革、应对气候变化、粮食和能源安全等重大国际问题上持相同或相似立场，共同维护发展中国家利益。两年前，纳吉布总理上任不久，选择中国作为东盟之外的首个出访国家，并在北京签署了两国战略性合作共同行动计划，标志着中马关系进入新阶段。

经济上，两国互利合作快速发展，领域不断拓宽。近十年，双边贸易额增长近8倍，2010年达到742亿美元的历史新高。中国已是马来西亚最大贸易伙伴，也是马来西亚棕榈油出口的最大市场，马来西亚是中国在东盟最大的贸易伙伴。中马双向投资日趋活跃，目前总金额已突破60亿美元。“香格里拉”和“百盛”等马来西亚品牌在中国家喻户晓。中方企业在马来西亚参与基础设施合作初见成效，已开工建设了槟城二桥、巴贡电站等一批重点工程。两国金融合作走在中国同东盟国家合作的前列。在国际金融危机肆虐的时刻，两国央行签署了中国与东盟国家间第一个本币互换协议，为维护地区金融稳定做出了重要贡献。林吉特成为第一个在中国银行间外汇市场挂牌交易的新兴市场国家货币。

人文上，两国人员交往密切，科教文卫体等领域交流合作扎实推进。两国互为重要的海外游客来源地，目前每周往返两国的航班达到170架次，每年人员往来超过200万人次。“新马泰”至今仍是最受中国民众青睐的出境旅游线路。中国在马来西亚留学生人数超过万人，是马来西亚最大留学生来源国之一，马来西亚来华留学生也有近4000人。他们都是中马友好薪火相传的使者。

实践证明，中国和马来西亚既是相互信任、相互支持的真诚朋友，也是平等互利、合作共赢的可靠伙伴。中马关系越往前走，相互理解和友情就越深，共同利益和需求就越多，两国人民得到的实惠也就越大。

女士们，先生们：

当今世界政治经济格局正处在大变革大调整时期，东亚地位进一步上升，中国和马来西亚都面临发展的重要机遇和挑战。扩大和深化中马互利合作，符合双方的根本利益，也有利于促进本地区和平稳定和发展繁荣。我这次访问贵国，就是要巩固中马友谊与互信，推动两国关系实现新的更大发展。上午，我同纳吉布总理进行了友好会谈，对发展两国关系达成广泛共识，签署了《两国政府关于扩大和深化经济贸易合作的协定》等多个重要合作文件，确立了新形势下两国互利合作的原则、方向和框架。这里，我想就促进两国经贸合作全面发展提出几点建议：

第一，扩大双边贸易规模。中马两国经济结构各具特色，互补性强，双边贸易还有较大的潜力可挖。随着中国经济快速发展，对马来西亚棕榈油、橡胶以及电子产品的需求还会增加，同时中国各类机电产品物美价廉，适用性强，也符合马来西亚的需要。双方应该充分利用中国—东盟自贸区的优惠政策，发挥各自的比较优势，扩大进出口规模。在巩固传统大宗商品贸易的同时，努力扩大高新技术、高附加值产品出口，提高信息通信、生物制药、绿色科技产品的出口比重，进一步优化两国贸易结构。中国政府欢迎马方企业到中国参加各种展览会和交易会。马来西亚是2011年中国—东盟博览会的主题国，希望马方企业积极参会，推介产品和交流经验。中方理解马来西亚对华出口热带水果的愿望，决定开放从马来西亚进口冷冻榴莲，也希望马方能逐步增加中国清真食品、汽车产品的进口。在中马双边贸易中，中方一直存在比较大的逆差，对此中方坚持以积极眼光看待，不搞贸易保护主义，致力于发展中逐步实现进出口平衡。

第二，深化双向投资合作。中国政府一如既往地欢迎马来西亚企业到中国发展，特别是到中西部和东北部地区投资兴业。广西钦州中马产业园区是双方在中国西部地区合作的第一个工业园，具有示范意义。中国政府欢迎马方有实力的企业积极参与园区的规划和开发建设。尽管中国企业对马投资起步较晚，目前规模不大，但增速很快，发展前景十分广阔。中国政府鼓励和支持有实力的企业扩大对马来西亚的投资，重点开展加工制造、能源资源、服务业等领域的合作，希望马方提供政策支持和投资便利。

第三，加强基础设施建设合作。今后一个时期，马来西亚基础设施建设需求很大，中国企业经验丰富、技术过硬、造价合理，双方合作的空间很大。中方支持中国企业通过多种方式，参与马来西亚道路、桥梁、港口、电站、通信等基础设施建设。双方正在商谈中的马来西亚南部铁路、槟州明光水坝等重大项目，建成后将产生巨大的经济和社会效益，必将成为两国企业互利共赢的标志和中马友谊的象征。希望双方企业通力合作，争取早日开工。

第四，拓展双方金融合作。这是两国经济界的迫切要求，也是促进两国经贸合作持续发展的重要基础。中国政府欢迎马方金融机构到中国拓展业务规模，已正式批准马来西亚国家银行在北京设立代表处，允许马来西亚国家银行在中国银行间债券市场进行投资。希望双方企业充分利用好双边本币互换安排和两国货币即期交易业务，扩大本币在双边贸易结算中的比重。中方愿意根据双方合作项目的实际需要增加政策性融资规模，同时鼓励金融机构为条件成熟的项目提供商业贷款。

第五，促进教育科技等领域的合作。教育科技是中马合作和交流的重要领域。中方愿意加强两国学者、教师、专家和学生的交流，推动高等院校之间的合作。中方在马来亚大学设立了孔子学院，马方在北京外国语大学设立了马来研究中心。两国政府刚刚签署了高等教育学位学历互认协议，中方欢迎更多的马来西亚学生到中国留学，愿意大力开展两国青年友好交流活动。中马科技合作具备较好的基础和条件，双方在生物、遥感、信息、中医药、海洋等领域互有优势，应进一步促进共同研发与人才培训合作。未来五年，中方愿意为马方培训超过1万名通信行业的人才。

女士们，先生们：

中国改革开放三十多年来，取得了举世瞩目的成就，发生了翻天覆地的变化。中国越发展，同世界的联系越紧密，就越需要一个和平稳定的外部环境，越需要加强同世界各国的密切合作。开放包容、互利共赢、共同发展，是我们三十多年来发展对外关系的最深体会，也是我们不断进步的重要法宝。

中国刚刚制定了“十二五”规划，明确提出坚定不移地扩大对外开放，实行更加积极主动的开放战略。我们将实行进口和出口并重、吸收外资和对外投资并重的政策，加快转变外贸发展方式，促进进出口平衡发展。我们将努力扩大和深化同各方利益的汇合点，在巩固同发达国家经贸合作的同时，加强同发展中国家的团结合作，深化同周边国家的睦邻友好和务实合作，促进共同发展。我们将完善区域开放格局，深化沿海开放，扩大内陆开放和沿边开放，把与东盟接壤的广西、云南建成向西南开放的重要桥头堡。中国将积极参与全球经济治理和区域合作，推动建立均衡、普惠、共赢的多边贸易体制，反对各种形式的保护主义。所有这些举措，必将给包括马来西亚在内的世界各国企业带来更大的商机。

实践已经证明必将继续证明，中国的发展，对马来西亚、对周边邻国、对世界，都是机遇，而不是挑战，更不是威胁。

今天在座各位都是中马两国经济界的精英，深化两国经贸合作的历史重担落在你们肩上。我坚信，通过双方的不懈努力，两国传统友谊一定会进一步加深，各领域互利合作一定会取得更大成果，中马关系必将迎来更加美好的明天！

预祝本次论坛取得圆满成功！

谢谢各位！

（来源：新华网．http://www.gov.cn/ldhd/2011—04/30/content_1855696.htm.2011—04—30）

2010年10月29日，中华人民共和国国务院总理温家宝出席了在河内举行的第十三次东盟与中日韩领导人会议并发表讲话。讲话全文如下：

在第十三次东盟与中日韩领导人会议上的讲话

（2010年10月29日，越南河内）

阮晋勇总理，各位同事：

东盟与中日韩的合作走过了不平凡的道路，取得了长足发展，成为我们共同的财富。当前，世界和东亚地区格局正经历深刻复杂的变化，我们要珍惜来之不易的成果，继续推动“10＋3”合作向前发展。我希望这是一次团结、合作、进取的会议。

诞生于亚洲金融危机的“10＋3”合作，在百年罕见的国际金融危机中发挥了重要作用，呈现出强大的生命力。我们不仅维护了东亚金融稳定，而且实现了清迈倡议的多边化，建成了1200亿美元的区域外汇储备库和7亿美元的区域信用担保和投资基金。我们共同反对贸易保护主义，发挥人口、资源和市场的优势，扩大域内的贸易和投资，最大程度地减轻了国际金融危机冲击。中、韩、日分别与东盟建立自贸区，中日韩自贸区官产学联合研究顺利启动，东亚经济一体化迈出重要步伐。事实证明，“10＋3”合作经受住严峻考验，得到发展壮大，东亚合作主渠道地位更加凸显，成为东亚各国风雨同舟、共创繁荣的象征。

当前，东亚经济率先复苏，呈现出较为强劲的发展势头，成为拉动世界经济增长的重要引擎。“10＋3”地区人口超过全球的1/3，国内生产总值总和占全球的近20%，域内贸易比重达一半以上，进出口总额占全球贸易的31%，成员国之间的贸易依存度和生产要素的自由流动明显提高，“10＋3”经贸合作具备了持续、深入、快速发展的良好条件。“10＋3”在农业与粮食安全、应对气候变化、非传统安全、人文等领域的交流与合作机制进一步完善，东亚合作正向更高水平迈进。

必须看到，当前世界竞争更为激烈，国际形势更为复杂，本地区还存在一些不稳定因素，发展不平衡、对外依存度高、经济结构不合理等问题没有得到根本解决。值此关键时刻，推进东亚合作的方向不能改变，信心不能动摇，力度不能减弱。我们必须抓住机遇，共迎挑战，排除干扰，奋发进取。

建议根据《第二份东亚合作联合声明》确定的

目标，下一阶段重点在以下领域加强合作：

第一，加快推进东亚自贸区建设。这不仅有利于提振信心，巩固本地区经济的增长势头，而且对提升整体经济竞争力，保持发展活力具有战略意义。我们应加强协调配合，坚持以“10＋3”为主渠道，推进自贸区建设；充分尊重东盟的核心作用，遵守协商一致原则；由易到难，循序渐进；包容开放，兼顾各方关切。

中国作为“10＋3”经贸合作牵头国，提出了“10＋3”贸易便利化路线图，重点是通过今后五年努力，加强“10＋3”成员国在贸易便利化领域的合作。中方愿与各方协商，提出进一步推进区内贸易投资自由化和便利化的具体举措。我宣布，中方将再向“10＋3”合作基金注资100万美元，希望用于推动东亚自贸区建设的相关工作。

随着中日韩与东盟三个自贸区的建成，中日韩自贸区需要加快进程。三国决定尽快签署中日韩投资协议，确立了在2012年完成三国自贸区官产学联合研究的目标。我们应提供更有力的政治支持，既正视困难，又坚定信心，以积极务实的态度加紧推进相关工作。

第二，深化财金合作。清迈倡议多边化协议生效增强了东亚国家应对金融危机的信心，有助于完善全球金融安全网络，改进全球经济治理结构。我们要进一步加强清迈倡议多边化的有效性，完善其运作程序。要加强宏观经济政策交流与协调，强化和完善区域经济监测机制。

要进一步推动亚洲债券市场建设，用好区域信用担保与投资基金，促进本币债券发行。同时探讨促进本地区债券跨境交易和结算，加强债券市场发展的能力建设。

要着眼长远，针对形势发展，就深化“10＋3”财金合作开展前瞻性和战略性研究，确立未来合作重点，为区域贸易投资自由化和经济一体化提供更有力的支撑。

第三，推进其他领域的合作。中方愿与各方努力，推动“10＋3”大米紧急储备建设。我宣布，在2009年承诺为“10＋3”大米紧急储备项目专储30万吨大米的基础上，中国再捐资100万美元。中方将继续主办“10＋3”粮食安全合作战略圆桌会议，与各国探讨本地区农业生产可持续发展的合作途径。

为促进本地区经济发展，中国愿与东盟及日韩共同支持《东盟互联互通总体规划》，共同推动本地区公路、铁路、航道、港口等建设。

中方支持建立“10＋3”教育部长会议机制，推动教育合作。中方将于2011年主办第九届东亚论坛，与“10＋3”国家社会各界共同探讨推进区域合作的办法。

第四，加强在重大国际问题上的沟通协调。首尔峰会是首次在亚洲国家举行的二十国集团峰会。中方赞赏韩方将发展问题作为峰会主要议题之一，期待此次峰会能够充分展示东亚合作发展的经验，在推动世界经济复苏和增长、国际金融机构改革、国际金融监管、反对贸易保护主义等方面取得积极成果。

气候变化深刻影响着“10＋3”国家的生存和发展，应在“共同但有区别的责任”原则基础上共同应对。要进一步加强对话与合作，努力推进《联合国气候变化框架公约》和《京都议定书》全面、有效和持续实施，切实落实发达国家向发展中国家提供资金和技术转让支持，推动坎昆会议取得积极成果。我们还要加强协调，共同为即将在横滨举行的亚太经合组织领导人非正式会议取得成功作出努力。

各位同事，加强“10＋3”合作是实现东亚振兴的必由之路。为了共同的利益，我们一定要肩负起历史使命，锲而不舍地向着这一远大目标不断迈进。

（来源：新华社. http://www.cnstock.com/index/cj/201010/960211.htm? page＝4. 2010—10—30）

中国—东盟自由贸易区重要文献

中国—东盟行业合作昆明会议主席声明

2010年9月17日，由中国—东盟商务理事会中方秘书处云南省和昆明市政府共同主办的滇池泛亚合作系列活动：第一届中国—东盟行业合作昆明会议在中国云南省昆明市召开。中国与东盟行业协会负责人、业界代表会聚一堂，紧紧围绕“中国—东盟自贸区：行业对接 合作共赢”这一主题，共同商议行业对接和合作，会议圆满体现了与会各方的初衷，并达成以下共识：

一、整合资源、互补优势，推动中国与东盟行业战略合作中国—东盟行业合作在中国—东盟自贸区发展中具有重要的积极意义。自2010年1月1日起，中国—东盟自贸区正式建成。中国与东盟相互开放市场，提出了双方行业积极探讨互利合作的迫切要求。中国与东盟行业合作的目的就在于：整合资源，优势互补，推动双方产业对接与调整，扩大自贸区的贸易创造和投资合作，提高本自贸区的生产力和国际竞争力。

二、中国与东盟行业合作的原则是优势互补、互惠互利、充分协商、创新发展

优势互补就是增进双方行业的交流与合作，充分利用互补性与比较优势。互惠互利就是实现行业内资源的合理配置，着力携手促进产业升级，实现互利共赢。充分协商就是增强协商意识，完善协商制度，不断增进理解，扩大共识。创新发展就是以创新合作来应对市场开放，携手共同发展。

三、中国与东盟国家的政府部门、行业商会、企业共同努力推动双方行业合作

双方政府行业主管部门应将行业合作列为中国与东盟及其成员国经贸合作的重要工作，并支持行业商会在合作中发挥积极作用。行业商会是推动推动双方行业合作的重要力量，在积极与对方行业商会合作的同时，应切实做好与政府部门、企业的沟通。企业是行业合作的载体，应不断强化自身的生产力和市场开发能力。

四、积极、务实、全面地加强双方行业合作

增进行业信息交流和资料互换，做好信息开发和利用，实现信息互通。就中国与东盟相互开放市场后出现的新问题，双方行业对接过程中出现的新情况，及时交流、商议。

加强在标准领域的交流与合作，积极实现产品和服务质量标准的一体化，建立健全标准信息通报机制和标准体系。

共同研究中国—东盟行业合作发展规划，以有效指导企业合作。加强行业合作咨询服务。加强中小企业经营者的能力建设。

五、建立和完善中国与东盟行业商会合作机制

利用好中国—东盟行业商会联席会议。该联席会议由中国—东盟商务理事会中方秘书处牵头组建、25家中方全国性行业协会组成，目的在于为中国与东盟双方行业商会间的交流与合作搭建平台，欢迎中国与东盟国家行业商会加入。在条件成熟时，分行业建立行业商会合作委员会，以促进双方行业商会会员企业的互利合作。

今后将继续召开中国—东盟行业合作会议，并将该会议列为双方经贸合作的重要工作议程，建议该会议会址落户昆明，作为滇池泛亚合作的重要组成部分。昆明可作为中国—东盟行业对接的试点城市。中国陆上与东南亚直接相通的重要省会城市昆明，具有与东盟合作的区位优势、资源优势、产业优势，应积极推动中国与东盟行业合作，以推动昆明产业聚集和提升，促进昆明对外开放和经济的新发展。

中国与东盟行业合作是中国—东盟自贸区实现共赢的重要支撑。我们将以此次会议为契机，促进双方行业合作进入新的阶段，为本自贸区内各国经济繁荣作出贡献。

2010年9月17日

中国·昆明

（来源：昆明信息港. http://news.kunming.cn/km—news/content/2010—09/21/content_2292704.htm. 2010—09—21）

中国和东盟领导人关于可持续发展的联合声明

2010年10月29日，中国和东盟领导人在越南首都河内发表了《中国和东盟领导人关于可持续发展的联合声明》。联合声明全文如下：

2010年10月29日，中华人民共和国及东南亚国家联盟各国国家元首/政府首脑（以下简称“双方”）在越南河内聚会，举行第13次中国—东盟领导人会议：

满意地忆及双方落实2003年10月7日签署的《中国—东盟面向和平与繁荣的战略伙伴关系联合宣言》及相关文件取得的进展，包括在可持续发展领域开展的卓有成效合作；

中方重申支持东盟在2015年建成包括政治安全共同体、经济共同体和社会文化共同体三大支柱在内的东盟共同体；

忆及2010年4月第十六届东盟峰会发表的《关于复苏和可持续发展的联合声明》和《关于联合应对气候变化的声明》；

进一步重申双方促进本地区和国际社会和平、安全、繁荣及可持续发展的共同愿望和责任；

强调维持经济增长和促进贸易投资联系、社会发展、减贫和环境保护的重要性；

宣布：

一、继续加强在东盟加三（10＋3）框架下的地区经济和财金合作；

二、促进市场开放，拒绝各种形式的保护主

义，确保多边贸易体系的开放性和可预测性；

三、继续支持世界贸易组织多哈发展议程，根据多哈回合授权，在锁定包括谈判模式在内的现有成果的基础上，为推动早日取得全面、均衡的结果作出积极贡献；

四、全面、有效落实中国—东盟自由贸易区协议，帮助公共部门和工商界更多了解协议带来的好处，包括通过贸易和投资能力建设；

五、通过交流最佳实践和技术加强农业和粮食生产合作，提高生产效率，确保粮食安全，提高农民收入和生活水平，促进本地区农村发展；

六、支持发挥中国—东盟环保合作中心的作用，积极落实《中国—东盟环保合作战略2009～2015》，特别是在通过与东盟生物多样性中心合作保护生物多样性和生态环境、清洁生产、环境教育意识等领域开展合作，支持《东盟环境教育行动计划2008～2015》及环境可持续城市，共同努力实现人与自然和谐发展；

七、通过举办研讨会、培训班和论坛，联合开发研究，加强科技合作，促进国家科技能力建设，培养研究和科技管理人才，传播适用技术；

八、加强能效、新能源和可再生能源、减排、环保等领域科学研究和技术合作，促进高效、环保、节能技术和清洁技术的应用，提高非化石能源占一次能源消费比重；

九、加强减贫合作，共同努力实现联合国千年发展目标，确保可持续发展真正惠及所有国家和人民；

十、支持东盟根据包括《东盟一体化工作计划第二份倡议（2009～2015）》和《东盟互联互通总体规划》在内的《东盟共同体路线图昌安华欣声明》，推进一体化和共同体建设进程。加强大湄公河次区域经济合作、东盟湄公河流域开发合作、东盟东部增长区和柬埔寨—老挝—缅甸—越南等次区域合作；

十一、在国际气候变化谈判中加强对话和合作，包括按照各国国情和《联合国气候变化框架公约》规定的原则，特别是“共同但有区别的责任”原则和各自能力，在“巴厘路线图”授权下朝建立全球法律约束框架努力，以在2012年之前及以后全面、有效、持续实施《联合国气候变化框架公约》及其《京都议定书》；

十二、考虑到《东盟灾害管理与紧急应对协议》已于2009年12月生效，通过对减少灾害风险、救灾和重建等信息分享、经验知识交流，增强灾害管理合作，支持建立东盟人道主义援助中心；

十三、通过培训政府官员和各领域专家，举办培训项目和研讨会，增强在东盟成员国，特别是东盟最不发达国家的人力资源开发合作和援助。

（来源：中国新闻网. http://www.chinanews.com/gn/2010/10－29/2622809.shtml. 2010—10—29）

中国与缅甸关于建立全面战略合作伙伴关系的联合声明

应中华人民共和国主席胡锦涛邀请，缅甸联邦共和国总统吴登盛于2011年5月26日至28日对中华人民共和国进行了国事访问。

访问期间，中华人民共和国主席胡锦涛同吴登盛总统举行会谈，中国国务院总理温家宝、中国人民政治协商会议全国委员会主席贾庆林分别会见吴登盛总统。双方在亲切友好的气氛中就双边关系和共同关心的国际地区问题深入交换意见。

双方一致认为，自1950年6月8日建立外交关系以来，中缅睦邻友好合作关系顺利发展。特别是进入新世纪以来，双方领导人保持密切交往，政治、经济、文化、科技等各领域友好合作全面推进，两国人民传统“胞波”友谊不断发扬光大。双方对两国关系发展感到满意。

双方强调，中缅关系建立在双方共同倡导的和平共处五项原则基础之上，经受住了国际形势和各自国情变化的考验，展现出广阔的发展前景。

双方认为，当今世界正处于大发展、大变革、大调整之中，世界多极化和经济全球化深入发展，国与国相互依存更加紧密，和平、发展、合作既是时代潮流，也符合本地区国家和人民的共同利益。新形势下，在业已存在的友好合作基础上进一步提升中缅双边关系水平，是两国实现共同发展的需要，符合两国和两国人民的根本利益，也有利于本地区的和平、稳定和繁荣。基于上述共同政治意愿，双方一致同意，建立中缅全面战略合作伙伴关系，并达成以下共识：

一、保持两国高层密切交往，不断提升战略互信。进一步加强两国议会、政府、司法部门和政党之间的友好交流合作，促进双边关系全面、稳定、深入发展。

二、继续开展两国外交部门之间不定期磋商，及时就双边关系和国际、地区热点问题交换意见。利用双多边场合保持经常会晤，加强战略沟通。

三、本着平等互利、优势互补、注重实效的原则，进一步提升两国经贸合作规模和水平，逐步加强健康、稳定、可持续的经贸合作关系。共同为两国贸易、投资合作创造良好环境，依据两国经贸政策，深化彼此经贸往来。

四、在互惠互利基础上，进一步开展教育、文化、科技、卫生、农业、旅游等各领域友好合作。加强人文交流，扩大人员往来，不断增进两国人民的相互了解和友谊。

五、加强边境管理合作，及时就边境管理事务进行沟通，努力维护边境地区的和平、安宁和稳定。

六、中方重申尊重缅甸的独立、主权和领土完整，支持缅方走符合本国国情的发展道路。缅方重申继续奉行一个中国政策，承认中华人民共和国政府是代表全中国的惟一合法政府，台湾是中国领土不可分割的一部分，继续支持两岸关系和平发展和中国的和平统一大业。

七、进一步加强在联合国等多边场合中的协调配合，共同维护广大发展中国家的利益。加强在东盟与中日韩、东盟与中国及大湄公河次区域经济合作等机制中的合作，促进本地区共同发展和繁荣。

二〇一一年五月二十七日于北京

（来源：人民日报.2011 年 5 月 28 日第 003 版）

中华人民共和国政府和印度尼西亚共和国政府关于进一步加强战略伙伴关系的联合公报

（2011 年 4 月 29 日，雅加达）

应印度尼西亚共和国总统苏西洛·班邦·尤多约诺邀请，中华人民共和国国务院总理温家宝于 2011 年 4 月 28 日至 30 日对印度尼西亚共和国进行正式访问。

访问期间，温家宝总理和苏西洛总统在亲切友好的气氛中举行会谈，就双边关系及共同关心的国际和地区问题深入交换了意见，达成重要共识。双方对访问成果感到满意，认为访问将成为中印尼战略伙伴关系发展的重要里程碑。

双方回顾了两国友好互利合作关系取得的新进展，一致认为，中印尼关系已进入全面发展的新阶段，具有地区和全球战略意义。双方同意在中印尼战略伙伴关系框架下，进一步增进在政治领域业已存在的紧密关系，深化和扩大经贸往来，促进文化交流和民间交往，扩大国际合作。

政 治

双方重申将继续奉行相互尊重独立、主权和领土完整的原则。苏西洛总统重申印尼坚持一个中国政策的一贯立场，支持中国和平统一进程。温家宝总理对印尼方这一立场表示赞赏，并重申中国坚定支持和尊重印尼的国家统一、领土完整和主权。

双方对 2010 年 1 月 21 日签订的《中华人民共和国政府与印度尼西亚共和国政府关于落实战略伙伴关系联合宣言的行动计划》感到满意，一致同意采取具体措施落实好行动计划，推进两国各领域务实合作。

双方认识到加强两国领导人互访和完善高级别战略对话机制的重要性。双方同意进一步加强印尼政治、法律、安全统筹部长和中国国务院国务委员之间的双边磋商，责成两国外长联委会每年召开一次会议，履行监督、评估各领域现有双边合作，并寻找新的合作机遇的机制职能以加强两国战略伙伴关系。同时，双方同意保持在两国防务与安全磋商、经贸和技术合作联委会等机制下的对话与合作。

双方欢迎签署《中华人民共和国外交部和印度尼西亚共和国外交部关于共同行动的谅解备忘录》，以加强两国外交部合作，包括开展相互交流、外交官培训、政策规划研究以及建立两国外交部各级别官员间热线电话等。

中方欢迎印尼即将在上海开设总领馆。双方一致认为，这将有利于进一步深化两国关系。

经济、贸易和投资

双方重申海上合作对发展两国战略伙伴关系的重要意义，承诺继续加强在航行安全、海上安全、海军合作、渔业开发活动、打击非法、不报告及不受管制的渔业捕捞活动、海洋科研环保等领域的交流与合作。双方欢迎签署《关于修订〈中华人民共和国国家海洋局和印度尼西亚共和国海洋渔业部关于海洋领域合作谅解备忘录〉的议定书》。

双方对双边经济关系的积极发展表示满意。双方相信，两国贸易额达到 500 亿美元的目标有望提前实现，同意努力实现 2015 年两国贸易额达到 800 亿美元的新目标。双方强调和重申以平衡和可持续发展的方式实现上述目标。为此，温家宝总理重申中方坚定致力于扩大从印尼进口并为此提供便利，通过增加中国在印尼工业领域的投资等措施提高印尼工业能力。

双方欢迎两国政府签署《中华人民共和国政府和印度尼西亚共和国政府关于扩大和深化双边经济贸易合作的协定》，并决心通过互利互惠的方式落实好上述协定。

双方同意积极鼓励和支持两国企业增加和扩大

双向投资，包括推动双方相关协会间建立直接对话。印尼欢迎中国增加对印尼制造业、高新技术、农业、林业、渔业、清洁能源和旅游业等领域的投资。

印尼欢迎中国企业在平等互利基础上，特别是在公私伙伴合作框架下，参与印尼公路、桥梁、港口、电站和水资源开发等基础设施发展。双方同意就印尼经济走廊的发展加强合作。中方也希望就经济合作区的发展同印尼方加强合作。

双方再次承诺将推进两国农业领域合作，特别是在技术转让、能力建设、粮食储备管理、杂交水稻、共同研发以及应对粮食安全相关问题方面的合作。

双方强调，将巩固扩大两国在油气、煤炭、电力领域的合作，并积极探索新能源和可再生能源领域的合作机会。为此，双方强调，充分利用中国—印尼能源论坛，加快实现两国在能源领域的合作目标。

防务和安全

双方一致认为，为应对21世纪传统和非传统安全挑战，两国应进一步加强战略防务合作。为此，双方承诺，进一步加强包括联合演习、海上安全、国防工业在内的防务及其能力建设领域的合作，并加强在非传统安全领域的交流与合作。

社会和文化

双方一致认为，建立双边合作机制，加强防灾、减灾领域协商与协调非常重要，其中包括信息、经验共享及相关人员培训。

双方强调相互尊重对方的传统文化，同意进一步加强艺术、电影、媒体、展览以及双方达成一致的其他领域的交流与合作。

双方同意进一步推动两国教育领域合作，在教育及相关机构鼓励语言教学，促进学生交流和学者交流，扩大奖学金规模，推进互相承认学历学位工作。

双方同意加强两国青年和青年组织间互访，加强体育合作。

双方同意推动旅游合作，鼓励联合宣传推广，鼓励两国游客互访。

双方同意促进两国学术界交流，加深两国国民间业已存在的友好关系，增进双方相互理解与信任。双方进一步鼓励双方智库加强交流。

地区和国际问题

双方强调中国和印尼在促进亚太地区和平与稳定方面拥有广泛共同利益，为此，双方支持构建和完善开放、包容、互利的合作框架。双方重申，将坚定致力于在中国—东盟、东盟与中日韩、东亚峰会（EAS）、东盟地区论坛（ARF）、亚太经合组织、亚欧会议等多边框架下加强协调与合作，共同应对国际和地区问题。双方致力于促进区域贸易和投资自由化与便利化、区域经济一体化和经济技术合作以及为本地区的稳定和发展作出贡献。

双方高度评价中国与东盟二十年来始终保持密切合作关系。温家宝总理表示相信，在印尼担任东盟主席国期间，中国—东盟关系将得到进一步提升。

双方承诺将继续支持东盟在东亚峰会中的主导作用。双方相信，2011年11月在巴厘举行的东亚峰会将进一步推动各成员国密切合作，以进一步实现本地区的共同稳定、共同安全和共同繁荣。

双方一致认为，中印尼在多边领域中的合作是两国战略伙伴关系的重要组成部分。作为主要发展中国家，中印尼加强对话与合作将为国际社会应对重大挑战作出贡献。中国和印尼愿在联合国、二十国集团和世界贸易组织框架下保持密切磋商。同时，双方将加强与其他发展中国家的协调，在重大国际问题上维护发展中国家的主张和利益，推动建立持久和平、共同繁荣的和谐世界。

双方强调，应对气候变化应在可持续发展框架下进行，应基于《联合国气候变化框架公约》及其《京都议定书》的原则和规定，应在坎昆会议成果的基础上继续落实“巴厘路线图”授权，推动南非德班气候变化会议取得积极成果。

双方满意地看到，中国和印尼在应对国际金融危机带来的挑战中采取了积极有效措施，保持了各自经济增长，并为全球经济复苏作出了重要贡献。双方支持加快落实和深化国际货币基金组织和世界银行的改革，实现二十国集团匹兹堡峰会确定的量化改革目标，将就此保持密切磋商与协调。

温家宝总理对苏西洛总统以及印尼政府和人民在此次正式访问期间给予他本人和代表团的热情款待表示衷心感谢，这充分体现了两国和两国人民间长久的友谊和互利合作关系。

（来源：新华网. http://news.xinhuanet.com/world/2011－04/29/c_121365570.htm. 2011—04—29）

附　　录

中国驻东盟各国大使馆

（名称/大使/地址/电话/电子邮箱/网址）

驻文莱达鲁萨兰国大使馆/闵永年（Min Yongnian）/ NO. 1，3，5 Simpang 462，kampung Sungai Hanching Baru，jalan Muara，bc2115，bandar Seri Begawan，Brunei Darussalam /00673－2－334163；00673－2－335710（传真）/ EMBPROC@BRUNET. BN，BN @ MOFCOM. GOV. CN/http://bn. china－embassy. org

驻柬埔寨王国大使馆/潘广学（Pan Guangxue）/ No. 156，Blvd Mao Tsetung，Phnom Penh，Cambodia/00855－12810928，12901923；00855－23－720922（传真）/ chinaemb _ kh@mfa. gov. cn/http://kh. china－embassy. org

驻印度尼西亚共和国大使馆/章启月（女）（Zhang Qiyue）/JL. Mega Kuningan No. 2 Jakarta Selatan 12950 Indonesia/ 0062－21－5761037；0062－21－5761038（传真）/administrative@chnemb. or. id / http://id. china－embassy. org

驻老挝人民民主共和国大使馆/布建国（女）（Bu Jianguo）/Wat Nak Road，Sisattanak，ViEntiane，Lao P. D. R. /00856－21－315100；00856－21－315104（传真）/chinaemb _ la@mfa. gov. cn/http://la. china－embassy. org/

驻马来西亚大使馆/柴玺（Chai Xi）/ 229，Jalan Ampang，50450 Kuala Lumpur，Malaysia/00603－21411729，21447652；00603－21414552，21453924（传真）/CHINAEMBMY@MFA. GOV. CN/http://my. china－embassy. org/chn/

驻缅甸联邦共和国大使馆/李军华（Li Junhua）/ NO. 1 Pyidaungsu Yeiktha Road，Yangon，Union Of Myanmar /0095－1－221280，221281；0095－1－227019（传真）/chinaemb _ mm@mfa. gov. cn/http://mm. china－embassy. org

驻菲律宾共和国大使馆/刘建超（Liu Jianchao）/ 4896 Pasay Road，Dasmarinas Village，Makati，Metro Manila，the Philippines/0063－2－8443148，8437715（总机）0063－2－8452465（传真）/chinaemb_ph@mfa. gov. cn/http://ph. china－embassy. org

驻新加坡共和国大使馆/魏苇（Wei Wei）/东陵路150号新加坡247969邮区，247969（邮编）/0065－64180252，67344737；0065－64793250（传真）/ chinaemb _ sg@mfa. gov. cn /http://www. chinaembassy. org. sg

驻泰王国大使馆/管木（Guan Mu）/57 Rachadapisake Road Huay Kwang，Bangkok 10310，Thailand /0066－2－2457044；0066－2－2468247（传真）/chinaemb_th@mfa. gov. cn /http://www. chinaembassy. or. th

驻越南社会主义共和国大使馆/孙国祥（Sun Guoxiang）/46 Hoang Dieu Road，Hanoi，Vietnam，P. O. BOX 13（信箱）/00844－38453736；00844－38232826（传真）/chinaemb_vn@mfa. gov. cn /http://vn. china－embassy. org

（来源：中华人民共和国外交部网站. http://www. fmprc. gov. cn/chn/pds/wjb/zwjg/zwsg/yz/）

东盟各国驻中国外交机构

（名称/大使/地址/电话/电子邮箱）

文莱达鲁萨兰国驻华大使馆/张慈祥（H. E. Mrs.

Magdalene Teo）/北京市朝阳区亮马桥北街1号 North Street 1，Liang Ma Qiao，Chaoyang District/010—65329773，65329776，65324093；010—65324097（传真）

柬埔寨王国大使馆/凯·西索达（H. E. Mrs. Khek Caimealy Sysoda）/北京市东直门外大街9号 No. 9，Dongzhimenwai Dajie/010 — 65321889；010 — 65323507（传真）/cambassy@public2. bta. net. cn

印度尼西亚共和国驻华大使馆/苏德加（H. E. Mr. Sudrajat）/北京市朝阳区东直门外大街4号 No. 4，Dong Zhi Men Wai Da Jie，Chaoyang District/010—65325486—88，65325489；010—65325368，65325782（传真）/set. indonesia. kbri@deplu. go. id

老挝人民民主共和国大使馆/维吉·欣达翁（H. E. Mr. Vichit Xindavong）/北京市三里屯东四街11号 No. 11，Dong Si Jie，San Li Tun/010—65321224；010—65326748（传真）

马来西亚大使馆/伊斯甘达·萨鲁丁（H. E. Mr. Iskandar Sarudin）/北京市朝阳区亮马桥北街2号，100600（邮编）No. 2，Liang Ma Qiao Bei Jie，Chaoyang District，100600/010—65322531；010—65325032（传真）/mwbjing@kln. gov. my

缅甸联邦共和国大使馆/吴丁乌（H. E. U Tin Oo）/北京市东直门外大街6号 No. 6，Dong Zhi Men Wai Da Jie，Chaoyang District/010—65320359，65320360；010 — 65320408（传真）/info @ myanmarembassy. com

菲律宾共和国驻华大使馆/民尼迪托（H. E. Mr. Francisco L. Benedicto）/北京市建国门外秀水北街23号，100600（邮编），23 Xiu Shui Bei Jie，Jian Guo Men Wai，100600/010—65321872；010—653 23761（传真）/Philemb_beijing@yahoo. com

新加坡共和国大使馆/陈燮荣（H. E. Mr. Chin Siat Yoon）/北京市朝阳区建国门外秀水北街1号，100600（邮编）No. 1 Xiu Shui Bei Jie，Jian Guo Men Wai，Chao Yang District，100600/010 — 65321115；010—65329405（传真）

泰王国大使馆/马纳塔（H. E. Mr. Rathakit Manathat）/北京市光华路40号，100600（邮编），NO. 40，Guang Hua Lu，100600/010—65321749；010—65321748（传真）/thaibej@public. bta. net. cn

越南社会主义共和国大使馆/阮文诗（H. E. Mr. Nguyen Van Tho）北京市建国门外光华路32号 NO. 32，Guang Hua Lu，Jian Guo Men Wai /010—65321155；010—65325720（传真）

（来源：中华人民共和国外交部网站. www. fmprc. gov. cn/chn/pds/gjhdg/gi/yz/）

中国驻东盟各国总领馆

（名称/大使/地址/电话/电子邮箱）

驻泗水总领事馆（印度尼西亚）/王华根（Wang Huagen）/Jalan Mayjend. Sungkono Kav. B1/105，Surabaya Jalan Paris Argosari V D—3，Surabaya（签证厅）/0062—31—5675825；0062—31—5674667（传真）/chinaconsul _ sur@mfa. gov. cn/http://surabaya. china—consulate. org

驻古晋总领馆（马来西亚）/谢福根（Xie Fugen）/马来西亚砂捞越州古晋市王长水路10段276号/0060—82—240344；0060—82—232344（传真）/ZHICUN@TM. NET. MY

驻曼德勒总领馆（缅甸）/唐英（Tang Ying）/Yadanar Lane，Yangyi Aung Road/00952 — 34457；00952—35944（传真）/chinaconsul _ man _ mm@mfa. gov. cn/http：//mandalay. china—consulate. org

驻宿务总领馆（菲律宾）/何时敬（He Shijing）/Cebu Fil—Chinese Volunteers Fire Brigade Building，Don Julio Llorente Street，Barangay Capitol Site，Cebu City 6000，Philippines /0063—32—2563422，2563455；0063—32—2563499（传真）chinaconsul_cb_ph@mail. mfa. gov. cn/http://cebu. china—consulate. org

驻宋卡总领馆（泰国）/王灿芬（Wang Canfen）/NO. 9，Sadao Road，Ampur Muang，Songkhla，90000（邮编）/0066—74—322034；0066—74—323772（传真）/chinaconsul_skh_th@mfa. gov. cn

驻清迈总领馆（泰国）/祝伟敏(Zhu Weimin)/泰国清迈昌罗路 111 号(No. 111, Changlo Road, Chiangmai 50000, Thailand)/6653－2761 25；6653－274614（传真）/http://chiangmai.chineseconsulate.org

驻胡志明市总领事馆（越南）/许明亮（Xu Mingliang）/39 Nguyen Thi Minh Khai Street, District 1, Ho Chi Minh City, Vietnam /00848－8292457；00848－8295009（传真）/chinaconsul_hcm_vn@mfa.gov.cn

（来源：中华人民共和国外交部网站. http://www.fmprc.gov.cn/chn/pds/wjb/zwjg/zwzlg/yz/）

东盟国家贸促机构与商协会通讯录

国家	机构名称	地址	电话、传真	电邮、网址
文莱	文莱国家工商会	No. 1, Block D, Beribi Industrial Complex 1, Kg. Beribi BE 1119 Negara Brunei Darussalam	Tel：00673－2433750 Fax：0067－2422751，223 7843	E－mail：sybas@brunet.bn
	文莱斯市中华总商会	72 Jalan Robert 2/3/4 Floor, Bandar Seri Begawan BS8811, Brunei Darussalam	Tel：00673－2235495 Fax：00673－2235492	E－mail：ccc@brunet.bn
柬埔寨	商业部	Russian Federation Blvd., Toeuk Thla Village, Sangkat Toeuk Thla, Khan Sen Sok, Ph－nom Penh, Cambodia	Tel：023－866469 Fax：023－866469	E－mail：moccab@moc.gov.kh/moccabdir@yahoo.com http://www.moc.gov.kh
	中国商会	金边市 106 街 19 号（捷运旅游集团大厦 2 楼）	Tel：023－986937	sinocam@hotmail.com
	柬埔寨金边总商会	No. 7B the corner of Road NO. 81－109, sangkat boeung Raing, khan daun penh, phnom phenh	Tel：00855－23－212265 Fax：00855－23－212270	
印尼	印尼中华总商会	23rd Fl., Tower A Landmark Building Tower, Jl. Jend. Sudirman Kav. 1, Jakarta 12190, Indonesia	Tel：0062－21－5209393 Fax：0062－21－5202680	
	印尼工商会	Menara Kadin Indonesia 29th FloorJl. H. R. Rasuna Said X－5Kav. 2－3, Jakarta 12950	Tel：0062－21－5274485，9165535 Fax：0062－21－5274486	E－mail：inquiry@kadinnet.com http://www.kadinnet.com
	印中商务理事会	Gedung Pusat Niaga Lt. 4, Arena PRJ Kemayoran, Jakarta 10620 Indonesia	Tel：0062－21－3910947 Fax：0062－21－6678 353，6612338	
	印尼工贸部出口促进局	ITC Building, Jl. Abdul Muis No. 8, Jakarta 10180, Indonesia	Tel：0062－21－3800654 Fax：0062－21－38558850	E－mail：kabpen@dprin.go.id； E－mail：kabpen@nafed.go.id http://www.nafed.go.id
老挝	老挝国内外投资促进管理局	Luang Prabang Road, Vientia－ne, Laos	Tel：00856－21－217005 Fax：00856－21－215491	E－mail：fimc@laotel.com http://www.invest.laopdr.org
	老挝工商会	Rue Ponexay Post Box 4596 Vieentiane	Tel：00856－21－414383 Fax：00856－21－414383	

续表

国家	机构名称	地址	电话、传真	电邮、网址
马来西亚	国际贸易及工业部	Block 10，Kompleks PejabatPe—jabat Kerajaan，Jalan Duta，50622 Kuala Lumpur	Tel:00603—62033022 Fax:00603—62012337	http://www.miti.gov.my
	马来西亚中华工商联合会	Lot 6.05&6.06，6th Floor，Menara Promet，Jalan Sultan Ismail，50250 Kuala Lumpur	Tel：0060—3—21452503，21452653 Fax：0060—3—21452562，21457819	E—mail：acccim@acccim.org.my http://www.acccim.com.my
	马来西亚中国经济贸易总商会	No. 8—2，Jln Metro Pudu，Fraser Business Park Off Jalan Yew，55100 Kuala Lum—pur	Tel：0060—3—92231188 Fax：0060—3—92221548	E—mail：sino@tm.net.my http://www.malaysia—china.com.my
	马来西亚国家工商会	37，Jln Kia Peng，50450 Kuala Lumpur	Tel：00603—21419600 Fax：00603—21413775	E—mail：enquiry@nccim.org.my http://www.nccim.org.my
缅甸	缅甸中国企业商会商务中心	Room 0305，Business Suite，Sedona Hotel，Yangon，Myanmar	Tel：0095—1—666900—7904 Fax：0095—1—666900—7904	E—mail：dongbobo@myanmar.com.mm
	缅甸联邦商业和工业联合会	504—506，Merchant St.，Kyau—ktada TSP，Yangon，Myanmar	Tel：95—1—246495，243151 Fax：0095—1—248177	E—mail：umcci@mptmail.net.mm http://www.umfcci.com.mm
	缅甸华商商会	No. 1—5，Shwe Dagon Pagoda Road，Latha Tsp.，Yangon	Tel：0095—1—246076	
菲律宾	菲律宾工商联合会	G/F，Philippine Internatio—nal Convention Center，East Wing，Secretariat Building，CCP Complex，Roxas Blvd.，Pasay City，Metro Manila，Philippines	Tel:0063—2—8338591，8338595 Fax:0063—2—8338895	
	菲律宾中华总商会	1122 Soler St.，Manila，Philippines	Tel：00632—7114141，2327231 Fax：00632—7436366	
	菲华工商总会	6th Floor Birch Tree Plaza Bldg.，825 Muelle de la Industria，Binondo，Manila，Philippines	Tel：0063—2—2444991，2444996 Fax：0063—2—2444997，2416475	http://www.cfbc.com.ph
	菲华商联总会	6th Floor，Federation Cen—ter，Muelle De Binondo St. Manila，Philippines	Tel：0063—2—2419201 Fax：0063—2—2422361，2422347	E—mail:secretariat@ffcccii，com.ph http://www.ffcccii.com.ph
新加坡	新加坡中华总商会	47 Hill Street ＃09—00，Sin—gapore 179365	Tel：0065—63378381 Fax：0065—63390605	http://www.sccci.org.sg
	新加坡中小企业协会	ASME Secretariat 167 Jalan Bukit Merah Tower 4，＃03—13 Singapore 150167	Tel：0065—65130388 Fax：0065—65130399	E—mail:sme@asme.org.sg
	新加坡贸易与工业部	100 High Street ＃09—01 The Treasury，Singapore 179434	Tel：0065—62259911 Fax：0065—63327260	http://www.mti.gov.sg/
	新加坡中国商会	6001 Beach Road ＃11—01 Golden Mile Tower，Singapore 199589	Tel：0065—62213900 Fax：0065—62251558	http://www.scbworld.com
	新加坡工商联合总会	19 Tanglin Shopping Centre，Singapore 247909	Tel：0065—68276828 Fax：0065—68276807	http://www.sbf.org.sg

续表

国家	机构名称	地址	电话、传真	电邮、网址
新加坡	新加坡国际商会	6 Raffles Quay ＃10－01 Sin－gapore 048580	Tel：0065－62241255 Fax：0065－62242785	E－mail：general@sicc. com. sg http：//www. sicc. com. sg/
	新加坡制造商联合会	The Enterprise ＃02－02，No. 1 Science Centre Road，Singapore 609077	Tel：0065－68263000 Fax：0065－68228323	http：//www. smafederation. org. sg
泰国	泰国中华总商会	No. 889 Thai C. C. Tower，9th Floor，Sathorn Road. Bangkok 10120，Thailand	Tel：02－6758574－8402－2123917，02－2123916	
	泰国贸易院	150 Rajbopit Rd.，Bangkok 10200	Tel：02－2211827，02－2332069，02－2253995	E－mail：Bot@bkk. a－net. net. th
	泰国工商总会	464/11 Nakornchaisri Rd.，Dusit，Bangkok 10300	Tel：02－279291402－2430484	
	泰华进出口商会	No. 1249/143 Gems Tower 16Fl.，Charo-enkrung Rd.，Bangrak，Bangkok 10500	Tel：02－2677662 （02－2677670）	
	泰中促进投资贸易商会	16th Asok Tower BLDG.，219/53 Sukhum-vit 21 Rd.，Bangkok 10110	Tel：02－2600181 02－2611155 02－3921888 02－2611156	
	泰国商会	150 Rajbopit Rd.，Bangkok 10200，P. O. Box 2－146	Tel：02－6221860－77 （02－2253372）	
	泰国华人青年商会	138/6 10th Fl.，Jewellery Center BLDG.，Nares Rd.，Bangrak，Bangkok	Tel：02－2673456 （02－2672034）	
越南	越南工商会	9 Dao Duy Anh Str.，Hanoi，Vietnam	Tel：0084－4－5742017 Fax：0084－4－5742020	http：//www. vcci. com. vn
	越南科技联合总会	53 Nguyen Du Str.，Hanoi	Tel：0084－4－9438108 Fax：0084－4－8227593	E－mail：vanphonglhh@ya-hoo. com http：//www. vusta. org. vn
	越南工业财产协会	100B Ngoc Ha Street，Ba Dinh，Hanoi	Tel：0084－4－7332266 Fax：0084－4－7340645	E－mail：Vipa@fpt. vn
	越南标准及消费者协会	214 ngo 22 pho Ton Tat Tung，Hanoi	Tel：0084－4－8527769 Fax：0084－4－8527769	E－mail：Vanatas@fpt. vn
	青年企业协会	64 Ba Trieu，Hanoi	Tel：0084－4－9437527	E－mail：Dnt@hn. vnn. vn
	越南银行协会	193 Ba Trieu Str.，Hanoi	Tel：0084－4－8218679 Fax：0084－4－8218732	

（资料来源：中华人民共和国驻各国大使馆经济商务参赞处）

中国—东盟自由贸易区部分关税削减时间表

起始时间	关税税率	覆盖关税条目	参与的国家
2000 年	对所有东盟成员国 0%～5%	85%的 CEPT 条目	原东盟 6 国
2002 年 1 月 1 日	对所有东盟成员国 0%～5%	全部 CEPT 条目	原东盟 6 国
2003 年 7 月 1 日	WTO 最惠国关税税率	全部	中国与东盟 10 国
2003 年 10 月 1 日	中国与泰国果蔬关税降至 0%	中泰水果蔬菜	中国、泰国
2004 年 1 月 1 日	农产品关税开始下调	农产品	中国与东盟 10 国
2005 年 1 月	对所有成员开始削减关税	全部	中国与东盟 10 国
2006 年	农产品关税降至 0%	农产品	中国与东盟 10 国
2010 年	对所有东盟成员国 0%	全部减税产品	原东盟 6 国
2010 年	关税降至 0%	全部产品（部分敏感产品除外）	中国与原东盟 6 国
2015 年	对所有东盟成员国 0%	全部产品（部分敏感产品除外）	东盟新成员国
2015 年	对中国—东盟自由贸易区成员国关税降至 0%	全部产品（部分敏感产品除外）	东盟新成员国
2018 年	对东盟自由贸易区和中国—东盟自由贸易区所有成员国 0%	剩余的部分敏感产品	东盟新成员国

（来源：2002 年 11 月签署的《中国与东盟全面经济合作框架协议》）

中国和东盟各国的主要港口及国际航空港

国家	主要港口	国际航空港（机场）
中国	海港：大连、营口、秦皇岛、天津、烟台、青岛、日照、连云港、上海、宁波、厦门、汕头、广州、湛江、北海、钦州、防城、海口、香港、澳门、基隆、高雄 河港：重庆、万州、武汉、芜湖、南京、扬州、常州、张家港、南通、广州、梧州、贵港	北京首都、广州白云、上海浦东、上海虹桥、深圳宝安、昆明巫家坝、成都双流、西安咸阳、厦门高崎、重庆江北、天津滨海、大连周水子、杭州萧山、福州长乐、南京禄口、沈阳桃仙、桂林两江、南宁吴圩、哈尔滨阎家岗
文莱	海港：穆阿拉、斯里巴加湾、马来亦、卢穆	斯里巴加湾
柬埔寨	海港：西哈努克	金边、暹粒
印度尼西亚	海港：丹戎不碌、泗水（丹戎佩拉）、三宝垄、勿拉湾	巴厘岛登帕萨、雅加达苏加诺—哈达
老挝	河港：沙湾拿吉	琅勃拉邦、万象瓦岱、巴色
马来西亚	海港：巴生港、槟城、关丹、新山、纳闽（拉布安）、哥打基纳巴卢 河港：古晋	吉隆坡、槟城、兰卡威、哥打基纳巴卢、古晋
缅甸	海港：仰光 河港：勃生	仰光敏加拉洞、曼德勒
菲律宾	海港：宿务、马尼拉、怡朗、三宝颜	马尼拉阿基诺、宿务马克丹、达沃、苏比克、克拉克、拉瓦格
新加坡	海港：新加坡	新加坡樟宜
泰国	海港：宋卡、普吉 河港：曼谷	曼谷素旺那普、清迈、普吉、合艾
越南	海港：海防、岘港、金兰湾、广宁、炉门、归仁、义安、芽庄、西贡	河内内排、岘港、胡志明市新山一

（来源：《中国—东盟自由贸易区与广西》）

东盟国家的主要报纸

国家	本国文报纸	华文报纸	英文（其他语言）报纸
文莱	《婆罗洲公报》《文莱灯塔》	《文莱美里日报》《文莱诗华日报》	《婆罗洲公报》
柬埔寨	《柬埔寨之光报》《人民报》《和平岛报》《柬埔寨日报》《柬埔寨时报》	《华商日报》《柬华日报》《星洲日报》《大众日报》《新时代日报》	《柬埔寨日报》《金边邮报》《柬埔寨时报》
印度尼西亚	《罗盘报》《专业之声报》《印尼媒体报》《共和国日报》《革新之声报》《印尼商报》《华文邮报》	《印度尼西亚日报》《华文邮报》《国际日报》《商报》《新生日报》《和平日报》《龙阳日报》《广告日报》《世界日报》《千岛日报》	《雅加达邮报》《印尼观察家报》
老挝	《人民报》《新万象报》《人民军报》《青年报》		《VINTIANETIMES》（英文报）《LERENOVATEUR》（法文报）
马来西亚	《马来西亚使者报》《每日新闻》《祖国报》	《南洋商报》《星洲日报》《中国报》	《新海峡时报》《星报》《马来邮报》
缅甸	《缅甸之光》《镜报》《首都报》《曼、德勒报》《雅德那崩报》	《缅甸华报》	《缅甸新光》
菲律宾	《消息报》《菲律宾快报》	《世界日报》《商报》《菲华时报》《联合日报》《环球日报》	《马尼拉公报》《菲律宾星报》《菲律宾询问日报》《自由报》《马尼拉时报》《马尼拉纪事报》
新加坡	《每日新闻》《泰米尔日报》	《联合早报》《联合晚报》《新明日报》	《海峡时报》《商业时报》《新报》
泰国	《泰叻报》《民意报》《每日新闻》《国家报》《沙炎叻报》《经理报》	《新中原报》《中华日报》《星暹日报》《亚洲日报》《京华中原日报》《世界日报》等	《曼谷邮报》《民族报》
越南	《人民报》《人民军队报》《大团结报》《西贡解放日报》	《西贡解放日报》	《西贡时报》

（来源：综合整理自新华网）

东盟各国主要通讯社、电台、电视台

国家	通讯社	电台	电视台
中国	新华通讯社（简称新华社，于1931年11月7日创建）、中国新闻社（简称中新社，于1952年9月14日正式成立，并于1952年10月1日正式对海外播发电讯通稿）	中央人民广播电台（中华人民共和国国家广播电台，诞生于1940年12月30日）、中国国际广播电台（中国惟一使用外语以及汉语普通话和方言向全世界广播的国家广播电台，创建于1941年12月3日）	中央电视台（中华人民共和国国家电视台，1958年5月1日试播，1958年9月2日正式播出，英文简称CCTV）
文莱	文莱新闻社（惟一官方新闻机构，创建于1959年）	文莱广播电台（创建于1957年5月，拥有两个广播网，一个用马来语和方言广播，一个用英语、华语和廓尔喀语广播）	文莱广播电视台（创建于1957年5月，从1975年起开设彩色电视频道，播放马来文和英文节目）

续表

国家	通讯社	电台	电视台
柬埔寨	柬新社（AKP）（成立于1980年，为柬埔寨惟一的官方通讯社）	FM103国家台	国家电视台（建台于1984年，以柬语广播为主）、仙女台第11频道（私营）、第9频道（私营）、第5频道（军队频道）、首都第3频道（官方开办）、巴戎台（私营，每日有中文新闻报道）。有线电视台：柬埔寨有线电视台、金边有线电视台、微波无线电视台
印度尼西亚	安塔拉通讯社（创办于1937年12月13日，系印度尼西亚国家通讯社）、印尼民族通讯社（私营，1967年成立）	印度尼西亚共和国广播电台（国营，于1945年9月11日成立）	印度尼西亚共和国电视台（1962年8月17日正式运营）、鹰记电视台、太阳电视台、教育电视台、美都电视台
老挝	巴特寮通讯社（1968年1月成立，国营）	老挝国家广播电台（用老挝语广播，对外用越、柬、法、英、泰语广播）、老挝人民军广播电台	老挝国家电视台（建于1983年12月），每天播放老挝语节目5小时左右
马来西亚	马来西亚国家新闻社（简称马新社，半官方通讯社，成立于1968年）	马来西亚广播电台（官办，建于1946年，拥有6个广播网，用马来语、英语、华语和泰米尔语广播）、马来西亚之声电台（建于1963年，用马来语、阿拉伯语、英语、印尼语、缅甸语、他加禄语和泰语等8种语言对外广播）	马来西亚电视台（官方，建于1963年）、第三电视台（TV3）、城市电视台（METRO VISION）、国民电视台（NTV）、ASTRO卫星有线电视频道、8TV电视台
缅甸	缅甸通讯社	缅甸之声（建于1937年，目前用缅甸语、英语及八种少数民族语言广播）	缅甸电视台（建于1980年），妙瓦底电视台（创办于1995年3月27日，军方创办）
菲律宾	菲律宾通讯社（官方通讯社，成立于1973年3月1日）	菲律宾广播局	人民电视台
新加坡		新加坡国际广播电台（每天以华语、英语、马来语及印尼语播音）	TCS（新加坡最大的电视公司，有3个频道，占有新加坡80%的收视率）
泰国	泰国通讯社	泰国国家广播电台（设有国外部，用泰、英、法、中、马来、越、老、柬、缅、日等语言广播）	泰国国家电视台
越南	越南通讯社（国家通讯社，1945年创立，1976年合并越南南方解放通讯社）	越南之声广播电台［目前共有六个频率，以中波（SW）AM，调频和短波（SW）AM等向越南各地和世界其他地区播出］	越南电视台（VTV）（越南社会主义共和国的国家电视台，成立于1970年9月7日，1987年4月30日正式取名为“越南电视台”，成为越南的国家电视台）

（来源：综合整理自中国网、新华网）

中国—东盟博览会参展物主要入境口岸局一览

名称	简介	地址	邮编	电话	传真
桂林检验检疫局	桂林检验检疫局成立于1999年10月。下设办公室、检务科、检验检疫1科、2科、3科、两江机场办事处、旅检1科、2科等12个科室。	桂林市漓江路25号	541004	0773－5801209	0773－5845585
东兴检验检疫局	东兴检验检疫局成立于1999年10月。下设办公室、检务科、检验检疫科、旅检科、货场办事处、垌中办事处、江山办事处等11个科室。	东兴市兴东路294号	538100	0770－7682811	0770－7682477
凭祥检验检疫局	凭祥检验检疫局成立于1999年10月。下设办公室、检务科、检验检疫科、友谊关办事处、浦寨办事处、爱店办事处等10个科室。	凭祥市南大路1支9号	532600	0771－8521560	0771－8521560
北海检验检疫局	北海检验检疫局成立于1999年10月。下设办公室、检务科、检验检疫1科、2科、3科、机场办事处、铁山港办事处、烟花爆竹检测中心等13个科室。	北海市广东南路	536000	0779－3206691	0779－3206199
防城港检验检疫局	防城港检验检疫局成立于1999年10月。下设办公室、检务科、检验检疫1、2、3、4科、铁山港办事处等11个科室。	防城港市港口区兴港大道91号	538001	0770－2837765	0770－2821830

（来源：广西出入境检验检疫局网．http://caexpo.gxciq.gov.cn/list/31/index.htm.2008－07－31）

东南亚国家联盟
（Association of Southeast Asian Nations－ASEAN）

成立日期

1967年8月8日

目 标

《东盟宪章》确定的目标包括：（一）维护和促进地区和平、安全和稳定，并进一步强化以和平为导向的价值观；（二）通过加强政治、安全、经济和社会文化合作，提升地区活力；（三）维护东南亚的无核武器区地位，杜绝大规模杀伤性武器；（四）确保东盟人民和成员国与世界和平相处，生活于公正、民主与和谐的环境中；（五）建立一个稳定、繁荣、极具竞争力和一体化的共同市场和制造基地，实现货物、服务、投资、人员资金自由流动；（六）通过相互帮助与合作减轻贫困，缩小东盟内部发展鸿沟；（七）在充分考虑东盟成员国权利与义务的同时，加强民主，促进良政与法律，促进和保护人权与基本自由；（八）根据全面安全的原则，对各种形式的威胁、跨国犯罪和跨境挑战作出有效反应；（九）促进可持续发展，保护本地区环境、自然资源和文化遗产，确保人民高质量的生活；（十）通过加强教育、终生学习以及科学技术领域的合作，开发人力资源，提高人民素质，强化东盟共同体意识；（十一）为东盟人民提供适当的就业机会、社会福利和公正待遇，提高其福利和生活水平；（十二）加强合作，为东盟人民营造一个安全、没有毒品的环境；（十三）建设一个以人为本的东盟，鼓励社会各界参与东盟一体化和共同体建设进程，并从中受益；（十四）增强对本地区丰富文化和遗产的认识，促进东盟意识；（十五）在一个开放、透明和包容的地区架构内，发展与域外伙伴的关系与合作，维护东盟的主导力量、中心地位和积极作用。

成 员

10个（截至2010年底）：文莱、柬埔寨、印度尼西亚、老挝、马来西亚、缅甸、菲律宾、新加坡、泰国、越南。总面积约444万平方公里，人口5.91亿。观察员国：巴布亚新几内亚。

主要负责人

首脑会议是东盟最高决策机构，由东盟各国轮流担任主席国，负责召集。现任主席国为印尼，2011年1月接任。东盟秘书长是东盟首席行政官，向东盟首脑会议负责，由东盟各国轮流推荐资深人士担任，任期5年。素林·披苏旺（SURIN PITSUWAN，泰国前外长）于2008年1月接任东盟秘书长。

总 部

东盟秘书处设在印度尼西亚首都雅加达（70A J1. Sisingamangaraja，Jakarta 12110，Indonesia）。网址：http://www.asean.org/。

出版物

东盟拥有众多定期或不定期发行的出版物，如《东盟年度报告》《东盟商务通讯》等。

组织机构

2008年12月，《东盟宪章》正式生效。根据该宪章，东盟调整了组织机构，主要包括（一）首脑会议：就东盟发展的重大问题和发展方向做出决策，每年举行两次。（二）东盟协调理事会：由东盟各国外长组成，是综合协调机构，每年举行两次会议。（三）东盟共同体理事会：包括东盟政治安全共同体理事会、东盟经济共同体理事会和东盟社会文化共同体理事会，协调其下设各领域工作，由担任东盟主席的成员国相关部长担任主席，每年至少举行两次会议。（四）东盟领域部长机制：加强各相关领域合作，支持东盟一体化和共同体建设。（五）东盟秘书长和东盟秘书处：负责协助落实东盟的协议和决定，监督落实。（六）常驻东盟代表委员会：由东盟成员国指派的大使级常驻东盟代表组成，代表各自国家与东盟秘书处和东盟领域部长机制进行协调。（七）东盟国家秘书处：是东盟在各成员国的联络点。（八）东盟人权机构：负责促进和保护人权与基本自由的相关事务。（九）东盟基金会：与东盟相关机构合作，支持东盟共同体建设。（十）与东盟相关的实体：包括各种民间和半官方机构。

主要活动

自1976年以来东盟共举行了17次首脑会议。

2003年10月举行的第九届东盟首脑会议发表《东盟协调一致第二宣言》（亦称《第二巴厘宣言》），宣布将于2020年建成东盟共同体，其三大支柱分别是“东盟政治安全共同体”、“东盟经济共同体”和“东盟社会文化共同体”。2004年11月举行的第十届东盟首脑会议通过为期6年的《万象行动计划》（VAP），以进一步推进一体化建设，并决定建立“东盟发展基金”以保障其落实。2005年12月举行的第11届东盟首脑会议签署《关于制定＜东盟宪章＞的吉隆坡宣言》。2007年1月第12届东盟首脑会议签署《关于加速于2015年建立东盟共同体的宿务宣言》、《关于＜东盟宪章＞蓝图的宿务宣言》和《关于建设一个关爱和共享的共同体的宿务宣言》。同年11月举行的第13届东盟首脑会议签署《东盟宪章》、《东盟经济共同体蓝图宣言》、《东盟环境可持续性宣言》和《东盟关于第十三次＜联合国气候变化框架公约＞缔约方会议和第三次＜京都议定书＞缔约方会议的宣言》。

2009年2月在泰国曼谷举行的第14届东盟首脑会议以落实《东盟宪章》和合作应对全球金融危机为重点。会议签署《东盟政治安全共同体蓝图》《东盟社会文化共同体蓝图》《东盟共同体2009—2015年路线图宣言》，发表《关于全球经济和金融危机的新闻公报》《东盟地区食品安全声明》和《关于东盟实现千年发展目标的联合宣言》、第二份《东盟一体化倡议工作计划》，并见证签署《东盟货物贸易协定》《东盟全面投资协定》和《东盟石油安全协定》。

2009年10月在泰国昌安华欣举行的第15届东盟首脑会议以“促进互联互通，提高人民能力”为主题，强调推进基础设施建设，以及通过教育合作和能力建设加强各国民众的东盟意识和认同感。会议发表《东盟领导人关于东盟互联互通的声明》《关于加强教育合作实现东盟关爱与共享的共同体的昌安华欣宣言》《关于成立东盟政府间人权委员会的昌安华欣宣言》和《东盟关于气候变化的联合声明》，通过《东盟协调理事会职责范围》，签署《东盟特权与豁免协议》。

2010年4月第16届东盟首脑会议在越南河内举行，主题为“迈向东盟共同体：从愿景到行动”，重点就进一步落实《东盟宪章》、加快共同体建设和加强后金融危机合作等进行讨论。会议签署《东盟宪章争端解决机制议定书》，发表《东盟关于持续复苏和发展的声明》《东盟领导人关于联合应对气候变化的声明》，宣布启动东盟促进和保护妇女儿童权利委员会，并将妇女儿童发展等确定为社会文化共同体建设优先领域。

2010年10月第17届东盟首脑会议在越南河内举行。会议通过《东盟互联互通总体规划》，签署《东盟服务框架协议第8个一揽子计划》，修订《东盟货物贸易协定为大米和糖提供特殊补贴的议定书》，发表《为经济复苏和可持续增长的人力资源和技能开发东盟领导人声明》和《促进东盟妇女儿童福利和发展河内宣言》。

对外关系

东盟积极开展多方位外交。1994年7月，东盟倡导成立东盟地区论坛（ARF），主要就亚太地区政治和安全问题交换意见。1994年10月，东盟倡议召开亚欧会议（ASEM），促进东亚和欧盟的政治对话与经济合作。1999年9月，在东盟的倡议下，东亚—拉美合作论坛（FEALAC）成立。此外，自1978年始，东盟国家每年与其对话伙伴（当时为美国、日本、澳大利亚、新西兰、加拿大、欧盟，后相继增加韩国、中国、俄罗斯和印度）举行对话会议，就重大国际政治和经济问题交换意见。

近年来，美、日、韩、澳等主要域外国家不断加强与东盟的关系。2009 年 7 月，美国签署《东南亚友好合作条约》。日本提出“亚洲经济倍增倡议”，对以东盟为主的亚洲发展中国家打出包括官方发展援助、贷款保险、贸易融资担保、环保投资倡议等共约 700 亿美元援助计划。韩国于 2009 年 6 月举行了纪念与东盟建立对话关系 20 周年特别峰会，宣布东盟—韩国自贸区于 2010 年 1 月正式启动。澳、新西兰与东盟签署自贸区协议。

（来源：中华人民共和国外交部网. http://www.fmprc.gov.cn/chn/pds/gjhdq/gjhdqzz/lhg_14/）

中国—东盟博览会出入境检验检疫服务指南

为了办好中国—东盟博览会，方便各国客商和有关人士出入境检验检疫，根据《中华人民共和国进出口商品检验法》《中华人民共和国进出境动植物检疫法》《中华人民共和国国境卫生检疫法》和《中华人民共和国食品卫生法》的规定，以及国家质量监督检验检疫总局（以下简称“国家质检总局”）专为中国—东盟博览会批准的便利措施，制订本服务指南。

一、广西出入境检验检疫局机构设置

中国—东盟博览会期间，广西出入境检验检疫局在各主要口岸设置中国—东盟博览会入境参展物检验检疫专用通道、参会人员礼遇通道和专用通道，实行优先检验检疫，优先通关。主要航空口岸有南宁、桂林、北海；海港口岸有北海、防城港；边境陆路口岸有凭祥、东兴。中国—东盟博览会秘书处委托中国外运广西公司和广西区邮政速递物流公司全权办理参展物出入境检验检疫有关事宜。

二、入境参展物检验检疫方式和工作流程

（一）检验检疫方式

广西出入境检验检疫局对参展物实行“口岸查验，展出地集中检验检疫监管”的方式。

广西出入境检验检疫局在南宁国际会展中心专门设立有中国—东盟博览会检验检疫现场办公室（以下简称“检验检疫现场办公室”），负责会展现场的咨询、报检和检验检疫监管工作，并在会展期间实行 24 小时电话值班制度。

（二）参展物出入境检验检疫工作流程（见下图）

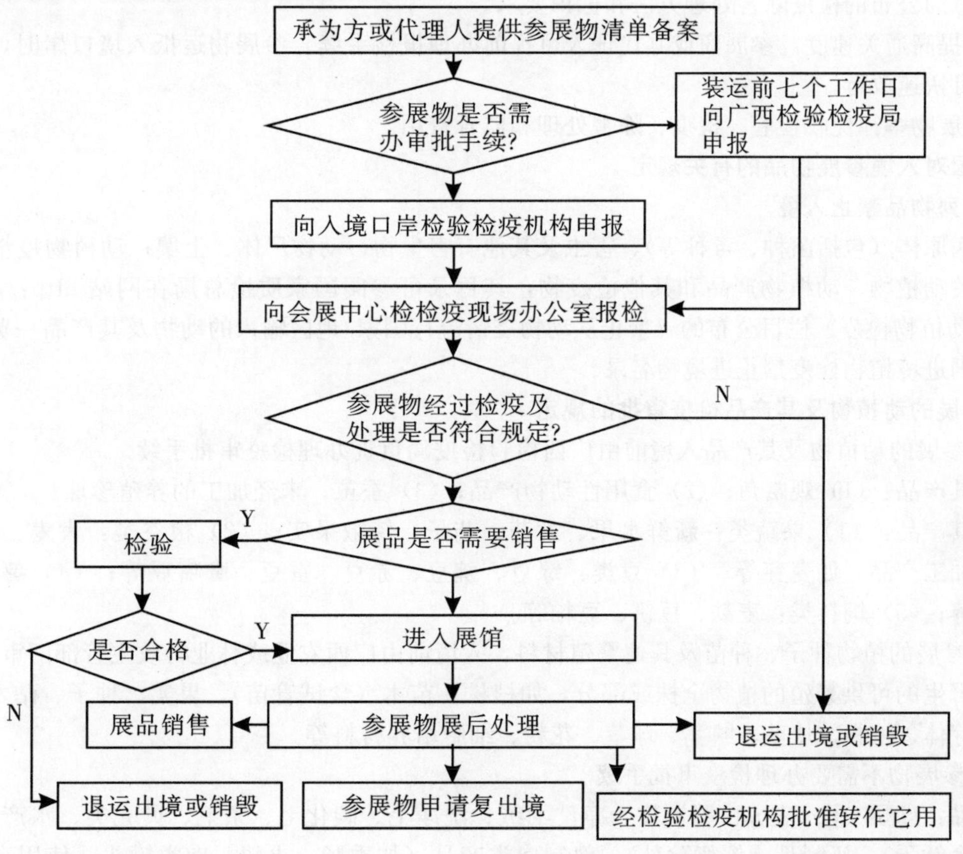

三、入境参展物的报检管理

（一）参展物主要是指展品、礼品及样品等，如需由参展商或其代理人在入境时向口岸检验检疫机构申报，提交参展物清单及有关参展物的证明文件，提单/运单等，并注明是否展后销售。

（二）入境口岸检验检疫机构根据参展物的性质，实施感观检查或检疫处理后，予以放行。必要时，出具通关单或有关检验检疫证单。

（三）参展物运达展出地点后，由参展商或其代理人向检验检疫现场办公室申请办理报检手续。

（四）对非销售的展品可免予检验，涉及放射性检测的重金属矿、石材产品等除外。

（五）展品为动植物及其产品的，报检时必须附有输出国官方出具的动物检疫证书或植物检疫证书。属于需要办理检疫审批的，还须提交国家质检总局或者广西出入境检验检疫局签发的《中华人民共和国进境动植物检疫许可证》，或农业、林业部门签发的检疫审批单。

（六）需要展后销售的预包装食品、化妆品，报检时应申请品质、安全卫生、标签等项目的检验，检验合格后领取《卫生证书》才予以销售。报检时需提供下列材料：

1. 原标签和中文标签样张，中文标签内容需符合中国法规、标准规定；

2. 当标签中有特别强调某一内容，如获奖、获证、法定产区等内容时，应提供相应的证明材料；

3. 化妆品还应全成分标注，并提供成份配比等相关材料。

已获得国家质检总局签发的《进出口食品/化妆品标签审核证书》的预包装食品、化妆品，可免于提交上述材料，报检时只需出示证书原件并提交1份复印件即可。

（七）展品为微生物、生物制品和血液及其制品等特殊物品的，报检时须持有广西出入境检验检疫局签发的入境《特殊物品卫生检疫审批单》。

（八）进境参展物使用木质包装的，应当在输出国家或者地区政府检疫主管部门监督下按照国际植物保护公约（以下简称 IPPC）的要求进行除害处理，并加施 IPPC 专用标识。除害处理方法和专用标识应当符合国家质检总局公布的检疫除害处理方法和标识要求。

（九）为提高通关速度，参展商或其代理人可提前办理报检手续。参展物运抵入境口岸时，进行必要的查验后，即可快速放行。

（十）参展物一律免收检验、检疫、除害处理和监管费用。

四、中国对入境参展物品的有关规定

（一）下列物品禁止入境

动植物病原体（包括菌种、毒种等）、害虫及其他有害生物；动物尸体、土壤；动植物疫情流行的国家和地区的有关动植物、动植物产品和其他检疫物，其目录可参阅国家质检总局在网站 http://www.aosiq.gov.cn上《动植物检疫》栏目公布的《禁止从动物疫情流行国家/地区输入的动物及其产品一览表》和《中华人民共和国进境植物检疫禁止进境物名录》。

（二）参展的动植物及其产品检疫审批的规定

1. 以下参展的动植物及其产品入境前由广西检验检疫局负责办理检疫审批手续

动物及其产品：（1）观赏鱼；（2）食用性动物产品；（3）蚕茧；未经加工的养殖珍珠。

植物及其产品：（1）果蔬类：新鲜水果、番茄、茄子、辣椒果实；（2）粮谷类：大麦、黑麦、燕麦、高粱等及其加工产品，如麦芽等；（3）豆类：绿豆、豌豆、赤豆、蚕豆、鹰嘴豆等；（4）薯类：马铃薯、木薯、甘薯等；（5）饲料类：麦麸、豆饼、豆粕等。

2. 以下参展的植物种子、种苗及其他繁殖材料，入境前由广西农业或林业行政主管部门审批

栽培或野生的可供繁殖的植物全株或部分，如植株、苗木（含试管苗）、果实、种子、砧木、接穗、插条、叶片、芽体、块根、块茎、鳞茎、球茎、花粉、细胞培养材料等。

3. 以下参展物不需要办理检疫审批手续

动物产品：蓝湿（干）皮、已鞣制皮、净洗羽绒、洗净毛、碳化毛、条毛、贝壳类、水产品、蜂产品、蛋制品（不含鲜蛋）、奶制品（鲜奶除外）、熟制肉类产品（如香肠、火腿、肉类罐头、使用高温炼制的动物油脂）。

除上述以外的动物产品，如燕窝，向广西出入境检验检疫局申报，由国家质检总局检疫审批。

4. 需要检疫审批的参展物，参展商或其代理人在展品交付装运前至少提前 7 个工作日，向广西出入境检验检疫局提出申请，申办时须提交参展物清单和有关参展证明文件。因特殊情况未能事先办理审批手续的，在入境时可向广西出入境检验检疫局申请补办。

（三）下列特殊物品报检前须办理卫生检疫审批手续

微生物、生物制品、血液及其制品、人体组织等特殊物品。

参展商或其代理人在展品交付装运前至少提前 7 个工作日向广西出入境检验检疫局提出申请，申办时须提交中国政府省级以上主管部门签发的《医用特殊物品准入境证明》。

（四）需要进行展后销售，而未获得中国强制性产品认证的下列展品须申报备案核准手续

电线电缆、电路开关及保护或连接用电器装置、低压电器、小功率电动机、电动工具、电焊机、家用和类似用途设备、音视频设备类、信息技术设备、照明设备、电信终端设备、机动车辆及安全附件、汽车零部件、机动车辆轮胎、安全玻璃、农机产品、乳胶制品、医疗器械产品、消防产品、安全技术防范产品、装饰装修产品、玩具、无线局域网产品。

有关详细的产品目录和信息，可查阅网站 http://www. cnca. gov. com/，国家质检总局、国家认监委 2001 年第 33 号，2002 年第 60 号，2004 年第 6 号、62 号，2005 年第 137 号、198 号，2006 年第 103 号公告和国家认监委 2005 年 3 号公告等。

参展商或其代理人在展品交付装运前至少提前 7 个工作日，向广西出入境检验检疫局提出申请，由国家认监委备案核准。申报时须提供有关参展证明、生产厂家产品合格证书、生产国官方认可的检测机构出具的安全检测合格证书以及生产厂家对该展品在使用过程中的安全问题负责的自我申明等。申报的数量不应超出展览用途。因特殊情况未能事先办理备案核准手续的，在入境时可向广西出入境检验检疫局申请补办。

需要申报汽车产品的，由广西检验检疫局请示国家认监委，经同意后方可予以报检。

五、参展物的展后处理

（一）参展物展后处理的基本要求

展后需在中国境内销售的展品，须由参展商或其代理人填写《入境货物报检单》，并补齐相关的手续，随附入境时检验检疫机构签发的相关证单，经检验检疫合格后方可销售；参展后复出境的参展物，应填写《出境货物报检单》，并附上入境时检验检疫机构签发的相关证单，检验检疫机构依法出具通关单。

（二）动植物及其产品的展后处理

展览结束后，参展的动植物及其产品一般应退回参展国或作销毁处理。参展商或代理人要求保留的，必须经广西出入境检验检疫局批准，并按规定进行检验检疫。经检验检疫合格的，准许保留使用；经检验检疫不合格的，作除害或销毁处理。

（三）预包装食品、化妆品的展后处理

需要展后销售的预包装食品、化妆品，应当在入境报检时申请进行品质、安全卫生、标签等项目的检验，经检验合格者方可销售，不合格者不准销售，展后作退运出境、销毁或技术处理。

（四）列入中国强制性产品认证展品的展后处理

列入中国强制性产品认证（“3C”认证）管理的入境参展物，对已获得“3C”认证并加施“3C”认证标志及已经办理备案核准手续的展品可以在展后进行销售；未获得“3C”认证资格或未经办理备案核准手续的，不准在中国境内销售，展后一律作退运出境或销毁处理。

六、人员出入境检验检疫流程

（一）入境检验检疫：旅客入境时按规定申报──→测量体温──→现场检疫查验──→查验携带物品──→合格放行。

（二）出境检验检疫：旅客出境时按规定申报──→测量体温──→现场检疫查验──→合格放行。

如果有发热、寒战、咳嗽、呼吸困难、腹泻、呕吐等体征或症状之一的旅客，以及患有传染性疾病、精神病的旅客，在出入境时，须主动口头向检疫官员申报，并接受检验检疫。

七、人员携带物入境检验检疫管理规定

携带的参展物品按入境参展物的规定执行。广西出入境检验检疫局将在各出入境口岸公告栏和中国—

东盟博览会官方网站(http://www.caexpo.org)上公布人员携带物出入境检验检疫的有关信息。根据国家质检总局第56号公告《出入境人员携带物管理办法》的规定：

（一）禁止携带入境的物品

1. 人类血液及其制品（除人血清白蛋白以外）；

2. 水果、辣椒、茄子、西红柿；

3. 动物尸体及标本；

4. 土壤；

5. 动植物病原体、害虫及其他有害生物；

6. 活动物（伴侣犬、猫除外）及动物精液、受精卵、胚胎等遗传物质；

7. 蛋、皮张、鬃毛类、蹄骨角类，油脂类，动物肉类（含脏器类）及其制品，鲜奶、奶酪、黄油、奶油、乳清粉，蚕蛹、蚕卵，动物血液及其制品，水生动物产品；

8. 转基因生物材料；

9. 废旧服装。

如携带了上述物品，请主动交由检验检疫官员处理。

（二）允许携带入境但须向检验检疫机关申报，并接受检疫的物品

1. 种子、苗木及其他繁殖材料、烟叶、粮谷、豆类（入境前须事先办理检疫审批手续）；

2. 鲜花、切花、干花；

3. 植物性样品、展品、标本；

4. 干果、干菜、腌制蔬菜、冷冻蔬菜；

5. 藤、柳、草、木制品；

6. 犬、猫等宠物（每人限带一只，须持有狂犬病免疫证书及出发地所在国或者地区官方检疫机构出具的检疫证书，入境后须在检验检疫机构指定的地点隔离检疫30天）；

7. 特需进口的人类血液及其制品、微生物、人体组织及生物制品（入境前须事先办理检疫审批手续）。

如携带了上述物品，请主动向检验检疫机关口头申报并接受检疫。

八、法律责任及解释

（一）对不如实申报或逃避检验检疫监管，或造成疫情疫病扩散等严重后果的，检验检疫机构依据有关法律法规追究其法律责任。检验检疫工作人员应严格履行职责，对违法、失职的人员依法给予行政处分，构成犯罪的则追究其刑事责任。

（二）本服务指南由广西出入境检验检疫局负责解释。

广西出入境检验检疫局
二○一一年三月二十八日

（来源：中国—东盟博览会官方网站. http://www.caexpo.org/gb/exhibitor/prepare/t20060316_58687.html. 2011－03－28）

索 引

说 明

一、本索引是《中国—东盟商务年鉴·2011》的内容分析索引。

二、本索引按照汉语拼音字母（同音字按声调）顺序排列。类目、分目作索引款目用黑体字排印，其余款目用宋体字排印。图表、图片在其款目后分别注明“表”、“图”。

三、索引款目后的数字表示内容所在的页码，数字后的拉丁字母（a、b）表示栏别（即版面的1、2栏）。

四、空两字起排的款目为上一主题的“附见”。同一主题的“参见”，只标页码。内容有交叉的款目，为便于读者检索，在本索引中重复出现。

A

阿巴亚　36b
阿不来提·阿不都热西提　31a
阿布·扎哈尔　401a
阿布里扎尔·巴克利　9b
阿尔米达·阿里夏巴纳　185b
阿尔韦特·德尔罗萨里奥　18b
阿尔维·希哈布　30b
阿古斯·马托瓦多约　9a,176a
阿基诺　35a
阿拉塔斯　29b,30b
阿隆功·蓬布　209b,210a
阿罗约　19a,35a,35b,36b,147a
阿纳斯·乌尔巴宁鲁　9a
阿尼法　14a,33b
阿披实·威差奇瓦　23b,38b,370b,390a,395b,398b
阿萨汉水电站　454b
阿桑·劳里　11b,31a,379a,381a,394a
阿兹兰　32b
阿宗　189b
埃斯特拉达　19a,35a,36b,275a
艾米　188b
安蓬莫尼拉　399b

B

《BOT法》　246b
《北部湾渔业合作协定》　41b
《避免双重征税和防止偷税漏税的协定》　27b,37b
《不正当贸易竞争法》　224b
《部分商品出口管理条例》253b
巴达维　32b,33a,33b
巴妮·亚陶都　93b,11b,31a
巴索素 38b
巴特寮通讯社　12a
报税手续
　　菲律宾　351a
　　柬埔寨　341b
　　老挝　344b
　　马来西亚　347a
　　缅甸　349a
　　泰国　357b
　　文莱　339b
　　新加坡　353b
　　印度尼西亚　343b
　　越南　360b
北部湾经济区　396a
贝尔蒙特　18b,35a
贝尼格诺·阿基诺三世　18b,150b,152b,153a,178b
本滇·披沙迈　189b,401a
本扬·沃拉吉　11b,31b
一比奈　35a
毕伦·莱诗密　391a
波松·布帕万　31a,393a,395b
博鳌论坛　449a
博鳌亚洲论坛2011年年会　402a
薄熙来　365b
不鼓励进口商品名录（越南）　83a
布迪约诺　9a,29b,30a,30b,379a,381a,394a,403a,454a
布建国　393a,400a

C

《产业法》224b

《出口发展法案》 246b
《出口和进口商品法》 253b
猜·奇触 38b
财政
柬埔寨 7a
泰国 24a
中国 3a
蔡智勇 84a,394b
曹刚川 27a,33b,36b
差林·裕班伦 23a
柴玺 399a,402b
产业
菲律宾 19a
柬埔寨 7a
老挝 11b
马来西亚 14a
缅甸 16b
泰国 24a
文莱 4b
新加坡 21b
印度尼西亚 9b
越南 25b
中国 2b
常小兵 400a
陈炳德 29b,35a
陈德良 40a
陈德铭 39a,391b,392a
陈昊苏 396b
陈敏 404b
陈庆炎 21a
陈武 395b,397a,404a
陈锡强 21a
陈毅 34a
陈至立 28b,38b,398b
承揽工程程序
菲律宾 350a
柬埔寨 341a
老挝 344b
马来西亚 346b
缅甸 348b
泰国 356a
文莱 339a
新加坡 352b
印度尼西亚 342b
越南 359b
迟浩田 31b,33b,34b,36b
传媒
菲律宾 19b
柬埔寨 7b
老挝 12a
马来西亚 14b
缅甸 17a
泰国 24a
文莱 5a
新加坡 22a
印度尼西亚 10a
越南 26a
春蓬·西拉帕差 23a

D

《大湄公河次区域合作发展报告》 196b
《大湄公河次区域铁路战略规划》 396b
《电子交易法》 143a,247a,261a
《东盟国家贸促机构与商协会通讯录》(表) 465
《东盟通用特别关税条例》 215b
大湄公河次区域经济合作第二次领导人会议(图) 368b
大湄公河次区域经济合作第三次领导人会议(图) 367a
戴秉国 26b,29b,30b,40a,40b
丹·斯里·阿布·扎哈 13b
丹瑞 34a,35a
丹斯里慕尤丁 195b
德贝内西亚 19a,35a,35b
德迪·沙勒 82b,187a
德卡斯特罗 35b
第八届中国—东盟博览会 394b,401b
第二届“夏季达沃斯”年会 37a
第九个5年计划(2006～2010年) 61a
第七届中国—东盟博览会 393b,394a,394b
第七届中国—东盟商务与投资峰会 394a,394b
第三个工业大蓝图(2006～2015年) 61a
第十个5年计划(马来西亚) 61b,95a
第十个社会经济发展五年计划(泰国) 72a
丁兑 398a
丁威 397a
东盟10+3 177a,452b,458a
东盟部长级系列会议 390b
东盟经济部长会议 209b
东盟经济共同体(AEC) 174a,177a,177b,209b,395a
东盟连通规划 176a
东盟轮值主席国 398b,403a
东盟税制
菲律宾 324b
柬埔寨 312a
老挝 316a
马来西亚 318a
缅甸 321b
泰国 329b
文莱 311a
新加坡 327a
印度尼西亚 314a
越南 334a
东兴—芒街跨境经济合作区 392b,393a
杜梅 39b,40a

E

《2011年至2015年东盟旅游发展战略计划》 176a
2004年越南居民个人所得税税率表(表) 335b
2004年越南居民外国人个人所得税税率表(表) 335b
2005～2010年泰国橡胶产量统计(表) 165a
2006马来西亚个人所得税、工薪所得税税率表(表) 319b

2006年泰国个人所得税税率表（表）　331a
2006年越南公司税折旧率表（表）　334b
2006年越南增值税预提税税率表（表）　336b
2007年度新加坡居民个人所得税税率表（表）　328a
2010泛北部湾经济合作论坛（图）　372a
2010年1～12月中国对东盟国家贸易统计（表）　406a
2010年泰国各地橡胶种植情况（表）　164b
2020宏愿　61a
恩里莱　18b

F

《反倾销和反补贴法》253b
Form E证书　98b,395a
发展规划
　菲律宾　67b
　柬埔寨　54a
　老挝　59a
　马来西亚　61a
　缅甸　65a
　泰国　72a
　新加坡　70b
　印度尼西亚　56b
　越南　74b
泛亚铁路　371b
范家谦　40a,40b
范世阋　40a
菲律宾《投资优先计划》　98a
菲律宾个人所得税税率表（表）　325b
菲律宾国家食品局（NFA）　201a
菲律宾经济增长情况（2003～2010年）（表）　67a
菲律宾普卡海滩以闪亮的普卡贝壳闻名（图）　18a
菲律宾土地及房屋价格（表）　66b
冯光青　40a
冯慧兰　9a,29b,394a
奉辛比克党　6a,6b
傅全有　35a
傅自应　399b

G

《鼓励和相互保护投资协定》　27b,34b
《关于"十二五"期间中国—东盟博览会留购展品免征进口关税的通知》　177b
《关于边境贸易的谅解备忘录》　34b
《关于柬埔寨木薯干输华检疫准入工作合作安排》　185a
盖博拉斯美　6b
冈田克也　391a
高鸿宾　394b
高虎城　394a,401b
高利·杜明戈　18b,201a
高树勋　390a
高文宽　398b
格实　38b
个人所得税税率表
　菲律宾　325b
　马来西亚　319b
　缅甸　322b
　泰国　331a
　新加坡　328a
　越南　335b
个体事业经营者适用的税率表（表）　316a
各商业类别的比例税率表（表）　243
耿志远　402b
工资、薪金所得税税率表（表）　312b
工作准证
　菲律宾　351b
　柬埔寨　341b
　老挝　345a
　马来西亚　347b
　缅甸　349a
　泰国　358a
　文莱　339b
　新加坡　354a
　印度尼西亚　343b
　越南　361a
顾秀莲　26b,391a
郭伯雄　29b,33b
郭声琨　385a,394a,400a
国徽
　菲律宾　17b
　柬埔寨　5a
　老挝　10b
　马来西亚　12b
　缅甸　15a
　泰国　22a
　文莱　3b
　新加坡　20a
　印度尼西亚　8a
　越南　24b
　中国　1a
国会
　印度尼西亚　8b
　新加坡　20b
国际金融危机　393a
国家使命党（印尼）　9b
国家政要
　菲律宾　18b
　柬埔寨　6a
　老挝　11b
　马来西亚　16a
　缅甸　16a
　泰国　23a
　文莱　4a
　新加坡　21a
　印度尼西亚　9a
　越南　25b
国民
　菲律宾　18a
　柬埔寨　5b
　老挝　11a
　马来西亚　13a
　缅甸　15b

泰国　22b
文莱　3b
新加坡　20b
印度尼西亚　8a
越南　25a
中国　1b
国内生产总值
菲律宾　19a
柬埔寨　7a
老挝　11b
马来西亚　14a
缅甸　16b
泰国　24a
文莱　4b
新加坡　21a
印度尼西亚　9b
越南　25b
中国　2b
国旗
菲律宾　17b
柬埔寨　5a
老挝　10b
马来西亚　12b
缅甸　15a
泰国　22a
文莱　3b
新加坡　20a
印度尼西亚　7b
越南　24b
中国　1a
国体政体
菲律宾　18b
柬埔寨　6a
老挝　11a
马来西亚　13a
缅甸　15b
泰国　23a
文莱　4a
新加坡　20b
印度尼西亚　8b
越南　25a
国土与资源　1b

H

《海关进口管制条例》　231b
《化妆品法》　254b
哈达·拉加萨　9a,9b,29b,403a
哈吉·哈桑纳尔·博尔基亚·穆伊扎丁·瓦达乌拉　4a,4b,26b,181a
哈利·帕利约诺　186a
哈利芬·东巴　9a
哈密德·阿尔巴　32b
哈桑　29b,30b
韩桑林　6a,6b
何勇　34a
和段琪　404b
贺南洪　27b,28b
赫尔辛基机场　203b
亨达尔曼·苏班齐　9a
洪森　6b,27b,28a,28b,120b,124b,183b,184a,278b,395a,394b,399a,399b,400a,401a,401b
胡锦涛　26b,27a,28a,29b,30b,31a,32b,33a,34a,35a,35b,36b,37a,37b,38b,40a,93b,365b,402a,404a,449a
胡正跃　401a
花旗银行　400b
华建敏　32b,401a
黄根成　37a,37b,38a,399b
黄燕燕　33a,195b,391b
黄忠海　25b,40a
回良玉　27b,28a,31a,124b
霍英东　31a

J

《建设、经营和转让法》(BOT 法)　65b
《精神类物质法》　254b
《境外直接投资人民币结算试点管理办法》　398b
基弗拉维　4b
基础设施
菲律宾　65b
柬埔寨　51b
老挝　56b
马来西亚　59a
缅甸　63a
泰国　70b
文莱　48b
新加坡　68a
印度尼西亚　54b
越南　72b
贾阿法　32b
贾庆林　27b,28b,29b,32b,34a,35b,40a,379a,381a,394a,401b
柬埔寨《劳工法》　89a
柬埔寨厂房租赁、购买价格(表)　53a
柬埔寨电价(表)　52b
柬埔寨工资税税率表(表)　221b
柬埔寨经济增长情况(表)　53b
柬埔寨其他税种及其税率表(表)　222a
柬埔寨土地价格表(2009 年)　53a
柬埔寨主要建材价格表(2008 年)　53b
柬埔寨主要商品的税率(表)　219
建设团结党(印尼)　9b
建筑生产力与产能基金　156b
江泽民　26a,27b,31a,32b,34a,35a,35a,36b,37a,38b,40a,124b
姜春云　32b
姜建清　395a
姜增伟　181b,402a,402b
杰乔马·比奈　18b
捷星亚洲航空　395a
金边港新集装箱码头项目　400b
金边市塔仔山下的独立纪念碑(图)　5b
金洪根　397a,398a,400b

金融
菲律宾 19b
柬埔寨 7a
老挝 12a
马来西亚 14b
缅甸 17a
泰国 24a
文莱 4b
新加坡 21b
印度尼西亚 10a
越南 26a
中国 3a
金远 404b
进出口贸易
菲律宾 19b
柬埔寨 7a
老挝 12a
马来西亚 14b
缅甸 17a
泰国 24a
文莱 5a
新加坡 21b
印度尼西亚 10a
越南 26a
中国 3a
进口关税税率(表) 242a
经济
菲律宾 19a
柬埔寨 7a
老挝 11b
马来西亚 14a
缅甸 16b
泰国 24a
文莱 4b
新加坡 21a
印度尼西亚 9b
越南 25b
中国 2b
居民个人所得税税率表(表) 251b

K

《科技合作协定》 33a,36a,39a
卡梅洛·阿西利亚 200b
开斋节 12b,20a
凯山·丰威汉 31a
坎代·西潘敦 31a
坎米·赛亚冯 11b
坎培·乔布拉帕 31a
跨湄公河大桥 56b
昆曼公路 31b,364a,369a
昆明共识 404b
昆明宣言 369a

L

《劳动保护法》 260b
《老挝公共工程和运输部 2011～2020 年交通运输行业发展战略规划》 189b
拉卡斯 19a
拉莫斯 19a,35a
拉姆利 32b
莱拉·德利玛 18b
澜沧江—湄公河国际航道 369b
劳务合作
菲律宾 99a
柬埔寨 89a
老挝 93a
马来西亚 95b
缅甸 97b
泰国 103a
文莱 87a
新加坡 101a
印度尼西亚 91b
越南 105a
老挝公民和移居老挝的外国人适用的税率表(表) 316b
老挝人民革命党 11b
老挝四千美岛(图) 11a
老挝执行的水、电、气价格表(2009 年) 57b
老挝主要建材价格表 58a
雷耶斯 36b,200a
黎德英 40a
黎可漂 40a
李光耀 21a,37a,37b
李海峰 404b
李克强 30b,390b
李岚清 32b,34a,37a
李铭林 403b,404b
李鹏 26a, 29b, 31a, 32b, 34a, 35a,37a,38b,39b,40a
李瑞环 32b,34a,37a,40a
李盛霖 390a
李显龙 21a,37a,37b,38a,404b
李源潮 37b
李肇星 28b
联邦巩固与发展党(缅甸) 16a
梁光烈 27a,31b,33b,35a,37a,37b,38b
梁文洮 391a,392a
林念修 404a
林勋强 21a,38a
林玉成 402b
刘淇 29b,33a
刘少奇 27b,34a
刘延东 37a
柳明桓 391a
隆再·皮吉 31b
鲁特非·伊萨 9b
陆仁琪 404a
罗杰斯 403b
罗慕洛 18b
罗斯里卡立 84b
罗文铁矿(柬埔寨,采选开发) 392b

M

“湄公河次区域过境服务中心”战略(老挝) 93b
《缅甸海关进出口程序》(1991) 235b
《缅甸经济特区法》 198a
《缅甸联邦对从事进口贸易的最新规定》 235b
《缅甸允许私人投资的经济项目》 240b

马飚　392b,394a,400a,404a
马尔迪　29b
马尔祖基·阿里　9a,403a
马哈蒂尔　32b
马科斯　35a,36b
马来民族统一机构　14a
马来西亚 2010 年策略贸易法令　85a
马来西亚不动产利得税税率表(表)　320a
马来西亚刁曼岛(图)　13a
马来西亚对外贸易年度和月度表(表)　442
马来西亚对主要贸易伙伴出口额(2010 年)　443
马来西亚经济增长率和人均 GDP(2004~2009 年)(表)　60b
马来西亚贸易差额主要来源(2010 年)　444
马来西亚自主要贸易伙伴进口额(2010 年)　443
马尼拉地区主要建材价格(表)　66b
貌埃　34a,35a
梅达顺　21a
梅加瓦蒂　9a,29b
湄公河铁路　371b
孟建柱　28b,31a,32b,37a,37b,399b
米斯然·卡尔梅　175a
米詹·扎因·阿比丁　13b,32b
密苏阿里　19a
缅甸个人所得税税率表(表)　322b
缅甸公司所得税税率表(表)　323a
缅甸关税税率表(表)　238b
缅甸蒲甘的佛塔(图)　15b
缅甸商业税税率表(表)　323a
缅甸商业税税率一览表(表)　238a
缅甸税收负担表(表)　321b
缅甸所得税税率一览表(表)　238a
缅甸预提税税率表(表)　323a
民主党(泰国)　23b
民族
　菲律宾　18a
　柬埔寨　5b
　老挝　11a
　马来西亚　13a
　缅甸　15b
　泰国　22b
　文莱　3b
　新加坡　20b
　印度尼西亚　8b
　越南　25a
　中国　2a
民族团结党(缅甸)　16a
闵永年　179b,392b,397a
摩洛民族解放阵线(菲律宾)　19a
木姐—皎漂铁路　402b
穆罕默德·比拉　26b
穆罕默德·博尔基亚　4b,26b,27a
穆罕默德·赛义德　4b
穆赫塔迪·比拉　4b
穆斯塔法　195a
穆希丁·雅辛　14a

N

《南宁宣言》　404a
拿督·穆尼　397a
纳丹　37a,37b
纳吉布·敦·拉扎克　13b,14a,33a,33b,193b,391a,401a
南·维亚吉　191a,401a,403b
南宁—河内经济走廊　392b
南宁—新加坡经济走廊　82a,392b,397b
南希　179a
尼诺·阿基诺国际机场　201b
农德孟　40a,40b
诺奥玛　192b,399a
诺格拉雷斯　35a,35b
诺哈·冯沙万　31a
诺罗敦·拉纳烈　6a,6b,27b
诺罗敦·西哈莫尼　6a,27b
诺罗敦·西哈努克　6b,27b,28a,28b

P

帕奎托·奥乔亚　18b
潘查希拉　8a,8b,9a,9b
潘迪卡尔·阿明·穆利亚　13b,401a
潘广学　400b,401a
潘国驹　403b
潘文凯　40a
佩欣·达图·阿卜杜勒·哈密德　4b
彭提瓦·娜卡赛　391a,399b
蓬沙瓦　31a
朴义春　391a
普罗塞索·阿尔卡拉　18a
普密蓬·阿杜德　23a

Q

《汽车运输协定》　41a
《清迈倡议》　364b
齐建国　396b
企业注册手续
　菲律宾　349b
　柬埔寨　340b
　老挝　344a
　马来西亚　346a
　缅甸　348a
　泰国　354b
　文莱　338b
　新加坡　352a
　印度尼西亚　342a
　越南　359a
汽车进口许可证政策(马来西亚)　83b

签证办理指南
菲律宾　292a
柬埔寨　284b
老挝　287a
马来西亚　288a
缅甸　290a
泰国　297a
文莱　283a
新加坡　294b
印度尼西亚　285b
越南　298a
钱其琛　27a,29a,30b,38a,42a
乔石　31a,35a,40a
钦纽　34a
清迈倡议多边化操作指南　403a

R

然荣　210a
人口
菲律宾　18a
柬埔寨　5b
老挝　11a
马来西亚　13a
缅甸　15b
泰国　22b
文莱　3b
新加坡　20b
印度尼西亚　8a
越南　25a
中国　1b
人民币贸易结算账户协议　399a
人民行动党(新加坡)　21a
任启亮　404b
荣育·威猜迪　23a,23b
阮富仲　25b,40a
阮和平　25b
阮晋勇　25b,40a,40b,181a,391b,457b
阮明哲　40a
阮涅　6a
阮善仁　25b,173a
阮生雄　25b
阮氏缘　25b
阮文诗　391b,392a,392b
瑞丽—皎漂公路　390a
若开民族发展党(缅甸)　16a

S

“十二五”战略合作框架协议　399b
《商品对外贸易法》　247a
《商品服务税法》　247a
《税法修正法》　221a
《所得税法》　228b
3P标签(马来西亚)　84a,84b
赛茂康　16a
赛貌坎　399a
赛萨尔·普利斯马　18b
森朗西党　6a,6b
沙玛　38b
沙曼·维亚吉　31a
沙南　38b
商标指南
东南亚　299a
菲律宾　307a
柬埔寨　302a
老挝　302b
马来西亚　304b
缅甸　306a
泰国　309a
文莱　300b
新加坡　308a
印度尼西亚　303a
越南　310a
商务成本
菲律宾　66a
柬埔寨　52b
老挝　57a
马来西亚　59b
缅甸　63b
泰国　71a
文莱　49a
新加坡　68b
印度尼西亚　55a
越南　73b
尚达曼　21a
邵琪伟　391a,391b
申请专利
菲律宾　350a
柬埔寨　341a
老挝　344b
马来西亚　346b
缅甸　348b
泰国　356b
文莱　339a
新加坡　353a
印度尼西亚　343a
越南　360a
诗琳通　38b,390b,398b,405b
世界主要橡胶生产国产量统计(表)　166b
首届国际商务文化节　401b
述赛　404a
双边关系
中国与菲律宾　35a
中国与柬埔寨　27b
中国与老挝　30b
中国与马来西亚　32b
中国与缅甸　34a
中国与泰国　38b
中国与文莱　26b
中国与新加坡　37a
中国与印度尼西亚　29a
中国与越南　39b
税收优惠
菲律宾　328b
柬埔寨　313a
老挝　317b
马来西亚　320b
缅甸　324a
泰国　332a
文莱　311b
新加坡　328b
印度尼西亚　315b
越南　338a
司法
菲律宾　18b
老挝　11b
马来西亚　16a

缅甸　13a
泰国　23a
文莱　4b
新加坡　21a
印度尼西亚　9a
越南　25b
私营有限责任公司和公众有限责任公司比较(表)　355a
四角战略(柬埔寨)　51b
泗马大桥通车　30a,454b
宋本·拉沙松本　404a
宋迪·隆迪　400a
宋干节　10b,22b
宋马·奔舍　191a,191b
宋潘·平坎米　11b
宋塞·斯法塞　189a
宋沙瓦·凌沙瓦　11b,31a,191a,393a,395b
颂猜　38b
颂萨·革素拉暖　23a
苏尔亚达尔玛·阿里　9b
苏哈托　29a
苏貌　34a
苏斯沃诺　9a
苏特拉查　188b
苏西洛·班邦·尤多约诺　9a,29b,30a,403a,452a,461a,462b
素拉蓬·多威查差功　23a
素林　398b,403a
素帖·特素班　23b,38b,390b
孙国祥　396b

T

《投资法》219a,220b,224a,266b
泰国《关税法》　102a
泰国《货物进出口控制法》　102a
泰国《外商经营企业法》　102a
泰国对外贸易年度和月度表(表)　447
泰国对主要贸易伙伴出口额(2011年1～3月)　447
泰国固定资产折旧比率表(表)　330b
泰国会展业(MICE)　207b
泰国贸易差额主要来源(2011年1～3月)　448
泰国王加冕60周年　390a
泰国暹罗湾(图)　22b
泰国香米纯度检验标准　403a
泰国橡胶主要出口市场统计(表)　165b
泰国橡胶主要品种出口情况(表)　165b
泰国主要进口商品的关税税率表(表)255
泰国自主要贸易伙伴进口额(2011年1～3月)　448
唐家璇　28b,30b,33b,40b
陶菲克·基玛斯　8b,9a,29b
陶玉章　211a
特别经济区享受的优惠政策(表)　223a
提拉猜·普瓦纳塔纳拉努班　23a
提拉德　23a
田力普　392a
通伦·西苏里　399a,401a,401b
通蓬·迪派　23b
通辛·坦马沔　11b,31a,93b,345b,405b
佟晓玲　405b
统治者会议(马来西亚)　13b
投资合作手续
菲律宾　349b
柬埔寨　340b
老挝　344a
马来西亚　346a
缅甸　348a
泰国　354b
文莱　338b
新加坡　352a
印度尼西亚　342a
越南　359a
投资环境
菲律宾　65b
柬埔寨　51b
老挝　56b
马来西亚　59a
缅甸　61b
泰国　70b
文莱　48b
新加坡　68a
印度尼西亚　54b
越南　72b
投资优先计划　149a
吞丹　397a
吞欣　16a

W

《玩具安全法令》(马来西亚)　85a
《万象行动计划(2008～2012年)》　370b,396b
57B号公路修建项目(柬埔寨)　401a
哇集拉隆功　38b
外国直接投资(PMA)申请程序及其执行准则(图)　342b
外资
老挝　12a
印度尼西亚　10a
缅甸　17a
菲律宾　19b
新加坡　21b
越南　26a
万季飞　403b
万通　401a
汪民　404a
王鼎昌　37a
王弗明　33a
王锦珍　394a
王岐山　37a,37b
王忠禹　31a
旺·朱乃迪　32b,33a
为泰党(泰国)　23b
维·瓦达那　23a
卫塞节　12b,20a
尉健行　40a
温家宝　27b,28a,28b,31a,32b,

33a, 33b, 34a, 35a, 35b, 36b, 37a, 38a, 40a, 40b, 93b, 192b, 278b, 365b, 366a, 366b, 367a, 369a, 380a, 395a, 402b, 403a, 451b, 454a, 455b, 457b, 461a, 462b
文莱农业中长期发展规划 51a
文莱水、电、气价格(表) 49b
文莱水晶公园(图) 3b
文善 402b
沃尔特里·加斯明 18b
乌敦·卡迪亚 31a
乌伊拉蓬 208b,209a
无国界旅游试验区 401a
吴昂伦 398a
吴昂吞 398a
吴邦国 27b,29b,30a,31a,32b,34a,35a,37a,38b,93b
吴登伦 390a
吴登盛 16a, 34b, 399a, 401b, 403b,404a,460b
吴丁昂敏乌 16a, 34b, 390a, 395b,399a,402b
吴丁乃登 16a,394a
吴金安 28b
吴拉吞 16a
吴貌貌卡 34a
吴敏莱 16a
吴敏貌 199b
吴奈温 34a
吴钦昂敏 401b
吴钦貌敏 16a
吴瑞曼 16a,34b,401a,401b
吴梭达 390a
吴梭温 16b,34a,35a
吴吞吞乌 16a
吴吞意 16a
吴仪 31a,34a,39a
吴作栋 21a,37a,37b,38a,145a
武春鸿 396b
武洪福 391b
武辉煌 391b
武文杰 39b,40a

X

《消费法》 215a
西拉杰丁 32b
西索瓦·西里拉 6b
希拉里·克林顿 371a,391a
希努·希宋巴 190a
习近平 27b,28a,31a,34a,37a,37b
夏利萨 185b
先锋产业的免税期(表) 217b
限制进入泰国从业的工种 103b
宪法
菲律宾 18b
柬埔寨 6a
老挝 11a
马来西亚 13a
缅甸 15b
泰国 23a
文莱 4a
新加坡 20b
印度尼西亚 8b
越南 25b
香格里拉对话 37b
谢辛 6b,27b,28b
辛拉冯·库派吞 191a,401b
辛松 403b
新加坡对外贸易年度和月度表(表) 444
新加坡对主要贸易伙伴出口额(2010年) 445
新加坡丰隆亚洲有限公司 393b
新加坡进口管制物品及主管机构一览表(表) 247
新加坡贸易差额主要来源(2010年) 446
新加坡圣淘沙名胜世界(图) 20b
新加坡应纳税商品及关税/国内货物税一览表(表) 250a
新加坡制造产业园 205a
新加坡自主要贸易伙伴进口额(2010年) 446
新经济模式(马来西亚) 61b
行政区划
菲律宾 18a
柬埔寨 6a
老挝 11a
马来西亚 13a
缅甸 15b
泰国 22b
文莱 4a
新加坡 20b
印度尼西亚 8b
越南 25a
中国 2a
熊光楷 36b
徐沪滨 404a
许宁宁 175a,391a,391b,399b

Y

《药品法》 254b
《医疗器械法》 254b
《渔业合作谅解备忘录》 36a
1999～2008年东盟各国对中国直接投资比重图 79a
柬埔寨友谊大厦(中国,援助) 399b
饶达 267b
亚斯敏 27a
严隽琪 35a,38b
杨洁篪 28b,29b,32b,33b,35b,38b,391a,402a
杨荣文 37a
杨尚昆 37a
杨松 404b
姚坚 175b
耶谷沙干 193a
叶大波 390a
叶海亚 26b
伊斯迈沙比里 85a
依波朗 401b
议会
菲律宾 18b

柬埔寨 6a
老挝 11a
马来西亚 13b
泰国 23a
文莱 4a
越南 25b
易华仁 203a
印度尼西亚对外贸易年度和月度表(表) 439
印度尼西亚对主要贸易伙伴出口额(2010年) 440
印度尼西亚贸易差额主要来源(2010年) 441
印度尼西亚自主要贸易伙伴进口额(2010年) 441
印花税纳税义务人确定原则(表) 252a
印尼《进出口新鲜植物食品安全控制条例》 84a
印尼甫兰班南陵庙(图) 8a
印尼卡尔蒂尼宫 451b
印尼民主斗争党 9b
印尼水、电、气价格(表) 55a
英拉 23a
尤霍格里 6a
尤素夫·卡拉 29b
尤沃诺 30b
于平 392a
于永波 31b
于勇 400b
语言
菲律宾 18a
柬埔寨 5b
老挝 11a
马来西亚 13a
缅甸 15b
泰国 22b
文莱 4a
新加坡 20b
印度尼西亚 8b
越南 25a
越南板约瀑布(图) 25a
越南部分商品进口税率(表) 261b
越南工贸部贸易促进局 210b
越南共产党 25b
越南海关总局 211b
越南咖啡协会(VICOFA) 214a

Z

《东盟各国主要通讯社、电台、电视台》(表) 469
《知识产权法》 261a
《至2020年铁路发展规划》(越南) 72b
《中国—东盟博览会参展物主要入境口岸一览》(表) 471
《中国—东盟全面经济合作框架协议》 48a,79a,79b,80a,80b,88a,363a,363b,365b,392a
《中国—东盟全面经济合作框架协议货物贸易协议》 225b,375b,365b,366a,366b,376a
《中国—东盟全面经济合作框架协议下东盟—中国早期收获计划商品关税条例》 215b
《中国—东盟全面经济合作框架协议下海关货物贸易协议》 215b
《中国—东盟自由贸易区部分关税削减时间表》(表) 468
《中国—东盟自由贸易协定原产地规则鉴证操作程序修订草案》 175b,176a
《中国和东盟各国的主要港口及国际航空港》(表) 468
《中国和老挝农业合作谅解备忘录》 31b
《中国质检总局与柬埔寨农林渔业部关于柬埔寨精米输华的植物卫生要求议定书》 185a
《中柬关于双边合作的联合声明》 27b
《中泰联合公报》 39b
东盟各国驻中国外交机构 463
乍洛蓬·良素旺 23b
占蒲拉西 394a,404b
占维拉 404b
张慈祥 394a
张晋创 25a
张瑞敏 275b
张万年 31b,35a
张晓强 183a,401b
张永仲 379a,381a,394a,400b
张玉成 400a,401b,403b
张志军 394a
章启月 398b
赵启正 28b
郑军健 391b
政党
菲律宾 18b
柬埔寨 6b
老挝 11b
马来西亚 16a
缅甸 16a
泰国 23b
文莱 4b
新加坡 21a
印度尼西亚 9a
越南 25b
政府
菲律宾 18b
柬埔寨 6b
老挝 11b
马来西亚 16a
缅甸 16a
泰国 23a
文莱 4b
新加坡 21a
印度尼西亚 9a
越南 25b
智慧国2015(iN2015) 70b
中菲农业技术中心 36a
中国—印尼经贸合作区 393b
中国避暑胜地:黄山(图) 2a
中国—东盟博览会出入境检验检疫服务指南 473
中国—东盟对话关系20周年 405b
中国—东盟环境保护合作战略 403b
中国—东盟环境保护合作中心

174b,403b
中国—东盟金融合作与发展领袖论坛　384b
中国—东盟领导人会议共识（2010年）　401a
中国—东盟绿色使者计划　174b
中国—东盟农业新品种　393b
中国—东盟轻工产品展览会　394a
中国—东盟区域性信息交流中心　176b
中国—东盟人民币跨境清算（结算）　405b
中国—东盟投资合作基金　397a
中国—东盟行业商会联席会议　459a
中国—东盟指天椒节　392b
中国—东盟智库战略对话　393b
中国对菲律宾进出口商品构成表（2010年）　426
中国对柬埔寨进出口商品构成表（2010年）　410
中国对老挝进出口商品构成表（2010年）　416
中国对马来西亚进出口商品构成表（2010年）　419
中国对缅甸进出口商品构成表（2010年）　423
中国对泰国进出口商品构成表（2010年）　433
中国对文莱进出口商品构成表（2010年）　406
中国对新加坡进出口商品构成表（2010年）　429
中国对印度尼西亚进出口商品构成表（2010年）　413
中国对越南进出口商品构成表（2010年）　436
中国进口泰国橡胶数量统计（表）　166a
中国—老挝本币跨境结算　92b
中国—文莱水稻研发合作项目　181a
中国—新加坡基金　38a
中柬友谊湄公河大桥　400a
中老高速铁路　399a
中老共建卫星通信产业园项目　189a
中寮钾盐矿项目　401b
中马产业园区　402b
中泰建交35周年　390a
中新天津生态城　38a
中印(尼)友好年　393
中越建交60年　40b
周恩来　27b,34a,34b,36b,452a
周铁农　26b,34a,37a
周小川　400a
周永康　29b,40a
朱拉蓬　38b
朱马里·赛雅颂　11b,31a,93b,191a,400a
朱乾海　191b
朱镕基　26b,27b,29b,32b,35a,37a,38b,40a,124b,362a,363a,365a,365b,368b
主要节日
　菲律宾　17b
　柬埔寨　5b
　老挝　10b
　马来西亚　12b
　缅甸　15a
　泰国　22b
　文莱　3b
　新加坡　20a
　印度尼西亚　8a
　越南　24b
　中国　1b
主要税种
　菲律宾　324a
　柬埔寨　312a
　老挝　316a
　马来西亚　318a
　缅甸　321b
　泰国　330a
　文莱　311a
　新加坡　327a
　印度尼西亚　314a
　越南　334a
专业集团党（印尼）　9a
自然地理
　菲律宾　18a
　柬埔寨　5b
　老挝　10b
　马来西亚　13a
　缅甸　15b
　泰国　22b
　文莱　3b
　新加坡　20a
　印度尼西亚　8a
　越南　25a
　中国　1a
自由党（菲律宾）　18b
自然资源
　菲律宾　65b
　柬埔寨　51b
　老挝　56b
　马来西亚　59a
　缅甸　61b
　泰国　70b
　文莱　48b
　新加坡　68a
　印度尼西亚　54b
　越南　72b
宗教
　菲律宾　18a
　柬埔寨　5b
　老挝　11a
　马来西亚　13a
　缅甸　15b
　泰国　22b
　文莱　4a
　新加坡　20b
　印度尼西亚　8b
　越南　25a
　中国　2a
总主繁荣公正党（印尼）　9a
邹家华　31a